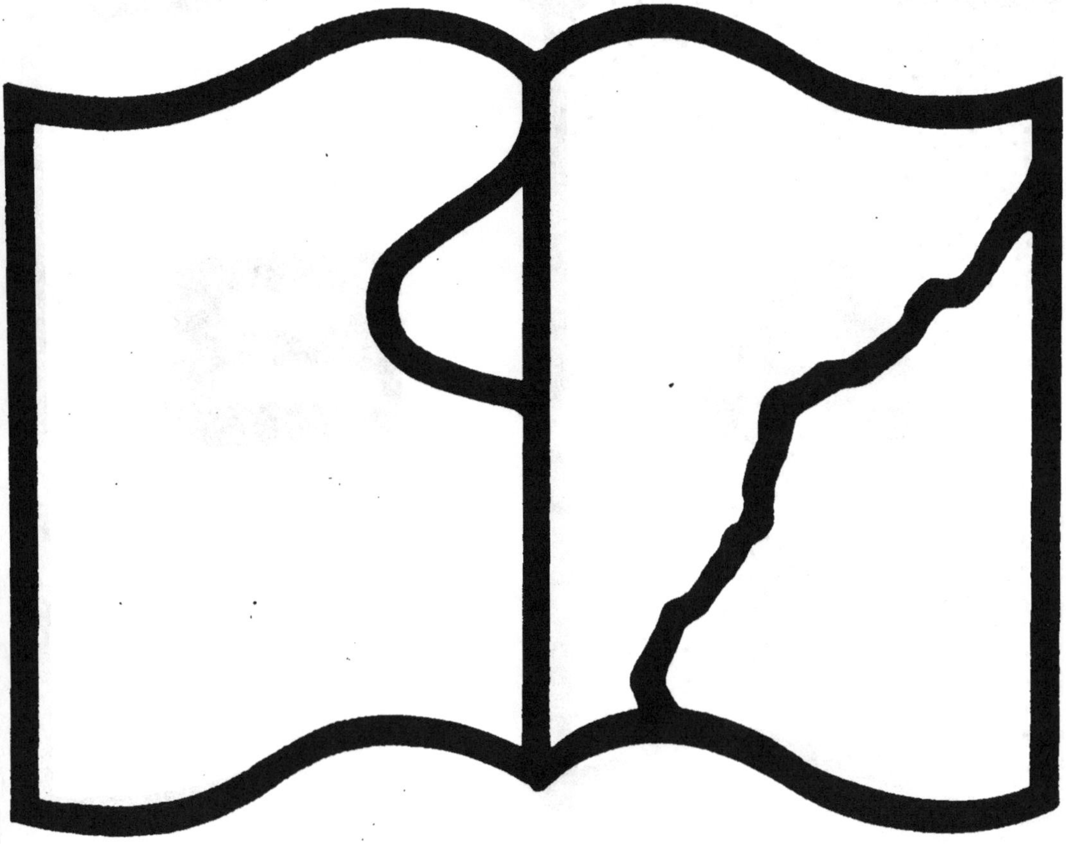

Texte détérioré — reliure défectueuse

NF Z 43-120-11

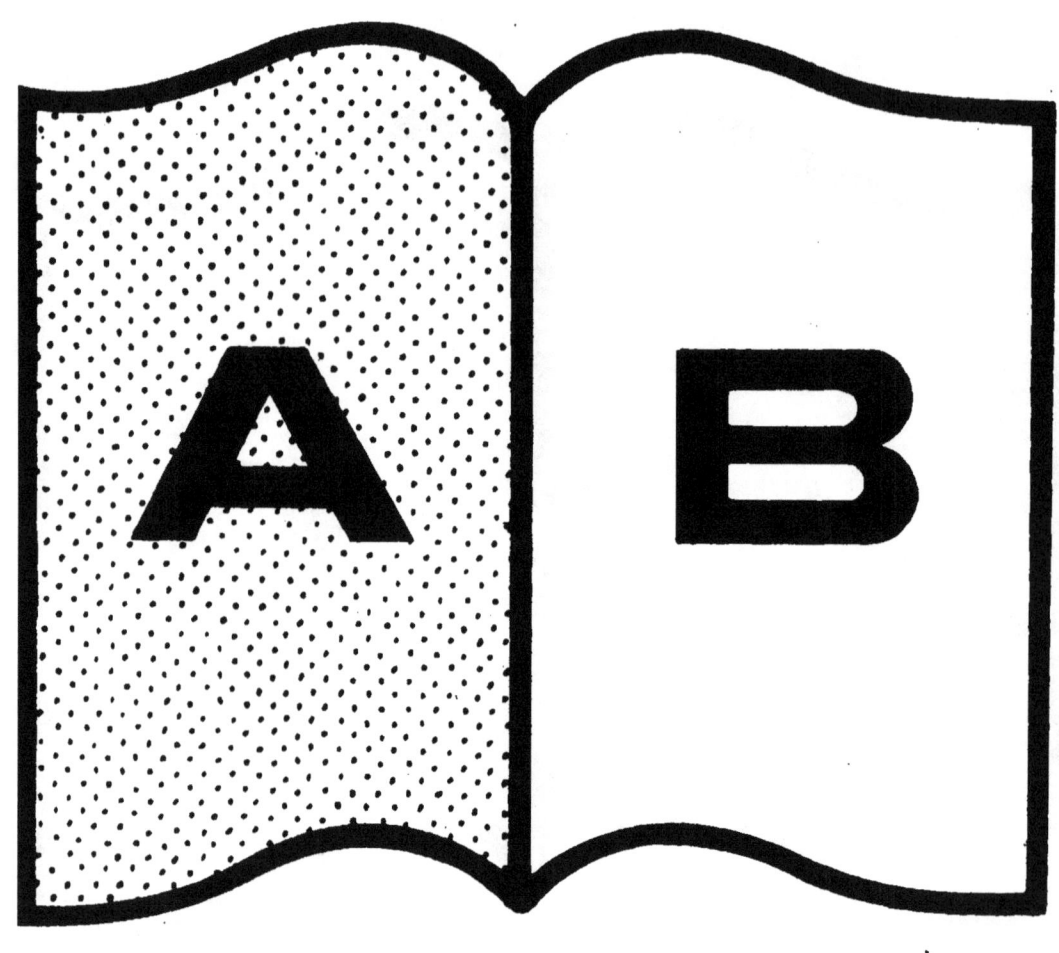

Contraste insuffisant

NF Z 43-120-14

ŒUVRES ILLUSTRÉES

DE

GEORGE SAND.

CE VOLUME CONTIENT

Lucrezia Floriani — Le Château des Désertes — Lavinia — Isidora
Aldo le Rimeur — Jacques — Kourroglou — Lettre à Lerminier.

*****

ŒUVRES ILLUSTRÉES

DE

GEORGE SAND

PRÉFACES ET NOTICES NOUVELLES PAR L'AUTEUR

DESSINS

DE TONY JOHANNOT

ET MAURICE SAND

ÉDITION J. HETZEL

LIBRAIRIE BLANCHARD   **1853**   LIBRAIRIE MARESCQ ET Cⁱᵉ

RUE RICHELIEU, 78.   5 RUE DU PONT-DE-LODI.

PARIS

| LIBRAIRIE BLANCHARD | ÉDITION J. HETZEL | LIBRAIRIE MARESCQ ET Cie |
| RUE RICHELIEU, 78 | | 5, RUE DU PONT-DE-LODI |

LUCREZIA FLORIANI

NOTICE

Je n'ai point à dire ici sous l'empire de quelles idées littéraires j'ai écrit ce roman, puisqu'il est accompagné d'une préface qui résume mes opinions d'alors, et que ces opinions n'ont pas changé. Mais je tiens à bien dire ce que j'ai seulement indiqué dans cette préface à l'égard des productions contemporaines dont j'ai critiqué la forme et rejeté l'exemple.

Ce n'est point par fausse modestie, encore moins par pusillanimité de caractère, que je déclare aimer beaucoup les événements romanesques, l'imprévu, l'intrigue, l'*action* dans le roman. Pour le roman comme pour le théâtre, je voudrais que l'on trouvât le moyen d'allier le mouvement dramatique à l'analyse vraie des caractères et des sentiments humains. Sans vouloir faire ici la critique ni l'éloge de personne, je dis que ce problème n'est encore résolu d'une manière générale et absolue, ni pour le roman, ni pour le théâtre. Depuis vingt ans, on flotte entre les deux extrêmes, et, pour ma part, aimant les émotions fortes dans la fiction, j'ai marché cependant dans l'extrême opposé, non point tant par goût que par conscience, parce que je voyais ce côté négligé et abandonné par la mode. J'ai fait tous mes efforts, sans m'exagérer leur faiblesse

ni leur importance, pour retenir la littérature de mon temps dans un chemin praticable entre le lac paisible et le torrent fougueux. Mon instinct m'eût poussé vers les abîmes, je le sens encore à l'intérêt et à l'avidité irréfléchie avec lesquels mes yeux et mes oreilles cherchent le drame; mais quand je me retrouve avec ma pensée apaisée et rassasiée, je fais comme tous les lecteurs, comme tous les spectateurs, je reviens sur ce que j'ai vu et entendu, et je me demande le pourquoi et le comment de l'action qui m'a ému et emporté. Je m'aperçois alors des brusques invraisemblances ou des mauvaises raisons de ces faits que le torrent de l'imagination a poussés devant lui, au mépris des obstacles de la raison ou de la vérité morale, et de là le mouvement rétrograde qui me repousse, comme tant d'autres, vers le lac uni et monotone de l'analyse.

Pourtant, je ne voudrais pas voir la génération à laquelle j'appartiens s'oublier trop longtemps sur ces eaux dormantes et méconnaître le progrès qui l'appelle sans cesse vers des horizons nouveaux. *Lucrezia Floriani*, ce livre tout d'analyse et de méditation, n'est donc qu'une protestation relative contre l'abus de ces formes à la mode d'alors, véritables machines à surprises, dont il me semblait voir le public confondre avec peu de discernement les qualités et les défauts.

Dirai-je maintenant un mot sur mon œuvre même, non pas quant à la forme, qui a tous les défauts (acceptés d'avance) que mon plan comportait, mais quant au fond, cette inaliénable question de liberté intellectuelle que chaque lecteur s'est toujours arrogé et s'arrogera toujours le droit de contester? Je ne demande pas mieux. Victor Hugo, déniant au public, dans la préface des *Orientales*, le droit d'adresser au poète son insolent *pourquoi*, et décrétant qu'en fait de choix dans le sujet, l'auteur ne relevait que de lui-même, avait certainement raison devant la puissance surhumaine qui envoie au poète l'inspiration, sans consulter le goût, les habitudes ou les opinions du siècle. Mais le public ne se rend pas à de si hautes considérations; il va son train, et continue à dire aux grands comme aux petits : Pourquoi nous servez-vous ce mets? De quoi se compose-t-il? Où l'avez-vous pris? Avec quoi est-il assaisonné? etc., etc.

De telles questions sont assez oiseuses, et surtout elles sont embarrassantes; car cet instinct qui porte un écrivain à choisir aujourd'hui tel ou tel sujet qui ne l'eût peut-être pas frappé hier, est insaisissable de sa nature. Et si l'on y répondait ingénument, le public serait-il beaucoup plus avancé?

Si je vous disais, par exemple, ce qu'un très-grand poète me disait un jour, sans aucune affectation, et même avec une naïveté enjouée : à toute heure, mille sujets flottent et se succèdent dans ma cervelle : tous me plaisent un instant, mais je ne m'y arrête point, sachant que celui que je suis capable de traiter *m'empoignera* d'une manière toute particulière et me fera sentir son autorité sur ma volonté par des signes irrécusables? — Quels sont-ils? lui demandai-je, vivement intéressé. — Une sorte d'éblouissement, me répondit-il, et un battement de cœur comme si j'allais m'évanouir. Quand une pensée, une image, un fait quelconque, traversent mon esprit en agitant ainsi mon être physique, quelque vague qu'ils soient, je me sens averti par cette sorte de vertige, d'avoir à m'y arrêter afin d'y chercher mon poëme.

Eh bien, qu'auriez-vous à répondre à ce poète? Eût-il mieux fait de vous consulter, que d'écouter cette voix intérieure qui lui sommait de lui obéir?

Dans un ordre d'idées et de productions moins élevées, il y a un attrait mystérieux que je n'aurai pas, quant à moi, l'orgueil d'appeler *l'inspiration*, mais que je subis sans vouloir m'en défendre quand il se présente. Les gens qui ne font pas d'ouvrages d'imagination croient que cela ne se fait qu'avec des souvenirs, et vous demandent toujours : « Qui donc avez-vous voulu peindre? » Ils se trompent beaucoup s'ils croient qu'il soit possible de faire d'un personnage réel un type de roman, même dans un roman aussi peu romanesque que celui de Lucrezia Floriani. Il faudrait toujours tellement aider à la réalité de ce fait, pour le rendre logique et soutenu, dans un fait fictif, ne fût-ce que pendant vingt pages, qu'à la vingt et unième vous seriez déjà sorti de la ressemblance, et à la trentième, le type que vous auriez prétendu retracer aurait entièrement disparu. Ce qui est possible à faire, c'est l'analyse d'un sentiment. Pour qu'il ait un sens à l'intelligence, en passant à travers le prisme des imaginations, il faut donc créer les personnages pour le sentiment qu'on veut décrire, et non le sentiment pour les personnages.

Du moins c'est là mon procédé, et je n'en ai jamais pu trouver d'autre. Cent fois, on m'a proposé des *sujets* à traiter. On me racontait une histoire intéressante, on me décrivait les héros, on me les montrait même. Jamais il ne m'a été possible de faire usage de ces précieux matériaux. J'étais de suite frappé d'une chose que tous, vous avez dû observer plus d'une fois. C'est qu'il y a un désaccord apparent, inexplicable, mais très-complet, entre la conduite des personnes dans les circonstances romanesques de la vie, et le caractère, les habitudes, l'extérieur de ces personnes mêmes. De là, ce premier mouvement qui nous fait dire à tous, à l'aspect d'une personne dont les œuvres ou les actions ont frappé notre esprit : *Je ne me la figurais pas comme cela!*

D'où vient? Je ne sais, ni vous non plus, lecteurs amis. Mais, c'est ainsi, et nous pourrons le chercher ensemble quand nous en aurons le temps. Quant à présent, pour abréger cet avant-propos déjà trop long, je n'ai qu'un mot à répondre à vos questions accoutumées. Examinez si la peinture de la passion qui fait le sujet de ce livre a quelque vérité, quelque profondeur, je ne dirai pas quelque enseignement, c'est à vous de trouver les conclusions, et tout l'office de l'écrivain consiste à vous faire réfléchir. Quant aux deux types sacrifiés (tous deux) à cette passion terrible, refaites-les mieux en vous-mêmes si la fantaisie de l'auteur les a mal appropriés au genre d'exemple qu'ils devaient fournir.

GEORGE SAND.

Nohant, 16 janvier 1853.

AVANT-PROPOS.

Mon cher lecteur (c'est la vieille formule et c'est la seule bonne), je viens t'apporter un nouvel essai dont la forme c'est renouvelée des Grecs tout au moins, et qui te plaira peut-être médiocrement. Le temps n'est plus où

. . . A genoux dans une humble préface,
Un auteur au public semblait demander grâce.

On s'est beaucoup corrigé de cette fausse modestie depuis que Boileau l'a signalée au mépris des grands hommes. Aujourd'hui, on procède tout à fait cavalièrement, et si l'on fait une préface, on y prouve au lecteur consterné qu'il doit bien chapeau bas, admirer et se taire.

On fait fort bien d'agir ainsi avec toi, lecteur bénévole, puisque cela réussit. Tu n'en es pas moins satisfait, parce que tu sais fort bien que l'auteur n'est pas si mauvaise tête qu'il veut bien le paraître, que c'est un genre, une mode, une manière de porter le costume de son rôle, et qu'au fond, il va te donner ce qu'il a de plus fort et de servir selon ton goût.

Or, tu es souvent fort mauvais goût, mon bon lecteur. Depuis que tu n'es plus Français, tu aimes tout ce qui est contraire à l'esprit français, à la logique française, aux vieilles habitudes de la langue et de la déduction claire et simple des faits et des caractères. Il faut, pour te plaire, qu'un auteur soit à la fois aussi dramatique que Shakspeare, aussi romantique que Byron, aussi fantastique qu'Hoffmann, aussi effrayant que Lewis et Anne Radcliffe, aussi héroïque que Calderon et tout le théâtre espagnol; et, s'il se contente d'imiter seulement un de ces modèles, tu trouves que c'est bien pauvre de couleur.

Il est résulté de tes appétits désordonnés, que l'école du roman s'est précipitée dans un tissu d'horreurs, de meurtres, de trahisons, de surprises, de terreurs, de passions bizarres, d'événements stupéfiants; enfin, dans un mouvement à donner le vertige aux bonnes gens qui n'ont pas le pied assez sûr ni le coup d'œil assez prompt pour marcher de ce train-là.

Voilà donc ce que l'on fait pour te plaire, et si tu as reçu quelques soufflets pour la forme, c'était une manière de fixer ton attention, afin de te combler ensuite des satisfactions auxquelles tu aspires. Ainsi, je dis que jamais public ne fut plus caressé, plus adulé, plus gâté que tu ne l'es, par le temps qui court et les œuvres qui pleuvent.

Tu as pardonné tant d'impertinences que tu m'en passeras bien une petite; c'est de te dire que tu détériores ton estomac à manger tant d'épices, que tu uses tes émotions et que tu épuises tes romanciers. Tu les forces à un abus de moyens et à des fatigues d'imagination après lesquelles rien ne sera plus possible, à moins qu'on n'invente une nouvelle langue et qu'on ne découvre une nouvelle race d'hommes. Tu ne permets plus au talent de se ménager, et il se prodigue. Un de ces matins, il aura tout dit et sera forcé de se répéter. Cela t'ennuiera, et, ingrat envers tes amis comme tu l'as toujours été, et comme tu le seras toujours, tu oublieras les prodiges d'imagination et de fécondité qu'ils ont faits pour toi et les plaisirs qu'ils t'ont donnés.

Puisqu'il en est ainsi, sauve qui peut ! Demain, le mouvement rétrograde va se faire, la réaction va commencer. Mes confrères sont sur les dents, je parie, et vont se coaliser pour demander un autre genre de travail, et des salaires moins péniblement achetés. Je sens venir cet orage dans l'air qui se plombe et s'alourdit, et je commence prudemment par tourner le dos au mouvement de rotation délirante qu'il t'a plu d'imprimer à la littérature. Je m'assieds au bord du chemin et je regarde passer les brigands, les traîtres, les fossoyeurs, les étrangleurs, les écorcheurs, les empoisonneurs, les cavaliers armés jusqu'aux dents, les femmes échevelées, toute la troupe sanglante et furibonde du drame moderne. Je les vois, emportant leurs poignards, leurs couronnes, leurs guenilles de mendiants, leurs manteaux de pourpre, l'envoyant des malédictions et cherchant d'autres emplois dans le monde que ceux de chevaux de course.

Mais comment vais-je m'y prendre, moi, pauvre diable, qui n'avais jamais cherché ni réussi à faire d'innovation dans la forme, pour ne pas être emporté dans ce tourbillon, et pour ne pas me trouver, cependant, trop en retard, quand la mode nouvelle, encore inconnue, mais imminente, va lever la tête ?

Je vais me reposer d'abord et faire un petit travail tranquille, après quoi nous verrons bien ! Si la nouvelle mode est bonne, nous la suivrons. Mais celle du jour est trop fantasque, trop riche ; je suis trop vieux pour m'y mettre, et mes moyens ne me le permettent pas. Je vais continuer à porter les habits de mon grand-père ; ils sont commodes, simples et solides.

Ainsi, lecteur, pour procéder à la française, comme nos aïeux, je te préviens que je retrancherai du récit que je vais avoir l'honneur de te présenter, l'élément principal, l'épice la plus forte qui ait cours sur la place : c'est-à-dire l'imprévu, la surprise. Au lieu de te conduire d'étonnements en étonnements, de te faire tomber à chaque chapitre de fièvre en chaud mal, je te mènerai pas à pas par un petit chemin tout droit, en te faisant regarder devant toi, derrière toi, à droite, à gauche, les buissons du fossé, les nuages de l'horizon, tout ce qui s'offrira à ta vue, dans les plaines tranquilles que nous aurons à parcourir. Si, par hasard, il se présente un ravin, je te dirai : « Prends garde, il y a ici un ravin ; » si c'est un torrent, je t'aiderai à passer ce torrent ; je ne t'y pousserai pas la tête la première, pour me donner le plaisir de dire aux autres : « Voilà un lecteur bien attrapé, » et pour celui de l'entendre crier : « Ouf ! je me suis cassé le cou, je ne m'y attendais guère ; cet auteur-là m'a joué un bon tour. »

Enfin, je ne me moquerai pas de toi ; je crois qu'il est impossible d'avoir de meilleurs procédés... Et pourtant, il est fort probable que tu m'accuseras d'être le plus insolent et le plus présomptueux de tous les romanciers, que tu te fâcheras à moitié chemin et que tu refuseras de me suivre.

A ton aise ! Va où ton penchant te pousse. Je ne suis pas irrité contre ceux qui te captivent, en faisant le contraire de ce que je veux faire. Je n'ai pas de haine contre la mode. Toute mode est bonne tant qu'elle dure et qu'elle est bien portée ; il n'est possible de la juger que quand son règne est fini. Elle a le droit divin pour elle ; elle est fille du génie des temps ; mais le monde est si grand qu'il y a place pour tous, et les libertés dont nous jouissons s'étendent bien jusqu'à nous permettre de faire un mauvais roman.

I.

Le jeune prince Karol de Roswald venait de perdre sa mère lorsqu'il fit connaissance avec la Floriani.

Il était plongé encore dans une tristesse profonde, et rien ne pouvait le distraire. La princesse de Roswald avait été pour lui une mère tendre et parfaite. Elle avait prodigué à son enfance débile et souffreteuse les soins les plus assidus et le dévouement le plus entier. Élevé sous les yeux de cette digne et noble femme, le jeune homme n'avait eu qu'une passion réelle dans toute sa vie : l'amour filial. Cet amour réciproque du fils et de la mère les avait rendus exclusifs, et peut-être un peu trop absolus dans leur manière de voir et de sentir. La princesse était d'un esprit supérieur et d'une grande instruction, il est vrai ; son entretien et ses enseignements semblaient pouvoir tenir lieu de tout au jeune Karol. La frêle santé de celui-ci s'était opposée à ces études classiques, pénibles, sèchement tenaces, qui ne valent pas toujours par elles-mêmes les leçons d'une mère éclairée, mais qui ont cet avantage indispensable de nous apprendre à travailler, parce qu'elles sont comme la clef de la science de la vie. La princesse de Roswald ayant écarté les pédagogues et les livres, par ordonnance des médecins, s'était attachée à former l'esprit et le cœur de son fils, par sa conversation, par ses récits, par une sorte d'*insufflation* de son être moral, que le jeune homme avait aspirée avec délices. Il était donc arrivé à savoir beaucoup sans avoir rien appris.

Mais rien ne remplace l'expérience ; et le soufflet que, dans mon enfance, on donnait encore aux marmots pour leur graver dans la mémoire le souvenir d'une grande émotion, d'un fait historique, d'un crime célèbre, ou de tout autre *exemple* à suivre ou à éviter, n'était pas chose si niaise que cela nous paraît aujourd'hui. Nous ne donnons plus ce soufflet à nos enfants ; mais ils vont le chercher ailleurs, et la lourde main de l'expérience l'applique plus rudement que ne ferait la nôtre.

Le jeune Karol de Roswald connut donc le monde et la vie de bonne heure, de trop bonne heure peut-être, mais par la théorie et non par la pratique. Dans le louable dessein d'élever son âme, sa mère ne laissa approcher de lui que des personnes distinguées, dont les préceptes et l'exemple devaient lui être salutaires. Il sut bien que *dehors* il y avait des méchants et des fous, mais il n'apprit qu'à les éviter, nullement à les connaître. On lui enseigna bien à secourir les malheureux ; les portes du palais où s'écoula son enfance étaient toujours ouvertes aux nécessiteux ; mais, tout en les assistant, il s'habitua à mépriser la cause de leur détresse et à regarder cette plaie comme irrémédiable dans l'humanité. Le désordre, la paresse, l'ignorance ou le manque de jugement, sources fatales d'égarement et de misère, lui parurent, avec raison, incurables chez les individus. On ne lui apprit point à croire que les masses doivent et peuvent insensiblement s'en affranchir, et qu'en prenant l'humanité corps à corps, en discutant avec elle, en la gourmandant, et la caressant tour à tour, comme un enfant qu'on aime, en lui pardonnant beaucoup de rechutes pour en obtenir quelques progrès, on fait plus pour elle qu'en jetant à ses membres perclus ou gangrenés le secours restreint de la compassion.

Il n'en fut pas ainsi. Karol apprit que l'aumône était un devoir ; et c'en est un à remplir sans doute, tant que, par l'arrangement social, l'aumône sera nécessaire. Mais ce n'est qu'un des devoirs que l'amour de notre immense famille humaine nous impose. Il y en a bien d'autres, et le principal n'est pas de plaindre, c'est d'aimer. Il embrassa avec ardeur la maxime qu'il fallait haïr le mal ; mais il s'attacha à la lettre, qu'il faut plaindre ceux qui le font ; et, encore une fois, *plaindre* n'est pas assez. Il faut *aimer* surtout pour être juste et pour ne pas désespérer de l'avenir. Il faut n'être pas trop délicat pour soi-même, et ne pas s'endormir dans le sybaritisme d'une conscience pure et satisfaite d'elle-même. Il était assez généreux, ce bon jeune homme, pour ne pas jouir sans remords de son luxe, en songeant que la plupart des hommes manquent du nécessaire ; mais il n'appliquait pas cette commisération à la misère morale de ses semblables. Il n'avait pas assez de lumière dans la pensée pour se dire que la perversité humaine rejaillit sur ceux qui en sont exempts, et que faire la guerre au mal général est le premier devoir de ceux qui n'en sont pas atteints.

Il voyait, d'un côté, l'aristocratie morale, la distinction de l'intelligence, la pureté des mœurs, la noblesse des instincts, et il se disait : « Soyons avec ceux-là. » De l'autre, il voyait l'abrutissement, la bassesse, la folie, la débauche, et il ne se disait pas : « Allons à ceux-ci pour les ramener, s'il est possible. » — Non! lui avait-on appris à dire, ils sont perdus! Donnons-leur du pain et des vêtements, mais ne compromettons pas notre âme au contact de la leur. Ils sont endurcis et souillés, abandonnons leur esprit à la clémence de Dieu. »

Cette habitude de se préserver devient, à la longue, une sorte d'égoïsme, et il y avait un peu de cette sécheresse au fond du cœur de la princesse. Il y en avait chez elle pour son fils encore plus que pour elle-même. Elle l'isolait avec art des jeunes gens de son âge, dès qu'elle les soupçonnait de folie ou seulement de légèreté. Elle craignait pour lui ce frottement avec des natures différentes de la sienne; et c'est pourtant ce contact qui nous rend hommes, qui nous donne de la force, et qui fait qu'au lieu d'être entraînés à la première occasion, nous pouvons résister à l'exemple du mal et garder de l'influence pour faire prévaloir celui du bien.

Sans être d'une dévotion étroite et farouche, la princesse était d'une piété assez rigide. Catholique sincère et fidèle, elle voyait bien les abus, mais elle n'y savait pas d'autre remède que de les tolérer en faveur de la grande cause de l'Église. « Le pape peut s'égarer, disait-elle, c'est un homme; mais la papauté ne peut faillir : c'est une institution divine. » Dès lors, les idées de progrès n'entraient point facilement dans sa tête, et son fils apprit de bonne heure à les révoquer en doute et à ne point espérer que le salut du genre humain pût s'accomplir sur la terre. Sans être aussi régulier que sa mère dans les pratiques religieuses (car en dépit de tout, au temps où nous sommes, la jeunesse se dégage vite de tels liens), il resta dans cette doctrine qui sauve les hommes de bonne volonté et ne sait pas briser la mauvaise volonté des autres; qui se contente de quelques *élus* et se résigne à voir les nombreux *appelés* tomber dans la géhenne du mal éternel : triste et lugubre croyance qui s'accorde parfaitement avec les idées de la noblesse et les priviléges de la fortune. Au ciel comme sur la terre, le paradis pour quelques-uns, l'enfer pour le plus grand nombre. La gloire, le bonheur et les récompenses pour les exceptions : la honte, l'abjection et le châtiment pour presque tous.

Les âmes naturellement bonnes et généreuses, qui tombent dans cette erreur, en sont punies par une éternelle tristesse. Il n'appartient qu'aux insensibles ou aux stupides d'en prendre leur parti. La princesse de Roswald souffrait de ce fatalisme catholique, dont elle ne pouvait secouer les arrêts farouches. Elle avait pris une habitude de gravité solennelle et sentencieuse qu'elle communiqua peu à peu à son fils, pour le fond sinon pour la forme. Le jeune Karol ne connut donc point la gaieté, l'abandon, la confiance aveugle et salutaire de l'enfance. À vrai dire, il n'eut point d'enfance : ses pensées tournèrent à la mélancolie, et lors même que vint l'âge d'être romanesque, ce ne furent que des romans sombres et douloureux qui remplirent son imagination.

Et malgré cette fausse route que suivait l'esprit de Karol, c'était une adorable nature d'esprit que la sienne. Doux, sensible, exquis en toutes choses, il avait à quinze ans toutes les grâces de l'adolescence réunies à la gravité de l'âge mûr. Il resta délicat de corps comme d'esprit. Mais cette absence de développement musculaire lui valut de conserver une beauté charmante, une physionomie exceptionnelle qui n'avait, pour ainsi dire, ni âge ni sexe. Ce n'était point l'air mâle et hardi d'un descendant de cette race d'antiques magnats, qui ne savaient que boire, chasser et guerroyer; ce n'était point non plus la gentillesse efféminée d'un chérubin couleur de rose. C'était quelque chose comme ces créatures idéales, que la poésie du moyen âge faisait servir à l'ornement des temples chrétiens ; un ange, beau de visage, comme une grande femme triste, pur et svelte de forme comme un jeune dieu de l'Olympe, et pour couronner cet assemblage, une expression à la fois tendre et sévère, chaste et passionnée.

C'était là le fond de son être. Rien n'était plus pur et plus exalté en même temps que ses pensées; rien n'était plus tenace, plus exclusif et plus minutieusement dévoué que ses affections. Si l'on eût pu oublier l'existence du genre humain, et croire qu'il s'était concentré et personnifié dans un seul être, c'est lui qu'on aurait adoré sur les ruines du monde. Mais cet être n'avait pas assez de relations avec ses semblables. Il ne comprenait que ce qui était identique à lui-même, sa mère, dont il était un reflet pur et brillant ; Dieu, dont il se faisait une idée étrange, appropriée à sa nature d'esprit ; et enfin une chimère de femme qu'il créait à son image, et qu'il aimait dans l'avenir sans la connaître.

Le reste n'existait pour lui que comme une sorte de rêve fâcheux auquel il essayait de se soustraire en vivant seul au milieu du monde. Toujours perdu dans ses rêveries, il n'avait point le sens de la réalité. Enfant, il ne pouvait toucher à un instrument tranchant sans se blesser ; homme, il ne pouvait se trouver en face d'un homme différent de lui, sans se heurter douloureusement contre cette contradiction vivante.

Ce qui le préservait d'un antagonisme perpétuel, c'était l'habitude volontaire et bientôt invétérée de ne point voir et de ne pas entendre ce qui lui déplaisait en général, sans toucher à ses affections personnelles. Les êtres qui ne pensaient pas comme lui devenaient à ses yeux comme des espèces de fantômes, et, comme il était d'une politesse charmante, on pouvait prendre pour une bienveillance courtoise ce qui n'était chez lui qu'un froid dédain, voire une aversion insurmontable.

Il est fort étrange qu'avec un semblable caractère le jeune prince pût avoir des amis. Il en avait pourtant, non-seulement ceux de sa mère, qui estimaient en lui le digne fils d'une noble femme, mais encore des jeunes gens de son âge, qui l'aimaient ardemment, et qui se croyaient aimés de lui. Lui-même pensait les aimer beaucoup, mais c'était avec l'imagination plutôt qu'avec le cœur. Il se faisait une haute idée de l'amitié, et, dans l'âge des premières illusions, il croyait volontiers que ses amis et lui, élevés à peu près de la même manière et dans les mêmes principes, ne changeraient jamais d'opinion et ne viendraient point à se trouver en désaccord formel.

Cela arriva pourtant, et, à vingt-quatre ans, qu'il avait lorsque sa mère mourut, il s'était dégoûté déjà de presque tous. Un seul lui resta très-fidèle. C'était un jeune Italien, un peu plus âgé que lui, d'une noble figure et d'un grand cœur ; ardent, enthousiaste ; fort différent, à tous autres égards, de Karol, il avait du moins avec lui ce rapport qu'il aimait avec passion la beauté dans les arts, et qu'il professait le culte de la loyauté chevaleresque. Ce fut lui qui l'arracha de la tombe de sa mère, et qui, l'entraînant sous le ciel vivifiant de l'Italie, le conduisit pour la première fois chez la Floriani.

II.

Mais qu'est-ce donc que la Floriani, deux fois nommée au chapitre précédent, sans que nous ayons fait un pas vers elle?

Patience, ami lecteur. Je m'aperçois, au moment de frapper à la porte de mon héroïne, que je ne vous ai pas assez fait connaître mon héros, et qu'il me reste encore certaines longueurs à vous faire agréer.

Il n'y a rien de plus impérieux et de plus pressé qu'un lecteur de romans ; mais je ne m'en soucie guère. J'ai à vous révéler un homme tout entier, c'est-à-dire un monde, un océan sans bornes de contradictions, de diversités, de misères et de grandeurs, de logique et d'inconséquences, et vous voulez qu'un petit chapitre me suffise ! Oh ! non pas, je ne saurais m'en tirer sans entrer dans quelques détails, et je prendrai mon temps. Si cela vous fatigue, passez, et si, plus tard, vous ne comprenez rien à sa conduite, ce sera votre faute et non la mienne.

L'homme que je vous présente est *lui* et non un autre. Je ne puis vous le faire comprendre en vous disant qu'il était jeune, beau, bien fait et de belles manières. Tous les jeunes premiers de romans sont ainsi, et le mien est un être que je connais dans ma pensée, puisque, réel ou fictif, j'essaie de le peindre. Il a un caractère très-déterminé, et l'on ne peut pas appliquer aux instincts d'un homme les mots sacramentels qu'emploient les naturalistes pour désigner le parfum d'une plante ou d'un minéral, en disant que ce corps exhale une odeur *sui generis*.

Ce *sui generis* n'explique rien, et je prétends que le prince Karol de Roswald avait un caractère *sui generis* qu'il est possible d'expliquer.

Il était extérieurement si affectueux, par suite de sa bonne éducation et de sa grâce naturelle, qu'il avait le don de plaire, même à ceux qui ne le connaissaient pas. Sa ravissante figure prévenait en sa faveur; la faiblesse de sa constitution le rendait intéressant aux yeux des femmes; la culture abondante et facile de son esprit, l'originalité douce et flatteuse de sa conversation lui gagnaient l'attention des hommes éclairés. Quant à ceux d'une trempe moins fine, ils aimaient son exquise politesse, et ils y étaient d'autant plus sensibles, qu'ils ne concevaient pas, dans leur franche bonhomie, que ce fût l'exercice d'un devoir, et que la sympathie y entrât pour rien.

Ceux-là, s'ils eussent pu le pénétrer, auraient dit qu'il était plus aimable qu'aimant; et, en ce qui les concernait, c'eût été vrai. Mais comment eussent-ils deviné cela, lorsque ses rares attachements étaient si vifs, si profonds et si peu récusables?

Ainsi donc, on l'aimait toujours, sinon avec la certitude, du moins avec l'espoir d'être payé de quelque retour. Ses jeunes compagnons, le voyant faible et paresseux dans les exercices du corps, ne songeaient pas à dédaigner cette nature un peu infirme, parce que Karol ne s'en faisait point accroire sous ce rapport. Lorsque, s'asseyant doucement sur l'herbe, au milieu de leurs jeux, il leur disait avec un triste sourire : « Amusez-vous, chers compagnons ; je ne puis ni lutter, ni courir; vous viendrez vous reposer près de moi. » Comme la force est naturellement protectrice de la faiblesse, il arrivait que, parfois, les plus robustes renonçaient généreusement à leur ardente gymnastique, et venaient lui faire compagnie.

Parmi tous ceux qui étaient charmés et comme fascinés par la couleur poétique de ses pensées et la grâce de son esprit, Salvator Albani fut toujours le plus assidu. Ce bon jeune homme était la franchise même ; et, pourtant, Karol exerçait sur lui un tel empire qu'il n'osait jamais le contredire ouvertement, lors même qu'il remarquait de l'exagération dans ses principes et de la bizarrerie dans ses habitudes. Il craignait de lui déplaire et de le voir se refroidir à son égard, comme cela était arrivé pour tant d'autres. Il le soignait comme un enfant, lorsque Karol, plus nerveux et impressionnable que réellement malade, se retirait dans sa chambre pour dérober aux yeux de sa mère son malaise, dont elle se tourmentait trop. Salvator Albani était donc devenu nécessaire au jeune prince. Il le sentait, et lorsqu'une ardente jeunesse le sollicitait de se distraire ailleurs, il sacrifiait ses plaisirs ou il les cachait avec une généreuse hypocrisie, se disant à lui-même que si Karol venait à ne plus l'aimer, il ne souffrirait plus ses soins, et tomberait dans une solitude volontaire et funeste. Ainsi Salvator aimait Karol pour le besoin que ce dernier avait de lui, et il se faisait, par une étrange miséricorde, le complaisant de ses théories opiniâtres et sublimes. Il admirait avec lui le stoïcisme, et, au fond, il était ce qu'on appelle un épicurien. Fatigué d'une folie de la veille, il lisait à son chevet un livre ascétique. Il s'enthousiasmait naïvement à la peinture de l'amour unique, exclusif, sans défaillance et sans bornes, qui devait remplir la vie de son jeune ami.

Il trouvait réellement cela superbe, et pourtant il ne pouvait se passer d'intrigues amoureuses, et il lui cachait le chiffre de ses aventures.

Cette innocente dissimulation ne pouvait durer qu'un certain temps, et peu à peu Karol découvrit avec douleur que son ami n'était pas un saint. Mais lorsque arriva cette épreuve redoutable, Salvator lui était devenu si nécessaire, et il avait été forcé de lui reconnaître tant d'éminentes qualités de cœur et d'esprit, qu'il lui fallut bien continuer à l'aimer ; beaucoup moins, à la vérité, qu'auparavant, mais encore assez pour ne pouvoir se passer de lui. Néanmoins il ne put jamais prendre son parti de ses escapades de jeunesse, et cette affection, au lieu d'être un adoucissement à sa tristesse habituelle, devint douloureuse comme une blessure.

Salvator, qui redoutait la sévérité de la princesse de Roswald encore plus que celle de Karol, lui cacha le plus longtemps possible ce que Karol avait découvert avec tant d'effroi. Une longue et douloureuse maladie à laquelle elle succomba, contribua aussi à la rendre moins clairvoyante dans ses dernières années ; et lorsque Karol la vit froide sur son lit de mort, il tomba dans un tel accablement de désespoir, que Salvator reprit sur lui tout son empire, et fut seul capable de le faire renoncer au dessein de se laisser mourir.

C'était la seconde fois que Karol voyait la mort frapper à ses côtés l'objet de ses affections. Il avait aimé une jeune personne qui lui était destinée. C'était l'unique roman de sa vie, et nous en parlerons en temps et lieu. Il n'avait plus rien à aimer sur la terre que Salvator. Il l'aima ; mais toujours avec des restrictions, de la souffrance, et une sorte d'amertume, en songeant que son ami n'était pas susceptible d'être aussi malheureux que lui.

Six mois après cette dernière catastrophe, la plus sensible et la plus réelle des deux, à coup sûr, le prince de Roswald parcourait l'Italie, en chaise de poste, emporté malgré lui, dans un tourbillon de poussière embrasée, par son courageux ami. Salvator avait besoin de plaisirs et de gaieté ; pourtant il sacrifia tout à celui qu'on appelait devant lui son enfant gâté. Quand on lui disait cela, « dites mon enfant chéri, répondait-il ; mais tout choyé que Roswald ait été par sa mère et par moi, son cœur et son caractère ne se sont gâtés. Il n'est devenu ni exigeant, ni despote, ni ingrat, ni maniaque. Il est sensible aux moindres attentions, et reconnaissant plus qu'il ne faut de mon dévouement. »

Cela était généreux à reconnaître, mais cela était vrai. Karol n'avait point de petits défauts. Il en avait un seul, grand, involontaire et funeste, l'intolérance de l'esprit. Il ne dépendait pas de lui d'ouvrir ses entrailles à un sentiment de charité générale pour élargir son jugement à l'endroit des choses humaines. Il était de ceux qui croient que la vertu est de s'abstenir du mal, et qui ne comprennent pas ce que l'Évangile, qu'ils professent strictement d'ailleurs, a de plus sublime, cet amour du pécheur repentant qui fait éclater plus de joie au ciel que la persévérance de cent justes, cette confiance au retour de la brebis égarée ; en un mot, cet esprit même de Jésus, qui ressort de toute sa doctrine et qui plane sur toutes ses paroles : à savoir que celui qui aime est plus grand, lors même qu'il s'égare, que celui qui va droit, par un chemin solitaire et froid.

Dans le détail de la vie, Karol était d'un commerce plein de charmes. Toutes les formes de la bienveillance prenaient chez lui une grâce inusitée, et quand il exprimait sa gratitude, c'était avec une émotion profonde qui payait l'amitié avec usure. Même dans sa douleur, qui semblait éternelle, et dont il ne voulait pas prévoir la fin, il portait un semblant de résignation, comme s'il eût cédé au désir que Salvator éprouvait de le conserver à la vie.

Par le fait, sa santé délicate n'était pas altérée profondément, et sa vie n'était menacée par aucune désorganisation sérieuse ; mais l'habitude de languir et de ne jamais essayer ses forces, lui avait donné la croyance qu'il ne survivrait pas longtemps à sa mère. Il s'imaginait volontiers qu'il se sentait mourir chaque jour, et, dans cette pensée, il acceptait les soins de Salvator et lui cachait le peu de temps qu'il jugeait devoir en profiter. Il avait un grand courage extérieur, et s'il n'acceptait pas, avec l'insouciance héroïque de la jeunesse, l'idée d'une mort prochaine, il en caressait du moins l'attente avec une sorte d'amère volupté.

Dans cette persuasion, il se détachait chaque jour de l'humanité, dont il croyait déjà ne plus faire partie. Tout le mal d'ici-bas lui devenait étranger. Apparemment, pensait-il, Dieu ne lui avait pas donné mission de s'en inquiéter et de le combattre, puisqu'il lui avait compté si peu de jours à passer sur la terre. Il regardait cela comme une faveur accordée aux vertus de sa mère, et, quand il voyait la souffrance attachée comme un châtiment aux vices des hommes, il remerciait le ciel de lui avoir donné la souffrance sans la chute, comme une épreuve qui devait le purifier de toute la souillure du péché originel. Il s'élançait alors en imagination vers l'autre vie, et se perdait dans des rêves mystérieux. Au fond de tout cela, il y avait la synthèse du dogme catholique; mais, dans les détails, son cerveau de poëte se donnait carrière. Car il faut bien le dire, si ses instincts et ses principes de conduite étaient absolus, ses croyances religieuses étaient fort vagues; et c'était là l'effet d'une éducation toute de sentiment et d'inspiration, où le travail aride de l'examen, les droits de la raison et le fil conducteur de la logique n'étaient entrés pour rien.

Comme il n'avait suivi et approfondi par lui-même aucune étude, il s'était fait dans son esprit de grandes lacunes, que sa mère avait comblées, comme elle l'avait pu, en invoquant la sagesse impénétrable de Dieu et l'insuffisance de la lumière accordée aux hommes. C'était encore là le catholicisme. Plus jeune et plus artiste que sa mère, Karol avait idéalisé sa propre ignorance; il avait meublé, pour ainsi dire, ce vide effrayant avec des idées romanesques; des anges, des étoiles, un vol sublime à travers l'espace, un lieu inconnu où son âme se reposerait à côté de celles de sa mère et de sa fiancée : voilà pour le paradis. Quant à l'enfer, il n'y pouvait pas croire; mais, ne voulant pas le nier, il n'y songeait pas. Il se sentait pur et plein de confiance pour son propre compte. S'il lui avait fallu absolument dire où il reléguait les âmes coupables, il eût placé leurs tourments dans les flots agités de la mer, dans la tourmente des hautes régions, dans les bruits sinistres des nuits d'automne, dans l'inquiétude éternelle. La poésie nuageuse et séduisante d'Ossian avait passé par là, à côté du dogme romain.

La main ferme et franche de Salvator n'osait interroger toutes les cordes de cet instrument subtil et compliqué. Il ne se rendait donc pas bien compte de tout ce qu'il y avait de fort et de faible, d'immense et d'incomplet, de terrible et d'exquis, de tenace et de mobile dans cette organisation exceptionnelle. Si, pour l'aimer, il lui eût fallu le connaître à fond, il y eût renoncé bien vite : car il faut toute la vie pour comprendre de tels êtres : et encore n'arrive-t-on qu'à constater, à force d'examen et de patience, le mécanisme de leur vie intime. La cause de leurs contradictions nous échappe toujours.

Un jour qu'ils allaient de Milan à Venise, ils se trouvèrent non loin d'un lac qui brillait au soleil couchant comme un diamant dans la verdure.

— N'allons pas plus loin aujourd'hui, dit Salvator, qui remarquait sur le visage de son jeune ami une fatigue profonde. Nous faisons de trop longues journées, et nous nous sommes épuisés hier, de corps et d'esprit, à admirer le grand lac de Côme.

— Ah! ne le regrette pas, répondit Karol, c'est le plus beau spectacle que j'aie vu de ma vie. Mais couchons où tu voudras, peu m'importe.

— Cela dépend de l'état où tu te trouves. Pousserons-nous jusqu'au prochain relais, ou bien ferons-nous un petit détour pour aller jusqu'à Iseo, au bord du petit lac? Comment te sens-tu?

— Vraiment, je n'en sais rien!

— Tu n'en sais jamais rien! C'est désespérant! Voyons, souffres-tu?

— Je ne crois pas.
— Mais, tu es fatigué?
— Oui, mais pas plus que je ne le suis toujours.
— Alors, gagnons Iseo; l'air y sera plus doux que sur ces hauteurs.

Ils se dirigèrent donc vers le petit port d'Iseo. Il y avait eu une fête aux environs. Des charrettes, attelées de petits chevaux maigres et vigoureux, ramenaient les jeunes filles endimanchées, avec leur jolie coiffure de statues antiques, le chignon traversé par de longues épingles d'argent, et des fleurs naturelles dans les cheveux. Les hommes venaient à cheval, à âne ou à pied. Toute la route était couverte de cette population enjouée, de ces filles triomphantes, de ces hommes un peu excités par le vin et l'amour, qui échangeaient à pleine voix avec elles des rires et des propos fort joyeux, trop joyeux certainement pour les chastes oreilles du prince Karol. En tout pays, le paysan qui ne se contraint pas et ne change pas sa manière naïve de dire, a de l'esprit et de l'originalité. Salvator, qui ne perdait pas un jeu de mots du dialecte, ne pouvait s'empêcher de sourire aux brusques saillies qui s'entre-croisaient sur le chemin, autour de lui, tandis que la chaise de poste descendait au pas une pente rapide inclinée vers le lac. Ces belles filles, dans leurs carrioles enrubanées, ces yeux noirs, ces fichus flottants, ces parfums de fleurs, les feux du couchant sur tout cela, et les paroles hardies prononcées avec des voix fraîches et retentissantes, le mettaient en belle humeur italienne. S'il eût été seul, il ne lui eût pas fallu beaucoup de temps pour prendre la bride d'un de ces petits chevaux, et pour se glisser dans la carriole la mieux garnie de jolies femmes. Mais la présence de son ami le forçait d'être grave, et, pour se distraire de ses tentations, il se mit à chantonner entre ses dents. Cet expédient ne lui réussit point, car il s'aperçut bientôt qu'il répétait, malgré lui, un air de danse qu'il avait saisi au vol d'un essaim de villageoises qui le fredonnaient en souvenir de la fête.

III.

Salvator avait réussi à garder son sang-froid, jusqu'à ce qu'une grande brune, passant à cheval, non loin de la calèche, jambe de çà, jambe de là, lui montra avec un peu trop de confiance son muscle rebondi surmonté d'une jarretière élégante. Il lui fut impossible de retenir une exclamation et de ne pas pencher la tête hors de la voiture, pour suivre de l'œil cette jambe nerveuse et bien tournée.

— Est-elle donc tombée? lui dit le prince, apercevant sa préoccupation.

— Tombée, quoi? répondit le jeune fou; la jarretière?

— Quelle jarretière? Je parle de la femme qui passait à cheval. Que regardes-tu?

— Rien, rien, répliqua Salvator, qui n'avait pu s'empêcher de soulever son bonnet de voyage pour saluer cette jambe. Dans ce pays de courtoisie, il faudrait toujours avoir la tête nue. Et il ajouta, en se rejetant au fond de la voiture : « C'est fort coquet, une jarretière rose vif bordée de bleu-lapis. »

Karol n'était point pédant en paroles; il ne fit aucune réflexion, et regarda le lac étincelant où brillaient, certes, de plus splendides couleurs que celles des jarretières de la villageoise.

Salvator comprit son silence et lui demanda, comme pour s'excuser de ses yeux, s'il n'était pas frappé de la beauté de la race humaine dans cette contrée.

— Oui, répondit Karol avec une intention complaisante : j'ai remarqué qu'il y avait par ici beaucoup de statuaire antique dans les formes. Mais tu sais que je ne m'y connais pas beaucoup.

— Je le nie; tu comprends admirablement le beau, et je t'ai vu en extase devant des échantillons de la statuaire antique.

— Un instant! il y a antique et antique; j'aime le bel

art pur, élégant, idéal du Parthénon. Mais je n'aime pas, ou du moins je ne comprends pas la lourde musculature de l'art romain et les formes accusées de la décadence. Ce pays-ci est tourné au matérialisme, la race s'en ressent. Cela ne m'intéresse point.

— Quoi ! franchement, la vue d'une belle femme ne charme pas tes regards, ne fût-ce qu'un instant... quand elle passe ?

— Tu sais bien que non. Pourquoi t'en étonner ? Moi, j'ai accepté ton admiration facile et banale pour toutes les femmes tant soit peu belles qui passent devant toi. Tu es pressé d'aimer, et cependant, celle qui doit s'emparer de ton être ne s'est pas encore présentée à tes regards. Elle existe, sans doute, celle que Dieu a créée pour toi; elle t'attend, et toi tu la cherches. C'est ainsi que je m'explique tes amours insensés, tes brusques dégoûts, et toutes ces tortures de l'âme que tu appelles tes plaisirs. Mais, quant à moi, tu sais bien que j'avais rencontré la compagne de ma vie. Tu sais bien que je l'ai connue, tu sais bien que je l'aimerai toujours dans la tombe, comme je l'ai aimée sur la terre. Comme rien ne peut lui ressembler, comme personne ne me la rappellerait, je ne regarde pas, je ne cherche pas : je n'ai pas besoin d'admirer ce qui existe en dehors du type que je porte éternellement parfait, éternellement vivant dans ma pensée.

Salvator eut envie de contredire son ami; mais il craignit de le voir s'animer sur un pareil sujet, et retrouver, pour la discussion, une force fébrile qu'il redoutait plus pour lui que la langueur de la fatigue. Il se contenta de lui demander s'il était bien sûr de ne jamais aimer une autre femme.

— Comme Dieu lui-même ne saurait créer un second être aussi parfait que celui qu'il m'avait destiné dans sa miséricorde infinie, il ne permettra pas que je m'égare jusqu'à tenter d'aimer une seconde fois.

— La vie est longue, pourtant ! dit Salvator d'un ton de doute involontaire, et l'on n'est pas à vingt-quatre ans qu'on peut faire un pareil serment.

— On n'est pas toujours jeune à vingt-quatre ans ! répondit Karol. Puis il soupira et tomba dans le silence de la méditation. Salvator vit qu'il avait réveillé cette idée d'une mort prématurée, dont son ami se nourrissait comme d'un poison. Il feignit de ne pas le deviner sur ce point, et il essaya de le distraire en lui montrant la jolie vallée dont le lac occupe le fond.

Le petit lac d'Iseo n'a rien de grandiose dans son aspect, et ses abords sont doux et frais comme une églogue de Virgile. Entre les montagnes qui forment ses horizons et les rides molles et lentes que la brise trace sur ses bords, il y a une zone de charmantes prairies, littéralement émaillées des plus belles fleurs champêtres que produise la Lombardie. Des tapis de safran d'un rose pur jonchent ses rives, où l'orage ne pousse jamais avec fracas la vague irritée. De légères et rustiques embarcations glissent sur des ondes paisibles, où s'effeuillent les fleurs du pêcher et de l'amandier.

Au moment où les deux jeunes voyageurs descendirent de voiture, plusieurs bateaux levaient leurs amarres, et les habitants des paroisses riveraines, que leurs chevaux et leurs charrettes avaient ramenés de la fête, s'élançaient, en riant et en chantant, sur ces esquifs qui devaient faire le tour du lac et descendre chaque groupe à son domicile. On poussait les charrettes toutes chargées d'enfants et de jeunes filles bruyantes sur les grosses barques ; de jeunes couples sautaient sur les nacelles et se défiaient *alla regata*. Suivant l'habitude de la localité, pour empêcher les chevaux, fumants de sueur, de s'enrhumer durant la traversée, on les plongeait préalablement dans les eaux glaciales de la plage, et ces animaux courageux paraissaient prendre grand plaisir à cette immersion.

Karol s'assit sur une souche au bord de l'eau, pour contempler, non cette scène animée et pittoresque, mais les vagues horizons bleuâtres de la chaîne Alpestre. Salvator était entré dans la *locanda* pour choisir les chambres.

Mais il revint bientôt avec une figure contrariée : le gîte était abominable, brûlant, infect, encombré d'ivrognes et d'animaux qui se querellaient. Il n'y avait pas moyen de se reposer là des fatigues d'une journée de voyage.

Le prince, quoiqu'il souffrît plus que personne de l'angoisse d'une mauvaise nuit, prenait ordinairement ces sortes de contrariétés avec une insouciance stoïque. Cependant, cette fois, il dit à son jeune ami, avec un air d'inquiétude étrange : « J'avais un pressentiment que nous ferions mieux de ne pas venir coucher ici. »

— Un pressentiment à propos d'une mauvaise auberge ? s'écria Salvator, que le fâcheux succès de son idée irritait un peu contre lui-même et par conséquent contre le prochain : ma foi, quand il s'agit d'éviter la vermine d'une sale locanda et la puanteur d'une laide cuisine, j'avoue que je n'ai point de ces subtiles perceptions et de ces avertissements mystérieux.

— Ne te moque pas de moi, Salvator, reprit le prince avec douceur. Il ne s'agit point de ces puérilités-là, et tu sais fort bien que j'en prends mon parti mieux que toi-même.

— Eh ! c'est peut-être à cause de toi que je n'en prends pas mon parti !

— Je le sais, mon bon Salvator ; ne te tourmente donc pas, et partons !

— Comment, partons ! nous avons faim, et il y a là du moins des truites superbes qui sautent dans la friture. Je ne me laisse pas décourager si vite, soupons d'abord, faisons-nous servir là, en plein air, sous ces caroubiers. Et puis je courrai tout le village et je trouverai bien une maison un peu plus propre que l'auberge, une chambre pour toi, au moins ; fût-ce chez le médecin ou l'avocat de la contrée ! Il y a bien un curé, ici !

— Ami, tu ne veux pas me comprendre, tu t'occupes d'enfantillages... Tu sais que je n'ai pas de caprices, n'est-il pas vrai ? Eh bien ! une seule fois, pardonne-m'en un bizarre... Je me sens mal ici ; cet air m'inquiète, ce lac m'éblouit. Il y croît peut-être quelque herbe vénéneuse mortelle pour moi... Allons coucher ailleurs. J'ai un pressentiment sérieux que je ne devais pas venir ici. Quand les chevaux ont quitté la route de Venise et pris sur la gauche, il m'a semblé qu'ils résistaient : ne l'as-tu pas remarqué ? — Enfin, ne me crois pas atteint de folie, ne me regarde pas d'un air effrayé ; je suis calme, je suis résigné, si tu le veux, à de nouveaux malheurs... mais à quoi bon les braver, quand il est temps encore de les fuir ?

Salvator Albany était effrayé, en effet, du ton sérieux et pénétré avec lequel Karol disait ces paroles étranges. Comme il le croyait plus faible qu'il ne l'était réellement, il s'imagina qu'il allait tomber gravement malade, et qu'un secret malaise l'en avertissait. Mais il ne pensait pas que le lieu y fût pour quelque chose, lorsque la nature, la race humaine, le ciel et la végétation étaient luxuriants autour de lui. Il ne voulait pourtant pas heurter son caprice, mais il se demandait si un nouveau relais, fourni à jeun et après une longue journée, ne hâterait pas l'explosion du mal.

Le prince vit son hésitation et se rappela ce que le bon Salvator avait déjà oublié, c'est qu'il mourait de faim. Dès lors, sacrifiant toute sa répugnance, et imposant silence à son imagination, il prétendit qu'il avait faim lui-même, et qu'avant de quitter Iseo, il fallait pourtant souper.

Cet accommodement rassura un peu Salvator. « S'il a faim, pensa-t-il, il n'est pas sous le coup d'une maladie imminente, et peut-être que cette pensée de détresse qui s'est emparée de lui est le résultat d'une faim excessive dont il ne se rendait pas compte, une sorte de défaillance morale et physique. Mangeons, et puis nous verrons ! »

Le souper était meilleur que l'auberge ne semblait l'annoncer, et on le servit dans le jardin de l'hôtelier, sous une fraîche tonnelle, qui masquait un peu l'éclat du lac, et où Karol se sentit réellement plus calme. Grâce à la mobilité de son tempérament et de son humeur, il man

Il y avait eu une fête aux environs. (Page 6.)

gea avec plaisir et oublia l'inexplicable effroi qui l'avait saisi quelques instants auparavant.

Pendant que l'hôte leur servait le café, Salvator l'interrogea sur les habitants de la ville, et reconnut avec chagrin qu'il n'en connaissait pas un seul, et qu'il n'y avait guère moyen d'aller demander l'hospitalité dans une maison plus propre et plus paisible que la locanda.

— Ah! dit-il, en soupirant, j'ai eu une bien bonne amie, qui était de ce pays-ci, et qui m'en avait tant parlé que cela m'a peut-être influencé à mon insu, lorsque la fantaisie d'y venir coucher m'est venue. Mais je vois bien que ma pauvre Floriani en avait gardé un souvenir poétique tout à fait dénué de réalité. Il en est ainsi de tous nos souvenirs d'enfance.

— Sans doute que Votre Excellence, dit l'hôte, qui avait écouté les paroles de Salvator, veut parler de la fameuse Floriani, celle qui, de pauvre paysanne qu'elle était, est devenue riche et célèbre dans toute l'Italie?

— Vraiment oui, s'écria Salvator; vous l'avez peut-être connue autrefois ici, car je ne sache pas qu'elle soit revenue dans son pays depuis qu'elle l'a quitté toute jeune?

— Pardon, seigneurie. Elle est revenue il y a environ un an et elle y est à cette heure. Sa famille lui a tout pardonné, et ils vivent très-bien ensemble maintenant... Tenez, là-bas, sur l'autre rive du lac, vous pouvez voir d'ici la chaumière où elle a été élevée, et la jolie villa qu'elle a achetée tout à côté. Cela ne fait plus qu'une seule dépendance avec le parc et les prairies. Oh! c'est une bonne propriété, et elle l'a payée à beaux deniers comptants, au vieux Ranieri, vous savez... l'avare? le père de celui qui l'avait enlevée, de son premier amant?

— Vous en savez ou vous en supposez plus long que moi sur les aventures de sa jeunesse, répondit Salvator; moi je ne sais d'elle qu'une chose : c'est qu'elle est la femme la plus intelligente, la meilleure et la plus digne que j'ai rencontrée. Vive Dieu! elle est donc ici? Ah! la bonne nouvelle! Nous sommes sauvés, Karol; nous allons lui demander asile, et si tu veux être aimable pour moi, tu feras connaissance, de bonne grâce, avec ma chère Floriani. Mais on ne sait pas à Milan qu'elle habite ce pays-ci! On m'a dit que je la trouverais à Venise ou aux environs...

Il était assis à sa porte... (Page 14.)

— Oh! elle vit comme cachée, dit l'hôte, c'est sa fantaisie du moment. Cependant, on la connaît bien ici, car elle fait du bien; elle est très-bonne, la signora!

— Eh vite, eh vite, une barque! s'écria Salvator, sautant de joie. Ah! l'agréable surprise! Et moi qui n'avais pas l'heureux pressentiment de la retrouver ici!

Ce mot fit tressaillir Karol. — Les pressentiments, dit-il, agissent sur nous à notre insu, et nous poussent où ils veulent.

Mais le pétulant Albani ne l'écoutait pas. Il s'agitait, il criait, il faisait approcher une barque, il y jetait une valise, il recommandait la voiture et les paquets à son domestique, qui devait rester à l'auberge d'Iseo, et il entraînait le jeune prince sur le plancher vacillant de la nacelle.

Il était si pressé d'arriver, et la vivacité de son caractère dominait si fort, en cet instant, la contrainte qu'il s'imposait souvent pour ne pas froisser la tristesse de son ami, qu'il prit un aviron et rama lui-même avec le batelier, chantant comme un oiseau, et menaçant, par le déchaînement de sa gaieté impétueuse, de faire chavirer le bateau.

IV.

Ce ne fut qu'à la moitié du lac qu'il remarqua un redoublement de pâleur sur le visage de Karol. Il quitta le gouvernail, et s'asseyant auprès de lui : — Cher prince, lui dit-il, tu es mécontent de moi, je le crains! Tu n'aurais pas voulu faire cette nouvelle connaissance... mais que veux-tu? en voyage, il faut bien un peu déroger à ses habitudes. Je t'avais promis de ne pas te tourmenter à cet égard... J'ai tout oublié... j'étais si content!

— Je te pardonne tout, j'accepte tout, répondit le prince avec calme. L'amitié vit de sacrifices. Tu m'en as tant fait, que je t'en dois bien quelques-uns... Quoique pourtant... j'espérais que tu ne me mènerais jamais chez une femme de mauvaise vie!

— Tais-toi, tais-toi, s'écria Salvator en lui saisissant la main avec force; ne te sers pas de ces mots qui froissent et qui blessent! Si un autre que toi parlait d'elle ainsi...

— Pardonne-moi, reprit Karol; je ne songeais pas qu'elle était..... qu'elle avait dû être ta maîtresse!

— Ma maîtresse, à moi! repartit Salvator avec vivacité; ah! je l'aurais bien voulu! mais elle en aimait un autre alors, et qui sait, d'ailleurs, si je lui aurais plu, quand même je l'aurais connue libre? Non, Karol, je n'ai pas été son amant; et, comme j'étais l'ami de celui q 'elle avait quand nous nous sommes connus (c'était un Foscari, un brave jeune homme!), comme je la savais loyale et fidèle, je n'ai jamais songé à la désirer. Oh! si elle vivait seule aujourd'hui, comme on me l'a dit à Milan... et si elle voulait m'aimer!... Mais non! Tiens, ne fronce pas le sourcil : je ne crois pas qu'il m'arrive de m'enflammer pour elle. Il y a bien longtemps que je ne l'ai vue. Elle n'est peut-être plus belle... Et d'ailleurs mon cœur et mes sens avaient pris l'habitude d'être calmes auprès d'elle. Mon imagination aurait un grand effort à faire pour passer de l'estime et du respect... Pourtant je ne suis pas hypocrite, je ne voudrais pas jurer!... Quand l'amitié est immense, d'un homme à une femme... Mais probablement si elle vit seule, elle aime un absent. Il est impossible que cette généreuse créature vive sans amour; et, alors, je n'aurai pas une mauvaise pensée auprès d'elle. Je ne voudrais pour rien au monde perdre son amitié!...

— D'après toutes ces tergiversations, dit le prince avec un sourire mélancolique, je vois que je risque de te perdre, et que mon pressentiment de malheur pourrait bien n'être pas un rêve.

— Ton pressentiment! ah! tu y reviens! je l'avais oublié. Eh bien! s'il t'annonce que je vais m'arrêter chez une enchanteresse et que je te laisserai partir seul, il ment avec impudence. Non, non, Karol, ta santé, ton désir, notre voyage avant tout! Si ton pressentiment avait une figure, je lui donnerais un soufflet!

Les deux amis s'entretinrent encore quelques instants de la Floriani. Le prince, venant en Italie pour la première fois, ne l'avait jamais vue, et ne connaissait d'elle que la renommée de son talent et l'éclat de ses aventures. Salvator parlait d'elle avec enthousiasme; mais comme il ne faut pas toujours s'en rapporter aux amis, nous dirons nous-même au lecteur ce qu'il doit savoir, pour le moment, de notre héroïne.

Lucrezia Floriani était une actrice d'un talent pur, élevé, suffisamment tragique, toujours émouvant et sympathique quand elle jouait un rôle bien fait, exquis, admirable, dans tous les détails de pantomime, créations ingénieuses à l'aide desquelles l'acteur fait souvent valoir le vrai poète, et trouve grâce pour le faux. Elle avait eu de grands succès, non-seulement comme actrice, mais encore comme auteur; car elle avait porté la passion de son art jusqu'à oser faire des pièces de théâtre; d'abord en collaboration avec quelques amis lettrés, et enfin seule et sous sa propre inspiration. Ses pièces avaient réussi, non qu'elles fussent des chefs-d'œuvre, mais parce qu'elles étaient simples, d'un sentiment vrai, bien dialoguées, et qu'elle les jouait elle-même. Elle ne s'était jamais fait nommer après les représentations; mais son secret, pour le coup, était celui de la comédie, et le public la nommait lui-même au milieu des couronnes et des applaudissements qu'il lui prodiguait.

A cette époque, et dans ce pays-là, la critique des journaux n'avait pas un grand développement. La Floriani avait beaucoup d'amis, on était indulgent pour elle. Le parterre des villes d'Italie lui décernait de bruyantes ovations de famille. On l'aimait; et s'il est probable que sa gloire d'auteur lui ait été très-bénévolement accordée, il est certain du moins que, par son caractère, elle méritait cette indulgence et cette affection. Il n'y eut jamais de personne plus désintéressée, plus sincère, plus modeste et plus libérale. Je ne sais plus si c'est à Vérone ou à Pavie qu'elle eut la direction d'un théâtre et forma une troupe. Elle se fit estimer de tous ceux qui traitèrent avec elle, adorer de ceux qui eurent besoin de son assistance, et le public l'en récompensa. Elle fit d'assez bonnes affaires, et dès qu'elle se vit en possession d'une aisance assurée, elle quitta le théâtre, quoique dans tout l'éclat de son talent et de ses charmes. Elle vécut quelques années à Milan, dans un monde d'artistes et de littérateurs. Sa maison était agréable, et sa conduite tellement honorable et digne (ce qui ne veut pas dire qu'elle fût très-régulière), que des femmes du monde la fréquentèrent avec sympathie et même avec un certain sentiment de déférence.

Mais tout à coup elle quitta le monde et la ville, et se retira au bord du lac d'Iseo, où nous la retrouvons maintenant.

Au fond des motifs qui la poussèrent dans ces directions diverses, vers cet épanouissement de talent dramatique et littéraire, et vers ce dégoût subit du monde et du bruit, vers cette activité d'administration théâtrale, et vers cette paresse d'une vie champêtre ; il y avait, n'en doutez pas, une succession ininterrompue d'histoires d'amour. Je ne vous les raconterai pas maintenant, ce serait trop long et sans intérêt direct. Je ne perdrai pas de temps non plus à vous faire saisir les nuances d'un caractère aussi clair et aussi aisé à connaître que celui de la Floriani était chatoyant et indéfinissable. Vous apprécierez, comme vous l'entendrez, ce naturel élémentaire, limpide dans ses travers comme dans ses qualités. Il est certain que je ne vous cacherai rien de la Floriani, par pruderie et crainte de vous déplaire. Ce qu'elle avait été, ce qu'elle était, elle le disait à qui le lui demandait avec amitié. Et, si quelqu'un l'interrogeait par curiosité pure, avec des ménagements ironiques, pour se venger de cette impertinente bienveillance, elle prenait plaisir à le scandaliser par sa franchise.

Nous ne saurions la mieux définir qu'elle ne le fit elle-même un jour, en répondant en bon français à un vieux marquis :

— « Vous êtes un peu embarrassé, lui disait-elle, pour savoir de quel terme, reçu dans votre langue, vous pourriez qualifier une femme comme moi. Diriez-vous que je suis une *courtisane* ? Je ne crois pas, puisque j'ai toujours donné à mes amants, et que je n'ai jamais rien reçu, même de mes amis. Je ne dois mon aisance qu'à mon travail, et la vanité ne m'a pas plus éblouie que la cupidité ne m'a égarée. Je n'ai eu que des amants, non-seulement pauvres, mais encore obscurs.

« Diriez-vous que je suis une *femme galante* ? Les sens ne m'ont jamais emportée avant le cœur, et je ne comprends seulement pas le plaisir sans une affection enthousiaste.

« Enfin, suis-je une femme de *mauvaise vie*, de *mœurs relâchées* ? Il faut savoir ce que vous entendez par là. Je n'ai jamais cherché le scandale. J'en ai peut-être fait sans le vouloir et sans le savoir. Je n'ai jamais aimé deux hommes à la fois ; je n'ai jamais appartenu de fait et d'intention qu'à un seul pendant un temps donné, suivant la durée de ma passion. Quand je ne l'aimais plus, je ne le trompais pas. Je rompais avec lui d'une manière absolue. Je lui avais juré, il est vrai, dans mon enthousiasme, de l'aimer toujours ; j'étais de la meilleure foi du monde en le jurant. Toutes les fois que j'ai aimé, ç'a été de si grand cœur, que j'ai cru que c'était la première et la dernière fois de ma vie.

« Vous ne pouvez pas dire pourtant que je sois une femme honnête. Moi, j'ai la certitude de l'être. Je prétends même, devant Dieu, être une femme vertueuse ; mais je sais que, dans vos idées et devant l'opinion, c'est un blasphème de ma part. Je ne m'en soucie point ; j'abandonne ma vie au jugement du monde, sans me révolter contre lui, sans trouver qu'il ait tort dans ses lois générales, mais sans reconnaître qu'il ait raison contre moi.

« Vous trouvez sans doute que je me traite fort bien, et que j'ai une belle dose d'orgueil ? D'accord. J'ai un grand orgueil pour moi-même, mais je ne suis point de vanité ; et on peut dire de moi tout le mal possible, sans m'offenser, sans m'affliger le moins du monde. Je n'ai pas combattu mes passions. Si j'ai mal fait, j'en ai été, et punie et récompensée, par ces passions même. J'y devais perdre ma réputation, je m'y attendais, j'en ai fait le sacrifice à l'amour, cela ne regarde que moi. De quel droit les gens qui condamnent disent-ils que l'exemple est dangereux? Du moment que le coupable est condamné, il est exécuté. Il ne peut donc plus nuire, et ceux qui seraient tentés de l'imiter, sont suffisamment avertis par sa punition. »

Karol de Roswald et Salvator Albani débarquèrent à l'entrée du parc, auprès de la chaumière que l'aubergiste d'Iseo leur avait montrée. C'est dans cette cabane que la Floriani était née, et son père, un vieux pêcheur à cheveux blancs, l'occupait encore. Rien n'avait pu le décider à quitter cette pauvre demeure, où il avait passé sa vie et où l'habitude le retenait; mais il avait consenti à ce qu'elle fût réparée, assainie, solidifiée et mise à l'abri du flot par une jolie terrasse rustique tout ornée de fleurs et d'arbustes. Il était assis à sa porte parmi les iris et les glaïeuls, et occupait les derniers instants du jour à raccommoder ses filets; car, bien que son existence fût désormais assurée, et que sa fille veillât pieusement, non-seulement à tous ses besoins, mais encore à surprendre les rares fantaisies de superflu qu'il pouvait avoir, il gardait les habitudes et les goûts parcimonieux du paysan, et ne réformait aucun instrument de son travail, tant qu'il pouvait en faire encore le moindre usage.

V.

Karol remarqua la belle figure un peu dure de ce vieillard, et, ne songeant point que ce pût être le père de *la signora*, il le salua et se disposa à passer outre. Mais Salvator s'était arrêté à contempler la pittoresque chaumière et le vieux pêcheur qui, avec sa barbe blanche un peu jaunie par le soleil, ressemblait à une divinité limoneuse des rivages. Les souvenirs que, maintes fois, la Floriani lui avait retracés, les larmes aux yeux, et avec l'éloquence du repentir, repassèrent confusément dans son esprit; les traits austères du vieillard lui semblaient aussi conserver quelque ressemblance avec ceux de la belle jeune femme; il le salua par deux fois et alla essayer d'ouvrir la grille du parc, située à dix pas de là, non sans tourner plusieurs fois la tête vers le pêcheur, qui le suivait des yeux avec un air d'attention et de méfiance.

Quand celui-ci vit que les deux jeunes seigneurs tentaient réellement de pénétrer dans la demeure de la Floriani, il se leva et leur cria, d'un ton peu accueillant, qu'on n'entrait point là, et que ce n'était pas une promenade publique.

— Je le sais fort bien, mon brave, répondit Salvator; mais je suis un ami intime de la signora Floriani, et je viens pour la voir.

Le vieillard approcha et le regarda avec attention. Puis il reprit : — Je ne vous connais pas. Vous n'êtes pas du pays?

— Je suis de Milan, et je vous dis que j'ai l'honneur d'être lié avec la signora. Voyons, par où faut-il entrer?

— Vous n'entrerez pas comme cela ! Vous attend-on? Savez-vous si on voudra vous recevoir? Comment vous nommez-vous?

— Le comte Albani. Et vous, mon brave, voulez-vous me dire votre nom? Ne seriez-vous pas, par hasard, un certain honnête homme, qu'on appelle Renzo..., ou Beppo..., ou Checco Menapace?

— Renzo Menapace, oui, c'est moi, en vérité, dit le vieillard en se découvrant, par suite de l'habitude qu'ont les gens du peuple de s'incliner, en Italie, devant les titres. D'où me connaissez-vous, signor? Je ne vous ai jamais vu.

— Ni moi non plus; mais votre fille vous ressemble, et je savais bien son véritable nom.

— Un meilleur nom que celui qu'ils lui donnent maintenant ! Mais enfin le pli en est pris, et ils l'appellent tous d'un nom de guerre ! Ah çà! vous voulez donc la voir? Vous venez exprès?

— Mais, sans aucun doute, avec votre permission. J'espère qu'elle voudra bien nous recommander à vous, et que vous ne repentirez pas de nous avoir ouvert la porte. Je présume que vous en avez la clef?

— Oui, j'en ai la clef, et pourtant, Seigneuries, je ne peux vous ouvrir. Ce jeune seigneur est avec vous?...

— Oui, c'est le prince de Roswald, dit Salvator, qui n'ignorait pas l'ascendant des titres.

Le vieux Menapace salua plus profondément encore, quoique sa figure restât froide et triste. — Seigneurs, dit-il, ayez la bonté de venir chez moi et d'y attendre que j'aie envoyé mon serviteur prévenir ma fille, car je ne peux pas vous promettre qu'elle soit disposée à vous voir.

— Allons, dit Salvator au prince, il faut nous résigner à attendre. Il paraît que la Floriani a maintenant la manie de se cloîtrer; mais, comme je ne doute pas que nous ne soyons bien reçus, allons un peu voir sa chaumière natale. Ce doit être assez curieux.

— Il est fort curieux, en effet, qu'elle habite un palais, aujourd'hui, et qu'elle laisse son père sous le chaume, répondit Karol.

— Plaît-il, seigneur prince? dit le vieillard, qui se retourna, d'un air mécontent, à la grande surprise des deux jeunes gens; car ils avaient l'habitude de parler allemand ensemble, et Karol s'était exprimé dans cette langue.

— Pardonnez-moi, reprit Menapace, si je vous ai entendu; j'ai toujours eu l'oreille fine, et c'est pour cela que j'étais le meilleur pêcheur du lac, sans parler de la vue, qui était excellente, et qui n'est pas encore trop mauvaise.

— Vous entendez donc l'allemand? dit le prince.

— J'ai servi longtemps comme soldat, et j'ai passé des années dans votre pays. Je ne pourrais pas bien parler votre langue, mais je l'entends encore un peu, et vous me permettrez de vous répondre dans la mienne. Si je n'habite pas le palais de ma fille, c'est que j'aime ma chaumière, et si elle n'habite pas ma chaumière avec moi, c'est que le local est trop petit, et que nous nous gênerions l'un l'autre. D'ailleurs, j'ai l'habitude de demeurer seul, et c'est à mon corps défendant que je souffre auprès de moi le serviteur qu'elle a voulu me donner, sous prétexte qu'à mon âge, on peut avoir besoin d'un aide. Heureusement c'est un bon garçon, je l'ai choisi moi-même, et je lui apprends l'état de pêcheur. Allons, Biffi, quitte un moment ton souper, mon enfant, et va dire à la signora que deux seigneurs étrangers demandent à la voir. — Vos noms encore une fois, s'il vous plaît, Seigneuries?

— Le mien suffira, répondit Albani, qui avait suivi avec Karol le vieux Menapace jusqu'à l'entrée de sa cabane. Il tira de son portefeuille une carte de visite qu'il remit au jeune gars, chargé du service du pêcheur. Biffi partit à toutes jambes, après que son maître lui eut remis une clef qu'il tenait cachée dans sa ceinture.

— Voyez-vous, Seigneuries, dit Menapace à ses hôtes en leur présentant des chaises rustiques qu'il avait garnies et tressées lui-même avec les herbes aquatiques du rivage, il ne faut pas croire que je ne sois pas bien traité par ma fille. Sous le rapport de l'assistance, de l'amitié et des soins, je n'ai qu'à me louer d'elle. Seulement, vous comprenez? je ne peux pas changer de manière de vivre à mon âge, et tout l'argent qu'elle m'envoyait, lorsqu'elle était au théâtre, je l'ai employé un peu plus utilement qu'à me faire loger, à me faire habiller et à me bien nourrir. Ces choses-là ne sont pas dans mes goûts. J'ai acheté de la terre, parce que cela est bon; cela reste, et cela lui reviendra quand je n'y serai plus. Je n'ai pas d'autre enfant qu'elle. Elle n'aura donc pas à se repentir de tout ce qu'elle a fait pour moi. Son devoir était de me faire part de sa richesse, je l'ai toujours rempli; le mien est de faire prospérer cet argent-là, de le bien placer et de le lui restituer en mourant. J'ai toujours été l'esclave du devoir.

Cette façon étroite et intéressée du vieillard d'envisager ses rapports avec sa fille, fit sourire Salvator.

— Je suis bien sûr, dit-il, que votre fille ne compte pas de cette sorte avec vous, et qu'elle ne comprend rien à votre système d'économie.

— Il n'est que trop vrai qu'elle n'y comprend rien, la

pauvre tête, répondit Menapace avec un soupir; et si je l'écoutais, je mangerais tout, je mènerais une vie de prince, comme elle, avec elle, et avec tous ceux à qui elle jette l'argent à pleines mains. Que voulez-vous? nous ne pouvons pas nous entendre là-dessus. Elle est bonne, elle m'aime, elle vient me voir dix fois le jour, elle m'apporte tout ce qu'elle peut imaginer pour me faire plaisir. Si je tousse ou si j'ai mal à la tête, elle passe les nuits auprès de moi. Mais tout cela n'empêche pas qu'elle n'ait un grand défaut et qu'elle ne soit pas bonne mère, comme je le voudrais !

— Comment ! elle n'est pas bonne mère? s'écria Salvator, qui avait bien de la peine à garder son sérieux devant la morale parcimonieuse du paysan. Je l'ai vue au sein de sa famille, et je pense que vous vous trompez, signor Menapace !

— Oh ! si vous trouvez qu'une bonne mère de famille doive caresser, soigner, amuser, gâter ses enfants, et pas davantage, soit; mais je ne suis pas content de voir qu'on ne leur refuse jamais rien, qu'on habille les petites filles comme des princesses, avec des robes de soie, qu'on permette au garçon d'avoir déjà des chiens, des chevaux, une barque, un fusil, comme à un homme ! Ce sont de bons enfants, j'en conviens, et très-jolis; mais ce n'est pas une raison pour leur donner tout ce qu'ils veulent, comme si cela ne coûtait rien ! Je vois bien qu'on va manger au moins trente mille francs par an dans la maison, tant en plaisirs et en maîtres aux enfants qu'en livres, en musique, en promenades, en cadeaux, en folies de tout genre. Et les aumônes donc ! C'est scandaleux ! Tous les estropiés, tous les vagabonds du pays ont appris le chemin de la maison, qu'ils ne connaissaient guère, certes, du temps du vieux Ranieri, l'ancien propriétaire ! Voilà un homme qui entendait bien ses intérêts, et qui faisait des économies dans sa terre, tandis que ma fille s'y ruinera si elle ne m'écoute !

L'avarice du vieillard causait un profond dégoût au prince; mais Salvator s'en amusait plus qu'il n'en était indigné. Il connaissait bien la nature du paysan, cette âpreté à conserver, cette dureté envers soi-même, cette soif d'acquérir des fonds sans jamais jouir des revenus, cette crainte de l'avenir qui s'étend pour les vieillards laborieux et pauvres au delà du tombeau. Il ne put cependant se défendre d'un peu de mécontentement en entendant Menapace invoquer le souvenir du vieux Ranieri, qui avait joué un si vilain rôle dans l'histoire de la Floriani.

— Ce Ranieri, si je me souviens bien de ce que m'a raconté Lucrezia, dit-il, était un ignoble ladre. Il avait maudit, et voulait déshériter son fils, parce que celui-ci voulait épouser votre fille !

— Il nous a causé du chagrin, c'est vrai, reprit le vieillard sans s'émouvoir; mais à qui la faute? A ce jeune fou, qui voulait épouser une pauvre paysanne. Dans ce temps-là, la Lucrezia n'avait rien ; elle avait appris de sa marraine, madame Ranieri, bien des choses inutiles, la musique, les langues, la déclamation....

— .... Choses qui lui ont assez bien servi depuis, pourtant ! dit Salvator en l'interrompant.

— Choses qui l'ont perdue ! reprit l'inflexible vieillard. Il eût mieux valu que la vieille Ranieri, qui ne pouvait rien lui donner pour l'établir, ne l'eût pas prise en si grande amitié, et qu'elle l'eût laissée paysanne, raccommodeuse de filets, fille de pêcheur, comme elle l'était, et femme de pêcheur, comme elle pouvait le devenir. Car j'en savais un bon, qui avait une bonne maison, deux grandes barques, un joli pré, des vaches.. Oui ! oui ! un excellent parti, Pietro Mangiafoco, qui l'aurait épousée si elle avait voulu entendre raison. Au lieu qu'en l'instruisant et en la rendant si belle et si savante, sa marraine a été cause de tout le mal qui s'en est suivi. Memmo Ranieri, son fils, est devenu fou de Lucrezia, et, ne pouvant l'épouser, il l'a enlevée. C'est comme cela que ma fille a été séparée de moi, et c'est pour cela que, pendant douze ans, je n'ai pas voulu entendre parler d'elle.

— Si ce n'est pour recevoir l'argent qu'elle lui envoyait ! dit Salvator à Karol, oubliant que le pêcheur entend l'allemand.

Mais cette réflexion ne blessa nullement le vieillard.

— Sans doute, je le recevais, je le plaçais et je le faisais valoir, reprit-il. Je savais qu'elle menait grand train et qu'elle serait peut-être fort aise, un jour, de trouver de quoi vivre, après avoir mangé tout ce qu'elle gagnait. Car, que n'a-t-elle pas gagné? Des millions, à ce qu'on dit ! Et que n'a-t-elle pas donné, gaspillé? Ah ! c'est une malédiction d'avoir un pareil caractère !

— Oui, oui, c'est un monstre ! s'écria Salvator en riant : mais, en attendant, il me semble que le vieux Ranieri a été bien mal avisé de ne pas vouloir la marier avec son fils; il aurait fait s'il eût pu deviner que cette petite paysanne gagnerait des millions avec son talent !

— Oui ! il l'eût fait, dit Menapace avec le plus grand calme, mais il ne pouvait le deviner ; et, en se refusant à un mariage si disproportionné, il était dans son droit : il avait raison, tout autre eût fait comme lui, et moi-même à sa place !

— De sorte que vous ne le blâmez pas, et que peut-être vous êtes resté en fort bons termes avec lui, tandis que son fils séduisait votre fille, faute de pouvoir arracher le consentement du vieux ladre?

— Le vieux ladre, l'avarone, comme on l'appelait, était dur, j'en conviens; mais enfin il était juste, et ce n'était pas un mauvais voisin. Il ne m'a jamais fait de bien ni de mal. En voyant que je ne pardonnais point à ma fille, il m'avait pardonné d'être son père. Et, quant à son fils, il lui a pardonné aussi, quand il a abandonné Lucrezia pour faire un bon mariage.

— Et vous, lui avez-vous pardonné, à ce fils, digne de son père?

— Je ne devais pas lui pardonner, quoique, après tout, il fût dans son droit; il n'avait rien promis par écrit à ma fille ; c'est elle qui eut tort de se fier à son amour, et quand il l'a quittée, ils avaient des dettes; elle avait fait de mauvaises affaires dans son entreprise de théâtre, au commencement... D'ailleurs, il est mort, et Dieu est son juge ! Mais, pardon ! Excellences, j'ai laissé mes filets au bord de l'eau, et s'il venait de l'orage, cette nuit, ils pourraient bien s'en aller. Il faut que je les retire. Ce sont encore de bons filets, et qui prennent du poisson. J'en fournis la table de ma fille, mais elle le paie, da ! je leur donne rien pour rien ! et je lui dis... « Mange, mange... fais manger tes enfants; heureusement pour eux, ils retrouveront ce poisson-là dans ma bourse ! »

VI.

— Quelle ignoble nature ! dit Karol quand Menapace se fut éloigné.

— C'est la nature humaine dans sa nudité, répondit Salvator. C'est le vrai type de l'homme de peine. Prévoyance sans lumière, probité sans délicatesse, bon sens dépourvu d'idéal, cupidité honnête, mais laide et triste.

— C'est trop peu dire, reprit le prince. Il y a là une immoralité odieuse, et je ne comprends pas que la signora Floriani puisse vivre avec ce spectacle sous les yeux.

— Je présume que lorsqu'elle est venue le chercher, elle ne s'attendait pas à y trouver tant de vile prose. La noble femme, dans son souvenir poétique du vieux père et de la cabane de roseaux, aspirait sans doute à la vie champêtre, au retour de l'innocence patriarcale, à une touchante réconciliation avec ce vieillard qui l'avait maudite, et qu'elle ne nommait qu'en pleurant. Mais il y a peut-être plus de vertu encore à rester ici qu'à y être venue, et, sans doute, elle comprend, elle tolère et elle aime quand même.

— Comprendre et tolérer, cela n'est pas d'une âme délicate ; à sa place, je comblerais bien ce vieil avare de bienfaits, mais je ne saurais vivre à ses côtés sans une mortelle souffrance; l'idée seule d'un tel malheur me révolte et me navre.

— Et où vois-tu donc tant de perversité? Cet homme

ne comprend pas le luxe, et la libéralité qui vient avec l'aisance dans les bonnes âmes. Il est trop vieux pour sentir que posséder et donner vont ensemble. Il amasse ce qu'il reçoit de sa fille pour le conserver à ses petits-enfants.

— Elle a donc des enfants?
— Elle en avait deux, peut-être en a-t-elle davantage maintenant.
— Et son mari?... dit Karol avec hésitation, où est-il?
— Elle n'a jamais été mariée que je sache, répondit tranquillement Salvator.

Le prince garda le silence, et Salvator, devinant ce qu'il pensait, ne sut que dire pour l'en distraire. Certes, il n'y avait pas de bonnes excuses à donner pour ce fait.

— Ce qui explique une conduite abandonnée aux hasards de la vie, reprit Karol au bout d'un instant, c'est l'absence de notions honnêtes dans la première jeunesse. Pouvait-elle en recevoir d'un père qui n'a pas même le sentiment du point d'honneur, et qui, dans tous les désordres de sa fille, n'a vu que l'argent qu'elle gagnait et qu'elle dépensait?

— Tels sont les hommes vus de près, telle est la vie dépouillée de prestige! répondit philosophiquement Salvator. Quand la bonne Floriani me parlait de sa première faute, elle s'accusait seule, et ne se souvenait pas des travers, probablement insupportables, de son père, qui eussent pu cependant lui servir d'excuse. Quand elle parlait de lui, elle vantait, en la déplorant, l'obstination de son courroux. Elle l'attribuait à une vertu antique, à des préjugés respectables. Elle disait, je m'en souviens, que lorsqu'elle serait dégagée de tous les liens du siècle et de toutes les chaînes de l'amour, elle irait se jeter à ses pieds et se purifier auprès de lui. Eh bien! la pauvre pécheresse! elle aura trouvé un sauveur bien indigne d'un si beau repentir, et cette déception n'a pas dû être une des moindres de sa vie. Les grands cœurs voient toujours en beau. Ils sont condamnés à se tromper sans cesse.

— Les grands cœurs peuvent-ils résister à beaucoup d'expériences fâcheuses? dit Karol.

— Le plus ou moins de dommage qu'ils y reçoivent prouve leur plus ou moins de grandeur.

— La nature humaine est faible. Je crois donc que les âmes véritablement attachées aux principes ne devraient pas chercher le péril. Es-tu bien décidé, Salvator, à passer quelques jours ici?

— Je n'ai point parlé de cela; nous n'y resterons qu'une heure, si tu veux.

En cédant toujours, Salvator gouvernait Karol, du moins quant aux choses extérieures, car le prince était généreux et immolait ses répugnances par un principe de savoir-vivre qu'il portait jusque dans l'intimité la plus étroite.

— Je veux ne te contrarier en rien, répondit-il, et t'imposer une privation, te causer un regret me serait insupportable; mais promets-moi du moins, Salvator, de faire un effort sur toi-même pour ne pas devenir amoureux de cette femme?

— Je te le promets, répondit Albani en riant; mais autant en emportera le vent, si ma destinée est de devenir son amant après avoir été son ami.

— Tu invoques la destinée, reprit Karol, lorsqu'elle est entre tes mains! Ici la conscience et ta volonté doivent seules te préserver.

— Tu parles des couleurs comme un aveugle, Karol. L'amour rompt tous les obstacles qu'on lui présente, comme la mer rompt ses digues. Je puis te jurer de ne pas rester ici plus d'une nuit, mais je ne puis être certain de n'y pas laisser mon cœur et ma pensée.

— Voilà donc pourquoi je me sens si faible et si abattu, ce soir! dit le prince. Oui, ami, j'en reviens toujours à cette terreur superstitieuse qui s'est emparée de moi lorsque j'ai jeté les yeux sur ce lac, même de loin! Quand nous sommes descendus dans le bateau qui vient de nous transporter ici, il m'a semblé que nous allions nous noyer, et tu sais pourtant que je n'ai pas la faiblesse de craindre les dangers physiques, que je n'ai pas de répugnance pour l'eau et que j'ai vogué tranquillement hier avec toi pendant tout le jour, et même par un bel orage, sur le lac de Côme. Eh bien! je me suis aventuré sur la surface tranquille de celui-ci avec la timidité d'une femme nerveuse. Je ne suis que rarement sujet à ces sortes de superstitions, je ne m'y abandonne pas, et la preuve que je sais y résister, c'est que je ne t'en ai rien dit; mais la même inquiétude vague d'un danger inconnu, d'un malheur imminent pour toi ou pour moi me poursuit jusqu'à cette heure. J'ai cru voir passer dans ces flots des fantômes bien connus, qui me faisaient signe de rétrograder. Les reflets d'or du couchant prenaient, dans le sillage de la barque, tantôt la forme de ma mère, tantôt les traits de Lucie. Les spectres de toutes mes affections perdues se plaçaient obstinément entre nous et ce rivage. Je ne me sens pas malade, je me méfie de mon imagination... et, pourtant, je ne suis pas tranquille; cela n'est pas naturel.

Salvator allait essayer de prouver que cette inquiétude était un phénomène tout nerveux, résultant de l'agitation du voyage, lorsqu'une voix forte et vibrante fit entendre ces mots derrière la chaumière: « Où est-il, où est-il, Biffi? »

Salvator fit un cri de joie, s'élança sur la terrasse, et Karol le vit recevoir dans ses bras une femme qui lui rendait avec effusion une embrassade toute fraternelle.

Ils se parlèrent en s'interrogeant et en se répondant avec vivacité dans ce dialecte lombard que Karol n'entendait pas aussi rapidement que l'italien véritable. Le résultat de cet échange de paroles serrées et contractées fut que la Floriani se retourna vers le prince, lui tendit la main, et, sans s'apercevoir qu'il ne s'y prêtait pas de bien bonne grâce, elle la lui pressa cordialement, en lui disant qu'il était le bienvenu, et qu'elle se ferait un grand plaisir de le recevoir.

— Je te demande pardon, mon bon Salvator, dit-elle en riant, de t'avoir laissé faire antichambre dans le manoir de mes ancêtres; mais je suis exposée ici à la curiosité des oisifs, et, comme j'ai toujours quelque grand projet de travail en tête, je suis forcée de m'enfermer comme une nonne.

— Mais c'est qu'on dit que vous avez presque pris le voile et prononcé des vœux depuis quelque temps, dit Salvator en baisant à plusieurs reprises la main qu'elle lui abandonnait. Ce n'est qu'en tremblant que j'ai osé venir vous relancer dans votre ermitage.

— Bien, bien, reprit-elle, tu te moques de moi et de mes beaux projets. C'est parce que je ne veux pas recevoir de mauvais conseils que je me cache, et que j'ai fui tous mes amis. Mais puisque la fortune t'amène auprès de moi, je n'ai pas encore assez de vertu pour te renvoyer. Viens, et amène ton ami. J'aurai au moins le plaisir de vous offrir un gîte plus confortable que la locanda d'Iseo.

— Est-ce que tu ne reconnais pas mon fils, que tu ne l'embrasses pas?

— Eh non! je n'osais pas le reconnaître, dit Salvator en se retournant vers un bel enfant de douze ans qui gambadait autour de lui avec un chien de chasse. Comme il a grandi, comme il est beau! Et il pressa dans ses bras l'enfant qui ne savait plus son nom. Et l'autre? ajouta Salvator, la petite fille?

— Vous la verrez tout à l'heure, ainsi que sa petite sœur et mon dernier garçon.

— Quatre enfants! s'écria Salvator.

— Oui, quatre beaux enfants, et tous avec moi, malgré ce qu'on peut en dire. Vous avez fait connaissance avec mon père pendant qu'on venait m'appeler? Vous voyez, c'est lui qui est mon gardien de ce côté. Personne n'entre sans sa permission. Bonsoir, père, pour la seconde fois. Venez-vous déjeuner demain avec nous?

— Je n'en sais rien, je n'en sais rien, dit le vieillard. Vous serez assez de monde sans moi.

La Floriani insista, mais son père ne s'engagea à rien, et il la tira à l'écart pour lui demander s'il lui fallait du poisson. Comme elle savait que c'était sa monomanie de lui vendre le produit de sa pêche, et même de le lui vendre cher, elle lui fit une belle commande et le laissa enchanté. Salvator les observait à la dérobée; il vit que la Floriani prenait très-philosophiquement son parti et même gaiement, de ces travers prosaïques.

La nuit était venue, et Karol, ni même son ami (à qui les traits de la Floriani étaient cependant assez connus), ne pouvaient bien distinguer son visage. Elle ne parut au prince ni majestueuse dans sa taille, ni élégante dans ses manières, comme on eût pu l'attendre d'une femme qui avait représenté si bien les grandes dames et les reines de théâtre. Elle était plutôt petite et un peu grasse. Sa voix avait beaucoup de sonorité, mais c'était une voix trop vibrante pour les oreilles du prince. Si une femme eût parlé ainsi dans un salon, tous les yeux se fussent portés sur elle, et c'eût été de fort mauvais goût.

Ils traversèrent le parc et le jardin avec Biffi, qui portait la valise, et ils pénétrèrent dans une grande salle d'un style simple et noble, soutenue par des colonnes doriques et revêtue de stuc blanc. Il y avait beaucoup de lumières et de fleurs aux quatre angles, d'où s'élançaient de brillants filets d'eau, amenés à peu de frais du lac voisin.

— Vous êtes étonnés peut-être de tant de clarté inutile, dit la Floriani en voyant l'agréable surprise que ce beau salon causait à Salvator : mais c'est la seule fantaisie que j'aie gardée du théâtre. Même dans la solitude, j'aime un local vaste et brillant de lumières. J'aime aussi la clarté des étoiles ; mais un appartement sombre m'attriste.

La Floriani, à qui cette maison rappelait des souvenirs à la fois doux et cruels, y avait fait beaucoup de changements et d'embellissements. Elle n'y avait laissé intacts que la chambre habitée jadis par sa marraine, madame Ranieri, et un parterre réservé, où cette excellente femme cultivait des fleurs et lui avait enseigné à les aimer. La Ranieri avait tendrement aimé Lucrezia ; elle avait fait son possible pour obtenir que le vieux procureur avare, dont elle avait le malheur d'être la femme et l'esclave, unît son fils à la jeune paysanne instruite. Mais elle avait échoué ; toute cette famille avait disparu. La Floriani chérissait la mémoire des uns, pardonnait à celle des autres, et, après beaucoup d'émotion, elle s'était habituée à vivre là, sans trop se rappeler le passé. C'est parce qu'elle avait fait plusieurs améliorations de nécessité et de goût à cette résidence, d'ailleurs fort simple, que le vieux Menapace, qui ne concevait pas ses besoins d'élégance, d'harmonie et de propreté, l'accusait de s'y ruiner. L'aspect de ce salon plut aussi à Karol. Cette sorte de luxe italien qui s'attache à la satisfaction des yeux, à la beauté des lignes et à l'élégance monumentale plus qu'à la profusion, à la commodité et à la richesse des meubles, était précisément dans ses goûts et répondait à l'idée qu'il se faisait d'une existence à la fois fière et simple. Suivant son habitude de ne pas vouloir sonder trop avant l'âme d'autrui, et de regarder le cadre plutôt que d'étudier l'image, il chercha, dans les habitudes extérieures de la Floriani, de quoi se consoler de ce qu'il jugeait devoir être scandaleux et coupable dans ses mœurs intimes. Mais tandis qu'il admirait les murailles claires et brillantes, les fontaines limpides et les fleurs exotiques, Salvator avait une tout autre préoccupation. Il regardait la Floriani avec inquiétude et avec avidité. Il craignait de ne plus la trouver belle, et peut-être aussi, en songeant au serment qu'il avait fait de partir le lendemain, le désirait-il un peu.

Dès qu'il la vit suffisamment éclairée, il s'aperçut, en effet, d'une notable altération dans sa fraîcheur et dans sa beauté. Elle avait pris quelque embonpoint ; le coloris délicat de ses joues avait fait place à une pâleur unie ; ses yeux avaient perdu une partie de leur éclat, ses traits avaient changé d'expression ; en un mot, elle était moins vivante, moins animée, quoiqu'elle parût plus active et mieux portante que jamais. Elle n'aimait plus : c'était une autre femme, et il fallait quelques instants pour refaire connaissance avec elle.

La Floriani avait alors trente ans : il y en avait quatre ou cinq que Salvator ne l'avait vue. Il l'avait laissée au milieu des émotions du travail, de la passion et de la gloire. Il la retrouvait mère de famille, campagnarde, génie retraité, étoile pâlie.

Elle s'aperçut vite de l'impression que ce changement faisait sur lui ; car ils s'étaient pris par la main et se regardaient attentivement, elle, avec un sourire calme et radieux, lui, avec un sourire inquiet et mélancolique.

— Eh bien, lui dit-elle d'un ton de franchise et de résolution sans arrière-pensée, nous sommes changés tous les deux, n'est-ce pas ? et nous avons quelque chose à corriger dans nos souvenirs ? Ce changement est tout à ton avantage, cher comte. Tu as beaucoup gagné. Tu étais un aimable et intéressant jeune homme : te voilà jeune homme encore, mais homme fait ; plus brun, plus fort, avec une belle barbe noire, des yeux superbes, une chevelure de lion, un air de puissance et de triomphe. Tu es dans le plus beau moment d'épanouissement de ta vie, et tu en jouis grandement, cela se voit dans ton regard plus assuré et plus brillant qu'il ne l'était autrefois. Tu t'étonnes d'être plus beau que moi aujourd'hui ; tu te rappelles le temps où tu croyais que c'était le contraire. Il y a deux raisons à cela : c'est que tu es moins enthousiaste, et que je suis moins jeune. Je vais descendre la pente que tu n'as pas fini de gravir. Tu levais la tête pour me regarder, et, à présent, tu te courbes pour me chercher au-dessous de toi, sur le revers de la vie. Ne me plains pas pourtant ! je crois que je suis plus heureuse dans mon nuage que tu ne l'es dans ton soleil.

VII.

La Floriani avait dans la voix un charme particulier. C'était, à la vérité, une voix trop forte pour une femme du monde, mais parfaitement fraîche encore, et on ne sentait rien, dans le timbre, de l'abus de la parole en public. Il y avait surtout, dans son accent, une franchise qui ne laissait jamais l'ombre du doute sur la sincérité du sentiment qu'elle exprimait, et dans sa diction, qui avait toujours été aussi naturelle sur la scène que dans l'intimité, rien ne rappelait la déclamation et l'emphase des planches. Pourtant, cela était accentué et empreint d'une forte vitalité. A la justesse des intonations, Karol sentit qu'elle avait dû être une actrice parfaite et d'un sympathique irrésistible. Ce fut dans ce sens qu'il exerça son approbation, bien décidé qu'il était à ne voir d'intéressant en elle que l'artiste.

Salvator la savait trop sincère par nature pour affecter le détachement d'elle-même. Il pensa seulement qu'elle se faisait illusion, et il chercha ce qu'il pourrait lui dire pour atténuer l'effet un peu cruel de son premier regard. Mais, dans ces cas-là, on ne peut rien trouver d'assez délicat pour consoler une femme de sa défaite, et il ne sut rien faire de mieux que de l'embrasser, en lui disant qu'elle aurait encore des amants à cent ans, s'il lui plaisait d'en avoir.

— Non, dit-elle en riant ; je ne recommencerai pas Ninon de Lenclos. Pour ne pas vieillir, il faut être oisive et froide. L'amour et le travail ne permettent pas de se conserver ainsi. J'espère garder mes amis, voilà tout. C'est bien assez.

En ce moment, deux petites filles charmantes s'élancèrent dans le salon, en criant que le souper était servi. Les deux voyageurs, ayant pris le leur à Iseo, exigèrent que la Floriani se mît à table avec ses enfants. Salvator prit dans ses bras la petite fille qu'il connaissait et celle qu'il ne connaissait pas, et les porta dans la salle à manger. Karol, qui craignait d'être gênant, resta dans le salon. Mais ces deux pièces étaient contiguës ; la porte resta ouverte, et les murs de stuc étaient sonores. Quoiqu'il désirât rester plongé dans son monde intérieur, et ne prendre aucune part à ce qui se passerait autour de lui dans cette maison, il voyait et entendait tout, et même il écoutait, quoiqu'il en eût une sorte de dépit contre lui-même.

— Ah çà ! disait Salvator en s'asseyant à table à côté des enfants (et Karol remarqua que, lorsqu'il n'était pas dans sa présence immédiate, il ne se gênait plus pour tutoyer la Floriani), permets-moi de servir tes enfants et toi ; voilà déjà que je les adore, ces marmots, comme autrefois, et même cette charmante petite fée blonde qui n'était pas née de mon temps. Il n'y a que toi, Lucrezia, pour faire tout mieux que tout le monde, même les enfants !

— Tu pourrais bien dire *surtout* les enfants ! répondit-elle ; Dieu m'a bénie sous ce rapport : ils sont aussi bons et aimables et faciles à élever qu'ils sont frais et bien portants. Ah ! tiens, en voici encore un qui vient nous dire bonsoir. Encore une connaissance à faire, Salvator !

Karol qui, après avoir essayé de parcourir une gazette, s'était mis à marcher dans le salon, jeta involontairement les yeux vers la salle à manger, et y vit entrer une belle villageoise qui portait dans ses bras un enfant endormi.

— Voilà une superbe nourrice ! s'écria Salvator ingénument.

— Tu la calomnies, dit la Floriani ; dis plutôt une vierge du Corrège portant *il divino bambino*. Mes enfants n'ont pas eu d'autre nourrice que moi, et les deux premiers ont souvent pressé mon sein dans la coulisse, entre deux scènes. Je me souviens qu'une fois le public me rappelait avec tant de despotisme après la première pièce, que j'ai été forcée de venir le saluer avec mon enfant sous mon châle. Les deux derniers ont été élevés plus paisiblement. Ce petit-là est sevré depuis longtemps. Vois ! c'est un enfant de deux ans.

— Ma foi, le dernier que je vois me semble toujours le plus beau, dit Salvator en prenant le *bambino* des mains de la servante. C'est un vrai chérubin ! j'ai bien envie de l'embrasser, mais j'ai peur de le réveiller.

— Ne crains rien : les enfants qui se portent bien et qui jouent toute la journée au grand air ont le sommeil dur. Il ne faut pas les priver d'une bonne caresse ; quand cela ne leur fait pas plaisir, cela leur porte bonheur.

— Ah ! oui, c'est ta superstition, à toi ! dit Salvator. Je m'en souviens ! Elle est tendre, et je l'aime, cette idée-là. Tu l'étends jusqu'aux morts, et je me rappelle ce pauvre machiniste que la chute d'un décor avait tué pendant une de tes représentations...

— Ah ! oui, le pauvre homme ! Tu étais là... C'est du temps de ma direction.

— Et toi, courageuse, excellente, tu l'avais fait porter dans ta loge, où il rendit le dernier soupir. Quelle scène !

— Oui, certes, plus terrible que celle que je venais de jouer devant le public. Mon costume fut couvert du sang de ce malheureux !

— Quelle vie que la tienne ! Tu n'eus pas le temps de changer, la pièce marchait, tu reparus sur le théâtre, et on crut que ce sang faisait partie du drame.

— C'était un pauvre père de famille. Sa femme était là, et de la scène je l'entendais crier et gémir dans ma loge. Il faut être de fer pour résister à la vie de comédienne.

— Tu es de fer, en apparence, mais je ne connais pas d'entrailles plus humaines et plus compatissantes que les tiennes. Je me souviens qu'après la représentation, lorsqu'on emporta ce cadavre, tu t'approchas de lui et tu lui donnas un baiser au front, disant que cela aiderait son âme à entrer dans le repos. Les autres actrices, entraînées par ton exemple, en firent autant, et moi-même, pour te plaire, j'eus ce courage, bien que les hommes en aient moins en pareil cas que les femmes. Eh bien ! cela était bizarre et ressemblait à une folie ; mais les choses de cœur vont au cœur. Sa femme, à qui tu assurais une pension, fut encore plus sensible à ce baiser de toi, belle reine, donné au cadavre sanglant d'un affreux ouvrier... (car il était affreux !) qu'à tous tes bienfaits ; elle embrassa tes genoux, elle sentit que tu venais d'illustrer son mari, et qu'il ne pouvait pas aller en enfer avec un baiser de toi sur le front.

Les yeux du fils aîné de la Floriani brillèrent comme des escarboucles pendant ce récit.

— Oui, oui, s'écria ce bel enfant, qui avait les traits purs et la physionomie intelligente de sa mère, j'étais là aussi, moi, et je n'ai rien oublié. Cela s'est passé comme tu le dis, Signor ; et moi aussi, j'ai embrassé le pauvre Giananton !

— C'est bien, Célio, dit la Floriani en embrassant son fils, il ne faut pas trop se rappeler ces émotions-là ; elles étaient bien fortes pour ton âge ; mais il ne faut pas non plus les oublier. Dieu nous défend d'éviter le malheur et la souffrance des autres ; il faut toujours être tout prêt à y courir, et ne jamais croire qu'il n'y ait rien à faire. Tu vois, quand ce ne serait que bénir les morts et consoler un peu ceux qui pleurent ! C'est ta manière de voir, n'est-ce pas, Célio ?

— Oui ! dit l'enfant avec l'accent de franchise et de fermeté qu'il tenait de sa mère ; et il l'embrassa si fort et de si grand cœur, qu'il laissa un instant, sur son cou rond et puissant, la marque de ses vigoureuses petites mains.

La Floriani ne fit pas attention à la rudesse de cette étreinte, et ne lui en sut aucun mauvais gré. Elle continua de souper avec grand appétit ; mais toujours occupée de ses enfants, tout en parlant avec animation à Salvator, elle veillait à ce qu'il mesurât avec sagesse les mets et le vin à chacun, suivant son âge et son tempérament.

C'était une nature active dans le calme, distraite pour elle-même, attentive et vigilante pour les autres ; ardente dans ses affections, mais sans puérile inquiétude, toujours occupée de faire réfléchir ses enfants sans entraver leur gaieté, selon la portée de leur âge et la disposition de leur naturel, jouant avec eux, et se faisant, à ce point, extrêmement enfant elle-même, gaie par instinct et par habitude, et surprenante par un sérieux de jugement et une fermeté d'opinions qui n'empêchaient pas une tolérance maternelle, étendue encore au delà du cercle de la famille. Elle avait un esprit net, profond et enjoué. Elle disait des choses plaisantes d'un air tranquille, et faisait rire sans rire elle-même. Elle avait pour système d'entretenir la bonne humeur, et de prendre le côté plaisant des contrariétés, le côté acceptable des souffrances, le côté salutaire des malheurs. Sa manière d'être, sa vie entière, son être lui-même, étaient une éducation incessante pour les enfants, les amis, les serviteurs et les pauvres. Elle existait, elle pensait, elle respirait en quelque sorte pour le bien-être moral et physique d'autrui, et ne paraissait pas se souvenir, du milieu de ce travail, facile en apparence, qu'il y eût pour elle des regrets ou des désirs quelconques.

Cependant, aucune femme n'avait autant souffert, et Salvator le savait bien.

Vers la fin du souper, les petites filles se disposèrent à aller rejoindre leur petit frere, déjà endormi, dans la chambre de leur mère. Le beau Célio qui, en raison de ses douze ans, avait le privilège de ne se coucher qu'à dix heures, alla courir avec son chien sur la terrasse qui dominait la vue du lac.

Ce fut un beau spectacle que de voir la Floriani recevoir au dessert les dernières caresses de ses enfants, en même temps que ces superbes marmots se disaient bonsoir et s'embrassaient les uns les autres avec un cérémonial pétulant, et des accolades moitié tendresse, moitié combat. Avec son profil de camée antique, ses cheveux roulés sans art et sans coquetterie autour de sa tête puissante, sa robe lâche et sans luxe, sous laquelle on avait peine à deviner une statue d'impératrice romaine, sa pâleur calme, marbrée par les baisers violents de ses marmots, ses yeux fatigués, mais sereins, ses beaux bras, dont les muscles ronds et fermes se dessinaient gracieusement lorsqu'elle y enfermait toute sa couvée, elle devint tout à coup plus belle et plus vivante que Salvator ne l'avait encore vue. A peine les enfants furent-ils sortis, qu'oubliant le spectre de Karol qui passait avec agitation sur le fond de la muraille, il laissa déborder son cœur.

— Lucrezia ! s'écria-t-il en couvrant de baisers ses bras fatigués par tant de jeux et d'étreintes maternelles, je ne sais pas où j'avais l'esprit, le cœur et les yeux, quand je me suis imaginé que tu avais vieilli et enlaidi. Jamais tu n'as été plus jeune, plus fraîche, plus suave, plus capable de rendre fou. Si tu veux que je le sois, tu n'as qu'un mot à dire, et peut-être que tu serais obligée d'en dire beaucoup pour m'en empêcher. Tiens, je t'ai toujours aimée d'amitié, d'amour, de respect, d'estime, d'admiration, de passion... et à présent...

— Et à présent, mon ami, tu te moques ou tu dérai-

Voilà une superbe nourrice, s'écria Salvator. (Page 15.)

sonnes, dit la Floriani avec la tranquille modestie que donne l'habitude de régner. Ne parlons pas légèrement de choses sérieuses, je t'en prie.

— Mais rien n'est plus sérieux que ce que je dis...... Voyons! dit-il en baissant un peu la voix par instinct plus que par véritable prudence, car le prince ne perdit pas un mot; dis-moi, à cette heure, es-tu libre?

— Pas le moins du monde, et moins que jamais! J'appartiens désormais tout entière à ma famille et à mes enfants. Ce sont là des chaînes plus sacrées que toutes les autres, et je ne les romprai plus.

— Bien! bien! qui voudrait te les faire rompre? Mais l'amour, dis? Est-il vrai que, depuis un an, tu y aies renoncé?

— C'est très-vrai.

— Quoi! pas d'amant? Le père de Célio et de Stella?

— Il est mort. C'était Memmo Ranieri.

— Ah! c'est vrai; mais celui de la petite?...

— De ma Béatrice? Il m'a quittée avant qu'elle fût née.

— Celui-là n'est donc pas le père du dernier?

— De Salvator? non.

— Ton dernier enfant s'appelle Salvator?

— En mémoire de toi, et par reconnaissance de ce que tu ne m'avais jamais fait la cour.

— Divine et méchante femme! Mais enfin, où est le père de mon filleul?

— Je l'ai quitté l'année dernière.

— Quitté! Toi, quitter la première?

— Oui, en vérité! j'étais lasse de l'amour. Je n'y avais trouvé que tourments et injustices. Il fallait, ou mourir de chagrin sous le joug, ou vivre pour mes enfants en leur sacrifiant un homme qui ne pouvait pas les aimer tous également. J'ai pris ce dernier parti. J'ai souffert, mais je ne m'en repens pas.

— Mais on m'avait dit que tu avais eu une liaison avec un de mes amis, un Français, un homme de quelque talent, un peintre...

— Saint-Gély? Nous nous sommes aimés huit jours.

— Votre aventure a fait du bruit.

— Peut-être! Il fut impertinent avec moi, je le priai de ne plus revenir dans ma maison.

— Est-ce lui le père de Salvator?

— Non, le père de Salvator est Vandoni, un pauvre comédien, le meilleur, le plus honnête peut-être de tous

Tu ne dors pas, mon bon Karol? (Page 21.)

les hommes. Mais une jalousie puérile, misérable, le dévorait. Une jalousie rétroactive, le croirais-tu? Ne pouvant me soupçonner dans le présent, il m'accablait dans le passé. C'était facile : ma vie donne prise au rigorisme; aussi n'était-ce pas généreux. Je n'ai pu supporter ses querelles, ses reproches, ses emportements, qui menaçaient d'éclater bientôt devant mes enfants. J'ai fui, je me suis tenue cachée ici pendant quelque temps, et quand j'ai su qu'il avait pris son parti, j'ai acheté cette maison et je m'y suis établie. Cependant, je suis encore un peu sur le qui-vive, car il m'aimait beaucoup, et si sa nouvelle maîtresse n'a pas le talent de le retenir, il est capable de me retomber sur les bras; c'est ce que je ne veux à aucun prix.

— Eh bien, dit Salvator en riant et en lui prenant encore les mains, garde-moi ici pour ton chevalier; je le pourfendrai s'il se présente.

— Merci, je me garderai bien sans toi.

— Tu ne veux donc pas que je reste? dit Salvator qui s'était un peu animé avec quelques verres de marasquin de Zara, et qui avait complétement oublié son ami et ses serments.

— Si fait, tant que tu voudras! répondit la Floriani en lui donnant une petite tape sur la joue, mais sur l'ancien pied.

— Permets que ce soit le pied de guerre, et que je m'insurge.

— Prends garde, dit-elle en se dégageant de ses bras. Si tu n'es plus mon ami comme autrefois, je te renverrai. Allons retrouver ton compagnon de voyage qui doit s'ennuyer là, tout seul, au salon!

Karol qui, appuyé contre une colonne, entendait tout ce dialogue, sortit comme d'un rêve, et s'éloigna pour n'être pas surpris aux écoutes, où il s'était oublié. Il passa sa main sur son front comme pour en chasser l'impression d'un cauchemar. L'effort involontaire qu'il avait fait pour pénétrer dans la pensée d'une existence si orageuse, si désordonnée, si mêlée de choses superbes et déplorables, avait brisé son âme. Il ne concevait pas que Salvator s'enflammât, à mesure que cette femme lui dévoilait audacieusement ses erreurs successives, et que ce qui l'eût repoussé, lui, attirât ce jeune homme insensé comme la lumière attire le papillon de nuit.

Il ne se sentit point capable d'affronter leur présence.

Il craignait de ne pouvoir cacher son mécontentement à Salvator, sa pitié à la Floriani. Il sortit précipitamment par une autre porte, et, rencontrant le jeune Célio, il lui demanda où était la chambre qu'on avait bien voulu lui destiner. L'enfant le conduisit à l'étage supérieur, dans un bel appartement où deux lits, d'une fraîcheur et d'un moelleux recherchés, avaient été déjà préparés pour Salvator et pour lui. Le prince pria l'enfant de dire à sa mère que, se sentant fatigué, il s'était retiré, et qu'il la priait d'agréer ses respects et ses excuses.

Demeuré seul, il essaya de se recueillir et de se calmer. Mais il ne put retrouver la placidité de ses pensées habituelles. Il semblait qu'une influence brutale en eût profondément troublé la source. Il résolut de se coucher et de s'endormir; mais il soupira et s'agita en vain dans ce lit délicieux. Le sommeil ne vint pas, et il entendit sonner minuit sans avoir fermé l'œil. Salvator ne venait pas non plus.

VIII.

Salvator Albani était cependant un grand dormeur. Comme tous les hommes dispos, robustes, actifs et insouciants, il mangeait comme quatre, se fatiguait tout le jour, et ne se faisait pas prier pour s'endormir aussi vite que le prince, à qui des habitudes régulières et une petite santé imposaient l'obligation de ne pas veiller.

Si par hasard pourtant, depuis qu'ils étaient en voyage tête à tête, Salvator prolongeait un peu sa soirée, il ne manquait point d'aller deux ou trois fois s'assurer que *son enfant* (comme il l'appelait) dormait tranquillement. Il avait l'instinct paternel, et quoiqu'il n'eût que quatre ou cinq ans de plus que Karol, il le soignait comme il eût fait pour un fils, tant il avait besoin de servir et d'aider aux êtres plus faibles que lui. En cela, il avait quelque ressemblance avec la Floriani, et pouvait apprécier mieux que personne l'amour profond qu'elle portait à sa progéniture.

Malgré tout, Salvator oublia, cette fois, sa sollicitude accoutumée, et la Floriani, qui ne savait pas à quels ménagements et à quels soins le prince était habitué de sa part, ne lui fit pas songer à le rejoindre.

— Ton ami nous a déjà quittés, lui dit-elle après que Célio eut rempli son message. Il paraît souffrant. Comment l'appelles-tu? Depuis quand voyagez-vous ensemble? On dirait qu'il a du chagrin?...

Quand Salvator eut répondu à toutes ces questions :
— Pauvre enfant! reprit la Floriani, il m'intéresse. C'est beau d'aimer ainsi sa mère et de la pleurer si longtemps! Sa figure et ses manières m'ont été au cœur. Ah! si mon pauvre Célio me perdait, il serait bien à plaindre! Qui l'aimerait comme moi?

— Il faut adorer ses enfants et vivre pour eux, comme tu le fais, dit Salvator; mais il ne faut pas trop les habituer à vivre pour eux-mêmes ou pour la tendre mère qui se consacre à eux. Il y a des dangers et des inconvénients graves à ne pas donner à leur esprit tout le développement dont il est susceptible, et mon ami en est un exemple : c'est un être adorable, mais malheureux.

— Comment cela? pourquoi? explique-moi cela? Quand il s'agit d'enfants, de caractères, d'éducation, je suis toujours prête à écouter et à réfléchir.

— Oh! mon ami est un étrange caractère, et je ne saurais te le définir; mais, en deux mots, je te dirai qu'il prend tout avec excès, l'affection et l'éloignement, le bonheur et la peine.

— Eh bien, c'est une nature d'artiste.

— Tu l'as dit; mais on ne l'a pas assez développé dans ce sens; il a une passion vive, mais trop générale pour l'art. Il est exclusif dans ses goûts, mais il n'est pas dominé par une spécialité qui l'occupe et le contraigne à se distraire de la vie réelle.

— Eh bien, c'est une nature de femme.

— Oui; mais pas comme la tienne, ma Floriani. Quoiqu'il soit capable d'autant de passion, de dévouement, de délicatesse, d'enthousiasme, que la femme la plus tendre...

— En ce cas, il est bien à plaindre, car il cherchera toute sa vie sans trouver un cœur qui lui réponde parfaitement.

— Ah! c'est que tu n'as pas bien cherché, Lucrezia; si tu voulais, tu trouverais sans aller bien loin!

— Parle-moi de ton ami...

— Non, ce n'est pas de lui, c'est de moi que je te parle.

— J'entends bien, je te répondrai tout à l'heure; mais je n'aime pas à changer de propos à chaque instant. Réponds-moi d'abord : pourquoi dis-tu qu'il est différent de moi, ton ami, malgré les rapports que tu prétends établir?

— C'est qu'il y a mille nuances dans ton esprit et qu'il n'y en a pas dans le sien. Le travail, les enfants, l'amitié, la campagne, les fleurs, la musique, tout ce qui est bon et beau, tu le sens si vivement que tu peux toujours te distraire et te consoler.

— C'est vrai. Et lui?

— Il aime tout cela par rapport à l'être qu'il aime, mais rien de tout cela par soi-même. L'objet de son amour mort ou absent, rien n'existe plus pour lui. Le désespoir et l'ennui l'accablent, et son âme n'a pas assez de vigueur pour recommencer la vie à cause d'un nouvel amour.

— C'est beau, cela! dit la Floriani saisie d'une naïve admiration. Si j'avais rencontré une âme pareille quand j'ai aimé pour la première fois, je n'aurais eu qu'un amour dans ma vie.

— Tu me fais peur, Lucrezia. Est-ce que tu vas aimer mon petit prince?

— Je n'aime pas les princes, répondit-elle d'un air ingénu. Je n'ai jamais pu aimer que de pauvres diables. D'ailleurs, ton petit prince serait mon fils!

— Folle que tu es! tu as trente ans, et il en a vingt-quatre!

— Ah! j'aurais cru qu'il n'en avait que seize ou dix-huit; il a l'air d'un adolescent! Et quant à moi, je me sens si vieille et si sage, que je me figure que j'en ai cinquante.

— C'est égal, je ne suis pas tranquille; il faut que j'emmène mon prince demain.

— Tu peux être fort tranquille, Salvator, je n'aurai plus d'amour. Tiens, dit-elle en lui prenant la main et en la plaçant sur son cœur, il y a une pierre désormais. Mais non, ajouta-t-elle en plaçant la main de Salvator sur son front, l'amour des enfants et la charité habitent encore dans le cœur; mais le principal siége de l'amour est là, vois-tu, dans la tête, et ma tête est pétrifiée. Je sais qu'on le place dans les sens; ce n'est pas vrai pour les femmes intelligentes. Il suit chez elles une marche progressive; il s'empare du cerveau d'abord, il frappe à la porte de l'imagination. Sans cette clef d'or, il n'entre point. Quand il s'en est rendu maître, il descend dans les entrailles, il s'insinue dans toutes nos facultés, et nous aimons alors l'homme qui nous domine comme un Dieu, comme un enfant, comme un frère, comme un mari, comme tout ce que la femme peut aimer. Il excite et subjugue toutes nos fibres vitales, j'en conviens, et les sens y jouent un grand rôle à leur tour. Mais la femme qui peut connaître le plaisir sans l'enthousiasme est une brute, et je te déclare que l'enthousiasme est mort en moi. J'ai eu trop de déceptions, j'ai trop d'expérience, et par-dessus tout cela, je suis trop fatiguée. Tu sais comme je me suis dégoûtée du théâtre tout à coup, par lassitude, quoique je fusse dans toute ma force physique. Mon imagination était rassasiée, épuisée. Je ne trouvais plus dans le répertoire universel un seul rôle qui me parût vrai, et quand j'essayais d'en faire un à mon gré, je m'apercevais, après l'avoir joué une seule fois, que je n'avais pas rendu mon sentiment en l'écrivant. Je ne le disais pas bien, parce qu'il n'était pas bien senti, et je n'étais pas dupe de moi-même quand le public essayait de me tromper en applaudissant. Eh bien, je suis arrivée au même point pour l'amour : j'ai usé trop vite les cordes de l'illusion.

« L'amour est un prisme, continua la Floriani. C'est

un soleil que nous portons au front et par lequel notre être intérieur s'illumine. Qu'il s'éteigne, et tout retombe dans la nuit! Maintenant, je vois la vie et les hommes tels qu'ils sont. Je ne peux plus aimer que par charité; c'est ce que j'ai fait pour Vandoni, mon dernier amant. Je n'avais plus d'enthousiasme, j'étais reconnaissante de son affection, touchée de sa souffrance, je me dévouais; je n'étais pas heureuse, je n'avais pas même d'ivresse. C'était une immolation perpétuelle, insensée, contre nature. Tout à coup, cette situation me fit horreur, je me trouvai avilie. Je ne pus supporter le reproche de mes amours passés, parce que, de tous ces amours où je m'étais jetée naïvement et aveuglément, aucun ne me paraissait aussi coupable que celui que j'essayais de faire durer en dépit de moi-même... Oh! que de choses j'aurais à vous dire là-dessus, mon ami! mais vous êtes encore trop jeune, vous ne me comprendriez pas.

— Parle! parle! s'écria Salvator, qui était devenu pensif; et, retenant fortement la main de Lucrezia dans la sienne: Fais que je te connaisse, lui dit-il, afin que je continue à t'aimer comme ma sœur, ou que j'aie le courage de t'aimer autrement. Vois, je suis calme, parce que je suis attentif.

— Aime-moi comme ta sœur, et non autrement, reprit-elle; car moi je ne puis voir en toi qu'un frère. C'est ainsi que j'aimais Vandoni, et depuis des années. Je l'avais connu au théâtre, où il ne brillait pas par son talent, mais où il se rendait utile par son activité, son dévouement et sa bonté. Un soir... à la campagne, près de Milan, un beau soir d'été, comme celui-ci! il me faisait raconter l'histoire de ma rupture avec le chanteur Tealdo Soavi, le père de ma chère petite Béatrice. Celui-là, je l'avais aimé avec passion; mais c'était une âme lâche et perverse. Il prétendait vouloir m'épouser, et il était marié! Je ne tenais point au mariage; mais, à la vérité, je ne pus apprendre sans horreur qu'il savait mentir si longtemps et si habilement. Je fus amère et emportée dans mes reproches; il me quitta au moment où j'allais devenir mère. Je n'aurais pas eu le courage de le chasser, mais j'eus celui de ne pas le rappeler.

« Béatrice n'avait encore un an lorsque le pauvre Vandoni, qui s'était fait mon serviteur, mon cavalier-servant, mon âme damnée, et qui m'aimait depuis bien longtemps sans oser me le dire, en écoutant le récit de mes chagrins, se jeta à mes pieds: « Aime-moi, « dit-il, et je te consolerai de tout. Je réparerai, j'effa- « cerai tout le mal qu'on t'a fait. Je sais bien que tu n'auras « pas de passion pour moi; mais la mienne, la sienne, « peut-être que l'amour qui me consume se communi- « quera à ton cœur. D'ailleurs, avec ton amitié et ta con- « fiance, je serai encore le plus heureux, le plus recon- « naissant des hommes. »

« Je résistai longtemps. J'avais tant d'amitié pour lui, en effet, que l'amour m'était impossible. Je voulus l'éloigner; il voulut sérieusement se tuer. J'essayai de vivre chastement près de lui; il devint comme fou. Je cédai; je crus que je commettais un inceste, tant j'eus de honte, de douleur et de larmes, au lieu d'ivresse, dans ses bras.

« Ses transports pourtant m'attendrirent, et, pendant quelque temps, j'eus avec lui une existence assez douce. Mais il avait compté que son exaltation serait à la fin partagée. Quand il vit qu'il s'était trompé et que je n'étais pour lui qu'une compagne douce et dévouée, il n'eut pas la modestie de se dire que je le connaissais trop pour avoir de l'enthousiasme, et que, plus je le connaîtrais, moins l'enthousiasme pourrait venir. Il était jeune, beau, plein de cœur; il ne manquait ni d'esprit ni d'instruction; il ne concevait pas qu'il ne pût exercer sur moi aucun prestige... Ni toi non plus, peut-être, Salvator? Je vais te dire pourquoi il n'en exerçait point.

« Ce n'est pas au mérite de l'être aimé qu'il faut mesurer la puissance de l'amour que nous éprouvons. L'amour vit de sa propre flamme pendant un certain temps, et même il s'allume en nous sans consulter notre expérience et notre raison. Ce que je te dis là est banal dans l'exemple, et tous les jours on voit des êtres sublimes ne rencontrer qu'ingratitude et trahison, tandis que des âmes perverses ou misérables inspirent des passions violentes et tenaces.

« On le voit, on le constate et l'on s'en étonne toujours, parce qu'on n'en recherche pas la cause, parce que l'amour est un sentiment de nature mystérieuse, que tout le monde subit sans le comprendre. Ce sujet est si profond qu'il est effrayant d'y penser, et pourtant, ne pourrait-on essayer sérieusement ce qui n'a été qu'aperçu d'une manière vague? Ne pourrait-on l'étudier, l'analyser, le comprendre et le connaître jusqu'à un certain point, ce sentiment délicieux et terrible, le plus grand que l'espèce humaine ressente, celui auquel nul ne se soustrait, et qui, pourtant, prend autant de formes et d'aspects différents qu'il existe d'individualités sur la terre? Ne pourrait-on du moins saisir son essence métaphysique, découvrir la loi de son idéal, et savoir ensuite, en s'interrogeant soi-même, si c'est un amour noble et juste, ou bien un amour funeste et insensé qu'on porte en soi?

— Voilà de grandes préoccupations, Lucrezia! dit Salvator, et, puisque tu en es à ce point de méditation, je vois bien que tu n'es plus sous l'empire des passions.

— Ce ne serait pas une raison, reprit-elle. On peut éprouver de grandes émotions et s'en rendre compte. C'est peut-être un malheur; mais j'ai cette faculté, je l'ai toujours eue; et, au milieu des plus grands orages de ma jeunesse, ma pensée se dévorait elle-même pour voir clair dans la tempête qui la bouleversait; je ne conçois même pas que, dans la passion, on ait une autre contention d'esprit que celle-là. Je sais bien qu'elle n'aboutit pas; que, plus on cherche à voir clair en soi, plus la vue se trouble; mais cela vient, comme je te l'ai dit, de ce que la loi de l'amour n'est pas connue, et de ce que le catéchisme de nos affections n'est encore à faire.

— Ainsi, dit Salvator, tu as beaucoup cherché, toi, et tu n'as pas trouvé le mot de l'énigme!

— Non, mais je pressens quelque chose, c'est qu'il est dans l'Évangile.

— L'amour dont nous parlons ici n'est pas dans l'Évangile, ma pauvre amie. Jésus l'a proscrit, il l'a ignoré. Celui qu'il nous enseigne s'étend à l'humanité collective, et ne se concentre pas sur un seul être.

— Je n'en sais rien, répondit-elle; mais il me semble que tout ce que Jésus a dit et pensé n'est pas assez compris dans l'Évangile, et je jurerais qu'il n'était pas aussi ignorant sur l'amour qu'on veut bien le dire. Qu'il ait vécu vierge, je le veux bien, il n'en a que mieux saisi le côté métaphysique de l'amour. Qu'il soit Dieu, je le veux bien encore; je vois alors, dans son incarnation, un mariage avec la matière, une alliance avec la femme, qui ne me laisse pas de doutes sur la pensée divine. Ne te moque donc pas de moi quand je te dis que Jésus a mieux compris l'amour que qui que ce soit; remarque bien sa conduite avec la femme adultère, avec la Samaritaine, avec Marthe et Marie, avec Madeleine; sa parabole des ouvriers de la douzième heure, si sublime et si profonde! Tout ce qu'il fait, tout ce qu'il dit, tout ce qu'il pense, tend à nous montrer l'amour plus grand dans sa cause que dans son objet, faisant bon marché de l'imperfection des êtres, et s'excitant à être d'autant plus vaste et plus ardent que l'humanité est plus coupable, plus faible et moins digne de ce généreux amour.

— Oui, tu fais là la peinture de la charité chrétienne.

— Eh bien, l'amour, le grand, le véritable amour, n'est-il pas la charité chrétienne appliquée et comme concentrée sur un seul être?

— Utopie! l'amour est le plus égoïste des sentiments, le plus inconciliable avec la charité chrétienne.

— L'amour, tel que vous l'avez fait, misérables hommes! s'écria la Lucrezia avec feu; mais l'amour que Dieu nous avait donné, celui qui, de son sein, aurait dû passer, pur et brûlant, dans le nôtre, celui que je comprends, moi, que j'ai rêvé, que j'ai cherché, que j'ai cru saisir et posséder quelquefois dans ma vie (hélas! le temps de faire un rêve et de s'éveiller en sursaut), celui pourtant auquel je crois comme à une religion, bien que j'en sois peut-être le seul adepte et que je sois morte à la peine de le poursuivre... celui-là est calqué sur l'amour que Jésus-Christ a ressenti et manifesté pour les hommes. C'est un reflet de la charité divine, il obéit aux mêmes lois ; il est calme, doux, et juste avec les justes. Il n'est inquiet, ardent, impétueux, passionné en un mot, que pour les pécheurs. Quand tu verras deux époux, excellents l'un pour l'autre, s'aimer d'une manière paisible, tendre et fidèle, dis que c'est de l'amitié ; mais quand tu te sentiras, toi, noble et honnête homme, violemment épris d'une misérable courtisane, sois certain que ce sera de l'amour, et n'en rougis pas ! C'est ainsi que le Christ a chéri ceux qui l'ont sacrifié !

« C'est ainsi que, moi, j'ai aimé Tealdo Soavi. Je le savais bien égoïste, vaniteux, ambitieux, ingrat, mais j'en étais folle ! Quand je le connus infâme, je le maudis, mais je l'aimais encore. Je l'ai pleuré avec une amertume si âcre que, depuis ce temps-là, j'ai perdu la faculté d'aimer un autre homme. J'ai paru vite consolée, et, maintenant, je le suis certainement ; mais le coup a été si violent, la blessure si profonde, que je n'aimerai plus ! »

La Floriani essuya une larme qui coulait lentement sur sa joue pâle et calme. Sa figure n'exprimait aucune irritation, mais sa tranquillité avait quelque chose d'effrayant.

IX.

— Ainsi, c'est à cause d'un scélérat que tu n'as pu aimer un honnête homme? dit Salvator ému : tu es une étrange femme, Lucrezia !

— Et quel besoin cet homme avait-il de mon amour? reprit-elle. N'était-il pas assez heureux par lui-même, de se sentir juste, bien organisé, sage, en paix avec sa conscience et avec les autres? Il demandait mon amitié pour récompense d'une bonne vie et d'un long dévouement. Il l'eut, et ne voulut pas s'en contenter. Il demanda de la passion ; il lui fallait de l'inquiétude, des tourments. Il ne dépendait pas de moi d'être malheureuse à cause de lui. Il ne put me pardonner de vouloir le rendre heureux.

— Voilà bien des paradoxes, mon amie, j'en suis épouvanté ! Tu dis de fort belles choses, mais si l'on voulait le résumer, ce serait difficile. L'amour, dis-tu, est généreux, sublime et divin. Le Christ lui-même nous l'a enseigné indirectement en nous enseignant la charité. C'est la compassion poussée jusqu'à l'emportement, le dévouement jusqu'au délire. Cela, par conséquent, n'entre que dans les grands cœurs. Alors les grands cœurs sont condamnés à l'enfer dès cette vie, puisqu'ils ne brûlent de ce feu sacré que pour les méchants et les ingrats.

— Mais cela est certain ! s'écria la Floriani, l'énigme de la vie n'a pas d'autre mot : sacrifice, torture et lassitude. Voilà pour la jeunesse, pour la force de l'âge et pour la vieillesse.

— Et les justes ne connaîtront pas le bonheur d'être aimés, par conséquent ?

— Non, tant que le monde ne changera pas, et avec lui le cœur humain. Si Jésus revient dans d'autres temps, comme il l'a promis, il donnera, j'espère, de plus douces lois à une nouvelle race d'hommes ; mais aussi cette race vaudra mieux que nous.

— Ainsi, point d'amour partagé, point d'ivresse pure pour nos générations ?

— Non, non, trois fois non !

— Tu me fais peur, âme désespérée !

— C'est que tu veux voir le bonheur dans l'amour : il n'y est point. Le bonheur, c'est le calme, c'est l'amitié ; l'amour, c'est la tempête, c'est le combat.

— Eh bien ! moi, je vais te définir un autre amour : l'amitié, par conséquent le calme, uni à la volupté ; c'est-à-dire, la jouissance, le bonheur.

— Oui, c'est là l'idéal du mariage. Je ne le connais pas, bien que je l'aie rêvé et poursuivi.

— Et de ce que tu l'ignores, tu le nies ?

— Salvator, as-tu jamais rencontré deux amants ou deux époux qui s'aimassent absolument de la même manière, avec autant de force ou de calme l'un que l'autre?

— Je ne sais pas... je ne crois pas !

— Moi, je suis bien sûre que non. Dès que la passion s'empare de l'un des deux (et c'est inévitable !) l'autre s'attiédit, la souffrance arrive, et le bonheur est troublé, sinon perdu. Dans la jeunesse, on cherche à s'aimer, dans l'âge fait, on s'aime en se torturant, dans l'âge mûr, on s'aime, mais l'amour est parti !

— Eh bien, dans l'âge mûr, tu te marieras, je le vois ; tu feras un mariage de raison, de douce sympathie, et tu vivras heureuse par l'amitié conjugale. C'est là ton rêve, n'est-ce pas ?

— Non, Salvator, l'âge mûr est venu pour moi. Mon cœur a cinquante ans, mon cerveau en a le double, et je ne crois pas que l'avenir me rajeunisse. Il aurait fallu n'aimer qu'un seul homme, traverser avec lui toutes les vicissitudes, souffrir avec lui, pour lui, et lui conserver le dévouement angélique que le Christ nous a enseigné. Cette vertu aurait pu alors compter sur sa récompense. La vieillesse serait venue tout guérir, et je me serais endormie doucement auprès du compagnon de ma vie, sûre d'avoir accompli mon devoir jusqu'au bout, et de lui avoir consacré un dévouement utile.

— Que ne l'as-tu fait? Tu avais tant pardonné à ton premier amant ! Quand je t'ai connue, tu semblais résolue à pardonner éternellement au second !

— J'ai manqué de patience, la foi m'a abandonnée ; j'ai obéi à la faiblesse de la nature humaine, au découragement, à la folle espérance d'être heureuse par un amour. Je me suis trompée. Les hommes ne peuvent nous savoir gré de l'héroïsme que nous avons eu pour d'autres que pour eux ; ils nous en font un crime et un reproche, au contraire, et plus nous nous sommes dévouées avant de les connaître, plus ils nous jugent incapables de nous dévouer pour eux.

— N'est-ce pas vrai ?

— Cela devient vrai après un certain nombre d'erreurs et d'entraînements. L'âme s'épuise, l'imagination se glace, le courage s'en va, les forces nous abandonnent. C'est là où j'en suis ! Si je disais maintenant à un homme que je suis capable d'aimer, je mentirais effrontément.

— Ah ! tu n'as jamais été coquette, ma pauvre Floriani, et je vois que tu ne pourrais devenir galante !

— Tu me plains donc à cause de cela?

— Je me plains, moi ! car, malgré tout ce que tu me dis là, et peut-être à cause de cela même, je me sens éperdument amoureux de toi.

— En ce cas, bon soir, mon bon Salvator, tu partiras demain.

— Tu le veux ? Ah ! si tu pouvais le vouloir !

— Qu'est-ce à dire ?

— Que je resterais malgré toi, et que j'aurais de l'espoir.

— Tu t'imaginerais que je te crains? Tu n'étais pas fat, et tu l'es devenu.

— Non, je ne suis pas devenu fat ; mais je ne sais pourquoi tu veux me faire croire que tu es devenue invulnérable. N'as-tu jamais eu de caprices?

— Jamais !

— Ah ! par exemple !

— Ecoute, j'ai eu des entraînements violents, aveugles, coupables ! je ne le nie pas ; mais ce n'étaient pas des caprices. On appelle ainsi une intrigue de plaisir qui dure huit jours. Mais il y a aussi des passions de huit jours !....

— Il y a même des passions d'une heure ! s'écria Salvator avec emportement.

— Oui, répondit-elle, des illusions si soudaines et si puissantes qu'elles font place à l'aversion et à l'épouvante en se dissipant. Les passions les plus courtes n'ont pu être les mieux senties ; on les pleure et on en rougit toute la vie.

— Pourquoi donc en rougir si elles sont sincères ? On peut être bien sûr au moins que celles-là sont partagées.

— On n'en est pas plus sûr que des autres.

— Ce qui est spontané, irrésistible, est légitime et de droit divin.

— Le droit du plus fort n'est pas le droit divin, répondit la Floriani en se dégageant des bras de Salvator. Mon ami, pourquoi viens-tu m'outrager dans ma demeure? Je n'ai pas d'enthousiasme pour toi.

— Lucrèce! Lucrèce! tu ne te tuerais pas demain matin?

— Lucrèce eut tort de se tuer. Sextus ne l'avait point possédée! Celui-là même qui a surpris les sens d'une femme n'a pas été son amant.

— Ah! tu as raison, ma chère Floriani, dit Salvator en se mettant à ses genoux. Veux-tu me pardonner?

— Oui, sans doute, dit-elle en souriant. Nous sommes seuls et il est minuit. Je n'ai pas d'amant, et je t'ai reçu. Ce qui se passe en toi n'est pas la faute, mais la mienne. Il faudra donc que je renonce, pendant dix ans encore, à voir mes amis! c'est triste.

— Oh! ma chère Floriani, vous pleurez, je vous ai offensée!

— Non, pas offensée. Ma vie n'a pas été assez chaste pour que j'aie le droit de m'offenser d'un désir exprimé brutalement.

— Ne parle pas ainsi, je te respecte et je t'adore.

— C'est impossible. Tu es homme et tu es jeune, voilà tout.

— Foule-moi aux pieds, mais ne dis pas que je n'ai que des sens auprès de toi. Mon cœur est ému, ma tête exaltée, et ton refus, loin de m'irriter, augmente encore mon respect et mon affection. Oublie que je t'ai fait de la peine. Mon Dieu! comme te voilà pâle et triste! Malheureux fou que je suis, j'ai réveillé le souvenir de toutes tes douleurs! Ah! tu pleures, tu pleures amèrement! Tu me donnes envie de me tuer, tant je me méprise!

— Pardonne-toi, comme je te pardonne, dit la Floriani avec douceur, en se levant et en lui tendant la main. J'ai tort de m'affecter d'un hasard que j'aurais dû prévoir. J'en aurais ri autrefois! Si j'en pleure aujourd'hui, c'est que je croyais être déjà entrée pour toujours dans une vie de calme et de dignité. Mais il n'y a pas assez longtemps que j'ai rompu avec la faiblesse et la folie pour qu'on me croie sage et forte. Ces entretiens sur l'amour, ces épanchements, ces confidences entre un homme et une femme, la nuit, sont dangereux, et si tu as eu de mauvaises pensées, tout le tort en est à mon imprudence. Mais ne prenons pas cela trop au sérieux, dit-elle en essuyant ses yeux et en souriant à son ami avec une admirable mansuétude. Je dois accepter cette mortification en expiation de mes fautes passées, quoique je n'en aie jamais commis de ce genre. Peut-être aurais-je mieux fait d'être galante que d'être passionnée! Je n'aurais nui qu'à moi-même, au lieu que ma passion a brisé d'autres cœurs que le mien. Mais que veux-tu, Salvator? Je n'étais pas née pour les mœurs *philosophiques*, comme on les appelait autrefois.... ni toi non plus, mon ami, tu vaux mieux que cela. Ah! par respect pour toi-même, ne demande pas aux femmes du plaisir sans amour! autrement, tu cesseras d'être jeune avant d'être vieux, et c'est la pire de toutes les existences morales.

— Lucrezia, tu es un ange, dit Salvator; je t'ai outragée, et tu me parles comme une mère à son fils... Laisse-moi embrasser tes pieds, je ne suis plus digne d'embrasser ton front. Je ne l'oserai plus jamais, je crois!

— Viens embrasser des fronts plus purs, lui dit-elle en passant son bras sous celui de Salvator. Viens dans ma chambre.

— Dans ta chambre! dit-il tout tremblant.

— Oui, dans ma chambre, reprit-elle avec un rire franc où il ne restait plus aucune amertume; et, lui faisant traverser un boudoir, elle l'entraîna dans une pièce tendue de blanc, où quatre petits lits couleur de rose entouraient une sorte de hamac piqué suspendu par des cordons de soie. Les quatre enfants de la Floriani reposaient dans ce sanctuaire et formaient comme un rempart autour de sa couche volante.

— J'étais très-voluptueuse pour mon sommeil autrefois, lui dit-elle, et j'avais de la peine à me réveiller dans la nuit pour soigner mes enfants après les fatigues du théâtre et du monde. Depuis que je goûte le bonheur de vivre pour eux et avec eux, à toutes les heures du jour et de la nuit, je me suis faite à des habitudes plus vigilantes; je perche comme un oiseau sur la branche à côté de son nid, et mes enfants ne font pas un mouvement que je n'entende et que je ne surveille. Tu vois! pour deux heures que je les ai quittés, j'ai été punie, j'ai eu du chagrin. Si je m'étais couchée à dix heures avec eux, comme de coutume, je ne me serais pas souvenue du passé..... Ah! le passé, c'est mon ennemi!

— Ton passé, ton présent, ton avenir sont adorables, Lucrezia, et je donnerais toute ma vie pour avoir été toi un seul jour. J'en serais fier, et ce jour serait l'orgueil et le bonheur de ma mémoire. Adieu; nous partirons, mon ami et moi, à la pointe du jour. Permets que j'embrasse tous tes enfants, et donne-moi ta bénédiction. Elle me sanctifiera, et quand nous nous reverrons, je serai digne de toi.

Quand Salvator Albani entra dans sa chambre, il était près d'une heure du matin. Il y pénétra avec précaution, et s'approcha de son lit sur la pointe du pied, dans la crainte de réveiller son ami, dont le silence et l'immobilité lui faisaient croire qu'il dormait.

Cependant, avant d'éteindre sa lumière, le jeune comte alla doucement, selon son habitude, entr'ouvrir un peu le rideau du prince, afin de s'assurer qu'il dormait paisiblement. Il fut surpris de lui voir les yeux ouverts et fixés sur lui, comme s'il interrogeait tous ses mouvements.

— Tu ne dors pas, mon bon Karol? Je t'ai éveillé, lui dit-il.

— Je n'ai pas dormi, répondit le prince d'un ton où perçait une sorte de tristesse et de reproche. J'étais inquiet de toi.

— Inquiet! dit Salvator, feignant de ne pas comprendre: sommes-nous dans un repaire de brigands? Tu oublies que nous avons fait halte dans une bonne villa, chez des personnes amies.

— Nous avons fait *halte*! dit Karol avec un soupir étrange: c'est ce que je craignais!

— Oh! oh! ton pressentiment n'est pas dissipé? Eh bien, tu en seras bientôt délivré. La halte ne sera pas longue. Je vais me jeter pendant deux heures sur mon lit, et nous partirons encore avant le lever du soleil.

— Se retrouver et se quitter ainsi! reprit le prince en s'agitant sur son chevet avec angoisse: c'est étrange.... c'est affreux!

— Comment! comment! que dis-tu là? Tu désires que nous restions?

— Non, certes, pas pour moi; mais pour toi, je suis effrayé d'une telle facilité de séparation, après une telle facilité de rapprochement.

— Voyons, mon bon Karol, tu divagues, s'écria Salvator en s'efforçant de rire; je comprends tes soupçons et tes accusations un peu hasardées... un peu dures... Tu t'imagines que je sors d'un tête-à-tête enivrant, et que, satisfait d'une agréable et facile aventure, je m'apprête à partir sans saluer la compagnie, sans regrets, sans amour, en un mot? Grand merci!

— Salvator, je n'ai rien dit de tout cela; tu me fais parler pour me chercher querelle.

— Non, non, ne nous querellons pas; ce n'est pas le moment, dormons. Bonsoir!

Et en gagnant son lit, où il se jeta avec un peu d'humeur, Salvator murmura entre ses dents: Comme tu y vas, toi! Que ces gens vertueux sont donc charitables! Ah! ah! c'est très-plaisant, cela!

Mais il ne riait pas de bien bon cœur. Il sentait qu'il était coupable, et que si la Floriani eût voulu être aussi folle que lui, l'accusation du prince n'eût porté que trop juste.

X.

Karol était d'une finesse prodigieuse; les tempéraments délicats et concentrés ont une sorte de divination, qui les trompe souvent parce qu'elle va au delà de la vérité, mais qui ne reste jamais en deçà, et qui, par conséquent, semble magique quand elle tombe juste.

— Ami, lui dit-il en essayant de se remettre sur son oreiller sans agitation, ce qui ne lui était pas facile, vu qu'il tremblait comme un homme pris de fièvre ; tu es cruel ! Dieu sait pourtant que j'ai bien souffert pour toi depuis trois heures, et qu'on souffre en proportion de l'affection qu'on porte aux gens. Je ne puis supporter l'idée d'une faute de ta part. Elle m'est plus cruelle, elle me cause plus de honte et de regret que si je la commettais moi-même.

— Je n'en crois rien, reprit Salvator avec sécheresse. Tu te brûlerais la cervelle, si tu avais seulement une pensée légère. Aussi tu es implacable pour celles des autres !

— Je ne me suis donc pas trompé ! dit Karol, tu as fait commettre à cette malheureuse créature une erreur de plus, et toi....

— Moi, je suis un vaurien, un drôle, tout ce que tu voudras, s'écria Salvator en s'asseyant sur son lit, et en écartant son rideau pour parler en face à Karol ; mais cette femme, vois-tu, c'est un ange, et tant pis pour toi si tu n'as pas assez de cœur et d'esprit pour la comprendre.

C'était la première fois que Salvator disait une parole dure et outrageante à son ami. Il était vivement excité par les émotions de la soirée, et il ne pouvait supporter ce blâme, qu'il n'avait pas mérité d'une manière agréable.

Il n'eut pas plus tôt exhalé son dépit, qu'il s'en repentit amèrement ; car il vit la figure expressive de Karol pâlir, se décomposer, et trahir une douleur profonde.

— Écoute, Karol, dit-il en donnant un grand coup de pied à la muraille pour faire rouler son lit auprès de celui de son ami, ne te fâche pas, n'aie pas de chagrin ! c'est bien assez pour moi d'en avoir causé déjà, ce soir, à un être que j'aime presque autant que toi.... autant que toi, s'il est possible ! Plains-moi, gronde-moi, je le veux bien, je le mérite ; mais n'accuse pas cette excellente et admirable amie.... je vais tout te raconter.

Et Salvator, incapable de résister à la muette domination de son ami, lui rapporta de point en point, avec la plus grande véracité, et en entrant dans les moindres détails, tout ce qui s'était passé entre l'hôtesse et lui.

Karol l'écouta avec une grande émotion intérieure, que Salvator, troublé par sa propre confession, ne remarqua pas assez. Cette peinture des instincts sublimes et de la vie insensée de la Floriani lui porta le dernier coup, et son imagination en fut fortement impressionnée. Il crut la voir aux bras du misérable Tealdo Soavi, puis la compagne d'un comédien vulgaire, complaisante par bonté, avilie par grandeur d'âme. Outragée bientôt par les désirs aveugles de ce bon Salvator, qui, selon lui, aurait aussi bien courtisé la servante de l'auberge d'Iseo, s'il eût passé la nuit sur l'autre rive du lac. Puis il vit Lucrezia dans sa chambre, au milieu de ses enfants endormis. Il la vit partout grande par nature et dégradée par le fait. Il se sentit transir et brûler, bondir vers elle et défaillir à son approche. Quand Salvator eut cessé de parler, une sueur froide baignait le front de Karol.

Pourquoi t'en étonnerais-tu, lecteur perspicace ? Tu as bien déjà deviné que le prince de Roswald était tombé éperdument amoureux à la première vue et pour toute sa vie, de la Lucrezia Floriani ?

Je t'ai promis, ou plutôt je t'ai menacé de n'avoir pas le plaisir de la plus petite surprise, dans tout le cours de ce récit. Il eût été assez facile de te dissimuler les angoisses de mon héros, avant l'explosion d'un sentiment de plus en plus invraisemblable et difficile à prévoir. Mais tu n'es pas si simple qu'on le croit, mon bon lecteur, et, connaissant le cœur humain tout aussi bien que ceux qui s'en font les historiens, sachant fort bien, d'après ta propre expérience, peut-être, que les amours réputés impossibles sont précisément ceux qui éclatent avec le plus de violence, tu n'aurais pas été la dupe de ce prétendu stratagème de romancier. A quoi bon, dès lors, l'impatienter par de savantes manœuvres et de perfides ménagements ? Tu lis tant de romans, que tu en connais bien toutes les *ficelles*, et, quant à moi, j'ai résolu de ne point me jouer de toi, dusses-tu me tenir pour un niais et m'en savoir mauvais gré.

Pourquoi cette femme, qui n'était plus ni très-jeune, ni très-belle, dont le caractère était précisément l'opposé du sien, dont les mœurs imprudentes, les dévouements effrénés, la faiblesse du cœur et l'audace d'esprit semblaient une violente protestation contre tous les principes du monde et de la religion officielle : pourquoi enfin la comédienne Floriani avait-elle, sans le vouloir, et sans même y songer, exercé un tel prestige sur le prince de Roswald ? Comment cet homme, si beau, si jeune, si chaste, si pieux, si poétique, si fervent et si recherché dans toutes ses pensées, dans toutes ses affections, dans toute sa conduite, tomba-t-il inopinément et presque sans combat, sous l'empire d'une femme usée par tant de passions, désabusée de tant de choses, sceptique et rebelle à l'égard de celles qu'il respectait le plus, crédule jusqu'au fanatisme à l'égard de celles qu'il avait toujours niées, et qu'il devait nier toujours ? Ceci, et je ne me charge point de vous le dire, c'est ce qu'il y a de plus inexplicable au moyen de la logique ; c'est ce qu'il y a de plus vraisemblable dans mon roman, puisque la vie de tous les pauvres cœurs humains offre pour chacun une page, sinon un volume, de cette expérience funeste.

Ne serait-ce point que la Floriani, au milieu de ses paradoxes, avait touché à vif quelque point de la vérité, lorsqu'en parlant de l'amour avec Salvator Albani, elle avait dit que les âmes généreuses ou tendres sont condamnées à n'aimer que ce qu'elles plaignent et redoutent ?

Il y a longtemps qu'on a dit que l'amour attirait les éléments les plus contraires, et lorsque Salvator rapporta à son jeune ami les théories un peu confuses, un peu folles, mais enthousiastes et peut-être sublimes de la Lucrezia, il est certain que Karol se sentit tombé sous la loi de cette épouvantable fatalité. L'effroi et l'horreur qu'il en ressentit furent si violents, et, en même temps, la fascination que son pressentiment lui avait vaguement annoncée livrèrent de tels combats à sa pauvre âme, qu'il n'eut pas la force de faire la moindre réflexion à son ami. — Nous partirons donc dans une heure, lui dit-il : repose-toi au moins un instant, Salvator ; je ne me sens point assoupi : je te réveillerai quand le jour sera venu.

Salvator, cédant à la puissance de la jeunesse, s'endormit profondément, soulagé, sans doute, d'avoir ouvert son cœur et résumé ses émotions. Il n'était point honteux d'avoir fait auprès de Lucrezia ce qu'un roué eût appelé un *pas de clerc*. Il s'en repentait sincèrement ; mais la sachant bonne et vraie, il comptait sur son pardon et ne prononçait pas le vœu téméraire de ne jamais recommencer la même tentative auprès des autres femmes.

Karol ne s'endormit pas : une fièvre réelle, assez forte, s'empara de lui, et, en se sentant malade de corps, il essaya de se rassurer un peu sur l'invasion de cette maladie morale qu'il regarda comme un symptôme de maladie physique. « Ce sont des hallucinations, se disait-il. La dernière figure nouvelle que j'ai rencontrée dans ce voyage s'est fixée dans mon cerveau, et elle m'assiège maintenant comme un fantôme de la fièvre. Ce pourrait être toute autre personne, dont l'image eût ainsi tourmenté mon insomnie. »

Le jour naissant blanchit l'horizon, et Karol se leva, afin de s'habiller lentement avant de réveiller son compagnon ; car il se sentait extrêmement faible, et, à diverses reprises, il fut forcé de s'asseoir. Lorsque Salvator, remarquant l'animation de ses joues et quelques frissons convulsifs, lui demanda s'il souffrait, il le nia, bien décidé qu'il était à ne point se laisser retenir. Au moment où ils sortaient de leur chambre, ils entendirent du bruit en bas. On était déjà éveillé dans la maison. Il fallait traverser l'étage inférieur pour gagner le jardin et le rivage, où ils comptaient profiter de quelque barque de pêcheur. Au moment où ils mettaient le pied dehors, ils se trouvèrent en face de la Floriani.

— Où allez-vous si vite? leur dit-elle en prenant la main à l'un et à l'autre; on met les chevaux à ma voiture, et Célio, qui mène à ravir, se fait grande fête d'être votre cocher jusqu'à Iseo. Je ne veux pas que vous traversiez le lac à cette heure; il y a encore une petite brume fraîche et très-malfaisante, non pas pour toi, Salvator, mais pour ton ami qui ne se porte pas très-bien. Non! vous n'êtes pas bien, monsieur de Roswald! ajouta-t-elle en reprenant la main de Karol, et en la retenant dans les siennes avec la candeur d'un instinct maternel. J'ai été frappée, tout à l'heure, de la chaleur de votre main, et je crains que vous n'ayez un peu de fièvre. Les nuits et les matinées sont froides, ici; rentrez, rentrez, je le veux! Pendant que vous prendrez le chocolat, la voiture sera prête, vous vous y renfermerez bien, et vous aurez, à Iseo, le premier rayon du soleil, qui dissipera la mauvaise influence du lac.

— Il est donc vrai que votre miroir, chère sirène, a une influence un peu perfide? dit Salvator en se laissant ramener dans l'intérieur de la maison. Mon ami prétendait, dès hier, s'en apercevoir, et moi je n'y croyais point.

— Si c'est le lac que tu appelles mon miroir, cher Ulysse, répondit Lucrezia en riant, je te dirai qu'il est comme tous les lacs du monde, et que quand on n'est pas né sur ses rives, il faut s'en méfier un peu. Mais je n'aime pas la sécheresse de cette main, dit-elle en interrogeant le pouls de Karol, de cette petite main, car c'est la main d'une femme... *Che manina!* ajouta-t-elle en se tournant vers Salvator avec naïveté: mais prends-y garde! ton ami n'est pas bien. Je m'y connais, moi, mes enfants n'ont jamais eu d'autre médecin que moi.

Salvator voulut à son tour tâter le pouls du prince; mais celui-ci affecta de prendre un peu d'humeur de cette inquiétude. Il retira brusquement des mains du comte, celle qu'il avait abandonnée en tremblant à la Floriani.

— Je t'en prie, mon bon Salvator, dit-il, n'essaie pas de me persuader que je suis malade, tu me rappelle pas trop que je ne suis jamais en bonne santé. J'ai assez mal dormi; je suis un peu agité, et voilà tout. Le mouvement de la voiture me remettra. La signora est trop bonne, ajouta-t-il du bout des dents et d'un ton un peu sec, qui semblait dire: « Je vous serais fort obligé de me laisser partir au plus vite. »

La Floriani fut frappée de son accent: elle le regarda avec surprise, et crut voir dans la brièveté de sa parole un nouvel indice de fièvre. Il avait une forte fièvre, en effet, mais la bonne Lucrezia était à cent lieues de s'imaginer que le siège du mal était dans l'âme, et qu'elle en était la cause.

Une collation était servie. Pendant que Salvator se laissait aller à son bon appétit ordinaire, Karol prit du café à la dérobée. Rien ne lui était plus contraire dans ce moment-là, et il n'en prenait jamais. Mais il se sentait défaillir si rapidement qu'il voulait absolument se donner une force factice pour s'en aller sans laisser voir son profond malaise.

En effet, il crut se sentir mieux après avoir pris cet excitant, et, en voyant Salvator qui s'oubliait à dire une foule de tendresses à la Floriani, il éprouva une vive impatience; il eut bien de la peine, même, à ne pas l'interrompre par des paroles de dépit. Enfin, la voiture roula sur le sable devant la maison, et le beau Célio, bondissant de plaisir, prit les guides de deux jolis petits chevaux corses qui traînaient une calèche légère. Un domestique, attentif et dévoué, était assis à ses côtés, sur le siège.

Au moment de quitter Lucrezia, le comte Albani, qui l'aimait véritablement, éprouva un chagrin et un redoublement d'affection qui se manifestèrent en caresses expansives, suivant son habitude. Après lui avoir mille fois demandé pardon tout bas, il s'arracha à une émotion qui réveillait, malgré lui, la pensée de ses torts, car il prenait un singulier plaisir à embrasser les joues calmes, les douces mains et le cou velouté de sa belle amie. Elle, sans pruderie, comme sans coquetterie, souffrait ces adieux voluptueux et tendres, avec un peu trop d'obligeance ou de distraction au gré de Karol, et, en ce moment, il lui sembla qu'il la haïssait. Pour ne pas voir la dernière embrassade, qui fut presque passionnée de la part de son ami, il se jeta au fond de la voiture et détourna la tête. Mais, au moment où la voiture partait, il rencontra le visage de Lucrezia tout auprès de la portière. Elle lui adressait un adieu amical, et lui tendait une boîte de chocolat qu'il prit machinalement avec un profond salut glacé, et qu'il jeta ensuite avec humeur sur la banquette devant lui.

Salvator ne vit point ce mouvement. A moitié hors de la voiture, il envoyait encore des baisers à la Floriani et à ses petites-filles, qui, sortant de leurs lits, et à demi vêtues, lui faisaient de gracieux signes avec leurs jolis bras nus.

Quand il ne vit plus que les arbres et les murs de la villa, il sentit son bon cœur italien, volage mais sincère, se gonfler et se fendre. Il couvrit sa figure de son mouchoir et versa quelques larmes. Puis, honteux de cette faiblesse, et craignant qu'elle ne semblât ridicule au prince, il essuya ses yeux et se tourna vers lui avec un peu d'embarras, pour lui dire:

— N'est-ce pas, voyons, que la Floriani n'est pas ce que tu croyais?

Mais la parole expira sur ses lèvres, lorsqu'il vit la figure contractée et la pâleur livide de son ami. Karol avait les lèvres blanches comme ses joues, les yeux fixes et ternes, les dents serrées. Salvator l'appela et le secoua en vain; il ne sentait et n'entendait rien: il avait perdu connaissance. Pendant quelques instants, Salvator espéra le ranimer en lui frottant les mains. Mais, voyant qu'il était glacé et comme mort, il fut pris d'une grande terreur. Il appela Célio, fit arrêter la voiture, ouvrit toutes les portières pour donner de l'air. Tout fut inutile; Karol ne donnait d'autre signe de vie que des frissons étranges et des soupirs oppressés.

Le petit Célio, qui avait le courage et la présence d'esprit de sa mère, remonta sur le siège, fouetta les chevaux, et ramena le prince Karol dans cette maison où la fatalité avait décidé qu'il connaîtrait une existence nouvelle.

XI.

Vous avez bien prévu, à la fin du chapitre précédent, chers lecteurs, que le prince de Roswald allait faire une maladie qui le forcerait de rester à la villa Floriani. L'incident n'est pas neuf, j'espère, et c'est pour cela que je ne le passe point sous silence.

Et si je vous en faisais mystère, comment la suite de cette histoire serait-elle vraisemblable? Il est bien évident que, s'il y a quelque chose de fatal dans les grandes passions, l'accomplissement de cette fatalité s'explique et s'appuie toujours sur des circonstances très-naturelles. Si, par des symptômes précurseurs de la maladie, si, par l'accablement et le désordre de la maladie elle-même, Karol n'eût été prédisposé et contraint à subir l'influence de la passion, il est probable qu'il eût résisté aux atteintes de cette passion bizarre et insensée.

Il n'y résista pas, parce qu'il fut en effet très-malade, et que, pendant plusieurs semaines, la Floriani ne quitta presque pas son chevet. Cette excellente femme, autant par amitié pour Salvator Albani que pour obéir à un sentiment de religieuse hospitalité, se fit un devoir de soigner le prince, comme elle l'eût fait pour son meilleur ami ou pour un de ses propres enfants.

La Providence envoyait réellement à Karol, dans cette épreuve, la personne la plus capable de l'assister et de le sauver. Lucrezia Floriani avait un instinct presque merveilleux pour juger de l'état des malades et des soins à leur donner. Cet instinct était peut-être seulement de la mémoire. Elle avait été, dans cette même maison dont elle était maintenant la châtelaine, servante, oui, simple servante, à dix ans, de sa marraine, madame Ranieri, femme débile et nerveuse qu'elle avait soignée avec un amour, un dévouement et une intelligence au-

Et ce petit-là? lui dit Lucrezia.. (Page 26.)

dessus de son âge. C'était là la première cause de l'amitié que cette dame avait prise pour elle, jusqu'au point de lui faire donner une éducation en dehors de sa condition, et de vouloir ensuite la marier avec son fils.

Lucrezia avait donc appris de bonne heure à être garde-malade et quasi médecin dans l'occasion. Elle avait eu ensuite des amis, des enfants et des serviteurs malades, comme tout le monde peut en avoir, et elle les avait soignés elle-même comme tout le monde ne le fait pas. A force de chercher ardemment ce qui pouvait les soulager, et d'observer attentivement et délicatement dans les prescriptions des médecins, le bon ou le mauvais effet du traitement, elle avait acquis des notions assez justes sur ce qui convient aux organisations diverses, et une grande mémoire des moindres détails. Elle se rappela le mal que la médecine empirique des Italiens avait fait à sa chère Ranieri; elle était persuadée qu'ils l'avaient tuée, après qu'elle-même avait quitté le pays. Elle ne voulut donc pas les appeler auprès du prince, et elle se chargea de le traiter.

Salvator fut très-effrayé de la responsabilité qu'elle voulait prendre, et qui pesait également sur lui. Mais le caractère confiant et brave de la Floriani l'emporta. Elle fit sortir de la chambre du malade ce bon Salvator, qui la fatiguait par ses anxiétés et ses irrésolutions. « Va surveiller les enfants, lui dit-elle, amuse-les, promène-toi avec eux, oublie que ton ami est malade; car je te jure que tu n'es bon à rien avec ta sollicitude puérile et inquiète. Je me charge de lui et je t'en réponds. Je ne le quitterai pas d'un instant. »

Salvator eut bien de la peine à se tenir tranquille. La prostration de Karol était effrayante et semblait appeler des secours prompts et actifs. Mais la Floriani avait vu de ces phénomènes nerveux, et il lui suffisait de regarder les mains délicates du prince, sa peau blanche et transparente, ses cheveux fins et souples, un ensemble et des détails frappants, pour établir, entre lui et la maladie de madame Ranieri, des rapports qui ne trompent point le cœur d'une femme.

Elle s'attacha à le calmer sans l'affaiblir, et, certaine qu'il y a pour des organisations aussi exquises, des influences magnétiques d'un ordre élevé, qui échappent à l'observation vulgaire, elle appela souvent ses enfants autour du lit du prince, après s'être bien assurée que son

Elle tressaillait en se trouvant en face d'un spectre. (Page 29.)

état n'avait rien de contagieux. Elle pensait que la présence de ces êtres forts, jeunes et sains, aurait, au moral comme au physique, un pouvoir mystérieux et bienfaisant pour ranimer la flamme pâlissante de la vie chez le jeune malade...

Et qui pourrait assurer qu'elle se fît illusion à cet égard? Ne fût-ce que l'imagination qui joue un si grand rôle dans les maladies nerveuses, il est certain que Karol respirait plus à l'aise, lorsque les enfants étaient là, et que leur pure haleine, mêlée à celle de leur mère, rendait l'air plus souple et plus suave à sa poitrine ardente. On tient assez compte de la répugnance que doivent éprouver les malades à être approchés par des personnes qui leur inspirent du dégoût et de l'impatience : on en doit tenir aussi du bien-être physique que leur procure la satisfaction d'être soignés ou seulement entourés par des êtres sympathiques et d'un extérieur agréable. Si, à notre heure dernière, au lieu du sinistre appareil de la mort, on pouvait faire descendre des formes célestes autour de notre chevet, et nous bercer de la musique des séraphins, nous subirions sans effort et sans angoisse ce rude moment de l'agonie.

Karol, agité de rêves pénibles, se réveillait parfois sous le coup de la terreur et du désespoir. Alors il cherchait instinctivement un refuge contre les fantômes dont il était assiégé. Il trouvait alors les bras maternels de la Floriani pour l'entourer comme d'un rempart, et son sein pour y reposer sa tête brisée. Puis, en ouvrant les yeux, et en les promenant avec égarement autour de lui, il voyait les belles têtes intelligentes et affectueuses de Célio et de Stella qui lui souriaient. Il leur souriait aussi machinalement, comme par un effort de complaisance, mais son rêve était dissipé et son épouvante oubliée. Son cerveau, affaibli encore, entrait dans un autre ordre de divagations. Il regardait le petit Salvator dont on approchait le visage rose du sien, et il croyait lui voir des ailes ; il s'imaginait que ce beau chérubin voltigeait autour de sa tête pour la rafraîchir. La voix de Béatrice était d'une douceur incomparable, et, lorsqu'elle causait doucement avec ses frères, il croyait l'entendre chanter. Il attribuait à ce timbre frais et flatteur des intonations musicales qui n'étaient perceptibles que pour lui seul ; et un jour que la petite discutait à demi-voix pour un jouet avec sa sœur, la Floriani fut surprise d'entendre le prince lui dire que cet enfant chantait Mozart comme personne au monde n'était capable de le chanter. — C'est une belle nature, ajouta-t-il en faisant un grand effort pour rendre sa pensée. Elle a sans doute entendu beaucoup de musique ; mais elle n'a de mémoire que pour Mozart. C'est toujours quelque phrase de Mozart qu'elle chante, et jamais rien d'un autre maître.

— Et Stella, ne chante-t-elle pas aussi? lui dit Lucrezia, qui cherchait à le comprendre.

— Elle chante quelquefois du Beethoven, dit-il, mais c'est moins constant, moins suivi, et il n'y a pas la même unité.

— Mais Celio ne chante jamais?

— Celio, je ne l'entends que quand il marche. Il y a tant de grâce et d'harmonie dans ses formes et dans ses mouvements, que la terre résonne sous ses pieds, et que la chambre se remplit de sons vibrants et prolongés.

— Et ce petit-là? lui dit la Lucrezia en lui présentant la joue de son *bambino*, c'est le plus bruyant ; il crie quelquefois. Ne vous fait-il pas de mal?

— Il ne me fait jamais de mal, je ne l'entends pas. Je crois que je suis devenu sourd pour le bruit ; mais ce qui est mélodie ou rhythme me pénètre encore. Quand le chérubin est devant moi, dit-il en désignant le petit Salvator, je vois comme une pluie de couleurs vives et douces qui danse autour de mon lit, sans prendre de formes, mais qui chasse les visions mauvaises. Ah! n'emmenez pas les enfants, je ne souffrirai pas, tant que les enfants seront là!

Karol avait vécu, jusqu'à cette heure, de la pensée de la mort. Il s'était familiarisé tellement avec elle, qu'il en était arrivé, jusqu'à l'invasion de sa maladie, à croire qu'il lui appartenait, et que chaque jour de répit lui était accordé comme par hasard. Il en plaisantait volontiers ; mais quand nous concevons cette idée au milieu de la santé, nous pouvons l'accepter avec un calme philosophique ; tandis qu'il est rare qu'elle ne nous épouvante pas, lorsqu'elle s'empare d'un cerveau affaibli par la maladie. C'est la seule chose triste qu'il y ait dans la mort, selon moi ; c'est qu'elle nous prend si accablés et tellement tombés au-dessous de nous-mêmes, que nous ne la voyons plus telle qu'elle est, et qu'elle fait peur alors à des âmes calmes et fortes par elles-mêmes. Il arriva donc au prince ce qui arrive à la plupart des malades ; quand il lui fallut se mesurer de près avec cette idée de mourir à la fleur de l'âge, la douce mélancolie dont il s'était nourri jusqu'alors dégénéra en sombre tristesse.

Si sa mère eût été sa garde-malade en cette circonstance, elle eût relevé son courage d'une manière tout opposée à celle qu'employa la Floriani. Elle lui eût parlé de l'autre vie, elle l'eût entouré des austères secours extérieurs de la religion. Le prêtre lui fût venu en aide, et Karol, frappé de cet appareil solennel, eût accepté et subi son destin. Mais la Lucrezia procédait autrement. Elle écartait de lui l'idée de la mort, et lorsqu'il la laissait voir qu'il la croyait prochaine et inévitable, elle le plaisantait tendrement, et affectait une tranquillité d'esprit à cet égard qu'elle n'avait pas toujours.

Elle y mit tant de prudence et de calme apparent, qu'elle réussit à s'emparer de sa confiance. Elle le tranquillisa, non en lui apprenant ce qu'il est trop tard pour apprendre aux malades, à mépriser la vie (c'est un courage auquel il ne faut guère se fier de leur part, car ce courage les achève souvent) ; mais elle le ranima en lui faisant croire à la vie, et elle s'aperçut vite qu'il l'aimait encore, et avec acharnement, cette vie physique qu'il avait tant dédaignée lorsqu'elle n'était point menacée.

Salvator s'effrayait, parce qu'il croyait que son ami n'aurait pas la force morale de résister à son mal. — Comment espères-tu que tu le sauveras? disait-il à la Floriani, lorsque depuis si longtemps, depuis la mort de sa mère surtout, il est dégoûté de vivre et se laisse aller tout doucement à la consomption? L'espèce de plaisir qu'il trouvait à cette idée me faisait bien présager qu'il était déjà frappé, et que quand il tomberait, il ne se relèverait pas.

— Tu t'es trompé et tu te trompes encore, lui répondait la Lucrezia. Personne n'a le goût de mourir à moins d'être monomane, et ton ami ne l'est point. Il est bien organisé, et cet ébranlement nerveux, qui le rendait si sombre, va se dissiper avec la crise qui l'accable maintenant. Il veut vivre, je t'assure, et il vivra.

Karol voulut vivre en effet, il voulut vivre pour la Floriani. Certes, il ne s'en rendit pas compte, et, pendant quinze jours qu'il fut sous le coup du plus grand mal, il oublia la commotion qui l'avait causé. Mais cet amour continua et augmenta sans qu'il en eût conscience, comme celui de l'enfant au berceau pour la femme qui l'allaite. Un attachement d'instinct, indissoluble et impérieux, s'empara de sa pauvre âme en détresse et l'arracha aux froides étreintes de la mort. Il tomba sous l'ascendant de cette femme qui ne voyait en lui qu'un malade à soigner, et sur laquelle se reporta tout l'amour qu'il avait eu pour sa mère, et tout celui qu'il avait cru avoir pour sa fiancée.

Dans les divagations de la fièvre, il commença par cette idée fixe que sa mère était sortie du tombeau, par un miracle de l'amour maternel, pour venir l'aider à mourir, et il ne cessa de prendre la Floriani pour elle. C'est à cette illusion qu'elle dut de le trouver soumis à toutes ses ordonnances, attentif à ses moindres paroles, oublieux de toutes les méfiances que son caractère lui avait inspirées d'abord. Lorsqu'il était oppressé au point de ne pouvoir respirer, il cherchait son épaule pour y reposer sa tête, et quelquefois, il sommeilla une heure, appuyé ainsi, sans se douter de son erreur.

Un jour enfin, il retrouva sa raison, et le sommeil ayant été plus complet et plus salutaire, il ouvrit les yeux et les fixa avec étonnement sur le visage de cette femme, pâlie par la fatigue des soins et des veilles qu'elle lui avait consacrées. Il sortit alors comme d'un long rêve et lui demanda s'il était malade depuis bien des jours, et si c'était elle qu'il avait toujours vue à ses côtés. — Mon Dieu ! lui dit-il, lorsqu'elle lui eut répondu, vous ressemblez donc bien à ma mère? Salvator, dit-il, en reconnaissant aussi son ami, qui s'approchait de son lit, n'est-ce pas qu'elle ressemble à ma mère? J'en ai été bouleversé la première fois que je l'ai vue.

Salvator ne jugea pas à propos de le contredire, bien qu'il ne trouvât pas le moindre rapport entre la belle et forte Lucrezia, et la grande, maigre et austère princesse de Roswald.

Un autre jour, Karol, encore appuyé sur le bras de la Floriani, essaya de se soutenir seul. — Je me sens mieux, dit-il, j'ai plus de force : je vous ai trop fatiguée ; je ne comprends pas que j'aie abusé ainsi de votre bonté !

— Non, non, appuie-toi, mon enfant, répondit gaiement la Floriani, qui prenait aisément l'habitude de tutoyer ceux auxquels elle s'intéressait, et qui, insensiblement, s'était persuadée que Karol était quelque chose comme son fils.

— Vous êtes donc ma mère? êtes-vous vraiment ma mère? reprit Karol, dont les idées recommençaient à se troubler.

— Oui, oui, je suis ta mère, répondit-elle, sans songer que, dans la pensée de Karol, c'était peut-être une profanation ; sois certain que, dans ce moment-ci, c'est absolument la même chose.

Karol garda le silence : puis ses yeux se remplirent de larmes, et il se prit à pleurer comme un enfant, en pressant contre ses lèvres les mains de la Floriani.

— Mon cher fils, lui dit-elle en l'embrassant au front à plusieurs reprises, il ne faut pas pleurer, cela peut vous fatiguer beaucoup. Si vous pensez à votre mère, pensez donc que, du ciel, elle vous voit et bénit votre guérison prochaine.

— Vous vous trompez, reprit Karol ; du haut des cieux, ma mère m'appelle depuis longtemps et me crie d'aller la rejoindre. Je l'entends bien ; mais moi, ingrat, je n'ai pas le courage de quitter la vie.

— Comment pouvez-vous raisonner si mal, enfant que vous êtes? dit la Floriani avec le calme et le sérieux caressant qu'elle aurait eus en gourmandant Celio. Quand la volonté de Dieu est que nous vivions, nos parents ne peuvent nous rappeler à eux dans l'autre vie. Ils ne le veulent ni ne le doivent. Vous avez donc rêvé cela ; quand on est malade on fait beaucoup de rêves. Si votre mère pouvait se faire entendre de vous, elle vous dirait que vous n'avez pas assez vécu pour mériter d'aller la rejoindre.

Karol se retourna avec effort, surpris peut-être d'entendre la Floriani lui faire des sermons. Il la regarda encore ; puis, comme s'il n'eût pas entendu, ou point compris ce qu'elle venait de lui dire :

— Non ! s'écria-t-il, je n'ai pas la force de mourir. Tu me retiens si bien, toi, que je ne peux pas te quitter ! Que ma mère me le pardonne, je veux rester avec toi !

Et, comme épuisé par son émotion, il retomba dans les bras de la Floriani, et s'y assoupit encore.

XII.

Un soir que le prince, alors en pleine convalescence, s'était endormi très-paisiblement en apparence, et qu'après avoir couché ses enfants, la Floriani respirait le frais sur la terrasse avec Salvator : — Ma bonne Lucrezia, lui dit celui-ci, il faut que nous parlions enfin de la vie réelle ; car depuis près de trois semaines nous traversons un cauchemar qui se dissipe enfin, grâce à Dieu ! je devrais dire grâce à toi, car tu as sauvé mon ami, et tu as ajouté à mon affection pour toi une reconnaissance qui ne peut s'exprimer. Mais, dis-moi, maintenant, qu'allons-nous faire, aussitôt que notre cher malade sera en état de voyager ?

— Nous n'y sommes point ! répondit la Floriani. Ce n'est pas encore dans quinze jours qu'il pourra se remettre en route. C'est à peine s'il peut faire le tour du jardin maintenant, et tu sais bien que les forces reviennent moins vite qu'elles ne tombent.

— Supposons que cette convalescence dure encore un mois ! il y a une fin à tout ; nous ne pouvons pas rester éternellement à ta charge, et il faudra bien se séparer !

— Sans aucun doute ; mais je désire que ce soit le plus tard possible. Vous ne m'êtes point à charge ; je suis bien payée des soins que j'ai donnés à ton ami par le bonheur que j'éprouve de le voir sauvé ; et, d'ailleurs, sa reconnaissance est si grande, si bonne, si tendre, que je me suis mise à l'aimer, presque autant que tu l'aimes toi-même. Il est naturel de soigner et de consoler ceux qu'on aime. Je ne vois donc pas que tu aies lieu de me tant remercier.

— Tu ne veux pas m'entendre, mon excellente amie ; l'avenir m'inquiète !

— Quoi ? la vie du prince ? elle n'est point du tout compromise par cette maladie. Je l'ai assez étudié ; il est parfaitement bien organisé. Il vivra plus que toi et moi, peut-être !

— J'en suis presque certain aussi ; j'ai bien vu, cette fois, quelles ressources il y a dans ces tempéraments nerveux ; mais son avenir moral, y songes-tu, Lucrezia ?

— Mais il me semble que je n'en suis pas chargée.... Pourquoi me demandes-tu cela ?

— Je ne devrais pas être surpris qu'une nature aussi loyale et aussi généreuse que la tienne portât la naïveté jusqu'à l'aveuglement ; pourtant il est bien étrange que tu ne me comprennes pas.

— Eh bien, non, je ne te comprends pas ; parle clairement, voyons.

— Parler clairement d'une chose aussi délicate, à quelqu'un qui ne vous aide pas du tout, c'est brutal ! Et pourtant, il le faut. Eh bien, Karol t'aime.

— Je l'espère ! Je l'aime aussi ; mais si tu veux me faire entendre qu'il m'aime d'amour, je ne pourrai pas prendre la crainte au sérieux.

— Oh ! ma chère Lucrezia, ne plaisantez pas là-dessus ! Tout est sérieux avec une nature profonde et entière comme celle de mon pauvre ami ; cela est d'un sérieux effrayant, au contraire !

— Non, non, Salvator, tu divagues. Que ton ami ait pour moi une amitié sérieuse, une reconnaissance vive,

enthousiaste, si tu veux ; cela est possible de la part d'un être aussi tendre et aussi noble. Mais que cet enfant soit amoureux de ta vieille amie, c'est impossible ! Tu le vois ému outre mesure à chaque mot qu'il nous dit : c'est l'effet de sa faiblesse et d'un reste d'exaltation nerveuse. Tu l'entends me remercier dans des termes qui ne sont pas proportionnés aux services que je lui ai rendus ; c'est l'effet du beau langage qui part d'une belle âme, d'une noble habitude de bien penser et de bien dire, qui lui est propre et à laquelle sa grande éducation et ses belles manières aident naturellement beaucoup. Mais de l'amour pour moi ? Quelle folie ! il ne me connaît pas, et s'il me connaissait, s'il savait ma vie, il aurait peur de moi, le pauvre enfant ! Le feu et l'eau, le ciel et la terre ne sont pas plus dissemblables.

— Le ciel et la terre, le feu et l'eau, sont des éléments opposés, mais toujours unis ou prêts à s'unir dans la nature. Les nuages et les rochers, les volcans et les mers s'étreignent en se rencontrant ; ils se brisent et se fondent ensemble dans les mêmes désastres éternels. Ta comparaison confirme mon assertion et doit t'expliquer mes craintes.

— Tu fais de la poésie bien gratuitement ! Je te dis qu'il me mépriserait et me haïrait, peut-être, s'il savait quelle pécheresse lui a servi de sœur de charité. Je connais ses principes et ses idées d'après ce que tu m'en dis tous les jours ; car, quant à lui, je dois avouer qu'il ne m'a jamais fait de morale. Mais enfin, toi qui sais si bien ses opinions et son caractère, comment peux-tu supposer des relations possibles entre nous dans l'avenir ? Va, je sais bien ce qu'il pensera de moi quand je lui aurai rendu la force de son jugement seront revenus. Je ne me fais point d'illusion ! Dans six mois d'ici, à Venise, ou à Naples, ou à Florence, quelqu'un racontera devant lui les tristes aventures qui me sont arrivées, et celles plus tristes encore qu'on m'attribue ; car, que ne prête-t-on pas aux riches ? Alors !... souviens-toi de ce que je te dis maintenant ! Tu verras ton ami me défendre un peu, soupirer beaucoup, et te dire ensuite : « Quel malheur qu'une si bonne femme, pour laquelle j'ai tant d'amitié et de gratitude, soit décriée à ce point ! » Voilà tout le souvenir que la Floriani aura de ce fier jeune homme. Ce sera un souvenir doux, mais triste, et je ne prétends pas à autre chose. Qu'ai-je besoin d'autre chose que de la vérité ? Tu sais bien, Salvator, que je suis de force à accepter toutes les conséquences de mon passé, qu'elles ne me troublent ni ne m'offensent, et que tout cela n'a rien à faire avec la sérénité dont je sais jouir au fond de ma conscience.

— Tout ce que tu dis là m'accable de tristesse, ma chère Lucrezia, répondit Salvator en lui prenant la main avec attendrissement ; car tout cela est vrai, sauf un point ! Oui, mon ami te quittera, il te fuira dès qu'il en aura la force et qu'il aura vu clair en lui-même ; oui, il entendra des sots raconter ta vie sans la comprendre, et des lâches la calomnier ; oui, il en souffrira et en soupirera amèrement ! Mais que ce soit tout, que sa douleur se dissipe par quelques paroles, et que son souvenir s'efface par un effort de sa raison et de sa volonté, voilà ce que je nie. Karol est, dès à présent, plus malheureux qu'il ne l'a jamais été, et malheureux pour toujours, quoiqu'il ne s'en aperçoive encore et qu'il s'endorme dans l'ivresse d'un premier amour !

— Je t'arrête à ce mot, dit Lucrezia qui l'écoutait attentivement : un premier amour ! C'est parce que je suis par toi-même que je ne serais pas son premier amour, que je ne peux pas m'effrayer de celui-ci, en supposant, avec toi, qu'il existe. Ne m'as-tu pas dit qu'il avait été fiancé avec une belle jeune fille de sa condition, qu'il avait été inconsolable de sa mort, et qu'il n'aimerait peut-être jamais une autre femme ?... Voilà ce que tu m'as raconté les premiers jours ; et je te dis moi, il ne m'aime pas ; ou s'il peut m'aimer, il n'est pas impossible qu'une autre m'efface de sa pensée.

— Et cela doit durer cinq ou six ans encore ! Car il avait dix-huit ans lorsque Lucie mourut, et, jusqu'à toi, il n'avait pas même regardé une autre femme.

— Il n'y a pas de comparaison possible entre deux amours si différents! Il a pu regretter six ans une créature angélique toute semblable à lui, que le devoir et l'inclination lui prescriviaient de préférer à tout! Mais pour une pauvre vieille fille de théâtre comme moi.... veuve de... plusieurs amants (je n'ai jamais eu la pensée d'en revoir le compte!...) Bah! il ne faudra pas six semaines pour qu'il rentre en lui-même, si tant est qu'il en soit sorti. Tiens, Salvator, ne parlons pas davantage de cela! Ton idée me chagrine et me blesse un peu. Pourquoi faut-il que la pauvre Floriani, à laquelle tu témoignes pourtant, depuis trois semaines, la confiance et l'affection précieuse d'un frère, soit nécessairement, pour tout le monde, l'objet de désirs grossiers, même pour le plus chaste et le plus malade de tes amis? Ne puis-je, après toutes mes fautes, quand je les ai expiées par tant de souffrances et réparées peut-être par quelques bonnes actions, être traitée comme une maternelle amie par les jeunes gens de bonnes mœurs? Faut-il absolument que je fasse auprès d'eux le rôle de Satan, quand j'y mets aussi peu de malice que Stella ou Béatrice? Suis-je coquette? suis-je encore belle seulement? *Corpo di Dio!* comme dit mon vieux père, je fais tout mon possible pour ne faire peur ni envie à personne, tant je souhaite qu'on me laisse en paix. Le repos, l'oubli, mon Dieu! voilà ce que je demande, ce après quoi je soupire et brame quelquefois comme le cerf après la fontaine. Quand donc n'entendrai-je plus le mot d'amour sonner à mon oreille comme une note fausse?

— Ma pauvre sœur chérie, dit Salvator, tu te débats en vain, tu auras encore longtemps à résister, sinon à toi-même, du moins aux hommes qui te verront; j'ai beau faire pour être absolument calme auprès de toi; je ne le suis pas toujours, moi, qui pourtant...

— Allons! s'écria la Floriani avec un désespoir naïf et presque comique; toi aussi, tu vas recommencer! *Et tu, Brute?* Tue-moi tout de suite, j'aime mieux cela. Au moins, je serai délivrée de cet éternel refrain!

— Non! non!... moi, c'est fini, dit Salvator, qui craignait de voir la tristesse succéder à cet éclair d'enjouement. Je ne te dirai jamais rien; je ne parlerai jamais de moi, quand même j'en devrais mourir. Je te l'ai promis, je te le jure. Mais il n'en sera pas ainsi de tous les hommes; tu auras beau dire que tu es vieille, on te regardera, on te verra si le feu de la vie circuler dans tes veines généreuses. Tu auras beau relever tes cheveux avec cette négligence, et te cacher dans cette éternelle robe de chambre, qui ressemble à un sac de pénitent plus qu'à un vêtement de femme, tu seras encore belle malgré toi, et plus qu'aucune femme au monde! Quelle autre que toi pourrait se montrer au grand jour sans toilette, se brunir le cou et les bras au grand soleil, se fatiguer le teint et les yeux à veiller un malade, après avoir nourri une demi-douzaine d'enfants, travaillé, pleuré, souffert... (oh! que n'as-tu pas supporté!), et enflammer encore l'imagination des hommes, qu'ils soient vierges comme mon ami Karol ou expérimentés comme ton ami Salvator?

— Tiens, s'écria la Floriani impatientée, si tu continues sur ce ton, et si tu arrives à me persuader que je vais encore faire une passion, je suis capable de me mettre sur la figure, ce soir, un acide, un corrosif quelconque pour être affreuse demain matin.

— Vraiment, dit Salvator stupéfait, aurais-tu cette férocité envers toi-même?

— Non, c'est une manière de dire, répondit-elle ingénument. J'ai assez souffert pour n'avoir nulle envie de chercher des souffrances nouvelles.

— Mais, en supposant qu'on pût se défigurer sans se rendre aveugle, sans se faire aucun mal... tu ne le ferais pas!

— Je ne le ferais pas de gaieté de cœur, car je suis artiste, j'aime le beau, et je tâche de préserver les yeux de mes enfants du spectacle de la laideur. Je m'effraierais moi-même si je devenais un objet d'horreur et de dégoût. Et cependant, je t'assure que si l'on mettait pour moi, dans une balance, les tourments d'une passion nouvelle et le désagrément de devenir affreuse, je n'hésiterais pas.

— Tu dis cela d'un ton de sincérité qui m'effraie. Un être tel que toi est capable de tout! Ne va pas t'aviser d'une pareille folie, Lucrezia! comme une certaine princesse de Prusse, sœur de Frédéric le Grand, qui se défigura de la sorte, à ce qu'on dit, pour n'être pas recherchée en mariage et se conserver à son amant.

— C'est sublime, cela, dit la Floriani, car c'est le plus grand sacrifice qu'une femme puisse faire.

— Oui, mais l'histoire ajoute qu'en détruisant sa beauté, elle détruisit sa santé, et qu'elle devint bizarre et méchante. Reste donc belle, puisque tu risquerais de perdre ta bonté, qui n'est pas un moindre trésor.

— Ami, dit la Floriani, le temps mettra ordre à tout. Peu à peu je deviendrai laide sans y songer, sans m'en apercevoir peut-être, et alors je crois que je serai enfin heureuse; car, si j'ai acquis la funeste expérience qu'il n'est point de bonheur dans la passion, j'ai encore la chimère d'un certain état de calme et d'innocence que je crois ressentir dès à présent, et qui me semble plein de délices. Ne me dis donc pas que ton ami viendra le troubler par sa souffrance. Je ferai en sorte qu'il ne m'aime pas.

— Et comment t'y prendras-tu?

— En lui disant la vérité sur mon compte. Aide-moi, ne la lui épargne pas!... Mais quoi! je suis bien folle de te croire! Il ne peut pas m'aimer! Ne porte-t-il pas toujours sur son sein le portrait de sa fiancée!

— Crois-tu donc réellement qu'il l'ait aimée? dit Salvator après un moment de silence.

— Tu me l'as dit, répondit Lucrezia.

— Oui, je l'ai cru, reprit-il, parce qu'il le croyait lui-même, et qu'il le disait avec éloquence. Mais, voyons, entre nous, mon amie, on n'aime que fort incomplétement la femme qu'on n'a point possédée. L'amour véritable ne se nourrit pas éternellement de désirs et de regrets. Et, quand je me rappelle maintenant les rapports qui existaient entre le prince Karol et la princesse Lucie, je me confirme dans l'idée que cet amour n'a jamais existé que dans leurs imaginations. Ils s'étaient vus cinq ou six fois peut-être, et, encore, sous les yeux de leurs parents!

— Pas davantage?

— Non, Karol me l'a dit lui-même. Ils se connaissaient à peine, lorsqu'ils furent fiancés, et elle mourut si peu de temps après, qu'ils n'eurent pas le temps de se connaître.

— L'as-tu vue, toi, cette princesse Lucie?

— Je l'ai vue une fois. C'était une jolie personne, fluette, pâle, phthisique.... Je m'en suis aperçu tout de suite, quoique personne n'y songeât. Elle avait beaucoup d'élégance, de grâce; une toilette exquise, de grands airs un peu trop précieux, à mon sens; des yeux bleus, des cheveux comme un nuage, un teint de clair de lune, une réputation d'ange, une manière poétique de se poser. Elle ne me plaisait pas. Elle était trop romanesque et trop dédaigneuse; c'était une de ces êtres auxquels j'ai toujours envie de dire: « Ouvre donc la bouche quand tu parles, pose donc les pieds quand tu marches, mange donc avec les dents, pleure donc avec les yeux, joue donc du piano avec les doigts, ris donc de la poitrine et non des sourcils, salue donc avec le corps et non avec le bout du menton. Si tu es un papillon ou une fleur, envole-toi au vent, et ne viens pas nous chatouiller l'œil ou l'oreille. Si tu es morte, dis-le tout de suite! » Enfin elle m'impatientait comme quelque chose qui ressemble à une femme, mais qui n'est que l'ombre. Elle avait la manie de se couvrir de fleurs et de parfums, qui me donnèrent la migraine le jour que j'eus l'honneur de dîner auprès d'elle. Elle était embaumée comme un cadavre, et j'aurais mieux aimé un sachet dans mon armoire qu'une telle femme à mes côtés; je n'aurais pas été forcé de la respirer toujours.

— Je ne peux pas m'empêcher de rire de ce portrait, dit la Floriani, et pourtant je sens qu'il est exagéré et que tu y portes un peu de dépit. Tu n'as pas plu à cette princesse, je le vois bien. Tu lui auras fait quelque compliment trop peu recherché. Laissons les morts en paix et respectons ce souvenir dans l'âme pure du prince Karol. Je veux, au contraire, le faire parler d'elle et raviver en lui cet amour qui lui est salutaire pour le moment. Bonsoir, ami ! Sois tranquille, Karol n'aimera jamais qu'une sylphide !

XIII.

La Lucrezia se persuadait de très-bonne foi que Salvator se trompait. Elle sentait bien qu'il avait, lui-même, pour elle un gros amour bon enfant, si l'on peut parler ainsi, amour bien sincère, mais bien positif, qui n'eût imposé aucune chaîne et qui n'en eût pas accepté non plus ; en un mot, une solide et généreuse amitié, avec quelques plaisirs en passant, et autant d'infidélités qu'on pourrait ou qu'on voudrait s'en permettre de part et d'autre.

La Floriani ne voulait plus de chaînes, et se croyait à l'abri de toute passion ; mais elle s'était fait une trop grande idée de l'amour, elle l'avait ressenti avec trop d'énergie, enfin c'était une nature trop franche et trop passionnée pour qu'un pareil contrat ne lui parût pas révoltant. Elle ne savait rien être à demi, et si, à son insu, elle avait encore des sens, elle aimait mieux les vaincre et leur imposer silence que de les satisfaire sans enthousiasme, sans la conviction, peut-être illusoire chez elle, mais sincère, d'une vie commune et d'une fidélité éternelle. C'est ainsi qu'elle avait longtemps aimé, et quand elle avait eu des passions de huit jours, ou peut-être même d'une heure, comme disait Salvator, ç'avait été avec la ferme croyance qu'elle y mettait toute sa vie. Une grande facilité d'illusions, une aveugle bienveillance de jugement, une tendresse de cœur inépuisable, par conséquent beaucoup de précipitation, d'erreurs et de faiblesse, des dévouements héroïques pour d'indignes objets, une force inouïe appliquée à un but misérable dans le fait, sublime dans sa pensée ; telle était l'œuvre généreuse, insensée et déplorable de toute son existence.

Aussi prompte et aussi absolue dans le renoncement que dans le désir, elle croyait, depuis un an, qu'elle était délivrée de l'amour, que rien ne pourrait l'y ramener. Elle se persuadait même, tant son esprit embrassait vite une résolution et s'habituait à une manière d'être, que la victoire était à jamais remportée, et si elle eût mesuré la durée du temps à l'intensité de sa conviction, elle eût fait serment que vingt ans s'étaient déjà écoulés depuis qu'elle n'aimait plus.

Et pourtant, la dernière blessure était à peine cicatrisée, et, comme un brave soldat qui se remet en campagne lorsque ses jambes peuvent à peine le soutenir sur le seuil de l'ambulance, la Floriani affrontait courageusement le contact journalier de deux hommes épris d'elle, chacun à sa manière. Elle se rassurait en se disant qu'elle n'avait jamais eu d'amour pour l'un, qu'elle n'en pourrait jamais avoir pour l'autre, et que, la Providence ayant voulu qu'elle leur fût nécessaire, il n'y avait point à se tourmenter des dangers possibles de cette situation.

Puis, en songeant à tout ce que Salvator Albani venait de lui dire, elle s'assit dans son boudoir avant d'entrer dans sa chambre, et se mit à dérouler ses cheveux et à les arranger pour la nuit avec une admirable insouciance. « Peut-être, se disait-elle, est-ce une ruse naïve de Salvator pour savoir ce que je pense de son ami, et s'il c'est par l'impertinence ou par le sentiment qu'il faut l'attaquer ? Il invente cet amour de Karol pour ramener des épanchements que je lui ai interdits ! »

Bien des mots échappés au prince, de simples exclamations, certains regards eussent dû pourtant éclairer une femme de l'âge et de l'expérience de la Floriani. Mais elle avait conservé une modestie et une candeur d'enfant, en dépit de tout ce qui eût dû les lui faire perdre, et cette particularité de son caractère n'en était pas une des moindres charmes. C'est peut-être là ce qui la faisait paraître toujours jeune, et ce qui la faisait plaire si soudainement.

En arrangeant ses cheveux devant une glace, à la clarté d'une seule bougie, elle se regarda un instant avec attention, comme elle ne s'était pas regardée depuis un an ; mais elle avait si peu l'instinct de vivre pour elle-même, qu'elle ne vit dans sa propre figure que le souvenir des hommes qui l'avaient aimée. « Bah ! se dit-elle, ceux-là ne m'aimeraient plus s'ils me voyaient maintenant. Comment donc pourrais-je plaire réellement à d'autres, quand ceux qui avaient, pour m'être attachés, tant d'autres motifs plus importants que ma jeunesse et ma beauté, ne se soucient plus de moi ? » Elle n'avait pas été heureuse en amour, et pourtant elle avait allumé des passions si violentes, qu'elle ne pouvait pas être flattée d'inspirer des caprices, et, après avoir été une idole, de devenir un amusement.

Elle se sentit donc bien forte lorsqu'elle rabattit les rideaux de gaze sur la glace de sa toilette, en se disant que personne n'aurait plus de droit sur elle ; mais, comme elle reprenait sa bougie pour retourner auprès de ses enfants, elle tressaillit en se trouvant en face d'un spectre.

— Quoi ! mon cher prince, dit-elle après un instant d'effroi involontaire, vous voilà relevé quand on vous croyait si bien endormi ! Qu'y a-t-il ? Vous êtes donc souffrant ? et vous étiez seul ! Salvator vient de me quitter, et il n'est pas retourné auprès de vous ? Parlez donc, vous m'inquiétez beaucoup !

Le prince était si pâle, si tremblant, si agité, qu'il y avait de quoi s'inquiéter en effet. Il eut de la peine à répondre ; enfin il s'y décida.

— N'ayez pas peur de moi, ni pour moi, dit-il, je suis bien, très-bien.... Seulement, je ne dormais pas, je me suis mis à la fenêtre. J'ai entendu parler... j'étais bien tenté de descendre et de me mêler à votre conversation. Je ne l'osais pas... j'ai longtemps hésité ! Enfin, n'entendant plus rien, et voyant Salvator errer seul dans le fond du jardin, j'ai pris une grande résolution... je suis venu vous trouver... Pardonnez-moi, je suis si troublé que je ne sais pas ce que je fais, ni où je suis, ni comment j'ai eu l'audace de pénétrer jusque dans votre appartement...

— Rassurez-vous, dit la Floriani en le faisant asseoir sur son divan, je ne suis pas offensée, je vois bien que vous êtes souffrant, vous vous soutenez à peine. Voyons, mon cher prince, vous avez eu quelque mauvais rêve. J'avais laissé Antonia auprès de vous. Pourquoi cette jeune étourdie vous a-t-elle quitté ?

— C'est moi qui l'ai priée de me laisser seul. Je m'en vais... Pardon encore, je suis fou, ce soir, je le crains !

— Non, non, restez ici et remettez-vous. Je vais chercher Salvator ; à nous deux, nous vous distrairons, vous oublierez votre malaise en causant avec nous, et quand vous vous sentirez bien, Salvator vous emmènera. Vous dormirez tranquille quand il sera près de vous.

— N'allez pas chercher Salvator, dit le prince en saisissant d'un mouvement impétueux les deux mains de la Floriani. Il ne peut rien pour moi, vous seule pouvez tout. Écoutez, écoutez-moi, et que je meure après, si le peu de force que j'ai recouvrée s'exhale dans l'effort suprême qu'il me faut faire pour vous parler. J'ai entendu tout ce que Salvator vous a dit ce soir et tout ce que vous lui avez répondu. Ma fenêtre était ouverte, vous étiez au-dessous ; la nuit, la voix porte dans ce silence solennel. Je sais donc tout, vous ne m'aimez pas, vous ne croyez seulement pas que je vous aime !

Nous y voici donc, pensa la Floriani saisie de chagrin et fatiguée d'avance de tout ce qu'il lui faudrait dire pour se défendre sans blesser ce triste cœur. — Mon cher enfant, dit-elle, écoutez...

— Non, non, s'écria-t-il avec une énergie dont il ne semblait pas capable, je n'ai rien à écouter. Je sais tout ce que vous me direz, je n'ai pas besoin de l'entendre, et il n'est pas certain que j'en eusse la force. C'est moi qui dois parler. Je ne vous demande rien. Vous ai-je jamais rien demandé ? Connaîtriez-vous ma pensée, si Salvator ne l'eût devinée et trahie ? Mais il y a quelque chose, tout cela, qui m'est insupportable, quelque chose qui m'a percé le cœur, parce que c'est vous qui l'avez dit. Vous prétendez que je ne peux pas aimer une femme comme vous. Vous dites du mal de vous-même pour prouver que j'en dois penser. Vous croyez enfin que je vous oublierai, et que, quand on dira du mal de vous en ma présence, je soupirerai lâchement en regrettant d'être lié à vous par la reconnaissance... Ces pensées-là sont affreuses, elles me tuent ! Dites-moi que vous les abjurez, ou je ne sais ce que je ferai dans mon désespoir.

— Ne vous affectez pas ainsi pour quelques paroles irréfléchies, et dont je ne me souviens même pas, dit Lucrezia effrayée de l'émotion croissante du prince ; je ne songe pas à vous accuser de morgue, et je vous sais incapable d'ingratitude. Quoi ! n'ai-je pas dit plutôt que votre reconnaissance pour moi était bien plus grande que les services si naturels que je vous ai rendus ? Oubliez les mots qui vous ont blessé, je vous en supplie ; je les rétracte et je suis prête à vous en demander pardon. Calmez-vous, et prouvez-moi la sincérité de votre amitié en ne vous faisant pas gratuitement souffrir vous-même !

— Oui, oui, vous êtes bonne, parfaitement bonne, reprit Karol en s'attachant convulsivement à elle ; car il voyait qu'elle avait hâte de rompre ce tête à tête ; mais une seule fois, la première et la dernière fois de ma vie, sans doute, il faut que je vous parle... Sachez que si quelqu'un... que ce soit Salvator lui-même ou tout autre !.., si quelqu'un vous dit jamais que je n'ai pas pour vous du respect, de l'adoration... un culte !... le même culte que je rendis à la mémoire de ma mère... celui-là aura menti lâchement, ce sera mon ennemi, je le tuerai si je le rencontre... Moi qui suis doux, faible, réservé, je deviendrai haineux, violent, implacable, et plus fort pour le punir que tous ces hommes robustes et batailleurs. Je sais bien que j'ai l'apparence d'un enfant, les traits d'une femme... mais ils ne savent pas ce qu'il y a en moi. Ils ne peuvent le savoir, je ne parle jamais de moi !... je ne prétends pas être remarqué, je ne sais pas chercher à me faire aimer. Je ne le suis pas, je ne le serai jamais. Je ne demande même pas que l'on me croie capable d'aimer beaucoup... que m'importe ? Mais *vous* ? mais *vous* ?... Ah ! vous, du moins, il faut que vous sachiez que ce moribond vous appartient, comme l'esclave appartient à son maître, comme le sang au cœur, comme le corps à l'âme. Ce que que je ne peux pas accepter, c'est que vous ne soyez pas sûre de cela, c'est que vous disiez que je ne peux aimer un être semblable à moi. Je ne suis donc pas un homme ? Tous les hommes aiment Dieu, et moi, je vous aime comme l'idéal, comme la perfection ; je vous crains comme je crains Dieu, je vous vénère au point que je mourrais à vos pieds plutôt que de vous exprimer un désir outrageant.

Et ce n'est pas que je voie en vous un fantôme comme celui que j'ai porté en moi si longtemps. Je sais fort bien que vous êtes une femme, que vous avez aimé, que vous pouvez aimer encore... tout autre que moi ? Eh bien ! soit ! j'accepte tout cela, et je n'ai pas besoin de comprendre les mystères de votre cœur et de votre vie pour vous adorer. Soyez tout ce que vous voudrez, abandonnez vos enfants, reniez Dieu, chassez-moi, aimez l'homme qui vous en semblera digne... Si Salvator vous plaît, s'il peut vous donner un instant de bonheur, écoutez-le, rendez-le heureux ; j'en mourrai certainement, mais sans qu'une pensée de blâme puisse entrer dans mon esprit, sans qu'un sentiment de vengeance puisse approcher de mon cœur. Je mourrai en vous bénissant, en proclamant que vous avez le droit de faire tout ce qui est défendu aux autres, que ce qui est crime et reproche chez eux, est vertu et gloire chez vous. Tenez, je suis tellement malheureux en ce monde, et l'amour que je vous porte me ronge tellement les entrailles, que j'ai, en ce moment, un désir, un besoin effréné de mourir. Mais si vous voulez que je m'en aille demain, que je ne vous revoie jamais et que je vive, je vivrai et je serai content de vivre dans les tourments pour vous obéir. Vous croyez que j'ai aimé quelqu'un plus que vous ? c'est faux ! je n'ai jamais aimé personne. Je le sens maintenant, j'avais rêvé l'amour ; car, comme vous l'a dit Salvator, il était dans mon cerveau, et je ne l'avais pas senti dévorer mon cœur.

C'était une femme pure, et je respecte tellement son souvenir, que je ne veux plus lui faire un mensonge en portant son image sur ma poitrine. Prenez-le, cachez-le, gardez-le, ce portrait que je ne comprends plus, et où je vois toujours vos traits maintenant à la place des siens ! je vous le donne et vous prie de l'accepter, parce qu'il ne doit pas être profané, et qu'il n'y a que deux endroits où il puisse être sanctifié désormais. Votre main, ou la tombe de ma mère... Ne croyez pas que je parle dans le délire. Si j'étais calme, je n'aurais pas le courage de parler ; mais ce courage trahit la vérité et proclame ce que je pense à toute heure depuis que je vous connais. Et je le dirais à la face du monde, j'en ferais le serment sur la tête de mes enfants... je le dirai à Salvator lui-même : qu'il m'entende, qu'il le sache, et qu'il n'ait jamais la folie de le nier. Je vous aime, ô vous ! ô toi , qui n'as pas de nom pour moi, que je ne pourrais qualifier dans aucune langue... je t'aime !... j'ai du feu dans la poitrine... je meurs !

Et Karol, épuisé par cette ardente protestation, tomba aux pieds de la Floriani et s'y roula en tordant ses mains avec tant de violence qu'il les déchira et en fit jaillir le sang.

— Aime-le ! aime-le ! prends pitié de lui ! s'écria Salvator qui, après avoir cherché vainement le prince dans sa chambre et dans toute la maison, venait d'entrer, effrayé, et d'entendre ses dernières paroles. Aime-le, Floriani, ou tu n'es plus toi-même, ou un affreux égoïsme a desséché ton sein généreux. Il se meurt, sauve-le ! Il n'a jamais aimé, fais-le vivre, ou je te maudis !

Et cet homme étrangement généreux et enthousiaste, au milieu de son âpreté personnelle aux jouissances de la vie, cet inappréciable ami, qui préférait Karol à tout, à la Floriani et à lui-même, le releva du parquet où il se tordait dans une sorte d'agonie, et le jetant, pour ainsi dire, dans les bras de la Lucrezia, il s'élança vers la porte, comme pour ne pas entendre la réponse et ne pas assister à un bonheur auquel il ne renonçait pas sans effort.

La Floriani, éperdue, reçut Karol contre son cœur et l'y pressa avec tendresse ; mais, plus effrayée encore que vaincue, elle fit à Salvator un geste absolu pour qu'il eût à rester. — Je l'aimerai, dit-elle, en couvrant d'un long et puissant baiser le front pâle du jeune prince, mais ce sera comme sa mère l'aimait ! aussi ardemment, aussi constamment qu'elle, je le jure ! Je vois bien qu'il a besoin d'être aimé ainsi, et je sais qu'il le mérite. Cette tendresse maternelle, dont je m'étais prise pour lui, d'instinct, et sans songer à la prolonger au delà de sa guérison, je la lui voue pour toujours, et à l'exclusion de tout autre homme. Je renouvelle pour toi, mon fils, le vœu de chasteté et de dévouement que j'ai fait pour Célio et pour mes autres enfants. Je garderai saintement et respectueusement le portrait de ta fiancée, et quand tu voudras le voir, nous parlerons d'elle ensemble. Nous pleurerons ensemble ta mère chérie, et tu ne l'oublieras pas en retrouvant son cœur dans le mien. J'accepte ton amour à ce prix, et j'y crois, quelque désabusée que je sois de tout le reste. Voilà la plus grande preuve d'affection que je puisse te donner !

Cet engagement portait à Salvator un remède bien incomplet, et plus dangereux qu'utile. Il allait demander davantage, lorsque le prince, retrouvant la force avec la parole, s'écria, fondant en larmes :

— Bénie sois-tu, femme adorée ! je ne te demanderai jamais rien de plus, et mon bonheur est si grand que je n'ai pas de parole pour t'en remercier.

Il se prosterna devant elle et embrassa ses genoux avec transport. Puis, s'arrachant de ses bras, il suivit Salvator et alla dormir avec un calme dont il n'avait jamais joui jusqu'à cette heure.

— Étranges et impossibles amours ! se disait Salvator en essayant de dormir aussi.

XIV.

J'espère, lecteur, que tu sois d'avance ce qui va se

passer dans ce chapitre, et que rien de tout ce qui est arrivé jusqu'ici, dans le cours monotone de cette histoire, ne t'a causé le plus léger étonnement. Je voudrais être auprès de toi quand tu approches du dénoûment de chaque phase d'un roman quelconque, et, d'après tes prévisions, je saurais si l'œuvre est dans le chemin de la logique et de la vérité ; je me méfie beaucoup d'un dénoûment impossible à prévoir pour tout autre que pour l'auteur, parce qu'il n'y a pas plusieurs partis à prendre pour des caractères donnés. Il n'y a qu'un, et si personne ne s'en doute, c'est que les caractères sont faux et impossibles.

Tu me diras peut-être que voilà le prince Karol se livrant à une explosion de sentiment et à un abandon de passion bien en dehors des habitudes que je t'ai révélées de lui jusqu'ici. Mais non, tu ne feras pas une observation aussi niaise ; car je te renverrais encore à toi-même, et je te demanderais si, en matière d'amour, ce qui nous semble le plus opposé à nos goûts et à nos facultés n'est pas précisément ce que nous embrassons avec le plus d'ardeur ; et si, dans ces cas-là, l'impossible n'est pas justement l'inévitable.

Vraiment, la vie, telle qu'elle se passe sous nos yeux, est bien assez folle et assez fantasque, le cœur humain, tel que Dieu l'a fait, est bien assez mobile et assez inconséquent ; il y a, dans le cours naturel des choses, bien assez de désordres, de cataclysmes, d'orages, de désastres et d'imprévu, pour qu'il soit inutile de se torturer la cervelle à inventer des faits étranges et des caractères d'exception. Il suffirait de raconter. Et puis, qu'est-ce que les caractères exceptionnels que le roman va toujours chercher pour surprendre et intéresser le public ? Est-ce que nous ne sommes pas tous des exceptions par rapport aux autres, dans le détail infini de nos organisations ? Si certaines lois communes font de l'humanité un seul être, n'y a-t-il pas, dans l'analyse de cette grande synthèse, autant d'êtres distincts et dissemblables que nous sommes d'individualités ? La Genèse nous dit que Dieu fit l'homme d'un peu de terre et d'eau, pour nous montrer que la même matière élémentaire servit à notre formation. Mais, dans la combinaison des parties constituantes de cette matière, reste la diversité éternelle et infinie, et, de là, ces deux feuilles identiques impossibles à rencontrer dans le règne végétal, ces deux cœurs identiques inutiles à rêver dans la race humaine. Sachons donc bien ce lieu commun : que chacun de nous est un monde inconnu à ses semblables, et pourrait raconter de soi une histoire ressemblant à celle de tout le monde, semblable à celle de personne.

Le roman n'a pas autre chose à faire que de raconter fidèlement une de ces histoires personnelles, et de la rendre aussi claire que possible ; qu'on y ajoute beaucoup de faits extérieurs, qu'on y mêle beaucoup d'individualités diverses, je le veux bien : mais c'est compliquer beaucoup la besogne sans beaucoup de profit pour notre instruction morale. Et puis, c'est très-fatigant pour le lecteur, qui est paresseux ! Réjouis-toi donc, paresseux de lecteur, de trouver aujourd'hui un auteur plus paresseux que toi.

Tu pressens déjà que la Floriani, en faisant la transaction, s'engageait plus qu'elle ne le pensait, et qu'un amour maternel platonique, et pourtant passionné, ne pouvait durer éternellement entre un homme de vingt-quatre ans et une femme de trente, beaux tous les deux, et tous deux enthousiastes et avides de tendresse. Cela dura six semaines, peut-être deux mois, avec une sérénité angélique de part et d'autre, et ce fut, il faut bien le dire, le plus beau temps de leur amour. Puis vint l'orage, et c'est dans l'âme du jeune homme qu'il s'alluma d'abord ; puis vinrent quelques heures d'ivresse, où, pour tous deux, le ciel sembla descendre sur la terre. Mais quand la félicité humaine est arrivée à son apogée, elle touche à sa fin. L'inexorable loi qui préside à notre destinée l'a réglé ainsi, et la plus folle des sagesses serait celle qui exhorterait l'homme à se développer pour le bonheur absolu, sans lui dire que ce bonheur doit être dans sa vie le passage d'un éclair, et qu'il faut s'arranger pour végéter le reste du temps, assez satisfait d'une espérance ou d'un souvenir. Il en est de la vie comme du roman : pour qu'elle fût complète, il faudrait mourir le lendemain de certains jours. Pour que le roman flatte l'imagination, on le termine ordinairement le jour de l'hyménée ; c'est-à-dire qu'on y aspire, pendant un nombre plus ou moins savant de volumes, à voir luire un rayon, dont aucun art ne peut exprimer l'éclat et la beauté, et que le lecteur colore à sa guise, car c'est là que l'auteur renonce à peindre et lui souhaite le bonsoir.

Eh bien ! pour essayer un peu de sortir du chemin tracé, nous ne fermerons pas le livre à cette page fatale. Nous nous arrêterons un instant au sommet de cette pente que nous avons vu gravir, et nous la redescendrons dans un second volume, que le lecteur est dispensé de lire s'il n'aime pas les histoires tristes et les vérités chagrines.

Te voilà bien averti, cher lecteur, tu sais tout ce qui doit arriver désormais. Je poursuis, arrête-toi là si tu veux. Tu connais la synthèse de ces deux existences qui se sont rapprochées des deux bouts opposés de l'horizon social. Le détail me regarde, et si tu ne t'en soucies point, laisse-moi l'écrire en paix. Crois-tu donc que l'on soit toujours forcé de penser à toi, et que l'on n'écrive jamais pour soi-même, en se donnant le plaisir de t'oublier ? Tu n'es guère embarrassé de le rendre, et alors nous sommes quittes.

En renonçant à l'amour, en cherchant la retraite, la Floriani s'était trompée de date dans sa vie. Il est bien certain qu'elle s'était persuadé, dans ce moment-là, que le calme de la vieillesse, auquel elle aspirait, était venu, par miracle, lui apporter ses bienfaits avant le temps. Les quinze années de passion et de tourments qu'elle venait de fournir lui semblaient si lourdes et si cruelles qu'elle se flattait de se les faire compter doubles par le Dispensateur suprême de nos épreuves. Mais l'implacable destinée n'était pas satisfaite. Pour s'être trompée dans ses choix, pour avoir donné une affection sublime à des êtres qui lui plaisaient sans le mériter, pour n'avoir pas su aimer ceux qui le méritaient sans lui plaire, pour avoir trop aimé ceux que Jésus-Christ a voulu racheter, n'avoir pas cherché la quiétude, la sécurité et le triomphe paisible des élus, de ces insupportables *justes*, qui du haut de leurs chaises d'or, narguent les misères et les souffrances de l'humanité, la pauvre pécheresse devait expier encore les malheurs passés par de nouveaux malheurs. Faites-vous sœur de charité, allez ramasser les membres épars sur le champ de bataille, et chasser les mouches immondes des plaies du moribond abandonné ; vous serez emportée par un boulet, ou traitée comme une vivandière par le vainqueur brutal. Mais vivez avec les parfaits, n'aimez que les beaux, les riches, les sages, les heureux de ce monde, parfumez votre âme délicate dans une atmosphère éthérée ; soyez comme une fleur dans son jardin, comme la princesse Lucie dans son nuage, et vous serez canonisée.

La Floriani se faisait donc de grandes illusions, en s'imaginant qu'elle en serait quitte à si bon marché, et que, désormais, elle pourrait vivre pour ses enfants, pour son vieux père, et pour elle-même. Un cœur qui a passé par d'aussi terribles maladies que celles dont elle sortait à peine n'est pas guéri par quelques mois de repos et de solitude. Cette solitude même et cette inaction ne sont peut-être pas ce qui lui convient. La transition s'était faite trop brusquement, et, en acceptant sa guérison comme un fait accompli, la bonne Lucrezia n'avait pas assez veillé sur elle-même. Lorsqu'au lieu de cet amour exigeant et personnel qui avait fait tout le mal de sa vie, le noble et romanesque prince de Roswald lui offrit un dévouement absolu, un respect digne d'une sainte, et qu'il accepta lui-même avec transport le vœu d'une amitié chaste de sa part, elle se crut sauvée. Était-il permis à une femme chargée de tant de fautes de s'abuser à ce point, et de s'imaginer bonnement que la Providence allait la récompenser de ses erreurs au lieu de l'en punir ? Non, cela n'était point permis, et pourtant la Lucrezia s'en accommoda avec sa naïveté habituelle.

Le prince Karol de Roswald

Elle y trouva d'abord un bonheur extrême, des joies sans mélange. Karol était si dominé, si soumis, il s'était abjuré si complétement, il subissait une telle fascination, qu'un mot, un regard, une innocente caresse, le jetaient dans une ivresse inappréciable. Il y avait à la surface de son être une pureté angélique, et les âcres passions qui fermentaient inconnues et oisives encore au fond de son âme, ne s'éveillèrent pas tout de suite. Il n'avait jamais brûlé du feu de l'amour, il n'avait jamais senti battre contre son cœur le cœur d'une femme, et les premières émotions de ce genre furent pour lui plus vives et plus profondes qu'elles ne le sont chez un adolescent aux prises avec le premier éveil des sens.

Il y avait longtemps déjà que ces désirs germaient en lui sans qu'il voulût s'en rendre compte. Il les avait trompés à l'aide de la poésie et de ce religieux sentiment pour une fiancée, dont il avait à peine senti la main effleurer la sienne. Ses rêves arrivaient donc tout frais, tout craintifs et tout palpitants à la réalité. Il avait encore les terreurs d'un enfant et déjà l'énergie d'un homme. Ce mélange de pudeur et d'emportement lui donnait un charme irrésistible que la Floriani n'avait encore jamais rencontré. Aussi, chaque jour l'enflamma-t-il d'une sympathie, d'une admiration, et enfin d'un enthousiasme dont elle ne mesura pas les progrès.

Toujours téméraire par bravoure, et insouciante pour elle-même à cause de ceux qu'elle aimait, elle ne vit pas venir l'orage. Pouvait-elle croire autre chose que ce qu'il lui disait, et s'inquiéter d'un avenir qui semblait devoir être la continuation indéfinie de cet amour céleste?

Il se trompait lui-même en trompant sa maîtresse, ce doux et terrible enfant, qui, tout vaincu et tout dévoré par la passion, n'y croyait pas encore, qui avait vécu d'illusions et se fiait à la puissance des mots sans apprécier les nuances d'idées et de faits qu'ils représentent. Quand il avait appelé la Floriani *ma mère*, quand il avait pressé le bord de son vêtement contre ses lèvres ardentes, quand il avait dit en s'endormant : « plutôt mourir que de la profaner dans ma pensée, » il se jugeait plus fort que la nature humaine, et méprisait encore la tempête qui grondait dans son sein.

Et elle, l'aveugle enfant, car c'était un enfant encore plus ingénu et plus crédule que Karol, cette femme qui,

C'était la Floriani. (Page 38.)

dans la langue reçue, on aurait bien pu appeler une femme perdue; elle croyait à ce calme qui lui semblait si beau, si neuf, si salutaire. Elle l'éprouvait en elle-même, parce que la lassitude et le dégoût avaient calmé son sang, et la préservaient d'un entraînement subit.

Et, dans cette confiance réciproque, si absolue et si sincère, que la présence de Salvator ne les gênait point, et que leurs chastes baisers craignaient à peine les regards des enfants, chaque jour pourtant creusait un abîme. Karol n'existait plus par lui-même. Sa race, sa croyance, sa mère, sa fiancée, ses instincts, ses goûts et ses relations, il avait tout perdu de vue. Il ne respirait que par le souffle de la Floriani, il ne respirait pas et ne voyait pas, il ne comprenait ni ne pensait, quand elle ne se mettait pas entre lui et le monde extérieur. L'ivresse était si complète qu'il ne pouvait plus faire un pas de lui-même dans la vie. L'avenir ne lui pesait pas plus que le passé. L'idée de se séparer d'elle n'avait aucun sens pour lui. Il semblait que cet être diaphane et fragile se fût consumé et absorbé dans le foyer de l'amour.

Peu à peu pourtant la flamme se dégagea des nuages de parfums qui la voilaient. L'éclair traversa le ciel, la voix de la passion retentit comme un cri de détresse, comme une question de vie ou de mort. Un insensible abandon de toute crainte et de toute prudence avait amené jour par jour l'imminente défaite de cette suprême raison dont se piquait la Floriani. Un invincible attrait, une progression de voluptés délicates et dévorantes, les délices d'une ivresse inconnue et souveraine avaient endormi et anéanti une à une les saintes terreurs de Karol, et cette victoire des sens, qu'il avait cru devoir être avilissante pour tous deux, donna à son amour une exaltation et une intensité nouvelles.

Il avait passé sa vie à se battre en duel au nom de l'esprit contre la matière. Il avait vu dans la sanctification du mariage et dans l'union bénie de deux virginités, la seule réhabilitation possible de cet acte qui n'était divin selon lui que parce qu'il était nécessaire. Il avait cru longtemps que demander la révélation de l'amour à une femme prodigue de ce bienfait, ou seulement à une femme qui ne lui en apporterait pas les prémices, serait pour lui une chute sans remède et sans pardon à ses propres yeux. Il fut fort surpris de se sentir inondé de tant de joie que sa conscience était muette; et quand il interrogea cette conscience, il la trouva ivre. Elle lui répondit qu'elle n'avait rien eu à démêler avec son péché, qu'elle se sentait légère, qu'elle ne savait pourquoi il avait toujours voulu l'empêcher de faire cause commune avec son cœur, enfin qu'elle avait soif de voluptés nouvelles, et qu'elle lui parlerait morale et sagesse quand elle serait rassasiée.

La Floriani, qui n'avait jamais fait ces distinctions métaphysiques entre ses penchants et ses intérêts personnels, et qui n'avait renoncé à l'amour que parce que le sien avait causé le malheur d'autrui, se sentit très-calme et très-fière lorsque, l'illusion de son amant se communiquant à elle, elle crut qu'il était pour toujours le plus heureux des hommes. Elle ne regretta pas seulement son beau rêve de force et de vieillesse anticipée; son orgueil ne lui fit pas de reproches, et elle ne pleura point sur sa chute. Toujours naïve et confiante, elle ne répondit aux craintes de Salvator qu'en lui demandant si Karol se repentait et se trouvait à plaindre. Et comme la félicité de Karol touchait aux nues en ce moment, comme Salvator lui-même en était stupéfait d'étonnement, de jalousie et d'admiration, il ne trouva rien à répondre.

Il souffrit passablement de l'aventure, lui, ce brave comte Albani, qui n'eût pas senti ce bonheur avec la même puissance que son jeune ami, mais qui ne l'eût pas fait expier si cruellement par la suite. Il en fut si agité qu'il en perdit le sommeil, et presque l'appétit et la gaieté. Mais son âme était si belle et son amitié si loyale, qu'il remporta la victoire. Il remercia la Floriani avec effusion, d'avoir, sinon guéri à jamais l'esprit et le cœur de Karol (ce qu'il ne croyait pas possible dans de telles conditions), du moins de l'avoir initié à un bonheur que nulle autre femme ne lui eût jamais fait connaître. Puis, prétextant des affaires indispensables à Venise, il partit sans vouloir faire avec eux aucun plan d'avenir.

« Je reviendrai dans quinze jours, leur dit-il, et vous me direz alors ce que vous aurez résolu. »

Le fait est qu'il ne pouvait supporter plus longtemps le spectacle d'un bonheur qu'il approuvait et qu'il encourageait cependant pour son âme. Il se mit en route sans leur dire qu'il allait chercher des distractions philosophiques auprès d'une certaine danseuse, qui lui avait fait un signe à Milan, dans la coulisse du théâtre de la Scala.

« Je n'aurais jamais cru, se disait-il, chemin faisant, que mon jeune puritain mordrait au fruit défendu avec cette violence et cet oubli du passé. Cette Floriani est donc un être plus enchanteur que le serpent, car Adam pleura aussitôt sa faute, et Karol fait gloire de la sienne, au contraire!... Allons! veuille le ciel que cela dure, et qu'à mon retour je ne le trouve pas honteux et désespéré! »

Tu sauras bientôt ce qu'il en advint, lecteur, si tu ne le sais déjà, et si tu ne préfères rester entre la porte du ciel et celle de l'enfer.

XV.

Malgré l'affection que le prince portait au comte, malgré la reconnaissance que lui inspiraient son dévouement, ses tendres soins, et l'espèce de sanction qu'il venait de donner à son bonheur, le bonheur est si égoïste, que Karol vit partir Albani avec une sorte de joie. La présence d'un ami gêne toujours un peu les continuels épanchements d'une âme enivrée, et bien que le prince eût mis beaucoup d'abandon à proclamer devant Salvator la force de sa passion, il n'en est pas moins vrai qu'il était un peu mécontent quand il ne le voyait pas accueillir avec une confiance absolue la conviction où il était que ce bonheur devait durer toujours et n'être troublé par aucun nuage.

Une âme moins pure et moins loyale que la sienne eût été humiliée, peut-être, de se montrer si différente d'elle-même devant un ami qui pouvait comparer le présent avec le passé, et l'accuser d'inconséquence, ou seulement sourire de son entraînement subit, comme il avait souri auparavant de sa réserve exagérée. Mais si Karol avait certaines petitesses d'esprit, ce n'étaient jamais des petitesses mesquines, et l'on eût pu dire que c'étaient plutôt des puérilités charmantes. Lui aussi avait ses naïvetés moins frappantes, moins complètes que celles de la Floriani; mais plus fines et réellement intéressantes par leur contraste avec le fond de son caractère. Ainsi, il ne niait pas qu'il eût été rigoriste dans le passé, et qu'il fût aveuglé dans le présent; mais il lui était impossible de l'avouer. Il ne s'en souvenait pas, et ne se rendait presque pas compte de sa transformation. Il persistait à croire qu'il haïssait les emportements d'un esprit sans règle et sans retenue, et si on lui eût parlé d'une autre femme, toute semblable à la Floriani par sa conduite et ses aventures, mais n'ayant pas en elle ce charme mystérieux qu'il subissait, il en eût détourné ses regards avec effroi et aversion. Enfin, il avait littéralement sur les yeux ce bandeau que les poètes antiques, ces maîtres dans l'art de symboliser les passions, ont placé sur ceux de Cupidon. Son esprit n'avait point changé, mais son cœur et son imagination paraient l'idole de toutes les vertus qu'il souhaitait d'adorer.

La Floriani s'habitua facilement, comme on peut croire, à recevoir un culte dont elle n'avait jamais eu l'idée. Certes, elle avait été aimée, et elle avait aimé aussi très-ardemment. Mais les organisations aussi exquises que celle de Karol sont bien rares, et elle n'en avait point rencontré. Ainsi qu'elle l'avait dit à Salvator, elle n'avait aimé que de pauvres diables, c'est-à-dire des hommes sans nom, sans fortune et sans gloire. Une fierté craintive lui avait toujours fait repousser l'hommage des gens haut placés dans le monde. Tout ce qui eût pu ressembler à une liaison fondée sur un intérêt personnel de fortune, de succès ou de vanité, l'avait toujours trouvée défiante et presque hautaine. Avec l'excessive bienveillance de son caractère, ce soin de fuir et de repousser les grands seigneurs ou les grands artistes avait été bizarre en apparence; mais c'était, en effet, une conséquence de son caractère indépendant et brave, peut-être aussi de cet instinct maternel qu'elle portait dans tout. L'idée d'être protégée lui était insupportable; elle préférait être dominée par les travers d'un amant sans délicatesse que de subir la discipline majestueuse d'un pédagogue parfumé. Au fond, c'était toujours elle qui avait protégé et réhabilité, sauvé ou tenté de sauver les hommes qu'elle avait chéris. Gourmandant leurs vices avec tendresse, réparant leurs fautes avec dévouement, elle avait failli faire des dieux de ces simples mortels. Mais elle s'était sacrifiée trop complètement pour réussir. Depuis le Christ, mis en croix pour avoir trop aimé, jusqu'à nos jours, c'est l'histoire de tous les dévouements. Celui qui se les impose en est l'inévitable victime, et comme la Lucrezia n'était, après tout, qu'une femme, elle n'avait pas poussé la patience jusqu'à mourir. D'ailleurs, elle avait logé trop d'amours à la fois dans son âme, c'est-à-dire qu'elle avait voulu être la mère de ses amants sans cesser d'être celle de ses enfants, et ces deux affections, toujours aux prises l'une contre l'autre, avaient dû résoudre leur combat par l'extinction de la moins obstinée. Les enfants l'avaient emporté toujours, et, pour parler par métaphore, les amants, pris aux *Enfants-Trouvés* de la civilisation, avaient dû y retourner tout ou tard.

Il en résulta qu'elle fut haïe et maudite souvent, par ces hommes qui lui devaient tout, et qui, après avoir été gâtés par elle, ne purent comprendre qu'elle se reprenait, lorsqu'elle était lasse et découragée. Ils l'accusèrent d'être capricieuse, impitoyable, folle dans sa précipitation à se livrer et à se retirer, et ce dernier grief était un peu fondé. La Floriani ne doit donc pas te sembler bien parfaite, cher lecteur, et mon intention n'a jamais été de te montrer en elle l'être divin que rêvait Karol. C'est un personnage humain que j'analyse ici sous tes yeux, avec ses grands instincts et sa faiblesse d'exécution, ses vastes entreprises et ses moyens bornés ou erronés.

Beaucoup d'hommes charmants pensèrent que la Floriani était une impertinente, une personne distraite, fantasque et sans jugement, parce qu'elle n'accueillait pas leurs fadeurs. Avait-elle le droit de se faire respecter de ces gens-là, elle qui choisissait si mal les objets de sa préférence, et qui rompait bientôt avec eux pour choisir plus mal encore?

Elle eut donc des ennemis et ne s'en aperçut pas beaucoup, ayant plus d'amis encore, et comptant pour rien ce qu'on disait d'elle, quand son cœur était préoccupé par tant de vives affections. Mais elle ne s'en habitua pas moins à regarder les grands seigneurs et les personnages privilégiés comme ses ennemis naturels. Elle était restée fille du peuple jusqu'à la moelle des os, au milieu de sa carrière de reine de théâtre; et, tout en acquérant l'usage du monde, elle conserva contre le monde un fond d'orgueil un peu sauvage. Elle savait y porter une grande distinction de manières, et quand elle jouait la comédie, ou quand elle écrivait pour le théâtre, on eût dit qu'elle était née sur le trône. Mais elle ne pouvait souffrir qu'on supposât qu'elle devait cet air noble et ce langage élevé à la fréquentation des gens titrés. Elle sentait bien qu'elle puisait sa noblesse dans son propre sentiment des hautes convenances de l'art, dans son instinct de la véritable élégance, et dans la fierté innée de son esprit. Elle riait aux éclats, lorsqu'un marquis à figure basse et à tournure bancale venait lui dire, dans sa loge, que ce qu'on admirait le plus en elle, c'est qu'elle eût deviné la bonne compagnie. Un jour qu'une grande dame (laquelle avait malheureusement la voix rauque, les mains violettes et le menton barbu), lui faisait compliment sur ses airs de duchesse, elle lui répondait d'un ton pénétré : « Quand on a des modèles comme Votre Seigneurie sous les yeux, on ne peut pas se tromper sur ce qui convient à un rôle noble. » Mais quand la grande dame fut sortie, la comédienne éclata de rire avec ses camarades. Pauvre duchesse, qui avait cru lui faire beaucoup de plaisir et d'honneur avec ses éloges!

Toutes ces digressions sont là pour vous dire qu'il ne fallait pas moins qu'un miracle pour que la railleuse et fière plébéienne se prît d'engouement et de tendresse pour un prince. On a vu comment ce miracle se fit par degrés, et se trouva accompli comme par surprise. Alors la Floriani, n'étant plus occupée à se défendre, mais à admirer, découvrit dans celui qu'elle aimait des charmes qu'elle n'avait jamais voulu apprécier dans ceux de sa caste. Fidèle à ses préventions, elle ne voulut point faire honneur de tant de grâces et de courtoisie délicate à l'éducation qu'il avait reçue et aux habitudes qu'il avait contractées. À ce point de vue, elle les eût plutôt critiquées; mais, en supposant qu'il ne les devait qu'à la perfection de son caractère naturel, à la douceur de son âme et à la tendresse de ses sentiments pour elle, elle en fut enivrée. Il lui semblait que toutes ses amours avaient été des orgies, au prix de ce festin d'ambroisie et de miel que lui servaient les chastes lèvres, les paroles suaves et les extases célestes de son jeune amant.

— « Je ne mérite point de telles adorations, lui disait-elle, mais je t'aime d'être capable de les ressentir et de les exprimer ainsi. Je ne m'aimais point, je ne me suis jamais aimée jusqu'ici. Mais il me semble que je commence à m'aimer en toi, et que je suis forcée de respecter l'être que tu vénères de la sorte.

« Non, non! je n'avais jamais été aimée et tu es mon premier amour! s'écriait-elle dans la sincérité de son cœur. Je cherchais, avec une soif ardente, ce que j'ai enfin trouvé aujourd'hui. Va, mon âme que je croyais épuisée, était aussi vierge que la tienne, je suis certaine à présent, et je puis le jurer devant Dieu! »

L'amour est plein de ces blasphèmes de bonne foi. Le dernier semble toujours le premier chez les natures puissantes, et il est certain que si l'affection se mesure à l'enthousiasme, jamais la Floriani n'avait autant aimé. Cet enthousiasme qu'elle avait eu pour d'autres hommes avait été de courte durée. Ils n'avaient pas su l'entretenir ou le renouveler. L'affection avait survécu un certain temps au désenchantement; puis étaient venus la générosité, la sollicitude, la compassion, le dévouement, le sentiment maternel, en un mot, et c'était merveille que des passions si follement conçues eussent pu vivre aussi longtemps, quoique le monde, ne jugeant que de l'apparence, se fût

étonné et scandalisé de les lui voir rompre si vite et si absolument. Dans toutes ces passions elle avait été heureuse et aveuglée huit jours à peine, et quand un ou deux ans de dévouement absolu survit à un amour reconnu absurde et mal placé, n'est-ce pas une grande dépense d'héroïsme, plus coûteuse que ne le serait le sacrifice d'une vie entière pour un être qu'on en sentirait toujours digne?

Oh! dans ce cas-là, est-ce bien difficile et bien méritoire de se soumettre et de s'immoler? Coriolan est plus grand en pardonnant à la patrie ingrate, que Régulus en souffrant le martyre pour la patrie reconnaissante.

Aussi la Floriani fut-elle étourdie, cette fois, de son bonheur. Elle avait bien commencé, cette fois encore, par le dévouement, puisqu'elle avait soigné, veillé et sauvé cet enfant malade, au prix d'une grande anxiété morale et d'une grande fatigue physique. Mais qu'était-ce que cela en comparaison de ce qu'elle avait souffert pour sauver des âmes perverses ou des esprits égarés?

Rien, en vérité, moins que rien ! N'avait-elle pas prodigué des soins et des veilles à des pauvres, à des inconnus? « Et pour ce peu qu'il me doit, se disait-elle, le voilà qui m'aime comme si je lui avais ouvert les cieux ! Maintenant je ne me dirai plus que je suis aimée parce que je suis nécessaire, ou bien parce qu'un peu d'éclat m'environne. Il m'aime pour moi-même, pour moi seule. Il est riche, il est prince, il est vertueux, il n'a pas de dettes à payer, il ne se sent pas faible d'esprit et entraîné par des passions nuisibles. Il n'est ni libertin, ni joueur, ni prodigue, ni vaniteux. Il n'a qu'une ambition, celle d'être aimé, et n'attend de moi aucun service, aucun appui, mais seulement le bonheur que l'amour peut donner. Il ne m'a point vue dans ma gloire. Ce n'est pas cette beauté artificielle que donnent les costumes, l'exercice des talents, le triomphe, l'engouement de la foule et la rivalité des hommages qui l'ont attiré vers moi. Il ne m'a vue que dans la retraite et dépouillée de tout prestige. C'est mon être, c'est moi, oh ! oui, c'est bien moi qu'il aime ! »

Elle ne se disait pas ce qui, en effet, était plus difficile à concevoir et à expliquer, que ce jeune homme, dévoré du besoin d'une affection exclusive, et récemment privé de sa mère, était arrivé à l'heure de sa vie où il lui fallait s'attacher ou mourir; que le hasard ou la *fatalité* (comme nous disons aujourd'hui dans les romans), lui ayant fait rencontrer des soins, de la tendresse et de la bonté chez une femme encore belle et très-aimable, sa vie intérieure, trop longtemps comprimée, avait fait explosion; qu'enfin, il aimait passionnément, parce qu'il ne pouvait pas aimer autrement.

L'absence de Salvator, qui ne devait durer que quinze jours, dura plus d'un mois. Qui le retint aussi longtemps loin de ses amis? C'est peut-être quelqu'un qui ne vaut point la peine qu'on en parle; aussi je n'en parlerai pas. Il en jugea de même, car il n'en parla jamais à Karol ni à la Lucrezia. Il vint les rejoindre quand il se fut bien convaincu qu'il eût mieux fait de ne pas les quitter.

Pendant ce tête-à-tête d'un mois, le paradis demeura clair, serein, inondé de soleil et prodigue de richesses pour nos deux amants. La possession absolue et continuelle de l'être qu'il aimait était la seule existence que Karol pût supporter. Plus il aimait, plus il voulait l'être; plus son bonheur le possédait, plus il s'acharnait à posséder son bonheur.

Mais il ne pouvait le posséder qu'à une condition : c'est que rien ne se placerait jamais entre lui et l'objet de sa passion, et ce miracle fut fait en sa faveur pendant plus d'un mois, grâce à un concours de circonstances tout à fait exceptionnelles dans la vie. Les quatre enfants de la Floriani furent en parfaite santé, et pas un seul n'éprouva la plus légère indisposition pendant cinq semaines. Si Célio avait pris un coup de soleil ou si le petit Salvator eût percé quelque grosse dent, la Floriani eût été nécessairement absorbée par les soins à leur donner, et distraite, quelques jours, de son cher prince; mais, comme les deux garçons et les deux filles se portaient à merveille, il n'y eut ni colères, ni larmes, ni querelles entre eux; du moins, s'il y en eut, Karol ne s'en aperçut pas, car il ne s'apercevait point encore des petits détails, des rares interruptions de sa félicité, et Lucrezia n'eut que de très-courts instants à consacrer à ses actes de répression ou d'intervention maternelle. Elle exerça paisiblement sur eux sa police assidue et clairvoyante ; mais ils la lui rendirent si facile et si douce, que le prince ne vit que le côté adorable de ces actions sacrées.

Le père Menapace prit beaucoup de poisson et le vendit fort bien, tant à sa fille qu'à l'aubergiste d'Iseo ; ce qui le mit de bonne humeur et l'empêcha de venir faire aucune réprimande fâcheuse à la Lucrezia. Elle alla le voir plusieurs fois par jour, comme à l'ordinaire, mais sans que Karol songeât à l'accompagner ; de sorte qu'il oublia l'éloignement et le dégoût que ce sordide vieillard lui avait inspirés d'abord. Enfin, il ne vint personne à la villa Floriani, et rien ne troubla le divin tête-à-tête.

XVI.

Il faut dire aussi que le prince aida la destinée par l'heureuse disposition de son esprit, et qu'il ne fit rien pour s'apercevoir de l'étrangeté de sa situation. Habile à se torturer, dans l'habitude de ses sombres et taciturnes rêveries, il laissa le facile caractère et l'aimable sérénité de la Floriani chasser ses tristes pensées et entretenir son bien-être intellectuel.

Ils ne causèrent presque point ensemble : admirable et unique moyen de s'entendre toujours et sur tous les points ! leur amour étant à son zénith, ne s'exprima guère qu'en brûlantes divagations, en caresses échangées, en contemplations muettes ou en apostrophes passionnées, en regards extatiques, en douces rêveries à deux.

Si l'on eût pu lire dans ces âmes ainsi plongées dans les rêves de l'idéal, on eût pourtant signalé une grande absence de similitude et d'unité entre elles. Tandis que la Floriani, éprise de la nature, associait à son ivresse le ciel et la terre, la lune et le lac, les fleurs et la brise, ses enfants surtout, et souvent aussi le souvenir de ses douleurs passées, Karol, insensible à la beauté extérieure des choses et aux réalités de sa propre vie, noyait son imagination plus exquise ou plus libre dans un monologue exalté avec Dieu même. Il n'était plus sur la terre, il était dans un empyrée de nuages d'or et de parfums, aux pieds de l'Éternel, entre sa mère chérie et sa maîtresse adorée. Si un rayon embrasait la campagne, si un parfum de plantes traversait les airs, et que la Lucrezia en fît la remarque, il voyait cette splendeur et respirait ces délices dans son rêve ; mais il n'avait, en réalité, rien vu et rien senti. Quelquefois, quand elle lui disait : « Vois comme la terre est belle ! » il lui répondait : « Je ne vois pas la terre, je ne vois que le ciel. » Et elle admirait la profondeur passionnée de cette réponse sans la bien comprendre. Elle regardait les nuages de pourpre du couchant, et ne songeait pas que l'âme de Karol voyait, bien au-dessus des nuages, un Éden fantastique où il croyait se promener avec elle, mais où il était véritablement seul. Enfin, on peut dire que la Floriani voyait la réalité avec le sentiment poétique de l'auteur de *Waverley*, tandis que son amant, idéalisant la poésie même, peuplait l'infini de ses propres créations, à la manière de Manfred.

Malgré ces différences, leur vol s'était élevé aussi haut que possible, et les choses d'ici-bas ne trouvaient point de place dans leurs épanchements. Ceci était tout à fait opposé aux instincts actifs, secourables, et pour ainsi dire militants de Lucrezia ; elle voyageait dans ces espaces comme un aveugle-né qui recouvrerait tout à coup la vue, et qui s'essaierait en vain à comprendre tous ces objets nouveaux et inconnus. Le prince ne pouvait lui donner qu'un aperçu vague de sa propre vision. Il eût cru lui faire injure en pensant qu'elle n'avait pas la vue plus longue que lui, et qu'elle ne s'expliquait pas le prodige à elle-même mille fois mieux qu'il n'eût pu le lui expliquer. Quant à elle, perdue dans cette immensité, mais ravie de cette course aventureuse à travers un nouveau monde, elle ne songeait guère à l'interroger sur ce qu'il éprouvait. Elle sentait l'insuffisance de la parole humaine pour la première fois, elle qui l'avait tant étudiée et qui s'en était si bien servie ! Mais, humble comme on l'est quand on idolâtre un autre que soi-même, elle croyait que tout ce qu'elle eût pu dire ou entendre n'était rien auprès de ce que pensait et sentait son amant.

Elle n'avait pas encore éprouvé la fatigue attachée à cette tension de l'âme au-dessus de la région qu'elle habite naturellement, lorsque Salvator vint rompre le tête-à-tête, et, cependant, elle le vit arriver avec une satisfaction instinctive, et le reçut à bras ouverts. Il tombait à l'improviste, il n'avait point écrit depuis huit jours ; on était un peu inquiet de lui, la Floriani plus que Karol pourtant, bien qu'elle ne l'aimât pas autant que le prince devait l'aimer, mais par suite de cette sollicitude naturelle qui trouvait moins de place dans le ravissement surhumain du jeune prince.

Ce dernier avait paru et cru désirer sans doute le retour de son fidèle ami ; mais quand il entendit les grelots des chevaux de poste s'arrêter à la grille de la villa, sans qu'il sût de quoi il s'agissait, son cœur se serra. L'ancien pressentiment effacé et oublié se réveilla tout à coup. « Mon Dieu ! s'écria-t-il en pressant convulsivement le bras de la Lucrezia, nous ne sommes plus seuls ; je suis perdu ! Ah ! je voudrais mourir maintenant !

— Mais non ! répondit-elle ; si c'est un étranger, je ne le reçois pas ; mais ce ne peut être que Salvator, mon cœur me l'annonce, et c'est le complément de notre bonheur. »

Le cœur de Karol ne l'avertissait pas, et, malgré lui, il souhaitait que ce fût un étranger, afin qu'on le renvoyât. Il reçut pourtant son ami avec un profond attendrissement ; mais une tristesse involontaire s'était déjà emparée de lui. C'était un changement dans cette existence qu'il savourait si complète, et qui ne pouvait que perdre à une modification quelconque.

Salvator lui sembla plus bruyant, plus vivant que jamais, dans le sens matériel du mot. Il ne s'était point trouvé heureux loin d'eux, mais il s'était distrait et amusé, en dépit des contrariétés et des mécomptes que l'on trouve dans la vie de plaisir. Il raconta tout ce qu'il pouvait raconter de son séjour à Venise. Il parla de bals dans les vieux palais, de promenades sur les lagunes, de musique dans les églises, et de processions autour de la place Saint-Marc ; puis de rencontres fortuites et agréables, d'un ami français, d'une belle Anglaise de ses connaissance, de hauts personnages allemands et slaves, parents de Karol ; enfin, il fit passer, sur le prisme radieux où Karol s'était oublié, la petite lanterne magique du monde.

Dans tout ce qu'il disait, il n'y avait rien de désagréable ni d'émouvant en aucune sorte. Mais Karol sentit pourtant un affreux malaise, comme si, au milieu d'un concert sublime, une vielle criarde venait mêler des sons aigus et un motif musical vulgaire, aux pensées divines des grands maîtres. On ne pouvait lui parler de personne qui l'intéressât désormais, ni de rien qui ne lui semblât au-dessous de sa situation morale et indigne d'être mentionné. Il essaya de ne pas écouter ; mais, malgré lui, il entendit Salvator dire à la Floriani : « Ah çà, que je te donne donc des nouvelles qui t'intéressent à ton tour ! J'ai rencontré beaucoup de tes amis, je devrais dire tout le monde, car tout le monde t'adore, et aucun de ceux qui t'ont vue, ne fût-ce qu'un soir et sur le théâtre, ne peut t'oublier. J'ai vu Lamberti, ton ancien associé de direction, qui pleure ta retraite et dit que le théâtre est maintenant perdu en Italie. J'ai vu le comte Montanari, de Bergame, qui ne parlera jusqu'à son dernier soupir, que de la journée que tu as bien voulu passer dans sa villa ; et le petit Santorelli qui est toujours amoureux de toi !... et la comtesse Corsini qui t'a connue à Rome, et chez laquelle tu as bien voulu lire, un soir, un drame de son ami l'abbé Varini ! une mauvaise pièce, à ce qu'il paraît, mais que tu as si bien dite, que tout le monde l'a crue bonne et que tous les yeux ont été baignés de pleurs.

— Ne me rappelle pas mes vieux péchés, répondit la Lucrezia. C'en est un mortel, peut-être, que de déclamer avec soin et conscience une platitude. C'est tromper l'auteur et l'auditoire. Dieu merci, je ne suis plus exposée à commettre de pareilles fautes! Et dis-moi, qui as-tu rencontré encore?

Le prince soupira. Il ne concevait pas que tout cela pût intéresser sa maîtresse. Salvator nomma encore une demi-douzaine de personnes, et la Floriani, qui n'y mettait réellement aucun intérêt marqué, l'écouta cependant avec cette obligeance qu'on doit à ses amis. Mais il y eut un nom qu'elle recueillit pourtant avec une certaine sollicitude. C'était celui de Boccaferri, un pauvre artiste qu'elle avait sauvé plusieurs fois des désastres de la misère, quoiqu'elle n'eût jamais eu pour lui le moindre amour, ni la plus légère velléité d'engouement.

— Quoi! encore une fois endetté à ce point? dit-elle, lorsque Salvator lui eut donné de ses nouvelles avec un certain détail; il est donc impossible de le sauver de son désordre et de son imprévoyance, ce malheureux!

— Je le crains.

— C'est égal, il faudra l'essayer encore.

— J'ai prévenu ton désir, je lui ai donné quelques secours.

— Oh! je t'en remercie, c'est bien de ta part! Je te restituerai cela, Salvator.

— Quelle folie! tu veux m'empêcher de faire la charité?

— Non, mais celle-ci n'est peut-être pas très-bien placée, et c'est à ma considération que tu l'as faite, car tu connaissais très-peu Boccaferri, et je suis sûre qu'il s'est servi de mon nom pour t'intéresser à son sort.

— Qu'importe! Il ne pouvait invoquer une patronne plus puissante. D'ailleurs, je l'aime, ce drôle-là, il m'amuse : il a tant d'esprit!

— Et tant de talent! ajouta la Floriani, s'il voulait et s'il savait en faire usage! Pauvre Boccaferri!...

Karol n'en entendit pas davantage; il était resté un peu en arrière, dans l'allée du parc où l'on se promenait en causant ainsi. Puis, il s'arrêta, et regarda si, au détour de cette allée, Lucrezia se retournerait pour le regarder. Mais elle ne se retourna pas; elle était occupée à chercher avec Salvator un moyen d'employer le savoir-faire de Boccaferri, comme peintre de décorations à tout autre théâtre que Milan, Naples, Florence, Rome, Venise, etc., tous lieux d'où son inconduite et son humeur fantasque l'avaient fait chasser successivement.

— Tu dis que trois cents francs de plus le décideraient peut-être à entreprendre le voyage de Sinigaglia où il trouverait de l'occupation, comme peintre pendant le temps des fêtes? Eh bien! je vais les lui envoyer, car je comprends bien le dégoût qu'il éprouve à arriver, pressé d'argent, et forcé de se mettre à la discrétion de ceux qui l'emploient. C'est ainsi que la misère engendre et décuple la misère!

En parlant ainsi, la Lucrezia ne songeait qu'à remplir un devoir de pitié et de charité; et, même, par un de ces instincts de pudeur qui sont propres à la bienfaisance, elle avait baissé la voix, et hâté un peu le pas pour n'être point entendue de Karol, peut-être aussi parce qu'elle pressentait que c'était là un sujet trop vulgaire pour l'intéresser.

Mais, par malheur, elle se trompa, pour la première fois, dans ce qui convenait à la disposition de son esprit. Il ne s'intéressait que trop à ce qu'elle disait; il eût voulu n'en pas perdre un mot, et cependant il eût rougi d'essayer de l'entendre malgré elle. Il s'arrêta, hésita un instant, et quand il l'eut perdue de vue un vertige le saisit, et il s'imagina qu'un abîme venait de se creuser entre eux.

Que s'était-il donc passé, et qu'y avait-il là qui dût le faire souffrir? Rien! mais il faut moins que rien pour faire tomber, du sommet de l'empyrée au fond des gouffres de l'enfer, celui qui aspire à la gloire des dieux. Ces vieux classiques, dont nous nous sommes si sottement moqués, imaginèrent qu'une mouche avait suffi pour précipiter dans les abîmes de l'espace l'audacieux mortel qui voulait guider le char de Phœbus dans sa route céleste. Trouvons donc aujourd'hui une métaphore plus juste et plus ingénieuse pour exprimer le peu que nous sommes, et le peu qu'il faut pour troubler nos ravissements sublimes! mais je ne m'en charge pas; je ne puis que dire en vile prose : le prince Karol avait pris trop haut son essor pour redescendre peu à peu. Il fallut tomber tout à coup et sans cause apparente. Ils étaient sans doute bien fougueux et bien robustes, les coursiers-géants du soleil; et le taon qui leur fit prendre le mors aux dents est un bien pauvre et bien petit insecte!

Karol quitta le jardin, courut s'enfermer dans sa chambre, et s'y promena avec les Furies. Cette âme, tout à l'heure si magnanime et si forte, n'était plus que le jouet des plus misérables illusions. Qu'était-ce donc que ce Boccaferri si intéressant aux yeux de Lucrezia? Quelque ancien amant peut-être! Il se rappelait ce que, depuis le premier jour de leur rencontre, il avait totalement oublié, à savoir qu'elle avait eu beaucoup d'amants.

— Et pourquoi revenait-elle avec tant de sollicitude à un souvenir indigne d'elle, lorsque lui, le fiancé de Lucie, il avait sacrifié jusqu'au portrait de cette chaste vierge, pour n'avoir pas seulement l'image d'une autre que Lucrezia en sa possession?

Plus il s'efforçait d'expliquer naturellement un fait si simple, plus il y trouvait de mystère et de complications désespérantes. Elle avait baissé la voix, elle avait baissé le pas en parlant avec Salvator. Cela était bien certain. Elle ne s'était pas retournée au bout de l'allée pour voir s'il la suivait; elle qui, depuis un mois, n'avait pas perdu une seconde de temps qu'elle pouvait lui consacrer sans négliger ses devoirs de famille! Et maintenant elle marchait encore, appuyée sur le bras du comte, parlant avec chaleur sans doute de ce terrible souvenir, de ce mystérieux personnage dont elle ne lui avait jamais dit un mot! Il s'étonnait de cela, comme si la Floriani ne lui avait jamais rien raconté de sa vie, comme s'il ne l'avait pas cent fois conjurée, au contraire, de ne jamais s'accuser devant lui, et d'oublier en masse toutes les émotions du passé, pour se concentrer dans la jouissance du présent.

Enfin elle ne revenait pas, elle ne se demandait pas où il pouvait être, pourquoi il l'avait quittée. Les minutes duraient des heures, des années! Et Salvator, cet ami sans délicatesse, qui venait la distraire par de pareils soucis et jeter des noms empoisonnés dans la coupe de leur bonheur! Karol souffrit l'espace d'un quart d'heure, qu'il lui sembla avoir vieilli d'un siècle, quand il entendit, en frissonnant, les voix de la Floriani et du comte passer sous sa fenêtre. Elle riait! Salvator lui rappelait des bons mots, des traits d'originalité de Boccaferri. Vraiment elle en riait, et son amant subissait la torture sans qu'elle daignât s'en douter!

Certainement, elle était bien loin de s'en douter, la pauvre Lucrezia! elle n'était guère inquiète de ne pas le voir à ses côtés, et se disait seulement que, ce sujet de conversation lui étant étranger, il avait préféré s'ensevelir dans ses rêveries accoutumées. Combien de fois, lorsqu'elle approchait de la chaumière de Menapace, ne lui avait-il pas dit qu'il aimait mieux ne pas y entrer, et attendre sous les acacias roses, au bord du lac, pour continuer à s'entretenir avec elle en imagination!

Cependant l'instinct du cœur la ramenait vers lui plus vite que Salvator ne l'eût souhaité. Il eût voulu la retenir dans le parc et la faire parler de son amour. Mais elle avait fait assez de pas dans la voie d'exclusion que Karol lui avait ouverte, pour n'être pas aussi pressée qu'elle l'était ordinairement de s'abandonner avec franchise à la confiance et à l'amitié. Elle craignait, cette fois, de mal exprimer l'immensité de son bonheur, ou de n'être pas assez complètement comprise. Elle répondit en peu de mots; et, avec plus de finesse qu'elle n'en avait de son propre mouvement, elle ramena la conversation sur Boccaferri et sur la promenade vers la maison, car elle cherchait en vain Karol dans le jardin. Ses regards ne l'y découvraient point.

A peine rentrée au salon, elle prit le premier prétexte, et monta à l'appartement du prince. Il était dans un état si violent, que sa figure en était bouleversée. Il sentait, d'ailleurs, une sourde fureur gronder au fond de sa poitrine. Craignant de ne pouvoir feindre, ne voulant pas se montrer ainsi et perdant la tête, dès qu'il entendit marcher dans la galerie, il se précipita dans l'escalier par une autre porte, et, laissant la Floriani le chercher et l'appeler, il s'enfuit sur la grève du lac.

Mais bientôt, voyant sortir des bosquets voisins le nuage de tabac que Salvator promenait toujours comme une auréole autour de sa tête, il pensa que son ami allait le rejoindre, et, craignant ses regards encore plus que ceux de Lucrezia, il se jeta dans la cabane de roseaux du vieux Menapace, certain qu'on ne viendrait pas le chercher là où il ne pénétrait jamais. Il venait de voir le vieillard quitter le rivage sur sa barque, avec Biffi, et Karol se flattait de pouvoir rester seul encore le temps nécessaire pour retrouver l'empire de sa volonté et l'apparence du calme.

XVII.

Il ne tarda pas à se tranquilliser, en effet, et à se reprocher d'avoir fait un rêve monstrueux. L'aspect de cette chaumière dans laquelle il n'était jamais entré encore depuis le jour de son arrivée, et qu'à ce moment-là il n'avait nullement examinée, le remplit d'une émotion étrange lorsqu'il s'y trouva seul et sous l'empire de la passion.

L'intérieur de cette maison rustique, entretenu avec la propreté dont Biffi était doué, n'avait subi aucun changement depuis l'enfance de la Floriani, et si le vieux pêcheur avait consenti à grand'peine à des réparations nécessaires concernant la solidité et l'assainissement, il n'avait pas voulu permettre qu'on renouvelât ses meubles, et qu'on rajeunît l'étoffe grossière de ses rideaux. Le seul objet qui sentît la civilisation, c'était une grande gravure encadrée de palissandre et placée dans le fond du lit du vieillard. Karol se pencha pour la regarder; c'était la Floriani, dans toute sa beauté, dans toute sa gloire, en costume de Melpomène, avec le diadème antique, l'épaule nue, le sceptre à la main. Une belle vignette encadrait cette noble figure, et portait dans ses ornements les divers attributs de plusieurs muses : le masque de Thalie, le brodequin à côté du cothurne, la trompette, les livres, les perles, les myrtes de Calliope, d'Érato et de Polymnie. Un distique, en vers italiens d'un goût académique, exprimait l'idée que, comme tragédienne, comédienne, poëte héroïque et historique, *letterata*, etc., etc., Lucrezia Floriani réunissait en elle tous les talents et toutes les sciences qui font la gloire du théâtre et des lettres.

Cette gravure était un hommage des dilettanti de Rome, que la Floriani n'avait pas voulu placer dans sa villa, et dont son père s'était emparé, parce qu'il avait ouï dire à un domestique qu'une aussi belle épreuve valait deux cents francs.

Il l'avait placée au-dessus d'un petit pastel qui intéressa Karol bien davantage et qui représentait une petite fille de dix à douze ans, en costume de paysanne, avec une rose sur l'oreille, une grande épingle d'argent dans les cheveux, une fine chemisette blanche et un corset rouge-brique. Ce portrait, sans être d'une exécution habile, était d'une naïveté charmante. C'était bien là l'air franc et candide d'un enfant, intelligent par la pensée, simple par le cœur et l'éducation. Au-dessous, on lisait : *Antonietta Menapace, dessinée d'après nature à l'âge de dix ans par sa marraine Lucrezia Ranieri.*

En voyant ces deux portraits qui présentaient là, sous le chaume natal, un si étrange contraste, la petite fille des champs et la grande artiste, l'enfant obscur et heureux, et la femme célèbre et infortunée, la première si jolie, si paisible, avec son sourire d'innocence et d'abandon enjoué, sa forte poitrine de garçon chastement couverte d'une épaisse et rude chemise; la seconde, si belle, si sévère, avec son regard expressif, son attitude superbe, son sein de déesse à peine voilé par la draperie classique, Karol eut un sentiment d'effroi et de douleur. Il ne pouvait nier que les deux portraits ne fussent ressemblants, et que Lucrezia n'eût conservé ou recouvré dans le calme de sa vie actuelle, beaucoup de l'expression suave et touchante de l'innocente Antonietta Menapace. Mais ce qu'elle avait acquis de noblesse, de grâce et de séduction en devenant la Floriani, avait laissé aussi une empreinte qui, pour la première fois, lui fit peur, lorsqu'il vit son image aussi ornée et *révélée* par l'admiration des artistes. Cette auréole lui brûlait les yeux, et il avait besoin de les reporter sur la rose des champs qui parait le front de la petite fille. Il lui semblait que la muse échappait par la jalouse possession, tandis que l'enfant, n'appartenant qu'à Dieu, ne lui était point disputée.

Il eut pourtant le courage d'examiner minutieusement la muse; mais quel fut son trouble lorsqu'il lut en petits caractères, au-dessous de la vignette, que cet ornement avait été composé et dessiné par *Jacopo Boccaferri*?

Il l'avait oublié, et il le retrouvait là, ce nom maudit, qui, bien à tort sans doute, bouleversait son imagination depuis une heure. Boccaferri n'était pas l'auteur du portrait; c'était la signature d'un artiste plus célèbre, mais enfin il avait travaillé à cet ouvrage; il avait peut-être vu la Floriani poser devant le peintre avec cette tunique transparente, et dans cet éclat de jeunesse, de force et de beauté, dont lui, Karol, ne possédait plus que le déclin. Enfin, il l'avait beaucoup connue, et bien intimement, ce Boccaferri, puisqu'il acceptait d'elle des secours sans rougir! A quel point, à moins d'être un misérable, faut-il être lié avec une femme pour recevoir l'aumône de sa main? et si c'était, en effet, un artiste avili par le désordre et la débauche jusqu'à mendier, comment Lucrezia, cette sainte que Karol adorait, avait-elle de semblables amis?

« Quand on est la maîtresse du prince Karol, comment peut-on se rappeler de pareils camarades ! »

L'orgueil insensé, qui naît de l'amour et engendre la jalousie, ne formule pas clairement de pareilles sottises dans la conscience de l'homme qu'il possède. Mais il les lui souffle si bas à l'oreille, qu'il en est transporté de colère, sans pouvoir se rendre compte de ce qui produit en lui cette rage et cette douleur.

Karol prit sa tête à deux mains et fut tenté de se la frapper contre les murs. Si les actes de violence n'eussent été en dehors de ses habitudes et de ses principes d'éducation, il eût anéanti cette image fatale. Mais il se calma peu à peu en contemplant la sérénité de ce regard attaché sur lui. Le regard d'un portrait bien rendu a en soi quelque chose d'effrayant par cette fixité rêveuse qui semble vous interroger sur ce que vous pensez de lui. Karol en subit le prestige. La tragédienne semblait lui dire : « De quel droit m'interroges-tu? Est-ce que je t'appartiens? Est-ce toi qui m'as donné mon sceptre et ma couronne? Baisse tes yeux curieux et insolents, car je ne baisse jamais les miens, et ma fierté brisera la tienne. »

Le cerveau de Karol, affaibli déjà par cette lutte violente contre lui-même, passa par diverses hallucinations. Il détourna ses yeux avec un sentiment de terreur puérile, et les reporta sur le charmant pastel. Il y découvrit des grâces nouvelles, et, vaincu peu à peu par la pureté de son regard doux et profond, il fondit en larmes, croyant presser sur son cœur la tête brune de l'angélique Antonietta.

La Lucrezia, qui l'avait cherché partout et qui venait demander à son père ou à Biffi, s'ils ne l'avaient point rencontré, entra en cet instant, et, tout effrayée de le voir pleurer ainsi, elle s'élança vers lui et le serra dans ses bras avec anxiété, en lui prodiguant les plus doux noms et les questions les plus inquiètes.

Il ne pouvait ni ne voulait répondre. Comment lui eût-il avoué et fait comprendre tout ce qui venait de se passer en lui? Il en rougissait, et il faut dire, à la gloire de l'amour, que si Karol avait eu la précipitation et l'injustice d'un enfant gâté, il eut aussitôt l'effusion de reconnaissance et d'amour d'un enfant qu'on a bien sujet d'adorer. A peine eut-il senti l'étreinte de ces bras puissants, qui lui avaient servi de refuge contre les terreurs de la mort, à peine son cœur, paralysé par la souffrance, se fut-il ranimé au contact de ce cœur maternel, qu'il oublia sa folie et se sentit encore le plus heureux, le plus soumis, le plus confiant des mortels.

Il eût mieux aimé mourir en cet instant que d'outrager sa chère maîtresse par l'aveu d'un soupçon. Il avait sous la main un prétexte bien touchant et bien simple pour lui expliquer son émotion et ses larmes ; ce fut de lui montrer le petit pastel, et la Floriani, attendrie de cette délicatesse de cœur, pressa contre ses lèvres avec enthousiasme les belles mains et les beaux cheveux de son jeune amant. Jamais elle ne s'était sentie si heureuse et si fière d'inspirer un grand amour. Elle ne se doutait guère, la pauvre femme, que, peu de minutes auparavant, elle lui était presque un objet d'horreur.

— Cher ange, lui dit-elle, je n'aurais jamais osé vaincre la répugnance que tu éprouvais à entrer ici. J'avais bien deviné, quoique tu ne m'en eusses jamais parlé, que les bizarreries de mon vieux père ne pouvaient te sembler aimables ; mais, puisque le hasard, ou je ne sais quel instinct de cœur, t'a amené dans ma chaumière natale, et puisque nous sommes seuls, je veux te la montrer en détail. Viens !

Elle le prit par la main, et le conduisit au fond de la pièce où ils se trouvaient, et qui, avec celle où ils entrèrent et une sorte de cellier encombré de vieux meubles brisés et hors de service, dont Menapace ne voulait pas perdre les morceaux, composait tout ce local rustique.

La chambre que la Lucrezia ouvrait au prince était celle qu'elle avait habitée durant son enfance ; c'était une espèce de soupente, éclairée d'une seule lucarne étroite, toute tapissée à l'extérieur de vignes sauvages et de folles clématites. Un grabat, avec une paillasse de roseaux, couverte d'indienne raccommodée en mille endroits, des figurines de saints en plâtre grossièrement coloriées, quelques dessins collés à la muraille et tellement noircis par le temps et l'humidité, qu'on n'y distinguait plus rien, un pavé raboteux et inégal, une chaise, un coffre et une petite table en bois de sapin, tel était l'intérieur misérable où la fille du pêcheur avait passé ses premières années et senti couver en elle les dons de la force et du génie.

— C'est là que mon enfance s'est écoulée, dit-elle au prince, et mon père, soit par esprit de conservation, soit par un reste de tendresse mal étouffée sous ses ressentiments austères, n'y a rien changé, rien dérangé pendant ma longue et dure pérégrination à travers le monde. Voilà mon lit de petite fille, où je me souviens d'avoir dormi, les jambes pliées et douloureuses à mesure que je devenais trop grande pour l'occuper. Voilà, à mon chevet, une branche de buis bénit qui tombe en poussière, et que j'y ai attachée le jour des Rameaux, la veille de mon départ... de ma fuite avec Ranieri ! Voilà le portrait de Joachim Murat, cette grossière statuette de plâtre, qu'un colporteur m'avait vendue pour l'effigie de mon patron saint Antoine, et devant laquelle j'ai fait si longtemps mes prières de la meilleure foi du monde. Tiens, voici encore un dévidoir, des moules et des navettes qui m'ont servi à faire des filets pour les poissons. Ah ! que de mailles j'ai sautées ou rompues, quand ma tête m'emportait loin de ce travail monotone, le seul que mon père me permît, en dehors des soins du ménage ! Comme j'ai souffert du froid, du chaud, des cousins, des scorpions, de la solitude et de l'ennui, dans cette chère petite prison ! comme je l'ai quittée avec joie, et sans même songer à lui dire un adieu, le jour où ma chère marraine me dit : « Tu deviendras malade ou contrefaite si tu restais dans cette chambre et dans ce lit. Viens demeurer chez moi. Tu n'y seras pas aussi bien que je le voudrais et que tu pourrais l'être, car mon mari, pour être plus riche que ton père, n'est pas moins économe. Mais je veillerai à tes besoins en cachette, je t'apprendrai tout ce que tu as soif d'apprendre, tu me soigneras dans mes souffrances, tu me tiendras compagnie. Tu passeras pour ma servante, car M. Ranieri ne me permettrait pas de te prendre pour amie. Mais nous ne serons pas moins dans cet échange de services. »

Admirable et excellente femme, qui devina mes facultés et me les fit découvrir à moi-même ! Hélas ! c'est elle aussi qui m'a fait cueillir le fruit du bien et du mal à l'arbre de la science !

« Et puis, quand son fils m'aima, et que le vieux Ranieri me chassa de sa maison, je revins habiter encore une fois ma petite chambre misérable, j'avais alors quinze ans. Mon père voulait me forcer à épouser un rustre de ses amis, trop vieux pour moi, dur, laborieux, avide de gain, violent, et bien surnommé *Mangiafoco*. J'en avais peur. Je me cachais dans les buissons du rivage pour l'éviter ; et quand mon père allait pêcher, la nuit, aux flambeaux, je me barricadais dans cette pauvre soupente, dans la crainte de Mangiafoco que je voyais rôder autour de la maison. Mon jeune amant voulait le tuer. Je vivais dans des transes affreuses, car Mangiafoco était capable de l'assassiner le premier.

« Cette existence n'était pas supportable. Quand je suppliais mon père de me protéger contre ce bandit, il me répondait : « Il ne se veut pas de mal, il t'aime à la folie. Épouse-le, il est riche ; ce sera ton bonheur, » Et, quand j'essayais de me révolter, il me reprochait mon amour insensé pour le fils de mes maîtres, et me menaçait de me livrer à la passion brutale de Mangiafoco, qui saurait bien ainsi me forcer à devenir sa femme. Mon père ne l'eût pas fait, je le savais bien, car je l'avais entendu dire à cet homme qu'il le tuerait s'il cherchait seulement à m'effrayer. Mais si mon père était capable de venger ainsi l'honneur de sa famille, il n'avait pas assez de délicatesse pour ne pas essayer de violenter mon penchant par la terreur. En outre, l'ennui me dévorait. Je m'étais fait, auprès de ma bienfaitrice, une douce habitude des occupations de l'intelligence. Le travail fastidieux du filet laissait trop libre carrière à mon imagination. J'étais dévorée du rêve et du désir d'une existence toute contraire à celle qu'on m'imposait. J'acceptai donc les offres longtemps repoussées de Ranieri. Notre amour était chaste encore : il me jurait qu'il le serait toujours, et qu'en le voyant fuir, son père consentirait à notre mariage. Enfin, il m'enleva, et c'est par cette petite fenêtre, qu'à l'aide d'une planche jetée sur l'eau qui en baigne le pied, je me sauvai au milieu de la nuit.

« Eh bien, cette fois, je ne quittai pas ma chaumière avec joie. Outre l'effroi et le remords de la faute que je commettais, j'éprouvais, à me séparer de tous ces vieux meubles, témoins paisibles et muets des jeux de mon enfance et des agitations de ma puberté, un regret incroyable, comme si j'avais eu la révélation soudaine des chagrins et des malheurs que j'allais chercher, ou bien plutôt par suite de cet attachement que nous contractons pour les lieux mêmes où nous avons le plus souffert. »

La Floriani avait tort de raconter ainsi une partie de sa vie au prince Karol. Elle se plaisait à lui ouvrir son cœur, et, comme il l'écoutait avec émotion, elle croyait accomplir un devoir envers lui et le trouver reconnaissant. Mais il n'avait pas assez de force en ce moment pour recevoir des confidences de ce genre et pour entendre seulement prononcer le nom d'un ancien amant. Il était trop oppressé pour l'interrompre par la moindre réflexion, mais une sueur froide lui venait au front, et son cerveau, s'emparant des images qu'elle lui présentait, en était assiégé de la manière la plus pénible.

Cependant, ce récit était une justification véridique de la Floriani et de cette première faute, source fatale de toutes les autres. Karol sentait qu'il n'avait pas le droit de se refuser à l'écouter, et qu'il y avait, dans ce lieu et dans ce moment, une sorte de solennité qu'il ne pouvait fuir.

— Je n'avais pas besoin d'entendre tout cela, lui dit-il enfin avec effort, pour savoir que vous n'avez jamais obéi à de mauvais instincts. Je vous l'ai dit une fois : ce qui serait mal de la part des autres est légitime pour vous. Une fille qui délaisse son vieux père est coupable ; mais toi, Lucrezia, tu étais peut-être autorisée à te soustraire à sa loi brutale et impie ! Mon Dieu ! j'avais bien raison de ne pouvoir regarder ce vieillard sans un mortel déplaisir !

Je me cachais dans les buissons du rivage.. (Page 39.)

— Ne te hâte pas de le condamner pour atténuer mes torts, reprit la Floriani. Tu ne le juges pas bien et tu ne le connais pas. Laisse-moi, après l'avoir accusé devant toi, te montrer le beau côté de son caractère. C'est un devoir pour moi, n'est-il pas vrai?

Karol soupira en faisant un signe d'assentiment, ses principes lui commandant de respecter la piété filiale de Lucrezia; mais son instinct ne pouvait accepter l'avarice et le despotisme étroit d'un pareil père. Il était pourtant lui-même bien plus avare de Lucrezia, dans ses instincts de jalousie, que Menapace ne l'avait jamais été de son autorité paternelle et de son argent.

XVIII.

« Les hommes ne sont jamais logiques et complets dans leurs meilleures ni dans leurs plus mauvaises qualités, dit la Floriani; et, pour ne point passer, envers eux, d'un excès d'estime à un excès de blâme, pour conserver de l'affection et de la confiance à ceux que le devoir nous prescrit d'aimer, il faut se faire d'eux une juste idée, voir avec un certain calme le bien et le mal, et ne pas oublier surtout que, chez la plupart des hommes, un vice est parfois l'excès d'une vertu.

« Le vice de mon père, c'est la parcimonie; je veux le dire bien vite, puisqu'il le faut pour reconnaître que sa vertu, c'est l'esprit d'équité et le respect fanatique de la règle établie. Aimant l'argent avec passion, comme tous les paysans, il se distingue d'eux en ce que le vol d'un fétu lui paraît un crime. Sa petitesse, c'est l'éternelle crainte du gaspillage qui amène la misère. Sa grandeur, c'est ce même instinct d'avarice mis au service de ceux qu'il aime, au détriment de son bien-être, de sa santé, et presque de sa vie.

« Ainsi il amasse mesquinement et vilainement, je l'avoue, je ne sais quel misérable trésor enfoui, je gage, dans quelque recoin de cette chaumière. De temps en temps il achète de petits morceaux de terrain, croyant placer là l'honneur et la dignité future de ses petits-enfants. Essayer de lui persuader qu'une bonne éducation, un noble caractère et des talents sont un meilleur fonds à leur assurer, c'est chose fort inutile. Resté paysan de corps et d'âme, il ne comprend que ce qu'il voit. Il sait

A ton âge je gagnais déjà cela. (Page 42.)

comment l'herbe croît et comment le blé germe, et, ne se doutant pas qu'il y a là un plus grand miracle que dans toutes les œuvres humaines, il dit tranquillement que c'est un *fait naturel*. Parlez-lui de ces choses qui peuvent se démontrer et s'expliquer, d'un bateau à vapeur, par exemple, ou d'un chemin de fer, il sourit et ne répond pas. Il ne croit pas à l'existence de ce qu'il n'a pas vu, et si on lui disait d'aller à l'autre rive du lac pour s'en convaincre par ses yeux, il n'irait pas, dans la crainte d'une mystification.

« Ma vie ne lui a rien appris du monde, des arts, de la puissance des dons intellectuels, de l'échange des idées. Il n'a jamais fait de questions là-dessus, et n'entendrait pas parler sans déplaisir de ce qui lui est absolument étranger. Il pense que si j'ai fait fortune dans la carrière de l'art, c'est grâce à des circonstances fortuites qu'il ne me conseillerait pas de tenter une seconde fois. Et puis, il fait ce raisonnement très-spécieux et très-naïf à la fois : « Vous autres artistes, vous gagnez beaucoup d'argent, mais vous avez besoin d'en dépenser encore plus. Ce goût-là vous vient en vous fréquentant les uns les autres et en courant le monde. De sorte que vous travaillez à outrance pour arriver à vous amuser un peu. Moi, qui ne dépense rien, qui n'ai pas le goût du plaisir, je gagne moins, mais ce que j'ai acquis, je le conserve. Ma profession est donc plus agréable et plus lucrative que la vôtre ; vous êtes pauvres, et je suis riche ; vous êtes esclaves, et je suis libre. »

« De là son peu d'estime et d'admiration pour la gloire que j'ai acquise. Il n'en est point flatté, et si vous voulez que je vous le dise, cette sorte de dédain pour la fumée de mes triomphes me paraît un des côtés les plus intéressants et les plus respectables de son caractère. La carrière que j'ai fournie a trop contrarié ses idées d'ordre élémentaire pour qu'il m'ait conservé une grande tendresse ; d'ailleurs, la tendresse proprement dite n'a jamais habité son cœur. Tout se traduit chez lui en principes d'équité rigide et froide. Quand ma mère mourut en me donnant le jour, il fit serment de ne jamais se remarier si je vivais, persuadé qu'une belle-mère ne pouvait aimer les enfants d'un premier lit. Et il tint son serment, non par amour pour la mémoire de sa femme, mais par sentiment de son devoir envers moi. Il m'a élevée avec toutes sortes de soins et une surveillance dont peu d'hommes sont capables envers un petit enfant : mais je ne crois pas qu'il m'ait jamais donné un baiser. Il n'y a jamais pensé. Il n'a jamais senti le besoin de me presser contre son cœur, et il trouve que je gâte mes enfants parce que je les caresse. Il demande quel bien cela leur fait, et quels avantages ils en retirent. Quand, après quinze ans d'absence, je suis venue me jeter à ses pieds, en me confessant à lui avec ferveur, et en tâchant de justifier ma conduite : « Tout cela ne me regarde pas, m'a-t-il répondu, je n'entends rien à ce qui est permis ou défendu dans le monde dont tu me parles. Tu as refusé le mari que je te destinais, tu m'as désobéi : voilà ce que j'ai à te reprocher. Tu as aimé le fils de ton maître, et tu l'as détourné de l'obéissance qu'il devait à son père, cela est mal et pouvait me faire du tort. Ces gens-là n'y sont plus, tu reviens, et tu m'as fait beaucoup de cadeaux. Je sais comment je dois me conduire avec toi. Ne parlons jamais du passé, il y a une fin à tout, et je te pardonne, à condition que tu élèveras tes enfants dans des idées d'ordre et de sagesse. » Là-dessus, il me donna une poignée de main, et tout fut dit.

« Eh bien, mon ami, j'ai vu, dans ma vie de théâtre, l'intérieur de bien des familles d'artistes, et je vais vous dire ce qui s'y passe dix fois sur douze. L'artiste, surtout l'artiste dramatique, est toujours sorti des rangs les plus pauvres et les plus obscurs de la société. Soit que ses parents l'aient destiné à leur servir de gagne-pain, soit que le hasard et des protections étrangères aient révélé et utilisé ses aptitudes, dès son premier succès, fût-il encore enfant, le voilà chargé de soutenir, de transporter, de vêtir, de nourrir et même d'amuser sa famille. C'est lui qui paiera les dettes de ses frères, c'est lui qui établira ses sœurs, c'est lui qui placera en rentes tout le fruit de son travail pour assurer une belle pension à ses père et mère, le jour où il voudra leur acheter sa liberté.

« Ce sont les femmes surtout qui subissent ces dures nécessités, et ce serait juste et bien, si on n'abusait pas indignement de leurs forces, de leur santé, et pis encore, hélas ! de leur honneur, pour rendre le gain plus rapide, et les mettre, par la prostitution, à l'abri d'une chute devant le public. Le théâtre, dans ce cas-là, sert encore d'étalage de vente, et telle fille stupide et belle paie pour se montrer, ne fût-ce qu'un instant, sur les tréteaux, dans un costume équivoque, afin de se faire connaître et de trouver des chalands.

« Quand, par hasard, cette fille, cette dupe, cette victime a du caractère et de la fierté, soit qu'elle ait su préserver son innocence, soit qu'elle ait le juste ressentiment d'avoir cédé à d'infâmes suggestions, dès qu'elle menace de rompre avec sa famille, la famille plie, tremble, adule et rampe. Je les ai vus, ces pères éhontés, ces mères odieuses, tenir le cachemire et le vitchoura dans la coulisse, baiser presque les pieds qui avaient dansé à mille francs par soirée, remplir, à la maison, l'office de laquais, faire un nid d'ouate à la poule aux œufs d'or, enfin descendre à une servilité sans exemple, aux plus lâches complaisances, aux flatteries les plus viles, pour conserver l'honneur et le profit d'être attachés à la grande coquette, à la prima dona, ou seulement à la courtisane à la mode.

« Ces familles-là m'auraient fait pleurer de honte, et, quand je songeais à mon vieux père, le paysan, qui n'avait pas voulu quitter ses filets pour venir partager mon luxe, qui refusait de répondre à mes lettres, qui recevait mes envois d'argent pour faire une dot à mes filles, mais qui persistait à se lever le jour, à dormir sous le chaume et à vivre avec deux sous de riz par jour, il me semblait que j'étais d'une naissance illustre, et que je me sentais encore fière du sang plébéien qui coulait dans mes veines.

« Il est bien vrai que, comme dans toutes les choses humaines, il y a des misères et des ridicules mêlés à tout cela. Il est vrai que mon père refusait mes lettres, quand j'oubliais de les affranchir ; il est vrai qu'aujourd'hui il déplore ce qu'il appelle ma prodigalité, et que, quand il a vendu son poisson, il montre une pièce d'argent à Célio d'un air de triomphe, en lui disant : « A ton « âge, je gagnais déjà cela, et, à l'âge que j'ai maintenant, je le gagne encore. Je te donnerai cela pour t'aider, quand tu commenceras à avoir un état et à vouloir gagner aussi. » Il est vrai encore que, s'il me voyait donner cent francs à un malheureux camarade sans ressources, il m'accablerait presque de sa malédiction. Je suis forcée de tolérer souvent ses travers, mais je suis toujours forcée aussi de respecter son orgueil et sa rustique opiniâtreté. S'il est dur aux autres, c'est qu'il l'est à lui-même encore plus. Il travaille avec l'ardeur d'un jeune homme, il n'est jamais indiscret ni importun, il vit dans son stoïcisme, sans jamais contrôler ce qu'il ne comprend pas. Combien d'autres, à sa place, eussent rempli mon existence de tracasseries, tout en s'enivrant à ma table et en me faisant rougir de leur grossièreté ou de leur bassesse ! La situation de mon père vis-à-vis de moi était bien délicate, et, sans rien raisonner ni calculer à cet égard, il l'a conservée digne, indépendante, et généreuse à son sens. Comblé de mes dons, il peut encore se considérer comme chef de famille et protecteur, puisqu'il travaille et amasse pour faire le bonheur de ses enfants. Je souris de ses moyens, mais non de ses intentions. Et maintenant, Karol, ne comprends-tu pas que j'aime et bénisse encore mon vieux père ? N'as-tu pas remarqué que je lui ressemble de figure, et crois-tu que je n'aie rien de son caractère ? »

— Vous ? s'écria Karol : oh ciel ! rien !

— Oui, moi. Je dois quelque chose à la fierté du sang qu'il m'a transmis, reprit Lucrezia. Je me suis trouvée dans des situations difficiles ; j'ai été aimée par des hommes riches ; j'ai eu des amis dont j'aurais pu accepter l'aide sans manquer à l'honneur. Mais l'idée d'imposer aux autres des privations ou un surcroît de travail, lorsque je me sentais jeune, forte et laborieuse, m'eût été insupportable. On m'a accusée de bien des fautes, on a exagéré cruellement celles que j'ai commises ; mais jamais l'ombre d'un soupçon pour mon indépendance et ma probité n'a pu se présenter à l'esprit des gens les plus malveillants pour moi. J'ai été directrice de théâtre, j'ai manié des intérêts matériels, et fait ce qu'on appelle des affaires. Elles étaient même compliquées, difficiles et délicates. Aux prises avec tant de prétentions, de vanités et d'exigences, j'ai toujours eu pour principe de donner plutôt le double de ce que je devais, que de contester dans un cas douteux ; mais étant économe, j'ai eu de l'ordre, et, en faisant beaucoup de bien, je ne me suis pas ruinée et compromise. C'est que je n'ai point fait de folies par complaisance pour moi-même. Elle est plus rangée et plus sage, la femme qui donne aux malheureux ce qu'elle a, que celle qui engage ce qu'elle n'a pas pour se procurer des bijoux et des équipages. Je n'ai jamais eu le goût d'un vain luxe. La possession d'un petit objet sans valeur, où se révèlent l'intelligence et le goût de l'ouvrier, m'est plus chère que celle d'une parure de diamants. J'aime ce qui est bon et vrai plus que ce qui est éclatant et envié. Sans m'astreindre à vivre aussi frugalement que mon père, j'ai porté de la sobriété dans tous mes instincts. Il n'y a que l'affection que je ne gouverne pas par la tempérance de l'esprit, et, en cela seulement, je diffère de lui : mais si je n'ai pas été une fille entretenue, si les présents de la corruption ne m'ont pas tentée, lorsque, à seize ans, je me suis trouvée aux prises avec les difficultés de l'existence, si je peux commander encore le respect à ceux qui me blâment, c'est, sois-en bien sûr, parce que je suis la fille du vieux Menapace. Conviens donc que l'apparence trompe, et que la nature établit des liens solides et des rapports profonds entre les êtres qui diffèrent le plus au premier coup d'œil.

— Tout ce que vous dites est admirable, répondit le prince, accablé de tristesse, et vous devez avoir raison en tout. Mais allons rejoindre Salvator qui nous cherche sans doute.

— Non, non ! dit la Floriani ; il était fatigué de son voyage, il s'est endormi à l'ombre des myrtes du jardin. Allons rejoindre les enfants, que je n'ai pas vus depuis une heure. »

Elle avait beaucoup parlé à Karol de choses réelles pour la première fois, et elle se flattait d'avoir profité d'une bonne occasion pour réhabiliter dans son esprit ce père qu'elle aimait sincèrement. Mais il est des thèses que l'esprit accepte sans qu'elles s'emparent du cœur. Karol sentait que la Floriani venait de faire un sage plaidoyer en faveur de la tolérance et en vue de la réhabilitation de la nature humaine. Il n'en était pas moins révolté de la réalité, et incapable d'accepter les travers humains avec un autre sentiment que celui de la politesse, cette générosité perfide qui laisse le cœur froid et les répugnances victorieuses.

Il eût fallu à la Floriani, selon lui, un milieu plus digne d'elle, c'est-à-dire un milieu tel qu'il n'en existe pour personne ; un lac plus vaste sans cesser d'être aussi paisible, une demeure plus pittoresque sans cesser d'être aussi commode et aussi saine, une gloire moins chèrement acquise sans cesser d'être aussi brillante, et surtout un père plus distingué, plus poétique, sans cesser d'être un pêcheur de truites. Il n'avait point le sens aristocratique étroit : il aimait cette origine rustique, cette chaumière natale, ces filets suspendus aux saules du rivage ; mais un paysan de poëme ou de théâtre, un montagnard de Schiller ou de Byron, lui eût été nécessaire pour mettre à cet égard son esprit à l'aise. Il n'aimait pas Shakspeare sans de fortes restrictions : il trouvait ses caractères trop étudiés sur le vif, et parlant un langage trop vrai. Il aimait mieux les synthèses épiques et lyriques, qui laissent dans l'ombre les pauvres détails de l'humanité : c'est pourquoi il parlait peu et n'écoutait guère, ne voulant formuler ses pensées ou recueillir celles des autres que quand elles étaient arrivées à une certaine élévation. Fouiller le sein de la terre pour analyser les sucs généreux et malfaisants qu'elle contient, afin de planter à propos et de tirer parti de ce qu'elle peut produire, eût été pour lui œuvre vile et révoltante. Mais cueillir de belles fleurs, admirer leur éclat et leur parfum, sans se soucier de la peine et de la science du jardinier, tel était le doux emploi qu'il se réservait dans la vie.

La Floriani avait donc parlé dans le désert en croyant le convaincre. Il l'avait écoutée avec recueillement, et, dans tout ce qu'elle avait dit, il avait admiré la rédaction, la partie ingénieuse de son système de tolérance, la bonté de son instinct. Mais il ne trouvait pas qu'elle eût raison d'accepter le mal pour ne pas méconnaître le bien. C'était l'antipode de sa manière de sentir les rapports humains Il avait pourtant une haute idée du devoir filial ; mais il savait faire, entre le devoir et le sentiment, entre les actions et les sympathies, une distinction qui était tout à fait inconnue à la Floriani. Ainsi, à sa place, il n'eût pas cherché à justifier l'avarice de Menapace, parce que, pour trouver à ce vice un côté estimable, il fallait commencer par avouer qu'il existait en lui. Il l'eût nié, au contraire, ou il eût gardé un profond silence, ce qui est bien plus facile, il faut en convenir.

Et puis, la Floriani, en parlant d'elle-même, lui avait encore fait beaucoup de mal. Elle avait prononcé des mots qui l'avaient brûlé comme un fer rouge. Elle avait dit qu'elle n'avait jamais été une *fille entretenue*, elle avait peint les mœurs de ses pareilles avec une terrible vérité. Elle avait raconté ses premières amours et nommé elle-même son premier amant. Karol aurait voulu qu'elle n'en eût pas seulement l'idée, qu'elle ignorât que le mal existe ici-bas, ou qu'elle ne s'en souvînt pas en lui parlant. Enfin, il aurait voulu, pour compléter la somme de ses exigences fantastiques, que, sans cesser d'être la bonne, la tendre, la dévouée, la voluptueuse et la maternelle Lucrezia, elle fût la pâle, l'innocente, la sévère et la virginale Lucie. Il n'eût demandé que cela, ce pauvre amant de l'impossible !

XIX.

Salvator, endormi sous l'ombrage, venait de se réveiller plein de bien-être et de gaieté. Quand nous nous sentons dispos et pleins d'exubérance, nous n'avons pas le sens aussi délicat que de coutume pour observer ou deviner les peines d'autrui. La pâleur et l'abattement de Karol échappèrent donc au regard de son ami ; et la Floriani, les attribuant à la fatigue des larmes que l'amour et l'attendrissement lui avaient fait verser à la vue de son portrait, ne songea pas à s'en inquiéter.

Lorsque, dans l'enfance, nous souffrons d'une secrète douleur, nous voudrions que tout ce que nous faisons pour la cacher devînt inutile devant la pénétration subtile et bienfaisante des êtres qui nous aiment ; et comme, en même temps, nous nous taisons avec fierté, nous avons l'injustice de croire qu'ils sont indifférents, parce qu'ils ne sont pas importuns. Beaucoup d'hommes restent enfants en ce point, et Karol l'était resté particulièrement. La gaieté active et bruyante de Salvator le rendit donc de plus en plus chagrin, et la sérénité de la Lucrezia, qui, jusque-là, s'était communiquée à lui par attraction, perdit pour la première fois sa bénigne influence.

Pour la première fois aussi, le bruit et le mouvement perpétuel des enfants le fatiguèrent. Ils étaient habituellement calmes sous l'œil de leur mère ; mais, pendant le dîner, ils furent tellement excités et ravis par les taquineries amicales, les caresses et les rires de Salvator, qu'ils menèrent grand tapage, répandirent leurs verres sur la nappe et chantèrent à tue-tête, répétant toujours le même refrain, comme ces pinsons que les Hollandais font lutter, et pour lesquels ils engagent des paris. Célio cassa son assiette, et son chien se mit à aboyer si fort qu'on ne s'entendait plus.

La Floriani ne s'interposait pas bien sévèrement ; elle riait malgré elle des enfantillages de Salvator et des plaisantes reparties de ses marmots ivres de plaisir, et hors d'eux-mêmes, comme le deviennent si aisément ces petits êtres nerveux quand on les excite.

Karol admirait chaque jour, depuis deux mois, les grâces et les gentillesses de cette couvée d'anges, et il les aimait tendrement à cause de celle qui leur avait donné le jour. Il ne se rappelait pas qu'ils eussent des pères, et quels pères, peut-être ! Il les croyait nés du Saint-Esprit, tant ils lui semblaient parés des dons célestes de leur mère. La Floriani lui savait un gré infini de cette tendresse qu'il exprimait avec tant d'effusion, et qui se traduisait en observations si fines et si poétiques sur leurs divers genres de beauté et d'aptitude.

Pourtant, les enfants ne l'aimaient point.

Ils avaient comme peur de lui, et il était difficile de s'expliquer pourquoi ses doux sourires et ses délicates complaisances les trouvaient irrésolus et timides. Le chien de Célio lui-même couchait les oreilles et ne remuait point la queue quand le prince le nommait en le regardant. Cet animal savait bien qu'il parlait de lui avec bienveillance, mais qu'il ne touchait jamais, et qu'une secrète aversion physique lui faisait craindre d'effleurer seulement un animal quelconque. Si les chiens ont un merveilleux instinct pour se méfier des gens qui se méfient d'eux, il ne faut pas s'étonner que les enfants aient le même avertissement intérieur à l'approche de ceux qui ne les aiment pas. Karol n'aimait pas les enfants en général, quoiqu'il ne l'eût jamais dit, quoiqu'il ne se le dît pas à lui-même. Au contraire, il croyait les aimer beaucoup, parce que la vue d'un bel enfant le jetait dans un attendrissement de poëte et dans un ravissement d'artiste. Mais il avait peur d'un enfant laid ou contrefait. La pitié qu'il ressentait à son approche était si douloureuse, qu'il en était réellement malade. Il ne pouvait accepter dans l'enfant le moindre défaut physique, pas plus que chez l'homme il ne pouvait tolérer une difformité morale.

Les enfants de la Floriani étant parfaitement beaux et sains, charmaient ses regards ; mais si l'un d'eux fût devenu estropié, outre la douleur qu'il en eût ressenti dans son âme, il eût été saisi d'un malaise insurmontable. Il n'eût jamais osé le toucher, le porter dans ses bras, le caresser. Un enfant stupide ou méchant, sous ses yeux, lui eût été un fléau à le dégoûter de la vie ; et, loin d'entreprendre de l'amender, il se fût enfermé dans sa chambre pour ne pas le voir ou l'entendre. Enfin, il aimait les enfants avec son imagination, et non avec ses entrailles; et, tandis que Salvator disait qu'il subirait l'ennui du mariage rien que pour avoir les joies de la paternité, Karol ne pensait pas sans frissonner aux conséquences possibles de sa liaison avec la Floriani.

Au dessert, la gaieté de Célio étant arrivée à son paroxysme, il se blessa assez profondément en coupant un fruit. En voyant son sang jaillir avec abondance, l'enfant eut peur et grande envie de pleurer; mais sa mère, avec beaucoup de présence d'esprit et de sang-froid, lui prit la main, l'enveloppa dans sa serviette, et lui dit en souriant : « Eh bien ! ce n'est rien du tout; ce n'est pas la première ni la dernière de tes blessures; continue la belle histoire que tu nous racontais; je te panserai quand tu auras fini. »

Une si bonne leçon de fermeté ne fut pas perdue pour Célio, qui se prit à rire; mais Karol qui, à la vue du sang, avait failli s'évanouir, ne comprit pas que la mère eût le courage de ne point vouloir s'en inquiéter.

Ce fut bien pis quand, au sortir de table, la Floriani lava les chairs, rapprocha les lèvres de la blessure, et fit une ligature solide, le tout d'une main qui ne tremblait pas. Il ne concevait pas qu'une femme pût être le chirurgien de son enfant, et il fut effrayé d'une énergie dont il ne se sentait pas capable. Tandis que Salvator aidait Lucrezia dans cette petite opération, Karol s'était éloigné et se tenait sur le perron, ne voulant pas regarder, et voyant, malgré lui, cette scène si simple et si vulgaire, qui prenait à ses yeux les proportions d'un drame.

C'est que là, comme partout, dans les petites choses comme dans les grandes, il ne voulait point prendre la vie corps à corps; et tandis que la Floriani, prompte et vaillante, étreignait le monstre sans terreur et sans dégoût, il ne pouvait se résoudre, lui, à le toucher du bout des doigts.

Célio était fort calmé par cette petite saignée fortuite, mais les autres enfants ne l'étaient guère. Les petites filles, Béatrice surtout, étaient encore comme folles, et le petit Salvator, passant rapidement de la joie à la colère, puis à la douleur, se montra si volontaire, et jeta de tels cris de domination et de désespoir, que Lucrezia fut forcée d'intervenir, de le menacer, et enfin de le prendre dans ses bras pour le mener coucher malgré lui. C'était la première fois qu'il criait de la sorte aux oreilles de Karol, ou plutôt c'était la première fois que Karol se trouvait disposé à s'apercevoir qu'un marmot, quelque charmant qu'il soit, a toujours des instincts tyranniques, d'âpres volontés, des obstinations insensées, et, pour ressource ou manifestation, des cris aigus. La rage et le chagrin de Salvator, ses sanglots, ses larmes véritables qui ruisselaient comme une pluie d'orage sur ses joues roses, ses beaux petits bras qui se débattaient et s'en prenaient aux cheveux de sa mère, la lutte de Lucrezia avec lui, sa voix forte qui le gourmandait, ses mains souples et nerveuses qui le contenaient avec la puissance d'un étau, puis se perdre ce moelleux qu'ont toujours les mains d'une mère pour ne pas froisser des membres délicats, c'était là un tableau qui avait sa couleur pour le comte Albani, et qu'il regardait avec un sourire, mais que Karol vit avec autant d'effroi et de souffrance que la blessure et le pansement de Célio.

— Mon Dieu ! s'écria-t-il involontairement, que l'enfance est malheureuse, et qu'il est cruel d'avoir à réprimer les appétits violents de la faiblesse !

— Bah ! répondit Salvator Albani en riant, dans cinq minutes il sera profondément endormi, et, après lui avoir donné le fouet pour amener la réaction, sa mère le couvrira de baisers durant son sommeil.

— Tu crois qu'elle le frappera ? reprit Karol épouvanté.

— Oh ! je n'en sais rien, je dis cela par induction, parce que ce serait le meilleur calmant.

— Ma mère ne m'a jamais frappé ni menacé, j'en suis certain.

— Tu ne t'en souviens pas, Karol. D'ailleurs, ce ne serait pas une raison pour prouver qu'il n'est pas nécessaire, parfois, d'employer les grands moyens. Je n'ai pas de théories sur l'éducation, moi, et dans celle qui convient au premier âge, tu vois que j'ai plutôt l'art de rendre les enfants terribles que de les réprimer. Je ne sais pas comment la Floriani s'y prend pour se faire craindre, mais je crois que la meilleure méthode doit être celle qui réussit. J'ignore s'il y a parfois nécessité de battre un peu les marmots, je saurai cela quand j'en aurai, mais je ne m'en chargerai pas. J'ai la main trop lourde, ce sera la fonction de leur mère.

— Et moi, si j'avais le malheur d'être père, reprit Karol avec une sorte de raideur douloureuse, je ne pourrais souffrir ce bruit discordant de révoltes et de menaces, ce combat avec l'enfance, ces larmes amères d'un pauvre être qui ne comprend pas la loi de l'impossible, ces emportements à froid de la pédagogie paternelle, ce bouleversement subit et affreux de la paix intérieure, ces tempêtes dans un verre d'eau, qui ne sont rien, je le sais, mais qui troubleraient mon âme comme des événements sérieux.

— En ce cas, cher ami, il ne faut pas perpétuer ta noble race, car ces orages-là sont inévitables. Crois-tu donc sérieusement que tu n'as jamais demandé la lune avec des rugissements de fureur, avant de comprendre que ta mère ne pouvait pas te la donner ?

— Non, je ne le crois pas, je n'ai aucune idée de cela.

— C'est une métaphore que j'emploie, mais je serais fort étonné que quelque chose d'équivalent ne te fût jamais arrivé, car il me semble que tu as conservé de ces prétentions à l'impossible, et que tu demandes encore à Dieu, quelquefois, de mettre les astres dans le creux de ta main.

Karol ne répondit rien, et la Floriani ayant réussi à apaiser son marmot, revint proposer une promenade en nacelle sur le lac. Le petit Salvator n'avait point subi la loi antique, la peine consacrée du fouet. Sa mère savait bien que la fraîcheur de sa chambre, l'obscurité et le moelleux de sa couchette, le tête-à-tête avec elle, et le son de sa voix lorsqu'elle lui chanterait l'air destiné à l'endormir, le calmeraient presque instantanément; elle devinait aussi, sans savoir quelle gravité ces misères prenaient aux yeux de Karol, que ce bruit avait dû le contrarier un peu.

Pour faire diversion, elle l'emmena sur le lac avec Salvator Albani, Célio, Stella et Béatrice. Mais, à quelques brasses de la rive, on rencontra le vieux Menapace qui partait pour aller tendre ses filets. Les enfants voulurent sauter dans sa barque, et leur mère voyant que le vieux pêcheur désirait leur démontrer *ex professo* un art qui était, à ses yeux, le premier de tous, consentit à les lui confier.

Karol fut effrayé de voir ces trois enfants encore excités et fébriles, s'en aller avec un vieillard si égoïste, si froid, et qu'il jugeait si peu capable de les retirer de l'eau ou de les empêcher d'y tomber.

Il en fit l'observation à Lucrezia, qui ne partagea pas son inquiétude.

« Les enfants élevés au milieu d'un danger le connaissent fort bien, répondit-elle; et quand il en tombe quelqu'un dans notre lac, c'est toujours un enfant étranger, qui y est venu en promenade, et qui ne suit pas se préserver. Célio nage comme un poisson, et Stella, toute folle qu'elle est ce soir, veillera comme une mère sur sa petite sœur. D'ailleurs, nous les suivrons et ne les perdrons pas de vue. »

Karol ne put venir à bout de se tranquilliser. Il ressentait l'angoisse des sollicitudes paternelles malgré lui, et, depuis qu'il avait vu Célio se faire une blessure, il avait la tête remplie de catastrophes imprévues. Enfin, sa paix était troublée au moral et au physique, à partir de ce jour néfaste, où il ne s'était pourtant rien passé de marquant pour les autres, mais où l'habitude et le besoin de souffrir s'étaient réveillés en lui.

La promenade fut pourtant très-paisible. Le lac était superbe aux reflets du couchant; les enfants s'étaient calmés et prenaient un plaisir sérieux à voir tendre les filets du grand-père dans une petite anse fleurie et embaumée. Salvator ne parlait plus de Venise, et, par un heureux hasard, le nom de Boccaferri ne venait plus sur ses lèvres. La Floriani cueillit des nénuphars, et, sautant d'une barque dans l'autre, avec une légèreté et une adresse qu'on n'eût pas attendues d'une personne un peu lourde en apparence dans ses formes, mais qui rappelaient ses habitudes de jeunesse, elle orna de ces belles fleurs la tête de ses filles.

Karol commençait à se radoucir intérieurement. Le vieux Menapace guidait la barque avec un aplomb et une expérience consommés à travers les rochers et les troncs d'arbres entassés au rivage. Aucun enfant ne se noyait, et Karol s'habituait à les voir courir d'un bord à l'autre, diriger le gouvernail et se pencher sur l'eau, sans tressaillir à chacun de leurs mouvements.

La brise du soir s'élevait suave et charmante, apportant le parfum de la vigne en fleurs et de la fève à odeur de vanille.

Mais il était écrit que cette journée finirait l'extase tranquille de Karol et marquerait pour lui le commencement d'une série de petites souffrances inexprimables. Salvator trouva que les nénuphars étaient si beaux que la Floriani devait en mettre aussi dans ses cheveux noirs. Elle s'y refusa, disant qu'elle avait assez subi au théâtre le poids des coiffures et des ornements, et qu'elle était heureuse de ne plus sentir sur sa tête la gêne d'une seule épingle. Mais Karol partageait le désir de son ami, et elle consentit à ce qu'il passât quelques fleurs dans ses tresses splendides.

Tout allait bien, excepté la coiffure que Karol arrangeait sans art et sans adresse, tant il craignait de faire tomber un seul cheveu de cette tête chérie. Salvator eut la malheureuse idée de s'en mêler. Il défit l'ouvrage du prince, et, prenant à deux mains la riche chevelure de la Floriani, il la roula sans façon et l'entremêla de roseaux et de fleurs, selon son goût. Il réussit fort bien, car il avait de l'habileté pour ce qu'on appelle trivialement le *tripotage*, expression trop familière, mais difficile à remplacer. Il entendait bien la statuaire au point de vue de l'ornementation.

Il fit à la Floriani une coiffure digne d'une naïade antique, en lui disant : « Est-ce que tu ne te souviens pas qu'à Milan, quand je me trouvais dans ta loge pendant ta toilette, j'y mettais toujours la dernière main ?

— C'est vrai, répondit-elle, je l'avais oublié ; tu avais un don particulier pour donner du caractère aux ornements, pour trouver l'assortiment heureux des couleurs, et je t'ai souvent consulté pour mes costumes.

— Tu n'y crois pas, Karol ? reprit Salvator en s'adressant à son ami, qui avait fait le mouvement d'un homme qui reçoit un coup d'épingle ; regarde-la, comme elle est belle ! Tu n'aurais jamais trouvé comme moi ce qui convenait à la ligne de son front, au volume de sa tête et à la puissance de sa nuque. Tu ne la dégageais pas assez. Elle avait l'air d'une madone avec ta coiffure, et ce n'est point là le caractère de sa beauté. Elle est déesse maintenant. Prosternons-nous, faibles mortels, et adorons la nymphe du lac ! »

En parlant ainsi, Salvator pressa d'un lourd baiser les genoux de la Floriani, et Karol tressaillit comme un homme qui reçoit un coup de poignard.

XX.

Le pauvre enfant avait oublié que Salvator était aussi amoureux que lui, dans un sens, de la Floriani ; qu'il lui avait sacrifié de grand cœur ses prétentions, mais non sans effort et sans regret. Comme Karol ne comprenait rien à ce genre d'amour, il ne s'était pas rendu compte de ce que son ami avait pu souffrir en le voyant devenir maître des biens qu'il convoitait. Il s'était dit que la première belle femme que Salvator rencontrerait lui ferait oublier ce désir insensé.

Ou plutôt, il ne s'était rien dit du tout. Il n'aurait pas eu le courage d'examiner le côté scabreux d'une telle situation. Il avait écarté le souvenir de la première nuit passée à la villa Floriani, des tentations et des tentatives de Salvator, et même des embrassades du lendemain matin, lorsqu'il avait cru dire à Lucrezia un long adieu. La crise de la maladie et le miracle du bonheur avaient tout effacé de l'esprit du prince. Il s'était habitué, en un jour, en un instant, à ne plus rien juger, à ne plus rien comprendre ; et de même, en un jour, en un instant, il recommençait à trop juger, à trop comprendre, c'est-à-dire à tout commenter avec excès et à souffrir de tout.

Certes, Salvator Albani avait renoncé de bonne foi à voir la Floriani avec d'autres yeux que ceux d'un frère. Mais il y avait en lui un fonds de sensualité italienne qui l'empêchait d'arriver jusqu'à la chasteté d'un moine. S'il eût eu deux sœurs, une belle et une laide, il eût, sans nul doute, et sans se rendre compte de son propre instinct, préféré la belle, eût-elle été moins aimable et moins bonne que l'autre. Enfin, entre deux sœurs également belles, mais dont l'une aurait connu l'amour, et l'autre la vertu seulement, il aurait été bien plus l'ami de celle qui eût compris le mieux ses faiblesses et ses passions.

L'amour était son Dieu, et toute belle femme au cœur tendre en était la prêtresse. Il pouvait l'aimer avec désintéressement, mais non la voir sans émotion. L'amour de la Floriani pour son ami ne le dérangeait donc point dans son admiration et dans son plaisir, lorsqu'il la contemplait et respirait son haleine. Il aimait tout autant qu'auparavant à toucher ses bras, ses cheveux, et jusqu'à son vêtement, et l'on comprend bien que Karol était jaloux de ces choses-là, presque autant que du cœur de sa maîtresse.

La Floriani, qui le croirait ? était d'une nature aussi chaste que l'âme d'un petit enfant. C'est fort étrange, j'en conviens, de la part d'une femme qui avait beaucoup aimé, et dont la spontanéité n'avait pas su faire plusieurs parts de son être pour les objets de sa passion. C'était probablement une organisation très-puissante par les sens, quoiqu'elle parût glacée aux regards des hommes qui ne lui plaisaient point. C'est qu'en dehors de son amour, où elle se plongeait tout entière, elle ne voyait pas, n'imaginait pas et ne sentait pas. Dans les rares intervalles où son cœur avait été calme, son cerveau avait été oisif ; et si on l'eût séparée éternellement de la vue de l'autre sexe, elle eût été une excellente religieuse, tranquille et fraîche. C'est dire qu'il n'y avait rien de plus pur que ses pensées dans la solitude, et, quand elle aimait, tout ce qui n'était pas son amant était pour elle, sous le rapport des sens, la solitude, le vide, le néant.

Salvator pouvait bien l'embrasser, lui dire qu'elle était belle, et frémir un peu en pressant son bras contre le sien : elle s'en apercevait encore moins que le jour où, ne prévoyant pas que Karol l'aimait déjà, il avait été forcé de lui parler clairement et hardiment pour lui faire comprendre ses désirs.

Toute femme comprend pourtant bien le regard et l'inflexion de voix qui lui parlent d'amour d'une manière détournée. Les femmes du monde ont, à cet égard, une pénétration qui va souvent au delà de la vérité, et, souvent aussi, leur empressement à se défendre, avant qu'on les attaque sérieusement, est une provocation de leur part et un encouragement à l'audace. La Floriani, au contraire, dans son expressive bienveillance, mettait tout sur le compte de la sympathie qu'elle avait excitée comme artiste, ou de l'amitié qu'elle inspirait comme femme. Elle était brusque et ennuyée avec les hommes qui lui inspiraient de la défiance et de l'éloignement ; mais, avec ceux qu'elle estimait, elle avait le cœur sur la main ; elle eût cru manquer à la sainteté de l'amitié en se tenant trop sur ses gardes. Elle savait bien que quelque mauvaise pensée pouvait leur passer par la tête. Mais elle avait pour règle de ne pas paraître s'en apercevoir, et, tant qu'on ne la forçait point à se montrer sévère, elle était douce et abandonnée. Elle pensait que les hommes sont comme des enfants, avec lesquels il faut souvent détourner la conversation et distraire l'imagination que répondre et discuter sur des sujets délicats et dangereux.

Karol, qui aurait dû comprendre la solidité de ce caractère simple et droit, ne le connaissait pourtant pas.

Sa folie avait commis l'erreur gigantesque de se figurer qu'elle devait avoir l'austérité de manières et le maintien glacial d'une vierge, avec tout autre qu'avec lui. Il n'en voulut pas démordre, comprendre la réalité de cette nature, et l'aimer pour ce qu'elle était. Pour l'avoir placée trop haut dans les fantaisies de son cerveau, voilà qu'il était tout prêt à la placer trop bas, et à croire qu'entre le sensualisme invincible de Salvator et les instincts secrets de la Floriani, il y avait de funestes rapprochements à craindre.

Ils revenaient à la villa avec le lever de Vesper, qui montait blanc comme un gros diamant dans le ciel encore rose. Ils glissaient sur la surface limpide de ce lac que la Floriani aimait tant, et que Karol recommençait à détester. Il gardait le silence; Béatrice s'était endormie dans les bras de sa mère; Célio gouvernait la barque de Menapace, qui s'était assis, dans une muette contemplation; Stella, svelte et blanche, rêvait aux étoiles, ses patronnes, et Salvator Albani chantait d'une belle voix fraîche, que la sonorité de l'onde portait au loin. Personne autre que Karol, le plus pur et le plus irréprochable de tous, peut-être, ne songeait à mal. Il leur tournait le dos, à tous, pour ne point voir ce qui n'existait pas, ce à quoi personne ne songeait; et, au lieu des Ondines du lac, il se sentait poussé par les Euménides.

Ne l'avait-on pas trompé? Salvator ne s'était-il pas grossièrement joué de lui en lui disant que jamais il n'avait été l'amant de la Floriani? Avec tous les beaux raisonnements spécieux qu'il lui avait maintes fois entendu faire sur l'amitié qu'on peut avoir pour les femmes, et dans laquelle il entrait toujours, selon Salvator, un peu d'amour, étouffé ou déguisé; avec les ménagements dont il le supposait capable pour lui laisser goûter le bonheur sans se faire conscience d'un mensonge, il pouvait bien avoir été heureux la nuit de leur arrivée, et l'avoir nié avec aplomb l'instant d'après. La Floriani ne lui devait rien alors, et Karol s'imaginait être bien généreux en prenant la résolution de ne jamais l'interroger à cet égard.

Et puis, en supposant qu'elle eût résisté cette fois-là, était-il probable que, dans cette vie abandonnée à toutes les émotions, lorsque Salvator assistait à sa toilette dans sa loge, et portait même les mains sur sa parure, lorsque, toute palpitante des fatigues ou des triomphes de la scène, elle venait se jeter près de lui sur un sofa, seule avec lui peut-être... était-il possible qu'il n'eût pas cherché à profiter d'un instant de désordre dans son esprit et d'excitation dans ses nerfs? Salvator était si ardent et si audacieux avec les femmes! N'avait-il pas encouru la disgrâce de la princesse Lucie pour avoir osé lui dire qu'elle avait une belle main? Et de quoi n'était pas capable, avec la Lucrezia, un homme qui n'était pas demeuré tremblant et muet auprès de Lucie?

Alors le terrible parallèle, si longtemps écarté, commença à s'établir dans l'esprit du prince : une princesse, une vierge, un ange! — Une comédienne, une femme sans mœurs, une mère qui pouvait compter trois pères à ses quatre enfants, sans jamais avoir été mariée, et sans savoir où étaient maintenant ces hommes-là!

L'horrible réalité se levait devant ses yeux effarés, comme une Gorgone prête à le dévorer. Un tremblement convulsif agitait ses membres, sa tête éclatait. Il croyait voir des serpents venimeux ramper à ses pieds, sur le plancher de la barque, et sa mère remonter vers les étoiles, en se détournant de lui avec horreur.

La Floriani sommeillait dans son rêve d'éternel bonheur; et quand elle lui prit la main pour descendre sur le rivage, sans réveiller sa fille, elle remarqua seulement qu'il était froid, quoique la soirée fût tiède.

Elle s'inquiéta un peu de sa physionomie lorsqu'elle le revit aux lumières; mais il fit de grands efforts pour paraître gai. La Floriani ne l'avait jamais vu gai, elle ne savait même pas si, avec cette haute et poétique intelligence, il avait de l'esprit. Elle s'aperçut qu'il en avait prodigieusement; c'était une finesse subtile, moqueuse, point enjouée au fond; mais, comme il n'y avait place en elle que pour l'engouement, elle s'émerveilla de lui découvrir un charme de plus. Salvator savait bien que cette petite gaieté mignarde et persifleuse de son ami n'était pas le signe d'un grand contentement. Mais, dans cette circonstance, il ne savait que penser. Peut-être l'amour avait-il renouvelé entièrement le caractère du prince; peut-être prenait-il désormais la vie sous un aspect moins austère et moins sombre. Salvator profita de l'occasion pour être gai tout à son aise avec lui, et crut pourtant apercevoir de temps en temps quelque chose d'amer et de sec au fond des heureuses reparties.

Karol ne dormit pas; cependant il ne fut point malade. Il reconnut dans cette longue et cruelle insomnie, qu'il avait plus de forces pour souffrir qu'il ne s'en était jamais attribué. L'engourdissement d'une fièvre lente ne vint pas, comme autrefois, amortir l'inquiétude de ses pensées. Il se leva comme il s'était couché, en proie à une lucidité affreuse, sans éprouver aucun malaise physique, et obsédé de l'idée fixe que Salvator le trahissait, l'avait trahi, ou songeait à le trahir.

« Il faut pourtant prendre un parti, se dit-il. Il faut rompre ou dominer, abandonner la partie ou chasser l'ennemi. Serai-je assez fort pour la lutte? Non, non, c'est horrible! Il vaut mieux fuir. »

Il sortit avec le jour, ne sachant où il allait, mais ne pouvant résister au besoin de marcher d'un pas rapide. Le sentier du parc le plus direct et le mieux battu, celui qu'il suivit machinalement, conduisait à la chaumière du pêcheur.

Il allait s'en détourner lorsqu'il entendit prononcer son nom. Il s'arrêta; on répéta le mot *prince* à plusieurs reprises. Karol s'approcha, perdu sous les branches éplorées des vieux saules, et il écouta.

— Bah! un prince! un prince! disait le vieux Menapace dans son dialecte, que le prince était arrivé à très-bien comprendre. Il n'en a pas la mine! J'ai vu le prince Murat dans ma jeunesse; il était gros, fort, de bonne mine, et portait des habits superbes, de l'or, des plumes. C'était là un prince! Mais celui-ci, il n'a de rien du tout, et je n'en voudrais pas pour tenir mes avirons.

— Je vous assure que c'est un vrai prince, père Menapace, répondait Biffi. J'ai entendu son domestique qui l'appelait *mon prince*, sans voir que j'étais là tout auprès.

— Je te dis que c'est un prince comme ma fille était une princesse là-bas. Ils s'appellent tous comme cela au théâtre. L'autre, l'Albani, est celui qui faisait les contes dans la comédie; mais c'est un chanteur, voilà tout!

— C'est vrai qu'il chante toute la journée, dit Biffi. Alors ce sont d'anciens camarades à la signora. Est-ce qu'ils vont rester longtemps ici?

— Voilà ce que je me demande. Il me semble que le prince, comme ils l'appellent, se trouve bien de la *locanda gratis*. Et si l'autre reste aussi deux mois à ne rien faire que manger, dormir et marcher tout doucement au bord de l'eau, nous ne sommes pas au bout!

— Bah, cela ne nous gêne pas. Qu'est ce que cela nous fait?

— Cela me gêne, moi! dit Menapace en élevant la voix. Je n'aime pas à voir des paresseux et des indiscrets manger le bien de mes petits-enfants. Tu vois bien que ce sont des histrions sans cœur et sans ouvrage, qui sont venus là se refaire. Ma fille, qui est bonne, en a pitié; mais si elle recueille comme cela tous ses anciens amis, nous verrons de belles affaires! Ah! pauvre petit Célio! pauvres enfants! si je ne songeais pas à eux, ils auraient un jour le même sort que ces prétendus seigneurs-là! Allons, Biffi, es-tu prêt? Partons, va détacher la barque.

Si Salvator avait entendu cette ridicule conversation, il en eût ri aux éclats pendant huit jours. Il eût même imaginé quelque folle mystification pour aggraver les soupçons charitables du vieux pêcheur. Mais Karol fut navré. L'idée de rien de semblable ne lui eût paru possible dans sa vie. Être pris pour un histrion, pour un mendiant, et méprisé par ce vieil avare! C'était marcher dans la boue, lui qui ne trouvait que les nuages assez moelleux et assez purs pour le porter. Il faut être très-fort ou très-insouciant pour ne se trouver accablé d'un rôle absurde et pour n'en voir que le côté risible. D'ailleurs, on ne rit peut-être jamais de bien bon cœur de soi-même, et Karol fut si outré, qu'il sortit du parc, n'emportant pas même de l'argent sur lui, et fuyant au hasard dans la campagne, résolu, du moins il le croyait, à ne jamais remettre les pieds chez la Floriani.

Quoique sa santé eût pris, depuis un développement qu'elle n'avait jamais eu, il n'était pas encore très-bon marcheur, et au bout d'une demi-lieue, il fut forcé de ralentir le pas. Alors le poids de ses pensées l'accabla, et il ne se traîna plus qu'avec effort dans la direction sans but qu'il avait prise.

Si j'entendais le roman suivant les règles modernes, en coupant ici ce chapitre, je te laisserais jusqu'à demain, cher lecteur, dans l'incertitude, présumant que tu te demanderais toute la nuit prochaine, au lieu de dormir : « Le prince Karol partira-t-il ou ne partira-t-il pas? » Mais la haute idée que j'ai toujours de la pénétration m'interdit cette ruse savante, et t'épargnera ces tourments. Tu sais fort bien que mon roman n'est pas assez avancé pour que mon héros le tranche ici brusquement et malgré moi. D'ailleurs, sa fuite serait fort invraisemblable, et tu ne croirais point qu'on puisse rompre, du premier coup, les chaînes d'un violent amour.

Sois donc tranquille, vaque à tes occupations, et que le sommeil te verse ses pavots blancs et rouges. Nous ne sommes point encore au dénouement.

XXI.

Karol en était déjà à s'adresser la même question : « Partirai-je? Est-ce que je pourrai partir? Dans un quart d'heure, ne serai-je pas forcé de revenir sur mes pas? S'il en doit être ainsi, pourquoi me fatiguer à faire un chemin inutile?

« Je partirai, s'écria-t-il en se jetant sur le gazon encore humide de rosée. » Là, son indignation se ralluma et ses forces revinrent. Il se remit en route, mais bientôt la fatigue ramena encore le doute et le découragement.

Des regrets amers remplissaient de larmes ses yeux fatigués de l'éclat du soleil levant, qui semblait venir à sa rencontre, et lui dire : « Nous marchons en sens inverse; tu vas donc me fuir et entrer dans la nuit éternelle? » Il se rappelait du bonheur de la veille, lorsqu'à pareille heure, il avait vu la Floriani entrer dans sa chambre, ouvrir elle-même sa fenêtre pour lui faire entendre le chant des oiseaux et respirer le parfum des chèvrefeuilles, s'arrêter près de lui pour lui sourire, et, avant de lui donner le premier baiser, l'envelopper de cet ineffable regard d'amour et d'adoration plus éloquent que toutes les paroles, plus ardent que toutes les caresses. Oh! qu'il était heureux encore à ce moment-là! Rien que le trajet du soleil autour des horizons, et tout était détruit! Il ne verrait plus jamais cette femme si tendre l'enivrer de son regard profond, et mettre, à la place des visions de la nuit, son image tranquille et radieuse devant lui! Cette main qui, en passant doucement à travers ses cheveux, semblait lui donner une vie nouvelle, ce cœur, dont le feu ne s'était jamais épuisé en fécondant le sien, ce souffle, dont la puissance entretenait en lui une sérénité jusque-là inconnue, ces douces attentions de tous les instants, cette constante sollicitude, plus assidue et plus ingénieuse encore que ne l'avait été celle de sa mère; cette maison claire et riante, où l'atmosphère semblait assouplie et réchauffée par une influence magnétique, ce silence du parc, ces fleurs du jardin, ces enfants à la voix mélodieuse qui chantaient avec les oiseaux, tout, jusqu'au chien de Célio, qui courait si gracieusement dans les herbes, poursuivant les papillons pour imiter son jeune ami : enfin, cet ensemble de choses qu'il se représentait et se détaillait pour la première fois, au moment de s'en séparer, tout cela était donc fini pour lui!

Et justement, comme il pensait au chien de Célio, ce bel animal s'élança vers lui, et, pour la première fois,

le caressa avec tendresse. Il n'avait pourtant pas suivi Karol, et celui-ci crut d'abord que Célio n'était pas loin. Mais, ne le voyant pas paraître, il se rappela que la veille, *Laërtes* (c'était le nom du chien) avait fait une pointe sur la rive où les barques s'étaient arrêtées; qu'on l'avait rappelé en vain, et qu'en rentrant à la maison, Célio s'était inquiété de ne pas l'y trouver. On l'avait sifflé et appelé encore, pensant qu'il aurait côtoyé le lac et serait revenu par les prés; mais on s'était couché sans le retrouver; Lucrezia avait consolé son fils en lui disant que le chien avait déjà passé plusieurs fois la nuit dehors, et qu'il était trop intelligent pour ne pas retrouver, dès qu'il le voudrait, le chemin de sa demeure.

Le jeune et beau Laërtes, entraîné par l'ardeur de la chasse, avait donc guetté et poursuivi quelque lièvre pour son propre compte, jusqu'au point du jour, et, soit qu'il eût perdu sa piste, ou qu'il eût réussi à l'atteindre et à le dévorer, il songeait à ce moment à Célio, qui le faisait jouer, à la Floriani qui lui donnait elle-même sa nourriture, au petit Salvator qui lui tirait les oreilles, à son frais coussin et à son déjeuner. Il se rendait très-bien compte de l'heure et se disait qu'il fallait rentrer pour n'être point grondé de sa trop longue absence. Il est bien possible même qu'il poussât la finesse jusqu'à se flatter qu'on ne s'en serait pas aperçu.

En voyant Karol, il s'imagina que celui-ci n'était venu aussi loin que pour le chercher; et, se sentant coupable, ne voulant pas aggraver ses torts, il vint à sa rencontre d'un air affectueux et modeste, balayant la terre de sa longue queue soyeuse, et se donnant toutes sortes de grâces, pour se faire pardonner son escapade.

Le prince ne put résister à ses avances, et se décida à le toucher un peu sur la tête : « Et toi aussi, pensait-il, tu as voulu rompre ta chaîne et essayer de la liberté! Et voilà que tu hésites entre la servitude d'hier et l'effroi d'aujourd'hui! »

Karol ne pouvait plus envisager qu'avec terreur la solitude de son passé. Il se disait qu'il valait mieux souffrir les tortures d'un amour troublé par le doute et la honte, que de ne vivre d'aucune façon. Qu'allait-il retrouver, en se replongeant dans l'isolement? L'image de sa mère et celle de Lucie ne viendraient plus le visiter que pour lui faire d'amers reproches. Il essaya de les évoquer, elles n'obéissaient plus à son appel. Il n'avait jamais pu se persuader que sa mère fût morte, il le sentait à présent, la tombe ne rendait plus sa proie. Les traits de Lucie étaient tellement effacés dans sa mémoire, qu'il s'efforçait en vain de se les représenter. Ils étaient couverts d'un épais nuage. Maintenant que Karol avait bu à la coupe de la vie, la société de ces ombres l'épouvantait au lieu de le charmer. Vivre! il faut donc vivre malgré soi, il faut donc aimer la vie en la méprisant, et s'y plonger en dépit de la peur et du dégoût qu'elle inspire! pensait-il en se débattant contre lui-même. Est-ce la volonté de Dieu? Est-ce la tentation d'un esprit de vertige et de ténèbres?

« Mais trouverai-je la vie désormais auprès de Lucrezia? Ne sera-ce point la mort, que cet attachement dont les circonstances me font rougir, et que le doute va empoisonner? Néant pour néant, ne vaudrait-il pas mieux languir et dépérir, avec le sentiment de son propre courage, que dans celui de son indignité? »

Il ne trouvait point d'issue à ses incertitudes. Il se levait, faisait un pas vers l'exil, et regardait derrière lui. Son cœur se déchirait et se brisait à la pensée de ne plus voir sa maîtresse, et il le sentait physiquement s'éteindre, comme si cette femme était le moteur unique.

Il était presque vaincu déjà, et cherchait dans quelque augure, dans quelque hasard providentiel, dernière ressource de la faiblesse, l'indice du chemin qu'il devait suivre. Laërtes vint à son secours. Laërtes était décidé à rentrer. Lorsque Karol tournait le dos à la villa, le chien s'arrêtait et le regardait d'un air étonné; puis, lorsque le prince revenait vers lui, il bondissait d'un air joyeux, et lui disait avec ses yeux brillants d'expression et d'intelligence : « C'est par ici, en effet, vous vous trompiez; suivez-moi donc! »

Ils revenaient à la villa... (Page 46.)

Karol trouva un faux-fuyant digne d'un enfant. Il se dit que la Floriani tenait beaucoup à ce chien, que Célio était capable de pleurer un jour entier, s'il ne le retrouvait point; que l'animal était bien jeune, bien fou, et se laisserait peut-être tenter par quelque nouvelle proie avant de rentrer; qu'enfin il pouvait se perdre ou se laisser emmener par quelque chasseur, et que son devoir, à lui, était de le ramener à la maison.

Il appela donc Laërtes, veilla puérilement sur lui, et regagna la villa Floriani sans le perdre de vue. Pourtant, l'on peut dire que jamais aveugle ne fut plus littéralement conduit par un chien.

En voyant la porte du parc ouverte, Laërtes prit sa course, et, enchanté de rentrer, il devança Karol et gagna la maison, la chambre de Célio, où il se blottit sous le lit, en attendant son réveil. Le prétexte du chien manquait dès lors à Karol, il n'était pas obligé de franchir la grille du parc, et il allait néanmoins la franchir, lorsque ses yeux rencontrèrent une inscription tracée au pinceau sur une pierre latérale. C'étaient les fameux vers du Dante :

Per me si va nella città dolente,
Per me si va nell'eterno dolore,
Per me si va tra la perduta gente...
.... Lasciate ogni speranza, voi, ch'entrate!

Et plus bas :

Avis aux voyageurs! Célio Floriani.

Karol se souvint que, peu de jours auparavant, Célio, qui venait d'apprendre par cœur ce passage classique de la *Divine Comédie*, et qui le répétait à tout propos avec ce mélange d'admiration et de parodie qui est propre aux enfants, s'était amusé à l'écrire sur le montant de la porte du parc, en l'accompagnant d'un avertissement facétieux aux passants. Comme la villa n'était située sur aucune route de passage, il y avait peu d'inconvénients à laisser subsister l'inscription de Célio jusqu'à la première pluie; la Floriani n'avait fait qu'en rire, et Karol, à qui ces vers lugubres n'offraient aucun sens, à ce moment-là, ne s'en était point alarmé. Il était repassé plusieurs fois par cette porte sans y prendre garde; il n'y aurait plus jamais songé, sans la révolution qui s'était opérée en lui. Au premier abord, les mots de *perduta*

Jusqu'au chien de Célio qui courait. (Page 47.)

gente lui parurent offrir une allusion affreuse et peut-être quelque peu vraie, car il se hâta de l'effacer. Puis, en relisant, malgré lui, le dernier vers, il fut saisi d'une terreur superstitieuse, en songeant que les enfants prophétisent souvent sans le savoir, et disent en riant d'effroyables vérités. Il cueillit une poignée d'herbe et en frotta la muraille; mais, par un hasard fort simple, le dernier vers, portant sur une pierre moins polie que les autres, ne s'effaça pas entièrement et resta visible malgré tous les efforts de Karol.

— Eh bien! dit-il en s'élançant dans le parc, cela est écrit ainsi au livre de ma destinée. Pourquoi mes yeux en seraient-ils offensés? O Lucrezia, tu ne m'avais donné que du bonheur; à présent que je vais souffrir par toi et pour toi, je vois à quel point je t'aime!

La Floriani était déjà très-inquiète, elle avait cherché Karol dans tout le parc, ne concevant pas que, contrairement à ses habitudes, il se fût levé avant elle et qu'il eût été se promener sans elle. Elle était dans la chaumière du pêcheur lorsqu'elle vit le prince effacer l'inscription et rentrer précipitamment, comme si, de même que Laërtes, il eût craint d'être grondé. Elle courut après lui, et, l'enlaçant dans ses bras : « Vous trouvez donc, lui dit-elle, que ce serait un grave mensonge? »

Karol n'avait guère l'esprit présent; il ne songeait pas qu'elle eût pu le voir effacer les vers du Dante; il ne pensait déjà plus à ces vers, mais bien à la trahison possible de Salvator. Il crut qu'elle répondait à ses secrètes pensées, qu'elle avait deviné ses angoisses, épié son essai de fuite; que sais-je? tout ce qu'il y avait de plus invraisemblable lui vint à l'esprit, et il répondit d'un air effaré : « Soyez-en juge vous-même, il ne m'appartient pas de répondre pour vous. »

Lucrezia fut un peu étonnée et commença à redouter quelque accès d'excentricité. Salvator l'en avait prévenue à diverses reprises avant qu'elle donnât son cœur au prince. Mais elle n'avait pu y croire, parce que, depuis sa maladie, Karol avait toujours été ravi au septième ciel et ne lui avait jamais causé un instant d'effroi. Elle se demanda s'il était bien guéri, s'il n'était pas menacé d'une rechute imminente, ou bien si, réellement, son cerveau était faible et tourmenté d'idées fantasques. Elle l'interrogea. Il ne voulut point répondre, et lui baisa la main à plusieurs reprises, en lui demandant pardon. Mais pardon de quoi? Voilà ce qu'elle ne put jamais savoir, malgré les investigations de sa tendresse. Ses manières étaient aussi changées que sa figure et son langage. Il s'était dit que, s'il se décidait à rentrer chez elle, il devait prendre avec lui-même l'engagement de ne lui faire aucune question, aucun reproche, de ne point avilir son propre amour par des paroles blessantes de part ou d'autre; enfin, il se raidissait pour ainsi dire dans une sorte de religion chevaleresque et dans un redoublement de respect extérieur, comme s'il eût cru réparer par là le tort qu'il lui avait fait dans son âme en la soupçonnant.

La Floriani avait toujours été vivement touchée de ce respect qu'il lui témoignait devant ses enfants et ses serviteurs. Rien, chez lui, ne lui rappelait le sans-gêne blessant et l'espèce d'abandon impertinent des amants heureux. Mais, dans le tête-à-tête, elle n'était pas habituée à lui voir détourner son front de ses lèvres et à rejeter sur ses mains en saluant comme un abbé qui rend hommage à une douairière. Elle essaya de rompre cette glace, elle lui fit de tendres reproches, elle le railla amicalement : tout fut inutile. Il se hâtait de retourner vers la maison, car il sentait que sa souffrance n'était pas assez calmée pour lui permettre de paraître heureux.

Salvator ne fut point étonné de voir, ce jour-là, son ami silencieux et sombre; il l'avait vu si souvent ainsi! « Je suis inquiète ce matin, lui dit tout bas Lucrezia; Karol est pâle et triste. — Tu devrais être habituée à le voir s'éveiller tout différent de ce qu'il était en s'endormant, répondit Salvator. N'est-il pas mobile et changeant comme les nuages?

— Non, Salvator, il n'est point ainsi. Depuis deux mois, c'est un ciel pur et brûlant, sans un seul nuage, sans la moindre vapeur.

— En vérité! quelle merveille tu me contes là? Je peux à peine te croire.

— Je te le jure. Que peut-il donc avoir aujourd'hui?

— Mais rien! il aura fait un mauvais rêve.

— Il n'en faisait plus que de beaux!

— C'était un grand hasard ou un grand prodige; moi, je ne l'ai jamais vu une semaine... que dis-je? un jour entier, sans tomber dans quelque accès de mélancolie.

— Et à propos de quoi y tombait-il si souvent?

— Tu me demandes là ce que je n'ai jamais pu lui faire dire. Karol n'est-il pas un hiéroglyphe ambulant, un mythe personnifié?

— Il ne l'a pas été pour moi jusqu'à cette heure; et, puisque, j'avais trouvé, à mon insu, le moyen de le rendre heureux et confiant, il faut bien que je lui aie déplu en quelque chose depuis hier.

— Vous êtes-vous querellés cette nuit?

— Querellés? quel mot!

— Oh! tu es devenu *sublime* comme lui, je le vois bien, et il faut se faire un vocabulaire choisi exprès pour vous deux. Eh bien, voyons, n'avez-vous pas touché à quelque point douloureux de votre existence à l'un ou à l'autre, en causant ensemble la nuit dernière?

— La nuit dernière, comme toutes les autres nuits, je n'ai pas quitté mes enfants. Nous nous retirons de bonne heure, je me lève avec le jour, et, tandis que les petits sommeillent encore ou babillent avec leur bonne en se levant, je vais éveiller doucement Karol, et nous causons ensemble, le plus souvent, nous nous regardons et nous adorons sans nous rien dire. Ce sont deux heures de délices, où jamais un mot pénible, une réflexion positive, un souvenir quelconque des ennuis et des maux de la vie réelle, n'ont trouvé place. Ce matin, j'ai été ouvrir ses fenêtres comme à l'ordinaire, comme j'en ai pris l'habitude durant sa maladie.

Il était déjà sorti, ce qui ne lui était encore jamais arrivé. Il est resté deux heures absent. Il avait l'air égaré en rentrant, il disait des paroles que je ne comprends pas, ses manières étaient bizarres. Il m'a fait presque peur, et, maintenant, son abattement, le soin qu'il prend de ne pas rester avec nous, me font mal. Toi, qui le connais, tâche de lui faire dire ce qu'il a!

— Moi, qui le connais, je ne puis rien te dire, sinon qu'il a été gai hier soir, ce qui était un signe certain qu'il serait triste ce matin. Il n'a jamais eu une heure d'expansion dans sa vie, sans la racheter par plusieurs heures de réserve et de taciturnité. Il y a certainement à cela des causes morales, mais trop légères ou trop subtiles pour être appréciables à l'œil nu. Il faudrait un microscope pour lire dans une âme où pénètre si peu de la lumière que consomment les vivants.

— Salvator, tu ne connais pas ton ami, dit la Lucrezia : ce n'est point là son organisation. Un soleil plus pur et plus éclatant que le nôtre rayonne dans son âme ardente et généreuse.

— Comme tu voudras, répondit Salvator en souriant; alors, tâche d'y voir clair, et ne m'appelle pas pour tenir le flambeau.

— Tu railles, mon ami! reprit la Floriani avec tristesse, et pourtant je souffre! Je m'interroge en vain, je ne vois pas en quoi j'ai pu contrister le cœur de mon bien-aimé. Mais la froideur de son regard me glace jusqu'à la moelle des os, et, quand je le vois ainsi, il me semble que je vais mourir.

XXII.

Quelques mots de franche explication eussent guéri les souffrances de la Floriani et de son amant; mais il eût fallu qu'en demandant à connaître la vérité, Karol pût avoir confiance dans la loyauté de la réponse; et, quand on s'est laissé dominer par un soupçon injuste, on perd trop de sa propre franchise pour se reposer sur celle d'autrui. D'ailleurs, ce malheureux enfant n'avait pas sa raison, et il n'en conservait que juste assez pour savoir que la raison ne le persuaderait pas.

Heureusement ces natures promptes à se troubler et folles dans leurs alarmes, se relèvent vite et oublient. Elles sentent elles-mêmes que leur angoisse échappe aux secours de l'affection, et qu'elle ne peut cesser qu'en s'épuisant d'elle-même. C'est ce qui arriva à Karol. Le soir de cette sombre journée, il était déjà fatigué de souffrir, il s'ennuyait de la solitude; la nuit, comme il y avait longtemps qu'il n'avait dormi, il subit un accablement qui lui procura du repos. Le lendemain il retrouva le bonheur dans les bras de la Floriani; mais il ne s'expliqua pas sur ce qui l'avait rendu si différent de lui-même la veille, et elle fut forcée de se contenter de réponses évasives. Cela resta en lui comme une plaie qui se ferme, mais qui doit se rouvrir, parce que le germe du mal n'a pas été détruit.

Lucrezia n'oublia pas aussi vite ce que son amant avait souffert. Quoiqu'elle fût loin d'en pénétrer le motif, elle en ressentit le contre-coup. Ce ne fut pas chez elle une douleur soudaine, violente et passagère. Ce fut une inquiétude sourde, profonde et continuelle. Elle persista, en dépit de Salvator, à croire qu'il n'y a pas de souffrance sans cause; mais elle eut beau chercher, sa conscience ne lui reprochant rien, elle fut réduite à croire que Karol avait senti se réveiller en lui, ou le souvenir de sa mère, ou le regret d'avoir été infidèle à la mémoire de Lucie.

Karol était donc redevenu calme et confiant, avant que la Floriani se fût consolée de l'avoir vu malheureux; mais, au moment où elle se rassurait enfin et commençait à oublier l'effroi que lui avait causé ce nuage, une circonstance réveilla la souffrance de Karol. Et quelle circonstance? nous osons à peine la rapporter, tant elle est absurde et puérile. En jouant avec Laërtes, la Floriani, touchée de sa grâce et de son regard tendre, lui donna un baiser sur la tête. Karol trouva que c'était une profanation, et que la bouche de Lucrezia ne devait pas effleurer la tête d'un chien. Il ne put s'empêcher d'en faire la remarque avec une certaine vivacité qui trahit sa répugnance pour les animaux. La Floriani, étonnée de le voir prendre au sérieux une pareille chose, ne put se défendre d'en rire, et Karol fut profondément blessé.

— Mais quoi, mon enfant, lui dit-elle, aimeriez-vous

mieux une discussion en règle à propos d'un baiser donné à mon chien? Pour moi, je n'aimerais pas à me mettre en désaccord avec vous sur quoi que ce soit, et, ne trouvant pas le sujet digne d'être commenté et pesé, je n'éprouve que le besoin de m'égayer un peu sur la bizarrerie de ce sujet même.

— Ah! je suis ridicule, je le sais, dit Karol : et c'est une chose funeste pour moi, que vous commenciez à vous en apercevoir! Ne pouviez-vous me répondre autrement que par un éclat de rire?

— Je ne trouvais rien à répondre là-dessus, vous dis-je, reprit Lucrezia, un peu impatientée. Faut-il donc, quand vous me faites une observation, que je baisse la tête en silence, quand même je ne suis point persuadée qu'elle vaille la peine d'être faite?

— Il faut donc devenir étranger l'un à l'autre sur tout ce qui touche au monde réel, dit Karol avec un soupir. Nous nous entendrions si peu sur ce point, que je dois apparemment me taire ou n'ouvrir la bouche que pour faire rire! »

Il bouda deux heures pour ce fait, après quoi il n'y songea plus et redevint aussi aimable que de coutume; mais la Floriani fut triste pendant quatre heures, sans bouder et sans montrer sa tristesse.

Le lendemain, ce fut autre chose, je ne sais quoi, moins encore; et, le surlendemain, on fut triste de part et d'autre, sans cause apparente.

Salvator n'avait pas vu la pureté éclatante du bonheur de ces deux amants en son absence. A peine arrivé, il ne voyait, au contraire, autour de Karol à ses anciennes susceptibilités. Il le trouvait, tantôt plein d'affection, tantôt plein de froideur pour lui. Il ne s'en étonnait pas, l'ayant toujours vu ainsi; mais il se disait avec chagrin que la cure n'était point radicale, et il revenait à la conviction que ces deux êtres n'étaient point faits l'un pour l'autre.

Après plusieurs jours d'observations et de réflexions sur ce sujet, il résolut de s'en expliquer avec son ami et de l'amener, malgré lui, à se révéler. Il savait que ce n'était point facile, mais il savait aussi comment il devait s'y prendre.

— Cher enfant, lui dit-il, environ une semaine après son retour à la villa Floriani, je voudrais, s'il est possible, obtenir de toi une réponse à la question suivante : Sommes-nous encore pour longtemps ici?

— Je ne sais pas, je ne sais pas, répondit Karol d'un ton sec, et, comme si cette demande l'eût fort importuné; mais, un instant après, ses yeux se remplirent de larmes, et il parut prévoir, par la manière dont il regarda Salvator, que leur séparation lui semblait inévitable.

— Je t'en prie, reprit le comte Albani, en lui prenant la main, une fois, en ta vie, essaie de te faire une idée de l'avenir par complaisance pour moi, qui ne puis rester dans une éternelle attente des événements. Autrefois, c'est-à-dire avant de venir ici, je me retranchais toujours sur l'état de ta santé, qui ne te permettait de faire aucun projet. « Fais de moi tout ce que tu voudras, disais-tu; je n'ai aucune volonté, aucun désir. » A présent, les rôles sont changés, et ta santé ne peut plus te servir de prétexte; tu te portes fort bien, tu as pris de la force... Ne secoue pas la tête : je ne sais où en est ton moral, mais je vois fort bien que ton physique va au mieux. Tu ne te ressembles plus, ta figure a changé de ton et d'expression, tu marches, tu manges, tu dors comme tout le monde. L'amour et Lucrezia ont fait ce miracle; tu ne t'ennuies plus de la vie, tu te sens fixé apparemment. C'est à mon tour d'être incertain et de ne plus voir clair devant moi. Voyons, tu veux rester ici, n'est-ce pas?

— Je ne sais pas si je pourrais partir, quand même je le voudrais, répondit Karol, extrêmement malheureux d'avoir à répondre clairement : je crois que je n'en aurais pas la force, et pourtant je le devrais.

— Tu le devrais, parce que...?

— Ne me le demande pas. Tu peux bien le deviner toi-même.

— Tu es donc toujours aussi paresseux d'esprit quand il faut arriver à traiter l'insipide chapitre de la vie réelle?

— Oui, d'autant plus paresseux, que j'en suis sorti davantage depuis quelque temps.

— Alors, tu veux que je fasse comme à l'ordinaire; que je pense à ta place, que je discute avec moi-même, comme si c'était avec toi, et que je le prouve, par de bonnes raisons, ce que tu as envie de faire.

— Eh bien, oui, répondit le prince avec le sérieux d'un enfant gâté. Ce n'est pas qu'en cette circonstance il eût besoin de l'avis d'un autre pour connaître la force de son amour; mais il était bien aise d'entendre juger sa situation par Salvator, pour tâcher de lire dans les sentiments secrets de celui-ci.

— Voyons! reprit gaiement Salvator, qui redoutait d'autant moins un piège qu'il n'avait pas d'arrière-pensée; je vais essayer. Ce n'est pas facile maintenant; tout est changé en toi, et il ne s'agit plus de savoir si l'air de ce pays est bon, si le séjour est agréable, si l'auberge est bien tenue, et si la chaleur ou le froid ne doivent point nous chasser. L'été de la passion te réchaufferait quand même le soleil de juin ne darderait pas ses rayons sur ta tête. Cette maison de campagne est belle, et l'hôtesse n'est point désagréable..... Allons! tu ne veux pas même sourire de mon esprit?

— Non, ami, je ne puis. Parle sérieusement.

— Volontiers. Alors je serai bref. Tu es heureux ici, et tu te sens ivre d'amour. Tu ne peux prévoir combien de temps cela durera sans se troubler et s'obscurcir. Tu veux jouir de ton bonheur, tant que Dieu le permettra, et après... Voyons, après? Réponds. Jusqu'ici j'ai constaté ce qui est, c'est ce qui sera ensuite que je tiens à savoir.

— Après! après, Salvator? Après la lumière, il n'y a que les ténèbres.

— Pardon! il y a le crépuscule. Tu me diras que c'est encore la lumière, et que tu en jouiras jusqu'à extinction finale. Mais quand viendra la nuit, il faudra pourtant bien se tourner vers un autre soleil? Que ce soit l'art, la politique, les voyages ou l'hyménée, nous verrons! Mais, dis-moi, quand nous en serons là, où nous retrouverons-nous? Dans quelle île de l'Océan de la vie faut-il que j'aille t'attendre?

— Salvator! s'écria le prince effrayé et oubliant les tristes soupçons qui l'obsédaient, ne me parle pas d'avenir. Tiens, moins que jamais, je puis prévoir quelque chose. Tu me prédis la fin de mon amour ou *du sien*, n'est-ce pas? Eh bien, parle-moi de la mort, c'est la seule pensée que je puisse associer à celle que tu me suggères.

— Oui, oui, je comprends. Eh bien n'en parlons plus, puisque tu es encore dans ce paroxysme où l'on ne peut songer ni à faire cesser, ni à faire durer le bonheur. Il est fâcheux, peut-être, qu'un peu d'attention et de prévoyance ne soient pas admissibles dans ces moments-là; car tout idéal s'appuie sur des bases terrestres, et un peu d'arrangement dans les choses de la vie pourrait contribuer à la stabilité, ou du moins, à la prolongation du bonheur!

— Tu as raison, ami, aide-moi donc! Que dois-je faire? Y a-t-il quelque chose de possible dans la situation étrange où je me vois placé? J'ai cru que cette femme m'aimerait toujours!

— Et tu ne le crois plus?

— Je ne sais plus rien, je ne vois plus clair.

— Il faut donc que je voile à ta place. La Floriani t'aimera toujours, si vous pouvez parvenir à aller demeurer dans Jupiter ou dans Saturne.

— O ciel! tu railles?

— Non, je parle raison. Je ne connais pas de cœur plus ardent, plus fidèle, plus dévoué que celui de Lucrezia; mais je ne connais pas d'amour qui puisse conserver son intensité et son exaltation au delà d'un certain temps, sur la terre où nous vivons.

— Laisse-moi, laisse-moi! dit Karol avec amertume, tu ne me fais que du mal!

— Ce n'est pas le procès de l'amour que je viens faire, reprit Salvator avec calme. Je ne prétends pas prouver non plus que votre amour soit vulgaire, et qu'il ne puisse résister, plus que tout autre, aux lois de sa propre destruction. Sur ce chapitre, tu en sais plus que moi, et tu connais la Floriani sous un aspect que je n'ai jamais pu que pressentir et deviner. Mais ce que je connais mieux que vous deux, peut-être, malgré toute l'expérience de cette adorable folle de Lucrezia, c'est que le milieu où se trouve placée la vie positive des amants agit, malgré eux et malgré tout, sur leur passion. Vous aurez en vain le ciel dans le cœur, si un arbre vous tombe sur la tête, je vous défie de ne pas vous en ressentir. Eh bien, si les circonstances extérieures vous aident et vous protégent, vous pouvez vous aimer longtemps, toujours peut-être ! jusqu'à ce que la vieillesse vienne vous apprendre que le *toujours* des amants n'est pas le sien. Si, au contraire, en ne prévoyant et n'examinant rien, vous laissez de mauvaises influences pénétrer jusqu'à vous, il vous arrivera de subir le sort commun, c'est-à-dire de voir des misères vous troubler et vous anéantir.

— Je t'écoute, ami ; continue, dit Karol, que faut-il craindre et prévoir ? Que puis-je empêcher ?

— La Floriani est libre comme l'air, j'en conviens, elle est riche, indépendante de toute ancienne relation, et il semble qu'elle ait eu la révélation de ce qui convenait à votre bonheur, en rompant d'avance avec le monde, et en venant s'enfermer dans cette solitude. Voilà d'excellentes conditions pour le présent ; mais sont-elles à jamais durables ?

— Crois-tu qu'elle éprouve le besoin de retourner dans le monde ? Mon Dieu ! si cela peut arriver... Malheureux, malheureux que je suis !

— Non, non, cher enfant, dit Salvator, frappé du désespoir et de l'épouvante de son ami. Je ne dis point cela, je n'y crois pas. Mais le monde peut venir la chercher ici, et l'y obséder malgré elle. Si je n'avais pas été muet comme la tombe, à Venise, avec tous ceux qui m'ont parlé d'elle, si je n'avais pas répondu d'une manière évasive à ceux qui savaient bien quelle était ici : « Elle a le projet de s'y installer, peut-être, mais elle n'est pas fixée, elle va faire un voyage, elle ira peut-être en France..... » que sais-je ? tout ce que Lucrezia elle-même m'avait suggéré de répondre aux questions indiscrètes... déjà, sois-en sûr, vous seriez inondés de visites. Mais ce qui est différé n'est peut-être pas perdu. Un jour peut venir où vous ne serez plus seuls ici : quelle sera ton attitude vis-à-vis des anciens amis de ta maîtresse ?

— Horrible ! horrible ! répondit Karol en frappant sa poitrine.

— Tu prends tout d'une manière trop tragique, mon cher prince ! Il n'est pas question de se désespérer pour cela, mais de s'y attendre et d'être prêt à lever sa tente dans l'occasion. Ainsi ce mal ne serait pas sans remède. Vous pourriez partir et aller chercher quelque autre solitude temporaire. Il y a un certain art à dégoûter les visiteurs, c'est de ne jamais les rendre certains de vous rencontrer. La Floriani entend cela fort bien. Elle t'aiderait à sortir d'embarras... Calme-toi donc !

— Eh bien, alors, n'y a-t-il pas d'autres dangers ? dit Karol, qui passait, avec sa mobilité ordinaire, de l'épouvante exagérée à la confiance paresseuse.

— Oui, mon enfant, il y a d'autres dangers, répondit Salvator ; mais tu vas t'émouvoir encore, plus que je ne veux, et peut-être m'envoyer au diable.

— Parle toujours.

— Il y a, quand vous aurez fait la solitude autour de vous, le danger de la satiété.

— Il est vrai, dit Karol, accablé de cette pensée, peut-être déjà le pressens-tu avec raison, de sa part. Oh oui ! j'ai été souffrant et morose ces jours-ci. Elle a dû être lasse et ennuyée de moi. Elle te l'a dit ?

— Non, elle ne me l'a pas dit ; elle ne l'a point pensé, et je ne crois pas qu'elle se lasse la première. C'est pour toi bien plus que pour elle, que je crains la fatigue de l'âme.

— Pour moi, pour moi, dis-tu ?

— Oui, je sais que tu es un être d'exception, je sais ta persévérance à aimer une femme que tu n'avais point connue (qu'il me soit permis de le dire à présent). Je sais aussi de quelle manière exclusive et admirable tu as aimé ta mère. Mais tout cela n'était pas de l'amour. L'amour s'use, et le tien, sachant moins que tout autre supporter les atteintes de la réalité, s'usera vite.

— Tu mens ! s'écria Karol avec un sourire d'exaltation, à la fois superbe et naïf.

— Mon enfant, je t'admire, mais je te plains, reprit Salvator. Le présent est radieux, mais l'avenir est voilé.

— Fais-moi grâce de lieux communs !

— Fais moi la grâce d'en écouter un seul. Ta noble famille, tes anciens amis, ce grand monde très-restreint, mais d'autant plus choisi et sévère, que tu as eu jusqu'ici pour milieu, pour air vital, si je puis parler ainsi, quel rôle vas-tu y jouer ?

— J'y renonce pour jamais ! J'y ai songé, à cela, Salvator, et cette considération a pesé moins qu'une paille dans la balance de mon amour.

— Très-bien ; quand tu retourneras à tes grands parents, ils t'absoudront, à coup sûr ; mais ils ne diront pas moins qu'il est indigne de toi d'avoir été l'amant d'une comédienne, si longtemps et si sérieusement. Ils te pardonneraient plus aisément, ces vertueux amis, d'avoir eu cent caprices de ce genre qu'une passion.

— Je ne le crois point ; mais s'il en était ainsi, raison de plus pour que je rompe sans regret avec ma famille et toutes nos anciennes relations.

— A la bonne heure, ce sont gens admirables, mais fort ennuyeux, que les grands parents ; il y a longtemps que je laisse gronder les miens sans les interrompre. Si tu veux être mauvaise tête, aussi... c'est fort inattendu, fort plaisant, mais aussi, vive Dieu ! je m'en réjouis ! Cependant, cher Karol, il y a une autre famille à laquelle tu ne penses pas, c'est celle de la Floriani, et tu l'as pour témoin de vos amours.

— Ah ! tu touches enfin le point douloureux, s'écria le prince, frissonnant comme à la morsure d'un serpent. Son père, oui , ce misérable, qui nous prend pour des histrions mourant de faim et recevant l'aumône du logement et de la nourriture ! C'est hideux, et j'ai failli partir en lui entendant dire cela à Biffi.

— Le père Menapace nous fait cet honneur ? répondit Salvator en éclatant de rire.... Mais voyant combien Karol prenait au sérieux ce ridicule incident, il essaya de le calmer.

— Si tu avais raconté à la Lucrezia cette bouffonne aventure, lui dit-il, elle t'eût répondu de manière à t'en consoler, et voici ce que cette brave femme t'aurait dit : « Mon enfant, je n'ai jamais eu que des amants dans la détresse, tant j'avais frayeur de passer pour une fille entretenue. Vous avez des millions, on peut croire que vous me rendez de grands services, et je vous aime tant, que je n'y ai pas songé ou que je m'en moque ; oubliez donc les billevesées de mon père et de Biffi, comme j'oublie pour vous le monde entier. » Tu vois donc bien, Karol, que tu lui dois de n'être pas si chatouilleux à l'endroit de l'opinion. Mais parlons de ses enfants, mon ami, y as-tu songé ?

— Est-ce que je ne les aime pas ? s'écria le prince. Est-ce que je voudrais les éloigner d'elle un seul instant ?

— Mais est-ce qu'ils ne grandiront pas ? Est-ce qu'ils ne comprendront jamais ? Je sais bien qu'ils sont tous enfants naturels, qu'ils ne se souviennent pas de leurs pères, et qu'ils sont encore dans cet âge heureux où ils peuvent se persuader qu'une mère suffit pour qu'on vienne au monde. Comment sortira un jour de cet embarras vis-à-vis d'eux, et ce qui se passera de sublime ou de déplorable dans le sein de cette famille, cela ne nous regarde ni l'un ni l'autre. J'ai foi aux merveilleux instincts de la Floriani pour s'en tirer avec honneur. Mais ce n'est pas une raison pour que tu compliques sa situation par ta présence continuelle. Tu ne sauras ou tu ne voudras jamais mentir. Comment cela pourra-t-il s'arranger ? »

Karol, qui ne connaissait pas l'expansion des paroles, lorsqu'il était au comble du chagrin, cacha son visage dans ses mains et ne répondit pas. Il avait déjà pressenti cet affreux problème, depuis le jour où les enfants de la

Floriani, le faisant souffrir de leurs rires et de leurs cris, la vision de l'avenir avait passé vaguement devant ses yeux. L'idée de devenir un jour l'ennemi naturel et le fléau involontaire de ces enfants adorés, s'était liée naturellement au premier instant d'ennui et de déplaisir qu'ils lui avaient causé.

— Tu déchires les entrailles de la vérité, dit-il enfin à son ami, et tu me les jettes toutes sanglantes à la figure. Tu veux donc que je renonce à mon amour, et que je meure? Tue-moi donc tout de suite. Partons!

XXIII.

Salvator fut étonné de la violence du sentiment qui dominait encore Karol. Il était loin de prévoir que cette violence, au lieu de diminuer, irait toujours en grandissant avec la souffrance; Salvator cherchait le bonheur dans l'amour, et quand il ne l'y trouvait plus, son amour s'en allait tout doucement. En cela il était comme tout le monde. Mais Karol aimait pour aimer; aucune souffrance ne pouvait le rebuter. Il entrait dans une nouvelle phase, dans celle de la douleur, après avoir épuisé celle de l'ivresse. Mais la phase du refroidissement ne devait jamais arriver pour lui. C'eût été celle de l'agonie physique, car son amour était devenu sa vie, et, délicieuse ou amère, il ne dépendait pas de lui de s'y soustraire un seul instant.

Salvator, qui connaissait si bien son caractère, mais qui n'en comprenait pas le fond, se persuada que la réalisation de sa prophétie ne serait qu'une affaire de temps.

— Mon ami, lui dit-il, tu ne me comprends pas, ou plutôt tu penses à autre chose qu'à ce dont nous parlons. A Dieu ne plaise que je veuille t'arracher aux premiers moments d'une ivresse qui n'est point à la veille de s'épuiser! Mon avis, au contraire, c'est que tu ne te défendes pas d'être heureux, et que tu te laisses aller entièrement, pour la première fois, au doux caprice de la destinée. Mais ce que j'ai à te dire, ensuite, c'est qu'il ne faut pas s'obstiner à violer le bonheur quand il se retire. Un jour viendra, tôt ou tard, où quelque défaillance de lumière se fera remarquer dans l'astre qui te verse aujourd'hui ses feux. C'est alors qu'il ne faudra pas attendre le dégoût et l'ennui pour quitter ton amie. Il faudra fuir résolûment..... pour revenir, entends-moi bien, quand tu sentiras de nouveau le besoin de rallumer le flambeau de ta vie à la sienne. J'admets, tu le vois, que la constance doive être éternelle. Raison de plus pour rendre léger le joug qui vous lie, en évitant l'accablement d'un tête-à-tête perpétuel et absolu. Tout ce qui te choque déjà ici disparaîtra à distance, et quand tu reviendras l'affronter, tu verras que les montagnes sont des grains de sable. Tous les dangers réels d'une situation dont tu viens de te rendre compte, s'évanouiront quand tu ne seras plus l'hôte unique et exclusif de la famille. Les enfants n'auront pas de reproche à te faire, car si l'entourage soupçonne une préférence de leur mère pour toi, il ne pourra la constater. Vous n'aurez plus l'air de braver l'opinion, mais d'entretenir une noble et durable amitié par de fréquentes relations. Tu pourrais n'être que l'ami et le frère de la Floriani, comme moi, par exemple, qu'il serait encore coupable et dangereux de fixer sans retour ta vie auprès d'elle. A plus juste raison, étant réellement son amant, dois-tu à sa dignité et à la tienne de voiler un peu cette passion aux yeux d'autrui. Tu trouves peut-être que je prends grand soin de la réputation d'une femme qui n'en a pris aucun jusqu'à présent. Mais ce n'est pas toi qui douterais de la sincérité avec laquelle elle avait résolu de se réhabiliter d'avance pour l'honneur futur de ses filles, en quittant le monde et en rompant tous les liens antérieurs. Ce n'est pas toi qui voudrais lui faire perdre le prix du sacrifice qu'elle venait de consommer, des bonnes résolutions dont elle se trouvait déjà si heureuse, et l'empêcher d'être, avant tout, une vertueuse mère de famille, comme elle s'en piquait très-sérieusement, le jour où nous avons frappé à sa porte. Cette porte était fermée, souviens-toi! j'aurais éternellement sur la conscience d'avoir forcé la consigne et de l'avoir presque jeté ensuite dans les bras de cette pauvre femme confiante et généreuse, si, un jour, elle venait à maudire l'heure fatale où j'ai détruit son repos et fait échouer ses rêves de calme et de sagesse!

— Tu as raison! s'écria le prince en se jetant dans les bras de son ami, et voilà le langage qu'il aurait fallu me parler tout d'abord. De toutes les choses réelles, il n'en est qu'une seule que je puisse comprendre, c'est le respect que je dois à l'objet de mon amour, c'est le soin que je dois prendre de son honneur, de son repos, de son bonheur domestique. Ah! si, pour lui prouver mon dévouement aveugle, il faut que je la quitte dès à présent, me voilà prêt. Sans doute, c'est elle qui t'a chargé de me suggérer ces réflexions que tu viens de me faire. Voyant que je ne songeais à rien, que je m'endormais dans les délices, elle s'est dit qu'il fallait me réveiller. Elle a bien fait. Va lui demander pardon pour mon imprévoyant égoïsme; qu'elle fixe elle-même la durée de mon absence, le jour de mon départ..., et ne lui laisse pas oublier de fixer aussi celui de mon retour.

— Cher enfant, reprit Salvator en souriant, ce serait faire injure à la Floriani de la croire plus raisonnable et plus prudente que toi. C'est de moi-même et à son insu que je t'ai parlé comme je viens de le faire, au risque de te briser le cœur. Si j'en avais demandé la permission à Lucrezia, elle me l'aurait refusée, car une amante, comme elle, a toutes les faiblesses d'une mère, et, quand nous parlerons de départ, bien loin qu'elle approuve, nous aurons une lutte à soutenir. Mais nous lui parlerons de ses enfants, et elle cédera à son tour. Elle comprendra qu'un amant ne doit pas se conduire comme un mari, et s'installer chez elle comme le gardien d'une forteresse.

— Un mari! dit Karol en se rasseyant et en regardant fixement Salvator...... Si elle se mariait!

— Oh! pour cela, sois tranquille, il n'y a pas de danger qu'elle se fasse ce genre d'infidélité, répondit Salvator, étonné de l'effet que ce mot prononcé au hasard, avait produit sur le prince.

— Tu as dit un mari! reprit Karol, s'acharnant à cette pensée soudaine : un mari serait la réhabilitation de sa vie entière. Au lieu d'être l'ennemi et le fléau de ses enfants, s'il était riche et digne, il deviendrait leur appui naturel, leur meilleur ami, leur père adoptif. Il accepterait là un noble devoir; et comme il en serait récompensé! Il ne la quitterait jamais, cette femme adorée; il serait un rempart entre elle et le monde, il repousserait la calomnie comme la diffamation, il pourrait veiller sur son trésor, et ne pas distraire un seul jour de son bonheur pour de cruelles et importunes convenances de position. Etre son mari! oui, tu as raison! Sans toi, je n'y aurais jamais songé. Vois si je ne suis pas frappé d'une sorte d'idiotisme pour ce qui tient à la conduite de la vie sociale! Mais j'ouvre les yeux : l'amour et l'amitié m'auront rendu le service de faire de moi un homme, au lieu d'un enfant et d'un fou que j'étais. Oui, oui, Salvator, être son mari, voilà la solution du problème! Avec ce titre sacré, je ne la quitterai plus, et je la servirai au lieu de lui nuire.

— Eh bien, voilà une heureuse idée! s'écria Salvator; j'en suis étourdi, je tombe des nues! Songes-tu à ce que tu dis, Karol? toi, épouser la Floriani!

— Ce doute m'offense, fais-moi grâce de tes étonnements. J'y suis résolu, viens avec moi plaider ma cause et obtenir son consentement.

— Jamais! répondit Salvator; à moins que, dans dix ans d'ici, jour pour jour, tu ne viennes me faire la même demande. O Karol! je ne te connaissais pas encore, malgré tant de jours passés dans ton intimité! Toi, qui te défendais de vivre, par excès d'austérité, de méfiance et de fierté, voilà que tu te jettes dans un excès contraire, et que tu prends la vie corps à corps comme un forcené! Moi, qui ai subi tant de sermons et de remontrances de ta part, voilà qu'il me faut jouer le rôle de mentor pour te préserver de toi-même!

Salvator énuméra alors à son ami toutes les impossibilités d'une semblable union. Il lui parla fortement et naïvement. Il confessa que la Floriani était digne, par elle-même, de tant d'amour et de dévouement, et que, quant à lui, s'il avait dix ans de plus, et qu'il pût se résoudre à l'enchaînement du mariage, il la préférerait à toutes les duchesses de la terre. Mais il démontra au jeune prince que cet accord des goûts, des opinions, des caractères et des tendances, qui sont le fond du calme conjugal, ne pouvait jamais s'établir entre un homme de son âge, de son rang et de sa nature, et la fille d'un paysan, devenue comédienne, plus âgée que lui de six ans, mère de famille, démocrate dans ses instincts et ses souvenirs, etc., etc. Il n'est pas même nécessaire de rappeler au lecteur tout ce que Salvator lui dut dire sur ce sujet. Mais l'influence qu'il avait prise sur son ami durant la première partie de cet entretien, échoua complètement devant son obstination. Karol avait compris de la vie tout ce qu'il en pouvait comprendre, le dévouement absolu. Tout ce qui était d'intérêt personnel et de prudence bien entendue pour sa propre existence, était lettre close pour lui.

Pardonne-lui, lecteur, ses puérilités, ses jalousies et ses caprices. Ceci n'en était plus un de sa part, et c'est dans de telles occasions que la grandeur et la force de son âme rachetaient le détail. Plus Salvator lui démontrait les inconvénients de son projet, plus il le lui faisait aimer. S'il eût pu assimiler ce mariage à un martyre incessant, où Karol devait subir tous les genres de torture au profit de la Floriani et de ses enfants, Karol l'eût remercié de lui faire le tableau d'une vie si conforme à son ambition et à son besoin de sacrifice. Il l'eût accompli avec transport, ce sacrifice. Il eût pu encore faire un crime à Lucrezia de prononcer devant lui un nom qui sonnait mal à son oreille, de laisser Salvator lui embrasser les genoux, de menacer son enfant du fouet, ou de trop caresser son chien, mais il n'eût jamais songé à lui reprocher d'avoir accepté l'immolation de toute sa vie.

Heureusement... ai-je raison de dire heureusement?... n'importe! la Floriani, en recevant cette offre inattendue, fit triompher par son refus tous les arguments du comte Albani. Elle lui fut attendrir jusqu'aux larmes de l'amour du prince, mais elle n'en fut pas étonnée, et Karol lui sut gré d'y avoir compté. Quant à son consentement, elle lui répondit que, quand même il irait de la vie de ses enfants, elle ne le donnerait point.

Telle fut la conclusion d'un combat de délicatesse et de générosité qui dura plus de huit jours à la villa Floriani. L'idée de ce mariage blessait l'invincible fierté de Lucrezia; peut-être, dans l'intérêt même de ses enfants, avait-elle tort. Mais cette résistance était conforme au genre d'orgueil qui l'avait faite si grande, si bonne et si malheureuse. Une seule fois, dans sa vie, à quinze ans, elle avait jugé tout naturel d'accepter l'offre naïve d'un mariage disproportionné en apparence. Ranieri n'était pourtant ni noble, ni très-riche, et la fille de Menapace, dans ce temps-là, apportait en dot son innocence et sa beauté dans toute leur splendeur. Mais il n'avait pu lui tenir parole, et la Floriani elle-même l'en avait vite dégagé, en prenant une idée juste de la société, et en voyant combien son amant eût été condamné à souffrir pour elle de la malédiction d'un père et des persécutions d'une famille. Depuis, elle avait fait le serment, non de renoncer au mariage, mais de ne jamais épouser qu'un homme de sa condition et pour qui cette union serait un honneur et non une honte.

Elle sentait cela si profondément, que rien ne put l'ébranler, et que la persistance du prince l'affligea beaucoup. Ce que toute autre femme, à sa place, eût pris pour un hommage enivrant, lui semblait presque une prétention humiliante, et, si elle n'eût connu l'ignorance de Karol sur tous les calculs vrais de l'existence sociale, elle lui eût su mauvais gré d'espérer la fléchir.

Depuis qu'elle était mère de quatre enfants, et qu'elle avait expérimenté les accès de jalousie rétroactive que la vue de cette famille causait à ses amants, elle avait résolu de ne jamais se marier. Elle ne craignait encore rien de semblable de la part de Karol, elle ne prévoyait pas si tôt qu'il subirait, à cet égard, les mêmes tortures que les autres; mais elle se disait qu'elle serait forcée de faire à la position et aux intérêts d'un époux quelconque des sacrifices qui retomberaient sur son intimité avec ses enfants; que cet époux aurait infailliblement à rougir devant le monde de les produire et de les patroner; qu'enfin Karol perdrait sa considération et son titre d'homme sérieux, dans l'opinion cruelle et froide des hommes, en acceptant toutes les conséquences de son dévouement romanesque.

Elle n'eut donc aucun besoin de s'appuyer sur le sentiment du comte Albani, pour rester inébranlable. Karol eut une patience enchanteresse, tant qu'il espéra la persuader. Mais la Floriani, voyant en invoquant toujours la considération du prince et les sentiments de sa noble famille, elle risquait d'agir, en apparence, comme ces femmes qui opposent une résistance hypocrite pour mieux enlacer leur proie, elle coupa court à ces instances par un refus net et un peu brusque. Elle avait aussi une peur affreuse de se laisser attendrir; car, en n'écoutant que son dévouement maternel du moment, elle eût cédé à ses prières et à ses larmes. Elle fut donc forcée de feindre un peu et de proclamer une sorte de haine systématique pour le mariage, quoiqu'elle n'eût jamais songé à faire le procès de l'hyménée en général.

Lorsque le prince se fut en vain convaincu de l'inutilité de ses instances, il tomba dans une affliction profonde. Aux larmes tendrement essuyées par la Floriani, succéda un besoin de rêver, d'être seul, de se perdre en conjectures sur cette vie réelle dans laquelle il avait voulu entrer, et où il ne pouvait réussir à voir clair. Alors revinrent les fantômes de l'imagination, les soupçons d'un esprit qui ne pouvait apprécier aucun fait matériel à sa juste valeur, la jalousie, tourment inévitable d'un amour dominateur trompé dans ses espérances de possession absolue.

Il s'imagina que Salvator avait concerté avec Lucrezia tout ce qu'il lui avait dit d'inspiration, et tout ce qui s'était passé naturellement et spontanément entre eux dans ces longs entretiens où son âme s'était épuisée. Il crut que Salvator n'avait pas renoncé à être à son tour l'amant de Lucrezia, et que, le traitant comme un enfant gâté, il lui avait permis de passer avant lui, pour réclamer ses droits en secret aussitôt qu'il le verrait rassasié. C'était, pour cela, pensait-il, qu'il l'avait tant exhorté à s'éloigner de temps en temps, afin de ne pas laisser devenir trop sérieux l'amour de Lucrezia, et de pouvoir se faire écouter d'elle dans quelque intervalle.

Ou bien, supposition plus gratuite et plus folle encore! Karol se disait que Salvator avait eu avant lui la pensée d'épouser Lucrezia, et que, d'un commun accord, elle et lui, liés d'une amitié conforme à leur caractère, s'étaient promis de s'unir quelque jour, quand ils auraient joui encore un certain temps de leur mutuelle liberté. Karol reconnaissait bien que l'amour de Lucrezia pour lui avait été naïf et spontané, mais il redoutait de le voir cesser aussi vite qu'il s'était allumé, et, comme tous les hommes, en pareil cas, il s'alarmait de cet entraînement qu'il avait tant admiré et tant béni.

Et puis, quand la conscience intime de ce malheureux amant justifiait sa maîtresse auprès des chimères de son cerveau malade, il se disait que la Floriani avait en lui, pour la première fois de sa vie, un amant digne d'elle, et qu'elle s'y attacherait naturellement pour toujours, si des artifices étrangers et des suggestions funestes ne venaient pas l'en détourner. Alors il songeait au comte Albani, et il l'accusait de vouloir séduire Lucrezia par les raisonnements d'une philosophie épicurienne et par la fascination impudique de ses désirs mal étouffés. Il incriminait le moindre mot, le moindre regard. Salvator était infâme, Lucrezia était faible et abandonnée.

Puis, il pleurait, quand ces deux amis, qui ne parlaient ensemble que de lui et ne vivaient que de sollicitude et de tendresse pour lui, venaient l'arracher à ses méditations solitaires et l'accabler de caresses franches et de doux reproches. Il pleurait dans les bras de Salvator, il pleurait aux pieds de Lucrezia. Il n'avouait pas sa folie, et, l'instant d'après, il en était plus que jamais possédé.

XXIV.

— Elle ne m'aime pas, elle ne m'a jamais aimé, disait-il à Salvator dans les moments où son amitié pour lui redevenait lucide. Elle ne comprend même pas l'amour, cette âme si froide et si forte, quand elle invoque, pour me dégoûter de l'épouser, des considérations à moi personnelles! Elle ne sait donc pas que rien n'atteint la joie d'un cœur rempli d'amour, quand il a tout sacrifié à la possession de ce qu'il aime? Que parle-t-elle de me conserver ma liberté? Je comprends bien que c'est elle qui craint de perdre la sienne. Mais que signifie le mot de liberté dans l'amour? Peut-on en concevoir une autre que celle de s'appartenir l'un à l'autre sans aucun obstacle? Si c'est, au contraire, une porte laissée ouverte au refroidissement et aux distractions, c'est-à-dire à l'infidélité, il n'y a pas, il n'y a jamais eu d'amour dans le cœur qui se défend ainsi!

Salvator essayait de justifier la Floriani de ces cruels soupçons; mais c'était en vain, Karol était trop malheureux pour être juste. Tantôt il venait demander à son ami des consolations et des secours contre sa propre faiblesse, tantôt il le fuyait, persuadé qu'il était le principal ennemi de son bonheur.

Cette situation devenait chaque jour plus sombre et plus douloureuse, et le comte Albani, portant de bons conseils et de bonnes paroles d'affection à ces deux amants, tour à tour, voyait pourtant la plaie s'envenimer et leur bonheur devenir un supplice. Il eût voulu couper court en enlevant Karol. C'était impossible. Sa vie, à lui, n'était point agréable dans ce conflit perpétuel, et il eût souhaité partir. Il n'osait abandonner son ami au milieu d'une pareille crise.

Lucrezia avait espéré que Karol se calmerait et s'habituerait à l'idée de n'être que son amant. En voyant sa souffrance se prolonger et s'exalter, elle fut tout à coup saisie d'une profonde lassitude. Quand une mère voit son enfant condamné à la diète par le médecin, se tourmenter, pleurer, demander des aliments avec une insistance désespérée, elle se trouble, elle hésite, elle se demande s'il faut écouter la rigueur de la science, ou se confier aux instincts de la nature. Il advint que la Lucrezia procéda un peu de même à l'égard de son amant. Elle se demanda s'il ne valait pas mieux lui administrer le secours dangereux, mais souverain peut-être, de céder à sa volonté, que le condamner, par sa prudence, à une lente agonie. Elle appela Salvator, elle lui parla, elle s'avoua presque vaincue. Elle avoua aussi que ce mariage lui paraissait sa propre perte, mais qu'elle ne pouvait tenir plus longtemps ce spectacle d'une douleur comme celle de Karol, et qu'elle ne voulait point lui refuser cette preuve d'amour et de dévouement.

Salvator se sentait presque aussi ébranlé qu'elle. Néanmoins il se raidit contre la compassion et lutta encore pour préserver ces deux amants de la tentation d'une irréparable folie.

Karol, qui épiait leurs mouvements plus qu'ils ne le pensaient, et qui devinait, sans l'entendre, tout ce qui se disait autour de lui, vit l'irrésolution de la Floriani et la persistance du comte. Ce dernier lui sembla jouer un rôle odieux. Il y eut des moments où il lui voua une haine profonde.

Les choses en étaient là, et Karol l'eût emporté sans un événement qui réveilla toute la force des arguments de la Lucrezia.

Karol se promenait sur le sable du rivage au bas du parc, et dans l'enceinte même de la propriété, fermée nuit et jour aux curieux. Cependant, comme l'eau était basse, par suite de la sécheresse, il y avait une langue de côte sablonneuse, mise à sec, qui permettait aux gens du dehors de pénétrer dans l'enclos, pour peu qu'ils en eussent la fantaisie. La jalousie instinctive du prince lui avait fait remarquer cette circonstance, et il avait hasardé plusieurs fois, tout haut, l'observation que quelques pieux entrelacés de branches feraient une barrière bien vite établie pour fermer quelques toises de grève découverte. La Floriani lui avait promis de le faire faire; mais, préoccupée de pensées bien autrement importantes, elle n'y avait pas songé. Retirée dans son boudoir avec Salvator, elle lui disait, en ce moment, qu'elle était à bout de son courage, et que voir souffrir si obstinément par sa faute l'être pour lequel elle aurait voulu donner sa vie, devenait une entreprise au-dessus de ses forces.

Pendant ce temps, Karol marchait sur la grève, en proie à ses agitations accoutumées, et ne voyant des objets extérieurs que ce qui pouvait irriter son mal et aggraver ses inquiétudes. Ce passage si mal gardé l'impatientait particulièrement chaque fois qu'il approchait de la limite insuffisante.

Il ne voyait que cela, et pourtant la nature était splendide; les rayons du couchant empourpraient l'atmosphère, les rossignols chantaient, et, dans une nacelle amarrée à quelques pas du prince, la charmante Stella berçait le petit Salvator qui jouait avec des coquillages. C'était un groupe adorable que ces deux enfants, l'un absorbé par cette mystérieuse tension de l'esprit que les enfants portent dans leurs jeux, l'autre perdu dans une rêverie non moins mystérieuse, en balançant la barque légère avec ses petits pieds, et en chantant, d'une voix frêle comme le bruissement de l'eau, un refrain monotone et lent. Stella, en chantant ainsi sur la barque attachée à un saule, croyait faire une longue navigation sur le lac. Elle était lancée dans un poème sans fin, tout peuplé des plus riantes fictions. Salvator, en examinant, en rangeant et en dérangeant ses coquilles et ses cailloux sur la banquette qui lui servait d'appui, avait l'air sérieux et profond d'un savant qui résout une équation.

Antonia, la belle paysanne qui les surveillait, était assise à quelque distance et filait avec grâce. Karol ne voyait rien de tout cela. Il ne se doutait seulement pas de la présence des deux enfants. Il ne voyait que Biffi occupé à tailler des pieux, et bien lent à son gré, car la nuit allait venir, et il n'aurait pas seulement commencé à les planter dans une heure.

Tout à coup Biffi prit ses pieux, les chargea sur son épaule, et parut vouloir les emporter vers la chaumière du pêcheur.

Le prince se fût fait un crime de jamais donner un ordre dans la maison de la Floriani, car une indiscrétion sans importance, la plus légère infraction au savoir-vivre, est un véritable crime aux yeux des gens de sa classe. Mais, en ce moment, dominé par une impatience insurmontable, il demanda à Biffi, d'un ton d'autorité, pourquoi il abandonnait son ouvrage en emportant les matériaux.

Biffi était d'un naturel doux et moqueur comme ceux de son pays. Il fit d'abord la sourde oreille, pensant probablement que l'histrion jouait au prince pour le tâter. Puis, observant avec surprise l'emportement de Karol, il s'arrêta et daigna répondre que ces pieux étaient destinés au jardinet du père Menapace et qu'il allait les y installer.

— La signora ne vous a-t-elle pas ordonné, au contraire, dit Karol tout tremblant d'une inexplicable colère, de les placer ici pour fermer cette grève?

— Elle ne m'en a rien dit, répondit Biffi, et je ne vois rien à fermer ici, puisqu'à la première pluie l'eau remontera jusqu'au mur de clôture.

— Cela ne vous regarde pas, reprit Karol; ce que la signora commande, il me semble qu'il faut le faire.

— Soit! répondit Biffi, je ne demande pas mieux; mais si le père Menapace me voit employer à ceci les pieux qu'il voulait prendre pour soutenir sa vigne, il se fâchera.

— N'importe! dit Karol tout hors de lui, vous devez obéir à la signora.

— J'en conviens, dit encore Biffi irrésolu et déchargeant à demi son fardeau; c'est bien elle qui me paie, mais c'est son père qui me gronde.

Karol insista; il voyait ou croyait voir errer au loin

Dans une nacelle amarrée à quelques pas. (Page 53.)

un homme qui côtoyait le lac, et s'arrêtait de temps en temps comme s'il eût cherché à s'orienter vers la villa Floriani. La lenteur indocile de Biffi exaspérait le prince. Il porta la main sur son épaule d'un air de commandement, et avec un regard d'indignation qui était si étranger à la douceur habituelle de sa physionomie, que Biffi eut peur et se hâta d'obéir.

— Ah çà! seigneur prince, dit-il avec une câlinerie un peu railleuse, que le prince trouva plus outrageante qu'elle ne l'était, montrez-moi la place, et commandez-moi, puisque vous savez ce qu'il faut faire; moi, je n'en sais rien; on ne m'a averti de rien, je le jure!

Karol fit ce que de sa vie il ne s'était cru capable de faire. Il descendit à l'exécution d'une chose matérielle, au point de dessiner avec sa canne sur le sable la ligne de clôture que Biffi devait suivre, de lui indiquer la place où il fallait planter les piquets, et il le fit avec d'autant plus de justesse et d'ardeur, que, cette fois, il ne se trompait point : l'étranger qu'il avait aperçu dans le lointain s'approchait visiblement; et, marchant toujours sur la grève, se dirigeait vers lui sans hésitation.

— Hâtez-vous, dit le prince à Biffi, si vous n'avez pas le temps d'entrelacer ce soir les branches de la palissade, que vos pieux soient du moins plantés, afin que les promeneurs respectent cette indication.

— Je ferai ce que voudra Votre Excellence, répondit Biffi avec son humilité narquoise. Mais qu'elle ne s'inquiète pas, il n'y a pas de voleurs dans le pays, et jamais il n'en est entré par là.

— Allez toujours, dépêchez-vous! dit le prince en proie à une anxiété dévorante et tout à fait maladive; et il roulait dans sa main une pièce d'or, pour faire voir à Biffi qu'il serait largement récompensé.

— Votre Excellence va perdre un beau sequin, dit le malin paysan en jetant un regard de convoitise sur la main tremblante et distraite de Karol.

— Maître Biffi, répondit le prince, je connais l'usage; j'ai touché par mégarde à votre serpe, je vous dois un pour-boire. Il est tout prêt pour quand vous aurez fini.

— Votre Excellence a trop de bonté! s'écria Biffi électrisé tout d'un coup. Oh! pardieu! pensa-t-il, c'est bien un vrai prince, je le vois maintenant; mais je n'en dirai rien au père Menapace, car il me garderait mon sequin pour m'empêcher, soi-disant, de le dépenser mal à propos.

L'étranger s'était appuyé contre la nacelle. (Page 53.)

Et il se mit à travailler avec une rapidité et une vigueur athlétique, bien résolu, si le pêcheur venait l'interrompre, de lui dire avec aplomb qu'il agissait d'après l'ordre direct de la signora.

Tous les pieux étaient plantés lorsque l'obstiné personnage, dont l'approche causait une sueur froide au prince, arriva jusqu'à cette démarcation, et s'y arrêta, les bras croisés sur sa poitrine, les yeux fixés devant lui, dans la direction du prolongement de la grève, et sans paraître cependant faire aucune attention au prince ni à Biffi.

Cette préoccupation était au moins bizarre, car il n'était séparé d'eux que par quelques piquets. Il ne semblait pourtant pas songer à franchir cette limite fraîchement marquée. C'était un homme jeune, d'une taille médiocre et d'une mise assez recherchée, sans être de trop bon goût; sa figure était admirablement belle, mais son regard fixe et son œil distrait annonçaient une espèce de fou, ou tout au moins de maniaque, à moins que ce ne fût un genre qu'il jugeait à propos de se donner.

Le prince, révolté d'abord de son audace, commençait à prendre de cet homme l'opinion qu'il ne savait réellement ni où il était, ni où il voulait aller, lorsque l'étranger, s'adressant à Biffi, lui dit d'une voix ronflante : « Mon ami, n'est-ce point là la villa Floriani ? »

— Oui, Monsieur, répondit le jeune homme sans se distraire de son travail.

Le prince dardait sur l'étranger le regard du lion qui défend sa proie. L'étranger jeta sur lui un regard de curiosité à peu près indifférente, et, sans s'inquiéter le moins du monde de l'expression de cette physionomie bouleversée, il se remit à contempler la grève à laquelle Karol tournait le dos.

Karol se retourna vivement, en pensant que Lucrezia s'avançait peut-être de ce côté, et que c'était son approche qui fascinait ainsi le voyageur ; mais il ne vit sur la grève que les enfants et leur bonne.

En ce moment Stella sortait de la barque, et, soulevant son petit frère dans ses bras, elle lui disait : « Allons, Salvator, laissez-vous aider, Monsieur, ou bien vous tomberez dans l'eau. »

A l'idée que l'enfant pouvait tomber dans l'eau avant que la bonne l'eût rejoint, Karol, dont l'esprit douloureux était toujours aux aguets de quelque malheur, oublia l'étranger et courut vers la barque pour aider Stella ; mais les deux enfants étaient déjà en sûreté sur le sable, et Karol, entendant marcher sur ses talons, se retourna et vit l'étranger derrière lui.

Il avait, sans façon, franchi la ligne fatale, et, sans daigner regarder le prince, il passa près de lui, fit un bond rapide vers les enfants, et prit le petit Salvator dans ses bras, comme s'il eût voulu l'enlever.

Par un mouvement spontané, le prince Karol et Antonia s'élancèrent sur l'étranger. Karol le saisit par le bras avec une vigueur dont l'indignation décuplait la portée naturelle, et Biffi, armé de sa serpe, approcha de manière à prêter main-forte, au besoin, contre l'étranger.

Celui-ci ne leur répondit que par un sourire de dédain ; mais Stella fut la seule qui ne montra aucune terreur :

— Vous êtes fous ! s'écria-t-elle en riant. Je connais bien ce monsieur, il ne veut faire aucun mal à Salvator, car il l'aime beaucoup. Je vais avertir maman que vous êtes là, ajouta-t-elle en s'adressant au voyageur.

— Non, mon enfant, répondit ce dernier, c'est fort inutile. Salvator ne me reconnaît pas, et je fais peur ici à tout le monde. On croit que je veux l'enlever. Tiens, ajouta-t-il en lui rendant son jeune frère, ne te dérange pas. Je ne désire qu'une chose, c'est de vous regarder encore un instant, et puis je m'en irai.

— Maman ne vous laissera pas partir sans vous dire bonjour, reprit la petite.

— Non, non, je n'ai pas le temps de m'arrêter, dit l'étranger visiblement troublé ; tu diras à ta mère que je la salue... Elle se porte bien, ta mère ?

— Très-bien, elle est à la maison. N'est-ce pas que Salvator a beaucoup grandi ?

— Et embelli ! répondit l'étranger. C'est un ange ! Ah ! s'il voulait me laisser l'embrasser !... Mais il a peur de moi, et je ne veux pas le faire pleurer.

— Salvator, dit la petite, embrassez donc monsieur. C'est votre bon ami, que vous avez oublié ! Allons, mettez vos petits bras à son cou. Vous aurez du bonbon, et je dirai à maman que vous avez été très-aimable.

L'enfant céda, et après avoir embrassé l'étranger, il redemanda ses coquillages et ses cailloux et se remit à jouer sur le sable.

L'étranger s'était appuyé contre la nacelle ; il regardait l'enfant avec des yeux pleins de larmes. Le prince, la bonne et Biffi, qui le surveillaient attentivement, semblaient invisibles pour lui.

Cependant, au bout de quelques instants, il parut remarquer leur présence et sourit de l'anxiété qui se peignait encore sur leurs figures. Celle de Karol attira surtout son attention, et il fit un mouvement pour se rapprocher de lui.

— Monsieur, lui dit-il, n'est-ce point au prince de Roswald que j'ai l'honneur de parler ?

Et, sur un signe affirmatif du prince, il ajouta : « Vous commandez ici, et moi, je ne connais dans cette maison, probablement, que les enfants et leur mère ; ayez l'obligeance de dire à ces braves serviteurs de s'éloigner un peu, afin que j'aie l'honneur de vous dire quelques mots. »

— Monsieur, répondit le prince en l'emmenant à quelques pas de là, il me paraît plus simple de nous éloigner nous-mêmes ; car je ne commande ici, comme vous le prétendez, et je n'ai pas les droits d'un ami. Mais ils suffisent pour que je regarde comme un devoir de vous faire une observation. Vous n'êtes pas entré ici régulièrement, et vous n'y pouvez rester davantage sans l'autorisation de la maîtresse du logis. Vous avez franchi une palissade, non achevée, il est vrai, mais que la bienséance vous commandait de respecter. Veuillez vous retirer par où vous êtes venu et vous présenter sous votre nom à la grille du parc. Si la signora Floriani juge à propos de vous recevoir, vous ne risquerez plus de rencontrer chez elle des personnes disposées à vous en faire sortir.

— Épargnez-vous le rôle que vous jouez, Monsieur, répondit l'étranger avec hauteur ; il est ridicule. Et, voyant étinceler les yeux du prince, il ajouta avec une douceur railleuse : « Ce rôle serait indigne d'un homme généreux comme vous, si vous saviez qui je suis ; écoutez-moi, vous allez vous en convaincre par vous-même. »

XXV.

— Je m'appelle, poursuivit l'étranger en baissant la voix, Onorio Vandoni, et je suis le père de ce bel enfant dont vous voilà désormais constitué le gardien. Mais vous n'avez pas le droit de m'empêcher d'embrasser mon fils, et vous le réclameriez en vain, ce droit que je vous refuserais par la force si la persuasion ne suffisait point. Vous pensez bien que, lorsque la signora Floriani a cru devoir rompre les liens qui nous unissaient, il m'eût été facile de réclamer, ou du moins de lui contester la possession de mon enfant. Mais à Dieu ne plaise que j'aie voulu le priver, dans un âge aussi tendre, des soins d'une femme dont le dévouement maternel est incomparable ! Je me suis soumis en silence à l'arrêt qui me séparait de lui, je n'ai consulté que son intérêt et le soin de son bonheur. Mais ne pensez pas que j'aie consenti à le perdre à jamais de vue. De loin, comme de près, je l'ai toujours surveillé, je le surveillerai toujours. Tant qu'il vivra avec sa mère, je sais qu'il sera heureux. Mais s'il la perdait, ou si quelque circonstance imprévue engageait la signora à se séparer de lui, je reparaîtrais avec le zèle et l'autorité de mon rôle de père. Nous n'en sommes point là. Je sais ce qui se passe ici. Le hasard et un peu d'adresse de ma part m'ont appris que vous étiez l'heureux amant de la Lucrezia. Je vous plains de votre bonheur, Monsieur ! car elle n'est point une femme qu'on puisse aimer à demi, et qu'on puisse se consoler de perdre !... Mais ce n'est point de cela qu'il s'agit. Il ne s'agit que de l'enfant... je sais que je n'ai plus le droit de parler de la mère. Je me suis donc assuré de vos bons sentiments pour lui, de la douceur et de la dignité de votre caractère. Je sais... ceci va vous étonner, car vous croyez vos secrets bien enfermés dans cette retraite que vous gardez avec jalousie, et que vous étiez en train de palissader vous-même, quand j'ai osé enjamber vos fortifications ! Eh bien, apprenez qu'il n'est point de secrets de famille qui échappent à l'observation des valets... Je sais que vous voulez épouser Lucrezia Floriani, et que Lucrezia Floriani n'accepte pas encore votre dévouement. Je sais que vous auriez servi volontiers de père à ses enfants. Je vous en remercie pour mon compte, mais je vous aurais délivré de ce soin en ce qui concerne mon fils, et si la signora venait à se laisser fléchir par vos instances, vous pouvez compter toujours sur trois enfants et non sur quatre.

« Ce que je vous dis ici, Monsieur, ce n'est point pour que vous le répétiez à Lucrezia. Cela ressemblerait à une menace de ma part, à une lâche tentative pour m'opposer au succès de votre entreprise. Mais si j'évite ses regards, si je ne vais pas chercher le douloureux et dangereux plaisir de la voir, je ne veux pas que vous vous méprenez sur les motifs de ma prudence. Il est bon, au contraire, que vous me connaissiez. Vous voyez, qu'en dépit de vos retranchements, il m'était bien facile de pénétrer ici, de voir mon fils et même de l'enlever. Si j'y étais venu avec une pareille résolution, j'aurais mis plus d'audace ou plus d'habileté. Je ne comptais pas avoir le plaisir de causer avec vous en approchant de cette maison, et en me laissant fasciner par la vue de mon enfant... que j'ai reconnu... ah ! presque d'une lieue de distance, et lorsqu'il ne m'apparaissait que comme un point noir sur la grève ! Cher enfant !... Je ne dirai pas : *Pauvre enfant !* Il est heureux, il est aimé... Mais je m'en vais me disant : Pauvre père ! pourquoi n'as-tu pas pu être aimé aussi ? Adieu, Monsieur ! je suis charmé d'avoir fait connaissance avec vous, et je vous laisse le soin de raconter, comme il vous conviendra, cette bizarre entrevue. Je ne l'ai point provoquée, je ne la regrette pas. Je ne sens point de haine contre vous ; j'aime à croire que vous méritez mieux votre félicité que je n'ai mérité mon infortune. La destinée est une femme capricieuse qu'on maudit parfois, mais qu'on invoque toujours! »

Vandoni parla encore quelque temps avec plus de facilité que de suite, et avec plus de franchise que de chaleur. Cependant, lorsqu'il eut embrassé son fils une dernière fois, sans rien dire, il parut profondément ému.

Mais, tout aussitôt, il salua le prince avec l'aplomb obséquieux et railleur du comédien, et il s'éloigna, sans se retourner, jusqu'à la palissade où Biffi s'était remis à travailler. Là, il s'arrêta encore assez longtemps pour regarder l'enfant, puis enfin il salua de nouveau le prince, et se remit en marche.

Outre l'émotion fâcheuse et le désagrément insupportable d'une pareille rencontre, la figure, la voix, la tournure et le discours de cet homme, quoique annonçant une grande bonté et une grande loyauté naturelles, n'excitèrent chez Karol qu'une antipathie prononcée. Vandoni était beau, assez instruit, et d'une honnêteté à toute épreuve; mais tout en lui sentait le théâtre, et il fallait l'habitude que la Floriani avait de fréquenter des comédiens encore plus affectés et plus ampoulés, pour qu'elle ne se fût jamais aperçue de ce qui choquait tant le prince à la première vue, à savoir cette affectation de solennité, qui trahissait l'étude à chaque pas, à chaque mot. Vandoni était un mélange d'emphase et de naïveté assez difficile à définir. La nature l'avait fait ce qu'il voulait paraître; mais, ainsi qu'il arrive aux artistes secondaires, l'art lui était devenu une seconde nature. Il était sincèrement généreux et délicat, mais il ne pouvait plus se contenter de l'être par le fait; il avait besoin de le dire et de confier ses sentiments comme il récitait un monologue sur la scène. Tandis que les comédiens de premier ordre portent leur âme dans leur rôle, ceux qui n'ont qu'une médiocre inspiration ramènent leur rôle dans la vie privée et le jouent sans en avoir conscience, à tous les instants du jour.

En raison de cette infirmité, le bon Vandoni avait l'extérieur moins sérieux que ses sentiments, et il ôtait à ses paroles le poids qu'elles eussent eu par elles-mêmes, s'il ne les eût débitées avec un soin trop consciencieux. Tandis que les inflexions justes et la prononciation nette de la Floriani partaient d'elle-même et d'elle seule, la prononciation nette et les inflexions justes de Vandoni sentaient la leçon du professeur. Il en était de même de sa démarche, de son geste et de l'expression de sa physionomie. Tout cela sentait le miroir. Il est bien vrai que l'étude avait passé dans son être et dans son sang, et qu'il se disait d'abondance ce que d'autres temps il s'était péniblement étudié à bien dire. Mais la convention première de son débit et de son attitude reparaissait toujours, et tandis que le bon goût de la causerie est d'atténuer dans la forme ce qu'on peut apporter de force dans le fond, son bon goût, à lui, consistait à tout faire ressortir et à ne rien laisser dans l'ombre.

Ainsi, en parlant de son amour paternel, il fit sentir trop l'attendrissement; en revendiquant ses droits de père et en parlant avec générosité à son rival, il se posa trop en héros de drame; en voulant paraître résigné à l'infidélité de sa maîtresse, il força trop l'intention et prit presque un air de roué qui était bien au-dessus de son courage. Joignez à tout cela une gêne secrète dont les artistes médiocres ne se débarrassent jamais moins que lorsqu'ils cherchent l'aisance, et vous vous expliquerez ce sourire incertain, que Karol prit pour le comble de l'impertinence, ce regard parfois troublé, qu'il attribua à l'hébétement de la débauche, enfin, ces gestes arrondis qu'il fut tenté de souffleter.

Pourtant, cette impression personnelle du prince Karol en contact avec le comédien Vandoni était toute relative. Leurs défauts à tous deux étaient si opposés, qu'à les voir ensemble il eût fallu condamner tour à tour deux caractères qu'on eût acceptés isolément. Le prince péchait par excès de réserve, et, à force de haïr tout ce qui, dans la forme, pouvait être taxé de la plus légère exagération, il avait, par moments, une raideur glaciale un peu désobligeante. Vandoni, au contraire, ne voulait passer devant personne sans lui laisser une certaine opinion de son mérite. Ses yeux ne cherchaient pas, comme ceux du prince, à éviter l'insulte d'un regard curieux, ils cherchaient ce regard et l'interrogeaient pour juger de l'effet produit. Quand l'effet lui paraissait manqué, il s'obstinait, afin d'en trouver un meilleur; mais comme il n'avait pas cette vivacité d'esprit qu'ont les grands comédiens, les grands avocats et les grands causeurs pour faire naître l'occasion de se manifester et de se développer, il restait souvent à côté de son effet.

Il n'était pourtant rien de tout ce que le prince voulut supposer, d'après sa manière d'être. Il n'était ni borné, ni hâbleur, ni débauché, ni insolent. C'était plutôt une nature bienveillante, quoique assez personnelle, sincère quoique un peu vaine, sobre et douce, bien que portée, dans l'occasion, à se targuer du contraire. Il avait eu le malheur d'aspirer toujours à plus de célébrité qu'il n'en pouvait avoir. Sa passion était de jouer les premiers rôles; il n'y était jamais parvenu. Alors, voulant faire valoir les emplois effacés qui lui étaient confiés, il avait joué trop en conscience les rôles de père noble, de druide, de confident ou de capitaine des gardes. C'est un grand tort que de vouloir attirer trop l'attention sur les parties d'un ouvrage dramatique que l'auteur a placées au second plan. S'il y avait un endroit faible, voire une platitude dans son rôle, Vandoni la faisait impitoyablement ressortir, et il était tout étonné d'avoir fait siffler le poëte qu'il avait cru servir de tout son zèle et de tous ses moyens.

En outre, il était petit et voulait paraître grand. Il avait une de ces belles voix de basse-taille qui ne peuvent varier leurs inflexions et que la nature a condamnées à une sonorité monotone. Il tirait vanité d'avoir un plus beau timbre que tel ou tel acteur en renom et ne se disait pas qu'une voix éraillée conduite par le génie est plus sympathique et plus puissante qu'un vigoureux instrument obéissant à un souffle vulgaire. Ce bon Vandoni! il s'en allait pensant avoir remis à sa place, avec beaucoup de finesse, de mesure et de dignité, l'orgueil jaloux du petit prince de Roswald; et le prince de Roswald haussait les épaules en le voyant partir, se demandant avec une profonde douleur comment la Floriani avait pu souffrir un seul jour l'intimité d'un homme si ridicule et médiocre.

Hélas! Karol n'était pas, à cet égard, au bout de ses peines, car Vandoni ne se retirait pas pleinement satisfait de *son effet*. Il regrettait de n'avoir pas rencontré Lucrezia pour lui montrer un détachement philosophique ou une fierté magnanime qu'il n'avait pu feindre dans les premiers moments de leur rupture. Il regrettait d'avoir laissé à cette femme si forte l'idée qu'il ne l'était pas autant qu'elle, et tout ce qu'il y avait eu de naïf et de touchant dans ses larmes et sa colère, il voulait l'effacer par quelque scène de gloriole miséricordieuse qui lui paraissait d'un plus beau style.

Il ralentissait donc le pas, à mesure qu'il s'éloignait, sachant bien qu'il faut aider le hasard, et le hasard le plus aisé à prévoir aida sa petite ruse. Il était encore en vue lorsque la Floriani descendit sur la grève.

Et que venait-elle faire sur cette grève, au lieu de rester dans son boudoir à causer avec le comte Albani? C'est qu'elle avait fini de causer, c'est qu'elle avait triomphé de la résistance de ce dernier, c'est qu'elle venait dire au prince : Vous l'emportez ; je vous aime trop pour persister à vous faire souffrir. Soyez mon époux. J'expose mon amour maternel à de rudes combats, je brave l'avenir, j'étouffe le cri de ma conscience, mais je me damnerai pour vous s'il le faut!

Mais, de même qu'on se brise les mains et la tête en courant avec transport vers une porte que l'on compte franchir et qui se trouve fermée, de même la Floriani se heurta et resta comme terrassée en rencontrant la figure froide et chagrine de son amant. Il la salua avec la courtoisie d'un respect passé à l'état de système; mais son regard semblait lui dire : « Femme, qu'y a-t-il de commun entre vous et moi ? »

Jamais encore il ne s'était montré à elle aussi triste ; et comme, chez les natures qui ne veulent pas se livrer, la tristesse prend l'apparence du dédain, elle fut épouvantée de l'expression de son visage. Elle regarda autour d'elle comme pour demander aux objets extérieurs la cause de cette révolution funeste. Elle vit Vandoni à distance. Elle pensait si peu à lui qu'elle ne le reconnut point; mais Stella courut à elle pour le lui désigner. « M. Vandoni s'en va, il n'a pas voulu que je t'appelle[1]; il dit qu'il n'a pas le temps de s'arrêter. Sans doute il reviendra; il a demandé comment tu te portais; il a embrassé Salvator, il a pleuré. On dirait qu'il a beaucoup de chagrin. Au reste, il a causé avec le prince, qui te racontera tout cela. Moi, je n'en sais pas davantage. »

Et l'enfant retourna jouer avec son frère.

La Lucrezia regarda alternativement le prince et Vandoni. Vandoni s'était retourné, il la voyait; mais il affectait d'être toujours absorbé par la vue de son fils. Le prince s'était détourné avec une sorte de dégoût à l'idée que la Floriani allait rappeler son ancien amant et le lui présenter peut-être.

Elle comprit fort bien tout ce qui se passait, et ne s'étonna plus de l'angoisse de Karol. Mais elle savait, ou du moins elle croyait que, d'un mot, elle pouvait la faire cesser, tandis que Vandoni s'en allait humilié et brisé, sans doute. Il s'en allait discrètement, sans avoir eu le temps de reconnaître et de caresser son fils. Elle s'imagina qu'il souffrait énormément, tandis qu'il ne souffrait réellement pas beaucoup dans ce moment-là. Il avait bien les entrailles paternelles, et quand il était seul et qu'il pensait à Salvator, il pleurait de bonne foi. Mais, en présence de son rival et de son infidèle, il avait un rôle à soutenir, et, comme il arrive toujours aux acteurs sur la scène, le monde réel disparaissait devant l'émotion du monde fictif.

La Floriani était trop vraie, trop aimante, trop généreuse pour se rendre compte de ce qu'il éprouvait alors. Elle ne sentit qu'une immense compassion, l'horreur d'imposer le malheur et la honte à un homme qui l'avait beaucoup aimée et qu'elle s'était efforcée d'aimer aussi. Elle comprit bien que ce qu'elle allait faire irriterait profondément Karol; mais elle se dit qu'avec la réflexion, non-seulement il lui pardonnerait, mais encore il approuverait son mouvement. Le cœur raisonne vite, et, quand il est poussé par la conscience, il sacrifie sans hésiter toute répugnance et tout intérêt personnel. Elle courut vers la palissade, appela Vandoni d'une voix assurée, et, quand il se fut retourné pour venir à elle, elle lui fit quelques pas au-devant lui, lui tendit la main et l'embrassa cordialement.

Certes, Vandoni fut touché d'un élan si généreux et si hardi. Il avait espéré trouver une petite vengeance dans la confusion de Lucrezia en présence de son nouvel amant. Il n'avait pas compté qu'elle le rappellerait; c'est pourquoi il avait été bien aise de se faire voir le plus longtemps possible pour prolonger la souffrance de son rival. Mais le cœur de la Floriani était bien au-dessus de toutes ces petitesses, et l'on ne fait pas rougir une femme profondément sincère et vaillante. Vandoni oublia son rôle, et couvrit de baisers et de larmes les mains de son infidèle. Il ne jouait plus le drame, il était vaincu.

— Je ne te permets pas de nous quitter ainsi, lui dit la Lucrezia avec une fermeté calme et affectueuse. Je ne sais d'où tu viens; mais fatigué ou non, tu te reposeras ici, tu verras Salvator à ton aise. Nous causerons de lui ensemble, et nous nous quitterons cette fois plus tranquilles et meilleurs amis qu'auparavant. Tu le veux, n'est-ce pas, mon ami? Nous avons été frères. Voici le moment de le redevenir.

— Mais le prince de Roswald?... dit Vandoni en baissant la voix.

— Tu crois qu'il sera jaloux? Pas de fatuité, Vandoni! il ne le sera point. Mais tu verras qu'il n'a point entendu dire de mal de toi ici, et que tu as droit à ses égards et à son estime.

[1]. L'auteur sait très-bien que l'enfant aurait dû dire *appelasse*, mais l'enfant ne l'a point dit.

— A sa place, je n'aurais jamais souffert qu'un ancien amant...

— Apparemment il vaut mieux que toi, mon ami! Il est plus confiant et plus généreux que tu ne l'étais à mon égard. Viens, je veux te présenter à lui.

— C'est inutile! dit Vandoni qui se sentait faible et attendri, et qui ne pouvait se résoudre à se montrer naturellement à son rival. Je me suis déjà présenté moi-même. Il a été fort poli. Mais tu veux donc absolument que j'entre chez toi? C'est insensé!

Lucrezia ne lui répondit qu'en lui montrant Salvator. Il céda, moitié par tendresse, moitié par malice.

XXVI.

S'il n'est guère d'hommes qui puissent se résigner à voir face à face celui qui les remplace dans le cœur d'une maîtresse, sans désirer d'en tirer un peu de vengeance, il n'est guère de femmes non plus qui se hasardent, sans un peu de trouble, à mettre ces deux hommes en présence.

Pourtant la Floriani n'éprouva pas le secret malaise qui accompagne de pareilles rencontres. Pourquoi l'eût-elle éprouvé, lorsque, toute sa vie, elle avait joué cartes sur table avec une franchise sans bornes? Il ne s'agissait point là de payer d'audace ou d'habileté pour ménager deux rivaux également trompés. Il y avait un amant avoué dans le présent et un amant avoué dans le passé. Si la passion pouvait être un peu philosophe, l'amant heureux serait plein de courtoisie et de générosité pour l'amant délaissé; mais elle ne l'est pas du tout: elle voudrait accaparer le passé comme le présent et comme l'avenir. Elle s'alarme d'un souvenir, et en cela elle raisonne fort mal; car, en amour, rien n'est moins tentant que de retourner au passé, rien n'est moins dangereux que la vue d'un être qu'on a quitté volontairement et par lassitude.

Malheureusement personne ne connaissait moins le cœur humain que le prince Karol. Le sien était unique en son genre, et chaque fois qu'il voulait rapporter les pensées d'autrui aux siennes propres, il était certain qu'il devait se tromper. Il essaya de se représenter l'émotion qu'il éprouverait si la princesse Lucie venait à lui apparaître, et il s'imagina que si elle se présentait, comme le spectre de Banco, à la table de la Floriani, il tomberait foudroyé, non pas tant de frayeur que de remords et de regret. De là, il partit pour supposer que la Floriani ne pouvait pas revoir Vandoni en chair et en os sans éprouver aussi le regret violent de l'avoir brisé, et le remord d'appartenir sous ses yeux à un autre.

Or, il n'y avait pas de supposition plus injuste et plus absurde que celle-là. Lucrezia revoyait tous les petits travers, tous les innocents ridicules de Vandoni, avec des yeux qu'elle ne se faisait plus conscience d'ouvrir tout grands. Elle comparait cet être, dont elle n'avait jamais été très-enthousiasmée, avec celui qui lui causait un enthousiasme sans bornes. En réalité, d'ailleurs, la comparaison était tellement à l'avantage du prince, que, s'il eût pu lire dans l'âme de sa maîtresse, il aurait vu clairement que la présence de Vandoni redoublait la passion de Lucrezia pour lui-même.

Il ne sut pas comprendre le triomphe de sa position. Son inquiétude jalouse le rendit à cet égard trop modeste, tandis que, d'autre part, le peu de cas qu'il croyait devoir faire de Vandoni le rendait hautain, au point qu'il se sentait humilié de succéder à un pareil homme. Il ne sut pas cacher son dépit, son anxiété, son mortel déplaisir. Pendant que Vandoni soupait à côté de Lucrezia, il ne put tenir en place. Il sortit pour ne point le voir et l'entendre. Puis il rentra pour l'empêcher d'être entreprenant. Il ne fit qu'aller et venir, en proie à une fièvre terrible, évitant le regard tendre et rassurant de Lucrezia et dédaignant les avances de ce bon Vandoni, qui, grâce à lui, se croyait chargé du rôle de généreux.

Si c'est, comme je le crois, l'orgueil qui nous rend jaloux, il faut avouer que c'est un orgueil bien maladroit et bien inconséquent. Vandoni s'était promis d'abord d'inquiéter un peu son rival par un air de confiance et de familiarité avec Lucrezia. Mais il n'avait point réussi à se donner cet air-là. Il y avait, dans la tranquille bonté de la Floriani, quelque chose de si franc et de si digne, que tout l'art du comédien échouait devant cette absence d'art. Mais le prince prit si bien à tâche d'aider, par sa folie, à la démangeaison d'impertinence de Vandoni, que ce dernier se trouva vengé sans y avoir contribué le moins du monde. Il put se réjouir de voir les angoisses qu'il causait, et, à la fin du souper, il dit à Lucrezia, en suivant des yeux Karol qui sortait pour la dixième fois : « Vous vous vantiez, ma belle amie, ou plutôt vous vantiez votre charmant prince, en me disant qu'il valait mieux que moi, qu'il n'était point jaloux du passé, et qu'il ne souffrirait pas en me voyant. Il souffre au contraire, il souffre trop pour que je reste davantage. Adieu donc ! je m'en vais sur cette triste vérité qu'il n'y a point d'amant sublime, et que les ennuis que vous avez cru fuir en me quittant, vous les retrouvez avec un autre. Vous n'avez fait que mettre un beau visage brun à la place d'un visage blond qui ne vous plait pas mal. Le changement est toujours un plaisir pour les femmes ! Mais convenez, à présent, que pour être jaloux de vous, je n'étais point un monstre, puisque voici votre nouveau Dieu, votre idole, votre ange, tourmenté par le même démon qui me rongeait le cœur. »

— Vandoni, répondit Lucrezia, j'ignore si le prince est jaloux de toi. J'espère que tu te trompes ; mais, comme je ne veux pas que tu m'accuses de feindre avec lui, supposons qu'il le soit en effet : qu'en veux-tu conclure ? Que j'ai eu tort de te quitter ? Ai-je fait ici un plaidoyer pour te prouver que j'avais eu raison ? Non ; je crois que le tort est toujours à celui qui veut se soustraire à la souffrance. J'ai eu ce tort : ne m'as-tu point encore pardonné ?

— Ah ! qui pourrait garder du ressentiment contre toi ? dit Vandoni en lui baisant la main avec une émotion sincère. Je t'aime toujours, je serais toujours prêt à te consacrer ma vie, si tu voulais revenir à moi, même en ne m'aimant pas plus que par le passé !... car je ne me fais point illusion, tu ne m'as jamais aimé que d'amitié !

— Je ne t'ai, du moins, jamais trompé à cet égard, et j'ai fait mon possible pour n'être pas trop ingrate. Peut-être avions-nous une trop ancienne amitié l'un pour l'autre, peut-être nous sentions-nous trop frères pour être amants !

— Parle pour toi, cruelle ! moi...

— Toi, tu es un noble cœur, et, si tu crois faire souffrir en effet le prince, tu vas te retirer. Mais je ne veux pour rien au monde renoncer à ton amitié, et je compte la retrouver plus tard, quand les feux de la jeunesse auront fait place, chez le prince, au calme d'une paisible affection. La mienne pour toi, Vandoni, est fondée sur l'estime ; elle est à l'épreuve du temps et de l'absence. Il existe entre nous un lien indissoluble ; ma tendresse pour ton fils est un garant pour toi de celle que je te conserve.

— Mon fils ! Ah ! oui, parlons de mon fils, s'écria Vandoni redevenu tout à fait sérieux. Eh bien, Lucrezia, êtes-vous contente de moi ? Ai-je laissé voir à vos autres enfants que celui-là m'appartenait ? Ah ! quelle étrange position vous m'avez faite ! ne jamais entendre le nom de père sortir pour moi de la bouche de mon fils !

— Vandoni, votre fils sait à peine parler, et ne sait encore que mon nom et celui de ses frères. Je ne savais pas si nous nous reverrions jamais... Maintenant, si vous êtes calme, si vous avez pris une résolution importante, parlez ! Sous quel nom et dans quelles idées dois-je l'élever ?

— Ah ! Lucrezia, vous savez ma faiblesse pour vous, mon dévouement aveugle, ma lâche soumission, devrais-je dire ! Si vous ne devez pas vous marier, que votre volonté soit faite, que mon fils porte votre nom, et qu'il me soit seulement permis de le voir et d'être son meilleur ami, après vous. Mais si vous devez devenir princesse de Roswald, j'exige que mon enfant me soit rendu. J'aime mieux lui voir partager ma vie errante et mon sort précaire que d'abandonner mon autorité et mes devoirs à un étranger.

— Mon ami, reprit Lucrezia, il y a plus d'orgueil que de tendresse dans cette résolution, et je n'emploierai qu'un seul argument pour la combattre. En supposant que je me marie demain, Salvator est encore, pour huit ou dix ans, au moins, un petit enfant, et les soins d'une femme lui sont nécessaires. A quelle femme le confierez-vous donc ? Avez-vous une sœur, une mère ? Non ! vous ne pourrez le confier qu'à une maîtresse ou à une servante ! Croyez-vous qu'il soit aussi bien soigné, aussi bien élevé, aussi heureux qu'avec moi ? Dormirez-vous tranquille, quand, forcé de vous rendre à la répétition tout le jour, et à la représentation tout le soir, vous laisserez ce pauvre enfant à la merci d'une servante infidèle ou d'une marâtre haineuse ?

— Non, sans doute ! dit Vandoni en soupirant, vous avez raison. De ce que vous êtes riche, indépendante et célèbre, vous avez tous les droits, tous les pouvoirs, même celui de chasser le père et de garder l'enfant.

— Vandoni ! tu me fais mal, répondit Lucrezia, ne parle point ainsi. Veux-tu que j'assure, dès à présent, à notre enfant, une partie de ma fortune, dont tu auras la tutelle et la direction ? Veux-tu surveiller son éducation, être consulté sur tous les détails, régler son avenir ? J'y consens avec joie, pourvu que tu le laisses près de moi et que tu me charges d'être le pouvoir exécutif de tes volontés. Je suis bien sûre que nous nous entendrons sur tous les points, dans l'intérêt d'un être qui nous est plus cher que la vie.

— Non ! non ! Pas d'aumône ! s'écria Vandoni ; je ne suis point un lâche, et je mourrai à l'hôpital avant d'accepter de toi un secours déguisé sous un nom, sous une forme quelconque. Garde l'enfant ! garde-le tout entier. Je sais bien qu'il ne connaîtra et n'aimera que toi ! Ce serait bien vainement qu'un jour je viendrais le réclamer, lui dire qu'il m'appartient, qu'il est forcé de me suivre. Il ne se séparera jamais volontairement d'une mère telle que toi ! Allons, le sort en est jeté, je vois que tu vas devenir princesse...

— Rien n'est décidé à cet égard, mon ami, je te le jure, et je te jure surtout, par ce qu'il y a de plus sacré, par ton honneur et par ton fils, que si tu mets à mon mariage la condition que je me séparerai de cet enfant, je ne me marierai jamais !

— Tu es donc toujours la même, ô femme étrange et admirable ! s'écria Vandoni exalté. Tu es donc toujours mère avant tout ! Tu préfères donc toujours tes enfants à la gloire, à la richesse, à l'amour même !

— A la richesse et à la gloire, très-certainement, répondit-elle avec un sourire calme. Quant à l'amour, dans ce moment-ci, je n'ose te répondre ; mais ce qu'il y a de certain, c'est que je connais mon devoir, et que mon premier devoir c'est celui de tout sacrifier, même l'amour, à ces enfants de l'amour. Le plus épris, le plus fidèle des amants peut se consoler, mais des enfants ne retrouvent jamais une mère.

— Eh bien, je pars tranquille, dit Vandoni en lui serrant la main, et je n'exige plus de toi qu'une promesse. Jure-moi que tu ne peux épouser le prince si charmant, mais si jaloux, avant un an d'ici ! Je ne puis me persuader qu'il soit meilleur que moi et qu'il voie toujours d'un œil calme ces gages de tes amours passées. Je connais ta clairvoyance, la fermeté et la promptitude de tes sacrifices quand le sort de tes enfants te semble compromis. Je sais fort bien pourquoi tu n'as pu me supporter longtemps ! c'est que j'avais beau faire, je détestais la ressemblance de ta Béatrice avec le misérable Tealdo Soavi. Eh bien, d'ici à un an, le prince de Roswald détestera Salvator, si ce n'est déjà fait ; et aujourd'hui, peut-être, la vue de cet enfant ne lui est pas déjà insupportable. Pas d'entraînement trop subit, pas de coups de tête, je t'en supplie, ma chère Lucrezia, et tu resteras toujours libre, car je m'en rends compte, maintenant que je suis sage et désintéressé dans la question : la liberté absolue est le seul état qui te convienne, et la tendre mère de quatre enfants de l'amour ne doit pas confier leur sort à la vertu d'un mari, quelque assurée qu'elle soit.

— Je crois que tu as raison, dit Lucrezia, et j'entends avec plaisir la voix calme de mon ancien ami. Sois tranquille, frère! ta vieille camarade, ta sœur fidèle n'exposera pas, dans un moment d'enthousiasme, l'avenir des enfants qu'elle adore.

— Maintenant, adieu! dit Vandoni en la pressant sur son cœur avec une tendresse chaste et profonde. Adieu, l'être que j'aime encore le mieux sur la terre! Je ne te reverrai pas de si tôt, peut-être. Je ne chercherai pas à te revoir; je vois que je troublerais tes amours, et je t'avoue que je ne suis pas assez fort pour les voir sans souffrir. Quand tu auras un intervalle de repos et de liberté, à travers tes sublimes et folles passions, appelle-moi un instant à tes pieds; j'y resterai docile et soumis, heureux de te voir et d'embrasser mon fils, jusqu'à ce que tu me dises comme aujourd'hui : « Va-t'en, j'aime, et ce n'est pas toi ! »

Si Vandoni était brusquement parti sur ce noble épanchement, il eût été ce que Dieu l'avait fait, un bon esprit et un bon cœur. Si, au lieu de courir le monde d'émotions factices que lui imposait son emploi, il eût pu demeurer quelque temps dans cette disposition chaleureuse et vraie, il eût reparu transformé sur la scène, et le public eût peut-être été fort surpris d'avoir à applaudir un excellent artiste, au lieu de sourire patiemment aux froides et correctes déclamations d'un comédien *utile*.

Mais on n'évite point sa destinée, et le prince Karol reparaissant tout à coup, Vandoni retrouva tout à coup son affectation. Il voulut lui faire un discours d'adieux, dans lequel il s'efforçait d'insinuer délicatement les idées et les sentiments sous l'empire desquels il venait de se trouver. Il échoua complétement; il ne dit que des choses embrouillées, sans goût, sans suite, et, passant du grave au doux, du plaisant au sévère, il fut tour à tour emphatique et trivial, pédant et ridicule.

Il est vrai que l'air hautain et impatient du prince, ses réponses sèches et ses saluts ironiques étaient faits pour démonter un acteur plus habile que Vandoni. Ce dernier vit bien qu'il manquait son effet; et, se rejetant sur l'aplomb maladroit du comédien sifflé, il se retourna vers la Floriani, en lui disant d'un air un peu débraillé : « Ma foi, je crois que je *patauge*, et que je ferai bien d'en rester là, si je ne veux m'*enfoncer* tout à fait, et te faire rougir de ton pauvre camarade. N'importe, tu parleras à ma place quand je serai parti, et tu diras que ton ami est un bon diable, qui ne veut faire de peine à personne. » Quelle chute!

Salvator Albani, qui avait occupé ces deux heures à tâcher de distraire Karol, s'empressa, avec sa bienveillance accoutumée, de passer sur toutes ces misères l'éponge de la politesse et de l'enjouement affectueux. Il prit Vandoni sous le bras, en lui disant qu'il était charmé d'avoir fait connaissance avec lui, qu'il irait le voir dans la première ville d'Italie où ils se retrouveraient ensemble; enfin, qu'il allait lui tenir compagnie en se promenant avec lui jusqu'à Iseo, où Vandoni avait laissé son voiturin.

— Et le petit Salvator? dit Vandoni au moment de partir. Je ne le reverrai donc pas?

— Il est endormi, répondit Lucrezia. Viens lui dire bonsoir.

— Non, non! reprit-il à voix basse, mais de manière à être entendu du prince et du comte : cela m'ôterait le peu de courage que j'ai !

Il fut assez content de l'intonation de cette dernière parole et du mouvement qu'il fit en s'arrachant de la maison. C'était un petit effet, mais il était juste, et, pour tous les enfants du monde, il n'eût pas voulu ne pas sortir brusquement sur cet effet-là.

— A moins que le prince ne soit un âne, pensa-t-il, il ne pourra douter que je n'aie dans le caractère un certain héroïsme naturel, qui me rend bien supérieur aux emplois secondaires où me réduisent l'injustice du public et la jalousie des concurrents.

La faiblesse secrète du pauvre Vandoni était de se croire né pour de plus hautes destinées, et, quand il commençait à se lier avec quelqu'un, il ne manquait pas de lui raconter toutes les intrigues de coulisses dont il se regardait comme victime. Il n'en fit point grâce au comte Albani durant le trajet à pied qu'ils parcoururent ensemble. Salvator l'encourageait par sa complaisance et se dévouant à cet ennui capital pour laisser à Karol et à Lucrezia le loisir de s'expliquer, Vandoni lui exposa toutes les traverses de sa vie de théâtre, et ne put même résister au désir de réciter à pleine voix, sur la grève, des fragments d'Alfieri et de Goldoni, pour lui montrer de quelle manière il eût pu s'acquitter des premiers rôles.

Pendant que Salvator subissait cette triste épreuve, Karol, assis dans un coin du salon, gardait un silence obstiné, et la Floriani cherchait à entamer une conversation qui les amènerait à de mutuels épanchements. Elle n'avait pas encore pénétré le fond de son âme à l'endroit de la jalousie, et, malgré les avertissements de Vandoni, elle se refusait à y croire. Comme il n'entrait pas dans ses instincts de franchise de tourner longtemps autour du sujet qui l'intéressait, elle se leva, s'approcha du prince, et lui prenant la main avec force : « Vous êtes mortellement triste ce soir, lui dit-elle, et j'en veux savoir la cause. Vous trembliez ! Vous êtes malade ou vous souffrez d'un secret chagrin. Karol, votre silence me fait mal, parlez ! Je vous l'ordonne au nom de l'amour, ou je vous le demande à genoux, répondez-moi. Est-ce ma persistance à refuser d'unir mon sort au vôtre qui vous affecte ainsi, et ne prendrez-vous jamais votre parti à cet égard?... Eh bien! Karol, s'il en est ainsi, je céderai ; je ne vous demande qu'une année de réflexions de votre part...

— Vous avez été très-bien conseillée par votre ami M. Vandoni, répondit le prince, et je dois lui savoir un gré infini de son intervention. Mais vous me permettrez de ne pas me soumettre aux conditions que vous daignez me faire de sa part. Je vous demande la permission de me retirer. Je suis un peu fatigué des déclamations que j'ai entendues ce soir. Peut-être m'y habituerai-je si vos amis redeviennent assidus chez vous. Mais ce n'est pas encore fait, et j'ai la tête brisée. Quant aux persécutions que je vous ai fait subir, et dont vous devez être bien lasse vous-même, je vous supplie de les oublier, et de croire que je respecterai assez votre repos désormais pour ne plus les renouveler.

En parlant ainsi d'un ton glacial, Karol se leva, et, saluant très-profondément la Floriani, il alla s'enfermer dans sa chambre.

XXVII.

De toutes les colères, de toutes les vengeances, la plus noire, la plus atroce, la plus poignante est celle qui reste froide et polie. Quand vous verrez un être se maîtriser à ce point, dites, si vous voulez, qu'il est grand et fort, mais ne dites point qu'il est tendre et bon. J'aime mieux la grossièreté du paysan jaloux, qui bat sa femme, que la dignité glacée du prince qui déchire sans sourciller le cœur de sa maîtresse. J'aime mieux l'enfant qui égratigne et mord, que celui qui boude en silence. Soyons emportés, violents, malappris, disons-nous des injures, cassons les glaces et les pendules, je te veux bien : ce sera absurde, mais cela ne prouvera point que nous nous haïssons. Au lieu que si nous nous tournons le dos fort poliment en nous séparant sur une parole amère et dédaigneuse, nous sommes perdus, et tout ce que nous ferons pour nous raccommoder nous brouillera davantage.

Voilà ce que pensait la Floriani restée seule et stupéfaite. Quoique fort douce à l'habitude, elle avait eu de grands accès d'indignation dans sa vie. Elle s'était alors abandonnée à la violence de son chagrin, elle avait maudit, elle avait cassé, elle avait peut-être juré, je n'en répondrais pas; elle était la fille d'un pêcheur, et d'un pays où les serments par le corps de Bacchus et celui de la madone, par le sang de Diane et par celui du Christ, font à tout propos intervenir le ciel chrétien et païen dans les agitations de la vie domestique. Mais ce qu'il y a de certain, c'est qu'elle n'avait jamais cru repousser et chasser de son cœur, d'une manière absolue et subite, les êtres qu'elle aimait assez pour s'irriter contre eux. Elle ne comprenait donc absolument rien à ces colères froides et pâles, qui ressemblent à un détachement antihumain, à un stoïcisme odieux, à un abandon éternel. Elle resta plus d'un quart d'heure, immobile, terrassée sous le coup de ces paroles inouïes de son amant.

Enfin elle se leva et marcha dans le salon, se demandant si elle venait de faire un rêve affreux, et si c'était bien Karol, cet homme qui, le matin encore, pleurait d'amour à ses pieds et semblait se consumer dans une extase divine, qui venait de lui parler ce langage d'un dépit guindé, digne des ruses puériles de la comédie, mais indigne, à coup sûr, d'une affection réelle, d'une passion sentie.

Incapable de supporter longtemps une angoisse de ce genre sans la comprendre, elle monta à la chambre du prince, frappa d'abord avec précaution, puis avec autorité, et enfin, voyant qu'on ne lui répondait pas et que la porte résistait, d'une main aussi forte que celle d'une mère qui va chercher son enfant au milieu des flammes, elle fit sauter le verrou et entra.

Karol était assis sur le bord de son lit, la figure tournée et enfoncée dans les coussins en lambeaux ; ses manchettes, son mouchoir avaient été mis en pièces par ses ongles crispés et frémissants comme ceux d'un tigre ; sa figure était effrayante de pâleur, ses yeux injectés de sang. Sa beauté avait disparu comme par un prestige infernal.

La souffrance extrême tournait chez lui à une rage d'autant plus difficile à contenir, qu'il ne se connaissait pas cette faculté déplorable, et que, n'ayant jamais été contrarié, il ne savait point lutter contre lui-même.

La Floriani avait posé son flambeau près de lui. Elle avait écarté ses mains brûlantes de son visage, elle le regardait avec stupeur. Elle n'était point étonnée de voir un homme jaloux en proie à un accès de furie. Ce n'était pas un spectacle nouveau pour elle, et elle savait bien qu'on n'en meurt point. Mais voir cet être angélique réduit aux mêmes excès de violence et de faiblesse que Tealdo Soavi, ou tout autre de même trempe, c'était un tel contre-sens, une telle invraisemblance, qu'elle ne pouvait en croire ses yeux.

— Vous voulez m'humilier ou m'avilir jusqu'au bout ! s'écria Karol en la repoussant. Vous avez voulu voir jusqu'à quel point vous pouviez me faire descendre au-dessous de moi-même ! Êtes-vous contente à présent ? Auquel de vos amants allez-vous me comparer ?

— Voilà des paroles bien amères, répondit la Floriani avec une douceur pleine de tristesse, je ne m'en offenserai point, parce que je vois qu'en effet vous n'êtes point vous-même dans ce moment-ci. Je m'attendais à vous trouver froid et méprisant comme tout à l'heure, et je venais, au nom de l'amour et de la vérité, vous demander compte de vos dédains, je suis consternée de vous trouver exaspéré comme vous l'êtes, et je ne crois pas que le triomphe que vous m'attribuez soit bien doux pour mon orgueil. Quel langage entre nous, Karol ! ô mon Dieu, que s'est-il donc passé, pour que vous doutiez de la douleur effroyable que j'éprouve à vous voir souffrir ainsi ? mais, sans doute, si j'en suis la cause involontaire, je dois avoir en moi la puissance de la faire cesser. Dites-m'en le moyen, et s'il faut ma vie, ma raison, ma dignité, ma conscience, je les mettrai à vos pieds pour vous guérir et vous calmer. Parlez-moi, expliquez-vous, faites que je vous comprenne, voilà tout ce que je vous demande. Rester dans le doute et vous laisser subir ces tourments sans chercher à les adoucir, voilà ce qui m'est impossible, ce que vous n'obtiendrez jamais de moi. Ouvrez-moi donc ce cœur meurtri et malade, et si, pour m'y faire lire, il faut que vous m'accabliez de reproches et d'outrages, ne vous retenez pas, j'aime mieux cela que le silence, je ne m'offenserai de rien, je me justifierai avec douceur, avec soumission. Je vous demanderai pardon même, s'il le faut, quoique j'ignore absolument mes torts. Mais il faut qu'ils soient bien graves pour vous faire tant de mal. Répondez-moi, je vous le demande à genoux. »

Pour montrer tant de patience et de résignation, il fallait que la Floriani fût vaincue et terrassée par un amour immense, et tel qu'elle-même n'eût jamais cru pouvoir le ressentir après tant d'orages du même genre, après si nombreuses déceptions, tant de fatigues de cœur et d'esprit, tant de dégoûts et de déboires. N'ayant jamais menti, s'étant dévouée et sacrifiée toujours, mais jamais avilie, ni même aventurée pour un intérêt personnel quelconque, elle avait une fierté ombrageuse, un orgueil réel ; descendre à se justifier lui avait toujours paru au-dessus de ses forces, et le soupçon lui était une mortelle injure.

Pourtant elle s'humilia longtemps avec une mansuétude infinie devant ce malheureux enfant, qui ne voulait point parler parce qu'il ne le pouvait pas.

Qu'eût-il pu dire, en effet ? Le désordre où sa raison était tombée était trop douloureux pour être volontaire. Suivre le conseil de Lucrezia, l'injurier, lui faire de sanglants reproches, l'eût soulagé sans doute ; mais il n'avait pas la faculté de répandre ses tourments au dehors, parce qu'il n'avait pas l'égoïsme de vouloir les faire partager. Et puis, injurier sa maîtresse ! il eût préféré la tuer ; il se fût tué avec elle, emportant sa passion dans la tombe. Mais l'outrager en paroles, il lui semblait que s'il eût pu s'y résoudre, il l'aurait condamnée devant Dieu et que Dieu les eût séparés dans l'éternité. Pour en venir là, il eût fallu ne plus l'aimer, et puis il souffrait par elle, plus il se sentait l'esclave de la passion.

Elle ne put que deviner ce qui se passait en lui, car il ne se révéla que par des réponses détournées et des réticences douloureuses. Il se défendait faiblement en apparence, mais, au fond, sa retenue était invincible, et le nom de Vandoni ne pouvait venir sur ses lèvres.

— Voyons, lui dit la Floriani lorsqu'elle fut au bout de sa patience et qu'elle eut épuisé toutes les forces de son amour à lui arracher quelques paroles vagues, d'une profondeur ou d'une obscurité effrayantes : « Voyons, mon pauvre ange, vous êtes jaloux et vous n'en voulez pas convenir ? Vous, jaloux ! Ah ! qu'il m'est amer de le constater, moi, que vous avez habituée à planer, sur les ailes d'un amour sublime, au-dessus de toutes les misères humaines ! Que vous me faites de mal, et que j'étais loin de croire cela possible de votre part ! Ah ! laissez-moi ne vous répondre que par des reproches douloureux et francs. Je voudrais pouvoir m'en faire ; je le préférerais encore, parce que je pourrais me disculper, au lieu que je suis réduite à chercher de quoi j'ai à me défendre. Mais avant de vous parler *raison*, puisqu'il le faut, laissez-moi me plaindre, laissez-moi pleurer ! C'est le dernier cri de l'amour heureux qui s'exhale vers le ciel d'où il était descendu, et où il va retourner maintenant pour toujours ! Laissez-moi vous dire que vous avez commis aujourd'hui un grand crime contre moi, contre vous-même et contre Dieu, qui avait béni notre confiance infinie l'un pour l'autre. Hélas ! vous avez souillé par le soupçon la passion la plus pure, la plus complète, la plus délicieuse de ma vie. Je n'avais jamais aimé, je n'avais jamais été heureuse ; pourquoi m'arrachez-vous sitôt ma joie, mes délices ? Vous m'avez entraînée dans le ciel, et vous me rejetez brutalement sur la terre ! Mon Dieu, mon Dieu ! je ne le méritais pas, je nageais avec toi dans l'empyrée. Je croyais à l'éternité de cette béatitude. Tout ce qui est de ce monde ne me paraissait plus que rêves et fantômes ; excepté mes enfants, que j'emportais dans mes bras vers ce monde supérieur, je n'avais plus souci de rien... Et à présent, il faut descendre, il faut marcher sur les sentiers humains, se déchirer aux épines, se froisser contre les rochers... Allons, vous l'avez voulu. Parlons donc de ces choses-là, et de Vandoni, de mon passé, et de ce que l'avenir peut me réserver de devoirs, d'embarras et d'ennuis. J'espérais les traverser seule, vous laissant calme et indifférent à ces misères, étrangères à notre passion. Le fardeau du travail et des devoirs d'ici-bas m'eût été léger si j'avais pu vous préserver d'y toucher.

Vous êtes mortellement triste ce soir. (Page 62.)

Vous ne vous en seriez pas seulement aperçu, si vous étiez resté vous-même, et si vous aviez conservé la suprême confiance qui nous faisait si forts et si purs!... Vous l'avez perdue, vous m'avez retiré le talisman qui m'eût rendue invulnérable à la douleur et à l'inquiétude. Je vais maintenant vous dire quelles obligations pèsent sur ma vie réelle, quels ménagements je dois garder, quels devoirs ma conscience me trace. Mais, pour les comprendre, il faut vous donner la peine de raisonner un peu, de connaître mon passé, de le juger, et d'en tirer une conclusion sérieuse, une fois pour toutes!... Vandoni...

— Ah! s'écria Karol, tremblant comme un enfant, ne prononcez plus ce nom, et faites-moi grâce de tout ce que vous voulez me dire. Je n'ai pas encore, je n'aurai peut-être jamais la force de l'entendre. Je hais ce Vandoni, je hais tout ce qui dans votre vie n'est pas vous-même. Que vous importe! Il n'entre pas dans vos devoirs de me réconcilier avec ce qui me froisse et me révolte autour de vous. Laissez-moi, puisque cela m'est possible et n'est possible qu'à moi, voir en vous deux êtres distincts. L'un que je n'ai pas connu et que je ne veux pas connaître; l'autre que je connais, que je possède, et que je ne veux pas voir mêlé aux choses que je déteste. Oui, oui, Lucrezia, tu l'as dit, ce serait descendre et retomber dans la fange des sentiers humains. Viens sur mon cœur, oublions les atroces souffrances de cette journée et retournons à Dieu. Que t'importe ce qui s'est passé en moi? Cela me regarde, et j'ai la force de le subir, puisque j'ai celle de t'aimer autant que si rien ne m'avait troublé! Non, non, pas d'explications, pas de récits, pas de confidences, pas de raisonnements. Prends-moi dans tes bras, et emporte-moi loin de ce monde maudit où je ne vois pas clair, où je ne respire pas, où je suis condamné à ramper plus bas que les autres hommes, si j'y retombe sans ton amour et sans mon enthousiasme. »

La Floriani se contenta de cette fausse réparation, ou, de guerre lasse, elle feignit de s'en contenter; mais, en cela, elle eut grand tort, et se précipita d'elle-même dans un abîme de chagrins. Karol s'habitua, dès ce jour, à croire que la jalousie n'est point une insulte et qu'une femme aimée, peut et doit la pardonner toujours.

Il prit sa mère dans ses bras. (Page 72.)

Elle retrouva, au salon, vers minuit, Salvator qui venait de reconduire Vandoni et qui eut la délicatesse de ne pas lui dire combien il avait trouvé ce brave garçon ridicule et ennuyeux. Elle n'eut pas le courage de lui confier à quel point le prince avait été irrité de la présence de son ancien amant; mais elle ne put s'empêcher d'admirer combien l'amitié est plus indulgente, secourable et généreuse que l'amour. Car elle ne se dissimulait plus les travers de Vandoni, et elle voyait bien que Salvator s'était dévoué pour l'en débarrasser.

Lucrezia se retira auprès de ses enfants, résolue à oublier les chagrins de cette journée et à dormir, pour s'éveiller, comme une mère vigilante et active, au point du jour. Mais quoiqu'elle eût acquis plus que personne, dans sa vie de douleurs, la faculté de laisser reposer ses chagrins et de dormir avec, comme un pauvre soldat en campagne dort au bivouac avec sa faim et ses blessures, elle ne put fermer l'œil de la nuit, et tous les souvenirs amers qui s'étaient assoupis dans son sein, depuis quelque temps, s'y ranimèrent un à un, puis tous ensemble, pour la torturer sans relâche. Elle vit, comme autant de spectres railleurs et menaçants, ses erreurs et ses déceptions, les ingrats qu'elle avait faits et les méchants qu'elle n'avait pas pu convertir. Elle lutta vainement contre l'épouvante du passé, en se réfugiant dans le présent. Le présent ne lui offrait plus de sécurité, et les anciennes douleurs ne se ranimaient ainsi que parce qu'une douleur nouvelle, plus profonde que toutes les autres, venait leur donner carrière.

Quand elle se leva, pâle et brisée, le soleil brillant du matin, les fleurs chargées d'humides parfums, les rossignols enivrés de leurs propres chants, ne ramenèrent pas, comme les autres jours, le calme et l'espérance dans son cœur. Elle ne se sentit pas vivre par le sens poétique de la nature, comme à l'ordinaire. Il lui semblait qu'entre cette fraîche et riante nature et son pauvre sein brisé, il y avait désormais un ennemi secret, un ver rongeur, qui empêchait la sève de la vie de venir jusqu'à lui. Elle ne voulut pourtant pas se rendre compte de l'étendue de son désastre. Karol fut courbé à ses pieds ce jour-là. Il ne voulait pas faire oublier ses torts, il ne les connaissait pas, puisque, selon sa coutume, il les avait déjà oubliés lui-même : mais il avait besoin de tendresse, d'effusion et de bonheur, après plusieurs jours passés dans les larmes ou la colère. Jamais il n'était plus séduisant et plus adorable que quand le paroxysme de son amertume et de son dépit l'avait débarrassé de sa souffrance.

La Floriani eut encore à lutter contre son projet de mariage, mais cette fois elle résista courageusement. Ce qui s'était passé la veille l'avait éclairée, et elle n'était pas d'humeur à se laisser dire deux fois qu'on *la suppliait* de n'y plus songer. Si l'offre de son nom était, de la part du prince, un grand hommage rendu à l'amour qu'elle méritait, le fait de retirer poliment ses offres, dans un moment de soupçon jaloux, était un outrage dont la fière Lucrezia sentait la portée plus que lui-même. Sans lui dire quelle force nouvelle elle avait puisée contre lui dans cette circonstance, elle lui ôta tout espoir, et, cette fois, il accepta son arrêt provisoirement, sans amertume, en avouant qu'il méritait le châtiment d'être soumis à quelque longue épreuve.

Mais deux jours ne se passèrent point sans ramener de nouveaux orages. Un commis-voyageur réussit à pénétrer dans la maison pour proposer des armes de chasse. Célio eut envie d'un nouveau fusil, sa mère le lui refusa d'abord; puis, voulant lui en faire la surprise, elle eut un *a-parté* avec le voyageur pour marchander et acheter l'objet de cette convoitise enfantine. Le jeune homme était d'une belle figure, un peu familier et bavard. La beauté et la célébrité de sa nouvelle cliente le rendaient plus *éloquent* que de coutume, sans toutefois lui faire perdre la tête et sans l'empêcher de bien vendre sa marchandise. C'était la veille de l'anniversaire de Célio, et sa mère voulut mettre le joli et léger fusil de chasse sous le traversin de l'enfant, pour qu'il le trouvât le soir au moment de se coucher. Le commis-voyageur s'empressa de la suivre dans sa chambre, sans trop lui en demander la permission, pour cacher lui-même le fusil sous le chevet de Célio et recevoir le paiement convenu. Karol, qui avait été faire la sieste, entra en cet instant, et trouva la Floriani dans sa chambre, en tête-à-tête avec un beau garçon à gros favoris noirs, qui lui parlait d'un air animé, la regardait avec des yeux hardis, et arrangeait la couverture d'un lit, tandis qu'elle souriait avec bonhomie des hâbleries qu'il débitait, et qu'elle songeait à l'ivresse de Célio lorsque la surprise ferait son effet.

Il n'en fallait pas tant pour que l'imagination de Karol, prompte à l'insulte, et s'emparant toujours du fait apparent sans le comprendre et sans l'expliquer, prît un essor funeste. Il laissa échapper une exclamation bizarre, outrageante, sur le seuil de la chambre de Lucrezia, et s'enfuit comme un homme qui vient d'être témoin de son déshonneur. Il lui fallut tout le reste du jour pour se calmer et ouvrir les yeux. Il fallut que la Floriani descendît à une explication avilissante pour lui-même. Elle le traita, cette fois, comme un malade qu'il faut persuader et guérir, sans prendre ses hallucinations au sérieux. Mais que devient l'enthousiasme, que devient l'amour, quand celui qui en est l'objet se conduit comme un maniaque?

Un autre jour on vint dire à la Floriani que Mangiafoco, le pêcheur qui l'avait recherchée autrefois en mariage, et qui lui avait causé tant de frayeur et d'éloignement, était à l'article de la mort, et demandait à la voir avant de rendre l'âme. Cet homme n'avait jamais osé se présenter devant elle depuis qu'elle était revenue dans le pays, et ce n'était pas sans répugnance qu'elle consentait à lui fermer les yeux. Mais c'était un devoir de religieuse miséricorde à remplir, et elle partit sans hésiter, pour l'autre rive du lac, avec son père et Biffi. Elle trouva un moribond qui lui demandait pardon des peines et des peurs qu'il lui avait faites jadis, et qui la suppliait de prier pour le repos de son âme. Elle le consola avec bonté, et sa compassion généreuse adoucit les dernières convulsions d'agonie de cet homme, ancien soldat, espèce de bandit déjà vieux, méchant, brutal, avare, et cependant doué d'une certaine intelligence et de quelques instincts patriotiques et romanesques.

La Floriani revint assez émue, après avoir vu s'exhaler péniblement son dernier soupir. Elle raconta simplement à Salvator, devant Karol, ce qui s'était passé, et les paroles tantôt absurdes, tantôt profondes, que cet homme lui avait dites en se débattant contre la mort. Salvator trouva que, dans ce dévouement nouveau, sa chère Floriani avait été admirable comme toujours; mais Karol garda le silence. Il avait été inquiet de cette sortie soudaine, de cette absence qui avait duré depuis le coucher du soleil jusqu'à minuit. Il ne concevait pas que l'on pût porter tant d'intérêt à un misérable qui l'avait si peu mérité. Et comment avait-il eu l'audace d'appeler à son lit de mort une femme à laquelle il s'était rendu si haïssable? Il fallait qu'il eût de la confiance dans sa bonté et dans sa faculté d'oublier les outrages!

Ces réflexions furent faites d'un ton assez singulier. Lucrezia, qui n'était pas encore sur le *qui-vive* de la jalousie à tout propos, et qui ne s'était encore doutée que sa bonne action eût paru criminelle au prince, le regarda avec surprise et vit qu'il était en colère. Il avait les yeux rouges, il faisait claquer les articulations de ses doigts; c'était une sorte de tic nerveux qui trahissait son dépit et qu'elle commençait à comprendre.

Elle ne put se défendre de hausser les épaules.

Karol ne s'en aperçut point et continua:

— Quel âge avait ce *Mangiafoco*?

— Soixante ans, au moins, répondit-elle d'un ton froid et sévère.

— Et, sans doute, reprit Karol au bout d'un instant, il avait une bien belle figure, une barbe effrayante, des guenilles pittoresques? c'était un bandit de théâtre ou de roman qu'on ne pouvait regarder sans frémir? L'imagination des femmes se plaît à ces dehors-là, et on est toujours flatté d'avoir enchaîné un animal sauvage. Sans doute, en expirant, il avait l'air du tigre blessé qui jette sur la colombe un dernier regard de convoitise et de regret?

— Karol, dit la Floriani en soupirant, un homme qui se meurt est donc chose fort agréable à peindre? Vous devriez aller voir celui-là maintenant qu'il est mort; cela ferait tomber tout de suite votre ironie, et couperait court à vos métaphores poétiques. Mais vous n'irez pas, vous qui parlez si bien, vous n'en aurez pas le courage; sa chaumière est malpropre.

« Comme elle est susceptible, ce soir! pensa Karol. Qui sait ce qui s'est passé autrefois entre elle et ce misérable? »

XXVIII.

Un autre jour, Karol fut jaloux du curé, qui venait faire une quête. Un autre jour, il fut jaloux d'un mendiant qu'il prit pour un galant déguisé. Un autre jour, il fut jaloux d'un domestique qui, étant fort gâté, comme tous les serviteurs de la maison, répondit avec une hardiesse qui ne lui sembla pas naturelle. Et puis, ce fut un colporteur, et puis le médecin; et puis, un grand benêt de cousin, demi-bourgeois, demi-manant, qui vint apporter du gibier à la Lucrezia, et que, bien naturellement, elle traita en bonne parente, au lieu de l'envoyer à l'office. Les choses en arrivèrent à ce point qu'il n'était plus permis de remarquer la figure d'un passant, l'adresse d'un braconnier, l'encolure d'un cheval. Karol était même jaloux des enfants. Que dis-je, *même*? il faudrait dire surtout.

C'était bien là, en effet, les seuls rivaux qu'il eût, les seuls êtres auxquels la Floriani pensât autant qu'à lui. Il ne se rendit pas compte du sentiment qu'il éprouvait en les voyant dévorer leur mère de caresses. Mais, comme, après l'imagination d'un bigot, il n'y en a pas de plus impertinente que celle d'un jaloux, il prit bientôt les enfants en grippe, pour ne pas dire en exécration. Il remarqua enfin qu'ils étaient gâtés, bruyants, entiers, fantasques, et s'imagina que tous les enfants n'étaient pas de même. Il s'ennuya de les voir presque toujours entre leur mère et lui. Il trouva qu'elle leur cédait trop, qu'elle se faisait leur esclave. En d'autres moments aussi, il se scandalisa quand elle les mettait en pénitence. Ce système de gouvernement maternel, si simple, si bien indiqué par la nature, qui consiste à adorer d'abord les enfants, à s'en occuper sans cesse, à leur accorder tout ce qui peut les rendre heureux et aimables, sauf à les morigéner et les arrêter ensuite quand ils en abusent, à les gronder parfois avec énergie et chaleur pour les récompenser tendrement quand ils le méritent, tout cela se trouva l'opposé de sa manière de voir. Selon lui, il ne fallait pas tant se familiariser avec eux, afin d'avoir moins de peine à se faire craindre, au besoin. Il ne fallait pas les tutoyer et les caresser, mais les tenir à distance, en faire, de bonne heure, de petits hommes et de petites femmes bien sages, bien polis, bien soumis, bien tranquilles. Il fallait leur enseigner prématurément beaucoup de choses qu'ils ne pouvaient croire ni comprendre, afin de les habituer à respecter la règle établie, l'usage, la croyance générale, sans s'occuper d'abord d'une chose qu'il regardait comme impossible, c'est-à-dire de les convaincre de l'utilité et de l'excellence du principe dont ces usages et ces règles ne sont que la conséquence. Enfin il fallait oublier qu'ils étaient des enfants, leur ôter le charme, le plaisir et la liberté de cette première existence qui leur revient de droit divin, faire travailler leur mémoire pour éteindre leur imagination ; développer l'habitude de la forme et retarder l'explication du fond ; faire, en un mot, tout l'opposé de ce que faisait et voulait faire la Floriani.

Il faut se hâter de dire que cette manie de contrecarrer, et ce blâme fatigant, n'étaient pas continuels et absolus chez le prince. Quand sa jalousie ne l'obsédait point, c'est-à-dire dans ses moments lucides, il disait et pensait tout le contraire. Il adorait les enfants, il les admirait en toutes choses, même là où il n'y avait rien à admirer. Il les gâtait plus que la Floriani, et se faisait leur esclave, sans s'apercevoir, le moins du monde, de son inconséquence. C'est alors qu'il était heureux et se montrait sous le côté angélique et idéal de sa nature. Les accès d'ivresse que lui donnait l'amour de la Floriani étaient le thermomètre qui marquait l'apogée de sa douceur, de sa bonté et de sa tendresse. Ah ! quel séraphin, quel archange il eût été, s'il avait pu rester toujours ainsi ! Dans ces moments-là, qui duraient parfois des heures, des jours entiers, il était tout bienveillance, tout charité, tout miséricorde, tout dévouement pour tous les êtres qui l'approchaient. Il se détournait du chemin pour ne pas écraser un insecte, il se serait jeté dans le lac pour sauver le chien de la maison. Il eût fait le chien lui-même pour entendre les éclats de rire du petit Salvator ; il se fût fait lièvre ou perdrix pour donner à Célio le plaisir de tirer un coup de fusil. Sa tendresse et son effusion allaient jusqu'à l'excès, jusqu'à l'absurde. C'était alors un de ces enthousiastes sublimes qu'il faut enfermer comme des fous ou adorer comme des dieux.

Mais aussi quelle chute, quel cataclysme épouvantable dans tout son être, quand, à l'accès de joie et de tendresse, succédait l'accès de douleur, de soupçon et de dépit ! Alors, tout changeait de face dans la nature. Le soleil d'Iseo était armé de flèches empoisonnées, la vapeur du lac était pestilentielle, la divine Lucrezia était une Pasiphaé, les enfants de petits monstres ; Célio devait périr sur l'échafaud, Laërtes était enragé, Salvator Albani était le traître Yago, et le vieux Menapace le juif Shylock. Des nuages noirs s'amoncelaient à l'horizon, tout pleins de Vandoni, de Boccaferri, de Mangiafoco, de rivaux déguisés en mendiants, en commis-voyageurs, en curés, en laquais, en colporteurs et en moines, ces nuées allaient s'ouvrir et faire pleuvoir sur la villa une armée d'anciens amis, d'anciens amants (ce qui était pour lui la même race de vipères) ! et la Floriani, souillée de hideux embrassements, l'appelait avec un rire infernal pour assister à cette orgie fantastique !

Ne croyez pas que son imagination, privée de frein et sans cesse excitée par une disposition naturelle et par une passion insensée, restât au-dessous de ce tableau. Il me serait impossible de la suivre et de vous la faire suivre dans les tourbillons délirants qu'elle parcourait. Jamais le Dante n'a rêvé de supplices semblables à ceux que se créait cet infortuné. Ils étaient sérieux à force d'être absurdes, et il n'est point d'apparition grotesque qui ne fasse peur aux enfants, aux malades et aux jaloux.

Mais comme il était souverainement poli et réservé, jamais personne ne pouvait seulement soupçonner ce qui se passait en lui. Plus il était exaspéré, plus il se montrait froid, et l'on ne pouvait juger du degré de sa fureur qu'à celui de sa courtoisie glacée. C'est alors qu'il était véritablement insupportable, parce qu'il voulait raisonner et soumettre la vie réelle à laquelle il n'avait jamais rien compris, à des principes qu'il ne pouvait définir. Alors il trouvait de l'esprit, un esprit faux et brillant pour torturer ceux qu'il aimait. Il était persifleur, guindé, précieux, dégoûté de tout. Il avait l'air de mordre tout doucement pour s'amuser, et la blessure qu'il faisait pénétrait jusqu'aux entrailles. Ou bien, s'il n'avait pas le courage de contredire et de railler, il se renfermait dans un silence dédaigneux, dans une bouderie navrante. Tout lui paraissait étranger et indifférent. Il se mettait à part de toutes choses, de toutes gens, de toute opinion et de toute idée. Il ne *comprenait pas cela*. Quand il avait fait cette réponse aux caressantes investigations d'une causerie qui s'efforçait en vain de le distraire, on pouvait être certain qu'il méprisait profondément tout ce qu'on avait dit et tout ce qu'on pourrait dire.

La Floriani craignait que sa famille, et le comte Albani lui-même, ne vinssent à pressentir cette jalousie qu'elle devinait enfin, et dont elle se sentait humiliée mortellement. Elle en cachait donc avec soin les causes misérables et s'efforçait d'en adoucir les déplorables effets. Après s'être beaucoup inquiétée d'abord pour la santé et pour la vie du prince, elle put constater qu'il ne se portait jamais mieux que quand il s'était livré à des agitations et à des colères intérieures, qui eussent tué tout autre que lui. Il est des organisations qui ne puisent leur force que dans la souffrance, et qui semblent se renouveler en se consumant, comme le phénix. Elle cessa donc de s'alarmer, mais elle commença à souffrir étrangement d'une intimité à laquelle l'enfer des poètes peut seul être comparé. Elle était devenue, entre les mains de ce terrible amant, la pierre que Sisyphe roule sans cesse au sommet de la montagne et laisse choir au fond d'un abîme ; malheureuse pierre qui ne se brise jamais !

Elle essaya de tout, de la douceur, de l'emportement, des prières, du silence, des reproches. Tout échoua. Si elle était calme et gaie en apparence, pour empêcher les autres de voir clair dans son malheur, le prince, ne comprenant rien à cette force de volonté qui n'était pas en lui, s'irritait de la trouver vaillante et généreuse. Il haïssait alors en elle, ce qu'il appelait, dans sa pensée, un fonds d'insouciance bohémienne, une certaine dureté d'organisation populaire. Loin de savoir du mal qu'il lui faisait, il se disait qu'elle ne sentait rien, qu'elle avait, par bonté, certains moments de sollicitude, mais, qu'en général, rien ne pouvait entamer une nature si résistante, si robuste et si facile à distraire et à consoler. On eût dit qu'alors il était jaloux même de la santé, si forte en apparence, de sa maîtresse, et qu'il reprochait à Dieu le calme dont il l'avait douée. Si elle respirait une fleur, si elle ramassait un caillou, si elle apprenait un papillon pour la collection de Célio, si elle apprenait une fable à Béatrice, si elle caressait le chien, si elle cueillait un fruit pour le petit Salvator : « Quelle nature étonnante !... se disait-il, tout lui plaît, tout l'amuse, tout l'enivre. Elle trouve de la beauté, du parfum, de la grâce, de l'utilité, du plaisir dans les moindres détails de la création. Elle admire tout, elle aime tout ! — Donc elle ne m'aime pas, moi, qui ne vois, qui n'admire, qui ne chéris, qui ne comprends qu'elle au monde ! Un abîme nous sépare ! »

C'était vrai, au fond : une nature riche par exubérance et une nature riche par exclusivité, ne peuvent se fondre l'une dans l'autre. L'une des deux doit dévorer l'autre et n'en laisser que des cendres. C'est ce qui arriva.

Si, par hasard, la Floriani, accablée de fatigue et de chagrin, ne parvenait point à cacher ce qu'elle souffrait, Karol, rendu tout à coup à sa tendresse pour elle, oubliait sa mauvaise humeur et s'inquiétait avec excès. Il la servait à genoux, il l'adorait dans ces moments-là, plus encore qu'il ne l'avait adorée dans leur lune de miel. Que ne pouvait-elle dissimuler, ou manquer tout à fait de force et de courage ! si elle se fût montrée constamment à lui, abattue et languissante, ou si elle eût pu affecter longtemps un air sombre et mécontent, elle l'eût guéri peut-être de sa personnalité maladive. Il se fût oublié pour elle ; car ce féroce égoïste était le plus dévoué, le plus tendre des amis, lorsqu'il voyait souffrir. Mais, comme il souffrait alors lui-même d'une douleur réelle et fondée, la généreuse Floriani rougissait d'avoir cédé à un moment de défaillance. Elle se hâtait de secouer sa langueur et de paraître tranquille et ferme. Quant à feindre le ressentiment, elle en était incapable ; rarement elle se sentait irritée contre lui ; mais lorsqu'elle l'était, elle ne se contenait point et le gourmandait avec violence. Jamais elle n'avait rien fardé, ni rien dissimulé ; et, comme le plus souvent, elle n'éprouvait que chagrin et compassion en subissant l'injustice d'autrui, le plus souvent aussi, elle souffrait sans être en colère, et surtout sans bouder. Elle méprisait ces ruses féminines, et elle avait grand tort, dans son intérêt, de les mépriser : on le lui fit bien voir ! Il est dans la nature humaine d'abuser et d'offenser toujours, quand on est sûr d'être toujours pardonné, sans même avoir la peine de demander pardon.

Salvator Albani avait toujours connu son ami inégal et fantasque, exigeant à l'excès, ou désintéressé à l'excès. Mais les bons moments, jadis, avaient été les plus habituels, les plus durables ; et, chaque jour, au contraire, depuis qu'il était revenu à la villa Floriani, Salvator voyait le prince perdre ses heures de sérénité, et tomber dans une habitude de maussaderie étrange ; son caractère s'aigrissait sensiblement. D'abord ce fut une heure mauvaise par semaine, puis une mauvaise heure par jour. Peu à peu, ce ne fut plus qu'une bonne heure par jour, et enfin une bonne heure par semaine. Quelque tolérant et d'humeur facile que fût le comte, il en vint à trouver cette manière d'être intolérable. Il en fit la remarque d'abord à son ami, puis à Lucrezia, puis à tous deux ensemble, et enfin il sentit que son caractère à lui-même allait s'aigrir et se transformer, s'il persistait à vivre auprès d'eux.

Il prit la résolution de s'en aller tout à fait. La Floriani fut épouvantée de l'idée de rester en tête-à-tête avec cet amant que, deux mois auparavant, elle eût voulu enlever et mener au bout du monde pour vivre avec lui dans le désert. Salvator, par sa gaieté douce, par sa manière enjouée et philosophique d'envisager toutes les misères domestiques, lui était d'un immense secours. Sa présence contenait encore le prince et le forçait à s'observer, du moins, devant les enfants. Qu'allait-elle devenir ? qu'allait devenir surtout Karol, quand leur aimable compagnon ne serait plus entre eux, pour les préserver l'un de l'autre ?

Comme elle le retenait avec instances, son effroi et sa douleur se trahirent ; son secret lui échappa, ses larmes firent irruption. Albani consterné vit qu'elle était profondément malheureuse, et que s'il ne réussissait à emmener Karol, du moins pour quelque temps, elle et lui étaient perdus.

Cette fois, il n'hésita plus. Il n'eut pour son ami ni pitié, ni faiblesse. Il ne ménagea aucune de ses susceptibilités. Il affronta sa colère et son désespoir. Il ne lui cacha point qu'il travaillerait de toutes ses forces à détacher la Floriani de lui, s'il ne s'exécutait pas de lui-même en s'éloignant d'elle. — Que ce soit pour six mois ou pour toujours, peu m'importe, lui dit-il en finissant sa rude exhortation ; je ne peux prévoir l'avenir. J'ignore si tu oublieras la Floriani, ce qui serait fort heureux pour toi, ou si elle te sera infidèle, ce qui serait fort sage de sa part ; mais je sais qu'elle est brisée, malade, désespérée, et qu'elle a besoin de repos. C'est la mère de quatre enfants ; son devoir est de se conserver pour eux, et de se délivrer d'une souffrance intolérable. Nous allons partir ensemble, ou nous battre ensemble ; car je vois bien que plus je t'avertis, plus tu fermes les yeux ; plus je veux t'entraîner, plus tu te cramponnes à cette pauvre femme. Par la persuasion ou par la force, je t'emmènerai, Karol ! J'en ai fait le serment sur la tête de Célio et de ses frères. C'est moi qui t'ai amené ici, c'est moi qui t'y ai fait rester. Je t'ai perdu en croyant te sauver ; mais il y a encore du remède, et maintenant que je vois clair, je te sauverai malgré toi. Nous partons cette nuit, entends-tu ? Les chevaux sont à la porte.

Karol était pâle comme la mort. Il eut grand'peine à desserrer ses dents contractées. Enfin il laissa échapper cette réponse laconique et décisive :

— Fort bien, vous me conduirez jusqu'à Venise, et vous m'y laisserez pour revenir ici toucher le prix de votre exploit. Cela était arrangé entre vous deux. Il y a longtemps que j'attendais ce dénouement.

— Karol ! s'écria Salvator, transporté de la première fureur sérieuse qu'il eût éprouvée de sa vie, tu es bien heureux d'être faible ; car si tu étais un homme, je te briserais sous mon poing. Mais je veux te dire que cette pensée est d'un être méchant, cette parole d'un être lâche et ingrat. Tu me fais horreur, et j'abjure ici toute l'amitié que j'ai eue pour toi pendant si longtemps. Adieu, je te fuis, je ne veux jamais te revoir, je deviendrais lâche et méchant aussi avec toi.

— Bien, bien ! reprit le prince, arrivé au comble de la colère, et, par conséquent, de la sécheresse amère et dédaigneuse. Continuez, outragez-moi, frappez-moi, battons-nous, afin que je meure ou que je parte ; c'est là le plan, je le sais. Elle sera bien douce, la nuit de plaisir qui récompensera votre conduite chevaleresque !

Salvator était au moment de s'élancer sur Karol. Il prit une chaise à deux mains, incertain de ce qu'il allait faire. Il se sentait devenir fou, il tremblait comme une femme nerveuse, et pourtant il aurait eu la force, en ce moment, de faire écrouler la maison sur sa tête.

Il y eut un moment de silence affreux, pendant lequel on entendit monter, dans l'air calme du soir, une petite voix douce qui disait : — Ecoute, maman, je sais ma leçon de français, et je vais te la dire avant de m'endormir :

Deux coqs vivaient en paix, une poule survint,
Et voilà la guerre allumée !
Amour, tu perdis Troie !

La fenêtre d'en bas se ferma, et la voix de Stella se perdit. Salvator éclata d'un rire amer, brisa sa chaise en la remettant sur ses pieds, et sortit impétueusement de la chambre de Karol, en poussant la porte avec fracas.

— Lucrezia, dit-il à la Floriani, en allant frapper chez elle, laisse un peu tes enfants, appelle la bonne, je veux te parler tout de suite.

Il l'emmena au fond du parc : « Ecoute, lui dit-il, Karol est un misérable ou un malheureux, le plus lâche ou le plus fou de tes amants, le plus dangereux à coup sûr, celui qui te tuera à coups d'épingles, si tu ne le quittes sur l'heure. Il est jaloux de tout, il est jaloux de son ombre, c'est une maladie ; mais il est jaloux de moi, et cela c'est une infamie ! Jamais il ne se résoudra à te quitter, il ne veut pas partir, il ne partira pas. C'est à toi de fuir de ta propre maison. Il n'y a pas un moment à perdre, saute dans une barque, gagne la prochaine poste, va-t'en à Rome, à Milan, au bout du monde ; ou tiens-toi cachée, bien cachée dans quelque chaumière... Je déraisonne peut-être, je n'ai pas ma tête, tant je suis indigné ; mais il faut trouver un moyen... Tiens ! en voici un, pénible, mais certain. Fuyons ensemble. Nous n'irions qu'à deux lieues d'ici, nous n'y resterions que deux heures, c'est assez ! Il croira qu'il a deviné juste, que je suis ton amant ; il est trop fier pour hésiter alors à prendre son parti, et tu en seras à jamais délivrée.

— Tu es fou toi-même, mon pauvre ami ! répondit la Lucrezia, ou tu veux qu'il le devienne. Mais moi, je souffre assez d'être soupçonnée, je ne me résoudrai point à être méprisée!

— Être soupçonnée, c'est être méprisée déjà, malheureuse femme! Tu tiens donc encore à l'estime d'un homme que tu ne peux plus prendre au sérieux? Quelle folie! Allons, viens avec moi, que crains-tu? Que j'abuse de ton accablement et me rende digne, malgré toi, de la bonne opinion que Karol a de mon caractère? Moi, je ne suis pas un lâche, et s'il faut te rassurer davantage, je puis te dire que je ne suis plus amoureux de toi. Non, non; Dieu m'en préserve! Tu es trop faible, trop crédule, trop absurde. Tu n'es pas la femme forte que je croyais; tu n'es qu'un enfant sans cervelle et sans fierté. Ta passion pour Karol m'a bien guéri, je te le jure, de celle que j'aurais pu concevoir pour toi. Allons, le temps presse. S'il venait, en ce moment, t'implorer, tu lui ouvrirais les bras et tu lui ferais serment de ne jamais le quitter. Je te connais, fuyons donc! Sauvons-le et présentons-lui son fantôme comme une réalité. Qu'il te croie menteuse et galante; qu'il te haïsse, qu'il parte en te maudissant, en secouant la poussière de ses pieds. Que crains-tu? l'opinion d'un fou? Il ne te traduira pas devant celle du monde; il gardera un éternel silence sur son désastre. Si tu le veux, d'ailleurs, tu te justifieras plus tard. Mais, à présent, il faut couper le mal dans sa racine. Il faut fuir.

— Tu n'oublies qu'une chose, Salvator, répondit la Lucrezia, c'est que, coupable ou malheureux, je l'aime et l'aimerai toujours. Je donnerais mon sang pour alléger sa souffrance, et tu crois que je pourrais lui déchirer le cœur pour reconquérir mon repos! Ce serait un étrange moyen!

— En ce cas, tu es lâche aussi, s'écria le comte, et je t'abandonne! Souviens-toi de ce que je te dis ici : tu es perdue!

— Je le sais bien, répondit-elle; mais, avant de partir, tu te réconcilieras avec lui!

— Ne m'y pousse pas, je suis capable de le tuer. Je m'en vais de suite, c'est le plus sûr. Adieu, Lucrezia.

— Adieu, Salvator, lui dit-elle en se jetant dans ses bras, nous ne nous reverrons peut-être jamais!

Elle fondit en larmes, mais elle le laissa partir.

XXIX.

Le jour qui suivit le départ de Salvator, avant que le prince fût sorti de sa chambre, Lucrezia était sortie de la maison. Elle s'était jetée seule dans une barque, et retrouvant, pour se diriger elle-même, la vigueur de ses jeunes années, elle avait traversé le lac. En face de la villa, sur la rive opposée, il y avait un petit bois d'oliviers qui rappelait à la Floriani des souvenirs d'amour et de jeunesse. C'est là qu'elle avait, quinze ans auparavant, donné de fréquents rendez-vous à son premier amant, Memmo Ranieri. C'est là qu'elle lui avait dit, pour la première fois, qu'elle l'aimait, c'est là qu'elle avait, plus tard, concerté avec lui sa fuite. C'est là aussi qu'elle s'était mainte fois cachée pour éviter la surveillance de son père ou les poursuites de Mangiafoco.

Depuis son retour au pays, elle n'avait pas voulu retourner dans ce bosquet que son premier amant avait nommé, dans son jeune enthousiasme, le *bois sacré*. On le voyait des fenêtres de la villa. Parfois, dans les commencements, les regards de la Lucrezia s'y étaient arrêtés par mégarde; mais, ne voulant pas réveiller ses propres souvenirs, elle les en avait détournés aussitôt qu'elle avait eu conscience de sa rêverie. Depuis qu'elle aimait Karol, elle avait souvent regardé le bois et admiré le développement des arbres, sans se souvenir de Memmo et de l'ivresse de ses premières amours. Cependant, par un instinct de délicatesse, elle n'y avait jamais conduit les promenades de son nouvel amant.

En quittant sa maison, quelques heures après le brusque départ d'Albani, s'aventurant au hasard sur le lac, elle n'avait pas formé le dessein d'aller visiter le *bois sacré*. Elle souffrait, elle avait la fièvre, elle éprouvait le besoin de se retremper dans l'air du matin et de fortifier son âme défaillante par le mouvement du corps. Ce fut un instinct non raisonné, mais irrésistible qui la força à faire glisser sa nacelle dans cette petite crique ombragée. Elle l'y laissa dans les broussailles, et, sautant sur la rive, elle s'enfonça dans l'épaisseur mystérieuse du bois.

Les oliviers avaient grandi, les ronces avaient poussé, les sentiers étaient plus étroits et plus sombres que par le passé. Plusieurs avaient été envahis par la végétation. Lucrezia eut peine à se reconnaître, à retrouver les chemins où jadis elle eût marché les yeux fermés. Elle chercha longtemps un gros arbre sous lequel son amant avait coutume de l'attendre, et qui portait encore ses initiales creusées par lui avec un couteau. Ces caractères étaient désormais difficiles à reconnaître; elle les devina plutôt qu'elle ne les vit. Enfin, elle s'assit sur l'herbe, au pied de cet arbre, et se plongea dans ses réflexions. Elle repassa dans sa mémoire les détails et l'ensemble de sa première passion, et les compara avec ceux de la dernière, non pour établir un parallèle entre deux hommes qu'elle ne songeait pas à juger froidement, mais pour interroger son propre cœur sur ce qu'il pouvait encore ressentir de passion et supporter de souffrances. Insensiblement elle se représenta avec suite et lucidité toute l'histoire de sa vie, tous ses essais de dévouement, tous ses rêves de bonheur, toutes ses déceptions et toutes ses amertumes. Elle fut effrayée du récit qu'elle se faisait de sa propre existence, et se demanda si c'était bien elle qui avait pu se tromper tant de fois, et s'en apercevoir sans mourir ou sans devenir folle.

Il est peu d'instants dans la vie où une personne de ce caractère ait une faculté aussi nette de se consulter et de se résumer.

Les âmes dépourvues d'égoïsme et d'orgueil n'ont pas une vision bien nette d'elles-mêmes. A force d'être capables de tout, elles ne savent pas bien de quoi elles sont capables. Toujours remplies de l'amour des autres et préoccupées du soin de les servir, elles arrivent à s'oublier jusqu'à s'ignorer. Il n'était peut-être pas arrivé à la Floriani de s'examiner et de se définir trois fois en sa vie.

Ce qu'il y a de certain, c'est qu'elle ne l'avait encore jamais fait aussi complétement et avec une si entière certitude. Ce fut aussi la dernière fois qu'elle le fit, tout le reste de sa vie étant la conséquence prévue et acceptée de ce qu'elle put constater en ce moment solennel.

— « Voyons, se dit-elle, mon dernier amour est-il aussi ardent que le premier ? Il a été davantage, mais il ne l'est déjà plus. Karol a détruit presque aussi vite que Memmo les illusions du bonheur.

« Mais ce dernier amour, déjà privé d'espérance, est-il moins profond et moins durable ? Je le sens encore si tendre, si dévoué, si maternel, qu'il ne m'est pas possible d'en prévoir la fin, et en cela il diffère du premier. Car je m'étais dit que si Memmo me trompait, je cesserais de l'aimer, au lieu que je me sens désabusée aujourd'hui sans pouvoir me convaincre que je pourrai guérir. Il est vrai que j'ai pardonné beaucoup et longtemps à Memmo; mais je me rendais compte, chaque fois, d'une diminution sensible dans mon affection, au lieu qu'aujourd'hui l'affection persiste et ne diminue point en raison de ma souffrance.

« D'où vient cela ? Était-ce la faute de Memmo ou la mienne, si, plus jeune et plus forte, je me détachais de lui plus aisément que je ne puis le faire aujourd'hui de Karol ? C'était peut-être un peu sa faute, mais je pense que c'était encore plus la mienne.

« C'était surtout la faute de la jeunesse. L'amour était lié alors en nous au sentiment et au besoin d'être heureux. Je me croyais aveuglément dévouée, et dans toutes mes actions, je me sacrifiai; mais si l'amour ne résista point à des sacrifices trop grands et trop répétés, c'est qu'à mon insu j'avais un fonds de personnalité. N'est-ce point le fait et le droit de la jeunesse ? Oui, sans doute, elle aspire au bonheur, elle se sent des forces pour le chercher, et croit qu'elle en aura pour le retenir. Elle ne serait point l'âge de l'énergie, de l'inquiétude et des grands efforts, si elle n'était mue par l'ambition des grandes victoires et l'appétit des grandes félicités.

« Aujourd'hui, que me reste-t-il de mes illusions successives! la certitude qu'elles ne pouvaient pas et ne devaient pas se réaliser. C'est ce qu'on appelle la raison, triste conquête de l'expérience ! Mais comme il n'est pas plus facile de chasser la raison quand elle vient habiter en nous, que de l'appeler quand nous ne sommes pas assez forts pour la recevoir, il serait vain et coupable, peut-être, de maudire ses froids bienfaits, ses durs conseils. Allons, voici le jour de te saluer et de t'accepter, sagesse sans pitié, jugement sans appel !

« Que veux-tu de moi ? parle, éclaire ; dois-je m'abstenir d'aimer? Ici tu me renvoies à mon instinct ; suis-je encore capable d'aimer ? Oui, plus que jamais, puisque c'est l'essence de ma vie, et que je me sens vivre avec intensité par la douleur ; si je ne pouvais plus aimer, je ne pourrais plus souffrir. Je souffre, donc j'aime et j'existe.

« Alors, à quoi faut-il renoncer ? à l'espérance du bonheur ? Sans doute ; il me semble que je ne peux plus espérer ; et pourtant l'espérance, c'est le désir, et ne pas désirer le bonheur, c'est contraire aux instincts et aux droits de l'humanité. La raison ne peut rien prescrire qui soit en dehors des lois de la nature ! »

Ici, Lucrezia fut embarrassée. Elle rêva longtemps, se perdit dans des divagations apparentes, dans des souvenirs qui semblaient n'avoir rien de commun avec sa recherche laborieuse. Mais tout sert de fil conducteur aux âmes droites et simples. Elle se retrouva au milieu de ce dédale, et reprit ainsi son raisonnement. Patience, lecteur, si tu es encore jeune, il te servira peut-être à toi-même.

« C'est, pensa-t-elle, qu'il s'agirait de définir le bonheur. Il y en a de plusieurs sortes, il y en a pour tous les âges de la vie. L'enfance songe à elle-même, la jeunesse songe à se compléter par un être associé à ses propres joies ; l'âge mûr doit songer que, bien ou mal fournie, sa carrière personnelle va finir, et qu'il faut s'occuper exclusivement du bonheur d'autrui. Je m'étais dit cela avant l'âge, je l'avais senti, mais pas aussi complétement que je peux et que je dois le croire et le sentir aujourd'hui. Mon bonheur, c'est que je ne le puiserai plus dans les satisfactions qui auront mon *moi* pour objet. Est-ce que j'aime mes enfants à cause du plaisir que j'ai à les voir et à les caresser ? Est-ce que mon amour pour eux diminue quand ils me font souffrir ? C'est quand je les vois heureux que je le suis moi-même. Non, vraiment, à un certain âge, il n'y a plus de bonheur que celui qu'on donne. En chercher un autre est insensé. C'est vouloir violer la loi divine, qui ne nous permet plus de régner par la beauté et de charmer par la candeur.

« J'essaierai donc plus que jamais de rendre heureux ceux que j'aime, sans m'inquiéter, sans seulement m'occuper de ce qu'ils me feront souffrir. Par cette résolution, j'obéirai au besoin d'aimer que j'éprouve encore et aux instincts de bonheur que je puis satisfaire. Je ne demanderai plus l'idéal sur la terre, la confiance et l'enthousiasme à l'amour, la justice et la raison à la nature humaine. J'accepterai les erreurs et les fautes, non plus avec l'espoir de les corriger et de jouir de ma conquête, mais avec le désir de les atténuer et de compenser, par ma tendresse, le mal qu'elles font à ceux qui s'y abandonnent. Ce sera la conclusion logique de toute ma vie. J'aurai enfin dégagé cette solution bien nette des nuages où je la cherchais. »

Avant de quitter le bois d'oliviers, la Floriani rêva encore pour se reposer d'avoir pensé. Elle se représenta l'illusion récente de son bonheur avec Karol et de celui qu'elle avait cru pouvoir lui donner. Elle se dit que c'était une faute de sa part d'avoir caressé un si beau rêve, après tant de déceptions et d'erreurs, et elle se demanda si elle devait s'humilier devant Dieu ou se plaindre à lui d'avoir été soumise à une si dévorante épreuve.

Elle avait été si brillante et si suave, cette courte phase de sa dernière ivresse ! c'était la plus complète, la plus pure de sa vie, et elle était déjà finie pour jamais ! Elle sentait bien qu'il serait inutile d'en chercher une semblable avec un autre amant, car il n'y avait pas sur la terre une seconde nature aussi exclusive et aussi passionnée que celle de Karol, une âme aussi riche en transports, aussi puissante pour l'extase et le sentiment de l'adoration.

— « Eh bien, n'est-il plus le même? se disait-elle. Quand le démon qui le tourmente s'endort, ne redevient-il pas ce qu'il était auparavant ? Ne semble-t-il pas, au contraire, qu'il soit plus ardent et plus enivré que dans les premiers jours ? Pourquoi ne m'habituerais-je pas à souffrir des jours et des semaines, pour oublier tout, dans ces heures de célestes ravissements ? »

Mais là elle était arrêtée dans sa chimère par la lumière funeste qui s'était faite en elle. Elle sentait que son esprit, plus juste et plus logique que celui de Karol, n'avait pas la faculté d'oublier en un instant ses propres tortures. Elle se rappelait, dans ses bras, l'affront que sa jalousie venait de lui infliger, elle ne pouvait comprendre ce don terrible et bizarre qu'ont certains êtres de mépriser ce qu'ils adorent et d'adorer ce qu'ils méprisent. Elle ne pouvait plus croire au bonheur, elle ne le sentait plus. Elle en avait perdu la puissance.

— « Pardonne-moi, mon Dieu, s'écria-t-elle dans son cœur, de donner un dernier regret à cette joie parfaite que tu m'as laissé connaître si tard et que tu me retires si vite ! Je ne blasphémerai point contre ton bienfait ; je ne dirai pas que tu t'es joué de moi. Tu as voulu briser ma raison, je ne me suis pas défendue. J'ai cédé naïvement, comme toujours, au délire, et maintenant, dans ma détresse, je n'oublie pas que cette folie était le bonheur. Sois donc béni, ô mon Dieu ! et, avec toi, la main qui caresse et qui terrasse ! »

Alors la Floriani fut saisie d'une immense douleur en disant un éternel adieu à ses chères illusions. Elle se roula par terre, noyée de larmes. Elle exhala les sanglots qui se pressaient dans sa poitrine en cris étouffés. Elle voulut donner cours à une faiblesse qu'elle sentait devoir être la dernière, et à des pleurs qui ne devaient plus couler.

Quand elle fut apaisée par une fatigue accablante, elle dit adieu au vieux olivier, témoin de ses premières joies et de ses derniers combats. Elle sortit du bois, et elle n'y revint jamais ; mais elle souhaita toujours d'exhaler son dernier soupir sous cet ombrage tutélaire ; et, chaque fois qu'elle se sentit faiblir, des fenêtres de sa villa elle regarda le *bois sacré*, songeant au calice d'amertume qu'elle y avait épuisé, et cherchant dans le souvenir de cette dernière crise un instinct de force pour se défendre et de l'espérance et du désespoir.

XXX.

Me voici arrivé, cher lecteur, au terme que je m'étais proposé, et le reste ne sera plus de ma part qu'un acte de complaisance pour ceux qui veulent absolument un dénouement quelconque.

Toi, lecteur sensé, je gage que tu es de mon avis, et que tu trouves les dénouements fort inutiles. Si je suivais en ce point ma conviction et ma fantaisie, aucun roman ne finirait, afin de mieux ressembler à la vie réelle. Quelles sont donc les histoires d'amour qui s'arrêtent d'une manière absolue par la rupture ou par le bonheur, par l'infidélité ou par le sacrement? Quels sont les événements qui fixent notre existence dans des conditions durables ? Je conviens qu'il n'y a rien de plus joli au monde que l'antique formule de conclusion : « Ils vécurent beaucoup d'années et furent toujours heureux. » Cela se disait dans la littérature antéhistorique, dans les temps fabuleux. Heureux temps, si l'on croyait de si doux mensonges !

Mais aujourd'hui nous ne croyons plus à rien, nous rions quand nous lisons cette ritournelle charmante.

Un roman n'est jamais qu'un épisode dans la vie. Je viens de vous raconter ce qui pouvait offrir unité de temps et de lieu dans les amours du prince de Roswald et de la comédienne Lucrezia. Maintenant, est-ce que vous voulez savoir le reste? Est-ce que vous ne pourriez pas me le raconter vous mêmes? Est-ce que vous ne voyez pas mieux que moi où vont les caractères de mes personnages? Est-ce que vous tenez à savoir les faits?

Si vous l'exigez, je ne serai pas long, et je ne vous causerai aucune surprise, puisque je m'y suis engagé. Ils s'aimèrent longtemps et vécurent très-malheureux. Leur amour fut une lutte acharnée, à qui absorberait l'autre. La seule différence entre eux, c'est que la Floriani eût voulu modifier le caractère et calmer l'esprit de Karol pour le rendre heureux comme tout le monde, tandis que lui eût voulu renouveler entièrement l'être qu'il adorait pour se l'assimiler et goûter avec lui un bonheur impossible.

Certes, si l'on voulait tout suivre et tout analyser, il y aurait encore dix volumes à faire, un pour chaque année qu'ils subirent attachés au même boulet. Ces dix volumes pourraient être instructifs, mais risqueraient de devenir encore un peu plus monotones que les deux que voici. En somme, la Floriani supporta toutes les injustices de son amant avec une persévérance inouïe, et Karol méconnut le dévouement et la loyauté de sa maîtresse avec une obstination inconcevable. Rien ne put le guérir de sa jalousie, parce qu'il n'était pas dans la nature de sa passion de s'éclairer et de s'adoucir. Jamais femme ne fut plus ardemment aimée, et, en même temps, plus calomniée et plus avilie dans le cœur de son amant.

Elle avait toujours demandé à Dieu de lui faire rencontrer une âme exclusivement livrée à l'amour comme la sienne. Elle fut trop exaucée; celle de Karol lui versa des torrents d'amour et de fiel, intarissables.

Ce que Salvator leur avait prédit se réalisa à certains égards. Le monde découvrit la retraite de la Floriani et vint l'y saluer. Ses anciens amis accoururent; il y en eut de toutes sortes. Boccaferri eut son tour, et, par parenthèse, il se trouva que Boccaferri avait soixante-dix ans. Aucun ne causa le plus léger motif de jalousie à Karol : tous furent l'objet de sa mortelle jalousie et de son irréconciliable aversion. La Floriani combattit avec bravoure pour préserver la dignité de ceux qui méritaient des égards. Elle en abandonna, en riant, quelques-uns à la férule de Karol, et se préserva du plus grand nombre. Elle ne voulut pourtant pas être lâche, et chasser, pour lui complaire, des êtres malheureux et dignes d'intérêt ou de pitié. Il lui en fit des crimes irrémissibles, et, dix ans après, quand leur nom revenait dans la conversation, il s'écriait avec une conviction qui eût été comique si elle n'eût été déplorable : « Je ne pourrai jamais oublier *le mal* que m'a fait cet homme-là! » Et tout ce mal consistait à n'avoir pas été mis à la porte, sans motif, par la Floriani.

Elle essaya de le distraire, de le faire voyager, de le quitter même pendant quelques moments de l'année. Il traînait sa jalousie partout, il abhorrait les postillons et les aubergistes, et ne fermait pas l'œil en voyage, pensant qu'on allait toujours lui dérober son trésor. Il jetait l'argent à pleines mains; mais, en amour, il était avare jusqu'à la frénésie. Quand il était séparé de Lucrezia pendant quelques semaines, dévoré des mêmes inquiétudes, il tombait malade, parce qu'il ne voulait les confier à personne et ne pouvait pas faire retomber l'amertume sur celle qui les causait innocemment. Elle était forcée de le rappeler. Il reprenait la santé et la vie dès qu'il pouvait la faire souffrir.

Il l'aimait tant, il était si fidèle, si absorbé, si enchaîné, il parlait d'elle avec tant de respect, que c'eût été une gloire pour une femme vaine. Mais la Floriani ne détestait personne assez pour lui souhaiter ce genre de bonheur.

Il finit par triompher, comme il arrive toujours aux volontés acharnées d'un but unique. Il ramena la Floriani à la villa, qui était encore le lieu le plus retiré qu'ils pussent trouver, et là il réussit à la séquestrer et à l'isoler si bien, qu'elle passa pour morte longtemps avant de l'être.

Elle s'éteignit comme une flamme privée d'air. Son supplice fut lent, mais sans relâche. Il faut des années pour détruire à coups d'épingles un être robuste au moral et au physique. Elle s'habituait à tout; personne ne savait renoncer comme elle aux satisfactions de la vie. Elle céda toujours, tout en ayant l'air de se défendre; elle n'eût résisté qu'à des caprices qui eussent fait le malheur de ses enfants. Mais Karol, malgré ce qu'il souffrait de ce partage, n'essaya jamais de les éloigner un seul instant de leur mère. Il employa tout ce qu'il possédait d'empire sur lui-même à ne leur jamais laisser voir qu'elle était sa victime et qu'il s'arrogeait sur elle un droit de propriété absolue.

La comédie fut si bien jouée, et Lucrezia fut si calme et si résignée, que personne ne se douta de son malheur; les enfants étaient arrivés à aimer le prince, excepté Célio, qui était poli avec lui et ne lui parlait jamais.

La Floriani, mise ainsi au secret, ne regrettait pas le monde et ses amis. Elle les avait quittés volontairement, une première fois, elle les quittait encore, par complaisance il est vrai, mais sans amertume. Elle aimait la retraite, le travail, la campagne. Elle se consacrait exclusivement à l'éducation de ses enfants, et enseignait à Célio l'art du théâtre, pour lequel il montrait une vocation passionnée.

Mais Karol, privé enfin de sujets de jalousie, trouva le moyen de lutter contre les idées, les études et les opinions de la Floriani. Il la persécutait poliment et gracieusement sur toutes choses; il n'était de son goût et de son avis sur aucune. L'inaction le dévorait; ayant consacré à la possession d'une femme toutes les puissances de sa volonté et toutes les minutes de son existence, il était, au moral, le despote le plus acharné, comme, au physique, il était le geôlier le plus vigilant. La pauvre Floriani vit sa dernière consolation empoisonnée, lorsque l'esprit de contradiction et l'âpreté d'une controverse puérile et irritante la poursuivirent jusque dans le sanctuaire de sa vie le plus respectable et le plus pur. « Elle avait tort de consentir à ce que Célio fût comédien; c'était un métier infâme. Elle avait tort d'enseigner le chant à Béatrice, et la peinture à Stella; des femmes ne doivent point être trop artistes. Elle avait tort de laisser le père Menapace amasser de l'argent, enfin, elle avait tort de ne pas contrarier la vocation et les instincts de tous les siens, outre qu'elle avait tort d'aimer les animaux, de faire cas des scabieuses, de préférer le bleu au blanc, que sais-je! elle avait *toujours* tort. »

Un beau jour, la Floriani eut quarante ans. Elle n'était plus belle; condamnée à une inaction contraire à ses besoins d'activité, elle avait pourtant perdu son embonpoint. Elle était jaune, et, sans ses beaux yeux calmes et profonds, sans sa distinction et sa grâce tranquille, sans la franchise de sa physionomie souriante, elle eût fait peine à voir, après avoir été la plus belle femme de l'Italie. Il est vrai que le prince la trouvait toujours plus séduisante et plus dangereuse pour le repos des humains, à mesure qu'il la faisait vieillir et enlaidir. Il était aussi amoureux que le premier jour; il ne pouvait se persuader que les jeunes gens ne deviendraient pas épris d'elle jusqu'à la folie, si par malheur ils la voyaient.

Quant à elle, elle se sentit tout à coup lasse d'arriver aux souffrances et aux infirmités d'une vieillesse prématurée, sans en recueillir les fruits, sans inspirer de confiance à son amant, sans avoir conquis son estime, sans avoir cessé d'être aimée de lui comme une maîtresse et non comme une amie. Elle soupira, en se disant qu'elle avait travaillé en vain dans sa jeunesse pour inspirer l'amour, et dans son âge mûr pour inspirer le respect. Elle sentait pourtant qu'à ces différents âges elle avait mérité ce qu'elle cherchait. Elle embrassa ses enfants, un soir, en leur disant avec un accent qui les fit tressaillir au milieu de leur sérénité habituelle : « Vous êtes tout pour moi, et si je désire vivre encore quelques années, c'est pour vous seuls. »

En effet, elle n'aimait plus Karol, il avait comblé la

mesure, avec une goutte d'eau sans doute, mais la coupe débordait; le vase trop plein et comprimé se brise. La Floriani garda le silence, même avec Salvator, qui était venu enfin la voir, sans pouvoir toutefois se réconcilier bien cordialement avec le prince. Elle sentit qu'elle se brisait, mais elle était brave et ne voulait point croire la mort prochaine. Elle voulait au moins faire débuter Célio, marier Stella; la veille de sa mort, elle fit avec eux les plus beaux projets du monde; mais hélas! l'amour était sa vie : en cessant d'aimer, elle devait cesser de vivre.

Le matin, elle alla s'asseoir dans la chaumière de son père. Célio l'avait accompagnée; elle paraissait mieux portante, parce que sa figure était gonflée; elle ne se plaignait jamais, de peur d'inquiéter ses enfants. Elle plaisanta Biffi sur sa toilette du dimanche. Puis, elle se leva en entendant sonner le déjeuner. Tout à coup, elle fit un grand cri, étreignit avec force le cou de son fils, et retomba en souriant sur la même chaise, où, petite paysanne, elle avait filé tant de fois sa quenouille chargée de lin.

Célio avait vingt-deux ans alors, il était grand, beau et robuste; il prit sa mère dans ses bras la croyant évanouie. Il marcha ainsi vers le parc; mais, au moment de franchir la grille, il se trouva en face de Karol et de Salvator Albani, qui venaient de chercher la Lucrezia pour déjeuner. Karol ne comprit pas, et resta comme une statue. Salvator comprit tout de suite, et sans pitié pour lui, car il avait bien deviné que la mort de Lucrezia était son œuvre incessante, il lui dit à voix basse en le poussant en arrière : « Courez aux autres enfants, emmenez-les, cela les tuerait. Leur mère est morte! »

Ce dernier mot frappa au cœur de Célio. Il regarda le visage de sa mère, il vit qu'elle était morte en effet, quoiqu'elle eût encore l'œil ouvert et tranquille et la bouche souriante. Il tomba évanoui avec le cadavre sur le seuil du parc.

Karol ne vit rien de ce qui se passait. Une heure après, il était seul, toujours debout devant la grille, pétrifié, hébété. Il lisait sur une pierre qui se trouvait en face de lui, un vers que le temps et la pluie n'avaient jamais pu effacer :

Lasciate ogni speranza, voi ch'entrate!

Il le relisait et cherchait à se rappeler en quelle circonstance il l'avait déjà remarqué. Il avait perdu le sentiment de la douleur.

En mourut-il ou devint-il fou? Il serait trop facile d'en finir ainsi avec lui; je n'en dirai plus rien..... à moins qu'il ne me prenne envie de recommencer un roman où Célio, Stella, les deux Salvator, Béatrice, Menapace, Biffi, Tealdo Soavi, Vandoni et même Boccaferri, joueront leur rôle autour du prince Karol. C'est bien assez de tuer le personnage principal, sans être forcé de récompenser, de punir ou de sacrifier un à un tous les autres.

FIN DE LUCREZIA FLORIANI.

LE CHATEAU DES DÉSERTES

NOTICE

Le *Château des Désertes* est une analyse de quelques idées d'art plutôt qu'une analyse de sentiments. Ce roman m'a servi, une fois de plus, à me confirmer dans la certitude que les choses réelles, transportées dans le domaine de la fiction, n'y apparaissent un instant que pour y disparaître aussitôt, tant leur transformation y devient nécessaire.

Durant plusieurs hivers consécutifs, étant retirée à la campagne avec mes enfants et quelques amis de leur âge, nous avions imaginé de jouer la comédie sur scénario et sans spectateurs, non pour nous instruire en quoi que ce soit, mais pour nous amuser. Cet amusement devint une passion pour les enfants, et peu à peu une sorte d'exercice littéraire qui ne fut point inutile au développement intellectuel de plusieurs d'entre eux. Une sorte de mystère que nous ne cherchions pas, mais qui résultait naturellement de ce petit vacarme prolongé assez avant dans les nuits, au milieu d'une campagne déserte, lorsque la neige ou le brouillard nous enveloppaient au dehors, et que nos serviteurs même, n'aidant ni à nos changements de décor, ni à nos soupers, quittaient de bonne heure la maison où nous restions seuls; le tonnerre, les coups de pistolet, les roulements du tambour, les cris du drame et la musique du ballet, tout cela avait quelque chose de fantastique, et les rares passants qui en saisirent de loin quelque chose n'hésitèrent pas à nous croire fous ou ensorcelés.

Lorsque j'introduisis un épisode de ce genre dans le roman qu'on va lire, il y devint une étude sérieuse, et y prit des proportions si différentes de l'original, que mes pauvres enfants, après l'avoir lu, ne regardaient plus qu'avec chagrin le paravent bleu et les costumes de papier découpé qui avaient fait leurs délices. Mais à quelque chose sert toujours l'exagération de la fantaisie, car ils firent eux-mêmes un théâtre aussi grand que le permettait l'exiguïté du local, et arrivèrent à y jouer des pièces qu'ils firent, eux-mêmes aussi, les années suivantes.

Qu'elles fussent bonnes ou mauvaises, là n'est point la question intéressante pour les autres : mais ne firent-ils pas mieux de s'amuser et de s'exercer ainsi, que de courir cette bohême du monde réel, qui se trouve à tous les étages de la société?

C'est ainsi que la fantaisie, le roman, l'œuvre de l'imagination, en un mot, a son effet détourné, mais certain, sur l'emploi de la vie. Effet souvent funeste, disent les rigoristes de mauvaise foi ou de mauvaise humeur. Je le nie. La fiction commence par transformer la réalité; mais elle est transformée à son tour et fait entrer un peu d'idéal, non pas seulement dans les petits faits, mais dans les grands sentiments de la vie réelle.

GEORGE SAND.

Nohant 17 janvier 1853.

A M. W.-G. MACREADY.

Ce petit ouvrage essayant de remuer quelques idées sur l'art dramatique, je le mets sous la protection d'un grand nom et d'une honorable amitié.

GEORGE SAND.

Nohant, 30 avril 1847.

I.

LA JEUNE MÈRE.

Avant d'arriver à l'époque de ma vie qui fait le sujet de ce récit, je dois dire en trois mots qui je suis.

Je suis le fils d'un pauvre ténor italien et d'une belle dame française. Mon père se nommait Tealdo Soavi; je ne nommerai point ma mère. Je ne fus jamais avoué par elle, ce qui ne l'empêcha point d'être bonne et généreuse pour moi. Je dirai seulement que je fus élevé dans la maison de la marquise de..., à Turin et à Paris, sous un nom de fantaisie.

La marquise aimait les artistes sans aimer les arts. Elle n'y entendait rien et prenait un égal plaisir à entendre une valse de Strauss et une fugue de Bach. En peinture, elle avait un faible pour les étoffes vert et or, et elle ne pouvait souffrir une toile mal encadrée. Légère et charmante, elle dansait à quarante ans comme une sylphide et fumait des cigarettes de contrebande avec une grâce que je n'ai vue qu'à elle. Elle n'avait aucun remords d'avoir cédé à quelques entraînements de jeunesse et ne s'en cachait point trop, mais elle eût trouvé de mauvais goût de les afficher. Elle eut de son mari un fils que je ne nommai jamais mon frère, mais qui est toujours pour moi un bon camarade et un aimable ami.

Je fus élevé comme il plut à Dieu; l'argent n'y fut pas épargné. La marquise était riche, et, pourvu qu'elle n'eût à prendre aucun souci de mes aptitudes et de mes progrès, elle se faisait un devoir de ne me refuser aucun moyen de développement. Si elle n'eût en réalité que ma parente éloignée et ma bienfaitrice, comme elle l'était officiellement, j'aurais été le plus heureux et le plus reconnaissant des orphelins; mais les femmes de chambre avaient eu trop de part à ma première éducation pour que j'ignorasse le secret de ma naissance. Dès que je pus sortir de leurs mains, je m'efforçai d'oublier la douleur et l'effroi que leur indiscrétion m'avait causés. Ma mère me permit de voir le monde à ses côtés, et je reconnus, à la frivolité bienveillante de son caractère, au peu de soin mental qu'elle prenait de son fils légitime, que je n'avais aucun sujet de me plaindre. Je ne conservai donc point d'amertume contre elle, je n'en eus jamais le droit; mais une sorte de mélancolie, jointe à beaucoup de patience, de tolérance extérieure et de résolution intime, se trouva être au fond de mon esprit, de bonne heure et pour toujours.

J'éprouvais parfois un violent désir d'aimer et d'embrasser ma mère. Elle m'accordait un sourire en passant, une caresse à la dérobée. Elle me consultait sur le choix de ses bijoux et de ses chevaux; elle me félicitait d'avoir du *goût*, donnait des éloges à mes instincts de savoir-vivre, et ne me gronda pas une seule fois en sa vie; mais jamais aussi elle ne comprit mon besoin d'expansion avec elle. Le seul mot maternel qui lui échappa fut pour me demander, un jour qu'elle s'aperçut de ma tristesse, si j'étais jaloux de son fils, et si je ne me trouvais pas aussi bien traité que *l'enfant de la maison*. Or, comme, sauf le plaisir très-creux d'avoir un nom et le bonheur très-faux d'avoir dans le monde une position toute faite pour l'oisiveté, mon frère n'était effectivement pas mieux traité que moi, je compris une fois pour toutes, dans un âge encore assez tendre, que tout sentiment d'envie et de dépit serait de ma part ingratitude et lâcheté. Je reconnus que ma mère m'aimait autant qu'elle pouvait aimer, plus peut-être qu'elle n'aimait mon frère, car j'étais l'enfant de l'amour, et ma figure lui plaisait plus que la ressemblance de son héritier avec son mari.

Je m'attachai donc à lui complaire, en prenant mieux que lui les leçons qu'elle payait pour nous deux avec une égale libéralité, une égale insouciance. Un beau jour, elle s'aperçut que j'avais profité, et que j'étais capable de me tirer d'affaire dans la vie. « Et mon fils? dit-elle avec un sourire; il risque fort d'être ignorant et paresseux, n'est-ce pas?... » Puis elle ajouta naïvement: « Voyez comme c'est heureux, que ces deux enfants aient compris chacun sa position! » Elle m'embrassa au front, et tout fut dit. Mon frère n'essuya aucun reproche de sa part. Sans s'en douter, et grâce à ses instincts débonnaires, elle avait détruit entre nous tout levain d'émulation, et l'on conçoit qu'entre un fils légitime et un bâtard l'émulation eût pu se changer fort aisément en aversion et en jalousie.

Je travaillai donc pour mon propre compte, et je pus me livrer sans anxiété et sans amour-propre maladif au plaisir que je trouvais naturellement à m'instruire. Entouré d'artistes et de gens du monde, mon choix se fit tout aussi naturellement. Je me sentais artiste, et, si j'eusse été maltraité par ceux qui ne l'étaient pas, je me serais élancé dans la carrière avec une sorte d'âpreté chagrine et hautaine. Il n'en fut rien. Tous les amis de ma mère m'encourageaient de leur bienveillance, et moi, ne me sentant blessé nulle part, j'entrai dans la voie qui me parut la mienne avec le calme et la sérénité d'une âme qui prend librement possession de son domaine.

Je portai dans l'étude de la peinture toutes les facultés qui étaient en moi, sans fièvre, sans irritation, sans impatience. A vingt-cinq ans seulement, je me sentis arrivé au premier degré de développement de ma force, et je n'eus pas lieu de regretter mes tâtonnements.

Ma mère n'était plus; elle m'avait oublié dans son testament, mais elle était morte en me faisant écrire un billet fort gracieux pour me féliciter de mes premiers succès, et en donnant une signature à son banquier pour payer les premières dettes de mon frère. Elle avait fait autant pour moi que pour lui, puisqu'elle nous avait mis tous les deux à même de devenir des hommes. J'étais arrivé au but le premier; je ne dépendais plus que de mon courage et de mon intelligence. Mon frère dépendait de sa fortune et de ses habitudes; je n'eusse pas changé son sort contre le mien.

Depuis quelques années, je ne voyais plus ma mère que rarement. Je lui écrivais à d'assez longs intervalles. Il m'en coûtait de l'appeler, conformément à ses prescriptions, *ma bonne protectrice*. Ses lettres ne me causaient qu'une joie mélancolique, car elles ne contenaient guère que des questions de détail matériel et des offres d'argent relativement à mon travail. « *Il me semble*, écrivait-elle, qu'il y a *quelque temps* que vous ne m'avez rien demandé, et je vous supplie de ne point faire de dettes, puisque ma bourse est toujours à votre disposition. Traitez-moi toujours en ceci comme votre véritable amie. »

Cela était bon et généreux, sans doute, mais cela me blessait chaque fois davantage. Elle ne remarquait pas que, depuis plusieurs années, je ne lui coûtais plus rien, tout en ne faisant point de dettes. Quand je l'eus perdue, ce que je regrettai le plus, ce fut l'espérance que j'avais vaguement nourrie qu'elle m'aimerait un jour; ce qui me fit verser des larmes, ce fut la pensée que j'aurais pu l'aimer passionnément, si elle l'eût bien voulu. Enfin, je pleurais de ne pouvoir pleurer vraiment ma mère.

Tout ce que je viens de raconter n'a aucun rapport avec l'épisode de ma vie que je vais retracer. Il ne se trouvera aucun lien entre le souvenir de ma première jeunesse et les aventures qui en ont rempli la seconde période. J'aurais donc pu me dispenser de cette exposition; mais il m'a semblé pourtant qu'elle était nécessaire. Un narrateur qui est un être passif qui ennuie quand il ne rapporte pas les faits qui le touchent à sa propre individualité bien constatée. J'ai toujours détesté les histoires qui procèdent par *je*, et si je ne raconte pas la mienne à la troisième personne, c'est que je me sens capable de rendre compte de moi-même, et d'être, sinon le héros principal, du moins un personnage actif dans les événements dont j'évoque le souvenir.

J'intitule ce petit drame du nom d'un lieu où ma vie s'est révélée et dénouée. Mon nom, à moi, c'est-à-dire le nom qu'on m'a choisi en naissant, est Adorno Salentini. Je ne sais pas pourquoi je ne me serais pas appelé *Soavi*, comme mon père. Peut-être que ce n'était pas non plus son nom. Ce qu'il y a de certain, c'est qu'il mourut sans savoir que j'existais. Ma mère, aussi vite épouvantée qu'éprise, lui avait caché les conséquences de leur liaison pour pouvoir la rompre plus entièrement.

Pour toutes les causes qui précèdent, me voyant et me sentant doublement orphelin dans la vie, j'étais tout accoutumé à ne compter que sur moi-même. Je pris des habitudes de discrétion et de réserve en raison des instincts de courage et de fierté que je cultivais en moi avec soin.

Deux ans après la mort de ma mère, c'est-à-dire à vingt-sept ans, j'étais déjà fort et libre au gré de mon ambition, car je gagnais un peu d'argent, et j'avais très-peu de besoins; j'arrivais à une certaine réputation sans avoir eu trop de protecteurs, à un certain talent sans trop craindre ni rechercher les conseils de personne, à une certaine satisfaction intérieure, car je me trouvais sur la route d'un progrès assuré, et je voyais assez clair dans mon avenir d'artiste. Tout ce qui me manquait encore, je le sentais couver en silence dans mon sein, et j'en attendais l'éclosion avec une joie secrète qui me soutenait, et une apparence de calme qui m'empêchait d'avoir des ennemis. Personne encore ne pressentait en moi un rival bien terrible; moi, je ne me sentais pas de rivaux funestes. Aucune gloire officielle ne me faisait peur. Je souriais intérieurement de voir des hommes, plus inquiets et plus pressés que moi, s'enivrer d'un succès précaire. Doux et facile à vivre, je pouvais constater en moi une force de patience dont je savais bien être incapables les natures violentes, emportées autour de moi comme des feuilles par le vent d'orage. Enfin j'offrais à l'œil de celui qui voit tout, ce que je cachais au regard dangereux et trouble des hommes : le contraste d'un tempérament paisible avec une imagination vive et une volonté prompte.

A vingt-sept ans, je n'avais pas encore aimé, et certes ce n'était pas faute d'amour dans le sang et dans la tête; mais mon cœur ne s'était jamais donné. Je le reconnaissais si bien, que je rougissais du plaisir comme d'une faiblesse, et que je me reprochais presque ce qu'un autre eût appelé ses bonnes fortunes. Pourquoi mon cœur se refusait-il à partager l'enivrement de ma jeunesse ? Je l'ignore. Il n'est point d'homme qui puisse se définir au point de n'être pas, sous quelque rapport, un mystère pour lui-même. Je ne puis donc m'expliquer ma froideur intérieure que par induction. Peut-être ma volonté était-elle trop tendue vers le progrès dans mon art. Peut-être étais-je trop fier pour me livrer avant d'avoir le droit d'être compris. Peut-être encore, il me semble que je retrouve cette émotion dans mes vagues souvenirs, peut-être avais-je dans l'âme un idéal de femme que je ne me croyais pas encore digne de posséder, et pour lequel je voulais me conserver pur de tout servage.

Cependant mon temps approchait. A mesure que la manifestation de ma vie me devenait plus facile dans la peinture, l'explosion de ma puissance cachée se préparait dans mon sein par une inquiétude croissante. A Vienne, pendant un rude hiver, je connus la duchesse de... noble italienne, belle comme un camée antique, éblouissante femme du monde, et *dilettante* à tous les degrés de l'art. Le hasard lui fit voir une peinture de moi. Elle la comprit mieux que toutes les personnes qui l'entouraient. Elle s'exprima sur mon compte en des termes qui caressèrent mon amour-propre. Je sus qu'elle me plaçait plus haut que ne faisait encore le public, et qu'elle travaillait à ma gloire sans me connaître, par pur amour de l'art. J'en fus flatté; la reconnaissance vint attendrir l'orgueil dans mon sein. Je désirai lui être présenté : je fus accueilli mieux encore que je ne m'y attendais. Ma figure et mon langage parurent lui plaire, et elle me dit, presque à la première entrevue, qu'en moi l'homme était encore supérieur au peintre. Je me sentis plus ému par sa grâce, son élégance et sa beauté, que je ne l'avais encore été auprès d'aucune femme.

Une seule chose me chagrinait : certaines habitudes de mollesse, certaines locutions d'éloges officiels, certaines formules de sympathie et d'encouragement, me rappelaient la douce, libérale et insoucieuse femme dont j'avais été le fils et le *protégé*. Parfois j'essayais de me persuader que c'était une raison de plus pour moi de m'attacher à elle; mais parfois aussi je tremblais de retrouver, sous cette enveloppe charmante, la femme du monde, cet être banal et froid, habile dans l'art des niaiseries, maladroit dans les choses sérieuses, généreux de fait sans l'être d'intention, aimant à faire le bonheur d'autrui, à la condition de ne pas compromettre le sien.

J'aimais, je doutais, je souffrais. Elle n'avait pas une réputation d'austérité bien établie, quoique ses faiblesses n'eussent jamais fait scandale. J'avais tout lieu d'espérer un délicieux caprice de sa part. Cela ne m'enivrait pas. Je n'étais plus assez enfant pour me glorifier d'inspirer un caprice; j'étais assez homme pour aspirer à être l'objet d'une passion. Je brûlais d'un feu mystérieux trop longtemps comprimé pour ne pas m'avouer que j'allais être en proie moi-même à une passion énergique; mais, lorsque je me sentais sur le point d'y céder, j'étais épouvanté de l'idée que j'allais donner tout pour recevoir peu... peut-être rien. J'avais peur, non pas précisément de devenir dans le monde une dupe de plus; qu'importe, quand l'erreur est douce et profonde ? mais peur d'user mon âme, ma force morale, l'avenir de mon talent, dans une lutte pleine d'angoisses et de mécomptes. Je pourrais dire que j'avais peur enfin de n'être pas complétement dupe, et que je me méfiais du retour de ma clairvoyance prête à m'échapper.

Un soir, nous allâmes ensemble au théâtre. Il y avait plusieurs jours que je ne l'avais vue. Elle avait été malade; du moins sa porte avait été fermée, et ses traits étaient légèrement altérés. Elle m'avait envoyé une place dans sa loge pour assister avec moi et un autre de ses amis, espèce de sigisbée insignifiant, au début d'un jeune homme dans un opéra italien.

J'avais travaillé avec beaucoup d'ardeur et avec une sorte de dépit fiévreux durant la maladie feinte ou réelle de la duchesse. Je n'étais pas sorti de mon atelier, je n'avais vu personne, je n'étais plus au courant des nouvelles de la ville.

— Qui donc débute ce soir ? lui demandai-je un instant avant l'ouverture.

— Quoi ! vous ne le savez pas ? me dit-elle avec un sourire caressant, qui semblait me remercier de mon indifférence à tout ce qui n'était pas elle.

Puis elle reprit d'un air d'indifférence :

— C'est un tout jeune homme, mais dont on espère beaucoup. Il porte un nom célèbre au théâtre; il s'appelle Célio Floriani.

— Est-il parent, demandai-je, de la célèbre Lucrezia Floriani, qui est morte il y a deux ou trois ans ?

— Son propre fils, répondit la duchesse, un garçon de vingt-quatre ans, beau comme sa mère et intelligent comme elle.

Je trouvai cet éloge trop complet; l'instinct jaloux se développait en moi; à mon gré la duchesse se hâtait trop d'admirer les jeunes talents. J'oubliai d'être reconnaissant pour mon propre compte.

— Vous le connaissez? lui dis-je avec d'autant plus de calme que je me sentais plus ému.

— Oui, je le connais un peu, répondit-elle en dépliant son éventail; je l'ai entendu deux fois depuis qu'il est ici.

Je ne répondis rien. Je fis faire un détour à la conversation, pour obtenir, par surprise, l'aveu que je redoutais. Au bout de cinq minutes de propos oiseux en apparence, j'appris que la duchesse avait entendu chanter deux fois dans son salon le jeune Célio Floriani, pendant que la porte m'était fermée, car ce débutant n'était arrivé à Vienne que depuis cinq jours.

Je renfermai ma colère, mais elle fut devinée, et la duchesse s'en tira aussi bien que possible. Je n'étais pas encore assez *lié* avec elle pour avoir le droit d'attendre une justification. Elle daigna me la donner assez satisfaisante, et mon amertume fit place à la reconnaissance. Elle avait beaucoup connu la fameuse Floriani et vu son fils adolescent auprès d'elle. Il était venu naturellement la saluer à son arrivée, et, croyant lui devoir aide et protection, elle avait consenti à le recevoir et à l'entendre, quoique malade et séquestrée. Il avait chanté pour elle devant son médecin, elle l'avait écouté par ordonnance de médecin. « Je ne sais si c'est que je m'ennuyais d'être seule, ajouta-t-elle d'un ton languissant, ou si mes nerfs étaient détendus par le régime; mais il est certain qu'il m'a fait plaisir et que j'ai bien auguré de son début. Il a une voix magnifique, une belle méthode et un extérieur agréable; mais que sera-t-il sur la scène? C'est si différent d'entendre un virtuose à huis clos! Je crains pour ce pauvre enfant l'épreuve terrible du public. Le nom qu'il porte est un rude fardeau à soutenir; on attend beaucoup de lui : noblesse oblige!

— C'est une cruauté, Madame, dit le marquis R., qui se tenait au fond de la loge, le public est bête; il devrait savoir que les personnes de génie ne mettent au monde que des enfants bêtes. C'est une loi de nature.

— J'aime à croire que vous vous trompez, ou que la nature ne se trompe pas toujours si sottement, répondit la duchesse d'un air narquois. Votre fille est une personne charmante et pleine d'esprit. » Puis, comme pour atténuer l'effet désagréable que pouvait produire sur moi cette repartie un peu vive, elle me dit tout bas, derrière son éventail : « J'ai choisi le marquis pour être avec nous ce soir, parce qu'il est le plus bête de tous mes amis. »

Je savais que le marquis s'endormait toujours au lever du rideau; je me sentis heureux et tout disposé à la bienveillance pour le débutant.

— Quelle voix a-t-il? demandai-je.

— Qui? le marquis? reprit-elle en riant.

— Non, votre protégé!

— *Primo basso cantante*. Il se risque dans un rôle bien fort, ce soir. Tenez, on commence; il entre en scène! voyez. Pauvre enfant! comme il doit trembler!

Elle agita son éventail. Quelques claques saluèrent l'entrée de Célio. Elle y joignit si vivement le faible bruit de ses petites mains, que son éventail tomba. « Allons, me dit-elle, comme je le ramassais, applaudissez aussi le nom de la Floriani, c'est un grand nom en Italie, et, nous autres Italiens, nous devons le soutenir. Cette femme a été une de nos gloires.

— Je l'ai entendue dans mon enfance, répondis-je; mais c'est donc depuis qu'elle était retirée du théâtre que vous l'avez particulièrement connue? car vous êtes trop jeune...

Ce n'était pas le moment de faire une circonlocution pour apprendre si la duchesse avait vu la Floriani une fois ou vingt fois en sa vie. J'ai su plus tard qu'elle ne l'avait jamais vue que de sa loge, et que Célio lui avait été simplement recommandé par le comte Albani. J'ai su bien d'autres choses... Mais Célio débitait son récitatif, et la duchesse toussait trop pour me répondre. Elle avait été si enrhumée!

II.

LE VER LUISANT.

Il y avait alors au théâtre impérial une chanteuse qui eût fait quelque impression sur moi, si la duchesse de... ne se fût emparée plus victorieusement de mes pensées. Cette chanteuse n'était ni de la première beauté, ni de la première jeunesse, ni du premier ordre de talent. Elle se nommait Cécilia Boccaferri; elle avait une trentaine d'années, les traits un peu fatigués, une jolie taille, de la distinction, une voix plutôt douce et sympathique que puissante; elle remplissait sans fracas d'engouement, comme sans contestation de la part du public, l'emploi de *seconda donna*.

Sans m'éblouir, elle m'avait plu hors de la scène plutôt que sur les planches. Je la rencontrais quelquefois chez un professeur de chant qui était mon ami et qui avait été son maître, et dans quelques salons où elle allait chanter avec les premiers sujets. Elle vivait, disait-on, fort sagement, et faisait vivre son père, vieux artiste paresseux et désordonné. C'était une personne modeste et calme que l'on accueillait avec égard, mais dont on s'occupait fort peu dans le monde.

Elle entra en même temps que Célio, et, bien qu'elle ne s'occupât jamais du public lorsqu'elle était à son rôle, elle tourna les yeux vers la loge d'avant-scène où j'étais avec la duchesse. Il y eut dans ce regard furtif et rapide quelque chose qui me frappa : j'étais disposé à tout remarquer et à tout commenter ce soir-là.

Célio Floriani était un garçon de vingt-quatre à vingt-cinq ans, d'une beauté accomplie. On disait qu'il était tout le portrait de sa mère, qui avait été la plus belle femme de son temps. Il était grand sans l'être trop, svelte sans être grêle. Ses membres dégagés avaient de l'élégance, sa poitrine large et pleine annonçait la force. La tête était petite comme celle d'une belle statue antique, les traits d'une pureté délicate avec une expression vive et une couleur solide; l'œil noir étincelant, les cheveux épais, ondés et plantés au front par la nature selon toutes les règles de l'art italien; le nez était droit, la narine nette et mobile, le sourcil pur comme un trait de pinceau, la bouche vermeille et bien découpée, la moustache fine et encadrant la lèvre supérieure par un mouvement de frisure naturelle d'une grâce coquette; les plans de la joue sans défaut, l'oreille petite, le cou dégagé, rond, blanc et fort, la main bien faite, le pied de même, les dents éblouissantes, le sourire malin, le regard très hardi... Je regardai la duchesse... Je la regardai d'autant mieux, qu'elle n'y fit point attention, tant elle était absorbée par l'entrée du débutant.

La voix de Célio était magnifique, et il savait chanter; cela se jugeait dès les premières mesures. Sa beauté ne pouvait pas lui nuire : pourtant, lorsque je reportai mes regards de la duchesse à l'acteur, ce dernier me parut insupportable. Je crus d'abord que c'était prévention de jaloux; je me moquai de moi-même; je l'applaudis, je l'encourageai d'un de ces *bravo* à demi-voix que l'acteur entend fort bien sur la scène. Là je rencontrai encore le regard de mademoiselle Boccaferri attaché sur la duchesse et sur moi. Cette préoccupation n'était pas dans ses habitudes, car elle avait un maintien éminemment grave et un talent spécialement consciencieux.

Mais j'avais beau faire le dégagé : d'une part, je voyais la duchesse en proie à un trouble inconcevable, à une émotion qu'elle ne pouvait plus me cacher, on eût dit qu'elle ne l'essayait même pas; d'autre part, je voyais le beau Célio, en dépit de son audace et de ses moyens, s'acheminer vers une de ces chutes dont on ne se relève guère, ou tout au moins vers un de ces *fiasco* qui laissent après eux des années de découragement et d'impuissance.

En effet, ce jeune homme se présenta avec un aplomb qui frisait l'outrecuidance. On eût dit que le nom qu'il portait était écrit par lui sur son front pour être salué et adoré sans examen de son individualité; on eût dit aussi que sa beauté devait faire baisser les yeux, même aux hommes. Il avait cependant du talent et une puissance incontestable : il ne jouait pas mal, et il chantait bien; mais il était insolent dans l'âme, et cela perçait par tous ses pores. La manière dont il accueillit les premiers applaudissements déplut au public. Dans son salut et dans son regard, on lisait clairement cette modeste allocution intérieure : « Tas d'imbéciles que vous êtes, vous serez bientôt forcés de m'applaudir davantage. Je méprise le faible tribut de votre indulgence; j'ai droit à des transports d'admiration. »

Pendant deux actes, il se maintint à cette hauteur dédaigneuse; et le public incertain lui pardonna généreusement son orgueil, voulant voir s'il le justifierait, et si cet orgueil était un droit légitime ou une prétention impertinente. Je n'aurais su dire moi-même lequel c'était, car je l'écoutais avec un désintéressement amer. Je ne pouvais plus douter de l'engouement de ma compagne pour lui; je le lui disais, même assez malhonnêtement, sans la fâcher, sans la distraire; elle n'attendait qu'un moment d'éclatant triomphe de Célio pour me dire que j'étais un fat et qu'elle n'avait jamais pensé à moi.

Ce moment de triomphe sur lequel tous deux comptaient, c'était un duo du troisième acte avec la signora Boccaferri. Cette sage créature semblait s'y prêter de bonne grâce et vouloir s'effacer derrière le succès du débutant. Célio s'était ménagé jusque-là; il arrivait à un effet avec la certitude de le produire.

Mais que se passa-t-il tout d'un coup entre le public et lui? Nul ne l'eût expliqué, chacun le sentit. Il était là, lui, comme un magnétiseur qui essaie de prendre possession de son sujet, et qui ne se rebute pas de la lenteur de son action. Le public était comme le patient, à la fois naïf et sceptique, qui attend de ressentir ou de secouer le charme pour se dire : « Celui-ci est un prophète ou un charlatan. » Célio ne chanta pourtant pas mal, la voix ne lui manqua pas; mais il voulut peut-être aider son effet par un jeu trop accusé : eut-il un geste faux, une intonation douteuse, une attitude ridicule? Je n'en sais rien. Je regardai la duchesse prête à s'évanouir, lorsqu'un froid sinistre plana sur toutes les têtes, un sourire sépulcral effleura tous les visages. L'air fini, quelques amis essayèrent d'applaudir; deux ou trois *chut* discrets, contre lesquels personne n'osa protester, firent tout rentrer dans le silence. Le *fiasco* était consommé.

La duchesse était pâle comme la mort; mais ce fut l'affaire d'un instant. Reprenant l'empire d'elle-même avec une merveilleuse dextérité, elle se tourna vers moi, et me dit en souriant, en affrontant mon regard comme si rien n'était changé entre nous : — Allons, c'est trois ans d'étude qu'il faut encore à ce chanteur-là! Le théâtre est un autre lieu d'épreuve que l'auditoire bienveillant de la vie privée. J'aurais pourtant cru qu'il s'en serait mieux tiré. Pauvre Floriani, comme il eût souffert si cela se fût passé de son vivant! Mais qu'avez-vous donc, monsieur Salentini? On dirait que vous avez pris tant d'intérêt à ce début, que vous vous sentez consterné de la chute?

— Je n'y songeais pas, Madame, répondis-je; je regardais et j'écoutais mademoiselle Boccaferri, qui vient de dire admirablement bien une toute petite phrase fort simple.

— Ah! bah! vous écoutez la Boccaferri, vous? Je ne lui fais pas tant d'honneur. Je n'ai jamais su ce qu'elle disait mal ou bien.

— Je ne vous crois pas, Madame; vous êtes trop bonne musicienne et trop artiste pour n'avoir pas mille fois remarqué qu'elle chante comme un ange.

— Rien que cela! A qui en avez-vous, Salentini? Est-ce vraiment de la Boccaferri que vous me parlez? J'ai mal entendu, sans doute.

— Vous avez fort bien entendu, Madame; Cecilia Boccaferri est une personne accomplie et une artiste du plus grand mérite. C'est votre doute à cet égard qui m'étonne.

— Oui-da! vous êtes facétieux aujourd'hui, reprit la duchesse sans se déconcerter.

Elle était charmée de me supposer du dépit; elle était loin de croire que je fusse parfaitement calme et détaché d'elle, ou au moment de l'être.

— Non, Madame, repris-je, je ne plaisante pas. J'ai toujours fait grand cas des talents qui se respectent et qui se tiennent, sans aigreur, sans dégoût et sans folle ambition, à la place que le jugement public leur assigne. La signora Boccaferri est un de ces talents purs et modestes qui n'ont pas besoin de bruit et de couronnes pour se maintenir dans la bonne voie. Son organe manque d'éclat, mais son chant ne manque jamais d'ampleur. Ce timbre, un peu voilé, a un charme qui me pénètre. Beaucoup de *prime donne* fort en vogue n'ont pas plus de plénitude ou de fraîcheur dans le gosier; il en est même qui n'en ont plus du tout. Elles appellent alors à leur aide l'*artifice* au lieu de l'*art*, c'est-à-dire le mensonge. Elles se créent une voix factice, une méthode personnelle, qui consiste à sauver toutes les parties défectueuses de leur registre pour ne faire valoir que certaines notes criées, chevrotées, sanglotées, étouffées, qu'elles ont à leur service. Cette méthode, prétendue dramatique et savante, n'est qu'un misérable tour de gibecière, un escamotage maladroit, une fourberie dont les ignorants sont seuls dupes; mais, à coup sûr, ce n'est plus là du chant, ce n'est plus de la musique. Que deviennent l'intention du maître, le sens de la mélodie, le génie du rôle, lorsqu'au lieu d'une déclamation naturelle, et qui n'est vraisemblable et pathétique qu'à la condition d'avoir des nuances alternatives de calme et de passion, d'abattement et d'emportement, la cantatrice, incapable de rien *dire* et de rien *chanter*, crie, soupire et larmoie son rôle d'un bout à l'autre? D'ailleurs, quelle couleur, quelle physionomie, quel sens peut avoir un chant écrit pour la voix, quand, à la place d'une voix humaine et vivante, le virtuose épuisé, met un cri, un grincement, une suffocation perpétuels? Autant vaut chanter Mozart avec la *pratique* de Pulcinella sur la langue; autant vaut assister aux hurlements de l'épilepsie. Ce n'est pas davantage de l'art, c'est de la réalité plus positive.

— Bravo, monsieur le peintre! dit la duchesse avec un sourire malin et caressant ; je ne vous savais si docte et si subtil en fait de musique! Pourquoi est-ce la première fois que vous en parlez si bien? J'aurais toujours été de votre avis... en théorie, car vous faites une mauvaise application en ce moment. La pauvre Boccaferri a précisément une de ces voix usées et flétries qui ne peuvent plus chanter.

— Et pourtant, repris-je avec fermeté, elle chante toujours, elle ne fait que chanter; elle ne crie et ne suffoque jamais, et c'est pour cela que le public frivole ne fait point d'attention à elle. Croyez-vous qu'elle soit si peu habile qu'elle ne pût viser à l'*effet* tout comme une autre, et remplacer l'*art* par l'*artifice*, si elle daignait abaisser son âme et sa science jusque-là? Que demain elle se lasse de passer inaperçue et qu'elle veuille agir sur la fibre nerveuse de son auditoire par des cris, elle éclipsera ses rivales, je n'en doute pas. Son organe, voilé d'habitude, est précisément de ceux qui s'éclaircissent par un effort physique, et qui vibrent puissamment quand le chanteur veut sacrifier le charme à l'étonnement, la vérité à l'effet.

— Mais alors, convenez-en vous-même, que lui reste-t-il, si elle n'a ni le courage et la volonté de produire l'effet par un certain artifice, ni la santé de l'organe qui possède le charme naturel? Elle n'agit ni sur l'imagination trompée, ni sur l'oreille satisfaite, cette pauvre fille? Elle dit proprement ce qui est écrit dans son rôle; elle ne choque jamais, elle ne dérange rien. Elle est musicienne, j'en conviens, et utile dans l'ensemble; mais, seule, elle est nulle. Qu'elle entre, qu'elle sorte, le théâtre ne reste toujours vide quand elle le traverse de ses bouts de rôle et de ses petites phrases perlées.

— Voilà ce que je nie, et, pour mon compte, je sens

qu'elle remplit, non pas seulement le théâtre de sa présence, mais qu'elle pénètre et anime l'opéra de son intelligence. Je nie également que le défaut de plénitude de son organe en exclue le charme. D'abord ce n'est pas une voix malade, c'est une voix délicate, de même que la beauté de mademoiselle Boccaferri n'est pas une beauté flétrie, mais une beauté voilée. Cette beauté suave, cette voix douce, ne sont pas faites pour les sens toujours un peu grossiers du public; mais l'artiste qui les comprend devine des trésors de vérité sous cette expression contenue, où l'âme tient plus encore qu'elle ne promet et ne s'épuise jamais, parce qu'elle ne se prodigue point.

— Oh! mille et mille fois pardon, mon cher Salentini! s'écria la duchesse en riant et en me tendant la main d'un air enjoué et affectueux: je ne vous savais pas amoureux de la Boccaferri; si je m'en étais doutée, je ne vous aurais pas contrarié en disant du mal d'elle. Vous ne m'en voulez pas? vrai, je n'en savais rien!

Je regardai attentivement la duchesse. Qu'elle eût été sincère dans son désintéressement, je redevenais amoureux ; mais elle ne put soutenir mon regard, et l'étincelle diabolique jaillit du sien à la dérobée.

— Madame, lui dis-je sans baiser sa main que je pressai faiblement, vous n'aurez jamais à vous excuser d'une maladresse, et je n'ai jamais été amoureux de mademoiselle Boccaferri avant cette représentation, où je viens de la comprendre pour la première fois.

— Et c'est moi qui vous ai aidé, sans doute, à faire cette découverte!

— Non, Madame, c'est Célio Floriani.

La duchesse frémit, et je continuai fort tranquillement :

— C'est en voyant combien ce jeune homme avait peu de conscience que j'ai senti le prix de la conscience dans l'art lyrique, aussi clairement que je le sens dans l'art de la peinture et dans tous les arts.

— Expliquez-moi cela, dit la duchesse affectant de reprendre parti pour Célio. Je n'ai pas vu qu'il manquât de conscience, ce beau jeune homme ; il a manqué de bonheur, voilà tout.

— Il a manqué à ce qu'il y a de plus sacré, repris-je froidement ; il a manqué à l'amour et au respect de son art. Il a mérité que le public l'en punît, quoique le public ait rarement de ces instincts de justice et de fierté. Consolez-vous pourtant, Madame, son succès n'a tenu qu'à un fil, et, en procédant par l'audace et le contentement de soi-même, un artiste peut toujours être applaudi, faire des dupes, voire des victimes ; mais moi, qui vois très-clair et qui suis tout à fait impartial dans la question, j'ai compris que l'absence de charme et de puissance de ce jeune homme tenait à sa vanité, à son besoin d'être admiré, à son peu d'amour pour l'œuvre qu'il chantait, à son manque de respect pour les traditions de son rôle. Il s'est nourri toute sa vie, j'en suis sûr, de l'idée qu'il ne pouvait faillir et qu'il avait le don de s'imposer. Probablement c'est un enfant gâté. Il est joli, intelligent, gracieux ; sa mère a dû être son esclave, et toutes les dames qu'il fréquente doivent l'enivrer de voluptés. Celle de la louange est la plus mortelle de toutes. Aussi s'est-il présenté devant le public avec une coquette effrontée qui éclaboussait le pauvre monde du haut de son équipage. Personne n'a pu nier qu'il fût jeune, beau et brillant ; mais on s'est mis à le haïr, parce qu'on a senti dans son maintien quelque chose de la coquette. Oui, coquette est le mot. Savez-vous ce que c'est qu'une coquette, madame la duchesse?

— Je ne le sais pas, monsieur Salentini; mais vous, vous le savez, sans doute?

— Une coquette, repris-je sans me laisser troubler par son air de dédain, c'est une femme qui fait par vanité ce que la courtisane fait par cupidité ; c'est un être qui fait le fort pour cacher sa faiblesse, qui fait semblant de tout mépriser pour secouer le poids du mépris public, qui essaie d'écraser la foule pour faire oublier qu'elle s'abaisse et rampe devant chacun en particulier ; c'est un mélange d'audace et de lâcheté, de bravade téméraire et de terreur secrète... A Dieu ne plaise que j'applique ce portrait dans toute sa rigueur à aucune personne de votre connaissance! A Célio même, je ne le ferais pas sans restriction. Mais je dis que la plupart des artistes qui cherchent le succès sans conscience et sans recueillement sont un peu dans la voie de la courtisane; ils feignent de mépriser le jugement d'autrui, et ils n'ont travaillé toute leur vie qu'à l'obtenir favorable; ils ne sont si irrités de manquer leur triomphe que parce que le triomphe a été leur unique mobile. S'ils aimaient leur art pour lui-même, ils seraient plus calmes et ne feraient pas dépendre leurs progrès d'un peu plus ou moins de blâme ou d'éloge. Les courtisanes affectent de mépriser la vertu qu'elles envient. Les artistes dont je parle affectent de se suffire à eux-mêmes, précisément parce qu'ils se sentent mal avec eux-mêmes. Célio Floriani est le fils d'une vraie, d'une grande artiste. Il n'a pas voulu suivre les traditions de sa mère, il en est trop cruellement puni! Dieu veuille qu'il profite de la leçon, qu'il ne se laisse point abattre, et qu'il se remette à l'étude sans dégoût et sans colère ! Voulez-vous que j'aille le trouver de votre part, Madame, et que je l'invite à souper chez vous au sortir du spectacle ? Il doit avoir besoin de consolation, et ce serait généreux à vous de le traiter d'autant mieux qu'il est plus malheureux. Nous voici au *finale*. J'ai mes entrées sur le théâtre, j'y vais et je vous l'amène.

— Non, Salentini, répondit la duchesse. Je ne comptais point souper ce soir, et, si vous voulez prolonger la veillée, vous allez venir prendre du thé avec moi et le marquis... dont la somnolence opiniâtre nous laisse le champ libre pour causer. Il me semble que nous avons beaucoup de choses à nous dire... à propos de Célio Floriani précisément. Celui-ci serait de trop dans notre entretien, pour moi comme pour vous.

Elle accompagna ces paroles d'un regard plein de langueur et de passion, et se leva pour prendre mon bras ; mais j'esquivai cet honneur en me plaçant derrière son sigisbée. Cette femme, qui n'aimait les *jeunes talents* que dans la prévision du succès, et qui les abandonnait si lestement quand ils avaient échoué en public, me devenait odieuse tout d'un coup; elle me faisait l'effet de ces enfants méchants et stupides qui poursuivent le ver luisant dans les herbes, qui le saisissent, le réchauffent et l'admirent tant que le phosphore l'illumine, puis l'écrasent quand le toucher de leur main indiscrète l'a privé de sa lumière. Parfois ils le torturent pour le ranimer, mais le pauvre insecte s'éteint de plus en plus. Alors on le tue : il ne jette plus d'éclat, il ne brille plus, il n'est plus bon à rien. « Pauvre Célio! pensais-je, qu'as-tu fait de ton phosphore ? Rentre dans la terre, ou crains qu'on ne marche sur toi... Mais à coup sûr ce n'est pas moi qui profiterai du tête-à-tête qu'on t'avait ménagé pour cette nuit en cas d'ovation. J'ai encore un peu de phosphore, et je veux le garder. »

— Eh bien, dit la duchesse d'un ton impérieux, vous ne venez pas?

— Pardon, Madame, répondis-je, je veux aller saluer mademoiselle Boccaferri dans sa loge. Elle n'a pas eu plus de succès ce soir que les autres fois, et elle n'en chantera pas moins bien demain. J'aime beaucoup à porter le tribut de mon admiration aux talents ignorés ou méconnus qui restent eux-mêmes et se consolent de l'indifférence de la foule par la sympathie de leurs amis et la conscience de leur force. Si je rencontre Célio Floriani, je veux faire connaissance avec lui. Me permettez-vous de me recommander de Votre Seigneurie? Nous sommes tous deux vos protégés.

La duchesse brisa son éventail et sortit sans me répondre. Je sentis que sa souffrance me faisait mal ; mais c'était le dernier tressaillement de mon cœur pour elle. Je m'élançai dans les couloirs qui menaient au théâtre, résolu, en effet, à porter mon hommage à Cécilia Boccaferri.

III.

CÉCILIA.

Mais il était écrit au livre de ma destinée que je retrouverais Célio sur mon chemin. J'approche de la loge de Cécilia, je frappe, on vient m'ouvrir : au lieu du visage doux et mélancolique de la cantatrice, c'est la figure enflammée du débutant qui m'accueille d'un regard méfiant et de cette parole insolente : — Que voulez-vous, Monsieur?

— Je croyais frapper chez la signora Boccaferri, répondis-je ; elle a donc changé de loge?

— Non, non, c'est ici ! me cria la voix de Cécilia. Entrez, signor Salentini, je suis bien aise de vous voir.

J'entrai, elle quittait son costume derrière un paravent. Célio se rassit sur le sofa, sans me rien dire, et même sans daigner faire la moindre attention à ma présence, il reprit son discours au point où je l'avais interrompu. A vrai dire, ce discours n'était qu'un monologue. Il procédait même uniquement par exclamations et malédictions, donnant au diable ce lourd et stupide parterre d'Allemands, ces buveurs, aussi froids que leur bière, aussi incolores que leur café. Les loges n'étaient pas mieux traitées. — Je sais que j'ai mal chanté et encore plus mal joué, disait-il à la Boccaferri, comme pour répondre à une objection qu'elle lui aurait faite avant mon arrivée ; mais soyez donc inspiré devant trois rangées de sots diplomates et d'affreuses douairières ! Maudite soit l'idée qui m'a fait choisir Vienne pour le théâtre de mes débuts ! Nulle part les femmes ne sont si laides, l'air si épais, la vie si plate et les hommes si bêtes ! En bas, des abrutis qui vous glacent ; en haut, des monstres qui vous épouvantent ! Par tous les diables ! j'ai été à la hauteur de mon public, c'est-à-dire insipide et détestable !

La naïveté de ce dépit me réconcilia avec Célio. Je lui dis qu'en qualité d'Italien et de compatriote, je réclamais contre son arrêt, que je ne l'avais point écouté froidement, et que j'avais protesté contre la rigueur du public.

A cette ouverture, il leva la tête, me regarda en face, et, venant à moi la main ouverte : « Ah! oui! dit-il, c'est vous qui étiez à l'avant-scène, dans la loge de la duchesse de... Vous m'avez soutenu, je l'ai remarqué ; Cécilia Boccaferri, ma bonne camarade, y a fait attention aussi... Cette haridelle de duchesse, elle aussi m'a abandonné ! mais vous luttiez jusqu'au dernier moment. Eh bien, touchez là ; je vous remercie. Il paraît que vous êtes artiste aussi, que vous avez du talent, du succès? C'est bien de vouloir garantir et consoler ceux qui tombent ! cela vous portera bonheur ! »

Il parlait si vite, il avait un accent si résolu, une cordialité si spontanée, que, bien que choqué de l'expression de corps de garde appliquée à la duchesse, mes récentes amours, je ne pus résister à ses avances, ni rester froid à l'étreinte de sa main. J'ai toujours jugé les gens à ce signe. Une main froide me gêne, une main humide me répugne, une pression saccadée m'irrite, une main qui ne vous prend que du bout des doigts me fait peur ; mais une main souple et chaude, qui sait presser la mienne bien fort sans la blesser, et qui ne craint pas de livrer à une main virile le contact de sa paume entière, m'inspire une confiance et même une sympathie subite. Certains observateurs des variétés de l'espèce humaine s'attachent au regard, d'autres à la forme du front, ceux-ci à la qualité de la voix, ceux-là au sourire, d'autres enfin à l'écriture, etc. Moi, je crois que tout l'homme est dans chaque détail de son être, et que toute action ou aspect de cet être est un indice révélateur de sa qualité dominante. Il faudrait donc tout examiner, si on en avait le temps ; mais, dès l'abord, j'avoue que je suis pris ou repoussé par la première poignée de main.

Je m'assis auprès de Célio, et tâchai de le consoler de son échec en lui parlant de ses moyens et des parties incontestables de son talent. « Ne me flattez pas, ne m'épargnez pas, s'écria-t-il avec franchise. J'ai été mauvais, j'ai mérité de faire naufrage ; mais ne me jugez pas, je vous en supplie, sûr ce misérable début. Je vaux mieux que cela. Seulement je ne suis pas assez vieux pour être bon à froid. Il me faut un auditoire qui me porte, et j'en ai trouvé un ce soir qui, dès le commencement, n'a fait que me supporter. J'ai été froissé et contrarié avant l'épreuve, au point d'entrer en scène épuisé et frappé d'un sombre pressentiment. La colère est bonne quelquefois, mais il la faut simultanée à l'opération de la volonté. La mienne n'était pas encore assez refroidie, et elle n'était plus assez chaude : j'ai succombé. O ma pauvre mère ! si tu avais été là, tu m'aurais électrisé par ta présence, et je n'aurais pas été indigne de la gloire de porter ton nom ! Dors bien sous tes cyprès, chère sainte ! Dans l'état où me voici, c'est la première fois que je me réjouis de ce que tes yeux sont fermés pour moi ! »

Une grosse larme coula sur la joue ardente du beau Célio. Sa sincérité, ce retour enthousiaste vers sa mère, son expansion devant moi, effaçaient le mauvais effet de son attitude sur la scène. Je me sentis attendri, je sentis que je l'aimais. Puis, en voyant de près combien sa beauté était vraie, son accent pénétrant et son regard sympathique, je pardonnai à la duchesse de l'avoir aimé deux jours ; je ne lui pardonnai pas de ne plus l'aimer.

Il me restait à savoir s'il était aimé aussi de Cécilia Boccaferri. Elle sortit de sa toilette et vint s'asseoir entre nous deux, nous prit la main à l'un et à l'autre, et, s'adressant à moi : — C'est la première fois que je vous serre la main, dit-elle, mais c'est de bon cœur. Vous venez consoler mon pauvre Célio, mon ami d'enfance, le fils de ma bienfaitrice, et c'est presque une sœur qui vous en remercie. Au reste, je trouve cela tout simple de votre part ; je sais que vous êtes un noble esprit, et que les vrais talents ont la bonté et la franchise en partage... Ecoute, Célio, ajouta-t-elle, comme frappée d'une idée soudaine, va quitter ton costume dans ta loge, il est temps : moi, j'ai quelques mots à dire à M. Salentini. Tu reviendras me prendre, et nous partirons ensemble.

Célio sortit sans hésiter et d'un air de confiance absolue. Etait-il sûr, à ce point, de la fidélité de sa maîtresse?... ou bien n'était-il pas l'amant de Cécilia ? Et pourquoi l'aurait-il été ? pourquoi en avais-je la pensée, lorsque ni elle ni lui ne l'avaient peut-être jamais eue?

Tout cela s'agitait confusément et rapidement dans ma tête. Je tenais toujours la main de Cécilia dans la mienne, je l'y avais gardée ; elle ne paraissait pas le trouver mauvais. J'interrogeais les fibres mystérieuses de cette petite main, assez ferme, légèrement attiédie et particulièrement calme, tout en plongeant dans les yeux noirs, grands et graves de la cantatrice ; mais l'œil et la main d'une femme ne se pénètrent pas si aisément que ceux d'un homme. Ma science d'observation et ma délicatesse de perceptions m'ont souvent trahi ou éclairé selon le sexe.

Par un mouvement très-naturel pour relever son châle, la Boccaferri me retira sa main dès que nous fûmes seuls, mais sans détourner son regard du mien.

— Monsieur Salentini, dit-elle, vous faites la cour à la duchesse de X... et vous avez été jaloux de Célio ; mais vous ne l'êtes plus, n'est-ce pas? vous sentez bien que vous n'avez pas sujet de l'être.

— Je ne suis pas du tout certain que je n'eusse pas sujet d'être jaloux de Célio, si je faisais la cour à la duchesse, répondis-je en me rapprochant un peu de la Boccaferri ; mais je puis vous jurer que je ne suis pas jaloux, parce que je n'aime pas cette femme.

Cécilia baissa les yeux, mais avec une expression de dignité et non de trouble. — Je ne vous demande pas vos secrets, dit-elle, je n'ai pas cette indiscrétion. Rien là dedans ne peut exciter ma curiosité ; mais je vous parle franchement. Je donnerais ma vie pour Célio ; je sais que certaines femmes du monde sont très-dangereuses. Je l'ai vu avec peine aller chez quelques-unes, j'ai prévu que sa beauté lui serait funeste, et peut-être son malheur d'aujourd'hui est-il le résultat de quelques intrigues de coquettes, de quelques jalousies fomentées à dessein... Vous connaissez le monde mieux que moi ; mais j'y vais quelquefois chanter, et j'observe bien de l'air. Eh bien, j'ai vu ce soir Célio chuté par des gens qui lui promettaient chaudement hier de l'applaudir, et j'ai cru comprendre certains petits drames dans les loges qui nous

— C'est une cruauté, Madame. (Page 76.)

avoisinaient. J'ai remarqué aussi votre générosité, j'en ai été vivement touchée. Célio, depuis le peu de temps qu'il est à Vienne, s'est déjà fait des ennemis. Je ne suis pas en position de l'en préserver; mais, lorsque l'occasion se présente pour moi de lui assurer et de lui conserver une noble amitié, je ne veux pas la négliger. Célio n'a point aspiré à plaire à la duchesse; voilà tout ce que j'avais à vous dire, signor Salentini, et ce que je puis vous affirmer sur l'honneur, car Célio n'a point de secrets pour moi, et je l'ai interrogé sur ce point-là, il n'y a qu'un instant, comme vous entriez ici.

Chacun sait plus ou moins la figure que tâche de ne pas faire un homme qui trouve occupée la place qu'il venait pour conquérir. Je fis de mon mieux pour que mon désappointement ne parût pas : — Bonne Cécilia, répondis-je, je vous déclare que cela me serait parfaitement égal, et je permets à Célio d'être aujourd'hui ou de ne jamais être l'amant de la duchesse, sans que cela change rien à ma sympathie pour lui, à mon impartialité comme *dilettante*, à mon zèle comme ami. Oui, je serai son ami de bon cœur, puisqu'il est le vôtre, car vous êtes une des personnes que j'estime le plus. Vous l'avez compris, vous, puisque vous venez de me livrer sans détour le secret de votre cœur, et je vous en remercie.

— Le secret de mon cœur! dit la Boccaferri d'un ton de sincérité qui me pétrifia. Quel secret?

— Etes-vous donc distraite à ce point que vous m'ayez dit, sans le savoir, votre amour pour Célio, ou que vous l'ayez déjà oublié?

La Boccaferri se mit à rire. C'était la première fois que je la voyais rire, et le rire est aussi un indice à étudier. Sa figure grave et réservée ne semblait pas faite pour la gaieté, et pourtant cet éclair d'enjouement l'éclaira d'une beauté que je ne lui connaissais pas. C'était le rire franc, bref et harmonieusement rhythmé d'une petite fille épanouie et bonne. — Oui, oui, dit-elle, il faut que je sois bien distraite pour m'être exprimée comme je l'ai fait sur le compte de Célio, sans songer que vous alliez prendre le change et me supposer amoureuse de lui... mais qu'importe? Il y aurait de la pédanterie de ma part à m'en défendre, lorsque cela doit vous paraître très-naturel et très-indifférent.

— Très-naturel... c'est possible... Très-indifférent... c'est possible encore; mais je vous prie cependant de

Puis, en voyant de près combien sa beauté était vraie... (Page 79.)

vous expliquer. — Et je pris le bras de Cécilia avec une brusquerie involontaire dont je me repentis tout à coup, car elle me regarda d'un air étonné, comme si je venais de la préserver d'une brûlure ou d'une araignée. Je me calmai aussitôt et j'ajoutai : — Je tiens à savoir si je suis assez votre ami pour que vous m'ayez confié votre secret, ou si je le suis assez peu pour qu'il vous soit indifférent, à vous, de n'être pas connue de moi.

— Ni l'un ni l'autre, répondit-elle. Si j'avais un tel secret, j'avoue que je ne vous le confierais pas sans vous connaître et vous éprouver davantage; mais, n'ayant point de secret, j'aime mieux que vous me connaissiez telle que je suis. Je vais vous expliquer mon dévouement pour Célio, et d'abord je dois vous dire que Célio a deux sœurs et un jeune frère pour lesquels je me dévouerais encore davantage, parce qu'ils pourraient avoir plus besoin que lui des services et de la sollicitude d'une femme. Oh! oui, si j'avais un sort indépendant, je voudrais consacrer ma vie à remplacer la Floriani auprès de ses enfants, car l'être que j'aime de passion et d'enthousiasme, c'est un nom, c'est une morte, c'est un souvenir sacré, c'est la grande et bonne Lucrezia Floriani!

Je pensai, malgré moi, à la duchesse, qui, une heure auparavant, avait motivé son engouement pour Célio par une ancienne relation d'amitié avec sa mère. La duchesse avait trente ans comme la Boccaferri. La Floriani était morte à quarante, absolument retirée du théâtre et du monde depuis douze ou quatorze ans... Ces deux femmes l'avaient-elles beaucoup connue? Je ne sais pourquoi cela me paraissait invraisemblable. Je craignais que le nom de Floriani ne servît mieux à Célio auprès des femmes qu'auprès du public.

Je ne sais si mon doute se peignit sur mes traits, ou si Cécilia alla naturellement au-devant de mes objections, car elle ajouta sans transition : — Et pourtant je ne l'ai vue, dans toute ma vie, que cinq ou six fois, et notre plus longue intimité a été de quinze jours, lorsque j'étais encore une enfant.

Elle fit une pause; je ne rompis point le silence; je l'observais. Il y avait comme un embarras douloureux en elle; mais elle reprit bientôt : « Je souffre un peu de vous dire pourquoi mon cœur a voué un culte à cette femme, mais je présume que je n'ai rien de neuf à vous apprendre là-dessus. Mon père... vous savez, est un homme excellent, une âme ardente, généreuse, une intelligence supérieure... ou plutôt vous ne savez guère cela ; ce que vous savez comme tout le monde, c'est qu'il a toujours vécu dans le désordre, dans l'incurie, dans la misère. Il était trop aimable pour n'avoir pas beaucoup d'amis ; il en faisait tous les jours, parce qu'il plaisait, mais il n'en conserva jamais aucun, parce qu'il était incorrigible, et que leurs secours ne pouvaient le guérir de son imprévoyance et de ses illusions. Lui et moi nous devons de la reconnaissance à tant de gens, que la liste serait trop longue ; mais une seule personne a droit, de notre part, à une éternelle adoration. Seule entre tous, seule au monde, la Floriani ne se rebuta pas de nous sauver tous les ans... quelquefois plus souvent. Inépuisable en patience, en tolérance, en compréhension, en largesse, elle ne méprisa jamais mon père, elle ne l'humilia jamais de sa pitié ni de ses reproches. Jamais ce mot amer et cruel ne sortit de ses lèvres : « Ce pauvre homme avait du mérite ; la misère l'a dégradé. » Non ! la Floriani disait : « Jacopo Boccaferri aura beau faire, il sera toujours un homme de cœur et de génie ! » Et c'était vrai ; mais, pour comprendre cela, il fallait être la pauvre fille de Boccaferri ou la grande artiste Lucrezia.

« Pendant vingt ans, c'est-à-dire depuis le jour où elle le rencontra jusqu'à celui où elle cessa de vivre, elle le traita comme un ami dont on ne doute point. Elle était bien sûre, au fond du cœur, que ses bienfaits ne l'enrichiraient pas ; et que chaque dette criante qu'elle acquittait ferait naître d'autres dettes semblables. Elle continua ; elle ne s'arrêta jamais. Mon père n'avait qu'un mot à lui écrire, l'argent arrivait à point, et avec l'argent la consolation, le bienfait de l'âme, quelques lignes si belles, si bonnes. Je les ai tous conservés comme des reliques, ces précieux billets. Le dernier disait :

« Courage, mon ami, *cette fois-ci* la destinée vous « sourira, et vos efforts ne seront pas vains, j'en suis « sûre. Embrassez pour moi la Cécilia, et comptez tou-« jours sur votre vieille amie. »

« Voyez quelle délicatesse et quelle science de la vie ! C'était bien la centième fois qu'elle lui parlait ainsi. Elle l'encourageait toujours ; et, grâce à elle, il entreprenait toujours quelque chose. Cela ne durait point et creusait de nouveaux abîmes ; mais, sans cela, il serait mort sur un fumier, et il vit encore, il peut encore se sauver... Oui, oui, la Floriani m'a légué son courage... Sans elle, j'aurais peut-être moi-même douté de mon père ; mais j'ai toujours foi en lui, grâce à elle ! Il est vivant, il n'est pas fini. Son intelligence et sa fierté n'ont rien perdu de leur énergie. Je ne puis le rendre riche comme il le faudrait à un homme d'une imagination si féconde et si ardente ; mais je puis le préserver de la misère et de l'abattement. Je ne le laisserai pas tomber ; je suis forte ! »

La Boccaferri parlait avec un feu extraordinaire, quoique ce feu fût encore contenu par une habitude de dignité calme.

Elle se transformait à mes yeux, ou plutôt elle me révélait ces trésors de l'âme que j'avais toujours pressentis en elle. Je pris sa main très-franchement cette fois, et je la baisai sans arrière-pensée.

— Vous êtes une noble créature, lui dis-je, je le savais bien, et je suis fier de l'effort que vous daignez faire pour m'avouer cette grandeur que vous cachez aux yeux du monde, comme les autres cachent la honte de leur petitesse. Parlez, parlez encore ; vous ne pouvez pas savoir le bien que vous me faites, à moi qui suis né pour croire et pour aimer, mais que le monde extérieur contriste et alarme perpétuellement.

— Mais je n'ai plus rien à vous dire, mon ami. La Floriani n'est plus, mais elle est toujours vivante dans mon cœur. Son fils aîné commence la vie ; je suis et je tâte le terrain de la destinée d'un pied hasardeux, téméraire peut-être. Est-ce à moi de douter de lui ? Ah ! qu'il soit ambitieux, imprudent, impuissant même dans les arts, qu'il se trompe mille fois, qu'il devienne coupable envers lui-même, je veux l'aimer et le servir comme si j'étais sa mère. Je puis bien peu de chose, je ne suis presque rien ; mais ce que je peux, ce que je suis, j'en voudrais faire le marchepied de sa gloire, puisque c'est dans la gloire qu'il cherche son bonheur. Vous voyez bien, Salentini, que je n'ai pas ici l'amour en tête. J'ai l'esprit et le cœur forcément sérieux, et je n'ai pas de temps à perdre, ni de puissance à dépenser pour la satisfaction de mes fantaisies personnelles.

— Oh ! oui, je vous comprends, m'écriai-je, une vie toute d'abnégation et de dévouement ! Si vous êtes au théâtre, ce n'est point pour vous. Vous n'aimez pas le théâtre, vous ! cela se voit, vous n'aspirez pas au succès. Vous dédaignez la gloriole ; vous travaillez pour les autres.

— Je travaille pour mon père, reprit-elle, et c'est encore grâce à la Floriani que je peux travailler ainsi. Sans elle, je serais restée ce que j'étais, une pauvre petite ouvrière à la journée, gagnant à peine un morceau de pain pour empêcher son père de mendier dans les mauvais jours. Elle m'entendit une fois par hasard, et trouva ma voix agréable. Elle me dit que je pouvais chanter dans les salons, même au théâtre, les seconds rôles. Elle me donna un professeur excellent ; je fis de mon mieux. Je n'étais déjà plus jeune, j'avais vingt six ans, et j'avais déjà beaucoup souffert ; mais je n'aspirais point au premier rang, et cela fit que je parvins rapidement à pouvoir occuper le second. J'avais l'horreur du théâtre. Mon père y travaillant comme acteur, comme décorateur, comme souffleur même (il y a rempli tous les emplois, selon les jeux du hasard et de la fortune), je connaissais de bonne heure cette sentine d'impuretés où nulle fille ne peut se préserver de souillure, à moins d'être une martyre volontaire. J'hésitai longtemps ; je donnais des leçons, je chantais dans les concerts ; mais il n'y avait là rien d'assuré. Je manque d'audace, je n'entends rien à l'intrigue. Ma clientèle, fort bornée et fort modeste, m'échappait à tout moment. La Floriani mourut presque subitement. Je sentis que mon père n'avait plus que moi pour appui. Je franchis le pas, je surmontai mon aversion pour ce contact avec le public, qui viole la pureté de l'âme et flétrit le sanctuaire de la pensée. Je suis actrice depuis trois ans, je le serai tant qu'il plaira à Dieu. Ce que je souffre de cette contrainte de tous mes goûts, de cette violation de tous mes instincts, je ne le dis à personne. A quoi bon se plaindre ? chacun n'a-t-il pas son fardeau ? J'ai la force de porter le mien : je fais mon métier en conscience. J'aime l'art, je mentirais si je n'avouais pas que je l'aime de passion ; mais j'aurais aimé à cultiver le mien dans des conditions toutes différentes. J'étais née pour tenir l'orgue dans un couvent de nonnes ou pour chanter la prière du soir aux échos profonds et mystérieux d'un cloître. Qu'importe ? ne parlons plus de moi, c'est trop !

La Boccaferri essuya rapidement une larme furtive et me tendit la main en souriant. Je me sentis hors de moi. Mon heure était venue : j'aimais !

IV.

FLÂNERIE.

Elle s'était levée pour partir ; elle ramena son châle sur ses épaules. Elle était mal mise, affreusement mise, comme une actrice pauvre et fatiguée, qui s'est débarrassée à la hâte de son costume et qui s'enveloppe avec joie d'une robe de chambre chaude et ample pour s'en aller à pied par les rues. Elle avait un voile noir très-fané sur la tête et de gros souliers aux pieds, parce que le temps était à la pluie. Elle cachait ses jolies mains (je me rappelle ce détail exactement) dans de vilains gants tricotés. Elle était très-pâle, même un peu jaune, comme j'avais remarqué depuis qu'elle le devenait quand on la forçait à remuer la cendre qui couvrait le feu de son âme. Probablement elle eût été moins belle que laide pour tout autre que moi en ce moment-là.

Eh bien ! je la trouvai, pour la première fois de ma vie, la plus belle femme que j'eusse encore contemplée. Et elle l'était, en effet, j'en suis certain. Ce mélange de désespoir et de volonté, de dégoût et de courage, cette abnégation complète dans une nature si énergique, et par conséquent si capable de goûter la vie avec plénitude, cette flamme profonde, cette mémoire endolorie, voilées par un sourire de douceur naïve, la faisaient resplendir à mes yeux d'un éclat singulier. Elle était devant moi comme la douce lumière d'une petite lampe qu'on viendrait d'allumer dans une vaste église. D'abord ce n'est qu'une étincelle dans les ténèbres, et puis la flamme s'alimente, la clarté s'épure, l'œil s'habitue et comprend, tous les objets s'illuminent peu à peu. Chaque détail se révèle sans que l'ensemble perde rien de sa lucidité transparente et de son austérité mélancolique. Au premier moment, on n'eût pu marcher sans se heurter dans ce crépuscule, et puis voilà qu'on peut lire à cette lampe du sanctuaire et que les images du temple se colorent et flottent devant vous comme des êtres vivants. La vue augmente à chaque seconde comme un sens nouveau, perfectionné, satisfait, idéalisé, par ce suave aliment d'une lumière pure, égale et sereine.

Cette métaphore, longue à dire, me vint rapide et complète dans la pensée. Comme un peintre que je suis, je vis le symbole dans les yeux de l'imagination en même temps que je regardais la femme avec les yeux du sentiment. Je m'élançai vers elle, je l'entourai de mes bras, en m'écriant follement : « *Fiat lux!* aimons-nous, et la lumière sera. »

Mais elle ne me comprit pas, ou plutôt elle n'entendit pas mes sottes paroles. Elle écoutait un bruit de voix dans la loge voisine. « Ah! mon Dieu! me dit-elle, voici mon père qui se querelle avec Célio! allons vite les distraire. Mon père sort du café. Il est très-animé à cette heure-ci, et Célio n'est guère disposé à entendre une théorie sur le néant de la gloire. Venez, mon ami! »

Elle s'empara de mon bras, et courut à la loge de Célio. Il devait se passer bien du temps avant que l'occasion de lui dire mon amour se retrouvât.

Le vieux Boccaferri était fort débraillé et à moitié ivre, ce qui lui arrivait toujours quand il ne l'était pas tout à fait. Célio, tout en se lavant la figure avec de la pâte de concombre, frappait du pied avec fureur.

— Oui, disait Boccaferri, je te le répéterai quand même tu devrais m'étrangler. C'est ta faute; tu as été *mauvais, archimauvais!* Je te savais bien *mauvais*, mais je ne te croyais pas encore capable d'être aussi *mauvais* que tu l'as été ce soir!

— Est-ce que je ne le sais pas que j'ai été *mauvais, mauvais* ivrogne que vous êtes? s'écria Célio en roulant sa serviette convulsivement pour la lancer à la figure du vieillard; mais, en voyant paraître Cécilia, il atténua ce mouvement dramatique, et la serviette vint tomber à nos pieds. — Cécilia, reprit-il, délivre-moi de ton fléau de père; ce vieux fou m'apporte le coup de pied de l'âne. Qu'il me laisse tranquille, ou je le jette par la fenêtre!

Cette violence de Célio sentait si fort le cabotin, que j'en fus révolté; mais la paisible Cécilia n'en parut ni surprise ni émue. Comme une salamandre habituée à traverser le feu, comme un nautonier familiarisé avec la tempête, elle se glissa entre les deux antagonistes, prit leurs mains et les força à se joindre en disant : — Et pourtant vous vous aimez! si mon père est fou ce soir, c'est de chagrin; si Célio est méchant, c'est qu'il est malheureux, mais il sait bien que c'est son malheur qui fait déraisonner son vieil ami.

Boccaferri se jeta au cou de Célio, et, le pressant dans ses bras : « Le ciel m'est témoin, s'écria-t-il, que je t'aime presque autant que ma seconde fille! » Et il se mit à pleurer. Ces larmes venaient à la fois du cœur et de la bouteille. Célio haussa les épaules tout en l'embrassant.

— C'est que, vois-tu, reprit le vieillard, toi, ta mère, tes sœurs, ton jeune frère... je voudrais vous placer dans le ciel, avec une auréole, une couronne d'éclairs au front, comme des dieux!... Et voilà que tu fais un *fiasco orribile* pour m'avoir pas consulté!

Il déraisonna pendant quelques minutes, puis ses idées s'éclaircirent en parlant. Il dit d'excellentes choses sur l'amour de l'art, sur la personnalité mal entendue qui nuit à celle du talent. Il appelait cela la *personnalité de la personne.* Il s'exprima d'abord en termes heurtés, bizarres, obscurs; mais, à mesure qu'il parlait, l'ivresse se dissipait : il devenait extraordinairement lucide, il trouvait même des formes agréables pour faire accepter sa critique au récalcitrant Célio. Il lui dit à peu près les mêmes choses, quant au fond, que j'avais dites à la duchesse; mais il les dit autrement et mieux. Je vis qu'il pensait comme moi, ou plutôt que je pensais comme lui, et qu'il résumait devant moi ma propre pensée. Je n'avais jamais voulu faire attention aux paroles de ce vieillard, dont le désordre me répugnait. Je m'aperçus ce soir-là qu'il avait de l'intelligence, de la finesse, une grande science de la philosophie de l'art, et que, par moments il trouvait des mots qu'un homme de génie n'eût pas désavoués.

Célio l'écoutait l'oreille basse, se défendant mal, et montrant, par la naïveté généreuse qui lui était propre, qu'il était convaincu en dépit de lui-même. L'heure s'écoulait, on éteignait jusque dans les couloirs, et les portes du théâtre allaient se fermer. Boccaferri était partout chez lui. Avec cette admirable insouciance qui est une grâce d'état pour les débauchés, il eût couché sur les planches ou bavardé jusqu'au jour sans s'aviser de la fatigue d'autrui plus que de la sienne propre. Cécilia le prit par le bras pour l'emmener, nous dit adieu dans la rue, et je me trouvai seul avec Célio, qui, se sentant trop agité pour dormir, voulut me reconduire jusqu'à mon domicile.

— Quand je pense, me disait-il, que je suis invité à souper ce soir dans dix maisons, et qu'à l'heure qu'il est, toutes mes connaissances sont censées me chercher pour me consoler! Mais personne ne s'impatiente après moi, personne ne regrettera mon absence, et je n'ai pas un ami qui m'ait bien cherché, car j'étais dans la loge de Cécilia, et, en ne me trouvant pas dans la mienne, on n'essayait pas de savoir si j'étais de l'autre côté de la cloison. A travers cette cloison maudite, j'ai entendu des mots qui devront me faire réfléchir. « Il est déjà parti! Il est donc désespéré! — Pauvre diable! — Ma foi! je m'en vais. — Je lui laisse ma carte. — J'aime autant l'avoir manqué ce soir, etc. » C'est ainsi que mes bons et fidèles amis se parlaient l'un à l'autre. Et je me tenais coi, enchanté de les entendre partir. Et votre duchesse! qui devait m'envoyer prendre par son sigisbée avec sa voiture! Je n'ai pas eu la peine de refuser son thé. *Vous en tenez* pour cette duchesse, vous? Vous avez grand tort; c'est une dévergondée. Attendez d'avoir un *fiasco* dans votre art, et vous m'en direz des nouvelles. Au reste, celle-là ne m'a pas trompé. Dès le premier jour, j'ai vu qu'elle faisait passer son monde sous la toise, et que, pour avoir les grandes entrées chez elle, il fallait avoir son brevet de *grand homme* à la main.

— Je ne sais, répondis-je, si c'est le dépit ou l'habitude qui vous rend cynique, Célio; mais vous l'êtes, et c'est une tache en vous. A quoi bon un langage si acerbe? Je ne voudrais pas qualifier de dévergondée une femme dont j'aurais à me plaindre. Or, comme je n'ai pas ce droit-là, et que je ne suis pas amoureux de la duchesse le moins du monde, je vous prie d'en parler froidement et poliment devant moi; vous me ferez plaisir, et je vous estimerai davantage.

— Écoutez, Salentini, reprit vivement Célio, vous êtes prudent, et vous louvoyez à travers le monde comme tant d'autres. Je ne crois pas que vous ayez raison; du moins ce n'est pas mon système. Il faut être franc pour être fort, et moi, je veux exercer ma force à tout prix. Si vous n'êtes pas l'amant de la duchesse, c'est que vous ne l'avez pas voulu, car, pour mon compte, je sais que je l'aurais été, si cela eût été de mon goût. Je sais ce qu'elle m'a dit de vous au premier mot de galanterie que je lui ai adressé (et je le faisais par manière d'amusement, par curiosité pure, je vous l'atteste) : je regardais une jolie esquisse que vous avez faite d'après elle et qu'elle a mise, richement encadrée, dans son boudoir. Je trouvais le portrait flatté, et je le lui disais, sans qu'elle s'en doutât, en insinuant que cette noble interprétation de sa beauté ne pouvait avoir été trouvée que par l'amour. « Parlez plus bas, me répondit-elle d'un air de mystère. J'ai bien du mal à tenir cet homme-là en bride. » On sonna au même instant. « Ah ! mon Dieu ! dit-elle, c'est peut-être lui qui force ma porte ; sortons d'ici. Je ne veux pas vous faire un ennemi, à la veille de débuter. — Oui, oui, répondis-je ironiquement ; vous êtes si bonne pour moi, que vous le rendriez heureux rien que pour me préserver de sa haine. » Elle crut que c'était une déclaration, et, m'arrêtant sur le seuil de son boudoir : « Que dites-vous là ? s'écria-t-elle ; si vous ne craignez rien pour vous, je ne crains pour moi que l'ennui qu'il me cause. Qu'il vienne, qu'il se fâche, restons ! » C'était charmant, n'est-ce pas, monsieur Salentini ? mais je ne restai point. J'attendais cette belle dame à l'épreuve de mon succès ou de ma chute. Si vous voulez venir avec moi chez elle, nous rirons. Tenez, voulez-vous ?

— Non, Célio ; ce n'est pas avec les femmes que je veux faire de la force ; les coquettes surtout n'en valent pas la peine. L'ironie du dépit les flatte plus qu'elle ne les mortifie. Ma vengeance, si vengeance il y a, c'est la plus grande sérénité d'âme dans ma conduite avec celle-ci désormais.

— Allons, vous êtes meilleur que moi. Il est vrai que vous n'avez pas été *chuté* ce soir, ce qui est fort malsain, je vous jure, et crispe les nerfs horriblement ; mais il me semble que vous êtes un calmant pour moi. Ne trouvez pas le mot blessant : un esprit qui nous calme est souvent un esprit qui nous domine, et il se peut que le calme soit la plus grande des forces de la nature.

— C'est celle qui produit, lui dis-je. L'agitation, c'est l'orage qui dérange et bouleverse.

— Comme vous voudrez, reprit-il ; il y a temps pour tout, et chaque chose a son usage. Peut-être que l'union de deux natures aussi opposées que la vôtre et la mienne ferait une force complète. Je veux devenir votre ami, je sens que j'ai besoin de vous, car vous saurez que je suis égoïste et que je ne commence rien sans me demander ce qui m'en reviendra ; mais c'est dans l'ordre intellectuel et moral que je cherche mes profits. Dans les choses matérielles, je suis presque aussi prodigue et insouciant que le vieux Boccaferri, lequel serait le premier des hommes, si le genre humain n'était pas la dernière des races. Tenez, il a raison, ce Boccaferri, et j'avais tort de ne pas vouloir supporter son insolence tout à l'heure. Il m'a dit la vérité. J'ai perdu la partie parce que j'étais au-dessous de lui. Là-dessus, j'étais d'accord avec lui ; mais j'ai été au-dessous de mon propre talent, et j'ai manqué d'inspiration parce que jusqu'ici j'ai fait fausse route. Un talent sain et dispos est toujours prêt pour l'inspiration. Le mien est malade, et il faut que je le remette au régime. Voilà pourquoi je suivrai son conseil et n'écouterai pas celui que votre politesse me donnait. Je ne tenterai pas une seconde épreuve avant de m'être retrempé. Il faut que je sois à l'abri de ces défaillances soudaines, et pour cela je dois envisager autrement la philosophie de mon art. Il faut que je revienne aux leçons de ma mère, que je n'ai pas voulu suivre, mais que je garde écrites en caractères sacrés dans mon souvenir. Ce soir, le vieux Boccaferri a parlé comme elle, et la paisible Cécilia... cette froide Cécilia qui n'a jamais ni blâme ni éloge pour ce qui l'entoure, oui, oui, la *vieille* Cécilia a glissé, comme point d'orgue aux théories de son père, deux ou trois mots qui m'ont fait une grande impression , bien que je n'aie pas eu l'air de les entendre.

— Pourquoi l'appelez-vous la *vieille* Cécilia, mon cher Célio ? Elle n'a que bien peu d'années de plus que vous et moi.

— Oh ! c'est une manière de dire, une habitude d'enfance, un terme d'amitié, si vous voulez. Je l'appelle *mon vieux fer*. C'est un sobriquet tiré de son nom, et qui ne la fâche pas. Elle a toujours été en avant de son âge, triste, raisonnable et prudente. Quand j'étais enfant, j'ai joué quelquefois avec elle dans les grands corridors des vieux palais ; elle me cédait toujours, ce qui me la fai-

sait croire aussi vieille que ma bonne, quoiqu'elle fût alors une jolie fille. Nous ne nous sommes bien connus et rencontrés souvent que depuis la mort de ma mère, c'est-à-dire depuis qu'elle est au théâtre et que je suis sorti du nid où j'ai été couvé si longtemps et avec tant d'amour. J'ai déjà pas mal couru le monde depuis deux ans. J'étais arriéré en fait d'expérience ; j'étais avide d'en acquérir, et je me suis dénoué vite. Le furieux besoin que j'avais de vivre par moi-même m'a étourdi d'abord sur ma douleur, car j'avais une mère telle qu'aucun homme n'en a eu une semblable. Elle me portait encore dans son cœur, dans son esprit, dans ses bras, sans s'apercevoir que j'avais vingt-deux ans, et moi je ne m'en apercevais pas non plus, tant je me trouvais bien ainsi ; mais elle partie pour le ciel, j'ai voulu courir, bâtir, posséder sur la terre. Déjà je suis fatigué, et j'ai encore les mains vides. C'est maintenant que je sens réellement que ma mère me manque ; c'est maintenant que je la pleure, que je crie après elle dans la solitude de mes pensées... Eh bien ! dans cette solitude effrayante toujours, navrante parfois pour un homme habitué à l'amour exclusif et passionné d'une mère, il y a un être qui me fait encore un peu de bien et auprès duquel je respire de toute la longueur de mon haleine, c'est la Boccaferri. Voyez-vous, Salentini, je vais vous dire une chose qui vous étonnera ; mais pesez-la, et vous la comprendrez : je n'aime pas les femmes, je les déteste, et je suis affreusement méchant avec elles. J'en excepte une seule, la Boccaferri, parce que, seule, elle ressemble par certains côtés à ma mère, à la femme qui est cause de mon aversion pour toutes les autres ; comprenez-vous cela ?

— Parfaitement, Célio. Votre mère ne vivait que pour vous, et vous vous étiez habitué à la société d'une femme qui vous aimait plus qu'elle-même... Ah ! vous ne savez pas à quoi vous parlez, Célio, et quelles souffrances tout opposées ce nom de mère réveille dans mon cœur ! Plus mon enfance a différé de la vôtre, mieux je vous comprends, ô enfant gâté, insolent et beau comme le bonheur ! Aussi tant qu'a duré votre virginale inexpérience, vous avez cru que la femme était l'idéal du dévouement, que l'amour de la femme était le bien suprême pour l'homme ; enfin, qu'une femme ne servait qu'à nous servir, à nous adorer, à nous garantir, à écarter de nous le danger, le mal, la peine, le souci, et jusqu'à l'ennui, n'est-ce pas ?

— Oui, oui, c'est cela, s'écria Célio en s'arrêtant et en regardant le ciel. L'amour d'une femme, c'était, dans mon attente, la lumière splendide et palpitante d'une étoile qui ne défaille et ne pâlit jamais. Ma mère m'aimait comme un astre verse le feu qui féconde. Auprès d'elle, j'étais une plante vivace, une fleur aussi pure que la rosée dont elle me nourrissait. Je n'avais pas une mauvaise pensée, pas un doute, pas un désir. Je ne me donnais pas la peine de vivre par moi-même dans les moments de la vie où j'eût pu me fatiguer. Elle souffrait pourtant ; elle mourait, rongée par un chagrin secret, et moi, misérable, je ne la voyais pas. Si je l'interrogeais à cet égard, je me laissais rassurer par ses réponses ; je croyais à son divin sourire...... Je la tenais un matin inanimée dans mes bras ; je la rapportais dans sa maison la croyant évanouie... Elle était morte, morte ! et j'embrassais son cadavre.

Célio s'assit sur le parapet d'un pont que nous traversions en ce moment-là. Un cri de désespoir et de terreur s'échappa de sa poitrine, comme si une apparition eût passé devant lui. Je vis bien que ce pauvre enfant ne savait pas souffrir. Je craignis que ce souvenir réveillé et envenimé par son récent désastre ne devint trop violent pour ses nerfs ; je le pris par le bras, je l'emmenai.

— Vous comprenez, me dit-il en reprenant le fil de ses idées, comment et pourquoi je suis égoïste ; je ne pouvais pas être autrement, et vous comprenez aussi pourquoi je suis devenu haineux et colère aussitôt qu'en cherchant l'amour et l'amitié dans le commerce de mes semblables, je me suis heurté et brisé contre des égoïsmes pareils au mien. Les femmes que j'ai rencontrées (et je commence à croire que toutes sont ainsi) n'aiment qu'elles-mêmes, ou, si elles nous aiment un peu, c'est par rapport à elles, à cause de la satisfaction que nous donnons à leurs appétits de vanité ou de libertinage. Que nous ne leur soyons plus bons à rien, elles nous brisent et nous marchent sur la figure, et vous voudriez que j'eusse du respect pour ces créatures ambitieuses ou sensuelles, qui remarquent que je suis beau et que je pourrais bien avoir de l'avenir! Oh! ma mère m'eût aimé bossu et idiot! mais les autres!... Essayez, essayez d'y croire, Salentini, et vous verrez!

— Mon cher Célio, vous avez raison en général; mais, en faveur des exceptions possibles, vous ne devriez pas tant vous hâter de tout maudire. Moi qui n'ai jamais été gâté, et qui n'ai encore été aimé de personne, j'espère encore, j'attends toujours.

— Vous n'avez jamais été aimé de personne?... Vous n'avez pas eu de mère?... ou la vôtre ne valait pas mieux que vos maîtresses? Pauvre garçon! En ce cas, vous avez toujours été seul avec vous-même, et il n'y a point de plus terrible tête-à-tête. Ah! je voudrais être aimant, Salentini, je vous aimerais, car ce doit être un grand bonheur que de pouvoir faire le bonheur d'un autre!

— Étrange cœur que vous êtes, Célio! Je ne vous comprends pas encore; mais je veux vous connaître, car il me semble qu'en dépit de vos contradictions et de votre inconséquence, en dépit de votre prétention à la haine, à l'égoïsme, à la dureté, il y a en vous quelque chose de l'âme qui vous a versé ses trésors.

— Quelque chose de ma mère? je ne le crois pas. Elle était si humble dans sa grandeur, cette âme incomparable, qu'elle craignait toujours de détruire mon individualité en y substituant la sienne. Elle me développait dans le sens que je lui manifestais, elle me prenait tel que je suis, sans se douter que je puisse être mauvais. Ah! c'est là aimer, et ce n'est pas ainsi que nos maîtresses nous aiment, convenez-en.

— Comment se fait-il que, comprenant si bien la grandeur et la beauté du dévouement dans l'amour, vous ne le sentiez pas vivre ou germer dans votre propre sein?

— Et vous, Salentini, répondit-il en m'arrêtant avec vivacité, que portez-vous ou que couvez-vous dans votre âme? Est-ce le dévouement aux autres? non, c'est le dévouement à vous-même, car vous êtes artiste. Soyez sincère, je ne suis pas de ceux qui se paient des mots sonores vulgairement appelés *blagues* de sentiment.

— Vous me faites trembler, Célio, lui dis-je, et, en me pénétrant d'un examen si froid, vous me feriez douter de moi-même. Laissez-moi jusqu'à demain pour vous répondre, car me voici à ma porte, et je crains que vous ne soyez fatigué. Où demeurez-vous, et à quelle heure secouez-vous les pavots du sommeil?

— Le sommeil! encore une *blague!* répondit-il; je suis toujours éveillé. Venez me demander à déjeuner aussitôt que vous voudrez. Voilà ma carte.

Il ralluma son cigare au mien, et s'éloigna.

V.

DÉPIT.

J'étais fatigué, et pourtant je ne pus dormir. Je comptai les heures sans réussir à résumer les émotions de ma soirée et à conclure avec moi-même. Il n'y avait qu'une chose certaine pour moi, c'est que je n'aimais plus la duchesse, et que j'avais failli faire une lourde école en m'attachant à elle; mais une âme blessée cherche vite une autre blessure pour effacer celle qui mortifie l'amour-propre, et j'éprouvais un besoin d'aimer qui me donnait la fièvre. Pour la première fois, je n'étais plus le maître absolu de ma volonté; j'étais impatient du lendemain. Depuis douze heures, j'étais entré dans une nouvelle phase de ma vie, et, ne me reconnaissant plus, je me crus malade.

Je ne l'avais jamais été, ma santé avait fait ma force; je m'étais développé dans un équilibre inappréciable. J'eus peur en me sentant le pouls légèrement agité. Je sautai à bas de mon lit; je me regardai dans une glace, et je me mis à rire. Je rallumai ma lampe, je taillai un crayon, je jetai sur un bout de papier les idées qui me vinrent. Je fis une composition qui me plut, quoique ce fût une mauvaise composition. C'était un homme assis entre son bon et son mauvais ange. Le bon ange était distrait et comme pris de sollicitude pour un passant auquel le mauvais ange faisait des agaceries dans le même moment. Entre ces deux anges, le personnage principal délaissé, et ne comptant ni sur l'un ni sur l'autre, regardait en souriant une fleur qui personnifiait pour lui la nature. Cette allégorie n'avait pas le sens commun, mais elle avait une signification pour moi seul. Je me crus vainqueur de mon angoisse; je me recouchai, je m'assoupis, j'eus le cauchemar : je rêvai que j'égorgeais Célio.

Je quittai mon lit décidément, je m'habillai aux premières lueurs de l'aube; j'allai faire un tour de promenade sur les remparts, et, quand le soleil fut levé, je gagnai le logis de Célio.

Célio ne s'était pas couché, je le trouvai écrivant des lettres. — Vous n'avez pas dormi, me dit-il, et vous êtes fatigué pour avoir essayé de dormir? J'ai fait mieux que vous; j'ai passé la nuit dehors. Quand on est excité, il faut s'exciter davantage; c'est le moyen d'en finir plus vite.

— Fi! Célio, dis-je en riant, vous me scandalisez.

— Il n'y a pas de quoi, reprit-il, car j'ai passé la nuit sagement à causer et à écrire avec la plus honnête des femmes.

— Qui? mademoiselle Boccaferri?

— Eh! pourquoi devinez-vous? Est-ce que.... mais il serait trop tard, elle est partie.

— Partie!

— Ah! vous pâlissez? Tiens, tiens! je ne m'étais pas aperçu de cela; il est vrai que j'étais tout plongé en moi-même hier soir. Mais écoutez : en vous quittant cette nuit, j'étais de fort mauvaise humeur contre vous. J'aurais causé encore deux heures avec plaisir, et vous me disiez d'aller me reposer, ce qui voulait dire que vous aviez assez de moi. Résolu à causer jusqu'au grand jour, n'importe avec qui, j'allai droit chez le vieux Boccaferri. Je sais qu'il ne dort jamais de manière, même quand il a bu, à ne pas s'éveiller tout d'un coup le plus honnêtement du monde et parfaitement lucide. Je vois de la lumière à sa fenêtre, je frappe, je le trouve debout causant avec sa fille. Ils accourent à moi, m'embrassent et me montrent une lettre qui était arrivée chez eux pendant la soirée et qu'ils venaient d'ouvrir en rentrant. Ce que contenait cette lettre, je ne puis vous le dire, vous le saurez plus tard; c'est un secret important pour eux, et j'ai donné ma parole de n'en parler à qui que ce soit. Je les ai aidés à faire leurs paquets; je me suis chargé d'arranger ici leurs affaires avec le théâtre; et j'ai causé des miennes avec Cécilia, pendant que le vieux allait chercher une voiture. Bref, il y a une heure que je les y ai vus monter et sortir de la ville. A présent me voilà réglant leurs comptes, en attendant que j'aille à la direction théâtrale pour dégager la Cécilia de toutes poursuites. Ne me questionnez pas, puisque j'ai la bouche scellée; mais je vous prie de remarquer que je suis fort actif et fort joyeux ce matin, que je ne songe pas à ménager la fraîcheur de ma voix, enfin que je fais du dévouement pour mes amis, ni plus ni moins qu'un simple épicier. Que cela ne vous émerveille pas trop! je suis *obligeant*, parce que je suis actif, et qu'au lieu de me coûter, cela m'occupe et m'amuse, voilà tout.

— Vous ne pouvez pas même me dire vers quelle contrée ils se dirigent!

— Pas même cela. C'est bien cruel, n'est-ce pas? Prenez-vous-en à la Boccaferri, qui n'a pas fait d'exception en votre faveur au silence qu'elle m'imposait, tant les femmes sont ingrates et perverses!

— J'avais cru que vous, vous faisiez une exception en faveur de mademoiselle Boccaferri dans vos anathèmes contre son sexe?

— Parlons-nous sérieusement? Oui, certes, elle est

une exception, et je le proclame. C'est une femme honnête ; mais pourquoi ? Parce qu'elle n'est point belle.

— Vous êtes bien persuadé qu'elle n'est pas belle ? repris-je avec feu ; vous parlez comme un comédien, mais non comme un artiste. Moi, je suis peintre, je m'y connais, et je vous dis qu'elle est plus belle que la duchesse de X..., qui a tant de réputation, et que la prima donna actuelle, dont on fait tant de bruit.

Je m'attendais à des plaisanteries ou à des négations de la part de Célio. Il ne me répondit rien, changea de vêtements, et m'emmena déjeuner. Chemin faisant, il me dit brusquement : — Vous avez parfaitement raison, elle est plus belle qu'aucune femme au monde. Seulement j'avais la mauvaise honte de le nier, parce que je croyais être le seul à m'en apercevoir.

— Vous parlez comme un possesseur, Célio, comme un amant.

— Moi ! s'écria-t-il en tournant son visage vers le mien avec assurance, je ne le suis pas, je ne l'ai jamais été, et je ne le serai jamais !

— D'où vient que vous ne désirez pas l'être ?

— De ce que je la respecte et veux l'aimer toujours, de ce qu'elle a été la protégée de ma mère qui l'estimait, de ce qu'elle est, après moi (et peut-être autant que moi), le cœur qui a le mieux compris, le mieux aimé, le mieux pleuré ma mère. Oh ! ma *vieille* Cécilia, jamais ! c'est une tête sacrée, et c'est la seule tête portant un bonnet sur laquelle je ne voudrais pas mettre le pied.

— Toujours étrange et inconséquent, Célio !..... Vous reconnaissez qu'elle est respectable et adorable, et vous méprisez tant votre propre amour, que vous l'en préservez comme d'une souillure ! Vous ne pouvez donc que flétrir et dégrader ce que votre souffle atteint ! Quel homme ou quel diable êtes-vous ? Mais, permettez-moi de vous le dire et d'employer un des mots crus que vous aimez, ceci me paraît de la *blague*, une prétention au *méphistophélisme*, que votre âge et votre expérience ne peuvent pas encore justifier. Bref, je ne vous crois pas. Vous voulez m'étonner, faire le fort, l'invincible, le satanique ; mais, tout bonnement, vous êtes un honnête jeune homme, un peu libertin, un peu taquin, un peu fanfaron... pas assez pourtant pour ne pas comprendre qu'il faut épouser une honnête fille quand on l'a séduite ; et comme vous êtes trop jeune ou trop ambitieux pour vous décider si tôt à un mariage si modeste, vous ne voulez pas faire la cour à mademoiselle Boccaferri.

— Plût au ciel que je fusse ainsi ! dit Célio sans montrer d'humeur et sans regimber ; je ne serais pas malheureux, et je le suis pourtant ! Ce que je souffre est atroce... Ah ! si j'étais honnête et bon, je serais naïf, j'épouserais demain la Boccaferri, et j'aurais une existence calme, rangée, charmante, d'autant plus que ce ne serait peut-être pas un mariage aussi modeste que vous croyez. Qui connaît l'avenir ? Je ne puis m'expliquer là-dessus ; mais sachez que, quand même la Cécilia serait une riche héritière, parée d'un grand nom, je ne voudrais pas devenir amoureux d'elle. Écoutez, Salentini, une grande vérité, bien niaise, un lieu commun : l'amour des mauvaises femmes nous tue ; l'amour des femmes grandes et bonnes les tue. Nous n'aimons beaucoup que ce qui nous aime peu, et nous aimons mal ce qui nous aime bien. Ma mère est morte de cela, à quarante ans, après dix années de silence et d'agonie.

— C'est donc vrai ? je l'avais entendu dire.

— Celui qui l'a tuée vit encore Je n'ai jamais pu l'amener à se battre avec moi. Je l'ai insulté atrocement, et lui qui n'est point un lâche, tant s'en faut, il a tout supporté plutôt que de lever la main contre le fils de la Floriani... Aussi je vis comme un réprouvé, avec une vengeance inassouvie qui fait mon supplice, et je n'ai pas le courage d'assassiner l'assassin de ma mère ! Tenez, vous voyez en moi un nouvel Hamlet, qui ne pose que la douleur et la folie, mais qui se consume dans le remords, dans la haine et dans la colère. Et pourtant, vous l'avez dit, je suis bon : tous les égoïstes sont faciles à vivre, tolérants et doux. Mais je suivrai l'exemple d'Hamlet, je ne briserai point la pâle Ophélia ; qu'elle aille dans un cloître plutôt ! je suis trop malheureux pour aimer. Je n'en ai plus le temps ni la force. Et puis Hamlet se complique en moi de passions encore vivantes ; je suis ambitieux, personnel ; l'art, pour moi, n'est qu'une lutte, et la gloire qu'une vengeance. Mon ennemi avait prédit que je ne serais rien, parce que ma mère m'avait trop gâté. Je veux l'écraser d'un éclatant démenti à la face du monde. Quant à la Boccaferri, je ne veux pas être pour elle ce que cet homme maudit a été pour ma mère, et je le serais ! Voyez-vous, il y a une fatalité ! Les orages et les malheurs qui nous frappent dans notre enfance s'attachent à nous comme des furies, et, plus nous tâchons de nous en préserver, plus nous sommes entraînés, par je ne sais quel funeste instinct d'imitation, à les reproduire plus tard : le crime est contagieux. L'injustice et la folie, que j'ai détestées chez l'amant de ma mère, je les sens s'éveiller en moi dès que je commence à aimer une femme. Je ne veux donc pas aimer, car, si je n'étais pas la victime, je serais le bourreau.

— Donc vous avez peur aussi, quelquefois et à votre insu, d'être la victime ? Donc vous êtes capable d'aimer ?

— Peut-être ; mais j'ai vu, par l'exemple de ma mère, dans quel abîme nous précipite le dévouement, et je ne veux pas tomber dans cet abîme.

— Et vous ne croyez pas que l'amour puisse être soumis à d'autres lois qu'à cette diabolique alternative du dévouement méconnu et immolé, ou de la tyrannie délirante et homicide ?

— Non !

— Pauvre Célio, je vous plains, et je vois que vous êtes un homme faible et passionné. Je vous connais enfin : vous êtes destiné, en effet, à être victime ou bourreau ; mais vous ne faites là le procès qu'à vous-même, et le genre humain n'est pas forcément votre complice.

— Ah ! vous me méprisez, parce que vous avez meilleure opinion de vous-même ? s'écria Célio avec amertume ; eh bien, attendons. Si vous êtes sincère, nous philosopherons ensemble un jour : nous le disputerons plus. Jusque-là, que voulez-vous faire ? La cour à ma vieille Boccaferri ? En ce cas, prenez garde ! je veille à sa défense comme un jeune chien déjà méfiant et hargneux. Il vous faudra marcher droit avec elle. Si je la respecte, ce n'est pas pour permettre aux autres de s'emparer d'elle, même dans le secret de leurs pensées.

Je fus frappé de l'âpreté de ces dernières paroles de Célio et de l'accent de haine et de dépit qui les accompagna. — Célio, lui dis-je, vous serez jaloux de la Boccaferri, vous l'êtes déjà ; convenez que nous sommes rivaux ! Soyons francs, je vous en supplie, puisque vous dites que la franchise c'est le signe de la force. Vous m'avez dit que vous n'étiez pas son amant et que vous ne vouliez pas l'être ; mais descendez dans le plus profond de votre cœur, et voyez si vous êtes bien sûr de l'avenir ; puis vous me direz si je vais sur vos brisées, et si nous sommes dès aujourd'hui amis ou ennemis.

— Ce que vous me demandez là est délicat, répondit-il ; mais ma réponse ne se fera pas attendre. Je ne mens jamais aux autres ni à moi-même. Je ne serai jamais jaloux de la Cécilia, parce que je n'en serai jamais amoureux... à moins que pourtant elle ne devienne amoureuse de moi, ce qui est aussi vraisemblable que de voir la duchesse devenir sincère et le vieux Boccaferri devenir sobre.

— Et pourquoi donc, Célio ? Si, par malheur pour moi, la Cécilia vous voyait et vous entendait en cet instant, elle pourrait bien être émue, tremblante, indécise...

— Si je la voyais indécise, émue et tremblante, je fuirais, je vous en donne ma parole d'honneur, monsieur Salentini ! Je sais trop ce que c'est que de profiter d'un moment d'émotion et de prendre les femmes par surprise. Ce n'est pas ainsi que je voudrais être aimé d'une femme comme la Boccaferri ; je n'y trouverais aucun plaisir et aucune gloire, parce qu'elle ne me cacherait pas sa honte et ses larmes, parce qu'au lieu de volupté je ne lui donnerais et ne recevrais d'elle que de la douleur et des remords. Oh ! non, ce n'est pas ainsi que je voudrais posséder une femme pure! Et, comme je ne cherche que l'ivresse, je ne m'adresserai jamais qu'à celles qui ne veulent rien de plus. Êtes-vous content?

— Pas encore, ami : rien ne me prouve que la Boccaferri ne vous aime pas profondément, et que l'amitié qu'elle proclame pour vous ne soit pas un amour qu'elle se cache encore à elle-même. S'il en était ainsi, si un jour ou l'autre vous veniez à le découvrir, vous me le disputeriez, n'est-ce pas?

— Oui, certes, Monsieur, répondit Célio sans hésiter, et, puisque vous l'aimez, vous devez comprendre que son *amour ne soit pas chose indifférente...* Mais alors, mon ami, ajouta-t-il saisi d'un attendrissement douloureux qui se peignit sur son visage expressif et sincère, je vous demanderais en grâce de vous battre avec moi. J'aurais la chance d'être tué, parce que je me bats mal. Je suis passé maître à la salle d'armes : en présence d'un adversaire réel, je suis ému, la colère me transporte, et j'ai toujours été blessé. Ma mort sauverait la Cécilia de mon amour. Ainsi, ne me manquez pas, si nous en venons jamais là ! A présent, déjeunons, rions et soyons amis, car je suis bien sûr qu'elle me regarde comme un enfant ; je ne vois en elle qu'une vieille amie, et, si cela continue, je ne vous porterai pas ombrage... Mais vous l'épouseriez, n'est-ce pas? autrement je me battrais de sang-froid, et je vous tuerais, comptez-y.

— A la bonne heure, répondis-je. Ce que vous me dites là me prouve qui elle est, et ce respect pour la vertu dans la bouche d'un soi-disant libertin me pousse au mariage les yeux fermés.

Nous nous serrâmes la main, et notre repas fut fort enjoué. J'étais plein d'espoir et de confiance, je ne sais pourquoi, car mademoiselle Boccaferri était partie. Je ne savais plus quand ni où je la retrouverais, et elle ne m'avait pas accordé seulement un regard qui pût me faire croire à son amour pour moi. Étais-je en proie à un accès de fatuité? Non, j'aimais. Mon entretien avec Célio venait de rendre évident pour moi le mérite que j'avais deviné la veille. L'amour élargit la poitrine et parfume l'air qui y pénètre : c'était mon premier amour véritable, je me sentais heureux, jeune et fort ; tout se colorait à mes yeux d'une lumière plus vive et plus pure.

— Savez-vous un rêve que je faisais ces jours-ci, me dit Célio, et qui me revient plus sérieux après mon *fiasco?* C'est d'aller passer quelques semaines, quelques mois peut-être, dans un coin tranquille et ignoré, avec le vieux fou Boccaferri et sa très-raisonnable fille. A eux deux ils possèdent le secret de l'art : chacun en représente une face. Le père est particulièrement inventif et spontané, la fille éminemment consciencieuse et savante, car c'est une grande musicienne que la Cécilia ; le public ne s'en doute pas, et vous, vous n'en savez probablement rien non plus. Eh bien, elle est peut-être la dernière grande musicienne que possédera l'Italie. Elle comprend encore les maîtres qu'aucun nouveau chanteur en renom ne comprend plus. Qu'elle chante dans un ensemble, avec sa voix qu'on entend à peine, tout le monde marche sans se rendre compte qu'elle seule contient et domine toutes les parties par sa seule intelligence, et sans que la force du poumon y soit pour rien. On le sent, on ne le dit pas. Quels sont les favoris du public qui voudraient avouer la supériorité d'un talent qu'on n'applaudit jamais? Mais allez ce soir au théâtre, et vous verrez comment marchera l'opéra ; on s'apercevra *un peu* de la lacune creusée par l'absence de la Boccaferri ! Il est vrai qu'on ne dira pas à quoi tient ce manque d'ensemble et d'âme collective. Ce sera l'enrouement de celui-ci, la distraction de celui-là ; les voix s'en prendront à l'orchestre, et réciproquement. Mais moi, je serai spectateur ce soir, je rirai de la déroute générale, et je me dirai : Sot public, vous aviez un trésor, et vous ne l'avez jamais compris ! Il vous faut des roulades, on vous en donne *en veux-tu? en voilà*, et vous n'êtes pas content ! Tâchez donc de savoir ce que vous voulez. En attendant, moi, j'observe et je me repose.

— Vous ne m'apprenez rien, Célio ; précisément hier soir je rompais une lance contre la duchesse de... pour le talent élevé et profond de mademoiselle Boccaferri.

— Mais la duchesse ne peut pas comprendre cela, reprit Célio en haussant les épaules. Elle n'est pas plus artiste que *ma botte!* Et il faut être extrêmement fort pour reconnaître des qualités enfouies sous un *fiasco* perpétuel, car c'est là le sort de la pauvre Boccaferri. Qu'elle dise comme un maître les parties les plus insignifiantes de son rôle, quatre ou cinq vrais *dilettanti* épars dans les profondeurs de la salle souriront d'un plaisir mystérieux et tranquille. Quelques demi-musiciens diront : « Quelle belle musique! comme c'est écrit! » sans reconnaître qu'ils ne se fussent pas aperçus de cette perfection dans le détail d'une belle chose si la *seconda donna* n'était pas une grande artiste. Ainsi va le monde, Salentini! Moi, je veux faire du bruit, et je cherche le succès de toute la puissance de ma volonté, mais c'est pour me venger du public que je hais, c'est pour le mépriser davantage. Je me suis trompé sur les moyens, mais je réussirai à les trouver, en profitant du vieux Boccaferri, de sa fille, et de moi-même par-dessus tout. Pour cela, voyez-vous, il faut que je me perfectionne comme véritable artiste ; ce sera l'affaire de peu de temps ; chaque année, pour moi, représente dix ans de la vie du vulgaire ; je suis actif et entêté. Quand j'aurai acquis ce qui me manque pour moi-même, je saurai parfaitement ce qui manque au public pour comprendre le vrai mérite. Je parviendrai à être infiniment plus mauvais que je ne l'ai été hier devant lui, et par conséquent à lui plaire infiniment. Voilà ma théorie. Comprenez-vous?

— Je comprends qu'elle est fausse, et que si vous ne cherchez pas le beau et le vrai pour l'enseigner au public, en supposant que vous lui plaisiez dans le faux, vous ne posséderez jamais le vrai. On ne dédouble jamais son être à ce point. On ne fait point la grimace sans qu'il en reste un pli au plus beau visage. Prenez garde, vous avez fait fausse route, et vous allez vous perdre entièrement.

— Et voyez pourtant l'exemple de la Cécilia! s'écria Célio fort animé ; ne possède-t-elle pas le vrai en elle, ne s'opiniâtre-t-elle pas à ne donner au public que du vrai, et n'est-elle pas méconnue et ignorée? Et il ne faut pas dire qu'elle est incomplète et qu'elle manque de force et de feu. Voyez-vous, pas plus loin qu'il y a deux jours, j'ai entendu la Boccaferri chanter et déclamer seule entre quatre murs et ne sachant pas que j'étais là pour l'écouter. Elle embrasait l'atmosphère de sa passion, elle avait des accents à faire vibrer et tressaillir une foule comme un seul homme. Cependant elle ne méprise pas le public, elle se borne à ne pas l'aimer. Elle chante bien devant lui, mais pour son propre compte, sans colère, sans passion, sans audace. Le public reste sourd et froid. Il veut, avant tout, qu'on se donne de la peine pour lui plaire, et moi, je m'en donnerai ; mais il me le paiera, car je ne lui donnerai de mon feu et de ma science que le rebut, encore trop bon pour lui.

Je ne pus calmer Célio. Il prenait beaucoup de café en jurant contre la platitude du public viennois. Il cherchait à s'exciter de plus en plus. La rage de sa défaite lui revenait plus amère. Je lui rappelai qu'il fallait aller au théâtre ; il y courut en me donnant rendez-vous pour le soir chez moi.

VI.

LA DUCHESSE.

A l'heure convenue, j'attendais Célio, mais je ne reçus qu'un billet ainsi conçu :

« Mon cher ami, je vous envoie de l'argent et des papiers pour que vous ayez à terminer demain l'affaire de mademoiselle Boccaferri avec le théâtre. Rien n'est plus simple : il s'agit de verser la somme ci-jointe et de prendre un reçu que vous conserverez. Son engagement était à la veille d'expirer, et elle n'est passible que d'une amende ordinaire pour deux représentations auxquelles elle fait défaut. Elle trouve ailleurs un engagement plus

Tu as été mauvais, archimauvais! (Page 83.)

avantageux. Moi, je pars, mon cher ami. Je serai parti quand vous recevrez cet adieu. Je ne puis supporter une heure de plus l'air du pays et les compliments de condoléance : je me fâcherais, je dirais ou ferais quelque sottise. Je vais ailleurs, je pousse plus loin. En avant, en avant !

« Vous aurez bientôt de mes nouvelles et *d'autres* qui vous intéressent davantage.

« A vous de cœur,   « CÉLIO FLORIANI. »

Je retournai cette épître pour voir si elle était bien à mon adresse : *Adorno Salentini, place... n°...* Rien n'y manquait.

Je retombai anéanti, dévoré d'une affreuse inquiétude, en proie à de noirs soupçons, consterné d'avoir perdu la trace de Cécilia et de celui qui pouvait me la disputer ou m'aider à la rejoindre. Je me crus joué. Des jours, des semaines se passèrent, je n'entendis parler ni de Célio ni des Boccaferri. Personne n'avait fait attention à leur brusque départ, puisqu'il s'était effectué presque avec la clôture de la saison musicale. Je lisais avidement tous les journaux de musique et de théâtre qui me tombaient sous la main. Nulle part il n'était question d'un engagement pour Cécilia ou pour Célio. Je ne connaissais personne qui fût lié avec eux, excepté le vieux professeur de mademoiselle Boccaferri, qui ne savait rien ou ne voulait rien savoir. Je me disposai à quitter Vienne, où je commençais à prendre le spleen, et j'allai faire mes adieux à la duchesse, espérant qu'elle pourrait peut-être me dire quelque chose de Célio.

Toute cette aventure m'avait fait beaucoup de mal. Au moment de m'épanouir à l'amour par la confiance et l'estime, je me voyais rejeté dans le doute, et je sentais les atteintes empoisonnées du scepticisme et de l'ironie. Je ne pouvais plus travailler; je cherchais l'ivresse, et ne la trouvais nulle part. Je fus plus méchant dans mon entretien avec la duchesse que Célio lui-même ne l'eût été à ma place. Ceci la passionna pour, je devrais dire *contre* moi : les coquettes sont ainsi faites.

L'inquiétude mal déguisée avec laquelle je l'interrogeais sur Célio lui fit croire que j'étais resté jaloux et amoureux d'elle. Elle me jura ne pas savoir ce qu'il était devenu depuis la malencontreuse soirée de son début; mais, en me supposant épris d'elle et en voyant avec

Cela se voyait à la joie franche... (Page 92.)

quelle assurance je le niais, elle se forma une grande idée de la force de mon caractère. Elle prit à cœur de le dompter, elle se piqua au jeu; une lutte acharnée avec un homme qui ne lui montrait plus de faiblesse et qui l'abandonnait sur un simple soupçon lui parut digne de toute sa science.

Je quittai Vienne sans la revoir. J'arrivai à Turin; au bout de deux jours, elle y était aussi; elle se compromettait ouvertement, elle faisait pour moi ce qu'elle n'avait jamais fait pour personne. Cette femme qui m'avait tenu dans un plateau de la balance avec Célio dans l'autre, pesant froidement les chances de notre gloire en herbe pour choisir celui des deux qui flatterait le plus sa vanité, cette sage coquette qui nous ménageait tous les deux pour éconduire celui de nous qui serait brisé par le public, cette grande dame, jusque-là fort prudente et fort habile dans la conduite de ses intrigues galantes, se jetait à corps perdu dans un scandale, sans que j'eusse grandi d'une ligne dans l'opinion publique, et tout simplement par la seule raison que je lui résistais.

Pourtant Célio avait été aussi cruel avec elle, et elle ne s'en était pas émue d'une manière apparente. Il ne suffisait donc pas de lui résister pour qu'elle s'éprît de la sorte. Elle avait senti que Célio ne l'aimait pas, et qu'il n'était peut-être pas capable d'aimer sérieusement; mais, outre que mon caractère et mon savoir-vivre lui offraient plus de garanties, elle m'avait vu sincèrement ému auprès d'elle, elle devinait que j'étais capable de concevoir une grande passion, et elle pensait me l'inspirer encore en dépit de mon courage et de ma fierté. Elle se trompait de date, il est vrai, et il se trouva qu'elle fit pour moi, lorsque j'étais refroidi à son égard, ce qu'elle n'eût point songé à faire lorsque j'étais enflammé. Les femmes ne sont jamais si habiles qu'elles ne tombent dans le piège de leur propre vanité.

Je la vis donc se jeter dans mes bras à un moment de ma vie où je ne l'aimais point, et où je souffrais à cause d'une autre femme. Il ne me fallut ni courage, ni vertu, ni orgueil pour la repousser d'abord, et pour tenter de la faire renoncer à sa propre perte. J'y mis une énergie qui l'excita d'autant plus à se perdre; j'aurais été un scélérat, un roué, un ennemi acharné à son désastre, que je n'aurais pas agi autrement pour la pousser à bout et lui faire fouler aux pieds tout souci de sa réputation.

Elle crut que je mettais son amour à l'épreuve, et le mien au prix de cette épreuve décisive, éclatante. Cette femme, funeste aux autres, le devint volontairement à elle-même tout d'un coup, au milieu d'une vie d'égoïsme et de calcul. Elle tendit tous les ressorts de sa volonté pour vaincre une aversion qu'elle prenait seulement pour de la méfiance. La crise de son orgueil blessé l'emporta sur les habitudes de sa vanité froide et dédaigneuse. Peut-être aussi s'ennuyait-elle, peut-être voulait-elle connaître les orages d'une passion véritable ou d'une lutte violente.

Ma résistance l'irrita à ce point qu'elle jura de me forcer par un éclat à tomber à ses pieds. Elle chercha à se faire insulter publiquement pour me contraindre à prendre sa défense. Elle vint en plein jour chez moi dans sa voiture; elle confia son prétendu secret à trois ou quatre amies, femmes du monde, qu'elle choisit les plus indiscrètes possible. Elle laissa tomber son masque en plein bal, au moment où elle s'emparait de mon bras; enfin elle me poursuivit jusque dans une loge de théâtre où elle se fût montrée à tous les regards, si je n'en fusse sorti précipitamment avec elle.

Cette torture dura huit jours pendant lesquels elle sut multiplier les incidents incroyables. Cette femme indolente et superbe de mollesse était en proie à une activité dévorante. Elle ne dormait pas, elle ne mangeait plus, elle était changée d'une manière effrayante. Elle savait aussi s'opposer à ma fuite en me faisant croire à chaque instant qu'elle venait me dire adieu et qu'elle renonçait à moi. J'aurais voulu calmer la douleur je lui causais, l'amener de bonnes résolutions, la quitter noblement et avec des paroles d'amitié. Je ne faisais qu'irriter son désespoir, et il reparaissait plus terrible, plus impérieux, en m'enlaçant au moment où je me flattais de l'avoir fait céder à l'empire de la raison.

Ce que je souffris durant ces huit jours est impossible à confesser. L'amour d'une femme est peut-être irrésistible, quelle que soit cette femme, et celle-là était belle, jeune, intelligente, audacieuse, pleine de séductions. Le chagrin qui la consumait rapidement donnait à sa beauté un caractère terrible, bien fait pour agir sur une imagination d'artiste. Je l'avais toujours crue lascive, elle passait pour l'être, elle l'avait peut-être toujours été; mais, avec moi, elle paraissait dévorée d'un besoin de cœur qui faisait taire les sens et l'ornait du prestige nouveau de la chasteté. Je me sentais glisser sur une pente rapide dans un précipice sans fond, car il ne me fallait qu'aimer un instant cette femme pour être à jamais perdu. Cela, je n'en pouvais douter; je savais bien quelle réaction de tyrannie j'aurais à subir une fois que j'aurais abandonné mon âme à cet attrait perfide. Je me connaissais, ou plutôt je me pressentais. Fort dans le combat, j'étais trop naïf dans la défaite pour n'être pas enlacé à tout jamais par ma conscience. Et je pouvais encore combattre, parce que je le retenais d'aimer, car je voyais en elle tout le contraire de mon idéal : le dévouement, il est vrai, mais le dévouement dans la fièvre, l'énergie dans la faiblesse, l'enthousiasme dans l'oubli de soi-même, et point de force véritable, point de dignité, point de durée possible dans ce subit engouement. Elle me faisait horreur et pitié en même temps qu'elle allumait en moi des agitations sauvages et une sombre curiosité. Je voyais mon avenir perdu, mon caractère déconsidéré, toutes les femmes effrontées et galantes ayant déjà l'œil sur moi pour me disputer à une puissante rivale et jouer avec moi à coups de griffes comme des panthères avec un gladiateur. Je devenais un homme à bonnes fortunes, moi qui détestais ce plat métier, un charlatan pour les esprits sévères qui m'accuseraient de chercher la renommée dans le scandale des aventures, au lieu de la conquérir par le progrès dans mon art. Je me sentais défaillir, et, lorsque le feu de la passion montait à ma poitrine, la sueur froide de l'épouvante coulait de mon front. Que cette femme fût perdue par moi ou seulement acceptée par moi dans sa chute volontaire, j'étais lié à elle par l'honneur; je ne pouvais plus l'abandonner. J'aurais beau m'étourdir et m'exalter en me battant pour elle, il me faudrait toujours traîner à mon pied ce boulet dégradant d'un amour imposé par la faiblesse d'un instant à la dignité de toute la vie.

Déjà elle me menaçait de s'empoisonner, et, dans la situation extrême où elle s'était jetée, une heure de rage et de délire pouvait la porter au suicide. Le ciel m'inspira un *mezzo termine*. Je résolus de la tromper en laissant une porte ouverte à l'observation de ma promesse. J'exigeai qu'elle allât rejoindre ses amis et sa famille à Milan; j'en fis une condition de mon amour, lui disant que je rougirais de profiter, pour la posséder, de la crise où elle se jetait, que ma conscience ne serait plus troublée dès que je la verrais reprendre sa place dans le monde et son rang dans l'opinion, que je restais à Turin pour ne pas la compromettre en la suivant, mais que dans huit jours je serais auprès d'elle pour l'aimer dans les douceurs du mystère.

J'eus un peu de peine à la persuader, mais j'étais assez ému, assez peu sûr de ma force pour qu'elle crût encore à la sienne. Elle partit, et je restai brisé de tant d'émotions, fatigué de ma victoire, incertain si j'allais me sauver au bout du monde, ou la rejoindre pour ne plus la quitter.

Je fus plus faible après son départ que je ne l'avais été en sa présence. Elle m'écrivait des lettres délirantes. Il y avait en moi une sorte d'antipathie instinctive que son langage et ses manières réveillaient par instants, et qui s'effaçait quand son souvenir me revenait accompagné de tant de preuves d'abnégation et d'emportement. Et puis la solitude me devenait insupportable. D'autres folies me sollicitaient. La Boccaferri m'abandonnait, Célio m'avait trompé. Le monde était vide, sans un être à aimer exclusivement. Les huit jours expirés, je fis venir un voiturin pour me rendre à Milan.

On chargeait mes effets, les chevaux attendaient à ma porte; j'entrai dans mon atelier pour y jeter un dernier coup d'œil.

J'étais venu à Turin avec l'intention d'y passer un certain temps. J'aimais cette ville, qui me rappelait toute mon enfance, et où j'avais conservé de bonnes relations. J'avais loué un des plus agréables logements d'artiste; mon atelier était excellent, et, le jour où je m'y étais installé, j'avais travaillé avec délices, me flattant d'y oublier tous mes soucis et d'y faire des progrès rapides. L'arrivée de la duchesse avait brisé ces doux projets, et, en quittant cet asile, je tremblai que tout ne fût brisé dans ma vie. Il me prit un remords, une terreur, un regret, sous lesquels je me débattis en vain. Je me jetai sur un sofa; on m'appelait dans la rue; le conducteur du voiturin s'impatientait; ses petits chevaux, qui étaient jeunes et fringants, grattaient le pavé. Je ne bougeais pas. Je n'avais pas la force de me dire que je ne partirais point; je me disais avec une certaine satisfaction puérile que je n'étais pas encore parti.

Enfin le voiturin vint frapper en personne à ma porte. Je vois encore sa casquette de loutre et sa casaque de molleton. Il avait une bonne figure à la fois mécontente et amicale. C'était un ancien militaire, irrité de mon inexactitude, mais soumis à l'idée de subordination. « Eh! mon cher monsieur, les jours sont si courts dans cette saison ! la route est si mauvaise ! Une fois nous prend dans les montagnes, que ferons-nous? Il y a une grande heure que je suis à vos ordres, et mes petits chevaux ne demandent qu'à courir pour votre service. » Ce fut là toute sa plainte. — « C'est juste, ami, lui dis-je, monte sur ton siège, me voilà! »

Il sortit; je me disposai à en faire autant. Un papier qui voltigeait sur le plancher arrêta mes regards. Je le ramassai : c'était un feuillet détaché de mon album. Je reconnus la composition que j'avais esquissée dans la nuit où Célio m'avait ramené à ma demeure, à Vienne, après son *fiasco*. Je revis le bon et le mauvais ange, distraits tous deux de moi par un malin personnage qui avait la tournure et le costume de théâtre de Célio. Je me reportai à cette nuit d'insomnie où la duchesse m'était apparue si vaine et si perfide, la Boccaferri si pure et si grande.

Je ne sais quelle réaction se fit en moi. Je courus vers la porte ; j'ordonnai au *vetturino* de dételer et de s'en aller. Je rentrai ; je respirai ; je mis mon album sur une table comme pour reprendre possession de mon atelier, de mon travail et de ma liberté ; puis l'effroi de la solitude me saisit. Ces grandes murailles nues d'un atelier me serrèrent le cœur. Je retombai sur le sofa, et je me mis à pleurer, à sangloter, presque, comme un enfant qui subit une pénitence et se désole à l'aspect de la chambre qui va lui servir de prison.

Tout à coup une voix de femme qui chantait dans la rue me fit entendre les premières phrases de cet air du *Don Juan* de Mozart :

Vedrai, Carino
Se sei buonino,
Che bel rimedio
Ti voglio dar.

Était-ce un rêve ? J'entendais la voix de Cécilia Boccaferri. Je l'avais entendue deux fois dans le rôle de Zerline, où elle avait une naïveté charmante, mais où elle manquait de la nuance de coquetterie nécessaire. En cet instant, il me sembla qu'elle s'adressait à moi avec une tendresse caressante qu'elle n'avait jamais eue en public, et qu'elle m'appelait avec un accent irrésistible. Je bondis vers la porte ; je m'élançai dehors : je ne trouvai que le *vetturino* qui dételait. Je me livrai à mille recherches minutieuses. La rue et tous les alentours étaient déserts. Il faisait à peine jour, et une bise piquante soufflait des montagnes. « Reviens demain, dis-je à mon conducteur en lui donnant un pourboire ; je ne puis partir aujourd'hui. »

Je passai vingt-quatre heures à chercher et à m'informer. Je demandais la Boccaferri, son père et Célio, au ciel et à la terre. Personne ne savait ce que je voulais dire. L'un me disait que le vieil ivrogne de Boccaferri était mort depuis dix ans ; l'autre, que ce Boccaferri n'avait jamais eu de fille ; tous, que le fils de la Floriani devait être en Angleterre, parce qu'il avait traversé Turin deux mois auparavant en disant qu'il était engagé à Londres.

Je me dis que j'avais eu une hallucination, que ce n'était pas la voix de Cécilia qui m'avait chanté ces quatre vers beaucoup trop parlés pour elle ; mais pendant ces vingt-quatre heures, mon émotion avait changé d'objet ; la duchesse avait perdu son empire sur mon imagination. Au point du jour, le brave *vetturino* était à ma porte comme la veille. Cette fois, je ne le fis pas attendre. Je chargeai moi-même mes effets ; je m'installai dans son frêle *legno* (c'est comme on dirait à Paris *un sapin*), et je lui ordonnai de marcher vers l'ouest.

— Eh quoi ! Seigneurie, ce n'est pas la route de Milan !

— Je le sais bien ; je ne vais plus à Milan.

— Alors, mon maître, dites-moi où nous allons.

— Où tu voudras, mon ami ; allons le plus loin possible, du côté opposé à Milan.

— Je vous mènerais à Paris avec ces chevaux-là ; mais encore voudrais-je savoir si c'est à Paris ou à Rome qu'il faut aller.

— Va vers la France, tout droit vers la France, lui dis-je, obéissant à un instinct spontané. Je t'arrêterai quand je serai fatigué, ou quand la belle nature m'invitera à la contempler.

— La belle nature est bien laide dans ce temps-ci, dit en souriant le brave homme. Voyez, que de neige du haut en bas des montagnes ! Nous ne passerons pas aisément le Mont-Cenis !

— Nous verrons bien ; d'ailleurs nous ne le passerons peut-être pas. Allons, partons. J'ai besoin de voyager. Pourvu que ta voiture roule et m'éloigne de Milan, comme de Turin, c'est tout ce qu'il me faut pour aujourd'hui.

— Allons, allons ! dit-il en fouettant ses chevaux, qui firent une longue glissade sur le pavé cristallisé par la gelée, tête d'artiste, tête de fou ! mais les gens raisonnables sont souvent bêtes et toujours avares. Vivent les artistes !

VII.

LE NŒUD CERISE.

Je ne crois, d'une manière absolue, ni à la destinée, ni à mes instincts, et je suis pourtant forcé de croire à quelque chose qui semble une combinaison de l'un ou de l'autre, à une force mystérieuse qui est comme l'attraction de la fatalité.

Il se fait dans notre existence, comme de grands courants magnétiques que nous traversons quelquefois, sans être emportés par eux, mais où quelquefois aussi nous nous précipitons de nous-mêmes, parce que notre *moi* se trouve admirablement prédisposé à subir l'influence de ce qui est notre élément naturel, longtemps ignoré ou méconnu. Quand nous sommes entraînés sur cette pente irrésistible, il semble que tout nous aide à en subir l'impulsion souveraine, que tout s'enchaîne autour de nous de façon à nous faire nier le hasard, enfin que les circonstances les plus naturelles, les plus insignifiantes dans d'autres moments n'existent, à ce moment donné, que pour nous pousser vers le but de notre destinée, que ce but soit un abîme ou un sanctuaire.

Voici le fait qui me parut longtemps merveilleux et qui ne fut autre chose que la rencontre d'un fait parallèle à celui de mon ennui et de mon inquiétude. Mon *vetturino* était marié non loin de la frontière, du côté de Briançon, à une jeune et jolie femme dont il était séparé assez souvent par l'activité de sa profession. Je lui dis que je voulais aller du côté de la France, et je le voulais parce qu'il s'agissait pour moi de prendre la route diamétralement opposée à celle de Milan, et aussi un peu parce que j'avais quelques renseignements vagues sur le passage récent de Célio dans la contrée que je parcourais. Mon *vetturino* vit que je ne savais pas bien où je voulais aller, et comme il avait envie d'aller à Briançon, il prit naturellement la route de Suse et d'Exille, traversa la frontière avec la Doire, et me fit entrer dans le département des Hautes-Alpes par le Mont-Genèvre.

Comme nous approchions de Briançon, il me demanda si je ne comptais pas m'y arrêter quelques jours, du ton d'un homme décidé à m'y contraindre. Et, comme j'hésitais à lui répondre avant d'avoir pénétré son dessein, il m'annonça que son plus jeune cheval était malade, qu'il ne mangeait pas, et qu'il craignait bien d'être forcé de voir un vétérinaire pour le faire saigner. Je descendis de voiture et j'examinai le cheval : il avait l'œil pur, le flanc calme ; il n'était pas plus malade que l'autre.

— Mon ami, dis-je à maître Volabù (c'était le nom de mon voiturin), je te prie d'être sincère avec moi. Tu cherches un prétexte pour t'arrêter, et moi je n'ai pas de raisons pour attendre. Je ne tiens pas plus longtemps à ton voiturin que tu ne tiens à ma personne. Que j'arrive à Briançon, c'est tout ce que je demande. Là, je penserai à ce que je veux faire, et j'aurai sous la main tous les moyens de transport désirables. Si tu t'obstines à me laisser ici (nous n'étions plus qu'à cinq lieues de Briançon), je m'obstinerai peut-être de mon côté à te faire marcher, car je t'ai pris pour huit jours. Sois donc franc, si tu veux je sois bon. Tu as ici, aux environs, une affaire de cœur ou d'argent, et c'est pour cela que ton cheval ne mange pas ? Le brave homme se mit à rire, puis il secoua la tête d'un air mélancolique. — Je ne suis plus de la première jeunesse, dit-il, ma femme a dix-huit ans, et j'aurais été bien aise de la surprendre ; elle ne demeure qu'à une toute petite lieue d'ici, aux *Désertes*. Par la traverse, nous y serons dans une demi-heure ; le chemin est bon, et puisque vous aimez à vous arrêter n'importe où, pour marcher au hasard dans la neige, vous verrez là un bel endroit et de la belle neige, le diable m'emporte ! Nous repartirions demain matin, et nous serions à Briançon avant midi. Allons, j'ai été franc, voulez-vous être bon enfant ?

— Oui, puisque je t'ai fait moi-même cette condition. Va pour les *Désertes* ! le nom me plaît, et la traverse aussi. J'aime assez les paysages qu'on ne voit pas des grandes routes ; mais s'il te prend fantaisie, mon compère, de rester plus longtemps avec ta femme? Si ton cheval recommence demain à ne plus manger ?

— Voulez-vous vous fier à la parole d'un ancien militaire, mon bourgeois? Nous repartirons ce soir, si vous voulez.

— Je veux me fier, répondis-je. En route !

Où cet homme me conduisit, tu le sauras bientôt, cher lecteur, et tu me diras si, dans l'accès de flânerie bienveillante qui me poussa à subir son caprice, il n'y eut pas quelque chose qu'un homme plus impertinent que moi eût pu qualifier d'inspiration divine. D'abord il ne m'avait pas trompé, le brave Volabù. Le paysage où il me fit pénétrer avait un caractère à la fois naïf et grandiose, qui s'empara de moi d'autant plus que je n'avais pas compté sur le discernement pittoresque de mon guide. Sans doute c'était son amour pour sa jeune femme qui lui faisait aimer ou mieux comprendre instinctivement la beauté du lieu qu'elle habitait. Il voulut reconnaître ma complaisance en exerçant envers moi les devoirs de l'hospitalité.

Il possédait là quelques morceaux de terre et une maisonnette très-propre où il me conduisit. Et quand il eut trouvé sa jeune ménagère au travail, bien gaie, bien sage, bien pure (cela se voyait à la joie franche qu'elle montra en lui sautant au cou), il n'y eut sorte de fête qu'il ne me fît : ils se mirent en quatre, sa femme et lui, pour me préparer un meilleur repas que celui que j'aurais pu faire à l'auberge du hameau, et, comme je leur disais que tant de soin n'était pas nécessaire pour me contenter, ils jurèrent naïvement que cela *ne me regardait pas*, c'est-à-dire qu'ils voulaient me traiter et m'héberger gratis.

Je les laissai à leur fricassée entremêlée de doux propos et de gros baisers, pour aller admirer le site environnant. Il était simple et superbe. Des collines escarpées servant de premier échelon aux grandes montagnes des Alpes, toutes couvertes de sapins et de mélèzes, encadraient la vallée et la préservaient des vents du nord et de l'est. Au-dessus du hameau, à mi-côte de la colline la plus rapprochée et la plus adoucie, s'élevait un vieux et fier château, une des anciennes défenses de la frontière probablement, demeure paisible et confortable désormais, car je voyais au ton frais des châssis de croisées en bois de chêne, encadrant de longues vitres bien claires, que l'antique manoir était habité par des propriétaires fort civilisés. Un parc immense, jeté noblement sur la pente de la colline et masquant ses froides lignes de clôture sous un luxe de végétation chaque jour plus rare en France, formait un des accidents les plus heureux du tableau. Malgré la rigueur de la saison (nous étions à la fin de janvier, et la terre était couverte de frimas), la soirée était douce et riante. Le ciel avait ces tons rose vif qui sont propres aux beaux temps de gelée ; les horizons neigeux brillaient comme de l'argent, et des nuages doux, couleur de perle, attendaient le soleil qui descendait lentement pour s'y plonger. Avant de s'envelopper dans ces suaves vapeurs, il semblait vouloir sourire encore à la vallée, et il dardait sur les toits élevés du vieux château un rayon de pourpre qui faisait de l'ardoise terne et moussue un dôme de cuivre rouge resplendissant.

Comme j'étais vêtu et chaussé en conséquence de la saison, je prenais un plaisir extrême à marcher sur cette neige brillante, cristallisée par le froid, et qui craquait sous mes pieds. En creusant des ombres sur ces grandes surfaces à peine égratignées par la trace de quelques petites pattes d'oiseaux, j'étudiais avec attention le reflet verdâtre que donne cet éblouissant et blanc duvet auprès duquel l'hermine et le duvet du cygne paraissent jaunes ou malpropres. Je ne pensais plus qu'à la peinture et à remercier le ciel de m'avoir détourné de Milan.

Tout en marchant, j'approchais du parc, et je pouvais embrasser de l'œil la vaste pelouse blanche, coupée de massifs noirs, qui s'étendait devant le château. On avait rajeuni les abords de cette austère demeure en nivelant les anciens fossés, en exhaussant les terres et en amenant le jardin, la verdure et les allées sablées jusqu'au niveau du rez-de-chaussée, jusqu'à la porte des appartements, comme c'est l'usage aujourd'hui que nous sentons à la fois le confortable et la poésie de la vie de château. L'enclos était bien fermé de grands murs ; mais, en face du manoir, on en avait échancré une longueur de trente mètres au moins pour prendre vue sur la campagne. Cette ouverture formait terrasse, à une hauteur peu considérable, et avait pour défense un large fossé extérieur. Un petit escalier, pratiqué dans l'épaisseur du massif de pierres de la terrasse, descendait jusqu'au niveau de l'eau pour permettre, apparemment, aux jardiniers d'y venir puiser durant l'été. Comme l'eau était couverte d'une croûte de glace très-forte, je fis la remarque qu'il était très-facile en ce moment d'entrer dans la résidence seigneuriale des Désertes ; mais il me parut qu'on s'en rapportait à la discrétion des habitants de la contrée, car aucune précaution n'était prise pour garantir ce côté faible de la place.

Comme le lieu me parut désert, j'eus quelque tentation d'y pénétrer pour admirer de plus près le tronc des ifs superbes et des pins centenaires dont les groupes formaient, dans cet intérieur, mille paysages aussi *vrais*, quoique beaucoup mieux *composés* que ceux de la campagne environnante ; mais je m'abstins prudemment et respectueusement de cette témérité de peintre, en entendant venir vers la terrasse deux femmes qui, vues de près, devinrent deux jeunes demoiselles ravissantes. Je les regardai courir et folâtrer sur la neige, sans qu'elles fissent attention à moi. Quoique enveloppées de manteaux et de fourrures, elles étaient aussi légères que le grand lévrier blanc qui bondissait autour d'elles. L'une me parut en âge d'être mariée ; mais, à son insouciance, on voyait qu'elle ne l'était pas, et même qu'elle n'y songeait point. Elle était grande, mince, blonde, jolie, et, par sa coiffure et ses attitudes, elle me rappelait les nymphes de marbre qui ornaient les jardins du temps de Louis XIV. L'autre paraissait encore une enfant ; sa beauté était merveilleuse, quoique sa taille me parût moins élégante. Je ne sais pas non plus pourquoi je fus ému en la regardant, comme si elle me rappelait une image connue et chère. Cependant il me fut impossible, ce jour-là et plus tard, de trouver de moi-même à qui elle ressemblait.

Ces deux belles demoiselles prenaient ensemble de tels ébats, qu'elles passèrent sans me voir. Elles parlaient italien, mais si vite (et souvent toutes deux ensemble), chaque phrase était d'ailleurs entrecoupée de rires si bruyants et si prolongés, que je ne pus rien saisir qui eût un sens. Un peu plus loin, elles s'arrêtèrent et se mirent à briser sans pitié de superbes branches d'arbre vert dont elles firent, les vandales ! un grand tas, qu'elles abandonnèrent ensuite sur la neige, en disant :

« Ma foi, qu'*il* vienne les chercher, c'est trop froid à manier. »

J'allais les perdre de vue à regret, je l'avoue, car il y avait quelque chose de sympathique et d'excitant pour moi dans la pétulance et la gaieté de ces jolies filles, lorsqu'une d'elles s'écria : « Bon ! j'ai perdu *son* nœud, son fameux nœud d'épée, que j'avais attaché sur mon capuchon, avec une épingle !

— Eh bien ! dit l'aînée, nous en ferons un autre ; la belle affaire !

— Oh ! il l'avait fait lui-même ! Il prétend que nous ne savons pas faire les nœuds, comme si c'était bien malin ! Il va grogner.

— Eh bien, qu'il grogne, le grognon ! répliqua l'autre, et toutes deux recommencèrent à rire, comme rient les jeunes filles, sans savoir pourquoi, sinon qu'elles ont besoin de rire.

— Tiens ! je le vois, mon nœud ! *son* nœud ! s'écria la cadette en bondissant vers le fossé ; le voilà qui s'épanouit sur la neige. Oh ! le beau coquelicot !

Elle arriva jusqu'au bord de la terrasse ; mais, au moment de ramasser ce nœud de rubans rouges que j'avais fort bien remarqué, elle partit d'un nouvel éclat de rire : une petite brise soudaine qui venait de s'élever emportait le ruban, et le déposait, à mes pieds, sur la glace du fossé.

Je le ramassai pour le rendre à la belle rieuse, et ce fut alors seulement qu'elle m'aperçut et devint aussi rouge que son nœud de rubans cerise.

— Pour vous le rapporter, Mademoiselle, lui dis-je, je serai forcé de traverser ce fossé; me le permettez-vous?

— Non, non, ne faites pas cela! répondit l'enfant, en qui un fonds d'assurance mutine parut dominer très-vite le premier accès de timidité, c'est peut-être dangereux. Si la glace ne porte pas?

— N'est-ce que cela? repris-je. C'est bien peu de chose que de courir un petit danger pour votre service.

Et je traversai résolument la glace, qui criait un peu. En voyant qu'en effet il y avait bien quelque danger pour moi, car le fossé était large et profond, l'enfant rougit encore et descendit quelques marches du petit escalier pour venir à ma rencontre. Elle ne riait plus.

— Eh bien, qu'est-ce que cela? Que faites-vous donc, petite sœur? dit l'aînée, qui venait la rejoindre, et qui me regarda d'un air de surprise et de mécontentement. Celle-ci était déjà une jeune personne. Elle connaissait sans doute déjà la prudence. Elle avait au moins une vingtaine d'années.

— Vous voyez, Mademoiselle, lui dis-je en tendant à sa sœur le nœud de rubans au bout de ma canne, je m'arrête à la limite de votre empire, je ne me permets pas de mettre le pied seulement sur la première marche de l'escalier.

Elle vit tout de suite que j'étais un homme bien élevé, et me remercia d'un doux et charmant sourire. Quant à l'enfant, elle saisit le nœud avec vivacité, et me fit signe de ne pas m'arrêter sur la glace. Je m'en retournai lentement et les saluai toutes deux de l'autre rive. Elles me crièrent merci avec beaucoup de grâce; puis j'entendis l'aînée dire à la petite : S'il voyait cela, il nous gronderait! — Sauvons-nous! répondit l'enfant en recommençant son rire frais et clair comme une clochette d'argent. Elles se prirent par la main, et partirent en courant et en riant vers le château. Quand elles eurent disparu, je regagnai la modeste demeure de monsieur et madame Volabù, un peu préoccupé de ma petite aventure.

Je trouvai mon souper prêt. J'aurais été Grandgousier en personne, qu'on ne m'eût pas traité plus largement. Je crois que toute la petite basse-cour de madame Volabù y avait passé. Je n'aurais eu en bonne grâce à me plaindre de cette prodigalité, en voyant l'air de triomphe naïf avec lequel ces braves gens me faisaient les honneurs de chez eux. J'exigeai qu'ils se missent à table avec moi, ainsi que la vieille mère de madame Volabù, qui était encore un robuste virago, nommée madame Peirecote, et qui paraissait prendre à cœur d'être bonne gardienne de l'honneur de son gendre.

Il me fallut soutenir un rude assaut pour me préserver d'une indigestion, car mon brave vetturino semblait décidé à me faire étouffer. Dès que je pus obtenir quelques instants de répit, j'en profitai pour faire des questions sur le château et ses habitants.

— C'est bien vieux, ce château, me dit Volabù d'un air capable; c'est laid, n'est-ce pas? Ça ressemble à une grande masure! Mais c'est plus joli en dedans qu'on ne croirait; c'est très-bien tenu, bien conservé, bien arrangé, quoique en vieux meubles qui ne sont plus de mode. Il y a des calorifères, ma foi! C'est que le vieux marquis ne se refusait rien. Il n'était pas très-généreux pour les autres, mais il aimait bien ses aises, et il passait presque toute l'année ici. L'hiver, il n'allait qu'un peu à Paris, en Italie jamais, et pourtant c'était son pays.

— Et qui possède ce château à présent?

— Son frère, le comte de Balma, qui vient de passer marquis par le décès de l'aîné de la famille. Dame, il n'est pas jeune non plus! C'est le sort de notre village, on dirait, d'avoir sous les yeux vieille maison et vieilles gens.

— Bah! la jeunesse ne manque pas encore dans le château, dit madame Volabù; M. le nouveau marquis n'a-t-il pas cinq enfants, dont le plus âgé ne l'est guère plus que monsieur? En parlant ainsi, madame Volabù me désignait à son mari, dont les yeux s'arrondirent tout à coup, en même temps que sa bouche s'allongeait en une moue assez risible.

— Oh! s'écria-t-il, M. de Balma a des garçons à présent! Quand je suis parti, il n'avait qu'une fille, et il n'y a qu'un mois de cela.

— C'est qu'il ne nous disait pas tout apparemment, dit à son tour la vieille madame Peirecote. Depuis un mois, il lui est arrivé une famille nombreuse, deux autres filles et deux garçons, tous beaux comme des amours; mais qu'est-ce que ça vous fait, Volabù?

— Ça ne me fait rien, la mère; mais c'est égal, notre vieux marquis est diablement sournois, car je lui ai entendu dire à M. le curé qu'il n'avait qu'une fille, celle qui est arrivée avec lui le lendemain de la mort du dernier marquis.

— Eh bien, reprit la vieille, c'est qu'il n'y a que celle-là de légitime peut-être, et que les quatre autres enfants sont des bâtards. Ça ne prouve pas un mauvais homme d'avoir recueilli tout ça le jour où il s'est vu riche et seigneur. Sans doute il veut les établir pour effacer devant Dieu tous ses vieux péchés.

— Après ça, ils ne sont peut-être pas à lui, tous ces enfants? observa madame Volabù.

— Il les appelle tous mes enfants, répondit la mère Peirecote, et ils l'appellent tous mon papa. Quant à savoir au juste ce qui en est, ce n'est pas facile. C'est une maison où il y a toujours eu de gros secrets, par rapport surtout à M. le marquis actuel. Du temps de l'autre, est-ce qu'on savait quelque chose de clair sur celui d'à présent. Que ne disait-on pas? M. le marquis a eu un frère qui est mort aux Indes, disaient les uns. D'autres disaient au contraire : Le frère puîné de M. le marquis n'est pas si mort ni si éloigné qu'on croit; mais il a changé de nom, parce qu'il a fait des folies, des dettes qu'il ne peut payer, et il y a bien cinquante ans que monsieur ne veut pas le voir. Les uns disaient encore : Il ne peut pas lui pardonner sa mauvaise conduite, mais il lui envoie de l'argent de temps en temps en cachette. Et les autres répondaient : Il ne lui envoie rien du tout. Il a le cœur trop dur pour cela. Le pire des deux n'est pas celui qu'on pense.

— Et ne peut-on éclaircir cette histoire? demandai-je. Personne, dans le pays, n'est-il mieux renseigné que vous? Il est étrange qu'un membre d'une grande famille sorte ainsi de dessous terre.

— Monsieur, dit la vieille, on ne peut rien savoir de ces gens-là. Moi, voilà ce que je sais, ce que j'ai vu dans ma jeunesse. Il y avait deux frères du nom de Balma, famille piémontaise bien anciennement établie dans le pays. L'aîné était fort sage, mais pas de très-bon cœur, cela est certain. Le cadet était une diable de tête, mais il n'était pas fier. Il n'avait rien à lui, et je n'ai point vu d'enfant si aimable et si joli. Les Balma ont vécu longtemps hors du pays. Un beau jour, l'aîné vint prendre possession de son domaine et habiter son château, sans vouloir permettre qu'on lui fît une pauvre question, et mettant à la porte quiconque se montrait curieux du sort de son frère. Cet aîné a vécu jusqu'à l'âge de quatre-vingts ans sans se marier, sans adopter personne, sans souffrir un seul parent près de lui. Il est mort sans faire de testament, comme un homme qui dit : Après moi, la fin du monde! Mais voilà que l'on a vu arriver tout à coup le jeune homme qui a produit de bons titres, et qui a hérité naturellement du titre, du château et des grands biens de la famille. Il y a deux, trois ou quatre millions de fortune. C'est quelque chose pour un homme qui était, dit-on, dans la dernière misère. Pauvre enfant! j'ai été le saluer; il s'est souvenu de moi, et il a été encore galant en paroles, comme si je n'avais que quinze ans.

— Mais ce jeune homme, cet enfant dont vous parlez, la mère, c'est donc le nouveau marquis? dit M. Volà-bù. Diantre ! il n'a pas l'air d'un freluquet pourtant.

— Dame ! il peut bien avoir, à cette heure, soixante-douze ans, répondit naïvement madame Peirecote. Aussi il est bien changé ! Et l'on dit qu'il est devenu raisonnable, et que sa fille aînée est rangée, économe ; que c'est surprenant de la part de gens qu'on croyait disposés à tout avaler dans un jour.

— Peste ! c'est l'âge de s'amender, reprit Volabù. Soixante-douze ans ! excusez ! Le *jeune homme* a dû mettre de l'eau dans son vin.

Les époux Volabù, voyant que j'avais fini de manger, commencèrent à desservir, et je m'approchai du feu, où je retins la mère Peirecote pour la faire encore parler. Je n'aurais pourtant pas su dire pourquoi l'histoire des Balma excitait à ce point ma curiosité.

VIII.

LE SABBAT.

— Et les deux jeunes demoiselles, dis-je à ma vieille hôtesse, vous les connaissez ?

— Non, Monsieur. Je n'ai fait encore que les apercevoir. Il n'y a qu'une quinzaine qu'elles sont ici, et le dernier jeune homme, qui paraît avoir quinze ans tout au plus, est arrivé avant-hier au soir. Ce qui fait dire dans le village ce n'est peut-être pas le dernier, et qu'on ne sait pas où s'arrêtera la famille de M. le marquis. Chacun dit son mot là-dessus ; il faut bien rire un peu, pour se consoler de ne rien savoir.

— Le nouveau marquis a donc les mêmes habitudes de mystère que l'ancien ?

— C'est à peu près la même chose, c'est même encore pire, puisque, ce qu'il a été et ce qu'il a fait durant tant d'années qu'on ne l'a pas vu, il a sans doute intérêt à le cacher plus encore que feu M. son frère ; mais pourtant ce n'est pas le même homme. On commence à me croire, quand je dis que celui-ci vaut mieux, et on lui rendra justice plus tard. L'autre était sec de cœur comme de corps ; celui-ci est un peu brusque de manières, et n'aime pas non plus les longs discours. Il ne se fie pas au premier venu : on dirait qu'il connaît tous les tours et toutes les ruses de ceux qui *quémandent;* mais il s'informe, il consulte ; sa fille aînée le fait avec lui, et les secours arrivent sans bruit à ceux qui ont vraiment besoin. M. le curé a bien remarqué cela, lui qui s'affligeait tant lorsqu'il a vu venir le prétendu mauvais sujet ; il commence à dire que les pauvres gens n'ont pas perdu au change.

— Voilà qui s'explique, madame Peirecote, et l'histoire gagne en moralité ce qu'elle perd en merveilleux. Cela se résume en un vieux proverbe de votre connaissance sans doute : « Les mauvaises têtes font les bons cœurs. »

— Vous avez bien raison, Monsieur, et c'est triste à dire, les trop bonnes têtes font souvent les cœurs mauvais. Qui ne pense qu'à soi n'est bon qu'à soi... Il n'en reste pas moins du merveilleux dans cette maison-là. De tout temps, il s'est passé au château des Désertes des choses que le pauvre monde comme moi ne peut pas comprendre. D'abord, on dit que tous les Balma sont sorciers de père en fils, et l'on me dirait que l'aînée des demoiselles en tient, que cela ne m'étonnerait pas, car elle ne parle pas et n'agit pas comme tout le monde : elle ne va pas du tout vêtue selon son rang, elle ne porte ni plumes à son chapeau ni cachemires, comme les dames riches du pays ; elle a la figure si blanche, qu'on dirait qu'elle est morte. Les deux autres demoiselles sont un peu plus élégantes et paraissent plus gaies ; mais l'aîné des jeunes gens a l'air d'un vrai fou : on l'entend parler tout seul, et on le voit faire des gestes qui font peur. Quant à M. le marquis, tout charitable qu'il est, il a l'air bien malin. Enfin, Monsieur, vous me croirez si vous voulez, mais les domestiques du château ont peur et sont fort aises qu'on les renvoie à sept heures du soir, en leur permettant d'aller faire la veillée et coucher dans le vil-

lage, où ils ont tous leur famille, car ce marquis n'a amené avec lui aucun serviteur étranger qu'on puisse faire parler. Tous ceux qui sont employés au château sont pris à la journée, parce qu'on a renvoyé tous les anciens. Cela fait que, pendant douze heures de nuit, personne ne peut savoir ce qui se passe dans la maison.

— Et pourquoi suppose-t-on qu'il s'y passe quelque chose ? Peut-être que ces Balma sont tout simplement de grands dormeurs qui craignent le bruit de l'office.

— Oh ! que non, Monsieur ! ils ne dorment pas. Ils s'en vont dans tout le château, montant, descendant, traversant les vieilles galeries, s'arrêtant dans des chambres qui n'ont pas été habitées depuis cent ans peut-être. Ils remuent les meubles, les transportent d'un coin à l'autre, parlent, crient, chantent, rient, pleurent, se disputent..., on dit même qu'ils se battent, car ils font là-dedans un sabbat désordonné.

— Comment sait-on tout cela, puisqu'ils renvoient tout le monde de si bonne heure ?

— Oui, ils s'enferment, ils barricadent tout, portes et contrevents, après avoir fait la ronde pour s'assurer qu'on ne les espionne pas. Le fils du jardinier, qui s'était caché dans une armoire par curiosité, a manqué être jeté par les fenêtres, et il a eu une si grosse peur, qu'il en a été malade, car il prétend que ces messieurs et ces demoiselles, et même M. le marquis, étaient tous habillés en diables, et que cela faisait dresser les cheveux sur la tête de les voir ainsi, et de leur entendre dire des choses qui ne ressemblaient à rien.

— A la bonne heure, madame Peirecote ! voici qui commence à m'intéresser ! Les vieux châteaux où il ne se passe pas des choses diaboliques ne sont bons à rien.

— Vous riez, Monsieur ; vous ne croyez pas à cela ? Eh bien ! si je vous disais que j'ai été écouter le plus près possible avec ma fille, et que j'ai vu quelque chose ?

— Bien ! voyons, contez-moi cela.

— Nous avons vu à travers les fentes d'un vieux contrevent qui ne ferme pas aussi bien que les autres, et qui donne ouverture à l'ancienne salle des gardes du château, des lumières passer et repasser si vite, qu'on eût dit que des diables seuls pouvaient les faire courir ainsi sans les éteindre. Et puis, nous avons entendu le bruit du tonnerre et le vent siffler dans le château, quoiqu'il fît une belle nuit de gelée bien tranquille comme ce soir. Un grand cri est venu jusqu'à nous, comme si l'on tuait quelqu'un, et nous n'avions pas une goutte de sang dans les veines. C'était la semaine dernière, Monsieur ! Nous nous sommes sauvées, ma fille et moi, parce que nous nous doutions pas qu'un crime n'eût été commis, et nous ne voulions pas être appelées comme témoins : cela fait toujours du tort à de pauvres gens comme nous de témoigner contre les riches ; on s'en aperçoit plus tard. Si bien que nous n'avons pu fermer l'œil de toute la nuit ; mais le lendemain tout le monde se portait bien dans le château : les demoiselles riaient et chantaient dans le jardin comme à l'ordinaire, et M. le marquis a été à la messe, car c'était un dimanche. Seulement les domestiques nous ont dit qu'ils avaient brûlé dans la nuit plus de cinquante bougies, et que tout le souper avait été mangé jusqu'au dernier os.

— Ah ! il me paraît qu'ils fêtent joyeusement le diable !

— Tous les soirs, un bon souper de viandes froides, avec des gâteaux, des confitures et des vins fins, leur est servi dans la salle à manger, en même temps qu'on dessert leur dîner. On ne sait pas à quelle heure ni avec quels convives ils le mangent ; mais il sont affaire à des esprits qui ne se nourrissent pas de fumée. Le matin, on trouve les fauteuils rangés en cercle autour de la cheminée du grand salon, et dans tout le reste de la maison il n'y a pas trace du remue-ménage de la nuit. Seulement, il y a toute une partie du château, celle qu'on n'habite plus depuis longtemps, qui est fermée et cadenassée de façon à ce que personne ne puisse y mettre le bout du nez. Ils ont, au reste, fort peu de domestiques pour une si grande maison et tant de maîtres. Ils n'ont encore reçu personne, si ce n'est le maire et le curé, lesquels ont vu seulement M. le marquis dans son cabinet, sans qu'aucun de ses enfants ait paru, excepté sa fille aînée. Les demoiselles n'ont pas de filles de chambre, et semblent tout aussi habituées que les messieurs à se servir elles-mêmes. Le service intérieur est fait aussi par des femmes de journée que l'on congédie quand elles ont balayé et rangé; et vous savez, Monsieur, les hommes sont si simples! Quand il n'y a pas de femmes au courant des affaires d'une maison, on ne peut rien savoir.

— C'est vraiment désespérant, ma chère madame Peirecote, dis-je en retenant une bonne envie de rire.

— Oui, Monsieur, oui! Ah! si j'étais plus jeune, et si je ne craignais pas d'attraper un rhumatisme en faisant le guet, je saurais bientôt à quoi m'en tenir. Par exemple, ces jours derniers, la servante qui a fait les lits a trouvé au pied de celui d'une des demoiselles des pantoufles dépareillées. On a beau se cacher, on n'est jamais à l'abri d'une distraction. Eh bien, Monsieur, devinez ce qu'il y avait à la place de la pantoufle perdue durant le sabbat!

— Quoi! un gros crapaud vert avec des yeux de feu? ou bien un fer de cheval qui a brûlé les doigts de la pauvre servante?

— Non, Monsieur, un joli petit soulier de satin blanc avec un nœud de beaux rubans rose et or!

— Diantre! cela sent le sabbat bien davantage. Il est évident que ces demoiselles avaient été au bal sur un manche à balai!

— Chez le diable ou ailleurs; il y avait eu bal aussi au château, car on avait justement entendu des airs de danse, et les parquets s'en ressentaient; mais quels étaient les invités, et d'où sortait le beau monde? car on n'a vu ni voitures ni visites d'aucune espèce autour du château, et à moins que la bande joyeuse ne soit descendue et remontée par les tuyaux de cheminée, je ne vois pas pour qui ces demoiselles ont mis des souliers blancs à nœuds rose et or.

J'aurais écouté madame Peirecote toute la nuit, tant ses contes me divertissaient; mais je vis que mes hôtes désiraient se retirer, et je leur en donnai l'exemple. Volabù me conduisit à sa meilleure chambre et à son meilleur lit. Sa femme m'accabla aussi de mille petits soins, et ils ne me quittèrent qu'après s'être assurés que je ne manquais de rien. Volabù me demanda au travers de la porte à quelle heure je voulais partir pour Briançon. Je le priai d'être prêt à sept heures du matin, ne voulant pas être à charge plus longtemps à sa famille.

Je n'avais pas la moindre envie de dormir, car il n'était que sept heures du soir, et j'avais douze heures devant moi. Un bon feu de sapin pétillait dans la cheminée de ma petite chambre, et une grande provision de branches résineuses, placée à côté, me permettait de lutter contre la froide bise qui sifflait à travers les fenêtres mal jointes. Je pris mes crayons, et j'esquissai les deux jolies figures des demoiselles de Balma dans le costume et les attitudes où elles m'étaient apparues, sans oublier le beau lévrier blanc et le cadre des grands cyprès noirs couverts de flocons de neige. Tout cela trottait encore plus vite dans mon imagination que sur le papier, et je ne pouvais me défendre d'une émotion analogue à celle que nous fait éprouver la lecture d'un conte fantastique d'Hoffmann, en rapprochant de ces charmantes figures si candides, si enjouées, si heureuses en apparence, les récits bizarres et les diaboliques commentaires de ma vieille hôtesse. Ainsi que dans ces contes germaniques, où des anges terrestres luttent sans cesse contre les pièges d'un esprit infernal pétri d'ironie, de colère et de douleur, je voyais ces beaux enfants fleurir à leur insu, sous l'influence perfide de quelque vieil alchimiste couvert de crimes, qui les élevait à la brochette pour vendre leurs âmes à Satan, afin de dégager la sienne d'un pacte fatal. La petite ne se doutait de rien encore, l'autre commençait à se méfier. Au milieu de leur gaieté railleuse, il m'avait semblé voir percer de la crainte pour un maître qu'elles n'avaient pas osé nommer. *Qu'il grogne, le grognon!* avaient-elles dit, et puis encore, en parlant de ma traversée périlleuse sur le fossé, l'aînée avait dit : *S'il voyait cela il nous gronderait.* Était-ce leur père qu'elles redoutaient ainsi, tout en affectant de se moquer? Rien ne prouvait qu'elles fussent les filles de ce vieux marquis ressuscité par magie après avoir passé pour mort, que dis-je? après avoir été mort probablement pendant cinquante ans. Ce devait être un vampire. Il les tourmentait déjà toutes les nuits, mais chaque matin, grâce à sa science, elles avaient perdu le souvenir de ce cauchemar, et tâchaient de se reprendre à la vie. Hélas! elles n'en avaient pas pour longtemps, les pauvrettes! Un matin, on les trouverait étranglées dans quelque gargouille du vieux manoir.

A ces folles rêveries, quelques indices réels venaient pourtant se joindre. Je ne sais de ces nœuds de rubans venaient faire, là; mais le ruban rose et or du petit soulier coïncidait, je ne sais comment, avec le nœud de ruban cerise que j'avais ramassé. *Son nœud*, avait-elle dit, *son nœud d'épée!* — Qui donc, dans le château, portait encore le costume de nos pères, l'épée et le nœud d'épée? Cela était vraiment bizarre, et *il* l'avait fait lui-même! *Il* prétendait déjà que ces charmantes petites mains de fée ne savaient pas faire un nœud digne de *lui!* Il était donc bien impérieux et bien difficile, ce tyran de la jeunesse et de la beauté! Qu'il fût jeune ou vieux, ce porteur d'épée, ce faiseur de nœuds, il était peu galant ou peu paternel. Ce ne pouvait être que le diable ou l'un de ses suppôts rechignés.

Je ne sais combien de bizarres compositions me vinrent à ce sujet; mais je ne les exécutai point. La mère Peirecote m'avait soufflé le poison de sa curiosité, et je ne tenais pas en place. Il me sembla qu'il était fort tard, tant j'avais fait de rêves en peu d'instants. Ma montre s'était arrêtée; mais l'horloge du hameau sonna neuf heures, et je m'inquiétai du reste de ma nuit, car je n'avais plus envie de dessiner; il m'était impossible de lire, et je mourais d'envie d'agir comme un écolier, c'est-à-dire d'aller chercher quelque aventure poétique ou ridicule sous les murs du vieux manoir.

Je commençai par m'assurer d'un moyen de sortie qui ne fit ni bruit ni scandale, et je l'eus trouvé avant d'être décidé à m'en servir. Les contrevents de ma fenêtre ouvraient sans crier et donnaient sur un petit jardin clos seulement par une haie vive fort basse. La maison n'avait qu'un étage de niveau avec le sol. Cela était si facile et si tentant, que je n'y résistai pas. Je me munis du briquet, de plusieurs cigares, de ma canne à tête plombée; je cachai ma figure dans un grand foulard, je m'enveloppai de mon manteau, et, pour me déguiser mieux, je décrochai de la muraille une espèce de chapeau tyrolien appartenant à M. Volabù; puis sortis de la maison par la fenêtre, je poussai les contrevents, j'enjambai la haie; la neige absorbait le bruit de mes pas. Tout dormait dans le village; la lune brillait au ciel. Je gagnai la campagne, rien qu'en faisant à l'extérieur le tour de la maison.

J'arrivai au fossé que je connaissais déjà si bien. La nuit avait raffermi la glace. Je montai, non sans peine, le petit escalier, qui était devenu fort glissant. J'entrai résolument dans le parc, et m'approchai du château comme un Almaviva préparé à toute aventure.

Je touchais aux portes vitrées du rez-de-chaussée donnant toutes sur une longue terrasse couverte de vignes desséchées par l'hiver, qui ressemblaient, la nuit, à de gros serpents noirs courant sur les murs et se roulant autour des balustres. J'avais monté sans hésiter l'escalier bordé de grands vases de terre cuite qui entaillait noblement le perron sur chaque face. Tous les volets étaient hermétiquement fermés; je ne craignais pas qu'on me vît de l'intérieur. Je voulais écouter ces bruits étranges, ces cris, ces roulements de tonnerre, ces meubles mis en danse, cette musique infernale dont ma vieille hôtesse m'avait rempli la cervelle.

Je ne fus pas longtemps sans reconnaître qu'on agissait énergiquement dans cette demeure silencieuse et déserte au dehors. De grands coups de marteau réson-

J'avais monté, sans hésiter, l'escalier... (Page 95.)

naient dans l'intérieur, et des éclats de voix, comme de gens qui discutent ou s'avertissent en travaillant, frappèrent confusément mon oreille. Tout cela se passait fort près de moi, probablement dans une des pièces du rez-de-chaussée; mais les contrevents en plein chêne, rembourrés de crin et garnis de cuir, ne me permettaient pas de saisir un seul mot.

Les aboiements d'un chien m'avertirent de me tenir à distance. Je descendis le perron, et bientôt j'entendis ouvrir la porte que je venais de quitter. Le chien hurlait, je me crus perdu, car le clair de lune ne me permettait pas de franchir l'espace découvert qui me séparait des premiers massifs.

— Ne laisse pas sortir Hécate! dit une voix que je reconnus aussitôt pour celle de la plus jeune de mes deux héroïnes. Elle est folle au clair de la lune, et elle casse tous les vases du perron.

— Rentrez, Hécate! dit l'autre, dont je reconnus aussi la voix. Elle ferma la porte au nez de la grande levrette, qui les avertissait de ma présence et gémissait de n'être pas comprise.

Les deux jeunes filles s'avancèrent sur le perron. Je me cachai sous la voûte qu'il formait entre les deux escaliers latéraux.

— Ne mets donc pas ainsi tes bras nus sur la neige, petite, tu vas t'enrhumer, disait l'aînée. Qu'as-tu besoin de t'appuyer sur la balustrade?

— Je suis fatiguée, et je meurs de chaud.

— En ce cas, rentrons.

— Non, non! c'est si beau la nuit, la lune et la neige! Ils en ont au moins pour un quart d'heure à arranger le *cimetière*, respirons un peu.

Le *cimetière* me fit ouvrir l'oreille; la nuit sonore me permettait de ne pas perdre une de leurs paroles, et j'allais saisir le mot de l'énigme, lorsque quelqu'un de l'intérieur, ennuyé des cris du chien, ouvrit la porte et laissa passer la maudite bête, qui s'élança jusqu'à moi et s'arrêta à l'entrée de la voûte, indignée de ma présence, mais tenue en respect par la canne dont je la menaçais.

— Oh! qu'*ils* sont ennuyeux d'avoir lâché Hécate! disaient tranquillement ces demoiselles, pendant que j'étais dans une situation désespérée. Ici, Hécate, tais-toi donc! tu fais toujours du bruit pour rien!

Je n'attendis pas longtemps Don Juan et Leporello... (Page 99.)

— Mais comme elle est en colère! c'est peut-être un voleur! dit la petite.

— Est-ce qu'il y a des voleurs ici? me cria l'aînée en riant; monsieur le voleur, répondez.

— Ou bien, c'est un curieux, ajouta l'autre. Monsieur le curieux, vous perdez votre temps; vous vous enrhumez pour rien. Vous ne nous verrez pas.

— A toi, Hécate! mange-le!

Hécate n'eût pas demandé mieux, si elle eût osé. Bruyante, mais craintive, comme le sont les levrettes, elle reculait hérissée de colère et de peur, quoiqu'elle fût de taille à m'étrangler.

— Bah! ce n'est personne, dit l'une des demoiselles, elle crie après la statue qui est là au fond de la grotte.

— Et si nous allions voir?

— Ma foi non, j'ai peur!

— Et moi aussi, rentrons!

— Appelons *nos garçons!*

— Ah bien oui! ils ont bien autre chose en tête, et ils se moqueront de nous comme à l'ordinaire.

— Il fait froid, allons-nous-en.

— Il *fait peur*, sauvons-nous!

Elles rentrèrent en rappelant la chienne. Tout se referma hermétiquement, et je n'entendis plus rien pendant un quart d'heure; mais tout à coup les cris d'une personne qui semblait frappée d'épouvante retentirent. On parla haut sans que je pusse distinguer ni les paroles ni l'accent. Il y eut encore un silence, puis des éclats de rire, puis plus rien, et je perdis patience, car j'étais transi de froid, et la maudite levrette pouvait me trahir encore, pour peu qu'on eût le caprice de venir poser de jolis petits bras nus sur la neige de la balustrade. Je regagnai la maison Volabù, certain qu'on ne m'avait pas tout à fait trompé, et qu'on travaillait dans le château à une œuvre inconnue et inqualifiable, mais un peu honteux de n'avoir rien découvert, sinon qu'on arrangeait le *cimetière* et qu'on se moquait des curieux.

La nuit était fort avancée quand je me retrouvai dans ma petite chambre. Je passai encore quelque temps à rallumer mon feu et à me réchauffer avant de pouvoir m'endormir, si bien que, lorsque Volabù vint pour m'éveiller avec le jour, il n'osa le faire, tant je m'acquittais en conscience de mon premier somme. Je me levai tard. Il avait eu le temps de me préparer mon déjeuner, qu'il fallut accepter sous peine de désespérer le brave homme et madame Volabù, qui avait des prétentions assez fondées au talent de cuisinière. A midi, une affaire survint à mon hôte : il était prêt à y renoncer pour tenir sa parole envers moi ; mais moi, sans me vanter de mon escapade, j'avais un *fiasco* sur le cœur, et je me sentais beaucoup moins pressé que la veille d'arriver à Briançon. Je priai donc mon hôte de ne pas se gêner, et je remis notre départ au lendemain, à la condition qu'il me laisserait payer la dépense que je faisais chez lui, ce qui donna lieu à de grandes contestations, car cet homme était sincèrement libéral dans son hospitalité. Il eût discuté avec moi pour une misère durant le voyage, si j'eusse voulu marchander ; chez lui, il était prêt à mettre le feu à la maison pour me prouver son savoir-vivre.

IX.

L'UOM DI SASSO.

J'étais trop mécontent du résultat de mon entreprise pour me sentir disposé à faire de nouvelles questions sur le château mystérieux. Je renfermais ma curiosité comme une honte, le succès ne l'avait pas justifiée ; mais elle n'en subsistait pas moins au fond de mon imagination, et je faisais de nouveaux projets pour la nuit suivante. En attendant, je résolus d'aller pousser une reconnaissance autour du château, pour me ménager les moyens de pénétrer nuitamment dans l'intérieur de la place, s'il était possible... Bah ! me disais-je, tout est possible à celui qui veut.

J'allais sortir, lorsqu'un petit paysan, qui rôdait devant la porte, me regarda avec ce mélange de hardiesse et de poltronnerie qui caractérise les enfants de la campagne. Puis, comme j'observais sa mine à la fois espiègle et farouche, il vint à moi, et, me présentant une lettre, il me dit : « Regarz ça, si c'est pour vous. » Je vis mon nom et mon prénom tracés fort lisiblement et d'une main élégante sur l'adresse. A peine eus-je fait un signe affirmatif que l'enfant s'enfuit sans attendre ni questions ni récompense. Je courus à la signature, qui ne m'apprit rien d'officiel, mais à laquelle pourtant je ne me trompai pas. Stella et Béatrice ! les jolis noms ! m'écriai-je, et je rentrai dans ma chambre, assez ému, je le confesse.

« Le hasard, aidé de la curiosité, disait cette gracieuse lettre parfumée, a fait découvrir à deux petites filles fort rusées le nom de l'étranger qui a ramassé le nœud de ruban cerise. Des pas laissés sur la neige, coïncidant avec les avertissements de la belle chienne Hécate, ont prouvé à ces demoiselles que l'étranger était encore plus curieux que poli et prudent, et qu'il ne craignait pas de marcher sur les eaux pour surprendre les secrets d'autrui. Le sort en est jeté ! Puisque vous voulez être initié à nos mystères, ô jeune présomptueux, vous le serez ! Puissiez-vous ne pas vous en repentir, et vous montrer digne de notre confiance ! Soyez muet comme la tombe ; la plus légère indiscrétion nous mettrait dans l'impossibilité de vous admettre. Venez à huit heures du soir (*solo e inosservato*) au bord du fossé, vous y trouverez Stella et Béatrice. »

Tout le billet était écrit en italien et rédigé dans le pur toscan que je leur avais entendu parler. Je hâtai le dîner pour avoir le droit de sortir à six heures, prétextant que j'allais voir lever la lune sur le haut des collines. En effet, je fis une course au delà du château, et à huit heures précises j'étais au rendez-vous. Je n'attendis pas cinq minutes. Mes deux charmantes châtelaines parurent, bien enveloppées et encapuchonnées. Je fus un peu inquiet, lorsque j'eus franchi l'escalier, d'en voir une troisième sur laquelle je ne comptais pas. Celle-là était masquée d'un *loup* de velours noir et son manteau avait la forme d'un domino de bal. — Ne soyez pas effrayé, me dit la petite Béatrice en me prenant sans façon par-dessous le bras, nous sommes trois. Celle-ci est notre sœur aînée. Ne lui parlez pas, elle est sourde. D'ailleurs il faut nous suivre sans dire un mot, sans faire une question. Il faut vous soumettre à tout ce que nous exigerons de vous, eussions-nous la fantaisie de vous couper la moustache, les cheveux et même un peu de l'oreille. Vous allez voir des choses fort extraordinaires et faire tout ce qu'on vous commandera, sans hasarder la moindre objection, sans hésiter, et surtout *sans rire*, dès que vous aurez passé le seuil du sanctuaire. Le rire intempestif est odieux à notre *chef*, et je ne réponds pas de ce qui vous arriverait si vous ne vous comportiez pas avec la plus grande dignité.

— Monsieur engage-t-il ici sa parole d'honnête homme, dit à son tour Stella, la seconde des deux sœurs, à nous obéir dans toutes ces prescriptions? Autrement, il ne fera point un pas de plus sur nos domaines, et ma sœur aînée que voici, et qui est sourde comme la loi du destin, l'enchaînera jusqu'au jour, par une force magique, au pied de cet arbre où il servira demain de risée aux passants. Pour cela il ne faut qu'un signe de nous ; ainsi, parlez vite, Monsieur.

— Je jure sur mon honneur, et par le diable, si vous voulez, d'être à vous corps et âme jusqu'à demain matin.

— A la bonne heure, dirent-elles ; et me prenant chacune par un bras, elles m'entraînèrent dans un dédale obscur de bosquets d'arbres verts. Le domino noir nous précédait, marchant vite, sans détourner la tête. Une branche ayant accroché le bas de son manteau, je vis se dessiner sur la neige une jambe très-fine et qui pourtant me parut suspecte, car elle était chaussée d'un bas noir avec une floche de rubans pareils retombant sur le côté, sans aucun indice de l'existence d'un jupon. Cette sœur aînée, sourde et muette, me fit l'effet d'un jeune garçon qui ne voulait pas se trahir par la voix et qui surveillait ma conduite auprès de ses sœurs, pour me remettre à la raison, s'il en était besoin.

Je ne pus me défendre du sot amour-propre de faire part de ma découverte, et j'en fus aussitôt châtié. — Pourquoi avez-vous manqué de confiance en moi? disais-je à mes deux jeunes amies ; il n'était pas besoin de la présence de votre frère pour m'engager d'être auprès de vous le plus soumis et le plus respectueux des adeptes.

— Et vous, pourquoi manquez-vous à votre serment? répliqua Stella d'un ton sévère : allons, il est trop tard pour reculer, et il faut employer les grands moyens pour vous forcer au silence.

Elle m'arrêta ; le domino noir se retourna malgré sa surdité, et présenta un bandeau, qu'à elles trois elles placèrent sur mes yeux avec la précaution et la dextérité de jeunes filles qui connaissent les supercheries possibles du jeu de colin-maillard. — On vous fait grâce du bâillon, me dit Béatrice ; mais, à la première parole que vous direz, vous ne l'échapperez pas, d'autant plus que nous allons trouver main-forte, je vous en avertis. En attendant, donnez-nous vos mains ; vous ne serez pas assez félon, je pense, pour nous les retirer et pour nous forcer à vous les lier derrière le dos.

Je ne trouvais pas désagréable cette manière d'avoir les mains liées, en les enlaçant à celles de deux filles charmantes, et la cérémonie du bandeau ne m'avait pas révolté non plus ; car j'avais senti se poser doucement sur mon front et passer légèrement dans ma chevelure deux autres mains, celles de la sœur aînée, lesquelles, dégantées pour cet office d'exécuteur des hautes-œuvres, ne me laissèrent plus aucun doute sur le sexe du personnage muet.

Je dois dire à ma louange que je n'eus pas un instant d'inquiétude sur les suites de mon aventure. Quelque inexplicable qu'elle fût encore, je n'eus pas le *provincialisme* de redouter une mystification de mauvais goût ; je ne m'étais muni d'aucun poignard, et les menaces de mes jolies sibylles ne m'inspiraient aucune crainte pour mes oreilles ni même pour ma moustache. Je voyais assez clairement que j'avais affaire à des personnes d'esprit, et le souvenir de leurs figures, le son de leurs voix, ne trahissaient en elles ni la méchanceté ni l'effronterie. Certes, elles étaient autorisées par leur père, qui sans doute me connaissait de réputation, à me faire cet accueil romanesque, et, ne le fussent-elles pas, il y a autour de la femme pure je ne sais quelle indéfinissable atmosphère de candeur, qui ne trompe pas le sens exercé d'un homme.

Je sentis bientôt, à la chaleur de la température et à la sonorité de mes pas, que j'étais dans le château; on me fit monter plusieurs marches, on m'enferma dans une chambre, et la voix de Béatrice me cria à travers la porte : « Préparez-vous, ôtez votre bandeau, revêtez l'armure, mettez le masque, n'oubliez rien! On viendra vous chercher tout à l'heure. »

Je me trouvai seul dans un cabinet meublé seulement d'une grande glace, de deux quinquets et d'un sofa, sur lequel je vis une étrange armure. Un casque, une cuirasse, une cotte, des brassards, des jambards, le tout mat et blanc comme de la pierre. J'y touchai, c'était du carton, mais si bien modelé et peint en relief pour figurer les ornements repoussés, qu'à deux pas l'illusion était complète. La cotte était en toile d'encollage, et ses plis inflexibles simulaient on ne peut mieux la sculpture. Le style de l'accoutrement guerrier était un mélange d'antique et de rococo, comme on le voit employé dans les panoplies de nos derniers siècles. Je me hâtai de revêtir cet étrange costume, même le masque, qui représentait la figure austère et chagrine d'un vieux capitaine, et dont les yeux blancs, doublés d'une gaze à l'intérieur, avaient quelque chose d'effrayant. En me regardant dans la glace, cette gaze ne me permettant pas une vision bien nette, je me crus changé en pierre, et je reculai involontairement.

La porte se rouvrit. Stella vint m'examiner en silence, et en posant son doigt sur ses lèvres : « C'est à merveille, dit-elle en parlant bas. L'*uom' di sasso* est effroyable! Mais n'oubliez pas les gants blancs... Oh! ceux-ci sont trop frais, salissez-les un peu contre la muraille pour leur donner un ton net et des ombres. Il faut que, vu de près, tout fasse illusion. Bien! venez maintenant. Mes frères vous attendent, mais mon père ne se doute de rien. Allons, comportez-vous comme une statue bien raisonnable. N'ayez pas l'air de voir et d'entendre! »

Elle me fit descendre un escalier dérobé, pratiqué dans l'épaisseur d'un mur énorme, puis elle ouvrit une porte en bas, et me conduisit à un siège où elle me laissa en me disant tout bas : « Posez-vous bien. Soyez artiste dans cette pose-là! »

Elle disparut; le plus grand silence régnait autour de moi, et ce ne fut qu'au bout de quelques secondes que la gaze de mon masque me permit de distinguer les objets mal éclairés qui m'environnaient.

Qu'on juge de ma surprise : j'étais assis sur une tombe! Je faisais monument dans un coin de cimetière éclairé par la lune. De vrais ifs étaient plantés autour de moi, du vrai lierre grimpait sur mon piédestal. Il me fallut encore quelques instants pour m'assurer que j'étais dans un intérieur bien chauffé, éclairé par un clair de lune factice. Les branches de cyprès qui s'entrelaçaient au-dessus de ma tête me laissaient apercevoir des coins de ciel bleu, qui n'étaient pourtant que de la toile peinte, éclairée par des lumières bleues. Mais tout cela était si artistement agencé, qu'il fallait un effort de la raison pour reconnaître l'artifice. Étais-je sur un théâtre? Il y avait bien devant moi un grand rideau de velours vert; mais, autour de moi, rien ne sentait le théâtre. Rien n'était disposé pour les effets de scène ménagés au spectateur. Pas de coulisses apparentes pour l'acteur, mais des issues formées par des masses de branches vertes et voilant leurs extrémités par des toiles bleues perdues dans l'ombre. Point de quinquets visibles; de quelque côté qu'on cherchât la lumière, elle venait d'en haut, comme des astres, et, du point où l'on m'avait rivé sur mon socle funéraire, je ne pouvais saisir son foyer. Le plancher était caché sous un grand tapis vert imitant la mousse. Les tombes qui m'entouraient me semblaient de marbre, tant elles étaient bien peintes et bien disposées. Dans le fond, derrière moi, s'élevait un faux mur qui ressemblait à un vrai mur à s'y tromper. On n'avait pas cherché ces lointains factices qui ne font illusion qu'au parterre et contre lesquels l'acteur se heurte aux profondeurs de l'horizon. La scène dont je faisais partie était assez grande pour que rien n'y choquât l'apparence de la réalité. C'était une vaste salle arrangée de façon à ce que je pusse me croire dans une petite cour de couvent, ou dans un coin de jardin destiné à d'illustres sépultures. Les cyprès semblaient plantés réellement dans de grosses pierres qu'on avait transportées pour les soutenir, et où la mousse du parc é ait encore fraîche.

Donc je n'étais pas sur un théâtre, et pourtant je servais à une représentation quelconque. Voici ce que j'imaginai : M. de Balma était fou, et ses enfants essayaient d'étranges fantaisies pour flatter la sienne. On lui servait des tableaux appropriés à la disposition lugubre ou riante de son cerveau malade, car j'avais entendu rire et chanter la nuit précédente, quoiqu'on eût déjà parlé de cimetière. J'entendis des chuchotements, des pas furtifs et des frôlements de robe derrière les massifs qui m'environnaient; puis la douce voix de Béatrice, partant de derrière le rideau, prononça ces mots : — *Il est temps!*...

Alors un chœur, formé de quelques voix admirables, s'éleva de divers côtés, comme si des esprits eussent habité ces buissons de cyprès, dont les tiges se balançaient sur ma tête et à mes pieds. J'arrangeai ma pose de Commandeur, car je vis bien qu'il y avait du don Juan dans cette affaire. Le chœur était de Mozart, et chantait les admirables accords harmoniques du cimetière : « *Di rider finirai, pria dell' aurora. Ribaldo! audace! lascia ai morti la pace!* »

Involontairement je mêlai ma voix à celle des fantômes invisibles; mais je me tus en voyant le rideau s'ouvrir en face de moi.

Il ne se leva pas comme une toile de théâtre, il se sépara en deux comme un vrai rideau qu'il était; mais il ne m'en dévoila pas moins l'intérieur d'une jolie petite salle de spectacle, ornée de deux rangées de belles loges décorées dans le goût de Louis XIV. Trois jolis lustres pendaient de la voûte; il n'y avait pas de rampe allumée, mais il y avait la place d'un orchestre. Le plus curieux de tout cela, c'est qu'il n'y avait pas un spectateur, pas une âme dans toute cette salle, et que je me trouvais poser la statue devant les banquettes.

— Si c'est là toute la mystification que je subis, pensai-je, elle n'est pas bien méchante. Reste à savoir combien de temps on me laissera faire mon effet dans le vide.

Je m'attendis pas longtemps. Don Juan et Leporello sortirent du massif derrière moi, et se mirent à causer. Leurs costumes, admirables de vérité, de bon goût et d'exactitude, ne me permirent pas de reconnaître tout de suite les acteurs, car Leporello surtout était rajeuni de trente ans. Il avait la taille leste, la jambe ferme, une barbe noire taillée en collier andalous, une résille qui cachait son front ridé; mais, à sa voix, pouvais-je hésiter un instant? C'était le vieux Boccaferri devenu un acteur élégant et alerte.

Mais ce beau don Juan, ce fier et poétique jeune homme qui s'appuyait négligemment sur mon piédestal, sans daigner tourner vers moi son visage, ombragé d'une d'une perruque blonde et d'un large feutre Louis XIII, à plume blanche, quel était-il donc? Son riche vêtement semblait emprunté à un portrait de famille. Ce n'était point un costume de fantaisie, un composé de chiffons et de clinquant; c'était un véritable pourpoint de velours aussi court que le portaient les dandys de l'époque, avec des braies aussi larges, des passements aussi raides, des rubans aussi riches et aussi souples. Rien n'y sentait la boutique, le magasin de costumes, l'arrangement infidèle par lequel l'acteur transige avec les bourgeoises du public en modifiant l'extravagance ou l'exagération des anciennes modes, c'était la première fois que j'avais sous les yeux un vrai personnage historique dans son vrai costume et dans sa manière de le porter. Pour moi, peintre, c'était une bonne fortune. Le jeune homme était svelte et fait au tour. Il se dandinait comme un paon, et me donnait une idée beaucoup plus juste de don Juan que ne me l'eût donnée le beau Célio lui-même sur les planches, car Célio y eût voulu mettre quelque chose de hautain et de tragique qui outrepasse la donnée du caractère... Mais tout à coup, sur une observation poltronne de Leporello Boccaferri, il leva la tête vers moi, statue, d'un air de nonchalante ironie, et je reconnus Célio Floriani en personne.

Savait-il qui j'étais? Dans tous les cas, mon masque ne lui permettait guère de sourire à des traits connus, et, comme la pièce me paraissait engagée avec un merveilleux sang-froid, je gardai ma pose immobile.

Quand le premier effet de la surprise et de la joie se fut dissipé, car, bien que je ne visse pas la Boccaferri, j'espérais qu'elle n'était pas loin, je prêtai l'oreille à la scène qui se jouait, afin de ne pas la faire manquer. Mon rôle n'était pas difficile, puisque je n'avais qu'un geste à faire et un mot à dire, mais encore fallait-il les placer à propos.

J'avais cru, d'après le chœur, où, faute d'instruments, des voix charmantes remplaçaient les combinaisons harmoniques de l'orchestre, qu'il s'agissait de l'opéra de Mozart rendu d'une certaine façon; mais le dialogue parlé de Célio et de Boccaferri me fit croire qu'on jouait la comédie de Molière en italien. Je la savais presque par cœur en français; je ne fus donc pas longtemps à m'apercevoir qu'on ne suivait pas cette version à la lettre, car dona Anna, vêtue de noir, traversa le fond du cimetière, s'approcha de moi comme pour prier sur ma tombe, puis, apercevant deux promeneurs, elle se cacha pour écouter. Cette belle dona Anna, costumée comme un Velasquez, était représentée par Stella. Elle était pâle et triste, autant que son rôle le comportait en cet instant. Elle apprit là que c'était don Juan qui avait tué son père, car le réprouvé s'en vanta presque, en raillant le pauvre Leporello qui mourait de peur. Anna étouffa un cri en fuyant. Leporello répondit par un cri d'effroi, et déclara à son maître que les âmes des morts étaient irritées de son impiété; que, quant à lui, il traverserait pas cet endroit du cimetière, et qu'il en ferait le tour extérieur plutôt que d'avancer d'un pas. Don Juan le prit par l'oreille et le força de lire l'inscription du monument du Commandeur. Le pauvre valet déclara ne savoir pas lire, comme dans le libretto de l'opéra italien. La scène se prolongea d'une manière assez piquante à étudier, car c'était un composé de la comédie de Molière et du drame lyrique mis en action et en langage vulgaire, le tout compliqué et développé par une troisième version que je ne connaissais pas et qui me parut improvisée. Cela faisait un dialogue trop étendu et parfois trop familier pour une scène qui serait jouée en public, mais qui prenait là une réalité surprenante, à tel point que la convention ne s'y sentait plus du tout par moments, et que je croyais presque assister à un épisode de la vie de don Juan. Le jeu des acteurs était si naturel et le lieu où ils se tenaient si bien disposé pour la liberté de leurs mouvements, qu'ils n'avaient plus du tout l'air de jouer la comédie, mais de se persuader qu'ils étaient les vrais types du drame.

Cette illusion me gagna moi-même quand je vis Leporello m'adresser l'invitation de son maître, et montrer à mon inflexion de tête une terreur non équivoque. Jamais tremblement convulsif, jamais contraction du visage, jamais suffocation de la voix et flagellement des jambes n'appartiendront mieux à l'homme sérieusement épouvanté par un fait surnaturel. Don Juan lui-même fut ému lorsque je répondis à son insolente provocation par le *oui* funèbre. Un coup de tamtam dans la coulisse et des accords lugubres faillirent me faire tressaillir moi-même. Don Juan conserva la tête haute, le corps raide, la flamberge arrogante retroussant le coin du manteau; mais il tremblait un peu, sa moustache blonde se hérissait d'une horreur secrète, et il sortit en disant: « Je me croyais à l'abri de pareilles hallucinations; sortons d'ici » il passa devant moi en me toisant avec audace; mais son œil était arrondi par la peur, et une sueur froide baignait son front altier. Il sortit avec Leporello, et le rideau se referma pendant que les esprits reprenaient le chœur du commencement de la scène:

Di rider finiral, etc.

Aussitôt dona Anna vint me prendre par la main, et m'aidant à me débarrasser du masque, elle me conduisit au bord du rideau, en me disant de regarder avec précaution dans la salle. Le parterre de cette salle, qui n'était garni que d'une douzaine de fauteuils, d'une table chargée de papiers et d'un piano à queue, devenait, dans les entr'actes, le foyer des acteurs. J'y vis le vieux Boccaferri s'éventant avec un éventail de femme, et respirant à pleine poitrine comme un homme qui vient d'être réellement très-ému. Célio rassemblait des papiers sur la table; Béatrice, belle comme un ange, en costume de Zerlina, tenait par la main un charmant garçon encore imberbe, qui me sembla devoir être Masetto. Un cinquième personnage, enveloppé d'un domino de bal, qui, retroussé sur sa hanche, laissait voir une manchette de dentelle sur un bas de soie noire, me tournait le dos. C'était la troisième prétendue demoiselle de Balma, *la sourde*, costumée en Ottavio, qui m'avait intrigué dans le jardin; mais était-ce là Cécilia? Elle me paraissait plus grande, et cette tournure dégagée, cette pose de jeune homme, ne me rappelaient pas la Boccaferri, à laquelle je n'avais jamais vu porter sur la scène les vêtements de notre sexe.

J'allais demander son nom à Stella, lorsque celle-ci mit le doigt sur ses lèvres et me fit signe d'écouter.

— Pardieu! disait Boccaferri à Célio, qui lui faisait compliment de la manière dont il avait joué, on aurait bien joué à moins! J'étais mort de peur, et cela tout de bon; car je n'avais pas vu la statue à la répétition d'hier, et quoique j'aie coupé et peint moi-même toutes les pièces d'armure, je ne me représentais pas l'effet qu'elles produisaient quand elles sont revêtues. Salvator posait dans la perfection, et il a dit son *oui* avec un timbre si excellent, que je n'ai pas reconnu le son de sa voix; et puis, dans ce costume, il me faisait l'effet d'un géant. Où est-il donc cet enfant, que je le complimente?

Boccaferri se retourna brusquement, et vit derrière lui le jeune homme auquel il s'adressait, occupé à mettre du rouge pour faire le personnage de Masetto. — Eh bien! quoi? s'écria Boccaferri, tu as déjà eu le temps de changer de costume?

— Comment, *mon vieux*, répondit le jeune homme, tu crois que c'est moi qui ai fait la statue? Tu ne te souviens pas de m'avoir vu dans la coulisse au moment où tu es revenu tomber à genoux, comme voulant fuir (au plus beau moment de la frayeur!), et que tu m'as dit tout bas: Cette figure de pierre m'a fait vraiment peur!

— Moi, je t'ai dit cela? reprit Boccaferri stupéfait, je ne m'en souviens pas. Je ne le voyais sans te voir; je n'avais pas ma tête. Oui, j'ai eu réellement peur. Je suis content, notre essai réussit, mes enfants; voilà que l'émotion nous gagne. Pour moi, c'est déjà fait; et quand vous en serez tous là, vous serez tous de grands artistes!...

— Mais, vieux fou, dit Célio en souriant, si ce n'était pas Salvator qui faisait la statue, qui était-ce donc? Tu ne te le demandes pas?

— Au fait, qui était-ce? Qui diable a fait cette statue?

Et Boccaferri se leva tout effrayé en promenant des yeux hagards autour de lui.

— Le bonhomme est très-impressionnable, me dit Stella; il ne faudrait pas pousser plus loin l'épreuve. Nommez-vous avant de vous montrer.

X.

OTTAVIO.

— Maître Boccaferri! criai-je en ouvrant doucement le rideau, reconnaissez-vous la voix du Commandeur?

— Oui, pardieu! je reconnais cette voix, répondit-il; mais je ne puis dire à qui elle appartient. Mille diables! il y a ici ou un revenant, ou un intrus; qu'est-ce que cela signifie, enfants?

— Cela signifie, mon père, dit Ottavio en se retournant et en me montrant enfin les traits purs et nobles de la Cécilia, que nous avons ici un bon acteur et un bon ami de plus. Elle vint à moi en me tendant la main. Je m'élançai d'un bond dans l'emplacement de l'orchestre;

je saisis sa main que je baisai à plusieurs reprises, et j'embrassai ensuite le vieux Boccaferri qui me tendait les bras. C'était la première fois que je songeais à lui donner cette accolade, dont la seule idée m'eût causé du dégoût deux mois auparavant. Il est vrai que c'était la première fois que je ne le trouvais pas ivre, ou sentant la vieille pipe et le vin nouveau.

Célio m'embrassa aussi avec plus d'effusion véritable que je ne l'y eusse cru disposé. La douleur de son *fiasco* semblait s'être effacée, et, avec elle, l'amertume de son langage et de sa physionomie. « Ami, me dit-il, je veux te présenter à tout ce que j'aime. Tu vois ici les quatre enfants de la Floriani, mes sœurs Stella et Béatrice, et mon jeune frère Salvator, le Benjamin de la famille, un bon enfant bien gai, qui pâlissait dans l'étude d'un homme de loi, et qui a quitté ce noir métier de scribe, il y a deux jours, pour venir se faire artiste à l'école de notre père adoptif, Boccaferri. Nous sommes ici pour tout le reste de l'hiver sans bouger; nous y faisons, les uns leur éducation, les autres leur stage dramatique. On t'expliquera cela plus tard : maintenant il ne faut pas trop s'absorber dans les embrassades et les explications, car on perdrait la pièce de vue; on se refroidirait sur l'affaire principale de la vie, sur ce qui passe avant tout ici, l'art dramatique!

— Un seul et dernier mot, lui dis-je en regardant Cécilia à la dérobée : pourquoi, cruels, m'aviez-vous abandonné? Si le plus incroyable, le plus inespéré des hasards ne m'eût conduit ici, je ne vous aurais peut-être jamais revus qu'à travers la rampe d'un théâtre; car tu m'avais promis de m'écrire, Célio, et tu m'as oublié!

— Tu mens! répondit-il en riant. Une lettre de moi, avec une invitation de notre cher hôte, le marquis, te cherche à Vienne dans ce moment-ci. Ne m'avais-tu pas dit que tu ne repasserais les Alpes qu'au printemps? Ce serait à toi de nous expliquer comment nous nous retrouvons ici, ou plutôt comment tu as découvert notre retraite, et pourquoi il a fallu que ces demoiselles se compromissent jusqu'à t'écrire un billet doux sous ma dictée pour te donner le courage d'entrer par la porte au lieu de venir rôder sous les fenêtres. Si l'aventure d'hier soir ne m'eût pas mis sur tes traces, si je ne les avais suivies, ce matin, ces traces indiscrètes empreintes sur la neige, et cela jusque chez le voiturin Volabù, où j'ai vu ton nom sur une caisse placée dans son hangar, tu nous ménageais donc quelque terrible surprise?

— Moi? j'étais le plus sot et le plus innocent des curieux. Je ne vous savais pas ici. J'avais la tête échauffée par votre sabbat nocturne, qui met en émoi tout le hameau, et je venais tâcher de surprendre les manies de M. le marquis de Balma... Mais à propos, m'écriai-je en éclatant de rire et en promenant aussitôt un regard inquiet et confus autour de moi, chez qui sommes-nous ici? Que faites-vous chez ce vieux marquis, et comment peut-il dormir pendant un pareil vacarme?

Toute la troupe échangea à son tour des regards d'étonnement, et Béatrice éclata de rire comme je venais de le faire.

Mais Boccaferri prit la parole avec beaucoup de sang-froid pour me répondre. — Le vieux marquis est un monomane, en effet, dit-il. Il a la passion du théâtre, et son premier soin, dès qu'il s'est vu riche et maître d'un beau château, ç'a été de recruter, par mon intermédiaire, la troupe choisie qui est sous vos yeux, et de la cacher ici en la faisant passer pour sa famille. Comme il est grand dormeur et passablement sourd, nous nous amusons à répéter sans qu'il nous gêne, et, au premier jour, nous ferons nos débuts devant lui; mais, comme il est censé pleurer la mort du généreux frère qui ne l'a fait son héritier que faute d'avoir songé à le déshériter, il nous a recommandé le plus grand mystère. C'est pour cela que personne ne sait à quoi nous passons nos nuits, et l'on aime mieux supposer que c'est à évoquer le diable qu'à nous occuper du plus vaste et du plus complet de tous les arts. Restez donc avec nous, Salentini, tant qu'il vous plaira, et, si la partie vous amuse, soyez associé à notre théâtre. Comme je fais la pluie et le beau temps ici, on

n'y saura pas votre vrai nom, s'il vous plaît d'en changer. Vous passerez même, au besoin, pour un sixième enfant du marquis. C'est moi son bras droit et son factotum qui choisis les sujets et qui les dirige. Vous voyez que je suis lié de vieille date avec ce bon seigneur, cela ne doit pas vous étonner : c'était un vieux ivrogne, et nous nous sommes connus au cabaret; mais nous nous sommes amendés ici, et, depuis que nous avons le vin à discrétion, nous sommes d'une sobriété qui vous charmera... Allons! nous oublions trop la pièce, et ce n'est pas dans un entr'acte qu'il faut se raconter des histoires. Voulez-vous faire jusqu'au bout le rôle de la statue? Ce n'est qu'une entrée de manège; demain on vous donnera, dans une autre pièce, le rôle que vous voudrez, ou bien vous prendrez celui d'Ottavio; et Cécilia créera celui d'Elvire, que nous avions supprimé. Vous avez déjà compris que nous inventons un théâtre d'une nouvelle forme et complètement à notre usage. Nous prenons le premier scenario venu, et nous improvisons le dialogue, aidés des souvenirs du texte. Quand un sujet nous plaît, comme celui-ci, nous l'étudions pendant quelques jours en le modifiant *ad libitum*. Sinon, nous passons à un autre, et souvent nous faisons nous-mêmes le sujet de nos drames et de nos comédies, en laissant à l'intelligence et à la fantaisie de chaque personnage le soin d'en tirer parti. Vous voyez déjà qu'il ne s'agit pour nous que d'une chose, c'est d'être créateurs et non interprètes serviles. Nous cherchons l'inspiration, et elle nous vient peu à peu. Au reste, tout ceci s'éclaircira pour vous en voyant comment nous nous y prenons. Il est déjà dix heures, et nous n'avons joué que deux actes. *All' opra!* mes enfants! Les jeunes gens au décor, les demoiselles au manuscrit pour nous aider dans l'ordre des scènes, car il faut de l'ordre même dans l'inspiration. Vite, vite, voici un entr'acte qui doit indisposer le public.

Boccaferri prononça ces derniers mots d'un ton qui eût fait croire qu'il avait sous les yeux un public imaginaire remplissant cette salle vide et sonore. Mais il n'était pas maniaque le moins du monde. Il se livrait à une consciencieuse étude de l'art, et il faisait d'admirables élèves en cherchant lui-même à mettre en pratique des théories qui avaient été le rêve de sa vie entière.

Nous nous occupâmes de changer la scène. Cela se fit en un clin d'œil, tant les pièces du décor étaient bien montées, légères, faciles à remuer et la salle bien machinée. — Ceci était une ancienne salle de spectacle parfaitement construite et entendue, me dit Boccaferri. Les Balma ont eu de tout temps la passion du théâtre, sauf le dernier, qui est mort triste, ennuyé, parfaitement égoïste et nul, faute d'avoir cultivé et compris cet art divin. Le marquis actuel est le digne fils de ses pères, et son premier soin a été d'exhumer les décors et les costumes qui remplissaient cette aile de son manoir. C'est moi qui ai rendu la vie à tous ces cadavres gisant dans la poussière. Vous savez que c'était mon métier *là-bas*. Il ne m'a pas fallu plus de huit jours pour rendre la couleur et l'élasticité à tout cela. Ma fille, qui est une grande artiste, a rajeuni les habillements et leur a rendu le style et l'exactitude dont on faisait bon marché il y a cinquante ans. Les petites Floriani, qui veulent être artistes aussi un jour, l'aident en profitant de ses leçons. Moi, avec Célio, qui vaut dix hommes pour la promptitude d'exécution, l'adresse des mains et la rapidité d'intuition, nous avons imaginé de faire un théâtre dont nous pussions jouir nous-mêmes, et qui n'offrît pas à nos yeux, désabusés à chaque instant, ces laids intérieurs de coulisses pelées où le froid vous saisit le cœur et l'esprit dès que vous y rentrez. Nous ne nous moquons pas pour cela du public, qui est censé partager nos illusions. Nous agissons en tout comme si le public était là; mais nous n'y pensons que dans l'entr'acte. Pendant l'action, il est convenu qu'on l'oubliera, comme cela devrait être quand on joue pour tout de bon devant lui. Quant à notre système de décor, placez-vous au fond de la salle, et vous verrez qu'il fait plus d'effet et d'illusion que s'il y avait un ignoble envers tourné vers nous, et dont le public, placé de côté, aperçoit toujours une partie.

Il est vrai que nous employons ici, pour notre propre satisfaction, des moyens naïfs dont le charme serait perdu sur un grand théâtre. Nous plantons de vrais arbres sur nos planchers et nous mettons de vrais rochers jusqu'au fond de notre scène. Nous le pouvons, parce qu'elle est petite, nous le devons même, parce que les grands moyens de la perspective nous sont interdits. Nous n'aurions pas assez de distance pour qu'ils nous fissent illusion à nous-mêmes, et le jour où nous manquerons de l'illusion de la vue, celle de l'esprit nous manquera. Tout se tient : l'art est homogène, c'est un résumé magnifique de l'ébranlement de toutes nos facultés. Le théâtre est ce résumé par excellence, et voilà pourquoi il n'y a ni vrai théâtre, ni acteurs vrais, ou fort peu, et ceux-là qui le sont ne sont pas toujours compris, parce qu'ils se trouvent enchâssés comme des perles fines au milieu de diamants faux dont l'éclat brutal les efface.

Il y a peu d'acteurs vrais, et tous devraient l'être ! Qu'est-ce qu'un acteur, sans cette première condition essentielle et vitale de son art ? On ne devrait distinguer le talent de la médiocrité que par le plus ou moins d'élévation d'esprit des personnes. Un homme de cœur et d'intelligence serait forcément un grand acteur, si les règles de l'art étaient connues et observées ; au lieu qu'on voit souvent le contraire. Une femme belle, intelligente, généreuse dans ses passions, exercée à la grâce libre et naturelle, ne pourrait pas être au second rang, comme l'a toujours été ma fille, qui n'a pas pu développer sur la scène l'âme et le génie qu'elle a dans la vie réelle. Faute de se trouver dans un milieu assez artiste pour l'impressionner, elle a toujours été glacée par le théâtre, et vous la verrez pourtant ici, vous ne la reconnaîtrez point ! C'est qu'ici rien ne nous choque et ne nous contriste : nous élargissons par la fantaisie le cadre où nous voulons nous mouvoir, et la poésie du décor est la dorure du cadre.

Oui, Monsieur, continua Boccaferri avec animation, tout en arrangeant mille détails matériels sans cesser de causer, l'invraisemblance de la mise en scène, celle des caractères, celle du dialogue, et jusqu'à celle du costume, voilà de quoi refroidir l'inspiration d'un artiste qui comprend le vrai et qui ne peut s'accommoder du faux. Il n'y a rien de bête comme un acteur qui se passionne dans une scène impossible, et qui prononce avec éloquence des discours absurdes. C'est parce qu'on fait de pareilles pièces et qu'on les monte par-dessus le marché avec une absurdité digne d'elles, qu'on n'a point d'acteurs vrais, et, je vous le disais, tous devraient l'être. Rappelez-vous la Cécilia. Elle a trop d'intelligence pour ne pas sentir le vrai ; vous l'avez vue souvent insuffisante, presque toujours trop concentrée et cachant son émotion, mais vous ne l'avez jamais vue donner à côté, ni tomber dans le faux ; et pourtant c'était une pâle actrice. Telle qu'elle était, elle ne déparait rien, et la pièce n'en allait pas plus mal. Eh bien, je dis ceci : que le théâtre soit vrai, tous les acteurs seront vrais, même les plus médiocres ou les plus timides ; que le théâtre soit vrai, tous les êtres intelligents et courageux seront de grands acteurs ; et, dans les intervalles où ceux-ci n'occuperont pas la scène, où le public se reposera de l'émotion produite par eux, les acteurs secondaires seront du moins naïfs, vraisemblables. Au lieu de torture qu'on subit à voir grimacer des sujets détestables, on éprouvera un certain bien-être confiant à suivre l'action dans les détails nécessaires à son développement. Le public se formera à cette école, et, au lieu d'injuste et de stupide qu'il est aujourd'hui, il deviendra consciencieux, attentif, amateur des œuvres bien faites et ami des artistes de bonne foi. Jusque-là, qu'on ne me parle pas de théâtre, car vraiment c'est un art quasi perdu dans le monde, et il faudra tous les efforts d'un génie complet pour le ressusciter.

Oui, mon fils Célio ! dit-il en s'adressant au jeune homme qui attendait pour faire commencer l'acte qu'il eût cessé de babiller, ta mère, la grande artiste, avait compris cela. Elle m'avait écoutée et elle m'a toujours rendu justice, en disant qu'elle me devait beaucoup. C'est parce qu'elle partageait mes idées qu'elle voulut faire elle-même les pièces qu'elle jouait, être la directrice de son théâtre, choisir et former ses acteurs. Elle sentait qu'une grande actrice a besoin de bons interlocuteurs et que la tirade d'une héroïne n'est pas inspirée quand sa confidente l'écoute d'un air bête. Nous avons fait ensemble des essais hardis ; j'ai été son décorateur, son machiniste, son répétiteur, son costumier et parfois même son poète ; l'art y gagnait sans doute, mais non les affaires. Il eût fallu une immense fortune pour vaincre les premiers obstacles qui s'élevaient de toutes parts. Et puis le public ne sait point seconder les nobles efforts, il aime mieux s'abrutir à bon marché que de s'ennoblir à grands frais.

Mais toi, Célio, mais vous, Stella, Béatrice, Salvator, vous êtes jeunes, vous êtes unis, vous comprenez l'art maintenant, et vous pouvez, à vous quatre, tenter une rénovation. Ayez-en du moins le désir, caressez-en l'espérance ; quand même ce ne serait qu'un rêve, quand même ce que nous faisons ici ne serait qu'un amusement poétique, il vous en restera quelque chose qui vous fera supérieurs aux acteurs vulgaires et aux supériorités de ficelle. O mes enfants ! laissez-moi vous souffler le feu sacré qui me rajeunit et qui m'a consumé en vain jusqu'ici, faute d'aliments à mon usage. Je ne regretterai pas d'avoir échoué toute ma vie, en toutes choses, d'avoir été aux prises avec la misère jusqu'à être forcé d'échapper au suicide par l'ivresse ! Non, je ne me plaindrai de rien dans mon triste passé, si la vivace postérité de la Floriani élève son triomphe sur mes débris, si Célio, son frère et ses sœurs réalisent le rêve de leur mère, et si le pauvre vieux Boccaferri peut s'acquitter ainsi envers la mémoire de cet ange !

— Tu as raison, ami, répondit Célio, c'était le rêve de ma mère de nous voir grands artistes ; mais pour cela, disait-elle, il fallait *renouveler l'art*. Nous comprenons aujourd'hui, grâce à toi, ce qu'elle voulait dire ; nous comprenons aussi pourquoi elle prit sa retraite à trente ans, dans tout l'éclat de sa force et de son génie, c'est-à-dire pourquoi elle était déjà dégoûtée du théâtre et privée d'illusions. Je ne sais si nous ferons faire un progrès à l'esprit humain sous ce rapport ; mais nous le tenterons, et, quoi qu'il arrive, nous bénirons tes enseignements, nous rapporterons à toi toutes nos jouissances ; car nous en aurons de grandes, et si les goûts exquis que tu nous donnes nous exposent à souffrir plus souvent du contact des mauvaises choses, du moins, quand nous toucherons aux grandes, nous les sentirons plus vivement que le vulgaire.

Nous passâmes au troisième acte, qui était emprunté presque en entier au libretto italien. C'était une fête champêtre donnée par don Juan à ses vassaux et à ses voisins de campagne dans les jardins de son château. J'admirai avec quelle adresse le scenario de Boccaferri déguisait les impossibilités d'une mise en scène où manquaient les comparses. La foule était toujours censée se mouvoir et agir autour de la scène où n'entrait jamais, et pour cause. De temps en temps un des acteurs, hors de scène, imitait avec soin des murmures, des trépignements lointains. Derrière les décors on fredonnait *pianissimo* sur un instrument invisible un air de danse tiré de l'opéra, en simulant un bal à distance. Ces détails étaient improvisés avec un art extrême, chacun prenant part à l'action avec une grande ardeur et beaucoup de délicatesse de moyens pour seconder les personnages en scène sans les distraire ni les déranger. L'arrangement ingénieux des coulisses étroites et sombres, ne recevant que le jour du théâtre qui s'éteignait dans leurs profondeurs, permettait à chacun d'observer et de saisir tout ce qui se passait sur la scène, sans troubler la vraisemblance en se montrant aux personnages en action. Tout le monde était occupé, et personne n'avait la faculté de se distraire une seule minute du sujet, ce qui faisait qu'on rentrait en scène aussi animé qu'on en était sorti.

Je trouvai donc le moyen de m'utiliser activement, bien que n'ayant pas à paraître dans cet acte. Le scenario surtout était la chose délicate à observer ; et si je ne l'eusse pas vu pratiquer à ces êtres intelligents, qui me communiquaient à mon insu leur finesse de perception, je n'aurais pas cru possible de s'abandonner aux hasards de l'improvisation sans manquer à la proportion des scènes, à l'ordre des entrées et des sorties, et à la mémoire des détails convenus. Il paraît que, dans les premiers essais, cette difficulté avait paru insurmontable aux Floriani ; mais Boccaferri et sa fille ayant persisté, et leurs théories sur la nature de l'inspiration dans l'art et sur la méthode d'en tirer parti ayant éclairé ce mystérieux travail, la lumière s'était faite dans ce premier chaos, l'ordre et la logique avaient repris leurs droits inaliénables dans toute opération saine de l'art, et l'effrayant obstacle avait été vaincu avec une rapidité surprenante. On n'en avait même plus à s'avertir les uns les autres par des clins d'œil et des mots à la dérobée comme on avait fait au commencement. Chacun avait sa règle écrite en caractères inflexibles dans la pensée, le brillant des à-propos dans le dialogue, l'entraînement de la passion, le sel de l'impromptu, la fantaisie de la divagation, avaient toute leur liberté d'allure, et cependant l'action ne s'égarait point, ou, si elle semblait oubliée un instant pour être réengagée et ressaisie sur un incident fortuit, la ressemblance de ce mode d'action dramatique avec la vie réelle (ce grand décousu, recousu sans cesse à propos) n'en était que plus frappante et plus attachante.

Dans cet acte, j'admirai d'abord deux talents nouveaux, Béatrice-Zerlina et Salvator-Masetto. Ces deux beaux enfants avaient l'inappréciable mérite d'être aussi jeunes et aussi frais que leurs rôles ; et l'habitude de leur familiarité fraternelle donnait à leur dispute un adorable caractère de chasteté et d'obstination enfantine qui ne gâtait rien à celui de la scène. Ce n'était pas là tout à fait pourtant l'intention du libretto italien, encore moins celle de Molière ; mais qu'importe ? la chose, pour être rendue d'instinct, me parut meilleure ainsi. Le jeune Salvator (le Benjamin, comme on l'appelait) joua comme un ange. Il ne chercha pas à être comique, il le fut. Il parla le dialecte milanais, dont il savait toutes les gentillesses et toutes les naïves métaphores pour en avoir été bercé naguère ; il eut un sentiment vrai des dangers que courait Zerline à se laisser courtiser par un libertin ; il la tança sur sa coquetterie avec une liberté de frère qui rendit d'autant plus naturelle la franchise du paysan. Il sut lui adresser ces malices de l'intimité qui piquent un peu les jeunes filles quand elles sont dites devant un étranger, et Béatrice fut piquée tout de bon, ce qui fit d'elle une merveilleuse actrice sans qu'elle y songeât.

Mais, à ce joli couple, succéda un couple plus expérimenté et plus savant, Anna et Ottavio. Stella était une héroïne pénétrante de noblesse, de douleur et de rêverie. Je vis qu'elle avait bien lu et compris le *Don Juan* d'Hoffmann, et qu'elle complétait le personnage du libretto en laissant pressentir une délicate nuance d'entraînement involontaire pour l'irrésistible ennemi de son sang et de son bonheur. Ce point fut touché d'une manière exquise, et cette victime d'une secrète fatalité fut plus vertueuse et plus intéressante ainsi, que la fière et forte fille du Commandeur pleurant et vengeant son père sans défaillance et sans pitié.

Mais que dirai-je d'Ottavio ? Je ne concevais pas ce qu'on pouvait faire de ce personnage en lui retranchant la musique qu'il chante : car c'est Mozart seul qui en a fait quelque chose. La Boccaferri avait donc tout à créer, et elle créa de main de maître ; elle développa la tendresse, le dévouement, l'indignation, la persévérance que Mozart seul sait indiquer ; elle traduisit la pensée du maître dans un langage aussi élevé que sa musique ; elle donna à ce jeune amant la poésie, la grâce, la fierté, l'amour surtout !... — Oui, c'est là de l'amour, me dit tout à coup Célio en s'approchant de mon oreille, dans la coulisse, comme s'il eût répondu à ma pensée. Écoute et regarde la Cécilia, mon ami, et tâche d'oublier le serment que je t'ai fait de ne jamais l'aimer. Je ne peux plus te répondre de rien à cet égard, car je ne la connaissais pas il y a deux mois ; je ne l'avais jamais entendue exprimer l'amour, et je ne savais pas qu'elle pût le

ressentir. Or, je le sais maintenant que je la vois loin du public qui la paralysait. Elle s'est transformée à mes yeux, et moi, je me suis transformé aux miens propres. Je me crois capable d'aimer autant qu'elle. Reste à savoir si nous serons l'un à l'autre l'objet de cette ardeur qui couve en nous sans autre but déterminé, à l'heure qu'il est, que la révélation de l'art ; mais ne te fie plus à ton ami, Adorno ! et travaille pour ton compte sans l'appeler à ton aide.

En parlant ainsi, Célio me tenait la main et me la serrait avec une force convulsive. Je sentis, au tremblement de tout son être, que lui ou moi étions perdus.

— Qu'est-ce que cela ? nous dit Boccaferri en passant près de nous. Une distraction ? un dialogue dans la coulisse ? Voulez-vous donc faire envoler le dieu qui nous inspire ? Allons, don Juan, retrouvez-vous, oubliez Célio Floriani, et allons tourmenter Masetto !

XI.

LE SOUPER.

Quand cet acte fut fini, on retourna dans le parterre, lequel, ainsi que je l'ai dit, était disposé en salle de repos ou d'étude à volonté, et on se pressa autour de Boccaferri pour avoir son sentiment et profiter de ses observations. Je vis là comment il procédait pour développer ses élèves ; car sa conversation était un véritable cours, et le seul sérieux et profond que j'aie jamais entendu sur cette matière.

Tant que durait la représentation, il se gardait bien d'interrompre les acteurs, ni même de laisser percer son contentement ou son blâme, quelque chose qu'ils fissent ; il eût craint de les troubler ou de les distraire de leur but. Dans l'entr'acte, il se faisait juge ; il s'intitulait *public éclairé*, et distribuait la critique ou l'éloge.

— Honneur à la Cécilia ! dit-il pour commencer. Dans cet acte, elle a été supérieure à nous tous. Elle a porté l'épée et parlé d'amour comme Roméo ; elle m'a fait aimer ce jeune homme dont le rôle est si délicat. Avez-vous remarqué un trait de génie, mes enfants ? Écoutez, Célio, Adorno, Salvator ; ceci est pour les hommes ; les petites filles n'y comprendraient rien. Dans le libretto, que vous savez tous par cœur, il y a un mot que je ne puis jamais pu écouter sans rire. C'est lorsque dona Anna raconte à son fiancé qu'elle a failli être victime de l'audace de don Juan, ce scélérat ayant imité, dans la nuit du meurtre du Commandeur, la démarche et les manières d'Ottavio pour surprendre sa tendresse. Elle dit qu'elle s'est échappée de ses bras, et qu'elle a réussi à le repousser. Alors don Ottavio, qui a écouté ce récit avec une piteuse mine, chante naïvement : *Respiro !* Le mot est bien écrit musicalement pour le dialogue, comme Mozart savait écrire le moindre mot, mais le mot est par trop niais. Rubini, comme un maître intelligent qu'il est, le disait sans expression marquée, et en sauvait ainsi le ridicule ; mais presque tous les autres Ottavio que j'ai entendus ne manquaient point de *respirer* le mot à pleine poitrine, en levant les yeux au ciel, comme pour dire au public : « Ma foi, je l'ai échappé belle ! »

Eh bien, Cécilia a écouté le récit d'Anna avec une douleur chaste, une indignation concentrée, qui n'aurait prêté à rire à aucun parterre, si impudique qu'il eût été ! Je l'ai vu pâlir, mon jeune Ottavio ! car la figure de l'acteur vraiment ému pâlit sous le fard, sans qu'il soit nécessaire de se retourner adroitement pour passer le mouchoir sur les joues, mauvaise *ficelle*, ressource grossière de l'art grossier. Et puis, quand il s'est soulagé de son inquiétude, au lieu de dire : *Je respire !* il s'est écrié, du fond de l'âme : *Oh ! perdue ou sauvée, tu aurais toujours été à moi !*

— Oui, oui, s'écria Stella, qui ne se piquait pas de faire la petite fille ignorante, et s'occupait d'être artiste avant tout ; j'ai été si frappée de ce mot, que j'ai senti comme un remords d'avoir été émue un instant dans les bras du perfide. J'ai aimé Ottavio, et vous allez voir, dans le quatrième acte, combien cette généreuse parole m'a rendu de force et de fierté.

— Brava! bravissima! dit Boccaferri, voilà ce qui s'appelle comprendre : un entr'acte ne doit pas être perdu pour un véritable artiste. Tandis qu'il repose ses membres et sa voix, il faut que son intelligence continue à travailler, qu'il résume ses émotions récentes, et qu'il se prépare à de nouveaux combats contre les dangers et les maux de sa destinée. Je ne me lasserai pas de vous le dire, le théâtre doit être l'image de la vie : de même que, dans la vie réelle, l'homme se recueille dans la solitude ou s'épanche dans l'intimité, pour comprendre les événements qui le pressent, et pour trouver dans une bonne résolution ou dans un bon conseil la puissance de dénouer et de gouverner les faits, de même l'acteur doit méditer sur l'action du drame et sur le caractère qu'il représente. Il doit chercher tous les jours, et entre chaque scène, tous les développements que ce rôle comporte. Ici, nous sommes libres de la lettre, et l'esprit d'improvisation nous ouvre un champ illimité de créations délicieuses. Mais, lors même qu'en public vous serez esclaves d'un texte, un geste, une expression de visage suffiront pour rendre votre intention. Ce sera plus difficile, mes enfants! car il faudra tomber juste du premier coup, et résumer une grande pensée dans un petit effet; mais ce sera plus subtil à chercher et plus glorieux à trouver : ce sera le dernier mot de la science, la pierre précieuse par excellence que nous cherchons ici dans une mine abondante de matériaux variés, où nous puisons à pleines mains, comme d'heureux et avides enfants que nous sommes, en attendant que nous soyons assez exercés et assez habiles pour ne choisir que le plus beau diamant de la roche.

Toi, Célio, continua Boccaferri, qu'on écoutait là comme un oracle, et contre lequel le fier Célio lui-même n'essayait pas de regimber, tu as été trop leste et pas assez hypocrite. Tu as oublié que la naïve et crédule Zerline était déjà assez femme pour exiger plus de cajoleries et pour se méfier de trop de hardiesse. Tu n'as pas oublié que Béatrice est ta sœur, et tu l'as traitée comme un petit enfant que tu es habitué à caresser sans qu'elle s'en fâche ou s'en inquiète. — Sois plus perfide, plus méchant, plus sec de cœur, et n'oublie pas que, dans l'acte que nous allons jouer, tu vas te faire tartufe... A propos, il nous manquait un père, en voici un ; c'est M. Salentini qui nous tombe du ciel, et il faut improviser la scène du père. C'est du Molière, et c'est beau! Vite, enfants! un costume de grand d'Espagne à M. Salentini. L'habit *Louis XIII*, tirant encore sur l'*Henri IV*, ancienne mode ; grande fraise, et la trousse violette, le pourpoint long, peu ou point de rubans. Courez, Stella, n'oubliez rien ; vous savez que je n'admets pas le : *Je n'y ai pas pensé* des jeunes filles. Repassez-moi tous les deux, ajouta-t-il en s'adressant à Célio et à moi, la scène de Molière. Monsieur Salentini, il ne s'agit que de s'en rappeler l'esprit et de s'en imprégner. Ne vous attachez pas aux mots. Au contraire, oubliez-les entièrement : la moindre phrase, retenue par cœur, est mortelle à l'improvisation... Mais, mon Dieu! j'oublie que vous n'êtes pas ici pour apprendre à jouer la comédie. Vous le ferez donc par complaisance, et vous le ferez bien, parce que vous avez du talent dans une autre partie, et que le sentiment du vrai et du beau sert à comprendre toutes les faces de l'art. *L'art est un*, n'est-ce pas?

— Je ferai de mon mieux pour ne dérouter personne, répondis-je, et je vous jure que tout ceci m'amuse, m'intéresse et me passionne infiniment.

— Merci, artiste! s'écria Boccaferri en me tendant la main. Oh! être artiste! Il n'y a que cela qui mérite la peine de vivre!

— Nous, au décor! dit-il à sa fille ; je n'ai besoin que de toi pour m'aider à placer l'intérieur du palais de don Juan. Que l'armure de la statue soit prête pour que M. Salentini puisse la reprendre bien vite pendant la scène de M. Dimanche ; et toi, Masetto, va te grimer pour faire ce vieux personnage. Célio, si tu as le malheur de causer dans la coulisse pendant cet acte, je serai mauvais comme je l'ai été dans la dernière scène du précédent : tu m'avais

mis en colère, je n'étais plus lâche et pitron ; et si je suis mauvais, tu le seras! C'est une grande erreur de croire qu'un acteur est d'autant plus brillant que son interlocuteur est plus pâle : la théorie de l'individualisme, qui règne au théâtre plus que partout ailleurs, et qui s'exerce en ignobles jalousies de métier pour souffler la claque à un camarade, est plus pernicieuse au talent sur les planches que sur toutes les autres scènes de la vie. Le théâtre est l'œuvre collective par excellence. Celui qui a froid y gèle son voisin, et la contagion se communique avec une désespérante promptitude à tous les autres. On veut se persuader ici-bas que le mauvais fait ressortir le bon. On se trompe, le bon deviendrait le parfait, le beau deviendrait le sublime, l'émotion deviendrait la passion, si, au lieu d'être isolé, l'acteur d'élite était secondé et chauffé par son entourage. A ce propos, mes enfants, encore un mot, le dernier, avant de nous remettre à l'œuvre! Dans les commencements, nous jouions trop longuement : maintenant que nous tenons la forme et que le développement ne nous emporte plus, nous tombons dans le défaut contraire : nous jouons trop vite. Cela vient de ce que chacun, sûr de son propre fait, coupe la parole à son interlocuteur pour placer la sienne. Gardez-vous de la personnalité jalouse et pressée de se montrer! Gardez-vous-en comme de la peste! On ne s'éclaire qu'en s'écoutant les uns les autres. Laissez même un peu divaguer la réplique, si bon lui semble : ce sera une occasion de vous impatienter tout de bon quand elle entravera l'action qui vous passionne. Dans la vie réelle, un ami nous fatigue de ses distractions, un valet nous irrite par son bavardage, une femme nous désespère par son obstination ou ses détours. Eh bien, cela sert au lieu de nuire, sur la scène que nous avons créée. C'est de la réalité, et l'art n'a qu'à conclure. D'ailleurs, quand vous vous interrompez les uns les autres, vous risquez d'écourter une bonne réflexion qui vous en eût inspiré une meilleure : vous faites envoler une pensée qui eût éveillé en vous mille pensées. Vous vous nuisez donc à vous-même. Souvenez-vous du principe : « Pour que chacun soit bon et vrai, il faut que tous le soient, et le succès qu'on ôte à un rôle, on l'ôte au sien propre. Cela paraîtrait un effroyable paradoxe hors de cette enceinte ; mais vous en reconnaîtrez la justesse, à mesure que vous vous formerez à l'école de la vérité. D'ailleurs, quand ce ne serait que de la bienveillance et de l'affection mutuelle, il faut être frères dans l'art, comme vous l'êtes par le sang ; l'inspiration ne peut être que le résultat de la santé morale, elle ne descend que dans les âmes généreuses, et un méchant camarade est un méchant acteur, quoi qu'on en dise!

La pièce marcha à souhait jusqu'à la dernière scène, celle où je reparus en statue pour m'abîmer finalement dans une trappe avec don Juan. Mais, quand nous fûmes sous le théâtre, Célio, dont je tenais encore la main dans ma main de pierre, me dit en se dégageant et en passant du fantastique à la réalité, sans transition : — Pardieu! que le diable vous emporte! vous m'avez fait manquer la partie culminante du drame ; j'ai été plus froid que la statue, quand je devais être terrifié et terrifiant. Boccaferri ne comprendra pas pourquoi j'ai été aussi mauvais que sur le théâtre impérial de Vienne. Mais moi, je vais vous le dire. Vous regardez trop la Boccaferri, et cela me fait mal. Don Juan jaloux, c'est impossible ; cela fait penser qu'il peut être amoureux, et cela n'est point compatible avec le rôle que j'ai joué ce soir ici et jusqu'à présent dans la vie réelle.

— Où voulez-vous en venir, Célio? répondis-je. Est-ce une querelle, un défi, une déclaration de guerre? Parlez, je fais appel à la vertu qui m'a fait votre ami presque sans vous connaître, à votre franchise!

— Non, dit-il, ce n'est rien de tout cela. Si j'écoutais mon instinct, je vous tordrais le cou dans cette cave. Mais je sens que je serais odieux et ridicule de vous haïr, et je veux sincèrement et loyalement vous accepter pour rival et pour ami quand même. C'est moi qui vous ai attiré ici de mon propre mouvement et sans consulter personne. Je confesse que je vous croyais au mieux avec la

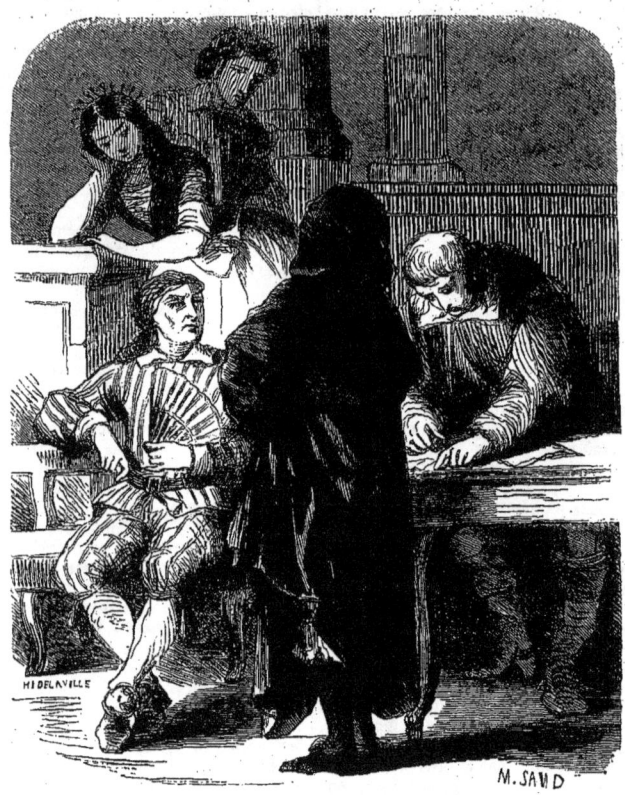

Un cinquième personnage..... me tournait le dos. (Page 100.)

duchesse de N..., car j'étais à Turin, il y a trois jours, avec Cécilia. Personne, dans ce village et dans la ville de Turin, n'a su notre voyage. Mais nous, dans les vingt-quatre heures que nous avons été près de vous sans pouvoir aller vous serrer la main, nous avons appris, malgré nous, bien des choses. Je vous ai cru retombé dans les filets de Circé; je vous ai plaint sincèrement, et, comme nous passions devant votre logement pour sortir de la ville, à cinq heures du matin, Cécilia vous a chanté quelques phrases de Mozart en guise d'éternel adieu. Malheureusement elle a choisi un air et des paroles qui ressemblaient à un appel plus qu'à une formule d'abandon, et cela m'a mis en colère. Puis, je me suis rassuré en la voyant aussi calme que si votre infidélité lui était la chose du monde la plus indifférente; et, comme je vous aime, au fond, j'étais triste en pensant à la femme qui remplaçait Cécilia dans votre volage cœur. Voyons, dites, qui aimez-vous et où allez-vous? Ne couriez-vous pas après la duchesse en passant par le village des Désertes? Est-elle cachée dans quelque château voisin? Comment le hasard aurait-il pu vous amener dans cette vallée, qui n'est sur la route de rien? Si vous ne volez pas à un rendez-vous donné par cette femme, il est évident pour moi que vous êtes venu ici pour *l'autre*, que vous avez réussi à connaître sa retraite et sa nouvelle situation, si bien cachée depuis qu'elle en jouit. C'est donc à vous d'être sincère, monsieur Salentini. De qui êtes-vous ou n'êtes-vous pas amoureux, et vis-à-vis de qui prétendez-vous vous conduire en Ottavio ou en don Giovanni?

Je répondis en racontant succinctement toute la vérité; je ne cachai point que le *vedrai carino* chanté par Cécilia, sous ma fenêtre, m'avait sauvé des griffes de la duchesse, et j'ajoutai pour conclure : — J'ai été sur le point d'oublier Cécilia, j'en conviens, et j'ai tant souffert dans cette lutte, que je croyais n'y plus songer. Je m'attendais si peu à vous revoir aujourd'hui, et l'existence fantastique où vous me jetez tout d'un coup est si nouvelle pour moi, que je ne puis vous rien dire, sinon que vous, devenu naïf et amoureux, *elle*, devenue expansive et brillante, son père, devenu sobre et lucide d'intelligence, votre château mystérieux, vos deux charmantes sœurs, ces figures inconnues qui m'apparaissent comme dans un rêve, cette vie d'artiste-grand-seigneur que vous vous êtes créée si vite dans un nid de vautours et de revenants, tandis que le vent siffle et que la neige tombe au dehors, tout cela me donne le vertige. J'étais enivré, j'étais heureux tout à l'heure, je ne touchais plus à la terre; vous me rejetez dans la réalité, et vous voulez que je me résume. Je ne le puis. Donnez-moi jusqu'à demain matin pour vous répondre. Puisque nous ne pouvons ni ne voulons nous tromper l'un à l'autre, je ne sais pas pourquoi nous ne resterions pas amis jusqu'à demain matin.

— Tu as raison, répondit Célio, et si nous ne restons pas amis toute la vie, j'en aurai un mortel regret. Nous causerons demain au jour. La nuit est faite ici pour le délire... Mais pourtant écoute un dernier mot de réalité que je ne peux différer. Mes charmantes sœurs, dis-tu, t'apparaissent comme dans un rêve? Mêle-toi de ce rêve! il y a une de mes sœurs dont tu ne dois jamais devenir amoureux.

— Elle est mariée?

— Non : c'est plus grave encore. Réponds à une question qui ne souffre pas d'ambages. Sais-tu le nom de ton père? Je puis te demander cela, moi qui n'ai su que fort tard le nom du mien.

— Oui, je sais le nom de mon père, répondis-je.

— Et peux-tu le dire?

— Oui ; c'est seulement le nom de ma mère que je dois cacher.

— C'est le contraire de moi. Donc ton père s'appelait?

— Tealdo Soavi. Il était chanteur au théâtre de Naples. Il est mort jeune.

— C'est ce qu'on m'avait dit. Je voulais en être certain. Eh bien, ami, regarde la petite Béatrice avec les yeux d'un frère, car elle est ta sœur. Pas de questions là-dessus. Elle seule dans la famille a ce lien mystérieux avec toi, et il ne faut pas qu'elle le sache. Pour nous, notre mère est sacrée, et toutes ses actions ont été saintes. Nous sommes ses enfants, nous portons son glorieux nom, il suffit à notre orgueil; mais, quoi qu'il ait pu m'en coûter, je devais t'avertir, afin qu'il n'y eût pas ici de méprise. Quelquefois le sentiment le plus pur est un inceste de cœur, qu'il ne faut pas couver par ignorance. Cette chaste enfant est disposée à la coquetterie, et peut-être un jour sera-t-elle passionnée par réaction. Sois sévère, sois désobligeant avec elle au besoin, afin que nous ne soyons pas forcés de lui dire ce que vous êtes l'un à l'autre. Tu le vois, Adorno, j'avais bien quelque raison pour m'intéresser à toi, et en même temps pour te surveiller un peu; car ce lien direct de ma sœur avec toi établit entre nous un lien indirect. Je serais bien malheureux d'avoir à te haïr!

— Eh bien, eh bien, nous cria Béatrice en rouvrant la trappe, êtes-vous morts tout de bon là-dessous? D'où vient que vous ne remontez pas? On vous attend pour souper.

La belle tête de cette enfant fit tressaillir mon cœur d'une émotion profonde. Je compris pourquoi je l'avais aimée à la première vue, et, quand je me demandai à qui elle ressemblait, je trouvai que ce devait être à moi. Elle-même, par la suite, en fit un jour très-naïvement la remarque.

J'étais donc, moi aussi, un peu de la famille, et cela me mit à l'aise. Quoi qu'on en dise, il n'y a rien d'aussi poétique et d'aussi émouvant que ces découvertes de parenté que couvre le mystère; elles ont presque le charme de l'amour.

Nous passâmes dans la salle à manger, comme l'horloge du château sonnait minuit. Le règlement portait qu'on souperait en costume. Il faisait assez chaud dans les appartements pour que mon armure de carton ne compromît pas ma santé, et, quand on vit l'*uomo di sasso* s'asseoir pour manger *cibo mortale* entre don Juan et Leporello, il se fit une grande gaieté, qui conserva pourtant une certaine nuance de fantastique dans les imaginations, même après que j'eus posé mon masque en guise de couvercle sur un pâté de faisans.

On mangea vite et joyeusement ; puis, comme Boccaferri commençait à causer, Cécilia et Célio voulurent envoyer coucher *les enfants*; mais Béatrice et Benjamin résistèrent à cet avis. Ils ouvraient de grands yeux pour prouver qu'ils n'avaient point envie de dormir, et prétendaient être aussi robustes que les *grandes personnes* pour veiller. — Ne les contrarie pas, dit Cécilia à Célio; dans un quart d'heure, ils vont demander grâce.

En effet, Boccaferri que je voyais avec admiration, mettre beaucoup d'eau dans son vin, entama l'examen de la pièce que nous venions de jouer, et la belle tête blonde de Béatrice se pencha sur l'épaule de Stella, pendant que, à l'autre bout de la table, Benjamin commençait à regarder son assiette avec une fixité non équivoque. Célio, qui était fort comme un athlète, prit sa sœur dans ses bras et l'emporta comme un petit enfant; Stella secouait son jeune frère pour l'emmener. Je pris un flambeau pour diriger leur marche dans les grandes galeries du château, et, tandis que Stella prenait ma bougie pour aller allumer celle de Benjamin, Célio me dit tout bas, en me montrant Béatrice, qu'il avait déposée sur son lit : « Elle dort comme un loir. Embrasse-la dans ces ténèbres, ta petite sœur, que tu ne dois peut-être jamais embrasser une seconde fois. » Je déposai un baiser presque paternel sur le front pur de Béatrice, qui me répondit, sans me reconnaître : Bonsoir, Célio ! puis, elle ajouta, sans ouvrir les yeux et avec un malin sourire : « Tu diras à M. Salentini de ne pas faire de bruit pendant le souper, crainte de réveiller M. le marquis de Balma ! »

Stella était revenue avec la lumière. Nous mîmes sa jeune sœur entre ses mains pour la déshabiller, puis nous allâmes nous remettre à table. Stella revint bientôt aussi, rapportant ce délicieux costume andalous de Zerlina, qui devait être serré et caché dans le magasin de costumes.

— Le mystère dont nous réussissons à nous entourer, me dit Cécilia, donne un nouvel attrait à nos études et à nos fêtes nocturnes. J'espère que vous ne le trahirez pas, et que vous laisserez les gens du village croire que nous allons au sabbat toutes les nuits.

Je lui racontai les commentaires de mon hôtesse et l'histoire du petit soulier. — Oh ! c'est vrai, dit Stella ; c'est la faute de Béatrice, qui ne veut aller se coucher que quand elle dort debout. Cette nuit-là, elle était si lasse, qu'elle a dormi avec un pied chaussé comme une vraie petite sorcière. Nous ne nous en sommes aperçus que le lendemain.

— Çà, mes enfants, dit Boccaferri, ne perdons pas de temps à d'inutiles paroles. Que jouons-nous demain?

— Je demande encore *Don Juan* pour prendre ma revanche, dit Célio; car j'ai été distrait ce soir et j'ai fait un progrès à reculons.

— C'est vrai, répondit Boccaferri : à demain donc *Don Juan*, pour la troisième fois ! Je commence à craindre, Célio, que tu ne sois pas assez méchant pour ce rôle tel que tu l'as conçu dans le principe. Je te conseille donc, si tu le sens autrement (et le sentiment intime d'un acteur intelligent est la meilleure critique du rôle qu'il essaie), de lui donner d'autres nuances. Celui de Molière est un marquis, celui de Mozart un démon, celui d'Hoffmann en est un déchu. Pourquoi ne le pousserais-tu pas dans ce dernier sens? Remarque que ce n'est point une pure rêverie du poëte allemand, cela est indiqué dans Molière, qui a conçu ce marquis dans d'aussi grandes proportions que le *Misanthrope* et *Tartufe*. Moi, je n'aime pas que *Don Juan* ne soit que le *dissoluto castigato*, comme on l'annonce, par respect pour les mœurs, sur les affiches de spectacle de la *Fenice*. Fais-en un héros corrompu, un grand cœur éteint par le vice, une flamme mourante qui essaie en vain, par moments, de jeter une dernière lueur. Ne te gêne pas, mon enfant, nous sommes ici pour interpréter plutôt que pour traduire.

Don Juan est un chef-d'œuvre, ajouta Boccaferri en allumant son cigare de la Havane (sa vieille pipe noire avait disparu), mais c'est un chef-d'œuvre en plusieurs versions. Mozart seul en a fait un chef-d'œuvre complet et sans tache; mais, si nous n'examinons que le côté littéraire, nous verrons que Molière n'a pas donné à son drame le mouvement et la passion qu'on trouve dans le libretto de notre opéra. D'un autre côté, ce libretto est écrit en style de libretto, c'est tout dire, et le style de Molière est admirable. Puis, l'opéra ne souffre pas les développements de caractère, et le drame français y excelle. Mais il manquera toujours à l'œuvre de Molière la scène de doña Anna et le meurtre du Commandeur, ce terrible épisode qui ouvre si violemment et si franchement l'opéra; le bal où Zerlina est arrachée des mains du séducteur est aussi très-dramatique; donc le drame manque un peu chez Molière. Il faudrait refondre entièrement ces deux sujets l'un dans l'autre; mais, pour cela, il faudrait retrancher et ajouter à Molière. Qui l'oserait et qui le pourrait? Nous seuls sommes assez fous et assez hardis pour le tenter. Ce qui nous excuse, c'est que nous voulons de l'action à tout prix et retrouver ici, à huis clos, les parties importantes de l'opéra que vous chanterez un jour en public. Et puis, de douze acteurs, nous n'en avons que six! Il faut donc faire des tours de force.

Essayons demain autre chose. Que M. Salentini fasse Ottavio, et que ma fille crée cette fâcheuse Elvire, toujours furieuse et toujours mystifiée, que nous avions fondue dans l'unique personnage d'Anna. Il faut voir ce que Cécilia pourra faire de cette jalouse. Courage, ma fille ! Plus c'est difficile et déplaisant, plus ce sera glorieux !

— Eh bien, puisque nous changeons de rôle, dit Célio, je demande à être Ottavio. Je me sens dans une veine de tendresse, et don Juan me sort par les yeux.

— Mais qui fera don Juan? dit Boccaferri.

— Vous! mon père, répondit Cécilia. Vous saurez vous rajeunir, et comme vous êtes encore notre maître à tous, cet essai profitera à Célio.

— Mauvaise idée ! où trouverais-je la grâce et la beauté? Regarde Célio; il peut mal jouer ce rôle: cette tournure, ce jarret, cette fausse moustache blonde qui va si bien à ses yeux noirs, ce grand œil un peu cerné, mais si jeune encore, tout cela entretient l'illusion; au lieu qu'avec moi, vieillard, vous serez tous froids et déroutés.

— Non! dit Célio, don Juan pouvait fort bien avoir quarante-cinq ans, et tu ne paraissais pas aujourd'hui un Leporello plus âgé que cela. Je crois que je me suis fait trop jeune pour être un si profond scélérat et un roué si célèbre. Essaie, nous t'en prions tous.

— Comme vous voudrez, mes enfants! et toi, Cécilia, tu seras Elvire?

— Je serai tout ce qu'on voudra pour que la pièce marche. Mais M. Salentini?

— Toujours statue à votre service.

— C'est un seul rôle, dit Boccaferri; les rôles courts doivent nécessairement cumuler. Vous essaierez d'être Masetto, et le Benjamin, qui a beaucoup de comique, se lancera dans Leporello. Pourquoi non? On le vieillira, et les grandes difficultés font les grands progrès.

— Il est donc convenu que je reviens ici demain soir? demandai-je en faisant de l'œil le tour de la table.

— Mais oui, si personne ne vous attend ailleurs? dit Cécilia en me tendant la main avec une bienveillance tranquille, qui n'était pas faite pour me rendre fier.

— Vous reviendrez demain matin habiter le château des Désertes! s'écria Boccaferri. Je le veux ! vous êtes un acteur très-utile et très-distingué par nature. Je vous tiens, je ne vous lâche pas. Et puis, nous nous occuperons de peinture; vous verrez ! La peinture en décors est la grande école de relief, de profondeur et de la lumière que les peintres d'histoire et de paysage dédaignent, faute de la connaître, et faute aussi de la voir bien employée. J'ai mes idées aussi là-dessus, et vous verrez que vous n'aurez pas perdu votre temps à écouter le vieux Boccaferri. Et puis nos costumes et nos groupes vous inspireront des sujets ; il y a ici tout ce qu'il faut pour faire de la peinture, et des ateliers à choisir.

— Laissez-moi songer à cela cette nuit, dis-je en regardant Célio, et je vous répondrai demain matin.

— Je vous attends donc demain à déjeuner, ou plutôt je vous garde ici sur l'heure.

— Non, dis-je, je demeure chez un brave homme qui ne se coucherait pas cette nuit s'il ne me voyait pas rentrer. Il croirait que je suis tombé dans quelque précipice, ou que les diables du château m'ont dévoré.

Ceci convenu, nous nous séparâmes. Célio m'aida à reprendre mes habits et voulut me reconduire jusqu'à mi-chemin de ma demeure ; mais il me parla à peine, et, quand il me quitta, il me serra la main tristement. Je le vis s'en retourner sur la neige, avec ses bottes de cuir jaune, son manteau de velours, sa grande rapière au côté et sa grande plume agitée par la bise. Il n'y avait rien d'étrange comme de voir ce personnage du temps passé traverser la campagne au clair de la lune, et de penser que ce héros de théâtre était plongé dans les rêveries et les émotions du monde réel.

XII.

L'HÉRITIÈRE.

Je trouvai en effet mes hôtes fort effrayés de ma disparition. Le bon Volabù m'avait cherché dans la campagne et se disposait à y retourner. Je sentis que ces pauvres gens étaient déjà de vrais amis pour moi. Je leur dis que le hasard m'avait fait rencontrer un des habitants du château en qui j'avais retrouvé une ancienne connaissance. La mère Peirecote, apprenant que j'avais fait la veillée au château, m'accabla de questions, et parut fort désappointée quand je lui répondis que je n'avais vu là rien d'extraordinaire.

Le lendemain, à neuf heures, je me rendis au château en prévenant mes hôtes que j'y passerais peut-être quelques jours et qu'ils n'eussent pas à s'inquiéter de moi. Célio venait à ma rencontre. — Tu as bien dormi! me dit-il en me regardant, comme on dit, dans le blanc des yeux.

— Je l'avoue, répondis-je, et c'est la première fois depuis longtemps. J'ai éprouvé un merveilleux bien-être, comme si j'étais arrivé au vrai but de mon existence, heureux ou misérable. Si je dois être heureux par vous tous qui êtes ici, ou souffrir de la part de plusieurs, il n'importe. Je me sens des forces nouvelles pour la joie comme pour la douleur.

— Ainsi, tu l'aimes?

— Oui, Célio, et toi?

— Eh bien, moi je ne puis répondre aussi nettement. Je crois l'aimer et je n'en suis pas assez certain pour le dire à une femme que je respecte par-dessus tout, que je crains même un peu. Ainsi je me vois supplanté d'avance ! La foi triomphe aisément de l'incertitude.

— Pour peu qu'elle soit femme, repris-je, ce sera peut-être le contraire. Une conquête assurée a moins d'attraits pour ce sexe qu'une conquête à faire. Donc, nous restons amis?

— Croyez-vous?

— Je vous le demande? Mais il me semble que nos rôles sont assez naturellement indiqués. Si je vous trouvais véritablement épris et tant soit peu payé de retour, je me retirerais. Je ne sais ce que c'est que de se comporter comme un larron avec le premier venu de ses semblables, à plus forte raison avec un homme qui se confie à votre loyauté ; mais vous n'en êtes pas là, et la partie est égale pour nous deux.

— Que savez-vous si je n'ai pas de l'espérance?

— Si vous étiez aimé d'une telle femme, Célio, je vous estime assez pour croire que vous ne me souffririez pas ici, et vous savez qu'il ne me faudrait qu'une pareille confidence de votre part pour m'en éloigner à jamais; mais, comme je vois fort bien que vous n'avez qu'une velléité, et que je crois mademoiselle Boccaferri trop fière pour s'en contenter, je reste.

— Restez donc, mais je vous avertis que je jouerai aussi serré que vous.

— Je ne comprends pas cette expression. Si vous aimez, vous n'avez qu'à le dire ainsi que moi, elle choisira. Si vous n'aimez pas, je ne vois pas quel jeu vous pouvez jouer avec une femme que vous respectez.

— Tu as raison. Je suis un fou. J'ai même peur d'être un sot. Allons! restons amis. Je l'aime, bien que je me sente un peu mortifié de trouver en toi mon égal pour la franchise et la résolution. Je ne suis guère habitué à cela. Dans le monde où j'ai vécu jusqu'ici, presque tous les hommes sont perfides, insolents ou couards sur le terrain de la galanterie. Fais donc la cour à Cecilia ; moi, je verrai venir. Nous ne nous engageons qu'à une chose : c'est à nous tenir l'un l'autre au courant du résultat de nos tentatives pour épargner à celui qui échouera un rôle ridicule. Puisque nous visons tous deux au mariage, à la chose la plus honnête et la plus officielle du monde, l'honneur de la dame n'exige pas que nous nous fassions mystère de son choix. Quant aux lâches petits moyens usités en pareil cas par les plus honnêtes gens, la délation, la calomnie, la raillerie, ou tout au moins la malveillance à l'égard d'un rival qu'on veut supplanter, je n'en fais pas mention dans notre traité. Ce serait nous faire une mutuelle injure.

Je souscrivis à tout ce que proposait Célio sans regarder en avant ni en arrière, et sans même prévoir que l'exécution d'un pareil contrat soulèverait peut-être de terribles difficultés.

— Maintenant, me dit-il en me faisant entrer dans la cour du château, qui était vaste et superbe, il faut que je commence par te conduire chez notre marquis... Puis il ajouta en riant : car ce n'est pas sérieusement que tu as demandé, hier au soir, chez qui nous étions ici?

— Si j'ai fait une sotte question, répondis-je, c'est de la meilleure foi du monde. J'étais trop bouleversé et trop enivré de me retrouver au milieu de vous pour m'inquiéter d'autre chose, et je ne me suis pas même tourmenté, en venant ici, de l'idée que je pourrais être indiscret ou mal venu à me présenter chez un personnage que je ne connais pas. À la vue que vous menez chez lui, je ne m'attendais même pas à le voir aujourd'hui. Sous quel titre et sous quel prétexte vas-tu donc me présenter?

— Oh! mais tu es fort amusant, répondit Célio en me faisant monter l'escalier en spirale et garni de tapis d'une grande tour. Voilà une mystification que nous pourrions prolonger longtemps ; mais tu l'y jettes de trop bonne foi, et je n'en veux pas en abuser.

En parlant ainsi, il ouvrit la double porte d'une salle ronde qui servait de cabinet de travail au marquis, et il cria très-haut : — Eh! mon cher marquis de Balma, voici Adorno Salentini qui persiste à vous prendre pour un mythe, et qui ne veut être désabusé que par vous-même.

Le marquis, sortant du paravent qui enveloppait son bureau, vint à ma rencontre en me tendant les deux mains, et j'éclatai de rire en reconnaissant ma simplicité.

« *Les enfants* pensaient, dit-il, que c'était un jeu de votre part ; mais, moi, je voyais bien que vous ne pouviez croire à l'identité du vieux malheureux Boccaferri de Vienne et du facétieux Leporello de cette nuit avec le marquis de Balma. Cela s'explique en quatre mots : j'ai eu des écarts de jeunesse. Au lieu de les réparer et de me ramener ainsi à la raison, mon père m'a banni et déshérité. Mes prénoms sont Pierre-Anselme *Boccadiferro*. Ce nom de *Bouche de fer* est dans ma famille le partage de tous les cadets, comme celui de Crisostomo, *Bouche d'or*, est celui de tous les aînés. Je pris pour tout titre mon nom de baptême en le modifiant un peu, et je vécus, comme vous savez, errant et malheureux dans toutes mes entreprises. Ce n'était ni le courage ni l'intelligence qui me manquaient pour m'en tirer d'affaire ; mais j'étais un homme à illusions comme tous les hommes à idées. Je ne tenais pas assez compte des obstacles. Tout s'écroulait sur moi, au moment où, plein de génie et de fierté, j'apportais la clé de voûte à mon édifice. Alors, criblé de dettes, poursuivi, forcé de fuir, j'allais cacher ailleurs la honte et le désespoir de ma défaite ; mais, comme je ne suis pas homme à me décourager, je cherchais dans le vin une force factice, et quand un certain temps consacré à l'ivresse, à l'ivrognerie, si vous voulez, m'avait réchauffé le cœur et l'esprit, j'entreprenais autre chose. On m'a donc qualifié très-généreusement en mille endroits de *canaille* et d'*abruti*, sans se douter le moins du monde que je fusse par goût l'homme le plus sobre qui existât. Pour tomber dans cette disgrâce de l'opinion, il suffit de trois choses : être pauvre, avoir du chagrin, et rencontrer un de ses créanciers le jour où l'on sort du cabaret.

« J'étais trop fier pour rien demander à mon frère aîné, après avoir essuyé son premier refus. Je fus assez généreux pour ne pas le faire rougir en reprenant mon nom et en parlant de lui et de son avarice. J'oubliai même avec un certain plaisir que j'étais un patricien pour m'affermir dans la vie d'artiste, pour laquelle j'étais né. Deux anges m'assistèrent sans cesse et me consolèrent de tout, la mère de Célio et ma fille. Honneur à ce sexe ! il vaut mieux que nous par le cœur.

« J'étais à Vienne avec la Cécilia, il y a deux mois, lorsque je reçus une lettre qui me fit partir à l'heure même. J'avais conservé en secret des relations affectueuses avec un avocat de Briançon qui faisait les affaires de mon frère. Dans cette lettre, il me donnait avis de l'état désespéré où se trouvait mon frère aîné. Il savait qu'il n'existait pas de titre qui pût me déshériter. Il m'appelait chez lui, où il me donna l'hospitalité jusqu'à la mort du marquis, laquelle eut lieu deux jours après sans qu'une parole d'affection et de souvenir pour moi sortît de ses lèvres. Il n'avait qu'une idée fixe, la peur de la mort. Ce qui adviendrait après lui ne l'occupait point.

« Dès que je me vis en possession de mon titre et de mes biens, grâce aux conseils de mon digne ami, l'avocat de Briançon, je me tins coi, je fis le mort ; je ne révélai à personne ma nouvelle situation, et je restai enfermé, quasi caché dans mon château, sans faire savoir sous quel nom j'avais été connu ailleurs. Je continuerai à agir ainsi jusqu'à ce que j'aie payé toutes les dettes que j'ai contractées durant cinquante années de ma vie ; alors en même temps qu'on dira : « Cette vieille brute de Boccaferri est devenu marquis et quatre fois millionnaire, » on pourra dire aussi : « Après tout, ce n'était pas un malhonnête homme ; car il n'a fait banqueroute à personne, pas même à ses amis. »

« J'avoue que je n'avais jamais perdu l'espoir de recouvrer ma liberté et mon honneur en m'acquittant de la sorte. Je ne comptais pas sur l'héritage de mon frère. Il me haïssait tant que j'aurais juré qu'il avait trouvé un moyen de me dépouiller après sa mort ; mais moi, toujours artiste et toujours poëte, je n'avais pas cessé de me flatter que le succès couronnerait enfin mes entreprises. Aussi je n'avais jamais fait une dette ni une banqueroute sans en consigner le chiffre et sans en conserver le détail et les circonstances. Dans les dernières années, comme j'étais de plus en plus malheureux, je buvais davantage et j'aurais bien pu perdre ou embrouiller toutes ces notes, si ma fille ne les eût rangées et tenues avec soin.

« Aussi maintenant sommes-nous à même de nous réhabiliter. Nous consacrons à ce travail, ma fille et moi, une heure tous les jours, avant le déjeuner. Tandis que notre avocat de Briançon vend une partie de nos immeubles et prépare la liquidation générale, nous tenons la correspondance au nom de Boccaferri, et, dans toutes les contrées où nous avons vécu, nous cherchons nos créanciers. Il y en a peu qui ne répondent à notre appel. Ceux qui m'ont obligé avec la pensée de me faire gratuitement sont remboursés aussi malgré eux. Dans un mois, je crois que nous aurons terminé ce fastidieux travail et que notre tâche sera accomplie. C'est alors seulement qu'on saura la vérité sur mon compte. Il nous restera encore une fortune très-considérable, et dont j'espère que nous ferons bon usage. Si j'écoutais mon penchant, je donnerais à pleines mains, mais trop savoir à qui ; mais j'ai trop fréquenté les paresseux et les débauchés ; j'ai eu trop affaire aux escrocs de toute espèce pour ne pas savoir un peu distinguer. Je dois mon aide aux mauvaises têtes, mais non aux mauvais cœurs.

« D'ailleurs, ma fille a pris la gouverne de ma fortune, et, pour ne plus faire de folies, je lui ai tout abandonné. Elle fera aussi des folies généreuses, mais elle n'en fera pas de sottes et de nuisibles. Tenez, ajouta-t-il en tirant deux ailes du paravent qui nous cachait la moitié de la table, voyez : voici la femme de cœur et de conscience entre toutes ! Rien ne la rebute, et cette âme d'artiste gait s'astreindre au métier de teneur de livres pour sauver l'honneur de son père ! »

Nous vîmes la Cécilia penchée sur le bureau, écrivant, rangeant, cachetant et pliant avec rapidité, sans se laisser distraire par ce qu'elle entendait. Elle était pâle de fatigue, car cette double vie d'artiste et d'administrateur devait briser ce corps frêle et généreux ; mais elle était calme et noble, comme une vraie châtelaine, dans sa robe de soie verte. Je m'aperçus qu'elle avait coupé tout de bon ses longs cheveux noirs. Elle avait fait gaiement ce sacrifice pour pouvoir jouer les rôles d'homme, et cette chevelure, bouclée sur le cou et autour du visage, lui donnait quelque chose d'un jeune apprenti artiste de la renaissance ; elle avait trop de mélancolie dans l'habitude de la physionomie pour rappeler le page espiègle ou le seigneur enfant du manoir. L'intelligence et la fierté régnaient sur ce front pur, tandis que le regard modeste et doux semblait vouloir abdiquer tous les droits du génie et tous les rêves de la gloire.

Elle sourit à Célio, me tendit la main, et referma le paravent pour achever sa besogne.

« Vous voilà donc dans notre secret, reprit le marquis. Je ne puis le placer en de meilleures mains ; je n'ai pas voulu attendre un seul jour pour en faire part à Célio et aux autres enfants de la Floriani. J'ai tant dû avec leur mère ! mais ce n'est pas avec de l'argent seulement que je puis m'acquitter envers celle qui ne m'a pas secouru seulement avec de l'argent ; elle m'a aidé et soutenu avec son cœur, et mon cœur appartient à ce qui survit d'elle, à ces nobles et beaux enfants qui sont désormais les miens. La Floriani n'avait laissé qu'une fortune aisée. Entre quatre enfants, ce n'était pas un grand développement d'existence pour chacun. Puisque la Providence m'en fournit les moyens, je veux qu'ils aient les coudées plus franches dans la vie, et je les ai tout de suite appelés à moi pour qu'ils ne me quittent que le jour où ils seront assez forts pour se lancer sur la grande scène de la vie comme artistes ; car c'est la plus haute des destinées, et, quelle que soit la partie que chacun d'eux choisira, ils auront étudié la synthèse de l'art dans tous ses détails auprès de moi.

« Passez-moi cette vanité ; elle est innocente de la part d'un homme qui n'a réussi à rien et qui n'a pas échoué à demi dans ses tentatives personnelles. Je crois qu'à force de réflexions et d'expériences je suis arrivé à tenir dans mes mains la source du beau et du vrai. Je ne me fais point illusion ; je ne suis bon que pour le conseil. Je ne suis pas cependant un *professeur* de *profession*. J'ai la certitude qu'on ne fait rien avec rien, et que l'enseignement n'est utile qu'aux êtres richement doués par la nature. J'ai le bonheur de n'avoir ici que des élèves de génie, qui pourraient fort bien se passer de moi ; mais je sais que j'abrégerai les lenteurs, que je les préserverai de certains écarts, et que j'adoucirai les supplices que l'intelligence leur prépare. Je manie déjà l'âme de Stella, je lis plus délicatement Salvator et Beatrice, et, quant à Célio, qu'il réponde si je ne lui ai pas fait découvrir en lui-même des ressources qu'il ignorait.

— Oui, c'est la vérité, dit Célio, tu m'as appris à me connaître. Tu m'as rendu l'orgueil en me guérissant de la vanité. Il me semble que, chaque jour, ta fille et toi vous faites de moi un autre homme. Je me croyais envieux, brutal, vindicatif, impitoyable : j'allais devenir méchant parce que j'aspirais à l'être ; mais vous m'avez guéri de cette dangereuse folie, vous m'avez fait mettre la main sur mon propre cœur. Je ne l'eusse pas fait en vue de la morale, je l'ai fait en vue de l'art, et j'ai découvert que c'est de là (et en parlant ainsi Célio frappa sa poitrine) que doit sortir le talent.

J'étais vivement ému ; j'écoutais Célio avec attendrissement ; je regardais le marquis de Balma avec admiration. C'était un autre homme que celui que j'avais connu ; ses traits même étaient changés. Était-ce là ce vieux ivrogne trébuchant dans les escaliers du théâtre, accostant les gens pour les assommer de ses théories vagues et prolixes, assaisonnées d'une insupportable odeur de rhum et de tabac ? Je voyais en face de moi un homme bien conservé, droit, propre, d'une belle et noble figure, l'œil étincelant de génie, la barbe bien faite, la main blanche et soignée. Avec son linge magnifique et sa robe de chambre de velours doublée de martre, il me faisait l'effet d'un prince donnant audience à ses amis, ou, mieux que cela, de Voltaire à Ferney ; mais non, c'était mieux encore que Voltaire, car il avait le sourire paternel et le cœur plein de tendresse et de naïveté. Tant il est vrai que le bonheur est nécessaire à l'homme, que la misère dégrade l'artiste, et qu'il faut un miracle pour qu'il n'y perde pas la conscience de sa propre dignité !

— Maintenant, mes amis, nous dit le marquis de Balma, allez voir si les autres enfants sont prêts pour déjeuner ; j'ai encore une lettre à terminer avec ma fille, et nous irons vous rejoindre. Vous me promettiez maintenant, monsieur Salentini, de passer au moins quelques jours chez moi.

J'acceptai avec joie ; mais je ne fus pas plus tôt sorti de son cabinet que je fis un douloureux retour sur moi-même. — Je crois que je suis fou tout de bon depuis que j'ai mis les pieds ici, dis-je à Célio en l'arrêtant dans une galerie ornée de portraits de famille. Tout le temps que le marquis me racontait son histoire et m'expliquait sa position, je ne songeais qu'à me réjouir de voir la fortune récompenser son mérite et celui de sa fille. Je ne pensais pas que ce changement dans leur existence me portait un coup terrible et sans remède.

— Comment cela ? dit Célio d'un air étonné.

— Tu me le demandes, répondis-je. Tu ne vois pas que j'aimais la Boccaferri, cette pauvre cantatrice à trois ou quatre mille francs d'appointements par saison, et qu'il m'était bien permis, à moi qui gagne beaucoup plus, de songer à en faire ma femme, tandis que maintenant je ne pourrais aspirer à la main de mademoiselle de Balma, héritière de plusieurs millions, sans être ridicule en réalité et en apparence méprisable ?

— Je serais donc méprisable, moi, d'y aspirer aussi ? dit Célio en haussant les épaules.

— Non, lui répondis-je après un instant de réflexion. Bien que tu ne sois pas plus riche que moi, je pense, ta mère a tant fait pour le pauvre Boccaferri, que le riche Balma peut et doit se considérer toujours comme ton obligé. Et puis le nom de ta mère est une gloire ; Cécilia a voué un culte à ce grand nom. Tu as donc mille raisons pour te présenter sans honte et sans crainte. Moi, si je surmontais l'une, je n'en ressentirais pas moins l'autre ; ainsi, mon ami, plains-moi beaucoup, console-moi un peu, et ne me regarde plus comme ton rival. Je resterai encore un jour ici pour prouver mon estime, mon respect et mon dévouement ; mais je partirai demain et je tâcherai de guérir. Le sentiment de ma fierté et la conscience de mon devoir m'y aideront. Garde-moi le secret sur les confidences que je t'ai faites, et que mademoiselle de Balma ne sache jamais que j'ai élevé mes prétentions jusqu'à elle.

XIII.

STELLA.

Célio allait me répondre lorsque Béatrice, accourant du fond de la galerie, vint se jeter à son cou et folâtrer autour de nous en me demandant avec malice si j'avais été présenté à M. le marquis. Quelques pas plus loin, nous rencontrâmes Stella et Benjamin, qui m'accablèrent des mêmes questions ; la cloche du déjeuner sonna à grand bruit, et la belle Hécate, qui était fort nerveuse, accompagna d'un long hurlement ce signal du déjeuner. Le marquis et sa fille vinrent les derniers, sereins et bienveillants comme des gens qui viennent de faire leur devoir. Je vis là combien Cécilia était adorée des jeunes filles et quel respect elle inspirait à toute la famille. Je ne pouvais m'empêcher de la contempler, et même, quand je ne la regardais ou ne l'écoutais pas, je voyais tous ses mouvements, j'entendais toutes ses paroles. Elle agissait et parlait peu cependant ; mais elle était attentive à tout ce qui pouvait être utile ou agréable à ses amis. On eût dit qu'elle eût eu toute sa vie deux cent mille livres de rentes, tant elle était aisée et tranquille dans son opulence, et l'on voyait qu'elle ne jouissait de rien pour elle-même, tant elle restait dévouée au moindre besoin, au moindre désir des autres.

On ne parla point de comédie pendant le déjeuner. Pas un mot ne fut dit devant les domestiques qui pût leur faire soupçonner quelque chose à cet égard. Ce n'est pas que de temps en temps Béatrice, qui n'avait autre chose en tête, n'essayât de parler de la précédente et de la prochaine soirée ; mais Stella, qui était toujours à ses côtés et qui s'était habituée à être pour elle comme une jeune mère, la tenait en bride. Quand le repas fut terminé, le marquis prit le bras de sa fille et sortit.

— Ils vont, pendant deux heures, s'occuper d'un autre genre d'affaires, me dit Célio. Ils donnent cette partie de la journée aux besoins des gens qui les environnent ; ils écoutent les demandes des pauvres, les réclamations des fermiers, les invitations de la commune. Ils voient le curé ou l'adjoint ; ils ordonnent des travaux, ils donnent même des consultations à des malades ; enfin, ils font leurs devoirs de châtelains avec autant de conscience et de régularité que possible. Stella et Béatrice sont chargées de veiller, à l'intérieur, sur le détail de la maison ; moi, ordinairement, je lis ou fais de la musique, et, depuis que mon frère est ici, je lui donne des leçons ; mais, pour aujourd'hui, il ira s'exercer tout seul au billard. Je veux causer avec vous.

Il m'emmena dans le jardin, et, là, me serrant la main avec effusion : — Ta tristesse me fait mal, dit-il, et je ne saurais la voir plus longtemps. Écoute, mon ami, j'ai eu un mauvais mouvement quand tu m'as dit, il y a une heure, que tu renonçais à Cécilia par délicatesse. J'ai failli te dire que c'était ton devoir et t'encourager à partir : je ne l'ai pas fait ; mais, quand même je l'aurais fait, je me rétracterais à cette heure. Tu te montres trop scrupuleux, ou tu ne connais pas encore Cécilia et son père. Ils n'ont pas cessé d'être artistes, je crois même qu'ils le sont plus que jamais depuis qu'ils sont devenus seigneurs. L'alliance d'un talent tel que le tien ne peut donc jamais leur sembler au-dessous de leur condition. Quant à te soupçonner coupable d'ambition et de cupidité, cela est impossible, car ils savent qu'il y a deux mois tu étais amoureux de la pauvre cantatrice à trois mille francs par saison, et que tu aspirais sérieusement à l'épouser, même sans rougir du vieux ivrogne.

— Ils le savent ! Tu l'as dit, Célio ?
— Je le leur ai dit le jour même où j'en ai reçu de toi la confidence, et ils en avaient été fort touchés.
— Mais ils avaient refusé parce que, ce jour-là même, ils recevaient la nouvelle de leur héritage ?
— Non ; même en recevant cette nouvelle ils n'avaient pas refusé. Ils avaient dit : *Nous verrons !* Depuis, quoique je me sentisse ému moi-même, j'ai eu le courage de tenir la parole que je t'avais presque donnée : j'ai reparlé de toi.
— Et qu'a-t-elle dit ?
— Elle a dit : « Je suis si reconnaissante de ses bonnes intentions pour moi dans un temps où j'étais pauvre et obscure, que, si j'étais décidée à me marier, je chercherais l'occasion de le voir et de le connaître davantage. » Et puis nous avons été à Turin secrètement ces jours-ci, comme je te l'ai dit, pour les affaires de son père, et pour ramener en même temps notre Benjamin. Là, j'ai étudié avec un peu d'inquiétude l'effet que produisait sur elle le bruit de tes amours avec la duchesse. Elle a été triste un instant, cela est certain. Tu vois, ami, je ne te cache rien. Je lui ai offert d'aller te voir pour t'amener en secret à notre hôtel. J'avais du dépit, elle l'a vu, et elle a refusé, parce qu'elle est bonne pour moi comme un ange, comme une mère ; mais elle souffrait, et, quand, la nuit suivante, nous avons passé à pied devant la porte pour aller chercher notre voiture, que nous ne voulions pas faire venir devant l'hôtel, nous avons vu ton voiturin, nous avons reconnu Volabù. Nous l'avons évité, nous ne voulions pas être vus ; mais Cécilia a eu une inspiration de femme. Elle a dit à Benjamin (que cet homme n'avait jamais vu) de s'approcher de lui, et de lui demander si son voiturin était disponible pour Milan. — Je vais à Milan, en effet, répondit-il, mais je ne puis prendre personne. — Qui donc conduisez-vous ? dit l'enfant ; ne pourrais-je m'arranger avec votre voyageur pour aller avec lui ? — Non, c'est un peintre. Il voyage seul. — Comment s'appelle-t-il ? peut-être que je le connais ? — Ce voiturin a dit ton nom : c'est tout ce que nous voulions savoir. On nous avait dit que la duchesse était retournée à Milan. Cecilia pâlit, sous prétexte qu'elle avait froid ; puis, comme j'en faisais l'observation à demi-voix, elle se mit à sourire avec cet air de souveraine mansuétude qui lui est propre. Elle approcha de la fenêtre en me disant : — Tu vas voir que je vais lui adresser un adieu bien amical et par conséquent bien désintéressé. C'est alors qu'elle chanta ce maudit *Vedrai carino* qui t'a arraché aux griffes de Satan. Allons, il y a dans tout cela une fatalité ! Je crois qu'elle t'aime, bien que ce soit fort difficile à constater chez une personne toujours maîtresse d'elle-même, et si habituée à l'abnégation qu'on peut à peine deviner si elle souffre en se sacrifiant. À l'heure qu'il est, elle ne sait plus rien de toi, et je confesse que je n'ai pas eu le courage de lui dire que tu as renoncé à la duchesse et que tu lui dois ton salut. Je me suis engagé à ne pas te nuire ; mais ce serait pousser l'héroïsme au-delà de mes facultés que d'aller faire la cour pour toi. Seulement je te devais la vérité, la voilà tout entière. Reste donc ou pars ; attends et espère, ou agis et éclaire-toi. De toute façon, tu es dans ton droit, et personne ne peut te supposer amoureux des millions, puisque, ce matin encore, tu ne voulais pas comprendre que le marquis de Balma voulait le père Boccaferri.

— Bon et grand Célio, m'écriai-je, comment te remercier ! Je ne sais plus que faire. Il me semble que tu aimes Cécilia autant que moi, et que tu es plus digne d'elle. Non, je ne puis lui parler. Je veux qu'elle ait le temps de le connaître et de l'apprécier sous la face nouvelle que ton caractère a prise depuis quelque temps. Il faut qu'elle nous examine, qu'elle nous compare et qu'elle juge. Il m'a semblé parfois qu'elle m'aimait, et peut-être que c'est toi qu'elle aime ! Pourquoi nous hâter de savoir notre sort ? Qui sait si, à l'heure qu'il est, elle-même n'est pas indécise ? Attendons.

— Oui, c'est vrai, dit Célio, nous risquons d'être refusés tous les deux si nous brusquons sa sympathie. Moi, je suis fort gêné aussi, car je n'étais pas amoureux d'elle à Vienne, et l'idée de l'être ne m'est venue que quand j'ai vu ton amour. J'ai un peu peur à présent qu'elle ne me croie influencé par ses millions, et je suis plus exposé que toi à mériter ce soupçon. Je n'ai pas fait mes preuves à temps comme tu les as faites. D'un autre côté, l'adoration qu'elle avait pour ma mère, et qui domine encore toutes ses pensées, est de force et de nature à lui faire sacrifier son amour pour toi dans la crainte de me rendre malheureux. Elle est ainsi faite, cette femme excellente ; mais je ne jouirai pas de son sacrifice.

— Ce sacrifice, repris-je, serait prompt et facile aujourd'hui, Si elle m'aime, ce ne peut être encore au point de devenir égoïste. Dans mon intérêt, comme dans le tien, je demande l'aide et le conseil du temps.

— C'est bien dit, répliqua Célio ; ajournons. Eh ! tiens, prenons une résolution : c'est de ne nous déclarer ni l'un ni l'autre avant de nous être consultés encore ; jusque-là, nous n'en reparlerons plus ensemble, car cela me fait un peu de mal.

— Et à moi aussi. Je souscris à cet accord ; mais nous ne nous interdisons pas l'un à l'autre de chercher à lui plaire.

— Non, certes, dit-il. Il se mit à fredonner la romance de don Juan ; puis peu à peu il arriva à la chanter, à l'étudier tout en marchant à mon côté, et à frapper la terre de son pied avec impatience dans les endroits où il était mécontent de sa voix et de son accent. — Je ne suis pas don Juan, s'écria-t-il en s'interrompant, et c'est pourtant dans ma voix et dans ma destinée de l'être sur les planches. Que diable ! je ne suis pas un ténor, je ne peux pas être amoureux tendre ; je ne peux pas chanter *Il mio tesoro intanto* et faire la cadence du flumini... Il faut que je sois un scélérat puissant ou un honnête homme qui fait *fiasco!* Va pour la puissance !... Après tout, ajouta-t-il en passant la main sur son front, qui sait si j'aime? Voyons! Il chanta *Quando del vino*, et il le chanta supérieurement. — Non ! non ! s'écria-t-il satisfait de lui-même, je ne suis pas fait pour aimer ! Cécilia n'est pas ma nièce. Il peut lui arriver d'aimer demain quelqu'un plus que moi, toi, par exemple ! Fi donc ! moi, amoureux d'une femme qui ne m'aimerait point ! j'en mourrais de rage ! Je ne t'en voudrais pas, à toi, Salentini ; mais elle ? je la jetterais du haut de son château sur le pavé pour lui faire voir le cas que je fais de sa personne et de sa fortune !

Je fus effrayé de l'expression de sa figure. Le Célio que j'avais connu à Vienne reparaissait tout entier et me jetait dans une stupéfaction douloureuse. Il s'en aperçut, sourit et me dit : — Je crois que je redeviens méchant ! Allons rejoindre la famille, cela se dissipera. Parfois mes nerfs me jouent encore de mauvais tours. Tiens, j'ai froid ! Allons-nous-en. Il prit mon bras et rentra en courant.

A deux heures, toute la famille se réunit dans le grand salon. Le marquis donna, comme de coutume, à ses gens, l'ordre qu'on ne le dérangeât plus jusqu'au dîner, à moins d'un motif important, et que, dans ce cas, on sonnât la cloche du château pour l'avertir. Puis il demanda aux jeunes filles si elles avaient pris l'air et surveillé la maison ; à Benjamin, s'il avait travaillé, et, quand chacun lui eut rendu compte de l'emploi de sa matinée : — C'est bien, dit-il ; la première condition de la liberté et de la santé morale et intellectuelle, c'est l'ordre dans l'arrangement de la vie ; mais, hélas ! pour avoir de l'ordre, il faut être riche. Les malheureux sont forcés de ne jamais savoir ce qu'ils feront dans une heure ! A présent, mes chers enfants, vive la joie ! La journée d'affaires et de soucis est terminée ; la soirée de plaisir et d'art commence. Suivez-moi.

Il tira de sa poche une grande clé, et l'éleva en l'air, aux rires et aux acclamations des enfants. Puis, nous nous dirigeâmes avec lui vers l'aile du château où était situé le théâtre. On ouvrit la *porte d'ivoire*, comme l'appelait le marquis, et on entra dans le sanctuaire des songes, après s'y être enfermés et barricadés d'importance.

Le premier soin fut de ranger le théâtre, d'y remettre de l'ordre et de la propreté, de réunir, de secouer et d'étiqueter les costumes abandonnés à la hâte, la nuit précédente, sur des fauteuils. Les hommes balayaient, époussetaient, donnaient de l'air, raccommodaient les accrocs faits au décor, huilaient les ferrures, etc. Les femmes s'occupaient des habits ; tout cela se fit avec une exactitude et une rapidité prodigieuses, tant chacun de nous y mit d'ardeur et de gaieté. Quand ce fut fait, le marquis réunit sa couvée autour de la grande table qui occupait le milieu du parterre, et l'on tint conseil. On remit les manuscrits de *Don Juan* à l'étude, on y fit rentrer des personnages et des scènes éliminés la veille ; on se consulta encore sur la distribution des rôles. Célio revint à celui de don Juan, il demanda que certaines scènes fussent chantées. Béatrice et son jeune frère demandèrent à improviser un pas de danse dans le bal du troisième acte. Tout fut accordé. On se permettait d'essayer de tout ; mais, à mesure qu'on décidait quelque chose, on le consignait sur le manuscrit, afin que l'ordre de la représentation ne fût pas troublé.

Ensuite Célio envoya Stella lui chercher diverses perruques à longs cheveux. Il voulait assombrir un peu son caractère et sa physionomie. Il essaya une chevelure noire. — Tu as tort de te faire brun, si tu veux être méchant, lui dit Boccaferri (qui reprenait son ancien nom derrière la *porte d'ivoire*). C'est un usage classique de faire les traîtres noirs et à tous crins, mais c'est un mensonge banal. Les hommes pâles de visage et noirs de barbe sont presque toujours doux et faibles. Le vrai tigre est fauve et soyeux.

— Va pour la peau du lion, dit Célio en prenant sa perruque de la veille, mais ces nœuds rouges m'ennuient ; cela sent le tyran de mélodrame. Mesdemoiselles, faites-moi une quantité de canons couleur de feu. C'était le type du roué au temps de Molière.

— En ce cas, rends-nous ton nœud cerise, ton *beau nœud d'épée!* dit Stella.

— Qu'en veux-tu faire?

— Je veux le conserver pour modèle, dit-elle en souriant avec malice, car c'est toi qui l'as fait, et toi seul au monde sais faire les nœuds. Tu y mets le temps, mais quelle perfection ! N'est-ce pas ? ajouta-t-elle en s'adressant à moi et en me montrant ce même nœud cerise que j'avais ramassé la veille, comment le trouvez-vous?

Le ton dont elle me fit cette question et la manière dont elle agita ce ruban devant mon visage me troublaient un peu. Il me sembla qu'elle désirait me voir m'en emparer, et je fus assez vertueux pour ne pas le faire. La Boccaferri me regardait. Je vis rougir la belle Stella ; elle laissa tomber le nœud et marcha dessus, comme par mégarde, tout en feignant de rire d'autre chose.

Célio était brusque et impérieux avec ses sœurs, quoiqu'il les adorât au fond de l'âme, et qu'il eût pour elles mille tendres sollicitudes. Il avait vu aussi ce singulier petit épisode. — Allons donc, paresseuses ! cria-t-il à Stella et à Béatrice, allez me chercher trente aunes de rubans couleur de feu ! J'attends ! — Et quand elles furent entrées dans le magasin, il ramassa le nœud cerise, et me le donna à la dérobée, en médisant tout bas : — Garde-le en mémoire de Béatrice ; mais si l'une ou l'autre est coquette avec toi, corrige-les et moque-toi d'elles. Je te demande cela comme à un frère.

Les préparatifs durèrent jusqu'au dîner, qui fut assez sérieux. On reprenait de la gravité devant les domestiques, qui portaient le deuil de l'ancien marquis sur leurs habits, faute de pouvoir le porter dans le cœur. Et d'ailleurs, chacun pensait à son rôle, et M. de Balma disait une chose que j'ai toujours sentie vraie : les idées s'éclaircissent et s'ordonnent durant la satisfaction du premier appétit.

Au reste, on mangeait vite et modérément à sa table. Il disait familièrement que l'artiste qui mange est *à moitié cuit*. On savourait le café et le cigare, pendant que les domestiques levaient le couvert et effectuaient leur sortie finale des appartements et de la maison. Alors on faisait une ronde, on fermait toutes les issues. Le marquis criait : Mesdames les actrices, à vos loges ! On leur donnait une demi-heure d'avance sur les hommes ; mais Cécilia n'en profitait pas. Elle resta avec nous dans le salon, et je remarquai qu'elle causait tout bas dans un coin avec Célio.

Il me sembla qu'au sortir de cet entretien, Célio était d'une gaieté arrogante, et Cécilia d'une mélancolie résignée ; mais cela ne prouvait pas grand'chose : chez lui, les émotions étaient toujours un peu forcées ; chez elle, elles étaient si peu manifestées, que la nuance était presque insaisissable.

A huit heures précises, la pièce commença. Je craindrais d'être fastidieux en la suivant dans ses détails, mais je dois signaler que, à ma grande surprise, Cécilia fut admirable et atroce de jalousie dans le rôle d'Elvire. Je ne l'aurais jamais cru ; cette passion semblait si ennemie de son caractère ! J'en fis la remarque dans un entr'acte.

— Mais c'est peut-être pour cela précisément, me dit-elle.... Et puis, d'ailleurs, que savez-vous de moi?

Elle dit ce dernier mot avec un ton de fierté qui me fit peur. Elle semblait mettre tout son orgueil à n'être pas devinée. Je m'attachai à le deviner malgré elle, et cela assez froidement. Boccaferri loua Célio avec enthousiasme ; il pleurait presque de joie de l'avoir vu si bien jouer. Le fait est qu'il avait été le plus froid, le plus railleur, le plus pervers des hommes. — C'est grâce à toi, dit-il à la Boccaferri ; tu es si irritée et si hautaine, que tu me rends méchant. Je me fais de glace devant tes reproches, parce que je me sens poussé à bout et prêt à éclater. Tiens ! *ma vieille*, tu devrais toujours être ainsi ; je reprendrais les forces que m'ôtent ta bonté et la douceur accoutumées.

— Eh bien, répondit-elle, je ne te conseille pas de jouer souvent ces rôles-là avec moi : je t'y rendrais des points.

... Ce personnage du temps passé..... (Page 107.)

Il se pencha vers elle, et, baissant la voix : — Serais-tu capable d'être la femelle d'un tigre? lui dit-il.

— Cela est bon pour le théâtre, répondit-elle (et il me sembla qu'elle parlait exprès de manière à ce que je ne perdisse pas sa réponse). Dans la vie réelle, Célio, je mépriserai un usage si petit, si facile et si niais de ma force. Pourquoi suis-je si méchante, ici dans ce rôle? C'est que rien n'est plus aisé que l'affectation. Ne sois donc pas trop vain de ton succès d'aujourd'hui. La force dans l'excitation, c'est le *pont aux ânes* ! La force dans le calme.... Tu y viendras peut-être, mais tu n'y es pas encore. Essaie de faire Ottavio, et nous verrons !

— Vous êtes une comédienne fort acerbe et fort jalouse de son talent ! dit Célio en se mordant les lèvres si fort, que sa moustache rousse, collée à sa lèvre, tomba sur son rabat de dentelle.

— Tu perds ton poil de tigre, lui dit tranquillement le Boccaferri en rattrapant la moustache; tu as raison de faire une peau neuve !

— Vous croyez que vous opérerez ce miracle ?

— Oui, si je veux m'en donner la peine, mais je ne le promets pas.

Je vis qu'ils s'aimaient sans vouloir se l'avouer à eux-mêmes, et je regardai Stella, qui était belle comme un ange en me présentant un masque pour la scène du bal. Elle avait cet air généreux et brave d'une personne qui renonce à vous plaire sans renoncer à vous aimer. Un élan de cœur, plein de vaillance, qui ne me permit pas d'hésiter, me fit tirer de mon sein le nœud cerise que j'y avais caché, et je le lui montrai mystérieusement. Tout son courage l'abandonna; elle rougit, et ses yeux se remplirent de larmes. Je vis que Stella était une sensitive, et que je venais de me donner pour jamais ou de faire une lâcheté. Dès ce moment, je ne regardai plus en arrière, et je m'abandonnai tout entier au bonheur, bien nouveau pour moi, d'être chastement et naïvement aimé.

Je faisais le rôle d'Ottavio, et je l'avais fort mal joué jusque-là. Je pris le bras de ma charmante Anna pour entrer en scène, et je trouvai du cœur et de l'émotion pour lui dire mon amour et lui peindre mon dévouement.

A la fin de l'acte, je fus comblé d'éloges, et Cécilia me dit en me tendant la main : — Toi, Ottavio, tu n'as

Célio entra brusquement... (Page 445.)

besoin des leçons de personne, et tu en remontrerais à ceux qui enseignent. — Je ne sais pas jouer la comédie, lui répondis-je, je ne le saurai jamais. C'est parce qu'on ne la joue pas ici que j'ai dit ce que je sentais.

XIV.
CONCLUSION.

Je montai dans la loge des hommes pour me débarrasser de mon domino. A peine y étais-je entré, que Stella vint résolument m'y rejoindre. Elle avait arraché vivement son masque; sa belle chevelure blond-cendré, naturellement ondée, s'était à demi répandue sur son épaule. Elle était pâle, elle tremblait; mais c'était une âme éminemment courageuse, quoiqu'elle agît par expansion spontanée et d'une manière tout opposée, par conséquent, à celle de la Boccaferri.

— Adorno Salentini, me dit-elle en posant sa main blanche sur mon épaule, m'aimez-vous?

Je fus entièrement vaincu par cette question hardie, faite avec un effort évidemment douloureux et le trouble de la pudeur alarmée.

Je la pris dans mes bras et je la serrai contre ma poitrine.

— Il ne faut pas me tromper, dit-elle en se dégageant avec force de mon étreinte. J'ai vingt-deux ans; je n'ai pas encore aimé, moi, et je ne dois pas être trompée. Mon premier amour sera le dernier, et, si je suis trahie, je n'essaierai pas de savoir si j'ai la force d'aimer une seconde fois : je mourrai. C'est là le seul courage dont je me sente capable. Je suis jeune, mais l'expérience des autres m'a éclairée. J'ai beaucoup rêvé déjà, et, si je ne connais pas le monde, je me connais du moins. L'homme qui se jouera d'une âme comme la mienne, ne pourra être qu'un misérable, et, s'il en vient là, il faudra que je le haïsse et que je le méprise. La mort me semble mille fois plus douce que la vie, après une semblable désillusion.

— Stella, lui répondis-je, si je vous dis ici que je vous aime, me croirez-vous? Ne me mettrez-vous pas à l'épreuve avant de vous fier aveuglément à la parole d'un homme que vous ne connaissez pas?

— Je vous connais, répondit-elle. Célio, qui n'estime personne, vous estime et vous respecte; et, d'ailleurs,

quand même je n'aurais pas ce motif de confiance, je croirais encore à votre parole.
— Pourquoi?
— Je ne sais pas, mais cela est ainsi.
— Donc vous m'aimez, vous?
Elle hésita un instant, puis elle dit :
— Ecoutez! je ne suis pas pour rien la fille de la Floriani. Je n'ai pas la force de ma mère, mais j'ai son courage ; je vous aime.
Cette bravoure me transporta. Je tombai aux pieds de Stella, et je les baisai avec enthousiasme. — C'est la première fois, lui dis-je, que je me mets aux genoux d'une femme, et c'est aussi la première fois que j'aime. Je croyais pourtant aimer Cécilia, il y a une heure, je vous dois cette confession ; mais ce que je cherche dans la femme, c'est le cœur, et j'ai vu que le sien ne m'appartenait pas. Le vôtre se donne à moi avec une vaillance qui me pénètre et me terrasse. Je ne vous connais pas plus que vous ne me connaissez, et voilà que je crois en vous comme vous croyez en moi. L'amour, c'est la foi ; la foi rend téméraire, et rien ne lui résiste. Nous nous aimons, Stella, et nous n'avons pas besoin d'autre preuve que de nous l'être dit. Voulez-vous être ma femme?
— Oui, répondit-elle, car moi, je ne puis aimer qu'une fois, je vous l'ai dit.
— Sois donc ma femme, m'écriai-je en l'embrassant avec transport. Veux-tu que je te demande à ton frère tout de suite?
— Non, dit-elle en pressant mon front de ses lèvres avec une suavité vraiment sainte. Mon frère aime Cécilia, et il faut qu'il devienne digne d'elle. Tel qu'il est aujourd'hui, il ne l'aime pas assez pour la mériter. Laisse-lui croire encore que tu prétends être son rival. Sa passion a besoin d'une lutte pour se manifester à lui-même. Cécilia l'aime depuis longtemps. Elle ne me l'a pas dit, mais je le sais bien. C'est à elle que tu dois me demander d'abord, car c'est elle que je regarde comme ma mère.
— J'y vais tout de suite, répondis-je.
— Et pourquoi tout de suite? Est-ce que tu crains de te repentir si tu prends le temps de la réflexion?
— Je te prouverai le contraire, fille généreuse et charmante ! je ne ferai que ce que tu voudras.
On nous appela pour commencer l'acte suivant. Célio, qui surveillait ordinairement d'un œil inquiet et jaloux le moindre mouvement de ses sœurs, n'avait pas remarqué notre absence. Il était en proie à une agitation extraordinaire. Son rôle paraissait l'absorber. Il le termina de la manière la plus brillante, ce qui ne l'empêcha pas d'être sombre et silencieux pendant le souper et l'intéressante causerie du marquis, qui se prolongea jusqu'à trois heures du matin.
Je m'endormis tranquille, et je n'eus pas le moindre retour sur moi-même, pas l'apparence d'inquiétude, d'hésitation ou de regret, en m'éveillant. Je dois dire que, dès le matin du jour précédent, les deux cent mille livres de rente de mademoiselle de Balma m'avaient porté comme un coup de massue. Epouser une fortune ne m'allait point et dérangeait les rêves et l'ambition de toute ma vie, qui était de faire moi-même mon existence et d'y associer une compagne de mon choix, prise dans une condition assez modeste pour qu'elle se trouvât riche de mon succès.
D'ailleurs, je suis ainsi fait, que l'idée de lutter contre un rival à chances égales me plaît et m'anime, tandis que la conscience de la moindre infériorité dans ma position, sur un pareil terrain, me refroidit et me guérit comme par miracle. Est-ce prudence ou fierté? je l'ignore ; mais il est certain que j'étais, à cet égard, tout l'opposé de Célio, et qu'au lieu de me sentir acharné, par dépit d'amour-propre, à lui disputer sa conquête, j'éprouvais un noble plaisir à les rapprocher l'un de l'autre en restant leur ami.
Cécilia vint me trouver dans la journée. — Je vais vous parler comme à un frère, me dit-elle. Quelques mots de Célio tendraient à me faire croire que vous êtes amoureux de moi, et moi, je ne crois pas que vous y songiez maintenant. Voilà pourquoi je viens vous ouvrir mon cœur.

« Je sais qu'il y a deux mois, lorsque vous m'avez connue dans un état voisin de la misère, vous avez songé à m'épouser. J'ai vu là la noblesse de votre âme, et cette pensée que vous avez eue vous assure à jamais mon estime ! et, plus encore, une sorte de respect pour votre caractère. »
Elle prit ma main et la porta contre son cœur, où elle la tint pressée un instant avec une expression à la fois si chaste et si tendre, que je pliai presque un genou devant elle.
— Ecoutez, mon ami, reprit-elle sans me donner le temps de lui répondre, je crois que j'aime Célio ! voilà pourquoi, en vous faisant cet aveu, je crois avoir le droit de vous adresser une prière humble et fervente au nom de l'affection la plus désintéressée qui fut jamais : fuyez la duchesse de ***; détachez-vous d'elle, ou vous êtes perdu !
— Je le sais, répondis-je, et je vous remercie, ma chère Cécilia, de me conserver ce tendre intérêt ; mais ne craignez rien, ce lien funeste n'a pas été contracté ; votre douce voix, une inspiration de votre cœur généreux et quatre phrases du divin Mozart m'en ont à jamais préservé.
— Vous les avez donc entendues? Dieu soit loué !
— Oui, Dieu soit loué ! repris-je, car ce chant magique m'a attiré jusqu'ici à mon insu, et j'y ai trouvé le bonheur.
Cécilia me regarda avec surprise.
— Je m'expliquerai tout à l'heure, lui dis-je ; mais, vous, vous avez encore quelque chose à me dire, n'est-ce pas?
— Oui, répondit-elle, je vous dirai tout, car je tiens à votre estime, et, si je ne l'avais pas, il manquerait quelque chose au repos de ma conscience. Vous souvenez-vous qu'à Vienne, la dernière fois que nous nous sommes vus, vous m'avez demandé si j'aimais Célio?
— Je m'en souviens parfaitement, ainsi que de votre réponse, et vous n'avez pas besoin de vous expliquer davantage, Cécilia. Je sais fort bien que vous fûtes sincère en me disant que vous n'y songiez pas, et que votre dévouement pour lui prenait sa source dans les bienfaits de la Floriani. Je comprends ce qui s'est passé en vous depuis ce jour-là, parce que je sais ce qui s'est passé en lui.
— Merci, ô merci ! s'écria-t-elle attendrie ; vous n'avez pas douté de ma loyauté?
— Jamais.
— C'est le plus grand éloge que vous puissiez commander pour la vôtre ; mais, dites-moi, vous croyez donc qu'il m'aime?
— J'en suis certain.
— Et moi aussi, ajouta-t-elle avec un divin sourire et une légère rougeur. Il m'aime, et il s'en défend encore ; mais son orgueil pliera, je le serai sa femme, car c'est là toute l'ambition de mon âme, depuis que je suis *dama e comtessa garbata*. Lorsque vous m'interrogiez, Salentini, je me croyais pour toujours obscure et misérable. Comment n'aurais-je pas refoulé au plus profond de mon sein la seule pensée d'être la femme du brillant Célio, de ce jeune ambitieux à qui l'éclat et la richesse sont des éléments de bonheur et des conditions de succès indispensables? J'aurais rougi de m'avouer à moi-même que j'étais émue en le voyant ; il ne l'aurait jamais su ; je crois que je ne le savais pas moi-même, tant j'étais résolue à n'y pas prendre garde, et tant j'ai l'habitude et le pouvoir de me maîtriser.

« Mais ma fortune présente me rend la jeunesse, la confiance et le droit. Voyez-vous, Célio n'est pas comme vous. Je vous ai bien devinés tous deux. Vous êtes calme, vous êtes patient, vous êtes plus fort que lui, qui n'est qu'ardent, avide et violent. Il ne manque ni de fierté ni de désintéressement ; mais il est incapable de se créer tout seul l'existence large et brillante qu'il rêve, et qui est nécessaire au développement de ses facultés. Il lui faut la richesse tout acquise, et je lui dois cette richesse. N'est-ce pas, je dois cela au fils de Lucrezia? et, quand même je vous aurais aimé, Salentini, quand même le caractère effrayant de Célio m'inspirerait des craintes sérieuses pour mon bonheur, j'ai une dette sacrée à payer.

— J'espère, lui dis-je, en souriant, que le sacrifice n'est pas trop rude. En ce qui me concerne, il est nul, et votre supposition n'est qu'une consolation gratuite dont je n'aurai pas la folie de faire mon profit. En ce qui concerne Célio, je crois que vous êtes plus forte que lui, et que vous caresserez le jeune tigre d'une main calme et légère.

— Ce ne sera peut-être pas toujours aussi facile que vous croyez, répondit-elle; mais je n'ai pas peur, voilà ce qui est certain. Il n'y a rien de tel pour être courageux que de se sentir disposé, comme je le suis, à faire bon marché de son propre bonheur et de sa propre vie; mais je ne veux pas me faire trop valoir. J'avoue que je suis secrètement enivrée, et que ma bravoure est singulièrement récompensée par l'amour qui parle en moi. Aucun homme ne peut me sembler beau auprès de celui qui est la vivante image de Lucrezia; aucun nom illustre et cher à porter auprès de celui de Floriani.

— Ce nom est si beau en effet, qu'il me fait peur, répondis-je. Si toutes celles qui le portent allaient refuser de le perdre !

— Que voulez-vous dire? je ne vous comprends pas.

Je lui fis alors l'aveu de ce qui s'était passé entre Stella et moi, et je lui demandai la main de sa fille adoptive. La joie de cette généreuse femme fut immense; elle se jeta à mon cou et m'embrassa sur les deux joues. Je la vis enfin ce jour-là telle qu'elle était, expansive et maternelle dans ses affections, autant qu'elle était prudente et mystérieuse avec les indifférents.

— Stella est un ange, me dit-elle, et le ciel vous a mille fois béni dans vous inspirant cette confiance subite en sa parole. Je la connais bien, moi, et je sais que, de tous les enfants de Floriani, c'est celle qui a vraiment hérité de la plus précieuse vertu de sa mère, le dévouement. Il y a longtemps qu'elle est tourmentée du besoin d'aimer, et ce n'est pas l'occasion qui lui a manqué, croyez-le bien; mais cette âme romanesque et délicate n'a pas subi l'entraînement des sens qui ferme parfois les yeux aux jeunes filles. Elle avait un idéal, elle le cherchait et savait l'attendre. Cela se voit bien à la fraîcheur de ses joues et à la pureté de ses paupières; elle l'a trouvé enfin, celui qu'elle a rêvé. Charmante Stella, exquise nature de femme, ton bonheur m'est encore plus cher que le mien !

La Boccaferri prit encore ma main, la serra dans les siennes, et fondit en larmes en s'écriant : « O Lucrezia ! réjouis-toi dans le sein de Dieu ! »

Célio entra brusquement, et, voyant Cécilia si émue et assise tout près de moi, il se retira en refermant la porte avec violence. Il avait pâli, sa figure était décomposée d'une manière effrayante. Toutes les furies de l'enfer étaient entrées dans son sein.

— Qu'il dise après cela qu'il ne l'aime pas! dis-je à la Boccaferri. Je la fis consentir à laisser subir encore un peu cette souffrance au pauvre Célio, et nous allâmes trouver ma chère Stella pour lui faire part de notre entretien.

Stella travaillait dans l'intérieur d'une tourelle qui lui servait d'atelier. Je fus étrangement surpris de la trouver occupée de peinture, et de voir qu'elle avait un talent réel, tendre, profond, délicieusement vrai pour le paysage, les troupeaux, la nature pastorale et naïve. — Vous pensiez donc, me dit-elle en voyant mon ravissement, que je voulais me faire comédienne? Oh ! non ! je n'aime plus le public que ne l'a aimé notre Cécilia, et jamais je n'aurais le courage d'affronter son regard. Je joue ici la comédie comme Cécilia et son père la jouent; pour aider à l'œuvre collective qui sert à l'éducation de Célio, peut-être à celle de Béatrice et de Salvator, car les deux *Bambini* ont aussi jusqu'à présent la passion du théâtre; mais vous n'avez pas compris notre cher maître Boccaferri, si vous croyez qu'il n'a en vue que de nous faire débuter.

Non, ce n'est pas là sa pensée. Il pense que ces essais dramatiques, dans la forme libre que nous leur donnons, sont un exercice salutaire au développement synthétique (je me sers de son mot) de nos facultés d'artiste, et je crois bien qu'il a raison, car depuis que nous faisons cette amusante étude je me sens plus peintre et plus poète que je ne croyais l'être.

— Oui, il a mille fois raison, répondis-je, et le cœur aussi s'ouvre à la poésie, à l'effusion, à l'amour, dans cette joyeuse et sympathique épreuve : je le sens bien, ô ma Stella, pour deux jours que j'ai passés ici! Partout ailleurs, je n'aurais point osé vous aimer si vite, et, dans cette douce et bienfaisante excitation de toutes mes facultés, je vous ai comprise d'emblée, et j'ai éprouvé la portée de mon propre cœur.

Cécilia me prit par le bras et me fit entrer dans la chambre de Stella et de Béatrice, qui communiquait avec cette même tourelle par un petit couloir. Stella rougissait beaucoup, mais elle ne fit pas de résistance. Cécilia me conduisit en face d'un tableau placé dans l'alcôve virginale de ma jeune amante, et je reconnus une *Madoneta col Bambino* que j'avais peinte et vendue à Turin deux ans auparavant à un marchand de tableaux. Cela était fort naïf, mais d'un sentiment assez vrai pour que je pusse le revoir sans humeur. Cécilia l'avait acheté, à son dernier voyage, pour sa jeune amie, et alors on me confessa que, depuis deux mois, Stella, en entendant parler souvent de moi aux Boccaferri et à Célio, avait vivement désiré me connaître. Cécilia avait nourri d'avance, et sans le lui dire, la pensée que notre union serait un beau rêve à réaliser. Stella semblait l'avoir deviné.

— Il est certain, me dit-elle, que lorsque je vous ai vu ramasser le nœud cerise, j'ai éprouvé quelque chose d'extraordinaire que je ne pouvais m'expliquer à moi-même; et que, quand Célio est venu nous dire, le lendemain, que le *ramasseur de rubans*, comme il vous appelait, était encore dans le village, et se nommait Adorno Salentini, je me suis dit, follement peut-être, mais sans douter de la destinée, que la mienne était accomplie.

Je ne saurais exprimer dans quel naïf ravissement me plongea ce jeune et pur amour d'une fille encore enfant par la fraîcheur et la simplicité, déjà femme par le dévouement et l'intelligence. Lorsque la cloche nous avertit de nous rendre au théâtre, j'étais un peu fou. Célio vit mon bonheur dans mes yeux, et ne le comprenant pas, il fut méchant et brutal à faire plaisir. Je me laissai presque insulter par lui; mais le soir j'ignore ce qui s'était passé. Il me parut plus calme et me demanda pardon de sa violence, ce que je lui accordai fort généreusement.

Je dirai encore quelques mots de notre théâtre avant d'arriver au dénoûment, que le lecteur sait d'avance. Presque tous les soirs nous entreprenions un nouvel essai. Tantôt c'était un opéra : tous les acteurs étant bons musiciens, même moi, je l'avoue humblement et sans prétention, chacun tenait le piano alternativement. Une autre fois, c'était un ballet; les personnes sérieuses se joignaient à la pantomime, les jeunes gens dansaient d'inspiration, avec une grâce, un abandon et un entrain qu'on eût vainement cherchés dans les poses étudiées du théâtre. Boccaferri était admirable au piano dans ces circonstances. Il s'y livrait aux plus brillantes fantaisies, et, comme s'il eût dicté impérieusement chaque geste, chaque intention de ses personnages, il les enlevait, les excitait jusqu'au délire ou les calmait jusqu'à l'abattement, au gré de son inspiration. Il les soumettait ainsi au scenario, car la pantomime dont il était le plus souvent l'auteur, avait toujours une action bien nettement développée et suivie.

D'autres fois, nous tentions un opéra comique, et il nous arriva d'improviser des airs, même des chœurs, qui le croirait? où l'ensemble ne manqua pas, et où diverses réminiscences d'opéras connus se liaient par des modulations individuelles promptement conquises et saisies de tous. Il nous prenait parfois fantaisie de jouer de mémoire une pièce dont nous n'avions pas le texte et que nous nous rappelions assez confusément. Ces souvenirs indécis avaient leur charme, et, pour les enfants qui ne connaissaient pas ces pièces, elles avaient l'attrait de la création. Ils les concevaient, sur un simple exposé préliminaire, autrement que nous, et nous étions tout ravis de leur voir trouver d'inspiration des caractères nouveaux et des scènes meilleures que celles du texte.

Nous avions encore la ressource de faire de bonnes pièces avec de fort mauvaises. Boccaferri excellait à ce genre de découvertes. Il fouillait dans sa bibliothèque théâtrale, et trouvait un sujet heureux à exploiter dans une vieillerie mal conçue et mal exécutée.

— Il n'est si mauvaise œuvre tombée à plat, disait-il, où l'on ne trouve une idée, un caractère ou une scène dont on peut tirer un bon parti. Au théâtre, j'ai entendu siffler cent ouvrages qui eussent été applaudis, si un homme intelligent eût traité le même sujet. Fouillons donc toujours, ne doutons de rien, et soyez sûrs que nous pourrions aller ainsi pendant dix ans et trouver tous les soirs matière à inventer et à développer.

Cette vie fut charmante et nous passionna tous à tel point, que cela eût semblé puéril et quasi insensé à tout autre qu'à nous. Nous ne nous blasions point sur notre plaisir, parce que la matinée entière était donnée à un travail plus sérieux. Je faisais de la peinture avec Stella ; le marquis et sa fille remplissaient assidûment les devoirs qu'ils s'étaient imposés; Célio faisait l'éducation littéraire et musicale de son jeune frère et de *notre* petite sœur Béatrice, à laquelle aussi on me permettait de donner quelques leçons. L'heure de la comédie arrivait donc comme une récréation toujours méritée et toujours nouvelle. La *porte d'ivoire* s'ouvrait toujours comme le sanctuaire de nos plus chères illusions.

Je me sentais grandir au contact de ces fraîches imaginations d'artistes dont le vieux Boccaferri était la clé, le lien et l'âme. Je dois dire que Lucrezia Floriani avait bien connu et bien jugé cet homme, le plus improductif et le plus impuissant des membres de la société officielle, le plus complet, le plus inspiré, le plus *artiste* enfin des artistes. Je lui dois beaucoup, et je lui en conserverai au delà du tombeau une éternelle reconnaissance. Jamais je n'ai entendu parler avec autant de sens, de clarté, de profondeur et de délicatesse sur la peinture. En barbouillant de grossiers décors (car il peignait fort mal), il épanchait dans mon sein un flot d'idées lumineuses qui fécondaient mon intelligence, et dont je sentirai toute ma vie la puissance génératrice.

Je m'étonnai que Célio devant épouser Cécilia et devenir riche et seigneur, les Boccaferri songeassent sérieusement à lui faire reprendre ses débuts : mais je le compris, comme eux, en étudiant son caractère, en reconnaissant sa vocation et la supériorité de talent que chaque jour faisait éclore en lui. — Les grands artistes dramatiques ne sont-ils pas presque toujours riches à une certaine époque de leur vie, me disait le marquis, et la possession des terres, des châteaux et même des titres les dégoûte-t-elle de leur art? Non. En général, c'est la vieillesse seule qui les chasse du théâtre, car ils sentent bien que leur plus grande puissance et leur plus vive jouissance est là. Eh bien, Célio commencera par où les autres finissent ; il fera de l'art en grand, à son loisir ; il sera d'autant plus précieux au public, qu'il se rendra plus rare, et d'autant mieux payé, qu'il en aura moins besoin. Ainsi va le monde.

Célio vivait dans la fièvre, et ces alternatives de fureur, d'espérance, de jalousie et d'enivrement développèrent en lui une passion terrible pour Cécilia, une puissance supérieure dans son talent. Nous lui laissâmes passer deux mois dans cette épreuve brûlante qu'il avait la force de supporter, et qui était, pour ainsi dire, l'élément naturel de son génie.

Un matin, que le printemps commençait à sourire, les sapins à se parer de pointes d'un vert tendre à l'extrémité de leurs sombres rameaux, les lilas bourgeonnant sous une brise attiédie, et les mésanges semant les fourrés de leurs petits cris sauvages, nous prenions le café sur la terrasse aux premiers rayons d'un doux et clair soleil. L'avocat de Briançon arriva et se jeta dans les bras de son vieux ami le marquis, en s'écriant : *Tout est liquidé!*

Cette parole prosaïque fut aussi douce à nos oreilles que le premier tonnerre du printemps. C'était le signal de notre bonheur à tous. Le marquis mit la main de sa fille dans celle de Célio, et celle de Stella dans la mienne. A l'heure où j'écris ces dernières lignes, Béatrice cueille des camélias blancs et des cyclamens dans la serre pour les couronnes des deux mariées. Je suis heureux et fier de pouvoir donner tout haut le nom de sœur à cette chère enfant, et maître Volabù vient d'entrer comme cocher au service du château.

FIN DU CHATEAU DES DÉSERTES.

LAVINIA

AN OLD TALE

BILLET.

« Puisque vous allez vous marier, Lionel, ne serait-il pas convenable de nous rendre mutuellement nos lettres et nos portraits? Cela est facile, puisque le hasard nous rapproche, et qu'après dix ans écoulés sous des cieux différents nous voilà aujourd'hui à quelques lieues l'un de l'autre. Vous venez, m'a-t-on dit, quelquefois à Saint-Sauveur; moi, j'y passe huit jours seulement. J'espère donc que vous y serez dans le courant de la semaine avec le paquet que je réclame. J'occupe la maison Estabanette, au bas de la chute d'eau. Vous pourrez y envoyer la personne destinée à ce message; elle vous reportera un paquet semblable, que je tiens tout prêt pour vous être remis en échange. »

RÉPONSE.

« Madame,

« Le paquet que vous m'ordonnez de vous envoyer est ici cacheté, et portant votre suscription. Je dois être reconnaissant sans doute de voir que vous n'avez pas douté qu'il ne fût entre mes mains au jour et au lieu où il vous plairait de le réclamer.

« Mais il faut donc, Madame, que j'aille moi-même à Saint-Sauveur le porter, pour le confier ensuite aux mains d'une tierce personne qui vous le remettrait? Puisque vous ne jugez point à propos de m'accorder le bonheur de vous voir, n'est-il pas plus simple que je n'aille pas au lieu que vous habitez m'exposer à l'émotion d'être si près de vous? Ne vaut-il pas mieux que je confie le paquet à un messager dont je suis sûr, pour qu'il le porte de Bagnères à Saint-Sauveur? J'attends vos ordres à cet égard; quels qu'ils soient, Madame, je m'y soumettrai aveuglément. »

BILLET.

« Je savais, Lionel, que mes lettres étaient par hasard entre vos mains dans ce moment, parce que Henry, mon cousin, m'a dit vous avoir vu à Bagnères et tenir de vous cette circonstance. Je suis bien aise que Henry, qui est un peu menteur, comme tous les bavards, ne m'ait pas trompée. Je vous ai prié d'apporter vous-même le paquet à Saint-Sauveur, parce que de tels messages ne doivent pas être légèrement exposés dans des montagnes infestées de contrebandiers qui pillent tout ce qui leur tombe sous la main. Comme je vous sais homme à défendre vaillamment un dépôt, je ne puis pas être plus tranquille qu'en vous rendant vous-même garant de celui qui m'intéresse. Je ne vous ai point offert d'entrevue, parce que j'ai craint de vous rendre encore plus désagréable la démarche déjà pénible que je vous imposais. Mais puisque vous semblez attacher à cette entrevue une idée de regret, je vous dois et je vous accorde de tout mon cœur ce faible dédommagement. En ce cas, comme je ne veux pas vous faire sacrifier un temps précieux à m'attendre, je vais vous fixer le jour, afin que vous ne me trouviez point absente. Soyez donc à Saint-Sauveur le 15, à neuf heures du soir. Vous irez m'attendre chez moi, et vous me ferez avertir par ma négresse. Je rentrerai aussitôt. Le paquet sera prêt... Adieu. »

Sir Lionel fut désagréablement frappé de l'arrivée du second billet. Elle le surprit au milieu d'un projet de voyage à Luchon, pendant lequel la belle miss Ellis, sa prétendue, comptait bien sur son escorte. Le voyage devait être charmant. Aux eaux, les parties de plaisir réussissent presque toujours, parce qu'elles se succèdent si rapidement qu'on n'a pas le temps de les préparer; parce que la vie marche brusque, vive et inattendue; parce que l'arrivée continuelle de nouveaux compagnons donne un caractère d'improvisation aux plus menus détails d'une fête.

Sir Lionel s'amusait donc aux eaux des Pyrénées, autant qu'il est séant à un bon Anglais de s'amuser. Il était en outre passablement amoureux de la riche stature et de la confortable dot de miss Ellis; et sa désertion, au moment d'une *cavalcade* si importante (mademoiselle Ellis avait fait venir de Tarbes un fort beau navarrin gris pommelé, qu'elle se promettait de faire briller en tête de la caravane), pouvait devenir funeste à ses projets de mariage. Cependant la position de sir Lionel était embarrassante; il était homme d'honneur et des plus délicats. Il fut trouver son ami sir Henry pour lui faire part de ce cas de conscience.

Mais, pour forcer le jovial Henry à lui accorder une attention sérieuse, il commença par le quereller.

« Étourdi et bavard que vous êtes! s'écria-t-il en entrant; c'était bien la peine d'aller dire à votre cousine que ses lettres étaient entre mes mains! Vous n'avez jamais été capable de retenir sur vos lèvres une parole dangereuse. Vous êtes un ruisseau qui répand à mesure qu'il reçoit; un de ces vases ouverts qui ornent les statues des naïades et des fleuves; le flot qui les traverse ne prend pas même le temps de s'y arrêter...

— Fort bien, Lionel! s'écria le jeune homme; j'aime à vous voir dans un accès de colère: cela vous rend poétique. Dans ces moments-là vous êtes vous-même un ruisseau, un fleuve de métaphores, un torrent d'éloquence, un réservoir d'allégories...

— Ah! il s'agit bien de rire! s'écria Lionel en colère; nous n'allons plus à Luchon.

— Nous n'y allons plus! Qui a dit cela?

— Nous n'y allons plus, vous et moi; c'est moi qui vous le dis.

— Parlez pour vous tant qu'il vous plaira; pour moi, je suis bien votre serviteur.

— Moi, je n'y vais pas, et par conséquent ni vous non plus. Henry, vous avez fait une faute, il faut que vous la répariez. Vous m'avez suscité une horrible contrariété; votre conscience vous ordonne de m'aider à la supporter. Vous dînez avec moi à Saint-Sauveur.

— Que le diable m'emporte si je le fais! s'écria Henry; je suis amoureux fou depuis hier soir de la petite Bordelaise dont je me suis tant moqué hier matin. Je veux aller à Luchon, car elle y va: elle montera mon yorkshire, et elle fera crever de jalousie votre grande aquitaine Margaret Ellis.

— Écoutez, Henry, dit Lionel d'un air grave; vous êtes mon ami?

— Sans doute; c'est connu. Il est inutile de nous attendrir sur l'amitié dans ce moment-ci. Je prévois que ce début solennel tend à m'imposer...

— Écoutez-moi, vous dis-je, Henry; vous êtes mon ami, vous vous applaudissez des événements heureux de ma vie, et vous ne vous pardonneriez pas légèrement, je suppose, de m'avoir causé un préjudice, un malheur véritable?

— Non, sur mon honneur! Mais de quoi est-il question?

— Eh bien! Henry, vous faites manquer peut-être mon mariage.

— Allons donc! quelle folie! parce que j'ai dit à ma cousine que vous aviez ses lettres, et qu'elle vous les réclame? Quelle influence lady Lavinia peut-elle exercer sur votre vie après dix ans d'oubli réciproque? Avez-vous la fatuité de croire qu'elle ne soit pas consolée de votre infidélité? Allons donc, Lionel! c'est par trop de remords! le mal n'est pas si grand! il n'a pas été sans remède, croyez-moi bien... »

En parlant ainsi, Henry portait nonchalamment la main à sa cravate et jetait un coup d'œil au miroir; deux actes qui, dans le langage consacré de la pantomime, sont faciles à interpréter.

Cette leçon de modestie, dans la bouche d'un homme plus fat que lui, irrita sir Lionel.

« Je ne me permettrai aucune réflexion sur le compte de lady Lavinia, répondit-il en tâchant de concentrer son amertume. Jamais un sentiment de vanité blessée ne me fera essayer de noircir la réputation d'une femme, n'eussé-je jamais eu d'amour pour elle.

— C'est absolument le cas où je suis, reprit étourdiment sir Henry; je ne l'ai jamais aimée, et je n'ai jamais été jaloux de ceux qu'elle a pu mieux traiter que moi; je n'ai d'ailleurs rien à dire de la vertu de ma glorieuse cousine Lavinia; je n'ai jamais essayé sérieusement de l'ébranler.

— Vous lui avez fait cette grâce, Henry? Elle doit vous en être bien reconnaissante!

— Ah çà, Lionel! de quoi parlons-nous, et qu'êtes-vous venu me dire? Vous sembliez hier fort peu religieux envers le souvenir de vos premières amours; vous étiez absolument prosterné devant la radieuse Ellis. Aujourd'hui, où en êtes-vous, s'il vous plaît? Vous semblez n'entendre pas raison sur le chapitre du passé, et puis vous parlez d'aller à Saint-Sauveur au lieu d'aller à Luchon! Voyons, qui aimez-vous ici? qui épousez-vous?

— J'épouse miss Margaret, s'il plaît à Dieu et à vous.

— A moi?

— Oui, vous pouvez me sauver. D'abord, lisez le nouveau billet que m'écrit votre cousine. Est-ce fait? Fort bien. A présent, vous voyez, il faut que je me décide entre Luchon et Saint-Sauveur, entre une femme à conquérir et une femme à consoler.

— Halte-là, impertinent! s'écria Henry; je vous ai dit cent fois que ma cousine était fraîche comme les fleurs, belle comme les anges, vive comme un oiseau, gaie, vermeille, élégante, coquette; si cette femme-là est désolée, je veux bien consentir à gémir toute ma vie sous le poids d'une semblable douleur.

— N'espérez pas me piquer, Henry; je suis heureux d'entendre ce que vous me dites. Mais en ce cas, pourrez-vous m'expliquer l'étrange fantaisie qui porte lady Lavinia à m'imposer un rendez-vous?

— O stupide compagnon! s'écria Henry; ne voyez-vous pas que c'est votre faute? Lavinia ne désirait pas le moins du monde cette entrevue: j'en suis bien sûr, moi; car lorsque je lui parlai de vous, lorsque je lui demandai si le cœur ne lui battait pas quelquefois, sur le chemin de Saint-Sauveur à Bagnères, à l'approche d'un groupe de cavaliers au nombre desquels vous pouviez être, elle me répondit d'un air nonchalant: « Vraiment! peut-être que mon cœur battrait si je venais à le rencontrer. » Et le dernier mot de sa phrase fut délicieusement modulé par un bâillement. Oui, ne mordez pas votre lèvre, Lionel, un de ces jolis bâillements de femme tout petits, tout frais, si harmonieux qu'ils semblent polis et caressants, si longs et si traînants qu'ils expriment la plus profonde apathie et la plus cordiale indifférence. Mais vous, au lieu de profiter de cette bonne disposition, vous ne pouvez pas résister à l'envie de faire des phrases. Fidèle à l'éternel pathos des amants disgraciés, quoique enchanté de l'être, vous affectez le ton élégiaque, le genre lamentable; vous semblez pleurer l'impossibilité de la voir, au lieu de lui dire naïvement que vous en étiez le plus reconnaissant du monde...

— De telles impertinences ne peuvent se commettre.

Comment aurais-je prévu qu'elle allait prendre au sérieux quelques paroles oiseuses arrachées par la convenance de la situation?

— Oh! je connais Lavinia; c'est une malice de sa façon!

— Éternelle malice de femme! Mais, non; Lavinia était la plus douce et la moins railleuse de toutes; je suis sûr qu'elle n'a pas plus envie que moi de cette entrevue. Tenez, mon cher Henry, sauvez-nous tous deux de ce supplice; prenez le paquet, allez à Saint-Sauveur; chargez-vous de tout arranger; faites-lui comprendre que je ne dois pas...

— Quitter miss Ellis à la veille de votre mariage, n'est-ce pas? Voilà une bonne raison à donner à une rivale! Impossible! mon cher; vous avez fait la folie, il faut la boire. Quand on a la sottise de garder dix ans le portrait et les lettres d'une femme, quand on a l'étourderie de s'en vanter à un bavard comme moi, quand on a la rage de faire de l'esprit et du sentiment à froid dans une lettre de rupture, il faut en subir toutes les conséquences. Vous n'avez rien à refuser à lady Lavinia tant que ses lettres seront entre vos mains; et, quel que soit le mode de communication qu'elle vous impose, vous lui êtes soumis tant que vous n'aurez point accompli cette solennelle démarche. Allons, Lionel, faites seller votre poney, et partons; car je vous accompagne. J'ai quelques torts dans tout ceci, et vous voyez que je ne ris plus quand il s'agit de les réparer. Partons! »

Lionel avait espéré que Henry trouverait un autre moyen de le tirer d'embarras. Il restait consterné, immobile, enchaîné à sa place par un sentiment secret de résistance involontaire aux arrêts de la nécessité. Cependant il finit par se lever, triste, résigné, et les bras croisés sur sa poitrine. Sir Lionel était, en fait d'amour, un héros accompli. Si son cœur avait été parjure à plus d'une passion, jamais sa conduite extérieure ne s'était écartée du code ces procédés; jamais aucune femme n'avait eu à lui reprocher une démarche contraire à cette condescendance délicate et généreuse qui est le meilleur signe d'abandon que puisse donner un homme bien élevé à une femme irritée. C'est avec la conscience d'une exacte fidélité à ces règles que le beau sir Lionel se pardonnait les douleurs attachées à ses triomphes.

« Voici un moyen! s'écria enfin Henry en se levant à son tour. C'est la coterie de nos belles compatriotes qui décide tout ici. Miss Ellis et sa sœur Anna sont les pouvoirs les plus éminents du conseil d'amazones. Il faut obtenir de Margaret que le voyage, fixé à demain, soit retardé d'un jour. Un jour ici, c'est beaucoup, je le sais; mais enfin il faut l'obtenir, prétexter un empêchement sérieux, et partir dès cette nuit pour Saint-Sauveur. Nous y arriverons dans l'après-midi; nous nous reposerons jusqu'au soir; à neuf heures, pendant le rendez-vous, je ferai seller nos chevaux, et à dix heures (j'imagine qu'il ne faut pas plus d'une heure pour échanger deux paquets de lettres) nous remontons à cheval, nous courons toute la nuit, nous arrivons ici avec le soleil levant, nous trouvons la belle Margaret piaffant sur sa noble monture, ma jolie petite madame Bernos caracolant sur mon yorkshire; nous changeons de bottes et de chevaux; et, couverts de poussière, exténués de fatigue, dévorés d'amour, pâles, intéressants, nous suivons nos dulcinées par monts et par vaux. Si l'on ne récompense pas tant de zèle, il faut pendre toutes les femmes pour l'exemple. Allons, es-tu prêt? »

Pénétré de reconnaissance, Lionel se jeta dans les bras de Henry. Au bout d'une heure celui-ci revint. « Partons, lui dit-il, tout est arrangé; on retarde le départ pour Luchon jusqu'au 16; mais ça n'a pas été sans peine. Miss Ellis avait des soupçons. Elle sait que ma cousine est à Saint-Sauveur, et a une aversion effroyable pour ma cousine, car elle connaît les folies que tu as faites jadis pour elle. Mais moi, j'ai habilement détourné les soupçons; j'ai dit que tu étais horriblement malade, et que je venais de te forcer à te mettre au lit...

— Allons, juste ciel! une nouvelle folie pour me perdre!

— Non, non, du tout! Dick va mettre un bonnet de nuit à ton traversin; il va le coucher en long dans ton lit, et commander trois pintes de tisane à la servante de la maison. Surtout il va prendre la clef de cette chambre dans sa poche, et s'installer devant la porte avec une figure allongée et des yeux hagards; et puis il lui est enjoint de ne laisser entrer personne et d'assommer quiconque essaierait de forcer la consigne, fût-ce miss Margaret elle-même. Hein! le voici déjà qui bassine ton lit. Fort bien! il a une excellente figure; il veut se donner l'air triste, il a l'air imbécile. Sortons par la porte qui donne dans le ravin. Jack mènera nos chevaux au bout du vallon, comme s'il allait les promener, et nous les rejoindrons au pont de Lonnio. Allons, en route, et que le dieu d'amour nous protège! »

Ils parcoururent rapidement la distance qui sépare les deux chaînes de montagne, et ne ralentirent leur course que dans la gorge étroite et sombre qui s'étend de Pierrefitte à Luz. C'est sans contredit une des parties les plus austères et les plus caractérisées des Pyrénées. Tout y prend un aspect formidable. Les monts se resserrent; le Gave s'encaisse et gronde sourdement en passant sous les arcades de rochers et de vigne sauvage; les flancs noirs du rocher se couvrent de plantes grimpantes dont le vert vigoureux passe à des teintes bleues sur les plans éloignés, et à des tons grisâtres vers les sommets. L'eau du torrent en reçoit des reflets tantôt d'un vert limpide, tantôt d'un bleu mat et ardoisé, comme on en voit sur les eaux de la mer.

De grands ponts de marbre d'une seule arche s'élancent d'un flanc à l'autre de la montagne, au-dessus des précipices. Rien n'est si imposant que la structure et la situation de ces ponts jetés dans l'espace, et nageant dans l'air blanc et humide qui semble tomber à regret dans le ravin. La route passe d'un flanc à l'autre de la gorge sept fois dans l'espace de quatre lieues. Lorsque nos deux voyageurs franchirent le septième pont, ils aperçurent au fond de la gorge, qui insensiblement s'élargissait devant eux, la délicieuse vallée de Luz, inondée des feux du soleil levant. La hauteur des montagnes qui bordent la route ne permettait pas encore au rayon matinal d'arriver jusqu'à eux. Le merle d'eau faisait entendre son petit cri plaintif dans les herbes du torrent. L'eau écumante et froide soulevait avec effort les voiles de brouillard étendus sur elle. A peine, vers les hauteurs, quelques lignes de lumières doraient les anfractuosités des rochers et la chevelure pendante des clématites. Mais au fond de ce sévère paysage, derrière ces grandes masses noires, âpres et revêches comme les sites aimés de Salvator, la belle vallée, baignée d'une rosée étincelante, nageait dans la lumière et formait une nappe d'or dans un cadre de marbre noir.

« Que cela est beau! s'écria Henry, et que je vous plains d'être amoureux, Lionel! Vous êtes insensible à toutes ces choses sublimes; vous pensez que le plus beau rayon du soleil ne vaut pas un sourire de miss Margaret Ellis.

— Avouez, Henry, que Margaret est la plus belle personne des trois royaumes.

— Oui, la théorie à la main, c'est une beauté sans défaut. Eh bien! c'est celui que je lui reproche, moi. Je la voudrais moins parfaite, moins majestueuse, moins classique. J'aimerais cent fois mieux ma cousine, si Dieu me donnait à choisir entre elles deux.

— Allons donc, Henry, vous n'y songez pas, dit Lionel en souriant; l'orgueil de la famille vous aveugle. De l'aveu de tout ce qui a deux yeux dans la tête, lady Lavinia est d'une beauté plus que problématique; et moi, qui l'ai connue dans toute la fraîcheur de ses belles années, je puis vous assurer qu'il n'y a jamais eu de parallèle possible...

— D'accord; mais que de grâce et de gentillesse chez Lavinia! des yeux si vifs, une chevelure si belle, des pieds si petits!

Lionel s'amusa pendant quelque temps à combattre l'admiration de Henry pour sa cousine. Mais, tout en mettant du plaisir à vanter la beauté qu'il aimait, un secret sen-

Cette maison était un peu isolée des autres... (Page 122.)

timent d'amour-propre lui faisait trouver du plaisir encore à entendre réhabiliter celle qu'il avait aimée. Ce fut, au reste, un moment de vanité, rien de plus; car jamais la pauvre Lavinia n'avait régné bien réellement sur ce cœur, que les succès avaient gâté de bonne heure. C'est peut-être un grand malheur pour un homme que de se trouver jeté trop tôt dans une position brillante. L'aveugle prédilection des femmes, la sotte jalousie des vulgaires rivaux, c'en est assez pour fausser un jugement novice et corrompre un esprit sans expérience.

Lionel, pour avoir trop connu le bonheur d'être aimé, avait épuisé en détail la force de son âme; pour avoir essayé trop tôt des passions, il s'était rendu incapable de ressentir jamais une passion profonde. Sous des traits mâles et beaux, sous l'expression d'une physionomie jeune et forte, il cachait un cœur froid et usé comme celui d'un vieillard.

« Voyons, Lionel, dites-moi pourquoi vous n'avez pas épousé Lavinia Buenafé, aujourd'hui lady Blake par votre faute? car enfin, sans être rigoriste, quoique je sois assez disposé à respecter, parmi les priviléges de notre sexe, le sublime droit du bon plaisir, je ne saurais, quand j'y songe, approuver beaucoup votre conduite. Après lui avoir fait la cour deux ans, après l'avoir compromise autant qu'il est possible de compromettre une jeune miss (ce qui n'est pas chose absolument facile dans la bienheureuse Albion), après lui avoir fait rejeter les plus beaux partis, vous la laissez là pour courir après une cantatrice italienne, qui certes ne méritait pas d'inspirer un pareil forfait. Voyons, Lavinia n'était-elle pas spirituelle et jolie? n'était-elle pas la fille d'un banquier portugais, juif à la vérité, mais riche? n'était-ce pas un bon parti? ne vous aimait-elle pas jusqu'à la folie?

— Eh! mon ami, voici ce dont je me plains: elle m'aimait beaucoup trop pour qu'il me fût possible d'en faire ma femme. De l'avis de tout homme de bon sens, une femme légitime doit être une compagne douce et paisible, Anglaise jusqu'au fond de l'âme, peu susceptible d'amour, incapable de jalousie, aimant le sommeil, et faisant un assez copieux abus de thé noir pour entretenir ses facultés dans une assiette conjugale. Avec cette Portugaise au cœur ardent, à l'humeur active, habituée de bonne heure aux déplacements, aux mœurs libres, aux idées libérales, à toutes les pensées dangereuses qu'une femme

Mais un homme était avec elle... (Page 127.)

ramasse en courant le monde, j'aurais été le plus malheureux des maris, sinon le plus ridicule. Pendant quinze mois, je m'abusai sur le malheur inévitable que cet amour me préparait. J'étais si jeune alors ! j'avais vingt-deux ans ; souvenez-vous de cela, Henry, et ne me condamnez pas. Enfin, j'ouvris les yeux au moment où j'allais commettre l'insigne folie d'épouser une femme amoureuse folle de moi... Je m'arrêtai au bord du précipice, et je pris la fuite pour ne pas succomber à ma faiblesse.

— Hypocrite ! dit Henry. Lavinia m'a raconté bien autrement cette histoire : il paraît que, longtemps avant la cruelle détermination qui vous fit partir pour l'Italie avec la Rosmonda, vous étiez déjà dégoûté de la pauvre juive, et vous lui faisiez cruellement sentir l'ennui qui vous gagnait auprès d'elle. Oh ! quand Lavinia raconte cela, je vous assure qu'elle n'y met point de fatuité ; elle avoue son malheur et vos cruautés avec une modestie ingénue que je n'ai jamais vu pratiquer aux autres femmes. Elle a une façon à elle de dire : « Enfin, je l'ennuyais. » Tenez, Lionel, si vous lui aviez entendu prononcer ces mots, avec l'expression de naïve tristesse qu'elle sait y mettre, vous auriez des remords, je le parierais.

— Eh ! n'en ai-je pas eu ! s'écria Lionel. Voilà ce qui nous dégoûte encore d'une femme : c'est tout ce que nous souffrons pour elle après l'avoir quittée ; ce sont ces mille vexations dont son souvenir nous poursuit ; c'est la voix du monde bourgeois qui crie vengeance et anathème, c'est la conscience qui se trouble et s'effraie ; ce sont de légers reproches bien doux et bien cruels que la pauvre délaissée nous adresse par les cent voix de la renommée. Tenez, Henry, je ne connais rien de plus ennuyeux et de plus triste que le métier d'homme à bonnes fortunes.

— A qui le dites-vous ! » répondit Henry d'un ton vaillant, en faisant ce geste de fatuité ironique qui lui allait si bien. Mais son compagnon ne daigna pas sourire, et il continua à marcher lentement, en laissant flotter les rênes sur le cou de son cheval, et en promenant son regard fatigué sur les délicieux tableaux que la vallée déroulait à ses pieds.

Luz est une petite ville située à environ un mille de Saint-Sauveur. Nos dandys s'y arrêtèrent ; rien ne put déterminer Lionel à pousser jusqu'au lieu qu'habitait lady Lavinia : il s'installa dans une auberge et se jeta sur son lit en attendant l'heure fixée pour le rendez-vous.

Quoique le climat soit infiniment moins chaud dans cette vallée que dans celle de Bigorre, la journée fut lourde et brûlante. Sir Lionel, étendu sur un mauvais lit d'auberge, ressentit quelques mouvements fébriles, et s'endormit péniblement au bourdonnement des insectes qui tournoyaient sur sa tête dans l'air embrasé. Son compagnon, plus actif et plus insouciant, traversa la vallée, rendit des visites à tout le voisinage, guetta le passage des cavalcades sur la route de Gavarni, salua les belles ladys qu'il aperçut à leurs fenêtres ou sur les chemins, jeta de brillantes œillades aux jeunes Françaises, pour lesquelles il avait une préférence décidée, et vint enfin rejoindre Lionel à l'entrée de la nuit.

« Allons, debout, debout ! s'écria-t-il en pénétrant sous ses rideaux de serge; voici l'heure du rendez-vous.

— Déjà ? dit Lionel, qui, grâce à la fraîcheur du soir, commençait à dormir d'un sommeil paisible; quelle heure est-il donc, Henry ? »

Henry répondit d'un ton emphatique :

At the close of the day when the Hamlet is still
And nought but the torrent is heard upon the hill....

— Ah ! pour Dieu, faites-moi grâce de vos citations, Henry ! Je vois bien que la nuit descend, que le silence gagne, que la voix du torrent nous arrive plus sonore et plus pure; je puis peut-être dormir encore un peu.

— Non, pas une minute de plus, Lionel. Il faut nous rendre à pied à Saint-Sauveur; car j'y ai fait conduire nos chevaux dès ce matin, et les pauvres animaux sont assez fatigués, sans compter ce qui leur reste à faire. Allons, habillez-vous. C'est bien. A dix heures je serai à cheval à la porte de lady Lavinia, tenant en main votre palefroi et prêt à vous offrir la bride, ni plus ni moins que notre grand William à la porte des théâtres, lorsqu'il était réduit à l'office de jockey, le grand homme ! Allons, Lionel, voici votre porte-manteau, une cravate blanche, de la cire à moustache. Patience donc ! Oh ! quelle négligence ! quelle apathie ! Y songez-vous, mon cher? se présenter avec une mauvaise toilette devant une femme que l'on n'aime plus, c'est une faute énorme ! Sachez donc bien qu'il faut, au contraire, lui apparaître avec tous vos avantages, afin de lui faire sentir le prix de ce qu'elle perd. Allons, allons ! relevez-moi votre chevelure encore mieux que s'il s'agissait d'ouvrir le bal avec miss Margaret. Bien ! Laissez-moi donner un coup de brosse à votre habit. Eh quoi ! vous auriez-vous oublié un flacon d'essence de tubéreuse pour inonder votre foulard des Indes? Ce serait impardonnable; non; Dieu soit loué ! le voici. Allons, Lionel, vous embaumez, vous resplendissez; partez. Songez qu'il y va de votre honneur de faire verser quelques larmes en apparaissant ce soir pour la dernière fois sur l'horizon de lady Lavinia.

Lorsqu'ils traversèrent la bourgade Saint-Sauveur, qui se compose de cinquante maisons au plus, ils s'étonnèrent de ne voir aucune personne élégante dans la rue ni aux fenêtres. Mais ils s'expliquèrent cette singularité en passant devant les fenêtres d'un rez-de-chaussée d'où partaient les sons faux d'un violon, d'un flageolet et d'un tympanon, instrument indigène qui tient du tambourin français et de la guitare espagnole. Le bruit et la poussière apprirent à nos voyageurs que le bal était commencé, et que tout ce qu'il y a de plus élégant parmi l'aristocratie de France, d'Espagne et d'Angleterre, réuni dans une salle modeste, aux murailles blanches décorées de guirlandes de buis et de serpolet, dansait au bruit du plus détestable charivari qui ait jamais déchiré des oreilles et marqué la mesure à faux.

Plusieurs groupes de baigneurs, de ceux qu'une condition moins brillante ou une santé plus réellement détruite privaient du plaisir de prendre une part active à la soirée, se pressaient devant ces fenêtres pour jeter, par-dessus l'épaule les uns des autres, un coup d'œil de curiosité envieuse ou ironique sur le bal, et pour échanger quelque remarque laudative ou maligne, en attendant que l'horloge du village eût sonné l'heure où tout convalescent doit aller se coucher, sous peine de perdre le *benefit* des eaux minérales.

Au moment où nos deux voyageurs passèrent devant ce groupe, il y eut dans cette petite foule un mouvement oscillatoire vers l'embrasure des fenêtres; et Henry, en essayant de se mêler aux curieux, recueillit ces paroles :

« C'est la belle juive Lavinia Blake qui va danser. On dit que c'est la femme de toute l'Europe qui danse le mieux. »

« Ah ! venez, Lionel ! s'écria le jeune baronnet; venez voir comme ma cousine est bien mise et charmante ! »

Mais Lionel le tira par le bras; et, rempli d'humeur et d'impatience, il l'arracha de la fenêtre, sans daigner jeter un regard de ce côté.

« Allons, allons ! lui dit-il, nous ne sommes pas venus ici pour voir danser. »

Cependant il ne put s'éloigner assez vite pour qu'un autre propos, jeté au hasard autour de lui, ne vînt pas frapper son oreille.

« Ah ! disait-on, c'est le beau comte de Morangy qui la fait danser.

— Faites-moi le plaisir de me dire quel autre ce pourrait être ? répondit une autre voix.

— On dit qu'il en perd la tête, reprit un troisième interlocuteur. Il a déjà crevé pour elle trois chevaux, et je ne sais combien de jockeys. »

L'amour-propre est un si étrange conseiller, qu'il nous arrive cent fois par jour d'être, grâce à lui, en pleine contradiction avec nous-mêmes. Par le fait, sir Lionel était charmé de savoir lady Lavinia placée, par de nouvelles affections, dans une situation qui assurait leur indépendance mutuelle. Et pourtant la publicité des triomphes qui pouvaient faire oublier le passé à cette femme délaissée fut pour Lionel une espèce d'affront qu'il dévora avec peine.

Henry, qui connaissait les lieux, le conduisit au bout du village, à la maison qu'habitait sa cousine. Là il le laissa.

Cette maison était un peu isolée des autres; elle s'adossait, d'un côté, à la montagne, et de l'autre, elle dominait le ravin. A trois pas, un torrent tombait à grand bruit dans la cannelure du rocher; et la maison, inondée, pour ainsi dire, de ce bruit frais et sauvage, semblait ébranlée par la chute d'eau et prête à s'élancer avec elle dans l'abîme. C'était une des situations les plus pittoresques que l'on pût choisir, et Lionel reconnut dans cette circonstance l'esprit romanesque et un peu bizarre de lady Lavinia.

Une vieille négresse vint ouvrir la porte d'un petit salon au rez-de-chaussée. A peine la lumière vint à frapper son visage luisant et calleux, que Lionel laissa échapper une exclamation de surprise. C'était Pepa, la vieille nourrice de Lavinia, celle que, pendant deux ans, Lionel avait vue auprès de sa bien-aimée. Comme il n'était en garde contre aucune espèce d'émotion, la vue inattendue de cette vieille, en réveillant en lui la mémoire du passé, bouleversa un instant toutes ses idées. Il faillit lui sauter au cou; l'appeler *nourrice*, comme au temps de sa jeunesse et de sa gaîté, l'embrasser comme une digne servante, comme une vieille amie ; mais Pepa recula de trois pas, en contemplant d'un air stupéfait l'empressé de Lionel. Elle ne le reconnaissait pas.

« Hélas ! je suis donc bien changé ? » pensa-t-il.

« Je suis, dit-il avec une voix troublée, la personne que lady Lavinia a fait demander. Ne vous a-t-elle pas prévenue ?...

— Oui, oui, Milord, répondit la négresse; milady est au bal : elle m'a dit de lui porter son éventail aussitôt qu'un gentleman frapperait à cette porte. Restez ici, je cours l'avertir... »

La vieille se mit à chercher l'éventail. Il était sur le coin d'une tablette de marbre, sous la main de sir Lionel. Il le prit pour le remettre à la négresse, et ses doigts en conservèrent le parfum après qu'elle fut sortie.

Ce parfum opéra sur lui comme un charme; ses organes nerveux en reçurent une commotion qui pénétra jusqu'à son cœur et le fit tressaillir. C'était le parfum que Lavinia préférait : c'était une espèce d'herbe aromatique qui croît dans l'Inde, et dont elle avait coutume jadis d'imprégner ses vêtements et ses meubles. Ce parfum de patchouly, c'était tout un monde de souvenirs, toute une vie d'amour; c'était une émanation de la première femme que Lionel avait aimée. Sa vue se troubla, ses artères battirent violemment; il lui sembla qu'un nuage flottait devant lui, et, dans ce nuage, une fille de seize ans, brune, mince, vive et douce à la fois : la juive Lavinia, son premier amour. Il la voyait passer rapide comme un daim, effleurant les bruyères, foulant les plaines giboyeuses de son parc, lançant sa haquenée noire à travers les marais; rieuse, ardente et fantasque comme Diana Vernon, ou comme les fées joyeuses de la verte Irlande.

Bientôt il eut honte de sa faiblesse, en songeant à l'ennui qui avait flétri cet amour et tous les autres. Il jeta un regard tristement philosophique sur les dix années de raison positive qui le séparaient de ces jours d'églogue et de poésie; puis il invoqua l'avenir, la gloire parlementaire et l'éclat de la vie politique sous la forme de miss Margaret Ellis, qu'il invoqua elle-même sous la forme de sa dot; et enfin il se mit à parcourir la pièce où il se trouvait, en jetant autour de lui le sceptique regard d'un amant désabusé et d'un homme de trente ans aux prises avec la vie sociale.

On est simplement logé aux eaux des Pyrénées; mais, grâce aux avalanches et aux torrents qui, chaque hiver, dévastent les habitations, à chaque printemps on voit renouveler ou rajeunir les ornements et le mobilier. La maisonnette que Lavinia avait louée était bâtie en marbre brut et toute lambrissée en bois résineux à l'intérieur. Ce bois, peint en blanc, avait l'éclat et la fraîcheur du stuc. Une natte de joncs, tissue en Espagne et nuancée de plusieurs couleurs, servait de tapis. Des rideaux de basin bien blancs recevaient l'ombre mouvante des sapins qui secouaient leurs chevelures noires au vent de la nuit, sous l'humide regard de la lune. De petits seaux de bois d'olivier verni étaient remplis des plus belles fleurs de la montagne. Lavinia avait cueilli elle-même, dans les plus désertes vallées et sur les plus hautes cimes, ces belladones au sein vermeil, ces aconits au cimier d'azur, au calice vénéneux ; ces sylènes blanc et rose, dont les pétales sont si délicatement découpés ; ces pâles saponaires ; ces clochettes transparentes et plissées comme de la mousseline ; ces valérianes de pourpre ; toutes ces sauvages filles de la solitude, si embaumées et si fraîches, que le chamois craint de les flétrir en les effleurant dans sa course, et que l'eau des sources inconnues au chasseur les couche à peine sous son flux nonchalant et silencieux.

Cette chambrette blanche et parfumée avait, en vérité, et, comme à son insu, un air de rendez-vous; mais elle semblait aussi le sanctuaire d'un amour virginal et pur. Les bougies jetaient une clarté timide; les fleurs semblaient fermer modestement leur sein à la lumière; aucun vêtement de femme, aucun vestige de coquetterie ne s'était oublié à traîner sur les meubles : seulement un bouquet de pensées flétries et un gant blanc décousu gisaient côte à côte sur la cheminée. Lionel, poussé par un mouvement irrésistible, prit le gant et le froissa dans ses mains. C'était comme l'étreinte convulsive et froide d'un dernier adieu. Il prit le bouquet sans parfum, le contempla un instant, lut une allusion amère aux fleurs qui le composaient, et le rejeta brusquement loin de lui. Lavinia avait-elle posé là ce bouquet avec le dessein qu'il fût commenté par son ancien amant?

Lionel s'approcha de la fenêtre et écarta les rideaux pour faire diversion, par le spectacle de la nature, à l'humeur qui le gagnait de plus en plus. Ce spectacle était magique. La maison, plantée dans le roc, servait de bastion à une gigantesque muraille de rochers taillés à pic, dont le Gave battait le pied. A droite tombait la cataracte avec un bruit furieux; à gauche un massif d'épicéas se penchait sur l'abîme; au loin se déployait la vallée incertaine et blanchie par la lune. Un grand laurier sauvage qui croissait dans une crevasse du rocher apportait ses longues feuilles luisantes au bord de la fenêtre, et la brise, en les froissant l'une contre l'autre, semblait prononcer de mystérieuses paroles.

Lavinia entra, tandis que Lionel était plongé dans cette contemplation; le bruit du torrent et de la brise empêcha qu'il ne l'entendît. Elle resta plusieurs minutes debout derrière lui, occupée sans doute à se recueillir, et se demandant peut-être si c'était là l'homme qu'elle avait tant aimé; car, à cette heure d'émotion obligée et de situation prévue, Lavinia croyait pourtant faire un rêve. Elle se rappelait le temps où il lui aurait semblé impossible de revoir sir Lionel sans tomber morte de colère et de douleur. Et maintenant elle était là, douce, calme, indifférente peut-être...

Lionel se retourna machinalement et la vit. Il ne s'y attendait pas, un cri lui échappa; puis, honteux d'une telle inconvenance, confondu de ce qu'il éprouvait, il fit un violent effort pour adresser à lady Lavinia un salut correct et irréprochable.

Mais, malgré lui, un trouble imprévu, une agitation invincible, paralysait son esprit ingénieux et frivole, cet esprit si docile, si complaisant, qui se tenait toujours prêt, suivant les lois de l'amabilité, à se jeter tout entier dans la circulation, et à passer, comme l'or, de main en main pour l'usage du premier venu. Cette fois, l'esprit rebelle se taisait et restait éperdu à contempler lady Lavinia.

C'est qu'il ne s'attendait pas à la revoir si belle... Il l'avait laissée bien souffrante et bien altérée. Dans ce temps-là les larmes avaient flétri ses joues, le chagrin avait amaigri sa taille; elle avait l'œil éteint, la main sèche, une parure négligée. Elle s'enlaidissait imprudemment alors, la pauvre Lavinia ! sans songer que la douleur n'embellit que le cœur de la femme, et que la plupart des hommes nieraient volontiers l'existence de l'âme chez la femme, comme il fut fait en un certain concile de prélats italiens.

Maintenant Lavinia était dans tout l'éclat de cette seconde beauté qui revient aux femmes quand elles n'ont pas reçu au cœur d'atteintes irréparables dans leur première jeunesse. C'était toujours une mince et pâle Portugaise, d'un reflet un peu bronzé, d'un profil un peu sévère; mais son regard et ses manières avaient pris toute l'aménité, toute la grâce caressante des Françaises. Sa peau brune était veloutée par l'effet d'une santé calme et raffermie; son frêle corsage avait retrouvé la souplesse et la vivacité florissante de la jeunesse; ses cheveux, qu'elle avait coupés jadis pour en faire le sacrifice à l'amour, se déployaient maintenant dans tout leur luxe en épaisses torsades sur son front lisse et uni; sa toilette se composait d'une robe de mousseline de l'Inde et d'une touffe de bruyère blanche cueillie dans le ravin et mêlée à ses cheveux. Il n'est pas de plus gracieuse plante que la bruyère blanche; on eût dit, à la voir balancer ses délicates girandoles sur les cheveux noirs de Lavinia, des grappes de perles vivantes. Un goût exquis avait présidé à cette coiffure et à cette simple toilette, où l'ingénieuse coquetterie de la femme se révélait à force de se cacher.

Jamais Lionel n'avait vu Lavinia si séduisante. Il fallut un instant se prosterner et lui demander pardon; mais le sourire calme qu'il vit sur son visage lui rendit le degré d'amertume nécessaire pour supporter l'entrevue avec toutes les apparences de la dignité.

A défaut de phrase convenable, il tira de son sein un paquet soigneusement cacheté, et, le déposant sur la table :

« Madame, lui dit-il d'une voix assurée, vous voyez que j'ai obéi en esclave; puis-je croire, qu'à compter de ce jour, ma liberté me sera rendue?

— Il me semble, lui répondit Lavinia avec une expression de gaieté mélancolique, que, jusqu'ici, votre liberté n'a pas été trop enchaînée, sir Lionel ! En vérité, seriez-vous resté tout ce temps dans mes fers ? J'avoue que je ne m'en étais pas flattée.

— Oh ! Madame, au nom du ciel, ne raillons pas ! N'est-ce pas un triste moment que celui-ci?

— C'est une vieille tradition, répondit-elle, un dénoûment convenu, une situation inévitable dans toutes les histoires d'amour. Et, si, lorsqu'on s'écrit, on était pénétré de la nécessité future de s'arracher mutuellement ses lettres avec méfiance... Mais on n'y songe point. A vingt ans, on écrit avec la profonde sécurité d'avoir échangé des serments éternels: on sourit de pitié en songeant à ces vulgaires résultats de toutes les passions qui s'éteignent; on a l'orgueil de croire que, seul entre tous, on servira d'exception à cette grande loi de la fragilité humaine! Noble erreur, heureuse fatuité d'où naissent la grandeur et les illusions de la jeunesse! n'est-ce pas, Lionel?

Lionel restait muet et stupéfait. Ce langage tristement philosophique, quoique bien naturel dans la bouche de Lavinia, lui semblait un monstrueux contre-sens, car il ne l'avait jamais vue ainsi : il l'avait vue, faible enfant, se livrer aveuglément à toutes les erreurs de la vie, s'abandonner confiante à tous les orages de la passion ; et, lorsqu'il l'avait laissée brisée de douleur, il l'avait entendue encore protester d'une fidélité éternelle à l'auteur de son désespoir.

Mais la voir ainsi prononcer l'arrêt de mort sur toutes les illusions du passé, c'était une chose pénible et effrayante. Cette femme qui se survivait à elle-même, et qui ne craignait pas de faire l'oraison funèbre de sa vie, c'était un spectacle profondément triste, et que Lionel ne put contempler sans douleur. Il ne trouva rien à répondre. Il savait bien mieux que personne tout ce qui pouvait être dit en pareil cas ; mais il n'avait pas le courage d'aider Lavinia à se suicider.

Comme, dans son trouble, il froissait le paquet de lettres dans ses mains :

« Vous me connaissez assez, lui dit-elle ; je devrais dire que vous vous souvenez encore assez de moi, pour être bien sûr que je ne réclame ces gages d'une ancienne affection par aucun de ces motifs de prudence dont les femmes s'avisent quand elles n'aiment plus. Si vous aviez un tel soupçon, il suffirait, pour me justifier, de rappeler que, depuis dix ans, ces gages sont restés entre mes mains, sans que j'aie songé à vous les retirer. Je ne m'y serais jamais déterminée si le repos d'une autre femme n'était compromis par l'existence de ces papiers... »

Lionel regarda fixement Lavinia, attentif au moindre signe d'amertume ou de chagrin que la pensée de Margaret Ellis ferait naître en elle ; mais il lui fut impossible de trouver la plus légère altération dans son regard ou dans sa voix. Lavinia semblait être invulnérable désormais.

« Cette femme s'est-elle changée en diamant ou en glace? » se demanda-t-il.

« Vous êtes généreuse, lui dit-il avec un mélange de reconnaissance et d'ironie, si c'est là votre unique motif.

— Quel autre pourrais-je avoir, sir Lionel? Vous plairait-il de me le dire?

— Je pourrais présumer, Madame, si j'avais envie de nier votre générosité (ce qu'à Dieu ne plaise !), que des motifs personnels vous font désirer de rentrer dans la possession de ces lettres et de ce portrait.

— Ce serait m'y prendre un peu mal, dit Lavinia en riant ; à coup sûr, si je vous disais que j'ai attendu jusqu'à ce jour pour avoir des *motifs personnels* (c'est votre expression), vous auriez de grands remords, n'est-ce pas?

— Madame, vous m'embarrassez beaucoup, » dit Lionel ; et il prononça ces mots avec aisance, car là il se retrouvait sur son terrain. Il avait prévu des reproches, et il était préparé à l'attaque ; mais il n'eut pas cet avantage ; l'ennemi changea de position sur-le-champ.

« Allons, mon cher Lionel, dit-elle en souriant avec un regard plein de bonté qu'il ne lui connaissait pas encore, lui qui n'avait connu d'elle que la femme passionnée, ne craignez pas que j'abuse de l'occasion. Avec l'âge, la raison m'est venue, et j'ai fort bien compris, depuis longtemps, que vous n'étiez point coupable envers moi. C'est moi qui le fus envers moi-même, envers la société, envers vous peut-être ; car, entre deux amants aussi jeunes que nous l'étions, la femme devrait être le guide de l'homme. Au lieu de l'égarer dans les voies d'une destinée fausse et impossible, elle devrait le conserver au monde, en l'attirant à elle. Moi, je n'ai rien su faire à propos ; j'ai élevé mille obstacles dans votre vie ; j'ai été la cause involontaire, mais imprudente, des longs cris de réprobation qui vous ont poursuivi ; j'ai eu l'affreuse douleur de voir vos jours menacés par des vengeurs que je reniais, mais qui s'élevaient, malgré moi, contre vous ; j'ai été le tourment de votre jeunesse et la malédiction de votre virilité. Pardonnez-le-moi, j'ai bien expié le mal que je vous ai fait. »

Lionel marchait de surprise en surprise. Il était venu là comme un accusé qui va s'asseoir à contre-cœur sur la sellette, et on le traitait comme un juge dont la miséricorde est implorée humblement. Lionel était né avec un noble cœur ; c'était le souffle des vanités du monde qui l'avait flétri dans sa fleur. La générosité de lady Lavinia excita en lui un attendrissement d'autant plus vif qu'il n'y était pas préparé. Dominé par la beauté du caractère qui se révélait à lui, il courba la tête et plia le genou.

« Je ne vous avais jamais comprise, Madame, lui dit-il d'une voix altérée ; je ne savais point ce que vous valez : j'étais indigne de vous, et j'en rougis.

— Ne dites pas cela, Lionel, répondit-elle en lui tendant la main pour le relever. Quand vous m'avez connue, je n'étais pas ce que je suis aujourd'hui. Si le passé pouvait se transposer, si aujourd'hui je recevais l'hommage d'un homme placé comme vous l'êtes dans le monde...

— Hypocrite! pensa Lionel : elle est adorée du comte de Morangy, le plus fashionable des grands seigneurs !

— Si j'avais, continua-t-elle avec modestie, à décider de la vie extérieure et publique d'un homme aimé, je saurais peut-être ajouter à son bonheur, au lieu de chercher à le détruire...

— Est-ce une avance? se demanda Lionel éperdu.

Et, dans son trouble, il porta avec ardeur la main de Lavinia à ses lèvres. En même temps, il jeta un regard sur cette main, qui était remarquablement blanche et mignonne. Dans la première jeunesse des femmes, leurs mains sont souvent rouges et gonflées ; plus tard, elles pâlissent, s'allongent, et prennent des proportions plus élégantes.

Plus il la regardait, plus il l'écoutait, et plus il s'étonnait de lui découvrir des perfections nouvellement acquises. Entre autres choses, elle parlait maintenant l'anglais avec une pureté extrême, n'avait conservé de l'accent étranger et des mauvaises locutions dont jadis Lionel l'avait impitoyablement raillée, que ce qu'il fallait pour donner à sa phrase et à sa prononciation une originalité élégante et gracieuse. Ce qu'il y avait de fier et d'un peu sauvage dans son caractère s'était concentré peut-être au fond de son âme; mais son extérieur n'en trahissait plus rien. Moins tranchée, moins saillante, moins poétique peut-être qu'elle ne l'avait été, elle était désormais bien plus séduisante aux yeux de Lionel; elle était mieux selon ses idées, selon le monde.

Que vous dirai-je? Au bout d'une heure d'entretien, Lionel avait oublié les dix années qui le séparaient de Lavinia, ou plutôt il avait oublié toute sa vie ; il se croyait auprès d'une femme nouvelle, qu'il aimait pour la première fois ; car le passé lui rappelait Lavinia chagrine, jalouse, exigeante. Il montrait surtout Lionel coupable à ses propres yeux ; et, comme Lavinia comprenait ce que les souvenirs auraient eu pour lui de pénible, elle eut la délicatesse de n'y toucher qu'avec précaution.

Ils se racontèrent mutuellement la vie qui s'était écoulée depuis leur séparation. Lavinia questionna Lionel sur ses amours nouvelles avec l'impartialité d'une sœur ; elle vantait la beauté de miss Ellis, et s'informait avec intérêt et bienveillance de son caractère et des avantages qu'un tel hymen devait apporter à son ancien ami. De son côté, elle raconta d'une manière brisée, mais piquante et fine, ses voyages, ses amitiés, son mariage avec un vieux lord, son veuvage et l'emploi qu'elle faisait désormais de sa fortune et de sa liberté. Dans tout ce qu'elle disait, il y avait bien un peu d'ironie; tout en rendant hommage au pouvoir de la raison, un peu d'amertume secrète se montrait contre cette impérieuse puissance, se trahissait sous la forme du badinage. Mais la miséricorde et l'indulgence dominaient dans cette âme dévastée de bonne heure, et lui imprimaient quelque chose de grand qui l'élevait au-dessus de toutes les autres.

Plus d'une heure s'était écoulée. Lionel ne comptait pas les instants; il s'abandonnait à ses nouvelles impressions avec cette ardeur subite et passagère qui est la dernière faculté des cœurs usés. Il essayait, par toutes les insinuations possibles, d'animer l'entretien, en amenant Lavinia à lui parler de la situation réelle de son cœur; mais ses efforts étaient vains : la femme était plus mobile et plus adroite que lui. Dès qu'il croyait avoir touché une corde de son âme, il ne lui restait plus dans la main qu'un cheveu. Dès qu'il espérait saisir l'être moral et l'étreindre pour l'analyser, le fantôme glissait comme un souffle et s'enfuyait insaisissable comme l'air.

Tout à coup on frappa avec force; car le bruit du torrent, qui couvrait tout, avait empêché d'entendre les premiers coups; et maintenant on les réitérait avec impatience. Lady Lavinia tressaillit.

« C'est Henry qui vient m'avertir, lui dit sir Lionel; mais, si vous daignez m'accorder encore quelques instants, je vais lui dire d'attendre. Obtiendrai-je cette grâce, Madame? »

Lionel se préparait à l'implorer obstinément, lorsque Pepa entra d'un air empressé.

« Monsieur le comte de Morangy veut entrer à toute force, dit-elle en portugais à sa maîtresse. Il est là... il n'écoute rien...

— Ah! mon Dieu! s'écria ingénument Lavinia en anglais; il est si jaloux! Que vais-je faire de vous, Lionel? »

Lionel resta comme frappé de la foudre.

« Faites-le entrer, dit vivement Lavinia à la négresse. Et vous, dit-elle à sir Lionel, passez sur ce balcon. Il fait un temps magnifique; vous pouvez bien attendre là cinq minutes pour me rendre service. »

Et elle le poussa vivement sur le balcon. Puis elle fit retomber le rideau de basin, et, s'adressant au comte qui entrait :

« Que signifie le bruit que vous faites? lui dit-elle avec aisance. C'est une véritable invasion.

— Ah! pardonnez-moi, Madame! s'écria le comte de Morangy; j'implore ma grâce à genoux. Vous voyant sortir brusquement du bal avec Pepa, j'ai cru que vous étiez malade. Ces jours derniers vous avez été indisposée; j'ai été si effrayé! Mon Dieu! pardonnez-moi, Lavinia, je suis un étourdi, un fou... mais, je vous aime tant, que je ne sais plus ce que je fais... »

Pendant que le comte parlait, Lionel, à peine revenu de sa surprise, s'abandonnait à un violent accès de colère.

« Impertinente femme! pensait-il, qui ose bien me prier d'assister à un tête-à-tête avec son amant! Ah! si c'est une vengeance préméditée, si c'est une insulte volontaire, qu'on prenne garde à moi! Mais quelle folie! si je montrais du dépit, ce serait la faire triompher... Voyons! assistons à la scène d'amour avec le sang-froid d'un vrai philosophe... »

Il se pencha vers l'embrasure de la fenêtre, et se hasarda à élargir avec le bout de sa cravache la fente que laissaient les deux rideaux en se joignant. Il put ainsi voir et entendre.

Le comte de Morangy était un des plus beaux hommes de France, blond, grand, d'une figure plus imposante qu'expressive, parfaitement frisé, dandy des pieds jusqu'à la tête. Le son de sa voix était doux et velouté. Il grasseyait un peu, avait l'œil grand, mais sans éclat; la bouche fine et moqueuse, la main blanche comme une femme, et le pied chaussé dans une perfection indicible. Aux yeux de sir Lionel, c'était le rival le plus redoutable qu'il fût possible d'avoir à combattre; c'était un adversaire digne de lui, depuis le favori jusqu'à l'orteil.

Le comte parlait français, et Lavinia répondait dans cette langue, qu'elle possédait aussi bien que l'anglais. Encore un talent nouveau de Lavinia! Elle écoutait les fadeurs du beau *talon rouge* avec une complaisance singulière. Le comte hasarda deux ou trois phrases passionnées, qui parurent à Lionel s'écarter un peu des règles du bon goût et de la convenance dramatique. Lavinia ne se fâcha point; il n'y eut même presque pas de raillerie dans ses sourires. Elle pressait le comte de retourner au bal le premier, lui disant qu'il n'était pas convenable qu'elle y rentrât avec lui. Mais il s'obstinait à vouloir la conduire jusqu'à la porte, en jurant qu'il n'entrerait qu'un quart d'heure après. Tout en parlant, il s'emparait des mains de lady Blake, qui les lui abandonnait avec une insouciance paresseuse et agaçante.

La patience échappait à sir Lionel.

« Je suis bien sot, se dit-il enfin, d'assister patiemment à cette mystification, quand je puis sortir... »

Il marcha jusqu'au bout du balcon. Mais le balcon était fermé, et au-dessous s'étendait une corniche de rochers qui ne ressemblait pas trop à un sentier. Néanmoins Lionel se hasarda courageusement à enjamber la balustrade et à faire quelques pas sur cette corniche; mais il fut bientôt forcé de s'arrêter : la corniche s'interrompait brusquement à l'endroit de la cataracte, et un chamois eût hésité à faire un pas de plus. La lune, montant sur le ciel, montra en cet instant à Lionel la profondeur de l'abîme, dont quelques pouces de roc le séparaient. Il fut obligé de fermer les yeux pour résister au vertige qui s'emparait de lui et de regagner avec peine le balcon. Quand il eut réussi à repasser la balustrade, et qu'il vit enfin ce frêle rempart entre lui et le précipice, il se crut le plus heureux des hommes, dût-il payer l'asile qu'il atteignait au prix du triomphe de son rival. Il fallut donc se résigner à entendre les tirades sentimentales du comte de Morangy.

« Madame, disait-il, c'est trop longtemps feindre avec moi. Il est impossible que vous ne sachiez pas combien je vous aime, et je vous trouve cruelle de me traiter comme s'il s'agissait d'une de ces fantaisies qui naissent et meurent dans un jour. L'amour que j'ai pour vous est un sentiment de toute la vie; et si vous n'acceptez le vœu que je fais de vous consacrer la mienne, vous verrez, Madame, qu'un homme du monde peut perdre tout respect des convenances et se soustraire à l'empire de la froide raison. Oh! ne me réduisez pas au désespoir, ou craignez-en les effets.

— Vous voulez donc que je m'explique décidément? répondit Lavinia. Eh bien! je vais le faire. Savez-vous mon histoire, Monsieur?

— Oui, Madame, je sais tout; je sais qu'un misérable, que je regarde comme le dernier des hommes, vous a indignement trompée et délaissée. La compassion que votre infortune m'inspire ajoute à mon enthousiasme. Il n'y a que les grandes âmes qui soient condamnées à être victimes des hommes et de l'opinion.

— Eh bien! Monsieur reprit Lavinia, sachez que j'ai su profiter des rudes leçons de ma destinée; sachez qu'aujourd'hui je suis en garde contre mon propre cœur et contre celui d'autrui. Je sais qu'il n'est pas toujours au pouvoir de l'homme de tenir ses serments, et qu'il abuse aussitôt qu'il obtient. D'après cela, Monsieur, n'espérez pas me fléchir. Si vous parlez sérieusement, voici ma réponse : « Je suis invulnérable. » Cette femme tant décriée pour l'erreur de sa jeunesse est entourée désormais d'un rempart plus solide que la vertu, la méfiance. »

— Ah! c'est que vous ne m'entendez pas, Madame, s'écria le comte en se jetant à ses genoux. Que je sois maudit si j'ai jamais eu la pensée de m'autoriser de vos malheurs pour espérer des sacrifices que votre fierté condamne.

— Êtes-vous bien sûr, en effet, de ne l'avoir eue jamais? dit Lavinia avec son triste sourire.

— Eh bien, je serai franc, dit M. de Morangy avec un accent de vérité où la *manière* du grand seigneur disparut entièrement. Peut-être l'ai-je eue avant de vous connaître, cette pensée que je repousse maintenant avec remords. Devant vous la feinte est impossible, Lavinia; vous subjuguez la volonté, vous anéantiriez la ruse, vous commandez la vénération. Oh! depuis que je sais ce que vous êtes, je jure que mon adoration a été digne de vous. Écoutez-moi, Madame, et laissez-moi à vos pieds attendre l'arrêt de ma vie. C'est par d'indissolubles serments que je veux vous dévouer tout mon avenir. C'est un nom honorable, j'ose le croire, et une brillante fortune, dont je ne suis pas vain, vous le savez, que je viens mettre à vos pieds, en même temps qu'une âme qui vous adore, un cœur qui ne bat que pour vous.

— C'est donc réellement un mariage que vous me proposez? dit lady Lavinia sans témoigner au comte une surprise injurieuse. Eh bien, Monsieur, je vous remercie de cette marque d'estime et d'attachement. »

Et elle lui tendit la main avec cordialité.

« Dieu de bonté! elle accepte! s'écria le comte en couvrant cette main de baisers.

— Non pas, Monsieur, dit Lavinia; je vous demande le temps de la réflexion.

— Hélas! mais puis-je espérer?

— Je ne sais pas; mais comptez sur ma reconnaissance. Adieu. Retournez au bal; je l'exige. J'y serai dans un instant. »

Le comte baisa le bord de son écharpe avec passion et sortit. Aussitôt qu'il eut refermé la porte, Lionel écarta tout à fait le rideau, s'apprêtant à recevoir de lady Blake l'autorisation de rentrer. Mais lady Blake était assise sur le sofa, le dos tourné à la fenêtre. Lionel vit sa figure se refléter dans la glace placée vis-à-vis d'eux. Ses yeux étaient fixés sur le parquet, son attitude morne et pensive. Plongée dans une profonde méditation, elle avait complètement oublié Lionel, et l'exclamation de surprise qui lui échappa lorsque celui-ci sauta au milieu de la chambre fut l'aveu ingénu de cette cruelle distraction.

Il était pâle de dépit; mais il se contint.

« Vous conviendrez, lui dit-il, que j'ai respecté vos nouvelles affections, Madame. Il m'a fallu un profond désintéressement pour m'entendre insulter à dessein peut-être... et pour rester impassible dans ma cachette.

— A dessein? répéta Lavinia en le fixant d'un air sévère. Qu'osez-vous penser de moi, Monsieur? Si ce sont là vos idées, sortez!

— Non, non, ce ne sont pas là mes idées, dit Lionel en marchant vers elle et en lui prenant le bras avec agitation. Ne faites pas attention à ce que je dis. Je suis fort troublé... C'est qu'aussi vous avez bien compté sur ma raison en me faisant assister à une semblable scène.

— Sur votre raison, Lionel! Je ne comprends pas ce mot. Vous voulez dire que j'ai compté sur votre indifférence?

— Raillez-moi tant que vous voudrez, soyez cruelle, foulez-moi aux pieds! vous en avez le droit... Mais je suis bien malheureux!... »

Il était fortement ému. Lavinia crut ou feignit de croire qu'il jouait la comédie.

« Finissons-en, lui dit-elle en se levant. Vous auriez dû faire votre profit de ce que vous m'avez entendue répondre au comte de Morangy; et pourtant l'amour de cet homme ne m'offense pas... Adieu, Lionel. Quittons-nous pour toujours, mais quittons-nous sans amertume. Voici votre portrait et vos lettres... Allons, laissez ma main, il faut que je retourne au bal.

— Il faut que vous retourniez danser avec M. de Morangy, n'est-ce pas? dit Lionel en jetant son portrait avec colère et en le broyant de son talon.

— Écoutez donc, dit Lavinia un peu pâle, mais calme, le comte de Morangy m'offre un rang et une haute réhabilitation dans le monde. L'alliance d'un vieux lord ne m'a jamais bien lavée de la tache cruelle qui couvre une femme délaissée. On sait qu'un vieillard reçoit toujours plus qu'il ne donne. Mais un homme jeune, riche, noble, envié, aimé des femmes... c'est différent! Cela mérite qu'on y pense, Lionel; et je suis bien aise d'avoir jusqu'ici ménagé le comte. Je devinais depuis longtemps la loyauté de ses intentions.

— O femmes! la vanité ne meurt point en vous! » s'écria Lionel avec dépit lorsqu'elle fut partie.

Il alla rejoindre Henry à l'hôtellerie. Celui-ci l'attendait avec impatience.

« Damnation sur vous, Lionel! s'écria-t-il. Il y a une grande heure que je vous attends sur mes étriers. Comment! deux heures pour une semblable entrevue! Allons, en route! vous me raconterez cela chemin faisant.

— Bonsoir, Henry. Allez-vous-en dire à miss Margaret que le traversin qui est couché à ma place dans mon lit est au plus mal. Moi, je reste.

— Cieux et terre! qu'entends-je! s'écria Henry; vous ne voulez point aller à Luchon?

— J'irai une autre fois; je reste ici maintenant.

— Mais c'est impossible! Vous rêvez. Vous n'êtes point réconcilié avec lady Blake?

— Non pas, que je sache; tant s'en faut! Mais je suis fatigué, j'ai le spleen, j'ai une courbature. Je reste. »

Henry tombait des nues. Il épuisa toute son éloquence pour entraîner Lionel; mais ne pouvant y réussir, il descendit de cheval, et jetant la bride au palefrenier·

« Eh bien, s'il en est ainsi, je reste aussi, s'écria-t-il. La chose me paraît si plaisante que j'en veux être témoin jusqu'au bout. Au diable les amours de Bagnères et les projets de grande route! Mon digne ami sir Lionel Bridgemont me donne la comédie; je serai le spectateur assidu et palpitant de son drame. »

Lionel eût donné tout au monde pour se débarrasser de ce surveillant étourdi et goguenard; mais cela fut impossible.

« Puisque vous êtes déterminé à me suivre, lui dit-il, je vous préviens que je vais au bal.

— Au bal? soit. La danse est un excellent remède pour le spleen et les courbatures. »

Lavinia dansait avec M. de Morangy. Lionel ne l'avait jamais vue danser. Lorsqu'elle était venue en Angleterre, elle ne connaissait que le boléro, et elle ne s'était jamais permis de le danser sous le ciel austère de la Grande-Bretagne. Depuis, elle avait appris nos contredanses, et elle y portait la grâce voluptueuse des Espagnoles jointe à je ne sais quel reflet de pruderie anglaise qui en modérait l'essor. On montait sur les banquettes pour la voir danser. Le comte de Morangy était triomphant. Lionel était perdu dans la foule.

Il y a tant de vanité dans le cœur de l'homme! Lionel souffrait amèrement de voir celle qui fut longtemps dominée et emprisonnée dans son amour, celle qui jadis n'était qu'à lui, et que le monde n'eût osé venir réclamer dans ses bras, libre et fière maintenant, environnée d'hommages et trouvant dans chaque regard une vengeance ou une réparation du passé. Lorsqu'elle retourna à sa place, au moment où le comte avait une distraction, Lionel se glissa adroitement auprès d'elle et ramassa son éventail qu'elle venait de laisser tomber. Lavinia ne s'attendait point à le trouver là. Un faible cri lui échappa, et son teint pâlit sensiblement.

« Ah! mon Dieu! lui dit-elle, je vous croyais sur la route de Bagnères.

— Ne craignez rien, Madame, lui dit-il à voix basse; je ne vous compromettrai point auprès du comte de Morangy. »

Cependant il n'y put tenir longtemps, et bientôt il revint l'inviter à danser.

Elle accepta.

« Ne faudra-t-il pas aussi que j'en demande la permission à M. le comte de Morangy? » lui dit-il.

Le bal dura jusqu'au jour. Lady Lavinia était sûre de faire durer un bal tant qu'elle y resterait. A la faveur du désordre qui se glisse peu à peu dans une fête à mesure que la nuit s'avance, Lionel put lui parler souvent. Cette nuit acheva de lui faire tourner la tête. Enivré par les charmes de lady Blake, excité par la rivalité du comte, irrité par les hommages de la foule qui à chaque instant se jetait entre elle et lui, il s'acharna de tout son pouvoir à réveiller cette passion éteinte, et l'amour-propre lui fit sentir si vivement son aiguillon qu'il sortit du bal dans un état de délire inconcevable.

Il essaya en vain de dormir. Henry, qui avait fait la cour à toutes les femmes et dansé toutes les contredanses, ronfla de toute sa tête. Dès qu'il fut éveillé :

« Eh bien, Lionel, dit-il en se frottant les yeux, vive Dieu! mon ami, c'est une histoire piquante que votre réconciliation avec ma cousine ; car n'espérez pas me tromper, je sais à présent le secret. Quand nous sommes entrés au bal, Lavinia était triste et dansait d'un air distrait; dès qu'elle vous a vu, son œil s'est animé, son front s'est éclairci. Elle était rayonnante à la valse quand vous l'enleviez comme une plume à travers la foule. Heureux Lionel ! à Luchon une belle fiancée et une belle dot, à Saint-Sauveur une belle maîtresse et un grand triomphe!

— Laissez-moi tranquille avec vos balivernes ! » dit Lionel avec humeur.

Henry était habillé le premier. Il sortit pour voir ce qui se passait, et revint bientôt en faisant son vacarme accoutumé sur l'escalier.

« Hélas ! Henry, lui dit son ami, ne perdrez-vous point cette voix haletante et ce geste effaré ? On dirait toujours que vous venez de lancer le lièvre et que vous prenez les gens à qui vous parlez pour des limiers découplés.

— A cheval ! à cheval ! cria Henry. Lady Lavinia Blake est à cheval : elle part pour Gèdres avec dix autres jeunes folles et je ne sais combien de godelureaux, le comte de Morangy en tête... ce qui ne veut pas dire qu'elle n'ait que le comte de Morangy en tête : entendons-nous !

— Silence, *clown* ! s'écria Lionel. A cheval en effet, et partons ! »

La cavalcade avait pris de l'avance sur eux. La route de Gèdres est un sentier escarpé, une sorte d'escalier taillé dans le roc, côtoyant le précipice, offrant mille difficultés aux chevaux, mille dangers très-réels aux voyageurs. Lionel lança son cheval au grand galop. Henry crut qu'il était fou ; mais, pensant qu'il y allait de son honneur de ne pas rester en arrière, il s'élança sur ses traces. Leur arrivée fut un incident fantastique pour la caravane. Lavinia frémissait à la vue de ces deux écervelés courant ainsi sur le revers d'un abîme effroyable. Quand elle reconnut Lionel et son cousin, elle devint pâle et faillit tomber de cheval. Le comte de Morangy s'en aperçut et ne la quitta plus du regard. Il était jaloux.

C'était un aiguillon de plus pour Lionel. Tout le long de la journée il guetta le moindre regard de Lavinia avec obstination. La difficulté de lui parler, l'agitation de la course, les émotions que faisait naître le sublime spectacle des lieux qu'ils parcouraient, la résistance adroite et toujours aimable de lady Blake, son habileté à guider son cheval, son courage, sa grâce, l'expression toujours poétique et toujours naturelle de ses sensations, tout acheva d'exalter sir Lionel. Ce fut une journée bien fatigante pour cette pauvre femme obsédée de deux amants entre lesquels elle voulait tenir la balance égale : aussi accueillait-elle avec reconnaissance son joyeux cousin et ses grosses folies lorsqu'il venait caracoler entre elle et ses adorateurs.

A l'entrée de la nuit le ciel se couvrit de nuages. Un orage sérieux s'annonçait. La cavalcade doubla le pas; mais elle était encore à plus d'une lieue de Saint-Sauveur lorsque la tempête éclata. L'obscurité devint complète : les chevaux s'effrayèrent, celui du comte de Morangy l'emporta au loin. La petite troupe se débanda, et il fallut tous les efforts des guides qui l'escortaient à pied pour empêcher que des accidents sérieux ne vinssent terminer tristement un jour si gaiement commencé.

Lionel, perdu dans d'affreuses ténèbres, forcé de marcher le long du rocher en tirant son cheval par la bride, de peur de se jeter avec lui dans le précipice, était dominé par une inquiétude bien plus vive. Il avait perdu Lavinia malgré tous ses efforts, et il la cherchait avec anxiété depuis un quart d'heure, lorsqu'un éclair lui montra une femme assise sur un rocher un peu au-dessus du chemin. Il s'arrêta, prêta l'oreille et reconnut la voix de lady Blake ; mais un homme était avec elle : ce ne pouvait être que M. de Morangy. Lionel le maudit dans son âme ; et, résolu au moins à troubler le bonheur de ce rival, il se dirigea comme il put vers le couple.

Quelle fut sa joie en reconnaissant Henry auprès de sa cousine ! Celui-ci, en bon et insouciant compagnon, lui céda la place, et s'éloigna même pour garder les chevaux.

Rien n'est si solennel et si beau que le bruit de l'orage dans les montagnes. La grande voix du tonnerre, en roulant sur des abîmes, se répète et retentit dans leur profondeur ; le vent, qui fouette les longues forêts de sapins et les colle sur le roc perpendiculaire comme un vêtement sur des flancs humains, s'engouffre aussi dans les gorges et y jette de grandes plaintes aiguës et traînantes comme des sanglots. Lavinia, recueillie dans la contemplation de cet imposant spectacle, écoutait les mille bruits de la montagne ébranlée, en attendant qu'un nouvel éclair jetât sa lumière bleue sur le paysage. Elle tressaillit lorsqu'il vint lui montrer sir Lionel assis près d'elle à la place qu'occupait son cousin un instant auparavant. Lionel pensa qu'elle était effrayée par l'orage, et il prit sa main pour la rassurer. Un autre éclair lui montra Lavinia un coude appuyé sur un genou et le menton enfoncé dans sa main, regardant avec un air d'enthousiasme la grande scène des éléments bouleversés. « Oh ! mon Dieu ! que cela est beau ! lui dit-elle, que cette clarté bleue est vive et douce à la fois ! Avez-vous vu ces déchiquetures du rocher rayonner comme des saphirs, et ce lointain livide où les cimes des glaciers se levaient comme de grands spectres dans leurs linceuls ? Avez-vous remarqué aussi que, dans la brusque passage des ténèbres à la lumière et de la lumière aux ténèbres, tout semblait se mouvoir, s'agiter comme si ces monts s'ébranlaient pour s'écrouler ?

— Je ne vois rien ici que vous, Lavinia, lui dit-il avec force ; je n'entends de voix que la vôtre, je ne respire d'air que votre souffle, je n'ai d'émotion qu'à vous sentir près de moi. Savez-vous bien que je vous aime éperdument ? Oui, vous le savez ; vous l'avez bien vu aujourd'hui, et peut-être vous l'avez voulu. Eh bien ! triomphez s'il en est ainsi. Je suis à vos pieds, je vous demande le pardon et l'oubli du passé, le front dans la poussière ; je vous demande l'avenir, oh ! je vous le demande avec passion, et il faudra bien me l'accorder, Lavinia ; car je vous veux fortement, et j'ai des droits sur vous...

— Des droits ? répondit-elle en lui retirant sa main.

— N'est-ce donc pas un droit, un affreux droit, que le mal que je t'ai fait, Lavinia ? Et si tu me l'as laissé prendre sur ta vie, peux-tu me l'ôter aujourd'hui que je veux la relever et réparer mes crimes ? »

On sait tout ce qu'un homme peut dire en pareil cas. Lionel fut plus éloquent que je ne saurais l'être à sa place. Il se monta singulièrement la tête ; et, désespérant de vaincre autrement la résistance de lady Blake, voyant bien d'ailleurs qu'en restant au-dessous des soumissions de son rival il lui faisait un avantage trop réel, il s'éleva au même dévouement : il offrit son nom et sa fortune à lady Lavinia.

« Y songez-vous ! lui dit-elle avec émotion. Vous renonceriez à miss Ellis lorsqu'elle vous est promise, lorsque votre mariage est arrêté !

— Je le ferai, répondit-il. Je ferai une action que le monde trouvera insolente et coupable. Il faudra peut-être la laver dans mon sang ; mais je suis prêt à tout pour vous obtenir : car le plus grand crime de ma vie, c'est de vous avoir méconnue, et mon premier devoir, c'est de revenir à vous. Oh ! parlez, Lavinia, rendez-moi le bonheur que j'ai perdu en vous perdant. Aujourd'hui je saurai l'apprécier et le conserver, car moi aussi j'ai changé : je ne suis plus cet homme ambitieux et inquiet qu'un avenir inconnu torturait de ses menteuses promesses. Je sais la vie aujourd'hui, je sais ce que vaut le monde et son faux éclat. Je sais que pas un de mes triomphes n'a valu un seul de vos regards, et la chimère du bonheur que j'ai poursuivie m'a toujours fui jusqu'au jour où elle me ramène à vous. Oh ! Lavinia, reviens à moi aussi ! Qui t'aimera comme moi ? qui verra comme moi ce qu'il y a de grandeur, de patience et de miséricorde dans ton âme ? »

Lavinia gardait le silence, mais son cœur battait avec une violence dont s'apercevait Lionel. Sa main tremblait dans la sienne, et elle ne cherchait pas à la retirer, non plus qu'une tresse de ses cheveux que le vent avait détachée et que Lionel couvrait de baisers. Ils ne sentaient pas la pluie qui tombait en gouttes larges et rares. Le vent avait diminué, le ciel s'éclaircissait un peu, et le comte de Morangy venait à eux aussi vite que pouvait le lui permettre son cheval déferré et boiteux, qui avait failli le tuer en tombant contre un rocher.

Lavinia l'aperçut enfin et s'arracha brusquement aux transports de Lionel. Celui-ci, furieux de ce contre-temps, mais plein d'espérance et d'amour, l'aida à se remettre à cheval, et l'accompagna jusqu'à la porte de sa maison. Là elle lui dit en baissant la voix : « Lionel, vous m'avez fait des offres dont je sens tout le prix. Je n'y peux répondre sans y avoir mûrement réfléchi.

— O Dieu ! c'est la même réponse qu'à M. de Morangy !

— Non, non, ce n'est pas la même chose, répondit-elle d'une voix altérée. Mais votre présence ici peut faire naître bien des bruits ridicules. Si vous m'aimez vraiment, Lionel, vous allez me jurer de m'obéir.

— Je le jure par Dieu et par vous.

— Eh bien ! partez sur-le-champ, et retournez à Bagnères ; je vous jure à mon tour que dans quarante heures vous aurez ma réponse.

— Mais que deviendrai-je, grand Dieu ! pendant ce siècle d'attente ?

— Vous espérerez, lui dit Lavinia en refermant précipitamment la porte sur elle, comme si elle eût craint d'en dire trop. »

Lionel espéra en effet. Il avait pour motifs une parole de Lavinia et tous les arguments de son amour-propre.

« Vous avez tort d'abandonner la partie, lui disait Henry en chemin ; Lavinia commençait à s'attendrir. Sur ma parole, je ne vous reconnais pas là, Lionel. Quand ce n'eût été que pour ne pas laisser Morangy maître du champ de bataille... Allons ! vous êtes plus amoureux de miss Ellis que je ne pensais. »

Lionel était trop préoccupé pour l'écouter. Il passa le temps que Lavinia lui avait fixé enfermé dans sa chambre, où il se fit passer pour malade, et ne daigna pas désabuser sir Henry, qui se perdait en commentaires sur sa conduite. Enfin, la lettre arriva ; la voici :

« Ni l'un ni l'autre. Quand vous recevrez cette lettre, quand M. de Morangy, que j'ai envoyé à Tarbes, recevra ma réponse, je serai loin de vous deux ; je serai partie, partie à tout jamais, perdue sans retour pour vous et pour lui.

« Vous m'offrez un nom, un rang, une fortune. Ne croyez pas qu'un grand éclat dans le monde est une grande séduction pour une femme. Oh ! non, pas pour celle qui le connaît et le méprise comme je le fais. Ne pourtant ne croyez pas, Lionel, que je dédaigne l'offre que vous m'avez faite de sacrifier un mariage brillant et de vous enchaîner à moi pour toujours.

« Vous avez compris ce qu'il y a de cruel pour l'amour-propre d'une femme à être abandonnée, ce qu'il y a de glorieux à ramener à ses pieds un infidèle, et vous avez voulu me dédommager par un triomphe de tout ce que j'ai souffert ; aussi je vous rends toute mon estime, et je vous pardonnerais le passé si cela n'était pas fait depuis longtemps.

« Mais sachez, Lionel, qu'il n'est pas en votre pouvoir de réparer ce mal. Non, cela n'est au pouvoir d'aucun homme. Le coup que j'ai reçu est mortel ; il a tué pour jamais en moi la puissance d'aimer ; il a éteint le flambeau des illusions, et la vie m'apparaît sous son jour terne et misérable.

« Eh bien, je ne me plains pas de ma destinée ; cela devait arriver tôt ou tard. Nous vivons tous pour vieillir et pour voir les déceptions envahir chacune de nos joies. J'ai été désabusée un peu jeune, il est vrai, et le besoin d'aimer a longtemps survécu à la faculté de croire. J'ai longtemps, je l'ai souvent lutté contre ma jeunesse comme contre un ennemi acharné ; j'ai toujours réussi à la vaincre.

« Et croyez-vous que cette dernière lutte contre vous, cette résistance aux promesses que vous me faites ne

soit pas bien cruelle et bien difficile ? Je peux le dire à présent que la fuite me met à l'abri du danger de succomber : je vous aime encore, je le sens ; l'empreinte du premier objet qu'on a aimé ne s'efface jamais entièrement ; elle semble évanouie ; on s'endort dans l'oubli des maux qu'on a soufferts ; mais que l'image du passé se lève, que l'ancienne idole reparaisse, et nous sommes encore prêts à plier le genou devant elle. Oh ! fuyez ! fuyez, fantôme et mensonge ! vous n'êtes qu'une ombre, et si je me hasardais à vous suivre, vous me conduiriez encore parmi les écueils pour m'y laisser mourante et brisée. Fuyez ! je ne crois plus en vous. Je sais que vous ne disposez pas de l'avenir, et que si votre bouche est sincère aujourd'hui, la fragilité de votre cœur vous forcera de mentir demain.

« Et pourquoi vous accuserais-je d'être ainsi ? ne sommes-nous pas tous faibles et mobiles ? Moi-même n'étais-je pas calme et froide quand je vous ai abordé hier ? N'étais-je pas convaincue que je ne pouvais pas vous aimer ? N'avais-je pas encouragé les prétentions du comte de Morangy ? Et pourtant le soir, quand vous étiez assis près de moi sur ce rocher, quand vous me parliez d'une voix si passionnée au milieu du vent et de l'orage, n'ai-je pas senti mon âme se fondre et s'amollir ? Oh ! quand j'y songe, c'était votre voix des temps passés, c'était votre passion des anciens jours, c'était vous, c'était mon premier amour, c'était ma jeunesse que je retrouvais tout à la fois !

« Et puis à présent que je suis de sang-froid, je me sens triste jusqu'à la mort ; car je m'éveille et me souviens d'avoir fait un beau rêve au milieu d'une triste vie.

« Adieu, Lionel. En supposant que votre désir de m'épouser se fût soutenu jusqu'au moment de se réaliser (et à l'heure qu'il est, peut-être, vous sentez déjà que je puis avoir raison de vous refuser), vous eussiez été malheureux sous l'étreinte d'un lien pareil ; vous auriez vu le monde, toujours ingrat et avare de louanges devant nos bonnes actions, considérer la vôtre comme l'accomplissement d'un devoir, et vous refuser le triomphe que vous en attendiez peut-être. Puis vous auriez perdu le contentement de vous-même en n'obtenant pas l'admiration sur laquelle vous comptiez. Qui sait ! j'aurais peut-être moi-même oublié trop vite ce qu'il y avait de beau dans votre retour, et accepté votre amour nouveau comme une réparation due à votre honneur. Oh ! ne gâtons pas cette heure d'élan et de confiance que nous avons goûtée ce soir ; gardons-en le souvenir, mais ne cherchons pas à la retrouver.

« N'ayez aucune crainte d'amour-propre en ce qui concerne le comte de Morangy ; je ne l'ai jamais aimé. Il est un des mille impuissants qui n'ont pu (moi aidant, hélas !) faire palpiter mon cœur éteint. Je ne voudrais pas même de lui pour époux. Un homme de son rang vend toujours trop cher la protection qu'il accorde en la faisant sentir. Et puis je hais le mariage, je hais tous les hommes, je hais les engagements éternels, les promesses, les projets, l'avenir arrangé à l'avance par des contrats et des marchés dont le destin se rit toujours. Je n'aime plus que les voyages, la rêverie, la solitude, le bruit du monde, pour le traverser et en rire, puis la poésie pour supporter le passé, et Dieu pour espérer l'avenir. »

Sir Lionel Bridgemont éprouva d'abord une grande mortification d'amour-propre ; car il faut le dire pour consoler le lecteur qui s'intéresserait trop à lui, depuis quarante heures il avait fait bien des réflexions. D'abord il songea à monter à cheval, à suivre lady Blake, à vaincre sa résistance, à triompher de sa froide raison. Et puis il songea qu'elle pourrait bien persister dans son refus, et que pendant ce temps miss Ellis pourrait bien s'offenser de sa conduite et repousser son alliance... Il resta.

« Allons, lui dit Henry le lendemain en le voyant baiser la main de miss Margaret, qui lui accordait cette marque de pardon après une querelle assez vive sur son absence, l'année prochaine nous siégerons au parlement. »

FIN DE LAVINIA.

LIBRAIRIE BLANCHARD
RUE RICHELIEU, 78

ÉDITION J. HETZEL

LIBRAIRIE MARESCQ ET
5, RUE DU PONT-DE-LOI

ISIDORA

NOTICE

A Paris, 1845. C'était une très-belle personne, extraordinairement intelligente, et qui vint plusieurs fois *verser son cœur à mes pieds*, disait-elle. Je vis parfaitement qu'elle *posait* devant moi et ne pensait pas un mot de ce qu'elle disait la plupart du temps. Elle eût pu être ce qu'elle n'était pas. Aussi n'est-ce pas elle que j'ai dépeinte dans *Isidora*.

GEORGE SAND.

Nohant, 17 janvier 1853.

PREMIÈRE PARTIE.

JOURNAL D'UN SOLITAIRE A PARIS.

Il y a quelques années, un de nos amis partant pour la Suisse nous chargea de ranger des papiers qu'il avait laissés à la campagne, chez sa mère, bonne femme peu lettrée, qui nous donna le tout, pêle-mêle, à débrouiller. Beaucoup des manuscrits de Jacques Laurent avaient déjà servi à faire des sacs pour le raisin, et c'était peut-être la première fois qu'ils étaient bons à quelque chose. Cependant nous eûmes le bonheur de sauver deux cahiers qui nous parurent offrir quelque intérêt. Quoiqu'ils n'eussent rien de commun ensemble, en apparence, la même ficelle les attachait, et nous prîmes plaisir à mettre en regard les interruptions d'un de ces manuscrits avec les dates de l'autre ; ce qui nous conduisit à en faire un tout que nous livrons à votre discrétion bien connue, amis lecteurs. Nous avons désigné ces deux cahiers par les numéros 1 et 2, et par les titres de *Travail* et *Journal*. Le premier était un recueil de notes pour un ouvrage philosophique que Jacques Laurent n'a pas encore terminé et qu'il ne terminera peut-être jamais. Le second était un examen de son cœur et un récit de ses émotions qu'il se faisait sans doute à lui-même.

CAHIER N° 1. — TRAVAIL.

. . . .
. . . .
. . . .

TROISIÈME QUESTION.

La femme est-elle ou n'est-elle pas l'égale de l'homme dans les desseins, dans la pensée de Dieu?

La question est mal posée ainsi ; il faudrait dire : *L'espèce humaine est-elle composée de deux êtres différents, l'homme et la femme?* Mais dans cette rédaction j'omets la pensée divine, et ce n'est pas mon intention. *En créant l'espèce humaine, Dieu a-t-il formé deux êtres distincts et séparés, l'homme et la femme?*

Revoir cette rédaction dont je ne suis pas encore content.

CAHIER N° 2. — JOURNAL.

25 décembre 1830.

J'ai passé toute ma soirée d'hier à poser la première question, et je me suis couché sans l'avoir rédigée de manière à me contenter. Je me sentais lourd et mal disposé au travail. J'ai feuilleté mes livres pour me réveiller, j'ai trop réussi. Je me suis laissé aller au plaisir de comparer, d'analyser ; j'ai oublié la formule de mon sujet pour les détails. C'est parfois un grand ennemi de la méditation que la lecture.

26 décembre.

Je n'ai pu travailler hier soir, le vent a tourné au nord. Je me suis senti paralysé de corps et d'âme. Les nuits sont si froides et le bois coûte si cher ici! Quand je devrais mourir à la peine, je ne sortirai pas de cette pauvre mansarde, je ne quitterai pas ce sombre et dur Paris sans avoir résolu la question qui m'occupe. Elle n'est pas de médiocre importance dans mon livre : régler *les rapports de l'homme et de la femme dans la société, dans la famille, dans la politique!* Je n'irai pas plus avant dans mon traité de philosophie, que je n'aie trouvé une solution aux divers problèmes que cette formule soulève en moi. J'admire comme ils l'ont cavalièrement et lestement tranchée tous ces auteurs, tous ces utopistes, tous ces métaphysiciens, tous ces poëtes! Ils ont toujours placé la femme trop haut ou trop bas. Il semble qu'ils aient tous été trop jeunes ou trop vieux. — Mais moi-même, ne suis-je pas trop jeune? Vingt-cinq ans, et vingt-cinq ans de chasteté presque absolue, c'est-à-dire d'inexpérience presque complète! Il y en a qui penseraient que cela m'a rendu trop vieux. Il est des moments où, dans l'horreur de mon isolement, je suis épouvanté moi-même de mon peu de lumière sur la question. Je crains d'être au-dessous de ma tâche ; et si je n'y croyais, je sauterais ce chapitre, sauf à le faire, et à l'intercaler en son lieu, quand mon ouvrage sera terminé à ma satisfaction sur tous les autres points.

26 décembre au soir.

L'idée de ce matin n'était, je crois, pas mauvaise. J'essaierai de passer outre, afin de m'éclairer sur ce point par la lumière que je porterai dans toutes les parties de mon œuvre et que j'en ferai jaillir. Je me sens un peu ranimé par cette espérance... J'ignore si c'est le froid, le ciel noir et le vent, qui siffle sur les toits, qui tiennent mon âme captive ; mais il y a des moments où je n'ai plus confiance en moi-même, et où je me demande sérieusement si je ne ferais pas mieux de planter des choux que de m'égarer ainsi dans les âpres sentiers de la métaphysique.

CAHIER N° 1. — TRAVAIL.

QUATRIÈME QUESTION.

Quelle sera l'éducation des enfants dans ma république idéale?

C'est-à-dire d'abord *à qui sera confiée l'éducation des enfants?*

RÉPONSE.

A l'État. — La société est la mère abstraite et réelle de tout citoyen, depuis l'heure de sa naissance jusqu'à celle de sa mort. Elle lui doit... (Voir pour plus ample exposé, mon cahier numéro 3, où ce principe est suffisamment développé.)

INSTITUTION.

La première enfance de l'homme sera exclusivement confiée à la direction de la femme.

QUESTION.

Jusqu'à quel âge?

RÉPONSE.

Jusqu'à l'âge de cinq ans.

C'est trop peu. Un enfant de cinq ans serait trop cruellement privé des soins maternels.

Jusqu'à l'âge de dix ans.

C'est trop. — L'éducation intellectuelle peut et doit commencer beaucoup plus tôt.

RÉPONSE.

A partir de l'âge de cinq ans, jusqu'à celui de dix ans, l'éducation des mâles sera alternativement confiée à des femmes et à des hommes.

QUESTION.

Quelle sera la part d'éducation attribuée à la femme?

Je l'ai trop exclusivement supposée purement hygiénique. J'ai semblé admettre, dans le titre précédent, que l'homme seul pouvait donner l'enseignement scientifique. La femme ne doit-elle pas préparer, même avant l'âge de cinq ans, cette jeune intelligence à recevoir les hauts enseignements de la science, de la morale et de l'art?

Cela me fait aussi songer que j'établis *à priori* une distinction arbitraire entre l'éducation des mâles et celle des femelles, presque dès le berceau. Il faudrait commencer par définir la différence intellectuelle et morale de l'homme et de la femme...

CAHIER N° 2. — JOURNAL.

27 décembre.

Cette difficulté m'a arrêté court ; je vois que j'étais fou de vouloir passer à la quatrième question avant d'avoir résolu la troisième. Jamais je ne fus si pauvre logicien. Je gage que le froid me rend malade, et que je ne ferai rien qui vaille tant que soufflera ce vent du nord!

Lugubre Paris! mortel ennemi du pauvre et du solitaire! tout ici est privation et souffrance pour quiconque n'a pas beaucoup d'argent. Je n'avais pas prévu cela, je n'avais pas voulu y croire, ou plutôt je ne pouvais pas y songer, alors que l'ardeur du travail, la soif des lumières et le besoin impérieux de *nager* dans les livres me poussaient vers toi, Paris ingrat, du fond de ma vallée champêtre! A Paris, me disais-je, je serai à la source de toutes les connaissances ; au lieu d'aller emprunter péniblement un pauvre ouvrage à un ami érudit par hasard, ou à quelque bibliothèque de province, ouvrage qu'il faut rendre pour en avoir un autre, et qu'il faut copier aux trois quarts si l'on veut ensuite se reporter au texte, j'aurai le puits de la science toujours ouvert ; que dis-je, le fleuve de la connaissance toujours coulant à pleins bords et à flots pressés autour de moi. Ici je suis comme l'alouette qui, au temps de la sécheresse, cherche une goutte de rosée sur la feuille du buisson, et ne l'y trouve point. Là-bas, je serai comme l'alcyon voguant en pleine mer. Et puis, chez nous, on ne pense pas, on ne cherche pas, on ne vit point par l'esprit. On est trop heureux quand on a seulement le nécessaire à la campagne! On s'endort dans un tranquille bien-être, on jouit de la nature par tous les pores ; on ne songe pas au malheur d'autrui. Le paysan lui-même, le pauvre qui travaille aux champs, au grand air, ne s'inquiète pas de la misère et du désespoir qui ronge la population laborieuse des villes. Il n'y croit pas; il calcule le salaire, il voit qu'en fait c'est lui qui gagne le moins, et il ne tient pas compte du dénûment de celui qui est forcé de dépenser davantage pour sa consommation. Ah! s'il voyait, comme je les vois à présent, ces horribles rues noires de boue, où se reflète la lanterne rougeâtre de l'échoppe! S'il entendait siffler ce vent qui, chez nous, plane harmonieusement sur les bois et sur les bruyères, mais qui jure, crie, insulte et menace ici, en se resserrant dans les angles d'un labyrinthe maudit, et en se glissant par toutes les fissures de ces toits glacés! S'il sentait tomber sur ses épaules, sur son âme, ce manteau de plomb que le froid, la solitude et le découragement nous collent sur les os!

Le bonheur, dit-on, rend égoïste... Hélas! ce bonheur réservé aux uns au détriment des autres doit rendre tel, en effet. Ô mon Dieu! le bonheur partagé, celui qu'on trouverait en travaillant au bonheur de ses semblables, rendrait l'homme aussi grand que sa destinée sur la terre, aussi bon que vous-même!

Je fuyais les heureux, craignant de ne trouver en eux que des égoïstes, et je venais chercher ici des malheureux intelligents. Il y en a sans doute; mais mon indigence ou ma timidité m'empêche de les rencontrer. J'ai trouvé mes pareils abrutis ou dépravés par le malheur. L'effroi m'a saisi et je me suis retiré seul pour ne pas voir le mal et pour rêver le bien; mais chercher seul, c'est affreux, c'est peut-être insensé.

Je croyais acquérir ici tout au moins l'expérience. Je connaîtrai les hommes, me disais-je, et les femmes aussi. Chez nous (en province), il n'y a guère qu'un seul type à observer dans les deux sexes: le type de la prudence, autrement dit de la poltronnerie. Dans la métropole du monde je verrai, je pourrai étudier tous les types. J'oubliais que moi aussi, provincial, je suis un poltron, et n'ai osé aborder personne.

Je puis cependant me faire une idée de l'homme, en m'examinant, en interrogeant mes instincts, mes facultés, mes aspirations. Si je suis classé dans un de ces types qui végètent sans se fondre avec les autres, du moins j'ai en moi des moyens de contact avec ceux de mon espèce. Mais la femme! où en prendrai-je la notion psychologique? Qui me révélera cet être mystérieux qui se présente à l'homme comme maître ou comme esclave, toujours en lutte contre lui? Et je suis assez insensé pour demander si c'est un être différent de l'homme!...

CAHIER N° 1. — TRAVAIL.

TROISIÈME QUESTION.

Quelles sont les facultés et les appétits qui différencient l'homme et la femme dans l'ordre de la création?

On est convenu de dire que, dans les hautes études, dans la métaphysique comme les sciences exactes, la femme a moins de capacités que l'homme. Ce n'est point l'avis de Bayle, et c'est un point très-controversable. Qu'en savons-nous? Leur éducation les détourne des études sérieuses, nos préjugés les leur interdisent... Ajoutez que nous avons des exemples du contraire.

Quelle logique divine aurait donc présidé à la création d'un être si nécessaire à l'homme, si capable de le gouverner, et pourtant inférieur à lui?

Il y aurait donc des âmes femelles et des âmes mâles? Mais cette différence constituerait-elle l'inégalité? On est convenu de les regarder comme supérieures dans l'ordre des sentiments, et je croirais volontiers qu'elles le sont, ne fût-ce que par le sentiment maternel... O ma mère!...

S'il est vrai qu'elles aient moins d'intelligence et plus de cœur, où est l'infériorité de leur nature? J'ai démontré cela en traitant de la nature de l'homme, deuxième question.

CAHIER N° 2. — JOURNAL.

27, minuit.

Quel temps à porter la mort dans l'âme!... Encore ce soir, j'ai trop lu et trop peu travaillé. Héloïse, sainte Thérèse, divines figures, créations sublimes du grand artiste de l'univers!

Des sons lamentables assiègent mon oreille. Ce n'est pas une voix humaine, ce grognement sourd. Est-ce le bruit d'un métier?

J'ai ouvert ma fenêtre, malgré le froid, pour essayer de comprendre ce bruit désagréable qui m'eût empêché de dormir si je n'en avais découvert la cause.

J'ai entendu plus distinctement: c'est le son d'un instrument qu'on appelle, je crois, une contre-basse.

La voix plus claire des violons m'a expliqué que cela faisait partie d'un orchestre jouant des contredanses. Il y a des gens qui dansent dans un temps pareil! quand la mort semble planer sur cette ville funeste!

Comme elle est triste, entendue ainsi à distance, et par rafales interrompues, leur musique de fête!

Cette basse, dont la vibration pénètre seule, par le courant d'air de ma cheminée, et qui répète à satiété sa lugubre ritournelle, ressemble au gémissement d'une sorcière volant sur mon toit pour rejoindre le sabbat.

Je m'imagine que ce sont des spectres qui dansent ainsi au milieu d'une nuit si noire et si effrayante!

30 décembre.

Mon travail n'avance pas; l'isolement me tue. Si j'étais sain de corps et d'esprit, la foi reviendrait. La confiance en Dieu, l'amour de Dieu qui a fait tant de grands saints et de grands esprits, et que ce siècle malheureux ne connaît plus, viendrait jeter la lumière de la synthèse sur les diverses parties de mon œuvre. Oui, je dirais à Dieu: Tu es souverainement juste, souverainement bon; tu n'as pas pu asservir, dans tes sublimes desseins, l'esclave au maître, le pauvre au riche, le faible au fort, la femme à l'homme par conséquent; et je saurais alors établir ces différences qui marquent les sexes de signes divins, et qui revêtent de fonctions diverses sans élever l'un au-dessus de l'autre dans l'ordre des êtres humains. Mais je ne sais point expliquer ces différences, et je ne suis assez lié avec aucune femme pour qu'elle puisse m'ouvrir son âme et m'éclairer sur ses véritables aptitudes. Étudierai-je la femme seulement dans l'histoire? Mais l'histoire n'a enregistré que de puissantes exceptions. Le rôle de la femme du peuple, de la masse féminine, n'a pas d'initiative intellectuelle dans l'histoire.

Depuis huit jours que la boue et le *froid noir* me retiennent prisonnier, je n'ai pas vu d'autre visage féminin que celui de ma vieille portière: serait-ce là une femme? Ce monstre me fait horreur. C'est l'emblème de la cupidité, et pourtant elle est d'une probité à toute épreuve; mais c'est la probité parcimonieuse des âmes de glace, c'est le respect du tien et du mien poussé jusqu'à la frénésie, jusqu'à l'extravagance.

Être réduit par la pauvreté à regarder comme un bienfaiteur un être semblable, parce qu'il ne vous prend rien de ce qui n'est pas son salaire!

Mais quelle âpreté au salaire résulte de ce respect fanatique pour la propriété! Elle ne me volerait pas un centime, mais elle ne ferait point trois pas pour moi sans me les taxer parcimonieusement. Avec quelle cruauté elle retient les nippes des malheureux qui habitent les mansardes voisines lorsqu'ils ne peuvent payer leur terme! Je sais que cette cruauté lui est commandée; mais quels sont donc alors les bourreaux qui font payer le loyer de ces demeures maudites? et n'est-il pas honteux qu'on arme ainsi le frère contre le frère, le pauvre contre le pauvre? Eh quoi! les riches qui ont tout, qui paient si cher aux étages inférieurs, dans ces riches quartiers, ne suffisent pas pour le revenu de la maison, et on ne peut faire grâce au prolétaire qui n'a rien, de cinquante francs par an! on ne peut pas même le chasser sans le dépouiller!

Ce matin on a saisi les haillons d'une pauvre ouvrière qui s'enfuyait: un châle qui ne vaut pas cinq francs, une robe qui n'en vaut pas trois! Le froid qui règne n'a pas attendri les exécuteurs. J'ai racheté les haillons de l'infortunée. Mais de quoi sert que quelques êtres sensés aient l'intention de réparer tant de crimes? Ceux-là sont pauvres. Demain, si on fait déloger le vieillard qui demeure à côté de ma cellule, je ne pourrai pas l'assister. Après-demain, si je n'ai pas trouvé de quoi payer mon propre loyer, on me chassera moi-même, et on retiendra mon manteau.

Ce matin, la portière qui range ma chambre m'a dit en m'appelant à la fenêtre :

« Voici madame qui se promène dans son jardin. »

Ce jardin, vaste et magnifique, est séparé par un mur du petit jardin situé au-dessous de moi. Les deux maisons, les deux jardins sont la même propriété, et, de la hauteur où je suis logé, je plonge dans l'une comme dans l'autre. J'ai regardé machinalement. J'ai vu une femme qui m'a paru fort belle, quoique très-pâle et un peu grasse. Elle traversait lentement une allée sablée pour se rendre à une serre dont j'aperçois les fleurs brillantes, quand un rayon de soleil vient à donner sur le vitrage.

Encore irrité de ce qui venait de se passer, j'ai demandé à la sorcière si sa maîtresse était aussi méchante qu'elle.

« Ma maîtresse? a-t-elle répondu d'un air hautain, elle ne l'est pas : je ne connais que monsieur, je ne sers que *monsieur*.

— Alors, c'est monsieur qui est impitoyable?

— Monsieur ne se mêle de rien ; c'est son premier locataire qui commande ici, heureusement pour lui ; car monsieur n'entend rien à ses affaires et achèverait de se *faire dévorer*. »

Voilà un homme en grand danger, en effet, si mon voisin lui fait banqueroute de vingt francs !

CAHIER Nº 1. — TRAVAIL.

...... Je ne puis nier ces différences, bien que je ne les aperçoive pas et qu'il me soit impossible de les constater par ma propre expérience.

L'être moral de la femme diffère du nôtre, à coup sûr, autant que son être physique. Dans le seul fait d'avoir accepté si longtemps et si aveuglément son état de contrainte et d'infériorité sociale, il y a quelque chose de capital qui suppose plus de douceur ou plus de timidité qu'il n'y en a chez l'homme.

Cependant le pauvre aussi, le travailleur sans capital, qui certes n'est pas généralement faible et pusillanime, accepte depuis le commencement des sociétés la domination du riche et du puissant. C'est qu'il n'a pas reçu, plus que la femme, par l'éducation, l'initiation à l'égalité...

Il y a de mystérieuses et profondes affinités entre ces deux êtres, le pauvre et la femme.

La femme est pauvre sous le régime d'une communauté dont son mari est chef ; le pauvre est femme, puisque l'enseignement, le développement, est refusé à son intelligence, et que le cœur seul vit en lui.

Examinons ces rapports profonds et délicats qui me frappent, et qui peuvent me conduire à une solution.

Les voies incidentes sont parfois les plus directes. Recherchons d'abord.

CAHIER Nº 2. — JOURNAL.

29.

— J'ai été interrompu ce matin par une scène douloureuse et que j'avais trop prévue. Le vieillard, dont une cloison me sépare, a été sommé, pour la dernière fois, de payer son terme arriéré de deux mois, et la voix discordante de la portière m'a tiré des rêveries pour me rejeter dans la vie d'émotion. Ce vieux malheureux demandait grâce.

Il a des neveux assez riches, dit-il, et qui ne le négligeront pas toujours. Il leur a écrit. Ils sont en province, bien loin ; mais ils répondront, et il paiera si on lui en donne le temps.

Sans avoir de neveux, je suis dans une position analogue. Le notaire qui touche mon mince revenu de campagne m'oublie et me néglige. Il ne le ferait pas si j'étais un meilleur client, si j'avais trente mille livres de rente. Heureusement pour moi, mon loyer n'est pas arriéré ; mais je me trouve dans l'impossibilité maintenant de payer celui de mon vieux voisin. J'ai offert d'être sa caution ; mais la malheureuse portière, cette triste et laide madame Germain, que la nécessité condamne à faire de sa servitude une tyrannie, a jeté un regard de pitié sur mes pauvres meubles, dont maintes fois elle a dressé l'inventaire dans sa pensée ; et d'une voix âpre, avec un regard où la défiance semblait chercher à étouffer un reste de pitié, elle m'a répondu que je n'avais pas un mobilier à répondre pour deux, et qu'il lui était interdit d'accepter la caution des locataires du cinquième les uns pour les autres. Alors, touché de la situation de mon voisin, j'ai écrit au propriétaire un billet dont j'attache ici le brouillon avec une épingle.

« Madame,

« Il y a dans votre maison de la rue de ***, nº 4, un pauvre homme qui paie quatre-vingts francs de loyer, et qu'on va mettre dehors parce que son paiement est arriéré de deux mois. Vous êtes riche, soyez pitoyable ; ne permettez pas qu'on jette sur le pavé un homme de soixante-quinze ans, presque aveugle, qui ne peut plus travailler, et qui ne peut même pas être admis à un hospice de vieillards, faute d'argent et de recommandation. Ou prenez-le sous votre protection (les riches ont toujours de l'influence), et faites-le admettre à l'hôpital, ou accordez-lui son logement. Si vous ne voulez pas, acceptez ma caution pour lui. Je ne suis pas riche non plus, mais je suis assuré de pouvoir acquitter sa dette dans quelque temps. Je suis un honnête homme ; ayez un peu de confiance, si ce n'est un peu de générosité.

« JACQUES LAURENT. »

CAHIER Nº 1. — TRAVAIL.

Un être qui ne vivrait que par le sentiment, et chez qui l'intelligence serait totalement inculte, totalement inactive, serait, à coup sûr, un être incomplet. Beaucoup de femmes sont probablement dans ce cas. Mais n'est-il pas beaucoup d'hommes en qui le travail du cerveau a totalement atrophié les facultés aimantes ? La plupart des savants, ou seulement des hommes adonnés à des professions purement lucratives, à la chicane, à la politique ambitieuse, beaucoup d'artistes, de gens de lettres, ne sont-ils pas dans le même cas ? Ce sont des êtres incomplets, et, j'ose le dire, le plus fâcheusement, le plus dangereusement incomplets de tous ! Or donc, l'induction des pédants, qui concluent de l'inaction sociale apparente de la femme, qu'elle est d'une nature inférieure, est d'un raisonnement...

CAHIER Nº 2. — JOURNAL.

30 décembre.

Absurde ! Évidemment je l'ai été. Ces valets m'auront pris pour un galant de mauvaise compagnie, qui venait risquer quelque insolente déclaration d'amour à la dame du logis. Vraiment, cela me va bien ! Mais je n'en ai pas moins été d'une simplicité extrême avec mes bonnes intentions. La dame m'a paru belle quand je l'ai aperçue dans son jardin. Son mari est jaloux, je vois ce que c'est... Ou peut-être ce propriétaire n'est-il pas un mari, mais un frère. Le concierge souriait dédaigneusement quand je lui demandais à parler à madame la comtesse ; et cette soubrette qui m'a repoussé de l'antichambre avec de grands airs de prude... Il y avait un air de mystère dans ce pavillon entre cour et jardin, dont j'ai à peine eu le temps de contempler le péristyle, quelque chose de noble et de triste comme serait l'asile d'une âme souffrante et fière... Je ne sais pourquoi je m'imagine que la femme qui demeure là n'est pas complice des crimes de la richesse. Illusion peut-être ! N'importe, un vague instinct me pousse à mettre sous sa protection le malheureux vieillard que je ne puis sauver moi-même.

31 janvier.

Je ne sais pas si j'ai fait une nouvelle maladresse, mais j'ai risqué un grand moyen. Au moment où j'allais fermer ma fenêtre, par laquelle entrait un doux rayon de soleil, le seul qui ait paru depuis quatre mortels jours, j'ai jeté les yeux sur le jardin voisin et j'y ai vu mon *innominata*. Avec son manteau de velours noir doublé d'hermine, elle m'a paru encore plus belle que la première fois. Elle marchait lentement dans l'allée, abritée du vent d'est par le mur qui sépare les deux jardins. Elle était seule avec un charmant lévrier gris de perle. Alors j'ai fait un coup de tête! J'ai pris mon billet, je l'ai attaché à une bûchette de mon poêle et je l'ai adroitement lancé, ou plutôt laissé tomber aux pieds de la dame, car ma fenêtre est la dernière de la maison, de ce côté. Elle a relevé la tête sans marquer trop d'effroi ni d'étonnement. Heureusement j'avais eu la présence d'esprit de me retirer avant que mon projectile fût arrivé à terre, et j'observais, caché derrière mon rideau. La dame a tourné le dos sans daigner ramasser le billet. Certainement elle a déjà reçu des missives d'amour envoyées furtivement par tous les moyens possibles, et elle a cru savoir ce que pouvait contenir la mienne. Elle y a donc donné cette marque de mépris de la laisser par terre. Mais heureusement son chien a été moins collet-monté; il a ramassé mon placet et il l'a porté à sa maîtresse en remuant la queue d'un air de triomphe. On eût dit qu'il avait le sentiment de faire une bonne action, le pauvre animal! La dame ne s'est pas laissé attendrir. « Laissez cela, Fly, lui a-t-elle dit d'une voix douce, mais dont je n'ai rien perdu. Laissez-moi tranquille! » Puis elle a disparu au bout de l'allée, sous des arbres verts. Mais le chien l'y a suivie, tenant toujours mon envoi par un bout du bâton, avec beaucoup d'adresse et de propreté. La curiosité aura peut-être décidé la dame à examiner mon style, quand elle aura pu se satisfaire sans déroger à la prudence. Quand ce ne serait que pour rire d'un sot amoureux, plaisir dont les femmes, dit-on, sont friandes! Espérons! Pourtant je ne vois rien venir depuis hier. Mon pauvre voisin! je ne te laisserai pas chasser, quand même je devrais mettre mon *Origène* ou mon *Bayle* en gage.

Mais aussi quelle idée saugrenue m'a donc passé par la tête, d'écrire à la femme plutôt qu'au mari? Je l'ai fait sans réflexion, sans me rappeler que le mari est le chef de la communauté, c'est-à-dire le maître, et que la femme n'a ni le droit, ni le pouvoir de faire l'aumône. Eh! c'est précisément cela qui m'aura poussé, sans que j'en aie eu conscience, à faire appel au bon cœur de la femme!

CAHIER N° 1. — TRAVAIL.

L'éducation pourrait amener de tels résultats, que les aptitudes de l'un et de l'autre sexe fussent complètement modifiées.

CAHIER N° 2. — JOURNAL.

J'ai été interrompu par l'arrivée d'un joli enfant de douze ou quatorze ans, équipé en jockey.

« Monsieur, m'a-t-il dit, je viens de la part de *madame* pour vous dire bien des choses.
— Bien des choses? Assieds-toi là, mon enfant, et parle.
— Oh! je ne me permettrai pas de m'asseoir! Ça ne se doit pas.
— Tu te trompes; tu es ici chez ton égal, car je suis domestique aussi.
— Ah! ah! vous êtes domestique? De qui donc?
— De moi-même. »

L'enfant s'est mis à rire, et, s'asseyant près du feu:
« Tenez, Monsieur, m'a-t-il dit en exhibant une lettre cachetée à mon adresse, voilà ce que c'est. »

J'ai ouvert et j'ai trouvé un billet de banque de mille francs.

« Qu'est-ce que cela, mon ami! et que veut-on que j'en fasse?

— Monsieur, c'est de l'argent pour ces malheureux locataires du cinquième, que madame vous charge de secourir quand ils ne pourront pas payer.

— Ainsi, madame me prend pour son aumônier? C'est très-beau de sa part; mais j'aime beaucoup mieux qu'elle donne des ordres pour qu'on laisse ces malheureux tranquilles.

— Oh! ça ne se fait pas comme vous croyez! Madame ne donne pas d'ordres dans la maison. Ça ne la regarde pas du tout. Monsieur le comte lui-même n'a rien à voir dans les affaires du régisseur. D'ailleurs, elle craint tant d'avoir l'air de se mêler de quelque chose, qu'elle vous prie de ne pas parler du tout de ce qu'elle fait pour vos voisins.

— Elle veut que sa main gauche ignore ce que fait sa main droite? Tu lui diras de ma part qu'elle est grande et bonne.

— Oh! pour ça, c'est vrai. C'est une bonne maîtresse, celle-là. Elle ne se fâche jamais, et elle donne beaucoup. Mais savez-vous, Monsieur, que c'est moi qui suis cause que Fly n'a pas mangé votre billet?

— En vérité?

— Vrai, d'honneur! Madame était rentrée pour recevoir une visite. Elle n'avait pas fait attention que le chien tenait quelque chose dans sa gueule. Moi, en jouant avec lui, j'ai vu qu'il était en colère de ce qu'on ne lui faisait pas de compliment; car lorsqu'il rapporte quelque chose, il n'aime pas qu'on refuse de le prendre. Il commençait donc à ronger le bois et à déchirer le papier. Alors je le lui ai ôté; j'ai vu ce que c'était, et je l'ai porté à madame aussitôt qu'elle a été seule. Elle ne voulait pas le prendre.

— Mets cela au feu, qu'elle disait, c'est quelque sottise.

— Non, non, Madame, *c'est des* malheureux.

— Tu l'as donc lu?

— Dame, Madame, que j'ai fait, Fly l'avait décacheté, et ça traînait.

— Tu as bien fait, petit, qu'elle m'a dit après qu'elle a eu regardé votre lettre, et pour te récompenser, c'est toi que je charge d'aller aux informations. Si l'histoire est vraie, c'est toi qui porteras ma réponse et qui expliqueras mes intentions; et puis, attends, qu'elle m'a dit encore: Tu diras à ce M. Jacques Laurent que je le remercie de sa lettre, mais qu'il aurait bien pu l'envoyer plus raisonnablement que par sa fenêtre.

Là-dessus, j'ai expliqué au jockey l'inutilité de ma démarche d'hier et l'urgence de la position. Il m'a promis d'en rendre compte.

J'ai bien vite porté un raisonnable secours au vieillard. En apprenant la générosité de sa bienfaitrice, il a été touché jusqu'aux larmes.

« Est-ce possible, s'est-il écrié, qu'une âme si tendre et si délicate soit calomniée par de vils serviteurs!

— Comment cela?

— Il n'y a pas d'infamies que cette ignoble portière n'ait voulu me débiter sur son compte; mais je ne veux pas même les répéter. Je ne pourrais d'ailleurs plus m'en souvenir. »

CAHIER N° 1. — TRAVAIL.

La bonté des femmes est immense. D'où vient donc que la bonté n'a pas de droits à l'action sociale en législation et en politique?

CAHIER N° 2. — JOURNAL.

1er janvier.

— Il est étrange que je ne puisse plus travailler. Je suis tout ému depuis quelques jours, et je rêve au lieu de méditer. Je croyais qu'un temps plus doux, un ciel plus clair me rendraient plus laborieux et plus lucide. Je ne suis plus abattu comme je l'étais: au contraire, je me sens un peu agité; mais la plume me tombe des mains quand je veux généraliser les émotions de mon cœur. O puissance de la douceur et de la bonté, que tu et pénétrante ! Oui, c'est toi, et non l'intelligence, qui devrais gouverner le monde !

Je ne m'étais jamais aperçu combien ce jardin, qui est sous ma fenêtre, est joli. Un jardin clos de grands murs et flétri par l'hiver ne me paraissait susceptible d'aucun charme, lorsqu'au milieu de l'automne j'ai quitté les vastes horizons bleus de la végétation empourprée de ma vallée. Cependant il y a de la poésie dans ces retraites bocagères que le riche sait créer au sein du tumulte des villes, je le reconnais aujourd'hui. Les plantes ici ont un aspect et des caractères propres au terrain chaud et à l'air rare où elles végètent, comme les enfants des riches élevés dans cette atmosphère lourde avec une nourriture substantielle, ont aussi une physionomie qui leur est particulière. J'ai été déjà frappé de ce rapport. Les arbres des jardins de Paris acquièrent vite un développement extrême. Ils poussent en hauteur, ils ont beaucoup de feuillage, mais la tige est parfois d'une ténuité effrayante. Leur santé est plus apparente que réelle. Un coup de vent d'est les dessèche au milieu de leur splendeur, et, en tous cas, ils arrivent vite à la décrépitude. Il en est de même des hommes nourris et enfermés dans cette vaste cité. Je ne parle pas de ceux dont la misère étouffe le développement. Hélas ! c'est le grand nombre ; mais ceux-là n'ont de commun avec les plantes que la souffrance de la captivité. Les soins leur manquent, et ils arrivent rarement à cette trompeuse beauté qui est chez l'enfant du riche, comme dans la plante de son jardin, le résultat d'une culture exagérée et d'une éclosion forcée. Ces enfants-là sont généralement beaux, leur pâleur est intelligente, leur langueur gracieuse. Ils sont, à dix ans, plus grands et plus hardis que nos paysans ne le sont à quinze ; mais ils sont plus grêles, plus sujets aux maladies inflammatoires, et la vieillesse se fait vite pour eux comme la nuit sur les dômes élevés et sur les cimes altières des beaux arbres de cette Babylone.

Il y a donc ici partout, et dans les jardins particulièrement, une apparence de vie qui étonne et dont l'excès effraie l'imagination. Nulle part au monde il n'y a, je crois, de plus belles fleurs. Les terrains sont si bien engraissés et abrités par tant de murailles, l'air est chargé de tant de vapeurs, que la gelée les atteint peu. Les jardiniers excellent dans l'art de disposer les massifs. Ce n'est plus la symétrie de nos pères, ce n'est pas le désordre et le hasard des accidents naturels ; c'est quelque chose entre les deux, une propreté extrême jointe à un laisser-aller charmant. On sait tirer parti du moindre coin, et ménager une promenade facile dans les allées sinueuses sur un espace de cinquante pieds carrés.

Celui de la maison que j'habite est fort négligé et comme abandonné depuis l'été. On fait de grandes réparations au rez-de-chaussée ; on change, je crois, la disposition de l'appartement qui commande à ce jardin. Les travaux sont interrompus en ce moment-ci, j'ignore pourquoi. Mais je n'entends plus le bruit des ouvriers, et le jardin est continuellement désert. Je le regarde souvent, et j'y découvre mille secrètes beautés que je ne soupçonnais pas, quelque chose de mystérieux, une solennité vraiment triste et douce, quand la vapeur blanche du soir nage autour de ces troncs noirs et lisses que la mousse n'insulte jamais. Les herbes sauvages, l'euphorbe, l'héliotrope d'hiver, et jusqu'au chardon rustique, ont déjà envahi les plates-bandes. Le feuillage écarlate du sumac lutte contre les frimas ; l'arbuste chargé de perles blanches et d'aiguilles de feuilles, ressemble à un bijou de joaillerie, et la rose du Bengale s'entr'ouvre gaiement et sans crainte au milieu des morsures du verglas.

Ce matin j'ai remarqué qu'on avait enlevé les portes du rez-de-chaussée, et qu'on pouvait traverser ce local en décembre pour arriver au jardin. Je l'ai fait machinalement, et j'ai pénétré dans cet Éden solitaire où les bruits des rues voisines arrivent à peine. Je pensais à ces vers de Boileau sur les aises du riche citadin :

Il peut, dans son jardin tout peuplé d'arbres verts
Retrouver les étés au milieu des hivers,
Et foulant le parfum de ses plantes chéries,
Aller entretenir ses douces rêveries.

Et j'ajoutais en souriant sans jalousie :

Mais moi, grâce au destin, qui n'ai ni feu ni lieu,
Je me loge où je puis et comme il plaît à Dieu.

Je venais de faire le tour de cet enclos, non sans effaroucher les merles qui pullulent dans les jardins de Paris et qui se levaient en foule à mon approche, lorsque j'ai trouvé, le long du mur mitoyen, une petite porte ouverte, donnant sur le grand jardin de ma riche voisine. Il y avait là une brouette en travers et tout à côté un jardinier qui achevait de charger pour venir jeter dans l'enclos abandonné les cailloux et les branches mortes de l'autre jardin. Je suis entré en conversation avec cet homme sur la taille des gazons, puis sur celle des arbres, puis sur l'art de greffer. Leurs procédés ici sont d'une hardiesse rare. Ils taillent, plantent et sèment presque en toute saison. Ce jardinier aimait à se faire écouter ; mon attention lui plaisait ; il a fait un peu le pédant, et l'entretien s'est prolongé, je ne sais comment, jusqu'à ce que mon petit ami le jockey soit venu s'en mêler. Le beau lévrier Fly s'est mis aussi de la partie ; il est entré curieusement dans le jardin de mon côté, et après m'avoir flairé avec méfiance, il a consenti à rapporter des branches que je lui jetais. Je sentais vaguement que Madame n'était pas loin, et j'avais grande envie de la voir. Mais je n'osais dépasser le seuil de mon enclos, bien que l'enfant m'invitât à jeter un coup d'œil sur le beau jardin et à m'avancer jusque dans l'allée. Le drôle me fais il les honneurs de ce paradis pour me remercier apparemment de lui avoir fait ceux d'une chaise dans ma mansarde. Il m'a pris en amitié pour cela, et, après tout, c'est un enfant intelligent et bon, que la servitude n'a pas encore dépravé ; il a été plus sensible, je le vois, à un témoignage de fraternité, qu'il ne l'eût été peut-être à une gratification que je ne pouvais lui donner.

« Entrez donc, monsieur Jacques, me disait-il, madame ne grondera pas ; vous verrez comme c'est beau ici, et comme Fly court vite dans la grande allée... »

Tout à coup *Madame* sort d'un sentier ombragé et se présente à dix pas devant moi. L'enfant court à elle avec la confiance qu'un fils aurait témoignée à sa mère. Cela m'a touché.

« Tenez, Madame, criait-il, c'est M. Jacques Laurent qui n'ose pas entrer pour voir le jardin. N'est-ce pas que vous voulez bien ? »

Madame approche avec une gracieuse lenteur.

« Il paraît que monsieur est un amateur, ajoute le jardinier. Il entend fameusement l'horticulture. »

Le brave homme se contentait de peu. Il avait pris ma patience à l'écouter pour une grande preuve de savoir.

« Monsieur Laurent, dit la dame, je suis fort aise de vous rencontrer. Entrez, je vous en prie, et promenez-vous tant que vous voudrez.

— Madame, vous êtes mille fois trop bonne ; mais je n'ai pas eu l'indiscrétion d'en exprimer le désir. C'est cet enfant qui, par bon cœur, me l'a proposé.

— Mon Dieu, reprend-elle, un grand jardin à Paris est une chose agréable et précieuse. J'ai appris que vous sortiez rarement de votre appartement, et que vous passiez une partie des nuits à travailler. Je dispose de cet endroit-ci, je serai charmée que vous y trouviez un peu d'air et d'espace. Profitez de l'occasion, vous ajouterez à la gratitude que je vous dois déjà. »

Et, me saluant avec un charme indicible, elle s'est éloignée.

Je me suis alors promené par tout le jardin. Elle n'y était plus. Le jockey et le jardinier m'ont conduit dans la serre. C'est un lieu de délices, quoique dans un fort petit local. Une fontaine de marbre blanc est au milieu, tout ombragée des grandes feuilles du bananier, toute tapissée des festons charmants des plantes grimpantes. Une douce chaleur y règne, des oiseaux exotiques habitent dans une cage dorée, et de mignons rouges-gorges se sont volontairement installés dans ce boudoir parfumé, dont ils ne cherchent plus à sortir quand on ouvre les vitraux. Quel goût et quelle coquetterie dans l'arrangement de ces purs camélias et de ces cactus étincelants ! Quels mimosas splendides, quels gardénias embaumés! Le jardinier avait raison d'être fier. Ces gradins de plantes dont on n'aperçoit que les fleurs, et qui forment des allées, cette voûte de guirlandes sous un dôme de cristal, ces jolies corbeilles suspendues, d'où pendent des plantes étranges d'une végétation aérienne, tout cela est ravissant. Il y avait un coussin de velours bleu céleste sur le banc de marbre blanc, à côté de la cuve que traverse un filet d'eau murmurante. Un livre était posé sur le bord de cette cuve. Je n'ai pas osé y toucher; mais je me suis penché de côté pour regarder le titre : c'était le *Contrat social*.

« C'est le livre de madame, a dit l'enfant; elle l'a oublié. C'est là sa place, c'est là qu'elle vient lire toute seule, bien longtemps, tous les jours.

— C'est peut-être ma présence qui l'en chasse; je vais me retirer. »

Et j'allais le faire, lorsque, pour la seconde fois, elle m'est apparue. Le jardinier s'est éloigné par respect, le jockey pour courir après Fly, et la conversation s'est engagée entre elle et moi, si naturellement, si facilement, qu'on eût dit que nous étions d'anciennes connaissances. Les manières et le langage de cette femme sont d'une élégance et en même temps d'une simplicité incomparables. Elle doit être d'une naissance illustre, l'antique majesté patricienne réside sur son front, et la noblesse de ses manières atteste les habitudes du plus grand monde. Du moins de ce grand monde d'autrefois, où l'on dit que l'extrême bon ton était l'aisance, la bienveillance et le don de mettre les autres à l'aise. Pourtant je n'y étais pas complètement d'abord, je craignais d'avoir bientôt, malgré toute cette grâce, ma dignité à sauver de quelque essai de protection. Mais ce reste de rancune contre sa race me rendait injuste. Cette femme est au-dessus de toute grandeur fortuite, comme de toute faveur d'hérédité. Ce qu'elle inspire d'abord, c'est le respect, et bientôt après, c'est la confiance et l'affection, sans que le respect diminue.

« Ce lieu-ci vous plaît, m'a-t-elle dit; hélas! je voudrais être libre de le donner à quelqu'un qui sût en profiter. Quant à moi, j'y viens en vain chercher le ravissement qu'il vous inspire. On me conseille, pour ma santé, d'en respirer l'air, et je n'y respire que la tristesse.

— Est-il possible?..... Et pourtant c'est vrai! ai-je ajouté en regardant son visage pâle et ses beaux yeux fatigués. Vous n'êtes pas bien portante, et vous n'avez pas de bonheur.

— Du bonheur, Monsieur! Qui peut être riche ou pauvre et se dire heureux! Pauvre on a des privations; riche on a des remords. Voyez ce luxe, songez à ce que cela coûte, et sur combien de misères ces délices sont prélevées!

— Vrai, Madame, vous songez à cela?

— Je ne pense pas à autre chose, Monsieur. J'ai connu la misère, et je n'ai pas oublié qu'elle existe. Ne me faites pas l'injure de croire que je jouisse de l'existence que je mène; elle m'est imposée, mais mon cœur ne vit pas de ces choses-là.

— Votre cœur est admirable!...

— Ne croyez pas cela non plus, vous me feriez trop d'honneur. J'ai été enivrée quand j'étais plus jeune. Ma mollesse et mon goût pour les belles choses combattaient mes remords et les étouffaient quelquefois. Mais ces jouissances impies portent leur châtiment avec elles. L'ennui, la satiété, un dégoût mortel sont venus peu à peu les flétrir; maintenant je les déteste et je les subis comme un supplice, comme une expiation. »

Elle m'a dit encore beaucoup d'autres choses admirables que je ne saurais transcrire comme elle les a dites. Je craindrais de les gâter, et puis je me suis senti si ému, que les larmes m'ont gagné. Il me semblait que je contemplais un fait miraculeux. Une femme opulente et belle, reniant les faux biens et parlant comme une sainte! J'étais bouleversé. Elle a vu mon émotion; elle m'en a su gré.

« Je vous connais à peine, m'a-t-elle dit, et pourtant je vous parle comme je ne pourrais et je ne voudrais parler à aucune autre personne, parce que je sens que vous seul comprenez ce que je pense. »

Pour faire diversion à mon attendrissement, qui devenait excessif, elle m'a parlé du livre qu'elle tenait à la main.

« Il n'a pas compris les femmes, ce sublime Rousseau, disait-elle. Il n'a pas su, malgré sa bonne volonté et ses bonnes intentions, en faire autre chose que des êtres secondaires dans la société. Il leur a laissé l'ancienne religion, dont il affranchissait les hommes; il n'a pas prévu qu'elles auraient besoin de la même foi et de la même morale que leurs pères, leurs époux et leurs fils, et qu'elles se sentiraient avilies d'avoir un autre temple et une autre doctrine. Il a fait des nourrices croyant faire des mères. Il a pris le sein maternel pour l'âme génératrice. Le plus spiritualiste des philosophes du siècle dernier a été matérialiste sur la question des femmes. »

Frappé du rapport de ses idées avec les miennes, je l'ai fait parler beaucoup sur ce sujet. Je lui ai confié le plan de mon livre, et elle m'a prié de le lui faire lire quand il serait terminé; mais j'ai ajouté que je ne le finirais jamais, si ce n'est sous son inspiration : car je crois qu'elle en sait beaucoup plus que moi. Nous avons causé plus d'une heure, et la nuit nous a séparés. Elle m'a fait promettre de revenir souvent. J'aurais voulu y retourner aujourd'hui, je n'ai pas osé; mais j'irai demain si la porte de ce malheureux rez-de-chaussée n'est pas replacée, et si madame Germain ne me suscite pas quelque persécution pour m'interdire l'accès du jardin. Quel malheur pour moi et pour mon livre, si, au moment où la Providence me fait rencontrer un interprète divin et compétent sur la question qui m'occupe, un type de femme si parfait à étudier pour moi qui ne connais pas du tout les femmes!... Oh! oui! quel malheur, si le caprice d'une servante m'en faisait perdre l'occasion! car cette dame m'oubliera si je ne me montre pas; elle ne m'appellera pas ostensiblement chez elle si son mari est jaloux et despote, comme je le crois! Et d'ailleurs que suis-je pour qu'elle songe à moi?

CAHIER N° 1. — TRAVAIL.

L'homme est un insensé, un scélérat, un lâche, quand il calomnie l'être divin associé à sa destinée. La femme...

CAHIER N° 2. — JOURNAL.

8 janvier.

Je suis retourné déjà deux fois, et j'ai réussi à n'être pas aperçu de madame Germain. C'est plus facile que je ne pensais. Il y a une petite porte de dégagement au rez-de-chaussée, donnant sur un palier qui n'est point exposé aux regards de la loge. Toute l'affaire est de me glisser là sans éveiller l'attention de personne; l'appartement est toujours en décombres, le jardin désert. La porte du mur mitoyen ne se trouve jamais fermée en dehors à l'heure où je m'y présente; je n'ai qu'à la pousser et je me trouve seul dans le jardin de ma voisine. Toujours muni d'un livre de botanique, je m'introduis dans la serre. Le jardinier et le jockey me prennent pour un lourd savant, et m'accueillent avec toutes sortes d'égards. Quand madame n'est pas là elle y arrive bientôt, et alors nous causons deux heures au moins, deux heures qui passent pour moi comme le vol d'une flèche. Cette femme est un ange! On en deviendrait passionnément épris si l'on pouvait éprouver en sa présence un autre sentiment que la vénération. Jamais âme plus pure et plus généreuse ne sortit des mains du créateur; jamais intelligence plus droite, plus claire, plus ingénieuse et plus logique n'habita un cerveau humain. Elle a la véritable instruction : sans aucun pédantisme, elle est compétente sur tous les points. Si elle n'a pas tout lu, elle a du moins tout compris. Oh! la lumière émane d'elle, et je deviens plus sage, plus juste, je deviens véritablement meilleur en l'écoutant. J'ai le cœur si rempli, l'âme si occupée de ses enseignements, que je ne puis plus tra-

Serait-ce là une femme ?... (Page 3.)

vailler ; je sens que je n'ai plus rien en moi qui ne me vienne d'elle, et qu'avant de transcrire les idées qu'elle me suggère il faut que je m'en pénètre en l'écoutant encore, en rêvant à ce que j'ai déjà entendu.

Je n'ai songé à m'informer ni de sa position à l'égard du monde, ni des circonstances de sa vie privée, ni même du nom qu'elle porte ; je sais seulement qu'elle s'appelle Julie, comme l'amante de Saint-Preux. Que m'importe tout le reste, tout ce qui n'est pas vraiment elle-même ? J'en sais plus long sur son compte que tous ceux qui la fréquentent ; je connais son âme, et je vois bien à ses discours et à ses nobles plaintes que nul autre que moi ne l'apprécie. Une telle femme n'a pas sa place dans la société présente, et il n'y en a pas d'assez élevée pour elle. Oh ! du moins elle aura dans mon cœur et dans mes pensées celle qui lui convient ! Depuis huit jours je me suis tellement réconcilié avec ma solitude, que je m'y suis retranché comme dans une citadelle ; je ne regarde même plus la femme ignoble qui me sert, de peur de reposer ma vue sur la laideur morale et physique, et de perdre le rayon divin dont s'illumine autour de moi le monde idéal. Je voudrais ne plus entendre le son de la voix humaine, ne plus aspirer l'air vital hors des heures que je ne puis passer auprès d'elle. Oh ! Julie ! je me croyais philosophe, je me croyais juste, je me croyais homme, et je ne vous avais pas rencontrée !

CAHIER N° 1. — TRAVAIL.

DE L'AMOUR.

. . . .
. . . .

CAHIER N° 2. — JOURNAL.

15 janvier.

Je ne croyais pas qu'un homme aussi simple et aussi retiré que moi dût jamais connaître les aventures, et pourtant en voici deux fort étranges qui m'arrivent en peu de jours, si toutefois je puis appeler du nom léger d'*aventure* ma rencontre romanesque et providentielle avec l'admirable Julie.

Je viens de la part de *madame*. (Page 5.)

Hier soir, j'avais été appelé pour une affaire à la Chaussée-d'Antin, et je revenais assez tard. J'étais entré, chemin faisant, dans un cabinet de lecture pour feuilleter un ouvrage nouveau, dont le titre exposé à la devanture m'avait frappé. Je m'étais oublié là à parcourir plusieurs autres ouvrages assez frivoles, dans lesquels j'étudiais avec une triste curiosité les tendances littéraires du moment ; si bien que minuit sonnait quand je me suis trouvé devant l'Opéra. C'était l'ouverture du bal, et, ralentissant ma marche, j'observais avec étonnement cette foule de masques noirs, de personnages noirs, hommes et femmes, qui se pressaient pour entrer. Il y avait quelque chose de lugubre dans cette procession de spectres qui couraient à une fête en vêtements de deuil [1].

Heurté et emporté par une rafale tumultueuse de ces êtres bizarres, je me sens saisir le bras, et la voix déguisée d'une femme me dit à l'oreille : « On me suit. Je crains d'avoir été reconnue. Prêtez-moi le bras pour entrer ; cela donnera le change à un homme qui me per-

[1]. Le journal de Jacques Laurent est daté de 183*, époque à laquelle les dominos étaient seuls admis au bal de l'Opéra. On n'y dansait pas.

sécute. — Je veux bien vous rendre ce service, ai-je répondu, bien que je n'entende rien à ces sortes de jeux. — Ce n'est pas un jeu, reprit le domino noir à nœuds roses, qui s'attachait à mon bras et qui m'entraînait rapidement vers l'escalier ; je cours de grands dangers. Sauvez-moi. »

J'étais fort embarrassé ; je n'osais refuser, et pourtant je savais qu'il fallait payer pour entrer. Je craignais de n'avoir pas de quoi ; mais nous passâmes si vite devant le bureau, que je n'eus pas même le temps de voir comment j'étais admis. Je crois que le domino paya lestement pour deux sans me consulter. Il me poussa avec impétuosité au moment où j'hésitais, et nous nous trouvâmes à l'entrée de la salle avant que j'eusse eu le temps de me reconnaître.

L'aspect de cette salle immense, magnifiquement éclairée, les sons bruyants de l'orchestre, cette fourmilière noire qui se répandait comme de sombres flots, dans toutes les parties de l'édifice, en bas, en haut, autour de moi ; les propos incisifs qui se croisaient à mes oreilles, tous ces bouquets, tous ces masques semblables, toutes ces voix flûtées qui s'imitent tellement les unes les autres, qu'on dirait le même être mille fois répété dans des manifestations identiques ; enfin, cette cohue triste et agitée, tout cela me causa un instant de vertige et d'effroi. Je regardai ma compagne. Son œil noir et brillant à travers les trous de son masque, sa taille informe sous cet affreux domino qui fait d'une femme un moine, me firent véritablement peur, et je fus saisi d'un frisson involontaire. Je croyais être la proie d'un rêve, et j'attendais avec terreur quelque transformation plus hideuse encore, quelque bacchanale diabolique.

Nous avions apparemment échappé au danger réel ou imaginaire qui me procurait l'honneur de l'accompagner, car elle paraissait plus tranquille, et elle me dit d'un ton railleur : « Tu fais une drôle de mine, mon pauvre chevalier. Vraiment, tu es le chevalier de la triste figure !

— Vous devez avoir furieusement raison, beau masque, lui répondis-je, car, grâce à vous, c'est la première fois que je me trouve à pareille fête. Maintenant vous n'avez plus besoin de moi, permettez-moi de vous souhaiter beaucoup de plaisir et d'aller à mes affaires.

— Non pas, dit-elle, tu ne me quitteras pas encore, tu m'amuses.

— Grand merci, mais...

— Je dirai plus, tu m'intéresses. Allons, ne fais pas le cruel, et crains d'être ridicule. Si tu me connaissais, tu ne serais pas fâché de l'aventure.

— Je ne suis pas curieux, permettez que je...

— Mon pauvre Jacques, tu es d'une pruderie révoltante. Cela prouve un amour-propre insensé. Tu crois donc que je te fais la cour ? Commence par t'ôter cela de l'esprit, toi qui en as tant ! Je ne suis pas éprise de toi le moins du monde, quoique tu sois trop joli garçon pour un pédant !

— A ce dernier mot, je vois bien que j'ai l'honneur d'être parfaitement connu de vous.

— Voilà de la modestie, à la bonne heure ! Certes, je te connais, et je sais ton goût pour la botanique. Ne t'ai-je pas vu entrer dans une certaine serre où, depuis quinze jours, tu étudies le camélia avec passion ?

— Qu'y trouvez-vous à redire ?

— Rien. La dame du logis encore moins, à ce qu'il paraît ?

— Vous êtes sans doute sa femme de chambre ?

— Non, mais son amie intime.

— Je n'en crois rien. Vous parlez comme une soubrette et non pas comme une amie.

— Tu es grossier, chevalier discourtois ! Tu ne connais pas les lois du bal masqué, qui permettent de médire des gens qu'on aime le mieux.

— Ce sont de fâcheux et stupides usages.

— Ta colère me divertit. Mais sais-tu ce que j'en conclus ?

— Voyons !

— C'est que tu voudrais, en jouant la colère, me faire croire qu'il y a quelque chose de plus sérieux entre cette dame et toi que des leçons de botanique.

— Sérieux ? Oui, sans doute, rien n'est plus sérieux que le respect que je lui porte.

— Ah ! tu la crois donc bien vertueuse ?

— Tellement, que je ne puis souffrir d'entendre parler d'elle en ce lieu, et d'en parler moi-même à une personne que je ne connais pas, et qui...

— Achève ! « Et dont tu n'as pas très-bonne opinion jusqu'à présent ? »

— Que vous importe, puisque vous venez ici pour provoquer et braver la liberté des paroles ?

— Tu es fort aigre. Je vois bien que tu es amoureux de la dame aux camélias. Mais n'en parlons plus. Il n'y a pas de mal à cela, et je ne trouverais pas mauvais qu'elle te payât de retour. Tu n'es pas mal, et tu ne manques pas d'esprit ; tu n'as ni réputation, ni fortune, c'est encore mieux. Je pardonnerais à cette femme toutes les folies de sa jeunesse, si elle pouvait, sur *ses vieux jours*, aimer un homme raisonnable pour lui-même et s'attacher à lui sérieusement.

<small>Vous, vous êtes ma mie, une fille suivante,
Un peu trop forte en gueule et fort impertinente.</small>

Le domino provocateur ne fit que rire de la citation ; mais changeant bientôt de ton et de tactique :

« Ton courroux me plaît, dit-elle, et me donne une excellente opinion de toi. Sache donc que tout ceci était une épreuve ; que j'aime trop Julie pour l'attaquer sérieusement, et qu'elle saura demain combien tu es digne de l'honnête amitié qu'elle a pour ton personnage flegmatique, philosophique et botanique. Je veux que nous fassions connaissance chez elle à visage découvert, et que la paix soit signée entre nous sous ses auspices. Allons, viens t'asseoir avec moi sur un banc. Je suis déjà fatiguée de marcher, et mon envie de rire se passe. Julie prétend que tu es un grand philosophe, je serais bien aise d'en profiter. »

Soit faiblesse, soit curiosité, soit un vague prestige qui, de Julie, se reflétait à mes yeux sur cette femme légère, comme la brillante lueur de l'astre sur quelque obscur satellite, je la suivis, et bientôt nous nous trouvâmes dans une loge du quatrième rang, assis tellement au-dessus de la foule, que sa clameur ne nous arrivait plus que comme une seule voix, et que nous étions comme isolés à l'abri de toute surveillance et de toute distraction. *Elle* commença alors des discours étranges où le plus énergique enivrement se mêlait à la plus adroite réserve ; elle paraissait continuer l'entretien piquant que nous avions commencé en bas, ou du moins passer naturellement de ce fait particulier à une théorie générale sur l'amour. Et comme il me semblait que c'était ou une provocation directe, ou le désir de m'arracher par surprise quelque secret de cœur relatif à Julie, je me tenais sur mes gardes. Mais elle se railla de ma prudence, et après avoir finement fustigé la présomption qu'elle m'attribuait dans les deux cas, elle me força à ne voir dans ses discours qu'une provocation à des théories sérieuses de ma part sur la question brûlante qu'elle agitait. J'étais scandalisé d'abord de cette facilité sans retenue et sans fierté à soulever devant moi le voile sacré à travers lequel j'ai à peine osé jusqu'ici interroger le cœur des femmes ; mais son esprit souple et fécond, une sorte d'éloquence fiévreuse qu'elle possède, réussirent peu à peu à me captiver. Après tout, me disais-je, voici une excellente occasion d'étudier un nouveau type de femme, qui, dans sa fougue audacieuse, m'est tout aussi inconnu que me l'était il y a peu de jours le calme divin de Julie. Voyons à quelle distance de l'homme peut s'élever ou s'abaisser la puissance de ce sexe !

« Allons, me disait-elle, réponds, mon pauvre philosophe ! n'as-tu donc rien à m'enseigner ? Je t'ai attiré ici pour m'instruire. Moralise-moi si tu veux. De quoi veux-tu parler au bal masqué avec une femme, si ce n'est d'amour ? Eh bien, prononce-toi, admets ou réfute mes objections. Que feras-tu de la passion dans ta république idéale ? Dans quelle série de mérites rangeras-tu la pécheresse qui a beaucoup aimé ? Sera-ce au-dessous, ou au-dessus, ou simplement à côté de la vierge qui n'a point aimé encore, ou de la matrone à qui les soins vertueux du ménage n'ont pas permis d'être aimable et, par conséquent, d'être émue et enivrée de l'amour d'un homme ? Voueras-tu un culte exclusif à ces fleurs sans parfum et sans éclat qui végètent à l'ombre, et qui, ne connaissant pas le soleil, croient que le soleil est l'ennemi de la vie ? Je vois que tu adores le camélia ; apparemment tu méprises la rose ?

— La rose est enivrante, répondis-je, mais elle ne vit qu'un instant. Je voudrais lui donner la persistance et la durée du camélia blanc, symbole de pureté.

— C'est cela, tu voudrais lui enlever sa couleur et son parfum, et tu oserais dire aux jardiniers de ton espèce : « Voyez, chers cuistres, mes frères, quel beau monstre vient d'éclore sous mon châssis ! » Tiens, froid rêveur, regarde toutes ces femmes qui sont ici ! Je voudrais te faire soulever leurs masques et lire dans leurs âmes. La plupart sont belles, belles de corps et d'intelligence. Celles que tu croiras les plus dépravées sont souvent celles qui ont le plus tendre cœur, l'esprit le plus spontané, les plus nobles intelligences, les entrailles les plus maternelles, les dévouements les plus romanesques, les instincts les plus héroïques. Songez-y, malheureux, toutes ces femmes de plaisir et d'ivresse, c'est l'élite des femmes, ce sont les types les plus rares et les plus puissants qui soient sortis des mains de la nature ; et c'est pourquoi, grâce aux législateurs pudiques de la société, elles sont ici, cherchant l'illusion d'un instant d'amour, au milieu d'une foule d'hommes qui feignent de les aimer, et qui affectent entre eux de les mépriser. Les plus beaux et les meilleurs êtres de la création sont là, forcés de tout braver, ou de se masquer et de mentir, pour n'être pas outragés à chaque pas. Et c'est là votre ouvrage, hommes clairvoyants, qui avez fait de votre amour un droit, et du nôtre un devoir ! »

Elle me parla longtemps sur ce ton, et me fit entendre de si justes plaintes, elle sut donner tant d'attraits et de puissance à ce dieu d'Amour dont elle semblait vouloir élever le culte sur les ruines de tous les principes, que les heures de la nuit s'envolèrent pour moi comme un songe. La parole de cette femme me subjuguait ; la laideur de son déguisement, l'effroi que m'inspirait son masque, et jusqu'à l'éclat lugubre de la fête où elle m'avait entraîné, tout cela disparaissait autour de moi. Toute son âme, tout son être semblaient être passés dans cette parole ardente, et cette voix feinte, qu'elle maniait avec art pour ne pas se faire reconnaître, cette voix de masque qui m'avait blessé le tympan d'abord, prenait pour moi des inflexions étranges, quelque chose d'incisif, de pénétrant, qui agissait sur mes nerfs, si ce n'est sur mon âme. Je me sentais vaincu, modifié et comme transformé dans mes opinions en l'écoutant. Je lui demandai grâce. « Je suis trop agité pour répondre, lui dis-je, je veux rentrer en moi-même, et savoir si à l'abri de votre éloquence je dois vous admirer ou vous plaindre.

— Eh bien, dit-elle en se levant, consulte l'oracle ! Demande à Julie ce qu'elle doit penser du caquet de sa *femme de chambre*. Je te donne rendez-vous ici, à cette place et à cette heure, d'aujourd'hui en huit. Si tu n'y viens pas, je te regarderai comme vaincu, et je regretterai le temps que j'aurai perdu à provoquer un adversaire si faible. »

Elle disparut. J'étais si accablé, que je ne songeai pas à la suivre. Puis je le regrettai aussitôt, et me mis à sa recherche, mais inutilement. Il y avait dans le bal plus de cent dominos à nœuds roses. L'ouvreuse de loges, avec qui je sus engager une conversation, m'apprit que les *femmes comme il faut* ne portaient jamais aucun ornement, et que leur costume était uniformément noir comme la nuit.

Cette femme m'a bouleversé le cerveau. O Julie ! j'ai besoin de vous revoir et de vous entendre pour effacer ce mauvais rêve, pour me rattacher à l'adoration fervente et inviolable de la clarté sans ombre et de la pudeur sans trouble.

8 janvier.

Un mauvais génie a présidé au destin de la semaine. Une fois je suis allé au jardin, elle n'a point paru ; une autre fois j'ai essayé de pénétrer dans l'enclos par le rez-de-chaussée ; les portes étaient replacées, les serrures posées et fermées. J'ai fait une tentative désespérée auprès de madame Germain ; j'ai humblement demandé la permission de prendre un peu d'air et de mouvement dans ce jardin inoccupé. Elle m'a aigrement refusé.

« De l'air et du mouvement, Monsieur n'en manque pas, puisqu'il passe les nuits à courir ! »

J'ai offert de l'argent ; mais je ne suis pas assez riche pour corrompre.

« Monsieur n'en aura pas de trop pour acquitter les dettes de ses locataires insolvables. D'ailleurs, c'est ma consigne : le jardin n'est ouvert à personne. »

J'irai donc à l'Opéra ce soir : je ferai cette folie. J'interrogerai ce masque, je saurai si Julie est malade ou si elle a quelque chagrin. Je ferai semblant d'être galant pour me rendre favorable cette femme étrange qui prétend la connaître... et qui m'a peut-être trompé. Comment Julie pourrait-elle se lier d'amitié avec un caractère si différent du sien ?

10 janvier.

Me voilà brisé, anéanti ! Non, je n'aurai pas le courage de me raconter à moi-même ce que j'ai découvert, ce que je souffre depuis cette nuit maudite !

10 janvier.

Essayons d'écrire. Les souvenirs qu'on se retrace en les rédigeant échappent au vague de la rêverie dévorante.

A minuit j'étais là, où elle m'avait dit de la rejoindre, et je l'attendais. Elle paraît enfin, me serre convulsivement la main, et se jette, essoufflée, sur une chaise au fond de la loge, après s'y être fait renfermer avec moi par l'ouvreuse. Au bout de quelques moments de silence, où elle paraissait véritablement suffoquée par l'émotion :

« J'ai encore été poursuivie aujourd'hui, me dit-elle, par un homme qui me hait et que je méprise. Oh ! candide et honnête Jacques ! vous ne savez pas ce que c'est qu'un homme du monde, à quelle lâche fureur, à quels ignobles ressentiments peuvent se porter ces gens de bonne compagnie, quand le despotisme fanatique de leur amour-propre est blessé ! »

Je la plaignais, mais je ne trouvais pas d'expression pour la consoler.

« Vous le voyez, lui dis-je, cette vie d'enivrement et de plaisir égare celles qui s'y abandonnent. Ces illusions d'un instant dont vous me parliez mettent l'amour d'une femme, peut-être belle et bonne, aux bras d'un homme indigne d'elle, et capable de tout pour se venger du retour de sa raison.

— Qu'est-ce que cela prouve, Jacques ? me dit-elle vivement. C'est qu'apparemment il faut s'abstenir de chercher et de rêver l'amour dans ce monde-ci. Créez-en donc un meilleur, où l'on puisse estimer ce qu'on aime, et, en attendant, croyez-moi, ne prenez pas parti pour le bourreau contre la victime. »

En ce moment, la porte de la loge voisine s'ouvrit. Un fort bel homme, qui avait un air de grand seigneur et des fleurs à sa boutonnière, entra, et, se penchant vers ma compagne par-dessus la cloison basse qui nous séparait :

« C'est donc vous enfin, *belle Isidora* ? lui dit-il d'un ton acerbe. Pourquoi fuir et vous cacher ? Je ne prétends pas troubler vos plaisirs, mais voir seulement la figure de notre heureux successeur à tous, afin de le désigner aux remerciements de *mon ami Félix.* »

Quoiqu'il eût parlé à voix basse, je n'avais pas perdu un mot de son compliment. Ma compagne m'avait saisi le bras, et je la sentais trembler comme une feuille au vent d'orage. Je pris vite mon parti.

« Monsieur, dis-je en me levant, je ne sais point ce que c'est que mademoiselle Isidora. Je ne sais pas davantage ce que c'est que votre ami Félix, et je ne vois pas trop ce que peut être un homme qui s'en vient insulter une femme au bras d'un autre homme. Mais ce que je sais, mordieu, fort bien, c'est que je reviens de mon village, et que j'en ai rapporté des poings qui, pour parler le langage du lieu où nous sommes, pourraient bien vous faire piquer une tête dans le parterre, si votre goût n'était pas de nous laisser tranquilles. »

Puis, comme je le voyais hésiter, et qu'il me paraissait trop facile de me débarrasser de ce beau fils par la force, il me prit envie de le persifler un peu par le mensonge.

« Sachez, d'ailleurs, lui dis-je, que madame est... *ma femme,* et tenez-vous pour averti.

— Votre femme ! » répondit le dandy avec ironie, quoique cependant il ne fût pas certain de ne pas s'être grossièrement trompé. — Votre femme !.... Eh bien ! Monsieur, vous défendez peu courtoisement son honneur ; mais j'ai tort, et je mérite un peu votre mercuriale ; et madame me pardonne, ajouta-t-il en saluant ma prétendue femme, c'est une méprise qui n'a rien de volontaire.

— Je te remercie, bon Jacques, reprit-elle, aussitôt qu'il se fut éloigné, tu m'as rendu un grand service ;

mais si tu veux que je te le dise, il y a dans ta manière de me défendre quelque chose qui me blesse profondément. Tu n'aurais donc pas consenti à défendre le nom et la personne d'Isidora, dans la crainte de passer pour l'amant d'une femme qu'on peut outrager ainsi?

— Rien de semblable ne m'est venu à l'esprit; je n'ai songé qu'à vous débarrasser d'un fou ou d'un ennemi, qui m'eût, à coup sûr, forcé de traverser par quelque scandale le plaisir que j'éprouve à causer avec vous.

— Mais si j'avais été cette Isidora fameuse dont on dit tant de mal, et dont vous avez sans doute la plus parfaite horreur, et si l'ennemi s'était acharné à me prendre pour elle, nonobstant notre mariage improvisé?...

— D'abord je ne m'inquiète pas de cette Isidora, et je ne la connais pas. Je ne suis pas un homme du monde, je n'ai point de rapports avec ce genre de femmes célèbres. Ensuite, Isidora ou non, je vous prie de croire que je ne suis pas assez de mon village pour ne pas savoir qu'on doit protection à la femme qu'on accompagne.

— Ah! mon cher villageois, avoue que c'est une triste nécessité que le devoir d'un honnête homme en pareil cas! Risquer sa vie pour une fille!

— Je n'ai jamais su ce que c'était qu'une fille, je le sais moins que jamais, et je suis tenté, depuis huit jours, de croire qu'il n'y a point de femmes qui méritent réellement cette épithète infamante. Si Isidora est une de ces femmes, et si vous êtes cette Isidora, j'éprouve pour vous...

— Eh bien, qu'éprouves-tu pour moi? Dis donc vite!

— Le même sentiment qu'un dévot aurait pour une relique qu'il verrait foulée aux pieds dans la fange. Il la relèverait, il s'efforcerait de la purifier et de la replacer sous la châsse.

— Tu es meilleur que les autres, pauvre Jacques, mais tu n'es pas plus grand! Tu vois toujours dans l'amour l'idée de pardon et de correction, tu ne vois pas que ton rôle de purificateur, c'est le préjugé du pédagogue qui croit sa main plus pure que celle d'autrui, et que la châsse où tu veux replacer la relique, c'est l'éteignoir, c'est la cage, c'est le tombeau de la possession jalouse?

— Femme orgueilleuse! m'écriai-je, tu ne veux pas même de pardon?

— Le pardon est un reproche muet, le mépris subsiste après. Je donnerais une vie de pardon pour un instant d'amour.

— Mais le mépris revient aussi après cet instant-là!

— On l'a eu, cet instant! Avec le pardon on ne l'a pas. Mépris pour mépris, j'aime mieux celui de la haine que celui de la pitié. »

Je ne sais comment il se fit que l'accent dont elle dit ces paroles me causa une sorte de vertige. Je fus comme tenté de me jeter à ses pieds et de lui demander pardon à elle-même. Mais un reste d'effroi et peut-être de dégoût me retint.

« Allons-nous-en, me dit-elle, nous ne nous entendrons pas, mon philosophe! »

Je la suivis machinalement. Nous fîmes un tour de foyer. J'y étais étourdi et comme étouffé par le feu croisé des agaceries et des épigrammes. Tout à coup ma compagne quitta mon bras comme pour m'échapper. Je ne la perdis pas de vue, et, voyant qu'elle quittait le bal, je décidai de la quitter aussitôt, tout en protégeant sa retraite. Je descendais l'escalier sur ses pas, et elle atteignait la dernière marche, lorsque le beau jeune homme dont je l'avais débarrassée, et qui rentrait, se trouve face à face avec elle. Il s'arrête, sourit avec un mépris inexprimable, et, levant les yeux vers moi:

« C'est donc l'habitude dans votre province, me dit-il, de suivre sa femme comme un jaloux, et de l'observer à distance? Mon cher monsieur, vous vous êtes moqué de moi, mais je vous le pardonne, si bien que je veux vous donner un petit avis. La dame que vous escortez est la plus belle femme de Paris, vous avez raison d'en être vain; mais, comme c'est la plus méprisable et la plus méprisée, vous auriez grand tort d'en être fier.

— Et vous, répondis-je, vous devriez être honteux de parler comme vous faites. Si vous dites un mot de plus, je vous en rendrai très-repentant. »

Un flot de monde qui rentrait nous sépara, et il monta l'escalier assez rapidement. Quand il fut en haut du premier palier, il se retourna. Je m'étais emparé du bras d'Isidora, et je m'étais arrêté en bas pour le regarder aussi. Il haussa légèrement les épaules. Je lui fis un signe impératif pour qu'il eût à disparaître ou à redescendre. Il prit le premier parti, couvrant d'un air de dédain ironique sa retraite prudente.

Je me sentais le sang échauffé plus que de raison; je voulais remonter et le forcer à prendre d'autres airs. Ma compagne se cramponna après moi.

« Vous me perdez si vous faites du scandale, me dit-elle. Suivez-moi, j'ai à vous parler. »

Elle m'entraîna vers un fiacre, donna son adresse tout bas au cocher, et me dit:

« Jacques, vous allez me suivre chez moi. Ce n'est pas une aventure; je sais qu'elle ne serait pas de votre goût, et il n'est pas certain qu'elle fût du mien. »

Que ce fût la colère dont j'étais à peine remis, ou la pitié pour elle, ou quelque intérêt subit plus tendre que je ne voulais me l'avouer, je ne me sentais plus sous l'empire de la raison. Il faut que j'avoue aussi que la crainte de découvrir la vieillesse et la laideur sous son masque avait agi à mon insu sur mon imagination. Le dandy, qui croyait me dégoûter d'elle en m'apprenant (ce qu'il ne supposait pas que je pusse ignorer), qu'elle était la plus belle femme de Paris, avait étrangement manqué sa vengeance. Le prestige de la beauté, lors même qu'il n'agit pas encore sur les yeux, est tout puissant sur un cerveau aussi impressionnable que le mien. J'entourai de mes bras sa tremblante conquête, et perdant tout mon orgueil de pédagogue, je la suppliai de ne pas me croire indigne d'un de ces moments d'amour qu'elle m'avait fait rêver si doux et si terribles. Elle tressaillit et s'arracha de mes bras à plusieurs reprises; enfin elle me dit:

« Prenez garde, Jacques, que ma figure ne soit pour vous la tête de Méduse!... Vous allez me voir, hélas! ne parlez pas d'amour et de joie. Je touche au terme de mon agonie, et je sens la vie quitter mon sein, peut-être pour la dernière fois. »

Le fiacre s'arrêta à une petite porte, dans une ruelle sombre. J'en franchis le seuil sans savoir dans quel quartier de Paris je pouvais être: j'avais fait cette course comme un somnambule. Nous traversâmes plusieurs pièces mystérieuses, éclairées seulement par des feux mourants de cheminée qui faisaient scintiller dans l'ombre quelques dorures. Enfin nous entrâmes dans un boudoir à la fois chaste et délicieux, au milieu duquel brûlait une lampe de bronze antique. Ma compagne ferma soigneusement les portes, alluma plusieurs bougies, et, tout à coup arrachant son masque avec un mouvement de colère et de désespoir, elle me montra... Ô ciel! écrirai-je son nom sans défaillir!... les traits purs et divins de Julie!

« Julie! m'écriai-je...

— Non pas Julie, dit-elle avec amertume, mais Isidora, *la femme la plus méprisée, sinon la plus méprisable de Paris*. »

Je restai longtemps atterré, et, lorsque j'osai relever les yeux sur elle, je vis qu'elle observait mon visage avec une profonde anxiété.

« Jacques, reprit-elle alors, voyant que je n'avais pas la force de rompre le silence, vous avez aimé *Julie!* Julie n'a pas joué de rôle devant vous : vous n'aviez point parlé d'amour ensemble. Vous avez connu l'état présent de son âme, ses profonds ennuis et ses plus sérieuses préoccupations depuis qu'elle a renoncé au rêve d'être aimée. Mais elle vous eût trompé, si elle eût laissé la passion s'allumer en vous dans les circonstances pures et charmantes qui avaient présidé à votre rencontre. Le hasard d'une autre rencontre à la porte de l'Opéra l'a décidée à se faire connaître sous son autre aspect. Celui-là, c'est le passé, mais un passé qui n'est pas assez loin pour être oublié des hommes qui le connaissent...

— Ne vous accusez pas, Julie, vous me faites trop de mal !
— Que voulez-vous dire?
— Je n'en sais rien, je souffre !
— Je vous comprends mieux que vous-même. C'est le moment de nous dire adieu, Jacques. Ne souffrez pas à cause de moi. Moi aussi, je souffre, et je dois souffrir plus longtemps que vous; car, moi aussi je vous aimais, alors que je me sentais aimée, et les raisons qui me feront combattre désormais votre souvenir ne sont terribles et humiliantes que pour moi seule.
— Ne dites pas cela, Julie ! Je vous aime, je vous aimerai toute ma vie. Je vous vénérais comme un ange; à présent, je vous aimerai *autrement*; mais ce ne sera pas moins, je vous le jure !
— *Vous le jurez !* donc vous ne le sentez plus. Je ne veux pas être aimée *autrement*, moi, et je sais que mon ambition est insensée. Ainsi, adieu, noble et bon Jacques, adieu pour toujours, le dernier amour de ma vie !
— Julie ! Julie ! ne mettez pas de l'orgueil à la place de l'amour. Ne repoussez pas cet amour vrai et profond, que je mets encore à vos pieds. O ciel ! craindriez-vous de moi de lâches reproches ?
— Je vous l'ai dit, je crains le *pardon !* ce muet reproche, le plus noble, mais le plus implacable de tous !
— Ne parlez pas de pardon, n'en parlons jamais ! A Dieu seul le droit de pardonner; vous avez raison ! Et que suis-je pour m'arroger celui de vous absoudre ? Ma vie a été pure et paisible, et je n'ai pas lieu d'en tirer gloire. A quelles séductions ai-je été exposé ? quelles luttes ai-je subies ! Non, adorable et infortunée créature, je ne te pardonne pas, je t'aime trop pour cela !
— Tu as raison, Jacques, s'écria-t-elle, c'est ainsi qu'il faut aimer, ou ne pas s'en mêler ! »
Et, se précipitant dans mes bras, elle m'étreignit contre son cœur avec passion.
Mais cette femme avait trop souffert pour être confiante. De sinistres prévisions glacèrent ses premiers transports.
« Ecoute, Jacques, dit-elle, tu sais bien tout ! Je suis une femme entretenue; tu le sais à présent ! Je suis la maîtresse du comte Félix de ***; sais-tu cela ? Nous sommes ici chez lui, il peut arriver et nous chasser l'un et l'autre; y songes-tu ? En ce moment tu risques ton honneur, et moi mon opulence et la dernière planche de salut offerte à ma considération, sinon comme femme estimable, du moins comme beauté désirable et puissante.
— Que nous importe, Julie ? Demain tu quitteras cette prison dorée où ton âme languit. Tu viendras partager la misère du pauvre rêveur. Je travaillerai pour te faire vivre, je suspendrai mes rêveries, je donnerai des leçons. Nous fuirons ensemble dans quelque ville de province, loin d'ici, loin de tes ennemis. Tu trouveras cette vie pure et simple à laquelle tu aspires... Tu ne connaîtras plus cet ennui qui te ronge, cette oisiveté que tu te reproches; demain, tu seras libre, ma belle captive. Et pourquoi pas tout de suite ! Viens, partons, suis l'amant qui t'enlève ! »
Une secrète terreur se peignit dans les traits de Julie.
« Déjà des conditions ! dit-elle, déjà le travail de ma réhabilitation qui commence ! Jacques, tu vas croire que je t'ai trompé, que je me suis trompée moi-même, quand je t'ai dit que je détestais mon luxe et mes plaisirs. Je t'ai dit la vérité, je le jure... Et pourtant tes projets me font peur ! Et si je n'allais ne plus m'aimer ! si je me trouvais seule, sans amour et sans ivresse, replongée dans cette affreuse misère que je n'ai pu supporter lorsque j'étais plus jeune, plus belle et plus forte ! La misère sans amour, c'est impossible. Eh quoi ! tu me demandes déjà des sacrifices ? tu n'attends pas que je te les offre ! tu acceptes la pécheresse à condition que, dès demain, dès aujourd'hui, elle passera à l'état de sainte ! Oh ! toujours l'orgueil et la domination de l'homme ! Il n'y a donc pas un instant d'ivresse où l'on puisse se réfugier contre les exigences d'un contrat ? »

L'amertume de Julie était profondément injuste. Je fus effrayé des blessures de cette âme meurtrie. J'espérai la guérir avec le temps et la confiance, et je voulus son amour sans condition. Je l'obtins, mais il y eut quelque chose de sinistre dans nos transports. Cela ressemblait à un éternel adieu dont nous avions tous deux le pressentiment. Quand le jour pâle et tardif de l'hiver vint nous avertir de nous séparer, je crus voir la Juliette de Shakspeare lisant dans le livre sombre du destin; sa pâleur et ses cheveux épars la rendaient plus belle, mais les douleurs de son âme dévastée la rendaient effrayante. Elle me donna une clef de son appartement, et rendez-vous pour le soir même, mais elle ne put faire l'effort de sourire en recevant mon dernier baiser.
Deux heures après je recevais le billet suivant :

« Ce que je prévoyais est arrivé : le lâche qui m'a insultée au bal a instruit le comte de mon escapade. Je viens d'avoir une scène affreuse avec ce dernier. Mais j'ai dominé sa colère par mon audace. Je ne veux pas être chassée par cet homme, je veux le quitter au moment où il sera le plus courbé à mes pieds. Pour écarter ses soupçons, je pars avec lui pour un de ses châteaux. Je serai bientôt de retour, et alors, Jacques, je verrai si tu m'aimes. »

O Julie ! votre immense et pauvre orgueil nous perdra !

15 janvier.

Elle pouvait quitter cet homme et fuir le mal à l'instant même. Elle ne l'a pas voulu !... Est-ce la crainte de la misère? Non, Julie, tu ne sais pas mentir, mais la crainte d'un mépris qui devait t'honorer pour la première fois de ta vie, t'a rejetée dans l'abîme. Tu n'as pas compris que la raillerie des âmes vicieuses allait cette fois te réhabiliter devant Dieu ! Et comment n'aurais-tu pas perdu la notion du vrai et du juste sur ces choses délicates ! Pauvre infortunée, ta vie a été un long mensonge à tes propres yeux !
Je l'attends toujours... Je l'aime toujours... Et pourtant elle a compté pour rien ma souffrance et ma honte. Elle subit l'amour avilissant de ce gentilhomme pour s'épargner le dépit d'être quittée, et pour se réserver la gloire de *quitter* la première ! Dieu de bonté, ayez pitié d'elle et de moi !

20 janvier.

Elle n'est pas revenue ! Elle ne reviendra peut-être pas !

30 janvier.

Billet de Julie, du château de ***.

« Jacques, je pars pour l'Italie. Ne songez plus à moi. J'ai réfléchi. Vous n'auriez jamais pu m'aimer sans vouloir me dominer et m'humilier. Je domine et j'humilie Félix. J'ai encore besoin de cette vengeance pendant quelque temps. Ne croyez pas que je sois heureuse : vingt fois par jour je suis comme prête à me tuer ! Mais je veux mourir debout, vois-tu, et non pas vivre à genoux. J'ai trop bu dans cette coupe du repentir et de la pénitence, je ne veux pas surtout que la main d'un amant la porte à mes lèvres. »

CAHIER N° 4. — TRAVAIL.

1er mai.

Mon ouvrage est fort avancé, et la question des femmes est à peu près résolue pour moi. Etres admirables et divins, vous ne pouvez grandir que dans la vertu, et vous abjurez votre force en perdant la sainte pudeur. C'est un frein d'amour et de confiance qu'il fallait à votre expansion puissante, et nous vous avons forgé un joug de crainte et de haine ! Nous en recueillons les fruits. Oh ! qu'ils sont amers à nos lèvres et aux vôtres !

DEUXIÈME PARTIE.

ALICE.

Dans un joli petit hôtel du faubourg Saint-Germain, plusieurs personnes étaient réunies autour de madame de T... Que madame de T... fût comtesse ou marquise, c'est ce que je n'ai pas retenu et ce qui importe le moins. Elle avait un nom plus doux à prononcer qu'un titre quelconque : elle s'appelait Alice.

Elle était ce jour-là au milieu de ses nobles parents ; aucun ne lui ressemblait. Ils étaient rogues et fiers. Elle était simple, modeste et bonne.

C'était une femme de vingt-cinq ans, d'une beauté pure et touchante, d'un esprit mûr et sérieux, d'une tournure jeune et pleine d'élégance. Au premier abord, cette beauté avait un caractère peut-être trop chaste et trop grave pour qu'il y eût moyen de mettre, comme on dit, un roman sur cette figure-là. L'extrême douceur du regard, la simplicité des manières et des ajustements, le parler un peu lent, l'expression plus juste et plus sensée qu'originale et brillante, tous ces dehors s'accordaient parfaitement avec tout ce que le monde savait de la vie d'Alice de T.., Un mariage de convenance, un veuvage sans essai et sans désir de nouvelle union, une absence totale de coquetterie, aucune ambition de paraître, une conduite irréprochable, une froideur marquée et quelque peu hautaine avec les hommes à succès, une bienvaillance désintéressée à l'égard des femmes, des amitiés sérieuses sans intimité exclusive, c'était là tout ce qu'on en pouvait dire. Lions et lionnes de salons la détestaient et la déclaraient impertinente, bien qu'elle fût d'une politesse irréprochable, savante même, et calculée comme l'est celle d'une personne fière et de son droit, au milieu des sots et des sottes. Les gens de cœur et d'esprit, qui sont en minorité dans le monde, l'estimaient au contraire ; mais ils lui eussent voulu plus d'abandon et d'élan. Quelques observateurs l'étudiaient, cherchant à découvrir un secret de femme sous cette réserve inexplicable ; mais ils y perdaient leur science. Cependant, disaient-ils, cet œil noir si calme a des éclairs rapides presque insaisissables ; ces lèvres qui parlent si peu ont quelquefois un tremblement nerveux, comme si elles refoulaient une pensée ardente ; cette poitrine si belle et si froide a comme des tressaillements mystérieux. Puis tout cela s'efface avant qu'on ait pu l'étudier, avant qu'on puisse dire si c'est une aspiration violente par la prudence, ou quelque bâillement de profond ennui étouffé par le savoir-vivre.

Revenue depuis peu de jours de la campagne, elle revoyait ses parents pour la première fois depuis six mois environ. Ils avaient remarqué qu'elle était changée, amincie, pâlie extrêmement, et que sa gravité ordinaire avait quelque chose d'une nonchalance chagrine.

« Ma nièce, lui disait sa vieille tante la marquise, la campagne ne vous a point profité cette année. Vous y êtes restée trop longtemps, vous y avez pris de l'ennui.

— Ma chère, disait une cousine fort laide, vous ne vous soignez pas. Vous montez trop à cheval ; j'en suis sûre, vous lisez le soir, vous vous fatiguez. Vos lèvres sont blêmes et vos yeux cernés.

— Ma cousine, ajoutait un jeune fat, frère de la précédente, il faut vous remarier absolument. Vous vivez trop seule, vous vous dégoûtez de la vie. »

Alice répondait, avec un sourire un peu forcé, qu'elle ne s'était jamais mieux portée, et qu'elle aimait trop la campagne pour s'y ennuyer un seul instant.

« Et votre fils, ce cher Félix, arrive-t-il bientôt ? dit un vieil oncle.

— Ce soir ou demain, j'espère, dit madame de T...; je l'ai devancé de quelques jours, son précepteur me l'amène. Vous le trouverez grandi, embelli, et fort comme un petit paysan.

— J'espère pourtant que vous ne l'élevez point tout à fait à la Jean-Jacques ? reprit l'oncle. Êtes-vous contente de ce précepteur que vous lui avez trouvé là-bas ?

— Fort contente, jusqu'à présent.

— C'est un ecclésiastique ? demanda la cousine.

— Non, c'est un homme fort instruit.

— Et où l'avez-vous déterré ?

— Tout près de moi, dans les environs de ma terre.

— Est-ce un jeune homme ? demanda le cousin d'un air qui voulait être malin.

— C'est un jeune homme, répondit tranquillement Alice ; mais il a l'air plus grave que vous, Adhémar, et je le crois beaucoup plus raisonnable. Mais, ajouta-t-elle en regardant la pendule, le notaire va venir, et je crois, mon cher oncle et ma chère tante, que nous ferions mieux de nous occuper de l'objet qui nous rassemble.

— Ah ! c'est un objet bien triste ! dit la tante avec un profond soupir.

— Oui, dit gravement madame de T..., cela renouvelle pour moi surtout une douleur à peine surmontée.

— Cet odieux mariage, n'est-ce pas ? dit la cousine.

— Je ne puis songer à autre chose, reprit Alice, qu'à la perte de mon frère. »

Et, comme ce souvenir fut accueilli froidement, le cœur d'Alice se serra et des larmes vinrent au bord de sa paupière ; mais elle le contint. Sa douleur n'avait pas d'écho dans ces cœurs altiers.

Le notaire, un vieux notaire obséquieux en saluts, mais impassible de figure, entra, fut reçu poliment par madame de T..., sèchement par les autres, s'assit devant une table, déplia des papiers, lut un testament et fut écouté dans un profond silence. Après quoi, il y eut des réflexions faites à voix basse, un chuchotement de plus en plus agité autour d'Alice ; enfin on entendit la voix de la noble tante s'élever sur un diapason assez aigre, et dire, sans pouvoir se contenir davantage :

« Eh quoi, ma nièce, vous ne dites rien ? vous n'êtes pas indignée ! je ne vous conçois pas ! votre excès de bienveillance vous nuira dans le monde, je vous en avertis.

— Je ne me vante d'aucune bienveillance pour la personne dont nous parlons, répondit madame de T...; je ne la connais pas. Mais je sais et je vois que mon frère l'a réellement épousée.

— Oui ! mais il est mort ; et elle ne nous est de rien, s'écria l'autre dame.

— Vous tranchez lestement le nœud du mariage, ma cousine, reprit Alice. Demandez à monsieur le notaire s'il fait aussi bon marché de la question civile que vous de la question religieuse.

— Les actes civils, le contrat, le testament, tout cela est en bonne forme, dit le notaire en se levant. J'ai fait connaître mon mandat et mes pouvoirs ; je me retire, s'il y a procès, et ce que je regarde comme impossible...

— Non, non ! pas de procès, répondit gravement le vieux oncle : ce serait un scandale ; et nous n'avons pas envie de proclamer cet étrange mariage, en lui donnant le retentissement des journaux de palais et des mémoires à consulter. Sachez, monsieur, que, pour des gens comme nous, la question d'argent n'est pas digne d'attention. Mon neveu était maître de sa fortune, et s'il en a disposé en faveur de son laquais, de son chien ou de sa maîtresse, peu nous importe... Mais notre nom a été souillé par une alliance inqualifiable ; et nous sommes prêts à faire tous les sacrifices pour empêcher cette fille de le porter.

— Je ne me charge pas, moi, de porter une pareille proposition, dit le notaire, et mon ministère ici est rempli. La question de savoir si vous accueillerez madame la comtesse de S... comme une parente, ou si vous la repousserez comme une ennemie, n'est pas de mon ressort. Je vous laisse la discuter, d'autant plus que mon rôle de mandataire de cette personne semble augmenter l'esprit d'hostilité que je rencontre ici contre elle. Madame de T..., j'ai l'honneur de vous présenter mon profond respect ; Mes dames... Messieurs... »

Et le vieux notaire sortit en faisant de grandes révérences à droite et à gauche ; des révérences comme les jeunes gens n'en font plus.

« Cet homme a raison, dit le jeune beau-fils en moustaches blondes, qui n'avait paru, pendant la lecture des papiers, occupé que du vernis de ses bottes et de sa canne à tête de rubis. Je crois qu'il eût mieux valu se taire devant lui Il va reporter à sa *cliente* toutes nos réflexions...

— Il est bon qu'elle les sache, mon fils, s'écria la vieille tante. Je voudrais qu'elle fût ici, pour les entendre et pour se bien pénétrer de notre mépris.

— Vous ne connaissez pas ces femmes-là, maman, reprit le jeune homme d'un ton de pédantisme adorable et avec un sourire de judicieuse fatuité ; elles triomphent du dépit qu'elles causent, et toute leur gloire est de faire enrager les gens comme il faut.

— Qu'elle vienne essayer de me narguer! dit la cousine d'une voix sèche et mordante, et vous verrez comme je lui fermerai ma porte au nez !

— Et vous, Alice, reprit la tante, comptez-vous donc lui ouvrir la vôtre, que vous ne protestez pas avec nous?

— Je n'en sais rien, répondit madame de T..., cela dépendra tout à fait de sa conduite et de la manière d'être ; mais ce que je sais, c'est qu'il me serait beaucoup plus difficile qu'à vous de l'humilier et de l'outrager. Elle ne se trouve être votre parente qu'à un certain degré, au lieu que moi... je suis sa belle-sœur ! elle était la veuve de mon frère, d'un homme qu'elle a aimé, que je chérissais, et pour lequel aucun de vous n'a eu, dans les dernières années de sa vie, beaucoup d'indulgence. »

Au mot de belle-sœur, un cri d'indignation avait retenti dans tout le salon, et la vieille tante s'était vigoureusement frappé la poitrine de son éventail ; la cousine abaissa son voile sur sa figure ; l'oncle soupira ; le beau cousin se dandina et fit crier le parquet sous un léger trépignement d'ironie. D'autres parents, qui se trouvaient là, et qui jouaient convenablement, de l'œil et du sourire, leur rôle de comparses, chuchotèrent et se promirent les uns aux autres de ne pas imiter l'exemple de madame de T....

« Ma chère nièce, dit enfin l'oncle, je ne suis pas le partisan de vos idées philosophiques, je suis un peu trop vieux pour abjurer mes principes, quoique je puisse le faire avec vous en bonne compagnie. Je connais votre bonté excessive, et ne suis pas étonné de vous voir fermer l'oreille à la vérité, quand cette vérité est une condamnation sans appel. Vous espérez toujours justifier et sauver ceux qu'on accuse ; mais ici, vous y perdrez vos bonnes intentions et tous vos généreux arguments. Renseignez-vous, informez-vous, et vous reconnaîtrez que la clémence vous est impossible Quand vous saurez bien quelle créature infâme a été appelée par votre frère à l'honneur de porter son nom et d'hériter de ses biens, vous ne nous exposerez pas à la rencontrer chez vous, et vous nous dispenserez du pénible devoir de l'en faire sortir. »

Cet avis fut adopté avec chaleur, et madame de T..., restée seule de son avis, se trouva bientôt tête à tête avec son cousin. Les autres parents se retirèrent, craignant de la confirmer dans sa résistance par une trop forte obsession. Ils la savaient courageuse et ferme, malgré ses habitudes de douceur.

« Ah ça, ma cousine, dit le jeune fat lorsqu'ils furent tous sortis, est-ce sérieusement que vous parlez d'admettre Isidora auprès de vous?

— Je n'ai pas fini d'examiner ma conscience et mon jugement sur le parti que j'ai à prendre, Adhémar : mais, en attendant, je vous engage, par respect pour nous-mêmes, à oublier le nom d'Isidora, sous lequel madame de S... vous est sans doute désavantageusement connue. Il me semble que, plus vous l'outragerez dans vos paroles, plus vous aggraverez la tache imprimée à notre famille.

— *Désavantageusement* connue? Non, je ne me servirai pas de ce mot-là, repartit le cousin en caressant sa barbe couleur d'ambre. C'était une trop belle personne pour que l'*avantage* de la connaître ne fût pas recherché par les jeunes gens. Mais il en serait tout autrement dans les relations qu'une femme comme vous pourrait avoir avec une femme comme elle... Alors je présume que...

— Tenez, mon cousin, je comprends ce que vous tenez à me faire entendre, et je vous déclare que je ne trouve pas cela risible. C'est comme un affront que vous vous plaisez à imprimer à la mémoire de mon frère, et votre gaieté, en pareil cas, me fait mal.

— Ne vous fâchez pas, ma chère Alice, et ne prenez donc pas les choses si sérieusement. Eh ! bon Dieu, où en serions-nous si tous les ridicules de ce genre étaient de sanglants affronts? Dans notre vie de jeunes gens, lequel de nous n'a connu la mauvaise fortune de voir ou de *ne pas voir* sa maîtresse s'oublier un instant dans les bras d'un ami et même d'un cousin ? Peccadilles que tout cela ! Vous ne pouvez pas vous douter de ce que c'est que la vie de jeune homme, ma cousine ; vous, surtout, qui vous plaisez, avant le temps, à mener la vie d'une vieille femme : vous n'avez pas la moindre notion...

— Dieu merci c'est assez, Adhémar, et je ne tiens pas à vos enseignements. Je ne vous demande qu'un mot. Cette femme n'a-t-elle pas aimé beaucoup mon frère, dites?

— Beaucoup ; c'est possible. Ces femmes-là aiment parfois l'homme qu'elles trompent cent fois le jour. Quand je vous dis que vous ne pouvez pas les juger !

— Je le sais, et c'est une raison de plus de ne pas les condamner sans chercher à les comprendre.

— Parbleu ! ma chère, c'est une étude qui vous mènera loin, si vous en avez le courage ; mais je ne crois point que vous l'ayez.

— Enfin, répondez-moi donc, Adhémar. Je sais que le passé de cette femme a été plein d'orages...

— Le mot est bénin.

— D'égarements, si vous voulez ; mais je sais aussi que, depuis plusieurs années, elle s'est conduite avec dignité ; et la marque de haute estime que mon frère a voulu lui donner en l'épousant à son lit de mort, en est une preuve. Parlez donc ; pensez-vous, en votre âme et conscience, qu'elle ait épuré sa conduite et amélioré sa vie par l'envie qu'elle avait de le rendre heureux, ou par un calcul intéressé qu'elle aurait fait de l'épouser?

— D'abord, Alice, je nie le principe ; je suis donc forcé de nier la conséquence. Cette femme avait pris l'habitude de l'hypocrisie ; elle mettait plus d'art dans sa conduite ; elle avait éloigné d'elle tous ses anciens amants ; elle se tenait renfermée, ici à côté, dans le pavillon du jardin de votre frère ; elle cultivait des fleurs ; elle lisait des romans et de la philosophie aussi, Dieu me pardonne ! elle faisait l'esprit fort, la femme blasée, la compagne mélancolique, la pécheresse convertie, et le pauvre Félix se laissait prendre à tout cela. Mais quand je vous dirai, moi, que la veille de leur départ pour l'Italie, dans le temps où cette fille passait, aux yeux de Félix, pour un ange, je l'ai reconnue, au bal de l'Opéra, en aventure non équivoque avec un joli garçon de province, maître d'école ou clerc de procureur, à en juger par sa mine !...

— Vous vous serez trompé ! sous le masque et le domino !...

— Sous le domino, à moins d'être un écolier, on reconnaît toujours la démarche d'une femme qu'on a connue intimement Ne rougissez pas, cousine ; je m'exprime en termes convenables, moi, et je vous jure, non pas en mon âme et conscience mais plus sérieusement, sur l'honneur ! que cette aventure est certaine. Si vous voulez des preuves, je vous en fournirai, car j'ai été aux informations. Ce villageois demeurait ici, sous les combles, dans cette maison, qui est à vous maintenant, et que votre frère faisait valoir pour vous, en même temps que la sienne, située mur mitoyen. C'était un pauvre hère, qui avait reçu d'elle de l'argent pour s'acheter des bottes, je présume. Ils s'étaient vus deux ou trois fois dans la serre ; la porte de votre jardin leur servait de communication. Je pourrais, si je cherchais bien, retrouver la femme de chambre qui m'a donné ces détails, et le jockey qui porta l'argent. La dernière nuit qu'Isidora passa à Paris, elle reçut cet homme dans le pavillon, dans l'appartement, dans les meubles de votre frère. Ce fut alors qu'averti par moi, il voulut la quitter. Ce fut alors qu'elle déploya toutes les ressources de son impudence pour le ressaisir. Ce fut alors qu'ils partirent ensemble pour ce voyage dont notre pauvre Félix n'est pas revenu, et qui s'est terminé pour lui par deux choses extrêmement tristes : une maladie mortelle et un mariage avilissant.

— Assez, Adhémar ! tout cela me fait mal, et votre manière de raconter me navre. Au revoir. Je réfléchirai à ce que je dois faire.

J'observais avec étonnement cette foule de masques noirs... (Page 9.)

— Vous réfléchirez ! Vous tenez à vos réflexions, ma cousine ! Après cela, si vous accueillez Isidora, ajouta-t-il avec une fatuité amère, cela pourra rendre votre maison plus gaie qu'elle ne l'est, et si elle vous amène ses amis des deux sexes, cela jettera beaucoup d'animation dans vos soirées. Mon père et ma tante vous bouderont peut-être ; mais, quant à moi, je ne ferai pas le rigoriste. Vous concevez, moi, je suis un jeune homme, et je m'amuserai d'autant mieux ici, qu'il me paraîtra plus plaisant de voir votre gravité à pareille fête. Bonsoir, ma cousine.

— Bonsoir, mon *jeune* cousin, » répondit Alice ; et elle ajouta mentalement en haussant les épaules, lorsqu'il se fut éloigné : Vieillard !

Elle demeura triste et rêveuse. Il y a de grandes bizarreries dans la société, se disait-elle, et il est fort étrange que les lois de l'honneur et de la morale aient pour champions et pour professeurs gourmés des laides envieuses, des femmes dévotes, d'un passé équivoque, des hommes débauchés !

Tout à coup la porte de son salon se rouvrit, et elle vit rentrer Adhémar. « Tenez, tenez, ma cousine, lui dit-il d'un air moqueur, vous allez voir le héros de l'aventure ; c'est lui, j'en suis certain, car j'ai une mémoire qui ne pardonne pas, et d'ailleurs, la femme de votre concierge l'a reconnu et l'a nommé.

— Quelle aventure, quel héros ? Je ne sais plus de quoi vous me parlez, Adhémar.

— L'aventure du bal masqué ; le dernier amant d'Isidora à Paris, il y a trois ans : ah ! c'est charmant, ma parole ! Et le plus joli de l'affaire, c'est que vous réchauffiez ce serpent dans votre sein, cousine... Je veux dire dans le sein de votre famille !

— Ne vous battez donc pas les flancs pour rire ; expliquez-vous.

— Je n'ai pas à m'expliquer : le voilà qui arrive de province, frais comme une pêche, et qui descend dans votre cour.

— Mais qui ? au nom du ciel !

— Vous allez le voir, vous dis-je ; je ne veux pas le nommer ; je veux assister à ce coup de théâtre. Je suis revenu sur mes pas bien vite, après l'avoir nettement reconnu sous la porte cochère. Ah ! le scélérat ! le Lovelace ! » Et Adhémar se prit à rire de si bon cœur qu'Alice

Il passa, dans l'antichambre, auprès de Jacques Laurent. (Page 18.)

en fut impatientée. Mais bientôt elle fit un cri de joie en voyant entrer son fils Félix, filleul du frère qu'elle avait perdu, et le plus beau garçon de sept ans qu'il soit possible d'imaginer.

— Ah! te voilà, mon enfant, s'écria-t-elle en le pressant sur son cœur. Que le temps commençait à me paraître long sans toi! Étais-tu impatient de revoir ta mère? N'es-tu pas fatigué du voyage?

— Oh! non, je me suis bien amusé en route à voir courir les chevaux, répondit l'enfant; j'étais bien content d'aller si vite du côté de ma petite mère.

— Quelle folle plaisanterie me faisiez-vous donc, Adhémar? reprit madame de T... Est-ce là le héros de votre si plaisante aventure?

— Non pas précisément celui-ci, répondit Adhémar, mais celui-là. » Et il fit un geste comiquement mystérieux pour désigner le précepteur de Félix qui entrait en cet instant.

Alice, se sentant sous le regard méchant de son cousin, ne fit pas comme les héroïnes de théâtre, qui ont pour le public des *a parte*, des exclamations et des tressaillements si confidentiels, que tous les personnages de la pièce sont fort complaisants de n'y pas prendre garde. Elle se conduisit comme on se conduit dans le monde et dans la vie, même sans avoir besoin d'être fort habile. Elle demeura impassible, accueillit le précepteur de son fils avec bienveillance, et, après quelques mots affectueusement polis, elle prit son enfant sur ses genoux pour le caresser à son aise.

« Je vous laisse en trop bonne compagnie, lui dit Adhémar en se rapprochant d'elle et en lui parlant bas, pour craindre que vous preniez du souci de tout ce que j'ai pu vous dire. Dans tous les cas vous voici à la source des informations, et M. Jacques Laurent vous éclairera, si bon lui semble, sur les mérites de celle qu'il vous plaisait tantôt d'appeler votre belle-sœur. Mais prenez garde à vous, cousine : ce provincial-là est un fort beau garçon, et, avec les antécédents que je lui connais, il est capable de pervertir...... toutes vos femmes de chambre. »

Madame de T... ne répondit rien. Elle avait paru ne pas entendre.

« Saint-Jean, dit-elle à un vieux serviteur qui apportait les paquets de Félix, conduisez M. Laurent à son appartement. Bonsoir, Adhémar... Toi, dit-elle à son fils, viens que je fasse ta toilette, et que je te délivre de cette poussière.

— Comment! ce don Juan de village va demeurer dans votre maison, Alice? reprit le cousin lorsque Jacques fut sorti.

— En quoi cela peut-il vous intéresser, mon cousin?

— Mais je vous déclare qu'il est dangereux.

— Pour mes femmes de chambre, à ce que vous croyez?

— Ma foi, pour vous, Alice, qui sait? On le remarquera, et on en parlera.

— Qui en parlera, je vous prie? dit madame de T... avec une hauteur accablante, et en regardant son cousin en face : votre sœur et vous?

— Vous êtes en colère, Alice, répondit-il avec un sourire impertinent, cela se voit malgré vous. Je m'en vais bien vite, pour ne pas vous irriter davantage, et je me garderai bien de médire de votre précepteur si instruit, si raisonnable et si grave. Pardonnez-moi si, n'ayant fait connaissance avec lui qu'au bal masqué et au bras d'une fille, j'en avais pris une autre idée..... Je tâcherai de tourner à la vénération sous vos auspices. »

Il passa, dans l'antichambre, auprès de Jacques Laurent, qui séparait ses paquets d'avec ceux du jeune Félix, et il lui lança des regards ironiques et méprisants, qui ne firent aucun effet : Jacques n'y prit pas garde. Il avait bien autre chose en l'esprit que le souvenir d'Isidora et du dandy qui l'avait insultée au bal masqué, il y avait si longtemps! Il tourna à demi la tête vers ce beau jeune homme, dont chaque pas semblait fouler avec mépris la terre trop honorée de le porter. Voilà une mine impertinente, pensa-t-il ; mais il n'avait pas conservé cette figure dans sa mémoire, et elle ne lui rappela rien dans le passé.

Cependant Adhémar se retirait, frappé de la figure de Jacques Laurent, et se demandant avec humeur, lui qui, sans aimer Alice, était blessé de ne lui avoir jamais plu, si ce blond jeune homme, à l'œil doux et fier, ne se justifierait pas aisément des préventions suggérées contre lui à madame de T...; si, au lieu d'être un timide pédagogue, traité en subalterne, comme il eût dû l'être dans les idées d'Adhémar, ce n'était pas plutôt un soupirant de rencontre, bon à la campagne pour un roman au clair de lune, et commode à Paris pour jouer le rôle d'un sigisbée mystérieux.

Une heure après, le jeune Félix, peigné, lavé et parfumé avec amour par sa mère, courait et sautillait dans le jardin comme un oiseau; Laurent se promenait à distance, passant et repassant d'un air rêveur le long du grand mur qui longeait le jardin, et le séparait d'un autre enclos ombragé de vieux arbres. Alice descendait lentement le perron du petit salon d'été, qui formait une aile vitrée avançant sur le jardin, et où elle se tenait ordinairement pendant cette saison: car on était alors en plein été. Madame de T... avait passé l'hiver et le printemps à la campagne. Elle avait souhaité d'y passer une année entière, elle l'avait annoncé; mais des affaires imprévues l'avaient forcée de revenir à Paris, elle ignorait pour combien de temps, disait-elle. Il y avait eu pourtant dans cette soudaine résolution quelque chose dont Jacques Laurent ne pouvait se rendre compte, et dont elle ne se rendait pas peut-être compte à elle-même. Peut-être y avait-il eu dans la solitude de la campagne, et dans l'air enivrant des bois, quelque chose de trop solennel ou de trop émouvant pour une imagination habituée à se craindre et à se réprimer.

Quoi qu'il en soit, elle marcha quelques instants, comme au hasard, dans le jardin, tantôt s'amusant des jeux de son fils, tantôt se rapprochant de Jacques, comme par distraction. Enfin ils se trouvèrent marchant tous trois dans la même allée, et, deux minutes après, l'enfant, qui voltigeait de fleur en fleur, laissa son précepteur seul avec sa mère.

Ce précepteur avait dans le caractère une certaine langueur réservée, qui imprimait à sa physionomie et à ses manières un charme particulier. Naturellement timide, il l'était plus encore auprès d'Alice, et, chose étrange, malgré l'aplomb que devait lui donner sa position, malgré l'habitude qu'elle avait des plus délicates convenances, malgré l'estime bien fondée que le précepteur s'était acquise par son mérite, madame de T... était encore plus embarrassée que lui dans ce tête-à-tête. C'était un mélange, ou plutôt une alternative de politesse affectueuse et de préoccupation glaciale. On eût dit qu'elle voulait accueillir gracieusement et généreusement ce pauvre jeune homme qu'elle arrachait au repos de la province et à la nonchalance de ses modestes habitudes, en lui rendant agréable le séjour de Paris, mais on eût dit aussi qu'elle se faisait violence pour s'occuper de lui, tant sa conversation était brisée, distraite et décousue.

Saint-Jean lui apporta plusieurs cartes, qu'elle regarda à peine.

« Je ne recevrai que la semaine prochaine, dit-elle, je ne suis pas encore reposée de mon voyage, et je veux, avant de laisser le monde envahir mes heures, mettre mon fils au courant de ce changement d'habitudes. Et puis, j'ai besoin de jouir un peu de lui. Savez-vous que huit jours de séparation sont bien longs, monsieur Laurent?

— Oui, Madame, pour une mère, toute absence est trop longue, répondit Jacques Laurent, comme s'il eût voulu l'aider à lui ôter à lui-même toute velléité de présomption.

— Et puis, reprit-elle, il y avait six mois que mon fils et moi nous ne nous quittions pas d'un seul instant, et je m'en étais fait une douce habitude, que la vie de Paris va rompre forcément. Le monde est un affreux esclavage; aussi j'aspire à quitter ce monde... mais il est vrai que mon fils aspirera un jour peut-être à s'y lancer, et que ma retraite serait alors en pure perte. Ah! monsieur Laurent, vous ne connaissez pas le monde, vous! vous ne dépendez pas de lui, vous êtes bien heureux!

— Je suis effectivement très-heureux, répondit Jacques Laurent du ton dont il aurait dit : Je suis parfaitement dégoûté de la vie. »

Cette intonation lugubre frappa madame de T...; elle tressaillit, la regarda, et, tout à coup détournant les yeux :

« Trouvez-vous cette maison agréable? lui dit-elle, n'y regretterez-vous pas trop la campagne?

— Cette maison est fort embellie, répondit Laurent, préoccupé; je crois pourtant que j'y regretterai beaucoup la campagne.

— Embellie? reprit Alice ; vous étiez donc déjà venu ici?

— Oui, Madame, je connaissais beaucoup cette maison pour y avoir demeuré autrefois.

— Il y a longtemps?

— Il y a trois ans.

— Ah oui! reprit Alice, un peu émue, c'est l'époque du départ de mon frère pour l'Italie.

— Je crois effectivement qu'à cette époque, dit Laurent, un peu troublé aussi, M. de S... faisait régir cette maison, et qu'il habitait la maison voisine.

— Qui lui appartenait, reprit Alice, et qui maintenant appartient à sa veuve.

— J'ignorais qu'il fût marié.

— Et nous aussi; je viens de l'apprendre, il y a un instant, par la déclaration d'un homme de loi, et par de vives discussions qui se sont élevées dans ma famille à ce sujet. Vous entendrez nécessairement parler de tout cela avant peu, monsieur Laurent, et je suis bien aise que vous l'appreniez de moi d'abord.... d'autant plus, ajouta-t-elle en observant la contenance du jeune homme, qu'il est fort possible que vous ayez quelque renseignement, peut-être quelque bon conseil à me donner.

— Un conseil? moi, Madame? dit Laurent, tout tremblant.

— Et pourquoi non, reprit Alice avec une aisance fort bien jouée ; vous avez le sentiment des véritables convenances, plus que ceux qui s'établissent, dans ce monde, juges du point d'honneur. Vous avez dans l'âme le culte du beau, du juste, du vrai, vous comprendrez les difficultés de ma situation, et vous m'aiderez peut-être à en sortir. Du moins votre première impression aura une grande valeur à mes yeux. Sachez donc que mon frère a légué son nom et ses biens, en mourant, à une femme tout à fait déconsidérée, et dont le nom, malheureusement célèbre dans un certain monde, est peut-être arrivé jusqu'à vous...

— Il y a si longtemps que j'habite la province, dit Laurent avec le désir évident de se récuser, que j'ignore...

— Mais; il y a trois ans, vous habitiez Paris, vous demeuriez dans cette maison; il est impossible que vous n'ayez pas entendu prononcer le nom d'*Isidora*. »

Jacques Laurent devint pâle comme la mort; son émotion l'empêcha de voir la pâleur et l'agitation d'Alice.

« Je crois, dit-il, qu'en effet... ce nom ne m'est pas inconnu, mais je ne sais rien de particulier...

— Pourtant vous avez dû rencontrer cette personne, monsieur Laurent; rappelez-vous bien! dans ce jardin, par exemple...

— Oui, oui, en effet, dans ce jardin, répondit tout éperdu le pauvre Laurent, qui ne savait pas mentir, et sur qui la douce voix d'Alice exerçait un ascendant dominateur.

— Vous devez bien vous rappeler la serre du jardin voisin, reprit-elle : il y avait de si belles fleurs, et vous les aimez tant !

— C'est vrai, c'est vrai, dit Laurent, qui semblait parler comme dans un rêve, les camélias surtout... Oui, j'adore les camélias.

— En ce cas, vous serez bien servi, car madame de S... les aime toujours, et j'ai vu, ce matin, qu'on remplissait la serre de nouvelles fleurs. Comme vous êtes lié avec elle, vous la verrez, je présume... et vous pourrez alors servir d'intermédiaire entre elle et moi, quelles que soient les explications que nous ayons à échanger ensemble.

— Pardonnez-moi, Madame, reprit Jacques avec une angoisse mêlée de fermeté. Je ne me chargerai point de cette négociation. »

Alice garda le silence; ce qu'elle souffrait, ce que souffrait Laurent était impossible à exprimer.

« La voilà donc, cette passion cachée qui le dévore, pensait Alice; voilà la cause de sa tristesse, de son découragement, de son abnégation, de son éternelle rêverie? Il a aimé cette femme dangereuse, il l'aime encore. Oh! comme son nom le bouleverse! comme l'idée de la revoir le charme et l'épouvante ! »

On annonça que le dîner était servi, et Laurent prit son chapeau pour s'esquiver. « Non, monsieur Laurent, lui dit Alice en posant sa main sur son bras, avec un de ces mouvements de courage désespéré qui ne viennent qu'aux émotions craintives, vous dînerez avec nous; j'ai à vous parler. »

Ce ton d'autorité blessa le pauvre Jacques. Sa position subalterne, comme on se permet d'appeler dans les familles aristocratiques le rôle sacré de l'être qui se consacre à la plus haute de toutes les fonctions humaines, en formant le cœur et l'esprit des enfants (de ce qu'on a de plus cher dans la famille), ce rôle de pédagogue asservi parfois et dominé jusqu'à un certain point par des exigences outrageantes, n'avait jamais frappé Laurent; madame de T... l'avait appelé et accueilli dans sa maison, comme un nouveau membre de sa famille; elle l'avait traité comme l'ami le plus respecté, comme quelque chose entre le fils et le frère. Cependant, depuis quelques semaines, cette confiante intimité, au lieu de faire des progrès naturels, s'était insensiblement refroidie. La politesse et les égards avaient augmenté à mesure qu'une certaine contrainte s'était fait sentir. Laurent en avait beaucoup souffert. Dans sa modestie naïve, il n'avait rien deviné, et, maintenant qu'un élan de passion jalouse et désolée le retenait brusquement, il s'imaginait être le jouet d'un caprice déraisonnable, inouï. Sa fierté n'était pas seule en jeu, car lui aussi il aimait, le pauvre Jacques, il était éperdument épris d'Alice, et son cœur se brisa au moment où il eût dû s'épanouir.

« Vous voudrez bien me pardonner, dit-il d'un ton un peu altier; mais il m'est impossible, Madame, de me rendre maintenant à votre désir. »

En disant cela, les larmes lui vinrent aux yeux. Trouver Alice cruelle lui semblait la plus grande des douleurs qu'il pût supporter.

Alice le comprit; et comme son fils revenait auprès d'elle : « Félix, lui dit-elle avec un doux sourire, engage donc notre ami à rester avec nous pour dîner. Il me refuse; mais il ne voudra peut-être pas te faire cette peine. »

L'enfant, qui chérissait Laurent, le prit par les deux mains avec une tendre familiarité, et l'entraîna vers la table. Laurent se laissa tomber sur sa chaise. Un regard d'Alice et le nom d'ami l'avaient vaincu.

Cependant ils furent mornes et contraints durant tout le repas. L'expansive gaieté du jeune garçon pouvait à peine leur arracher un sourire. Laurent jetait malgré lui un regard distrait sur le jardin et sur la petite porte du mur mitoyen qu'on apercevait de sa place. Alice examinait et interprétait sa préoccupation dans le sens qu'elle redoutait le plus. Mais il faut dire, pour bien montrer la droiture et la fermeté du penchant de cette femme, que si elle s'était convaincue, dès le premier mot de Laurent, qu'il était bien le héros de l'aventure racontée par le beau cousin Adhémar, elle avait complètement rejeté de son souvenir les imputations outrageantes sur le caractère de Laurent. Laurent lui eût-il été moins cher, elle connaissait déjà bien assez son désintéressement et sa fierté d'âme pour regarder cette circonstance du récit d'Adhémar comme une calomnie gratuite; mais quand on aime, on n'a pas besoin d'opposer la raison à des soupçons de cette nature. La pensée d'Alice ne s'y arrêta pas un instant.

Mais par quelle bizarre et douloureuse coïncidence ce dernier amant qu'Isidora avait eu à Paris, après mille autres, se trouvait-il donc le seul homme que la tranquille et sage Alice eût aimé en sa vie?

Alice avait eu besoin d'appeler à son secours tout ce qu'elle avait de religion dans l'âme et de courage dans le caractère pour ne pas haïr le mari froid et dépravé auquel on l'avait unie à seize ans sans la consulter. Victime de l'orgueil et des préjugés de sa famille, elle avait pris le mariage en horreur et le monde en mépris. Elle avait tant souffert, tant rougi et tant pleuré dans sa première jeunesse, elle avait été si peu comprise, elle avait rencontré autour d'elle si peu de cœurs disposés à la respecter et à la plaindre, et au contraire tant de sots et de fats désireux de la flétrir en la consolant, qu'elle s'était repliée sur elle-même dans une habitude de désespoir muet et presque sauvage. Une violente réaction contre les idées de sa caste et contre les mensonges odieux qui gouvernent la société s'était opérée en elle. Elle s'était fait une vie de solitude, de lecture et de méditation, au milieu du monde. Lorsqu'elle y paraissait pâle et belle, ornée de fleurs et de diamants, elle avait l'air d'une victime allant au sacrifice; mais c'était une victime silencieuse et recueillie, qui ne faisait plus entendre une plainte, qui ne laissait plus échapper un soupir.

La mort de son mari avait terminé un lent et odieux supplice; mais à vingt ans, Alice était déjà si lasse de la vie, qu'elle l'abordait sans illusions, et qu'elle ne pouvait plus y faire un pas sans terreur. Les théories qu'on agitait autour d'elle soulevaient son âme de dégoût. Les hommes qu'elle voyait lui semblaient tous, et peut-être qu'ils étaient tous, en effet, des copies plus ou moins effacées du type révoltant de l'homme qui l'avait asservie. Enfin, elle ne pouvait plus aimer, pour avoir été forcée de haïr et de mépriser, dans l'âge où tout devait être confiance, abandon, respect.

Ce ne fut que dix ans plus tard qu'elle rencontra enfin un homme pur et vraiment noble, et il fallut pour cela que le hasard amenât dans sa maison et jetât dans son intimité un plébéien pauvre, sans ambition, sans facultés éclatantes, mais fortement et sévèrement épris des idées les meilleures et les plus vraies de son temps. Il n'y avait rien de miraculeux dans ce fait, rien d'exceptionnel dans le génie de Jacques Laurent. Cependant ce fait produisait un miracle dans le cœur d'Alice, et ce bon jeune homme fut bientôt à ses yeux le plus grand et le meilleur des êtres.

Ce sentiment l'envahit avec tant de charme et de douceur, qu'elle ne songea pas à y résister d'abord. Elle s'y livra avec délices, et si Jacques eût été tant soit peu roué, vaniteux ou personnel, il se serait aperçu qu'au bout de huit jours il était passionnément aimé.

Mais Jacques était particulièrement modeste. Il avait trop d'enthousiasme naïf et tendre pour les grandes âmes et les grandes choses : il ne lui en restait pas assez pour lui-même. Absorbé dans l'étude des plus belles œuvres de l'esprit humain, plongé dans la contemplation du génie des maîtres de l'éternelle doctrine de vérité, il se regardait comme un simple écolier, à peine digne d'écouter ces maîtres s'il eût pu les faire revivre, trop heureux de pouvoir les lire et les comprendre.

Naturellement porté à la vénération, il admira le cœur et l'esprit d'Alice, ce cœur et cet esprit que le monde ignorait, et qui se révélaient à lui seul. Il l'aima, mais il persista à se croire si peu de chose auprès d'elle, que la pensée d'être aimé ne put entrer dans son cerveau. Sa position précaire acheva de le rendre craintif, car la fierté ne va pas braver les affronts, et il eût rougi jusqu'au fond de l'âme si quelqu'un eût pu l'accuser d'être séduit par le titre et l'opulence d'une femme. L'homme le plus orgueilleux en pareil cas est le plus réservé, et, par la force des choses, il eût fallu, pour être devinée, qu'Alice eût le courage de faire les premiers pas. Mais cela était impossible à une femme dont toute la vie n'avait été que douleur, refoulement et contrainte. Elle aussi doutait d'elle-même, et à force d'avoir repoussé les hommages et les flatteries, elle était arrivée à oublier qu'elle était capable d'inspirer de l'amour. Elle avait tant de peur de ressembler à ces galantes effrontées qui l'avaient fait si souvent rougir d'être femme !

Ils ne se devinèrent donc pas l'un l'autre, et malheur aux âmes altières qui appelleraient niaiserie la sainte naïveté de leur amour ! Ces âmes-là n'auraient jamais compris la vénération qui accompagne l'amour véritable dans les jeunes cœurs, et qui fait qu'on s'annihile soi-même dans la contemplation de l'être qu'on adore. Rarement deux âmes également éprises se rencontrent dans les romans plus ou moins complets dont la vie est traversée. C'est pourquoi celui-ci pourra paraître invraisemblable à beaucoup de gens. C'est pourtant une histoire vraie, malgré la vérité d'une foule d'histoires qui pourraient en combattre victorieusement la probabilité.

Aussitôt qu'Alice put voir clair dans son propre cœur, et cela ne fut pas bien long, elle interrogea avec effroi la manière d'être de Jacques avec elle. Elle y trouva une timidité qui augmenta la sienne et une tristesse qui lui fit craindre de se heurter contre un autre amour. La fierté légitime d'une âme complétement vierge la mit dès lors en garde contre elle-même ; elle veilla si attentivement sur ses paroles et sur sa contenance, que tout encouragement fut enlevé au pauvre Jacques. Il fit comme Alice, dans la crainte de paraître présomptueux et ridicule. Il aima en silence, et au lieu de faire des progrès, leur intimité diminua insensiblement à mesure que la passion couvait plus profonde dans leur sein.

L'intervention du personnage étrange d'Isidora dans cette situation fit porter à faux la lumière dans l'esprit d'Alice. Elle avait pressenti ou plutôt elle avait deviné que Jacques avait beaucoup et longtemps aimé une autre femme, elle se persuadait qu'il l'aimait encore, et, en supposant que cette femme était Isidora, elle ne se trompait que de moitié.

« Je veux tout savoir, se disait-elle ; voici enfin l'occasion et le moyen de me guérir. N'ai-je pas désiré ardemment et demandé à Dieu avec ferveur la force de ne rien espérer, de ne rien attendre de mon fol amour ? Ne me suis-je pas dit cent fois que le jour où je serais certaine que ce n'est pas moi qu'il aime, je retrouverais le calme du désintéressement ? Pourquoi donc suis-je si épouvantée de la découverte qui s'approche ? Pourquoi ai-je une montagne sur le cœur ? »

— Vous trouvez ce lieu-ci très-changé ? dit-elle en prenant le café avec lui sur la terrasse ornée de fleurs. Vous regrettez sans doute l'ancienne disposition ?

— Il y a beaucoup de changements en effet, répondit Jacques ; les deux pavillons vitrés qui forment des ailes au bâtiment n'existaient pas autrefois. Le jardin était dans un état complet d'abandon. C'est beaucoup plus beau maintenant, à coup sûr.

— Oui, mais cela vous plaît moins, avouez-le.

— Ce jardin désert et dévasté avait son genre de beauté. Celui-ci a moins d'ombre et plus d'éclat. Je le crois moins humide désormais, et partant beaucoup plus sain pour Félix.

— Le jardin d'à côté est plus vaste et lui conviendrait beaucoup mieux. Malheureusement la porte de communication est fermée ; et il est à craindre qu'elle ne se rouvre jamais entre ma belle-sœur et moi.

— Votre belle-sœur, Madame ?...

— Eh oui, mademoiselle Isidora, aujourd'hui comtesse de S... A quoi donc pensez-vous, monsieur Laurent ? Je vous ai déjà dit...

— Ah ! il est vrai ; je vous demande pardon, Madame !... »

Et Laurent perdit de nouveau contenance.

« Écoutez, mon ami, reprit Alice après l'avoir silencieusement examiné à la dérobée, vous avez, j'espère, quelque confiance en moi, et vous pouvez compter que vos aveux seront ensevelis dans mon cœur. Eh bien, il faut que vous me disiez en conscience ce que vous savez... ou du moins ce que vous pensez de cette femme. Ce n'est pas une vaine curiosité qui me porte à vous interroger : il s'agit pour moi de savoir si, à l'exemple de ma famille, je dois la repousser avec mépris, ou si, dirigée par des motifs plus élevés que ceux de l'orgueil et du préjugé, je dois l'admettre auprès de moi comme la veuve de mon frère.

— Vous m'embarrassez beaucoup, répondit Jacques après avoir hésité un instant ; je ne connais pas assez le monde, je ne puis pas assez bien juger la personne... dont il est question pour me permettre d'avoir un avis.

— Cela est impossible : si on n'a pas un avis formulé, décisif, on a toujours, sur quelque chose que ce soit, un sentiment, un instinct, un premier mouvement. Si vous refusez de me dire votre impression personnelle, j'en conclurai naturellement que vous ne prenez aucun intérêt à ce qui me touche, et que vous n'avez pas pour moi l'amitié que j'ai pour vous ; car, si vous m'adressiez une question relative à votre conscience et à votre dignité, je sens que je mettrais une extrême sollicitude à vous éclairer. »

Il y avait longtemps que madame de T... n'avait repris avec Jacques ce ton d'affectueux abandon, qui lui avait été naturel et facile dans les commencements, et qui maintenant devenait de plus en plus l'effort d'une passion qui veut se donner le change en se retranchant sur l'amitié. Jacques était si facile à tromper, qu'il crut l'amitié revenue ; et lui qui se persuadait être disgracié jusqu'à l'indifférence, accueillit avec ivresse ce sentiment dont le calme l'avait cependant fait souffrir. Il pâlit et rougit ; et ces alternatives d'émotion sur sa figure mobile et fraîche comme celle d'un enfant, l'embellissaient singulièrement. Sa fine et abondante chevelure blonde, la transparence de son teint, la timidité de ses manières, contrastaient avec une taille élevée, des membres robustes, un courage physique extraordinaire ; sa main énorme, forte comme celle d'un athlète, et cependant blanche et modelée comme un beau marbre, eût été d'une haute signification pour Lavater ou pour le spirituel auteur de la *Chirognomonie*[1] ; son organisation douce et puissante, stoïque

---

[1] M. d'Arpentigny a écrit, comme on sait, un livre fort ingénieux sur la physionomie des mains. Nous croyons son système très-vrai et ses observations très-justes, d'autant plus qu'elles se rattachent à des formules de métaphysique très-lucides et très-ingénieuses. Mais nous ne croyons pas ce système plus exclusif que ceux de Gall et de Spurzheim. Lavater est le grand esprit qui a embrassé l'ensemble des indices révélateurs de l'être humain. Il n'a pas seulement examiné une portion de l'être, mais il a esquissé un vaste système, dont chaque portion, étudiée en particulier, est devenue depuis un système complet. La phrénologie et la chirogno-

et tendre, était résumée tout entière dans cet indice physiologique.

Quand il osait lever ses limpides yeux bleus sur Alice, une flamme dévorante allait s'insinuer dans le cœur de cette jeune femme; mais cet éclair d'audacieux désir s'éteignait aussi rapidement qu'il s'était allumé. La défiance de soi-même, la crainte d'offenser, l'effroi d'être repoussé, abaissaient bien vite la blonde paupière de Jacques; et son sang, allumé jusque sur son front, se glaçait tout à coup jusqu'à la blancheur de l'albâtre. Alors sa timidité le rendait si farouche, qu'on eût dit qu'il se repentait d'un instant d'enthousiasme, qu'il en avait honte, et qu'il fallait bien se garder d'y croire. C'est qu'en se donnant sans réserve à toutes les heures de sa vie, il se reprenait malgré lui, et forçait les autres à se replier sur eux-mêmes. C'est ainsi qu'il repoussait l'amour de la timide et fière Alice, cette âme semblable à la sienne pour leur commune souffrance.

Ah! pourquoi, entre deux cœurs qui se cherchent et se craignent, un cœur ami, un prêtre de l'amour divin, ou mieux encore une prêtresse, car ce rôle délicat et pur irait mieux à la femme; pourquoi, dis-je, un ange protecteur ne vient-il pas se placer pour unir des mains qui tremblent et s'évitent, et pour prononcer le mot, le mot enseveli dans le sein de chacun? Eh quoi! il y a des êtres hideux dont les fonctions sans nom consistent à former par l'adultère, par la corruption, ou par l'intérêt sordide du mariage, de monstrueuses unions, et la divine religion de l'amour n'a pas de ministres pour sonder les cœurs, pour deviner les blessures et pour unir ou séparer un appel de ce qui doit être lié ou béni dans le cœur de l'homme et de la femme? Mais où est la place de l'amour dans notre société, dans notre siècle surtout? Il faut que les âmes fortes se fassent à elles-mêmes leur code moralisateur, et cherchent l'idéal à travers le sacrifice, qui est une espèce de suicide; ou bien il faut que les âmes troublées succombent, privées de guide et de secours, à toutes les tentations fatales qui sont un autre genre de suicide.

Alice se sentit frémir de la tête aux pieds en rencontrant le regard enivré de Jacques; mais la femme est la plus forte des deux dans ce genre de combat; elle peut gouverner son sang jusqu'à l'empêcher de monter à son visage. Elle peut souffrir aisément sans se trahir, elle peut mourir sans parler. Et puis cette souffrance a son charme, et les amants la chérissent. Ces palpitations brûlantes, ces désirs et ces terreurs, ces élans immenses et ces strangulations soudaines, tout cela est autant d'aiguillons sous lesquels on se sent vivre, et l'on aime une vie pire que la mort. Il est doux, quand les vœux sont exaucés, de se rencontrer, de se retracer l'un à l'autre ce qu'on a souffert, et parfois alors on le regrette! mais il est affreux de se cacher éternellement et de s'être aimés en vain. Entre l'ivresse accablante et la soif inassouvie il y a toujours un abîme de douleur et de regret incommensurable. On y tombe de chaque rive. De quel côté est la chute la plus rude?

Ainsi, lorsqu'on cherche à percer le nuage derrière lequel se tiennent cachées toutes les vérités morales, on se heurte contre le mystère. La société laisse la vérité dans son sanctuaire et tourne autour. Mais lorsqu'une main plus hardie cherche à soulever un coin du voile, elle aperçoit, non pas seulement l'ignorance, la corruption de la société, mais encore l'impuissance et l'imperfection de la nature humaine, des souffrances infinies inhérentes à notre propre cœur, des contradictions effrayantes, des faiblesses sans cause, des énigmes sans

monie sont traitées incidemment, mais avec largeur, dans Lavater. En s'appliquant aux particularités de la physionomie générale, chaque système suivra un progrès, des observations plus précises, des études plus approfondies, et de nouvelles recherches métaphysiques. C'est sous ce dernier point de vue que nous attachons de l'importance à de tels systèmes. En général, le public n'y cherche qu'un amusement, une sorte d'horoscope. Nous y voyons bien autre chose : la conclusion de la relation de l'esprit avec la matière. Mais ce n'est pas dans une note, et au beau milieu d'un roman, que nous pouvons développer nos idées à cet égard. L'occasion s'en retrouvera, ou d'autres le feront mieux. En attendant, l'ouvrage de M. d'Arpentigny est à noter comme important et remarquable.

mot. Le chercheur de vérités est le plus faible entre les faibles, parce qu'il est à peu près seul. Quand tous chercheront et frapperont, ils trouveront et on leur ouvrira. La nature humaine sera modifiée et ennoblie par cet élan commun, par cette fusion de toutes les forces et de toutes les volontés, que décuplera la force et la volonté de chacun.. Jusque-là que pouvez-vous faire, vous qui voulez savoir? L'ignorance est devant vous comme un mur d'airain, et vous la portez en vous-même. Vous demandez aux hommes pourquoi ils sont fous, et vous sentez que vous-même vous n'êtes point sage. Hélas! nous accusons la société de langueur, et notre propre cœur nous crie : Tu es faible et malade!

Mais je m'aperçois que je traduis au lecteur le griffonnage obscur et fragmenté des cahiers que Jacques Laurent entassait à cette époque de sa vie, dans un coin, et sans les relire ni les coordonner, comme il avait toujours fait. Ses notes et réflexions nous ont paru si confuses et si mystérieuses, que nous avons renoncé à en publier la suite.

Vaincu par l'insistance d'Alice, il ouvrit son cœur du moins à l'amitié, et lui raconta toute l'histoire que l'on a pu lire dans la première partie de ce récit, mais en peu de mots et avec des réticences, pour ne pas alarmer la pudeur d'Alice. *Elle* était bonne et charitable, dit-il, cela est certain. Elle m'envoya, sans me connaître, de l'argent pour soulager la misère des malheureux qui ne pouvaient pas payer leur loyer au régisseur de cette maison. Le hasard me fit entrer dans ce jardin, alors abandonné, par cet appartement alors en construction. Un autre hasard me fit franchir la petite porte du mur et pénétrer dans la serre de l'autre enclos. Un dernier hasard, je suppose, l'y amena; là je causai avec elle. Là je retournai deux fois, et je fus attendri, presque fasciné par le charme de son esprit, l'élévation de ses idées, la grandeur de ses sentiments. C'était la femme la plus belle, la plus éloquente, et ce qu'il me semblait, la meilleure que j'eusse encore rencontrée. Ensuite...

— Ensuite, dit Alice avec une impétuosité contenue.
— Je la revis dans un bal..
— Au bal de l'Opéra?
— Il ne tiendrait qu'à moi de croire que j'y suis en cet instant, reprit Laurent avec un enjouement forcé, car vous m'intriguez beaucoup, Madame, par la révélation que vous me faites de mes propres secrets.
— C'était donc un secret, un rendez-vous? Vous voyez, mon ami, que je ne sais pas tout.
— C'était encore un hasard. Je fus raillé par une femme impétueuse, hardie, éloquente autant que l'autre, mais d'une éloquence bizarre, pleine d'audace et d'effrayantes vérités.
— Comment *l'autre?* Je ne comprends plus.
— C'était la même.
— Et laquelle triompha?
— Toutes deux triomphèrent de mes sophismes philosophiques, toutes deux m'ouvrirent les yeux à certaines portions de la vérité, et firent naître en moi l'idée de nouveaux devoirs.
— Expliquez-vous, monsieur Laurent, vous parlez par énigmes.
— L'une, celle que j'avais vue vêtue de blanc au milieu des fleurs, représentait le sacrifice et l'abnégation; l'autre, celle qui se cachait sous un masque noir et que j'entrevoyais à travers la poussière et le bruit, me représentait la révolte de l'esclave qui brise ses fers et la rage héroïque du blessé percé de coups qui ne veut pas mourir. Une troisième figure m'apparut qui réunissait en elle seule les deux autres aspects : c'était la force et l'accablement, le remords et l'audace, la tendresse et l'orgueil, la haine du mal avec la persistance dans le mal; c'était Madeleine échevelée essuyant des larmes, et Catherine de Russie enfonçant sa couronne sur sa tête avec un terrible sourire. Ces deux femmes sont en elle : Dieu a fait la première, la société a fait la seconde.
— Vous m'effrayez et vous m'attendrissez en même temps, mon ami, dit Alice en détournant son visage altéré et en se penchant pour méditer. Cette femme n'est pas

une nature vulgaire, puisqu'elle vous a fait une impression si profonde.

— La trace en est restée dans mon esprit et je ne voudrais pas l'effacer. Le spectacle de cette lutte et de cette douleur m'a beaucoup appris.

— Quoi, par exemple?

— Avant tout, qu'il serait impie de mépriser les êtres tombés de haut.

— Et cruel de les briser, n'est-ce pas?

— Oui, si en croyant briser l'orgueil on risque de tuer le repentir.

— Mais elle n'aimait pas mon frère?

— La question n'est pas là.

— Hélas! pensa la triste Alice, c'est la chose qui m'occupe le moins. » Et, en effet, la question pour elle était de savoir si Jacques aimait Isidora. « D'ailleurs, ajouta-t-elle, depuis trois ans que vous ne l'avez revue, elle a pu triompher des mauvais penchants; car il y a trois ans que vous ne l'avez vue?

— Oui, Madame.

— Et sans doute elle vous a écrit pendant cet intervalle?

— Jamais, Madame.

— Mais, vous avez pensé à elle, vous avez pu établir un jugement définitif?...

— J'y ai pensé souvent d'abord, et puis quelquefois seulement; je ne suis pas arrivé à juger son caractère d'une manière absolue; mais sa position, je l'ai jugée.

— C'est là ce qui m'intéresse, parlez.

— Sa position a été fausse, impossible; elle trouvait dans sa vie le contraste monstrueux qui réagissait sur son cœur et sa pensée : ici le faste et les hommages de la royauté, là le mépris et la honte de l'esclavage; au dedans les dons et les caresses d'un maître asservi, au dehors l'outrage et l'abandon des courtisanes furieux. D'où j'ai conclu que la société n'avait pas donné d'autre issue aux facultés de la femme belle et intelligente, mais née dans la misère, que la corruption et le désespoir. La femme richement douée a besoin d'amour, de bonheur et de poésie. Elle n'en trouve que le semblant quand elle est forcée de conquérir ces biens par des moyens que la société flétrit et désavoue. Mais pourquoi la société lui rend-elle la satisfaction légitime impossible et les plaisirs illicites si faciles? Pourquoi donne-t-elle l'horrible misère aux filles honnêtes et la richesse seulement à celles qui s'égarent? Tout cela fournit bien matière à quelques réflexions, n'est-ce pas, Madame?

— Vous avez raison, Laurent, dit madame de T... avec une expansion douloureuse. Je tâcherai d'approfondir la vérité; et s'il est vrai, comme on l'affirme, que, depuis trois ans, cette femme ait eu une conduite irréprochable, je l'aiderai à se réhabiliter. Dans le cas contraire, je l'éloignerai sans rudesse et sans porter à son orgueil blessé le dernier coup.

— A-t-elle donc essayé de se faire accueillir par vous, Madame? reprit Laurent, que cette idée jetait dans une véritable perplexité.

— Il me le semble, répondit Alice. J'ai là un billet d'elle, fièrement signé comtesse de S..., qu'elle m'a envoyé ce matin, et où elle me demande à remettre entre mes mains, et face à face, une lettre fort secrète de mon frère mourant. Je ne puis ni ne dois m'y refuser. Je vais donc la voir.

— Vous allez la voir?

— Dans un quart d'heure elle sera ici; je lui ai donné rendez-vous pour neuf heures. Vous voyez, monsieur Laurent, que j'avais besoin de réfléchir à l'accueil que je dois lui faire, et je vous remercie de m'avoir éclairée. Ayez la bonté d'emmener coucher mon fils; il est bon qu'il ne voie pas cette femme, si moi-même je ne dois point la revoir. Je vous avoue que sa figure et sa contenance vont m'influencer beaucoup dans un sens ou dans l'autre. »

Laurent s'était levé avec effroi; il avait pris son chapeau. Pour la première fois il était impatient de quitter Alice; mais, à sa grande consternation, elle ajouta :

« Dans un quart d'heure mon enfant sera endormi; je vous prie alors de revenir me trouver, monsieur Laurent.

— Permettez, Madame, que cela ne soit pas, dit Laurent avec plus de fermeté qu'il n'en avait encore montré.

— Laurent, reprit madame de T... en se levant et en lui saisissant la main avec une sorte de solennité, je sais que cela n'est pas convenable, et que cela doit vous embarrasser, vous émouvoir beaucoup. Mais une telle circonstance de ma vie me pousse en dehors de toute convenance, et je ne m'arrêterais que devant la crainte de vous faire souffrir sérieusement. Dites, devez-vous souffrir en revoyant Isidora?

— Je ne souffrirai que pour elle; mais n'est-ce pas assez? répondit Laurent avec assurance. Ne serai-je pas auprès de vous en face d'elle, comme un accusateur, un délateur ou un juge? N'exigez pas de moi...

— Eh bien?

— N'exigez pas que j'ajoute à l'humiliation de son rôle devant vous. Je crois qu'elle ne s'attend pas à vous trouver telle que vous êtes. Je crains que votre grandeur ne l'écrase.

— Ah! vous l'aimez encore, Laurent! s'écria madame de T... Puis elle ajouta avec un sourire glacé : Je ne vous en fais pas un crime. Moi, je vous demande, comme la première et peut-être la dernière preuve d'une amitié sérieuse, de revenir quand je vous ferai avertir. » Laurent s'inclina et sortit. Il eut la tentation de courir bien loin de l'hôtel pour se soustraire à cette étrange fantaisie si sérieusement énoncée. Mais il ne se sentit pas la force d'offenser celle qu'il aimait quand elle invoquait l'amitié, une amitié qu'il croyait à peine reconquise!

« Je les verrai ensemble, se disait Alice, je me convaincrai de ce que je sais déjà. Il me sera enfin prouvé qu'il l'aime, et alors je serai guérie. Quelle est la femme assez lâche ou assez faible pour aimer un homme occupé d'une autre femme, pour songer à engager une lutte honteuse, à méditer une conquête incertaine, et qui ne s'achète que par la coquetterie, c'est-à-dire par le moyen le plus contraire à la dignité et à la droiture du cœur? »

Elle s'étonnait d'avoir eu le courage de provoquer cette crise décisive et d'avoir osé vaincre la répugnance de Jacques. Mais elle s'en applaudissait, et remerciait Dieu de lui en avoir donné la force. Et puis cependant une douleur mortelle envahissait toutes ses facultés, et elle s'efforçait de désirer qu'Isidora fût assez indigne de l'amour de Jacques pour qu'elle-même pût mépriser un pareil amour et oublier l'homme capable de le porter dans son sein. Mais on sait combien sont peu solides ces résolutions de hâter la fin d'un mal qu'on aime et d'une souffrance que l'on caresse.

Un domestique annonça madame la comtesse de S..., et Alice sentit comme le froid de la mort passer dans ses veines. Elle se leva brusquement, se rassit pendant que son étrange belle-sœur avançait avec lenteur vers la porte du salon, et se releva avec effort lorsque l'apparition de cet être problématique se fut tout à fait dessinée sur le seuil.

Au premier coup d'œil jeté sur cette femme, Alice ne fut frappée que de son assurance, de la grâce aisée de sa démarche et de sa miraculeuse beauté. Isidora n'était plus jeune : elle avait trente-cinq ans; mais les années et les orages de sa vie avaient passé impunément sur ce front de marbre et sur ce visage d'une blancheur immaculée. Tout en elle était encore triomphant : l'œil large et pur, la souplesse des mouvements, la main sans pli, les formes arrondies sans pesanteur, les plans du visage fermes et nets, les dents brillantes comme des perles et les cheveux noirs comme la nuit; on eût dit que la sérénité du ciel s'était laissé emporter par la puissance de l'enfer; c'était la Vénus victorieuse, chaste et grave en touchant à ses armes, mais enveloppée de ce mystérieux sourire qui fait douter si c'est l'arc de Diane ou celui de l'Amour dont il lui a plu de charger son bras voluptueux et fort.

Elle paraissait d'autant plus blanche et fraîche qu'elle était en noir, et ce deuil rigoureux était ajusté avec autant de bon goût et de simplicité noble qu'eût pu l'être celui d'une duchesse. Sa beauté avait d'ailleurs ce caractère de haute aristocratie que les patriciennes croient pouvoir s'attribuer exclusivement, en quoi elles se trompent fort.

Alice fit rapidement ces remarques et avança de quelques pas au-devant d'Isidora, d'autant plus décidée à être parfaitement calme et polie, qu'elle se sentait plus de méfiance et de trouble intérieur. Au fond de son âme, Isidora tremblait bien plus qu'Alice ; mais le fond de cette âme était, dans certains cas, un impénétrable abîme, et elle savait rendre sa confusion imposante. Elle accepta le fauteuil qu'Alice lui montrait à quelque distance du sien ; puis, se tournant d'un air quasi royal pour voir si elle était bien seule avec madame de T..., elle lui présenta en silence une lettre cachetée de noir, en disant :
« C'est lui-même qui a mis là ce cachet de deuil, quatre heures avant de mourir. »

Alice, qui avait beaucoup aimé son frère, fut tout à coup si émue qu'elle ne songea plus à observer la contenance de son interlocutrice. Elle ouvrit la lettre d'une main tremblante. C'était bien l'écriture du comte Félix, quoique pénible et confuse.

« Ma sœur, avait-il écrit, ils ont beau dire, je sens bien
« que je suis perdu, que rien ne me soulage, et que bien-
« tôt, peut-être, il faudra que je meure sans te revoir.
« Tu es le seul être que je voudrais avoir auprès de moi
« pour adoucir un moment pareil..... peut-être affreux,
« peut-être indifférent comme tant de choses dont on s'ef-
« fraie et qui ne sont rien. J'aurais préféré mourir d'un
« coup de pistolet, d'une chute de cheval, de quelque
« chose dont je n'aurais pas senti l'approche et les lan-
« gueurs.... Quoi qu'il en soit, pendant que j'ai
« bien ma tête et un reste de forces, te faire connaître
« mes derniers sentiments, mes derniers vœux, je dirais
« presque mes dernières volontés, je le l'osais. Alice, tu es
« un ange, et toi seule, dans ma famille et dans le monde,
« défendras ma mémoire, je le sais. Toi seule compren-
« dras ce que je vais t'annoncer. J'aime depuis six ans
« une femme envers laquelle je n'ai pas toujours été
« juste, mais qui avait pourtant assez de droits sur mon
« estime pour que j'aie dû cacher les torts que je lui sup-
« posais. Depuis trois ans de voyage avec elle, mes
« soupçons se sont dissipés, sa fidélité, son dévouement,
« ont satisfait à toutes mes exigences et triomphé de tous
« mes préjugés. Depuis un an que je suis malade, elle a
« été admirable pour moi, elle ne m'a pas quitté d'un in-
« stant, elle n'a pas eu une pensée, un mouvement qu'elle
« ne m'ait consacrés... Il faut abréger, car je suis faible,
« et la sueur me coule du front tandis que j'écris... une
« sueur bien froide!.... Depuis huit jours que j'ai épousé
« cette femme devant l'Église et devant la loi, et par un
« testament qu'elle ignore et ne connaîtra qu'a-
« près ma mort, je lui lègue tous les biens dont je puis
« disposer. Elle n'a pas songé un instant à assurer son
« avenir. Généreuse jusqu'à la prodigalité, elle m'a mon-
« tré un désintéressement inouï. Je mourrais malheureux
« et maudit si je la laissais aux prises avec la misère,
« lorsqu'elle m'a sacrifié une partie de sa vie. Ah ! si tu
« savais, Alice ! que ne puis-je te voir... te dire tout ce
« que ma main raidie par un froid terrible m'empêche
« de....

« Ma sœur, je suis presque en défaillance, mais mon
« esprit est encore net et ma volonté inébranlable. Je
« veux que ma femme soit ta sœur ; je te le demande au
« nom de Dieu ; je te le demande à genoux, près d'expi-
« rer peut-être ! Tous les autres la maudiront ! mais toi,
« tu lui pardonneras tout, parce qu'elle m'a véritable-
« ment aimé. Adieu, Alice, je ne vois plus ce que j'écris ;
« mais je t'aime et j'ai confiance... Adieu... ma sœur!..

« Ton frère, Félix, comte de S... »

Alice essuya ses joues inondées de larmes silencieuses, et resta quelque temps comme absorbée par la vue de ce papier, de cette écriture affaiblie, de cet adieu solennel et de ce nom de frère qui semblait exercer sur elle une majestueuse autorité d'affection.

Elle se retourna enfin vers Isidora et la regarda attentivement. Isidora était impassible et la regardait aussi, mais avec plus de curiosité que de bienveillance. Alice fut frappée de la clarté de ce regard sec et fier. Ah ! pensa-t-elle, on dirait qu'elle ne le pleure plus, et il y a si peu de temps qu'elle l'a enseveli ! on dirait même qu'elle ne l'a pas pleuré du tout !

« Madame, dit-elle, est-ce que vous ne connaissez pas le contenu de cette lettre?
— Non, Madame, répondit la veuve avec assurance : lorsque mon mari me la remit, il eut peine à me faire comprendre que je devais ne la remettre qu'à vous, et ce furent ses dernières paroles. » Et Isidora ajouta en baissant la voix comme si de tels souvenirs lui causaient une sorte de terreur : « Son agonie commença aussitôt, et quatre heures après... » Elle se tut, ne pouvant se résoudre à rappeler l'image de la mort.

« Mon frère vous avait-il quelquefois parlé de moi, madame? reprit Alice, qui l'observait toujours.
— Oui, Madame, souvent.
— Et ne puis-je savoir ce qu'il vous disait?
— Lorsqu'il était malade d'irritation nerveuse, il avait de grands accès de scepticisme et presque de haine contre le genre humain tout entier...
— Et, l'on m'a dit, contre notre sexe particulièrement?»
Isidora se troubla légèrement ; puis elle reprit aussitôt : « Dans ces moments-là, il exceptait une seule femme de la réprobation.
— Et c'était vous, sans doute, Madame ?
— Non, Madame, répondit Isidora, d'un accent de franchise courageuse : c'était vous. Ma sœur est un ange, disait-il : ma sœur n'a jamais eu un seul instant, dans toute sa vie, la pensée du mal.
— Mais, Madame,.. cet éloge exagéré, sans doute, ne renfermait-il pas un reproche muet contre quelque autre femme ?
— Vous voulez dire contre moi? Écoutez, Madame, reprit Isidora avec une audace presque majestueuse, je ne suis pas venue ici pour me confesser des reproches justes ou injustes que la passion d'un homme a pu m'adresser. Le récit de pareils orages épouvanterait peut-être votre âme tranquille. Je me crois assez justifiée par la preuve de haute estime que votre frère m'a donnée en m'épousant. Je ne puis pas ce que contient cette lettre ; j'en ai respecté le secret et j'ai rempli ma mission. Je n'ai jamais eu l'intention de me prêter à un interrogatoire, quelque gracieux et bienveillant qu'il pût sembler... »

En parlant ainsi, Isidora se levait avec lenteur, ramenait son châle sur ses épaules, et se disposait à prendre congé. « Pardon, Madame, reprit Alice, qui, choquée de sa raideur, voulait absolument tenter une dernière épreuve : soyez assez bonne pour prendre connaissance de cette lettre que vous m'avez remise. »

Elle présenta la lettre à Isidora, et approcha d'elle un guéridon et une bougie, voulant observer quelle impression cette lecture produirait sur son impénétrable physionomie.

Isidora parut éprouver une vive répugnance à subir l'épreuve ; elle était venue armée jusqu'aux dents, elle craignait de s'attendrir en présence de témoins. Cependant, comme elle ne pouvait refuser, elle se rassit, posa la lettre sur le guéridon, et, baissant la tête sous son voile, comme si elle eût été myope, elle déroba entièrement son visage aux investigations d'Alice.

L'idée de la mort était si antipathique à cette nature vivace, le spectacle de la mort lui avait été si redoutable, cette lettre lui rappelait de si affreux souvenirs, qu'elle ne put y jeter les yeux sans frissonner. Des tressaillements involontaires trahirent son angoisse ; et quand elle eut fini ;

« Pardon, Madame, dit-elle à Alice ; je suis obligée de recommencer, je n'ai rien compris, je suis trop troublée. »

Troublée ! pensait Alice ; elle ne peut même pas dire *émue !* Si son âme est aussi froide que ses paroles, quelle âme de bronze est-ce là !

Isidora relut la lettre avec un imperceptible tremblement nerveux ; puis elle abaissa son voile sur son visage,

Elle s'accouda sur la cheminée, l'œil fixé sur la pendule. (Page 26.)

se releva, et fit le geste de rendre le papier à sa belle-sœur ; mais tout à coup elle chancela, retomba sur son fauteuil, et, joignant ses mains crispées, elle laissa échapper une sorte de cri, un sanglot sans larmes, qui révélait une angoisse profonde, une mystérieuse douleur.

La bonne Alice n'en demandait pas davantage. Dès qu'elle la vit souffrir, elle s'approcha d'elle, prit ses deux mains, qu'elle eut quelque peine à désunir, et, se penchant vers elle avec un reste d'effroi :

« Pardonnez-moi d'avoir rouvert cette plaie, lui dit-elle d'une voix caressante ; mais n'est-ce pas devant moi et avec moi que vous devez pleurer ?

— Avec vous ? s'écria la courtisane effarée. »

Puis, la regardant en face, elle vit cette douce et bienfaisante figure qui s'efforçait de lui sourire à travers ses larmes.

Ce fut comme un choc électrique. Il y avait peut-être vingt ans qu'Isidora n'avait senti l'étreinte affectueuse, le regard compatissant d'une femme pure ; il y avait peut-être vingt ans qu'elle raidissait son âme orgueilleuse contre tout insultant dédain, contre toute humiliante pitié. Malgré ce que Félix lui avait dit de la bonté de sa sœur, et peut-être même à cause de ce respect enthousiaste qu'il avait pour Alice, Isidora était venue la trouver, le cœur disposé à la haine. On ne sait pas ce que c'est que le mépris d'une femme pour une femme. Pour la première fois depuis qu'elle était tombée dans l'abîme de la corruption, Isidora recevait d'une femme honnête (comme ses pareilles disent avec fureur) une marque d'intérêt qui ne l'humiliait pas. Tout son orgueil tomba devant une caresse. La glace dont elle s'était cuirassée se fondit en un instant. Toutes les facultés aimantes de son être se réveillèrent ; et, passant d'un excès de réserve à un excès d'expansion, ainsi qu'il arrive à ceux qui luttent depuis longtemps, elle se laissa tomber aux pieds d'Alice, elle embrassa ses genoux avec transport, et s'écria à plusieurs reprises, au milieu de sanglots et de cris étouffés :

« Mon Dieu ! que vous me faites de bien ! Mon Dieu ! que je vous remercie ! »

En voyant enfin des torrents de larmes obscurcir ces beaux yeux, dont l'audacieuse limpidité l'avait consternée, Alice sentit s'envoler toutes ses répugnances. Elle

Je vais attendre Monsieur ? (Page 27.)

releva la pécheresse et, la pressant sur son sein, elle osa baiser ses joues inondées de pleurs.

L'effusion d'Isidora ne connut plus de bornes ; elle était comme ivre, elle dévorait de baisers les mains de sa jeune sœur, comme elle l'appelait déjà intérieurement. « Une femme, disait-elle avec une sorte d'égarement, une amie, un ange! ô mon Dieu! j'en mourrai de bonheur, mais je serai sauvée ! » Son enthousiasme était si violent qu'il effraya bientôt Alice. Dans ces âmes sombres, la joie a un caractère fébrile, que les âmes tendres et chastes ne peuvent pas bien comprendre. Et cependant rien n'était plus chaste que la subite passion de cette courtisane pour l'angélique sœur qui lui rouvrait le chemin du ciel. Mais ce brusque retour à l'attendrissement et à la confiance, bouleversait son âme trop longtemps froissée. Elle ne pouvait passer de l'amer désespoir à la foi souriante qu'en traversant un accès de folie. Elle en fut tout à coup comme brisée, et se jetant sur un sopha : « J'étouffe, dit-elle, je ne suis pas habituée aux larmes, il y a si longtemps que je n'ai pleuré! Et puis, je ne croyais pas pouvoir jamais sentir un instant de joie... Il me semble que je vais mourir. »

En effet, elle devint d'une pâleur livide, et Alice fut effrayée de voir ses dents serrées et sa respiration suspendue. Elle craignit une attaque de nerfs, et sonna précipitamment sa femme de chambre.

La femme de chambre, au lieu de venir, courut à l'appartement du jeune Félix, où se tenait Jacques Laurent dans l'attente de son sort.

L'enfant dormait, Jacques agité s'efforçait de lire. La femme de chambre le pria de se rendre auprès de madame. Tel était l'ordre qu'elle avait reçu de sa maîtresse un quart d'heure auparavant ; et, dans son émotion, Alice avait oublié que le coup de sonnette devait être le signal de cet avertissement donné à Jacques. Voilà pourquoi au bout de cinq minutes, au lieu de voir entrer sa femme de chambre, elle vit entrer Laurent.

Ou plutôt elle ne le vit pas. Il s'avançait timidement, et Alice tournait le dos à la porte par où il entra. Agenouillée près de sa belle-sœur, elle essayait de ranimer ses mains glacées. Cependant Isidora n'était point évanouie. Morne, l'œil fixe, et le sein oppressé, il semblait qu'elle fût retombée dans le désespoir, faute de puissance pour la joie. La douce Alice semblait la supplier de faire un nouvel effort pour chasser le démon. Elle semblait prier pour elle, tout en la priant elle-même de se laisser sauver.

Jacques s'attendait si peu à un tel résultat de l'entrevue de ces deux femmes, qu'il resta comme pétrifié de surprise devant l'admirable groupe qu'elles formaient devant lui. Toutes deux en deuil, toutes deux pâles : l'une toute semblable à un ange de miséricorde, l'autre à l'archange rebelle qui mesure l'espace entre l'abîme et le firmament.

Cependant l'habitude de s'observer et de se contraindre était si forte chez cette dernière qu'elle y obéissait encore machinalement. Elle fut la première à s'apercevoir du léger bruit que fit l'entrée de Jacques, et, sortant de sa torpeur par un grand effort, elle recouvra la parole. « Je suis insensée, dit-elle à voix basse à sa belle-sœur. L'état où je suis me rendrait importune si je restais plus longtemps. Permettez-moi de m'en aller tout de suite. Il vous arrive du monde, et je ne veux pas qu'on me voie chez vous. Oh! à présent que je vous connais, je vous aime, et je ne veux pas vous exposer à des chagrins pour moi ; j'aimerais mieux ne vous revoir jamais. Mais je vous reverrai, n'est-ce pas? Oh! permettez-moi de revenir en secret! je vous le demanderais à genoux si nous étions seules.

— Je veux que vous reveniez, répondit Alice en l'aidant à se lever, et bientôt j'espère que ce ne sera plus en secret. Pendant quelques jours encore permettez-moi de causer seule, librement avec vous.

— Quand ordonnez-vous que je revienne? dit Isidora, soumise comme un enfant.

— Si je croyais vous trouver seule chez vous...
— Vous me trouverez toujours seule.
— A certaines heures? lesquelles?
— A toutes les heures. Avec l'espérance de vous voir un instant, je fermerai ma porte toute la journée.
— Mais quels jours?
— Tous les jours de ma vie s'il le faut, pour vous voir un seul jour.
— Mon Dieu! que vous me touchez! que vous me paraissez aimante!
— Oh! je l'ai été, et je le deviendrai si vous voulez m'aimer un peu. Mais ne dites rien encore ; ce serait de la pitié peut-être. Tenez, vous ne pouvez pas venir chez moi ostensiblement, cela peut attirer sur vous quelque blâme. Je sais qu'on a une détestable opinion de moi dans votre famille. Je croirais que je la mérite si vous la partagiez. Mais je ne veux pas que mon bon ange souffre pour le bien qu'il veut me faire. Venez chez moi par les jardins. Il y a une petite porte de communication dans votre mur ; près de la porte une serre remplie de fleurs, où vous pouvez vous tenir sans que personne vous voie, et où vous me trouverez toujours occupée à vous aimer et à vous attendre. »

Malgré tout ce qu'il y avait d'affectueux dans ces paroles, le souvenir de cette petite porte, de ce mur mitoyen et de cette serre fut un coup de poignard qui réveilla les douleurs personnelles d'Alice. Elle se rappela Jacques Laurent, tourna brusquement la tête, et le vit au fond de l'appartement où il s'était timidement réfugié, tandis qu'elle conduisait lentement Isidora vers l'issue opposée, en parlant bas avec elle. Elle promit, sans s'apercevoir cette fois de la joie et de la reconnaissance d'Isidora. Enfin, voyant que celle-ci sortait et se soutenait à peine, tant l'émotion l'avait brisée, elle appela Jacques avec un sentiment de grandeur et de jalousie indéfinissable.

« Mon ami, lui dit-elle, donnez donc le bras à ma belle-sœur, qui est souffrante, et conduisez-la à sa voiture.

— Sa belle-sœur! pensa la courtisane. Elle ose m'appeler ainsi devant un de ses amis! elle n'en rougit pas! » et elle revint vers Alice pour la remercier du regard et saisir une dernière fois sa main qu'elle porta à ses lèvres. Dans son émotion délicieuse, elle vit Jacques confusément, sans le regarder, sans le reconnaître, et accepta son bras, sans pouvoir détacher ses yeux du visage d'Alice. Et comme Jacques, embarrassé de sa préoccupation, lui rappelait qu'il la conduisait à sa voiture :

« Je suis à pied, dit-elle. Quand on demeure porte à porte! Et, tenez, si la petite porte du jardin n'est pas condamnée, ce sera beaucoup plus court par là.

— Je vais sonner pour qu'on aille ouvrir, dit Alice ; » et elle sonna en effet. Mais son âme se brisa en voyant Isidora, appuyée sur le bras de Jacques, descendre le perron du jardin, et se diriger vers le lieu de leurs anciens rendez-vous. Elle eut la pensée de les suivre. Rien n'eût été plus simple que de reconduire elle-même sa belle-sœur par ce chemin ; rien ne lui parut plus monstrueux, plus impossible que cet acte de surveillance, tant il lui répugna. Elle ne pouvait pas supposer qu'Isidora n'eût pas reconnu Jacques. « Comme elle se contient jusqu'au milieu de l'attendrissement! se disait-elle. Et lui, comme il a paru calme! Quelle puissance dans une passion qui se cache ainsi! Ne sais-je pas moi-même que plus l'âme est perdue, plus l'apparence est sauvée? »

Elle s'accouda sur la cheminée, l'œil fixé sur la pendule, l'oreille tendue au moindre bruit, et comptant les minutes qui allaient s'écouler entre le départ et le retour de Jacques.

Isidora et Jacques marchaient sans se parler. Elle était plongée dans un attendrissement profond et délicieux, et ne songeait pas plus à regarder l'homme qui lui donnait le bras que s'il eût été une machine. Il s'applaudissait d'avoir échappé à l'embarras d'une reconnaissance, et, pensant à la bonté d'Alice, lui aussi, il se gardait bien de rompre le silence ; mais un hasard devait déjouer cette heureuse combinaison du hasard. Le domestique qui marchait devant eux s'était trompé de clef, et lorsqu'il l'eut vainement essayée dans la serrure, il s'accusa d'une méprise, posa sur le socle d'un grand vase de terre cuite, destiné à contenir des fleurs, la bougie qu'il tenait à la main, et se prit à courir à toutes jambes vers la maison pour rapporter la clef nécessaire.

Jacques Laurent resta donc tête à tête avec son ancienne amante sous l'ombrage de ces grands arbres qu'il avait tant aimés, devant cette porte qui lui rappelait leur première entrevue, et dans une situation tout à fait embarrassante pour un homme qui n'aime plus. L'air d'un soir chargé d'orage, c'est-à-dire lourd et chaud, ne faisait pas vaciller la flamme de la bougie, et son visage se trouvait si bien éclairé qu'au premier moment Isidora devait le reconnaître, à moins que, dans la foule de ses souvenirs, le souvenir d'un amour si promptement satisfait, si promptement brisé, pût ne pas trouver place parmi tant d'autres.

Il affectait de détourner la tête, cherchant ce qu'il avait à dire, ou plutôt ce qu'il pouvait se dispenser de dire pour ne pas manquer à la bienséance. Offrir à sa compagne préoccupée de la conduire à un banc en attendant le retour du domestique, lui demander pardon de ce contre-temps, rien ne pouvait se dire en assez peu de mots pour que sa voix ne risquât pas de frapper l'attention. Il crut sortir d'embarras en apercevant une de ces chaises de bois qu'on laisse dans les jardins, et fit un mouvement pour quitter le bras de madame de S... afin d'aller lui chercher ce siège. Ce pouvait être une politesse muette. Il se crut sauvé. Mais tout à coup il sentit son bras retenu par la main d'Isidora qui lui dit avec vivacité :

« Mais, Monsieur, je vous connais, vous êtes... Mon Dieu, n'êtes-vous pas...

— Je suis Jacques Laurent, répondit avec résignation le timide jeune homme, incapable de soutenir aucune espèce de feinte, et jugeant d'ailleurs qu'il était impossible d'éviter plus longtemps cette crise délicate. Puis, comme il sentit le bras d'Isidora presser le sien impétueusement, un sentiment de méfiance, et peut-être de ressentiment, lui rendit le courage de sa fierté naturelle. «Probablement, Madame, lui dit-il, ce nom est aussi vague dans vos souvenirs que les traits de l'homme qui le porte.

— Jacques Laurent, s'écria madame de S..., sans répondre à ce froid commentaire, Jacques Laurent ici, chez madame de T...! et dans cet endroit !.... Ah! cet endroit qui m'a fait vous reconnaître, je ne l'ai pas revu sans une émotion terrible, et j'ai été comme forcée de

vous regarder, quoique... Jacques, vous ici avec moi?....
Mais comment cela se fait-il?... Que faisiez-vous chez madame de T...? Vous la connaissez donc?... Oui : elle vous a appelé son ami... Vous êtes son ami!... Son amant peut-être!... Écoutez, Jacques, écoutez, il faut que je vous parle, ajouta-t-elle avec précipitation en voyant revenir le serviteur avec la clef.

— Non, pas maintenant, dit Jacques troublé et irrité : surtout pas après le mot insensé que vous venez de dire...

— Ah! reprit-elle en baissant la voix à mesure que le domestique s'approchait, quel accent d'indignation! je crois entendre la voix de Jacques au bal masqué lorsque, pour l'éprouver, je le supposais l'amant de Julie! Au nom de la pauvre Julie qui est morte dans tes bras, Jacques, écoute-moi un instant, suis-moi. Mon avenir, mon salut, ma consolation sont dans vos mains, Monsieur... Si vous êtes un homme juste et loyal comme vous l'étiez jadis... Si vous êtes un homme d'honneur, parlez-moi, suivez-moi..., ou je croirai que vous êtes mon ennemi, un lâche ennemi comme les autres! Eh bien! n'hésitez donc pas! dit-elle encore pendant que le domestique faisait crier la clef dans la serrure rouillée; rien de plus simple que vous me donniez le bras jusqu'à mes appartements. Rien de plus grossier que de me laisser traverser seule l'autre jardin. » Et elle l'entraîna.

« Je vais attendre monsieur? dit le vieux Saint-Jean avec cet admirable accent de malicieuse bêtise qu'ont, en pareil cas, ces espions inévitables donnés par la civilisation.

— Non, répondit Jacques avec sa douceur et sa bonhomie ordinaires, laissez la clef, je vais la rapporter en revenant.

— En ce cas, je vais la mettre en dehors pour que monsieur puisse revenir. »

Jacques n'écoutait plus. Emporté comme par le vent d'orage, il suivait Isidora, qui, parvenue au milieu du jardin, tourna brusquement du côté de la serre, et l'y fit entrer avec une sorte de violence.

Elle ne s'arrêta qu'auprès de la cuvette de marbre, et de ce banc garni de velours bleu, sur lequel elle s'était assise près de lui pour la première fois. « Ne dites rien, Jacques! s'écria-t-elle en le forçant de s'asseoir à ses côtés, ne préjugez rien, ne pensez rien, jusqu'à ce que vous m'ayez entendue. Je vous connais, je sais que des questions ne vous arracheraient rien : je ne vous en ferai point. Je vois que vous avez de la répugnance à venir ici, de l'inquiétude et de l'impatience à y rester!... Je ne vous retiendrai pas longtemps. Je crois deviner... mais peu importe. Ce que je dirai sera vrai ou faux, vous ne répondrez pas, mais voilà ce que j'imagine, il faut que vous le sachiez pour comprendre ma situation et ma conduite. Vous êtes intimement lié avec madame de T..., vous êtes entré chez elle tout à l'heure sans être annoncé, comme un habitué de la maison,... dans sa chambre... car c'était sa chambre ou son boudoir, je n'ai pas bien regardé... Vous l'aimez! car vous tremblez; oui, je sens trembler votre main qui repose en vain sur la mienne. Elle vous aime peut-être! Bah! il est impossible qu'elle ne vous aime pas! Que ce soit amour ou amitié, elle vous estime, elle vous écoute, elle vous croit! Vous lui avez parlé de moi; elle vous a consulté! Vous lui avez dit... Mais non, vous ne lui avez pas dit de mal de moi, sa conduite me le prouve. Sa conduite envers moi est admirable, c'est dire que la vôtre entre elle et moi l'a été aussi... Jacques, je vous remercie. Je parle comme dans un rêve, et je comprends à mesure que je parle... Mon premier mouvement, en vous voyant, a été la peur, châtiment d'une âme coupable!... Mais mon second mouvement est celui de ma vraie nature, nature confiante et droite, que l'on a faussée et torturée. Aussi mon second mouvement est la confiance, la gratitude... une gratitude enthousiaste, Jacques! vous êtes toujours le meilleur des hommes, et vous avez pour maîtresse la meilleure des femmes! Ce bonheur vous était dû ; en homme généreux, vous avez voulu me donner du bonheur aussi, et, grâce à vous, cette femme est mon amie! Oh! que vous êtes grands tous les deux! »

Et, dans un élan irrésistible, Isidora pencha son visage baigné de larmes jusqu'à effleurer de ses lèvres tremblantes les mains du craintif jeune homme.

« Laissez, Madame, laissez, répondit-il, effrayé de l'émotion qui le gagnait et en faisant un effort pour s'éloigner d'elle, autant que le permettait la largeur du siège de marbre; vous êtes dangereuse jusque dans vos meilleurs mouvements, et je ne peux pas vous écouter sans frayeur. Vous êtes hardie et vous aimez à profaner, jusque dans vos élans d'amour pour les choses saintes. Otez de votre imagination audacieuse l'idée de cette liaison intime avec madame de T... Sachez, en un mot, que je suis le précepteur de son fils, et, par conséquent, le commensal et l'habitué nécessaire de sa maison. Je venais lui parler de son enfant, quand je suis entré étourdiment dans son petit salon. Je ne me permets pas d'autres sentiments envers elle qu'un dévouement respectueux, et l'estime qu'on doit à une femme éminemment vertueuse : et, quant à celui qu'elle peut avoir pour moi, c'est la confiance en mes principes et la bonne opinion qu'une personne sensée doit avoir de l'homme à qui elle confie l'âme de son enfant. Quel démon vous pousse à bâtir un roman extravagant, impossible? Est-ce là le respect et l'amour que vous témoigniez tout à l'heure à madame de T... par vos humbles caresses? A peine l'émotion que sa bonté vous cause est-elle dissipée, que déjà vous l'assimilez à toutes les femmes que vous connaissez; apprenez à connaître, Madame, apprenez à respecter, si vous voulez apprendre à aimer. »

Sauf l'amour avoué, sauf le bonheur des deux amants, la pauvre Isidora, dans sa candeur cynique, avait deviné juste, et c'était en effet un bon mouvement qui l'avait poussée à penser tout haut; mais elle ne savait pas qu'en s'exprimant ainsi, elle mettait la main sur des plaies vives. L'indignation de Jacques lui fit un mal affreux, et la haine de la pudeur et de la vertu lui revint au cœur plus amère, plus douloureuse que jamais.

« Quel langage! quelle colère et quel mépris! dit-elle en se levant et en regardant Jacques avec un sombre dédain. Vous niez l'amour et vous exprimez un pareil respect! Le nom de votre idole vous paraît souillé dans ma bouche, et son image dans ma pensée! Vous n'êtes pas habile, Jacques; vous ne savez pas que les femmes comme moi sont impossibles à tromper sur ce point. Le respect, c'est l'amour! En vain vous faites une distinction affectée de ces deux mots : quiconque n'aime pas, méprise, quiconque aime vénère; il n'y a pas deux poids et deux mesures pour apprécier le véritable amour. Moi aussi j'ai été aimée une fois dans ma vie; est-ce que vous l'avez oublié, Jacques? Et comment l'ai-je su? c'est parce qu'on ne le disait pas, c'est parce qu'on n'eût jamais osé me l'avouer, c'est enfin parce qu'on me respectait. Et cela se passait ici, il y a trois ans; c'est ici que, sur ce banc, osant à peine effleurer mon vêtement, et frémissant de crainte quand, en touchant ces fleurs, votre main rencontrait la mienne, vous seriez mort plutôt que de vous déclarer, vous seriez devenu fou plutôt que de vous avouer à vous-même que vous m'aimiez... Mais voilà que vous êtes devenu un homme civilisé à mon égard, c'est-à-dire que vous me méprisez, et que vous exaltez devant moi une autre femme! C'est tout simple, Jacques, c'est tout simple, vous ne m'aimez plus et vous l'aimez. Je m'en doutais, je le sais à présent. En vérité, Jacques, vous êtes bien maladroit, et le secret d'une femme *vertueuse*, comme vous dites, est en grand danger dans vos mains.

— Est-ce là tout ce que vous aviez à me dire? reprit Jacques irrité, en se levant à son tour. Je croyais bénir le jour où je vous retrouverais digne d'une noble et fidèle amitié ; mais je vois bien que Julie est morte, en effet, comme vous le disiez tout à l'heure, et qu'il ne me reste plus qu'à pleurer sur elle.

— Ah! malheureux, ne blasphème pas! s'écria-t-elle en se tordant les mains; que ne peux-tu dire la vérité? pourquoi Julie n'est-elle pas morte et ensevelie à jamais au fond de ton cœur et du mien? mais l'infortunée ne peut pas mourir. Cette âme pure et généreuse s'agite toujours dans le sein meurtri et souillé d'Isidora ; elle s'y agite en vain, personne ne veut lui rendre la vie ; elle ne peut ni vivre ni mourir. Vraiment je suis un tombeau où l'on a enfermé une personne vivante. Ah ! philosophe sans intelligence et sans entrailles, tu ne comprends rien à un pareil supplice, et cette agonie te fait sourire de pitié. Sois maudit, toi que j'ai tant aimé, toi que seul parmi tous les hommes, je croyais capable d'un grand amour ! puisses-tu être puni du même supplice ! puisses-tu te survivre à toi-même et conserver le désir du bien, après avoir perdu la foi ! »

Son voile noir était tombé sur ses épaules, et sa longue chevelure, déroulée par l'humidité de la nuit, flottait éparse sur sa poitrine agitée. La lune, en frappant sur le vitrage de la serre, semait sur elle de pâles clartés dont le reflet bleuâtre la faisait paraître plus belle et plus effrayante. Elle ressemblait à lady Macbeth évoquant dans ses malédictions et dans ses terreurs les esprits malfaisants de la nuit.

Le cœur de Jacques se rouvrit à la pitié et à une sorte d'admiration pour ce principe d'amour et de grandeur qu'une vie funeste n'avait pu étouffer en elle ; une âme vulgaire ne pouvait pas souffrir ainsi.

« Julie, lui dit-il, en lui prenant le bras avec énergie, reviens donc à toi-même ; s'il ne faut pour cela que rencontrer un cœur ami, ne l'as-tu pas trouvé aujourd'hui ? N'étais-tu pas tout à l'heure affectueusement pressée dans les bras d'un être généreux, excellent entre tous ? Cette femme qui, en dépit des préjugés du monde, t'a nommée sa sœur et t'a promis de venir ici pour te consoler et te bénir, n'est-ce donc pas un secours que le ciel t'envoie ? n'est-ce donc pas un messager de consolation qui doit briser la pierre de ton cercueil ? Ta fierté implacable, qui repoussait jadis le pardon de l'amour, refusera-t-elle la nouvelle alliance de l'amitié ? Ne m'attribuez pas les généreux mouvements de cette noble femme. Son cœur n'a pas besoin d'enseignement ; mais sachez bien que si elle en avait besoin, et si j'avais sur elle l'influence qu'il vous a plu tout à l'heure de m'attribuer, je voudrais que vous dussiez le repos de votre conscience et la guérison de vos blessures à cette main de femme, plutôt qu'à celle d'aucun homme. »

L'exaspération d'Isidora était déjà tombée, comme le vent capricieux de l'orage lorsqu'il s'abat sur les plantes et semble s'endormir en touchant la terre. Mobile comme l'atmosphère, en effet, elle écoutait Jacques d'un air moitié soumis, moitié incrédule.

« Tu as peut-être raison, dit-elle, peut-être ! Je n'en sais rien encore, j'ai besoin de me recueillir, de m'interroger. Je suis partagée entre deux élans contraires : l'un, qui me pousse aux genoux de cette femme au front d'ange, l'autre, qui me fait haïr et craindre la protection de cette dame à la voix de sirène. Une dévote, peut-être ! qui veut me mener à l'église et me présenter au monde des sacristies, comme un trophée de sa béate victoire. Ah ! que sais-je ? En Italie aussi, des femmes de qualité ont voulu me convertir. Elles m'appelaient dans leur oratoire, et m'eussent chassée de leur salon. Faudrait-il passer par le confessional et la communion pour entrer chez ma belle-sœur ? Ah ! jamais ! jamais de bassesse ! de l'insolence, de la haine, des outrages, je le veux bien, mais de l'hypocrisie et de la honte, jamais !

— Et vous avez raison, reprit Jacques ; à ces craintes, je vois que vous êtes toujours injuste ; mais, à ces résistances, je vois que vous avez la vraie fierté. Mais me croyez-vous donc enrôlé parmi les jésuites de salons, que vous me supposez capable de vous engager dans de si lâches intrigues ? sachez que madame de T.... n'est pas dévote.

— Pardonnez-moi tout ce que je dis, Jacques, vous voyez bien que je n'ai pas ma tête. Ma pauvre tête que, ce matin, je croyais si forte et si froide, a été brisée, ce soir, par trop d'émotions. Cette femme m'a enivrée avec sa bonté et ses caresses, et toi, tu m'as tuée avec ta figure douce et tes blonds cheveux, m'apparaissant tout à coup comme le spectre du passé devant cette porte, dans ce lieu fatal où je t'ai vu pour ne jamais t'oublier. Ah ! que je t'ai aimé, Jacques ! Tu ne l'as jamais su, et tu as pu ne pas le croire. Ma conduite avec toi t'a paru odieuse. Elle était sage, elle était dévouée ; je sentais que je n'étais pas digne de toi, que tu ne pourrais jamais oublier ma vie, qu'en devenant passionné tu allais devenir le plus malheureux des hommes. Je n'ai pas voulu changer en une vie de larmes ce souvenir d'une nuit de délices. Et, qu'est-ce que je dis ? ce n'est pas cette nuit-là que je me suis rappelée avec le plus de bonheur et de regrets. C'est ce premier amour enthousiaste et timide que tu avais pour moi lorsque tu ne me connaissais que sous le nom de Julie, lorsque tu me croyais une femme pure, lorsque tu venais ici tout tremblant, et que, n'osant me parler de ton amour, tu me parlais de mes camélias. Ah ! ne m'ôte pas ce souvenir, Jacques, et quelque coupable que tu m'aies jugée depuis, quelque insensée que je te paraisse encore, ne me reprends pas le passé, ne me dis pas que tu n'as pas senti pour moi un véritable amour ; c'est le seul amour de ma vie, vois-tu, c'est mon rêve, c'est mon roman de jeune fille, commencé à trente ans, fini en moins de deux semaines !... fini ! oh non ! ce rêve ne m'a jamais quittée. Il ne finira qu'avec ma vie ; je n'ai aimé qu'une fois, je n'ai aimé qu'un seul homme, et cet homme c'est toi, Jacques : ne le savais-tu point, ne le vois-tu pas ? Je t'ai emporté dans le secret de mon cœur, et je t'y ai gardé comme mon unique trésor. Depuis trois ans, il ne s'est pas passé un jour, une heure, où je n'aie été plongée dans le ravissement de mon souvenir. C'est là ce qui m'a fait vivre, c'est là ce qui m'a donné la force d'être irréprochable dans mes actions depuis trois ans, comme j'étais irréprochable dans mes pensées. Je voulais me purifier par une vie régulière, par des habitudes de fidélité. J'ai essayé d'aimer Félix de S... comme on aime un mari quand on n'a pas d'amour pour lui et qu'on respecte son honneur. Et lui, le crédule jeune homme, s'est cru aimé du jour où j'ai eu une véritable passion dans l'âme pour un autre. Mais il a eu raison de m'estimer et de me respecter au point de vouloir me donner son nom. Ne lui avais-je pas sacrifié la satisfaction du seul amour que j'aie véritablement senti ? Aussi, quand j'ai accepté ce nom et cette formalité significative du mariage, j'ai songé à toi, Jacques, je me suis dit : Si Félix revient à la vie, du moins Jacques saura que j'ai mérité d'être réhabilitée ; si je succombe, Jacques me reverra purifiée, ce ne sera plus une courtisane qu'il pressera en frissonnant contre sa poitrine, ce sera la comtesse de S..., la veuve d'un honnête homme, une femme indépendante de tout lien honteux, une maîtresse fidèle, éprouvée par trois ans d'absence et libre de se donner après un combat de trois ans contre les hommes et contre lui-même... Oh ! Jacques, c'est ainsi que je t'ai aimé, et je reviens ici, je me berce depuis vingt-quatre heures des plus doux rêves. Je caresse mille projets, je m'endors dans les délices de mon imagination en attendant que je fasse des démarches pour te chercher et te retrouver ; et tout à coup le roman infernal de ma destinée s'accomplit : tu parais devant moi, tu sembles sortir de terre, juste à l'endroit où je t'ai vu pour la première fois ! Je t'enlève, je l'entraîne ici, parmi ces fleurs, où pour la première fois tu m'as parlé... Nous sommes seuls... je suis encore belle... je t'aime avec passion... et toi tu ne m'aimes plus ! oh ! c'est horrible, et voilà toute ma vie expiée dans ce seul instant. »

La pâle traduction que nous venons de donner des paroles d'Isidora ne saurait donner une idée de son éloquence naturelle. Ce don de la parole, quelques femmes, même les femmes vulgaires en apparence, le possèdent à un degré remarquable et l'exercent jusque sur des sujets frivoles. La profession d'avocat conviendrait merveilleusement à certaines femmes du peuple que vous avez dû rencontrer aussi bien que moi, et sur les lèvres desquelles le *discours* venait de lui-même s'arranger à propos du moindre objet de négoce ou du moindre récit de l'événement du quartier. Les Parisiennes ont particulièrement cette faculté oratoire, cette propension à énoncer leur pensée sous des formes pittoresques ou littéraires et avec une pantomime animée, gracieuse ou plaisante, minaudière ou passionnée, emphatique ou naïve. Isidora était une de ces enfants du peuple de Paris, une de ces mobiles et saisissantes imaginations qui se répandent en expressions aussi vite qu'elles s'impressionnent. Elle avait donné à son propre esprit, par la lecture et le spectacle des arts, une éducation recherchée, brillante et presque solide, dans les loisirs de la richesse ; et l'élocution facile qu'elle avait eue pour la repartie mutine et l'apostrophe mordante, elle l'avait conservée pour l'analyse de ses sentiments et le récit de ses émotions passionnées. Jacques avait déjà été frappé de cette éloquence féminine, déjà il en avait subi diversement l'influence, lorsqu'elle avait été tour à tour la divine Julie et l'audacieux domino de l'Opéra. Il se sentit de nouveau sous le charme, et ce ne fut pas sans une terreur mêlée de plaisir. Il ne se piquait pas d'être un stoïque, et son amour pour Alice n'ayant jamais reçu d'encouragement, n'ayant pu nourrir aucune espérance, n'était pas un préservatif à l'épreuve du feu d'une passion expansive et provocante comme l'était celle d'Isidora. Nous essaierions en vain de faire deviner l'expression de sa physionomie si calme et si hautaine à l'habitude, si puissante de persuasion lorsqu'elle révélait tout à coup les orages cachés ; ni les accents de sa voix éteinte dans les discours sans intérêt, flexible, saccadée, pénétrante, déchirante dans l'abandon du désespoir et de l'amour. Jacques sentit qu'il tremblait, qu'il avait alternativement chaud et froid, qu'il retombait sous l'empire de la fascination, et Isidora qui, par instants, jetait ses bras autour de lui avec ivresse et les retirait avec crainte, sentit, elle aussi, que Jacques perdait la tête.

Et pourtant, hélas! tout ce qu'elle venait de lui dire était-il bien vrai ? Sincère, oui ; mais véridique, non. Qu'elle crût, dans cet instant, ne rien raconter que d'historique dans sa vie, et que dans sa vie il y eût, depuis trois ans, beaucoup de rêveries, de regrets et d'élans vers le pur amour de Jacques, unique, en effet, dans ses souvenirs, par sa nature confiante et naïve, rien de plus certain ; qu'elle eût été fidèle au comte de S..., qu'elle eût désiré se réhabiliter par le mariage, par besoin d'honneur plus que par désir d'une fortune assurée, cela était encore vrai ; mais qu'elle ne se fût pas laissé distraire un seul instant de la passion de Jacques par les jouissances du faste, qu'elle l'eût quitté dans le seul dessein de ne pas le rendre malheureux, plutôt que pour n'être pas honteusement délaissée par Félix ; qu'enfin, elle n'eût songé qu'à Jacques en se faisant épouser, et que l'amour des richesses certaines n'eût pas été mêlé, à l'insu d'elle-même, au désir ambitieux d'un titre et d'une vaine considération ; voilà ce qui n'était qu'à moitié vrai. Il ne faut pas oublier qu'il y avait une bonne et une mauvaise puissance, agissant, à forces égales, sur l'âme naturellement grande mais fatalement corrompue de cette femme. En revoyant Jacques, elle retrouva toute la poétique et brûlante énergie du roman qu'elle avait caressé en secret dans sa pensée depuis trois ans ; secret tour à tour douloureux et charmant, selon la disposition de son âme impressionnable et changeante, et qui l'avait aidée, en effet, à vivre sagement, mais qui n'eût pas été suffisant pour une telle réforme de conduite, sans l'espérance et la volonté de dominer et de soumettre le comte de S... Alors elle se plut à s'expliquer à elle-même sa propre vie par le miracle de l'amour, qui lui plaisait davantage, parce qu'en effet il était davantage dans ses bons instincts ; et l'imagination, cette maîtresse toute-puissante de son cerveau, qui lui tenait lieu du cœur éteint et des sens blasés, déploya ses ailes pour l'emporter loin du domaine de la réalité. Jacques, entraîné dans son tourbillon, perdait pied et se sentait comme soulevé par l'ouragan dans ce monde rempli de fantômes et d'abîmes.

Cette Isidora si séduisante, si belle et si violemment éprise de lui, n'était-elle pas la même femme qu'il avait aimée avec enthousiasme, puis avec délire, puis enfin avec de profonds déchirements de cœur, longtemps encore après qu'il eût été brusquement séparé d'elle ? Nous n'oserions pas dire que six mois encore avant cette nouvelle rencontre, Jacques, au moment d'aimer Alice, qu'il connaissait à peine, n'eût pas éprouvé d'énergiques retours de l'ancienne et unique passion. C'était bien plutôt lui qui eût pu, s'il eût été disposé à se vanter de sa fidélité, raconter à Isidora qu'il avait langui et souffert pour elle durant presque toute cette absence, et ce roman de son cœur eût été beaucoup plus authentique que celui qu'elle venait de faire sortir de son propre cerveau.

Pourtant je ne sais quel doute obstiné se mêlait à l'ivresse croissante de Jacques. Tout était vrai dans l'expression d'Isidora ; sa voix sonore, son regard humide, son sein agité ; mais son exaltation, pour être sentie, n'en était pas moins appliquée à une assertion peu vraisemblable, et la sagesse, la modestie du jeune homme, se débattaient encore contre les séductions d'un genre de flatterie où les femmes sont toutes-puissantes. Son humble fortune, son nom ignoré, son extérieur timide, rien ne lui pouvait tenter la cupidité ou la vanité d'une telle femme. Et puis, s'il est vrai que les femmes sont crédules aux doux mensonges de l'amour, il faut bien avouer que, par nature et par position, les hommes le sont bien davantage.

La lutte était engagée. Isidora voulait ardemment la victoire, non qu'elle eût conservé les mœurs de la galanterie. Il n'est rien de plus froid à cet égard que la femme qui a abusé de la liberté, rien de plus chaste, peut-être, que celle qui rougit d'avoir mal vécu. Mais il y a dans ces âmes-là, et il y avait dans la sienne en particulier, un insatiable orgueil. Elle ne pouvait se résoudre à perdre Jacques malgré elle, elle qui avait eu la force de le quitter. Le danger d'échouer, l'étonnement de sa résistance, étaient des stimulants à cette passion moitié sentie, moitié factice. Dans l'excitation nerveuse qu'elle éprouvait, elle pouvait, sans efforts et sans fausseté, parcourir tous les tons, s'identifier, à la manière des grands artistes, avec toutes les nuances de son improvisation brûlante. Elle frappa le dernier coup en s'humiliant devant Jacques : « Ne me hais pas ; oh ! je t'en prie, ne me hais pas ! lui dit-elle en courbant presque sur son sein les flots de sa noire chevelure. Ne crois pas que je sois indigne de ta pitié. Vois où l'amour m'a réduite ! moi qui la repoussais si fièrement autrefois, quand tu me l'offrais, cette pitié sainte, je te la demande aujourd'hui. Je te la demande au nom de cette femme que j'ai calomniée tout à l'heure, et de calomnier la plus pure des anges de supposer qu'il t'aime. Mais si ta modestie farouche repousse cette idée comme un crime, je la rétracte et je désavoue les paroles que la jalousie m'a arrachées. Oui, la jalousie, je le confesse. Cette femme que j'adorais, que j'adore toujours dans sa bonté simple et courageuse, j'étais au moment de la haïr en songeant... Mais je ne veux même pas répéter les mots qui t'offensent. Sois sûr que le bon principe est assez fort en moi pour triompher, et qu'il triomphe déjà. J'étoufferai, s'il le faut, l'amour qui me dévore, pour rester digne de l'amitié qu'elle m'offre. Eussé-je encore d'insolents soupçons, je les refoulerai dans mon sein, je la respecterai comme tu la respectes. Seras-tu content, Jacques, et croiras-tu que je t'aime ? »

Jacques vit à ses pieds l'orgueilleuse Isidora, et soit que l'homme devienne plus faible que la femme quand il s'agit de donner le change à un véritable amour, soit qu'à bout de souffrance dans ses désirs ignorés par Alice, il espérât guérir un mal inutile et funeste en s'enivrant de voluptés puissantes, il chercha l'oubli du présent dans le délire du passé.

Isidora eût souhaité des émotions plus douces et plus profondes. Ce ne ne fut pas sans douleur et sans effroi qu'elle accepta son facile triomphe. Elle fut sur le point de le repousser en échange d'un mot et d'un regard adressés à la Julie d'autrefois. Elle arracha bien à son amant ce doux nom qui, pour elle, résumait tout son rêve de bonheur ; mais la familiarité d'un amour accepté lui ôta tout son prestige. Elle se livra sans confiance et sans transport, à travers des larmes amères qu'elle interpréta comme des larmes de joie ; mais elle sentit avec un affreux désespoir qu'elle mentait n'avait pas de plus noble plaisir que celui de rendre Jacques infidèle à une femme austère et plus désirable qu'elle.

Car elle devina tout en sentant battre contre son cœur ce cœur rempli d'une autre affection, et bientôt elle éprouva l'invincible besoin de pleurer seule et de constater que sa victoire était la plus horrible défaite de sa vie. « Va-t'en, dit-elle à Jacques lorsque minuit sonna dans le lointain. Tu ne m'aimes plus, ou tu ne m'aimes pas encore. Un abîme s'est creusé entre nous. Mais je le comblerai peut-être, Jacques, à force de repentir et de dévouement. »

Elle s'était montrée douce et résignée malgré son angoisse. Jacques ne sentait encore que de l'attendrissement et de la reconnaissance. Il essaya de ramener la paix dans son âme en lui parlant de l'avenir et des affections durables. Mais, lui aussi, il sentit tout à coup qu'il mentait. La peur et les remords le saisirent, et la parole expira sur ses lèvres. Isidora avait été vingt fois sur le point de lui dire : « Tais-toi, ceci est un sermon ! » Mais elle se contint, soit par stoïcisme, soit par découragement, et elle trouva des prétextes pour se séparer de lui sans lui dévoiler, comme autrefois, la profonde et altière douleur de son âme impuissante et inassouvie.

Jacques, confus et tremblant, rentra dans le jardin de l'hôtel de T... comme un larron qui voudrait se cacher de lui-même. Il referma, sans bruit, la petite porte et jeta un regard craintif sur l'allée déserte et les massifs silencieux.

Les volets du rez-de-chaussée, habité par Alice, étaient fermés, nulle trace de lumière, aucun bruit à l'extérieur. Sans doute elle était couchée.

«Ah! repose en paix, âme tranquille et sainte, pensa-t-il en approchant de ces fenêtres sans reflets et de cette façade morne d'une maison endormie sous le froid et fixe regard de la lune. Dors la nuit, et que tes jours s'envolent en sereines rêveries. Que l'orage, que la honte, que les luttes vaines et coupables, que les inutiles désirs et les remèdes empoisonnés, que la douleur et le mal soient pour moi seul! Maintenant me voilà condamné par ma conscience à me taire éternellement, et je ne pourrai plus même maudire ma timidité ! »

Il fallait traverser l'antichambre de madame de T... pour rentrer dans la maison. Et qu'allait devenir Jacques si cette porte était fermée! Mais à peine l'eut-il touchée, que Saint-Jean vint la lui ouvrir.

« Ne faites pas de bruit, monsieur Laurent, madame est retirée, » lui dit le bonhomme qui l'avait attendu sur ce banc classique en velours d'Utrecht, où les serviteurs du riche, victimes de ses caprices ou de ses habitudes, perdent de si longues heures entre un mauvais sommeil ou une oisiveté d'esprit plus mauvaise encore. Jacques lui exprima ses regrets de l'avoir fait veiller. « Pardi, Monsieur, dit le bonhomme avec un sourire moitié bienveillant, moitié goguenard, il fallait bien, à moins de vous laisser à la belle étoile, ou à l'hôtel de S...! Rendez-moi ma clef? Eh! eh! vous l'emportez par mégarde! »

Jacques avait été mis, dans l'après-dînée, en possession de la chambre qu'il devait occuper désormais à l'hôtel de T... Ce n'était pas son ancienne mansarde; c'était un petit appartement beaucoup plus confortable, situé au second, mais ayant vue aussi sur le jardin. En examinant ce local, Jacques fut frappé du goût et de la grâce aimable avec lesquels il avait été décoré. Tout était simple; mais, par un étrange hasard, il semblait que la personne chargée de ce soin eût deviné ses goûts, ses paisibles habitudes de travail, le choix des livres qui pouvaient le charmer, et jusqu'aux couleurs de teinture qu'il aimait. La pensée lui vint pourtant pas que madame de T... eût daigné s'occuper elle-même de ces détails. Dans les commencements de son séjour à la campagne il avait été l'objet des attentions les plus délicates et les plus affectueuses dans ce qui concernait les douceurs de son installation. Mais depuis qu'Alice, préoccupée d'une pensée grave qu'il ne devinait pas, semblait s'être refroidie pour lui, il ne se flattait plus de lui inspirer ces prévenantes bontés. Agité et craignant de réfléchir, il se jeta sur son lit, espérant trouver dans le sommeil l'oubli momentané de la tristesse invincible qui le gagnait.

Mais il n'eut qu'un sommeil entrecoupé et des rêves insensés. Il pressait Alice dans ses bras, et tout à coup, son visage divin devenant le visage désolé d'Isidora, ses caresses se changeaient en malédictions, et la courtisane étranglait sous ses yeux la femme adorée.

Obsédé de ces folles visions, il se leva et s'approcha de sa fenêtre. Les menaces d'orage s'étaient dissipées: il n'y avait plus au firmament qu'une vague blancheur, des nuées transparentes, floconneuses, et l'argent mat du clair de la lune sur un fond de moire Laurent jeta les yeux sur ce jardin funeste qui ne lui rappelait que des regrets ou des remords. Mais bientôt son attention fut fixée sur un objet inexplicable. Tout au fond du jardin, sur une espèce de terrasse relevée de trois gradins de pierre blanche, et fermée de grands murs, marchait lentement une forme noire qu'il lui était impossible de distinguer, mais dont le mouvement régulier et impassible pouvait être comparé à celui d'un pendule. Qui donc pouvait ainsi veiller dans la solitude et le silence de la nuit? D'abord un soupçon terrible, une âcre jalousie, s'empara du cerveau affaibli de Jacques. Comme s'il avait eu, lui, le droit d'être jaloux! Alice attendait-elle quelqu'un à cette heure solennelle et mystérieuse? Mais était-ce Alice? Isidora aussi portait un vêtement de deuil. Aurait-elle eu la fantaisie de venir rêver dans ce jardin plutôt que dans le sien? elle pouvait en avoir conservé une clef. Mais comment expliquer le choix de cette promenade? D'ailleurs Alice était mince, et il lui semblait voir une forme élancée.

Une demi-heure s'écoula ainsi. L'ombre paraissait infatigable, et elle était bien seule. Elle disparaissait derrière de grands vases de fleurs et quelques touffes de rosiers disposés sur le rebord de la terrasse. Puis elle se montrait toujours aux mêmes endroits découverts; suivant la même ligne, et avec tant d'uniformité, qu'on eût pu compter par minutes et secondes les allées et venues de son invariable exercice. Elle marchait lentement, ne s'arrêtait jamais, et paraissait bien plutôt plongée dans le recueillement d'une longue méditation qu'agitée par l'attente d'un rendez-vous quelconque.

Jacques fatigua son esprit et ses yeux à la suivre, jusqu'à ce que, cédant à la lassitude, et voulant se persuader que ce pouvait être la femme de chambre de madame de T..., attendant quelque amant pour son propre compte, il alla se recoucher. Après deux heures de cauchemar et de malaise, il retourna à la fenêtre. L'ombre marchait toujours. Était-ce une hallucination? Cela faisait croire à quelque chose de surnaturel. Un spectre ou un automate pouvaient seuls errer ainsi pendant de si longues heures sans se lasser. Où un être humain eût-il pris tant de persévérance et d'insensibilité physique? L'horizon blanchissait, l'air devenait froid, et les feuilles se dilataient à l'approche de la rosée. « Je resterai là, se dit Jacques, jusqu'à ce que la vision s'évanouisse ou jusqu'à ce que cette femme quitte le théâtre de sa promenade obstinée. A moins de passer par-dessus le mur, il faudra bien qu'elle se rapproche, que je la voie ou que je la devine. »

Cette curiosité, mêlée d'angoisse, fit diversion à ses maux réels. Caché derrière la mousseline du rideau collé à ses vitres, il s'obstina à son tour à regarder, jusqu'à ce que le jour, s'épurant peu à peu, lui permît de reconnaître Alice. A n'en pouvoir douter, c'était elle qui, depuis une heure du matin jusqu'à quatre, avait ainsi marché sans relâche, sans distraction, et sans qu'aucune impression extérieure eût pu la déranger du problème intérieur qu'elle semblait occupée à résoudre. A mesure que le jour net et transparent qui précède le lever du soleil lui permettait de discerner les objets, Jacques voyait son attitude, sa démarche, les détails de son vêtement. Rien en elle n'annonçait le désordre de l'âme. Elle avait la même toilette de deuil qu'il lui avait vue la veille; elle n'avait pas songé à mettre un châle: elle avait la tête nue. Ses cheveux bruns, séparés sur son beau front, ne paraissaient pas avoir été déroulés pour une tentative de sommeil. Son pas était encore ferme quoique un peu ralenti, ses bras croisés sur sa poitrine sans raideur et sans contraction violente. Enfin, lorsque le premier rayon du soleil vint dorer les plus hautes branches, elle s'arrêta au milieu de la terrasse et parut regarder attentivement la façade de la maison. Puis elle descendit les trois degrés et se dirigea vers la porte du petit salon d'été, sans avoir aperçu Jacques qui se cachait soigneusement. Lorsqu'elle fut assez près de la maison pour qu'il pût distinguer sa physionomie, il remarqua avec étonnement qu'elle était calme, pâle, il est vrai, comme l'aube, mais aussi sereine, et à peine altérée par la fatigue d'une si solennelle et si étrange veillée. Et, cependant, que n'avait-il pas fallu souffrir pour remporter une telle victoire sur soi-même? « Oh! quelle femme êtes-vous donc? s'écria Jacques intérieurement, quand il lui eut entendu doucement refermer la porte vitrée de son boudoir; quelle énigme vivante, quelle âme céleste nourrie des plus hautes contemplations, ou quel cœur à jamais brisé par un morne désespoir? Vous n'aimez pas, non, vous n'aimez pas, car vous semblez ne pouvoir pas souffrir; mais vous avez aimé, et vous vivez peut-être d'un souvenir du mort! » Et Jacques ne se doutait pas que ce mort c'était lui.

J'ai aimé! pensait Alice en se déshabillant avec lenteur et en s'étendant sur sa couche chaste et sombre.

Jacques fut bien abattu et bien préoccupé durant la leçon du matin qu'il donnait ordinairement avec tant de zèle et d'amour au fils d'Alice. Il s'en fit des reproches. Nos fautes ont ainsi toutes sortes de retentissements imprévus, petits ou grands, mais qui en raniment l'amertume par mille endroits.

A la campagne, Alice avait l'habitude de venir toujours, vers la fin de la leçon, écouter le résumé du précepteur ou de l'enfant. Jacques se dit que toute cette vie allait changer à Paris, et qu'il ne verrait peut-être pas Alice de la journée. On lui monta son déjeuner dans sa chambre, et le vieux serviteur lui dit que madame avait commandé que son couvert fût mis tous les jours à table à l'heure du dîner. Jacques attendit cette heure avec anxiété. Mais il dîna tête-à-tête avec son élève. « Madame a la migraine, dit le bonhomme Saint-Jean, une forte migraine, à ce qui paraît; elle n'a rien pris de la journée. »

Et il secoua la tête d'un air chagrin.

Nous laisserons Jacques Laurent à ses anxiétés, et nous rendrons compte au lecteur de la journée d'Alice.

Après quelques heures d'un sommeil calme, elle s'habilla avec le même soin qu'à l'ordinaire, et se fit apporter la clef de la petite porte du jardin. « Je la laisserai dans la serrure, dit-elle à Saint-Jean, et vous ne l'ôterez jamais. » Puis elle se dirigea avec une lenteur tranquille vers le jardin d'Isidora, et elle alla s'asseoir dans la serre, où elle voulut rester seule quelques instants avant de la faire avertir. Il y avait là quelque désordre, un coussin de velours tombé dans le sable, quelques belles fleurs brisées autour de la fontaine. Alice eut un frisson glacé; mais aucun soupir ne trahit, même dans la solitude, l'émotion de son âme profonde.

Elle allait se diriger enfin vers le pavillon, lorsque Isidora parut devant elle, en robe blanche sous une légère mante noire. Isidora était fière de porter en public ce deuil qui la faisait épouse et veuve; mais elle haïssait cette sombre couleur et ce souvenir de mort. N'attendant pas si tôt la visite de sa belle-sœur, elle cachait à peine sous sa mante cette toilette du matin, molle et fraîche, dans laquelle elle se sentait renaître. Pourtant le visage de la superbe fille était fort altéré. Sa beauté n'en souffrait pas; elle y gagnait peut-être en expression; mais il était facile de voir à son œil plombé et à sa riche chevelure à peine nouée, qu'elle avait peu dormi et qu'elle avait eu hâte de se retremper dans l'air du matin. Il était à peine neuf heures.

Elle fit un léger cri de surprise, puis, comme charmée, elle s'élança vers Alice; mais, dans son rapide regard, je ne sais quelle farouche inquiétude se trahit en chemin.

Alice, clairvoyante et forte, lui sourit sans effort et lui tendit une main qu'Isidora porta à ses lèvres avec un mouvement convulsif de reconnaissance, mais sans pouvoir détacher son œil, noir et craintif comme celui d'une gazelle, du placide regard d'Alice. Alice était bien pâle aussi; mais si paisible et si souriante, qu'on eût dit qu'elle était l'amante victorieuse en face de l'amante trahie.

« Elle ne se doute de rien! » pensa l'autre; et elle reprit son aplomb, d'autant plus qu'Alice ne parut pas faire la moindre attention à son joli peignoir de mousseline blanche.

« Vous ne m'attendiez pas si matin, lui dit madame de T...; mais vous m'aviez dit que vous défendriez votre porte et que vous ne sortiriez pas tant que je ne serais pas venue; je n'ai pas voulu vous condamner à une longue réclusion, et, en attendant votre réveil, je prenais plaisir à faire connaissance avec vos belles fleurs.

— Mes plus belles fleurs sont sans parfum et sans pureté auprès de vous, répondit Isidora, et ne prenez pas ceci pour une métaphore apportée de l'Italie, la terre classique des rébus. Je pense naïvement ce que je vous dis d'une façon ridicule; c'est assez le caractère de l'enthousiasme italien. Il paraît exagéré à force d'être sincère. Ah! Madame, que vous êtes belle au jour, que votre air de bonté me pénètre, et que votre manière d'être avec moi me rend heureuse! Vous ne partagez donc pas l'animosité de votre famille contre moi? Vous n'avez donc pas le sot et féroce orgueil des femmes du grand monde?

— Ne parlons ni de ma famille, ni des femmes du monde : vous ne les connaissez pas encore, et peut-être n'aurez-vous pas tant à vous en plaindre que vous le croyez. Que vous importe, d'ailleurs, l'opinion de ceux qui, de leur côté, vous jugeraient ainsi sans vous connaître? Oubliez un peu tout ce qui se meut en dehors de votre véritable vie, comme je l'oublie, moi aussi; même quand je suis forcée de la traverser. Pensez un peu à moi, et laissez-moi ne penser qu'à vous. Dites-moi, croyez-vous que vous pourrez m'aimer? »

Cette question était faite avec une sorte de sévérité où la franchise impérieuse se mêlait à la cordiale bienveillance. Isidora essaya de se récrier sur la cruauté d'un tel doute; mais le regard ferme et bon d'Alice semblait lui dire : *Pas de phrases! je mérite mieux de vous.* Et Isidora, sentant tout à coup le poids de cette âme supérieure tomber sur la sienne, fut saisie d'un malaise qui ressemblait à la peur.

Cette peur devint de l'épouvante lorsque Alice ajouta, en retenant fortement sa main dans la sienne : « Répondez-moi, répondez-moi donc hardiment, Julie!

— Julie? s'écria la courtisane hors d'elle-même. Quel nom me donnez-vous là?

— Permettez-moi de vous le donner toujours, reprit Alice avec une grande douceur; un de nos amis communs vous a connue sous ce nom, qui est sans doute le véritable, et qui m'est plus doux à prononcer.

— C'est mon nom de baptême, en effet, dit Isidora avec un triste sourire; mais je n'ai pas voulu le porter après que j'ai eu quitté ma famille et mon humble condition. C'est mon nom d'ouvrière, car vous savez que j'étais une pauvre enfant du peuple.

— C'est votre titre de noblesse à mes yeux.

— Vraiment?

— Vraiment oui! Ne croyez donc pas que les idées ne pénètrent pas jusque dans les têtes coiffées en naissant d'un hochet blasonné. Ne soyez pas plus fière que moi; nommez-moi Alice, et reprenez pour moi votre nom de Julie.

— Ah! il me rappelle tant de choses douces et cruelles! ma jeunesse, mon ignorance, mes illusions, tout ce que j'ai perdu. Oui, donnez-le-moi, ô cher nom, que j'oublie tout ce qui s'est passé pendant que je m'appelais Isidora... Car celui-là vous fait mal aussi à prononcer, n'est-ce pas? » Et en disant ces derniers mots, Isidora regarda à son tour Alice avec une sincérité impérative.

Alice éleva sa belle main délicate, et la posant sur le

Isidora.

front de la courtisane : « Je vous jure, par votre rare intelligence, lui dit-elle, que si votre cœur est aussi bon que votre beauté est puissante, quoi qu'il y ait eu dans votre vie, je ne veux ni le savoir, ni le juger. Que de vous à moi, ce qui peut vous faire souffrir dans le passé soit comme s'il n'avait jamais existé. Si vous êtes grande, généreuse et sincère, Dieu a dû vous absoudre, et aucune de ses créatures n'a le droit de trouver Dieu trop indulgent. Répondez-moi donc, car je ne vous demande pas autre chose. Votre cœur est-il bien vivant? Êtes-vous bien capable d'aimer? Car si cela est, vous valez tout autant devant Dieu que moi qui vous interroge. »

Isidora, entièrement vaincue par l'ascendant de la justice et de la bonté, mit ses deux mains sur son visage et garda le silence. Son enthousiasme d'habitude avait fait place à un attendrissement profond, mais douloureux Il lui fallait bien aimer Alice, et elle sentait qu'elle l'aimait plus encore que durant l'accès d'exaltation qu'elle avait éprouvé la veille en recevant les premières ouvertures de son amitié.

Mais le fantôme de Jacques Laurent avait passé entre elles deux, et il y avait eu de la haine mêlée à ce premier élan de son cœur vers une rivale. Maintenant le respect brisait la jalousie. L'orgueil abattu ne trouvait plus d'ivresse dans la reconnaissance. Alice n'était plus là comme une fée qui l'enlevait à la terre, mais comme une sœur de la Charité qui sondait ses plaies. La fière malade ne pouvait repousser cette main généreuse ; mais elle avait honte d'avouer qu'elle avait plus besoin de secours et de pardon que de justice.

Alice écarta avec une sorte d'autorité les mains de la courtisane et vit la confusion sur ce front que les outrages réunis de tous les hommes n'eussent pas pu faire rougir.

« Eh bien, lui dit-elle, si vous n'êtes pas sûre de vous-même, attendez pour me répondre. J'aurai du courage, et je ne me rebuterai pas.

« Je ne venais pas pour vous imposer la confiance et l'amitié. Je venais vous les offrir et vous les demander.

— Et moi, je vous donne toute mon âme, lui répondit enfin Isidora en dévorant des larmes brûlantes.

« Ne sentez-vous pas que vous me dominez et que ma foi vous appartient?

« Mais ne voyez-vous pas aussi que je ne suis pas aussi

Écoutez, écoutez, s'écria Julie... (Page 33.)

bien avec Dieu et avec moi-même que vous l'espériez? Ne voyez-vous pas que j'ai honte de faire un pareil aveu? Ne soyez pas cruelle, et n'abusez pas de votre ascendant, car je ne sais pas si je pourrai le subir longtemps sans me révolter. Ah! je suis une âme malheureuse, j'ai besoin de pitié à cause de ce que je souffre; mais la pitié m'humilie, et je ne peux pas l'accepter!

— De la pitié! Dieu seul a le droit de l'exercer; mais les hommes! Oh! vous avez raison de repousser la pitié de ces êtres qui en ont tous besoin pour eux-mêmes. J'en serais bien digne, chère Julie, si je vous offrais la mienne.

— Que m'offres-tu donc, noble femme? suis-je digne de ton affection?

— Oui, Julie, si vous la partagez.

— Eh! ne vois-tu pas que je l'implorerais à genoux s'il le fallait! Oh! belle et bonne créature de Dieu que vous êtes, prenez garde à ce que vous allez faire en m'ouvrant le trésor de votre affection; car si vous vous retirez de moi quand vous aurez vu le fond de mon cœur, vous aurez frappé le dernier coup, et je serai forcée de vous maudire.

— Pourquoi mêlez-vous toujours quelque chose de sinistre à votre expansion? On vous a donc fait bien du mal? Et cependant un homme vous a rendu justice, un homme vous a aimée.

— De quel homme parlez-vous?

— De mon frère.

— Ah! ne parlons pas de lui, Alice, car c'est là que notre lien, à peine formé, va peut-être se rompre, à moins que ma franchise ne me fasse absoudre!...

— Pas de confession, ma chère Julie. Je sais de vous certaines choses que je comprends sans les approuver. Mais trois années de dévouement et de fidélité les ont expiées.

— Écoutez, écoutez, s'écria Julie en se pliant sur le coussin de velours resté à terre aux pieds d'Alice, dans une attitude à demi familière, à demi prosternée : je ne veux pas que vous me croyiez meilleure que je ne le suis. J'aimerais mieux que vous me crussiez pire, afin d'avoir à conquérir votre estime, que je ne veux ni surprendre ni extorquer. Je veux vous dire toute ma vie. »

Et comme Alice fit involontairement un geste d'effroi, elle ajouta avec abattement :

« Non, je ne vous raconterai rien ; je ne le pourrais pas non plus ; mais je tâcherai de me faire connaître, en parlant au hasard, car mon cœur est plein de trouble, et je ne puis recevoir en silence un bienfait que je crains de ne pas mériter.

« Oh ! Madame, on n'est pas belle et pauvre impunément dans notre abominable société de pauvres et de riches, et ce don de Dieu, le plus magique de tous, la beauté de la femme, la femme du peuple doit trembler de le transmettre à sa fille.

« Je me rappelle un dicton populaire que j'entendais répéter autour de moi dans mon enfance : *Elle a des yeux à la perdition de son âme*, disaient les commères du voisinage, en me prenant des mains de ma mère pour m'embrasser. Ah ! que j'ai bien compris, depuis, cette naïve et sinistre prédiction !

« C'est que la beauté et la misère forment un assemblage si monstrueux ! La misère laide, sale, cruelle, le travail implacable, dévorant, les privations obstinées, le froid, la faim, l'isolement, la honte, les haillons, tout cela est si sûrement mortel pour la beauté ! Et la beauté est ambitieuse ; elle sent qu'elle est une puissance ; qu'un règne lui serait dévolu si nous vivions selon les desseins de Dieu ; elle sent qu'elle attire et commande l'amour, qu'elle peut élever une mendiante au-dessus d'une reine dans le cœur des hommes ; elle souffre et s'indigne du néant et des fers de la pauvreté.

« Elle ne veut pas servir, mais commander ; elle veut monter, et non disparaître ; elle veut connaître et posséder ; mais, hélas ! à quel prix la société lui accorde-t-elle ce règne funeste et cette ivresse d'un jour !

« Et moi aussi, j'ai voulu régner, et j'ai trouvé l'esclavage et la honte. Vous pensez peut-être qu'il y a des âmes faites pour le vice, et condamnées d'avance ; d'autres âmes faites pour la vertu et incorruptibles. Vous êtes peut-être fataliste comme les gens heureux qui croient à leur étoile. Ah ! sachez qu'il n'y a de fatal pour nous en ce monde que le mal qui nous environne, et que nous ne pouvons pas le conjurer. S'il nous était donné de le juger et de le connaître, la peur tiendrait lieu de force aux plus faibles. Mais que sait-on du mal quand on ne le porte pas en soi ? Nos bons instincts ne sont-ils pas légitimes, et, par cela même, invincibles ? A qui la faute si nous sommes condamnées à périr ou à les étouffer ?

« Ton ambition t'a perdue, me disait ma pauvre mère en courroux, après mes premières fautes. Cela était vrai ; mais quelle était donc cette ambition si coupable ? Hélas ! je n'en connaissais pas d'autre que celle d'être aimée ! Suis-je donc criminelle pour n'avoir pas trouvé l'amour, pour moins encore, pour n'avoir pas su qu'il n'existait pas ?

« Et, ne trouvant pas la réalité de l'amour, il a fallu me contenter du semblant. Des hommages et des dons, ce n'est pas l'amour, et pourtant la plupart des femmes qui portent le même nom que moi dans la société n'en demandent pas davantage. Mais le plus grand malheur qui puisse échoir à une femme comme moi, c'est de n'être pas stupide. Une courtisane intelligente, douée d'un esprit sérieux et d'un cœur aimant ! mais c'est une monstruosité ! Et pourtant je ne suis pas la seule. Quelques-unes d'entre nous meurent de douleur, de dégoût et de regrets, au milieu de cette vie de plaisir, d'opulence et de frivolité qu'elles ont acceptée.

« Ce n'est pas la cupidité, ce n'est pas le libertinage, qui les ont conduites à ce que la société considère comme un état de dégradation.

« Il est vrai qu'elles ont commis, comme moi, des fautes, et qu'elles ont caressé aussi de dangereuses, de coupables erreurs. Elles ont accepté leur opulence de mains indignes, et lâchement reçu comme un dédommagement de leur esclavage ou de leur abandon, des richesses qu'elles auraient dû haïr et repousser.

« Il y a beaucoup d'intrigantes, qui, pour s'assurer ces richesses, jouent avec la passion, menacent d'une rupture, feignent la jalousie, poursuivent de leurs transports étudiés un amant qui les quitte, enfin trafiquent de l'amour d'une manière honteuse. A celles-là rien de sacré, rien de vrai. Elles n'aiment jamais ; elles quittent un amant par la seule raison qu'un amant plus riche se présente. Ces femmes-là me font horreur, et je me surprends à les mépriser, comme si j'étais irréprochable. Mais quelques-unes d'entre nous valent mieux, sans qu'on s'en aperçoive, sans qu'on leur en sache aucun gré. Elles ne calculent pas, elles ne comptent pas avec la richesse.

« Le hasard seul a voulu que le premier objet de leur passion fût riche, et elles n'ont pas prévu qu'en se laissant combler, elles seraient regardées bientôt comme vendues.

« Puis, dans l'habitude de luxe où elles vivent, avec les besoins factices qu'on leur crée, avec l'entourage de riches admirateurs qui fait leurs relations, leur âme s'amollit, leur constitution s'énerve, le travail et la misère leur deviennent des pensées de terreur. Si elles changent d'amant, c'est un riche qui se présente, c'est un riche qui est accepté.

« Devenues futiles et aveugles, un homme simple et modeste n'est plus un homme à leurs yeux ; il n'exerce pas de séduction sur elles ; un habit mal fait le rend ridicule, le défaut d'usage, la simplicité des manières le font paraître déplaisant, et nous serions humiliées d'avoir un tel protecteur, et de paraître avec lui en public. Nous devenons plus aristocratiques, plus patriciennes que les duchesses de l'ancienne cour et les reines modernes de la finance.

« Et puis, l'oisiveté est une autre cause de démoralisation, et c'est encore par là que nous en venons à ressembler aux grandes dames. Nous avons pris l'habitude de donner tant d'heures à la toilette, à la promenade, à de frivoles entretiens, nous trônons avec tant de nonchalance sur nos ottomanes ou dans nos avant-scènes, qu'il nous devient bientôt impossible de nous occuper avec suite à rien de sérieux.

« Nos sots plaisirs nous excèdent, mais la solitude nous effraie, et nous ne pouvons plus nous passer de cette vie de représentation stupide, qui est à la fois un fardeau et un besoin pour nous.

« Et puis encore l'orgueil ! cette sorte d'orgueil particulier aux êtres qu'on s'est efforcé d'avilir, qui ont donné des armes contre eux, et qui, ne pouvant retrouver le vrai chemin de l'honneur, se font gloire de leur contenance intrépide. Oh ! cet orgueil-là, pour être illégitime, n'en est pas moins jaloux, ombrageux et despotique à l'excès. On pourrait le comparer à celui de certains hommes politiques qui se drapent dans leur impopularité.

« Jugez donc de ce que doit souffrir une tête douée d'intelligence et de raison, quand, poussée par la fatalité dans cette voie sans issue, elle arrive à perdre la puissance de se réhabiliter même en voir perdu le besoin.

« Ah ! Madame, vous n'êtes pas, vous, une femme vulgaire, vous avez un grand cœur, une grande intelligence. Il est impossible que vous ne me compreniez pas. Vous ne voudriez pas m'insulter en me mettant sous les yeux les prétendus éléments de mon bonheur, le nom et le titre que je porte, la sécurité de ma fortune, de ma liberté, ma beauté encore florissante ; et mon esprit généralement vanté et apprécié par de prétendus amis.

« Mon nom de patricienne et mon titre de comtesse, je les dois à l'amour aveugle et obstiné d'un homme que je ne pouvais pas aimer, et que j'ai souvent trompé, avide et insatiable que j'étais d'un instant d'amour et de bonheur impossibles à trouver !

« Cet homme excellent, mais homme du monde, malgré tout, jaloux sans passion et généreux sans miséricorde, n'eût jamais osé faire de moi sa femme, s'il eût dû survivre à la maladie qui l'a emporté.

« A son lit de mort, il a voulu, par un étrange caprice, me laisser dans le monde un rang auquel je ne songeais pas, et que j'ai eu la faiblesse d'accepter sans comprendre que ce serait encore une fausse dignité, une puissance illusoire, une comédie de réhabilitation, un masque sur l'infamie de mon nom de fille.

« La famille du comte de S... n'a pas voulu me disputer le legs considérable dont je jouis, et cette crainte du scandale est la marque de dédain la plus incisive qu'elle m'ait donnée. Je sais bien que, dans le temps où nous vivons, je pourrais braver ce dédain, me pousser par l'intrigue dans les salons, y réussir, y tourner la tête d'un lord excentrique ou d'un Français sceptique, faire encore un riche, peut-être un illustre mariage, qui sait! aller à la cour citoyenne comme certaines filles publiques, bien autrement avilies que moi, s'y sont poussées et installées à force d'impudence ou d'habileté. Mais je n'ai pas la ressource d'être vile, et ce genre d'ambition m'est impossible.

« Mon orgueil est trop éclairé pour aller affronter des mépris qui me font souffrir par la seule pensée qu'ils existent au fond des cœurs, quelque part, chez des gens que je ne connais même pas. Je ne pourrais pas, je n'ai jamais pu m'entourer de ces femmes équivoques, qui ont fait justement comme moi, par les mêmes hasards, mais avec d'autres intentions et d'autres moyens. J'abhorre l'intrigue, et j'éprouve une sorte de consolation à écraser ces femmes-là du mépris qu'elles m'inspirent.

« Mais, hélas! pour valoir mieux qu'elles, je n'en suis que plus malheureuse.

« Ne pouvant m'amuser à la possession des bijoux et des voitures, à la conquête des révérences et à l'exhibition d'une couronne de comtesse sur mes cartes de visite, j'ai l'âme remplie d'un idéal que je n'ai jamais pu, et que, moins que jamais, je puis atteindre.

« Le manque d'amour me tue, et le besoin d'être aimée me torture... Et pourtant je ne suis pas sûre de n'avoir pas perdu moi-même, au milieu de tant de souffrances, la puissance d'aimer.

« Ah! la voilà, cette révélation qui vous effraie et à laquelle vous n'osiez pas vous attendre! Je vous ai devinée, Alice, et je sais bien ce qui a disposé votre grand cœur à m'absoudre de toute ma vie. Dans votre vie de réserve et de pudeur, à vous, vous vous êtes dit avec l'humilité d'un ange, que les femmes comme moi avaient une sorte de grandeur incomprise, qu'elles se rachetaient devant Dieu par la puissance de leurs affections, et que, comme à Madeleine, il leur serait beaucoup pardonné, parce qu'elles ont beaucoup aimé. Hélas! vous n'avez pas compris que Dieu serait trop indulgent, s'il permettait aux âmes qui abusent de ses dons de ne pas arriver à la satiété et à l'impuissance.

« Le châtiment est là pour le cœur de la femme, comme pour les sens du débauché.

« Et ce malheur incommensurable n'est pas l'expiation des âmes vulgaires, sachez-le bien. J'ai été frappée, en Italie, de la différence qui existait entre moi et presque toutes ces femmes d'une organisation à la fois riche et grossière.

« Elles avaient bien aussi des alternatives d'illusion et de déception, mais leurs sens sont si actifs, que leur illusion n'est pas tuée par nombreuses défaites. J'ai connu à Rome une jeune fille de vingt ans, qui me disait tranquillement, en comptant sur ses doigts:

« J'ai aimé trois fois, et j'ai toujours été trompée; mais, cette fois-ci, je suis bien sûre d'être aimée, et de l'être pour toujours. »

« Huit jours après, elle était trahie; elle fut d'abord folle, puis malade à mourir; puis, quand elle fut guérie, il se trouva qu'elle était passionnément éprise du médecin qui l'avait soignée, et qu'elle disait encore:

« Cette fois-ci, c'est pour toujours. »

« J'ignore la suite de ses aventures; mais je gagerais qu'elle est aujourd'hui à son dixième amour, et qu'elle ne désespère de rien. Pourtant cette fille était honnête, sincère, elle donnait toute son âme, elle se dévouait sans mesure, elle était admirable de confiance, de miséricorde et de folie. C'était une mobile et puissante organisation.

« Nous ne sommes point ainsi, nous autres Françaises, nous autres Parisiennes surtout. Nous n'avons peut-être pas moins de cœur qu'elles; mais nous avons beaucoup plus d'intelligence, et cette intelligence nous empêche d'oublier. Notre fierté est moins audacieuse; elle est plus délicate, elle ne se relève pas aussi aisément d'un affront; elle raisonne; elle voit le nouveau coup qui la menace dans la récente blessure dont elle saigne. Ce n'est pas une force égarée qui cherche aveuglément le remède dans l'oubli du mal et dans de nouveaux biens. C'est une force brisée, qui ne peut se consoler de sa chute, et qui se regrette amèrement elle-même.

« Eh bien, Alice, voilà longtemps que je parle, et je ne vous ai encore rien dit, rien fait comprendre, peut-être. C'est que je suis une énigme pour moi-même. Malade d'amour, je n'aime pas. Une fois, dans ma vie, j'ai cru aimer... j'ai longtemps caressé ce rêve comme une réalité dont le souvenir faisait toute ma richesse, et, à présent!... Eh bien, à présent, hélas! je ne suis pas même sûre de n'avoir pas rêvé. Ah! si je pouvais, si j'osais raconter! Tenez, c'est comme pour aimer: *Vorrei e non vorrei.* »

— Eh bien, Julie, répondit Alice en étouffant un profond soupir; car les paroles d'Isidora l'avaient remplie d'effroi et navrée de tristesse: parlez et racontez. Vous en avez trop dit, et j'en ai trop entendu pour en rester là. Oubliez que vous parlez à la sœur de votre mari. Et pourquoi, d'ailleurs, ne serait-elle pas votre confidente? Lui vivant, vous eussiez pu chercher en elle un soutien contre votre propre faiblesse, un refuge dans vos courageux repentirs.

A présent que je ne peux plus lui conserver ou lui rendre les bienfaits de votre affection, je peux, du moins, accomplir son dernier vœu, en remplissant, auprès de vous, le rôle d'une sœur.

— Appelez-moi votre sœur! dites ce mot adorable, *ma sœur*, s'écria Isidora en embrassant avec énergie les genoux d'Alice. Oh! s'il est possible que vous m'aimiez ainsi, oui, je jure à Dieu que, moi, je pourrai encore aimer et croire! »

En cet instant Isidora parlait avec l'élan de la conviction, et tout ce qu'elle avait encore de pur et de bon dans l'âme rayonnait dans son beau regard.

Alice l'embrassa et lui donna le nom de sœur, en appelant sur elle la bénédiction de la grâce divine.

« Et maintenant, dit Julie tout en pleurs, je raconterai le fait le plus caché et le plus important de ma vie, mon seul amour!... C'est un homme que vous connaissez... qui demeure chez vous... qui vous a sans doute parlé de moi...

— Oui, c'est Jacques Laurent, répondit Alice avec un calme héroïque. »

Ce nom, dans la bouche de madame de T..., fit frissonner Isidora.

Elle redevint farouche un instant et plongea son regard dans celui d'Alice; mais elle ne put pénétrer dans cette âme invincible, et la courtisane jalouse et soupçonneuse fut trompée par la femme sans expérience et sans ruse. C'est peut-être la plus grande victoire que la pudeur ait jamais remportée.

« Elle ne l'aime pas, je peux tout dire, » pensa Isidora, et elle dit tout, en effet.

Elle raconta son histoire et celle de Jacques, dans les plus chauds détails. Elle n'omit des événements de la nuit que les soupçons qu'elle avait eus sur sa rivale; elle les oublia plutôt qu'elle ne les voulut céler. Ne se ressentant plus, heureuse d'aimer Alice sans avoir à lutter contre de mauvais sentiments, elle dévoila, avec son éloquence animée, ce triste roman qu'elle voyait enfin se dessiner nettement dans ses souvenirs. Elle confessa même que, sans le vouloir, sans le savoir, entraînée par un prestige de l'imagination, elle avait exagéré à Jacques la passion qu'elle avait conservée pour lui; et, quand elle eut fait cette confession courageuse, elle ajouta:

« C'est là le dernier trait de ce malheureux caractère que je ne peux plus gouverner, le plus évident symptôme de cette maladie incurable à laquelle je succombe.

« Le besoin d'être aimée m'a fait croire à moi-même que j'aimais éperdument, et je l'ai affirmé de bonne foi; j'en ai protesté avec ardeur.

« Il l'a cru, lui; comment ne l'eût-il pas fait, quand je le croyais moi-même?

« Eh bien, j'ai gâté mon roman en voulant le reprendre et le dénouer. Le premier dénouement, brusqué dans la souffrance, l'avait laissé complet dans ma pensée. A présent, il me semble qu'il ne vaut guère mieux que tous les autres, et que le héros ne m'est plus aussi cher.

« Il me semble que j'ai fait une mauvaise action en voulant prendre possession de son âme malgré lui.

« A coup sûr, j'ai manqué à ma fierté habituelle, à mon rôle de femme, en n'ayant pas la patience d'attendre qu'il se renflammât de lui-même.

« Quel doux triomphe c'eût été pour moi de voir peu à peu revenir à mes pieds, en suppliant, cet homme que j'avais si rudement abandonné au plus fort de sa passion, et qui a dû me maudire tant de fois ! Et ne croyez pas que ce regret soit un pur orgueil de coquette : oh ! non. Je ne demande à inspirer l'amour que pour réussir à y croire ou à le partager.

« J'ai donc empêché cet amour de renaître en voulant le rallumer précipitamment. Là encore ma soif maladive m'a fait renverser la coupe avant de boire, ou, pour employer une comparaison plus vraie, le froid mortel qui me gagne et m'épouvante m'a forcée à me jeter dans le feu, où je me suis brûlée sans me réchauffer.

« Ah ! condamnez-moi, noble Alice, et reprochez-moi sans pitié ce désordre et cette fièvre d'abuser, qui, de mon ancienne vie de courtisane, a passé jusque dans mes plus purs sentiments ; ou plutôt plaignez-moi, car je suis bien cruellement punie ! punie par ma raison, que je ne puis ni reprendre ni détruire ; par la délicatesse de mon intelligence, qui condamne ses propres égarements ; par mon orgueil de femme, qui frémit d'être si souvent compromis par ma vanité de fille.

« J'étais jalouse, cette nuit..... jalouse, sans savoir de qui !...

« J'aurais accusé Dieu même de s'être mis contre moi pour m'enlever l'amour de cet homme ! et j'ai cru qu'en le rendant infidèle à sa nouvelle amante, je le reprendrais ; mais je crains de l'avoir perdu davantage, car c'est bien par là que Dieu devait me châtier. Jacques ne m'aime plus..., cela est trop évident. Il me plaint encore ; il est capable de me sermonner, de me protéger au besoin, de mettre toute sa science et toute sa vertu à me sauver. Il est si bon et si généreux ! Mais qu'ai-je besoin d'un prêtre ? c'est un amant que je voulais. J'en retrouve un distrait et sombre... Je ne suis pas aimée.

« Pour la centième et dernière fois de ma vie, je ne suis pas aimée !..... O mon Dieu ! et, alors, comment faire pour qu'il m'aime ?

« Voilà mon cœur, hélas ! chère Alice, ce cœur qui agonise et qui ne peut vous répondre de lui-même.

— Vous croyez que Jacques ne vous aime pas ? dit Alice, plongée tout à coup dans une méditation étrange ; serait-ce possible ?... »

Puis elle ajouta, en secouant la tête, comme pour en chasser une idée importune :

« Non, ce n'est pas possible, Julie ; Jacques est absorbé par une grande passion, j'en ai la certitude, et, vous seule, pouvez en être l'objet. Il a trop souffert pour que son premier transport ne soit pas douloureux.

« Mais aimez-le, ma pauvre sœur, au nom du ciel, aimez-le, et vous le sauverez, en vous sauvant vous-même.

« Oh ! ne laissez pas tomber dans la poussière ce poëme, ce roman de votre vie, comme vous l'appelez. Si vous avez jamais rencontré une âme capable de connaître et d'inspirer de l'amour véritable, c'est celle de Jacques ; je le connais peut-être plus que vous-même, continua-t-elle avec un calme et mélancolique sourire. Depuis plusieurs mois que je le vois tous les jours, et que je l'entends expliquer à mon fils les éléments du beau et du bon, je me suis assurée que c'était un homme de noble caractère et une noble intelligence. Et puis, ce n'est pas un homme du monde ; sa vie est pure : la solitude, la pauvreté l'ont formé au courage et au renoncement.

« Il a sur la religion et la morale des idées plus élevées que celles d'aucun homme que j'aie connu. Ne le craignez pas, acceptez de lui la lumière de la sagesse, et rendez-lui le feu sacré de l'amour.

« Vous pouvez encore être heureuse par lui, et lui par vous, Julie ; que votre enthousiasme mutuel ne soit pas une faute et un égarement dans votre double existence. Vous vous êtes plu, maintenant aimez-vous ; et si cet amour ne peut devenir éternel et parfait, faites-le durer assez, ennoblissez-le assez pour qu'il vous soit salutaire à tous deux et vous dispose à mieux comprendre l'idéal de l'amour.

— Et pourquoi donc, Alice, reprit Isidora avec une sorte d'anxiété, ne garderiez-vous pas ce trésor pour vous-même ? Oh ! pardonnez-moi si mon langage est trop hardi ; mais qui doit connaître l'idéal de l'amour, si ce n'est une âme comme la vôtre ? qui doit mépriser les différences de rang et de fortune, si ce n'est vous.

— Il ne s'agit pas de moi, Julie, répondit Alice d'un ton de douceur sous lequel perçait une solennelle fierté ; si je souffrais, je vous consulterais à mon tour ; mais je ne souffre pas de mon repos, et l'heure d'aimer n'est apparemment pas venue pour moi, puisque je vous supplie d'aimer noblement le noble Jacques.

— Vous ne l'aimez pas, je le vois bien, Alice, car il n'est pas d'amour sans exclusivisme et sans un peu de jalousie. Et pourtant, voyez combien je vous préfère à toute la terre ! J'ai regret maintenant que vous n'ayez pas envie d'aimer Jacques, tant je serais heureuse de vous faire ce sacrifice.

— Qui ne vous coûterait pas beaucoup, hélas ! dans ce moment-ci, dit tristement Alice, puisque vous n'êtes pas sûre de l'aimer !

— Ah ! quand même je l'aimerais comme le premier jour où je le vis, comme je me figurais l'aimer hier soir ! Mais, si vous ordonnez que je l'aime, Dieu fera ce miracle pour moi. Si mon salut est là, selon vous, je vous promets, je vous jure de ne point le chercher ailleurs.

— Oui, jurez-le-moi, Julie !

— Par quoi jurerai-je ? par le nom de ma sœur Alice ? Je n'en connais pas qui me soit plus sacré.

— Oui, jurez par mon nom de sœur, répondit madame de T... en se levant pour se retirer et en lui serrant fortement la main. Jurez aussi par le nom de Félix, à la mémoire duquel vous devez d'aimer un homme qui respectera dans votre passé la trace de l'affection de mon frère. »

Julie promit, et elles se quittèrent en faisant le projet de se revoir le lendemain. Alice rentra aussi calme en apparence qu'elle était sortie, et s'enferma chez elle. Au bout d'une heure, elle sonna sa femme de chambre.

« Laurette, dit-elle à cette jeune Allemande, je me sens très-malade. Je suis comme prise de fièvre, et je ne comprends pas bien ce que je vois autour de moi. Écoute, ma fille, tu m'aimes, et tu sais que je ferais pour toi ce que tu vas faire pour moi-même. Tu es pieuse, jure-moi sur la Bible protestante que si j'ai le délire, tu n'entendras rien, tu ne retiendras rien. Tu ne rediras à personne, pas même à moi... (et surtout à moi) les paroles qui pourront m'échapper...

« N'aie pas peur, ce ne sera peut-être rien ; mais enfin il faut tout prévoir ; arme-toi de courage et de dévouement : jure ! »

Laurette jura.

« Ce n'est pas tout. Jure-moi aussi que tu m'enfermeras si bien, que personne ne me soupçonnera malade d'autre chose que d'une migraine. Jure que tu n'appelleras pas le médecin tant que je serai dans le délire, si j'ai le délire. Jure que tu me laisseras mourir plutôt que de me laisser trahir un secret que j'ai sur le cœur et que Dieu seul doit connaître. »

La simple fille jura malgré son épouvante.

Pâle et consternée, elle déshabilla sa maîtresse qu'un frisson glacial venait de saisir et dont les dents contractées claquaient déjà avec un bruit sinistre.

Alice resta étendue sur son lit, sans mouvement, pendant vingt-quatre heures. Ses appréhensions ne se réalisèrent pas. Elle n'eut pas de délire.

Les âmes habituées à se dompter et à se contenir

portent le silence et le mystère jusque dans le tombeau.

Alice fut plus en danger de mourir durant cette effroyable crise nerveuse que Laurette ne put le comprendre. Elle ne faisait pas entendre une plainte.

Froide, raide et pâle comme une statue de marbre blanc, les yeux ouverts et fixes, elle n'avait aucune connaissance, aucun sentiment de sa situation ; si Laurette ne l'eût sentie respirer faiblement, elle l'eût crue morte : mais comme elle respirait et ne pouvait exprimer sa souffrance, la bonne Allemande s'imagina parfois qu'elle dormait les yeux ouverts.

Heureusement l'affection fait parfois deviner aux êtres les plus simples ce qui peut nous sauver. Laurette sentant le corps d'Alice si froid et si contracté, ne songea qu'à le réchauffer, et elle finit par amener une légère transpiration. Peu à peu Alice revint à elle-même, et le premier mot qu'elle put articuler, fut pour demander à son humble amie si elle avait parlé.

« Hélas ! Madame, répondit Laurette, vous en étiez bien empêchée. Voyons si vous n'avez point la langue coupée ou les dents cassées ; car je n'ai jamais pu vous faire avaler une seule goutte d'eau.

« Dieu soit loué ! votre belle bouche n'a rien de moins, et maintenant que vous voilà mieux, il vous faut le médecin et du bouillon.

— Tout ce que tu voudras, Laurette. A présent, j'ai ma tête, je vois clairement. Je souffre beaucoup, mais je suis en possession de ma volonté.

« Embrasse-moi, ma bonne créature, et va te reposer. Envoie-moi mon fils et les autres femmes. Si je me sens redevenir folle, je te ferai rappeler bien vite.

— Eh ! Madame, vous n'avez été que trop sage, » dit Laurette naïvement.

Le médecin s'étonna de trouver Alice si faible, et s'émerveilla des terribles effets de la migraine chez les femmes.

Vingt-quatre heures après, Alice était levée et prenait du chocolat au lait d'amandes dans son petit salon, avec son fils, qui la réjouissait de ses caresses, et qui la regardait de temps en temps en lui disant :

« Petite mère, pourquoi donc vous êtes toute blanche, toute blanche ? »

Alice avait la pâleur d'un spectre.

Vingt-quatre heures encore s'écoulèrent avant qu'Alice voulût se montrer à Jacques Laurent. Les ravages de la douleur et de la volonté étaient encore visibles sur son visage, mais déjà ils étaient moins effrayants, et le calme profond qui suit de telles victoires résidait sur son large front encadré de bandeaux soigneusement lissés par Laurette.

Ce jour-là à six heures, Jacques, averti que le dîner était servi, entra dans la salle à manger avec la même préoccupation inquiète que les jours précédents. Mais en voyant Alice assise sur son fauteuil où l'avait apportée le vieux Saint-Jean, un cri de joie lui échappa, cri si profond, si expressif, qu'Alice en tressaillit légèrement.

« J'ai été assez souffrante, mon ami, lui dit-elle en lui tendant la main. Mais ce n'était rien de grave, et me voilà guérie. Je sais que vous avez veillé sur mon enfant comme l'eût fait sa propre mère. Je ne vous en remercie pas, Laurent, mais je vous en aime davantage. »

Pour la première fois, Jacques porta la main d'Alice à ses lèvres ; il ne pouvait parler, il craignait de s'évanouir.

Pour la première fois aussi, Alice devina qu'elle était aimée. Mais il était trop tard, et une pareille découverte ne pouvait qu'augmenter sa souffrance.

Qu'était-ce donc qu'un amour si différent du sien, un amour compliqué, flottant, partagé déjà dans le présent et dans le passé, dans l'avenir peut-être ? Toute sa puissance sur le cœur de Jacques s'était donc réduite, et devait probablement se réduire encore à le rendre infidèle parfois avec un souvenir obstiné, à une passion toute puissante dans ses accès et ses retours !

Peut-être qu'Alice eût pardonné si elle eût compris qu'elle n'était point la rivale d'Isidora, mais qu'au contraire Isidora était la sienne dans le cœur de Jacques ; qu'elle n'avait pas causé l'infidélité, mais que l'infidélité avait été commise contre elle. Mais elle en jugea autrement, et elle s'était d'ailleurs trop engagée avec Julie pour ne pas prendre en horreur l'idée de lui disputer son amant. Elle frissonna comme quelqu'un qui se réveille au bord d'un abîme, et elle fit un immense effort de courage et de dignité pour s'éloigner à jamais du danger d'y tomber. Pourtant, chose étrange, mais que toute femme comprendra, à partir de cet instant ce courage lui parut plus facile.

Jacques avait ignoré, ainsi que tout le monde, la gravité du mal qu'elle qualifiait d'indisposition. Il fut effrayé de sa pâleur. Cependant, comme il n'y avait pas d'autre altération profonde dans ses traits, comme l'expression en était sereine, plus sereine même qu'à l'ordinaire, il ne soupçonna pas qu'elle eût été vingt-quatre heures aux prises avec la mort. Il osa à peine la questionner sur ses souffrances, et quoiqu'il eût résolu de lui reprocher, au nom de son fils et de ses amis, l'imprudence qu'elle avait commise en passant toute une nuit à se promener nu-tête dans le jardin, il ne put jamais avoir cette hardiesse.

Le souvenir de cette promenade étrange le frappait de respect et d'une sorte de terreur. Il avait cru découvrir là qu'un grand secret remplissait la vie de cette femme silencieuse et contenue.

Mais quelle pouvait être la nature d'un tel secret ? Était-ce une douleur de l'âme ou une souffrance physique soigneusement cachée ? Peut-être, hélas ! l'accès d'un mal mortel étouffé avec stoïcisme depuis longtemps.

Depuis six mois, il remarquait bien qu'Alice pâlissait et maigrissait d'une manière sensible ; mais comme elle ne se plaignait jamais et paraissait d'une constitution robuste, il n'en avait pas encore pris de l'inquiétude. Que croire maintenant ? Sa veillée solitaire dans une si profonde absorption était-elle le résultat ou la cause du mal ? Quoi que ce fût, il y avait là dedans quelque chose de solennel et de mystérieux que Jacques n'osait pas dire avoir surpris. A peine put-il se hasarder à demander si madame de T.... n'avait pas pris un rhume.

« Non pas, que je sache, répondit-elle simplement. Ce n'est pas la saison des rhumes. » Et tout fut dit.

Jacques ne devait pas savoir qu'il avait assisté au suicide d'une passion profonde, et qu'il était la cause de ce suicide, l'objet de cette passion.

Le repas fini, Alice voulut se lever pour retourner au salon. Mais il y avait un reste de paralysie dans ses jambes, et il lui fut impossible de faire un pas.

Elle pria Jacques d'aller lui chercher un livre dans la chambre de son fils, et l'enfant ayant suivi son précepteur, elle se fit reporter sur son fauteuil : elle ne voulait pas que ces deux êtres se doutassent de ce qu'elle avait souffert.

« Mon ami, dit-elle à Jacques lorsqu'il fut de retour, nous sommes encore seuls ce soir. Je ne rouvrirai ma porte que demain. Je veux utiliser cette soirée en la consacrant à ma belle-sœur, à laquelle j'avais donné, pour avant-hier, un rendez-vous dans son jardin.

« J'ai été forcée d'y manquer, et elle doit être inquiète de moi ; car elle a de l'affection pour moi, j'en suis certaine, et, moi, j'en ai pour elle, beaucoup... mais beaucoup ! Vous aviez raison, Jacques, condamner sans appel est odieux, juger sans connaître est absurde.

« Madame de S... n'est une femme ordinaire en rien. Je serais heureuse de la voir maintenant ; mais je suis encore un peu faible pour marcher.

« Voulez-vous avoir l'obligeance d'aller chez elle, de vous informer si elle est seule, si elle est maîtresse de sa soirée, et, dans ce cas, de me l'amener ?

« Vous pouvez passer par les jardins. La petite porte est et sera désormais toujours ouverte. »

Jacques obéit. Isidora se préparait à monter en voiture pour aller se promener au bois avec quelques personnes.

A peine sut-elle l'objet de la mission de Jacques, par un billet écrit au crayon dans l'antichambre, qu'elle congédia son monde, fit dételer sa voiture, et jetant son

voile sur sa tête, elle s'élança vers lui et prit son bras avec une vivacité touchante. « Ah! que je vous remercie! lui dit-elle en courant avec lui, comme une jeune fille, à travers les jardins. Quelle bonne mission vous remplissez là! Je croyais qu'elle m'avait déjà oubliée, et je ne vivais plus.
— Elle a été malade, dit Jacques.
— Sérieusement; mon Dieu?
— Je ne pense pas; cependant elle est fort changée. »

Le pressentiment de la vérité traversa l'esprit pénétrant d'Isidora.

Lorsqu'elle songeait à la conduite d'Alice, elle était près de tout deviner; mais, lorsqu'elle la voyait, ses soupçons s'évanouissaient. C'est ce qui lui arriva encore, lorsque Alice la reçut avec un rayon de bonheur dans les yeux et les bras loyalement ouverts à ses tendres caresses. L'impétueuse et indomptée Isidora ne pouvait élever sa pensée jusqu'à comprendre la fermeté patiente d'un tel martyre, la sublime générosité d'un tel effort.

Et cependant Isidora n'était pas incapable d'un aussi grand sacrifice; mais elle l'eût accompli autrement, et l'orage de sa passion vaincue eût fait trembler la terre sous ses pieds.

Quel orage pourtant, que celui qui avait passé sur la tête d'Alice! quelle tempête avait bouleversé tous les éléments de son être durant cette longue nuit dont le calme avait tant effrayé Jacques! et il n'en avait pourtant pas coûté la vie à un brin d'herbe.

Les sanglots d'Alice n'étaient pas sortis de sa poitrine; ses soupirs n'avaient fait tomber aucune feuille de rose autour d'elle.

Je ne me suis pas promis d'écrire des événements, mais une histoire intime. Je ne finirai par aucun coup de théâtre, par aucun fait imprévu. Alice, Isidora, Jacques, réunis ce soir-là et, souvent depuis, tantôt dans le petit salon, tantôt sur la terrasse du jardin, tantôt dans la belle serre aux camélias, se guérirent peu à peu de leurs secrètes blessures. Isidora fut, chaque jour, plus belle, plus éloquente, plus vraie, plus rajeunie par un amour senti et partagé. Jacques fut, chaque jour, plus frappé et plus pénétré de cet amour qu'il avait tant pleuré, et qui lui revenait, suave et doux comme dans les premiers jours, auprès de Julie, ardent et fort comme il l'avait été aux heures de l'ivresse et de la douleur. Elle aima, par reconnaissance d'abord, puis par entraînement, et, enfin, par enthousiasme; car Julie retrouvait, avec la confiance, la jeunesse et la puissance de son âme.

Alice fut le lien entre eux. Elle fut la confidente des dernières souffrances et des dernières luttes d'Isidora.

Elle s'attacha à la rendre digne de Jacques, et, sans jamais parler avec lui de leur amour, elle sut lui faire voir et comprendre quel trésor était encore intact au fond de cette âme déchirée. Quant à lui, le noble jeune homme, il le savait bien déjà, puisqu'il avait pu l'aimer alors qu'elle le méritait moins. Mais il avait conçu un idéal plus parfait de l'amour et de la femme en voyant Alice. Par quelle fatalité, étant aimé d'elle, ne put-il jamais le savoir? Et elle, par quel excès de modestie et de fierté fut-elle trop longtemps aveuglée sur les véritables sentiments qu'elle lui avait inspirés? Ces deux âmes étaient trop pudiques et trop naïves, et, disons-le encore une fois, trop éprises l'une de l'autre, pour se deviner et se posséder. Leur amour n'était pas de ce monde; il n'y put trouver place. Une nature toute d'expansion, d'audace et de flamme s'empara de Jacques: et, ne le plaignez pas, il n'est point trop malheureux.

Mais qu'il ignore à jamais le secret d'Alice, car Isidora serait perdue! Rassurez-vous, il l'ignorera.

Fiez-vous à la dignité d'une âme comme celle d'Alice. Elle a trop souffert pour perdre le fruit d'une victoire si chèrement achetée. Et ce serait bien en vain qu'elle apprendrait maintenant toute la vérité. Le soir où elle compta, en regardant la pendule, les minutes et les heures que son amant passait aux pieds d'une rivale, elle s'était fait ce raisonnement : S'il ne m'aime pas, je ne puis vivre de honte et d'humiliation; s'il m'aime et qu'il se laisse distraire seulement une heure, je ne pourrai jamais le lui pardonner. Dans tous les cas, il faut que je guérisse.

Ne la trouvez pas trop orgueilleuse.

A vingt-cinq ans, elle n'avait jamais aimé, et elle s'était fait de l'amour un idéal divin. Elle ne pouvait pas comprendre les faiblesses, les entraînements, les défaillances des amours de ce monde. A la voir si indulgente, si généreuse, si étrangère par conséquent aux passions des autres, on jurerait qu'elle n'essaiera plus d'aimer.

Vous me direz que c'est invraisemblable, et qu'on ne peut pas finir si follement un roman si sérieux. Et si je vous disais qu'Alice est si bien guérie qu'elle en meurt? vous ne le croiriez pas; personne ne s'en doute autour d'elle, son médecin moins que personne.

Cependant elle n'est pas condamnée à mort comme malade, dans ma pensée.

Isidora a-t-elle donc embrassé dans Jacques son dernier amour?

Un jour ne peut-il pas venir où celui d'Alice renaîtra de ses cendres? celui de Jacques est-il éteint ou assoupi? n'y aura-t-il jamais entre eux une heure d'éloquente explication?

Qui sait? ces romans-là ne sont jamais absolument terminés.

———

En effet, ce roman ne devait pas finir là, et lorsque nous racontions ce qu'on vient de lire, nous ne connaissions pas bien les pensées de Jacques Laurent. Un an plus tard, nous reçûmes de nouvelles confidences, et les papiers qui tombèrent entre nos mains nous forcent de donner une troisième partie à son histoire.

TROISIÈME PARTIE.

Ce manuscrit serait un peu obscur si le lecteur n'était au courant du double amour qui s'agitait dans le cœur de notre héros. Nous avons pourtant cru devoir conserver les lettres initiales qu'il avait tracées en tête de chaque paragraphe, selon que ses pensées le ramenaient à Isidora, ou l'emportaient vers Alice.

CAHIER I.

Je me croyais jadis un grand philosophe, et je n'étais encore qu'un enfant. Aujourd'hui je voudrais être un homme, et je crains de n'être qu'un mince philosophe, un *philosopheur*, comme dit Isidora. Et pourquoi cet invincible besoin de soumettre toutes les émotions de ma vie à la froide et implacable logique de la vertu? La vertu! ce mot fait bondir d'indignation la rebelle créature que je ne puis ni croire, ni convaincre. Monstrueux hyménée que nos âmes n'ont pu et ne pourront jamais ratifier! Ce sont les fiançailles du plaisir : rien de plus!

— La vertu! oui, le mot est pédantesque, j'en conviens, quand il n'est pas naïf. Mon Dieu, vous seul savez pourtant que pour moi c'est un mot sacré. Non, je n'y attache pas ce risible orgueil qu'elle me suppose si durement; non, pour aimer et désirer la vertu, je ne me crois pas supérieur aux autres hommes, puisque, plus j'étudie les lois de la vérité, plus je me trouve égaré loin de ses chemins, et comme perdu dans une vie d'illusion et d'erreur. Funeste erreur que celle qui nous entraîne sans nous aveugler! Illusions déplorables que celles qui nous laissent entrevoir la réalité derrière un voile trop facile à soulever!

Et j'écrivais sur la philosophie! et je prétendais composer un traité, formuler le code d'une société idéale, et proposer aux hommes un nouveau contrat social!... Eh bien, oui, je prétendais, comme tant d'autres, instruire et corriger mes semblables, et je n'ai pu m'instruire ni me corriger moi-même. Heureusement mon livre n'a pas été fini; heureusement il n'a point paru; heureusement je me suis aperçu à temps que je n'avais pas reçu d'en haut la mission d'enseigner, et que j'avais tout à apprendre. Je n'ai pas grossi le nombre de ces écoliers superbes, qui, *tout gonflés des leçons de leurs maîtres*, s'en vont endoctrinant le siècle, sans porter en eux-mêmes la lumière et la force qu'ils aspirent à répandre! Cela m'a sauvé d'un ridicule aux yeux d'autrui. Mais, à mes propres yeux, en suis-je purgé?

Triste cœur, tu es mécontent de toi-même dans le passé, parce que tu es honteux de toi-même dans le présent. Et pourtant tu valais mieux, en effet, alors que tu te croyais meilleur. Tu étais sincère, tu n'avais rien à combattre; tu aimais le beau avec passion; tu te nourrissais de contemplations idéales; tu te croyais de la race des fanatiques... Tu ne te savais pas faible; tu ne savais pas que tu ne savais pas souffrir!...

CAHIER I.

Et pourquoi n'ai-je pas su souffrir? pourquoi ai-je voulu être heureux en étant juste? Mon Dieu, suprême sagesse, suprême bonté! vous qui pardonnez à nos faibles aspirations et qui ne condamnez pas sans retour, vous savez pourtant que je demandais peu de chose sur la terre. Je ne voulais ni richesses, ni gloire, ni plaisirs, ni puissance: oh! vous le savez, je ne soupirais pas après les vanités humaines; j'acceptais la plus humble condition, la plus obscure influence, les privations les plus austères.

Quand la misère ployait mon pauvre corps, je ne sentais d'amertume dans mon cœur que pour la souffrance de mes frères... Tout ce que je me permettais d'espérer, c'était de trouver dans mon abnégation ma propre récompense, une âme calme, des pensées toujours pures, une douce joie dans la pratique du bien...

Et quand l'amour est venu s'emparer de ma jeunesse, quand une femme m'est apparue comme le résumé des bienfaits de votre providence, quand j'ai cru qu'il suffisait d'aimer de toute la puissance de mon être pour être aimé avec droiture et abandon, il s'est trouvé que cet être si fier et si beau était maudit, que cette fleur si suave avait un ver rongeur dans le sein, et que je ne serais aimé d'elle qu'à la condition de souffrir mortellement.

Eh bien, mon Dieu, j'ai accepté cela encore! Elle s'est arrachée de mes bras, et je l'ai perdue sans amertume, sans ressentiment; j'ai consenti à l'attendre, à la retrouver, et, pendant des années, je l'ai aimée dans la douleur et dans la pitié, sans certitude... que dis-je? sans espoir d'être aimé! Et pendant des sombres et lentes années, abattu, mais non brisé, triste, mais non irrité, j'élevais mon âme selon mes forces, à la contemplation des vérités éternelles. Je vivais dans la pureté, j'essayais de répandre autour de moi l'amour du bien, je ne cherchais la récompense de mes humbles travaux que dans les charmes enthousiastes de l'étude. Et puis, lorsque de secrètes douleurs, ignorées de tous, à peine avouées par moi-même, sont venues me troubler, j'ai refoulé mon mal bien avant dans ma poitrine, je ne me suis pas plaint, j'ai respecté la douleur sublime d'un autre cœur dont la possession m'eût fait oublier toute ma pâle et morne existence, en vain immolée à une femme orgueilleuse et coupable... Cette fois encore j'ai aimé en silence, et l'indifférence ne m'a pas trouvé plus audacieux et plus vain que n'avait fait le parjure et l'ingratitude...

CAHIER A.

Mais je ne veux pas me rappeler cela... cela doit être comme n'existant pas, et mes yeux ne liront point ici ce nom que ma main n'a jamais osé tracer... Je goûtais, d'ailleurs, dans ce mystère de mes pensées, une sorte de volupté navrante. Je sacrifiais mes agitations au repos d'une âme sublime.

CAHIER A.

Toujours ce souvenir secret, toujours ce vœu étouffé!... Écartons-le à jamais! mon âme n'est plus un sanctuaire digne de le contenir; elle est trop troublée, trop endolorie. Il faut un lac aussi pur que le ciel pour refléter la figure d'un ange.

CAHIER I.

Quand j'ai retrouvé cette femme terrible et funeste, qui avait eu mes premiers transports, je ne l'aimais plus. Hélas! non. Je chercherais vainement à vous tromper, ô vérité incréée! Je ne l'aimais plus, je ne la désirais plus; son apparition a été pour moi comme un châtiment céleste pour des fautes que je n'ai pourtant pas conscience d'avoir commises. Elle a cru m'aimer encore, elle croit m'avoir toujours aimé, elle veut que je l'aime; elle le dit, du moins, elle se le persuade peut-être, et elle me le persuade à moi-même. Ma destinée bizarre la jette dans ma vie comme un devoir, et je l'accepte. Ne dit-elle pas que si je l'abandonne elle est perdue, rendue à l'égarement du vice, au mal du désespoir? Et à voir comme cette belle âme est agitée, je ne saurais douter des périls qui la menacent si je ne lui sers pas d'égide!... Eh bien, mon Dieu, faites donc que dans l'accomplissement d'un devoir il y ait une joie, un repos, du moins, quelque chose qui nous donne la force de persévérer et qui nous avertisse que vous êtes content de nous! *Malheureux humains que nous sommes!* [1] si nous sentions cela, du moins! si nos pensées pouvaient s'élever assez par l'exaltation de la prière, pour arracher à la vérité éternelle un reflet de sa clarté, un rayon de sa chaleur, une étincelle de sa vie! Mais nous ne savons rien! nous nous traînons dans les ténèbres, incertains si c'est le mal ou le bien qui s'accomplit en nous et par nous. Nous n'avons pas plus tôt renoncé à un objet de nos désirs, que l'objet du sacrifice nous semble celui qu'il aurait fallu sacrifier. Nous nous dépouillons pour donner, et la main qui nous implorait se ferme et nous repousse. Nous arrosons de nos pleurs une terre qui promettait des fleurs et des fruits; elle se sèche et produit des ronces! Épouvantés, nous nous laissons déchirer par ses épines, et nous nous demandons s'il faut la maudire ou l'arroser de notre sang jusqu'à ce qu'il n'en reste plus! Sombre image de la parabole du bon grain! O semeurs opiniâtres et inutiles que nous sommes! Les rochers se dressent dans le désert, et nous tombons épuisés avant la fin du jour!

CAHIER A.

Pourquoi donc sa vie semble-t-elle s'épuiser comme une coupe que le soleil pompe et dessèche, sans qu'il s'en soit répandu une seule goutte au dehors? Mais silence, ô mon cœur! ce n'est pas pour *elle* que tu dois souffrir; ton martyre lui est étranger, inutile... Il lui serait indifférent, sans doute... C'est pour une autre que tu dois saigner sans relâche. Oh! qu'il serait doux de souffrir pour sauver ce qu'on aime!

CAHIER I.

Souffrir pour sauver ce qu'on n'aime plus... oh! c'est un martyre que les victimes des religions d'autrefois n'ont pas connu, et qu'elles n'auraient pas compris. Leur immolation avait un but, un résultat clair et vivifiant comme le soleil; et moi je souffre dans la nuit lugubre, seul avec moi-même, auprès d'un être qui ne me comprend pas, ou qui peut-être me comprend trop. Pourquoi, mon Dieu, n'avez-vous pas fait notre cœur assez généreux ou assez soumis pour qu'il pût s'attacher avec passion aux objets de notre dévouement? Vous avez fait le cœur de la mère inépuisable et sublime en ce genre; et j'ai cru que je pourrais aimer une femme comme la mère aime son enfant, sans s'inquiéter de donner mille fois plus qu'elle ne reçoit, sans chercher d'autre récompense que le bien qu'il doit retirer de son amour?

1. On sait que c'est le premier vers du fameux quatrain de J.-J. Rousseau.

L'amour! c'est un mot générique, et qui embrasse tant de sentiments divers! L'amour divin, l'amour maternel, l'amour conjugal, l'amour de soi-même, tout cela n'est point l'amour de l'amant pour sa maîtresse. Hélas! si j'osais encore me croire philosophe, je tâcherais de me définir à moi-même ce sentiment que je porte en moi pour mon supplice et qui n'a jamais été satisfait. O éternelle aspiration, désir de l'âme et de l'esprit, que la volupté ne fait qu'exciter en vain! Tous les hommes sont-ils donc maudits comme moi? sont-ils donc condamnés à posséder une femme qu'ils voudraient voir transformée en une autre femme? Est-ce la femme qu'on ne possède pas, qui, seule, peut revêtir à nos yeux ces attraits qui dévorent l'imagination! Est-ce la jouissance d'un bien réel qui nous rassasie et nous rend ingrats?

CAHIER A.

Comme *elle* est pâle! comme sa démarche est lente et affaissée! Quel mal inconnu ronge donc ainsi cette fleur sans tache? Oh! du moins c'est une noble passion, c'est un chaste souvenir ou un désir céleste; c'est le besoin inassouvi de l'idéal et non le dégoût impie et insolent des joies de la terre. Tu n'as abusé de rien, *toi*! tu mériterais le bonheur. Quel est donc l'insensé qui ne l'a pas compris, ou l'infâme qui te le refuse? Si je le connaissais, j'irais le chercher au bout du monde, pour l'amener à tes pieds ou pour le tuer!... Je suis fou!... Et toi, tu es si calme!

CAHIER I.

I. — Non, je ne suis pas de ces êtres stupides et orgueilleux qui se lassent du bonheur. Si j'avais le bonheur, je le savourerais comme jamais homme ne l'a savouré. Je ne me défends pas d'aimer. Je livre mon être et ma vie à quelqu'un qui ne veut pas ou ne peut pas s'en emparer : voilà tout. L'amour est un échange d'abandon et de délices; c'est quelque chose de si surnaturel et de si divin, qu'il faut une réciprocité complète, une fusion intime des deux âmes ; c'est une trinité entre Dieu, l'homme et la femme. Que Dieu en soit absent, il ne reste plus que deux mortels aveugles et misérables, qui luttent en vain pour entretenir le feu sacré, et qui l'éteignent en se le disputant. Influence divine, ce n'est pas moi qui t'ai chassée du sanctuaire! c'est *elle*, c'est son orgueil insatiable; c'est son inquiétude jalouse, qui t'éloignent sans cesse.

CAHIER A.

Oh! si tu pouvais me donner un jour, une heure, du calme divin que ton âme renferme, et que reflète ton front pâle, je serais dédommagé de toute ma vie de rêves dévorants et de tourments ignorés.
Le calme! sans doute, tu ne peux ou ne veux pas donner autre chose.
D'où vient ton amitié ne me l'a pas donné? Il est des pensées terribles dont l'ivresse n'oserait s'élever jusqu'à toi. Mais, si l'on pouvait s'asseoir à tes pieds, plonger, sans frémir, dans ton regard, respirer une heure, sans témoins opportuns et sans crainte de t'offenser, l'air qui t'environne... serait-ce trop demander à Dieu? et n'ai-je pas assez souffert pour qu'il me soit permis de me représenter une si respectueuse et si enivrante volupté?

CAHIER I.

Non, l'amour ne peut pas être l'infatigable exercice de l'indulgence et de la compassion. Dieu n'a pas voulu que la plus chère espérance de l'homme dût aboutir à l'abjuration de toute espérance. Philosophes austères, moralistes sans pitié, vous mentez si vous prétendez que l'amour n'a que des devoirs à remplir et point de joies pures à exiger. Et vous autres, sceptiques matérialistes, qui prétendez que le plaisir est tout, et qu'on peut adorer ce qu'on n'admire pas, vous mentez encore plus. Vous mentez tous, aucun de vous n'aima jamais. Je ne peux pas aimer sans bonheur, et je ne veux pas de plaisirs sans amour. Elle a raison, elle qui devine ma soif et les tourments de mon âme! elle sent, elle sait que je ne l'aime pas comme elle veut être aimée, comme elle ne peut pas aimer elle-même. Ambitieuse effrénée, qui veut qu'on lui donne ce qu'elle n'a plus, et qu'on l'adore comme une divinité quand elle ne croit plus elle-même!... O malheureuse, malheureuse entre toutes les femmes, pourquoi faut-il que tu sois à jamais punie des erreurs qui t'ont brisée et du mal que tu détestes!

CAHIER A.

Et vous, qui n'aimez pas, qui n'avez peut-être jamais aimé, qui semblez vouloir n'aimer jamais, quelle pensée d'ineffable mélancolie peut donc vous tenir lieu de ce qui n'est pas, et vous préserver de ce qui pourrait être? Mais qui donc saura jamais...

Ici le journal de Jacques Laurent paraît avoir été brusquement abandonné; nous en avons vainement cherché la suite. Une lettre d'Isidora, datée de trois mois plus tard, nous explique cette interruption.

LETTRE PREMIÈRE.

ISIDORA A MADAME DE T...

« Alice, revenez à Paris, ou rappelez auprès de vous le précepteur de votre fils. Ses vacances ont duré assez longtemps, et Félix ne peut se passer des leçons de son ami. Quant à vous, ma sœur, cette solitude vous tuera. Je ne crois pas à ce que vous m'écrivez de votre santé et de votre tranquillité d'esprit. Moi, je pars, ma belle et chère Alice, je quitte la France, je quitte à jamais Jacques Laurent. Lisez ces papiers que je vous envoie et que je lui ai dérobés à son insu. Sachez donc enfin que c'est vous qu'il aime; efforcez-vous de le guérir ou de le payer de retour. Je sais que son cœur généreux va s'effrayer et s'affliger pour moi de mon sacrifice. Je sais qu'il va me regretter, car s'il n'a pas d'amour pour moi, il me porte du moins une amitié tendre, un intérêt immense. Mais que vous l'aimiez ou non, pourvu qu'il vous voie, pourvu qu'il vive près de vous, je crois qu'il sera bientôt consolé.

« Et puis il faut vous avouer que je l'ai rendu cruellement malheureux. Vous vous étiez trompée, noble Alice! nous ne pouvions pas associer des caractères et des existences si opposées. Voilà près d'une année que nous luttons en vain pour accepter ces différences. L'union d'un esprit austère avec une âme bouleversée par les tempêtes était un essai impossible. C'est une femme comme vous que Jacques devait aimer, et moi j'aurais dû le comprendre dès le premier jour où je vous ai vue.

« Je vous ferai ma confession entière. Depuis trois mois que j'ai surpris et comme volé le secret de Jacques, j'ai mis tout en œuvre pour le détacher de vous. Excepté de lui dire du mal de vous, ce qui m'eût été impossible, j'ai tout tenté pour vaincre l'obstacle, pour triompher de la passion que vous lui inspirez, et qui me causait une jalousie effrénée. Cette ambition avait réveillé mon amour, qui commençait à périr de fatigue et de souffrance; je suis redevenue coquette, habile, tour à tour humble et emportée, boudeuse et soumise, ardente et dédaigneuse. Rien ne m'a réussi; votre absence lui avait ôté, je crois, jusqu'au sentiment de la vie. Il n'était plus auprès de moi qu'une victime du dévouement qu'il s'était imposée, et je suis presque certaine que, sans la crainte de vous sembler coupable et d'être blâmé par vous, son courage ne se serait pas soutenu. Mais je suis sûre aussi que, pour conquérir votre estime, il eût fait

Petite mère, pourquoi vous êtes toute blanche ? (Page 37.)

le sacrifice de sa vie entière, et qu'en souffrant mille tortures, il ne se serait jamais détaché de moi.

« Eh bien, ne soyez pas effrayée de ma résolution, Alice ! je la prends enfin avec calme. Hier encore, Jacques, plus pâle qu'un spectre, plus beau qu'un saint, me jurait qu'il ne me quitterait jamais, qu'il ne me manquerait jamais de parole. En voyant tant d'abnégation et de vertu, j'ai été prise tout à coup d'un accès de courage et de désintéressement, et je lui ai dit à jamais adieu dans mon cœur. Je vous écris de ma première station, sur la route d'Italie, et probablement il ignore encore, à l'heure qu'il est, que j'ai quitté Paris et brisé sa chaîne ! Voyez combien je suis guérie ! Je désire qu'il l'apprenne avec joie, et la seule tristesse que j'éprouve, c'est la crainte de lui laisser quelque regret.

« Pourquoi donc tardons-nous tant à faire ce qui est juste et bon ? Quelle fausse idée nous attachons à l'importance de nos sacrifices et à la difficulté de notre courage ! Il y a plus d'un an que je regarde comme une angoisse mortelle le détachement que je porte aujourd'hui dans mon cœur avec une sorte de volupté. Je ne savais pas que la conscience d'un devoir accompli pouvait offrir tant de consolation. Ma naïveté à cet égard doit vous faire sourire. Hélas ! c'est apparemment la première fois que je cède à un bon mouvement sans arrière-pensée. Puissé-je tirer de cette première et grande expérience la force d'abjurer dans l'avenir mon aveugle et impérieuse personnalité !

« Pourquoi ne m'avez-vous pas aidée, chère Alice, à entrer dans cette voie ? Ah ! si vous aviez aimé Jacques, avec quel enthousiasme je l'aurais rendu à la liberté !... Et pourtant, hier encore, je luttais contre vous... mais c'est que vous ne l'aimez pas... Pourtant, que sais-je ? votre langueur, votre mélancolie, cachent peut-être le même secret.... Pardonnez-moi, je n'en dirai pas davantage, je vous respecte désormais au point de vous craindre. Voyez à quel point vous m'êtes sacrée ! La passion de Jacques pour vous était, pour moi, comme un reflet de votre image dans son âme, et, quoique je fusse en possession de son secret, jamais je n'ai osé le lui dire, jamais je n'ai osé vous combattre ouvertement et vous nommer à lui.

« Revoyez-le sans crainte et sans confusion. Il croit que le vieux Saint-Jean a brûlé son journal par mégarde.

Il ne se doutera jamais que sa confession est entre vos mains. Ah! c'est la confession d'un ange. Quel noble sentiment, Alice! quelle ferveur mystérieuse, quel pieux respect! n'en serez-vous pas touchée quelque jour? J'aurais donné, moi, dix ans de jeunesse et de beauté pour être aimée ainsi, eussé-je dû ne l'apprendre jamais de sa bouche, et n'en recevoir même jamais un baiser furtif sur le bord de mon vêtement!

« C'en est fait! je n'inspirerai jamais cette flamme sainte que j'ai follement rêvée. Autrefois je m'indignais contre mon sort, j'accusais le cœur de l'homme d'injustice, d'orgueil et de cruauté; mais j'ai bien changé depuis un an! Si quelque jour vous parlez de moi librement avec Jacques, dites-lui de ne pas se reprocher mes souffrances; elles m'ont été salutaires, elles ont porté leurs fruits amers et fortifiants. J'ai reconnu enfin qu'il n'était pas au pouvoir du cœur le plus généreux et le plus sublime de donner toute sa flamme à un être troublé et malade comme moi..... J'ai reconnu le sceau de la justice divine et le prix de la vertu... la vertu que j'ai tant haïe et blasphémée dans mes désespoirs! Où seraient donc le bien et le mal ici-bas, si les cœurs coupables pouvaient être récompensés dès cette vie, et s'il n'y avait pas d'inévitables expiations! Ah! cette parole est vraie : *Tu seras puni par où tu as péché!* Cela est vrai pour toutes les erreurs, pour toutes les folles passions de l'humanité. Ceux qui ont abusé des bienfaits de Dieu ne le trouveront plus et seront condamnés à le chercher sans cesse! La femme sans frein et sans retenue mourra consumée par le rêve d'une passion qu'elle n'inspirera jamais.

« Et pourtant l'Evangile nous montre les ouvriers de la dernière heure du jour récompensés comme ceux de la première...; mais le maître qui paie ainsi, c'est Dieu. Il n'est pas au pouvoir de l'homme de tout donner en échange de peu. Si l'ouvrier tardif et lâche avait le droit d'exiger une part complète, celui qui rétribue serait frustré, et c'est en amour surtout que l'égalité a besoin d'être respectée comme l'amour même; car l'amour est aussi beau que la vertu, ou plutôt la vertu, c'est l'amour. Il impose les plus grands devoirs, et ces devoirs-là, partagés également, sont les plus vives jouissances. Celui qui croit pouvoir mériter seul, présume trop de lui-même; celui qui se croit dispensé de mériter, ne recueille rien.

« C'est en Dieu seul que je me réfugie, ses trésors à lui sont inépuisables. Si le catholicisme n'était pas une fausse doctrine pour les hommes d'aujourd'hui, je sens que je me ferais carmélite ou trappiste à l'heure qu'il est; mais le Dieu des nonnes est encore un homme, une sorte d'égal, un jaloux, un amant; le Dieu qui peut me sauver, c'est celui qui ne punit pas sans retour. Il me semble que j'ai assez expié, et que je mérite d'entrer dans le repos des justes, c'est-à-dire de ne plus connaître les passions.

« Mais vous, Alice, vous avez droit à la coupe de la vie, vous vous en êtes trop abstenue; pourquoi craindriez-vous d'y porter vos lèvres pures? il est impossible qu'il y ait une goutte de fiel pour vous... Je n'ose nommer Jacques, et pourtant, ma belle sainte, je ne puis m'empêcher de rêver que quelque jour... un beau soir d'été plutôt, Jacques vous surprendra à la campagne, lisant ce paragraphe écrit de sa main : « Si l'on pouvait s'asseoir à tes pieds!... »

« Quand vous m'écrirez que ce moment est venu, je reviendrai près de vous, j'y reviendrai calme et purifiée; et, à mon tour, Alice, je goûterai ce bonheur d'avoir fait des heureux, que vous vouliez garder pour vous seule!

« ISIDORA. »

La lettre qui suit est de dix ans postérieure à celle qu'on vient de lire.

LETTRE DEUXIÈME.

ISIDORA A MADAME DE T...

Non, je ne suis pas malheureuse. J'ai accompli pour vous, Alice, un sacrifice que je croyais bien grand alors...

Pardonnez-moi si je vous dis aujourd'hui que, dans mes souvenirs, ce grand acte de courage me paraît chaque jour moins sublime, et qu'enfin j'arrive à me trouver assez peu héroïque... Que Jacques me pardonne de parler ainsi! Et vous surtout, ma sœur chérie, pardonnez-moi de ne pas le pleurer... Il n'y a rien d'injurieux pour lui dans le calme avec lequel je puis parler à présent d'un sujet jadis si brûlant, et naguère encore si délicat. Ce n'est pas de Jacques que je suis guérie, c'est de l'amour! Oui, vraiment, j'en suis guérie à jamais, Alice, et pour m'avoir fait cette grâce, Dieu a été trop bon pour moi, il m'a trop largement récompensée d'un moment de force.

Je vous dis cela ce soir, au bord du plus beau lac de la terre, par un coucher de soleil splendide, sous le ciel de la paisible et riante Lombardie, et je parle ainsi dans la sincérité de mon cœur.

Il me semble, tant je suis tranquille, que je ne puis plus souffrir.... Peut-être si le ciel était orageux, l'air âcre, et que le paysage, au lieu de l'églogue des prairies bordant de fleurs des flots placides, m'offrît le drame d'un volcan qui gronde et d'une nature qui menace... peut-être mon âme serait-elle moins sereine, peut-être vous exprimerais-je le vide délicieux de mon âme en des termes plus résignés que triomphants.... Je ne sais, je n'ose chanter victoire, dans la crainte de tomber dans le péché d'orgueil et d'en être punie; mais il est certain que, depuis quelques mois, depuis ma dernière lettre, je ressens une joie intérieure qui me semble durable et profonde.

A quoi l'attribuerai-je? Sera-ce simplement à cet inappréciable bienfait du repos dont je ne me souvenais plus d'avoir joui? peut-être! O bonheur des âmes blessées et fatiguées, que tu es humble et modeste! tu te contentes de ne pas souffrir, tu ne demandes rien que la cessation d'un excès de souffrance; tu te replies sur toi-même, comme une pauvre plante qui, après l'orage, n'a besoin que d'un grain de sable et d'une goutte d'eau; bien juste de quoi ne pas mourir et se sentir faiblement vivre.... le plus faiblement possible!

Pas de funestes présages, Alice! ne croyez pas me consoler et m'égayer en me disant que je suis encore jeune et que j'aimerai encore! Non, je ne suis plus jeune! si mes traits disent le contraire, ils mentent. C'est dans l'âme que les années marquent leur passage et laissent leur empreinte; c'est notre cœur, c'est notre imagination qui vieillissent promptement ou résistent avec vaillance.

— ... Je relis ce que je vous écrivais tout à l'heure, aux dernières clartés d'un soleil mourant; on m'apporte une lampe, je m'éloigne de la fenêtre...

Mes idées prennent un autre cours.

Pourquoi confondais-je le cœur avec l'imagination? Dans la jeunesse, c'est peut-être une seule et même chose; mais, en vieillissant, les éléments de notre être deviennent plus distincts. Les sens s'éteignent d'un côté, le cerveau de l'autre; mais le cœur est-il donc condamné à mourir avec eux? Oh non! grâce à la divine bonté de la Providence, la meilleure partie de nous-même survit à la plus fragile, et il arrive qu'on se trouve heureux de vieillir. O mystère sublime! Vraiment la vie est meilleure qu'on ne croit! L'injuste et superbe jeunesse recule avec effroi devant la pensée d'une transformation qui lui semble pire que la mort, mais qui est peut-être l'heure la plus pure et la plus sereine de notre pénible carrière.

Avec quelle terreur j'avais toujours pensé à la vieillesse! Dans la fleur de ma jeunesse, je n'y croyais pas. « Moi, vieillir! me disais-je en me contemplant : devenir grasse, lourde, désagréable à voir! Non, cela est impossible, cela n'arrivera pas. Je mourrai auparavant; ou bien, quand je me sentirai décliner, quand une femme me regardera sans envie, et un homme sans désir, je me tuerai! »

Il n'y a pas longtemps encore qu'en consultant mon

miroir, ce conseiller sévère, sur lequel les hommes ont dit et écrit tant de lieux communs satiriques, je m'effrayais d'une ride naissante et de quelques cheveux qui blanchissaient ; mais, tout d'un coup, j'en ai pris mon parti, je n'ai même plus songé à m'assurer des ravages du temps, et, le jour où je me suis dit que j'étais vieille, je me suis trouvée jeune pour une vieille. Et puis, je crois que, précisément, toutes ces railleries de l'autre sexe, à propos des beautés qui s'en vont et qui se pleurent, m'ont donné un accès de fierté victorieuse. J'ai compris profondément cette ingratitude des hommes qui, après avoir adulé notre puissance, l'insulte et la raille dès qu'elle nous échappe. Et j'ai trouvé qu'il fallait être bien avilie pour regretter ce vain hommage dont la fumée dure si peu. Enfin, raison ou lassitude, je me sens réconciliée avec la *vieille femme*.

La vieille femme ! Eh bien, oui, c'est une autre femme, un autre *moi* qui commence, et dont je n'ai pas encore à me plaindre. Celle-là est innocente de mes erreurs passées ; elles les ignore parce qu'elle ne les comprend plus, et qu'elle se sent incapable de les imiter. Elle est douce, patiente et juste, autant que l'autre était irritable, exigeante et rude. Elle est redevenue simple et quasi naïve, comme une enfant, depuis qu'elle n'a plus souci de vaincre et de dominer.

Elle répare tout le mal que l'autre a fait, et, par-dessus le marché, elle lui pardonne ce que l'autre, agitée de remords, ne pouvait pas se pardonner à elle-même. La jeune tremblait toujours de retomber dans le mal, elle le sentait sous ses pieds et n'osait faire un pas. La vieille marche en liberté et sans craindre les chutes, car rien ne l'attire plus vers les précipices.

Ne croyez pourtant pas, mes amis, que je vais me composer un rôle, une figure, un costume, un esprit de circonstance. Il y a un genre de coquetterie que je déteste plus que la pire coquetterie des jeunes femmes, c'est celle des vieilles. Je veux parler de ces ex-beautés qui se réfugient dans la grâce, dans l'esprit, dans l'aménité caressante. Je connais ici une marquise de soixante ans dont l'éternel sourire et la banale bienveillance me font l'effet d'une prostitution de l'âme.

Certes c'est là une grande comédienne et qui dissimule bien ses regrets. Elle affecte d'aimer les jeunes gens des deux sexes d'une tendre affection, d'être la *maman* à tout le monde, de faire tous les frais de gaieté des réunions, d'amener des rencontres, de nouer des mariages, de se rendre indispensable en recevant toutes les confidences, en rendant mille petits services : et, au fond du cœur, cette excellente femme est plus sèche et plus égoïste qu'on ne pense. Elle fait toutes choses en vue d'elle-même et du rôle qu'elle s'est imposé. Elle n'a pas pu rompre avec le succès, et elle poursuit sa carrière de reine des cœurs sous une forme nouvelle. Elle est jalouse de quiconque fait quelque bien, et j'ai failli être brouillée avec elle pour avoir adopté Agathe. Elle voulait l'accaparer, en faire l'*ornement* de son salon, frapper les esprits par la production au grand jour de cette modeste fille, pour arriver à la marier sottement à quelque vieux patricien, ex-comparse dans son cortège d'adorateurs. Elle eût trouvé moyen de faire grand bruit avec cela, et d'abandonner la pauvrette, comme elle a fait de tant d'autres, quand elles ont eu assez brillé près d'elle, à son profit.

Non, non, jamais je n'imiterai cette marquise, et quand, d'un air doucereusement cruel, elle m'honore de ses avis et me cite son propre exemple pour m'engager à vieillir agréablement, je me détourne pour ne pas respirer son souffle glacé. Oh ! le ne prendrai pas votre petit sentier parfumé de roses fanées, ma charmante vieille ! Je suis vieille tout de bon, je le sens, je m'en réjouis, j'en triomphe tranquillement au fond de l'âme. Je n'ai pas besoin de jouer votre comédie. Je n'aime plus les hommes, moi ! Je n'ai plus besoin de leurs louanges, j'en ai eu assez, et je sais ce qu'elles valent. Je trouve la vieillesse bonne et acceptable, mais elle m'arrive sérieuse et recueillie, non folâtre et remuante. J'ai encore du cœur, et je veux conserver ce bon reste en ne le gaspillant pas dans de feintes amitiés.

Pardonnez-moi une métaphore qui me vient. Je me figure la jeunesse comme un admirable paysage des Alpes. Tout y est puissant, grandiose, heurté. À côté d'une verdure étincelante, un bloc de pâles neiges et de glaces aiguës a coulé dans le vallon, et les fleurs qui viennent d'éclore là, meurent au sein de l'été, frappées au cœur par une gelée soudaine et intempestive. Des roches formidables pendent sur de ravissantes oasis et les menacent incessamment. De limpides ruisseaux coulent silencieusement sur la mousse ; puis, tout à coup, le torrent furieux qu'ils rencontrent, les emporte avec lui et les précipite avec fracas dans de mystérieux abîmes. La clochette des troupeaux et le chant du pâtre sont interrompus par le tonnerre de la cascade ou celui de l'avalanche : partout le précipice est au bord du sentier fleuri, le vertige et le danger accompagnent tous les pas du voyageur, que les beautés incomparables du site enivrent et entraînent. Une nature si sublime est sans cesse aux prises avec d'effroyables cataclysmes ; ici le glacier ouvre ses terribles flancs de saphir et engloutit l'homme qui passe ; là les montagnes s'écroulent, comblent le lac et la plaine, et de tout ce qui souriait ou respirait hier à leurs pieds, il ne reste plus ni trace ni souvenir aujourd'hui… Oui, c'est là l'image de la jeunesse, de ses forces déréglées, de ses bonheurs enivrants, de ses impétueux orages, de ses désespoirs mortels, de ses combats, et de toute cette violente destruction d'elle-même qu'enfante l'excès de sa vie.

Mais la vieillesse ! je me la figure comme un vaste et beau jardin bien planté, bien uni, bien noble à l'ancienne mode… un peu froid d'aspect, quoique situé à l'abri des coups de vent. C'est encore assez grand pour qu'on y essaie une longue promenade, mais on aperçoit les limites au bout des belles allées droites, et il n'y a point là de sentiers sinueux pour s'égarer.

On y voit encore des fleurs ; mais elles sont cultivées et soignées, car le sol ne les produit point sans les secours de la science et du goût.

Tout y est d'un style simple et sévère, point de statues immodestes, point de groupes lascifs. On ne s'y poursuit plus les uns les autres pour s'étreindre et pour lutter : on s'y rencontre, on s'y salue, on s'y serre la main sans rancune et sans regret. On n'y rougit point, car on a tout expié en passant le seuil de cette noble prison dont on ne doit plus sortir ; et l'on s'y promène ou l'on s'y repose, consolé et purifié, jouissant des tièdes bienfaits d'un soleil d'automne. Si, du haut de la terrasse abritée, le regard plonge dans la région terrible et magnifique où s'agite la jeunesse, on se souvient d'y avoir été, on comprend ce qui se passe d'admirable et d'insensé ; mais malheur à qui veut y redescendre et y courir ; car les railleries ou les malédictions l'y attendent ! Il n'est permis aux hôtes du jardin que d'étendre les mains vers ceux qui dansent sur les abîmes, pour tâcher de les avertir ; et encore, cela ne sert-il pas à grand'chose, car on ne s'entend pas de si loin.

Voilà mon apologue. Passez-m'en la fantaisie, je me sens plus à l'aise depuis que je me suis planté ce jardin.

Mais c'est bien assez philosopher et rêver. Il faut que je vous parle d'Agathe, de cette pauvre orpheline que j'ai adoptée, qui entrait chez moi femme de chambre, et dont j'ai fait ma fille, ni plus ni moins.

Je vous ai déjà dit qu'elle était fille d'un pauvre artiste qui l'avait fort bien élevée, mais qui, en mourant, l'avait laissée dans le plus complet abandon, dans la plus profonde misère.

Je n'avais jamais songé à adopter un enfant, je n'avais jamais regretté de n'en point avoir.

Il ne me semblait point que j'eusse le cœur maternel, et peut-être eussé-je manqué de tendresse ou de patience pour soigner un petit enfant. Lorsque cette Agathe est entrée chez moi, j'étais à cent lieues de prévoir que je me prendrais pour elle d'une incroyable affection. Je fus frappée de sa jolie figure, de son air modeste, de son accent distingué, et je me promis d'en faire une heureuse soubrette, libre autant que possible, et traitée avec bienveillance.

Puis, au bout de quelque temps, en courant avec elle, je découvris un trésor de raison, de droiture et de bonté; et bientôt, je la retirai de l'office pour la faire asseoir à mes côtés, non comme une demoiselle de compagnie, mais comme la fille de mon cœur et de mon choix.

Pourtant si vous nous voyiez ensemble, vous seriez surprise, chère Alice, de l'apparente froideur de notre affection; du moins, vous nous trouveriez bien graves, et vous vous demanderiez si nous sommes heureuses l'une par l'autre.

Il faut donc que je vous explique ce qui se passe entre nous.

Dès le principe, j'ai examiné attentivement Agathe, je l'ai même beaucoup interrogée. J'ai retiré de cet examen et de ces interrogatoires, la certitude que c'était là un ange de pureté, et en même temps une âme assez forte : un caractère absolument différent du mien, à la fois plus humble et plus fier, étranger par nature aux passions qui m'ont bouleversée, difficile, impossible peut-être à égarer, prudente et réfléchie, non par sécheresse et calcul personnel, mais par instinct de dignité et par amour du vrai.

La docilité semblait être sa qualité dominante, lorsque je lui commandais en qualité de maîtresse. Mais en l'observant, je vis bientôt que cette docilité n'était qu'une muette adhésion à la règle qu'elle acceptait: l'amour de l'ordre, et surtout une noble fierté qui voulait se soustraire par l'exactitude rigoureuse à l'humiliation du commandement. C'était cela bien plutôt qu'une soumission aveugle et servile pour ma personne. Le silence profond qui protégeait ce caractère grave et recueilli m'empêchait de savoir si les passions généreuses pourraient y fermenter, si la haine de l'injustice et le mépris de la stupidité seraient capables d'en troubler la paix.

A présent encore, quoique j'aie lu aussi avant dans son cœur qu'elle-même, quoique je sache bien qu'elle adore la bonté, j'ignore si elle peut haïr la méchanceté. Peut-être qu'il y a là trop de force pour que l'indignation s'y soulève, pour que le dédain y pénètre. Étonnement et pitié, voilà, ce me semble, toute l'altération que cette sérénité pourrait subir.

Agathe a vécu dans le travail et la retraite, sans rien savoir, sans rien deviner du monde, sans rien désirer de lui, sans songer qu'elle pût jamais sortir de l'obscurité qu'elle aime, non-seulement par habitude, mais par instinct. Elle ne connaît pas l'amour, elle n'en présent encore si peu les approches, que je me demande avec terreur si elle est capable d'aimer, et si elle n'est pas trop parfaite pour ne pas rester insensible.

Et pourtant, je ne puis concevoir la jeunesse d'une femme sans amour, et je suis épouvantée du mystère de son avenir. Aimera-t-elle, d'amitié seulement, un compagnon de toute la vie, un mari ? Élèvera-t-elle des enfants, sans passion, sans faiblesse, avec la rigide pensée d'en faire des êtres sages et honnêtes ? Quelle rectitude admirable et effrayante ! Sera-t-elle heureuse sans souffrir ? est-ce possible !

Et pourtant, qu'ai-je retiré, moi, de mes angoisses et de mes tourments ?

Quand j'avais seize ans, l'âge d'Agathe, je n'avais déjà plus de sommeil, ma beauté me brûlait le front, de vagues désirs d'un bonheur inconnu me dévoraient le sein. Rien dans cette enfant ne me rappelle mon passé. Je l'admire, je m'étonne, et je n'ose pas juger.

Quand j'ai changé la condition d'Agathe si soudainement, si complétement, elle a été fort peu surprise, nullement étourdie ou enivrée, et elle a aimé cette noble fierté qui acceptait tout naturellement sa place. L'expression de sa reconnaissance a été vraie, mais toujours digne. Elle me promettait de mériter ma tendresse, mais elle n'a pas plié le genou, et n'a pas courbé la tête, et c'est bien. En voyant ce noble maintien, moi, j'ai été saisie d'un respect étrange, et une seule crainte m'a tourmentée, c'est de n'être pas digne d'être la bienfaitrice et la providence d'Agathe. Son air imposant m'a fait comprendre la grandeur du rôle que je m'imposais, et, depuis ce moment, je m'observe avec elle, comme si je craignais de manquer au devoir que j'ai contracté.

Cela fait une amitié qui m'est plus salutaire que délicieuse. Il ne s'agit point d'adopter une telle orpheline pour s'en faire une société, une distraction, un appui. Agathe prend le contrat au sérieux. Elle semble me dire dans chaque regard :

« Vous avez voulu avoir l'honneur d'être mère, songez que ce n'est pas peu de chose, et qu'une mère doit être l'image de la perfection. »

Moi, je ne sais pas me contraindre, et, si quelque folle passion pouvait encore me traverser le cerveau, je ne jouerais pas la comédie. J'éloignerais Agathe plutôt que de la tromper. Mais est-ce donc la pensée que le moindre égarement de ma part troublerait notre intimité, qui fait que je me sens si bien fortifiée dans mon *jardin de vieillesse*?

Peut-être ! peut-être Agathe m'a-t-elle été envoyée par la bonté divine pour me faire aimer l'ordre, le calme, la dignité, et la convenance. Il est certain que tout cela est personnifié en elle, et que rompre avec ces choses là, ce serait rompre avec Agathe. Il était donc dans ma destinée que les hommes me perdraient et que je ne pourrais être sauvée que par les femmes? Vous avez commencé ma conversion, chère Alice ; vous l'avez voulue, vous y avez mis tout votre cœur, toute votre force. Agathe, qui vous ressemble à tant d'égards, l'achève sans se donner la moindre peine, sans se douter même de ce qu'elle fait ; car la douce enfant ignore ma vie, et ne la comprendrait pas si elle lui était racontée.

Minuit.

Agathe m'a forcée de m'interrompre, mais je veux vous dire bonsoir, à présent qu'elle me quitte. J'ai passé solennellement la soirée auprès d'elle, et je me sens comme exaltée par mes propres pensées.

Quelle nuit magnifique ! la terre altérée ouvrait tous ses pores à la rosée, les fleurs la recevaient dans leurs coupes immaculées. Enivrés d'amour, de parfum et de liberté, les rossignols chantaient, et, du fond humide de la vallée, leurs intarissables mélodies montaient comme un hymne vers les étoiles brillantes. Appuyée sur l'épaule d'Agathe, que je dépasse de toute la tête, je marchais d'un pas égal et lent, m'arrêtant quelquefois quand nous atteignions la limite de la balustrade. La terrasse de cette *villa* est magnifiquement située ; absorbées dans la contemplation du paysage vague et profond, et plus encore de l'infini déroulé sur nos têtes, nous ne songions point à nous parler. Peu à peu ce silence amené naturellement par la rêverie, nous devint impossible à rompre. Du moins, pour ma part, je n'eusse rien trouvé à dire qui ne m'eût semblé oiseux ou coupable au milieu d'une telle nuit, solennelle et mystérieuse comme la beauté parfaite. Agathe respectait-elle ma méditation, ou bien éprouvait-elle le même besoin de recueillement? Agathe aussi est mystérieuse comme la perfection. Son âme sans tache me semblait si naturellement à la hauteur de la beauté des choses extérieures, que j'eusse craint d'affaiblir, par mes réflexions, le charme qu'elle y trouvait. Avait-elle besoin de moi pour admirer la voûte céleste, pour aspirer l'infini, pour se prosterner en esprit devant la main qui sema ces innombrables soleils comme une pluie de diamants dans l'Océan de l'Éther ? Et quelles expressions eussent pu rendre ce qu'elle éprouvait sans doute mieux que moi? De quel autre sujet eussé-je pu l'entretenir qui ne fût un outrage à la beauté des cieux, une profanation de ces grandes heures et de ces lieux sublimes?

Quand l'échange de la parole n'est pas nécessaire il est rarement utile. J'en suis venue à croire que tous les discours humains ne sont que vanité, temps perdu, corruption du sentiment et de la pensée. Notre langage est si pauvre que quand il veut s'élever, il s'égare le plus souvent, et quand il veut trop bien peindre, il dénature. Toujours la parole procède par comparaison, et les poëtes sont forcés, pour décrire la nature, d'assimiler les grandes choses aux petites. Par exemple ils font du ciel une coupole; de la lune une lampe; des fleuves sinueux, les anneaux d'un serpent; des grandes lignes de l'horizon et des grandes masses de la végétation, les plis et les couleurs d'un vêtement.

Les poëtes ont peut-être raison : interprètes et confidents de la nature, chargés de l'expliquer au vulgaire, de communiquer aux aveugles un peu de cette vue immense que Dieu leur a donnée, ils se servent de figures pour se faire entendre, à la manière des oracles. Ils mettent les soleils dans le creux de ces mains d'enfants sous la figure d'un rubis ou d'une fleur, parce que le vulgaire ne peut concevoir que ce qu'il peut mesurer. Et tous tant que nous sommes, nous avons pris une telle habitude de ce procédé de comparaison, que nous ne savons pas nous expliquer autrement quand nous voulons parler. Mais quand l'âme poétique est seule, elle ne compare plus : elle voit et elle sent.

L'intelligence n'explique pas au cœur pourquoi et comment l'univers est beau; dans aucune langue humaine le véritable poëte ne saurait rendre la véritable impression qu'il reçoit du spectacle de l'infini.

Qu'il se taise donc et qu'il jouisse, celui qui n'a rien à démêler avec le monde, rien à lui enseigner ou à recevoir de lui : l'amour d'une vaine gloire dicte trop souvent ces prétendus épanchements. Celui qui parle veut produire de l'effet sur celui qui écoute, et s'il ne cherche point à l'éblouir par l'éclat des mots, du moins il travaille à s'emparer de ses émotions, à lui imposer les siennes, à se poser comme un prisme entre lui et la beauté des choses. Alors, sous l'œil de Dieu, au lieu de deux âmes prosternées, il n'y a plus qu'un cerveau agissant sur un autre cerveau, triste échange de facultés bornées et de misère orgueilleuse!

Mais ce n'est pas cela seulement qui me fermait la bouche auprès d'Agathe : quelle parole de ma bouche flétrie si longtemps par la plainte et l'imprécation, ne fût tombée comme une goutte de limon impur dans cette source limpide, où l'image de Dieu se reflète dans toute sa beauté? Entre elle et moi, hélas! il y a un abîme infranchissable : c'est mon passé. Mes doutes, mes vains désirs, mes angoisses furieuses, mes amertumes, mon impiété, ma vaine science de la vie, mes ennuis, tout ce que j'ai souffert! Cette âme vierge de toute souillure et de toute tristesse doit à jamais l'ignorer. Il y a en elle une infinie mansuétude qui m'empêcherait de me retirer son affection. Peut-être même m'aimerait-elle davantage si elle avait à me plaindre! Peut-être trouverais-je dans sa piété filiale des consolations puissantes. Mais de même que la mère, forcée de traverser un champ de bataille, cache dans son sein la tête de son enfant pour l'empêcher de voir la laideur des cadavres et de respirer l'odeur de la corruption, de même ma tendresse pour Agathe m'empêchera de lever jamais ce voile virginal qui lui cache les misères et les tortures de cette vie déréglée.

Cette ligne invisible tracée entre elle et moi est un lien, bien plus qu'un obstacle. C'est là que se manifeste, à son insu, ma tendresse pour elle; c'est là que gît sa confiance en moi. Je lui sacrifie le plaisir que j'aurais parfois à épancher mes pensées : elle s'appuie sur moi comme sur une force dont elle croit avoir besoin et qui ne réside qu'en elle. Si je me sens triste et agitée, ce qui arrive bien rarement désormais, je l'éloigne de moi quelques instants, pour la rappeler que lorsque mon âme a repris son calme et sa joie silencieuse.

Agathe est blanche comme un beau marbre de Carrare au sortir de l'atelier. L'incarnat de la jeunesse ne colorera jamais vivement ce lis éclos dans l'ombre du travail et de la pauvreté; et cependant un léger embonpoint annonce cette santé particulière aux recluses, santé plus paisible que brillante, plus égale que vigoureuse, apte aux privations, impropre à la douleur et à la fatigue. Trois jours de mon ancienne vie briseraient cette plante frêle et suave, qui, dans la paix d'un cloître, résisterait longtemps à la vieillesse et à la mort.

Auprès de cette fleur sans tache, auprès de ce diamant sans défaut, je sens mon âme s'élever et se fortifier. D'autres jeunes filles ont plus de beauté, une intelligence plus vive et plus brillante, un sentiment des arts plus chaud et plus prononcé. Agathe ne ressemble pas à une statue grecque. C'est la vierge italienne dans toute sa douceur, vierge sans extase et sans transport, accueillant le monde extérieur sans l'embrasser, attentive, douce et un peu froide à force de candeur, telle enfin que Raphaël l'eût placée sur l'autel, le regard fixé sur le pêcheur, et semblant ne pas comprendre la confession qu'elle écoute.

Il y a, certes, dans toutes les créatures humaines, un fluide magnétique, impénétrable aux organisations épaisses, mais vivement perceptible aux organisations exquises par elles-mêmes, ou à celles qui sont développées par la souffrance. La présence d'Agathe agit sur moi d'une manière magique. L'atmosphère se rafraîchit ou s'attiédit autour d'elle. Quelquefois, quand le spectre du passé m'apparaît, une sueur glacée m'inonde, et je crois entrer dans mon agonie. Mais si Agathe vient s'asseoir près de moi, l'œil noir et grave et la bouche à demi souriante, elle me communique immédiatement sa force et son bien-être.

Il y a donc en elle quelque chose de mystérieux pour moi, comme je vous le disais; quelque chose que je n'eusse pas su demander, si l'on m'eût offert de choisir une compagne et une fille selon mes prédilections instinctives. Probablement, j'aurais fait la folie de désirer une fille semblable à moi sous plusieurs rapports. J'aurais voulu qu'elle fût ardente et spontanée, qu'elle connût ces agitations de l'attente, ces bouleversements subits, ces enthousiasmes et ces illusions où j'ai trouvé quelques heures d'ivresse au milieu d'un éternel supplice. Et probablement aussi, au lieu de la préserver du malheur par mon expérience, j'eusse augmenté son irascibilité par la mienne et développé sa faculté de souffrir. Mais un caprice du hasard que je ne puis m'empêcher de bénir superstitieusement comme une faveur providentielle, a jeté dans mes bras un être qui ne me comprend pas du tout et que je comprends à peine. Ce contraste nous a sauvées l'une et l'autre. J'eusse voulu être adorée de ma fille, et c'eût été là un souhait égoïste, un vœu contraire à la raison. Agathe m'aime, et c'est tout; et moi, l'âme la plus exigeante et la plus jalouse qui fut jamais, je m'habitue à l'idée qu'il est bon d'être celle des deux qui aime le plus. C'est là un miracle, n'est-ce pas? un miracle que j'eusse en vain demandé à l'amour d'un homme et qu'a su opérer l'amitié d'une enfant.

Vous me demandez si j'aime toujours le luxe, et, me cherchant des consolations où vous supposez que j'en puis trouver, vous vous imaginez que j'ai dû me créer, dans ma villa italienne, une existence toute d'or et de marbre, toute d'art et de splendeur. Il n'en est rien; tout ce qui me rappelle la courtisane m'est devenu odieux. Je suis dégoûtée, non de la beauté des œuvres de goût, mais de la possession et de l'usage de ces choses-là. J'ai fait cadeau, à divers musées de cette province, des statues et des tableaux que je possédais. Je trouve qu'un chef-d'œuvre doit être à tous ceux qui peuvent le comprendre et l'apprécier, et que c'est une profanation que de l'enfermer dans la demeure d'un particulier, lorsque ce particulier s'est voué à la retraite, et a fermé sa porte aux amateurs et aux curieux, comme je l'ai fait définitivement. J'ai vendu tous mes diamants, et j'ai fait bâtir presque un village autour de moi, où je loge gratis de pauvres familles. Je ne m'occupe plus de ma parure, et je n'ai même pas osé m'occuper de celle d'Agathe, quoique j'eusse trouvé du plaisir à embellir mon idole; mais la voyant si simple et si étrangère à cette longue et coûteuse préoccupation, j'ai respecté son instinct, et je l'ai subi moi-même peu à peu, sans m'en apercevoir. Agathe aime et cultive avec distinction la peinture et la musique. Son père l'avait destinée à donner des leçons. Mais ce pauvre artiste, imprévoyant et déréglé comme la plupart de ceux de ce pays-ci, l'avait laissée sans clientèle et sans protections. Ses talents, du moins, lui servent à charmer les loisirs que sa nouvelle position lui procure, et je suis sortie, grâce à elle, de ma longue et accablante oisiveté. Je me suis remise au piano pour l'accompagner quand elle chante, et nous lisons ensemble tous ces chefs-d'œuvre que je savais par cœur à force de les entendre, mais sans les avoir jamais véritablement compris. Quand elle dessine, je lui fais la lecture, et quand elle lit, je brode au métier. Moi, broder ! je vois d'ici votre surprise ! Eh bien, je suis revenue à ces choses-là que j'ai tant méprisées et raillées, et je reconnais qu'elles sont bonnes. Il y a tant de moments où l'âme est affaissée sur elle-même, où le travail de l'esprit nous écrase, où la rêverie nous torture ou nous égare, qu'il est excellent de pouvoir se réfugier dans une occupation manuelle. C'est affaire d'hygiène morale, et je comprends maintenant comment, vous, qui avez une si haute intelligence, vous pouvez remplir un meuble au petit point.

Agathe a les goûts d'une campagnarde, quoiqu'elle ait toujours vécu enfermée dans la mansarde d'une petite ville. Sa plus grande joie d'être riche consiste à voir et à soigner des animaux domestiques. Et ne croyez pas que la pauvrette se soit prise d'admiration et d'affection pour les plus nobles : elle a peu compris la grâce et la noblesse du cheval, l'élégance du chevreuil, la fierté du cygne. Tout cela lui est trop nouveau, trop étranger ; à elle qui n'avait jamais nourri que des moineaux sur sa fenêtre, un pigeon blanc est un objet d'admiration. Le mouton fait ses délices, et l'autre jour j'ai cru qu'elle sortirait de son caractère, et ferait des extravagances pour une perdrix qu'on lui a apportée avec ses petits. J'avais un peu envie d'abord de dédaigner des goûts aussi puérils. Et puis, je me suis laissé faire, je me suis sentie faible comme un enfant, comme une mère ; je me suis attendrie sur les poules et sur les agneaux, non pas à cause d'eux, je l'avoue, mais à cause de la tendresse qu'Agathe leur porte, et des soins assidus qu'elle leur rend sans se lasser du silence et de la stupidité de ses élèves. Agathe comprend le Dante, Mozart et le Titien. Et pourtant elle comprend sa poule et son chevreau ! Il faut bien que le chevreau et la poule en vaillent la peine. Je me dis cela, et je la suis à la bergerie et au poulailler avec une complaisance qui arrive à me faire du bien, à me distraire, à me charmer... sans que véritablement je puisse m'en rendre compte ! Je me sens devenir naïve avec un enfant naïf, et je ne saurais dire où est le beau et le bon de cette naïveté, à mon âge. Cela m'arrive : je me transforme, un enfant me gouverne, et j'ai du bonheur à me laisser aller !

Nous avons eu moins de peine à nous mettre à l'unisson, à propos des fleurs. Il me semble que les fleurs nous permettent de devenir puérils envers elles, sans qu'elles cessent d'être sublimes pour nous. Vous savez comme je les ai toujours aimées, ces incomparables emblèmes de l'innocence et de la pureté. Agathe voit le ciel dans une fleur, et quand je la vois au milieu des jasmins et des myrtes, il me semble qu'elle est là dans son élément, et que les fleurs sont seules dignes de mêler leur parfum à son haleine.

Et alors il me vient une pensée déchirante : Quoi ! cette enfant, cette Agathe de mon âme, cette fleur plus pure que toutes celles de la terre, cette perle fine, cette beauté virginale, sera infailliblement la proie d'un homme ! et de quel homme ? L'amant de cent autres femmes, qui ne verra sans doute en elle qu'une femme de plus, trop froide à son gré, et bientôt dédaignée, si elle reste telle qu'elle est aujourd'hui ; trop précieuse, si elle se transforme, pour ne pas être jalousement asservie et torturée. — Oh ! mon Dieu ! je conserve cette candeur sacrée avec une sollicitude passionnée, je veille sur elle, je la couve d'un regard maternel ; je la respecte comme une relique, jusqu'à ne pas oser lui parler de moi, jusqu'à ne pas penser auprès d'elle ; et un étranger viendra la flétrir sous ses aveugles caresses ! un homme, un de ces êtres dont je sais si bien les vices et l'orgueil, et l'ingratitude, et le mépris, viendra l'arracher de mon sein pour la dominer ou la corrompre !... Cette idée trouble tout mon présent et rembrunit tout mon avenir !

LETTRE TROISIÈME.

ISIDORA A MADAME DE T...

Dimanche, 15 juin 1845.

Je ne me croyais pas destinée à de nouvelles aventures, et pourtant, mes amis, en voici une bien conditionnée que j'ai à vous raconter.

Il y a quinze jours, j'étais allée à Bergame pour quelque affaire, et je revenais seule dans ma voiture, impatiente de revoir Agathe, que j'avais laissée un peu souffrante à la villa. Je n'étais plus qu'à cinq ou six lieues de mon gîte, et le soleil brillait encore sur l'horizon. Un cavalier me suivait ou suivait le même chemin que moi : il est certain que, soit qu'il se laissât en arrière en prenant le galop, et se mît au pas lorsque mes postillons le rejoignaient, soit qu'il se laissât dépasser et se hâtât bientôt pour regagner le terrain, pendant assez longtemps il ne le perdis pas de vue. Enfin il me parut clair que c'était à moi qu'il en voulait, car il renonça à toutes ces petites feintes, et se mit à suivre tranquillement l'allure de mes chevaux. Tony était sur le siège de ma voiture, toujours le même Tony, ce fidèle jockey que Jacques connaît bien, et qui est devenu un excellent valet de chambre. Il a conservé sa naïveté d'autrefois et ne se gêne point pour adresser la parole aux passants, quand il est ennuyé du silence et de la solitude. Nous montions au pas une forte côte, et j'étais absorbée dans quelque rêverie, lorsque je m'aperçus que Tony avait lié conversation avec le jeune cavalier, qui paraissait ne pas demander mieux, quoiqu'il appartînt évidemment à une classe beaucoup plus relevée que celle de mon domestique.

J'ai dit le jeune cavalier, et, effectivement, celui-là était dans la première fleur de la jeunesse : dix-huit ans au plus, une taille élancée des plus gracieuses, une figure charmante, un air de distinction incomparable, des cheveux noirs, abondants, fins et bouclés naturellement, un duvet de pêche sur les joues, et des yeux... des yeux qui me rappelaient tout à coup les vôtres, Alice, tant ils étaient grands et beaux, des yeux de ce gros noir de velours, qui devraient être durs en raison de leur teinte sombre, et sont au contraire si imposants, parce que de longues paupières et un regard lent leur donnent un fonds de douceur et de tendresse extrême.

Ce bel enfant me fut tout sympathique à la première vue, car ce fut alors seulement que je songeai à regarder ses traits, sa tournure et la grâce parfaite avec laquelle il gouvernait son cheval. J'écoutai aussi le son de sa voix, qui était doux et plein comme son regard ; son accent, qui était pur et frais comme sa bouche. De plus, c'était un accent français, ce qui fait toujours plaisir à des oreilles françaises, fût-ce dans la contrée *où résonne le si*.

Dans celles-ci, c'est l'*u* lombard qui résonne ; et Tony, qui est très-fier de parler couramment un affreux mélange de dialecte et d'italien, s'imaginait que son interlocuteur pouvait s'y tromper. Mais, au bout d'un instant, le jeune homme, voyant bien qu'il avait affaire à un compatriote, se mit tout simplement à lui parler français, et Tony lui répondit bientôt dans la même langue, sans s'en apercevoir.

Leur conversation, que j'entendais par lambeaux, roulait sur les chevaux, les voitures, les chemins et les distances du pays. Certes un jeune homme aussi distingué que ce cavalier ne pouvait pas trouver un grand plaisir à échanger des paroles oiseuses avec un jeune valet assez simple et passablement familier. Pourtant il y mettait une bonne grâce qui me parut cacher d'autres desseins ; car, bien qu'il n'osât pas se tenir précisément à ma portière, il se retournait souvent et cherchait à plonger ses regards dans ma voiture, et jusque sous le voile que j'avais baissé pour me préserver de la poussière.

Je m'amusai quelques instants de sa curiosité : puis j'en eus bientôt des remords. « A quoi bon, me dis-je, laisser prendre un torticolis à ce bel adolescent? quand il verra les traits d'une femme qui pourrait fort bien être la mère de son frère aîné, il sera tout honteux et tout mortifié d'avoir pris tant de peine. » Nous touchions au faîte de la montée; je résolus de ne pas le condamner à descendre le versant au trot, et, certaine qu'après avoir vu ma figure, il allait décidément renoncer à me servir d'escorte; je laissai tomber, comme par hasard, mon voile sur mes épaules, et fis un petit mouvement vers la portière, comme pour regarder le pays. Mais quelle surprise, dirai-je agréable ou pénible, fut la mienne, lorsque cet enfant, au lieu de reculer comme à l'aspect de la Gorgone, me lança un regard où se peignait naïvement la plus vive admiration! Non, jamais, lorsque j'avais moi-même dix-huit ans, je ne vis un œil d'homme me dire plus éloquemment: « Vous êtes belle comme le jour. »

Soyons franche, car, aussi bien, vous ne pouvez pas me prendre pour une sainte; le plaisir l'emporta sur le dépit, et ma vertu de matrone ne put tenir contre ce regard de limpide extase et ce demi-sourire où se peignait, au lieu de l'ironie dédaigneuse sur laquelle j'avais malicieusement compté, une effusion de sympathie soudaine et de confiance affectueuse. L'enfant avait faiblement rougi en me voyant le regarder, de mon côté, avec quelque bienveillance maternelle, mais ce léger embarras ne pouvait vaincre le plaisir évident qu'il avait à attacher ses yeux sur les miens. Il retenait la bride de son cheval pour ne pas s'écarter de la portière, et son trouble mêlé de hardiesse, semblait attendre une parole, un geste, un léger signe qui l'autorisât à m'adresser la parole. Enfin, voyant que je commençais à l'examiner avec un peu de sévérité feinte, il se décida à me saluer fort respectueusement.

On salue beaucoup et à tout propos dans ce pays-ci, surtout les dames, lors même qu'on ne les connaît pas. Je rendis légèrement le salut, et me retirai dans le fond de ma voiture, un peu émue, je le confesse : car, au premier moment de la surprise, toute femme sent que le plaisir de plaire est invincible en dépit du serment... qui sait! peut-être à cause du serment qu'elle a fait d'y renoncer; mais cette bouffée de jeunesse et de vanité ne dura point. Je pensai tout de suite à ma fille Agathe, je me dis que je la volais, et que le pur regard d'un si beau jeune homme lui fût revenu de droit, si elle s'était trouvée à mes côtés. Je remis mon voile, je levai la glace et j'arrivai au relais où je devais quitter la poste, sans avoir voulu m'assurer de la suite de l'aventure. Le cavalier me suivait-il encore? je n'en savais vraiment rien.

Mon cocher et mes chevaux m'attendaient là pour me conduire jusque chez moi. En payant les postillons, je vis Tony à quelque distance, parlant bas et avec beaucoup de vivacité au jeune cavalier, qui avait mis pied à terre. Tony riait, frappait dans ses mains, et l'autre paraissait chercher à contenir cette pétulance. Je crus même voir qu'il lui donnait de l'argent, et cela me parut fort suspect, d'autant plus que, lorsque je rappelai Tony pour partir, je le vis tenir l'étrier de son nouveau protecteur, et prendre congé de lui en lui faisant des signes d'intelligence. Nous nous remîmes en route pour cette dernière étape, et l'étranger nous suivit à quelque distance.

Je m'avançai sur la banquette de devant, et, frappant sur le bras de Tony, placé sur le siège : « Quel est ce jeune homme à qui vous avez parlé, et d'où le connaissez-vous? » lui demandai-je d'un ton sévère. La tête de Tony dépassant l'impériale, je ne pus voir si sa figure se troublait; mais je l'entendis me répondre avec assez d'assurance : — Je ne les connais point, Madame, mais ça a l'air d'un brave jeune homme; il a des lettres de recommandation pour madame; il a dit qu'il ne se permettrait point de les lui remettre sur le chemin. Il vient avec nous, il descendra à l'auberge du village, et il viendra voir ensuite au château si madame veut bien recevoir sa visite.

— C'était donc là ce qu'il te disait?

— Oui, et il me demandait si je pensais que madame serait visible en rentrant, ou seulement demain matin.

J'ai dit que je n'en savais rien, mais qu'il pouvait bien essayer, que nous n'avions pas fait une longue route, et que madame ne se couchait pas ordinairement de bonne heure.

— Et c'est pour donner de si utiles renseignements, que vous recevez de l'argent, Tony?

— Oh! non, Madame, je venais d'entrer dans un bureau de tabac pour lui acheter des cigares, et il m'en remettait l'argent.

Ces explications me parurent assez plausibles, et je me tranquillisai tout à fait. Néanmoins, un reste de curiosité me décida à recevoir cette visite aussitôt que je fus rentrée, et après avoir pris seulement le temps d'embrasser Agathe.

Le jeune homme fut introduit, et, dès que j'eus jeté les yeux sur l'adresse de la lettre qu'il me présentait, je lui fis amicalement signe de s'asseoir. Quelles méfiances et quels scrupules eussent pu tenir contre votre écriture, ma chère Alice? Et comment celui qui m'apporte un mot de vous ne serait-il pas reçu à bras ouverts?

Mais quel singulier petit billet que le vôtre, et pourquoi avez-vous semblé favoriser l'espèce de mystère dont il plaît à votre protégé de s'entourer? Qu'est-ce qu'un jeune homme qui va avoir le bonheur de me voir en Italie, et qui *tâchera* de se recommander de lui-même? *Vous désirez* que je sois *bonne pour lui*, et vous ne me dites pas son nom? Il faut qu'il me le déclare lui-même, qu'il m'apprenne qu'il est *l'ami de votre fils*, *un peu votre parent*, qu'il ne *vous connaît pourtant pas beaucoup*, qu'il avait un grand désir de m'être présenté, et qu'il me supplie de ne pas le juger trop défavorablement d'après son embarras et sa gaucherie? J'ai d'abord accepté tout cela sans examen, mais maintenant que j'y songe, et que je vois votre protégé si peu au courant de ce qui vous concerne, je commence à m'inquiéter un peu et à me demander si la personne à laquelle vous avez donné ou envoyé une lettre pour moi (car ceci même n'est pas bien clair) est réellement celui qui me l'a remise. Voyons, m'avez-vous adressé un M. Charles de Verrières, brun, joli, âgé de dix-huit ou dix-neuf ans, parfaitement élevé, quoique un peu bizarre parfois, peu fortuné et encore sans état, à ce qu'il dit; voyageant, au sortir du collège, pour se former l'esprit et le cœur, apparemment? Répondez-moi, ma très-chère, car je suis intriguée.

Pour que vous en jugiez, ou que vous connaissiez un peu mieux ce protégé qui vous connaît si peu, je reprends ma narration.

Gagnée et vaincue par votre recommandation, et apprenant qu'il était venu de Milan exprès pour me voir, j'ai envoyé chercher son cheval et ses effets à l'auberge, j'ai installé chez moi mon jeune hôte, et nous avons passé ensemble dans la salle à manger, où Agathe nous attendait pour souper. Jusque là, nous avions été entre *chien et loup*; lorsque nous nous retrouvâmes en face, les bougies allumées, je retrouvai l'étrange et profond regard de l'enfant toujours attaché sur moi, avec un mélange de crainte, d'admiration, de curiosité, et parfois aussi de doute et de tristesse. Jamais physionomie d'amoureux, enflammé à la première vue, n'exprima mieux les angoisses et l'entraînement d'une passion soudaine. Pourtant ma raison rejetait et rejette toujours une si absurde hypothèse. Le premier étonnement était passé, et, avec lui, la sotte satisfaction dont je n'avais pu me défendre. Ce jeune homme m'avait servi de miroir pour me dire que j'étais belle encore; mais quel rapport pouvait s'établir entre son âge et le mien? La présence d'Agathe me communiquait d'ailleurs ce calme souverain qui émane d'elle et qui réagit sur moi. Quand Agathe est là, il n'y a point de folle pensée qui puisse approcher du cercle magique qu'elle trace autour de nous deux. Je me disais donc que ce jeune homme avait quelque grâce importante à me demander, qu'il attendait de moi son bonheur ou son salut; et la pensée qu'il connaissait Agathe, qu'il était épris d'elle, et chastement favorisé en secret, commençait à me venir.

Appuyée sur l'épaule d'Agathe... (Page 44.)

Mais la tranquillité d'Agathe me détrompa bientôt. Elle ne le connaissait pas, elle ne l'avait jamais vu ; et lui, cet enfant si impressionnable, si avide d'admirer la beauté, si soudain dans l'expression muette de son penchant secret, il ne regardait point Agathe, il ne la voyait pas. Il ne voyait que moi. Cette luxuriante jeunesse de ma fille, ces yeux purs, cette bouche fraîche, cet air angélique, tout cela ne lui disait rien. Il semblait qu'il n'eût pas le loisir de s'apercevoir de sa présence.

Je ne savais que penser de ce jeune homme : son excessive politesse, ce raffinement d'égards et de menues attentions pour les femmes, qui, en France, appartient aux patriciens exclusivement, me donnait la certitude qu'il était ce qu'autour de vous, Alice, on appelle *bien né* : mais, en même temps, il montrait une instruction solide et complète, une maturité de jugement et une absence de prétentions, qui, vous le savez bien, et vous me permettez bien de vous le dire, sont extrêmement rares chez les enfants de votre caste. L'instruction des classes moyennes est plus précoce, à cet égard, plus spéciale, et j'ai toujours remarqué, entre les bacheliers de la bourgeoisie et ceux de la noblesse, la différence qu'il y a entre une éducation imposée comme nécessaire et celle qui n'est réputée que d'agrément. Notre Charles (ou plutôt votre Charles), avait donc l'esprit d'un roturier et les manières d'un gentilhomme, et cela en fait un personnage original et frappant, à cet âge où les adolescents de l'une ou de l'autre classe portent tous le même cachet, ou de gaucherie sauvage, ou de confiance ridicule. Celui-ci n'a rien de lourd et rien de frivole, rien de pédant et rien d'éventé. Il parle quelquefois comme un homme mûr qui parle bien, et, en le faisant, il ne perd rien de la grâce et de l'ingénuité de son âge. Il est réfléchi à l'habitude, étourdi par éclairs, sérieux d'esprit, gai de caractère, retenu avec bon goût, expansif avec entraînement. Enfin, il faut le dire, Alice, et voilà ce qui me désole, il est charmant, il est accompli, et si j'avais seize ou dix sept ans, j'en serais folle.

Et pourquoi et comment ne l'est-*elle* pas ? Est-ce parce qu'elle vivement frappée au cœur, qu'elle cache si bien sa folie? Ou, si elle ne sent rien pour lui, est-ce qu'elle serait égoïste et insensible ? Je m'y perds !

Voilà encore mon récit interrompu par des réflexions et des exclamations auxquelles vous ne comprenez rien.

Je vis Tony à quelque distance, parlant bas... (Page 47.)

Je renonce à raconter avec détail et, en trois mots, vous allez m'entendre. Le lendemain, il a enfin très-bien remarqué Agathe. Au grand soleil du matin, grâce à Dieu, j'ai apparemment repris mon aspect de matrone romaine. Le regard de mon hôte n'était plus si brillant; il était plus doux, et le respect semblait tempérer la sympathie. Au grand soleil du matin aussi, ces pâles jasmins qui éclosent sur les joues suaves et fines d'Agathe exhalaient un irrésistible parfum d'innocence. Charles a senti cette fleur passer entre lui et moi dans l'atmosphère. Il a relevé la tête, et ce qui était logique et légitime est arrivé; il a été frappé, charmé, doucement et délicieusement pénétré. J'ai vu ce retour vers le cours naturel des choses, la jeunesse attirant la jeunesse, et je ne m'en suis pas alarmée. Qu'est-ce qu'un souffle qui passe? Qu'est-ce qu'un voyageur qui arrive la veille et part le lendemain?

Mais il ne partit pas le lendemain. Je ne sais comment la chose se fit, il se rendit nécessaire pour le jour suivant. Nous devions entreprendre une grande promenade sur le lac. J'ignore si le rusé connaissait le lac, mais il eut l'air de ne pas le connaître, de nous demander l'itinéraire de la tournée pittoresque qu'il projetait de faire en nous quittant; et moi, avec cette candeur qui porte les habitants d'un beau pays à en faire les honneurs aux étrangers, je lui appris que nous serions par là, je lui donnai rendez-vous vers certains rochers, et, peu à peu, on se fit si bien à l'idée de passer la journée ensemble, qu'on trouva plus sûr, pour se rencontrer à point, de partir et d'arriver dans la même barque.

Cette journée fut charmante, un temps magnifique, des sites délicieux, un enjouement expansif qui alla presque jusqu'à l'intimité, et ces mille petits incidents champêtres qui rapprochent et lient plus qu'on ne l'avait prévu. Tony était notre gondolier et nous égayait comme à dessein, par sa bonne humeur et ses lazzis naïfs.

Le soir, quand nous rentrâmes, nous étions tous trop fatigués pour que Charles se remît en route, et il prit congé de nous, pour le lendemain matin. Il devait partir avec le jour; mais, à midi, il était encore à l'auberge. Le maréchal avait encloué son cheval; il en cherchait un autre, et n'en trouvait pas. Il fallut bien songer à lui en offrir un, et l'inviter à venir déjeuner en attendant; mais, le lendemain, nous allions à quelque distance sur la route de Milan, et nous pouvions le conduire jusque là. Agathe fit cette réflexion avec un naturel parfait : je n'y vis pas d'objection. Une affaire survint et retarda notre voyage...... Que vous dirai-je?

Charles passa huit jours avec nous, sans que le hasard nous amenât aucune visite, et, durant toute cette semaine, voyant Agathe à toute heure, écoutant sa voix charmante, faisant de la musique et de la peinture avec elle, il en devint amoureux, du moins je le crois, et il m'est impossible d'expliquer autrement la douleur visible et profonde avec laquelle il nous quitta, la joie enthousiaste qu'il éprouva lorsqu'il se fut fait autoriser à revenir au bout d'un mois, époque à laquelle il devait repasser pour aller à Venise.

Et, au lieu de repasser au bout d'un mois, il vient de repasser, comme il dit, au bout de huit jours. De prétendues affaires l'ont obligé d'abréger son séjour à Milan, il n'a pas pu traverser la vallée sans s'arrêter pour nous saluer, et voilà encore huit jours qu'il nous salue et nous fait ses adieux.

De tout cela il résulte, Alice, que ma fille a un amoureux, terriblement amoureux, je vous jure, et qui s'est tellement donné à nous, cœur et âme, que je ne sais pas du tout comment je vais le décider à nous quitter. Il faut pourtant s'y résoudre, car les prétextes vont manquer mutuellement, et la vie est si bizarrement arrangée, qu'il ne suffit pas de se plaire et de se convenir parfaitement les uns aux autres pour rester ensemble indéfiniment : il faut des prétextes ; les convenances, qui sont un admirable système de prudence destiné à nous faire toujours sacrifier le présent à l'avenir, le certain à l'incertain, la joie à l'ennui, et la sympathie à la défiance, les convenances exigent que nous éloignions celui que nous voudrions garder, de peur qu'un jour ne vienne où nous regretterions de l'avoir retenu. Et pourtant alors, ces prétextes ne manqueraient pas; car l'usage autorise les prétextes menteurs et désobligeants. Il ne demande d'art et de vraisemblance qu'à ceux qui donneraient du bonheur. Et pourtant aussi, ce jour où on voudrait l'éloigner n'arrivera peut-être jamais... Peut-être que sa présence nous serait à jamais douce et bienfaisante... Alors, raison de plus pour qu'il s'en aille; car, si on l'aime, il ne faut pas qu'il s'en doute; et, s'il s'en doute déjà, il ne faut à aucun prix le lui dire sincèrement. La loyauté gâterait tout, elle inspirerait bien vite la méfiance à celui qui, de son côté, est au désespoir d'en inspirer... Et voilà les cercles vicieux qui se déroulent à l'infini, lorsqu'on met aux prises, dans la première circonstance venue, les lois d'un noble instinct et celles d'un monde hypocrite et froid.

Et, après tout, il se trouve qu'en fait, le monde a raison quatre-vingt-dix-neuf fois sur cent, et que les cas où on lui sacrifie quelque chose de vraiment regrettable sont des cas exceptionnels. Ce n'est pas la froide méfiance du monde qui a fait la corruption et la perversité : c'est la perversité et la corruption des mœurs qui ont rendu nécessaires les lois glacées de la convenance.

Au fait, pourquoi, dans cette occasion-ci, serait-il prouvé qu'on doit écouter sa sympathie et se révolter contre l'usage? ce jeune homme nous plaît énormément, cela est certain. Il est d'un commerce exquis, sa figure et ses manières ont un charme qui tournerait la tête d'une jeune fille un peu romanesque et qui ferait battre d'amour et d'orgueil le cœur d'une mère. Si je consulte mon instinct, je dois m'imaginer que c'est là le fils de mon choix et désirer ardemment qu'il plaise à ma fille, qu'ils se voient, qu'ils s'entendent, et qu'un jour arrive, où, un peu moins enfants l'un et l'autre, ils s'engagent l'un à l'autre.

Il me semble bien que nous nous convenons tous les trois, qu'il le sait et serait à jamais heureux avec nous, et que, lui, compléterait notre vie. C'est pour le coup que je serais calme et guérie de tout le passé, en voyant naître et en surveillant maternellement ces innocentes amours; j'aurais une famille, et chaque année, ajoutée à ma vieillesse, au lieu de m'apporter l'effroi de l'abandon et de l'isolement, me donnerait l'espoir et la certitude de voir s'agrandir le cercle de mes saintes affections.

Mais tout cela peut n'être qu'un rêve et une dangereuse illusion. Cet enfant, quand il nous reviendra dans quelques années, sera peut-être corrompu; et peut-être alors rougirais-je d'avoir songé à lui faire espérer le cœur et la main d'Agathe.

Et, dès à présent, quel est-il, après tout? Il me semble que je le connais, que je l'ai toujours connu, que je lis dans son âme, que je n'y vois rien que de pur et de beau ; mais ne me trompé-je point? Ne suis-je pas prévenue par quelque attrait romanesque, par cette séduction de la beauté à laquelle je suis encore trop sensible, par l'isolement où je vis, et un certain besoin d'illusions qui se reporte sur l'avenir d'Agathe, faute de pouvoir s'exercer sur moi-même? Et d'ailleurs, quoi de plus fragile que cette beauté d'une âme à peine ouverte aux impressions de la vie?

Il est certain, d'ailleurs, qu'il y a en lui quelque chose de mystérieux, et qu'il a de puissants motifs pour ne nous parler ni de sa famille, ni de ses amis, ni de sa position dans le monde, ni d'aucune de ses relations. Quand je cherche à l'interroger, ses réponses sont laconiques, évasives. Quelquefois même elles ne sont pas d'accord avec ses précédentes réponses, et il se trouble quand j'en fais la remarque, comme s'il y avait à son nom quelque malheur ou quelque honte attachés fatalement. Mais l'instant d'après il rit de son embarras, et alors son regard et ses manières ont une franchise, une confiance, une spontanéité d'affection, qui semblent protester contre la réserve de ses paroles et attester que son âme est à l'abri de tout reproche et de tout soupçon. On dirait alors qu'il se moque tendrement de mes inquiétudes, et qu'il se sent le maître de les faire cesser.

Moi, j'ai dans l'idée que c'est un enfant de l'amour, le fils ignoré de quelque noble et pieuse dame, dont il a deviné le secret et veut garder fidèlement le secret. S'il en est ainsi, et que par-dessus le marché il soit pauvre, raison de plus pour qu'il m'intéresse et que je caresse le rêve de devenir sa mère. On dirait qu'il devine cela, qu'il y compte, et c'est peut-être pour cette confiance que je l'aime tant.

Au milieu de toutes mes perplexités, Agathe reste calme comme Dieu même. Elle l'aime pourtant, je le crois; car elle paraît plus heureuse quand il est là : elle pense, voit et parle comme lui sur tous les points. Elle l'apprécie et l'admire même avec une naïveté incroyable; mais la tranquillité de ce bonheur et l'incurie de cette affection me surpassent. Il semble qu'elle ne se doute point qu'ils vont se quitter pour longtemps, peut-être pour toujours, ou bien qu'elle s'imagine que le regret et l'absence ne font point de mal. Cette fille si sage et si sensée aurait-elle l'imprévoyance d'un enfant? ou bien son courage est-il si bien trempé, son enthousiasme si caché et si profond, qu'elle soit invulnérable au doute et à la souffrance? Moi, qui aime ce jeune homme pour elle, et à cause d'elle, je suis mille fois plus agitée.

Et ne doit-il pas en être ainsi? Agathe est un enfant gâté, à qui le bien est venu en dormant, et qui se repose sur ma prudence et ma tendresse. Elle s'imagine peut-être sérieusement que c'est là le fiancé que lui destine, et sa superbe indolence de petite fille adorée accepte ce bonheur comme elle a accepté la fortune, la liberté et mon amour, sans surprise et sans transport. Oui, c'est à moi d'être vigilante et soucieuse; c'est à moi, qui ai foulé aux pieds l'opinion pour mon propre compte, de faire bonne garde pour que la *fille de César* ne soit pas même soupçonnée; c'est à moi d'étudier en tremblant les jeunes gens qui passent le seuil de notre sanctuaire, et d'empêcher qu'un souffle malfaisant n'y pénètre. Étrange fille qui m'impose des devoirs si étrangers à mes habitudes et à mon caractère, et ne se doute point que cela soit si difficile et si grave pour moi!

Il faut pourtant sortir de cette position. Il ne m'arrive pas de lettre de vous; Charles ne paraît pas disposé à partir si je ne l'y force, et je vous en demande bien pardon, ma sœur, mais je vais mettre votre protégé tout doucement dehors, car je ne veux pas qu'il croie si aisé d'être l'amant et le fiancé de ma fille.

LETTRE QUATRIÈME.

ISIDORA A MADAME DE T...

Lundi 16.

— Je relis tout ce que je vous écrivais hier, et je pense que mon cerveau avait un peu de fièvre, car je trouve, aujourd'hui, qu'il n'y avait pas du tout lieu à m'inquiéter si fort. Je vois les choses tout autrement ce matin. Il ne me semble plus que Charles soit amoureux d'Agathe, ni qu'Agathe ait encore pensé à la possibilité d'avoir une inclination. Ils sont, il est vrai, plus gais, plus intimes, plus camarades, si l'on peut ainsi dire, qu'ils ne l'ont encore été. On croirait voir le frère et la sœur; mais cette amitié enjouée, à la veille de se quitter, ne ressemble pas à l'amour. Non, ils sont trop jeunes, et c'est ma vieille tête, remplie de souvenirs brûlants et flétrie par l'expérience, qui a construit tout ce roman, auquel, dans leur candeur, ces enfants ne songent point. Hier soir, Agathe a eu envie de dormir à bonne heure; elle a été tranquillement se coucher en folâtrant avec nonchalance. On n'a pas envie de dormir quand on aime et qu'on peut rester jusqu'à minuit auprès de son amant.

Et lui, au lieu d'être triste, ou de ressentir quelque dépit, lui a souhaité un bon somme avec d'innocentes plaisanteries. Il n'a pas paru s'ennuyer le moins du monde de rester tête à tête avec moi tandis que je faisais de la tapisserie; et comme je l'engageais à aller dormir aussi, il m'a suppliée d'un ton caressant de ne pas l'envoyer coucher de si bonne heure. « Je serai bien sage, me disait-il, je ne vous fatiguerai pas de mon babil; si vous voulez rêver ou réfléchir en travaillant, je ne ferai pas le moindre bruit. Je me tiendrai là dans un coin comme votre chat. Pourvu que je sois avec vous, c'est tout ce qu'il me faut pour passer une bonne et chère soirée. »

C'est par de semblables câlineries d'une délicatesse incroyable que cet enfant-là trouve le moyen de se faire chérir. Elles sont si vives parfois que si Agathe n'était pas ici, je m'imaginerais peut-être qu'il est épris de moi à quarante-cinq ans. « Charles, lui ai-je dit, vous avez une mère, n'est-ce pas? — Certainement, tout le monde a une mère. — Eh bien, si j'étais votre mère, je serais jalouse. — On voit bien que vous n'êtes pas mère, les mères ne sont pas jalouses. — La vôtre ne l'est pas? Elle est donc bien calme ou bien préoccupée? — Une mère est l'image de Dieu, et Dieu n'est pas jaloux de ses enfants. »

Et après cette réponse, pour détourner mes questions, il s'est mis à me parler de vous, et à me questionner sur votre compte, disant qu'il avait eu peu d'occasions de vous voir, et qu'il savait seulement que vous étiez une personne des plus respectables.

— Respectable est peu dire; ai-je répondu : vous pourriez dire adorable et ne rien dire de trop. Je lui appliquerais ce que vous disiez tout à l'heure des mères en général. Les femmes comme madame de T... sont l'image de Dieu sur la terre.

— En vérité? En ce cas, son fils doit bien l'aimer!

— Comment ne savez-vous pas à quel point, si vous êtes son ami?

— Oh! son camarade plus peut-être que son ami. Cet enfant-là d'ailleurs est un étourdi qui ne vaut probablement pas sa mère.

— Ce n'est pas ce que sa mère m'écrit de lui. Elle dit que c'est un ange, et je le crois.

— Vraiment, elle dit cela de Félix, cette bonne madame de T...? Vous voyez bien que les mères sont des êtres divins!

— Mais je ne suis pas contente de votre manière de parler du fils d'Alice...

— Alice? madame de T...? Dites-moi, je vous en prie, si vous la trouvez belle autant qu'on le dit?

— Comment, vous ne l'avez donc jamais vue?

— Oui, elle m'a semblé belle! autant que je puis m'en souvenir.

— Tenez, lui ai-je dit, en tirant de mon sein votre portrait que je ne quitte jamais, la voilà, mais cent fois moins belle, moins angélique, moins parfaite qu'elle n'est en réalité.

Il a pris votre portrait, et l'a tenu dans ses mains, le regardant sans cesse en m'écoutant parler. Il éprouvait une sorte d'émotion étrange, et je crois vraiment, Alice, qu'il devenait amoureux de vous. Cet enfant est impressionnable à un point extraordinaire. Ou c'est quelque génie de peintre qui va prendre son essor et que la beauté tourmente et subjugue, ou c'est une organisation d'artiste, mobile, enthousiaste, prête à s'enflammer à toutes les étincelles qui courent dans l'atmosphère. Il me questionnait toujours : affectant une légèreté badine, et, pourtant, je voyais une ardente curiosité percer sous cette petite feinte. Il souriait, rougissait, et, à mesure que je m'animais en parlant de vous avec passion, il devenait si tremblant que je craignais d'avoir été trop loin, et je m'arrêtai tout d'un coup, pour lui retirer votre portrait qu'il serrait convulsivement contre sa poitrine... Pardonnez-moi, Alice, j'ai cru un instant que cet enfant me faisait un mystère de sa passion pour vous, et qu'il avait menti en disant vous connaître à peine, de peur que la manière de parler de vous je ne vinsse à le deviner. Vous êtes encore assez jeune pour inspirer un violent amour; vous avez éloigné le jeune Charles en voyant les ravages que vous causiez involontairement; et, en me le recommandant, vous n'avez pas trop osé vous expliquer sur son compte... Voilà, du moins, le nouveau roman que, pendant quelques minutes, j'ai improvisé sur vous et sur lui!

Mais la scène a changé, et j'ai failli encore une fois me croire l'objet de cette flamme que je rêve en lui, et qui n'y est, en réalité, qu'à l'état de vague aspiration pour toutes les femmes. En me rendant votre portrait, il a pris impétueusement mes mains, et y a porté ses lèvres, baisant à la fois et mes mains et votre image; et alors, se pliant sur ses genoux d'une manière enfantine et gracieuse, moitié fils, moitié amant : « Vous êtes la plus admirable des femmes! s'est-il écrié; oui! après une autre femme, que je sais, il n'y a rien de plus vrai, de plus aimant et de plus parfait que vous sur la terre. On me l'avait bien dit que vous étiez d'une beauté divine et d'une éloquence irrésistible! mais il y avait des gens qui prétendaient que vous n'étiez pas bonne et qu'il fallait se méfier de votre puissance; moi, dès le premier regard que j'ai jeté sur votre figure divine, j'ai senti que ces gens-là m'en avaient menti, et depuis, chaque parole que vous avez dite m'a pénétré au fond du cœur. Aussi, je le répète, après une autre femme à laquelle j'ai donné mon cœur et mon âme, il n'en est point que j'aime et que je vénère plus que vous.

— Et cette femme, mon cher enfant, ne serait-ce point Agathe? lui ai-je dit, entraînée à cette imprudence par l'émotion puissante qu'il me communiquait.

— Agathe! s'est-il écrié avec une surprise évidente. Agathe?... Pourquoi donc Agathe?... Ah! oui, il est certain que vous et mademoiselle Agathe êtes charmantes. Elle est belle, elle est bonne, elle a de l'intelligence et du cœur. Oui, oui, je l'aime bien tendrement, permettez-moi de vous dire cela. Je voudrais être son frère! Si j'avais âge d'homme, je voudrais être son mari. Mais à l'heure qu'il est, ce n'est pas elle que je vous préfère, c'est une autre... c'est ma mère! »

Il a dit cela avec tant d'effusion, et il y avait quelque chose de si angélique en lui, que j'ai senti mes yeux se remplir de larmes. Je l'ai embrassé au front, et je lui ai demandé de me parler de sa mère; mais voilà où je me confirme dans l'idée qu'il n'est pas fils légitime : c'est qu'après cet élan passionné pour la femme qui lui a donné le jour, il n'a plus voulu ajouter un mot, remettant à une autre fois une confidence qu'il prétend avoir à me faire.

LETTRE CINQUIÈME.

ISIDORA A MADAME DE T...

Mardi 17.

Oh! Alice, quel dénouement à notre aventure! et que mon roman me plaît mieux ainsi! Comme vous avez dû rire, malicieuse amie, depuis le commencement de cette longue et absurde lettre! Mais je ne la déchirerai pas : car, au milieu de mes extravagances, je vous ai dit tout ce que je pense de lui, tout ce que je sens pour lui, et vous verrez bien que mon cœur avait deviné ce que mon esprit, incroyablement obtus en cette circonstance, ne pouvait pas pénétrer. Je suis sûre qu'il vous a écrit en même temps que moi tout ce qui se passait entre nous, et que vous allez recevoir nos deux versions à la fois. Je veux continuer la mienne afin que vous compariez; et, si ce petit démon vous fait quelque mensonge, soyez sûre que c'est moi qui dis la vérité.

Ce matin, Charles devait décidément partir. Il nous avait dit adieu; mais un adieu si tranquille et si enjoué même, que j'en étais blessée, et j'en revenais à penser que cet enfant, admirablement doué sous le rapport de la figure et de l'esprit, avait le cœur volage et personnel des futurs grands artistes.

Il part en effet, il monte à cheval, il disparaît; je me sentais mal. Je n'osais regarder Agathe, je craignais de la voir tout à coup pâle et consternée, et de deviner son amour trop tard pour y porter remède. Je la regarde enfin. Elle était tranquille, belle, reposée; elle avait bien dormi, elle n'avait pas versé une larme, elle souriait à sa perdrix!

Cela me fit plus de mal encore. Les enfants d'aujourd'hui sont bien forts, me disais-je, et bien froids! L'amour n'est plus de ce siècle; je l'ai cherché toute ma vie sans le trouver, et cette jeune génération ne se donnera même pas la peine de le chercher. C'est mieux, à coup sûr, c'est plus sage et plus heureux; mais je ne comprends plus rien à la vie!

Tony arrive là-dessus; il avait une figure inouïe. Il riait, rougissait, balbutiait et tournait une lettre dans ses mains. « Qu'as-tu donc? Est-ce que M. de Verrières a oublié quelque chose? »

— Non, non, Madame, ce n'est pas lui, c'est un autre, à présent!

— Comment? quel autre? Donne donc!

— C'est M. Félix qui arrive, M. Félix de T..., le neveu à feu M. le comte!

J'ouvre la lettre. « Ma chère tante, voulez-vous per-
« mettre à un neveu, dont vous souvenez sans doute à
« peine, mais qui ne vous a jamais oubliée, de venir vous
« embrasser de la part de sa mère? Il est à votre porte.
«   FÉLIX DE T... »

Eh bien! Alice, je ne sais où j'ai l'esprit; mais il paraît que, hors le cas, aujourd'hui oubliés, d'amour et de jalousie, je ne possède aucune pénétration. Me voilà éperdue de joie, courant au-devant de ce neveu, dont je n'ai jamais reçu un signe de souvenir et d'affection, ce qui me blessait un peu, quoique je ne vous en aie jamais parlé, mais que j'adore déjà, parce qu'il est votre fils et parce qu'il m'écrit un si aimable billet.

Je m'élance, Agathe me suit, Tony rit et saute comme un fou. Un tourbillon de poussière vient à nous. Un homme descend de cheval au milieu de ce nuage et se précipite dans mes bras... C'est Charles de Verrières, c'est-à-dire, c'est Félix de T...!

Oh! quel être que votre fils, Alice! Quel adorable enfant cela fait aujourd'hui, et quel homme irrésistible ce sera un jour! Vous seule pouviez mettre au monde et développer un pareil naturel! Comment n'ai-je pas compris, dès la première vue, qu'il n'y avait pas d'enfant comme lui, à moins que ce ne fût l'enfant d'Alice!

Alors, me prenant un peu à part, après les premières effusions, il m'a confessé la cause de toute cette petite comédie. Il avait, malgré vous, malgré lui-même, quelques préventions contre moi. Il avait entendu parler de moi si diversement! Dans votre famille, il y a encore de vieux parents si acharnés contre la pauvre Isidora, et on vous fait un crime si grave, ma divine amie, de me traiter comme votre sœur! L'enfant croyait à vous plus qu'aux autres; mais, quand on lui disait que je vous trompais, que je ne vous aimais pas, que j'étais un génie infernal, un esprit de ténèbres et de perdition, il était effrayé et n'osait vous le dire. Enfin, envoyé par vous à Milan, avec un parent qui voulait lui montrer une partie de l'Italie, il a résolu de me voir sans se faire connaître, et il m'a répété aujourd'hui ce qu'on lui disait l'autre jour. D'abord, la voix publique lui apprenait sur son chemin que je n'étais pas une mauvaise femme; il a vu que je n'employais pas ma fortune à de méchantes actions. Sans doute, on lui aura dit aussi ce dont il a la délicatesse de ne point parler, le cher enfant! à savoir qu'à l'endroit des mœurs j'étais désormais *irréprochable!* Enfin, il m'a vue, il m'a trouvée belle, et d'une beauté qui lui a plu. Il m'a dit cela comme il vous le disait, et maintenant je l'écoute comme vous l'écouteriez vous-même. Et le reste, vous le savez : il s'est trouvé si heureux, si à l'aise, si bien selon son cœur auprès de moi, que, si ce n'était pour aller vous rejoindre, il ne voudrait jamais me quitter. Mais il peut rester encore quelques jours. Son parent est retenu à Milan par une affaire, et, d'après vos intentions, il l'a autorisé à passer ce temps près de moi.

Tony qui, enfant, a beaucoup joué avec lui, l'avait reconnu au relais où il mit pied à terre la première fois à une petite cicatrice particulière qu'il a à la main, et qui provient d'une blessure prise en jouant avec lui, précisément. Tony, sachant qu'on voulait me faire une agréable surprise, a gardé le secret. Quant à Agathe, elle ne savait rien, sinon que *Charles* ne s'en allait pas pour tout de bon ce matin.

S'aiment-ils? Ils s'aiment comme Félix me l'a dit, fraternellement; et un jour ils s'aimeront autrement, si nous le voulons toutes les deux, Alice. Vous le voudrez quand vous connaîtrez Agathe, et ce sera une manière, peut-être, de faire accepter à votre fils la fortune de son oncle, qui lui serait revenue en grande partie un peu plus tard. Mais laissons au temps à régler le cours des choses; j'étais une folle de le devancer par mon inquiétude; je ne comprenais pas que *Charles* pût rester et se plaire autant ici à cause de moi, et j'étais forcée de supposer que c'était à cause d'Agathe. A présent, je sais que *Félix* était chez sa tante pour l'amour d'elle, et si Agathe a aidé à lui faire trouver le temps agréable, c'est par rencontre et par bonne chance. Oh! ma chère Alice, quelles belles fleurs croissent dans le jardin de la vieillesse quand on a de tels enfants! et qu'il est doux de vivre en eux quand on est dégoûté de vivre pour soi-même! Que vous êtes heureuse d'être mère, et que je suis bien dédommagée de l'être devenue de cœur et d'esprit!

FIN D'ISIDORA.

ALDO LE RIMEUR

PRÉFACE

Comme cette bluette a paru longtemps avant le roman et le drame de *Chatterton*, personne ne pensera que j'aie eu la prétention d'imiter ce modèle, bien qu'une scène d'*Aldo le rimeur* présente quelques rapports de situation avec le beau et déchirant monologue que M. de Vigny a mis dans la bouche de son poëte. Je ne me défendrais pas d'avoir été inspiré par ce sujet, d'abord si le fait était vrai, ensuite si ma pensée eût été la même. Mais elle était autre, et je ne songeais à peindre la misère du poëte que comme un accident, un des malheurs passagers de sa fantasque et douloureuse existence. Je voulais peindre le poëte en général; une âme de poëte quelconque, mobile, généreuse, ardente, susceptible, inquiète, fière et jalouse. Le second acte de ce petit poëme dialogué montre le même homme non transformé qu'on a vu lutter contre la faim et l'abandon au premier acte. De même qu'un nouvel amour a été le dénoûment de cette première phase, l'amour de la science, ou plutôt une soudaine et vague révélation de la science, arrache une seconde fois l'âme curieuse et *ondoyante* du poëte au dégoût de la vie, à la lassitude du cœur, au suicide. Je comptais, lorsque je fis paraître ce fragment dans une Revue, compléter la série d'expériences et de déceptions par lesquelles, après avoir plusieurs fois rempli et vidé la coupe des illusions, Aldo devait arriver à briser sa vie ou à se réconcilier avec elle. De nouvelles préoccupations d'esprit m'emportèrent ailleurs, et j'oubliai Aldo, comme Aldo oubliait la reine Agandecca. Je n'ai jamais pensé que l'interruption de cette esquisse fût offensante ou préjudiciable pour aucun lecteur; mais, avant de la remettre sous les yeux du public, je devais l'avertir que ce n'est là qu'un fragment. Le finira qui voudra dans sa pensée, et beaucoup mieux sans doute que je ne l'ai commencé.

ALDO LE RIMEUR

> Il n'y a personne qui ne fasse son petit Faust, son petit Don Juan, son petit Manfred ou son petit Hamlet, le soir auprès de son feu, les pieds dans de très-bonnes pantoufles.
> (*Esprit des journaux.*)

PERSONNAGES.

ALDO LE RIMEUR.
MEG, sa mère.
JANE, jeune montagnarde.
LA REINE AGANDECCA.
TICKLE, nain de la reine.
MAITRE ACROCÉRONIUS, astrologue de la reine.

La scène est à Ithona.

ACTE PREMIER.

Dans le galetas du rimeur; un escalier au fond conduit à une soupente; au milieu, une mauvaise table, un escabeau, quelques livres. Il fait nuit.

SCÈNE PREMIÈRE.

ALDO, TICKLE.

(*Aldo est assis la tête dans ses mains, les coudes sur la table. On frappe à la porte.*)

ALDO.
Qui frappe?

TICKLE, *en dehors*.
Votre très-humble serviteur.

ALDO.
Lequel?

TICKLE.
Votre ami.

ALDO.
Que le diable vous emporte! vous êtes un escroc.

TICKLE.
Non, je suis votre ami et votre serviteur.

ALDO.
Il est évident que vous venez me dépouiller; mais je ne crains rien de ce côté-là. Entrez.

TICKLE.
Souffrez que je vous embrasse.

ALDO.
Permettez-moi de vous mettre sur la table.

TICKLE, *sur la table*.
Et comment vous portez-vous, mon excellent seigneur, depuis que nous ne nous sommes vus?

ALDO.
Mais.... tantôt bien, tantôt mal. Il s'est passé beaucoup de choses depuis que je n'ai eu l'honneur de vous voir.

TICKLE.
En vérité, mon cher monsieur?

ALDO.
Sur mon honneur! ce serait trop long à vous raconter. Il y a vingt ans environ, car notre connaissance date de l'autre monde.

TICKLE.
Vraiment?

ALDO.
Sans doute, puisque je n'ai encore jamais eu l'honneur de vous rencontrer dans celui-ci.

TICKLE.
Comment! vous ne me connaissez pas? Vous ne m'avez jamais vu?

ALDO.
Non, sur mon honneur, mon cher ami.

TICKLE.
Eh! mais, d'où sortez-vous? où vivez-vous?

ALDO.
Je vis dans une taupinière; mais vous, il est certain que, si j'en juge par votre taille, vous sortez d'un trou de souris.

TICKLE.
Et c'est pour cela que vous devriez connaître, ne fût-ce que de vue, le célèbre nain John Bucentor Tickle, bouffon de la reine.

ALDO.
Je suis parfaitement heureux de faire votre connaissance; vous passez pour un homme d'esprit.

TICKLE.
Je n'en manque pas, et vous pouvez déjà vous en apercevoir à ma conversation.

ALDO.
Comment donc! j'en suis ébloui, stupéfait et renversé!

TICKLE.
Je vois que vous êtes un homme de goût pour un poëte.

ALDO.
Et vous un homme hardi pour un nain.

TICKLE.
Monsieur, je me conduis comme un nain avec les rustres : ceux-là ne causent qu'avec les poings; et moi, ce n'est pas ma profession. Je porte des manchettes de dentelle, c'est mon goût.

ALDO.
C'est un goût fort innocent.

TICKLE.
Et qui a le suffrage des dames, généralement. Avec les dames, Monsieur, comme avec les gens d'esprit, j'ai six pieds de haut, parce que sur ce terrain-là on se bat à armes égales.

ALDO.
Et les armes sont courtoises. Vous pouvez compter, je ne dis pas sur mon esprit, mais sur ma courtoisie. Puis-je savoir ce qui me procure l'honneur de votre visite?

TICKLE.
Me permettez-vous d'être assis?

ALDO.
De tout mon cœur si vous ne me demandez pas de siége; car cet escabeau est le seul que je possède, et mon habitude n'est pas d'écouter debout ce que l'on vient me prier d'entendre.

TICKLE.
Je resterai de grand cœur sur cette table; il ne m'en faut pas davantage pour être absolument à votre hauteur.

ALDO.
J'en suis intimement persuadé. (*Il s'assied; le nain se met à califourchon sur la table, vis-à-vis de lui.*)

TICKLE.
Mon cher monsieur, vous êtes poëte?

ALDO.
Pas le moins du monde, Monsieur.

TICKLE.
Ah! vraiment! Je vous demande pardon; je vous prenais pour un certain Aldo... *le rimeur*, comme on dit dans la ville, et *le barde*, comme on dit à la cour. Vous avez peut-être entendu parler de lui? C'est un jeune homme qui n'est pas sans talent.

ALDO.
Je vous demande pardon, Monsieur; c'est un homme qui n'a pas plus de talent que vous et moi.

TICKLE.
Réellement? Eh bien, j'en suis fâché pour lui. Je venais lui offrir mes petits services.

ALDO.
Il vous offre les siens également; vous savez en quoi ils peuvent consister, puisque vous connaissez sa profession. Veuillez lui faire connaître la vôtre.

TICKLE.
Mais moi, vous voyez la mienne... je suis nain.

ALDO.
Et bouffon! Mais je ne vois pas jusqu'ici quels services Votre Seigneurie peut daigner offrir à un misérable poëte.

TICKLE.
Monsieur, tout petit que je suis, j'ai de très-larges poches à mon pourpoint; c'est une fantaisie que j'ai, et, par suite d'une fantaisie analogue, les poches dont j'ai l'honneur de vous parler sont toujours pleines d'or.

ALDO.
C'est une fantaisie comme une autre, et qui n'a rien de neuf.

TICKLE.
La vôtre me paraît plus usée encore.

ALDO.
De quoi parlez-vous, Monsieur? de ma fantaisie ou de ma poche.

TICKLE.
Je parle de votre fantaisie, de votre poche, de votre bourse et de votre crédit. Croyez-moi, c'est une habitude de mauvais genre que de n'avoir pas le sou. Or donc, voulez-vous gagner de l'argent? vous en avez besoin.

ALDO.
Pas le moindre besoin, Monsieur, je vous jure.

TICKLE.
Vous êtes trop modeste. Je connais votre position, le dénûment de mistress Meg, votre mère, et son grand âge. Je connais votre activité, votre dévouement, votre grandeur d'âme. Je vous offre un gain légitime... Vous comprenez? Je ne viens pas faire ici le grand seigneur; je viens vous proposer un échange, un marché qui ne peut qu'augmenter votre gloire et vous mettre à même de secourir mistress Meg.

ALDO.
Voyons ce que c'est, Monsieur; voudriez-vous que je fisse monter une de vos jambes en flageolet, et me vendre l'autre pour en faire un porte-crayon?

TICKLE.
Je demande de vous quelque chose d'une moindre valeur que la plus chétive de mes jambes, je vous demande un petit drame de votre façon.

ALDO.
Pour qui, Monsieur? pour le théâtre de la reine?

TICKLE.
Pour moi, Monsieur.

ALDO.
Pour vous! et qu'en ferez-vous? vous n'aurez jamais la force de l'emporter!

TICKLE.
J'allégerai mes poches d'une partie de l'or qui les charge, et je prendrai votre manuscrit à la place.

ALDO.
Très-bien; et puis?

TICKLE.
Et puis l'ouvrage m'appartiendra. Je le publierai, je le ferai jouer sur le théâtre de la reine.

ALDO.
Sous quel nom, je vous prie?

TICKLE.
Sous le nom agréable de sir John Bucentor Tickle; c'est dans votre intérêt que j'agirai ainsi et pour donner de la confiance au public. Si l'autorité de mon nom ne suffisait pas à nous assurer sa bienveillance, en cas de chute, nous réclamerions contre son injuste arrêt.

ALDO.
En lui livrant le nom du véritable auteur?

TICKLE.
C'est ainsi que cela se fait à la cour.

ALDO.
Et la cour fait bien! Monsieur, je vous prie maintenant de me laisser travailler au drame que vous me faites l'honneur de me demander.

TICKLE.
Puis-je compter sur votre parole, Monsieur?

ALDO.
Je m'en flatte.

TICKLE.
Un mot de traité sera nécessaire.

ALDO.

De tout mon cœur, j'en sais la rédaction. (*Il écrit.*) Voulez-vous signer maintenant? moi, je signe.

TICKLE.

Permettez-moi d'en prendre connaissance. (*Il lit.*) « Je m'engage, moi, Aldo de Malmor, dit *le rimeur* à la ville et *le barde* à la cour, à jeter par les fenêtres le très-illustre seigneur John Bucentor Tickle, nain et bouffon de la reine, la première fois qu'il franchira le seuil de ma maison. Fait double nous, etc. » Bravo ! bravo ! c'est la première scène du drame !

ALDO.

Non, c'est un dénoûment tout prêt et que je vous offre gratis.

TICKLE.

J'en suis trop reconnaissant ; je cours le porter à la reine, qui en sera charmée. (*Il saute en bas de la table et s'enfuit.*) Tu me le paieras !

ALDO.

Tu me le paieras aussi, canaille, si tu retombes sous ma main.

SCÈNE II.

ALDO, *seul*.

Un ennemi de plus ! et c'est ainsi que je vis ! Chaque jour m'amène un assassin ou un voleur. Misérables ! vous me réduisez à l'aumône, mais vous n'aurez pas bon marché de ma fierté. Allons ! ce fat m'a fait perdre une demi-heure, remettons-nous à l'ouvrage. La nuit s'avance ; je ne serai plus dérangé. Tout est silencieux dans la ville et autour de moi. Dévorons cette nouvelle insulte ; quand le brodequin est bon, le pied ne craint pas de se souiller en traversant la boue. Écrivons.

Travailler !... chanter ! faire des vers ! amuser le public ! lui donner mon cerveau pour livre, mon cœur pour clavier, afin qu'il en joue à son aise, et qu'il le jette après l'avoir épuisé en disant : Voici un *mauvais livre*, voici un mauvais instrument. Écrire ! écrire ! penser pour les autres... sentir pour les autres... abominable prostitution de l'âme ! Oh ! métier, métier, gagne-pain, servilité, humiliation ! — Que faire ? — Écrire ? sur quoi ?... Je n'ai rien dans le cerveau, tout est dans mon cœur !... et il faut que je te donne mon cœur à manger pour un morceau de pain, public grossier, bête féroce, amateur de tortures, buveur d'encre et de larmes ! — Je n'ai dans l'âme que ma douleur ; il faut que je te repaisse de ma douleur. Et tu en riras peut-être ! Si mon luth mouillé et détendu par mes pleurs rend quelque son faible, tu diras que toutes ses cordes sont fausses, que je n'ai rien de vrai, que je ne sens pas mon mal... quand je sens la faim dévorer mes entrailles ! la faim, la souffrance des loups ! Et moi, homme d'intelligence et de réflexion, je n'ai même pas la gloire d'une plus noble souffrance !... Il faut que toutes les voix de l'âme se taisent devant le cri de l'estomac qui faiblit et qui brûle ! — Si elles s'éveillent dans le délire de mes nuits déplorables, ces souffrances plus poignantes, mais plus grandes, ces souffrances dont je ne rougirais pas si je pouvais les garder pour moi seul, il faut que je les recueille sur un album comme des curiosités qui se peuvent mettre dans le commerce, et qu'un amateur peut acheter pour son cabinet. Il y a des boutiques où l'on vend des singes, des tortues, des squelettes d'homme et des peaux de serpent. L'âme d'un poète est une boutique où le public vient marchander toutes les formes du désespoir : celui-ci estime l'ambition déçue sous la forme d'une ode au dieu des vers ; celui-là s'affectionne pour l'amour trompé, rimé en élégie ; cet autre rit aux éclats d'une épigramme qui partit d'un sein rongé par la colère, d'une bouche amère de fiel. Pauvre poète ! chacun prend une pièce de ton vêtement, une fibre de ton corps, une goutte de ton sang ; et quand chacun a essayé ton vêtement à sa taille, éprouvé la force de tes nerfs, analysé la qualité de ton sang, il te jette à terre avec quelques pièces de monnaie pour dédommagement de ses insultes, et il s'en va, se préférant à toi dans la sincérité de ses pensées insolentes et stupides. — O gloire du poète, laurier, immortalité promise, sympathie flatteuse, haillons de royauté, jouets d'enfants ! que vous cachez mal la nudité d'un mendiant couvert de plaies ! Oh ! méprisables ! méprisables entre tous les hommes, ceux qui, pouvant vivre d'un autre travail que celui-là, se font poètes pour le public ! Misérables comédiens qui pourriez jouer le rôle d'hommes, et qui montez sur un tréteau pour faire rire et pleurer les désœuvrés ! n'avez-vous pas la force de vivre en vous-mêmes, de souffrir sans qu'on vous plaigne, de prier sans qu'on vous regarde ? Il vous faut un auditoire pour admirer vos puériles grandeurs, pour compatir à vos douleurs vulgaires ! Celui qui est né fils de roi, d'histrion ou de bourreau suit forcément la vocation héréditaire ; il accomplit sa triste et honteuse destinée. S'il en triomphe, s'il s'élève seulement au niveau des hommes ordinaires, qu'il soit loué et encouragé ! Mais vous, grands seigneurs, hommes instruits, hommes robustes, vous avez la fortune pour vous rendre libres, la science pour vous occuper, des bras pour creuser la terre en cas de ruine ; et vous vous faites écrivains ! et vous nous livrez les facultés débauchées de votre intelligence, vous cherchez la puissance morale dans l'épanchement ignoble de la publicité ! vous appelez la populace autour de vous, et vous vous mettez nus devant elle pour qu'elle vous juge, pour qu'elle vous examine et vous sache par cœur ! Oh ! lâche ! si vous êtes difforme, et si, pour obtenir la compassion, vous vous livrez au mépris ! lâche encore plus si vous êtes beau et si vous cherchez dans la foule l'approbation que vous ne devriez demander qu'à Dieu et à votre maîtresse... C'est ce que je disais l'autre jour au duc de Buckingham qui me consultait sur ses vers. — Et il a tellement goûté mon avis qu'il m'a mis à la porte de chez lui, et m'a fait retirer la faible pension que m'accordait la reine en mémoire des services de mon père dans l'armée... Aussi, maintenant plus que jamais, il faut rimer, pleurer, chanter... vendre ma pensée, mon amour, ma haine, ma religion, ma bravoure et jusqu'à ma faim ! Tout cela peut servir de matière au vers alexandrin et de sujet au poëme et au drame. Venez, venez, corbeaux avides de mon sang ! venez, vautours carnassiers ! voici Aldo qui se meurt de fatigue, d'ennui, de besoin et de honte. Venez fouiller dans ses entrailles et savoir ce que l'homme peut souffrir : je vais vous l'apprendre, afin que vous me donniez de quoi dîner demain... O misère ! c'est-à-dire infamie ! — (*Il s'assied devant une table.*) Ah ! voici des stances à ma maîtresse !.... J'ai vendu trois guinées une romance sur la reine Titania ; ceci vaut mieux, le public ne s'en apercevra guère... mais je puis le vendre trois guinées !... Le duc d'York m'a promis sa chaîne d'or si je lui faisais des vers pour sa maîtresse.... Oui, lady Mathilde est brune, mince : ces vers-là pourraient avoir été faits pour elle ; elle a dix-huit ans, c'est presque l'âge de Jane ! je vais vendre ton portrait, ton portrait écrit de ma main ; je vais trahir les mystères de ta beauté, révélés à moi seul, confiée à ma loyauté, à mon respect ; je vais raconter les voluptés dont tu m'as enivré et vendre le beau vêtement d'amour et de poésie que je t'avais fait, pour qu'il aille couvrir le sein d'une autre ! Ces éloges donnés à la sainte pureté de ton âme monteront comme une vaine fumée sur l'autel d'une divinité étrangère ; et cette femme à qui j'aurai donné la rougeur de tes joues, la blancheur de tes mains, cette vaine idole que j'aurai parée de ta brune chevelure et d'un diadème d'or ciselé par mon génie, cette femme qui lira sans pudeur à ses amants et à ses confidentes les stances qui furent écrites pour toi, c'est une effrontée, c'est la femelle d'un courtisan, c'est ce qu'on devrait appeler une courtisane ! — Non, je ne vendrai pas tes attraits et ta parure, ô ma Jane ! simple fille qui m'aimas pour mon amour, et qui sais peut-être mieux ce que c'est qu'un poëte. Tu ne t'es pas enorgueillie de mes louanges, tu n'as pas compris mes vers ; eh bien, je les garderai. Un jour peut-être... dans le ciel, tu parleras la langue des dieux !... et je te répondrai... ma pauvre Jane !.... (*L'horloge sonne minuit.*) Déjà minuit !... et je n'ai rien fait encore, la fatigue m'accable

Mon cher Monsieur, vous êtes poëte?... (Page 54.)

déjà ! Cette nuit sera-t-elle perdue comme les autres ?.... non, il ne le faut pas... Je ne puis différer davantage.... Il ne me reste pas une guinée, et ma mère aura faim et froid demain si je dors cette nuit... J'ai faim moi-même... et le froid me gagne... Ah! je sens à peine ma plume entre mes doigts glacés... ma tête s'appesantit... Qu'ai-je donc ? — Je n'ai rien fait et je suis éreinté !... mes yeux sont troublés... Est-ce que j'aurais pleuré ?... ma barbe est humide... Oui, voici des larmes sur les stances à Jane... J'ai pleuré tout à l'heure en songeant à elle... Je ne m'en étais pas aperçu. Ah! tu as pleuré, misérable lâche ? tu t'es énervé à te raconter ta douleur, quand tu pouvais l'écrire et gagner le pain de ta mère; et maintenant te voici épuisé comme une lampe vers le matin, te voici pâle comme la lune à son coucher... C'est la troisième nuit que tu emploies à marcher dans ta chambre, à tailler ta plume et à te frapper le front sur ces murs impitoyables ! O rage! impuissance, agonie! (*Se levant.*) Mon courage, m'abandonnes-tu aussi, toi ? Mes amis m'ont tourné le dos, mon génie s'est couché paresseux et insensible à l'aiguillon de la volonté, ma vie elle-même a semblé me quitter, mon sang s'est arrêté dans mes veines, et la souffrance de mes nerfs contractés m'a arraché des cris. Tout cela est arrivé souvent, trop souvent ! Mais toi, ô courage ! ô orgueil ! fils de Dieu, père du génie, tu ne m'as jamais manqué encore. Tu as levé d'aussi lourds fardeaux, tu as traversé d'aussi horribles nuits, tu m'as retiré d'aussi noirs abîmes... Tu sais manier un fouet qui trouve encore du sang à faire couler de mes membres desséchés; prends ton arme et fustige mes os paresseux, enfonce ton éperon dans mon flanc appauvri...

J'ai entendu gémir là-haut ! sur ma tête !... c'est ma mère !... Elle souffre, elle a froid peut-être. J'ai mis mon manteau sur elle pour la réchauffer. Il ne me reste plus rien... Ah! mon pourpoint pour envelopper ses pieds. (*Il monte dans la soupente et revient en chemise et en grelottant.*)

Froid maudit ! ciel de glace !

Cela se passe, je m'engourdis... si je pouvais composer quelque chose !.... Une bonne moquerie sur l'hiver et les frileux. (*Sa voix s'affaiblit.*) Une satire sur les nez rouges... (*Une pause.*) Une épigramme sur le nez de l'archevêque qui est toujours violet après souper... (*Une pause.*) Une chanson, cela me réveillera ; si je viens

Vous le voyez, mon cher ami, je me tue... (Page 63.)

à bout de rire, je suis sauvé... Ah! le damné manteau de glace que minuit me colle sur les épaules !... rimons... charmante bise de décembre qui souffles sur mes tempes, inspire-moi... Monseigneur...

   Monseigneur de Cantorbery...
    (*Une pause.*)
   Est toujours vermeil après boire...

Vermeil ne me plaît pas...
   Est toujours charmant...

Charmant... hum!
   Est toujours superbe..
   Est toujours superbe après boire...

(*Il s'endort et parle en dormant d'une voix confuse.*)
   Monseigneur de Cantorbery...
    (*Il s'endort tout à fait.*)
Meg entre dans la chambre en tremblotant; elle est enveloppée à demi dans les couvertures de son lit, et se traîne le long des murs.)

   MEG.

Je crois qu'il y a enfin de la lumière ici... Je vois une lueur faible... (*Elle se heurte contre la table.*)

   ALDO.

Qui va là?... vous ne répondez pas?... bonsoir... Si vous êtes un voleur, l'ami, passez votre chemin, vous perdez votre temps ici... (*Il se rendort.*)

   MEG.

Je crois que j'ai entendu quelque chose, mais je suis encore plus sourde aujourd'hui qu'à l'ordinaire... et je ne sais pas si le temps était plus sombre, mais il m'a semblé que je ne voyais pas bien... Mon fils n'est pas rentré, à ce qu'il paraît !... (*Elle se heurte encore.*)

   ALDO.

Encore! Ami voleur, mon cher frère en diable, vous ne vous en rapportez pas à moi?... Cherchez à votre aise... si vous pouviez trouver ma rime dans un coin de la chambre, vous me feriez plaisir en me la rapportant. Elle ne vaut pas la peine que vous vous en empariez...

Monseigneur de Cantorbery !..
Est, ma foi ! superbe...

(*Il se rendort.*)

MEG, *qui s'est égarée, à tâtons dans la chambre.*
Je ne sais plus où je suis... J'ai encore plus froid ici que dans mon lit... Dieu de bonté, j'espérais trouver le poêle... mais y a-t-il du bois seulement ? Si mon pauvre enfant était là, du moins il me consolerait... Mais il est allé me chercher quelque chose sans doute... Je ne vois plus du tout. Je n'entends rien nulle part... Froid, nuit, silence, solitude, vieillesse, que vous êtes tristes ! Je ne me soutiens plus, une étrange défaillance me saisit...

(*Aldo rêvant.*)

Oui ! oui ! monsieur de Cantorbery !...

MEG.
Mes genoux vont se casser si je marche encore ; où m'asseoir dans ces ténèbres ?... (*Elle se laisse tomber.*)

ALDO.
Trust ! mon pauvre chien, est-ce toi qui reviens ? Je t'avais donné à Oscar, mais il paraît que tu veux jeûner avec ton maître... où es-tu, ô le meilleur des hommes, je veux dire des caniches ?...

MEG.
Ce carreau est froid.. je... je... Dieu tout-puissant, sainte Vierge... je meurs catholique... mon enfant ! mon enf.... Aldo ! (*Elle meurt.*)

ALDO, *se relevant à demi.*
Pour le coup, on a parlé... Mon nom est parti de ce coin... Je n'ai pas rêvé peut-être... Voleur ou chien ! qui que tu sois... C'était la voix de ma mère... Ma mère, allons donc ! elle dort là-haut... Je n'ai pas la force d'y aller voir... J'ai peur !... par le diable, j'ai peur ! Misère, tu m'as vaincu ! J'ai cru voir un spectre passer près de moi dans mon sommeil. J'ai entendu une voix qui semblait sortir de la tombe. Fantômes évoqués par la faim, terreurs imbéciles, laissez-moi !... Murailles imprudentes qui m'entendez, gardez-moi bien le secret, car s'il est en vous quelque écho bavard qui répète les paroles de ma peur, je vous démolirai pierre à pierre jusqu'à ce que je l'aie arraché de vos entrailles, fût-il caché dans le ciment et scellé dans le granit... Ma mère, m'entendez-vous appelé ? (*Il se lève tout à fait et se frotte les yeux.*) Meg, ma mère ! Pardon ! pardon ! je me suis endormi !... Je divague... J'ai dormi une heure !... L'horloge moqueuse semble me demander ce que j'ai fait du temps ! Tu as dormi, bête stupide !... Tu n'as pu lutter une heure... comme les disciples du Christ, tu as mal gardé le jardin des Oliviers. — Jésus ! tu bois en vain l'éternel calice des douleurs humaines ; ton père est sourd, ton frère l'esprit saint a perdu ses ailes de feu. Le cerveau du poète est aride comme la terre, et le cœur des riches est insensible comme le ciel... Voyons si ce canif aura plus de vertu que ta parole pour conjurer le sommeil. (*Il se fait une incision à la poitrine, étouffe un cri et jette le canif.*) Votre leçon est incisive, mon bon ami, elle creusera en moi... Passez-moi le calembour, mon esprit ne coupe pas comme votre acier, ma belle petite lame !... Ah ! me voici bien éveillé, Dieu merci ! cette charmante plaie me cuit passablement. Je puis travailler maintenant... Mais qui donc a ainsi bouleversé ma table ?... Quelqu'un est entré ici... Est-ce que j'aurais encore peur ?... Imbécile ! tu es poltron, et pour te guérir, tu répands deux onces de ton sang comme si tu en avais de reste ! et tu gâtes ta chemise comme si tu en avais une autre ! Faquin ! perdras-tu les habitudes de grand seigneur ?... Je souffre... le froid entre dans cette plaie comme un fer rouge. N'importe, je crois que je vais pouvoir travailler. (*Mettant ses deux bras sur sa tête.*) Mon courage, mon Dieu ! ma mère !... Il faut que j'aille embrasser ma mère sans la réveiller, cela me portera bonheur. (*Il prend sa lumière et sort.*) (*Il redescend de la soupente d'un air effaré.*) Mais où est donc la vieille femme ? Ma mère ! ma mère ! Qu'est-ce qui a pu me voler ma mère ? Je n'avais qu'elle au monde pour causer mon désespoir et conserver mon héroïsme. (*Il trouve sa mère sous l'escalier.*) Ah !... ma mère est morte ! Dieu me permet donc de mourir aussi, à la fin !
— Comment ! vous êtes morte, ma mère ? (*Il la retire de dessous l'escalier et la regarde.*) Oui, bien morte ! Froide comme la pierre et raide comme une épée. Ah ! ma mère est morte !... (*Il rit aux éclats et tombe en convulsion.*) (*Après un silence.*)
Mais pourquoi êtes-vous déjà morte ? Vous étiez bien pressée d'en finir avec la misère ! Est-ce que je ne vous soignais pas bien ? Étiez-vous mécontente de moi ? Trouviez-vous que j'épargnais ma peine et que je ménageais mon cerveau ? Trouviez-vous mes vers mauvais par hasard, et les critiques de mes envieux vous faisaient-elles rougir d'être la mère d'un si méchant rimeur ? Vous étiez un *bas-bleu* autrefois dans votre village !... Aujourd'hui vous n'êtes plus qu'un pauvre squelette aux jambes nues. Pauvres jambes, vieux os ! Je vous avais enveloppés encore ce soir avec mon pourpoint !... Est-ce ma faute si la doublure était usée et l'étoffe mince ? C'est comme l'étoffe dont vous m'avez fait, ô vieille Meg ! J'étais votre septième fils ; tous étaient beaux et grands, musculeux et pleins d'ardeur, excepté moi le dernier venu. C'étaient de vigoureux montagnards, de hardis chasseurs de biches aux flancs bruns ; et pourtant, depuis Dougal le Noir jusqu'à Ryno le Roux, tous sont partis sans songer à vous conduire au cimetière. Il ne vous est resté que le pauvre Aldo, le pâle enfant de votre vieillesse, le fruit débile de vos dernières amours. Et que pouvait-il faire pour vous de plus qu'il n'a fait ? que ne lui donniez-vous comme à vos autres fils une large poitrine et de mâles épaules ! Cette petite main de femme que voici pouvait-elle manier les armes du bandit ou la carabine du braconnier ? Pouvait-elle soulever la rame du pêcheur et boxer avec l'esturgeon ? Vous n'aviez rien espéré de moi, et, me voyant si chétif, vous n'aviez même pas daigné me faire apprendre à lire. — Et quand tous vous ont manqué, quand vous vous êtes trouvée seule avec votre avorton, n'avez-vous pas été surprise de découvrir que je ne sais quel coin de son cerveau avait retenu et commenté les chants de nos bardes ! Quand cette voix grêle a su faire entendre des mélodies sauvages qui ont ému les hommes blasés des villes, et qui leur ont rappelé des idées perdues, des sentiments oubliés depuis longtemps, vous avez embrassé votre fils sur le front, sanctuaire d'un génie que vous aviez enfanté sans le savoir. Eh bien ! ne pouviez-vous attendre quelques jours encore ? La richesse allait venir peut-être. Votre vieillesse allait s'asseoir dans un palais, et vous êtes partie pour un monde où je ne puis plus rien pour vous. Tâchez, si vous allez en purgatoire, que les bras de mes frères vous délivrent et vous ouvrent les portes du ciel... Pour moi, je n'ai plus rien à faire, ma tâche est finie. Toutes les herbes de la verte Innisfail peuvent pousser dans mon cerveau maintenant, je les mets en friche... Il est temps que je me repose ; j'ai assez souffert pour toi, vieille femme, spectre blême, dont le souvenir sacré m'a fait accomplir de si rudes travaux, apprendre tant de choses ardues, passer tant de nuits glacées sans sommeil et sans manteau ! Sans toi, sans l'amour que j'avais pour toi, je n'aurais jamais été rien. Pourquoi m'abandonnes-tu au moment où j'allais être quelque chose ? Tu m'ôtes une récompense que je méritais ; c'était de te voir heureuse, et tu meurs dans le plus odieux jour de notre misère, dans la plus rude de mes fatigues ! O mère ingrate, qu'ai-je fait pour que tu m'ôtes déjà mon unique désir de gloire, ma seule espérance dans la vie, l'honnête orgueil d'être un bon fils !... Vieux sein desséché qui as allaité six hommes et demi, reçois le baiser de reproche, de douleur et d'amour... (*Il se jette sur elle en sanglotant.*) — Hélas ! ma mère est morte !

SCÈNE III.

JANE, ALDO.

JANE.
Est-ce que votre mère est morte ! Hélas ! quelle douleur !

ALDO.

Ah! tu viens pleurer avec moi, ma douce Jane; sois la bienvenue! Mon âme est brisée, je n'espère plus qu'en toi.

JANE.

Qu'est-ce que je puis faire pour vous, Aldo? Je ne puis pas rendre la vie à votre mère.

ALDO.

Tu peux me rendre sa tendresse, sa mélancolique et silencieuse compagnie, et surtout le besoin qu'elle avait de moi, le devoir qui m'attachait à elle et à la vie. Hélas! il y a eu des jours où, dans mon découragement, j'ai souhaité que la pauvre Meg arrivât au terme de ses maux, afin de retrouver la liberté de me soustraire aux miens! Tout à l'heure, dans mon délire, je me suis réjoui amèrement d'être enfin délivré de mon pieux fardeau. Je me suis assis en blasphémant au bord du chemin. Et j'ai dit : Je n'irai pas plus loin. — Mais je suis bien jeune encore pour mourir, n'est-ce pas, Jane? Tout n'est peut-être pas fini pour moi; l'avenir peut s'éveiller plus beau que le passé. Je veux devenir riche et puissant; si je trouve une douce compagne, tendre et bonne comme ma mère, et en même temps jeune et forte pour supporter les mauvais jours, belle et caressante pour m'enivrer comme un doux breuvage d'oubli au milieu de mes détresses, je puis encore voir la verte espérance s'épanouir comme un bourgeon du printemps sur une branche engourdie par l'hiver.

JANE.

J'aime beaucoup les choses que vous dites, ô mon bien-aimé! Quoique vos paroles ne soient pas familières à mon oreille, vos compliments me font toujours regretter de n'avoir pas un miroir devant moi, pour voir si je suis belle autant que vous le dites.

ALDO.

Et que vous importe de l'être ou de ne l'être pas, pourvu que je vous voie ainsi et que je vous aime telle que vous êtes à mes yeux et dans mon cœur!

JANE.

Vous avez toujours à la bouche des paroles qui plaisent quand on les écoute; mais quand on y songe après, on ne les comprend plus et on sent de l'inquiétude.

ALDO.

En vérité, Jane, vous raisonnez plus que je ne croyais. Eh quoi! vous gardez un compte exact de mes paroles et vous les commentez en mon absence? Il faut prendre garde à ce que l'on vous dit!

JANE.

N'est-ce pas mon orgueil et ma joie de m'en souvenir?

ALDO.

Aimable et bonne fille! pardonne-moi. Je suis injuste; je suis amer : j'ai été si malheureux! Mais tu me consoleras, toi, n'est-ce pas?

JANE.

Oui, mon beau rêveur, si vous consentez à être consolé.

ALDO.

Comment pourrais-je ne pas y consentir? Voilà une parole étrange dans votre bouche!

JANE.

Vous vous étonnez de mon désir de vous consoler? C'est vous, Aldo, qui me semblez étrange!

ALDO.

En effet, c'est peut-être moi! Passez-moi ces boutades, c'est malgré moi qu'elles me viennent. Je ne veux pas m'y livrer. Donnez-moi votre main, Jane, et donnez-moi aussi votre foi. Jurez avec moi sur le cadavre de ma pauvre vieille amie, qui n'est plus, que vous vivrez pour moi, pour moi seul. J'ai besoin à l'heure qu'il est de trouver un appui ou de mourir. Vous êtes mon seul et dernier espoir; m'accueillerez-vous?

JANE.

Si je vous promets de vous aimer toujours, me promettez-vous de m'épouser?

ALDO.

Vous en doutez?

JANE.

Non, je n'en doute pas.

ALDO.

Mais vous en avez douté.

JANE.

Pourquoi quittez-vous ma main? Pourquoi vous éloignez-vous de moi d'un air sombre? Est-ce que je vous ai offensé?

ALDO.

Non.

JANE.

Vous ne vous voulez pas me regarder?

ALDO.

Je vous regarde; seulement ce n'est pas votre figure qui m'occupe, c'est au fond de votre cœur que mon regard plonge.

JANE.

Voilà que vous me dites des choses que je n'entends plus; et, comme vous froncez le sourcil en me les disant, je dois croire que ce sont des choses dures et affligeantes pour moi. Vous avez un malheureux caractère, Aldo, un sombre esprit, en vérité!

Vous trouvez?

ALDO.

JANE.

Oui, et j'en souffre.

ALDO.

Oh!... en ce cas je ne veux pas vous faire souffrir.

JANE.

Je vous pardonne.

ALDO, *avec amertume.*

Vous êtes bonne!

JANE.

C'est que je vous aime; tâchez de m'aimer autant, et nous serons heureux.

ALDO.

J'y compte. En attendant, voulez-vous avoir la bonté d'appeler les voisines pour qu'elles viennent ensevelir le corps de ma mère?

JANE.

J'y vais. Donnez-moi un baiser. (*Aldo la baise au front avec froideur.*)

ALDO, *seul.*

Cette jeune fille est d'une merveilleuse stupidité! elle me blesse et me choque sans s'en douter, elle m'accorde mon pardon quand c'est elle qui m'offense, et elle reçoit mon baiser sans s'apercevoir au froid de mes lèvres que c'est le dernier! Mais la femme est donc un être bien lâche et bien borné! Je croyais celle-ci plus naïve, plus abandonnée à ce que la nature leur inspire parfois de beau et de généreux! Mais il y a dans le cœur un fonds d'égoïsme plus dur que le diamant, et aucun grand sentiment n'y peut germer. Toi qui te prétends descendue des cieux pour nous consoler, tu ne t'oublies pas toi-même dans le partage que tu veux établir entre nos destinées et les tiennes! Tu promets ton dévouement, tes caresses et ta fidélité, à la condition d'un échange semblable. Celle-ci me demande sans pudeur un serment qui était sur mes lèvres, et que j'aurais voulu offrir et non céder. C'est ainsi que tu nous sauveras, ange équitable et prudent. Tu tiens une balance comme la justice, mais tu as soulevé le bandeau de l'amour, et tu vois clairement nos défauts pour nous les reprocher sans pitié. Rien pour rien, c'est ta devise! Où est ta miséricorde, où est ton pardon, où donc tes ineffables sacrifices? Femme! mensonge! tu n'es pas! tu n'es qu'un mot, une ombre, un rêve. Les poëtes t'ont créée, ton fantôme est peut-être au ciel. Il m'a semblé parfois le voir passer dans mes nuées. Insensé que j'étais, pourquoi suis-je descendu sur la terre pour te chercher?

Maintenant je sais ce qu'il me reste à faire. Ma mère, je ne te pleure plus, nous ne serons pas longtemps séparés. Je laisse à d'autres le soin d'ensevelir ta dépouille, je vais rejoindre ton âme... J'ai bien assez tardé, mon Dieu! et j'ai assez longtemps que j'hésite au bord du gouffre sans fond de l'éternité! Pourquoi ai-je tremblé?... tremblé! Est-ce que c'est la peur qui t'a retenu, Aldo?...

Non, c'est le devoir. — Et pourtant tout à l'heure que faisais-tu lorsque tu priais, à genoux, cette jeune fille de conserver sa vie en te confiant la sienne? Tu ne devais plus rien à personne, et tu voulais vivre pourtant! lâche enfant! tu demandais l'espoir, tu demandais l'avenir, tu demandais l'amour avec des larmes! Tu les demandais à une paysanne imbécile, quand c'est dans un monde inconnu que tu dois les chercher! Qui t'arrête? est-ce le doute? le doute ne vaut-il pas mieux que le désespoir? Là-haut l'incertitude, ici la réalité. Le choix peut-il être douteux? Va donc, Aldo! descends dans ces vagues profondeurs, ou monte dans ces espaces insaisissables. Que Dieu te protége, si tu en vaux la peine; qu'il te rende au néant, si ton âme n'est qu'un souffle sorti du néant!...

Adieu, grabat où j'ai si mal dormi! adieu, table dure et froide où j'ai tracé des vers brûlants! adieu, front livide de ma mère, où j'ai tant de fois interrogé avec anxiété les ravages de la souffrance et les dernières luttes de la vie prête à s'éteindre! Adieu, espérances de gloire; adieu, espérances d'amour, vous m'avez menti, je romps les mailles du filet où vous m'avez tenu si longtemps captif et ridicule! je vais me relever à mes propres yeux, je vais briser un joug dont je rougis... Adieu.
(*Il ouvre la porte de sa maison qui donne sur le fleuve et descend les degrés. Une barque pavoisée passe au même moment.*)

AGANDECCA, *sur la barque.*

Quel est ce jeune homme si pâle et si beau qui descend vers le fleuve et semble vouloir s'y précipiter?

TICKLE, *sur la barque.*

C'est un homme de rien, un rêveur, un fou, un misérable.

AGANDECCA.

Je veux savoir son nom.

TICKLE.

C'est Aldo le rimeur.

AGANDECCA.

Aldo le barde! ses chants sont inspirés, sa voix est celle d'un poëte des anciens jours. La beauté de son génie ne le cède qu'à celle de son visage. Je veux lui parler.

TICKLE.

C'est un homme sans usage et sans courtoisie, qui répondra fort mal aux bontés de Votre Grâce.

AGANDECCA.

N'importe, je veux voir ses traits et entendre sa voix. Faites aborder la barque au bas de cet escalier. (*Tickle donne des ordres en grommelant. La barque vient aborder aux pieds d'Aldo.*)

ALDO.

Qui êtes-vous, et que demandez-vous à la porte de cette pauvre maison?

AGANDECCA.

Je suis la reine, et je viens te voir.

ALDO.

Votre Grâce arrive une heure trop tard, la maison est déserte. Ma mère est morte, et je ne repasserais pas le seuil que je viens de franchir, fût-ce pour la reine Mab elle-même.

AGANDECCA.

Comme tu voudras. J'aime ton audace. Viens sur ma barque.

ALDO.

Madame, où me menez-vous?

AGANDECCA.

A la promenade.

ALDO.

Votre promenade sera-t-elle longue?

LA REINE.

Que sais-je?

ACTE SECOND.

Dans une galerie du palais de la reine.

SCÈNE PREMIÈRE.

LA REINE, TICKLE.

LA REINE.

Nain, c'est assez, ce que vous me dites me fâche, et je ne veux pas entendre de mal de lui.

TICKLE.

Comment Votre Grâce peut-elle me supposer une si coupable intention! Le seigneur Aldo est un si grand poëte et un si noble cavalier!

LA REINE.

Oui, c'est le plus beau génie et le plus grand cœur! Je ne lui reproche qu'une chose, son invincible orgueil.

TICKLE.

Sous une apparence d'humilité, je sais qu'il cache une épouvantable ambition...

LA REINE.

Oh! mon Dieu, non! tu te trompes. Lui? il n'a que l'ambition d'être aimé.

TICKLE.

C'est une belle et touchante ambition!

LA REINE.

Mais aussi la sienne est insatiable et parfois fatigante. Un mot l'irrite, un regard l'effraie; il est jaloux d'une ombre; il n'y a pas de calme possible dans son amour.

TICKLE.

Cet amour-là est une tyrannie, une guerre à mort, un combat éternel!

LA REINE.

Tu ne sais ce que tu dis; c'est le plus doux et le meilleur des hommes. Je lui reproche, au contraire, de trop renfermer au dedans de lui les chagrins que je lui cause. Au lieu de s'en plaindre franchement, il les concentre, il les surmonte, et, avec toute cette résignation, tout ce courage, toute cette douceur, il dévore sa vie, il use son cœur, il est malheureux.

TICKLE.

Infortuné jeune homme! Votre Grâce devrait avoir plus de compassion, lui épargner...

LA REINE.

Mais de quoi se plaint-il, après tout? Son cœur est injuste, son esprit est plein de travers, d'inconséquences, de souffrances sans sujet et sans remède. Que puis-je faire pour un cerveau malade? Je l'aime de toute mon âme et lui épargne la douleur tant que je puis ; mais le mal est en lui, et parfois, en le voyant marcher, pâle et sombre, à mes côtés, je l'ai pris pour l'ange de la douleur.

TICKLE.

Le spectacle d'un homme toujours mécontent doit être un grand supplice pour une âme généreuse comme celle de Votre Grâce.

LA REINE.

Oui, cela non-seulement m'afflige, mais encore me blesse et m'irrite. Quoi de plus décourageant que de vouloir consoler un inconsolable? C'est se consumer jeune et pleine de santé auprès du lit d'un moribond qui ne peut ni vivre ni mourir.

TICKLE.

Votre Grâce a fait pourtant bien des sacrifices pour lui. De quoi pourrait-il se plaindre? n'a-t-elle pas disgracié pour lui le duc de Suffolk, l'astre le plus brillant de la cour?

LA REINE.

Oh! le grand sacrifice! je ne l'aimais plus!

TICKLE.

Il n'avait jamais d'ailleurs été bien aimable.

LA REINE.

Il ne faut pas dire cela; c'était un homme d'esprit et plein de nobles qualités.

TICKLE.
Oh! oui, généreux, brave, désintéressé!...
LA REINE.
Ceci est faux ; il était plus épris de mon rang que de ma personne.
TICKLE.
C'est le malheur des rois.
LA REINE.
Et c'est ce qui me fait chérir l'amour de mon poëte : lui du moins m'aime pour moi seule. Il sait à peine si je suis reine. Il n'en est point ébloui ; même il en souffre, et je crois qu'il me le pardonne.
TICKLE.
Votre Grâce est-elle bien sûre que dans son orgueil de poëte il ne préfère point sa condition à celle d'un roi?
LA REINE.
S'il le fait, il fait bien. Le laurier du poëte est la plus belle des couronnes, la plume d'un grand écrivain est un sceptre plus puissant que les nôtres. Moi, j'aime qu'un esprit supérieur sache ce qu'il est et ce qu'il peut être ; c'est ainsi qu'on arrive aux grandes actions.
TICKLE.
Aussi je crois que le poëte Aldo est réservé à de hautes destinées. Il est digne de commander aux hommes, et un mot de Votre Grâce pourrait l'élever au véritable rang qu'il est né pour occuper....
LA REINE.
Si je ne te savais profondément hypocrite, ô mon cher Tickle, je te dirais que tu es parfaitement imbécile. Qui ! lui ! être mon époux ! régner ! D'abord le sceptre jusqu'ici ne m'a pas semblé trop lourd à porter ; ensuite Aldo est le dernier homme du monde que je pourrais supposer capable de me seconder. Personne ne connaît moins les autres hommes, personne n'a d'idées plus creuses, de sentiments plus exceptionnels, de rêves plus inexécutables. Vraiment ! mon peuple serait un peuple bien gouverné ! il pourrait chanter beaucoup et manger fort peu, ce qui ne laisserait pas que d'être fort agréable, le jour où le poëte-roi aurait découvert le moyen de placer l'estomac dans les oreilles. Laisse-moi, Tickle ; tu n'as pas le sens commun aujourd'hui.
TICKLE, *sortant*.
Fort bien, j'ai réussi à la fâcher ; j'étais bien sûr qu'en disant comme elle, je l'amènerais à dire comme moi.

SCÈNE II.

LA REINE, *seule*.

Ce Tickle est un fâcheux personnage ; il a une manière d'entrer dans mes idées qui m'en dégoûte sur-le-champ. Ces prétendus bouffons, que nous avons autour de nous, sont comme nos mauvais génies, laids et méchants ; ils tiennent du diable. Ils ont l'art de nous dire la vérité qui nous blesse, et de nous taire celle qui nous serait utile. Quand ils ne mentent pas, c'est que leur mensonge pourrait nous épargner une douleur ou nous sauver d'un péril ; c'est alors seulement qu'ils se refusent le plaisir de nous tromper. Il faut que je voie mon poëte, je me sens attristée et prête à douter de lui-même. L'homme aux illusions me consolera peut-être. (*Elle siffle dans un sifflet d'argent suspendu à son cou.*) (*Tickle rentre.*) Nain , envoyez Aldo près de moi, je l'attends ici.
TICKLE.
J'y cours avec joie.
LA REINE.
Après tout, Tickle a souvent raison, quand il me dit que cet amour nuit à ma gloire. Le duc de Suffolk m'était moins cher, je l'estimais moins, j'étais moins touchée de son amour ; mais son esprit, moins élevé, était plus positif ; c'était un ambitieux, mais un ambitieux qui secondait toutes mes vues. J'ai aimé autrefois le brave Athol. Celui-là était un beau soldat, un bon serviteur, un véritable ami ; du reste, un montagnard stupide ; mais il était l'appui de ma royauté, il la rendait redoutable au dehors, paisible au dedans ; c'était comme une bonne arme bien trempée et bien brillante dans ma main. Ce poëte est dans mon palais comme un objet de luxe, comme un vain trophée qu'on admire et qui ne sert à rien. Un vêtement d'or vaut-il une cuirasse d'acier? On aime à respirer les roses de la vallée, mais on est à l'abri sous les sapins de la montagne.
Et pourtant que le parfum d'un pur amour est suave ! Qu'il est doux de se reposer des soucis de la vie active sur un cœur sincère et fidèle ! Qu'ils sont rares, ceux qui savent, ceux qui peuvent aimer ! holocaustes toujours embrasés, ils se consument en montant vers le ciel. Nous pouvons à toute heure chercher sur leur autel la chaleur qui manque à notre âme épuisée, nous la trouvons toujours vive et brillante. Leur sein est un mystérieux sanctuaire où le feu sacré ne s'éteint jamais ; s'il s'éteignait, le temple s'écroulerait comme un monde sans soleil. L'amour est en eux le principe de la vie. Ils pâlissent, ils souffrent, ils meurent, si on froisse leur tendresse délicate et timide. Dites un mot, accordez un regard, ils renaissent, leur sein palpite de joie, leur bouche a de douces paroles de reconnaissance pour bénir, et leurs caresses sont ineffables. Aldo, il n'y a que toi qui saches aimer, et pourtant il est des jours où tu m'ennuies mortellement.

SCÈNE III.

LA REINE, ALDO.

ALDO.
Que veux-tu de moi, ma bien-aimée?
LA REINE.
Je voulais te voir et être avec toi.
ALDO.
Êtes-vous triste, êtes-vous fatiguée? Voulez-vous que je chante? Que puis-je faire pour vous?
LA REINE.
Êtes-vous heureux?
ALDO.
Je le suis, parce que vous m'aimez.
LA REINE.
Cela ne vous ennuie jamais? Eh bien ! vous ne me répondez pas? Déjà votre visage est changé, des larmes roulent dans vos yeux, ma question vous a offensé?
ALDO.
Offensé? — Non.
LA REINE.
Affligé?
ALDO.
Oui.
LA REINE.
Si vous êtes triste, vous allez me rendre triste.
ALDO.
J'essaierai de ne pas l'être ; mais, quand vous avez besoin de distraction et de gaieté, pourquoi me faites-vous appeler? Ce n'est pas ma société qui vous convient dans ces moments-là. Votre nain Tickle a plus d'esprit et de bons mots que moi.
LA REINE.
Mais il est méchant et laid. J'aime la gaieté, mais c'est un banquet où je ne voudrais m'asseoir qu'avec des convives dignes de moi. Pourquoi méprisez-vous le rire? Vous croyez-vous trop céleste pour vous amuser comme les autres hommes?
ALDO.
Je me sens trop faible pour professer le caractère jovial. Quand je semble gai, je suis navré ou malade ; le bonheur est sérieux, la douleur est silencieuse. Je ne suis capable que de joie ou de tristesse. La gaieté est un état intermédiaire dont je n'ai pas la faculté, j'y arrive par une excitation factice. Si vous m'ordonnez de rire, commandez le souper, faites danser sir John Tickle sur la table ; en voyant ses grimaces, en buvant du vin d'Espagne, il pourra m'arriver de tomber en convulsion. Mais ici, près de vous, de quoi puis-je me divertir? Je vous regarde et vous trouve belle ; je suis recueilli. Vous me regardez avec bonté, je suis heureux ; vous me raillez, et je suis triste.

LA REINE.

Mais quoi? n'y a-t-il au monde que vous et moi? peut-on toujours vivre replié sur soi-même? L'amour est-il la seule passion digne de vous?

ALDO.

C'est, du moins, la seule dont je sois capable.

LA REINE, *impatientée.*

Alors vous êtes un pauvre sire; moi, je ne peux pas toujours parler d'Apollo et de Cupido. J'ai d'autres sujets de joie ou de tristesse que le nuage qui passe dans le ciel ou sur le front de mon amant; j'ai de grands intérêts dans la vie : je suis reine, je fais la guerre; je fais des lois, je récompense la valeur, je punis le crime; j'inspire la crainte, le respect, l'amour, la haine peut-être; tout cela m'occupe; je vais d'une chose à une autre, je parcours tous les tons de cette belle musique dont aucune note ne reste silencieuse sous mon archet; mais votre lyre n'a qu'une corde et ne rend qu'un son. Vous êtes beau et monotone comme la lune à minuit, mon pauvre poète.

ALDO.

La lune est mélancolique. Il vous est bien facile de fermer les fenêtres et d'allumer les flambeaux quand sa lueur blafarde vous importune. Pourquoi allez-vous rêver dans les bosquets la nuit! Restez au bal; la brume et le froid rayon des étoiles n'iront pas vous attrister dans vos salles pleines de bruit et de lumière.

LA REINE.

J'entends : je puis m'étourdir dans de frivoles amusements et vous laisser avec votre muse. C'est une société plus digne de vous que celle d'une femme capricieuse et puérile. Restez donc avec votre génie, mon cher poète. Les étoiles s'allument au ciel, et la brise du soir erre doucement parmi les fleurs : rêvez, chantez, soupirez. La façade de mon palais s'illumine, et le son des instruments m'annonce le repas du soir. J'y vais porter votre santé à mes convives dans une coupe d'or, et parler de vous avec des hommes qui vous admirent. Restez ici, penchez-vous sur cette balustrade, et entretenez-vous avec les sylphes. S'ils ne me trouvent pas indigne d'un souvenir, parlez-leur de moi; et si, malgré cette nourriture céleste, il vous arrive de ressentir la vulgaire nécessité de la faim, venez trouver votre reine et vos amis. Au revoir. — Mais qu'est-ce donc? Vous avez baisé bien tristement ma main, et vous y avez laissé tomber une larme! Quoi! vous êtes triste encore? je vous ai encore blessé? Oh! mais cela est insupportable. Allons, mon cher amant, remettez-vous et soyez plus sage; je vous aime tendrement, je vous préfère aux plus grands rois de la terre. Faut-il vous le répéter à toute heure? ne le savez-vous pas? Venez, que je baise votre beau front. Séchez vos larmes et venez me rejoindre bientôt.

SCÈNE IV.

ALDO, *seul.*

Elle a raison, cette femme! elle a raison devant Dieu et devant les hommes! Moi, je n'ai raison que devant ma conscience. Je ne puis avoir d'autre juge que moi-même, et ne puis me plaindre qu'à moi-même. — Car, enfin, il ne dépend pas de moi d'être autrement. Tout m'accuse d'affectation; mais on n'est pas affecté, on n'est pas menteur avec soi-même. Je sais bien, moi, que je suis ce que je suis. Les autres sont autres, et ne me comprenant pas, ils me nient; ils sont injustes, car moi je ne nie pas leur sincérité; ils me disent qu'ils sont courageux, je pourrais leur répondre qu'ils sont insensibles. Mais j'accepte ce qu'ils me disent, je consens à les reconnaître courageux. Mais s'ils le sont, pourquoi me reprochent-ils impitoyablement de ne l'être pas? Si j'étais Hercule, au lieu de mépriser et de railler les faibles enfants que je trouverais haletants et pleurants sur la route, je les prendrais sur mes épaules, je les porterais, une partie du chemin, dans ma peau de lion. Que serait pour moi ce léger fardeau, si j'étais Hercule? — Vous ne l'êtes pas, vous qui vous indignez de la faiblesse d'autrui. Elle ne vous révolte pas, elle vous effraie. Vous craignez d'être forcés de la secourir, et, comme vous ne le pouvez pas, vous l'humiliez pour lui apprendre à se passer de vous.

Eh bien, oui, je suis faible : faible de cœur, faible de corps, faible d'esprit. Quand j'aime, je ne vis plus en moi; je préfère ce que j'aime à moi-même. — Quand je veux suivre la chasse, j'en suis vite dégoûté, parce que je suis vite fatigué. — Quand on me raille, ou me blâme, je suis effrayé, parce que je crains de perdre les affections dont je ne puis me passer, parce que je sens que je suis méconnu, et que j'ai trop de candeur pour me réhabiliter en me vantant. Avec les hommes, il faudrait être insolent et menteur. Je ne puis pas. Je connais mes faiblesses et n'en rougis pas, car je connais aussi les faiblesses des autres et n'en suis pas révolté. Je les supporte tels qu'ils sont. Je ne repousse pas les plus méprisables, je les plains, et, tout faible que je suis, j'essaie de soutenir et de relever ceux qui sont plus faibles encore. Pourquoi ceux qui se disent forts ne me rendent-ils pas la pareille?

— Dieu! je ne t'invoque pas! car tu es sourd. Je ne te nie pas; peut-être te manifesteras-tu à moi dans une autre vie. J'espère en la mort.

Mais ici tu ne te révèles pas. Tu nous laisses souffrir et crier en vain. Tu ne prends pas le parti de l'opprimé, tu ne punis pas le méchant. J'accepte tout, mon Dieu! et je dis que c'est bien, puisque c'est ainsi. Suis-je impie, dis-moi?

Mais je t'interroge, toi, mon cœur; toi, divine partie de moi-même. Conscience, voix du ciel cachée en moi, comme le son mélodieux dans les entrailles de la harpe, je te prends à témoin, je te somme de me rendre justice. Ai-je été lâche? ai-je lutté contre le malheur? ai-je supporté la misère, la faim, le froid? ai-je abandonné ma mère lorsque tout m'abandonnait, même la force du corps? ai-je résisté à l'épuisement et à la maladie? ai-je résisté à la tentation de me tuer? — Où est le mendiant que j'aie repoussé? où est le malheureux que j'aie refusé de secourir? où est l'humilié que je n'aie pas exhorté à la résignation, rappelé à l'espérance? J'ai été nu et affamé. J'ai partagé mon dernier vêtement avec ma mère aveugle et sourde, mon dernier morceau de pain avec mon chien efflanqué. J'ai toujours pris en sus de ma part de souffrances une part des souffrances d'autrui; et ils disent que je suis lâche, ils rient de la sensibilité niaise du poète! et ils ont raison, car ils sont tous d'accord, ils sont tous semblables. Ils sont forts les uns par les autres.

Je suis seul, moi! et j'ai vécu seul jusqu'ici. Suis-je lâche? J'ai eu besoin d'amitié, et, ne l'ayant point trouvée, j'ai su me passer d'elle. J'ai eu besoin d'amour, et, n'en pouvant inspirer beaucoup, voilà que j'accepte le peu qu'on m'accorde. Je me soumets, et l'on me raille. Je pleure tout bas, et l'on me méprise.

C'est donc une lâcheté que de souffrir? C'est comme si vous m'accusiez d'être lâche parce qu'il y a du sang dans mes veines et qu'il coule à la moindre blessure. C'est une lâcheté aussi que de mourir quand on vous tue! Mais que m'importait cela? N'avais-je pas bien pris mon parti sur les railleries de mes compagnons? N'avais-je pas consenti à montrer mon front pâle au milieu de leurs fêtes et à passer pour le dernier des buveurs? N'avais-je pas livré mes vers au public, sachant bien que deux ou trois sympathiseraient avec moi, sur deux ou trois mille qui me traiteraient de rêveur et de fou? Après avoir souffert du métier de poète en lutte avec la misère et l'obscurité, j'avais souffert plus encore du métier de poète aux prises avec la célébrité et les envieux! Et pourtant j'avais pris mon parti encore une fois. Ne trouvant pas le bonheur dans la richesse et dans ce qu'on appelle la gloire, je m'étais réfugié dans le cœur d'une femme, et j'espérais. Celle-là, me disais-je, est venue me prendre par la main au bord du fleuve où je voulais mourir. Elle m'a enlevé sur sa barque magique, elle m'a conduit dans un monde de prestiges qui m'a ébloui et trompé, mais où, du moins, m'a révélé quelque chose de vrai et de beau, son propre cœur. Si les vains fantômes de mon rêve se sont vite évanouis, c'est qu'elle était une fée, et que sa baguette savait évoquer des mensonges et des merveilles, mais elle est une divinité bienfaisante, cette fée qui me promène sur son char. Elle m'a leurré de cent illusions pour m'éprouver ou pour m'éclairer. Au bout du voyage, je trouverai derrière son nuage de feu, la vérité, beauté nue et sublime que j'ai cherchée, que j'ai adorée à travers tous les mensonges de la vie, et dont le rayon éclairait ma route au milieu des écueils où les autres brisent le cristal pur de leur vertu. Fantômes qui nous égarez, ombres célestes que nous poursuivons toujours dans la nue, et qui nous faites courir après vous sans regarder où nous mettons les pieds, pourquoi revêtez-vous des formes sensibles, pourquoi vous déguisez-vous en femmes? Appelez-vous la vérité, appelez-vous la beauté, appelez-vous la poésie; ne vous appelez pas Jane, Agandecca, l'amour.

Tu te plains, malheureux! Et qu'as-tu fait pour être mieux traité que les autres? Pourquoi cette insolente ambition d'être heureux? Pourquoi n'es-tu pas fier de ton laurier de poëte et de l'amour d'une reine? Et si cela ne te suffit pas, pourquoi ne cherches-tu pas dans la réalité d'autres biens que tu puisses atteindre? Suffolk était aimé de la reine; il voulait plus que partager sa couche, il voulait partager son trône. Athol fut aimé de la reine; il s'ennuyait souvent près d'elle, il désirait la gloire des combats, et le laurier teint de sang, qui lui semblait préférable à tout. Suffolk, Athol, vous étiez des ambitieux, vous n'étiez pas des fous; vous désiriez ce que vous pouviez espérer; la puissance, la victoire, l'argent, l'honneur, tout cela est dans la vie; l'homme tenace, l'homme brave doivent y atteindre. La reine a chassé Suffolk; mais il règne sur une province, et il est content. Athol a été disgracié; mais il commande une armée, et il est fier.

Moi, que puis-je aimer après elle? rien. Où est le but de mes insatiables désirs? dans mon cœur, au ciel, nulle part peut-être? Qu'est-ce que je veux? un cœur semblable au mien, qui me réponde; ce cœur n'existe pas. On me le promet, on m'en fait voir l'ombre, on me le vante, et quand je le cherche, je ne le trouve pas. On s'amuse de ma passion comme d'une chose singulière, on la regarde comme un spectacle, et quelquefois l'on s'attendrit et l'on bat des mains; mais le plus souvent on la trouve fausse, monotone et de mauvais goût. On m'admire, on me recherche, on m'écoute, parce que je suis un poëte; mais quand j'ai dit mes vers, on me défend d'éprouver ce que j'ai raconté, on me raille d'espérer ce que j'ai conçu et rêvé. Taisez-vous, me dit-on, et gardez vos églogues pour les réciter devant le monde; soyez homme avec les hommes, laissez donc le poëte sur le bord du lac où vous le promenez, au fond du cabinet où vous travaillez. — Mais le poëte, c'est moi! le cœur brûlant qui se répand en vers brûlants, je ne puis l'arracher de mes entrailles. Je ne puis étouffer dans mon sein l'ange mélodieux qui chante et qui souffre. Quand vous m'écoutez chanter, vous pleurez; puis vous essuyez vos larmes, et tout est dit. Il faut que mon rôle cesse avec votre émotion : aussitôt que vous cessez d'être attentifs, il faut que je cesse d'être inspiré. Qu'est-ce donc que la poésie? Croyez-vous que ce soit seulement l'art d'assembler des mots?

Vous avez tous raison. Et vous surtout, femme, vous avez raison! vous êtes reine, vous êtes belle, vous êtes ambitieuse et forte. Votre âme est grande, votre esprit est vaste. Vous avez une belle vie; eh bien! vivez. Changez d'amusement, changez de caractère vingt fois par jour; vous le devez, si vous le pouvez! je ne vous blâme pas; et, si je vous aime, c'est peut-être parce que je vous sens plus forte et plus sage que moi. Si je suis heureux d'un de vos sourires, si une de vos larmes m'enivre de joie, c'est que vos larmes et vos sourires sont des bienfaits, c'est que vous m'accordez ce que vous pourriez me refuser. Moi, quel mérite ai-je à vous aimer? je ne puis faire autrement. De quel prix est mon amour? l'amour est ma seule faculté. A quels plaisirs, à quels enivrements ai-je la gloire de vous préférer? Rien ne m'enivre, rien ne me plaît, si ce n'est vous. La moindre de vos caresses est un sacrifice que vous me faites, puisque c'est un instant que vous dérobez à d'autres intérêts de votre vie. Moi, je ne vous sacrifie rien. Vous êtes mon autel et mon Dieu, et je suis moi-même l'offrande déposée à vos pieds.

Si je suis mécontent, j'ai donc tort! A qui puis-je m'en prendre de mes souffrances? Si je pouvais me plaindre, m'indigner, exiger plus qu'on ne me donne, j'espérerais. Mais je n'espère ni ne réclame; je souffre.

Eh bien, oui, je souffre et je suis mécontent. Pourquoi ai-je voulu vivre? Quelle insigne lâcheté m'a poussé à tenter encore l'impossible? Ne savais-je pas bien que j'étais seul de mon espèce et que je serais toujours ridicule et importun? Qu'y a-t-il de plus chétif et de plus misérable que l'homme qui se plaint? Oui, l'homme qui souffre est un fléau! c'est un objet de tristesse et de dégoût pour les autres! c'est un cadavre qui encombre la voie publique, et dont les passants se détournent avec effroi. Être malheureux, c'est être l'ennemi du genre humain, car tous les hommes veulent vivre pour leur compte, et celui qui ne sait pas vivre pour lui-même est un voleur qui dépouille ou un mendiant qui assiège.

Meurs donc, lâche! il est bien temps d'en finir! tu t'es bien assez cabré sous la nécessité! Tes flancs ont saigné, et tu n'as pas fait un pas en avant! Résigne-toi donc à mourir sans avoir été heureux!

Hélas! hélas! mourir, c'est horrible!... Si c'était seulement saigner, défaillir, tomber!... mais ce n'est pas cela. Si c'était porter sa tête sous une hache, souffrir la torture, descendre vivant dans le froid du tombeau! mais c'est bien pis : c'est renoncer à l'espérance, c'est renoncer à l'amour; c'est prononcer l'arrêt du néant sur tous ces rêves enivrants qui nous ont leurrés, c'est renoncer à ces rares instants de volupté qui faisaient pressentir le bonheur, et qui l'étaient peut-être!

Au fait, un jour, une heure dans la vie, n'est-ce pas assez, n'est-ce pas trop! Agandecca, vous m'avez dit des mots qui valaient une année de gloire, vous m'avez causé des transports qui valaient mieux qu'un siècle de repos. Ce soir, demain, vous me donnerez un baiser qui effacera toutes les tortures de ma vie, et qui fera de moi un instant le roi de la terre et du ciel!

Mais pourquoi retomber toujours dans l'abîme de douleur? pourquoi chercher ces joies si elles doivent finir et si je ne sais pas y renoncer? Les autres se lassent et se fatiguent de leurs jouissances; moi, la jouissance m'échappe et le désir ne meurt pas! O amour! éternel tourment!... soif inextinguible!

Si je quittais la reine?... Mais je ne le pourrai pas; et, si je le puis, j'aimerai une autre femme qui me rendra plus malheureux. Je ne saurai pas vivre sans aimer. L'amour ou l'amitié ne me paieront pas ce que je dépenserai de mon cœur pour les alimenter!... Comment ai-je pu vivre jusqu'ici? Je ne le conçois pas. Suis-je le plus courageux ou le plus lâche de tous les hommes? — Je ne sais pas; et comment le savoir? — Celui qui souffre pour donner du bonheur aux autres... oui, celui-là est brave; mais celui qui souffre et qui importune, celui qui veut du bonheur et qui n'en sait pas donner!... Oh! décidément je suis un lâche! comment ne m'en suis-je pas convaincu plus tôt? (*Il tire son épée*). Lune... brise du soir!... Tais-toi, poëte, tu n'es qu'un sot. Qu'est-ce qui mérite un adieu de toi? qu'est-ce qui t'accordera un regret? (*Il va pour se tuer.*)

SCÈNE V.

LE DOCTEUR ACROCERONIUS, *entrant.*

Que faites-vous, seigneur Aldo, dans cette attitude singulière?

ALDO.

Vous le voyez, mon cher ami, je me tue.

ACROCERONIUS.

En ce cas, je vous salue, et je vous prie de ne pas

vous déranger pour moi. Puis-je vous rendre quelque service après votre mort?
ALDO.
Je ne laisserai personne pour s'en apercevoir.
ACROCERONIUS.
Je suis fâché que vous preniez cette résolution avant le coucher de la lune.
ALDO.
Pourquoi?
ACROCERONIUS.
Parce que la nuit est fort belle, et que vous perdrez une des plus belles éclipses de lune que nous ayons eues depuis longtemps.
ALDO.
Il y a une éclipse de lune?
ACROCERONIUS.
Totale. Il n'y a pas un nuage dans le ciel, et elle sera tellement visible, que je m'étonne de rencontrer un homme aussi indifférent que vous à cet important phénomène.
ALDO.
En quoi cela peut-il m'intéresser?
ACROCERONIUS.
Venez avec moi sur la montagne de Lego, et je vous le ferai comprendre.
ALDO.
Je vous remercie beaucoup. Je ne me sens pas disposé à marcher; et j'aime mieux me passer mon épée au travers du corps.
ACROCERONIUS.
Faites ce qui vous convient, et ne vous gênez pas devant moi. Cependant j'aurais été flatté d'avoir votre compagnie durant ma promenade.
ALDO.
En quoi pourrais-je vous être utile? La solitude convient mieux à vos savantes élucubrations. Je ne suis qu'un pauvre poëte, peu capable de raisonner avec vous sur d'aussi graves matières.
ACROCERONIUS.
La société des poëtes m'a toujours été fort agréable. Les poëtes sont de très-intelligents observateurs de la nature. Ils sont faibles sur les classifications, mais ils ont beaucoup de netteté dans l'observation. Ils possèdent l'appréciation juste de la couleur et de la forme, et quelquefois ils remarquent des rapports qui nous échappent; des nuances presque insaisissables leur sont révélées par je ne sais quel sens qui nous manque. Je suis sûr que vous me feriez voir des choses dont je sais l'existence, et que pourtant je n'ai jamais pu observer à l'œil nu.
ALDO.
Les savants sont poëtes aussi, n'en doutez pas; ils n'ont pas besoin, comme nous, d'observer pour voir. Ils savent tant de choses, qu'ils peuvent peindre la nature sans la regarder, comme on fait de mémoire le portrait de sa maîtresse. Ils peuvent nous initier à plus d'un mystère dont l'art fait son profit. L'art n'est qu'un riche vêtement qui couvre les beautés nues sous l'œil de la science. Je suis fâché, mon cher maître, d'avoir vécu longtemps sous le même toit que vous, sans avoir songé à profiter de votre entretien.
ACROCERONIUS.
Si vous n'êtes pas forcé absolument de vous tuer ce soir, vous pourriez venir avec moi sur la montagne de Lego. Nous observerions l'éclipse de lune, nous causerions sur toutes les choses connues; vous pourriez être revenu et mort avant le lever de la reine.
ALDO.
Vous avez raison. Donnez-moi votre télescope et faisons cette promenade ensemble. Vous m'apprendrez beaucoup de choses que j'ignore. Je vous interrogerai sur les amours des plantes, sur le sommeil des feuilles, sur l'écume que la lune répand à minuit dans les herbes, sur les bruits qu'on entend la nuit... Avez-vous remarqué cette grande voix aigre qui crie incessamment autour de l'horizon, et qui est si égale, si continue, si monotone, qu'on la prend souvent pour le silence?
ACROCERONIUS.
J'ai écrit précisément un petit traité in-4° sur ce dont vous parlez; mais, pour bien vous le faire comprendre, il faudrait sortir un peu du monde visible, et nous aventurer dans des questions d'astrologie pour lesquelles vous auriez peut-être quelque répugnance.
ALDO.
L'astrologie! oh! tout au contraire, mon cher maître. Je serais très-curieux d'avoir quelque notion sur cette science étonnante. J'y ai songé quelquefois, et si les préoccupations de mon esprit m'en avaient laissé le temps, j'aurais pris plaisir à soulever un coin du voile qui me cache cette mystérieuse Isis. Qui sait si la faiblesse de l'homme ne peut trouver dans ces profondeurs ignorées le secret du bonheur qu'elle cherche en vain ici-bas? On est bientôt las et dégoûté d'analyser et d'interroger les choses qui existent matériellement. Le monde invisible n'est pas épuisé... et si je pouvais m'y élancer...
ACROCERONIUS.
Venez avec moi, mon cher fils, et nous tâcherons de bien observer la lune.
ALDO, *remettant son épée dans le fourreau.*
Allons-nous bien loin sur la montagne?
ACROCERONIUS.
Aussi loin que nous pourrons aller. Vous me parliez de l'écume que répand la lune, voyez-vous, mon cher fils, le règne végétal d'après toutes les classific.... (*Ils sortent en causant.*)

GEORGE SAND.

FIN D'ALDO LE RIMEUR.

JACQUES

NOTICE

Que *Jacques* soit l'expression et le résultat de pensées tristes et de sentiments amers, il n'est pas besoin de le dire. C'est un livre douloureux et un dénoûment désespéré. Les gens heureux, qui sont parfois fort intolérants, m'en ont blâmé. A-t-on le droit d'être désespéré? disaient-ils. A-t-on le droit d'être malade?

Jacques n'est cependant pas l'apologie du suicide; c'est l'histoire d'une passion, de la dernière et intolérable passion, d'une âme passionnée : je ne prétends pas nier cette conséquence du roman, que certains cœurs dévoués se voient réduits à céder la place aux autres et que la société ne leur laisse guère d'autre choix, puisqu'elle raille et s'indigne devant la résignation ou la miséricorde d'un époux trahi. En ceci, la société ne se montre pas fort chrétienne. Aussi Jacques finit-il peu chrétiennement sa vie en s'arrogeant le droit d'en disposer. Mais à qui la faute? Jacques ne proteste pas tant qu'on croit contre cette société irréligieuse. Il lui cède, au contraire, beaucoup trop, puisqu'il tue et se tue. Il est donc l'homme de son temps, et apparemment que son temps n'est pas bon pour les gens mariés, puisque certains d'entre eux sont placés sans transaction possible entre l'état de meurtriers et celui de saints.

Tâchons d'être saints, et si nous en venons à bout, nous saurons d'autant plus combien cela est difficile, et quelle indulgence on doit à ceux qui ne le sont pas encore. Alors nous reconnaîtrons peut-être qu'il y a quelque chose à modifier ou dans la loi, ou dans l'opinion, car le but de la société devrait être de rendre la perfection accessible à tous, et l'homme est bien faible quand il lutte seul contre le torrent des mœurs et des idées.

J'ai écrit ce livre à Venise en 1834, ainsi que *Leone Leoni* et *André*.

GEORGE SAND.

Paris, mars 1853.

PREMIÈRE PARTIE.

I.

Tilly, près Tours, le...

Tu veux, mon amie, que je te dise la vérité ; tu me reproches d'être trop *mademoiselle* avec toi, comme nous disions au couvent. Il faut absolument, dis-tu, que je t'ouvre mon cœur et que je te dise si j'aime M. Jacques. Eh bien, oui, ma chère, je l'aime, et beaucoup. Pourquoi n'en conviendrais-je pas à présent? Notre contrat de mariage sera signé demain, et avant un mois nous serons unis. Rassure-toi donc, et ne t'effraie plus de voir les choses aller si vite. Je crois, je suis persuadée que le bonheur m'attend dans cette union. Tu es folle avec tes craintes. Non, ma mère ne me sacrifie point à l'ambition d'une riche alliance. Il est vrai qu'elle est un peu trop sensible à cet avantage, et qu'au contraire la disproportion de nos fortunes me rendrait humiliante et pénible l'idée de tout devoir à mon mari, si Jacques n'était pas l'homme le plus noble de la terre. Mais tel que je le connais, j'ai sujet de me réjouir de sa richesse. Sans cela, ma mère ne lui aurait jamais pardonné d'être roturier. Tu dis que tu n'aimes pas ma mère et qu'elle t'a toujours fait l'effet d'une méchante femme ; tu fais mal, je pense, de me parler ainsi de celle à qui je dois respect et vénération. Je suis bien coupable, à ce que je vois ; car c'est moi qui t'ai portée à ce jugement par la faiblesse que j'ai eue souvent de te raconter les petits chagrins et les frivoles mortifications de notre intimité. Ne m'expose plus à ce remords, chère amie, en me disant du mal de ma mère.

Ce qu'il y a de plaisant dans ta lettre, ce n'est pas cela certainement ; mais c'est l'espèce de pénétration soupçonneuse avec laquelle tu devines à moitié les choses. Par exemple, tu prétends que Jacques doit être un homme vieux, froid, sec et sentant la pipe ; il y a un peu de vrai dans ce jugement. Jacques n'est pas de la première jeunesse, il a l'extérieur calme et grave, et il fume. Vois combien il est heureux pour moi que Jacques soit riche ! Encore une fois, ma mère aurait-elle toléré sans cela la vue et l'odeur d'une pipe !

La première fois que je l'ai vu, il fumait, et à cause de cela j'aime toujours à le voir dans cette occupation et dans l'attitude qu'il avait alors. C'était chez les Borel. Tu sais que M. Borel était colonel de lanciers *du temps de l'autre*, comme disent nos paysans. Sa femme n'a jamais voulu le contrarier en rien, et, quoiqu'elle détestât l'odeur du tabac, elle a dissimulé sa répugnance, et peu à peu s'est habituée à la supporter. C'est un exemple dont je n'aurai pas besoin de m'encourager pour être complaisante envers mon mari. Je n'ai aucun déplaisir à sentir cette odeur de pipe. Eugénie autorise donc M. Borel et tous ses amis à fumer au jardin, au salon, partout où bon leur semble ; elle a bien raison. Les femmes ont le talent de se rendre incommodes et déplaisantes aux hommes qui les aiment le plus, faute d'un très-léger effort sur elles-mêmes pour se ranger à leurs goûts et à leurs habitudes. Elles leur imposent au contraire mille petits sacrifices qui sont autant de coups d'épingle dans le bonheur domestique, et qui leur rendent insupportable peu à peu la vie de famille... Oh ! mais je te vois d'ici rire aux éclats et admirer mes sentences et mes bonnes dispositions. Que veux-tu ? je me sens en humeur d'approuver tout ce qui plaira à Jacques, et si l'avenir justifie tes méchantes prédictions, si un jour je dois cesser d'aimer en lui tout ce qui me plaît aujourd'hui, du moins j'aurai goûté la lune de miel.

Cette manière d'être des Borel scandalise horriblement toutes les bégueules du canton. Eugénie s'en moque avec d'autant plus de raison qu'elle est heureuse, aimée de son mari, entourée d'amis dévoués, et riche par-dessus le marché, ce qui lui attire encore de temps en temps la visite des plus fiers légitimistes. Ma mère elle-même a sacrifié à cette considération, comme elle y sacrifie aujourd'hui à l'égard de Jacques, et c'est chez madame Borel qu'elle a été flairer et chercher la piste d'un mari pour sa pauvre fille sans dot.

Allons ! voilà que, malgré moi, je me mets encore à tourner ma mère en ridicule. Ah ! je suis encore trop pensionnaire. Il faudra que Jacques me corrige de cela, lui qui ne rit pas tous les jours. En attendant, tu devrais me gronder, au lieu de me seconder comme tu fais, vilaine !

Je te disais donc que j'avais vu Jacques là pour la première fois. Il y avait quinze jours qu'on ne parlait pas d'autre chose, chez les Borel, que de la prochaine arrivée du capitaine Jacques, un officier retiré du service, héritier d'un million. Ma mère ouvrait des yeux grands comme des fenêtres et des oreilles grandes comme des portes, pour aspirer le son et la vue de ce beau million. Pour moi, cela m'aurait donné une forte prévention contre Jacques, sans les choses extraordinaires que disaient Eugénie et son mari. Il n'était question que de sa bravoure, de sa générosité, de sa bonté. Il est vrai qu'on lui attribue aussi quelques singularités. Je n'ai jamais pu obtenir d'explication satisfaisante à cet égard, et je cherche en vain dans son caractère et dans ses manières ce qui peut avoir donné lieu à cette opinion. Un soir de cet été, nous entrons chez Eugénie ; je crois bien que ma mère avait saisi dans l'air quelque nouvelle de l'arrivée du *parti*. Eugénie et son mari étaient venus à notre rencontre du côté de la cour. On nous fait asseoir dans le salon ; j'étais près de la fenêtre au rez-de-chaussée, et il y avait devant moi un rideau entr'ouvert. « Et votre ami, est-il arrivé enfin ? dit ma mère au bout de trois minutes. — Ce matin, dit M. Borel d'un air joyeux. — Ah ! je vous en félicite, et j'en suis charmée pour vous, reprend ma mère. Est-ce que nous ne le verrons pas ? — Il s'est sauvé avec sa pipe en vous entendant venir, répond Eugénie ; mais il reviendra certainement. — Oh ! peut-être que non, lui dit son mari ; il est sauvage comme l'*habitant de l'Orénoque* (tu sauras que c'est une des facéties favorites de M. Borel), et je n'ai pas eu encore le temps de lui dire que je voulais le présenter à deux belles dames. Il faudrait voir s'il ne s'en va pas promener trop loin, Eugénie, et le faire avertir. » Pendant ce temps-là je ne disais rien, mais je voyais très-bien M. Jacques par la fente du rideau. Il était assis à dix pas de la maison, sur des gradins de pierre où Eugénie fait ranger au printemps les beaux vases de fleurs de sa serre chaude. Il me parut, au premier coup d'œil, avoir vingt-cinq ans tout au plus, quoiqu'il en ait au moins trente. Il n'est pas de figure plus belle, plus régulière et plus noble que celle de Jacques. Il est plutôt petit que grand, et semble très-délicat, quoiqu'il assure être d'une forte santé ; il est constamment pâle, et ses cheveux d'un noir d'ébène, qu'il porte très-longs, le font paraître plus pâle et plus maigre encore. Il me semble qu'il a le sourire triste, le regard mélancolique, le front serein et l'attitude fière ; en tout, l'expression d'une âme orgueilleuse et sensible, d'une destinée rude, mais vaincue. Ne me dis pas que je fais des phrases de roman ; si tu voyais Jacques, je suis sûre que tu trouverais tout cela en lui, et bien d'autres choses encore que je ne saisis pas, car j'ai encore avec lui une timidité extraordinaire, et il me semble que son caractère renferme mille particularités qu'il me faudra bien du temps pour connaître et peut-être pour comprendre. Je te les raconterai jour par jour, afin que tu m'aides à en bien juger ; car tu as bien plus de pénétration et d'expérience que moi. En attendant, je veux t'en dire quelques-unes.

Il a certaines aversions et certaines affections qui lui viennent subitement et d'une manière tantôt brutale, tantôt romanesque, à la première vue. Je sais bien que tout le monde est ainsi, mais personne ne s'abandonne à ses impressions avec l'aveuglement ou l'obstination de Jacques. Quand il a reçu à la première vue une impression assez forte pour porter un jugement, il prétend qu'il ne le rétracte jamais. Je crains que ce ne soit là une idée fausse et la source de bien des erreurs et peut-être de quelques injustices. Je te dirai même que je crains qu'il n'ait porté un jugement de ce genre sur ma mère. Il est certain qu'il ne l'aime pas et qu'elle lui a déplu dès le premier jour; il ne me l'a pas dit, mais je l'ai vu. Lorsque M. Borel le tira de sa méditation et de son nuage de tabac pour nous le présenter, il vint comme malgré lui, et nous salua avec une froideur glaciale. Ma mère, qui a les manières hautes et froides, comme tu sais, fut extraordinairement aimable avec lui. « Permettez-moi de vous prendre la main, lui dit-elle ; j'ai beaucoup connu monsieur votre père, et vous quand vous étiez enfant. — Je le sais, Madame, » répondit Jacques sèchement et sans avancer sa main vers celle de ma mère. Je crois qu'elle dut s'en apercevoir, car cela était très-visible ; mais elle est trop prudente et trop habile pour avoir jamais une attitude gauche. Elle feignit de prendre la répugnance de M. Jacques pour de la timidité, et elle insista en lui disant : « Donnez-moi donc la main ; je suis pour vous une ancienne amie. — Je m'en souviens bien, Madame, » répondit-il d'un ton encore plus étrange ; et il serra la main de ma mère d'une manière presque convulsive. Cette manière fut si singulière que les Borel se regardèrent d'un air étonné, et que ma mère, qui n'est pourtant pas facile à déconcerter, retomba sur sa chaise plutôt qu'elle ne se rassit, et devint pâle comme la mort. Un instant après, Jacques retourna dans le jardin, et ma mère me fit chanter une romance dont parlait Eugénie. Jacques m'a dit depuis qu'il m'avait écoutée sous la fenêtre, et que ma voix lui avait été sur-le-champ tellement sympathique qu'il était rentré pour me regarder ; jusque-là il ne m'avait pas vue. De ce moment il m'a aimée, du moins il le dit ; mais je te parle d'autre chose que de ce que j'ai dessein de te dire.

Nous en étions aux singularités de Jacques ; je veux t'en raconter une autre. L'autre jour il vint nous voir au moment où je sortais de la maison avec une soupe dans une écuelle de terre et un tablier d'indienne bleue autour de moi ; j'avais pris la petite porte de derrière pour ne rencontrer personne dans ce bel équipage. Le hasard voulut que M. Jacques, par un caprice digne de lui, se fût engagé dans cette ruelle avec son beau cheval. « Où allez-vous ainsi ? » me dit-il en sautant à terre et en me barrant le passage. J'aurais bien voulu l'éviter, mais il n'y avait pas moyen. « Laissez-moi passer, lui dis-je, et allez m'attendre à la maison ; je vais porter à manger à mes poules. — Et où sont-elles donc vos poules ? Parbleu ! je veux les voir manger. » Il mit la bride sur le cou de son cheval en lui disant : « Fingal, allez à l'écurie, » et son cheval, qui entend sa parole comme s'il connaissait la langue des hommes, obéit sur-le-champ. Alors Jacques m'ôta l'écuelle des mains, enleva sans façon le couvercle, et, voyant une soupe de bonne mine : « Diable ! dit-il, vous nourrissez bien vos poules ! Allons, je vois que nous allons chez quelque pauvre. Il ne faut pas me faire un secret de cela, à moi ; c'est une chose toute simple et que j'aime à vous voir faire par vous-même. J'irai avec vous, Fernande, si vous me le permettez. » Je mis mon bras sous le sien, et nous marchâmes vers la maison de la vieille Marguerite, dont je t'ai parlé souvent. M. Jacques portait toujours la soupe avec ses gants de chamois jaune paille, et d'un air si aisé qu'il semblait n'avoir pas fait autre chose de sa vie. « Un autre que moi, me dit-il chemin faisant, trouverait certainement ici l'occasion de vous faire de magnifiques compliments, louerait en prose et en vers votre charité, votre sensibilité, votre modestie; moi, je ne vous dis rien de cela, Fernande, parce que je ne suis pas étonné de vous voir pratiquer les vertus que vous avez. Manquer de douceur et de miséricorde serait horrible en vous; alors votre beauté, votre air de candeur, seraient des mensonges détestables de la nature. En vous voyant, je vous ai jugée sincère, juste et sainte ; je n'avais pas besoin de vous rencontrer sur le chemin d'une chaumière pour savoir que je ne m'étais pas trompé. Je ne vous dirai donc pas que vous êtes un ange à cause de cela, mais je vous dis que vous faites ces choses-là parce que vous êtes un ange. »

Je te demande pardon de te rapporter cette conversation ; tu penseras peut-être qu'il y a un peu de vanité à te redire les douceurs que me conte M. Jacques. Et au fait, ma bonne Clémence, je crois bien qu'il y en a en effet. Je suis toute glorieuse de son amour ; moque-toi de moi, cela n'y changera rien.

Mais n'ai-je pas raison de te rapporter tous ces détails, puisque tu veux connaître toutes les particularités de mon amour et tout le caractère de mon fiancé ? Tu me gronderas pas cette fois pour avoir été trop laconique. Je continue.

Nous arrivons donc chez la mère Marguerite. La bonne femme fut tout étonnée de se voir apporter la soupe par un beau monsieur en gants jaunes. La voilà qui me fait ses bavardages accoutumés, qui me demande au nez de Jacques si c'est là mon mari, qui fait toute sorte de vœux pour moi, qui me raconte ses maux, qui me parle surtout de son loyer qu'elle est forcée de payer, et qui me regarde d'un air piteux, comme pour me dire que je devrais bien lui apporter quelque chose de mieux que la soupe. Moi, je n'ai pas d'argent, ma mère n'en a guère et ne m'en donne pas du tout. J'étais triste comme je le suis souvent de ne pouvoir soulager que la centième partie des maux que je vois. Jacques avait l'air de ne pas entendre un mot de tout cela. Il avait trouvé sur une planche une vieille bible mangée des rats, et il semblait la lire avec attention ; tout à coup, pendant que Marguerite parlait encore, je sens tomber doucement dans la poche de mon tablier quelque chose de lourd ; j'y porte la main, j'y trouve une bourse ; je ne fis semblant de rien, et je donnai à la vieille la petite somme dont elle avait besoin.

Tout allait bien : Jacques avait l'air doux et tranquille ; mais voilà qu'en sortant j'eus la mauvaise idée de dire tout bas à Marguerite que le présent venait de Jacques. Alors elle se mit à lui adresser ses remerciements et ces bénédictions du pauvre qui sont vraiment un peu prolixes, un peu niaises, mais qu'il faut, ce me semble, accepter, puisque c'est la seule manière dont le pauvre puisse s'acquitter. Eh bien, sais-tu ce que fit Jacques ? Il fronça deux ou trois fois le sourcil d'un air d'impatience, et finit par interrompre la litanie de la vieille en lui disant d'un ton dur et impérieux : « C'est bon ; en voilà assez ! » La pauvre femme resta interdite et humiliée. Moi, je me sentis un peu d'humeur contre Jacques. Quand nous fûmes à quelques pas de la maisonnette, je lui en fis des reproches. Il sourit, et, au lieu de se justifier, il me dit en me prenant par la main : « Fernande, vous êtes une bonne enfant, et moi je suis un vieux homme ; vous avez raison d'aimer les épanchements de la reconnaissance que vous inspirez, c'est un plaisir innocent qui vous engage à persévérer. Pour moi, je ne puis plus m'amuser de ces choses-là, et elles me causent au contraire un ennui intolérable. — Je suis disposée, lui dis-je, à croire que vous avez raison en tout ce que vous faites, et je croirai volontiers que c'est moi qui ai tort ; mais expliquez-vous : faites que je vous connaisse bien, Jacques, et que je n'aie jamais l'idée de vous blâmer, quelque chose qui arrive. » Il sourit encore, mais d'un air triste, et, loin de m'accorder l'explication que je lui demandais, il se borna à me répéter : « Je vous ai dit, ma chère enfant, que vous aviez raison, et que je vous aimais ainsi. » Ce fut tout. Il me parla d'autre chose, et, malgré moi, je restai triste et inquiète tout ce jour-là.

Voilà comme il est souvent ; il y a en lui des choses qui m'effraient, parce que je ne peux pas m'en rendre compte, et il a tort, je pense, de ne pas vouloir se donner la peine de me les faire comprendre. Mais que d'autres choses en lui qui sont dignes d'admiration et d'enthousiasme ! J'ai tort de m'occuper tant des vilains nuages, quand j'ai un si beau ciel à contempler ! C'est égal, dis-moi ton avis sur ces misères ; j'ai une grande confiance en ton bon sens, et je suis habituée à voir un peu par tes yeux. Ce n'est pas ce qui plaît le plus à maman. Enfin, j'aurai bientôt la liberté de t'écrire sans me cacher. Adieu, chère Clémence. Je n'attendrai pas ta réponse pour t'écrire une seconde lettre. Je t'embrasse mille fois.

Ton amie, FERNANDE DE THEURSAN.

II.

Genève, le...

Vraiment, Jacques, vous allez vous marier? Elle sera bien heureuse, votre femme! Mais vous, mon ami, le serez-vous? Il me paraît que vous agissez bien vite, et j'en suis effrayée. Je ne sais pourquoi cette idée de vous voir marié ne peut entrer dans ma pauvre tête; je n'y comprends rien; je suis triste à la mort; il me semble impossible qu'un changement quelconque améliore votre destinée, et je crois que votre cœur se briserait au choc de douleurs nouvelles. O mon cher Jacques! il faut bien de la prudence quand on est comme nous deux!

As-tu songé à tout, Jacques? as-tu fait un bon choix? Tu es observateur et pénétrant; mais on se trompe quelquefois; quelquefois la vérité ment! Ah! comme tu t'es souvent trompé sur toi-même! combien de fois je t'ai vu découragé! combien de fois je t'ai entendu dire: Ceci est le dernier essai! Pourquoi suis-je assiégée de noirs pressentiments? Que peut-il t'arriver? Tu es un homme, et tu as de la force.

Mais toi, songer au mariage! cela me paraît si extraordinaire! Vous êtes si peu fait pour la société! vous détestez si cordialement ses droits, ses usages et ses préjugés! Les éternelles lois de l'ordre et de la civilisation, vous les révoquez encore en doute, et vous n'y cédez que parce que vous n'êtes pas absolument sûr que vous deviez les mépriser; et avec ces idées, avec votre caractère insaisissable et votre esprit indompté, vous allez faire acte de soumission à la société, et contracter avec elle un engagement indissoluble; vous allez jurer d'être fidèle éternellement à une femme, vous! vous allez lier votre honneur et votre conscience au rôle de protecteur et de père de famille! Oh! vous direz ce que vous voudrez, Jacques, mais cela ne vous convient pas; vous êtes au-dessus ou au-dessous de ce rôle; quel que vous soyez, vous n'êtes pas fait pour vivre avec les hommes tels qu'ils sont.

Vous renoncerez donc à tout ce que vous avez été jusqu'ici et à tout ce que vous auriez été encore! car votre vie est un grand abîme où sont tombés pêle-mêle tous les biens et tous les maux qu'il est permis à l'homme de ressentir. Vous avez vécu quinze ou vingt vies ordinaires dans une seule année; vous deviez encore user et absorber bien des existences avant de savoir seulement si vous aviez commencé la vôtre. Est-ce que vous regarderiez encore ceci comme un état de transition, comme un lien qui doit finir et faire place à un autre? Je ne suis pas plus que vous un adepte de la foi sociale, je suis née pour la détester, mais quels sont les êtres qui peuvent lutter contre elle, ou même vivre sans elle? La femme que vous épousez est-elle donc comme vous? est-elle une des cinq ou six créatures humaines qui naissent, dans tout un siècle, pour aimer la vérité, et pour mourir sans avoir pu la faire aimer des autres? est-elle de ceux que nous appelions les *sauvages* dans les jours de notre triste gaieté? Jacques, prends garde; au nom du ciel, souviens-toi combien de fois nous avons cru l'un et l'autre trouver notre semblable, et combien de fois nous nous sommes retrouvés seuls vis-à-vis l'un de l'autre? Adieu; prends au moins le temps de réfléchir. Pense à ton passé; pense à celui de SYLVIA.

III.

DE FERNANDE A CLÉMENCE.

Tilly, le...

Ma chère, j'ai fait aujourd'hui une découverte qui m'a laissé une impression singulière. En écoutant lire la rédaction de notre contrat de mariage, j'ai appris que Jacques avait trente-cinq ans. Certainement ce n'est pas là un âge avancé; et d'ailleurs on n'a jamais que l'âge qu'on paraît avoir, et à la première vue je lui avais imaginé dix années de moins. Cependant je ne sais pas pourquoi le son de ces syllabes, *trente-cinq ans!* m'a épouvantée; j'ai regardé Jacques d'un air étonné et peut-être même fâché, comme s'il m'eût fait jusque-là un mensonge. Il est certain pourtant qu'il ne m'a jamais parlé de son âge, et que je n'ai jamais songé à le lui demander. Je suis sûre qu'il me l'aurait dit sur-le-champ, car il paraît très-indifférent à ces choses-là, et il ne s'est pas seulement aperçu de l'effet que faisait sur moi et sur plusieurs des personnes présentes la découverte de ses trente-cinq ans.

Moi qui le trouvais déjà un peu vieux pour moi en lui en attribuant trente! J'ai beau faire, Clémence, je l'avoue que je suis contrariée de cette différence d'âge entre nous; il me semble à présent que Jacques est beaucoup moins mon camarade et mon ami que je ne l'imaginais; il se rapproche plutôt de l'âge d'un père; et, au fait, il pourrait être le mien, il a dix-huit ans de plus que moi! Cela me fait un peu de peur, et modifie peut-être l'affection que j'avais pour lui. Autant que je puis exprimer ce qui se passe en moi, je crois que ma confiance et mon estime augmentent, tandis que mon enthousiasme et mon orgueil diminuent; enfin, je suis beaucoup moins joyeuse ce soir que je ne l'étais ce matin, voilà ce que je ne saurais me dissimuler. Ta lettre me revient toujours à l'esprit, et je pense à cet homme *vieux* et *froid* que tu as cru voir en lui. Cependant, Clémence, si tu voyais comme Jacques est beau, comme il a une tournure élégante et jeune, comme il a les manières douces et franches, le regard affectueux, la voix harmonieuse et fraîche! tu en serais, je parie, amoureuse aussi. J'ai été frappée et séduite par toutes ces choses-là dès le premier moment, et chaque jour j'ai été plus touchée de ces manières, de ce regard et du son de cette voix; mais il est bien vrai que je n'ai pas encore eu la hardiesse et le sang-froid de l'examiner. Quand il arrive, je le regarde avec joie en lui disant bonjour, et, dans ce moment-là, il a dix-sept ans comme moi; mais ensuite je n'ose plus guère fixer les yeux sur lui, car les siens sont toujours sur moi. A tout ce qui pourrait faire naître sur ses traits une expression nouvelle, je m'aperçois que c'est moi qui suis observée, et il ne m'est pas possible d'observer à mon tour. A quoi bon l'observerais-je, d'ailleurs? que verrais-je en lui qui ne me plût pas? et qu'aurais-je l'habileté de deviner s'il se donnait la moindre peine pour se rendre impénétrable? Je suis si jeune! et lui... il doit avoir tant d'expérience!... Quand il m'a observée ainsi, et que je lève sur lui un regard timide, comme pour recevoir mon arrêt, je trouve sur sa figure tant d'affection, de contentement, une sorte d'approbation muette si délicate et si douce, que je me rassure et me sens heureuse. Je vois que tout ce que je fais, tout ce que je dis, tout ce que je pense, plaît à Jacques, et qu'au lieu d'un censeur sévère j'ai en lui un être sympathique, un ami indulgent, peut-être un amant aveugle!

Ah! tiens, j'ai tort de gâter mon bonheur et d'affaiblir mon amour par ces petites recherches. Que m'importent quelques années de plus ou de moins? Jacques est beau, excellent, vertueux, estimé et admiré de tous ceux qui le connaissent, et il m'aime, je suis sûre de cela; que puis-je demander de plus?

IV.

DE CLÉMENCE A FERNANDE.

De l'Abbaye-aux-Bois, Paris, le...

Je reçois tes deux lettres à la fois: deux plaisirs en même temps! Ce serait presque trop, ma chère Fernande, si ces plaisirs n'étaient un peu inquiétés et troublés par toutes les incertitudes que me cause ta situation. Tu me demandes des conseils sur l'affaire la plus importante et la plus délicate de la vie; tu me demandes des éclaircissements sur des choses que je ne sais pas, sur des personnes que je ne connais pas, sur des faits que je n'ai pas vus; comment veux-tu que je réponde? Je ne puis que tirer, des indices que tu me donnes, quelque jugement incertain, expectatif, que tu feras très-bien d'examiner longtemps, et de soumettre à de nouvelles recherches avant de l'adopter.

Je ne connais pas M. Jacques; je ne puis donc savoir à quel point tu peux passer par-dessus les immenses inconvénients de cette différence d'âge; mais je puis et je dois te les signaler d'une manière générale. C'est à toi de les rejeter si tu es sûre qu'il n'y ait pas lieu à en faire l'application.

On prétend que les hommes commencent la vie sociale plus tard que les femmes, et qu'ils sont plus jeunes de raisonnement et d'expérience à trente ans que les femmes à vingt; je crois que cela est faux. Un homme est obligé de se faire un état où de se chercher une position sociale au sortir du collège; une jeune personne, au sortir du couvent, trouve sa position toute faite, soit qu'on la marie, soit que ses parents la tiennent pour quelques années encore auprès d'eux. Travailler à l'aiguille, s'occuper des petits soins de l'intérieur, cultiver la superficie de quelques talents, devenir épouse et mère, s'habituer à allaiter et à laver des enfants, voilà ce qu'on appelle être une femme faite. Moi, je pense qu'en dépit de tout cela une femme de vingt-cinq ans, si elle n'a pas vu le monde depuis son mariage, est encore un enfant. Je pense que le monde qu'elle a vu étant demoiselle, dansant au bal sous l'œil de ses parents, ne lui a rien appris du tout, si ce n'est la manière de s'habiller, de marcher, de s'asseoir et de faire la révérence. Il y a autre chose à apprendre dans la vie, et les femmes l'apprennent tard et à leurs dépens. Il ne suffit pas d'avoir de la grâce, de la décence, une sorte d'esprit; il ne suffit pas d'avoir allaité proprement ses enfants et tenu sa maison en ordre pendant quelques années pour être à l'abri de tous les dangers qui peuvent porter de mortelles atteintes au bonheur. Que de choses apprend un homme, au contraire, dans l'exercice de cette liberté illimitée qui lui est accordée à peine au sortir de l'adolescence! que d'expériences rudes, que de sévères leçons, que de déceptions mûrissantes il peut mettre à profit seulement dans le cours de la première année! que d'hommes et de femmes il a pu étudier à l'âge où la femme n'a encore connu que son père et sa mère!

Il est donc faux qu'un homme de vingt-cinq ans soit du même âge qu'une fille de quinze; et, pour faire une union raisonnablement assortie, il faille établir dix ans de différence entre le mari et la femme. Il est bien vrai que le mari doit être le protecteur et le guide; puisqu'il doit être le maître, il est à désirer qu'il soit un maître prudent et éclairé. Mais, à âge presque égal, il a bien assez de cette espèce de supériorité sur sa femme; s'il en a beaucoup plus, il en abuse, il devient grondeur, pédant ou despote.

Supposons que M. Jacques soit incapable d'être jamais rien d'approchant; accordons-lui toutes les belles qualités. Je ne te parle pas d'amour, moi; je te fais la part bien grande en te disant que je ne le crois pas absolument nécessaire dans le mariage, et je doute que tu en aies réellement pour ton fiancé; à ton âge on prend pour de l'amour la première affection qu'on éprouve. Je te parle d'amitié seulement, et je te dis que le bonheur d'une femme est perdu quand elle ne peut pas considérer son mari comme son meilleur ami. Es-tu bien sûre de pouvoir être maintenant la meilleure amie d'un homme de trente-cinq ans? Sais-tu ce que c'est que l'amitié? Sais-tu ce qu'il faut de sympathie pour la faire naître? quels rapports de goûts, de caractères et d'opinions sont nécessaires pour la maintenir? Quelles sympathies peuvent donc exister entre deux êtres qui, par la différence de leur âge, reçoivent des mêmes objets des sensations tout opposées? quand ce qui attire l'un repousse l'autre, quand ce qui paraît estimable au plus âgé est ennuyeux au plus jeune, quand ce qui semble agréable et touchant à la femme est dangereux ou ridicule aux yeux du mari? As-tu pensé à tout cela, pauvre Fernande? N'es-tu pas aveuglée par ce besoin d'aimer qui tourmente misérablement les jeunes filles? N'es-tu pas abusée aussi par une certaine vanité secrète dont tu ne te rends pas compte? Tu es pauvre, et un homme riche te recherche et t'épouse. Il a des châteaux, des terres; il a une belle figure, de beaux chevaux, des habits bien faits; il te semble charmant, parce que tout le monde le dit. Ta mère, qui est la femme la plus intéressée, la plus fausse et la plus adroite du monde, arrange les choses de manière à ce que vous ne puissiez pas vous éviter. Elle te fait peut-être croire qu'il est amoureux de toi, après lui avoir fait croire que tu étais amoureuse de lui, tandis que vous ne vous aimez peut-être ni l'un ni l'autre. Toi, tu es comme ces petites pensionnaires, qui ont par hasard un cousin, et qui en sont inévitablement amoureuses, parce que c'est le seul homme qu'elles connaissent. Tu es noble de cœur, je le sais, et tu ne t'occupes pas plus des richesses de M. Jacques que si elles n'existaient pas; mais tu es femme, et tu n'es pas insensible à la gloire d'avoir fait, par ta beauté et ta douceur, un de ces miracles que la société voit avec surprise, parce qu'ils sont rares en effet: un homme riche épousant une fille pauvre.

Mais je te mets en colère, je parie; je t'en prie, ma chère enfant, ne prends pas tout cela trop au sérieux. Ce sont des choses que je t'engage à te dire courageusement à toi-même et sur lesquelles il faut que tu t'interroges sévèrement; il est très-possible que tu n'aies rien de commun avec elles. Alors ce sera quelques feuilles de papier que j'aurai barbouillées d'encre pour te rendre service, et qui ne seront bonnes à rien. Je veux te dire une autre chose qui, chez moi, n'est pas le résultat du raisonnement, mais d'une répugnance instinctive; je t'engage donc à t'en préoccuper assez légèrement. Je n'aime pas que le visage montre un âge différent de celui qu'on a. Cela me fait venir toutes sortes d'idées superstitieuses, et, quelque folles et injustes qu'elles puissent être, il me serait impossible d'accorder ma confiance à une personne sur l'âge de laquelle je me serais trompée de dix ans au premier coup d'œil. Dans le cas où elle m'aurait semblé plus jeune qu'elle ne l'est en effet, je penserais que l'égoïsme, la sécheresse du cœur, ou une froide nonchalance, l'ont empêchée de sentir l'atteinte des douleurs humaines, ou l'ont rendue habile à éviter les fatigues morales qui vieillissent tous les hommes. Dans le cas contraire, je penserais que les vices, la débauche, ou au moins une certaine sorte de fausse exaltation, l'ont précipitée dans des désordres et dans des fatigues qui l'ont vieillie plus que de raison; en un mot, je ne verrais pas sans stupeur et sans effroi une infraction évidente aux lois de la nature: il y a toujours là quelque chose de mystérieux qu'il faudrait examiner. Mais que peut-on examiner à ton âge, et quand l'empressement de changer d'état et de position *avant un mois* nous ferme les yeux sur tous les dangers?

Tu dis que M. Jacques est aimé et estimé de tous ceux qui le connaissent; il me semble que ceux qui le connaissent et qui ont pu t'en parler sont en petit nombre. Si je repasse les chapitres de tes lettres précédentes où il en est question, je trouve que ce nombre se réduit à deux amis, M. Borel et sa femme. Ta mère l'a connu lorsqu'il était âgé de dix ans, et comme elle était liée avec son père, elle peut avoir eu des renseignements très-précis sur son héritage. Je crois qu'elle ne s'est pas souciée d'autre chose, pas même de te signaler le notable inconvénient d'avoir dix-huit ans de moins que ton mari. Elle savait très-bien l'âge de M. Jacques; mais je comprends qu'elle ait évité d'en parler à qui que ce soit. Les femmes qui ne sont plus jeunes parlent rarement du passé sans en effacer toutes les dates.

Tu me reproches de ne pas aimer ta mère: je n'y saurais que faire, ma chère Fernande; mais je suis charmée que tu ne lui ressembles en rien; et si quelque chose peut me consoler de la précipitation avec laquelle se conclut ton mariage, c'est qu'il te séparera bientôt d'elle: tu ne peut pas tomber en de plus mauvaises mains que celles dont tu vas sortir; sois sûre de ce que je te dis. Il m'importe peu que cela soit conforme aux saintes lois du préjugé; il me paraît conforme à celles de la raison de t'éclairer sur le caractère d'une personne qui a tant de part dans ta vie; et la raison est le seul guide que je consulte, le seul dieu que je serve.

Je croirais volontiers que la pénétration de M. Jacques n'est pas une chimère. Je suis persuadée de la rectitude des premiers jugements, quand la personne qui les porte s'est habituée à rassembler toutes les facultés de l'observation pour les exercer à la fois sur la première impression reçue. Il a bien jugé de toi et de ta mère; cependant, à l'égard de celle-ci, il peut se faire que quelque souvenir d'enfance aide beaucoup à l'aversion qu'il a sentie en la retrouvant.

L'histoire de la vieille Marguerite ne me semble pas, comme à toi, un grand sujet de trouble et de consternation. M. Jacques s'est comporté en homme d'esprit en t'aidant dans tes petites charités; mais je comprends fort bien qu'il y ait été ennuyé des litanies de la mendiante. En ceci je trouve l'occasion de te faire observer que vous êtes destinés, M. Jacques et toi, à différer toujours de sentiments et de conduite, quand même vous aurez tous deux raison. Je souhaite qu'il sache toujours tolérer cette différence, et qu'il te permette d'éprouver les émotions auxquelles son cœur sera fermé.

Adieu, ma bonne Fernande; tu vois que je n'ai aucune prévention contre la personne de ton fiancé. D'ailleurs le jour où tu ne voudras plus entendre la vérité, il faudra cesser de me la demander.

Je vis toujours tranquille et heureuse au fond de mon abbaye. Les religieuses ont renoncé envers moi à toute espèce de tracasserie. Je reçois les visites que je veux, et je vais quelquefois dans le monde depuis que j'ai quitté le grand deuil de veuve. La famille de mon mari a d'assez bons procédés envers moi, et pourtant ce n'est pas une très-aimable famille. J'ai agi avec prudence envers elle. La raison, ma chère Fernande ! la raison ! avec cela on fait sa vie soi-même, et on la fait libre et calme, sinon brillante.

Ton amie,   CLÉMENCE DE LUXEUIL.

V.

DE FERNANDE A CLÉMENCE.

L'amitié est bien bonne, mais la raison est bien triste, ma chère Clémence; ta lettre m'a donné un véritable accès de spleen. Je l'ai relue plusieurs fois et toujours avec une nouvelle mélancolie. Elle m'a mise en méfiance contre ma mère, contre Jacques, contre moi, contre toi-même. Oui, j'avoue que je t'en ai un peu voulu de me désenchanter si durement de mon bonheur. Tu as raison pourtant, et je sens bien que tu es ma véritable amie; c'est à toi que je demande les conseils et que je n'ose réclamer de ma mère. Je persiste à croire que tu penses trop mal d'elle, mais je suis forcée de voir que son cœur est très-froid pour moi, et qu'elle ne cherche dans mon mariage que les avantages de la fortune.

Après tout, ce mariage ne l'enrichira pas; elle a le projet de vivre au Tilly, et de me laisser partir pour le Dauphiné avec mon mari; ainsi elle n'a aucun intérêt personnel dans cette affaire. Elle croit que l'argent est le premier des biens, et tous ses efforts tendent, non à l'acquérir, mais à me le procurer. Puis-je lui faire un crime de s'occuper de mon bonheur à sa manière et selon ses idées?

Quant à moi, je me suis examinée sévèrement, et je t'assure que la vanité ne m'influence en rien. J'avais tellement peur de m'aveugler à cet égard, que, ce matin, après avoir relu ta lettre, j'ai eu envie de quereller un peu Jacques, afin d'éprouver mon amour et le sien. J'ai attendu que ma mère nous eût laissés seuls au piano, comme elle fait toujours après le déjeuner. Alors j'ai cessé de chanter pour lui dire brusquement : « Savez-vous, Jacques, que je suis bien jeune pour vous? — J'y ai pensé, m'a-t-il dit avec la figure tranquille qu'il a toujours. Est-ce que vous n'y aviez pas pensé encore? — C'eût été difficile, lui ai-je répondu, je ne savais pas votre âge. — En vérité ! » s'est-il écrié, et il est devenu plus pâle que de coutume. J'ai senti que je lui faisais de la peine, et je me suis repentie de suite. Il a ajouté : « J'aurais dû prévoir que votre mère ne vous le dirait pas; et pourtant je l'avais chargée de vous faire songer à la différence de nos âges. Elle m'a dit l'avoir fait; elle m'a dit que vous étiez bien aise de trouver en moi un père en même temps qu'un amant. — Un père! ai-je répondu; non, Jacques, je n'ai pas dit cela. » Jacques a souri, et, me baisant au front, il s'est écrié : « Tu es franche comme une sauvage; je t'aime à la folie, tu seras ma fille chérie; mais si tu crains qu'en devenant ton père, je ne devienne ton maître, je ne t'appellerai ma fille que dans le secret de mon cœur. Cependant, a-t-il dit un instant après en se levant, il est possible que je sois trop vieux pour toi. Si tu le trouves, je le suis en effet. — Non, Jacques ! non ! ai-je répondu vivement en me levant aussi. — Ne t'abuse pas, a-t-il repris, j'ai trente-cinq ans, dix-huit belles années de plus que toi. Est-ce que vous ne vous en étiez jamais aperçue? Est-ce que cela ne se lit pas sur mon visage? — Non; la première fois que je vous ai vu, j'ai cru que vous aviez vingt-cinq ans, et depuis, je vous en ai toujours donné trente. — Vous ne m'avez donc jamais regardé, Fernande? Regardez-moi bien, je le veux; je détournerai les yeux pour ne pas vous intimider. » Il m'a attirée vers lui et a détourné les yeux en effet. Alors je l'ai examiné avec attention, et j'ai découvert qu'il y avait au-dessous des paupières et au coin de la bouche quelques rides imperceptibles, et sur ses tempes quelques cheveux blancs mêlés à une forêt de cheveux noirs; c'est là tout. « Voilà toute la différence d'un homme de trente-cinq ans à un homme de trente ! » me suis-je dit; et je me suis mise à rire de cette idée qu'il avait de se faire regarder. « Je vais vous dire la vérité, lui ai-je dit : votre figure, telle qu'elle est, me plaît beaucoup mieux que la mienne; mais je crains que cette différence d'âge ne se fasse sentir dans votre caractère. » Alors j'ai tâché de lui exposer tous les doutes que renferme ta lettre, comme ils me venaient de moi. Il m'a écoutée avec beaucoup d'attention et avec une sérénité de visage qui m'avait déjà rassurée avant qu'il me parlât. Quand j'ai eu tout dit, il m'a répondu : « Fernande, deux caractères semblables ne se rencontrent jamais; l'âge n'y fait rien ; à quinze ans j'étais beaucoup plus vieux que vous sous de certains rapports, et sous d'autres, je suis encore aujourd'hui plus jeune que vous. Nous différons sur beaucoup de points, je n'en doute pas; mais vous aurez moins à souffrir de cela avec moi qu'avec tout autre. Est-ce que vous ne le croyez pas? » Que voulais-tu que je lui répondisse? Du moment qu'il me le dit, je le crois en effet : il a l'air si sûr de son fait ! Ah ! Clémence, il est possible qu'il me trompe ou qu'il se trompe lui-même, mais il est impossible que je me trompe aussi sur l'amour que j'ai pour lui; non, ce n'est pas le besoin d'aimer d'une petite pensionnaire. J'ai vu d'autres hommes avant lui, et nul ne m'a inspiré de sympathie. La maison d'Eugénie est toujours pleine d'hommes plus jeunes, plus gais, plus brillants et plus beaux peut-être que Jacques ; je n'ai jamais désiré d'être la femme d'aucun de ceux-là. Je ne me jette pas en aveugle dans les séductions d'une position nouvelle. Tes lettres me font beaucoup d'effet ; je les commente, je les apprends par cœur, j'en applique à chaque instant un passage aux entraînements de mon amour, et je vois que la prudence est inutile, que la raison est impuissante. J'aperçois les dangers où cet amour peut me précipiter, et la crainte d'être malheureuse avec Jacques ne m'ôte pas le désir de passer ma vie près de lui.

Tu dis que deux amis seulement m'ont dit du bien de Jacques. Je vais te raconter la conversation qui eut lieu à Cerizy, chez les Borel, il y a quelques jours. Il y avait là cinq ou six compagnons d'armes de M. Borel; Jacques avait l'air un peu plus sérieux que de coutume, mais sa figure et ses manières exprimaient toujours la même tranquillité d'âme. Il prit une tasse de café, et fit quelques tours de promenade dans l'appartement, sans rien dire. « Eh bien, Jacques, comment vous trouvez-vous? lui demanda Eugénie. — Mieux, répondit-il d'un air doux. — Il a donc été malade? » demandai-je étourdiment. Je vis tous les regards de ces messieurs se tourner vers moi, et un certain sourire de bienveillance, un peu moqueuse peut-être, sur tous les visages. Je sentis que je devenais rouge, mais cela m'était égal ; j'étais inquiète de Jacques, je réitérai ma question. « J'ai eu quelques douleurs de tête, répondit-il en me remerciant par un regard affectueux, mais ce n'est rien du tout, et ne vaut pas la peine qu'on s'en occupe. » On parla d'autre chose, et il sortit. « Je crains que Jacques ne soit réellement malade, dit Eugénie en le regardant s'éloigner. — Mais il faudrait savoir s'il n'a pas besoin de soins, dit ma mère en affectant beaucoup d'intérêt. — Oh ! il faut surtout le laisser tranquille, dit M. Borel brusquement ; il ne peut pas supporter qu'on s'occupe de lui quand il souffre. — Parbleu ! il a de quoi souffrir, dit un de ces messieurs ; il a sur la poitrine deux ou trois belles blessures qui auraient tué tout autre que lui. — Il en souffre rarement, dit Eugénie ; mais je crains qu'aujourd'hui il n'ait beaucoup souffert. — Qui est-ce qui peut jamais savoir si Jacques souffre? reprit M. Borel. Est-ce que Jacques est fait de chair humaine ? — Je crois bien que oui, dit un vieux capitaine de dragons ; mais je crois que c'est l'âme d'un diable qui est dans ce corps-là. — C'est l'âme d'un ange plutôt, dit Eugénie. — Ah ! voilà madame Borel qui parle comme les autres, reprit le vieux capitaine ; je ne sais pas ce que Jacques chante à l'oreille des femmes, mais elles ne parlent jamais de lui que comme d'un chérubin ; et nous, pauvres pécheurs, on oublie nos vertus *civiles et militaires.* (Ceci est une plaisanterie favorite du capitaine.) — Oh ! pour moi, dit Eugénie, je professe une espèce de religion pour notre Jacques, et mon mari l'ordonne ainsi à tous ceux qui sont ici. » On m'adressa indirectement quelques épigrammes affectueuses, qui avaient la meilleure volonté du monde de me faire plaisir, mais qui m'embarrassèrent un peu. Je pris le bras de mademoiselle Regnault, et je sortis comme pour faire un tour de jardin ; mais je lui confessai que je mourais d'envie d'entendre le reste de la conversation sur Jacques, et elle me conduisit près d'une fenêtre d'où l'on entend tout ce qui se dit dans le salon. J'entendis la voix de M. Borel, et je compris qu'il parlait à un de ces messieurs qui ne connaît Jacques que très-peu. « Vous voyez bien la figure pâle et l'air distrait de Jacques, disait-il. Je ne sais pas si vous avez fait attention à ce petit *chantonnement* qu'il fait dans sa barbe quand il charge sa pipe, ou quand il taille son crayon pour dessiner ? Eh bien ! quand il souffre beaucoup, tous ses témoignages de douleur et d'impatience se réduisent à cette petite chanson. Je la lui ai entendu faire en plusieurs occasions où je n'avais pas envie de chanter. A Smolensk, quand on m'a amputé deux doigts du pied, et quand on lui a retiré deux balles qui s'étaient proprement logées entre deux de ses côtes, moi je jurais comme un damné, M. Jacques chantonnait. » Ici M. Borel se mit à imiter parfaitement le petit *Lila Burello* de Jacques. Ces messieurs se mirent à rire. Quant à moi, l'image que ce récit m'avait fait passer devant les yeux, Jacques sanglant, chantant sous le fer du chirurgien, m'avait donné une sueur froide, et je vis bien encore, à cette impression-là, que j'aime Jacques ; car j'étais bien indifférente aux douleurs de M. Borel, et tandis qu'Eugénie sans doute frémissait en y pensant, il m'était absolument égal qu'il eût deux ou trois doigts de plus ou de moins au pied.

« Vous souvenez-vous, dit une autre voix, de l'arrivée de Jacques au régiment, la veille de ***? — Ah ! brave Jacques ! il avait seize ans, dit un autre interlocuteur ; il avait l'air d'une jolie petite demoiselle. Ils étaient là cinq ou six enfants de famille, débarqués depuis une heure, enveloppés de surtouts fourrés par leurs mamans, gentils, bien peignés, roses, et pas trop contents de coucher à l'auberge en plein champ. Jacques était là aussi avec sa petite mine, pâle déjà, un petit commencement de moustache et sa petite chanson entre les dents. L'un disait : Celui-là est le plus ridicule de tous ; il veut faire le luron, et il est déjà blanc comme un linge. Un autre disait : M. Jacques est le César de la société ; au premier coup de canon, il chantera sur un autre ton. — Lorrain... Qui est-ce qui se souvient du lieutenant Lorrain, avec son grand diable de nez, ses mauvaises plaisanteries, et son album de caricatures qui ne le quittait pas plus que son sabre? Un habile dessinateur, ma foi ! et le meilleur tireur du régiment. Voilà que mon animal, à la lueur du feu du bivouac, s'amuse avec un bout de charbon à vous crayonner la charge de Jacques et de ses petits compagnons, avec des éventails et des ombrelles ; il avait écrit au-dessous : *Gens riches allant à la bataille.* Jacques passe derrière lui, se penche sur son épaule, et dit avec l'air doux et gentil qu'il a toujours conservé : « C'est très-joli, cela ! — Vous en êtes content? dit Lorrain. — Très-content, répond Jacques. — Et moi aussi, » reprend Lorrain. Tout le monde de rire. Jacques s'assied sans se déconcerter le moins du monde, et me prie de lui prêter ma pipe. J'avais envie de la lui casser sur la figure. « Est-ce que vous n'en avez pas une ? — Non, répondit-il ; je n'ai jamais fumé de ma vie ; j'ai envie d'essayer : comment s'y prend-on ? — On allume de ce côté-là et on la met dans sa bouche, et puis on tire de toutes ses forces jusqu'à ce que la fumée sorte par le côté opposé. » Jacques secoue la tête d'un air de simplicité et prend la pipe. Nous espérions le voir tousser ou s'enivrer ; chacun charge la sienne et la lui présente l'une après l'autre, en lui versant des rasades d'eau-de-vie à griser un bœuf. Je ne sais pas s'il les escamotait ; mais sa figure ne fit pas un pli, son gosier n'eut pas une convulsion ; il but et fuma la moitié de la nuit sans sortir de son sang-froid et sans se laisser entamer par la moindre taquinerie ; on eût dit que sa nourrice l'avait élevé avec de l'eau-de-vie et de la fumée de pipe. Le capitaine Jean, que voilà, et qui se souvient bien de ce que je raconte, vint me taper sur l'épaule et me dire : « Vous voyez bien cet oiseau-mouche? Eh bien ! je vous dis, Borel, que ce sera une de nos meilleures moustaches. Je connais cela ; c'est une petite race de vieux buis bien sec, et c'est plus solide qu'une grande massue de fer. Son père est un brigand, mais un sabreur ; celui-ci aura plus de sang-froid, et si un boulet ne le raie pas demain de mes tablettes, il fera vingt campagnes sans se plaindre de cors aux pieds. Le lendemain, chacun sait comme Jacques fit ses preuves et fut décoré sur le champ de bataille. — Vous croyez qu'il était glorieux après cela, dit le capitaine de dragons ; qu'il sautait comme font les enfants à qui ces fortunes-là arrivent, ou bien qu'il s'en allait dans les petits coins, comme nous faisions, nous autres, pour regarder sa croix et la baiser ? Il avait l'air aussi indifférent à cela qu'il l'avait été à la caricature de Lorrain, au premier feu et à sa première blessure. Il reçut toutes les poignées de main d'un air franc et amical, mais sans montrer ni étonnement ni joie. Je ne sais pas ce qui peut faire rire ou pleurer Jacques, et, quant à moi, je me suis souvent demandé ce n'était pas un de ces spectres auxquels croient les Allemands. — Vous n'avez donc pas vu Jacques amoureux? dit M. Borel. Alors vous l'auriez vu fondre comme la neige au soleil ; il n'y a que les femmes qui aient du pouvoir sur cette tête-là ; aussi y ont-elles fait de fiers ravages ! En Italie... » M. Borel s'interrompit, et je compris que quelqu'un, Eugénie sans doute, lui avait fait signe de se taire. Cela me donna une impatience, une curiosité et une inquiétude épouvantables.

« Je voudrais savoir, dit Eugénie après un instant de silence, où il a trouvé le temps d'apprendre tout ce qu'il sait en littérature, en poésie, en musique et en peinture ! — Qui diable le sait? répondit le capitaine ; moi, je crois qu'il est venu au monde comme ça ; ce qu'il y a de sûr, c'est que ce n'est pas moi qui le lui ai appris. — Sous ce rapport, dit ma mère, je crois pouvoir présumer que son éducation était faite avant qu'il entrât au service. Je l'ai connu à l'âge de dix ans, et il était extraordinairement instruit pour son âge. Il avait l'aplomb et l'assurance d'un homme ; il a dû se développer remarquablement vite. — Le capitaine Jean a bien un peu raison, observa M. Borel, quand il dit que Jacques n'appartient pas tout à fait à l'espèce humaine ; il y a dans son corps et dans son esprit une trempe d'acier dont le secret est à nous sans doute. Ainsi, jusqu'à l'âge de vingt-cinq ans, il a paru plus âgé qu'il ne l'était en effet, et depuis ce temps-là il paraît plus jeune qu'il ne l'est réellement. —

Le hasard voulut que M. Jacques... (Page 3.)

Je n'oublierai jamais, reprit une autre personne, la manière dont il s'est comporté à son premier duel. — Parbleu! c'était précisément avec Lorrain, dit le capitaine Jean; c'est moi qui l'ai forcé de se battre; je l'aimais de tout mon cœur, cet enfant-là ! — Comment! vous l'avez *forcé*? dit la personne qui ne connaissait pas Jacques, et à qui s'adressaient presque tous ces récits. — Je vais vous dire comment, reprit le capitaine. Jacques s'était certainement bien montré à la bataille de ***; mais autre chose est de se faire respecter du canon et de se faire estimer de ses camarades. Ce n'est pas que dans ce moment-là on fût très-duelliste dans l'armée : on était assez occupé avec l'ennemi. Néanmoins, le lieutenant Lorrain ne passait pas un jour sans se faire une affaire petite ou grande avec quelque nouveau venu. Il n'était pas, à beaucoup près, aussi solide sur le champ de bataille; mais dans une affaire particulière, il avait si beau jeu qu'on ne lui reprochait rien impunément. Je n'aimais pas ce gaillard-là, et j'aurais donné mon cheval pour qu'on me débarrassât de sa vue. Je l'avais manqué deux fois, et j'en avais été pour mes frais, une fois ce poignet-ci, et l'autre fois cette joue-là. Il ne pouvait pas souffrir notre petit Jacques, et il était furieux de la manière dont il avait mis les rieurs de son côté à ***. Il n'avait rien mérité, rien gagné, lui, pas même une égratignure ! Il se consolait en faisant des caricatures au moyen desquelles il tournait Jacques en ridicule; car ses diables de charges étaient si bien faites, qu'en les regardant il fallait rire malgré qu'on en eût. Cela m'impatientait. Un soir, il avait dessiné le dolman de Jacques sur le dos d'un petit chien. C'était trop fort; je vais trouver Jacques, qui dormait sur l'herbe; je lui dis : « Jacques, il faut que tu te battes. — Avec qui? dit-il en bâillant et étendant les bras. — Avec Lorrain. — Pourquoi ? — Parce qu'il t'insulte. — Comment? — Est-ce que ses caricatures ne t'offensent pas? — Pas du tout. — Mais il se moque de toi. — Qu'est-ce que cela me fait? — Ah çà, Jacques, est-ce que tu n'es brave qu'à la mêlée? — Je n'en sais rien. » Là-dessus je dis un mot que je ne répéterai pas devant ces dames. « Parle plus bas, Jacques, et prends garde de ne jamais répéter devant personne ce que tu viens de me dire là. — Pourquoi donc, Jean? me dit-il en bâillant comme un désespéré. — Tu dors, camarade ! lui dis-je en le secouant de toute ma force. — Quand tu m'auras cassé

Il prend alors un bout de charbon. (Page 9.)

les os, me dit-il avec son sang-froid ordinaire, crois-tu que je serai plus persuadé? Comment veux-tu que je te dise si je suis brave en duel? je ne me suis jamais battu. Si tu m'avais demandé, la veille de la bataille, comment je me conduirais, je t'aurais dit la même chose. J'ai fait le premier essai de mon caractère militaire ce jour-là ; à présent, s'il faut en faire un second, je ne demande pas mieux ; mais je ne sais pas mieux que toi comment je m'en tirerai. » C'était un drôle de corps que ce petit Jacques, avec ses petits raisonnements de philosophe. J'étais sûr de lui comme de moi, malgré tout ce qu'il disait pour m'en faire douter. « Je t'estime, lui dis-je, parce que tu n'es pas un fanfaron et que tu as du cœur. L'amitié que j'ai pour toi me force à te dire qu'il faut te battre. — Je le veux bien ; mais trouve-moi une raison pour le faire sans être un sot. Je t'avoue que vouloir tuer un homme parce qu'il s'amuse à dessiner ma pauvre personne d'une manière bouffonne et plaisante, cela ne me paraît pas possible. Moi, je ne suis pas en colère contre ce Lorrain ; il m'amuse beaucoup, au contraire, et je serais au désespoir de tuer un homme qui fait de si drôles de calembours. — Il faut tâcher de le toucher au bras droit, et de l'empêcher de faire jamais la caricature de personne. » Jacques haussa les épaules et se rendormit. Je n'étais pas content de cela ; j'attendis le lendemain matin, et je dis à Lorrain : « Sais-tu que Jacques ne prend plus si bien la plaisanterie? Il a dit qu'à la première caricature il se battrait avec toi. — Bien, dit Lorrain, je ne demande pas mieux. » Il prend alors un bout de charbon, et, sur un grand mur blanc qui se trouvait là, il vous fait un Jacques gigantesque, avec le nom et la décoration; rien n'y manquait. Je rassemble les amis, et je leur dis : « Que feriez-vous à la place de Jacques? — Cela n'est pas douteux, » répondent-ils. Je vais chercher Jacques. « Jacques, les anciens ont décidé qu'il faut te battre. — Je veux bien, dit Jacques en regardant son portrait; ça n'en vaut, ma foi! pas la peine. Vous pensez donc, vous autres, que je suis insulté? — *Insultissimus!* répond un facétieux. — Allons, dit Jacques, qui est-ce qui veut me servir de témoin? — Moi, dis-je, et Borel. » Lorrain arrive pour déjeuner, Jacques va droit à lui, et, comme s'il lui eût offert une prise de tabac, lui dit : « Lorrain, on dit que vous m'avez insulté ; si ç'a été votre intention en effet, je vous en demande raison. — Ç'a été mon intention, répond Lorrain, et je vous en rendrai raison dans une heure. Je vous laisse le choix des armes. — A quelles armes faut-il que je me batte? dit Jacques en revenant allumer sa pipe à la mienne. — A celle que tu connais le mieux. — Je n'en connais aucune, dit Jacques; je suis une recrue, moi, Dieu ne m'a pas fait naître soldat. — Comment, malheureux, lui dis-je, tu ne connais aucune arme, et tu t'engages avec un malin comme Lorrain? — Vous m'avez dit de le faire, je l'ai fait, dit Jacques. — Eh bien! tu sais sabrer, bats-toi au sabre. — Comment s'y prend-on? — Comme on peut, quand on ne sait pas. — A la bonne heure! dit Jacques; quand Lorrain sera prêt, vous m'appellerez. » Et il se mit à dormir sur une table. A l'heure dite, mon Lorrain se présente sur le terrain d'un air persifleur. Il faisait toutes sortes de moqueries, et affectait de laisser à Jacques tous les avantages. Voilà Jacques qui prend un sabre plus long que lui, qui, avec ses petits bras, le fait voltiger par-dessus sa tête, et vient sur son homme, tapant à droite, à gauche, en avant, au hasard, mais tapant dru, battant en grange, ne s'inquiétant pas de parer, mais d'avancer. Quand Lorrain vit cette manière d'agir, il recula, et demanda ce que cela voulait dire. « Cela veut dire, lui répondis-je, que Jacques ne sait pas tirer le sabre, et qu'il fait comme il peut. » Lorrain reprit courage et avança; mais il reçut aussitôt sur l'épaule droite une si bonne entamure, qu'il s'en trouva satisfait et n'en demanda pas davantage. De cette affaire-là, il resta plus de six mois sans se battre et sans dessiner. »

On parla encore longtemps de Jacques, et si je ne craignais de te fatiguer avec mes récits, je te raconterais de quelle manière vraiment héroïque Jacques supporta ses horribles souffrances de la campagne de Russie. Ce sera pour une autre fois, si tu veux; aujourd'hui, le besoin de te parler de lui m'a conduite assez loin; il est temps que je te délivre de mon griffonnage et que j'aille me coucher. Adieu, mon amie.

VI.

Cerlay, près Tours.

Quand ma souffrance s'endort, pourquoi la réveilles-tu, imprudente Sylvia! Je sais bien que je n'en guérirai pas : crains-tu que je ne l'oublie? Mais de quoi donc as-tu peur? et quelle page de ma vie peut te paraître bizarre quand elle est signée de Jacques? Est-ce de me voir amoureux que tu t'étonnes? est-ce mon amour, est-ce mon mariage qui t'effraie?

Moi, si je pouvais m'épouvanter de quelque chose, ce serait de me sentir si heureux; mais je l'ai été plus d'une fois, et plus d'une fois j'ai su y renoncer. Quand le temps sera venu de me vaincre, je me vaincrai. J'aime du plus profond de mon cœur une vierge, une enfant belle comme la vérité, vraie comme la beauté, simple, confiante, faible peut-être, mais sincère et droite comme toi. Pourtant Fernande n'est pas ton égale; nulle ne l'est en ce monde, Sylvia; c'est pourquoi je ne la cherche pas. Je ne demanderai pas à cette jeune fille la force et l'orgueil qui te font si grande, mais je trouverai en elle les douces affections, les tendres prévenances dont mon cœur sent le besoin. J'ai soif de repos, Sylvia; il y a longtemps que je marche seul dans un chemin pénible; il faut que je m'appuie sur un cœur paisible et pur; le tien ne peut pas m'appartenir exclusivement; il faut que je m'empare de celui-ci, qui n'a encore connu que moi.

Oui, Fernande est une sauvage. Si tu voyais ses longs cheveux blonds se détacher et tomber en désordre sur ses épaules au moindre mouvement de sa jeune pétulance; si tu voyais ses grands yeux noirs, toujours étonnés, toujours questionneurs, et si ingénus quand l'amour en adoucit la vivacité; si tu entendais sa voix un peu brusque de cette voix nette et accentuée, tu reconnaîtrais, à des indices indubitables, la franchise et l'honnêteté. Fernande a dix-sept ans; elle est petite, blanche, un peu grasse, mais élégante et légère cependant. Ses yeux et ses sourcils noirs, au-dessous d'une forêt de cheveux blonds, donnent un caractère particulier à sa beauté. Son front n'est pas très-élevé, mais il est purement dessiné, et annonce une intelligence plutôt docile que saisissante, plutôt capable de mémoire que d'observation. En effet, elle arrange et emploie convenablement ce qu'elle sait, et ne découvre rien par elle-même. Je ne te dirai pas, comme font tous les amants, que son caractère et son esprit sont faits exprès pour assurer le bonheur de ma vie. Ce serait une phrase de clerc de notaire, et l'approche du mariage ne m'a pas encore rendu imbécile à ce point. Le caractère de Fernande est ce qu'il est; je l'étudie, je le possède, et je traiterai avec lui en conséquence. Quand j'étais jeune, je croyais à un être créé pour moi. Je le cherchais dans les natures les plus opposées, et quand je désespérais de le trouver dans l'une, je me hâtais de l'espérer dans une autre. C'est ainsi que j'ai aggravé mes maux et que j'ai souvent connu le découragement. Amour romanesque! tourment et chimère des années fécondes de la vie!

Ne vous trompez pas sur moi, cependant, Sylvia; je ne suis pas un homme blasé qui se retire des passions pour vivre bourgeoisement avec une femme simple, gentille et rangée : je suis un homme encore bien jeune de cœur, qui aime fortement une jeune fille, et qui l'épouse pour deux raisons : la première, parce que c'est l'unique moyen de la posséder; la seconde, parce que c'est l'unique moyen de l'arracher des mains d'une méchante mère, et de lui procurer une vie honorable et indépendante. Vous voyez que c'est un mariage d'amour; je ne m'en défends pas. Si cette détermination entraînait tous les maux que vous craignez, ce qu'il y a de vieux en moi, l'esprit et la volonté, aurait pris le dessus, et j'aurais fui avant de m'abandonner à mon cœur; mais ces maux sont imaginaires, Sylvia, et je vais te le prouver.

Je n'ai pas changé d'avis, je ne me suis pas réconcilié avec la société, et le mariage est toujours, selon moi, une des plus barbares institutions qu'elle ait ébauchées. Je ne doute pas qu'il ne soit aboli, si l'espèce humaine fait quelque progrès vers la justice et la raison; un lien plus humain et non moins sacré remplacera celui-là, et saura assurer l'existence des enfants qui naîtront d'un homme et d'une femme, sans enchaîner à jamais la liberté de l'un et de l'autre. Mais les hommes sont trop grossiers et les femmes trop lâches pour demander une loi plus noble que la loi de fer qui les régit : à des êtres sans conscience et sans vertu, il faut de lourdes chaînes. Les améliorations que rêvent quelques esprits généreux sont impossibles à réaliser dans ce siècle-ci; ces esprits-là oublient qu'ils sont de cent ans en avant de leurs contemporains, et qu'avant de changer la loi il faut changer l'homme.

Quand on est de ceux-là, quand on se sent moins brute et moins féroce que la société où l'on est condamné à vivre et à mourir, il faut ou lutter corps à corps avec elle, ou s'en retirer tout à fait. J'ai fait l'un, je veux faire l'autre. J'ai vécu seul, méprisant l'activité d'autrui, et me lavant les mains devant Dieu des impuretés de la race humaine; à présent je veux vivre deux, et donner à un être semblable à moi le repos et la liberté qui m'ont été refusés de tous. Ce que j'ai amassé de force et d'indépendance durant toute une vie de solitude et de haine, je veux en faire profiter l'objet de mon affection, un être faible, opprimé, pauvre, et qui me devra tout; je veux lui donner un bonheur inconnu ici-bas; je veux, au nom de la société que je méprise, lui assurer les biens que la société refuse aux femmes. Je veux que la mienne soit un être noble, fier et sincère; telle que la nature l'a faite, je veux la conserver; je veux qu'elle n'ait jamais ni besoin ni envie de mentir. J'ai embrassé cette idée-là comme un but à ma triste et stérile existence, et je me persuade que, si je réussis, ma vie ne sera pas absolument perdue.

Ne souris pas, Sylvia; ce ne sera pas une petite chose, cela sera peut-être plus grand devant Dieu que les conquêtes d'Alexandre. J'y emploierai tout mon courage, toute ma force; j'y sacrifierai tout, s'il le faut : ma fortune, mon amour, et ce que les hommes appellent leur honneur; car je ne me dissimule pas les difficultés de mon entreprise et ce que la société y apportera d'obstacles. Je sais combien ses préjugés, sa jalousie, ses menaces, sa haine, entraveront mes pas et glaceront de terreur celle que j'ai prise par la main pour la faire marcher avec moi dans ce chemin désert; mais je surmonterai tout, je le sens, je le sais. Si mon courage faiblissait, ne serais-tu pas là pour me dire : « Jacques, souviens-toi de ce que tu a promis à Dieu? »

VII.

DE FERNANDE A CLÉMENCE.

Tilly, le...

Tu es une moqueuse; tu dis que j'imite le jargon des grognards, comme si j'avais composé dix vaudevilles; cependant tu dis que j'ai bien fait de te raconter tout cela; et moi aussi, je le pense, car te voilà à demi réconciliée avec Jacques; ce caractère froidement brave te plaît, et à moi donc!

J'ai suivi ton conseil, et je ne sais trop quelle conclusion je dois tirer de la conversation que j'ai eue avec les Borel. Je te la transmets, au risque d'être encore traitée de petite perruche : tu me diras ce que tu en penses.

L'occasion s'est offerte à moi on ne peut meilleure. Maman avait été faire une visite à notre voisine, madame de Bailleul, quand Eugénie et son mari sont arrivés. Jacques avait été appelé à Tours pour une affaire. « Je suis enchantée de me trouver seule avec vous, leur ai-je dit; j'ai beaucoup de questions à vous faire à tous deux. D'abord êtes-vous bien mes amis? suis-je indiscrète de compter sur vous comme sur moi-même? » Eugénie m'a embrassée, et son mari m'a tendu la main d'une grosse façon militaire que ma mère aurait trouvée de bien mauvais ton, mais qui m'a inspiré plus de confiance que tous les compliments du monde. « Il faut que vous me parliez de Jacques, leur ai-je dit; vous ne m'en avez jamais dit que du bien; il est impossible que vous n'ayez pas un peu de mal à m'en dire. — Qu'est-ce que cela signifie? s'est écriée Eugénie. — Ma bonne amie, lui ai-je répondu, je vais m'engager sans retour et bien précipitamment avec un homme que je ne connais très-peu; ce serait une grande folie, si vous n'étiez garants du noble caractère de cet homme-là. Maintenant je ne songe pas à m'en dédire, car il sait et vous savez tous que je l'aime; mais, malgré cela, et même à cause de cela, je voudrais le connaître mieux et pouvoir me tenir en garde contre les défauts grands ou petits qu'il peut avoir. Vous m'avez dit, dans un temps où aucun de nous ne songeait qu'il pouvait devenir mon mari, qu'il avait beaucoup de singularités, maintenant je m'intéresse extrêmement de savoir quelles sont ces singularités, afin de n'en pas blesser quelqu'une involontairement et d'éviter tout ce qui peut les éveiller. Je n'en ai encore aperçu que l'ombre, et je me demande souvent s'il est possible qu'un homme soit aussi parfait que Jacques me semble l'être. Je veux me défendre de l'aveuglement et de l'enthousiasme; je vous en prie, mes amis, parlez-moi, éclairez-moi.

— Cela est embarrassant en diable, a répondu M. Borel, et je ne sais que vous dire. Vous êtes si franche et si bonne enfant, Mademoiselle, que, si vous étiez ma propre sœur, je ne pourrais pas avoir plus d'estime et d'amitié pour vous que je n'en ai. D'un autre côté, Jacques est mon plus ancien, mon meilleur ami : il m'a porté sur ses épaules en Russie pendant plus de trois lieues. Oui, Mademoiselle, le petit Jacques a porté le gros animal que voilà, qui sans lui serait crevé de froid à côté de son cheval; et il a manqué de mourir lui-même par suite de ce léger fardeau. Je vous ai raconté cela, peut-être; je pourrais vous raconter tant d'autres choses! des dettes payées, des duels accommodés, des coups parés tant à la bataille qu'au cabaret, des services à n'en pas finir; et moi, qu'est-ce que j'ai fait pour lui? rien du tout. Ai-je le droit à présent de parler de lui comme je le ferais d'un autre? — A tout autre qu'à moi, non certainement, ai-je répondu; mais à moi, je crois que vous le devez. — Je ne sais pas! je ne sais pas! Je vous aime bien, ma chère mademoiselle Fernande; mais, voyez-vous, j'aime Jacques encore plus que vous. — Je le crois bien, mais ce n'est pas dans mon intérêt seulement, mais dans celui de Jacques, que je vous interroge. — Fernande a raison, a dit Eugénie; il faut qu'elle connaisse son mari pour lui épargner de petits chagrins, et peut-être de grandes contrariétés. Elle dit qu'elle aime Jacques, et que ce ne seront pas de petites raisons qui pourront la dégoûter de lui : il faut croire ce que dit Fernande; elle ne ment pas; moi, je tiens sa parole pour sacrée. Comme, d'un autre côté, je sais qu'il est impossible de trouver un reproche un peu grave à faire à Jacques, je ne vois pas le moindre inconvénient à lui dire tout ce que tu sais. Pour moi, j'ai souvent entendu raconter les originalités de Jacques; mais je déclare que je n'en ai vu aucune, et que, depuis trois mois qu'il demeure chez nous, je n'ai jamais eu sujet de m'étonner de rien, si ce n'est de sa douceur, de son égalité de caractère et du calme de son esprit. — Voilà que tu fais ce que je ne voudrais pas faire, interrompit son mari; tu parles contre la vérité. Il est vrai que tu mens sans le savoir. Toutes les femmes voient Jacques avec prévention, jusqu'à la mienne, qui certainement est une femme sensée. — Eh bien! moi, je veux l'être encore plus, ai-je dit; je veux le voir tel qu'il est. Parlez, mon cher colonel; Jacques est-il d'un caractère fantasque? a-t-il des caprices, des emportements? — Des emportements? non; ou, s'il en a, je ne les ai jamais aperçus : il est doux comme un agneau. — Mais des caprices? — Je vous répondrai à une condition : c'est que vous me permettrez de raconter à Jacques notre conversation mot pour mot, et dès ce soir. » Cette demande m'a un peu embarrassée. « Comment! me suis-je dit, Jacques saura que je l'ai soupçonné de n'être pas toujours dans son bon sens? que j'ai demandé à ses amis les petits secrets de son caractère, au lieu de l'interroger franchement et de m'en rapporter à lui? — Vous ne vous en souciez pas, a dit le colonel : eh bien! laissons là ce sujet; dispensez-moi de vous répondre : je vous promets sur l'honneur de ne pas dire à Jacques que vous m'avez interrogé. — J'ai peut-être eu tort de le faire, ai-je répondu; mais, puisque je l'ai fait, je veux en subir toutes les conséquences; il me paraîtrait plus déloyal de m'en cacher que de persister. Parlez donc, j'accepte les conditions. » Il s'est enfin décidé, et il m'a parlé de Jacques à peu près dans ces termes :

« Je ne sais pas comment Jacques est avec les femmes; ainsi je ne vois pas trop à quoi vous servira ce que je vais vous dire. Toutes les femmes que j'ai vues raffolent de lui, et je ne sache pas qu'aucune de celles qui l'ont aimé ait eu un seul reproche à lui faire. Mais moi, qui l'aime de tout mon cœur, je lui en veux souvent; pourquoi? je n'en sais trop rien. Je le trouve sec, fier, méfiant; je suis en colère de ce qu'il sait si bien se faire aimer de certaines moments. Il y a en d'autres où il semble qu'il ne vous connaît plus. « Mais qu'as-tu donc, Jacques? — Rien. — Souffres-tu? — Non. — As-tu quelque chose qui te contrarie? — Bah! — Mais enfin tu n'es pas dans ton humeur ordinaire? — Si fait. — Tu veux que je te laisse tranquille? — Oui. — A la bonne heure. » Cela n'est rien, nous avons tous de mauvais moments; mais quand nous sommes sûrs d'un ami, nous lui demandons tous les services dont nous avons besoin. Il n'y a pas de danger que Jacques en demande jamais un seul, fût-ce un verre d'eau *in articulo mortis*, et cela non pas tant peut-être par orgueil que par méfiance. Il ne dit jamais la raison de son silence, mais on s'en aperçoit tout de suite à la manière dont il vous conseille en pareille occasion. « Ne faites pas cela, dit-il, mettez l'amitié à l'épreuve le moins que vous pourrez. » Vous m'avouerez que pour un homme dont l'amitié est capable de tous les sacrifices, il y a une espèce de folie superbe à nier l'amitié des autres. C'est injuste, Jacques, et je me suis souvent mis en colère contre lui. Cette singularité en entraîne d'autres. Quand il a rendu un service, il ne peut pas souffrir qu'on l'en remercie, et il est capable de fuir et d'éviter longtemps, de quitter même tout à fait celui qu'il a obligé; il semble qu'il prenne en aversion la figure des gens qui ont reçu de lui quelque chose. Il y a là-dedans excès de délicatesse, mais il y a quelque chose de plus encore : il y a là conviction cruelle que tous ceux à qui il fait du bien doivent devenir ses ennemis. Il a d'autres manies inexplicables : il n'aime pas qu'on le regarde en certains moments, et l'on ne sait jamais pourquoi. Il ne veut pas qu'on le questionne ni qu'on le soigne dans ses souffrances. Ce qu'il y a de plus déplaisant, c'est qu'il ne peut pas souffrir qu'on parle de guerre et qu'on raconte les campagnes qu'on a faites; il s'en va quand on commence à bavarder au dessert. Il ne s'enivre jamais, eût-il avalé de l'eau-forte. Il ne sort jamais de son sang-froid; cela le met dans une sorte de désaccord avec nous autres, et fait qu'il a toujours été estimé plutôt qu'aimé au régiment. Sans les services qu'il a rendus d'une manière toujours magnifique, on l'aurait détesté comme un mauvais camarade; car les militaires n'aiment pas ceux qui se taisent à table et qui ont l'air d'en penser plus long qu'eux.

— D'après cela, dis-je à M. Borel, je crois voir qu'il a le fond du cœur chagrin et l'esprit mélancolique. — Le fond du cœur de Jacques n'est pas facile à voir, reprit-il, mais son caractère n'est pas plus mélancolique qu'un autre. Il a, comme nous tous, ses bons et ses mauvais jours; il s'égaie volontiers, mais il ne s'abandonne jamais. Il a une petite joie tranquille qui fait mourir de rire quand on a encore un demi-sens pour aimer la gaieté douce; mais quand on casse les pots, Jacques n'en est plus; il disparaît comme la fumée des pipes et s'éclipse tout doucement, sans qu'on sache s'il est sorti par la porte ou par la fenêtre. Cela ne me semble pas un grand défaut, repris-je. — Ni à moi non plus, dit Eugénie. — Ni à moi non plus maintenant, dit Borel; je me suis rangé, et le tapage ne me paraît plus nécessaire. Mais j'ai été un grand mauvais sujet autrefois, et j'avoue que dans ce temps-là je faisais un crime à Jacques de l'être moins que moi. Il y en avait parmi nous qui ne lui pardonnaient pas de conserver toujours sa raison, et qui disaient qu'il faut se méfier de l'homme à qui le vin ne desserre jamais les dents. Voilà le reproche le plus grave qu'on ait à lui faire; c'est à vous de juger si vous devez le corriger de cela. — Non pas! répondis-je en riant. Est-ce là tout? — Tout, ma parole d'honneur! A présent que je vois avec quelle philosophie vous prenez ces choses-là, je suis enchanté de vous les avoir dites; car je parie que vous vous imaginiez des choses bien plus terribles. — Je ne sais pas, répondis-je en riant, s'il est un plus terrible défaut que celui de boire avec prudence et modération. Eugénie est bien heureuse de n'avoir pas cela à vous reprocher. — Vous êtes une méchante, dit-il en me piquant la main avec ses grosses moustaches. A présent vous ne me questionnerez plus? »

La manière dont il s'était plaint de Jacques m'avait paru si singulière que je ne songeai qu'à en rire avec eux; mais quand ils furent partis, je me mis à penser à certaines parties de ce discours qui ne m'avaient pas assez frappée d'abord, à ces paroles surtout : « Il semble qu'il prenne en aversion la figure des gens qui ont reçu de lui quelque chose. » Je ne sais pourquoi je me sentis tellement effrayée à cette idée que j'eus presque envie d'écrire à Jacques pour rompre avec lui; car enfin je suis pauvre, et je vais recevoir la fortune de Jacques. Il ne m'épouse peut-être que pour me la donner; et quand je serai son obligée à ce point, le plus léger tort de ma part lui semblera une ingratitude; il s'imaginera peut-être que je lui dois plus qu'une autre femme ne doit à son mari, et il aura peut-être raison. Pour la première fois je me sens alarmée sérieusement de ma position; mon orgueil souffre, et mon amour encore davantage.

VIII.

DE SYLVIA A JACQUES.

Peut-être que tu te trompes, Jacques; peut-être que l'amour seul t'aveugle et t'entraîne, et que la volonté de faire de cet amour une chose belle et grande dans ta vie est un rêve conçu dans le moment même où tu m'as répondu. Je te connais, enthousiaste ! autant qu'on peut te connaître, car ton âme est un abîme au fond duquel tu n'es peut-être jamais descendu toi-même. Peut-être sous le masque de la force vas-tu commettre la plus insigne faiblesse. Je sais bien que tu t'en tireras de quelque manière étrangement héroïque; mais à quoi bon te faire souffrir? N'as-tu pas assez vécu?

Hélas ! voici que je te dis le contraire de ce que je t'ai dit d'abord. Je craignais que tu ne vinsses à enterrer l'éclat de la vie, et maintenant il me semble que tu vas chercher ce qu'il y a de plus difficile et de plus douloureux, pour le plaisir d'exercer tes forces et de sortir vainqueur d'une lutte plus terrible que les autres. Je ne peux pas me laisser persuader que ce soit là une chose dont je doive me réjouir; les plus funestes pressentiments s'attachent à cette nouvelle phase de ta vie. Pourquoi la figure pâle vient-elle s'asseoir les nuits à côté de mon lit et reste-t-elle immobile et silencieuse à me regarder jusqu'au jour? Pourquoi ton spectre erre-t-il avec moi dans les bois au lever de la lune? Mon âme est habituée à vivre seule, Dieu le veut ainsi; que vient faire la tienne dans ma solitude? Viens-tu m'avertir de quelque danger, ou m'annoncer quelque malheur plus épouvantable que tous ceux auxquels a suffi mon courage? L'autre soir, j'étais assise au pied de la montagne; le ciel était voilé, et le vent gémissait dans les arbres; j'ai entendu distinctement, au milieu de ces sons d'une triste harmonie, le son de ta voix. Elle a jeté trois ou quatre notes dans l'espace, faibles, mais si pures et si saisissables que j'ai été voir les buissons d'où elle était partie pour m'assurer que tu n'y étais pas. Ces choses-là m'ont rarement trompée; Jacques, il faut qu'il y ait un orage sur nos têtes.

Je vois bien que l'amour te précipite dans un piège nouveau; la seule parole vraie de ta lettre est celle-ci : « J'épouse cette jeune fille parce qu'il n'y a pas d'autre moyen de la posséder. » Et quand tu ne l'aimeras plus, Jacques, qu'en feras-tu?

Car il viendra un jour où tu seras aussi fatigué de l'avoir aimée que tu es avide maintenant de t'abandonner à ta passion. Pourquoi cet amour-là différerait-il des autres? As-tu tellement changé depuis un an que tu sois devenu capable de ce qu'il y a de plus antipathique à ton âme, l'obstination? Car de quel autre nom peut-on appeler l'amour qui résiste à l'intimité? Tu es capable de comprendre, d'éprouver et d'exécuter, en beaucoup de choses, ce que les hommes regardent comme impossible; mais, en revanche, ce qui est facile à plusieurs, et possible à beaucoup d'entre eux, Dieu, pour compenser sa magnificence envers toi par quelque grave infirmité, t'en a rendu absolument incapable. Ne pouvoir tolérer les faiblesses d'autrui, voilà ta faiblesse, voilà le côté misérable et sacrifié de ton grand caractère; voilà en quoi Dieu te châtie de n'être pas soumis aux misères communes.

Et tu as raison, Jacques; je te l'ai toujours dit, tu as bien raison de ne rien pardonner à cette boue humaine; tu as raison de retirer tout ton cœur aussitôt que tu vois une tache sur l'objet de ton amour! L'être qui pardonne s'avilit ! Je sais bien, moi pauvre femme, combien l'âme perd de sa grandeur et de sa sainteté quand elle accepte une idole souillée. Il faut toujours qu'elle en vienne plus tard à briser l'autel où elle s'est prosternée devant un faux dieu; au lieu de la résignation froide qui devrait accompagner cet acte de justice, la haine et le désespoir font trembler la main qui tient la balance. La vengeance se mêle de juger... Oh ! alors il vaudrait mieux être né sans cœur que d'avoir aimé.

Toi, homme fort, tu couvres mystérieusement les fautes d'autrui du manteau de ton silence; ta main généreuse relève celui qui est tombé, essuie la fange de son vêtement, et efface la trace que sa chute a laissée sur ton chemin; mais tu n'aimes plus alors! Le jour où tu commences à pardonner, tu cesses d'aimer! Et je t'ai vu dans ces jours-là, oh! combien tu souffres ! Vas-tu t'exposer encore à ce que tu appelais *le mal de la miséricorde?*

Elle a beau être aimable, elle aura beau être sincère et bonne; elle est femme, elle a été élevée par une femme, elle sera lâche et menteuse, un peu seulement peut-être; cela suffira pour te dégoûter. Tu auras besoin de la fuir alors, et elle t'aimera encore; car elle ne comprendra pas qu'elle est indigne de toi et qu'elle n'a dû ton amour qu'au besoin d'aimer qui dévore ton âme, et au voile que ce besoin aura étendu sur tes yeux jusqu'au jour de sa première faute. Infortunée! je la plains et je l'envie. Elle aura de beaux moments; elle en aura un terrible! Tu as prévu cela, je le vois bien; tu as pensé au temps où, lui retirant ton affection, tu lui laisserais l'indépendance; qu'on fera-t-elle si elle t'aime? Oh! Jacques, j'ai toujours frémi quand je t'ai vu devenir amoureux; j'ai toujours prévu ce qui est arrivé depuis; j'ai toujours su d'avance que tu romprais brusquement ton lien, et que l'objet de ton amour t'accuserait de froideur et d'inconstance le jour où l'ardeur et la force de cet amour le feraient le plus souffrir. Mais à présent, quel effroi ne dois-je pas avoir quand le mariage va sceller ce lien à ta conscience et à celle d'une femme; quand les lois, la croyance et l'usage vous défendront à tous les deux de vous consoler par un autre amour! les lois, la croyance et l'usage sont des mots pour toi; ce seront des chaînes de fer pour cette femme, quel que soit son caractère; pour les secouer, il faudra qu'elle subisse tout ce que la société peut faire de mal à un de ses enfants rebelles. Comment sortira-t-elle de cette lutte? Désolée comme moi, robuste comme toi, ou écrasée comme un roseau! Pauvre femme! elle t'aime sans doute avec confiance, avec espoir; elle ne sait pas où elle va, l'aveugle enfant! elle ne sait pas quel rocher elle veut porter sur sa faible tête, et à quel colosse de vertu farouche s'attaque sa tranquille et fragile innocence. Oh! quel serment étrange est celui que vous allez prononcer! Dieu n'écoutera ni l'un ni l'autre, il n'enregistrera pas cette monstruosité sur le livre du destin! A quoi me sert de t'avertir? J'empoisonne ta joie, et je ne déracine pas ce terrible espoir de bonheur qui te dévore. Je sais ce que c'est, et je ne m'offense pas de ta résistance : j'ai aimé, j'ai désiré, j'ai espéré comme toi, et j'ai été désabusée comme tu l'as été tant de fois, comme tu le seras encore!

IX.

DE CLÉMENCE A FERNANDE.

Une autre que moi perdrait son temps et sa peine à te dire que tu vis dans un monde où l'on a singulièrement mauvais ton, et où tout se passe de la façon la plus inconvenante. Je ne puis que te plaindre, car je suis sûre que la bonne compagnie est la classe la plus raisonnable et la plus éclairée de toutes, et que ses usages et ses délicatesses sont les meilleurs guides possibles vers le bon et l'utile. Ta mère le sait de reste, et, parmi tous ses défauts, je lui reconnais au moins un extrême bon sens et une excellente manière d'être; cela n'empêche pas que, sacrifiant tout au désir de te voir épouser un homme riche, elle ne t'ait jetée dans la mauvaise compagnie. Eugénie a toujours été une espèce de bourgeoise très-commune, et le couvent, où l'on prend en général une meilleure tenue, ne l'a corrigée de rien. Qu'elle aime à la folie les lazzi soldatesques des amis de son mari, que son château soit devenu une tabagie, cela ne me surprend nullement; mais que la mère t'ait abandonnée à ces amitiés-là, cela me révolte un peu.

N'importe! il faut bien que je m'y fasse, car M. Jacques est en plein dans la société dite *du Champ d'Asile*, du moins je le présume. Je n'ai pas de préjugés; je vois toutes sortes de gens, je me pique d'être impartiale en politique, et je m'accoutume à supporter les différences dont la société abonde, sans m'étonner de rien; je te parlerai donc comme je dois parler à une personne qui est dans ta position; et je m'écarterai de tout système et de toute habitude pour me mettre au même point de vue que toi.

Ainsi, je te dirai que, dans son bon sens grossier, M. Borel n'a peut-être pas tort, et qu'il faut beaucoup réfléchir à cette parole : « Il ne s'abandonne jamais, et le vin ne lui desserre jamais les dents. » Si l'on me disait cela de M. de Vence ou du marquis de Noisy, je rirais comme tu as fait à propos de M. Jacques; mais moi, à propos de M. Jacques, je n'en rirais pas. M. Jacques a vécu parmi les gens qui boivent, qui s'enivrent et qui bavardent; quelle qu'ait été sa première éducation, dès l'âge de seize ans il a été soldat de Bonaparte; cela l'oblige à être un homme comme M. Borel ou à lui être infiniment supérieur; prends garde à cela, Fernande. Je suis très-portée à le croire tel, d'après tout ce que tu m'en dis; mais si nous nous trompions l'une et l'autre? s'il était inférieur à tous ces braves butors que tu aimes tant, et qui ont du moins pour eux la franchise et la loyauté? si toute cette réserve, que tu prends peut-être pour de la noblesse dans les manières, était seulement la prudence d'un homme qui cache quelque vice? Je te dirai naturellement ce que je crains; je m'imagine que M. Jacques est un de ces hommes d'un certain âge qui ont beaucoup de dépravation et beaucoup d'orgueil. Ces gens-là sont tout mystère; mais on fait bien de ne pas chercher à lever le voile dont ils se couvrent. Je ne puis me résoudre à t'en dire davantage, d'autant plus que je me trompe peut-être absolument.

X.

DE JACQUES A SYLVIA.

Eh bien! oui, c'est de l'amour, c'est de la folie, c'est ce que tu voudras, un crime peut-être! Peut-être que je m'en repentirai et qu'il sera trop tard; peut-être aurai-je fait deux malheureux au lieu d'un; mais il n'est déjà plus temps : la pente m'entraîne et me précipite; j'aime, je suis aimé. Je suis incapable de penser et de sentir autre chose.

Tu ne sais pas ce que c'est qu'aimer pour moi! Non, je ne te l'ai jamais dit, parce que dans ces moments-là j'éprouve un besoin égoïste de me replier sur moi-même et de cacher mon bonheur comme un secret. Tu es le seul être au monde avec lequel il m'ait été possible de m'épancher, et encore cela ne m'a été possible qu'en de rares instants. Il en est d'autres où Dieu seul a pu être le confident de ma douleur ou de ma joie. Aujourd'hui j'essaierai de te montrer mon âme tout entière et la faire descendre au fond de cet abîme que tu dis inconnu à moi-même. Peut-être verras-tu que je ne suis pas ce lutteur terrible que tu crois; peut-être m'aimeras-tu moins, fière Sylvia, en voyant que je suis plus homme que tu ne penses.

Mais pourquoi serait-ce une faiblesse que de s'abandonner à son propre cœur? Oh! la faiblesse, c'est l'épuisement! C'est quand on ne peut plus aimer qu'on doit pleurer sur soi-même et rougir d'avoir laissé éteindre le feu sacré; moi, je le sens avec orgueil qui se ravive de jour en jour. Ce matin je respirais avec volupté les premières brises du printemps, je voyais s'entr'ouvrir les premières fleurs. Le soleil de midi était déjà chaud, il y avait de vagues parfums de violettes et de mousses fraîches répandus dans les allées du parc de Cerisy. Les mésanges gazouillaient autour des premiers bourgeons et semblaient les inviter à s'entr'ouvrir. Tout me parlait d'amour et d'espérance; j'eus un si vif sentiment de ces bienfaits du ciel, que j'avais envie de me prosterner sur les herbes naissantes et de remercier Dieu dans l'effusion de mon cœur. Je te jure que mon premier amour n'a pas connu ces joies pures et ces divins ravissements; c'était un désir plus âpre plutôt que de la fièvre. Aujourd'hui il me semble être jeune et ressentir l'amour dans une âme vierge de passions. Et pendant ce temps tu vois mon spectre épouvanté errer autour de toi, rêveuse! Oh! jamais je n'ai été si heureux! jamais je n'ai tant aimé! Ne me rappelle pas que j'en ai dit autant chaque fois que je me suis senti amoureux. Qu'importe? on sent réellement ce qu'on s'imagine sentir. Et d'ailleurs je croirais assez à une gradation de force dans les affections successives d'une âme qui se livre ingénument comme la mienne. Je n'ai jamais travaillé mon imagination pour allumer ou ranimer en moi le sentiment qui n'y était pas encore ou celui qui n'y était plus; je ne me suis jamais imposé l'amour comme un devoir, la constance comme un rôle. Quand j'ai senti l'amour s'éteindre, je l'ai dit sans honte et sans remords, et j'ai obéi à la Providence qui m'attirait ailleurs. L'expérience m'a bien vieilli; j'ai vécu deux ou trois siècles, mais du moins elle m'a mûri sans me dessécher. Je sais l'avenir, mais pour rien au monde je n'aurais la froide lâcheté de lui sacrifier le présent. Qui, moi! moi qui suis si bien habitué à la souffrance, je reculerais devant elle, je ne disputerais pas à cette avare destinée les biens que je peux lui arracher encore! Ai-je donc été si heureux? n'ai-je plus rien à connaître, rien à posséder de nouveau sous le soleil de ce monde-ci? Je sens bien que je n'ai pas fini, que je ne suis pas rassasié; je sens qu'il y a encore des joies pour mon cœur, puisque mon cœur a encore des désirs et des besoins. Je veux conquérir ces joies et les savourer, dussé-je les payer plus chèrement que toutes celles que Dieu m'a fait expier déjà. Si la destinée de l'homme, ou si la mienne du moins, est d'être heureux pour souffrir ensuite, et de tout posséder pour tout perdre, soit! Si ma vie est un combat, une révolte continuelle de l'espérance contre l'impossible, j'accepte! Je me sens encore la force de combattre et d'être heureux un jour au prix de tout le reste de mes jours futurs. Je défie le sort de m'épouvanter avant le combat; qu'il me brise s'il est le plus fort.

Ne me dis pas que j'expose le bonheur d'un autre avec le mien. D'abord cet être, là où je le prends, ne serait qu'infortuné en d'autres mains que les miennes; et puis ce qu'il est destiné à souffrir avec moi est peu de chose au prix de ce que je suis résigné à souffrir avec lui. Les tourments qui m'attendent, je les connais, et je sais ce que sont les douleurs des autres au prix des miennes. Comment veux-tu que j'aie de la compassion pour quelqu'un? Songerais-tu à établir une comparaison entre moi et le reste des hommes? En fait de souffrance, ne suis-je pas une exception? Tout autre que toi rirait de cette prétention et la prendrait pour un imbécile orgueil; mais tu sais bien que je ne m'en vante pas, et que je m'en plains dans l'amertume de mon cœur. Tu sais que j'ai souvent maudit le ciel pour m'avoir refusé la faculté accordée si généreusement à tous les hommes, l'oubli! De quoi ne se consolent-ils pas et de quoi me suis-je jamais consolé? La douleur les effleure; je ne sais quel vent souffle sur leurs plaies et les sèche aussitôt. Pourquoi les miennes saignent-elles éternellement? Pourquoi la première douleur de ma vie, au lieu de s'en aller dans la nuit de l'oubli, est-elle toujours devant mes yeux, terrible et vivante comme le sang prolifique de l'hydre? Pour tous les humains, le malheur est une hymne funèbre qui passe, et dont les notes se perdent peu à peu dans l'éloignement; quand la dernière s'envole, l'oreille n'en conserve pas le son. Pourquoi mugissent-elles toutes autour de moi? Pourquoi cet éternel chant de mort qui s'élève à toute heure dans mon âme et qui me force à pleurer continuellement mes pertes? Pourquoi mon front est-il ceint d'épines qui le déchirent à chaque souffle du vent dans les fleurs dont les autres se couronnent?

Oh! je sens bien que les autres ne souffrent pas la centième partie de mon mal. Ils se désolent cent fois plus haut, parce qu'ils ne savent vraiment pas ce que c'est que la douleur. Insolents sybarites, ils se plaignent du pli d'une rose; je vois comme ils se guérissent, comme ils se consolent, comme ils sont aveuglément dupes d'une illusion nouvelle. Race stupide et lâche! ils n'affronteraient pas ces illusions s'ils savaient comme moi ce qu'elles valent! quand ils sont terrassés par le destin, ils avouent qu'ils se sont trompés. « Ah! si j'avais su, disent-ils, que cela devait finir ainsi! » Et moi je sais comment tout finit, et je commence un amour nouveau!

Tu vois bien que je suis cent fois plus courageux, cent fois plus infortuné que les autres.

Fernande souffrira donc avec moi, tu veux que je trace d'avance l'arrêt de mort de mon bonheur. Eh bien! sois satisfaite, âme stoïque, vigueur impitoyable! l'un de nous cessera d'aimer, elle ou moi, qu'importe? celui qui se détachera le dernier ne sera pas le plus malheureux! Fernande se consolera; elle est sincère et bonne; mais elle est faible; la pauvre enfant; faible sera sa douleur.

Au milieu de mon amour et de ma joie, il y a une chose qui me déchire et qui m'indigne contre moi, et contre toi aussi, Sylvia: contre moi, parce que je n'ai pas songé dans ma dernière lettre à te questionner; contre toi, parce que tu gardes un dédaigneux silence, comme si tu me croyais devenu indifférent à ton sort. Si tu avais cette idée-là, Sylvia, je serais capable de partir à l'heure même et d'aller te redemander à genoux ta confiance et ton estime. Oh! dis-moi comment va ton cœur, infortunée! parle-moi de toi! Comment! depuis trois semaines il n'est question que de moi, et nous n'avons pas dit un mot de ta nouvelle situation! La dernière fois que tu m'en as parlé, tu semblais assez satisfaite; mais je ne puis me tranquilliser absolument sur la solitude où je t'ai laissée. Cela est bien rude à ton âge, Sylvia, et avec ta force! plus on a d'énergie pour résister à la douleur, plus on en a pour la ressentir. Dis-moi, dis-moi si tu as pris le dessus. Il ne me semble pas, à la manière dont tu envisages ma position, que tu aies trouvé le repos de l'esprit. Parle-moi de ce cœur qui me juge et me dissèque si sévèrement, et qui a toutes mes folies, toute mon audace. N'oublie pas du moins, Sylvia, qu'il y a entre nous un sentiment plus fort que l'amour, et que tu n'as qu'un mot à dire pour m'envoyer d'un bout du monde à l'autre.

XI.

DE FERNANDE A CLÉMENCE.

Ma chère, ta lettre me fait horriblement mal. D'abord je n'y comprends rien; qu'est-ce que tu entends par la dépravation? Est-ce l'inconstance, est-ce le besoin de changer d'amour? En ce cas, j'ai une peur affreuse. Voici la conversation que je viens d'avoir avec le gros capitaine Jean, dont je t'ai parlé; tu jugeras ce qui se passe en moi. Nous avons fait ce matin une promenade dans le bois de Tilly; nous étions cinq hommes et cinq femmes, tous en tilbury. Comme il fallait que dans chacune de ces petites voitures il se trouvât un homme avec une femme pour diriger le cheval; comme ma mère n'a pas jugé convenable que je fisse deux lieues dans le tilbury de Jacques en présence de huit personnes (quoiqu'elle me laisse tous les jours quatre ou cinq heures seule avec lui dans notre jardin); comme M. Jacques ne voulait pas, je suis bien sûre, être le cavalier de ma mère, et que M. Borel s'est dévoué à sa place; comme enfin je ne pouvais aller convenablement qu'avec un homme marié, et que le capitaine Jean est père de quatre grands enfants, on a décidé unanimement que je devais avoir ce joli page. Du moment que je n'étais pas avec Jacques, j'aimais autant celui-là qu'un autre; il me semblait obligeant et bon homme. Mais c'est le butor le plus bavard et le plus niais que je connaisse à présent, et il m'a mis l'esprit dans une telle perplexité que je suis au désespoir d'avoir fait route avec lui.

Il est vrai que c'est bien ma faute. Quand je me suis trouvée tête à tête en conversation avec un homme qui connaît Jacques depuis vingt ans et qui ne demandait pas mieux que de causer, je n'ai qu'à y tenir, et je l'ai mis sur la voie. D'abord d'un ton moitié amical, moitié goguenard, il s'est hasardé à me parler de son caractère, et peu à peu, pressé par mes questions et encouragé par l'air de plaisanterie que j'affectais, il m'a raconté des aventures de sa vie. Je ne sais quelle impression cela m'a faite dans le moment; à présent je suis en proie à une agitation affreuse; il me semble que je dois conclure de cette conversation que Jacques est un enthousiaste et un inconstant, du moins le capitaine me l'a dit plus de vingt fois. « Vous devez être fière, me disait-il, d'avoir enchaîné le faucon ; il a joliment chassé de petites perdrix comme vous ! mais le voilà dompté et chaperonné sur le poing de sa châtelaine ; coupez-lui les ailes, si vous voulez qu'il y reste. — Qu'est-ce que cela veut dire? lui ai-je demandé. Est-ce donc si difficile de garder le cœur de M. Jacques ? — Ah ! il y en a plus d'une qui s'est vantée d'en venir à bout, a-t-il repris. Mais elle comptait sans son hôte, la pauvrette ! Brrr...t! quand on croyait avoir bien fermé la cage, l'oiseau était parti à travers les barreaux. Mais je vois que cela ne vous inquiète pas, et que vous faites votre affaire de le guérir de cette envie de changer. — Certainement, répondis-je en tâchant de cacher mon effroi sous un rire forcé. Mais vous, capitaine, qui êtes un modèle de fidélité, à ce que dit M. Borel, comment n'avez-vous pas morigéné un peu M. Jacques ? — Ah ! que diable voulez-vous ! répondit-il en prenant un air capable, un enthousiaste, un fou ! L'engouement pour les jupons est une vraie maladie chez lui. Autant il est froid et réservé avec les hommes, autant il est tendre et empressé auprès des belles ; et à qui est-ce que je le dis? Vous le savez mieux que moi, mademoiselle Fernande. » Et il se mit à rire d'un gros rire insupportable. « Il a donc fait bien des folies dans sa vie? demandai-je. Des folies, répondit-il, des folies dignes des Petites-Maisons ; et pour quelles pécores ! les plus altières *carognes* (je le répète son expression, parce que cela me paraît nécessaire pour te donner une idée juste de la manière dont il traite les amours de Jacques), les plus insolentes *chipies* que j'aie jamais rencontrées ; de ces femmes belles comme des anges et méchantes comme des démons, avides, ambitieuses, intrigantes, despotiques ; de ces femmes comme il y en tant, et auxquelles vous ressemblez si peu, mademoiselle Fernande ! — Comment M. Jacques a-t-il pu s'attacher à de pareilles femmes ? — Il était leur dupe, il les prenait pour de petits anges, et il voulait couper la gorge à tous ceux qui n'étaient pas de son avis. Ah ! si vous saviez ce que c'est que Jacques amoureux ! Mais qu'est-ce que je dis? Qui le sait mieux que vous? Il est vrai qu'à cause de vous il ne rencontre de contradictions nulle part. Quand il annonce son mariage, tout le monde lui dit qu'il épouse un petit ange, et la première fois que je l'ai entendu parler, je me suis écrié : « Ah ! parbleu ! Jacques, il est bien temps que tu aimes une femme digne de toi ! » Il m'a serré la main, et en même temps il m'a regardé de travers ; car, s'il se contient de vous entendre louer, il n'en est pas moins furieux quand on parle mal des diablesses qu'il a aimées. Savez-vous que j'ai failli me battre avec lui plus de dix fois parce que je voulais l'empêcher de se ruiner, de se retirer du service et de se marier avec la plus grande dévergondée de la terre ? J'aime Jacques comme mon enfant ; j'ai reçu de lui des services que je n'oublierai jamais ; mais si je me suis un peu acquitté envers lui, c'est en l'empêchant de faire cette belle équipée. — Comment l'en avez-vous empêché? Contez-moi cela. — C'était la marquise Orseolo. Parbleu ! c'est une histoire connue dans tout Milan ! La plus belle femme de l'Italie, et de l'esprit comme un démon. Jacques ne se trompe pas, du moins sur ces choses-là, et il y a bien un peu de vanité dans tous ses choix. Il y en avait surtout dans ce temps-là. Toute l'armée d'Italie était, ma foi ! aux pieds de madame Orseolo, qui se donnait des airs de patriotisme, chose bien rare parmi les Italiennes, et qui affichait pour les pauvres Français le plus profond mépris. Cela tente mon fou de Jacques, et le voilà, avec sa mine pâle et ses grands yeux tristes, qui se promène autour de la belle, et la suit comme son ombre, jusqu'à ce qu'il ait enfin vaincu ce fier courage et soumis cette farouche vertu. Tout allait bien ; Jacques allait jeter le froc aux orties et emmener cette charmante conquête en France, non sans l'épouser, comme elle le désirait, et compléter la plus grande folie qu'il eût jamais faite, lorsque, par bonheur, j'acquis des preuves flagrantes de l'intimité un peu trop tendre qui existait entre la dame et son confesseur, et je me hâtai, comme vous pensez bien, de les fournir à Jacques, qui ne me dit pas seulement grand merci, mais qui du moins quitta Milan un quart d'heure après et disparut pendant six mois. Nous le retrouvâmes à Naples, aux pieds d'une chanteuse célèbre, qui ne le subjugua pas moins et qui le trompa de même. Pour celle-là, il a failli perdre la raison. Je n'en finirais pas si je vous racontais toutes les aventures de Jacques. C'est le garçon le plus romanesque, avec cette mine tranquille que vous lui voyez ; mais si bon avec toutes ses extravagances, si généreux, si brave ! Vous serez heureuse avec lui, mademoiselle Fernande. Si vous ne l'êtes pas, prenez-moi pour le plus méchant hâbleur de la terre, et venez me tirer les oreilles. »

Tu dois voir ce que c'est que Jacques maintenant ; dis-le-moi, ma chère Clémence ; car, pour moi, je le sais un peu moins qu'auparavant. Mais je suis triste à mourir. Ce Jacques, qui dit m'aimer tant, et qui a déjà usé son cœur pour des êtres si méprisables ; ces enthousiasmes aveugles auxquels il est sujet, et qui le poussent à sacrifier tout à l'objet de son fol amour, et à lui faire des serments éternels qu'il doit bientôt après rompre et détester ! ... Et s'il me traitait ainsi ! si la veille de mon mariage il se dégoûtait de moi ; le lendemain, ce serait encore pis !... Oh ! Clémence, Clémence, dans quel abîme suis-je près de tomber ! Dis-moi ce qu'il faut faire. Depuis quelques jours je vois Jacques à peine. Il est occupé de préparer tout pour ce mariage, et il va à Tours et à Amboise deux ou trois fois par semaine. D'ailleurs, l'effroi qu'il m'inspire commence à devenir si grand que je crains d'avoir une explication avec lui et de me laisser rassurer. Cela lui est si facile, et j'ai tant besoin de croire en lui ! Je me sens si malheureuse quand je doute !

XII.

DE SYLVIA A JACQUES.

Va donc où t'emporte ta destinée ! J'aime mieux cette lettre-ci que l'autre : elle est franche, du moins. Ce que je crains le plus, c'est de te voir retomber dans les illusions de la jeunesse. Mais si tu abordes hardiment le péril, si tu vois clair à tes pieds, tu franchiras peut-être l'abîme. Qui sait ce qui peut vaincre le courage d'un homme ? Tu es las de disputer lentement la partie, et tu joues tout ton avenir sur un dernier coup de dés. Si tu perds, souviens-toi qu'il te reste un cœur ami pour t'aider à supporter le reste de ta vie, ou pour te tenir compagnie, si tu veux t'en débarrasser.

Tu me dis de te parler de moi, et tu me reproches de garder un dédaigneux silence. Sais-tu pourquoi, Jacques, j'envisage si sévèrement la nouvelle phase d'amour où entre ta destinée? Sais-tu pourquoi j'ai peur, pourquoi je t'ai averti du danger, pourquoi je te vois d'un œil sombre marcher à sa rencontre? Tu ne l'as pas deviné? C'est que moi aussi je suis perdue sur cette mer orageuse ; moi aussi je m'abandonne au destin, et je place tout ce qui me reste de force et d'espoir sur le hasard d'un chiffre. Octave est ici ; je l'ai vu, je lui ai pardonné.

J'ai fait une grande faute en ne prévoyant pas qu'il viendrait. J'ai arrangé toute ma situation pour oublier son absence, et non pour combattre son retour. Il est venu, j'ai été surprise ; la joie a été plus forte que la raison.

Je parle de joie ! et toi aussi tu en parles. Quelle joie que la nôtre ! Sombre comme la flamme de l'incendie, sinistre comme les derniers rayons du soleil qui perce les nues avant la tempête ! Nous joyeux ! quelle dérision ! Oh ! quels êtres sommes-nous, et pourquoi voulons-nous toujours vivre la même vie que les autres?

Je sais que l'amour seul est quelque chose, je sais qu'il n'y a rien autre sur la terre. Je sais que ce serait une lâcheté que de le fuir par crainte des douleurs qui l'expient ; mais vraiment, quand on voit si bien sa marche et ses résultats, peut-on goûter des joies bien pures? Pour moi, cela m'est impossible. Il y a des moments où je m'échappe des bras d'Octave avec haine et avec terreur, parce que je vois dans le rayonnement de

J'étais assise au pied de la montagne. (Page 42.)

son front l'arrêt de mon futur désespoir. Je sais que son caractère n'a aucun rapport avec le mien ; je sais qu'il est trop jeune pour moi, je sais qu'il est bon sans être vertueux, affectueux, mais incapable de passion ; je sais qu'il ressent l'amour assez fortement pour commettre toutes les fautes, mais pas assez pour faire quelque chose de grand. Enfin je ne l'*estime* pas, dans l'acception particulière que toi et moi donnons à ce mot.

Quand j'ai commencé à l'aimer, j'ai chéri en lui cette faiblesse qui me fait souffrir maintenant. Je n'ai pas prévu qu'elle me révolterait bientôt. En vérité, j'ai fait ce que tu fais sans doute à présent. J'ai trop compté sur la générosité de mon amour. Je me suis imaginé que, plus il aurait besoin d'appui et de conseil, plus il me deviendrait cher en recevant tout de moi ; que le plus heureux, le plus noble amour d'une femme pour un homme devait ressembler à la tendresse d'une mère pour son enfant. Hélas ! j'avais tant cherché la force, et mes tentatives avaient été si déplorables ! En croyant m'appuyer sur des êtres plus grands que moi, je m'étais sentie si durement repoussée par un froid de glace ! Je me disais : La force chez les hommes, c'est l'insensibilité ; la grandeur, c'est l'orgueil ; le calme, c'est l'indifférence. J'avais pris le stoïcisme en aversion après lui avoir voué un culte insensé. Je me disais que l'amour et l'énergie ne peuvent habiter ensemble que dans des cœurs froissés et désolés comme le mien, que la tendresse et la douceur étaient le baume dont j'avais besoin pour me guérir, et que je les trouverais dans l'affection de cette âme ingénue. Qu'importe, pensai-je, qu'il sache ou non supporter la douleur ? Avec moi, il n'aura pas à la connaître. Je prendrai sur moi tout le poids de la vie. Son unique affaire sera de me bénir et de m'aimer.

C'était là un rêve comme les autres ; je n'ai pas tardé à souffrir de cette erreur, et à reconnaître que si, dans l'amour, un caractère devait être plus fort que l'autre, ce ne devait pas être celui de la femme. Il faudrait du moins qu'il y eût quelque compensation ; ici il n'y en a pas. C'est moi qui suis l'homme ; ce rôle me fatigue le cœur, au point que je deviens faible moi-même par dégoût de la force.

Et pourtant il y a de bien belles choses dans le cœur de cet enfant ! Quels trésors de sensibilité, quelle pureté de mœurs, quelle foi naïve dans le cœur d'autrui et dans

Tu gardais les chèvres sur le versant des Alpes maritimes. (Page 22.)

le sien propre! Je l'aime parce que je ne connais pas d'homme meilleur. Celui qui est à part de tous les autres ne m'inspire et ne ressent pour moi que de l'amitié. — L'amitié, c'est une sorte d'amour aussi, immense et sublime en de certains moments, mais insuffisante, parce qu'elle ne s'occupe que des malheurs sérieux et n'agit que dans les grandes et rares occasions. La vie de tous les jours, cette chose si odieuse et si pesante dans la solitude, cette succession continuelle de petites douleurs fastidieuses que l'amour seul peut changer en plaisirs, l'amitié dédaigne de s'en occuper. Vous êtes capable, comme vous le dites fort bien, de tout quitter pour venir me tirer d'une situation malheureuse et de courir d'un bout du monde à l'autre pour me rendre un service; mais vous n'êtes pas capable de passer huit jours tranquilles avec moi, sans penser à Fernande, qui vous aime et vous attend. Et cela doit être ainsi, car pour moi c'est la même chose. Je sacrifierais tout mon amour pour vous sauver d'un malheur, je n'en détacherais pas une parcelle pour vous préserver d'une contrariété. Il semble donc que la vie doive être divisée en deux parts : l'intimité avec l'amour, le dévouement avec l'amitié. Mais j'ai beau faire pour me persuader que je suis contente de cet arrangement, j'ai beau me répéter que Dieu m'a servie avec prodigalité en me donnant un amant comme Octave et un ami comme vous; je trouve l'amour bien puéril et l'amitié bien austère. Je voudrais avoir pour Octave la vénération que j'ai pour vous, sans perdre la douce tendresse et la vive sollicitude que j'ai pour lui. Rêve insensé! Il faut accepter la vie comme Dieu l'a faite. C'est difficile, Jacques, bien difficile!

XIII.

DE FERNANDE A CLÉMENCE.

Ne m'écris pas, ne me réponds pas. Ne me parle plus de prudence, et ne cherche plus à me mettre en garde contre le danger. C'est fini; je m'y jette les yeux bandés. J'aime : est-ce que je suis capable de voir clair à quelque chose! Il en sera ce que Dieu voudra. Qu'importe, après tout, que je sois heureuse ou non? Suis-je donc un être si précieux, pour que nous nous en occupions tant? Et à quoi mènent toutes les prévisions? Elles n'empêchent pas qu'on se risque, et elles font qu'on se risque lâchement. Ne me décourage donc plus, ne me parle plus de Jacques, mais laisse-moi t'en parler toujours.

Hier il est venu me surprendre dans le parc. J'étais assise sur un banc; j'avais la tête dans mes deux mains, et je pleurais. Il a voulu savoir la cause de mon chagrin, et il s'est mis en colère parce que je refusais de parler. Mais quelle colère ! Il me prenait dans ses bras et me serrait avec tant de force qu'il me faisait mal, et pourtant je n'avais ni peur ni ressentiment de le voir me brutaliser ainsi. Il me secouait la main d'un air d'autorité, en me disant : « Parle donc, je veux que tu parles, réponds-moi tout de suite; qu'as-tu ? » Et moi, qui déteste le commandement, j'ai eu du plaisir à entendre le sien. Le cœur m'a bondi de joie, comme lorsqu'il m'a tutoyée pour la première fois, en me faisant traverser un ruisseau et me disant : « Saute donc, peureuse ! » Oh ! bien plus cette fois ! Ce que j'ai ressenti, Clémence, est inexplicable. Tout mon cœur a été au-devant du sien, comme un esclave qui se jetterait aux pieds de son maître, ou comme un enfant dans le sein de sa mère. Ces choses-là ne peuvent pas tromper; je sens que je l'aime, parce que je dois l'aimer, parce qu'il le mérite, parce que Dieu ne permettrait pas que j'éprouvasse cette confiance et cet entraînement pour un méchant homme. Pressée par ses questions, je lui ai parlé de ma conversation avec le capitaine Jean, et de l'effroi insurmontable qu'il m'avait laissé. « Ah ! en effet, m'a-t-il dit, je voulais te parler des craintes auxquelles tu t'abandonnes et des questions que tu as faites à Borel et à sa femme. Cela m'embarrassait un peu; que puis-je te dire ? que les reproches de Borel ne sont pas fondés, que les histoires du capitaine sont fausses ? Il m'est impossible de mentir. Il est vrai que j'ai des défauts très-graves, et que j'ai fait beaucoup de folies. Mais qu'est-ce que cela a donc de commun avec toi et avec l'avenir qui nous attend ? Je ne puis rien te jurer, sinon que je suis un honnête homme, et que je n'aurai jamais avec toi un mauvais procédé. Prends acte de ces paroles-là, s'il te faut des paroles pour te rassurer, et quitte-moi la première fois que j'y manquerai. Mais si tu as cru que je ne souffrirais jamais de mon caractère et que tu n'aurais jamais rien à lui reprocher, tu as compté faire en ce monde le voyage d'Eldorado, et tu as rêvé une destinée qui n'est permise à personne sur la terre. » Puis il s'est tu tout à coup, et il est resté triste et silencieux; moi aussi. Enfin, il a fait un effort sur lui-même, et il m'a dit : « Vous voyez bien, ma pauvre enfant, que vous souffrez déjà. Ce n'est pas la première fois, et ce ne sera pas malheureusement la dernière. N'avez-vous donc jamais entendu dire que la vie est un tissu de douleurs, une vallée de larmes ? » Le ton triste et amer dont il a dit ces paroles m'a tellement brisé le cœur, que mes pleurs ont recommencé à couler malgré moi. Il m'a serrée dans ses bras, et il s'est mis à pleurer aussi. Oui, Clémence, il a pleuré, cet homme si grave et si accoutumé sans doute à voir couler les larmes des femmes. Les miennes l'ont gagné. Oh ! comme son cœur est sensible et généreux ! C'est en ce moment que je l'ai bien senti : il importe peu que Jacques ait trente-cinq ans. A-t-il pu être meilleur et plus digne d'amour à vingt-cinq ?

Quand je l'ai vu ainsi, j'ai jeté mes bras autour de son cou. « Ne pleure pas, Jacques, lui ai-je dit; je ne mérite pas ces nobles larmes. Je suis un être lâche et sans grandeur; je ne m'en suis pas aveuglément rapportée à toi, comme je devais le faire. Je t'ai soupçonné, j'ai voulu fouiller dans les secrets de ta vie passée ! Pardonne-moi; ton chagrin est une punition trop sévère. — Laisse-moi pleurer, m'a-t-il dit, et sois bénie pour m'avoir donné cette heure d'attendrissement et d'effusion; il y a bien longtemps que cela ne m'était arrivé. Ne sens-tu pas, Fernande, que ce qu'il y a de plus doux au monde, c'est la tristesse qu'on partage, et que les larmes qui se mêlent à d'autres larmes sont un baume pour la douleur ? Puissé-je pleurer souvent avec toi, et puisses-tu ne jamais pleurer seule ! »

Oh ! c'est fini, qu'on me dise de Jacques tout ce qu'on voudra, je n'écoute plus que lui. Ne me blâme pas, mon amie, ne me fais pas souffrir inutilement. Je m'abandonne à mon destin; qu'il soit ce qu'il plaira à Dieu ! pourvu que Jacques m'aime, je suis sûre de tout supporter.

XIV.

DE JACQUES A FERNANDE.

Je voulais vous dire bien des choses l'autre soir, et je n'ai pu parler; nos larmes se sont mêlées, nos cœurs se sont entendus. Cela suffit pour deux amants, mais pour deux époux ce n'est peut-être pas assez. Votre esprit a peut-être besoin d'être rassuré et convaincu. Je demande à votre affection une preuve de confiance bien grande, ô mon enfant ! en vous priant d'accepter mon nom et de partager mon sort; et je m'étonne de l'abandon avec lequel, me connaissant aussi peu, vous vous en êtes jusqu'ici rapportée à moi. Il faut que votre âme soit bien noble et bien généreuse, ou que vous ayez deviné que vous n'aviez rien à craindre du vieux Jacques. Je crois à l'un et à l'autre, à votre confiance et à votre pénétration. Mais je sens bien que jusqu'ici votre cœur a fait tous les frais de cette sécurité, et que j'ai été muet et nonchalant; enfin qu'il est temps que je vous aide à m'estimer un peu.

Je ne vous parlerai pas d'amour. Il me serait impossible de vous prouver que le mien doit vous rendre éternellement heureuse; je n'en sais rien, et je puis dire seulement qu'il est sincère et profond. C'est du mariage que je veux vous parler dans cette lettre, et l'amour est une chose à part, un sentiment qui entre nous sera tout à fait indépendant de la loi du serment. Ce que je vous ai demandé, ce que vous m'avez promis, c'est de vivre avec moi, c'est de me prendre pour votre appui, pour votre défenseur, pour votre meilleur ami. L'amitié seule est nécessaire à ceux qui associent leur destinée par une promesse mutuelle. Quand cette promesse est un serment dont l'un peut abuser pour faire souffrir l'autre, il faut que l'estime soit bien grande des deux côtés, et surtout du côté de celui que les lois humaines et les croyances sociales placent dans la dépendance de l'autre. C'est de cela, Fernande, que je veux m'expliquer formellement avec vous, afin que si vous livrez aveuglément votre cœur à l'amour, vous sachiez du moins à qui vous confiez le soin de votre indépendance et de votre dignité.

Vous devez avoir pour moi cette estime et cette amitié, Fernande; je les mérite, je le dis sans orgueil et sans forfanterie; je suis assez vieux pour me connaître, et pour savoir de quoi je suis capable. Il est impossible que j'aie jamais envers vous un tort assez grave pour les perdre, ou même pour les compromettre. Je vous parle ainsi parce que je vous estime et que je crois en vous. Je sais que vous êtes juste, que vous avez l'âme pure et le jugement sain. Avec cela il est également impossible que vous m'accusiez sans motif, ou que du moins vous n'acceptiez pas ma justification quand elle sera éclatante de vérité.

Il faut cependant tout prévoir : l'amour peut s'éteindre, l'amitié peut devenir pesante et chagrine, l'intimité peut être le tourment de l'un de nous, peut-être de tous les deux. C'est dans ce cas que votre estime m'est nécessaire ! Pour avoir le courage de m'abandonner votre liberté, il faut que vous sachiez que je ne m'en emparerai jamais. Etes-vous bien sûre de cela ? Pauvre enfant ! vous n'y avez peut-être pas seulement songé. Eh bien ! pour répondre aux terreurs qui pourraient naître en vous, pour vous aider à les chasser, j'ai à vous faire un serment; je vous prie de l'enregistrer, et de relire cette lettre toutes les fois que les propos du monde ou les apparences de ma conduite vous feront craindre quelque tyrannie de ma part. La société va vous dicter une formule de serment. Vous allez jurer de m'être fidèle et de m'être soumise, c'est-à-dire de n'aimer jamais que moi et de m'obéir en tout. L'un de ces serments est une absurdité, l'autre une bassesse. Vous ne pouvez pas répondre de votre cœur, même quand je serais le plus grand et le plus parfait des hommes; vous ne devez pas me promettre de m'obéir, parce que ce serait nous avilir l'un et l'autre. Ainsi, mon enfant, prononcez avec confiance les mots consacrés sans lesquels votre mère et le monde vous défendraient de m'appartenir; moi aussi je dirai les paroles que le prêtre et le magistrat me dicteront, puisqu'à ce prix seulement il m'est permis de vous consacrer ma vie. Mais à ce serment de vous protéger que la loi me prescrit, et que je tiendrai religieusement, j'en veux joindre un autre que les hommes n'ont pas jugé nécessaire à la sainteté du mariage, et sans lequel tu ne dois pas m'accepter pour époux. Ce serment, c'est de le respecter, et c'est à tes pieds que je veux le faire, en présence de Dieu, le jour où tu m'auras accepté pour amant.

Mais dès aujourd'hui je le prononce, et tu peux le regarder comme irrévocable. Oui, Fernande, je te respecterai parce que tu es faible, parce que tu es pure et sainte, parce que tu as droit au bonheur, ou du moins au repos et à la liberté. Si je ne suis pas digne de remplir à jamais ton âme, je suis capable au moins de n'en être jamais ni le bourreau ni le geôlier. Si je ne puis t'inspirer un éternel amour, je saurai t'inspirer une affection qui survivra dans ton cœur à tout le reste, et qui t'empêchera d'avoir jamais un ami plus sûr et plus précieux que moi. Souviens-toi, Fernande, que quand tu me trouveras le cœur trop vieux pour être ton amant, tu pourras invoquer mes cheveux blancs, et réclamer de moi la tendresse d'un père. Si tu crains l'autorité d'un vieillard, je tâcherai de me rajeunir, de me reporter à ton âge, pour te comprendre et pour t'inspirer la confiance et l'abandon que tu aurais pour un frère. Si je ne réussis à remplir aucun de ces rôles; si, malgré mes soins et mon dévouement, je te suis à charge, je m'éloignerai, je te laisserai maîtresse de tes actions, et tu n'entendras jamais une plainte sortir de ma bouche.

Voilà ce que je puis te promettre; le reste ne dépend pas de moi. Adieu, mon ange, réponds-moi; ta mère te laisse toute la liberté possible. Mon domestique ira chercher ta lettre demain matin. Je serai forcé de passer la journée à Tours.

Ton ami,   JACQUES.

XV.

DE FERNANDE A JACQUES.

Oui, j'ai confiance en vous, je crois à votre honneur. Je n'avais pas besoin de vos serments pour savoir que je ne serai jamais ni avilie ni opprimée par vous. Je suis une enfant, et l'on ne s'est guère donné la peine de former mon esprit; mais j'ai le cœur fier, et ma simple raison a suffi pour m'éclairer sur certaines choses. J'ai horreur de la tyrannie, et si, dès les premiers regards que j'ai jetés sur vous, je ne vous avais pas deviné tel que vous êtes, je ne vous aurais jamais estimé, jamais aimé. Ma mère m'a toujours dit qu'un mari était un maître, et que la vertu des femmes est d'obéir. Aussi j'étais bien résolue à ne pas me marier, à moins de rencontrer un prodige. Cela n'était guère probable, et il m'était beaucoup plus facile de croire que j'arriverais tranquillement à l'espèce d'indépendance assurée aux vieux jours des filles sans dot. Cependant je me figurais quelquefois que Dieu ferait un miracle en ma faveur, et qu'il m'enverrait un de ses anges sous les traits d'un homme, pour me protéger en cette vie. C'était un rêve romanesque, dont je ne me vantais pas à ma mère, mais que je n'avais pas la force de repousser. Quand j'étais assise à mon métier auprès de la fenêtre, et que je voyais le ciel si bleu, les arbres si verts, toute la nature si belle et moi si jeune! oh! alors, il m'était impossible de croire que j'étais destinée à la captivité ou à la solitude. Que voulez-vous? J'ai dix-sept ans; à mon âge on n'a pas toute la raison possible, et voilà que la Providence se met en tête de me traiter en enfant gâté. Vous arrivez un beau matin,

Jacques, avant que j'aie encore souffert de l'ennui, avant que les larmes du découragement aient gâté ma fraîcheur de pensionnaire, tout au beau milieu de mes rêves et de mes folles espérances. Voilà que vous venez tout réaliser sans que j'aie eu le temps de douter et de craindre! Vraiment, il n'y a pas longtemps que je lisais encore des contes de fées; c'était toujours la même chose, mais c'était bien beau! C'était toujours une pauvre fille maltraitée, abandonnée, ou captive, qui, par les fentes de sa prison, ou du haut d'un des arbres du désert, voyait passer, comme dans un rêve, le plus beau prince du monde, escorté de toutes les richesses et de toutes les joies de la terre. Alors la fée entassait prodiges sur prodiges pour délivrer sa protégée; et, un beau jour, Cendrillon voyait l'amour et le monde à ses pieds. Il me semble que c'est là mon histoire. J'ai dormi dans ma cage, et j'ai fait des songes dorés que vous êtes venu changer en certitudes, si vite, que je ne sais pas encore bien si je dors ou si je veille.

Aussi j'ai eu un peu peur. Le bonheur m'est venu si promptement et si magnifiquement, que je n'ose y croire. Je crois pourtant que vous m'aimez et que vous êtes le meilleur des hommes; je sais que votre conduite sera telle que vous me l'annoncez; je sais, de mon côté, que je n'en serai pas indigne, et ces serments que vous me faites de ne point m'asservir, je vous les fais aussi; je m'engage à ne point exercer sur vous la tyrannie des prières, des reproches et des convulsions, dont les femmes savent si bien tirer parti. Quoique je n'aie pas votre expérience, je crois pouvoir répondre de ma fierté.

Ce n'est donc pas l'austérité du mariage qui m'effraie. Vous m'aimez et vous m'offrez tout ce que vous possédez; j'accepte, parce que je vous aime. Si un jour nous cessions de nous estimer, je ne suis pas inquiète de mon sort: je sais assez travailler pour gagner ma vie, et je ne vois en ce genre aucun malheur capable de m'épouvanter assez pour m'empêcher de bonheur que vous m'offrez aujourd'hui; ce n'est pas la misère, ce ne sont pas les malheurs vulgaires de la société qui m'inquiètent, c'est l'amour que vous avez pour moi, c'est surtout celui que je ressens pour vous. Vous ne voulez pas m'en parler, Jacques, et c'est la seule chose qui m'occupe et qui m'intéresse.

Peut-être que j'agis contre la pudeur en vous parlant de cela, maintenant que vous affectez de m'entretenir de tout autre sentiment; mais vous m'avez habituée à vous dire sans détour tout ce qui me passe à l'esprit. Vous m'avez dit souvent qu'il n'y avait rien au monde de plus hypocrite et de moins pur que certaines habitudes de réserve que les femmes s'imposent dans leur conduite et dans leurs discours. Je me livre donc sans crainte et sans honte, avec vous, à toutes les impulsions de mon cœur.

Si je vous épousais pour les raisons qui décident au mariage les trois quarts des jeunes personnes avec lesquelles j'ai été élevée, je me contenterais de ce que vous me promettez; et, pourvu que je fusse assurée d'être riche et indépendante, je ferais bon marché de votre amour et du mien. Mais il n'en est pas ainsi, Jacques. Comment avez-vous pu croire que j'eusse peur d'autre chose que de perdre cet amour que vous avez pour moi maintenant? Je sais bien que vous resterez mon ami, mais pensez-vous que cela me suffise et me console? Ah! tenez, ne parlons pas de notre mariage, parlons comme si nous étions seulement destinés à être amants. Il y a quelque chose de bien plus solennel que la loi et le serment, comme vous dites, il y a ce qui se passe en moi, l'attachement que j'ai pour vous, la force que cet attachement prend de jour en jour, le besoin de m'isoler de tout le reste, de n'aimer et de ne plus voir que vous sur la terre. C'est là ce qui me fait frémir, car je sens que mon amour sera éternel, et vous, vous ne savez rien du vôtre. Cette incertitude est affreuse, après ce qui m'a été dit de votre caractère enthousiaste, et de la facilité avec laquelle vous savez passer d'une passion à une autre. Oh! Jacques, il vous en coûtait si peu de me dire deux mots qui m'auraient rassurée plus que toute votre lettre, et que j'aurais crus aveuglément: *Je t'ai-*

merai toujours ! Pourquoi, au moment de les dire, vous arrêtez-vous comme frappé de la crainte de commettre un sacrilége ? Vous pouvez répondre d'une éternelle amitié, vous pouvez promettre un dévouement sublime, un désintéressement héroïque, une générosité au-dessus de tous les préjugés, capable de tous les sacrifices, de toutes les douleurs, mais quant *au reste, il ne dépend pas de vous !* Ces paroles sont affreuses, Jacques, effacez-les ; je vous renvoie votre lettre. Je ne veux pas de ces autres serments, je n'en ai pas besoin ; ils ont l'air d'un traité, d'une capitulation entre nous. Quand vous me pressez sur votre cœur en me disant : « O mon enfant, que je t'aime ! » je suis bien plus sûre de mon bonheur.

XVI.

DE JACQUES A FERNANDE.

De Tours, le...

Ange de ma vie, dernier rayon du soleil qui luira sur mon front chauve ! ne me rends pas fou, épargne ton vieux Jacques, il a besoin de sa raison et de sa force .. Tu ne sais pas, tu ne sais pas, pauvre enfant, ce que tu promets et ce que tu demandes. Tu ne songes pas que tu as dix-sept ans et moi le double ; que tu seras encore une enfant quand je serai vieux ; que l'avenir est plein d'effroi pour moi, si je m'abandonne à de trop riants désirs, à de trop folles ambitions. Et tu crois que c'est la crainte de changer d'amour qui m'empêche de te promettre le même amour que tu me jures ? Sais-tu que je n'ai jamais changé le premier, et que, dès les jours les plus ardents de ma jeunesse, après ma première déception, je suis resté cinq ans entiers sans aimer et sans regarder une seule femme ? Est-ce là passer aisément d'une passion à une autre ? Va, ceux qui prétendent m'avoir étudié et qui essaient de te raconter ma vie ne connaissent guère ni l'un ni l'autre. T'ont-ils dit qu'avant de renoncer à une affection j'y avais été contraint par le mépris ? Savent-ils ce qu'eût été pour moi une passion fondée sur une estime réelle ? Savent-ils seulement ce qu'il m'en a coûté pour ne pas pardonner, et combien j'ai été près de m'avilir à ce point ? Mais qui est-ce qui me connaît ? qui est-ce qui m'a jamais compris ? Je n'ai jamais rien raconté de mes souffrances ni de mes joies à ces hommes qui se mêlent de me juger, et qui n'ont de commun avec moi que le sang-froid au champ de bataille et le stoïcisme du soldat en campagne. Il faut t'en rapporter à moi, Fernande, à moi seul, qui me connais bien et qui n'ai jamais rien promis en vain. Oui, je t'aimerai toujours, si tu le veux, si tu peux le désirer toujours. Peut-être sera-ce possible entre nous, qui sait ? Tu es sûre de toi, cher ange ? Oh ! qu'il est triste, le sourire qui me vient sur les lèvres quand je lis tes serments ! qu'il est difficile de résister à l'espérance que tu me donnes et de ne pas m'y abandonner follement ! Vieillesse de l'esprit, que tu es difficile à concilier avec la jeunesse du cœur !

Tu le vois, pour vouloir nous tourmenter de l'avenir, nous arrivons à douter l'un de l'autre et à nous le dire, ce qu'il y a de plus cruel et de plus triste au monde. Pourquoi chercher à soulever les voiles sacrés du destin ? Les cœurs les plus fermes ne résistent pas toujours à son choc inévitable. Quelles promesses, quels serments peuvent lier l'amour ? Sa plus sûre garantie, c'est la foi et l'espoir ; ah ! gardons-nous d'interroger trop souvent le livre mystérieux où la durée de notre bonheur est écrite de la main de Dieu ; acceptons le présent avec reconnaissance, et sachons en jouir sans le laisser empoisonner par la crainte du lendemain. Quand il ne devrait durer qu'un an, qu'une semaine ; quand je devrais payer un seul jour de tendresse par toute une vie de solitude et de regrets, je ne me plaindrais pas, et mon cœur conserverait envers Dieu et envers toi une éternelle reconnaissance. Lance-toi donc avec courage sur cette mer incertaine de la vie, où les prévisions ne servent de rien, où la force elle-même n'est bonne qu'à périr vaillamment. Il n'y a pas de conquête pour ceux qui ne veulent pas combattre ; il n'y a pas de jouissance pour ceux que la peur inquiète. Viens dans mes bras sans crainte et sans fausse honte ; sois toujours naïve comme l'enfance, ô ma vierge ! ô ma sainte, ne rougis pas de me dire ton amour. La chasteté est nue comme Ève avant sa faute. L'homme qui a vécu vingt ans soldat au milieu des nations avilies, des mœurs méprisées, des coutumes foulées aux pieds ; qui a traversé l'Europe bouleversée au milieu d'une société de vainqueurs grossiers et vains, sans contracter un vice, sans recevoir une souillure, celui-là peut-être est digne de toi, au moins pour quelques années. Si plus tard la vieillesse dessèche son cœur, si l'égoïsme et la triste jalousie remplacent en lui l'amour et le dévouement, cesse de l'aimer, tu en auras le droit ; car ce ne sera plus le Jacques que tu auras connu et à qui tu auras promis de l'aimer toujours.

Si tout cela ne te rassure pas, si tu exiges de moi d'autres serments, il m'est impossible de te rien dire de plus. Je suis honnête, mais je ne suis pas parfait ; je suis un homme et non pas un ange. Je ne puis pas te jurer que mon amour suffira toujours aux besoins de ton âme ; il me semble que oui, parce que je le sens ardent et vrai ; mais ni toi ni moi ne connaissons ce qu'a de force et de durée en toi la faculté de l'enthousiasme, qui seule fait différer l'amour moral de l'amitié. Je ne puis te dire que chez moi cet enthousiasme survivrait à de grandes déceptions ; mais la tendresse paternelle ne mourrait pas dans mon cœur avec lui. La pitié, la sollicitude, le dévouement, je puis jurer ces choses-là, c'est le fait de l'homme ; l'amour est une flamme plus subtile et plus sainte, c'est Dieu qui la donne et qui la reprend. Adieu ; ne dédaigne pas l'amitié de ton vieux Jacques.

XVII.

DE SYLVIA A JACQUES.

Maintenant que vous êtes à la veille de vous marier, maintenant que nous entrons dans une phase nouvelle de ce sentiment sans nom que nous avons l'un pour l'autre, il faut que vous me disiez la vérité sur un des points les plus importants de ma destinée. Jusqu'ici j'ai dû et j'ai pu respecter votre silence ; à présent je ne le puis plus. Vous étiez mon seul appui sur la terre, je vais peut-être vous perdre ; dois-je accepter encore votre protection et vos dons ? Quand vous étiez indépendant, il m'importait peu de savoir si vous étiez mon tuteur ou mon bienfaiteur ; à présent, vous allez avoir une famille étrangère à moi, vos biens lui appartiendront légitimement ; je n'en veux pas prendre la plus légère partie si je n'ai des droits sacrés à votre sollicitude. D'ailleurs, cette incertitude m'est pénible, et l'obscurité répandue à mes propres yeux sur nos relations jette dans ma vie des doutes effrayants et bizarres. Octave lui-même n'est pas tranquille ; il n'a pas assez de grandeur d'âme pour se fier aveuglément à ma parole, et pas assez d'énergie dans la volonté pour m'accuser franchement. Les commentaires insolents des curieux de cette ville se réduisent à ceci, que vous avez été mon amant, et que vous me faites *un sort* par délicatesse. Je méprise ces inconvénients inévitables de mon isolement et de ma naissance. Habituée de bonne heure à n'avoir pas de famille et à faire péniblement ma route au milieu d'un monde froid et méprisant, qui me disait à chaque pas : « Qui êtes-vous ? d'où venez-vous ? à qui appartenez-vous ? » je n'ai jamais compté sur ce qu'on appelle la *considération*. J'aurais pu l'acquérir peut-être en me faisant connaître, et en cherchant des amis ; mais je n'en sentais pas le besoin : votre affection me suffisait et remplissait ma vie quand l'amour ne l'occupait pas.

A présent, vous allez peut-être me manquer ; vos nouvelles affections vont nous séparer ; il faut que j'essaie de me rattacher plus intimement à Octave ; il faut que je lui pardonne d'avoir douté de moi, que je n'aurais pardonné en aucune autre circonstance de ma vie, et que je descende à le rassurer en lui donnant une preuve de mon innocence. Cette preuve, je suis presque sûre qu'un mot de vous peut la fournir ; en vain vous me l'avez refusé, j'ai deviné depuis longtemps ce que nous sommes l'un à l'autre. Tracez-la donc, cette parole, afin qu'elle mette entre nous une ligne sacrée que le soupçon n'ose pas franchir, afin qu'elle m'autorise à dormir tranquille sous le toit d'une maison qui vous appartient. Avouez que je ne suis pas la fille d'un de vos amis ; avouez que vous êtes mon frère. Vous avez fait un serment au lit de mort de celui qui m'a donné le jour ; vous devez le rompre, il y va de tout le repos de ma vie. Qu'importe que je sache le nom de mon père ? je ne l'ai pas connu, je ne peux pas l'aimer ; mais je lui pardonne de m'avoir abandonnée. Quel qu'il soit, je ne le maudirai jamais ; je le bénirai peut-être, s'il est ton père.

XVIII.

DE JACQUES A SYLVIA.

J'ai beaucoup réfléchi à ta demande. Lorsque j'ai fait un serment au lit de mort de ton père, je me suis réservé le droit de le rompre un jour, si certaines circonstances le rendaient nécessaire à ton repos et à ton honneur. Je crois, en effet, que ce moment est venu ; mais vraiment ce que j'ai à te dire est si peu satisfaisant, si incertain, que je ferais peut-être mieux de me taire et de rester ton frère adoptif. Pourtant, si tu refuses mon appui, il faut parler, il faut rassurer ta fierté, et te dire que tu ne dois pas mon dévouement à la compassion, mais à un sentiment de devoir, à un lien du sang que mon cœur a accepté et légitimé du jour où il t'a connue. J'ai la conviction intime que tu es ma sœur : je n'en ai pas la certitude, je n'en pourrai jamais fournir la preuve ; mais tu peux dire à l'univers entier que je n'ai jamais eu pour toi que les sentiments d'un frère.

Cette petite image de saint Jean Népomucène, dont tu as une moitié et moi l'autre, c'est là toute la preuve sociale de notre fraternité. Mais elle est auguste et sainte à mes yeux, et mon âme s'y rattache avec transport. Quand mon père mourut, j'avais vingt ans ; j'étais son ami plutôt que son fils. C'était un homme bon et faible ; j'avais un autre caractère. Il craignait mon jugement ; mais il avait confiance dans ma tendresse. Depuis plusieurs heures il était en proie aux lentes convulsions de l'agonie ; de temps en temps il se ranimait, faisait un effort pour parler, regardait avec inquiétude autour de lui, m'adressait un serrement de main convulsif, et retombait sans force. Au dernier moment, il réussit à prendre un papier sous son chevet et à me le mettre dans la main, en disant : « Tu feras ce que tu voudras, ce que tu jugeras devoir faire ; je m'en rapporte à toi. Jure-moi le secret. — Je vous le jure, répondis-je après avoir jeté les yeux sur le papier, jusqu'au jour où mon silence compromettrait la destinée de l'être que ce secret concerne. Croyez que j'aurai soin de l'honneur de mon père. » Il fit un signe affirmatif et répéta : « Je m'en rapporte à toi. » Ce furent ses dernières paroles.

Voici ce que contenait le papier : trois parcelles détachées ; sur l'une était écrit : *Le 15 mai 17.. fut déposé à l'hospice des Orphelins, à Gênes, un enfant du sexe féminin, avec le signe de saint Jean Népomucène.* Sur la seconde : « J'ai commis ce crime, et voici « mon excuse. Madame de *** avait un autre amant en « même temps que moi. L'incertitude, la compassion, « me décidèrent à l'assister dans ses souffrances. Elle « était seule. L'autre l'avait abandonnée ; je ne pus « pas me résoudre à emporter son enfant. D'un commun « accord, nous l'avons mis à l'hospice. Cela acheva de me « faire haïr et mépriser cette femme. J'ai gardé le signe, « afin que si, quelque jour, il m'était prouvé que l'enfant « m'appartînt... Mais c'est impossible ; je ne le saurai « jamais. » Le nom de cette femme est écrit en toutes lettres de la main de mon père, et je le connais. Elle vit, elle passe pour vertueuse ; elle en a la prétention du moins ! Je ne te la nommerai jamais, Sylvia, cela ne servirait à rien, et l'honneur me le défend. Le troisième papier était le coupon de l'image du saint, dont l'autre moitié avait été attachée à ton cou.

J'étais presque aussi incertain que mon père avait pu l'être. Il m'avait souvent parlé de cette madame de ***. Elle avait désolé sa vie ; je l'avais vue dans mon enfance ; je la détestais. Aller au secours de sa fille, du fruit d'un double amour, infâme et menteur, c'était une audace de générosité pour laquelle je me sentis d'abord une invincible répugnance. Mon père m'avait dit de faire ce que je jugerais convenable. J'essayai d'ensevelir ce secret dans l'oubli et de l'abandonner au destin, pauvre infortunée ! Mais il y a une voix du ciel qui parle sur la terre aux *hommes de bonne volonté*, comme dit naïvement le saint cantique. Du moment où j'eus résolu de te délaisser, il me sembla que Dieu me criait à toute heure d'aller à ton secours. Je fis plusieurs songes où j'entendais distinctement la voix de mon père mourant qui me disait : « C'est ta sœur ! c'est ta sœur ! » Une fois, je me souviens que je vis passer un groupe d'anges dans mon sommeil. Au milieu d'eux, il y avait un bel enfant sans ailes, qui était pâle et qui pleurait. Sa beauté, sa douleur, me firent une impression si vive que je m'éveillai au moment où je m'élançais pour l'embrasser. Je me persuadai que ton âme m'était apparue en s'envolant vers les cieux. « Elle est morte, me disais-je ; mais avant de retourner à Dieu, elle a voulu venir me dire : J'étais ta sœur, et je pleure, parce que tu m'as abandonnée. » Je pris un jour l'image du saint ; cette mauvaise petite gravure, prise au hasard et à la hâte sans doute dans quelque livre de prières, au moment où l'on t'abandonna, me fit une impression étrange. C'était là tout ton héritage, tous les titres que tu possédais à la tendresse et aux soins d'une famille ; toute une destinée humaine, tout l'avenir d'une pauvre enfant était là ! Voilà le don que tes parents t'avaient fait en te mettant au monde ; voilà à quoi s'étaient bornées la protection et la générosité d'une mère ! Elle t'avait mis sur la poitrine ce présent magnifique, et elle t'avait dit : « Vis et prospère. »

Je me sentis pénétré d'une compassion si vive, que les larmes me vinrent aux yeux et que je me mis à sangloter, comme si tu avais été mon enfant, et qu'on t'eût enlevée à moi pour te jeter parmi les orphelins. L'émotion que me causa cette gravure est telle que je ne puis la revoir encore sans être prêt à pleurer. Nous l'avons souvent regardée ensemble, et quand tu étais encore enfant tu la baisais avec transport chaque fois que je te la confiais pour la rapprocher de la moitié suspendue à ton cou. Que ces baisers, pauvre fille, me semblaient un éloquent et angélique reproche à ton odieuse mère ! On t'avait dit dans tes premières années que ce saint était ton protecteur, ton meilleur ami ; qu'il t'aiderait à retrouver tes parents, et quand je suis venu à toi, tu l'as remercié, tu as redoublé de confiance et d'amour pour lui ; et je me suis mis à l'aimer moi-même. Si ce n'est le saint, c'est au moins l'image qui m'est chère. A force de la regarder avec les yeux du cœur, j'ai découvert sur cette figure une expression qu'elle n'a peut-être pas. J'en ai les trois quarts sur mon coupon, une tête de jeune homme avec des cheveux courts et des traits communs ; mais elle est penchée dans une attitude douce et mélancolique sur une Bible que la main soutient. Dans ce livre, me disais-je avant de l'avoir vue, et lorsque je m'imaginais que tu étais morte, le triste patron symbolise la courte et misérable destinée de l'enfant confiée à sa protection. Il la contemple avec tendresse et compassion ; car nul autre que lui n'a eu pitié de l'orphelin sur la terre.

Entraîné vers toi par un sentiment indéfinissable, je dirais presque par une attraction surnaturelle, je quittai Paris six mois après la mort de mon père et je me rendis à Gênes. Je pris des informations à l'hospice. Cette recherche était loin d'être certaine ; j'avais la date du jour où l'on t'avait déposée, mais non pas l'heure. Plusieurs enfants avaient été déposés le même jour. D'après le témoignage des registres, on me donna trois indications différentes. Le signe de saint Jean Népomucène était le seul renseignement que je pusse donner, et tu pouvais l'avoir perdu depuis longtemps. Mes premières tentatives furent vaines; l'enfant qu'on me désigna avait un autre signe; il était contrefait, hideux; j'avais tremblé que ce ne fût là ma sœur. Je partis ensuite pour un petit village situé dans les montagnes de la côte, où l'on m'indiqua une famille de paysans qui avait encore un des enfants abandonnés dans la journée du 15 mai 17... Quelles amères réflexions je fis sur ton sort durant le chemin ! Combien tu pouvais être avilie, maltraitée, misérable entre les mains de ces hommes rudes et grossiers, qui font une spéculation de leur charité à l'égard des orphelins, et qui ne se chargent de les élever qu'afin d'avoir en eux plus tard des serviteurs non salariés ! J'arrivai à Saint...., ce romantique hameau où tu as vécu tes dix premières années, et dont tu as gardé un si cher souvenir, et je te trouvai au sein de cette honnête famille qui te chérissait à l'égal de ses propres membres, et dont tu gardais les chèvres sur le versant des Alpes maritimes. Cette journée ne sortira jamais de notre mémoire, n'est-ce pas, chère Sylvia? Combien de fois nous nous sommes raconté l'impression que nous causa la première vue l'un de l'autre ! Mais je ne t'ai pas dit avec quelle émotion je fis mes premières recherches. J'étais bien incertain encore. Tes parents adoptifs m'avaient assuré que tu avais une image de saint, mais ils ne savaient pas lire; et comme le coupon ne portait que les dernières lettres du nom de Népomucène, ils ne se rappelaient pas quel saint le curé du village avait nommé plusieurs fois en examinant le signe. La femme, qui t'avait nourrie, faisait son possible pour me persuader que tu n'étais pas l'enfant que je cherchais. L'espoir d'une récompense n'adoucissait pas pour elle l'idée de te perdre. Tu étais si aimée ! tu avais déjà su exercer une telle puissance d'affection sur tous ceux qui t'entouraient ! La manière presque superstitieuse dont cette famille parlait de toi me semblait un témoignage de la protection mystérieuse et sublime que Dieu accorde à l'orphelin, en le douant presque toujours de quelque attrait ou de quelque vertu qui remplace la protection naturelle de ses parents, et qui lui attire forcément le dévouement de ceux que le hasard lui donne pour appui. D'après les commentaires de ces honnêtes montagnards, tu devais appartenir à la plus illustre famille, car tu avais autant de fierté dans le caractère que si un sang royal eût coulé dans tes veines. Ton intelligence et ta sensibilité faisaient l'admiration du curé et du maître d'école du village. Tu avais appris à lire et à écrire en moins de temps que les autres n'en mettaient pour épeler. Je me souviendrai toujours des paroles de ta nourrice. « Orgueilleuse comme la mer, disait-elle en parlant de toi, et méchante comme la bourrasque, il faut que tout le monde lui cède. Ses frères de lait lui obéissent comme des imbéciles ; ils sont si simples, mes pauvres enfants, et celle-là si fière ! Avec cela, caressante et bonne comme un ange quand elle s'aperçoit qu'elle a fait de la peine. Elle a été trois jours au lit de la fièvre, pour le chagrin qu'elle a eu d'avoir fait mal au petit Nani une fois qu'elle était en colère. Elle l'a poussé, l'enfant est tombé et a saigné un peu. Quand je l'ai vu cela, la colère m'est venue à moi-même ; j'ai couru d'abord relever le petit, et puis j'ai cherché le démon de petite fille pour l'assommer ; mais je n'ai pas eu le courage de la toucher quand je l'ai vue venir à moi toute pâle et se jeter au cou du petit Nani, en criant : « Je l'ai tué ! je l'ai tué ! » L'enfant n'avait pas grand'chose, et la Sylvia a été plus malade que lui. » Le curé, à son tour, arriva, et m'assura que ton saint était bien Jean Népomucène. Le cœur me bondit de joie, car je t'aimais passionnément depuis une heure. Ce qu'on me racontait de ton caractère ressemblait tellement aux souvenirs de mon enfance que je me sentais ton frère de plus en plus à chaque instant. Pendant ce temps, on te cherchait ; tu avais conduit les chèvres aux pâturages ; mais la montagne était haute, et je t'attendais impatiemment à la porte de la maison. Le curé me proposa de me conduire à ta rencontre, et j'acceptai avec joie. Que de questions je lui adressai en chemin ! que de traits de ton caractère je lui fis raconter ! Je n'osais pas lui demander si tu étais belle ;

cela me semblait une question puérile, et cependant je mourais d'envie de le savoir. J'étais encore un peu enfant moi-même, et l'intérêt que je sentais pour toi était, comme mon âge, romanesque. Ton nom, étrangement recherché pour une gardeuse de chèvres, résonnait agréablement à mon oreille. Le curé m'apprit que tu t'appelais Giovanna ; mais qu'une vieille marquise française, retirée dans les environs depuis l'émigration, t'avait prise en amitié dès tes premiers ans, et t'avait donné ce nom de fantaisie, qui avait, malgré l'avis et les remontrances du bonhomme, remplacé celui de ton saint patron. Il n'aimait pas beaucoup la marquise, le brave curé ; il prétendait qu'elle te gâtait le jugement et t'exaltait l'imagination en te faisant lire les contes de Perrault et de madame d'Aulnoy, qu'il qualifiait de livres dangereux. « Il est heureux, disait-il, que la petite fortune de cette dame ne lui ait pas permis de donner aux parents adoptifs de l'enfant une somme assez forte pour les engager à la lui confier entièrement. Ils ont mieux aimé en faire une bergère, et, dans l'incertitude de l'avenir de cette pauvre petite, ils avaient raison, autant pour elle que pour eux. Maintenant la Providence lui envoie une autre destinée ; ce doit être pour le mieux, car elle est mère de l'orphelin, et se charge de celui que le ciel a rendu abandonné. Mais je vous en supplie, Monsieur, me disait-il, surveillez cette éducation-là. Vous êtes bien jeune pour vous en occuper vous-même ; mais faites que cette bonne terre reçoive le bon grain d'une main bien entendue. Il y a là le germe d'une vertu peu commune, si on sait le développer. Qui sait si la négligence ou des leçons imprudentes n'y feraient pas éclore le vice ? Elle sera belle, quoiqu'un peu brûlée par notre soleil, et la beauté est un don funeste aux femmes que la religion ne protège pas... — Elle est belle, dites-vous ? lui demandai-je. — Parbleu ! la voilà, me dit le curé en me montrant une enfant endormie sur l'herbe. Nous l'aurions attendue longtemps au train dont elle vient à nous. »

Oh ! que tu étais belle en effet dans ton sommeil, ma Sylvia, ma sœur chérie ! quelle enfant robuste, courageuse et fière tu me semblas, étendue ainsi sur la bruyère entre le ciel et la cime des Alpes, exposée aux rayons ardents du jour et au vent de la mer qui par instants passait par bouffées et séchait la sueur sur ton large front ombragé de cheveux humides ! Que tes grands cils jetaient une ombre pure sur tes joues hâlées, plus douces que le velours de la pêche ! Il y avait de l'insouciance et de la mélancolie en même temps dans le demi-sourire de ta bouche entr'ouverte ; de la sensibilité et de l'orgueil, pensais-je, le caractère que cette montagnarde m'a naïvement dépeint !... J'arrêtai le bras du curé, qui voulait te réveiller. Je voulus te contempler longtemps, chercher scrupuleusement, dans la forme de la tête et dans les lignes de ton visage, une ressemblance vague avec mon père ou avec moi. Je ne sais si elle existe réellement ou si je l'imaginai, je crus reconnaître notre fraternité dans ce grand front, dans ce teint brun, dans la profusion de ces cheveux noirs qui tombaient en deux longues tresses jusqu'à ton jarret, peut-être encore dans certaines coupes des traits ; mais rien de tout cela n'est assez prononcé pour faire foi devant les hommes. Cette fraternité existe dans notre âme et dans les ressemblances de notre caractère d'une manière bien plus frappante.

Le curé t'appela ; tu entr'ouvris les yeux sans le voir ; puis tu fis un mouvement dédaigneux de l'épaule et du coude, et tu te rendormis. Il détacha alors le scapulaire suspendu à ton cou, l'ouvrit, et rapprocha le coupon d'image qu'il contenait de celui que je lui avais présenté. Nous les reconnûmes aussitôt. Il t'éveilla en cet instant ; ton premier regard fut sauvage comme celui d'un chamois. Tu cherchas le scapulaire à ton cou, et, ne l'y trouvant pas, tu le vis entre nos mains et tu fis un brusque élan pour nous l'arracher. Mais le curé te mit devant les yeux les deux moitiés réunies de l'image, et tu compris aussitôt ce qui se passait. Tu bondis sur moi comme un chevreau, et, m'étreignant le cou avec la vigueur d'une montagnarde, tu t'écrias : « Voilà mon père, mon père est retrouvé ! »

On eut beaucoup de peine à te persuader que je n'étais pas ton père ; tu prétendais que je ne voulais pas en convenir. Le curé tâcha de te faire comprendre que c'était impossible, que j'avais dix ans seulement de plus que toi. Alors tu me demandas impétueusement où étaient ton père et ta mère, et tu me commandas presque de te mener vers eux. Je te répondis qu'ils étaient morts l'un et l'autre, et tu frappas la terre de ton pied nu, en disant : « J'en étais sûre ; à présent, il faut que je reste ici. — Non, te dis-je, c'est moi qui remplace ton père. Il était mon meilleur ami, il m'a cédé ses droits sur toi ; veux-tu me suivre ? — Oui, oui, répondis-tu avec avidité en m'embrassant. — Voilà les enfants ! dit le curé avec tristesse ; on les aime, on les élève, on ne vit que pour eux, et quand on croit jouir de leur reconnaissance et de leur affection, ils vous abandonnent avec joie pour suivre le premier inconnu qui passe, et sans demander seulement où il les mène. »

Tu compris fort bien ce reproche, car tu répondis au curé : « Est-ce que vous croyez que je vous abandonne ? Est-ce que je ne reviendrai pas vous voir et garder les chèvres de ma mère Élisabeth ? Mais, voyez-vous, il faut que je voyage et que je voie tous les pays du monde ; un jour je reviendrai sur un vaisseau, avec beaucoup d'argent que je donnerai à mes frères de lait, et nous achèterons un grand troupeau de chèvres, et nous bâtirons une bergerie sur la montagne des Coquilles. » Tu parlais toujours ainsi une sorte de langage à la fois féerique et biblique, que tu avais appris dans tes lectures. Je passai plusieurs jours dans ton village. J'eus presque envie de t'y laisser, tant cette vie me semblait heureuse, tant les avantages de la société où j'allais te jeter me parurent misérables et dérisoires, auprès de cette existence laborieuse, saine et tranquille. Mais en t'observant, en faisant de longues promenades avec toi dans la montagne, et criblant de questions ton esprit ardent et naïf, en commentant scrupuleusement tes réponses bizarres, parfois éclatantes de bon sens et de raison, souvent folles comme les idées fantastiques de l'enfance, je m'assurai que tu n'étais pas faite pour cette vie pastorale, que rien ne pourrait t'y attacher. Depuis, dans les douleurs de la vie, tu m'as doucement reproché de t'avoir tirée de cet engourdissement où tu aurais vécu tranquille, pour te lancer dans un monde de souffrances et de déceptions. Hélas ! ma pauvre enfant, le mal était fait avant que je vinsse, et je ne crois pas qu'il faille même en accuser les contes de fées que te prêtait la marquise. Ton intelligence avide et pénétrante était seule coupable, et le germe du désespoir était caché en toi, dans le bouton à peine entr'ouvert de l'espérance. Tu n'avais pas la tête courte et pesante de tes sœurs de lait, et tu n'aurais jamais su, aussi bien qu'elles, faire le fromage et filer la laine. Je me fis raconter, par toi et par ta nourrice, les premières sensations de ta vie. Tu étais comme tu te tourmentais pour deviner de qui tu pouvais être fille, quand tu appris qu'Élisabeth n'était pas ta mère. Tu tenais alors tout le jour sur le bord du sentier qui mène à la mer, et lorsque tu voyais paraître une voile, tu disais : « Voilà maman qui vient me voir avec une robe blanche. » La lecture des féeries joignit à cette continuelle rêverie de ta famille des idées de voyages, de richesse et de générosité. Tu ne songeais qu'à devenir reine, afin de combler de largesses tes parents adoptifs. Ces songes dorés n'auraient jamais pu habiter impunément ton cerveau. Ils ne se seraient pas évanouis tranquillement au jour de la raison, pour faire place aux occupations d'une vie toute matérielle. Le sentiment d'une destinée différente de celles qui t'entouraient les avait fait naître ; ton cœur les aurait regrettés avec amertume, ou tu te serais perdue en cherchant à les réaliser. Tu étais une adorable enfant avec ton caractère franc, hardi et entreprenant, avec ta candeur affectueuse et tes bizarres volontés. Mais il était temps que des occupations plus élevées et des idées plus justes vinssent régler l'élan impétueux de cette jeune tête ; l'éducation te devenait indispensable, non pour être heureuse, ton organisation supérieure ne le permettait guère, mais du moins pour ne pas descendre de l'échelon élevé où Dieu avait placé ton intelligence.

Tu quittas Élisabeth, tes frères de lait, le curé, ta vieille marquise, tous tes amis et jusqu'à tes chèvres, avec une sorte de désespoir passionné. Tu les embrassais alternativement en versant des torrents de larmes. Cependant, quand on te proposait de rester, tu t'écriais : « C'est impossible ! c'est impossible ! il faut que je voyage. » Tu le sentais, Sylvia, cette vie n'était pas faite pour toi. Du fond des abîmes de l'inconnu, une voix mystérieuse s'élevait incessamment vers toi et te réclamait dans cette région des orages que tu devais traverser. Tu es devenue ce que tu es sans rien perdre de ta grâce sauvage et de ta rude franchise. Tu as vu notre civilisation, et tu es restée l'enfant de la montagne. Faut-il s'étonner que tu aies si peu de sympathie avec ce monde imbécile et faux, quand tu rapportes du désert l'âpre droiture et le sévère amour de la justice que Dieu révèle aux cœurs purs et aux esprits robustes, quand tout ton être, et jusqu'à ta vigueur physique, diffère des êtres qui sont autour de toi ? Ils ne te viennent pas à la cheville, pauvre Sylvia, et tu te fatigues à regarder à terre sans trouver un cœur qui soit digne d'être ramassé. Je le crois bien, Octave n'est pas fait pour toi ! et pourtant, s'il est au monde un jeune homme sincère, doux et affectueux, c'est bien lui ; mais le meilleur possible entre tous n'est pas ton égal, et tu dois souffrir. Que veux-tu que je te dise ? aime-le aussi longtemps que tu pourras.

Quant au secret de la naissance, je te conjure de ne lui donner aucun détail ; réponds à ses soupçons que je suis ton frère. Les personnes qui ont respect bien de lui devraient l'imaginer sans demander d'explication. Les inquiétudes d'Octave m'offensent pour toi. J'ai tort sans doute, il ne te connaît pas comme moi, il souffre comme souffrirait à sa place les dix-neuf vingtièmes des hommes ; il est jaloux parce qu'il est épris. Je me dis tout cela ; mais je ne puis chasser l'espèce d'indignation qui soulève mon sang à l'idée d'un doute injurieux sur Sylvia. Nous sommes ainsi l'un pour l'autre. Ah ! ma sœur, nous sommes trop orgueilleux ! notre vie sera un combat éternel. Mais que faire ? Je vivrais cent ans que je ne pourrais consentir à m'avouer coupable des lâchetés dont le monde accuse ses enfants. Je sens mon cœur qui se révolte à la seule idée des turpitudes qu'il trouve présumables et naturelles ; et quand je vois le sourire sur les lèvres de celui qui refuse de me croire pur ; quand, après m'avoir accusé d'une scélératesse, il s'en va en me secouant la main et en me disant : « N'importe ! qu'il en soit ce qu'il voudra, tout à vous ; » il me prend des envies de l'insulter, pour mettre entre nous une franche haine au lieu de cette indigne et salissante amitié.

Et toi, juste et sainte créature, qui seule au monde comprends le vieux Jacques et compatis aux souffrances de son orgueil, sois ce que tu voudras pour lui, mais laisse-le se croire, se sentir éternellement ton frère.

DEUXIÈME PARTIE.

XIX.

DE FERNANDE A CLÉMENCE.

Saint-Léon en Dauphiné, le...

Pardonne-moi, mon amie, d'avoir passé un mois sans t'écrire. C'est bien mal de ma part, et tu as raison de me gronder. Oh ! il est bien vrai que je t'ai accablée de mes lettres quand j'étais tourmentée, quand j'avais besoin de tes conseils et de tes consolations ! Et maintenant que je suis heureuse, je te délaisse. L'amour est égoïste, dis-tu ; il n'appelle l'amitié à son secours que lorsqu'il souffre ; j'ai agi du moins comme si cela était inévitable, j'en suis toute honteuse, et je t'en demande pardon.

Pour réparer ma faute, ce que je puis faire de mieux, c'est de répondre à toutes tes questions, et de te prou-

J'arrêtai le bras du curé... (Page 22.)

ver ainsi que je ne t'ai rien retiré de ma confiance ; mais si je reviens à toi, n'en conclus pas, malicieuse, que ma lune de miel est finie ; tu vas voir que non.

Si j'aime toujours mon mari autant que le premier jour? Oh! certainement, Clémence, et même je puis dire que je l'aime bien plus. Comment pourrait-il en être autrement? Chaque jour me révèle une nouvelle qualité, une nouvelle perfection de Jacques. Sa bonté pour moi est inépuisable, sa tendresse, délicate comme celle d'une bonne mère pour son enfant. Aussi chaque jour me force à l'aimer plus que la veille. A cette félicité du cœur, à ces joies de l'amour heureux et satisfait, se joignent pour moi mille petites jouissances qu'il y a peut-être de la puérilité à mentionner, mais qui sont très-vives, parce qu'elles m'étaient absolument inconnues. Je veux parler du bien-être de la richesse, qui succède pour moi à une vie d'économie et de privations. Je ne souffrais pas de cette médiocrité, j'y étais habituée ; je ne désirais pas devenir riche, je ne songeais pas plus à la fortune de Jacques, en l'épousant, que si elle n'eût pas existé ; pourtant je ne crois pas qu'il y ait de la bassesse à m'apercevoir des avantages qu'elle procure et à savoir en jouir. Ces plaisirs journaliers, ce luxe, ces mille petites profusions dont je suis entourée, me seraient aussi amers qu'ils me sont précieux, si je les devais à un contrat avilissant, ou si je les recevais d'une main orgueilleuse et détestée ; mais recevoir tout cela de Jacques, c'est en jouir deux fois! Il y a tant de grâce, je pourrais même dire de gentillesse dans ses dons et dans ses prévenances! Il semble que cet homme soit né pour s'occuper du bonheur d'autrui, et qu'il n'ait pas d'autre affaire dans la vie que de m'aimer.

Tu me demandes si cette vie de château me plaît, si je ne m'en dégoûterai pas, si la solitude ne m'effraie point. La solitude! quand Jacques est avec moi! Ah! Clémence, je le vois bien, tu n'as jamais aimé. Pauvre amie, que je te plains! tu n'as pas connu ce qu'il y a de plus beau dans la vie d'une femme. Si tu avais aimé, tu ne me demanderais pas si je me trouve isolée, si j'ai besoin des plaisirs et des distractions de mon âge ; mon âge est fait pour aimer, Clémence, et il me serait impossible de me plaire à quelque chose qui fût étranger à mon amour. Quant aux amusements que je partage avec Jacques, je les aime et je les ai à discrétion ; j'en ai

Quand je suis arrivée ici... (Page 25.)

même plus que je ne voudrais, et souvent j'aimerais mieux rester seule avec lui à parcourir tranquillement les allées de notre beau jardin, que de monter à cheval et de courir les bois à la tête d'une armée de piqueurs et de chiens. Mais Jacques a tellement peur de ne pas me divertir assez! Brave Jacques, quel amant! quel ami!

Tu veux des détails sur mon habitation, sur le pays, sur l'emploi de mes journées; je ne demande pas mieux que de te raconter tout cela, ce sera te parler de tous les bonheurs que je dois à mon mari.

Quand je suis arrivée ici, il était onze heures du soir; j'étais très-fatiguée du voyage, le plus long que j'aie fait de ma vie. Jacques fut presque forcé de me porter de la voiture sur le perron. Il faisait un temps sombre et beaucoup de vent; je ne vis rien que quatre ou cinq grands chiens qui avaient fait un vacarme épouvantable autour des roues de la voiture pendant que nous entrions dans la cour, et qui vinrent se jeter sur Jacques en poussant des hurlements de joie, dès qu'il eut mis pied à terre. J'étais tout épouvantée de voir ces grandes bêtes danser ainsi autour de moi. « N'en aie pas peur, me dit Jacques, et sois bonne pour mes pauvres chiens. Quel est l'homme qui donnerait de semblables témoignages de joie à son meilleur ami, en le retrouvant après une absence de quelques mois? » Je vis ensuite arriver une procession de domestiques de tout âge qui entourèrent Jacques d'un air à la fois affectueux et inquiet. Je compris que mon arrivée causait beaucoup d'anxiété à ces braves gens, et que la crainte des changements que je pourrais apporter au régime de la maison balançait un peu le plaisir qu'ils pouvaient éprouver à voir leur bon maître. Jacques me conduisit à ma chambre, qui est meublée à l'ancienne mode avec un grand luxe. Avant de me coucher, je voulus jeter un regard sur les jardins, et j'ouvris ma fenêtre; mais l'obscurité m'empêcha de distinguer autre chose que d'épaisses masses d'arbres autour de la maison et une vallée immense au delà. Un parfum de fleurs monta vers moi. Tu sais comme j'aime les fleurs, et tout ce qui me passe par la tête quand je respire une rose; ce vent tout chargé de senteurs délicieuses me fit éprouver je ne sais quel tressaillement de joie; il me sembla qu'une voix me disait : « Tu seras heureuse ici. » J'entendis Jacques qui parlait derrière moi; je me retournai, et je vis une grande jeune fille de seize ou dix-huit ans, belle comme un ange et vêtue à la manière des paysannes du Dauphiné, mais avec beaucoup d'élégance. « Tiens, me dit Jacques, voilà la soubrette; c'est une bonne enfant qui fera son possible pour te bien servir. C'est ma filleule, elle s'appelle Rosette. » Cette Rosette, qui a une figure si intelligente et si bonne, et qui me baisait la main d'un petit air caressant et respectueux, fut pour moi une autre circonstance de bon augure. Jacques nous laissa ensemble et alla s'occuper de payer les postillons. Quand il revint, j'étais couchée. Il me demanda la permission de se faire apporter le café dans ma chambre; pendant que Rosette le lui versait, je m'endormis doucement. Je vivrais cent ans que je ne pourrais oublier cette soirée, où pourtant il ne s'est rien passé que de très-ordinaire et de très-naturel. Mais quelles idées riantes, quel sentiment de bien-être ont bercé le premier sommeil sous le toit de Jacques! Je puis bien dire que je me suis endormie dans la confiance de mon destin. La fatigue même du voyage avait quelque chose de délicieux; je me sentais accablée, et je n'avais la force de penser à rien; mes yeux étaient encore ouverts et ne cherchaient plus à se rendre compte de ce qu'ils voyaient, mais n'étaient frappés que d'images agréables. Ils erraient des rideaux de soie à franges d'argent de mon lit à la figure toujours si belle et si sereine de mon Jacques, et de la tasse de porcelaine du Japon, où il prenait un café embaumé, à la grande taille élégante de Rosette, dont l'ombre se dessinait sur une boiserie d'un travail merveilleux. La clarté rose de la lampe, le bruit du vent au dehors, la douce chaleur de l'appartement, la mollesse de mon lit, tout cela ressemblait à un conte de fée, à un rêve d'enfant. Je m'assoupissais et me réveillais de temps en temps pour me sentir bercée par le bonheur; Jacques me disait avec sa voix douce et affectueuse : « Dors, mon enfant, dors bien. » Je m'endormis en effet, et ne réveillai que le lendemain à huit heures. Jacques était déjà levé depuis longtemps; assis auprès de mon lit, comme la veille, il me regardait dormir, et vraiment je ne sus pas d'abord s'il s'était passé une nuit ou un quart d'heure depuis le dernier baiser qu'il m'avait donné. « Ah! mon Dieu! quel bon lit! m'écriai-je; je veux me lever bien vite, et voir ce beau château où l'on dort si bien. Quel temps fait-il, Jacques? Tes fleurs sentent-elles aussi bon ce matin qu'hier soir? » Il m'enveloppa dans mon couvre-pied de satin blanc et rose et me porta auprès de la fenêtre. Je jetai un cri de joie et d'admiration à la vue du sublime aspect déployé sous mes yeux. « Aimes-tu ce pays? me dit Jacques. Si tu le trouves trop sauvage, j'y ferai bâtir des maisons; mais, quant à moi, j'aime tant les lieux déserts, que j'ai acheté cinq ou six petites propriétés éparses çà et là, afin d'enlever de ce point de vue les habitations qui, pour moi, le déparaient. Si tu n'es pas du même goût, rien ne sera plus facile que de semer cette vallée de maisonnettes et de jardins; je ne manquerai pas, pour le peupler, de familles pauvres, qui feront prospérer leurs affaires et les nôtres. — Non, non, lui dis-je, tu es assez riche pour secourir toutes les familles que tu voudras sans contrarier tes goûts et les miens. Cet aspect sauvage et romantique me plaît à la folie; ces grands bois sombres semblent n'avoir jamais plié leur libre végétation à la culture; ces prairies immenses doivent ressembler à des savanes; cette petite rivière, avec son cours désordonné, vaut mieux qu'un beau fleuve. Ah! ne changeons rien aux lieux que tu aimes. Comment aurais-je d'autres goûts que les tiens? Crois-tu donc que j'aie des yeux à moi? » Il me pressa sur son cœur en s'écriant : « Oh! premier temps de l'amour! oh! délices du ciel! puissiez-vous ne finir jamais! »

Il m'a fallu plus de huit jours pour voir toutes les beautés de cette maison et des alentours. Cette terre appartenait à la mère de Jacques; c'est là qu'il a passé ses premières années, et c'est son séjour de prédilection. Il a un pieux respect pour les souvenirs que ce lieu lui retrace, et il me remercie tendrement de partager ce respect, et de ne désirer aucun changement ni dans les choses ni dans les gens dont il est entouré. Bon Jacques! quel monstre stupide il faudrait être pour lui demander de pareils sacrifices !

Dès le lendemain de notre arrivée, il m'a présenté les vieux serviteurs de sa mère et ceux plus jeunes qui lui sont attachés depuis plusieurs années. Il m'a dit les infirmités des uns et les défauts des autres, en me priant d'avoir quelque patience avec eux, et d'être aussi indulgente qu'il me serait possible de l'être, sans m'imposer de réelles contrariétés. « Sois sûre, m'a-t-il dit, que je ne mettrai jamais en balance le bien-être de ta vie domestique et le plaisir de conserver autour de moi ces visages auxquels le temps et l'habitude m'ont attaché. Il me sera toujours facile de les éloigner de la vue s'ils t'importunent, sans les abandonner à la misère et sans qu'ils aient le droit de te maudire; mais si ton repos peut ne pas souffrir de leur présence, si je puis accorder ta satisfaction et la leur, je serai plus heureux. Désires-tu mon bonheur, Fernande? » a-t-il ajouté avec un doux sourire. Je me suis jetée dans ses bras, je lui ai juré de l'aimer tout ce qu'il aime, de protéger tout ce qu'il protège; je l'ai supplié de me dire tout ce que j'avais à faire pour ne lui causer jamais l'ombre d'un chagrin.

Si tu veux savoir comment se passent nos journées, je te dirai que je le sais à peine quant à ce qui me concerne, mais que Jacques a continuellement quelque chose d'utile à faire. La conduite de ses biens l'occupe sans l'absorber. Il a su s'entourer d'honnêtes gens, et il les surveille sans les tourmenter. Il a pour système une stricte équité; l'incurie d'une générosité romanesque ne l'éblouit pas; il croit que celui qui se laisse dépouiller ne peut plus avoir ni mérite ni plaisir à donner, et que celui qui a trouvé l'occasion de voler, et qui en a profité, est plus à plaindre que s'il s'était ruiné. Jacques est grand et libéral, son cœur est plein de justice, et il regarde comme un devoir de soulager la misère d'autrui; mais sa fierté se refuse à être dupe des impostures dont les pauvres se servent comme de gagne-pain, et il est dur et implacable envers ceux qui veulent spéculer sur sa sensibilité. Je suis bien loin d'avoir le même discernement que lui, et souvent je me laisse tromper. Jacques ne s'occupe pas de cela, ou, s'il s'en aperçoit, il entre apparemment dans ses idées de ne pas me réprimander et même de ne pas m'avertir. Quelquefois j'en suis un peu mortifiée, et j'ai presque des remords d'avoir mal employé l'or précieux qui peut soulager tant de réelles infortunes.

Je m'occupe de ces choses-là aux heures où Jacques est occupé ailleurs. Quand nous nous retrouvons, nous faisons de la musique ou nous sortons ensemble; Jacques fume ou dessine chaque fois que nous nous asseyons; pour moi, je le regarde, et je puis dire que cette espèce d'extase est la principale occupation de ma journée. Je m'abandonne avec délices à cette heureuse indolence, et je crains presque les plaisirs qui peuvent m'en arracher. Il est si bon d'aimer et de se sentir aimé! La durée des jours est trop bornée pour épuiser ce qu'il y a dans le cœur d'enthousiasme et de joie. Que m'importe de cultiver le peu de talents que j'ai ou d'en acquérir de nouveaux? Jacques a pour nous deux, et j'en jouis comme s'ils m'appartenaient. Quand un beau site me frappe, il m'est bien plus doux de le trouver dans mon album, retracé par la main de Jacques, que par la mienne. Je ne désire pas non plus former et orner mon esprit : Jacques se plaît à ma simplicité; et lui, qui sait tout, m'en apprendra certainement plus en causant avec moi que tous les livres du monde. Enfin je suis contente de l'arrangement de ma vie; tant de bonheurs m'environnent, qu'il m'est impossible de souhaiter quelque chose de mieux ordonné. Jacques est un ange; et ne t'avise plus de dire, Clémence, que je me trompe ou qu'il changera, car à présent je le connais et je le défendrai.

Adieu, ma bonne amie, tu dois être heureuse de mon bonheur, tu as eu tant d'inquiétude pour moi ! A présent, sois tranquille et félicite-moi. Donne-moi souvent de tes nouvelles, et sois sûre que je ne te négligerai plus. Il faut pardonner quelque chose à l'enivrement des premiers jours.

P. S. J'ai reçu une lettre de ma mère ; elle est encore au Tilly, et ne retournera à Paris qu'à l'entrée de l'hiver. Elle me demande si je suis contente de Jacques, et s'effraie aussi de la solitude où il m'a emmenée. Je ne lui ai pas répondu, comme à toi, que l'amour remplissait cette solitude et me la faisait chérir ; elle aurait trouvé cela fort inconvenant. Je lui ai parlé des avantages qu'elle estime, des beaux chevaux que Jacques me donne et des grandes chasses qu'il organise pour moi, des vastes jardins où je me promène, des fleurs rares et précieuses dont regorge la serre chaude, et des présents dont mon mari me comble tous les jours. Avec tout cela, elle ne pourra plus supposer que je ne sois pas heureuse.

XX.

DE JACQUES A SYLVIA.

Je m'abandonne comme un enfant aux délices de ces premiers transports de la possession, et ne veux pas prévoir le temps où j'en sentirai les inconvéniens et les souffrances ; quand il viendra, n'aurai-je pas la force de l'accepter ? Est-il nécessaire de passer les heures de repos que le ciel nous envoie à se préparer pour la fatigue à venir ? Quiconque a aimé une fois sait tout ce qu'il y a dans la vie de douleur et de joie, n'est-ce pas, Sylvia ?

Ce que tu demandes est bien antipathique à mon caractère et à l'habitude de toute ma vie. Raconter une à une toutes les émotions de ma vie présente, jeter tous les jours un regard d'examen sur l'état de mon cœur, me plaindre du mal que j'endure et me vanter du bien qui m'arrive, me surveiller, me chérir, me révéler ainsi, c'est ce que je n'ai jamais songé à faire. Jusqu'ici, mes amours ont été cachées, mes joies silencieuses ; je ne t'ai raconté mes plaisirs que quand je les avais perdus, et mes chagrins que lorsque j'en étais guéri ; encore j'ai cru faire en cela un grand acte de confiance et d'épanchement ; car, avec toute autre créature humaine, je m'en sentais absolument incapable, et nul n'a obtenu de ma bouche l'aveu des événemens les plus évidens de ma vie morale. Cette vie était si agitée, si terrible, que j'aurais craint de perdre mes rares bonheurs en les racontant, ou d'attirer sur moi l'œil du destin, auquel j'espérais dérober furtivement quelques beaux jours.

Cependant je ne sens plus la même répugnance, aujourd'hui, à briser le sceau de ce nouveau livre où mon dernier amour doit être inscrit. Il me semble même, comme à toi, que cette connaissance exacte et détaillée de tout ce qui se passera en moi me sera salutaire et me préservera de ces inexplicables dégoûts dont l'amour est rempli. Peut-être qu'étudiant le mal dans sa cause, j'en préviendrai le développement ; peut-être qu'en observant avec attention les secrètes altérations de nos âmes, je saurai forcer les petites choses à ne point acquérir une valeur exagérée, comme il arrive toujours dans l'intimité. J'essaierai de conjurer la destinée ; si cela est impossible, j'accepterai du moins mes défaites avec le stoïcisme d'un homme qui a passé sa vie à chercher la vérité et à cultiver l'amour de la justice au fond de son cœur.

Mais, avant de commencer ce journal, il convient que je te dise d'où je pars, quel est l'état de mon âme et comment j'ai arrangé ma vie présente. Tu sais que j'ai entraîné Fernande au fond du Dauphiné pour l'éloigner bien vite de sa mère, femme méchante et dangereuse qui me hait particulièrement, qui m'a lâchement adulé tant qu'elle a désiré me voir assurer la fortune de sa fille, et qui a commencé à me braver aussitôt qu'elle n'a plus rien redouté à cet égard. Pauvre femme ! si elle savait comme d'un mot je pourrais la faire pâlir ! Mais je ne descendrai jamais jusqu'à combattre avec les méchans. Je savais qu'elle ne manquerait pas d'une certaine habileté pour gâter le jugement de sa fille sur mon compte et pour empoisonner notre bonheur par mille petites tracasseries d'une terrible importance. J'ai donc enlevé ma compagne la nuit même de mon mariage ; par là je me suis soustrait à tout ce que la publicité imbécile d'une noce a d'insolent et d'odieux. Je suis venu ici jouir mystérieusement de mon bonheur, loin du regard curieux des importuns ; j'ai trouvé inutile, du moins, de mettre la pudeur de ma femme aux prises avec l'effronterie des autres femmes et le sourire insultant des hommes. Nous n'avons eu que Dieu pour témoin et pour juge de ce que l'amour a de plus saint, de ce que la société a su rendre hideux ou ridicule.

Depuis un mois rien encore n'a altéré notre bonheur ; il n'est pas tombé le plus petit grain de sable dans le sein de ce lac uni et limpide ; penché sur son onde transparente, je contemple avec extase le ciel qui s'y réfléchit ; attentif à la plus légère perturbation qui pourrait le menacer, je suis sur mes gardes pour que le grain de sable n'entraîne pas une avalanche. Et pourtant je ne saurais beaucoup me tourmenter ; que peut la prudence humaine contre la main toute-puissante du destin ? Tout ce que je puis tenter et espérer, c'est de ne pas perdre par ma faute le trésor que Dieu me confie ; s'il doit m'être retiré, cette certitude du moins me consolera, que je n'ai pas mérité de le perdre.

Et puis à présent, toutes les prévisions, toutes les craintes de ce monde me font un peu sourire. Qu'est-ce qui peut arriver de pis à un honnête homme ? d'être forcé de mourir ? Qu'est-ce que cela, je te le demande ? Je ne vois pas que la certitude de mourir un jour empêche personne de jouir de la vie. Pourquoi la crainte du malheur futur nuirait-elle à mon bonheur présent ?

Ce n'est pas que l'occasion de souffrir ne se soit déjà présentée à moi, et certainement j'en aurais profité dans ma jeunesse, alors qu'avide d'une félicité impossible, j'avais l'ambitieuse folie de demander des cieux sans nuages et des amours sans déplaisirs ; ce besoin inconcevable qui entraîne l'homme à exercer sa sensibilité quand elle est toute neuve et surabondante, n'existe plus chez moi. J'ai appris à me contenter de ce que je dédaignais, à me soumettre aux contrariétés contre lesquelles je me serais révolté autrefois. Il m'est impossible de ne pas sentir la piqûre des chagrins journaliers ; mon cœur n'est pas encore pétrifié, et je crois au contraire qu'il n'a jamais été plus véritablement ému. Heureusement la raison m'a appris à étouffer la légère convulsion que produit la blessure, à ne pas mettre au jour par un mot, par une plainte, par un geste, cet embryon de souffrance qui éclôt et meurt si aisément, mais qui se développe si vite et qui grossit d'une manière si effrayante quand on le laisse essayer ses forces et briser sa prison. Puisse mon âme servir de cercueil à tous ces songes pénibles qui la tourmentent encore ! Puissé-je ne pas me trahir par un signe extérieur de souffrance ! Entre amans la douleur est sympathique, et le premier qui l'éprouve et ne sait pas la recéler la communique à l'autre, même sans la lui expliquer.

Adieu pour aujourd'hui, ma sœur chérie. A présent, nous sommes presque voisins ; j'irai te voir certainement ; et, quoi que tu en dises, je n'abandonne pas le projet de te faire connaître Fernande et de t'attirer auprès de nous.

XXI.

DE FERNANDE A CLÉMENCE.

Je ne sais pas ce que Jacques a depuis deux jours, il me semble qu'il est triste, et cela me rend si triste moi-même, que je viens causer avec toi pour me distraire et me consoler. Qu'est-ce que peut avoir Jacques ? quels chagrins peuvent l'atteindre auprès de moi ? Il me serait impossible, pour ma part, de me réjouir ou de m'attrister d'une chose qui n'aurait pas rapport à lui ; il est vrai que, hors de lui, ma vie se réduit à si peu ! Je n'existe réellement que depuis trois mois, et Jacques a dû horriblement souffrir avant d'arriver à l'âge qu'il a. Peut-être aussi a-t-il été plus heureux qu'il ne l'est avec moi ; peut-être quelquefois, dans mes bras, regrette-t-il le temps passé. Oh ! cette idée est affreuse ; je veux l'éloigner bien vite !

Mais qui peut l'attrister ainsi ? et pourquoi ne me le dit-il pas ? je n'ai pas de secrets, moi ! et lui, il en a certainement. Il a dû se passer tant de choses extraordinaires dans sa vie ! Sais-tu, Clémence, que cette idée me fait souvent frissonner? Une femme ne connaît pas son mari en l'épousant, et c'est une folie de penser qu'elle le connaîtra en vivant avec lui. Il y a derrière eux un grand abîme où elle ne peut descendre, le passé, qui ne s'efface jamais et qui peut empoisonner tout l'avenir ! Quand je songe qu'il y a trois mois, je ne savais pas encore ce que c'était qu'aimer, et que, depuis vingt ans peut-être, Jacques n'a pas fait autre chose ! Tout ce qu'il me dit de tendre et d'affectueux, il l'a peut-être dit à d'autres femmes; ces caresses passionnées... Ah ! quelles horribles images me passent devant les yeux ! je me sens un peu folle aujourd'hui, en vérité...

Je viens de me mettre à la fenêtre pour me distraire de ces agitations, j'ai vu Jacques traverser une allée et s'enfoncer dans le parc: il avait les bras croisés sur la poitrine et la tête penchée en avant, comme s'il eût été absorbé par une méditation profonde. Mon Dieu ! je ne l'ai jamais vu ainsi. Il est bien vrai que son humeur est grave, que la douceur de son caractère tourne un peu à la mélancolie, que son maintien est plutôt rêveur que sémillant; mais il a aujourd'hui sur le visage quelque chose d'inaccoutumé, je ne saurais dire quoi; peut-être un peu plus de pâleur. Il aura eu quelque mauvais rêve, et, comme il me sait superstitieuse, il n'aura pas voulu m'en parler; si ce n'est que cela, il aurait mieux fait de me le raconter que de m'exposer aux inquiétudes que j'éprouve. Peut-être est-il malade ! Oh ! je parie que oui ! On m'a dit qu'il n'aimait pas à être observé dans ces moments-là; cependant je l'ai déjà vu malade une fois, je m'en suis aperçue à cette petite chanson dont je t'ai parlé; je l'ai interrogé et il m'a répondu qu'il était un peu souffrant, et qu'il me priait de ne pas m'en occuper. S'il a souffert peu ou beaucoup ce jour-là, c'est ce que je ne puis savoir; je craignais tant de le contrarier que je n'ai pas osé le regarder. Le fait est qu'il n'y a guère paru à son humeur, et que maintenant le malaise, soit physique, soit moral, qu'il éprouve, est tout à fait visible. Hier soir il m'a semblé qu'il m'embrassait un peu froidement; j'ai mal dormi, et, m'étant éveillée au milieu de la nuit, j'ai vu de la lumière dans sa chambre. J'ai tremblé qu'il ne fût indisposé; mais, craignant encore plus de lui être importune, je me suis levée sans bruit et j'ai été sur la pointe du pied regarder par la fente de sa porte; il lisait en fumant. Je suis venue me recoucher, un peu rassurée, mais triste de voir qu'il ne dormait pas. Je suis si nonchalante et si enfant que, malgré ma tristesse, je me suis rendormie tout de suite. Pauvre Jacques ! il a des insomnies, il souffre peut-être beaucoup, il s'ennuie sans doute durant ces longues nuits si tristes ! Pourquoi ne m'appelle-t-il pas? Je surmonterais certainement mon sommeil avec joie, je causerais avec lui, ou je lui ferais la lecture pour le distraire. Je devrais peut-être le prier de me laisser veiller avec lui ; je n'ose pas. C'est extraordinaire ; j'ai découvert ce matin que je crains Jacques presque autant que je l'aime; je n'ai jamais eu le courage de lui demander ce qu'il avait. Ce que les Borel m'ont dit de ses singulières fiertés n'est pas sorti de mon esprit, malgré tout ce qui aurait dû me le faire oublier, ou me persuader, du moins, que Jacques ne les aurait pas avec moi. Je devrais peut-être vaincre cette timidité, et le conjurer de me confier sa souffrance; car je ne suis pas de ceux qu'elle peut ennuyer, et je ne vois pas qu'il ait besoin de se fatiguer à faire du stoïcisme avec moi. Mon silence lui fait peut-être croire que je ne m'aperçois de rien. Ah ! alors quelle idée doit-il avoir de ma grossière insouciance ! Je ne puis la lui laisser. Il faut que j'aille le trouver tout de suite, n'est-ce pas, Clémence? Oh ! mon Dieu, que n'es-tu ici ! toi qui as tant de prudence et un jugement si délié, tu me conseillerais. A défaut de la voix de la raison et de l'amitié, j'écoute celle de mon cœur et je m'y abandonne; je vais rejoindre Jacques dans le parc, et je le conjurer à genoux, s'il le faut, de m'ouvrir son cœur. Je reviendrai te dire ce qu'il a et fermer ma lettre......

Eh bien, mon amie, j'étais folle et j'avais fait moi-même un mauvais rêve; pardonne-moi de t'avoir importunée de cette terreur puérile. J'ai été trouver Jacques ; il était couché sur l'herbe et il sommeillait. Je me suis approchée de lui si doucement qu'il ne s'en est pas aperçu, et je suis restée quelques instants, penchée sur lui, à le contempler. J'avais sans doute une expression d'anxiété sur la figure, car à peine éveillé, il a tressailli et s'est écrié en jetant ses bras autour de moi : « Qu'as-tu donc? » Alors je lui ai avoué naïvement toutes mes inquiétudes et tout mon chagrin. Il m'a embrassée en riant et m'a assuré que je m'étais absolument trompée. « Il est bien vrai, m'a-t-il dit, que je n'ai pas dormi beaucoup cette nuit; j'étais un peu souffrant et je me suis mis à lire. — Et pourquoi ne m'as-tu pas éveillée? lui ai-je dit. — Est-ce qu'on s'éveille à ton âge? a-t-il répondu. — Savez-vous, Jacques, que vous me traitez en petite fille? — Oh ! grâce à Dieu, je te traite comme tu le mérites, s'est-il écrié en me pressant contre son cœur, et c'est parce que tu es une enfant que je t'adore. » Là-dessus il m'a dit tant de choses délicieusement bonnes, que je me suis mise à pleurer de joie. Tu vois si j'avais sujet de me tourmenter ! mais je ne regrette pas d'avoir un peu souffert, je n'en sens que plus vivement le bonheur que j'avais laissé s'altérer et que je ressaisis dans toute sa fraîcheur. Oh ! Jacques avait bien raison : il n'est rien de plus précieux et de plus sublime que les larmes de l'amour.

Adieu, ma chère Clémence ; réjouis-toi encore avec moi ; je suis plus heureuse aujourd'hui que je ne l'ai jamais été.

XXII.

DE JACQUES A SYLVIA.

Depuis quelques jours nous sommes tristes sans savoir pourquoi; tantôt c'est elle, tantôt c'est moi, tantôt tous deux ensemble. Je ne me fatigue pas à en chercher la raison; ce serait pire. Nous nous aimons et n'avons pas le plus léger tort l'un envers l'autre. Nous ne nous sommes blessés par aucune action, par aucune parole. Avoir l'humeur mélancolique un jour plus qu'un autre est une chose si simple ! Un ciel pluvieux, un degré de froid de plus dans l'atmosphère, suffisent pour rembrunir les idées. Mon vieux corps criblé de blessures est plus disposé qu'un autre à la souffrance; la jeune tête active et inquiète de Fernande est prompte à se tourmenter de la moindre altération dans mes manières. Quelquefois cette vive sollicitude me chagrine un peu; elle me poursuit, elle m'oppresse, elle me tient en arrêt et me force à m'observer et à me contraindre. Comment pourrais-je m'en offenser? Cette espèce de fatigue qu'elle m'impose est douce en comparaison de l'horrible isolement où je vivais quand j'ai connu Fernande, et où j'ai souvent consumé les plus belles années de ma vie dans un stoïcisme insensé. Si elle devait souffrir réellement de mes souffrances, je regretterais le temps où elles ne retombaient que sur moi; mais j'espère que je saurai l'accoutumer à me voir un peu triste et préoccupé sans se tourmenter.

Fernande a toute l'adorable puérilité de son âge. Qu'elle est belle et touchante quand elle vient avec ses cheveux blonds en désordre, et ses grands yeux noirs tout pleins de grosses larmes, se jeter dans mes bras et me dire qu'elle est bien malheureuse, parce que je lui ai donné un baiser de moins que la veille ! Elle ne sait pas ce que c'est que la douleur, elle s'en effraie à l'excès; et vraiment Fernande m'effraie quelquefois moi-même. Je crains qu'elle n'ait pas la force de supporter la vie. Je suis un peu incertain de ce que je dois lui dire pour l'habituer au courage. Il me semble que c'est un crime ou du moins un acte de raison cruelle, que de répandre les premières gouttes de fiel dans ce cœur si plein d'illusions; et pourtant il viendra un moment où il faudra lui révéler ce que c'est que la destinée de l'homme. Comment résistera-t-elle au premier éclair? Puissé-je lui cacher longtemps cette funeste lumière !

Je viens de recevoir une nouvelle qui me fait beaucoup

de mal ; cet ami dont je t'ai parlé est de nouveau en fuite. Les sacrifices que j'ai faits pour lui, loin de le sauver, l'ont replongé dans le désordre. A présent, son déshonneur ne peut plus être masqué, son nom est souillé, sa vie perdue ; là, comme partout où j'ai passé, j'ai travaillé en vain. Voilà donc à quoi sert l'amitié, et ce que peut le dévouement ! Non, les hommes ne peuvent rien les uns pour les autres ; un seul guide, un seul appui leur est accordé, et il est en eux-mêmes. Les uns l'appellent conscience, les autres vertu ; je l'appelle orgueil. Cet infortuné en a manqué ; il ne lui reste que le suicide. La calomnie n'atteint et ne déshonore personne, le temps ou le hasard en fait justice ; mais une bassesse ne s'efface pas. Avoir donné sur soi à un autre homme le droit du mépris, c'est un arrêt de mort en cette vie ; il faut avoir le courage de passer dans une autre en se recommandant à Dieu.

Mais il n'aura pas même cet orgueil-là, je le connais, c'est un esprit corrompu et avili par l'amour du plaisir. Sa vanité seule le fera souffrir ; mais la vanité ne donne de courage à personne ; c'est un fard que le moindre souffle fait tomber, et qui ne résiste pas à l'air de la solitude.

Cette destinée, qu'un instant je m'étais flatté d'avoir réhabilitée par mes reproches et par mes services, est donc tombée plus bas qu'auparavant ! Encore un homme dont la vie est manquée, et que personne, excepté moi peut-être, ne plaindra. Quand je me rappelle les temps heureux que j'ai passés avec lui, lorsqu'il était jeune, et que ni lui ni personne ne pensait que ce beau visage riant et ce caractère vif et joyeux pussent servir d'enveloppe à l'âme d'un lâche ! Il avait une mère qui le chérissait, des amis qui se fiaient à lui ; et à présent !... Si je n'étais pas marié, je courrais après lui, j'essaierais encore de le relever ; mais cela ne servirait à rien, et Fernande souffrirait trop de mon absence. Pauvre homme ! je suis triste à la mort ; je veux pourtant cacher cette tristesse, qui se communiquerait bien vite à ma pauvre enfant. Non, je ne veux pas voir ce beau front se rembrunir encore ; je ne veux pas couvrir de larmes ces joues si fraîches et si veloutées. Qu'elle aime, qu'elle rie, qu'elle dorme, qu'elle soit toujours tranquille, toujours heureuse ! Moi je suis fait pour souffrir ; c'est mon métier, et j'ai l'écorce dure.

XXIII.

DE FERNANDE A CLÉMENCE.

Je suis encore triste, mon amie, et je commence à croire que tout n'est pas joie dans l'amour ; il y a aussi bien des larmes, et je ne les répands pas toutes dans le sein de Jacques, car je vois que j'augmente sa tristesse en lui montrant la mienne. Depuis un mois nous avons eu plusieurs accès de mélancolie sympathique sans cause réelle, mais qui n'en ont pas moins des effets douloureux. Il est vrai que, quand ils sont passés, nous sommes plus heureux qu'auparavant, nous nous chérissons avec plus d'enthousiasme ; mais je me dis toujours que c'est la dernière fois que je tourmente Jacques de mes enfantillages, et je ne sais comment il arrive que je le recommence toujours. Je ne peux pas le voir triste sans le devenir aussitôt ; il me semble que c'est une preuve d'amour et qu'il ne doit pas s'en fâcher ; aussi ne s'en fâche-t-il pas. Il me traite toujours avec tant de douceur et de bonté ! comment ferait-il pour me dire une parole dure, ou même froide ? Mais il prend du chagrin et me fait de doux reproches ; alors je pleure de remords, d'attendrissement et de reconnaissance, et je me couche fatiguée, brisée, me promettant bien de ne plus recommencer ; et, au bout du compte, cela fait du mal, et ce sont autant de jours que je retranche de mon bonheur. J'ai certainement des idées folles, mais je ne sais pas s'il est possible d'aimer sans les avoir. Par exemple, je me tourmente continuellement de la crainte de n'être pas assez aimée, et je n'ose pas dire à Jacques que c'est la cause de toutes mes agitations. Je crois bien qu'il a des jours

de souffrance physique ; mais il est certain que son esprit n'est pas toujours paisible. Certaines lectures l'agitent ; certaines circonstances, indifférentes en apparence, semblent lui retracer des souvenirs pénibles. Je m'en inquiéterais moins s'il me les confiait ; mais il est silencieux comme la tombe et me traite comme une personne tout à fait à part de lui. L'autre jour je me mis à chanter une vieille romance qui me tomba, je ne sais comment, sous la main ; Jacques était étendu sur le grand canapé du salon, et il fumait dans une grande pipe turque à laquelle il tient beaucoup. Dès que j'eus chanté les premières mesures, il frappa le parquet avec cette pipe, comme saisi d'une émotion convulsive, et la brisa. « Ah ! mon Dieu, qu'as-tu fait ? m'écriai-je ; tu as cassé ta chère pipe d'Alexandrie. — C'est possible, dit-il, je ne m'en suis pas aperçu. Remets-toi à chanter. — Mais je n'ose pas trop, repris-je ; il faut que j'aie fait quelque fausse note épouvantable tout à l'heure ; car tu as bondi comme un désespéré. — Non pas que je sache, répondit-il ; continue, je t'en prie. » Je ne sais comment il se fait que je suis toujours à l'affût des impressions que Jacques cherche à me dissimuler ; il y a un secret instinct qui m'abuse ou qui m'éclaire, je ne sais lequel des deux, mais qui me force à reporter tout ce qu'il fait et tout ce qu'il dit vers une cause funeste à mon bonheur. Je m'imaginai qu'il avait entendu chanter cette romance par quelque maîtresse dont le souvenir lui était encore cher, et je ressentis tout à coup une jalousie absurde ; je la jetai de côté, et me mis à en chanter une autre. Jacques l'écouta sans l'interrompre, puis il me redemanda la première, en disant qu'il la connaissait et qu'elle lui plaisait beaucoup. Ces paroles, qui semblèrent confirmer mes doutes, m'enfoncèrent un poignard dans le cœur ; je trouvai Jacques insensé et barbare de chercher à ressaisir dans notre amour le souvenir des autres amours de sa vie, et je chantai la romance, tandis que de grosses larmes me tombaient sur les doigts. Jacques me tournait le dos, et s'imaginait, parce que son corps avait une attitude immobile, que je ne m'apercevais pas de son émotion ; mais je faisais, malgré ma douleur, une sévère attention à lui, et je surpris deux ou trois soupirs qui semblaient partir d'une âme oppressée et briser tout son corps. Quand j'eus fini, il y eut entre nous un long silence : je pleurais, et je laissai échapper malgré moi un sanglot. Jacques était tellement absorbé qu'il ne s'en aperçut pas, et sortit en fredonnant, d'un ton mélancolique, le refrain de la romance.

J'allai dans le bois pour me désoler en liberté ; mais, au détour d'une allée, je me trouvai face à face avec lui. Il m'interrogea sur ma tristesse avec sa douceur accoutumée, mais beaucoup plus froidement que les autres fois. Cet air sévère m'imposa tellement que je ne voulus jamais lui avouer pourquoi j'avais les yeux rouges ; je lui dis que c'était le vent, la migraine ; je lui fis mille contes dont il feignit de se contenter, car il insista fort peu, et chercha à me distraire. Il n'eut pas grand'peine : je suis si folle que je m'amuse de tout. Il me mena voir des chèvres de Cachemire qui venaient de lui arriver, avec un berger dont la bêtise me fit mourir de rire. Mais vois comme je suis ! dès que je me retrouvai seule, mon chagrin me revint, et je me remis à pleurer en pensant à cette histoire de la matinée. Ce qui me faisait surtout de la peine, c'était d'avoir été importune à Jacques. L'indifférence qu'il avait montrée me prouvait de reste qu'il n'était plus disposé à écouter mes puériles confessions et à s'affliger avec moi de mes souffrances. Peut-être avait-il cette idée ; peut-être éprouvait-il un peu de remords de m'avoir fait chanter cette romance ; peut-être nous sommes-nous parfaitement compris tous les deux sans nous expliquer. Le fait est que le soir il prit un air tout à fait insouciant en me demandant si je savais par cœur la romance que j'avais chantée le matin. « Tu aimes bien ce te romance ? lui dis-je avec un peu d'amertume. — Beaucoup, répondit-il, surtout dans ta bouche ; tu l'as chantée ce matin avec une expression qui m'a ému jusqu'au fond du cœur. » Poussée par je ne sais quel besoin de me faire souffrir pour me dévouer à sa fantaisie, je lui offris de la chanter de nouveau; et j'allais allumer une bougie pour la lire, lorsqu'il m'arrêta en me disant que ce serait pour une autre fois, et qu'il aimait mieux se promener avec moi au clair de la lune. Le lendemain matin, je cherchai la romance et ne la trouvai plus sur mon piano. Je la cherchai tous les jours suivants sans succès. Pressée par la curiosité, je me hasardai à demander à Jacques s'il ne l'avait pas vue. « Je l'ai déchirée par distraction, me répondit-il; il n'y faut plus penser. » Il me sembla qu'il disait cette parole, *il n'y faut plus penser*, d'une manière particulière, et que cela exprimait beaucoup de choses. Il me trompe peut-être, mais jamais je ne croirai qu'il ait déchiré cette romance par distraction. Il a voulu savoir d'abord si je pourrais la chanter par cœur, et quand il a été sûr que non, il l'a anéantie. Elle lui causait donc une émotion bien véritable; elle lui rappelait donc un amour bien violent!

Si Jacques devine tout cela, si en lui-même il traite d'enfantillages méprisables ce qui se passe en moi, il a tort. S'il était à ma place, il souffrirait peut-être plus que moi; car il n'a pas de rivaux dans le passé; rien de ce que je fais, rien de ce que je pense ne peut l'affliger : il peut sans frayeur regarder dans ma vie, l'embrasser tout entière d'un coup d'œil, et se dire qu'il est mon seul amour. Mais sa vie est pour moi un abîme impénétrable; ce que j'en sais ressemble à ces météores sinistres qui éblouissent et qui égarent. La première fois que j'ai recueilli ces lambeaux de renseignements incertains, j'ai craint que Jacques ne fût inconstant ou menteur; j'ai craint que son amour n'eût pas tout le prix que j'y attachais; ma vénération fut comme ébranlée. Aujourd'hui je sais ce que c'est que Jacques et ce que vaut son amour; le prix en est si grand que je sacrifierais toute une vie de repos où je ne l'aurais pas connu, aux deux mois que je viens de passer avec lui. Je le sais incapable de m'abuser et de promettre son cœur en vain. Je ne songe presque plus à l'avenir, mais je me tourmente horriblement du passé; j'en suis jalouse. Oh! que serait le présent si je n'étais pas sûre de lui comme de Dieu! Mais je ne pourrais pas douter de la parole de Jacques, et je ne serais pas jalouse sans raison. L'espèce de jalousie que j'ai maintenant n'est pas vile et soupçonneuse; elle est triste et résignée; oh! mais elle me fait bien mal!

XXIV.

DE JACQUES A SYLVIA.

Je ne sais auquel des deux le pied a manqué, mais le grain de sable est tombé. J'ai fait bonne garde, je me suis dévoué de tout mon pouvoir à prévenir cet accident; mais la surface du lac est troublée. D'où est venu le mal? On ne le sait jamais; on s'en aperçoit quand il existe. Je le contemple avec tristesse et sans découragement. Il n'y a pas de remède à ce qui est arrivé; mais on peut mettre une digue à l'avalanche et l'arrêter en chemin.

Cette digue, ce sera ma patience. Il faut qu'elle s'oppose avec douceur aux excès de sensibilité d'une âme trop jeune. J'ai su mettre ce rempart entre moi et les caractères les plus fougueux; ce ne sera pas une tâche bien difficile que d'apaiser une enfant si simple et si bonne. Elle a une vertu qui nous sauvera l'un et l'autre, la loyauté. Son âme est jalouse; mais son caractère est noble, et le soupçon ne saurait la flétrir. Elle est ingénieuse à se tourmenter de ce qu'elle ne sait pas, mais elle croit aveuglément à ce que je lui dis. Me préserve Dieu d'abuser de cette sainte confiance et de démériter par le plus léger mensonge! Quand je ne puis pas lui donner l'explication satisfaisante, j'aime mieux le lui en donner aucune; c'est la faire souffrir un peu plus longtemps, mais que faire? Un autre descendrait peut-être à ces faciles artifices qui raccommodent tant bien que mal les querelles d'amour; cela me paraît lâche, et je n'y consentirais jamais. L'autre jour, il s'est passé entre elle et moi une petite tracasserie assez douloureuse, et très-délicate pour tous deux. Elle se mit à chanter une romance que j'ai entendu chanter pour la première fois à la première femme que j'ai aimée. C'était un amour bien romanesque, bien idéal, une espèce de rêve qui ne s'est jamais réalisé, grâce peut-être à ma timidité et au respect enthousiaste que je professais pour une femme très-semblable aux autres, à ce qu'il m'a semblé depuis. Certes, ni cette femme, ni l'amour que j'eus pour elle, ne sont de nature à causer raisonnablement de l'ombrage à Fernande; ce fut pourtant la cause d'un nuage qui a passé sur notre bonheur. J'eus un plaisir très-vif à entendre ce chant mélodieux et simple qui me rappelait les illusions et les songes riants de ma première jeunesse. Il me retraçait toute une fantasmagorie de souvenirs : je crus revoir le pays où j'avais aimé pour la première fois, les bois où j'avais rêvé si follement, les jardins où je me promenais en faisant de mauvaises poésies que je trouvais si belles, et mon cœur palpita encore de plaisir et d'émotion. Certes, ce n'était pas de regret pour cet amour qui n'a jamais existé que dans les rêves d'une imagination de seize ans, mais il y a dans les lointains souvenirs une inexplicable magie. On aime ses premières impressions d'un amour paternel, on se chérit dans le passé, peut-être parce qu'on s'ennuie de soi-même dans le présent. Quoi qu'il en soit, je me sentis un instant transporté dans un autre monde, pour lequel je ne changerais pas celui où je suis maintenant, mais où j'avais cru ne retourner jamais, et où je fis avec joie quelques pas. Il me sembla que Fernande devinait le plaisir qu'elle me causait, car elle chanta comme un ange, et je restai enivré et muet de béatitude après qu'elle eut cessé. Tout à coup je m'aperçus qu'elle pleurait, et, comme nous avons eu déjà quelque chose de pareil, je devinai ce qui se passait en elle, et j'en conçus un peu d'humeur. La première impression est au-dessus des forces de l'homme le plus ferme. Dans ces moments-là, il n'est donné qu'aux scélérats de savoir feindre. Tout ce qu'un homme sincère peut faire, c'est de se taire ou de se cacher. Je sortis donc, et quelques tours de promenade dissipèrent cette légère irritation. Mais je compris qu'il m'était impossible de consoler Fernande sans une explication. Il eût fallu ou lui faire accroire qu'elle se trompait dans ses soupçons, en lui faisant un mensonge, ou tenter de lui expliquer la différence qu'il y a entre aimer un souvenir romanesque et regretter un amour oublié. Voilà ce qu'elle n'eût jamais voulu comprendre et ce qui est réellement au-dessus de son âge, et peut-être de son caractère. Cet aveu d'un sentiment bien innocent lui eût fait plus de mal que mon silence. J'ai tout réparé en lui prouvant que j'étais prêt à faire à sa susceptibilité le sacrifice de mon petit plaisir; j'ai refusé d'entendre de nouveau la romance que, par une petite malice boudeuse de femme, elle m'offrait de me chanter une seconde fois, et je l'ai brûlée sans ostentation.

Il faudra qu'à toute occasion, quand je ne pourrai pas mieux faire, j'aie le courage de ne pas montrer d'humeur. Il est vrai que cela me fait souffrir un peu. J'ai été effrayé pendant si longtemps de la jalousie atroce de certaines femmes, que tout ce qui me la rappelle, même de très-loin, me fait frissonner d'aversion. Je m'y habituerai. Fernande a les défauts ou plutôt les inconvénients de son âge, et j'ai aussi ceux du mien. A quoi m'aurait servi l'expérience, si elle ne m'avait endurci à la souffrance? C'est à moi de m'observer et de me vaincre. Je m'étudie sans cesse, et je me confesse devant Dieu dans la solitude de mon cœur, pour me préserver de l'orgueil intolérant. En m'examinant ainsi, j'ai trouvé bien des taches en moi, bien des motifs d'excuse pour les fréquentes agitations de Fernande. Par exemple, j'ai la triste habitude de rapporter toutes mes peines présentes à mes peines passées. C'est un noir cortége d'ombres en deuil qui se tiennent par la main; la dernière qui s'agite éveille toutes les autres qui s'endormaient. Quand ma pauvre Fernande m'afflige, ce n'est pas elle qui me fait tout le mal que je ressens; ce sont les autres amours de ma vie qui se remettent à saigner comme de vieilles plaies. Ah! c'est qu'on ne guérit pas du passé!

Devrait-elle se plaindre de moi, pourtant? Quel homme sait mieux jouir du présent? quel homme respecte plus saintement les biens que Dieu lui accorde? Combien je prise ce diamant que je possède, et autour duquel je souffle sans cesse pour en écarter le moindre grain de poussière! Oh! qui le garderait plus soigneusement que moi? Mais les enfants savent-ils quelque chose? Moi, du moins, je puis comparer le passé au présent, et si quelquefois je souffre doublement pour avoir déjà beaucoup souffert, plus souvent encore j'apprends par cette comparaison à savourer le bonheur présent. Fernande croit que tous les hommes savent aimer comme moi; moi, je sens que les autres femmes ne savent pas aimer comme elle. C'est moi qui suis le plus juste et le plus reconnaissant. Mais, encore une fois, il en doit être ainsi. Hélas! le temps du bonheur serait-il déjà passé? celui du courage serait-il venu? Oh! non, non, pas encore; ce serait trop vite. Que l'un préserve l'autre, et que le bonheur récompense le courage!

XXV.

DE CLÉMENCE A FERNANDE.

Je suis plus affligée que surprise de ce qui t'arrive; tes chagrins me paraissent la conséquence inévitable d'une union mal assortie. D'abord ton mari est trop âgé pour toi, ensuite tu as pris la position tout de travers. Il eût été possible à une femme dont le caractère serait calme et un peu froid de s'habituer aux inconvéniences que je t'avais signalés, et qui ne sont que trop réalisés; mais, pour une petite tête exaltée comme la tienne, un homme aussi expérimenté que M. Jacques est le pire mari que tu pouvais rencontrer. Ce n'est pas que je rejette sur lui la faute de tout ce qui s'est passé entre vous; il me semble que c'est lui qui a constamment raison, et voilà pourquoi je te plains : ce qu'il y a de plus triste au monde, c'est d'être condamné, par sa position et par la force des choses, à avoir constamment tort. Cet amour enthousiaste que tu t'es évertuée à ressentir pour lui est un sentiment hors nature, et destiné à s'éteindre tout à coup comme un feu de paille; mais avant d'en venir là il te fera cruellement souffrir, et, quelque patient que soit ton mari, il te rendra insupportable à ses yeux. Il me semble, à moi, que la passion est tout à fait contraire à la dignité et à la sainteté du mariage. Tu t'es imaginé que tu inspirais cette passion à ton mari; j'en doute fort : je crois que tu auras pris pour l'enthousiasme les caresses véhémentes qu'un mari prodigue dès les premiers jours à sa femme, quand elle est, comme toi, toute jeune et remarquablement jolie. Mais sois sûre que toutes les extases de ton cerveau, toutes les illusions de ton âme, ne sont plus du goût d'un homme de trente-cinq ans, et que, du jour où, au lieu de contribuer à ses plaisirs, elles lui causeront du trouble et de l'ennui, il te dessillera les yeux, peut-être un peu brusquement. Tu seras au désespoir alors, pauvre Fernande, et il n'aura fait qu'une chose très-simple et très-légitime; car de quel droit viens-tu, avec tes folies et tes caprices, empoisonner la vie d'un homme qui était libre et tranquille, et qui t'a recherchée en mariage pour te faire participer à son bien-être, et non pour l'ériger en souveraine jalouse et impérieuse? Je vois déjà que tu as le talent de le rendre assez malheureux; cette manière de l'épier, de scruter toutes ses pensées, d'interpréter toutes ses paroles, doit faire de ton amour un fléau. Et pourtant, Fernande, personne n'était plus douce et plus facile à vivre que toi; nul caractère n'était plus éloigné du soupçon et de la tyrannie; nul cœur peut-être n'est plus généreux et plus juste; mais tu aimes, et voilà l'effet de l'amour sur les femmes quand elles ne savent pas se vaincre. Prends garde à toi, ma chère, je te parle bien durement, bien cruellement, mais tu cherches l'appui de ma raison, et je te l'offre d'une main ferme. Je t'ai déjà dit que, le jour où la vérité te serait trop rude à supporter, tu n'avais qu'à cesser de m'écrire, et que je comprendrais ton silence. Je ne chercherai jamais à te guérir malgré toi, je ne suis pas une marchande de conseils. Adieu, ma petite amie; tâche de te guérir de l'exagération, ou tu es perdue.

XXVI.

DE SYLVIA A JACQUES.

Tu as raison, Jacques, de ne pas t'effrayer beaucoup de ces légers nuages. Je ne sais pas si tu dois aimer éternellement Fernande; je ne sais pas si l'amour est, de sa nature, un sentiment éternel; mais ce qu'il y a de certain, c'est qu'avec des caractères aussi nobles que les vôtres il doit avoir un cours aussi long que possible, et ne pas se flétrir dès les premiers mois. Je vois que des caractères plus mal assortis, et moins dignes l'un de l'autre, se tiennent embrassés durant des années et ont une peine extrême à se détacher. Toi-même tu l'as éprouvé; tu as aimé des femmes beaucoup moins parfaites que Fernande, et tu les as aimées longtemps avant de commencer à souffrir et à te dégoûter. Il me semble donc impossible que la chute du premier grain de sable ait déjà troublé ton amour, et que ce lac ne redevienne pas tranquille et pur. Peut-être que deux grands cœurs ont plus de peine à s'entendre que lorsqu'un des deux fait à lui seul tous les frais de la sympathie. Peut-être qu'avant de se livrer entièrement, et de s'abandonner l'un à l'autre, ils ont besoin de s'essayer, de briser quelques aspérités qui les repoussent encore. Un grand bonheur, une longue passion, doivent être achetés au prix de quelques souffrances. Quand on plante un arbre vigoureux, il souffre et se flétrit pendant quelques jours avant de s'accoutumer au terrain et de montrer la force qu'il doit acquérir. Les petites douleurs de ton amie prouvent l'excessive délicatesse de son amour. Je voudrais être aimée comme tu l'es. Garde-toi donc de te plaindre; surmonte un peu ta fierté, s'il le faut, et consens, non à mentir, mais à l'expliquer. Tu fais injure à Fernande en croyant qu'elle ne comprendrait pas; elle serait flattée de te voir condescendre aux faiblesses de son sexe et aux ignorances de son âge; elle s'efforcerait de marcher plus vite vers toi et d'arriver à ton point de vue. Que ne peut pas une âme comme la tienne et une parole si éloquente quand tu daignes parler! Oh! ne t'enferme pas dans le silence! tu n'as pas besoin de ta force avec cet être angélique qui est à genoux déjà pour l'écouter. Rappelle-toi ce que j'étais quand je t'ai connu, et ce que tu as fait de cette âme qui dormait informe dans le chaos. Que serais-je si tu n'étais descendu jusqu'à moi, si tu ne m'avais révélé ce que tu sais de Dieu, des hommes et de la vie? Ne t'ai-je pas compris? N'ai-je pas acquis quelque grandeur, moi qui n'étais qu'une enfant sauvage, incapable de bien et de mal par moi-même au milieu des ténèbres de mon ignorance? Souviens-toi des longues promenades que nous faisions ensemble sur les Alpes, au temps des vacances. Avec quelle avidité je t'écoutais! comme je rentrais dans mon couvent éclairée et sanctifiée! O mon brave Jacques! quel être sublime ne pourras-tu pas faire de celle qui est ta femme et qui possède ton amour! Je te prédis une grande destinée avec elle! Essuie ses belles larmes, ouvre-lui tous les trésors de ton âme : je vivrai de votre bonheur.

XXVII.

D'OCTAVE A SYLVIA.

Pourquoi donc avez-vous tant tardé à m'écrire cette lettre qui nous eût épargné tant de maux, et pourquoi, si Jacques est votre frère, avez-vous tant hésité à me l'avouer? Quel être incompréhensible êtes-vous, Sylvia, et quel plaisir trouvez-vous à nous faire souffrir vous et moi? C'est en vain que je vous contemple et que je vous étudie; il y a des jours où je ne sais pas encore si vous êtes la première ou la dernière des femmes; je me demande si votre fierté signifie la vertu la plus sublime ou l'effronterie du vice hypocrite. Ah! ne m'accablez pas de vos froides et méprisantes railleries. Ne me dites pas

Fernande.

que personne ne m'impose l'obligation de vous aimer, et que je suis libre de renoncer à vous. Je suis bien assez malheureux ; ne faites pas tant de gloire de vos dédains et de votre indifférence : vous ne seriez que plus digne d'amour si vous étiez moins forte et moins cruelle.

Et vous, n'avez-vous jamais eu des instants de faiblesse et d'incertitude avec moi? ne m'avez-vous pas accusé de bien des torts que vous m'avez pardonnés? Pourquoi railler si durement l'impiété de mon âme? pourquoi me dire que je ne vous aime pas du moment que je doute de vous? Savez-vous bien ce que c'est que l'amour, pour parler de la sorte? Mais vous m'avez aimé, puisque vous m'avez rappelé souvent après m'avoir repoussé ; mais vous m'aimez encore, puisque, après trois mois d'un silence obstiné, vous m'écrivez pour vous laver de mes soupçons. Elle est bien laconique et bien hautaine, votre justification! Je n'oserais confier à personne combien vous me dominez, tant je me trouve rapetissé et humilié par votre amour. O Dieu! et vous seriez un ange si vous vouliez ; c'est l'orgueil qui fait de vous un démon! Quand vous vous abandonnez à votre sensibilité, vous êtes si belle, si adorable! j'ai eu de si beaux jours avec vous! sont-ils donc perdus pour jamais? Non; je ne saurais y renoncer ; que ce soit force ou faiblesse, lâcheté ou courage, je retournerai à toi! Je te presserai encore dans mes bras, je te forcerai encore à croire en moi et à m'aimer, dussé-je n'avoir qu'un jour de ce bonheur, et rester avili à mes propres yeux pour toute ma vie! Je sais que je serai encore malheureux avec toi ; je sais qu'après m'avoir rendu fou, tu me chasseras avec un abominable sang-froid. Tu ne comprendras pas ou tu ne voudras pas comprendre que, pour retourner à tes pieds, avec l'âme toute saignante encore de doute et de soupçons, il faut que je t'aime d'une passion effrénée. Tu me diras que je ne sais pas ce que c'est qu'aimer ; tu croiras être bien sublime et bien généreuse envers moi, parce que tu me pardonneras d'avoir soupçonné ce que tous les hommes auraient supposé à ma place. Tu es une âme d'airain ; tu brises tout ce qui t'approche, et ne consens à plier devant aucune des réalités de la vie. Comment veux-tu que je te suive toujours aveuglément dans ce monde imaginaire où je n'avais jamais mis le pied avant de te connaître? Ah! sans doute, si tu es ce que tu parais à mon enthou-

Il fume cinq heures sur six. (Page 38.)

siasme, tu es bien grande, et je devrais passer ma vie enchaîné à tes pieds; si tu es ce que ma raison croit deviner parfois, cache-moi bien la vérité, trompe-moi habilement, car malheur à toi si tu te démasques! Adieu; reçois-moi comme tu voudras, dans trois jours je serai à tes genoux.

XXVIII.

DE FERNANDE A CLÉMENCE.

Tu m'humilies, tu me brises; si c'est la vérité que tu m'enseignes, elle est bien âpre, ma pauvre Clémence. Tu vois cependant que je l'accepte, toute cruelle qu'elle est, et que je reviens toujours à toi, sauf à être plus malheureuse qu'auparavant, quand tu m'as répondu. J'ai donc tort? Mon Dieu, je croyais qu'avec un malheur comme le mien on ne pouvait pas être coupable. Les méchants sont ceux qui rient des peines d'autrui; moi je pleure celles de Jacques encore plus que les miennes; je sais bien que je l'afflige, mais ai-je la force de cacher mon chagrin? Peut-on tarir ses larmes, peut-on s'imposer la loi d'être insensible à ce qui déchire le cœur? Si quelqu'un est jamais arrivé à cette vertu, il a dû bien souffrir avant de l'atteindre; son cœur a dû saigner cruellement! Je suis trop jeune pour savoir déguiser mon visage et cacher mon émotion; et puis, ce n'est pas Jacques qu'il me serait possible de tromper. Cette lutte avec moi-même ne servirait donc qu'à augmenter mon mal; ce qu'il faudrait étouffer, c'est ma sensibilité, c'est mon amour! O ciel, tu me parles de le vaincre! Cette seule idée lui donne plus d'intensité; que deviendrais-je à présent que j'ai connu l'amour, si je me trouvais le cœur vide? Je mourrais d'ennui. J'aime mieux mourir de chagrin, la mort sera moins lente.

Tu prends le parti de Jacques, tu as bien raison! c'est lui qui est un ange, c'est lui qui devrait être aimé d'une âme aussi forte, aussi calme que la tienne. Mais suis-je donc indigne de lui? ne suis-je pas sincère et dévouée autant qu'il est possible de l'être? Non! ce ne sont pas des lueurs d'enthousiasme que j'ai pour lui, c'est une vénération constante, éternelle. Il m'aime vraiment, je le sais, je le sens; il ne faut pas me dire qu'il n'aime de moi que ma jeunesse et ma fraîcheur; si je le croyais!... non, cette idée est trop cruelle! Tu es inexorable dans ton mépris pour l'amour; ton esprit observateur juge tout sans pitié; mais de quel droit parles-tu d'un sentiment que tu n'as pas éprouvé? Si tu savais combien un pareil doute me ferait souffrir, une fois entré dans mon cœur, tu n'aurais pas la cruauté de m'y pousser.

Eh bien, s'il en était ainsi, si Jacques m'aimait comme un passe-temps, moi qui lui ai dévoué toute ma vie, moi qui l'aime de toutes les forces de mon âme, j'essaierais de ne plus l'aimer; mais cela me serait impossible, je mourrais.

Ma pauvre tête est malade. Aussi quelle lettre tu m'écris! je n'ai pu cacher l'impression qu'elle me faisait, et Jacques m'a demandé si je venais d'apprendre quelque mauvaise nouvelle. J'ai répondu que non. « Alors, m'a-t-il dit, c'est une lettre de ta mère. » Je mourais de peur qu'il ne me demandât à la voir, et, tout interdite, j'ai baissé la tête sans répondre. Jacques a frappé la table avec une violence que je ne lui ai jamais vue. « Que cette femme n'essaie point d'empoisonner ton cœur, s'est-il écrié, car je jure sur l'honneur de mon père qu'elle me paierait cher la moindre tentative contre la sainteté de notre amour! » Je me suis levée tout épouvantée, et je suis retombée sur ma chaise. « Eh bien, qu'as-tu? m'a-t-il dit. — Vous-même, qu'avez-vous contre ma mère? que vous a-t-elle fait pour vous mettre ainsi en colère? — J'ai des raisons que tu ne sais pas, Fernande, et qui sont grosses comme des montagnes; puisses-tu ne les savoir jamais! mais, pour l'amour de notre repos, cache-moi les lettres de ta mère, et surtout l'effet qu'elles produisent sur toi. — Je te jure que tu te trompes, Jacques, me suis-je écriée; cette lettre n'est pas de ma mère, elle est de... — Je n'ai pas besoin de le savoir, a-t-il dit vivement; ne me fais pas l'injure de répondre à des questions que je ne t'adresserai jamais. » Et il est sorti; je ne l'ai pas revu de la journée. O Dieu! nous en sommes presque à nous quereller! et pourquoi? parce que j'ai cru le voir triste et que j'ai pris de l'inquiétude? Oh! s'il n'y avait pas au fond de tout cela quelque chose de vrai, nous n'en serions pas où nous en sommes. Jacques a eu des peines qu'il m'a cachées, à bonne intention peut-être, mais il a eu tort; s'il m'avait révélé la première, je ne l'aurais pas interrogé sur les autres, tandis qu'à présent je m'imagine toujours qu'il couve quelque mystère, et je ne trouve pas cela juste, car mon âme lui est ouverte, et il peut y lire à chaque instant. Je vois bien qu'il est préoccupé, quelque chose le distrait de l'amour qu'il avait pour moi; quelquefois il a un froncement de sourcil qui me fait trembler de la tête aux pieds. Il est vrai que si je prends le courage de lui adresser la parole, cela se dissipe aussitôt, et je retrouve son regard bon et tendre comme auparavant. Mais autrefois je ne lui déplaisais jamais, je lui disais avec confiance tout ce qui me passait par l'esprit; quand j'étais absurde, il se contentait de sourire, et il prenait la peine de redresser mon jugement avec affection. A présent, je vois que certaines paroles, dites presque au hasard, lui font un mauvais effet; il change de visage, ou il se met à fredonner cette petite chanson qu'il chantait à Smolensk, quand on lui retira une balle de la poitrine. Une parole de moi lui fait le même mal apparemment.

Il est six heures du soir; Jacques, qui est d'ordinaire si exact, et qui se faisait un scrupule de me causer la plus légère inquiétude ou la plus frivole impatience, n'est pas encore rentré pour dîner. Est-ce qu'il me boude? est-ce qu'il aura eu un chagrin assez vif pour rester absorbé ainsi depuis midi? Je suis tourmentée; s'il lui était arrivé quelque accident! s'il ne m'aimait plus! Peut-être qu'il lui est tellement déplu aujourd'hui qu'il éprouve de la répugnance à me voir. Oh! ciel! ma vue lui deviendrait odieuse! Tout cela me fait un mal horrible, je suis enceinte et je souffre beaucoup. Les anxiétés auxquelles je m'abandonne me rendent encore plus malade. Il faut que j'en finisse; il faut que je me jette aux pieds de Jacques, et que je le conjure de me pardonner mes folies. Cela ne peut pas m'humilier : ce n'est pas à mon mari, c'est à mon amant que s'adresseront mes prières. J'ai offensé sa délicatesse, j'ai affligé son cœur; il faut qu'une fois pour toutes il me pardonne, et que tout soit oublié. Il y a bien des jours que nous ne nous expliquons plus; cela me tue. J'ai l'âme pleine de sanglots qui m'étouffent; il faut que je les répande dans son sein, qu'il me rende toute sa tendresse, et que je recouvre ce bonheur pur et enivrant que j'ai déjà goûté.

Dimanche matin.

O mon amie, que je suis malheureuse! rien ne me réussit, et la fatalité fait tourner à mal tout ce que je tente pour me sauver. Hier, Jacques est rentré à six heures et demie; il avait l'air parfaitement calme, et m'a embrassée comme s'il eût oublié nos petites altercations. Je connais Jacques à présent; je sais quels efforts il fait sur lui-même pour vaincre son déplaisir; je sais que la douleur concentrée est un fer rouge qui dévore ses entrailles. Je me suis fait violence pour dîner tranquillement; mais, aussitôt que nous avons été seuls, je me suis jetée à ses genoux en fondant en larmes. Sais-tu ce qu'il a fait? Au lieu de me tendre les bras et d'essuyer mes pleurs, il s'est dégagé de mes caresses et s'est levé d'un air furieux; j'ai caché mon visage dans mes mains pour ne pas le voir dans cet état; j'ai entendu sa voix tremblante de colère qui me disait : « Levez-vous, et ne vous mettez jamais ainsi devant moi. » J'ai senti alors le courage du désespoir. « Je resterai ainsi, me suis-je écriée, jusqu'à ce que vous m'ayez dit ce que j'ai fait pour perdre votre amour. — Tu es folle, a-t-il répondu en se radoucissant, et tu ne sais qu'imaginer pour troubler notre paix et gâter notre bonheur. Expliquons-nous, parlons, pleurons, puisqu'il te faut toutes ces émotions pour alimenter ton amour; mais, au nom du ciel, relève-toi, et que je ne te voie plus ainsi. » J'ai trouvé cette réponse bien dure et bien froide, et je suis retombée sur moi-même à demi brisée d'abattement et de douleur. « Faut-il que je te relève malgré toi? a-t-il dit en me prenant dans ses bras et en me portant sur le sofa; quelle rage ont donc toutes les femmes de jeter ainsi leur âme en dehors comme si elles étaient sur un théâtre! Souffre-t-on moins, aime-t-on plus froidement, pour rester debout et pour ne pas se briser la poitrine en sanglots? Que ferez-vous, pauvres enfants, quand la foudre vous tombera sur la tête? — Tout ce que vous dites là est horrible, lui ai-je répondu; est-ce par le dédain que vous voulez vous délivrer de mon amour? vous importune-t-il déjà? » Il s'est assis auprès de moi, et il est resté silencieux, la tête baissée, l'air résigné, mais profondément triste. Il m'a laissée pleurer longtemps, puis il a fait un effort pour me prendre les mains; mais j'ai vu que cette marque d'affection lui coûtait; et j'ai retiré mes mains précipitamment. « Hélas! hélas! » a-t-il dit, et il est sorti. Je l'ai rappelé, mais en vain, et je me suis presque évanouie. Rosette, en apportant des lumières dans le salon, m'a trouvée sans mouvement; elle m'a portée à mon lit, elle m'a déshabillée pendant qu'on avertissait mon mari; il est venu, et m'a témoigné beaucoup d'intérêt. J'avais une extrême impatience d'être seule avec lui, espérant qu'il me dirait quelque chose qui me consolerait tout à fait; je voyais tant d'émotion sur sa figure! Je ne pouvais cacher l'ennui que me causaient les interminables prévenances de Rosette; j'ai fini par lui parler un peu durement, et Jacques a dit quelques mots en sa faveur. J'avais les nerfs réellement malades; je ne sais comment la manière dont Jacques a semblé s'interposer entre moi et ma femme de chambre m'a causé un mouvement de colère invincible. Plusieurs fois déjà, ces jours derniers, je m'étais impatientée contre cette fille, et Jacques m'en avait blâmée. « Je sais bien qu'en toute occasion, lui ai-je dit, vous donnez de préférence raison à Rosette et à moi tout le tort. — Vous êtes réellement malade, ma pauvre Fernande, a-t-il dit froidement. Rosette, tu fais trop de bruit autour de ce lit, va-t'en; je te sonnerai si madame a besoin de toi. » Aussitôt j'ai senti combien j'étais injuste et folle. « Oui, je suis malade, » ai-je répondu dès que j'ai été seule avec lui, et j'ai caché ma tête dans son sein en pleurant; il m'a consolée en me prodiguant les plus tendres caresses et en me donnant les plus doux noms. Je n'avais plus la force de demander une autre explication, tant j'avais la tête brisée ; je me suis endormie sur l'épaule de Jacques. Mais ce matin, quand j'ai sonné ma femme de chambre, j'ai vu une autre figure, assez laide et insignifiante. « Qui êtes-vous, ai-je dit, et où est Rosette ? — Rosette est partie, m'a dit Jacques aussitôt en sortant de sa chambre pour répondre à ma question. J'avais besoin d'une ménagère diligente et honnête à ma ferme de Blosse, et j'y ai envoyé Rosette pour le reste de la saison. En attendant que tu la remplaces à ton gré, j'ai fait venir sa sœur pour te servir. » J'ai gardé le silence, mais j'ai trouvé cette leçon bien dure et bien froide. Oh ! j'avais bien compris l'histoire de la romance.

Que faire maintenant ? Je vois que mon bonheur s'en va jour par jour, et je ne sais comment l'arrêter. Évidemment, Jacques se dégoûte de moi, et c'est ma faute ; je ne vois pas qu'il ait envers moi le moindre tort ; je ne vois pas non plus que je sois réellement coupable envers lui. Nous nous faisons du mal mutuellement, comme par une sorte de fatalité ; peut-être s'y prend-il mal avec moi. Il est trop grave, trop sentencieux dans ses avis. Les résolutions qu'il prend, la promptitude avec laquelle il tranche les sujets de trouble entre nous, montrent, ce me semble, une espèce de hauteur méprisante à mon égard. Un mot de doux reproche, quelques larmes versées ensemble, et les caresses du raccommodement, vaudraient bien mieux. Jacques est trop accompli, cela m'effraie ; il n'a pas de défauts, pas de faiblesses ; il est toujours le même, calme, égal, réfléchi, équitable. Il semble qu'il soit inaccessible aux travers de la nature humaine, et qu'il ne puisse les tolérer dans les autres qu'à l'aide d'une générosité muette et courageuse ; il ne veut point entrer en pourparler avec eux. C'est trop d'orgueil. Moi je suis une enfant, j'ai besoin qu'on me guide et qu'on me relève quand je tombe. Oui, tu avais raison, Clémence ; je commence à croire que le caractère de Jacques n'est pas assez jeune pour moi. C'est de là que viendra mon malheur ; car, à cause de sa perfection, je l'aime plus que je n'aimerais un jeune homme, et sa raison empêchera peut-être que je m'entende jamais avec lui.

XXIX.

DE JACQUES A SYLVIA.

Je n'ai pas faibli dans ma résolution, je ne me suis pas une seule fois abandonné à l'impatience, je n'ai pas commis d'injustice, je n'ai pas agi en mari ; pourtant le mal fait, ce me semble, des progrès rapides, et si quelque circonstance étrangère ne vient pas le distraire, si quelque révolution ne s'opère dans les idées de Fernande, nous aurons bientôt cessé d'être amants. Je souffre, je l'avoue ; il n'est qu'un bonheur au monde, et je l'ai perdu ; tout le reste n'est rien, et il faut l'accepter par vertu. J'accepterai tout, je me contenterai de l'amitié, je ne me plaindrai de rien ; mais laisse-moi verser dans ton sein quelques larmes amères que le monde ne verra pas, et que Fernande, surtout, n'aura pas la douleur d'ajouter aux siennes. Six mois d'amour, c'est bien peu ! encore combien de jours, parmi les derniers, ont été empoisonnés ! Si c'est la volonté du ciel, soit. Je suis prêt à la fatigue et à la douleur ; mais, encore une fois, c'est perdre bien vite une félicité au sein de laquelle je me flattais de rester enivré plus longtemps.

Mais de quoi ai-je à me plaindre ? je savais bien que Fernande était une enfant, que son âge et son caractère devaient lui inspirer des sentiments et des pensées que je n'ai plus ; je savais que je n'aurais ni le droit ni la volonté de lui en faire un crime. J'étais préparé à tout ce qui m'arrive, et je ne me suis trompé que sur un point : la durée de notre illusion. Les premiers transports de l'amour sont si violents et si sublimes, que tout se range à leur puissance ; toutes les difficultés s'aplanissent, tous les germes de dissension se paralysent, tout marche au gré de ce sentiment, qu'on appelle avec raison l'âme du monde, et dont on aurait dû faire le dieu de l'univers ; mais quand il s'éteint, toute la nudité de la vie réelle reparaît, les ornières se creusent comme des ravins, les aspérités grandissent comme des montagnes. Voyageur courageux, il faut marcher sur un chemin aride et périlleux jusqu'au jour de la mort ; heureux celui qui peut espérer de ressentir un nouvel amour ! Dieu m'a longtemps béni, longtemps il m'a donné la faculté de guérir et de renouveler mon cœur à cette flamme divine, mais j'ai fait mon temps, je suis arrivé à mon dernier tour de roue : je ne dois plus, je ne puis plus aimer. Je croyais du moins que ce dernier amour réchaufferait les dernières années de la jeunesse de mon cœur et les prolongerait davantage. Je n'ai pas cessé d'aimer encore ; je serais encore prêt, si Fernande pouvait calmer ses agitations et réparer d'elle-même le mal qu'elle nous a fait ; à oublier ces orages et à retourner à l'enivrement des premiers jours ; mais je ne me flatte pas que ce miracle puisse s'opérer en elle : elle a déjà trop souffert. Avant peu elle détestera son amour ; elle en a fait un tourment, un cilice, qu'elle porte encore par enthousiasme et par dévouement. Ces choses-là sont des rêves de jeune femme : le dévouement tue l'amour et le change en amitié. Eh bien, l'amitié nous restera ; j'accepterai la sienne, et laisserai longtemps encore à la mienne le nom d'amour, afin qu'elle ne la méprise pas. Mon amour, mon pauvre dernier amour ! je l'embaumerai en silence, et mon cœur lui servira éternellement de sépulcre, il ne s'ouvrira plus pour recevoir un amour vivant. Je sens la lassitude des vieillards et le froid de la résignation qui envahissent toutes ses fibres ; Fernande seule peut le ranimer encore une fois, parce qu'il est encore chaud de son étreinte. Mais Fernande laisse éteindre le feu sacré et s'endort en pleurant ; le foyer se refroidit, bientôt la flamme se sera envolée.

Tu me donnes un conseil bien impossible à suivre ; tu mets le doigt sur la plaie en disant que nous ne nous comprenons plus ; mais tu m'engages à me faire comprendre, et tu ne songes pas que l'amour ne se démontre pas comme les autres sentiments. L'amitié repose sur des faits et se prouve par des services ; l'estime peut se soumettre à des calculs mathématiques ; l'amour vient de Dieu ; il y retourne et il en redescend au gré d'une puissance qui n'est pas dans les mains de l'homme. Pourquoi ne te fais-tu pas comprendre d'Octave ? par les mêmes raisons qui font que Fernande ne me comprend plus ? Octave n'a pu atteindre à ce degré d'enthousiasme qui fait l'amour grand et sublime ; Fernande l'a déjà perdu. Le soupçon a empêché l'amour d'Octave de prendre son développement ; un peu d'égoïsme a paralysé celui de Fernande. Comment veux-tu que je lui prouve qu'elle doit me préférer à elle-même et lui cacher ses souffrances comme je lui cache les miennes ? J'ai la force de renfermer ma douleur et d'étouffer mes légers ressentiments ; chaque jour, après quelques instants de lutte solitaire, je reviens à elle sans rancune, prêt à oublier tout et à ne lui adresser jamais une plainte ; mais je retrouve ses yeux humides, son cœur oppressé et le reproche sur ses lèvres ; non ce reproche évident et grossier qui ressemble à l'injure, et qui me guérirait sur-le-champ et de l'amour et de l'amitié, mais le reproche délicat, timide, qui fait une blessure imperceptible et profonde. Ce reproche-là, je le comprends, je le recueille ; il entre jusqu'au fond de mon cœur. Oh ! quelle souffrance pour l'homme qui voudrait au prix de sa vie ne l'avoir jamais fait naître, qui sent dans les plus secrets replis de son âme qu'il ne l'a jamais mérité ! Elle souffre, la malheureuse enfant, parce qu'elle est faible, parce qu'elle s'abandonne à ces misérables chagrins qu'elle étouffe, parce qu'elle sent qu'elle a tort de s'y abandonner et qu'elle perd à mes yeux de sa dignité. Son orgueil souffre alors, et mes efforts pour la relever et la guérir sont vains ; elle les attribue à la générosité, à la compassion, et n'en est que plus triste et plus humiliée. Mon amour devient trop sévère pour elle ; elle se croit obligée de l'implorer, elle ne le comprend plus.

Il y a quelque temps, elle se jeta à mes pieds pour me le redemander. Un mari eût été touché peut-être de cet acte de soumission; pour moi, j'en fus révolté. Il me rappela les scènes orageuses que plusieurs fois j'ai eu à supporter quand, après avoir perdu mon estime, les femmes que j'ai aimées ont voulu en vain ressaisir mon amour. Voir Fernande dans cette situation! elle si sainte et si vierge de souillure! cela me fit horreur. Oh! ce n'est pas ainsi que je veux être aimé; inspirer à ma femme le sentiment qu'un esclave a pour son maître! Il me sembla qu'elle se mettait dans cette attitude pour faire abjuration de notre amour et me promettre quelque autre sentiment. Elle ne comprit pas le mal qu'elle me faisait, et elle me fit peut-être dans son cœur un crime de n'avoir pas été reconnaissant de ce qu'elle tentait pour me guérir. Pauvre Fernande!

Tu me recommandes d'être avec elle ce que j'ai été avec toi! Tu crois donc, Sylvia, que c'est moi qui t'ai faite ce que tu es? Tu crois qu'une créature humaine peut donner à une autre la force et la grandeur? Souviens-toi de la fable de Prométhée, que les dieux punirent, non pour avoir fait un homme, mais pour s'être flatté de lui donner une âme. La tienne était déjà vaste et brûlante quand j'y versai la faible lumière de ma réflexion et de mon expérience; mais, loin de l'exalter, je ne m'occupai qu'à l'éclairer; je tâchai de diriger vers un but digne d'elle la vigueur de son élan et l'ardeur de ses affections. Je ne fis que lui ouvrir une route; c'est Dieu qui lui avait donné des ailes pour s'y élancer. Tu avais été élevée au désert; ton intelligence était si verte et si fraîche, qu'elle s'ouvrait à toutes les idées; mais cela n'eût pas suffi, si ton cœur n'eût pas été préparé aux sentiments dont je te parlais : tu aurais tout compris sans rien sentir. En un mot, je ne songeai point à t'inspirer, je cherchai à t'instruire. Si je ne l'eusse pas fait, peut-être n'aurais-tu pas appris l'usage des dons de Dieu; mais certainement ils ne se seraient point perdus sans t'enseigner une conduite noble et ferme dans toutes les occasions sérieuses de ta vie.

Fernande, avec une organisation moins puissante, a eu à combattre les funestes influences des préjugés au milieu desquels elle a grandi; meilleure peut-être que tout ce qui appartient à la société, elle ne pourra jamais se défaire impunément des idées que la société révère. On ne lui a pas fait, comme à toi, un corps et une âme de fer; on lui a parlé de prudence, de raison, de certains calculs pour éviter certaines douleurs, et de certaines réflexions pour arriver à un certain bien-être que la société permet aux femmes à de certaines conditions. On ne lui a pas dit comme à toi : « Le soleil est âpre et le vent est rude; l'homme est fait pour braver la tempête sur mer, la femme pour garder les troupeaux sur la montagne brûlante. L'hiver, viennent la neige et la glace, tu iras dans les mêmes lieux, et tu tâcheras de te réchauffer à un feu que tu allumeras avec les branches sèches de la forêt; si tu ne veux pas le faire, tu supporteras le froid comme tu pourras. Voici la montagne, voici la mer, voici le soleil; le soleil brûle, la mer engloutit, la montagne fatigue. Quelquefois les bêtes sauvages emportent les troupeaux et l'enfant qui les garde : tu vivras au milieu de tout cela comme tu pourras; si tu es sage et brave, on te donnera des souliers pour te parer le dimanche. » Quelles leçons pour une femme qui devait un jour vivre dans la société et profiter des raffinements de la civilisation! Au lieu de cela, on apprenait à Fernande comment on fuit le soleil, le vent et la fatigue. Quant aux dangers que tu affrontais tranquillement, elle savait à peine s'ils pouvaient exister dans la contrée où elle vivait; elle en lisait avec effroi la relation dans quelque voyage au Nouveau Monde. Son éducation morale fut la conséquence de cette éducation physique. Nul n'eut la sagesse de lui dire : « La vie est aride et terrible, le repos est une chimère, la prudence est inutile; la raison seule ne sert qu'à dessécher le cœur; il n'y a qu'une vertu, l'éternel sacrifice de soi-même. » C'est avec cette rudesse que je te traitai quand tu m'adressas les premières questions; c'était te rejeter bien loin des contes de fées dont tu t'étais nourrie; mais cet amour du merveilleux n'avait rien gâté en toi. Quand je te retrouvai au couvent, tu ne croyais déjà plus aux prodiges, mais tu les aimais encore, parce que ton imagination y trouvait la personnification allégorique de toutes les idées d'équité chevaleresque et de courage entreprenant qui ressortaient de ton caractère. Je te parlai de vivre et de souffrir, d'accepter tous les maux et de ne faire plier à aucune des lois de ce monde l'amour de la justice. Je ne trouvai pas nécessaire de t'en dire davantage : tu avais dans le caractère des particularités que le monde eût appelées défauts, et que je respectai comme les conséquences d'un tempérament hardi et généreux. J'ai horreur de ce tempérament de convention que la société fait aux femmes, et qui est le même pour toutes. Le bon cœur sincère et ingénu de Fernande se révolta contre ce joug, et je l'ai aimée à cause de sa haine pour la pédanterie et la fausseté de son sexe. Mais cette forte éducation que je n'avais pas craint de te donner, je n'aurais jamais osé l'essayer avec Fernande; elle s'était fait à elle-même un monde d'illusions tel que se le font les femmes dont l'âme aimante veut résister au bandeau flétrissant du préjugé; elle avait ce caractère adorable, mais funeste, que l'on appelle romanesque, et qui consiste à ne voir les choses ni comme elles sont dans la société, ni comme elles sont dans la nature; elle croyait à un amour éternel, à un repos que rien ne devait troubler. Un instant j'eus envie d'essayer son courage et de lui dire qu'elle se trompait; mais ce courage me manqua à moi-même. Comment aurais-je pu, lorsqu'elle m'appelait son Messie, lorsqu'elle aussi, à dix-sept ans, me traitait en génie de conte féerique, comme toi à dix ans, me résoudre à lui dire : « Le repos n'existe pas, l'amour n'est qu'un rêve de quelques années au plus; l'existence que je t'offre de partager avec moi sera pénible et douloureuse, comme toutes les existences de ce monde! » J'essayai bien de le lui faire comprendre lorsqu'elle me demanda, enfant qu'elle est! le serment d'un amour éternel. Elle feignit d'accepter tous les dangers de l'avenir, elle se persuada du moins qu'elle les acceptait; mais je vis bien qu'elle n'y croyait pas. Son découragement et sa consternation me prouvent assez maintenant qu'elle n'avait pas prévu les plus simples contrariétés de la vie ordinaire. Eh! que ferai-je aujourd'hui? Irai-je lui parler en pédagogue de souffrance, de résignation et de silence? Irai-je tout à coup la réveiller au milieu de son rêve et lui dire : « Tu es trop jeune, viens à moi qui suis vieux, afin que je te vieillisse? Voilà que ton amour s'en va; il en devait être ainsi, et il en sera de même de tous les bonheurs de ta vie! » Non. Si je n'ai pas su lui donner le présent, je veux lui laisser du moins l'avenir. Je ne puis pas causer avec elle, tu le vois! Il m'arriverait de me faire détester, et un matin elle lirait mes trente-cinq ans sur mon visage. Il faut que je la traite en enfant le plus longtemps possible; au fait, je pourrais être son père, pourquoi dérogerais-je à ce rôle? Je ne la consolerai, je ne prolongerai son amour, s'il est possible, que par de douces paroles et de douces caresses; et quand elle ne m'aimera plus que comme un père, je la délivrerai de mes caresses et je l'entourerai de mes soins. Je ne me sens ni offensé ni blessé de sa conduite; j'accepte sans colère et sans désespoir la perte de mon illusion; ce n'est ni sa faute ni la mienne.

Mais je suis triste à la mort. O solitude! solitude du cœur!

XXX.

DE FERNANDE A CLÉMENCE.

Jacques m'a fait aujourd'hui un très-grand plaisir : il m'a donné une preuve de confiance. « Mon amie, m'a-t-il dit, je désire appeler auprès de nous une personne que j'aime beaucoup, et que, j'en suis sûr, vous aimerez aussi. Il faudra que vous m'aidiez à l'arracher à la solitude où elle vit, et à l'attacher, au moins pour quelque temps, auprès de nous. — Je ferai ce que vous voudrez, et j'aimerai qui tu voudras, ai-je répondu, à moitié triste et à moitié gaie, comme je suis souvent maintenant. — Je ne t'ai jamais parlé, a-t-il repris, d'une amie qui m'est bien

chère, et que j'ai, pour ainsi dire, élevée : c'est la fille naturelle de mon meilleur ami, qui me l'a recommandée à son lit de mort. Ne me fais jamais de question à cet égard ; j'ai fait serment de ne jamais dire le nom des parents de cette jeune fille qu'en de certaines circonstances dont moi seul puis être juge. C'est moi qui l'ai mise au couvent, et qui l'en ai retirée pour l'établir dans les divers pays où elle a désiré vivre, d'abord en Italie, puis en Allemagne, maintenant en Suisse ; elle vit loin de la société, dans une indépendance que le monde trouverait bizarre, mais qui n'a rien que de raisonnable et de légitime chez celui qui ne demande rien au monde et qui ne s'ennuie pas de l'isolement.
— Est-elle jeune ? ai-je demandé. — Vingt-cinq ans.— Et jolie ? ai-je ajouté avec précipitation. — Très-jolie, » a répondu Jacques sans paraître s'apercevoir de la rougeur qui me montait au visage. J'ai fait beaucoup d'autres questions sur son caractère, auxquelles Jacques a répondu de manière à me faire aimer cette inconnue ; mais néanmoins j'ai fait un grand effort pour lui dire que j'aurais beaucoup de plaisir à l'avoir près de moi, et quand je me suis trouvée seule, j'ai senti que j'éprouvais tous les tourments de la jalousie. Je ne croyais certes pas que Jacques fût amoureux de cette femme et qu'il voulût l'amener dans notre maison pour en faire de nouveau sa maîtresse. Jacques est trop noble, trop délicat pour cela ; mais je craignais que cette amitié si vive entre lui et cette jeune femme n'eût commencé par quelque autre sentiment. Il ne s'y sera pas abandonné, pensais-je ; la raison et l'honneur auront vaincu cette tendresse trop vive pour sa protégée ; mais il aura souvent été ému près d'elle ; il n'aura pas vu impunément tant de beauté, d'esprit et de talents ; il aura peut-être songé plus d'une fois à en faire sa femme, et il lui sera resté pour elle cet indéfinissable sentiment qu'on doit avoir pour l'objet d'un ancien amour. Jacques est si étrange quelquefois ! Peut-être qu'il veut la placer entre nous comme conciliatrice au milieu de nos chagrins ; peut-être qu'il me la proposera pour modèle, ou qu'au moins, comme elle sera beaucoup plus parfaite que moi, il fera malgré lui, quand j'aurai quelque tort, des comparaisons entre elle et moi qui ne seront point à mon avantage. Cette idée me remplissait de douleur et de colère ; je ne sais pourquoi j'éprouvais un besoin invincible de questionner encore Jacques, mais je ne l'osais pas, et je craignais qu'il ne devinât mes soupçons. Enfin, vers le soir, comme nous causions assez gaiement de choses générales qui pouvaient avoir un rapport éloigné avec notre position, je pris courage, et, feignant de plaisanter, je lui demandai presque clairement ce que je désirais savoir. Il resta quelques instants silencieux ; j'observai son visage, et il me fut impossible d'en interpréter l'expression. Jacques est souvent ainsi, et je défie qui que ce soit de savoir s'il est calme ou mécontent dans ces moments-là. Enfin, il me tendit la main, en me disant d'un air grave : « Est-ce que tu me croirais capable d'une lâcheté ? — Non, m'écriai-je vivement en portant la main à mes lèvres. — Mais d'une trahison ? ajouta-t-il. — Non, non, jamais. Mais de quoi donc alors ? car tu m'as soupçonné de quelque chose, ajouta-t-il en me regardant avec cet air de pénétration auquel je ne saurais résister. — Eh bien, oui, répondis-je avec embarras, je t'ai accusé d'imprudence. — Explique-toi, dit-il. — Non, répondis-je ; fais-moi un serment, et je serai à jamais tranquille. — Un serment entre nous ! dit-il d'un ton de reproche. — Ah ! je sais que je suis faible, répondis-je, et qu'il faut me traiter avec condescendance ; que ton orgueil ne se révolte pas, et qu'il s'humanise un peu avec moi ; jure-moi que tu n'as jamais eu d'amour pour cette jeune personne et que tu es sûr de n'en avoir jamais. » Jacques sourit et me demanda de lui dicter la formule du serment. Je lui dis de jurer par son honneur et par notre amour. Il y consentit avec douceur et me demanda si j'étais contente. Alors, voyant que j'avais été folle, je me sentis très-honteuse et craignis de l'avoir offensé ; mais il me rassura par des paroles et des manières affectueuses. Je pense donc à présent que j'ai bien fait d'être franche et de lui avouer mes inquiétudes sans fausse honte. Avec quelques mots d'explication, il m'a tranquillisée pour toujours, et je n'ai plus la moindre répugnance à bien accueillir son amie. Peut-être que si je lui avais toujours dit naturellement ce qui se passait dans ma pauvre tête, nous n'aurions jamais souffert. Depuis cette explication, je me sens heureuse et tranquille plus que je ne l'ai été depuis longtemps. Je suis reconnaissante de la complaisance que Jacques a eue de me rassurer par une formule qui me semble à moi-même à présent réellement puérile, mais sans laquelle je serais peut-être au désespoir aujourd'hui. En général, Jacques me traite ou trop en enfant, ou trop en grande personne ; il s'imagine que je dois l'entendre à demi-mot, et ne jamais donner une interprétation déraisonnable à ce qu'il dit. S'il s'aperçoit qu'il n'en est point ainsi, il désespère de redresser mon jugement, et il m'abandonne à mon erreur avec une sorte de dédain qui m'offense, au lieu de m'accorder quelques paroles qui me guériraient complètement. Jacques est trop parfait pour moi, voilà ce qu'il y a de sûr ; il ne sait pas assez me dissimuler mon infériorité ; il sait consoler mon cœur, il ne sait pas ménager mon amour-propre. Je sens ce qu'il faudrait être pour être son égale, et je sens que cela me manque. Oh ! combien mon sort est différent de ce que j'avais rêvé ! Ni mon espoir, ni mes craintes ne se sont réalisés ; Jacques est mille fois au-dessus de ce que j'avais espéré ; je n'avais pas l'idée d'un caractère aussi généreux, aussi calme, aussi impassible ; mais je comptais sur des joies que je ne trouve pas avec lui, sur plus d'abandon, d'épanchement et de *camaraderie*. Je me croyais son égale, et je ne le suis pas.

XXXI.

DE JACQUES A SYLVIA.

Il semble que Fernande caresse maintenant ses puérilités, elle en rougissait d'abord, elle les cachait ; je feignais, pour ménager son orgueil, de ne pas m'en apercevoir, je pouvais alors espérer qu'elle les vaincrait ; à présent elle les montre ingénument, elle en rit, elle s'en vante presque ; j'en suis venu à m'y plier entièrement, et à la traiter comme un enfant de dix ans. Oh ! si j'avais moi-même dix ans de moins, j'essaierais de lui montrer qu'au lieu d'avancer dans la vie morale elle recule, et perd, à écarter les moindres épines de son chemin, le temps qu'elle pourrait employer à s'ouvrir une nouvelle route, plus belle et plus spacieuse ; mais je crains trop le rôle de pédant et je suis trop vieux pour le risquer. Il y a quelques jours, je lui parlai de toi et du désir que j'avais de l'attirer pour quelque temps près de nous ; les questions qu'elle me fit sur ton âge et sur ta figure me montrèrent assez ses perplexités, et elle finit par me demander un serment solennel qui lui assurât que je n'avais pour toi que les sentiments d'un frère. Elle ne trouva pas dans son cœur, dans son estime pour moi, une garantie assez forte contre ces misérables soupçons ; elle me crut capable de l'avilir et de la désespérer pour mon plaisir ! elle s'abandonna à ces craintes tout un jour, et quand j'eus fait le serment qu'elle exigeait, elle se trouva parfaitement contente. Hélas ! toutes les femmes, excepté toi, Sylvia, se ressemblent donc ! J'ai fait avec douceur ce que demandait Fernande, mais j'ai cru relire un des éternels chapitres de ma vie.

Oh ! qu'elle est insipide et monotone cette vie en apparence si agitée, si diverse et si romanesque ! Les faits diffèrent entre eux par quelques circonstances seulement, les hommes par quelques variétés de caractère ; mais me voici, à trente-cinq ans, aussi triste, aussi seul au milieu d'eux que lorsque j'y fis mes premiers pas ; j'ai vécu en vain. Je n'ai jamais trouvé d'accord, de similitude entre moi et tout ce qui existe ; est-ce ma faute ? est-ce celle d'autrui ? Suis-je un homme sec et dépourvu de sensibilité ? ne sais-je point aimer ? ai-je trop d'orgueil ? Il me semble que personne n'aime avec plus de dévouement et de passion ; il me semble que mon orgueil se plie à tout, et que mon affection résiste aux plus terribles épreuves. Si je regarde dans ma vie passée, je n'y vois qu'abnégation et sacrifice; pourquoi donc tant d'autels renversés, tant de ruines et un si épouvantable silence de mort? Qu'ai-je fait pour rester ainsi seul et debout au milieu des débris de tout ce que j'ai cru posséder? Mon souffle fait-il tomber en poussière tout ce qui l'approche? Je n'ai pourtant rien brisé, rien profané; j'ai passé en silence devant les oracles imposteurs, j'ai abandonné le culte qui m'avait abusé sans écrire ma malédiction sur les murs du temple; personne ne s'est retiré d'un piége avec plus de résignation et de calme. Mais la vérité que je suivais secouait son miroir étincelant, et devant elle le mensonge tombait, l'illusion tombait, rompus et brisés comme l'idole de Dagon devant la face du vrai Dieu; et j'ai passé en jetant derrière moi un triste regard et en disant : « N'y a-t-il rien de vrai, rien de solide dans la vie, que cette divinité qui marche devant moi en détruisant tout sur son passage et en ne s'arrêtant nulle part? »

Pardonne-moi ces tristes pensées, et ne crois pas que j'abandonne ma tâche ; plus que jamais je suis déterminé à accepter la vie. Dans deux mois je serai père; je n'accueille point cette espérance avec les transports d'un jeune homme, mais je reçois cet austère bienfait de Dieu avec le recueillement d'un homme qui comprend le devoir. Je ne m'appartiens plus, je ne donnerai plus à mes tristes pensées la direction qu'elles eurent souvent; je saurais m'abandonner à ces joies puériles de la paternité, à ces rêves ambitieux dont je vois les autres occupés pour leur postérité; je sais que j'aurai donné la vie à un infortuné de plus sur la terre, voilà tout. Ce que j'ai à faire, c'est de lui enseigner comment on souffre sans se laisser avilir par le malheur.

J'espère que cet événement distraira Fernande et dirigera toutes ses sollicitudes vers un but plus utile que de tourmenter et d'interroger sans cesse un cœur qui lui appartient et qui ne s'est rien réservé en s'abandonnant à elle ; si elle n'est pas guérie de cette maladie morale lorsqu'elle aura son enfant dans les bras, il faudra que tu viennes t'asseoir entre nous, Sylvia, pour rendre notre vie plus douce, et prolonger autant que possible ce demi-amour, ce demi-bonheur qui nous reste. J'espère de ta présence un grand changement : ton caractère fort et résolu étonnera Fernande d'abord, et puis lui fera, n'en doute pas, une impression salutaire ; tu protégeras mon pauvre amour contre les conseils de sa pusillanimité, et peut-être contre ceux de sa mère. Elle reçoit des lettres qui l'attristent beaucoup ; je ne veux rien apprendre à cet égard, mais, je le vois clairement, quelque dangereuse amitié ou quelque malice cruelle envenime ses douleurs. Oh! ne peut-elle les verser dans un cœur digne de les adoucir! Mais les épanchements de l'amitié sont funestes pour un caractère comme le sien, quand ils ne sont pas reçus dans une âme d'élite. Je n'ai rien à faire pour remédier à ce mal : jamais je n'agirai en maître, dût-on égorger mon bonheur dans mes bras.

XXXII.

DE FERNANDE A CLÉMENCE.

Nos jours s'écoulent lentement et avec mélancolie. Tu as raison, il me faudrait quelque distraction ; avec l'espèce de spleen que j'ai, on meurt vite à mon âge si l'on est abandonné à la mauvaise influence ; on guérit vite aussi et facilement si l'on est arraché à ces préoccupations funestes ; car la nature a d'immenses ressources ; mais le moyen dans ce moment-ci ! Je touche au dernier terme de ma grossesse, et je suis si souffrante et si fatiguée que je suis forcée de rester tout le jour sur une chaise longue ; je n'ai pas la force de m'occuper par moi-même. Je surveille les travaux de ma layette, que je fais exécuter par Rosette ; j'ai obtenu de Jacques qu'il la rappelât ; elle travaille fort bien, elle est fort douce et quelquefois assez drôle. Quand Jacques n'est pas auprès de moi, je la fais asseoir près de mon sofa pour me distraire ; mais au bout d'un instant elle m'ennuie. Jacques est devenu, ce me semble, d'une gravité effrayante, il fume cinq heures sur six. Autrefois, j'avais un plaisir extrême à le voir étendu sur un tapis et fumant des parfums ; il est vraiment très-beau dans cette attitude nonchalante et avec une robe de chambre de soie à fleurs, qui lui donne l'air tout à fait sultan. Mais c'est un coup d'œil dont je commence à me lasser à force d'en jouir ; je ne comprends pas qu'on puisse rester si longtemps dans ce morne silence et dans cette immobilité, sans devenir soi-même tapis, carreau ou fumée de tabac. Jacques semble noyé dans la béatitude. A quoi peut-il penser si longtemps ? Comment un esprit aussi actif peut-il subsister dans un corps si indolent ? Je me permets quelquefois de croire que son imagination se paralyse, que son âme s'endort, et qu'un jour on nous trouvera changés tous deux en statues. Cette pipe commence à m'ennuyer sérieusement ; je serais très-soulagée si je pouvais le dire un peu ; mais aussitôt Jacques casserait toutes ses pipes d'un air tranquille et se priverait à jamais du plus grand plaisir qu'il ait peut-être dans la vie. Les hommes sont bien heureux de s'amuser de si peu de chose ! Ils prétendent que nous sommes des êtres puérils ; pour moi, il me serait impossible de passer les trois quarts de la journée à chasser de ma bouche des spirales de fumée plus ou moins épaisses. Jacques y trouve de telles délices que jamais femme ne me fera plus de tort dans son cœur que sa pipe de bois de cèdre incrustée de nacre. Pour lui plaire, je serai forcée de me faire envelopper d'une écorce semblable, et de me coiffer d'un turban d'ambre surmonté d'une pointe.

Voilà la première fois, depuis bien des jours, que je me sens la force de rire de mon ennui ; ce qui m'inspire ce courage, c'est l'espoir d'être bientôt mère d'un beau petit enfant qui me consolera de tous les dédains de M. Jacques. Oh! comme je l'aime déjà! comme je le rêve joli et couleur de rose! Sans les châteaux en Espagne que je fais sur son compte du matin au soir, je périrais de mélancolie ; mais je sens que mon enfant me tiendra lieu de tout, qu'il m'occupera exclusivement, qu'il dissipera tous les nuages qui ont obscurci mon bonheur. Je suis très-occupée à lui chercher un nom, et je feuillette tous les livres de la bibliothèque sans en trouver un qui me semble digne de ma fille ou de mon fils. J'aimerais mieux avoir une fille, Jacques dit qu'il le désire à cause de moi ; je le trouve un peu trop indifférent à cet égard. Si je lui donne un fils, il prendra cela comme une grâce du hasard et ne m'en saura aucun gré. Je me souviens des transports de joie et d'orgueil de M. Borel, lorsque Eugénie est accouchée d'un garçon. Le pauvre homme ne savait comment lui prouver sa reconnaissance ; il a été à Paris en poste lui acheter un écrin magnifique. C'est bien enfant pour un vieux militaire, et pourtant cela était touchant comme toutes les choses simples et spontanées. Jacques est trop philosophe pour s'abandonner à de semblables folies : il se moque des longues discussions que j'ai avec Rosette pour la forme d'un bonnet ou le dessin d'une chemisette. Cependant il s'est occupé du berceau avec beaucoup d'attention ; il l'a fait refaire deux ou trois fois, parce qu'il ne le trouvait pas assez aéré, assez commode, assez assuré contre les accidents possibles, et voulait atteindre son héritier. Certainement il sera bon père ; il est doux, il est attentif, si dévoué à tout ce qu'il aime, ce pauvre Jacques! vraiment, il mériterait une femme plus raisonnable que moi. Je gage qu'avec toi, Clémence, il eût été le plus heureux des hommes. Mais il faudra qu'il se contente de sa pauvre folle de Fernande, car je ne suis pas disposée à l'abandonner aux consolations d'une autre, pas même aux tiennes. Je te vois d'ici pincer les lèvres d'un petit air dédaigneux et dire que j'ai bien mauvais ton ; que veux-tu ? quand on s'ennuie!

Ma mère m'écrit lettres sur lettres, elle est réellement très-bonne pour moi ; Jacques et toi, vous avez tort de lui en vouloir. Elle a des défauts et des préjugés qui, dans l'intimité, la rendent quelquefois un peu désagréable ; mais elle a un bon cœur, et elle m'aime véritablement. Elle s'inquiète de mon état plus que de raison, et parle de venir m'assister dans mes couches ; je le désirerais pour moi, mais je crains pour Jacques, qui ne peut pas la souffrir. Je suis malheureuse en tout ; pourquoi cette antipathie pour une personne qu'il connaît assez peu et qui n'a jamais eu que de bons procédés envers lui? cela me semble injuste, et je ne reconnais pas là la calme et froide équité de Jacques. Il faut donc que chacun ait son caprice, même lui qui est si parfait et à qui cela sied si peu !

XXXIII.

DE JACQUES A SYLVIA.

Ma femme est mère de deux jumeaux, un fils et une fille, tous deux forts et bien constitués ; j'espère qu'ils vivront l'un et l'autre. Fernande les nourrit alternativement avec une nourrice, afin, dit-elle, de ne pas faire de jaloux ; elle est tellement occupée d'eux que désormais j'espère qu'elle aura peu de temps pour s'affliger de tout ce qui leur sera étranger. Maintenant elle reporte sur eux toute sa sollicitude, et je suis obligé d'interposer mon autorité pour qu'elle ne les fasse pas mourir par l'excès de sa tendresse : elles les réveille quand ils sont endormis pour les allaiter, et les sèvre quand ils ont faim ; elle joue avec eux comme un enfant avec un nid d'oiseaux ; elle est vraiment bien jeune pour être mère ! Je passe mes journées auprès de ce berceau ; je vois que déjà, moi homme, je suis nécessaire à ces créatures à peine écloses. La nourrice, comme toutes les femmes de sa classe, est remplie d'imbéciles préjugés auxquels Fernande ajoute foi plus volontiers qu'aux simples conseils du bon sens ; heureusement elle est si bonne et si douce, qu'elle accorde à une prière affectueuse ce que ne lui inspire pas son jugement.

J'éprouve, depuis que j'ai ces deux pauvres enfants, une mélancolie plus douce ; penché sur eux durant des heures entières, je contemple leur sommeil si calme et ces faibles contractions des traits qui trahissent, à ce que je m'imagine, l'existence de la pensée chez eux. Il y a, j'en suis sûr, de vagues rêves des mondes inconnus dans ces âmes encore engourdies ; peut-être qu'ils se souviennent confusément d'une autre existence et d'un étrange voyage à travers les nuées de l'oubli. Pauvres êtres, condamnés à vivre dans ce monde-ci, d'où viennent-ils? seront-ils mieux ou plus mal dans la vie qu'ils recommencent ? Puissé-je leur en alléger le poids pendant quelque temps ! mais je suis vieux, et ils seront encore jeunes quand je mourrai...

J'ai eu une légère contestation avec Fernande pour leurs noms ; je la laissais absolument libre de leur donner ceux qui lui plairaient, à condition que ni l'un ni l'autre ne recevraient celui de sa mère, et précisément elle désirait que sa fille s'appelât Robertine ; elle m'objectait l'usage, le devoir. J'ai été presque obligé de lui dire que son devoir était de m'obéir ; j'ai horreur de ces mots et de cette idée ; mais je haïrais ma fille si elle portait le nom d'une pareille femme. Fernande a beaucoup pleuré en disant que je voulais la brouiller avec sa mère, et elle s'est rendue malade pour cette contrariété. En vérité, je suis malheureux. Tu devrais venir près de nous, mon amie ; tu devrais essayer de combattre l'influence que l'on exerce sur elle à mon préjudice. Je ne sais pas si ma prière est indiscrète ; tu ne m'as rien dit d'Octave depuis bien longtemps, et comme il me semble que tu affectes de ne m'en point parler, je n'ose pas t'interroger. S'il est auprès de toi, si tu es heureuse, ne me sacrifie pas un des beaux jours de ta vie ; ces jours-là sont si rares ! Si tu es seule, si tu n'as pas de répugnance à venir, consulte-toi.

XXXIV.

DE SYLVIA A OCTAVE.

Des circonstances étrangères à vous et à moi, et sur lesquelles il m'est impossible de vous donner le moindre renseignement, me forcent à partir, je ne saurais vous dire pour combien de temps. Je tâcherais de m'expliquer davantage et d'adoucir par des promesses ce que cette nouvelle peut avoir pour vous de désagréable, si je croyais que votre amour pût supporter cette épreuve ; mais, si légère qu'elle soit, elle sera encore au-dessus de vos forces, et je ne prendrai point une peine inutile, dont vous ririez vous-même au bout de quelques jours. Vous êtes donc absolument libre de chercher les distractions qui vous conviendront, je ne puis rien pour votre bonheur, et vous encore moins pour le mien. Nous nous aimons réellement, mais sans passion. Je me suis imaginé quelquefois, et vous bien souvent, que cet amour était beaucoup plus fort qu'il ne l'est en effet ; mais, à voir les choses comme elles sont, je suis votre ami, votre frère, bien plus que votre compagne et votre maîtresse ; tous nos goûts, toutes nos opinions diffèrent ; il n'est point de caractères plus opposés que les nôtres. La solitude, le besoin d'aimer, et des circonstances romanesques, nous ont attachés l'un à l'autre ; nous nous sommes aimés loyalement, sinon noblement. Votre amour inquiet et soupçonneux me faisait continuellement rougir, et ma fierté nous a souvent blessé et humilié. Pardonnez-moi les chagrins que je vous ai causés, comme je vous pardonne ceux qui me sont venus de vous ; après tout, nous n'avons rien à nous reprocher mutuellement. On ne refait pas son âme tout entière, et il eût fallu que ce miracle s'opérât en vous ou en moi, pour faire de notre amour un lien assorti et durable. Nous ne nous sommes jamais trompés, jamais trahis ; que ce souvenir nous console des maux que nous avons soufferts, et qu'il efface celui de nos querelles. J'emporte de vous l'idée d'un caractère faible, mais honnête, d'une âme non sublime, mais pure ; vous avez bien assez de qualités pour faire le bonheur d'une femme moins exigeante et moins rêveuse que moi. Je ne conserve aucune amertume contre vous. Si mon amitié a pour vous quelque prix, soyez assuré qu'elle ne vous manquera jamais ; mais ce que j'ai encore d'amour pour vous dans le cœur ne peut servir qu'à nous faire souffrir l'un et l'autre. Je travaillerai à l'étouffer ; et, quoi qu'il en arrive, vous pouvez disposer de vous-même comme vous l'entendrez ; jamais vestige de cet amour n'entravera les voies de votre avenir.

XXXV.

DE FERNANDE A CLÉMENCE.

L'inconnue est arrivée. Ce matin, Rosette est venue appeler Jacques d'un air tout mystérieux, et, peu d'instants après, Jacques est rentré, tenant par la main une grande jeune personne en habit de voyage, et la poussant dans mes bras, il m'a dit : « Voilà mon amie, Fernande, si tu veux me rendre bien heureux, sois aussi la sienne. » Elle est si belle, cette amie, que, malgré moi, j'ai fait un pas en arrière, et j'ai un peu hésité à l'embrasser ; mais elle m'a jeté ses bras autour du cou en me tutoyant, et en me caressant avec tant de franchise et d'amitié, que les larmes me sont venues aux yeux, et que je me suis mise à pleurer, moitié de plaisir, moitié de tristesse, et vraiment sans trop savoir pourquoi, comme il m'arrive souvent. Alors Jacques, nous entourant chacune d'un de ses bras, et déposant un baiser sur le front de l'étrangère et un baiser sur mes lèvres, nous a pressées toutes deux sur son cœur, en disant : « Vivons ensemble, aimons-nous, aimons-nous ; Fernande, je te donne une bonne, une véritable amie ; et toi, Sylvia, je te confie ce que j'ai de plus cher au monde. Aide-moi à la rendre heureuse, et quand je ferai quelque sottise, gronde-moi ; car, pour elle, c'est un enfant qui ne sait pas exprimer sa volonté. O mes deux filles ! aimez-vous, pour l'amour du vieux Jacques qui vous bénit. » Et il s'est mis à pleurer comme un enfant. Nous avons passé tout le jour ensemble ; nous avons promené Sylvia dans tous les jardins. Elle a montré une tendresse extrême pour mes jumeaux, et veut remplacer Rosette dans tous les soins dont ils auront besoin. Elle est vrai-

De temps en temps elle frappait un accord mélancolique sur le piano. (Page 43.)

ment charmante, cette Sylvia, avec son ton brusque et bon, ses grands yeux noirs si affectueux et ses manières franches. Elle est Italienne, autant que j'en puis juger par son accent et par une espèce de dialecte qu'elle parle avec Jacques. Ce dernier point me contrarie bien un peu; ils peuvent se dire tout ce qu'ils veulent, et je comprends à peine quelques mots de leur entretien. Mais que je sois jalouse ou non, il m'est impossible de ne pas aimer une personne qui semble si dévouée à m'aimer. Elle s'est retirée de bonne heure, et Jacques m'a remerciée du bon accueil que je lui avais fait, avec une chaleur de reconnaissance qui m'a fait à la fois de la peine et du plaisir. Je suis bien contente de trouver une occasion de prouver à Jacques que je lui suis soumise aveuglément, et que je puis sacrifier les faiblesses de mon caractère au désir de le rendre heureux. Mais enfin, sais-tu, Clémence, que tout cela est bien extraordinaire, et qu'il y a bien peu de femmes qui pussent voir, sans souffrir, une amitié si vive entre leur mari et une autre femme jeune et belle? Quand j'ai consenti à la recevoir, je ne savais pas, je ne pouvais pas imaginer qu'il l'embrasserait, qu'il la tutoierait ainsi. Je sais bien que cela ne prouve rien. Il m'a juré qu'il n'avait jamais eu et qu'il n'aurait jamais d'amour pour elle. Ainsi je ne puis pas m'inquiéter de leur intimité. Il la regarde et il la traite comme sa fille. Néanmoins, cela me fait un singulier effet d'entendre Jacques tutoyer une autre femme que moi. Il devrait bien ménager ces petites susceptibilités; qui ne les aurait à ma place? Dis-moi ce que tu penses de tout cela, et si tu crois que je puis me fier à cette Sylvia. Je le voudrais bien, car elle me plaît extrêmement, et il m'est impossible de résister à des manières si naturelles et si affectueuses.

XXXVI.

DE CLÉMENCE A FERNANDE.

Je pense, mon amie, qu'il serait absurde, vil et injuste de soupçonner M. Jacques d'avoir amené sa maîtresse dans ta maison. Ainsi je ne vois pas de quoi tu te tourmentes, car tu ne peux pas mépriser ton mari au point d'avoir contre lui un pareil soupçon. Que t'importe la beauté de cette jeune personne? Cela pourrait être

Alors un homme est sorti aussitôt des buissons. (Page 43.)

d'un grand danger si ton mari avait dix-huit ans; mais je pense qu'il est d'âge à savoir résister à de pareilles séductions, et que, s'il eût dû être sensible à celle-là, il n'aurait pas attendu, pour s'y livrer, qu'il fût marié avec toi. Sois donc sûre que tu es très-folle, et je dirais presque très-coupable de ne pas accueillir cette amie avec une confiance entière. Si cette confiance est au-dessus de tes forces, pourquoi as-tu demandé la parole de ton mari, et comment ressens-tu de la bienveillance et de l'amitié pour elle, si tu la crois assez infâme et assez effrontée pour venir te supplanter jusque chez toi?

La pensée de ce danger ne m'est jamais venue; mais, du moment que tu m'as raconté l'entretien que tu as eu à son égard avec M. Jacques, j'ai prévu de très-graves inconvénients à cette triple amitié. Je ne sais si je dois te les signaler maintenant; tu n'aurais pas assez de caractère pour les éviter, et tu t'en apercevras bien assez tôt. Le moindre de tous sera le jugement que le monde portera sur cette trinité romanesque. J'ai observé assez de choses qui sortaient de l'ordre accoutumé, pour savoir que les apparences ne prouvent pas toujours. Ainsi tu vois que, de tout mon cœur, je crois à l'honnêteté de votre intimité; mais le monde, qui ne tient aucun compte des exceptions, vous couvrira d'infamie et de ridicule si vous n'y prenez garde. Ce tutoiement entre vous, qui, par lui-même, est une chose innocente et naturelle, suffira pour noircir, dans l'esprit de tous, l'affection de M. Jacques pour madame ou mademoiselle Sylvia. Et toi-même, pauvre Fernande, tu ne seras pas épargnée. Il serait bon de donner tout de suite à votre étrangère, aux yeux du monde, un autre titre à votre intimité que celui d'amie et de fille adoptive de M. Jacques. Il faudrait qu'il la fît passer pour ta demoiselle de compagnie, et qu'elle ne montrât pas devant les étrangers combien elle est familière avec vous. Puisque ton mari ne veut révéler sa naissance à personne, il pourrait faire un honnête mensonge, et dire à l'oreille de plusieurs, en feignant de confier une espèce de secret, que Sylvia est sa sœur naturelle. Le secret passerait tout bas de bouche en bouche et arrêterait sur-le-champ les insolents commentaires. Je te conseille d'en parler à ton mari, et de lui présenter mes craintes comme venant de toi, et d'obtenir qu'il mette en ceci la prudence qui convient. Je m'étonne qu'il ne l'ait pas eue de lui-même. Peut-être qu'en effet Sylvia

XXXVII.

DE FERNANDE A CLÉMENCE.

Ce que tu m'as conseillé ne m'a pas réussi. Je n'ai exposé à Jacques qu'une bien petite partie des inconvénients que tu me signales, et il m'a regardée d'un air stupéfait en me disant : « Où as-tu pris toute cette prudence? Depuis quand t'inquiètes-tu du monde à ce point? » Il a ajouté d'un air triste : « Il est vrai que tu es destinée à y vivre. Je me suis abusé en m'imaginant que tu t'ensevelirais avec moi dans cette solitude. Tu sens déjà le désir de te lancer dans la société, et tu t'inquiètes de ce qui pourrait te gêner ton entrée. C'est tout simple. — Oh! ne crois pas cela, Jacques, lui ai-je répondu; je ne serai heureuse que là où tu seras, et où tu seras joyeux d'être. Je ne pense jamais au monde, je sais à peine ce que c'est; mais je parle dans l'intérêt de Sylvia et dans le tien. Votre réputation à tous deux m'est plus chère que la mienne. » Jacques est resté quelque temps sans répondre, et j'ai remarqué cette légère contraction du sourcil qui chez lui exprime un dépit concentré. En même temps, il y avait sur ses lèvres un sourire d'ironie, et j'ai compris que ce que je disais lui semblait très-ridicule dans ma bouche. Cependant il a étouffé l'envie qu'il avait de me railler, et il m'a répondu d'un air sérieux et calme : « Il y a longtemps, ma chère enfant, que j'ai rompu avec le monde. Il dépendra de toi que je vive encore au milieu de ses plaisirs et de son oisive turbulence. Si cela te tente, nous irons; mais sache qu'il n'y aura jamais la moindre sympathie entre lui et moi, et que, comme je ne cède qu'aux conseils de mon cœur ou de ma conscience, jamais, pour obtenir son appui et son approbation, je ne lui ferai le plus léger sacrifice. Je dirai plus, mon orgueil ne se pliera jamais à la moindre concession. Le monde en pensera ce qu'il voudra; j'ai trente ans d'honneur derrière moi; si cela ne suffit pas pour me mettre à l'abri des plus infâmes soupçons, tant pis pour le monde. Je crois pouvoir dire que cette profession de foi est à peu près celle de Sylvia; et, en outre, Sylvia n'aura jamais de relations avec la société. Elle n'aura donc jamais à combattre les inconvénients de son indépendance. Quant à toi, ma chère enfant, tu es ici au fond d'un désert, où personne ne viendra épier nos paroles, nos pensées ou nos regards; la méchanceté ne t'atteindra pas jusque-là. Quand tu voudras sortir de cette solitude, sois sûre que Sylvia ne te suivra pas à Paris, et que la société de ta mère n'aura pas lieu de te faire sur son compte des questions embarrassantes. »

Il m'a semblé que Jacques avait raison et que j'avais fait une sottise. J'ai essayé de la réparer, mais sans succès. « Je ne m'inquiète pas du monde, je n'y veux pas aller, ai-je répondu; mais nos domestiques, que diront-ils, que penseront-ils de votre intimité? — Je ne suis pas habitué, a répondu Jacques avec beaucoup de hauteur, à m'occuper de ce que mes domestiques disent et pensent de moi. J'agis de manière à ne leur donner jamais d'exemple scandaleux, et je crois qu'il n'y a pas de meilleurs juges de l'innocence de notre conduite que ces témoins dont nous sommes entourés, et qui, à toute heure, savent les moindres détails de notre vie. Je ne sais pas s'ils trouveront la présence de Sylvia et sa familiarité avec nous conforme aux lois du décorum; mais, à coup sûr, ils ne la trouveront jamais contraire à celles de l'honnêteté. » Jacques s'est tu, et s'est promené dans la chambre d'un air sombre. Je lui ai adressé plusieurs fois la parole sans qu'il m'entendît. Enfin il allait sortir de l'appartement quand je me suis élancée vers lui. J'ai vu que je lui avais horriblement déplu, et j'ai cru deviner qu'il prenait en lui-même quelque résolution dans le genre de celles qui ont fait disparaître l'année dernière la maudite romance et la pauvre Rosette. Je l'ai arrêté. « Écoute, Jacques, lui ai-je dit, tout effrayée, j'ai eu tort, sans doute, et j'ai dit mille absurdités. Pour l'amour du ciel, n'en parle pas à Sylvia, ne me retire pas son amitié; c'est bien assez de me retirer ton amour. » Je suis tombée sur une chaise; j'étais près de me trouver mal. Jacques m'a embrassée avec la tendresse et la ferveur des premiers jours. « Je te promets d'oublier absolument cette conversation, m'a-t-il dit, et de n'en jamais parler à Sylvia. Il est trop évident que ce n'est pas toi, mais une autre, qui a parlé par ta bouche. Tu es bonne, ma pauvre Fernande; aie donc la force de n'écouter d'autres conseils que ceux de ton cœur. »

Jacques est toujours préoccupé de l'idée que ma mère m'excite contre lui. Il est bien vrai qu'elle ne l'aime pas beaucoup; mais il se trompe s'il croit que je lui raconte ce qui se passe dans notre intérieur. Ce n'est qu'avec toi que je puis avoir cette confiance. Maudit soit l'éloignement qui me rend souvent tes conseils plus nuisibles qu'utiles! Tantôt je t'explique ma situation trop mal pour que tu puisses la bien juger; d'autres fois j'emploie maladroitement les moyens que tu me donnes de l'améliorer. Aussi il faut convenir que je suis bien étourdie ou bien bornée de ne savoir pas suppléer à ce que tu ne peux prévoir! J'étais bien tranquille et bien heureuse quand l'idée m'est venue de faire cette belle ouverture qui a troublé et affecté Jacques sérieusement. Notre vie était devenue beaucoup plus agréable. Dieu veuille qu'elle ne redevienne pas malheureuse par ma faute!

La présence de Sylvia nous a fait vraiment beaucoup de bien. Il est impossible d'être meilleure et plus aimable. C'est un caractère original et comme je n'en ai jamais rencontré. Elle est active, fière et décidée. Rien ne l'embarrasse, rien ne l'étonne; elle a plus d'esprit et de savoir dans son petit doigt que moi dans toute ma personne, et sa conversation est plus instructive pour moi que tous les livres que j'ai lus. Moins silencieuse et plus expansive que Jacques, elle devine mieux que lui tout ce que je ne puis comprendre, et elle va au-devant de mes questions. Quoiqu'elle ait le caractère enjoué et un peu moqueur, elle me semble avoir l'esprit rempli d'idées fort tristes, et cela m'étonne. A son âge, et avec tous les avantages qu'elle tient de la nature, il faut qu'elle ait eu quelque passion malheureuse. Je la crois enthousiaste. A la manière dont elle témoigne son amitié, on voit que son cœur est plein de feu et de dévouement; peut-être, étant plus jeune, a-t-elle mal placé ses affections. Elle semble avoir conservé une sorte de dépit contre l'amour, car elle en parle comme d'un rêve sans lequel la vie est prosaïque, mais douce et facile. Elle me demande souvent si je ne pense pas qu'on puisse s'en passer. Moi je prétends que, quand on l'a connu, on ne peut y renoncer sans mourir d'ennui et de tristesse. Jacques nous écoute d'un air mélancolique, et à tout ce que nous disons, répond la même sentence; « C'est selon. » Avec cela il ne se compromettra pas. Nous faisons de grandes promenades; Sylvia m'apprend la botanique et l'entomologie. Le soir, nous chantons des trios qui vraiment vont très-bien. Sylvia a un contralto admirable, et chante d'une manière tellement supérieure, qu'elle pourrait certainement faire une grande fortune comme cantatrice. « Avec le mépris que tu as pour les préjugés les plus enracinés de ce monde, lui disais-je hier soir, je m'étonne qu'une destinée si libre et si brillante ne t'ait pas tentée. — Je l'aurais essayée bien certainement, m'a-t-elle répondu, si je n'avais pas eu d'autre moyen d'existence; mais le petit héritage que Jacques m'a transmis de la part de mes parents a toujours suffi à mes besoins. J'ai été libre de suivre mes goûts, qui me portaient vers une vie obscure et solitaire. Ce qui me serait odieux, ce serait la dépendance. Si je me sentais condamnée à vivre d'une telle manière et dans un tel lieu, je prendrais ce lieu et cette vie en horreur, quelque conformes qu'ils fussent d'ailleurs à mes penchants. Avec l'idée que je puis demain aller où bon me semble, je suis capable de rester vingt ans dans un ermitage. — Toute seule? ai-je dit. — Si j'y pouvais vivre avec un cœur qui comprît bien le mien, j'y vivrais heureuse; sinon mieux vaut la solitude, et toute seule je puis vivre calme. N'est-ce pas déjà beaucoup? — Eh quoi! lui ai-je dit, la solitude ne t'a jamais effrayée pour l'avenir? tu n'as jamais désiré te marier pour avoir un appui, un ami de toute la vie; pour être mère, Sylvia, ce qu'il y a de plus doux au monde? — Je n'ai peur ni de l'avenir ni du présent, m'a-t-elle répondu; j'aurai la force de vieillir sans désespoir. Je ne sens pas le besoin d'un appui; j'ai assez de courage pour suffire à tous les maux de la vie. Quant à trouver un ami qui ne me manque jamais, c'est un bonheur accordé à une femme sur mille. Tu es bien enfant, Fernande, si tu crois qu'il entre dans la destinée de toutes de rencontrer un mari comme le tien; et, quant au bonheur de la maternité, je le comprends, je saurais l'apprécier; mais je n'ai pas encore rencontré l'homme dont j'eusse été joyeuse d'associer à ce rôle sacré. Je ne me flatte pas de le rencontrer jamais. Si cela m'arrive, j'en profiterai; mais je ne suis pas assez romanesque pour espérer ce qui est invraisemblable, ni assez faible pour souffrir d'un désir que je ne puis réaliser. — Tu as l'âme bien forte, lui dis-je. Quant à moi, si je perdais mon mari et mes enfants, je n'espérerais pas remplacer Jacques; je ne désirerais pas associer, comme tu dis, un autre homme au rôle sacré de la paternité; je me laisserais mourir. — Tu le pourrais peut-être, a-t-elle dit. Pour moi, je suis douée d'une telle vigueur, que je ne pourrais me débarrasser de la vie que d'une manière violente. » Elle parlait avec sa voix de basse dans le grand salon, où l'obscurité nous avait peu à peu gagnées; de temps en temps elle frappait un accord mélancolique sur le piano; en ce moment elle fit une modulation si bizarre et si triste, qu'il me passa un frisson dans tous les nerfs. « Oh! mon Dieu, m'écriai-je, tu me fais peur ce soir; je ne sais pas de quoi nous nous avisons de parler! » J'ai traversé le salon pour tirer la sonnette et demander des bougies, et je me suis figuré que quelqu'un se levait de dessus le sofa en même temps que moi. J'ai fait un grand cri et me suis élancée vers Sylvia à demi morte de frayeur. « Oh! que tu es enfant et pusillanime pour être la femme de Jacques! » m'a-t-elle dit d'un ton où il entrait un peu de reproche. Elle s'est levée pour aller tirer la sonnette. « Ne me quitte pas! me suis-je écriée; il y a quelqu'un dans la chambre, j'en suis sûre, là, du côté du canapé. — Si cela est, je ne vois pas de quoi tu as peur, car ce ne peut être que Jacques. — Est-ce toi, Jacques? » me suis-je écriée d'une voix tremblante. Jacques s'est approché de nous, nous a entourées de ses bras, et nous a embrassées toutes deux. « Va donc chercher de la lumière, méchant! » lui ai-je dit. Il est sorti sans répondre et n'est rentré qu'une demi-heure après. Nous étions installées déjà, moi à mon métier, Sylvia à copier de la musique. « Tu as une femme bien brave, » lui a dit Sylvia avec son ton de gaieté qui est toujours un peu brusque. Il a fait semblant de n'y rien comprendre, sans doute pour me mystifier, et il a prétendu qu'il était dans le parc depuis plus d'une heure, et qu'il n'en était pas sorti un instant.

Mes enfants se portent à merveille et grossissent à vue d'œil comme des poussins. Jacques me contrarie bien un peu quelquefois à leur égard. Il s'en occupe plus qu'il ne convient à un homme, et prétend que je n'y entends rien. Sylvia se met entre nous; elle emporte le berceau et dit : « Cela ne vous regarde ni l'un ni l'autre; ces enfants-là sont à moi. »

XXXVIII.

DE FERNANDE A CLÉMENCE.

Lundi.

Décidément, ma chère, il y a un revenant dans la maison; Jacques et Sylvia en rient; pour moi, je ne suis pas rassurée du tout. Ou c'est un monsieur très-effronté qui vient faire un petit roman sous nos fenêtres, ou c'est un voleur bien élevé, qui s'y prend de cette manière pour s'introduire dans la maison. Le jardinier a vu se promener une ombre autour de la pièce d'eau, à deux heures du matin, et il a eu une telle peur qu'il en est malade. Pauvre homme! il n'y a que moi qui le plaigne. Les chiens ont fait des hurlements épouvantables toute la soirée. J'ai conjuré Jacques d'y faire attention, et il n'en a tenu compte; il est sorti avec Sylvia pour voir rentrer les foins dans une métairie voisine, et ils n'ont pas voulu me laisser aller avec eux, parce qu'il tombe beaucoup d'humidité dans notre vallée à cette heure-ci, et que je suis très-enrhumée. Je commençais à rire moi-même de mes frayeurs, et je m'apprêtais à t'écrire tranquillement, quand j'ai entendu sous ma fenêtre le son d'un hautbois. Je n'ai d'abord songé qu'au plaisir de l'écouter, persuadée que c'était un de ces mille talents que Jacques possède et que je découvre en lui tous les jours. Je me suis mise à la fenêtre, et, après qu'il a eu fini, je lui ai dit en me penchant sur le balcon : « Comme un ange! Voilà mon gage, beau ménestrel. » Alors j'ai jeté sur la terrasse sablée, qu'éclairait la lune, un bracelet d'or que j'avais au bras. Un homme est sorti aussitôt des buissons, l'a ramassé et l'a emporté en courant; mais au même instant j'ai entendu derrière moi la voix de Jacques, et je suis restée stupéfaite. J'ai raconté ce qui venait de m'arriver, et pourtant je n'ai pas osé parler du bracelet. J'ai trouvé ma mystification si complète et si ridicule, que j'ai craint les railleries de Sylvia et peut-être les reproches de Jacques; car c'est lui qui m'avait donné ce bracelet; son chiffre y est gravé avec le mien, et je suis désespérée de le savoir dans les mains d'un étranger. Plaise à Dieu que ce soit un voleur! J'aurai fait la niaiserie la plus parfaite qu'on puisse faire en lui jetant mes bijoux à la tête; mais le présent de Jacques ira chez le fondeur, et ne servira pas de trophée à quelque impertinent. J'ai seulement raconté que j'avais entendu jouer du hautbois, que j'avais appelé, croyant m'adresser à Jacques, et que j'avais vu fuir un homme qui m'avait semblé à peu près de sa taille et vêtu comme lui. Alors nous nous sommes rappelé l'aventure de ma frayeur dans le grand salon d'été; Jacques a persisté à nier qu'il y fût entré et qu'il se fût diverti à nous écouter. Dans le doute, je n'ai jamais osé parler du baiser que nous avions reçu, Sylvia et moi; pour elle, elle est si distraite et si peu susceptible de s'étonner ou de s'épouvanter de quelque chose, que je gagerais qu'elle ne s'en souvient plus; le fait est qu'elle n'en a rien dit ni à Jacques ni à moi, et je ne sais que penser de cette singulière et fâcheuse aventure. Pour le bracelet, ce n'est certainement pas Jacques qui l'a ramassé; pour le baiser, j'en doute, car il assure très-sérieusement n'être pas sorti du parc dans ce moment-là. Il est vrai qu'il plaisante quelquefois avec un sang-froid imperturbable, et qu'il s'amuse peut-être en lui-même de ma honte et de mon incertitude.

En attendant que nous sachions ce que signifient ces mauvaises plaisanteries de notre follet, je veux te parler de l'éternelle affaire de la naissance de Sylvia. Est-ce que tu penses qu'elle serait la sœur de Jacques? Je le pense aussi parfois, mais cette idée m'attriste. Pourquoi alors Jacques m'en fait-il un mystère? Me juge-t-il incapable de garder un secret? Si elle est sa sœur, j'en suis plus jalouse que si elle ne l'était pas; car je gage alors qu'il l'aime plus que moi. Tu te trompes bien, Clémence, si tu crois que je suis capable de cette grossière jalousie qui consisterait à craindre de la part de mon mari une infidélité des sens; ce que je surveille avec envie, ce que j'interroge avec angoisse, c'est son cœur, son noble cœur, ce trésor si précieux, que l'univers devrait me disputer, que je n'ose me flatter d'être digne de posséder à moi seule tout entier. Sylvia est bien plus raisonnable, bien plus courageuse, bien plus instruite que moi; son âge, son éducation et son caractère la rapprochent de Jacques, et doivent établir entre eux une confiance bien mieux fondée. Moi je suis un enfant qui ne sait rien et qui ne comprend guère. Pour les arts et les petites sciences que Sylvia me démontre, il me semble que je ne manque pas d'intelligence; mais quand il est question de la science du cœur, je n'y comprends plus rien, et je ne conçois même pas qu'il y ait une; je n'entends rien à leur courage, à leurs principes d'héroïsme et de stoïcisme. Que cela soit fait pour eux, c'est possible; mais que Dieu m'impose la force, à moi, pourquoi faire? J'ai toujours été habituée à l'idée d'obéir par nécessité, et quand j'ai agité en moi-même l'aride pensée de l'avenir, je n'ai jamais souhaité d'autre bonheur que d'être protégée, aidée et consolée par l'affection d'un autre. Il me semblait, dans les premiers jours, que mon mariage avec Jacques était la plus parfaite réalisation de ce rêve. D'où vient donc qu'il paraît quelquefois regretter de ne pas trouver en moi son égale ? D'où vient que sa protection et sa bonté me font si souvent souffrir?

Jeudi.

Je ne sais que penser de ce qui se passe; je croirais volontiers que Sylvia, avec son nom fantastique, son caractère étrange et son regard inspiré, est une espèce de fée qui attire sous diverses formes le diable autour de nous. Hier, on vint nous dire qu'un sanglier était sorti des grands bois et s'était retiré dans un des taillis de notre vallée. Cette chasse me fit bien un peu peur, non pour moi, qui suis toujours entourée et gardée comme une princesse, mais pour Jacques, qui s'expose à tous les dangers. Sa prudence, son adresse et son sang-froid ne me rassurent pas tout à fait; aussi j'essayai de le détourner de la pensée de lui donner l'assaut; mais Sylvia sautait de joie à l'idée de frapper la bête et de donner cours à son humeur énergique et un peu féroce, à ce que nous prétendons. En une demi-heure nous fûmes habillées pour la chasse; nos chevaux furent prêts; les piqueurs, les chiens et les cors étaient déjà en avant. Sylvia montait un petit cheval arabe très-fringant que je n'ai jamais osé monter, et aussitôt que je vis comme elle s'en faisait obéir, elle qui a beaucoup moins de principes d'équitation que moi, j'en fus toute jalouse et toute boudeuse. Elle s'amusait à me dépasser, à caracoler dans des chemins étroits et dangereux, où les excellentes jambes de sa monture faisaient miracle. J'ai une très-belle et bonne jument anglaise; mais je suis si poltronne, et j'exige d'un cheval tant de soumission et de tranquillité, que j'étais loin de briller comme Sylvia, et qu'elle m'éclipsait aux yeux de Jacques. « Je parie, me dit-elle comme nous entrions dans le taillis, que tu meurs d'envie à présent d'être à ma place? » Elle ne pouvait pas deviner plus juste. « Eh bien, me dit-elle, changeons vite de cheval, et que Jacques te voie sur son cher Chouiman au moment où il s'y attend le moins. » Nous étions seules avec deux domestiques; Sylvia avait déjà sauté à terre et tenait Chouiman par la bride, avant qu'un des deux butors qui nous accompagnaient eût songé à quitter l'étrier. Au même instant, le sanglier, débusqué par les chiens, vint droit à nous et passa à trois pas de moi sans songer à attaquer personne; mais le cheval arabe eut peur, se cabra et faillit renverser Sylvia, qui s'obstinait à ne pas lui lâcher la bride. Alors un homme qui me semblait être un de nos piqueurs, car il était vêtu à peu près comme eux, sortit de je ne sais où, et retint le cheval prêt à s'échapper. Je n'avais plus aucune envie de l'essayer. Cet homme aida Sylvia à remonter; mais aussitôt qu'elle fut en selle, et comme il lui présentait sa bride, elle lui cingla les doigts de sa cravache, en disant : *Ah! ah!* d'une manière qui semblait exprimer la surprise et la moquerie. L'inconnu disparut comme il était venu, au milieu des branches, et je demandai à Sylvia, avec une avide curiosité, ce que cela signifiait. « Oh ! rien, répondit-elle, un piqueur maladroit qui m'a écorché la main avec ses bons offices. — Et tu cravaches un homme pour cela? lui dis-je. — Pourquoi non? » dit-elle. Puis elle repartit au galop, et je fus forcée de la suivre, assez peu satisfaite de cette explication, et au moins très-étonnée des manières de Sylvia avec les piqueurs de mon mari. Je demandai aux domestiques le nom de cet homme; ils me dirent qu'ils ne l'avaient jamais vu.

La chasse nous occupa pendant plusieurs heures, et Sylvia semblait ne pas avoir autre chose dans l'esprit. Je l'observais, car je soupçonnais un peu ce revenant d'être quelque amant au désespoir. Ce qui se passa au retour de la chasse me rejette dans de nouvelles incertitudes.

Nous revenions par la traverse aux premières clartés de la lune; c'était une des plus belles soirées que nous ayons eues cette année. Il faisait un peu frais; mais le paysage était si bien éclairé, l'air était si parfumé des plantes aromatiques qui croissent dans les ruisseaux, le rossignol chantait si bien, que j'étais vraiment disposée aux idées romanesques. Jacques proposa de prendre un chemin encore plus court que celui que nous suivions. « Il est assez difficile pour les chevaux, me dit-il, et je n'ai pas encore osé t'y conduire; mais puisque tu as eu aujourd'hui un si grand accès de courage que de vouloir essayer Chouiman, tu auras bien celui de descendre au pas dans un sentier un peu raide. — Certainement, lui dis-je, puisque tu crois qu'il n'y a pas de danger. » Et nous nous mîmes en route dans un ordre très-pittoresque. Un groupe de chasseurs, escorté des limiers et des cors, marchait en tête, portant le sanglier, qui était énorme; les cavaliers venaient ensuite, nous au centre; nous entourions le flanc de la colline d'une ligne noire d'où partait de temps en temps un éclair quand le sabot d'un cheval heurtait le roc. Derrière nous, un autre corps de piqueurs et de chiens suivait lentement, et les fanfares s'appelaient et se répondaient des deux extrémités de la caravane. Quand nous fûmes au plus rapide du sentier, Jacques dit à un des piqueurs de prendre la bride de mon cheval, et de le soutenir pour descendre; puis il proposa à Sylvia de faire une folie. « Une folie? dit-elle ; lancer nos chevaux d'ici à la plaine? — Oui, dit Jacques; je te réponds des jambes de Chouiman si tu ne le contraries pas. — Allons ! » répondit la mauvaise tête; et, sans écouter mes reproches et mes cris, ils partirent comme la foudre par une pente lisse, mais rapide, qui formait le flanc de la colline. Il me passa une sueur froide par tous les membres, et mon cœur ne reprit le mouvement que quand je les vis arriver sans accident au bas de la pente. Alors je m'aperçus que les cavaliers qui étaient devant étaient allés plus vite que mon cheval guidé par un piéton, et que ceux qui étaient derrière, stupéfaits sans doute de l'audace de Jacques et de Sylvia, s'étaient arrêtés pour les regarder, de manière que je me trouvais seule sur le sentier avec l'homme qui tenait ma bride à une assez grande distance des uns et des autres.

Toutes les histoires de voleurs et de revenants qui m'ont trotté dans la cervelle depuis cinq ou six jours me revinrent à l'esprit, et cet homme qui marchait auprès de moi commença à me faire une peur épouvantable. Je le regardais avec attention et ne reconnaissais en lui aucun des piqueurs de mon mari. Il me semblait au contraire reconnaître l'homme mystérieux que Sylvia avait gratifié le matin d'un si joli coup de cravache sur les doigts. Cependant je n'avais pas eu le temps de faire grande attention à son vêtement, et de son visage enfoncé sous un grand chapeau de paille je n'avais vu qu'une barbe noire, qui m'avait paru sentir le brigand d'une lieue. En ce moment, quoiqu'il fût bien près de moi, je le voyais encore moins, parce qu'il était plus bas que moi et que son chapeau me cachait entièrement; cependant, comme il était paisible et silencieux, je me rassurai peu à peu. Je ne connais pas tous les gardes forestiers et paysans amateurs de la chasse qui viennent, avec la permission de Jacques, s'adjoindre à nous quand ils entendent le son du cor dans la vallée, et que souvent, au retour, mon mari invite à venir se rafraîchir avec ses piqueurs. Presque tous sont vêtus d'une blouse et coiffés d'un chapeau de paille. Le fait est que je commençais à ne plus rien craindre, et à croire Sylvia très-capable de frapper un piqueur ni plus ni moins qu'un nègre. J'eus donc la hardiesse d'adresser la parole à mon guide, et de lui demander si le chemin ne me permettrait pas d'aller seule. » Oh! pas encore! » me répondit-il. Le son de sa voix et l'expression presque suppliante de sa réponse étaient si peu d'un piqueur, que la peur me prit de nouveau. Si j'avais le courage de Sylvia, pensais-je, je donnerais un grand coup de cravache à ce brigand, et pendant qu'il se frotterait les doigts d'un air consterné, j'irais en un temps de galop rejoindre les autres chasseurs. Mais outre que je n'oserais jamais, si c'est un vrai domestique, j'aurais fait la chose du monde la plus insolente et la plus singulière. Au milieu de ces réflexions, je vis pourtant que nous approchions sans accident des cavaliers, et au moment où j'allais presser mon cheval avec le talon pour le dégager des mains de l'homme mystérieux, celui-ci se retourna à demi vers moi, et, élevant le bras, il retroussa la manche de sa blouse. Je vis alors briller quelque chose que je reconnus pour mon bracelet. Je n'eus pas la force de crier, et l'inconnu, lâchant ma bride, resta sur le bord du chemin, en me disant à demi-voix ces étranges paroles : « J'espère en vous. » Puis il s'enfonça dans un massif d'arbres, et je m'enfuis au galop plus morte que vive.

Ce qui me tourmente et m'afflige le plus dans tout cela, c'est l'espèce de mystère que la fatalité a établi entre moi et cet homme. A présent, je vois tous les inconvénients qui résultent du bracelet, et j'ose moins que jamais en parler à Jacques. S'il allait le chercher et le provoquer en duel ! S'il allait m'accuser d'imprudence et de légèreté ! Je suis bien malheureuse, car j'ai cru certainement jeter mon bracelet à Jacques lui-même; et celui qui l'a reçu croit que je suis une petite personne romanesque, facile à conquérir avec un baiser dans l'obscurité et un air de hautbois. Je suis fâchée à présent de ne lui avoir pas parlé pour lui expliquer ma méprise et lui redemander mon bracelet. Peut-être me l'eût-il rendu. Mais j'ai perdu la tête, comme je fais toujours dans les occasions où un peu de sang-froid me serait nécessaire. J'ai essayé de savoir ce que Sylvia pense de cet homme. Elle prétend que je suis folle, et qu'il n'y a point d'autre *homme* dans la vallée que Jacques. Celui que le jardinier a vu est, selon elle, un voleur de fruits ; celui qui a joué du hautbois, un comédien ambulant, ou bien un commis voyageur qui aura couché à l'auberge du village, et se sera amusé à sauter le fossé du jardin, afin de se vanter dans quelque estaminet d'avoir eu une aventure romanesque dans son voyage. Quant à l'homme au coup de cravache, elle persiste à dire que c'est un paysan ; et je n'ose parler de l'homme au bracelet, que l'idée qu'un commis voyageur ou un musicien ambulant croit avoir reçu ce gage de ma bienveillance, me cause une mortification extrême.

Au fait, quant à cela, l'explication de Sylvia me paraît assez admissible ; si je ne craignais de causer quelque malheur, je confierais tout à Jacques, et il irait châtier cet impertinent comme il le mérite. Mais cet homme peut être brave et habile duelliste. L'idée d'engager Jacques dans une affaire de ce genre me fait dresser les cheveux sur la tête. Je me tairai.

XXXIX.

D'OCTAVE A M. ***.

De la vallée de Saint-Léon.

Tu m'as souvent dit que j'étais fou, mon cher Herbert, et je commence à le croire. Ce qu'il y a de certain, c'est que je suis fort content de l'être, car sans cela je serais fort malheureux.

Si tu veux savoir où je suis et de quoi je suis occupé, j'aurai quelque embarras à te répondre. Je suis dans un pays où je n'ai jamais mis le pied, que je ne connais pas, où je n'ose marcher que sous un déguisement. Quant à mes occupations, elles consistent à errer autour d'un vieux château, à jouer du hautbois au clair de la lune, et à recevoir de temps en temps un coup de cravache sur les doigts.

Tu as dû être peu surpris de mon brusque départ, quand tu auras su que Sylvia avait quitté Genève un mois auparavant. Tu auras supposé que j'étais allé la rejoindre, et tu ne te seras pas trompé. Mais ce que tu ne supposes certainement pas, c'est que, sans invitation et même sans permission, je me suis mis à courir sur ses traces. Elle a quitté son ermitage du Léman avec la bizarrerie qu'elle met dans toutes ses résolutions, et par suite d'une de ces idées spontanées qui lui viennent au moment où l'on se croit le plus tranquille et le plus heureux des hommes à ses pieds. Étrange créature, trop passionnée ou trop froide pour l'amour, je ne sais, mais, à coup sûr, trop belle et trop supérieure à son sexe pour passer devant les yeux d'un homme sans le rendre un peu fou. Je savais que M. Jacques était marié, et je pensais bien qu'elle était allée s'installer auprès de lui ; car, depuis plusieurs mois, elle m'annonçait ce projet chaque fois qu'elle était de mauvaise humeur et qu'elle voulait me désespérer. Mais je ne savais pas si M. Jacques était maintenant en Touraine ou en Dauphiné ; car dans l'orgueilleux billet que Sylvia avait laissé pour moi à l'ermitage, elle n'avait pas daigné me dire où elle portait ses pas ; c'est donc absolument au hasard que je suis venu ici. Je me suis installé dans la cabane d'un vieux garde-chasse avare et sournois, que j'ai choisi pour hôte sur sa mauvaise mine, et qui pour de l'argent m'aiderait à assassiner tous les hommes et à enlever toutes les femmes du pays. C'est donc au milieu des bois que peuvent me chercher tes conjectures, dans la plus romantique vallée du monde, protégé par un déguisement de chasseur braconnier plutôt que vêtu en honnête homme, braconnant en effet sous la protection de mon hôte, et préparant avec lui, tous les soirs, le souper que nous avons conquis les armes à la main ; dormant sur un grabat, lisant quelques chapitres de roman à l'ombre des grands chênes de la forêt, hasardant des excursions sentimentales et mystérieuses autour de la demeure de mon inhumaine, ni plus ni moins que le comte Almaviva, et l'écrivant sur un genou, à la lueur d'une torche de résine. Ce qu'il y a de plus ridicule dans tout cela, c'est que je le fais sérieusement, et que je suis vraiment triste et amoureux comme un ramier. Cette Sylvia fait le désespoir de ma vie, et je donnerais un de mes bras pour ne l'avoir jamais rencontrée. Tu la connais assez pour concevoir ce qu'un homme aussi peu charlatan que moi doit avoir à souffrir de ses caprices romanesques et du dédain superbe qu'elle a pour tout ce qui sort du monde idéal où elle s'enferme. Il y a bien un peu de ma faute dans mon malheur. Je l'ai trompée, ou plutôt je me suis trompé moi-même en lui faisant croire que j'étais un transfuge de ce monde-là, et que je me sentais capable d'y retourner. Oui, je l'ai cru en effet, et, dans les premiers jours, j'ai été tout à fait l'homme qu'elle devait ou qu'elle pouvait aimer. Mais peu à peu l'indolence et la légèreté de mon caractère ont repris le dessus. La raison m'a fait de nouveau entendre sa voix, et Sylvia m'a semblé ce qu'elle est en effet, enthousiaste, exagérée, un peu folle.

Mais cette découverte ne suffisait pas pour m'empêcher de l'aimer à la passion. L'exagération, qui rend les filles de province si ridicules, rendait Sylvia si belle, si frappante, si inspirée, que c'est là peut-être son plus grand charme et sa plus puissante séduction. Mais elle l'a reçu de Dieu pour son malheur et pour celui de ses amants, car elle peut se faire admirer, et ne peut persuader. Orgueilleuse jusqu'à la folie, elle veut agir comme si nous étions encore au temps de l'âge d'or, et prétend que tous ceux qui osent la soupçonner sont des lâches et des pervers. Du moment que j'ai vu avec inquiétude la singularité de sa conduite, et que j'ai pris de la jalousie à cause de la liberté de ses démarches, j'ai donc été perdu dans son esprit ; et précipité de cette région céleste où elle m'avait fait asseoir avec elle, je suis tombé dans le monde fangeux des humains, où cette belle sylphide n'a jamais daigné poser son pied d'ivoire. De ce moment, notre amour a été une suite de ruptures et de raccommodements. Je me souviens que tu m'as dit, un jour que je te racontais tristement une de ces querelles après la réconciliation : « De quoi te plains-tu ? » Ah ! mon ami, tu peux connaître les femmes ; mais tu ne connais pas Sylvia. Avec elle, le moindre tort est de la plus terrible importance, et chaque nouvelle faute creuse une tombe où s'ensevelit une partie de son amour. Elle pardonne, il est vrai ; mais ce pardon est pire que sa colère. La colère est violente est pleine d'émotion ; le pardon de Sylvia est froid et inexorable comme la mort. En proie à mille soupçons, tourmenté, incertain, tantôt craignant d'être dupe de la plus insigne coquette, tantôt craignant d'avoir outragé la plus pure des femmes, j'ai vécu malheureux auprès d'elle, mais je n'ai jamais eu la force de m'en détacher. Vingt fois elle m'a chassé, et vingt fois j'ai été lui demander ma grâce après avoir vainement essayé de vivre sans elle. Dans les premiers jours de mon bannissement, j'espérais m'applaudir d'avoir recouvré ma liberté et mon repos. Je me laissais aller délicieusement au bien-être de l'indifférence et de l'oubli. Mais bientôt l'ennui me faisait regretter les agitations et les nobles souffrances de la passion. Je jetais mes regards autour de moi pour chercher un autre amour ; mais l'indolence de mon esprit et l'activité de mon caractère m'éloignaient également des autres femmes. Mon caractère me portait à leur préférer la chasse, la pêche, tous ces plaisirs énergiques de la campagne que Sylvia partageait avec moi. Mon esprit s'effrayait de recommencer un apprentissage et de tenter une nouvelle conquête. Et puis quelle femme peut être comparée à Sylvia pour la beauté, l'intelligence, la sensibilité et la noblesse du cœur ? Oui, quand je l'ai perdue, je lui rends justice, je m'étonne et m'indigne d'avoir pu soupçonner une femme si grande, et dont la conduite hautaine me prouve à quel point elle était incapable de descendre au mensonge. Mais quand je la retrouve, je souffre de son caractère raide et inflexible, de son humeur violente, de son mysticisme intolérant et de ses exigences bizarres. Elle ne se plie à aucune de mes imperfections ; elle ne pardonne à aucun de mes défauts ; elle tire argument de tout pour me démontrer à quel point son âme est supérieure à la mienne, et rien n'est plus funeste à l'amour que cet examen mutuel de deux cœurs jaloux et orgueilleux de se surpasser. Le mien se lassait bien vite de cette lutte ; j'aurais mieux aimé un amour moins difficile et moins sublime. Sylvia m'accablait de son dédain, et quelquefois me prouvait la pauvreté de mon cœur avec tant de chaleur et d'éloquence, que je me persuadais n'être pas né pour l'amour et que je n'oserais me persuader encore que je suis digne de le connaître. Mais, s'il en est ainsi, pourquoi suis-je né, et à quoi Dieu me destine-t-il en ce monde ? Je ne vois pas vers quoi ma vocation m'attire. Je n'ai aucune passion violente, je ne suis ni joueur, ni libertin, ni poëte ; j'aime les arts, et je m'y entends assez pour y trouver un délassement et une distraction ; mais je n'en saurais faire une occupation prédominante. Le monde m'ennuie en peu de temps ; je sens le besoin d'y avoir un but, et nul autre but ne m'y semble désirable que d'aimer et d'être aimé. Peut-être serais-je plus heureux et plus sage si j'avais une profession ; mais ma modeste fortune, qu'aucun désordre n'a entamée, m'a laissé la liberté de m'abandonner à cette vie oisive et facile à laquelle je me suis habitué. M'astreindre aujourd'hui à un travail quelconque me serait odieux. J'aime la vie des champs, mais non pas sans une compagne qui me fasse goûter les plaisirs de l'esprit et du cœur, au sein de cette vie matérielle où l'effroi de la solitude me gagnerait bientôt. Peut-être suis-je propre au mariage ; j'aime les enfants, je suis doux et rangé, je crois que je ferais un très-honnête bourgeois dans quelque ville du second ordre de notre paisible Helvétie. Je pourrais me faire estimer comme cultivateur et père de famille ; mais je voudrais que ma femme fût un peu plus lettrée que celles qui tricotent un bas bleu du matin au soir. Et moi-même je craindrais de m'abrutir en lisant mon journal et en fumant au milieu de mes dignes concitoyens et des pots de bière ; presque aussi simples et inoffensifs les uns que les autres.

Enfin, il me faudrait trouver une femme inférieure à Sylvia, et supérieure à toutes celles que je pourrais obtenir, à ma connaissance. Mais, avant tout, il faudrait guérir de l'amour que j'ai pour Sylvia, et c'est une maladie dont mon âme est encore loin d'être délivrée.

Ne sachant que faire, je suis venu ici essayer encore mon destin. D'abord j'avais l'intention de me jeter à ses pieds, comme à l'ordinaire, et puis le caprice m'a pris de l'épier un peu, de consulter l'opinion de ce qui l'entoure, de la connaître, et de la voir enfin sans qu'elle s'en doutât, afin de m'ôter de l'esprit, une fois pour toutes, les soupçons qui m'ont tourmenté si souvent, et qui me tourmenteront peut-être encore ; car Sylvia a un talent extraordinaire pour les faire naître, un mépris profond pour les explications les plus faciles, et moi une pauvre tête qui se crée promptement des tourments cruels. Je n'ai pu obtenir aucune des lumières que je cherchais, car mon impératrice Sylvia n'est ici que depuis trois semaines, et on n'avait jamais entendu parler d'elle dans le pays. Si elle savait que ces idées m'ont passé par la tête, elle ne me pardonnerait jamais ; mais elle le saura d'autant moins que le cours de mes observations est à peu près terminé. Hier, elle m'a reconnu sous mon déguisement et m'a accueilli d'une manière fort impertinente. Je serai donc obligé de me montrer. Jacques me connaît et me découvrirait bientôt. Ils riraient peut-être ensemble à mes dépens, si je ne prenais le parti d'aller en rire moi-même avec eux.

Ce Jacques est certes un galant homme, dont le caractère froid et l'extérieur réservé ne m'ont jamais permis beaucoup de familiarité, et contre lequel jusqu'ici je ne me suis senti d'ailleurs des mouvements de jalousie épouvantables. A présent, j'ai des raisons pour savoir que j'ai été injuste et grossier dans mes soupçons. Mais je lui en veux un peu d'avoir été de moitié dans la fierté superbe avec laquelle Sylvia a refusé longtemps de me rassurer en m'expliquant leur parenté et leurs relations. Je lui en veux aussi d'être pour Sylvia le type de tout ce qu'il y a de plus grand et de plus beau dans le monde, la seule âme digne de voler sur la même ligne que la sienne dans les champs de l'empyrée, en un mot l'objet d'un amour platonique et d'un culte romanesque dont je ne suis plus jaloux, mais qui me cause assez de mortification. Je n'en serai pas moins l'ami et le serviteur de M. Jacques en toute occasion ; mais si, avant de lui donner une poignée de main, je pouvais le taquiner un peu et me venger de Sylvia en me montrant épris d'une autre, cela me divertirait.

Pour t'expliquer cette nouvelle folie, il faut que tu saches que M. Jacques a le plus joli joyau de petite femme couleur de rose qu'on puisse imaginer. Moins belle que Sylvia, elle est certainement plus gentille, et, à coup sûr, son âme romanesque à sa manière est moins altière et moins cruelle. J'en ai pour gage un bracelet qui m'a été jeté par une fenêtre avec de très-douces paroles, un soir que je croyais adresser à ma tigresse les accents passionnés de mon hautbois. Je suis loin d'être assez fat pour en tirer grande vanité, car je ne sache pas qu'elle ait encore pu voir ma figure, et ce soir-là elle n'avait pas même entrevu mon spectre ; c'est donc au son du hautbois, à l'enivrement d'un soir de printemps et à quelque rêve de pensionnaire en vacances qu'elle aura accordé ce gage de protection. Je suis un trop honnête homme et un héros de roman trop maladroit pour abuser sérieusement de cette petite coquetterie ; mais il m'est bien permis de faire durer encore le roman pendant quelques jours. J'ai débuté par un baiser, qui peut-être a laissé quelque émotion dans le cœur de la blonde Fernande, quand elle a su qu'elle avait été embrassée avec Sylvia, dans l'obscurité, par un autre que son mari. Ne me trouves-tu pas devenu bien scélérat par dépit, moi qui le suis si peu par nature ? Ce soir-là, vraiment, j'étais tout occupé de Sylvia ; j'étais entré par une des portes de glace du salon qui donne sur les bosquets du jardin, avec l'intention d'aller ouvertement demander pardon à Sylvia des torts que j'ai et de ceux que je n'ai pas. Elles jouaient du piano ; il faisait sombre ; elles ne s'aperçurent pas de la présence d'un tiers. Je m'assis sur le sofa. Une d'elles vint s'asseoir auprès de moi sans me voir. J'allais la saisir dans mes bras, quand je reconnus au piano la voix de Sylvia. J'écoutai une petite conversation sentimentale qu'elles eurent ensemble, et, au moment où elles me découvrirent, j'embrassai Sylvia, et j'allais parler, lorsque Fernande, me prenant pour son mari et m'entendant embrasser sa compagne, approcha son visage du mien, avec une petite manière d'enfant jaloux à laquelle je t'aurais bien défié de résister. Je ne sais comment, dans l'obscurité, mes lèvres rencontrèrent les siennes. Ma foi! je fus si troublé de cette aventure que je m'enfuis sans leur faire savoir que je n'étais pas Jacques. Depuis ce temps, je sais par mon vieux hôte, qui est l'oncle de Rosette, soubrette de ces dames, que la belle Fernande a des terreurs paniques, et n'entend pas remuer une feuille dans le parc ou trotter une souris dans le château, sans se trouver mal. Rien n'est plus propre à l'audace d'un lutin que les frayeurs et les évanouissements de sa châtelaine; heureusement pour Fernande, je ne suis ni audacieux ni amoureux à ce point.

Mais ces aventures m'amusent et m'occupent; j'ai vingt-quatre ans, cela m'est bien permis. Le beau temps, le clair de lune, cette vallée sauvage et pittoresque, ces grands bois pleins d'ombre et de mystère; ce château à mine vénérable, qui est assis gravement sur le doux penchant d'une colline; ces chasseurs qui arpentent la vallée et la font retentir des hurlements des chiens et des sons du cor; ces deux chasseresses, plus belles que toutes les nymphes de Diane, l'une brune, grande, fière et audacieuse, l'autre blanche, timide et sentimentale, montées toutes deux sur des chevaux superbes et galopant sans bruit sur la mousse des bois : tout cela ressemble à un rêve, et je voudrais ne pas m'éveiller.

XL.

DE FERNANDE A CLÉMENCE.

Mardi.

Cette histoire se complique et commence à me causer beaucoup de trouble et de chagrin. J'ai eu grand tort de cacher tout cela à Jacques; mais à présent, chaque jour de silence agrandit ma faute, et je crains réellement ses reproches et sa colère. La colère de Jacques! je ne sais ce que c'est, je ne puis croire qu'il me la fasse jamais connaître; et pourtant, comment un mari peut-il apprendre tranquillement que sa femme a reçu d'un autre une déclaration d'amour?

Oui, Clémence, voilà où m'a conduite cette fatale méprise du bracelet. Hier soir, j'étais dans ma chambre avec mes enfants et Rosette; ma fille semblait souffrante et ne pouvait s'endormir. Je dis à Rosette d'emporter la lumière, qui peut-être l'incommodait. J'étais depuis quelque temps dans l'obscurité avec ma petite sur mes genoux, et je tâchais de l'apaiser en chantant; mais elle ne criait que plus fort, et cela commençait à m'inquiéter, lorsque le son du hautbois s'éleva, de l'autre extrémité de l'appartement, comme une voix plaintive et douce. L'enfant se tut aussitôt et resta comme ravi à l'écouter; pour moi, je retenais ma respiration; la surprise et la peur me rendaient incapable de mouvement. L'inconnu était dans ma chambre, seul avec moi! Je n'osais appeler, je n'osais fuir. Rosette entra comme le hautbois venait de se taire, et s'émerveilla de voir la petite silencieuse et calmée. « Va chercher de la lumière, bien vite, bien vite, lui dis-je, j'ai une peur épouvantable; pourquoi m'as-tu laissée seule? — Il va falloir que madame reste encore seule, répondit-elle, pendant que j'irai chercher la lumière en bas. — Ah! mon Dieu! pourquoi n'en as-tu pas dans ta chambre? lui répondis-je. Non! n'y va pas, ne me laisse pas ainsi. N'as-tu rien entendu, Rosette? Es-tu sûre qu'il n'y ait personne avec nous dans la chambre? — Je ne vois personne que madame, les enfants et moi, et je n'ai entendu que la flûte. — Qui est-ce qui jouait de la flûte? — Je ne sais pas; monsieur, apparemment. Je ne vois pas quel autre dans la maison saurait en jouer! — Est-ce toi qui es là, Jacques? m'écriai-je; si c'est toi, ne t'amuse pas à m'effrayer, car je mourrais de peur. » Je savais bien que ce n'était pas Jacques, mais je parlais ainsi pour forcer notre persécuteur à s'expliquer ou à se retirer. Personne ne répondit. Rosette ouvrit les rideaux, et, au clair de la lune, examina tous les recoins de l'appartement sans y découvrir personne. Elle trouvait, sans doute, mes frayeurs bien ridicules, et j'en eus honte moi-même; je lui dis d'aller chercher de la lumière, et quand elle fut sortie, j'allai tirer le verrou derrière elle. Mais c'était bien inutile, car l'inconnu entra par la fenêtre. Je ne sais comment il s'y prit, et si de la galerie supérieure il a eu l'audace de se risquer sur ma persienne, ou si, à l'aide d'une échelle, il sera venu d'en bas; le fait est qu'il entra aussi tranquillement que par la rue. La colère me donna des forces, et je m'élançai devant le berceau de mes enfants, en criant au secours; mais il s'agenouilla au milieu de la chambre, en me disant d'une voix douce : « Comment est-il possible que vous ayez peur d'un homme qui voudrait pouvoir vous prouver son dévouement en mourant pour vous? — Je ne sais qui vous êtes, Monsieur, lui répondis-je d'une voix tremblante; mais, à coup sûr, vous êtes bien insolent d'entrer ainsi dans ma chambre; partez, partez! que je ne vous revoie jamais, ou j'avertirai mon mari de votre conduite. — Non, dit-il en se rapprochant, vous ne le ferez pas; vous aurez pitié d'un homme au désespoir. » Je vis en ce moment le bracelet, et l'idée me vint de le redemander. Je le fis d'un ton d'autorité et en jurant que j'avais cru le jeter à mon mari. « Je suis prêt à vous obéir en tout, dit-il d'un air résigné; reprenez-le, mais sachez que vous me reprenez le seul bonheur et le seul espoir de ma vie. » Alors il s'agenouilla de nouveau tout près de moi et me tendit son bras. Je n'osais reprendre moi-même le bracelet; il eût fallu toucher sa main ou seulement son vêtement, et je ne trouvais pas cela convenable. Alors il crut que j'hésitais, car il me dit : « Vous avez compassion de moi, vous consentez à me le laisser, n'est-ce pas, ô ma chère Fernande! » Et il saisit ma main, qu'il baisa plusieurs fois très-insolemment. Je me mis à crier, et des pas se firent entendre aussitôt dans la galerie voisine; mais avant que l'on eût le temps d'entrer, l'inconnu avait disparu, comme un chat, par la fenêtre.

Jacques et Sylvia frappèrent alors à la porte, que j'avais fermée au verrou et que je ne songeais plus à ouvrir, tout en leur criant d'entrer au nom de Dieu. Cette circonstance du verrou, qui se trouvait fatalement liée à l'entrée d'un homme dans ma chambre, m'empêcha de raconter ce qui s'était passé; je dis que j'avais entendu le hautbois, que j'avais envoyé Rosette chercher de la lumière, qu'elle m'avait enfermée par mégarde; que j'avais cru entendre du bruit dans ma chambre et que j'avais perdu la tête. Comme on me tient pour folle de peur, on ne m'en demanda pas davantage. Rosette assura bien avoir entendu le hautbois en traversant la galerie, on fit quelques recherches dans la maison et dans le jardin. On ne trouva personne, et on décréta, en riant, qu'on ferait venir un piquet de gendarmerie pour me garder. Sylvia alla chercher le dolman et le shako de Jacques, et s'en affubla avec de fausses moustaches; elle se planta ainsi derrière moi le sabre en main, affectant de suivre tous mes pas par la chambre pour me servir d'escorte. Elle était jolie comme un ange avec ce costume. Nous avons ri jusqu'à minuit, et le reste de la nuit s'est passé fort tranquillement. Mais mon esprit est bien agité! Je sens que je suis engagée dans une aventure folle et imprudente, qui peut-être aura des suites fatales. Fasse le ciel qu'elles retombent toutes sur moi seule!

Jeudi.

Je viens de recevoir le billet suivant, qui a été remis à Rosette par son oncle le garde-chasse : « Belle et douce « Fernande, ne soyez pas irritée contre moi, et ne vous « méprenez pas sur les motifs de ma conduite. Vous « pouvez me sauver du malheur éternel et me rendre le « plus heureux des amis et des amants; j'aime Sylvia, « et j'en ai été aimé. Je ne sais par quel crime irréparable j'ai perdu sa confiance et mérité sa colère. Je ne « renoncerai à elle qu'avec la vie; et *j'espère en vous*, « en vous seule. Vous avez une âme aimante et géné-

Avec l'homme qui tenait ma bride. (Page 44.)

« reuse, je le sais; je vous connais plus que vous ne pen-
« sez. Le bracelet que vous avez cru jeter à votre mari et
« que je vous rendrai, si vous ne l'accordez à la sainte
« amitié d'un frère, est à mes yeux un gage de confiance
« et de salut. Pardonnez-moi de vous avoir effrayée;
« j'espérais pouvoir vous parler en secret; je vois que
« cela sera impossible si vous ne m'accordez vous-même
« cette grâce; et vous me l'accorderez, n'est-ce pas, bel
« ange aux cheveux blonds? Votre mission sur la terre
« est de consoler les infortunés. J'irai vous attendre ce
« soir sous le grand ormeau des quatre sentiers, à l'en-
« trée du Val-Brun; faites-vous accompagner, si vous
« voulez, d'une personne sûre, mais que ce ne soit pas
« votre mari. Il me connaît, et je me flatte de posséder
« son estime et son amitié; mais en ce moment-ci il
« m'est contraire, et si vous ne travaillez à me justifier,
« je n'ai aucun espoir de rentrer en grâce. Si vous ne
« venez pas, je déposerai votre bracelet sous la pierre du
« grand ormeau; vous l'y ferez prendre; mais il sera
« teint du sang

« D'OCTAVE. »

Qu'en penses-tu? que dois-je faire? Mais à quoi sert de te le demander? Tu ne me répondras que dans huit jours, et il faut qu'avant ce soir j'aie pris un parti. Accorder un rendez-vous à ce jeune homme, surtout quand je sais que Jacques n'est pas dans ses intérêts, pour le réconcilier avec Sylvia, c'est une grande imprudence peut-être selon le monde; selon ma conscience je n'y vois pourtant aucun mal. S'il y a des inconvénients, il n'y en a que pour moi, qui risque de déplaire à Jacques et d'encourir ses reproches, tandis que je puis rendre, si je réussis, un service à Sylvia et à Octave, peut-être assurer le bonheur de leur vie entière; car il n'est pas de bonheur sans l'amour. Sylvia cache en vain son chagrin; je vois maintenant pourquoi ses pensées sont si noires et son avenir si sombre à ses yeux. Si elle a pu aimer ce jeune homme, il doit être au-dessus du commun et avoir une belle âme; car Sylvia est bien exigeante dans ses affections, et trop fière pour avoir jamais pu s'attacher à un être qui n'en eût pas été digne. Je vois bien maintenant qu'elle a reconnu son amant dans le chasseur qu'elle a si bien corrigé de l'envie d'être prévenant avec elle,

Dans la cabane d'un vieux garde-chasse. (Page 45.)

et je vois aussi, dans ce coup de cravache, accompagné d'un silence si complet sur sa découverte, plus de moquerie malicieuse que de véritable colère. Je parie qu'elle meurt d'envie qu'on amène son ami à ses genoux; il est impossible qu'il en soit autrement; cet Octave l'aime à la folie, puisqu'il fait des choses si extraordinaires pour la retrouver. Il a une figure charmante, du moins à ce qu'il m'a semblé quand je l'ai entrevu dans ma chambre au clair de la lune. Jacques est sévère et inexorable, il traite trop Sylvia comme un homme; il ne devine pas les faiblesses du cœur d'une femme, et ne comprend pas, comme moi, ce que son courage doit cacher d'ennui et de souffrance. Si je refuse d'aider cette réconciliation, c'en est peut-être fait de son bonheur; peut-être se condamnera-t-elle à une éternelle solitude; et ce jeune homme, s'il allait se tuer en effet! Je l'en croirais assez capable; il semble véritablement épris. Que faire? Je n'ose me décider à rien; heureusement j'aurai le temps d'y penser d'ici à ce soir.

XLI.

D'OCTAVE À HERBERT.

Mon ami, je me suis hâté de remettre les choses sur le pied où elles doivent être; car mes affaires commençaient à s'embrouiller. Fernande prenait mes plaisanteries au sérieux, et il était temps de la désabuser; autrement je courais le risque ou d'être découvert et recommandé par elle à son mari, ou d'être forcé de lui faire la cour tout de bon. Je ne voulais ni l'un ni l'autre. Peut-être, avec ce caractère de femme craintif, nerveux, et toujours dans le paroxysme d'une émotion quelconque, m'eût-il été facile, aidé par le romanesque des circonstances, de tourner les choses à mon profit et de faire beaucoup de progrès en peu de temps. Les femmes comme Sylvia se donnent par amour; mais, ou je me trompe bien, ou celles qui ressemblent à Fernande se laissent prendre sans savoir pourquoi, sauf à en être au désespoir le lendemain. Je ne pense pas que Lovelace, à ma place, eût agi aussi vertueusement que moi; mais je n'ai pas l'honneur d'être M. Lovelace, et j'agis selon ma manière, qui n'a rien de scélérat. Surprendre les sens d'une jeune femme pour laquelle je n'ai point d'amour, et la livrer à la honte et à la colère, en m'adressant le lendemain sous ses yeux à une autre, ce ne serait pas seulement le fait d'un lâche, mais celui d'un sot. Car, assurément, après avoir possédé ces deux femmes, je serais chassé et détesté de toutes deux; et je ne crois pas que le souvenir d'avoir pressé Fernande une heure dans mes bras valût le bonheur de m'asseoir pendant un an seulement à côté de Sylvia.

J'ai donc coupé court à cette intrigue, qui prenait une tournure trop folle; mais trop fou moi-même pour me résoudre à détruire tout à fait mon roman en un jour, j'ai pris Fernande pour confidente et pour protectrice. Je lui ai écrit un billet bien sentimental, où, avec un peu de flatterie, un peu d'exagération et un peu de mensonge, je l'ai engagée à m'accorder une entrevue pour traiter de la grande affaire de ma réconciliation avec Sylvia. J'ai arrangé mon plan de manière à faire durer le plus longtemps possible le mystérieux mais innocent commerce que j'ai établi avec mon bel avocat. J'aurai donc pour quelques jours encore le clair de lune, les appels du hautbois, les promenades sur la mousse, les robes blanches à travers les arbres, les billets sous la pierre du grand ormeau, en un mot ce qu'il y a de plus charmant dans une passion, les accessoires. Je suis bien enfant, n'est-ce pas? Eh bien, oui! et je n'en ai pas honte. Il y a si longtemps que je suis triste et ennuyé!

XLII.

DE FERNANDE A CLÉMENCE.

Eh bien! je me suis décidée à aller consoler cet amant infortuné. Tu diras ce que tu voudras, mais il me semble que j'ai bien fait, car je me sens le cœur heureux et attendri. J'ai emmené Rosette, après lui avoir bien recommandé le secret (elle était déjà dans la confidence), et nous avons été ensemble au grand ormeau. Le pauvre désolé est venu à moi avec des transports de joie et de reconnaissance. C'est un bien bon jeune homme que cet Octave, et je suis sûre à présent qu'il est digne de Sylvia. Il m'a raconté toutes ses peines, et m'a dépeint le caractère de Sylvia et le sien de manière à me faire comprendre par quels endroits ils s'étaient souvent offensés sans raison apparente. Sais-tu que ce récit m'a fait une singulière impression, et qu'il m'a semblé lire l'histoire de mon cœur depuis un an? Pauvre Octave! je le plains plus qu'il ne peut l'imaginer; je comprends le malheur dont il souffre; et je ne sais trop si je ne devrais pas lui conseiller d'oublier à jamais son amour et de chercher quelque âme plus semblable à la sienne. Oui, c'est la même souffrance, c'est la même destinée que moi! Une tête jeune, confiante et sans expérience comme la mienne, aux prises avec un caractère fier, obstiné et grave comme celui de Jacques. Maintenant qu'il m'a fait connaître Sylvia, je vois bien qu'elle est la sœur de mon mari; si elle n'est que son élève, il est certain qu'il lui a bien enseigné et fidèlement transmis sa manière d'aimer. Que ne sont-ils époux! ils seraient à la hauteur l'un de l'autre.

Ce ne sera pas une chose aisée, je ne sais pas même si ce sera une chose possible, que cette réconciliation. Nous n'avons rien conclu, Octave et moi, dans cette première entrevue; je ne pouvais rester qu'une heure, et elle a été toute employée à me mettre au fait de leur position respective. Il m'a promis que le lendemain il me dirait ce qu'il faut faire; j'y retournerai donc ce soir. Il m'est très-facile de m'absenter une heure sans qu'on s'en aperçoive au château. Jacques et Sylvia ne sont pas fâchés de se trouver seuls pour faire ensemble de la philosophie aussi sombre que possible; ils ne tiennent donc pas grand'note de ce que je fais pendant ce temps-là. Dieu sait, d'ailleurs, si Jacques m'aimerait assez à présent pour être jaloux!

Ah! que les temps sont changés, ma pauvre amie! Il est vrai que nous sommes heureux maintenant, si le bonheur est dans la tranquillité et dans l'absence de reproches; mais quelle différence avec les premiers temps de notre amour! Il y avait alors en nous une joie toujours vive, un transport continuel, et notre âme, pour être remplie de passion, n'en était pas moins calme et sereine. Qui a détruit ce repos? qui a emporté ce bonheur? Je ne puis croire que ce soit moi seule. Il y a eu de ma faute, il est vrai; mais avec un être plus imparfait et plus indulgent que Jacques, au lieu de relâcher nos liens, ces premières souffrances les auraient peut-être resserrés. D'où vient qu'Octave, malgré toutes les duretés et les bizarreries de Sylvia, l'aime davantage chaque jour, en proportion des maux qu'il souffre pour elle? D'où vient que Jacques ne peut se faire enfant avec moi, comme Octave se fait esclave et victime patiente avec Sylvia? A présent Jacques semble content, parce que mes enfants me distraient de lui, et que Sylvia le distrait de moi; il n'est pas jaloux de mes enfants, et moi je suis jalouse de sa sœur. Il n'y a plus en apparence entre nous que de l'amitié; il n'en souffre pas, et je passe les nuits à pleurer notre amour.

Cette Sylvia, avec son âme de bronze, est-ce là une femme? Jacques ne devrait-il pas préférer celle qui mourrait en le perdant à celle qui est toujours préparée à tous les malheurs, et toujours sûre de se consoler de tout? Mais on n'aime que son pareil en ce monde. D'où vient donc, alors, que j'aime toujours Jacques? Toute sa force, toute sa grandeur, ne servent pas à rendre son amour aussi solide et aussi généreux que le mien.

Sylvia ne s'occupe pas plus d'Octave que s'il n'avait jamais existé; elle sait pourtant qu'il est ici et qu'il n'y est venu que pour elle. Elle dort, elle chante, elle lit, elle cause avec Jacques des étoiles et de la lune, et ne daigne pas jeter sur la terre un regard à l'amant dévoué qui pleure à ses pieds. Octave est pourtant digne d'un meilleur sort et d'un plus tendre amour. Il a une si douce éloquence, un cœur si pur, une figure si intéressante! Je le connais à peine, et je me sens pour lui de l'amitié, tant il a su m'intéresser à son sort et me montrer ingénument le fond de son âme! Combien je voudrais pouvoir le réconcilier avec Sylvia et le voir fixé près de nous! Quel aimable ami ce serait pour moi! Quelle douce vie nous mènerions à nous quatre! Je mettrai tous mes soins à ce que ce beau rêve se réalise; ce sera une bonne action, et Dieu peut-être bénira mon amour, pour avoir rallumé celui d'Octave et de Sylvia.

XLIII.

D'OCTAVE A FERNANDE.

Vous m'avez laissé, ce soir, si consolé, si heureux, ô ma belle amie! ô mon cher ange tutélaire! que j'ai besoin, en rentrant sous mon toit de fougères, de vous remercier et de vous dire tout ce que j'ai dans le cœur d'espoir et de reconnaissance. Oui, vous réussirez! vous le voulez fortement, avez-vous dit; vous vous mettrez à genoux près de moi, s'il le faut, pour implorer la fière Sylvia, et vous vaincrez son orgueil. Que Dieu vous entende! Comme j'ai bien fait de m'adresser à vous et d'espérer en votre bonté! Votre extérieur ne m'avait pas trompé; vous êtes bien cet être angélique qu'annoncent vos grands yeux et votre doux sourire, et cette taille mignonne, gracieusement courbée comme une fleur délicate, et ces cheveux teints du plus beau rayon du soleil. Quand je vous vis pour la première fois, j'étais caché dans le parc, et vous passâtes près de moi en lisant. Au premier aspect d'une femme, j'avais cru que vous étiez celle que je cherchais. Ah! vous étiez réellement celle dont j'avais besoin alors, et que Dieu m'envoyait dans sa miséricorde. Je me cachai dans la feuillage, et je restai à vous regarder pendant que vous passiez lentement. Vous teniez bien le livre, mais de temps en temps vous leviez vers l'horizon un regard mélancolique et distrait, vous aussi vous sembliez n'être pas heureuse, et s'il faut que je vous dise tout, Fernande, il me semble encore que vous ne l'êtes pas autant que vous le méritez. Quand je vous raconte mes souffrances, elles semblent trouver un écho dans votre cœur, et quand je vous dis que l'amour est le premier des maux, plus souvent que le premier des biens, vous me répondez : *Oh ! oui*, avec un accent de douleur inexprimable. Oh ! ma bonne Fernande, si vous avez besoin d'un ami, d'un frère, si je puis être assez heureux pour vous rendre ce service, ou au moins pour alléger vos peines en pleurant avec vous, initiez-moi à ces saintes larmes, et que Dieu m'aide à vous rendre le bien que vous m'avez fait.

De ce premier jour où je vous ai vue, j'ai retrouvé le courage de vivre désespéré ; je venais tenter un dernier effort, résolu à mourir s'il échouait. Le soir j'entrai dans le salon, et j'entendis votre entretien avec Sylvia. Là je connus toute votre âme, elle se révéla à moi en peu de mots ; vous parliez d'amour malheureux ; vous parliez de mourir. Vous ne conceviez pas l'avenir solitaire que votre amie envisageait sans frayeur. Oh ! celle-ci est ma sœur, me disais-je en vous écoutant ; elle pense comme moi qu'il faut être aimé ou mourir ; son cœur est un refuge que je veux implorer ; là, du moins, je trouverai de la compassion, et si elle ne peut me secourir, elle me plaindra, sa pitié descendra du ciel comme la manne, et je la recevrai à genoux. Si je suis chassé d'ici, si je dois renoncer à Sylvia, j'emporterai dans mon cœur le souvenir sacré de cette amitié sainte, et je l'invoquerai dans mes souffrances. O Fernande ! pourquoi Sylvia est-elle si différente de vous? Ne pouvez-vous pas adoucir son âme indomptable ? ne pouvez-vous lui communiquer cette douceur et cette miséricorde qui sont en vous ? Dites-lui comment on aime, apprenez-lui comment on pardonne ; apprenez-lui surtout que l'oubli des torts est plus sublime que l'absence des torts eux-mêmes, et que, pour m'être véritablement supérieure, il faudrait qu'elle m'eût pardonné. Son ressentiment la rend plus criminelle devant Dieu que toutes mes fautes. La perfection qu'elle cherche et qu'elle rêve n'existe que dans les cieux ; mais c'est la récompense de ceux qui ont pratiqué la miséricorde sur la terre.

Je serai ce soir autour de la maison. La lune ne se lève qu'à dix heures ; si vous avez obtenu quelque succès, mettez-vous à la fenêtre et chantez quelques paroles en italien ; si vous chantez en français, je comprendrai que vous n'avez rien de favorable à m'apprendre. Mais alors je n'en ai que plus besoin de vous voir, Fernande ; venez au rendez-vous à onze heures. Ayez pitié de votre ami, de votre frère.
OCTAVE.

XLIV.

DE FERNANDE A OCTAVE.

Je vous ai dit, hier soir, combien j'avais peu de succès : j'ai encore moins d'espérance aujourd'hui. Ne nous décourageons pourtant pas, mon pauvre Octave, et soyez sûr que je ne vous abandonnerai pas. Le temps affreux qu'il fait aujourd'hui m'ôte l'espoir de vous voir dans la soirée ; je prends donc le parti de vous écrire aussi, et de confier ma lettre à Rosette, qui la mettra sous la pierre du grand ormeau.

J'ai essayé de parler de vous à Sylvia, mais j'ai rencontré des difficultés sur lesquelles je n'avais pas assez compté ; son caractère raide et réservé a résisté à toutes les investigations de mon amitié. En vain je l'ai assaillie de questions aussi adroites et aussi discrètes en même temps qu'il m'a été possible de les imaginer, je n'ai même pas pu obtenir l'aveu qu'elle eût jamais aimé. Voyez-vous, Octave, on me traite ici en enfant de quatre ans ; mon mari et Sylvia s'imaginent que je ne suis pas en état de comprendre leurs sentiments et leurs pensées. Réfugiés tous deux dans un monde qu'ils croient accessible à eux seuls, ils m'en ferment impitoyablement l'entrée, et je vis seule entre deux êtres qui me chérissent, et qui ne savent pas me le témoigner. Je vous l'ai avoué hier soir, je ne suis pas heureuse ; j'ai eu tort peut-être de vous faire cette confidence ; mais vous m'avez pressée de questions si affectueuses et de reproches si doux, que j'aurais cru faire injure à votre amitié en vous refusant la confiance que vous m'accordez. Vous m'avez raconté toutes vos souffrances ; j'étais si émue hier que je vous ai à peine fait comprendre les miennes. Mais il vous est bien facile de les imaginer, Octave ; car ce sont absolument les mêmes que les vôtres, et quiconque a souffert votre vie depuis trois ans a souffert aussi celle que je mène depuis un an. Vous avez donc raison de m'appeler votre sœur. Nous sommes frères d'infortune, et nos destinées ont été mêlées dans la même coupe de fiel et de larmes ; nous sommes tous deux froissés et méconnus. Jacques est le frère de Sylvia, n'en doutez pas ; il a tout son caractère, toute sa fierté, tout son silence inexorable. Moi, j'ai bien d'autres défauts que ceux dont vous vous accusez ; nous nous heurtons, nous nous déchirons donc souvent sans cause apparente ; un mot, une question, un regard suffisent pour nous attrister tout un jour ; et pourtant Jacques est un ange, et d'après ce que vous m'avez dit de Sylvia, je vois qu'elle est loin de posséder sa douceur et sa bonté dans le pardon. Mais si le caractère de Jacques l'emporte, le fond de leur cœur est le même ; la différence de nos sexes et de nos situations fait que nous sommes traités différemment. Jacques ne peut me maltraiter et me bannir comme Sylvia fait de vous, mais dans son âme il s'isole de moi chaque jour davantage, et il se dit tout bas ce que Sylvia vous dit tout haut : « Nous ne sommes pas faits l'un pour l'autre. »

Affreuse parole, arrêt inexorable peut-être ! Eh ! qu'avons-nous fait pour le mériter ? Je ne puis concevoir qu'on n'aime pas l'être dont on est n'aimé, par cette seule raison qu'il aime. N'est-ce pas la meilleure de toutes ? n'est-ce pas le mérite qui doit lui faire tout pardonner ? L'expiation tout entière n'est-elle pas dans cette seule parole : *Je t'aime!* Jacques me l'a dit souvent, et avec quel transport je l'accueille! Quand je me suis imaginé pendant des jours entiers qu'il est bien cruel et bien coupable envers moi, s'il revient avec cette douce et sainte parole, je ne lui demande pas d'autre justification ; elle efface à mes yeux tous les torts et tous les maux ; pourquoi n'a-t-elle pas pour lui la même valeur dans ma bouche ? Ah ! Octave, ils croient qu'ils savent aimer, eux deux !

Eh bien ! ayons courage, aimons-les tristement et patiemment ; peut-être deviendront-ils justes en nous voyant résignés, peut-être deviendront-ils généreux en nous voyant souffrir ; donnons-nous la main, et marchons ensemble dans la vallée de larmes. Si mon amitié vous aide et vous console, soyez sûr aussi que la vôtre m'est douce ; mais puis-je vous donner le bonheur ! Mais réussirai-je ? donne-t-on ce qu'on n'a pas ?

Il faudrait se décider à parler à Jacques ; mais plus je vais et moins je me flatte que ce message soit bien accueilli en passant par ma bouche. Depuis deux ou trois jours, il est avec moi d'une distraction et d'une froideur inconcevables. Sylvia me comble de prévenances, de soins et de caresses ; mais quand je veux causer avec elle de toute autre chose que de botanique et de plantations, je ne trouve plus que d'habiles défaites pour éloigner ma sollicitude. Elle est, comme Jacques, bonne, affectueuse et dévouée ; comme lui, méfiante et incompréhensible. Tâchez de vous décider à écrire, soit à elle, soit à mon mari ; je remettrai la lettre ; je dirai que je vous ai vu ; je serai alors en droit de parler de vous et de prendre votre défense. Mais si vous ne me permettez pas encore de dire que vous êtes ici, que voulez-vous que j'obtienne de gens qui affectent de ne pas savoir seulement votre nom ? Il faudra, si nous prenons le parti que je vous conseille, cacher un peu de notre amitié mutuelle à Jacques, et dire que vous m'avez rencontrée et abordée dans le parc le jour même où je parlerai de vous. Ce sera le premier mensonge que j'aurai fait de ma vie, mais il me semble nécessaire. Si nous avons l'air de nous trop bien entendre pour vaincre leur orgueil, ils s'entendront pour se tenir en garde, ils parleront de nous ensemble, et s'il leur arrive de faire un parallèle entre nous, un jour de leur plus sombre philosophie, nous serons perdus. Celui de nous qui n'est pas tout à fait précipité tombera dans l'abîme avec l'autre. Adieu, Octave; je suis triste comme le temps aujourd'hui, et je me sens une sorte d'effroi inexplicable; je crains que vous ne me portiez malheur, ou d'achever de vous perdre en voulant vous sauver.

Pardonnez-moi de n'avoir pas plus de courage, quand vous avez tant besoin d'espoir et de consolation; peut-être demain sera-t-il un meilleur jour pour tous deux.

Songez donc, mon ami, à me rapporter mon bracelet la première fois que nous nous reverrons. Je vais prier pour que la pluie cesse; je mettrai un fanal à ma fenêtre ce soir, si je ne puis sortir.

XLV.

DE CLÉMENCE A FERNANDE.

Fernande! Fernande! tu te perds, et en vérité c'est trop tôt; tu me fais de la peine. Je savais bien que cela devait t'arriver un jour; avec ton caractère faible et l'absence de sympathie qui existe entre ton mari et toi, cela m'a toujours semblé inévitable; mais j'espérais que tu résisterais plus longtemps à ton destin, et que tu soutiendrais contre lui une lutte plus noble et plus courageuse. C'est se laisser vaincre trop vite. Ma pauvre Fernande, tu es dans l'âge où l'on ne sait pas encore tirer parti de son mauvais sort, et conduire au moins prudemment une affaire de cœur. Tu vas te compromettre, te laisser découvrir par ton mari; lui demander pardon, l'obtenir; le tromper encore, et peu à peu devenir son ennemie ou son esclave. Fernande, est-il possible que tu n'aies pu attendre deux ou trois ans!

Je sais que tu es pure encore, et qu'avant de commettre ta première faute tu verseras bien des larmes inutiles, et que tu adresseras à tous les anges protecteurs bien des prières perdues; mais le mal est déjà fait et le péché commis dans ton cœur. Tu aimes, il n'y a pas à dire, mon ami, tu aimes un autre homme que ton mari.

Tu ne le savais pas encore en m'écrivant; sans quoi tu ne m'aurais peut-être pas écrit ce qui se passe; mais cela est aussi clair pour moi que l'avenir et le passé de ma pauvre Fernande. Cet Octave est jeune, tu as remarqué qu'il a une figure charmante; il entre par tes fenêtres, il joue du hautbois et endort les enfants d'une manière magique, il joue au roman autour de toi, et te voilà troublée, confuse, émue, c'est-à-dire éprise. Tu pouvais très-bien raconter dès le commencement à ton mari les impertinences de M. Octave, et y couper court sans mériter le plus léger reproche de la part de M. Jacques. Mais ce serait finir trop vite une aventure qui t'amuse et te charme bien plus qu'elle ne t'effraie; car tu es prête à te trouver mal de frayeur chaque fois que le lutin apparaît, et pourtant tu l'arranges toujours de manière à l'évoquer dans l'obscurité. Enfin l'ennemi change ses batteries, et, pour t'apprivoiser, te parle d'un amour qu'il a peut-être jamais eu pour Sylvia et qui bien certainement n'est qu'un prétexte pour arriver à toi. Tu accueilles ce prétexte avec empressement, sans concevoir le plus léger soupçon sur sa sincérité, tu cours au rendez-vous, et te voilà engagée dans une intrigue d'amour qui aura les résultats accoutumés, quelques plaisirs et beaucoup de larmes.

Il est bien vrai que, pour te disculper à tes propres yeux du nouvel amour que tu sens fermenter en toi, tu récapitules les torts de ton mari, et tu t'efforces de te prouver qu'il a fallu bien du courage et du dévouement pour l'aimer jusqu'ici. Mais toute cette théorie d'amour et d'infidélité est fondée sur des principes faux. D'abord, tu n'as jamais eu d'amour véritable pour M. Jacques; ensuite, rien dans sa conduite n'autorise les fautes que tu vas commettre. D'après tout ce que tu m'as raconté de lui, je vois qu'il est le meilleur homme du monde, et qu'il n'a d'autre tort dans tout ceci que d'avoir le double de ton âge. Pourquoi lui en chercher de plus graves? Pourquoi accuser son caractère et son cœur? Fernande, cela est injuste et ingrat. Il suffit de tromper ton mari, il ne faut pas le calomnier. Avoue que tu es jeune, étourdie, que tes principes ont peu de solidité et ton caractère aucune énergie; que tu sens le besoin d'aimer et que tu t'y abandonnes. Ce sont là des malheurs et non pas des crimes; mais aie au moins la noblesse de rendre justice à ton mari, et de ne l'accuser de rien, sinon d'avoir trente-cinq ans et de t'avoir épousée.

Je gage qu'à l'heure qu'il est tu as versé dans le sein de M. Octave le secret de tes chagrins domestiques, car il t'a raconté ce qu'il avait eu à souffrir de Sylvia ou de quelque autre, et ce récit a éveillé en toi tant de sympathie que tu as décidé en une heure d'en faire ton ami et ton frère. Dès lors tu agis en conséquence, les billets et les rendez-vous vont leur train. Quel billet que ce premier billet de M. Octave! quelle passion, quels éloges, quelles prières, quelles tendres expressions! et tout cela pour toi, Fernande! Aussi, tu ne l'as pas fait attendre, et tu étais au rendez-vous avant lui, je parie. A présent, il doit t'avoir dit clairement que c'est toi et non Sylvia qu'il aime, ou du moins que, s'il a jamais connu et aimé celle-ci, tu la lui as fait parfaitement oublier. Cela aura pu t'empêcher pendant deux jours d'aller au grand ormeau, mais le troisième tu n'auras pu y tenir, et vous en êtes maintenant au délire charmant de l'amour platonique. Il est convenu qu'on respectera l'honneur de M. Jacques, jusqu'à ce que les sens l'emportent par surprise, quelque beau soir, sur la volonté. Moyennant quelques louis, sortis de la poche de M. Octave, Rosette n'a-t-elle pas déjà quelque entorse, une écorchure au pied qui l'empêche de marcher jusqu'à l'entrée du vallon? Ai-je deviné juste, ou ne s'est-il rien passé de pareil à tout ce que je suppose?

Il peut se présenter un hasard qui change la marche des choses; c'est que M. Jacques, étonné de te voir devenue si brave, toi qui n'osais traverser le salon dans l'obscurité il y a quelques jours, et qui maintenant traverses le parc et la campagne à neuf heures du soir, s'avise de te suivre et de t'observer; le moins qu'il puisse faire, en mari sage et prudent, c'est de t'adresser un sermon laconique, mais un peu grave, et de prendre des moyens pour éloigner ton amant. Alors le désespoir allumera la passion, vous deviendrez plus ingénieux et plus habiles dans vos rapports secrets; le *malheur* de M. Jacques n'en sera que plus sûr et plus prompt. Si M. Octave ne l'aime pas assez pour risquer d'être tué en escaladant la fenêtre, tu t'en consoleras et tu te mettras à détester ton mari, parce que, dans sa mauvaise humeur, une femme s'en prend surtout à son mari de tous les chagrins qui lui adviennent. Dans ce cas-là, tu ne seras pas longtemps à trouver un autre amant, car ton cœur appellera impérieusement quelque affection nouvelle pour chasser la douleur et l'ennui dont tu seras consumée. Comme tu n'es pas fort patiente pour observer et pour connaître les caractères auxquels tu te fies, il pourra bien t'arriver de faire encore un mauvais choix, et alors malheur à toi! Tu marcheras d'erreur en faute et d'étourderie en coups de tête. Une des plus belles fleurs d'innocence que la société ait vues éclore sera flétrie et empoisonnée par son mauvais destin et sa faible nature.

Quoi qu'il t'arrive, Fernande, je ne t'abandonnerai pas; pour te secourir et te consoler, je vaincrai les préjugés, trop bien fondés et malheureusement trop nécessaires, qui soutiennent l'édifice de la société. Mais mon amitié ne pourra pas te servir à grand'chose, et je vois avec douleur l'abîme où tu te précipites les yeux bandés. Pardonne la dureté de ma lettre; si elle te blesse, je me consolerai de t'avoir fait de la peine en espérant t'avoir inspiré un peu de prudence, et retardé peut-être, ne fût-ce que de quelques jours, le déplorable sort vers lequel tu t'achemines.

XLVI.

DE JACQUES A SYLVIA.

De la ferme de Blosse.

Les affaires qui m'ont attiré ici ne sont qu'un prétexte. J'ai été frappé d'un malheur inattendu; il m'a été impossible d'en parler, même à toi. Je suis parti sans rien faire paraître de ma douleur; j'ai voulu mettre entre moi et *elle* une quinzaine de lieues, pour me forcer d'agir avec réflexion. Lorsque les communications qu'on peut avoir ensemble exigent un intervalle de quelques heures, la violence ne l'emporte pas sur la volonté aussi aisément. Voici ce que j'ai à t'apprendre.

Samedi soir, tu te rappelles que je te laissai à la maison de Remi, pour aller parler aux gardes forestiers de la côte Saint-Jean. Nous devions, toi marchant plus lentement que moi, et m'attendant, si tu arrivais la première, nous rejoindre au carrefour du grand ormeau; mais, par une singulière combinaison du hasard, tu te trompas de sentier et arrivas tout droit au château, tandis que je me hâtais d'aller retrouver au lieu convenu. Il faisait fort sombre, tu t'en souviens, et un peu de pluie avait rendu l'herbe humide; le bruit des pas s'y trouvait entièrement amorti. J'arrivai donc sans être remarqué de ceux qui étaient là. Ils étaient deux, Fernande et un homme. Ils se donnèrent un baiser, et ils se séparèrent en disant *demain*; ils avaient échangé quelques paroles à voix basse où j'avais saisi un seul mot : *bracelet*. L'homme disparut après avoir sauté par-dessus la haie du taillis, Fernande appela à plusieurs reprises Rosette, qui était apparemment assez loin, car elle se fit attendre, puis elles partirent ensemble, et je les suivis en me tenant à une certaine distance. Fernande avait l'air parfaitement calme en rentrant au salon, et quand je lui demandai où elle avait été, elle me répondit qu'elle n'était pas sortie du parc, avec une assurance étonnante. Je l'accompagnai jusqu'à sa chambre, et j'attendis qu'elle eût ôté ses bracelets; tandis qu'elle passait dans son cabinet de toilette, je les examinai; l'un des deux avait été évidemment changé; quoiqu'il fût exactement pareil à l'autre, quoiqu'il portât mon chiffre, il n'avait pas une petite marque que le bijoutier de Genève à qui je les ai commandés avait mise à l'un et à l'autre. Je souhaitai le bonsoir à Fernande avec calme et sans rien témoigner de mon émotion : elle me jeta les bras autour du cou avec sa tendresse accoutumée, et me reprocha, comme elle fait tous les jours, de ne pas l'aimer assez. Le matin, elle entra dans ma chambre et m'accabla de caresses auxquelles je me dérobai en inventant un prétexte pour sortir précipitamment. Alors je sentis qu'il était au-dessus de mes forces de dissimuler l'horreur que me causait cette femme. Je partis dans la journée.

Il y a plusieurs jours que j'avais remarqué quelque chose d'extraordinaire dans la conduite de Fernande. Cette histoire de voleur ou de revenant, dont la maison était remplie, me paraissait expliquer, jusqu'à un certain point, son émotion au moindre bruit. Je voyais son trouble; son agitation, et à Dieu ne plaise que j'accueillisse l'ombre d'un soupçon! Lorsque, attirés par ses cris, nous la trouvâmes enfermée dans sa chambre, l'idée ne me vint pas qu'un homme pût avoir été assez hardi pour tenter de la séduire sans qu'elle m'eût avertie, dès le premier jour, de ses tentatives. Je la vis ensuite errer dans le parc, écrire plus souvent que de coutume, avoir de fréquents conciliabules avec Rosette, déployer tout à coup plus d'activité et de gaieté que je ne lui en avais vu depuis longtemps, et surtout passer d'un excès de pusillanimité à une sorte de hardiesse. Que le ciel m'écrase si l'idée me vint de l'observer pour trouver une explication à ces bizarreries! Elle que j'ai connue si naïve, si chaste, si vraie! elle qui s'accusait de torts qu'elle n'avait pas et de fautes qu'elle n'avait pas commises! Infortunée! qui a pu la corrompre et la flétrir si vite?

Il faut qu'elle ait dans le cœur quelque odieux germe d'impudence et de perfidie; il faut que sa mère, en la parant de toutes les grâces de la candeur, lui ait versé dans l'âme une goutte de ce poison que distillent ses veines; ou il faut que l'homme qui a réussi à la dominer en si peu de jours ait dans le souffle quelque chose d'infernal, et qu'il soit impossible à une femme de toucher ses lèvres sans être avilie et endurcie au mal au même instant. Il y a, je le sais, des libertins si pervers, qu'ils semblent doués d'un pouvoir surnaturel, et qu'entre leurs mains l'innocence se change en infamie, comme par miracle. Il y a aussi des femmes qui naissent avec l'instinct de l'effronterie. Dans les années de leur première inexpérience, cette impudeur se voile sous les grâces de la jeunesse et ressemble à la confiante sincérité de l'enfance; mais, dès leur premier pas dans le vice, tout leur devient mensonge et bassesse. J'ai vu tout cela, et pourtant je n'aurais jamais pu soupçonner Fernande; et me voici aussi surpris, aussi atterré de stupeur, que s'il s'était opéré quelque révolution dans le cours des astres.

A présent il s'agit de savoir ce que j'ai à faire. Pour moi, je ne suis pas embarrassé de ce que je deviendrai : le mépris est l'appui le plus fort sur lequel puisse reposer une âme désolée; je partirai, et ne la reverrai que lorsque mes enfants seront en âge de recevoir l'impression funeste de son exemple et de ses leçons; alors je les lui retirerai et je lui assurerai une existence riche et indépendante. O Dieu! ô Dieu! était-ce ainsi que j'avais rêvé son avenir et le mien? Mais elle a menti sans pâlir, elle m'a embrassé sans honte et sans confusion, elle m'a reproché de ne pas l'aimer assez, le jour où elle me trompait! Qui pouvait prévoir que c'était là un cœur vil, avec lequel il n'y aurait pas d'autre parti à prendre que l'oubli?

Je n'attends de toi qu'un service : c'est que tu ne fasses paraître aucune émotion et que tu l'observes attentivement pendant plusieurs jours. Je crois qu'elle aime ses enfants; il m'a semblé qu'elle redoublait pour eux de soins et de tendresse, depuis qu'elle a trouvé dans une autre affection que la mienne le bonheur dont elle était avide. Pourtant je veux savoir si je ne me trompe pas, et si ce nouvel amour ne lui fera pas oublier et mépriser les lois sacrées de la nature. Hélas! j'en suis maintenant à la croire capable de tous les crimes! Observe-la, entends-tu? et si mes enfants doivent souffrir de sa passion, condamne-la sans pitié; je veux alors les reprendre sur-le-champ, et partir avec eux sans aucune explication.

Mais non, ce serait trop cruel. Elle peut les négliger pendant quelques jours sans cesser de les aimer; lui arracher ses enfants au berceau! ses enfants, qu'elle allaite encore! Pauvre femme! ce serait un trop rude châtiment. C'est une mauvaise et ignoble nature de femme; mais elle a au moins pour eux l'amour que les animaux ont pour leur famille. Je les lui laisserai, et tu resteras auprès d'eux; tu veilleras sur eux, n'est-ce pas? Adieu. J'attends ta réponse par le courrier que je t'envoie. Dis à Fernande que mes affaires me retiennent encore ici, et que je fais demander des nouvelles de mon fils que j'ai laissé souffrant. Mes pauvres enfants!

XLVII.

DE SYLVIA A JACQUES.

Tu te trompes, sur l'âme de notre père! je jure que tu te trompes : Fernande n'est pas coupable; l'homme que tu as vu n'est pas son amant, c'est le mien, c'est Octave. Je l'ai vu, je sais qu'il est ici, et que c'est lui qui rôde autour de la maison. Je le croyais parti; mais si tu as vu un homme parler à Fernande, ce ne peut être que lui. Il se sera adressé à elle pour qu'elle le réconcilie avec moi. Le baiser que tu as entendu aura été déposé sur sa main. Octave n'est pas un grand caractère, et il me reste peu d'amour pour lui; mais c'est au moins un honnête homme, et je le sais incapable de chercher à séduire ta femme. Quant à elle, il est impossible qu'elle se laisse séduire ainsi et qu'elle sache mentir avec cet aplomb. Je ne sais rien encore; ce qui se passe me semble bizarre, et je ne me chargerai pas de t'en donner l'explication à présent. Je ne sais comment ils peuvent être déjà amis, mais ils ne sont point amants, j'en réponds. Je connais, non leur conduite actuelle, mais leur âme. Ne juge donc pas, tiens-toi tranquille, attends; demain tu sauras tout, j'espère. Je suis fâché de ne pouvoir te donner une explication plus satisfaisante aujourd'hui, mais je ne veux point questionner Fernande; je ne veux pas qu'elle se doute de tes soupçons. Tout ce que je puis oser te dire, c'est qu'elle ne les mérite pas. Adieu, Jacques; tâche de dormir cette nuit. Quoi qu'il arrive, je ferai ce que tu voudras; ma vie t'appartient.

XLVIII.
DE FERNANDE A OCTAVE.

Courage! mon ami, courage! j'ai parlé enfin à Sylvia, et j'espère; j'ai trouvé une occasion favorable. Vous m'aviez tellement recommandé de ne rien précipiter, que je tremblais d'agir trop vite; mais, d'un autre côté, je craignais de ne jamais retrouver un moment aussi propice. Jamais je n'avais vu Sylvia aussi prévenante, aussi bonne, aussi expansive avec moi; elle semblait désirer de m'entendre. Elle est venue dans ma chambre hier soir, et m'a demandé pourquoi j'étais triste. Je le lui ai dit : Jacques lui avait écrit de Blosse pour avoir des nouvelles des enfants, et il ne m'avait pas adressé une ligne. Je ne peux pas m'offenser de cette préférence si marquée pour Sylvia, mais je puis m'affliger du tort qu'elle me fait. Je le lui ai dit ingénument. Elle m'a embrassée avec effusion en me disant : « Est-il possible, ma pauvre enfant, que je sois un sujet de chagrin pour toi, moi qui espérais contribuer à ton bonheur, et l'entretenir, sinon l'augmenter, par ma tendresse? Eh quoi! Fernande, crois-tu donc que je sois une femme aux yeux de Jacques? — Non, lui ai-je répondu; je sais, ou du moins je crois savoir que tu es sa sœur, mais je n'en suis que plus sûre de mon malheur : il t'aime mieux que moi. — Non, Fernande! non, s'est-elle écriée. S'il en était ainsi, j'estimerais et j'aimerais moins Jacques. Tu es ce qu'il a de plus cher au monde, tu es son amante, la mère de ses enfants. Et tu l'aimes par-dessus tout, n'est-il pas vrai? — Par-dessus tout, ai-je répondu. — Et tu n'as jamais eu un tort grave envers lui? — Jamais, ai-je dit avec assurance, j'en prends Dieu à témoin. — En ce cas, tu n'as rien à craindre, a-t-elle repris; il est vrai que Jacques est sévère et inexorable dans de certaines occasions, mais il est doux et tolérant pour les petites fautes. Sois sûre, Fernande, que ton sort est bien beau, et que, si tu en es mécontente, tu es ingrate. Hélas! que ne donnerais-je pas pour changer avec toi! Tu peux aimer de toutes les forces de ton âme, tu peux vénérer l'objet de ton amour, tu peux t'abandonner tout entière; c'est un bonheur que je n'ai jamais goûté. — Est-il bien vrai, me suis-je écriée en passant un bras autour de son cou; n'as-tu jamais aimé? — J'ai aimé un être que je n'ai point possédé et que je ne posséderai jamais, a-t-elle dit, parce qu'il n'existe pas. Tous les hommes que j'ai essayé d'aimer lui ressemblaient de loin, mais, vus de près, ils redevenaient eux-mêmes, et je ne les aimais plus du moment où je les connaissais. — Oh! mon Dieu, lui ai-je dit, tu as donc essayé des deux fois? — Oui, bien des fois, m'a-t-elle répondu en riant, et presque toujours mon amour était fini la veille du jour que j'avais fixé pour en faire l'aveu; deux fois seulement il a été plus loin; la seconde même, il a supporté quelques épreuves assez graves, et, après s'être presque éteint, il s'est parfois presque rallumé, mais pas assez pour employer tout ce que mon âme se sent de force et de besoin pour aimer. — Ce n'est donc pas par froideur et par impuissance de cœur que tu veux te vouer à la solitude? — Non, c'est tout le contraire, c'est par excès de richesse et d'énergie. Je me sens dans l'âme une soif ardente d'adorer à genoux quelque être sublime, et je ne rencontre que des êtres ordinaires; je voudrais faire un dieu de mon amant, et je n'ai affaire qu'à des hommes. »

Alors, la voyant si bien en train de causer, je l'ai interrogée plus particulièrement sur son dernier amour, et lui ai fait beaucoup de questions sur votre caractère. Elle m'a dit que vous étiez le premier des hommes qu'elle ait connus, et le dernier des amants qu'elle ait rêvés. « Mais, m'a-t-elle dit tout à coup, est-ce que Jacques ne t'en a jamais parlé? — Jamais. — Est-ce qu'il ne t'a pas lu quelquefois mes lettres depuis ton mariage? —Jamais. — Il a eu tort, a-t-elle repris; mais toi, ne penses-tu rien de son caractère et de sa figure? Ne l'as-tu jamais vu rôder dans le parc? Ne trouves-tu pas qu'il joue du hautbois avec beaucoup d'expression? — Ah! méchante Sylvia! me suis-je écriée; tu savais donc bien qu'il est ici? — Et que t'a-t-il dit? a-t-elle repris en riant, car il t'a écrit. » Alors je me suis jetée dans ses bras et presque à ses pieds, et je lui ai parlé avec tout le dévouement et toute l'ardeur de l'amitié que je vous ai vouée. En m'écoutant, son visage avait une étrange expression de plaisir et d'intérêt. Oh! je l'espère, Octave, elle vous aime plus qu'elle ne le dit, plus qu'elle ne le pense. Elle m'interrompit pour me demander quel jour je vous avais vu pour la première fois et comment vous m'aviez abordée. Cela m'embarrassa un peu; cependant je lui racontai à peu près tout, et je lui demandai à mon tour comment elle savait nos relations. « Parce que j'ai vu par hasard un billet à ton adresse dans les mains de Rosette, et que j'ai reconnu le caractère de la suscription... Ne pourrais-tu me montrer un de ces billets? a-t-elle ajouté; je serais curieuse de voir de quelle façon il parle de moi. » J'ai couru chercher l'avant-dernier[1], où il est exclusivement question d'elle. Elle l'a lu très vite, et me l'a rendu en souriant; elle s'est promenée dans l'appartement avec quelque agitation, comme fait Jacques quand il hésite à prendre un parti, puis elle m'a dit en prenant son bougeoir: « Adieu, Fernande; donne-moi deux ou trois jours pour te répondre touchant ce que je compte faire d'Octave; pour aujourd'hui, je souhaite qu'il dorme aussi bien que moi. » Mais quoiqu'elle affectât un ton moqueur, il y avait sur son visage un rayonnement inaccoutumé. Elle m'embrassa si affectueusement, et me dit des choses si bonnes et si tendres pour mon compte, que je la crois enchantée de ma conduite; elle ne demandait qu'à écouter votre avocat pour vous absoudre. Espérez, Octave, espérez; à présent qu'elle sait nos manœuvres, il est inutile que nous nous voyions à son insu. Attendons un peu; si je vois que sa miséricorde fasse d'heureux progrès, je vous ferai venir ici, et vous vous jetterez à ses pieds. Mais je crois qu'elle veut consulter Jacques auparavant; laissez-la faire, puisque cela est inévitable. O mon ami! que je serais fière et heureuse si je réussissais à vous rendre le bonheur! Est-il encore possible pour moi? La conduite froide de Jacques à mon égard me désespère et me décourage presque d'aimer. Je tâcherai de vivre d'amitié; votre joie remplira mon âme et me tiendra lieu de celle que je ne goûte plus.

XLIX.
DE SYLVIA A JACQUES.

Je te l'ai dit, Jacques, tu t'es trompé; Fernande est pure comme le cristal; le cœur de cette enfant est un trésor de candeur et de naïveté. Pourquoi t'es-tu fait tant souffrir? Ne sais-tu pas qu'en de certaines occasions il faut refuser le témoignage même des yeux et des oreilles? Pour moi, il y a encore des circonstances inexplicables dans cette aventure, celle du bracelet, par exemple. Je n'ai pu trouver un moyen d'interroger Fernande à cet égard; il eût fallu laisser percer tes remarques et tes soupçons, et il ne faut pas que Fernande se doute jamais que tu l'as condamnée sans l'entendre.

---

[1]. Le lecteur ne doit pas oublier que beaucoup de lettres ont été supprimées de cette collection. Les seules que l'éditeur ait cru devoir publier sont celles qui établissent certains faits et certains sentiments nécessaires à la suite et à la clarté des biographies; celles qui ne servaient qu'à confirmer ces faits, ou qui les développaient avec la prolixité des relations amilières, ont été retranchées avec discernement. (*Note de l'éditeur.*)

Mais comme son innocence dans tout le reste est aussi évidente pour moi que le soleil, aussi prouvée que l'existence du monde, je crois pouvoir assurer que tu t'es trompé en croyant entendre le mot de *bracelet*, et que la marque du bijoutier n'a jamais existé que sur l'un des deux. S'il y a quelque mystère à cet égard entre eux, sois sûr qu'il est aussi puérilement innocent que le reste. Reviens, je te raconterai tout, je te donnerai sur tout les explications les plus satisfaisantes. Je sais ce qu'ils s'écrivaient, j'ai vu les lettres; je sais ce qu'ils se disaient, Fernande m'a tout dit avec candeur : ce sont deux enfants. Fernande eût agi d'une manière imprudente avec un autre homme qu'Octave; mais Octave a l'ingénuité et toute la loyauté d'un Suisse. Reviens, nous parlerons de tout cela. Ne me demande pas pourquoi je ne t'ai pas dit qu'Octave était ici; je le savais, je l'avais reconnu sous un déguisement à la dernière chasse au sanglier que nous avons faite. Il eût fallu, pour te faire comprendre sa conduite étrange et romanesque, t'avouer que je t'avais fait un petit mensonge en te disant qu'Octave avait renoncé à moi, et que nos liens étaient rompus d'un mutuel accord. Il est bien vrai que j'avais rompu les miens, mais sans le consulter, et sans savoir à quel point il souffrirait de ce parti. Tu me mandais que ma présence te devenait nécessaire. J'aimais encore Octave, mais sans enthousiasme et sans passion. Ce que j'aime le mieux au monde, c'est toi, Jacques, tu le sais; ma vie t'appartient; je te dois tout, je n'ai pas d'autre devoir, pas d'autre bonheur en ce monde que de te servir. J'ai donc quitté Genève sans hésiter, et, pour prévenir des explications inutiles et pénibles, je suis partie sans voir Octave et sans lui faire d'adieux. Je savais que cette nouvelle séparation lui ferait beaucoup de mal; je savais que mon affection ne pouvait jamais lui faire de bien, et qu'il souffrirait moins, s'il parvenait à y renoncer, que s'il continuait cette lutte entre l'espoir et le découragement, à laquelle il est livré depuis plus d'un an. Je croyais que cette rupture serait d'autant plus facile qu'il ne lui disais point où j'allais, et que le temps qu'il perdrait à me chercher serait autant de gagné pour se consoler. Je l'ai dit qu'il m'avait laissée partir sans regret, parce que tu te serais imaginé que je venais de te faire un sacrifice, et cette idée aurait gâté le bonheur que tu éprouvais à me voir. Non, ce n'était pas un sacrifice bien grand, mon ami ; je n'ai réellement plus d'amour pour Octave. Il est vrai qu'il m'est cher encore comme un ami, comme un enfant adoptif, et que, dans le secret de mon cœur, j'ai pleuré sa douleur, et demandé à Dieu de l'alléger en me la donnant; mais combien je suis dédommagée aujourd'hui de ces peines secrètes, en voyant que je te suis utile et que j'ai fait quelque bien à Fernande.

D'ailleurs, tout est réparé : Octave a découvert ma retraite ; il est venu chanter et soupirer sous mon balcon, comme un amant de Séville ou de Grenade ; il a conté ses chagrins à Fernande, il a conjurée d'intercéder pour lui. Que pourrais-je refuser à Fernande ? Reviens ; et, pour que les choses se passent convenablement, charge-toi de nous présenter l'un à l'autre et de l'inviter à demeurer quelque temps avec nous. Je prends sur moi de le faire partir sans cris et sans reproches; car je ne prévois pas que l'envie me vienne de vous quitter pour le suivre.

L.

DE SYLVIA A OCTAVE.

Vous êtes un fou, et vous avez failli nous faire bien du mal. Ne vous voyant plus reparaître, j'avais espéré que vous étiez parti, tandis que vous vous amusiez à jouer avec le repos et l'honneur d'une famille. Êtes-vous si étranger aux choses de ce monde? Vous qui me reprochez sans cesse de mépriser trop le côté réel de la vie, ne savez-vous pas que la plus pure des relations entre un homme et une femme peut être mal interprétée, même par les personnes les plus douces et les plus honnêtes? Vous qui m'avez blâmée avec tant d'amertume quand j'exposais ma réputation aux doutes des indifférents par une conduite trop indépendante, comment êtes-vous assez irréfléchi ou assez égoïste pour exposer aujourd'hui Fernande aux soupçons de son mari? Heureusement il n'en a point été ainsi, et Jacques ne s'est aperçu de rien; mais j'ai découvert les enfantillages de votre conduite. Tout autre que moi aurait jugé sur les apparences; heureusement je vous sais honnête homme, et je connais la sainteté du cœur de Fernande. Mais que doivent penser les domestiques et les paysans que vous mettez dans la confidence de vos rendez-vous puérils? L'homme chez qui vous demeurez et la femme de chambre qui accompagne Fernande aux Quatre-Sentiers, croyez-vous qu'ils jugent ces entretiens innocents et qu'ils gardent bien scrupuleusement le secret? Tous ces mystères sont d'ailleurs inutiles : que ne m'écriviez-vous directement? ou, si vous pensiez avoir besoin d'un avocat, que ne vous adressiez-vous à Jacques, qui a pour vous de l'amitié, et qui a sur mon esprit bien plus d'influence que Fernande? Je ne conçois pas cette niaiserie de n'oser pas vous présenter vous-même; il faut promptement terminer et réparer vos imprudences. Habillez-vous comme tout le monde demain, et venez dîner avec nous. Jacques vous invitera à passer quelque temps au château ; vous devez accepter. Mais, écoutez, Octave.

Je n'ai point d'amour pour vous ; j'ai cru en avoir autrefois, peut-être même en ai-je eu. Depuis longtemps je ne sens plus que de l'amitié dans mon cœur, n'en soyez pas blessé, et croyez que ce que je vous ai dit est très-réel et très-sincère. Je n'ai d'amour pour aucun autre et je n'en crois pas en avoir jamais. Cessez d'attribuer à un caprice ou à une tristesse passagère la résolution que j'ai prise de ne plus être votre maîtresse. Les embrassements de l'amour ne sont beaux qu'entre deux êtres qui le ressentent; c'est profaner l'amitié que de les lui imposer. Quels plaisirs purs pourriez-vous goûter dans mes bras désormais, sachant que je ne vous y reçois que par dévouement ? Cessez donc d'y songer, et soyons frères. Je ne vous retire qu'un plaisir devenu stérile ; ce n'est pas moi, c'est vous qui avez détruit ce que vous m'inspiriez d'enthousiasme et de passion. Mais ne revenons pas sur d'inutiles reproches ; ce n'est pas votre faute si je me suis trompée. Je puis vous dire que l'amitié et l'estime ont survécu dans mon âme à l'amour, et que rarement une femme peut rendre ce témoignage à l'homme qu'elle connaît aussi intimement que je vous connais. Si vous dédaignez mon amitié et si vous la refusez, il est inutile de rester longtemps ici ; quelques jours suffiront pour réparer vos étourderies ; si vous l'acceptez, au contraire, nous serons tous heureux de vous garder parmi nous le plus que nous pourrons, et la tendresse de mon affection fraternelle s'efforcera de vous faire oublier la dureté de ma franchise.

LI.

DE JACQUES A SYLVIA.

Je serai demain auprès de toi; aujourd'hui je suis malade. Je me suis senti comme foudroyé par la fièvre en lisant ta lettre; jusque-là j'étais si agité que je ne sentais pas mon mal ; aussitôt que mon être moral a été guéri, mon être physique s'est aperçu du choc terrible qu'il avait reçu, et il a semblé vouloir se dissoudre. Pendant quelques heures j'ai cru que j'allais mourir, je songeais à te faire appeler, quand une saignée, que le médecin du village voisin m'a faite à propos, est venue me soulager ; je serai tout à fait bien demain. Ne prends point d'inquiétude et ne dis rien à Fernande.

Je l'ai accusée injustement, j'ai été coupable envers elle ; je ne lui en demanderai point pardon, ces sortes d'aveux aggravent le mal ; mais je réparerai ma faute. Je sens que mon affection pour elle n'a rien perdu de sa ferveur, et que la souffrance n'a point affaibli les facultés aimantes de mon cœur. J'ignore si je puis encore appeler amour le sentiment que Fernande a pour moi ; j'en doute, car elle a bien souffert de cet amour, et je ne

Mais il s'agenouilla au milieu de la chambre. (Page 47.)

crois pas qu'elle puisse, comme moi, souffrir sans se dégoûter. Pour moi, il me semble que je suis le même qu'au jour où je l'ai pressée dans mes bras pour la première fois; la même chaleur sainte et bienfaisante entretient la jeunesse de mon cœur; je suis aussi dévoué, aussi sûr de moi, aussi calme pour supporter les douleurs journalières qu'engendre l'intimité. Je ne sens pas la moindre amertume contre le passé, pas le moindre ennui du présent, pas le moindre découragement devant l'avenir; oui, je l'aime encore comme je l'aimais; seulement je suis un peu moins heureux.

Octave me paraît fort extravagant en tout ceci; mais c'est peut-être son caractère, et alors il n'y a pas de reproche à lui faire. Tu as raison de penser qu'il faut couper court promptement à ce manége puéril, et réparer, aux yeux de nos gens, le mauvais effet qu'il a dû produire. Il n'y a pas d'explication possible à leur donner; il y en aurait qu'il ne faudrait pas en prendre la peine. Mais une prompte *bonne intelligence* entre nous quatre, et Octave assis à notre table pendant une ou plusieurs semaines, répondront victorieusement à tous les mauvais commentaires.

Tu t'excuses de m'avoir caché ton sacrifice; car c'en était un, Sylvia. Je connais ton cœur; je sais ce que ton noble orgueil et ta paisible fermeté cachent de tendresse et de compassion; je sais que tu as dû pleurer les larmes d'Octave, et que tu ne l'as pas affligé sans déchirer ton âme. Tu dis que ce que tu as de plus cher au monde, c'est moi. Bonne Sylvia! ce que tu as de plus cher au monde, tu ne l'as pas encore rencontré. Le rencontreras-tu jamais, et, si cela arrive, sera-ce pour ton bonheur ou pour ton malheur?

Quant à Octave, je te supplie d'avoir beaucoup de douceur et de bonté avec lui; il est bien assez à plaindre de ne pouvoir être aimé de toi; épargne-lui les reproches. Pour moi, quelque étrange qu'ait été son procédé en s'adressant à ma femme plutôt qu'à moi, je lui témoignerai l'amitié et l'estime qu'il mérite. A demain donc! tu m'as sauvé, Sylvia; sans toi je partais, j'abandonnais Fernande; j'étais à jamais criminel et malheureux. Pauvre Fernande! brave Sylvia! oh! je vais être encore bien heureux, je le sens. Et mes enfants que je croyais ne plus revoir que dans cinq ou six ans, mes chers enfants que je vais couvrir de douces larmes!

Elle était jolie comme un ange avec ce costume. (Page 47.)

LII.

DE FERNANDE A CLÉMENCE.

Pour le coup, mon amie, je ne puis ni me fâcher, ni m'affliger de ta lettre; elle est burlesque, voilà tout. Je suis tentée de croire que tu es gravement malade, et que tu m'as écrit dans l'accès de la fièvre. S'il en était ainsi, je serais bien triste; et je souhaite me tromper, d'autant plus que je ne voudrais pas perdre une si bonne occasion de rire. L'immuable raison et l'auguste bon sens ont donc aussi leurs jours de sommeil et de divagation! Chère Clémence, ton état m'inquiète, et je te conjure de présenter ton pouls au médecin.

Malgré tous tes beaux pronostics et tes obligeantes condamnations, rien de ce que tu as prévu n'est arrivé. Je ne suis pas plus amoureuse de M. Octave que M. Octave n'est amoureux de moi. Nous nous aimons beaucoup et très-sincèrement, il est vrai; mais je n'ai d'amour que pour Jacques, et Octave n'a d'amour que pour Sylvia. Il la connaissait si bien, et il m'avait si peu trompée, que Sylvia m'a confirmé mot pour mot tout ce qu'il m'avait dit de leurs amours et de leurs querelles. J'ai obtenu qu'elle lui rendît au moins son amitié, et ce matin Jacques m'a aidé à les réconcilier. J'étais un peu inquiète de Jacques, qui a passé quatre jours à la ferme de Blosse, et qui ne m'a pas écrit pendant tout ce temps, bien qu'il envoyât tous les jours un courrier à Sylvia; enfin, ils m'ont avoué ce matin que Jacques avait été très-malade et presque mourant pendant plusieurs heures. Il est encore d'une pâleur mortelle; jamais je ne l'ai vu si beau qu'avec cet air abattu et mélancolique. Il y a dans ses manières une langueur et dans ses regards une tendresse qui me rendraient folle de lui si je ne l'étais déjà. Mais je te demande pardon; cela est en contradiction ouverte avec ce que ta sagesse et ta pénétration ont décrété. Heureusement Jacques n'a pas apposé sa signature à ces majestueux arrêts, et jamais je ne l'ai vu si expansif et si tendre avec moi. En vérité, les beaux jours de notre passion sont revenus, ne t'en déplaise, ma chère Clémence.

Pour continuer ce récit, je te dirai donc que j'avais donné rendez-vous à Octave, et que pendant le déjeuner, le son du hautbois s'est fait entendre sous la fenêtre. Il fallait voir la figure des domestiques ! « Le revenant, le revenant en plein jour ! disaient-ils d'un air stupéfait. — Allons, Fernande, m'a dit Jacques en souriant, va chercher ton protégé; » et, comme Octave achevait son chant, Sylvia et mon mari ont battu des mains en riant. J'ai quitté la table et j'ai mis ma serviette sur la tête d'Octave pour en faire un revenant. Il est entré ainsi d'un air mystérieux, et je l'ai conduit aux pieds de Sylvia, qui lui a découvert la figure, et lui a donné un soufflet sur une joue et un baiser sur l'autre. Jacques l'a embrassé et l'a invité à rester avec nous tant qu'il voudrait, en lui promettant de rendre Sylvia plus humaine pour lui. Octave était ému et timide comme un enfant; il s'efforçait d'être gai, mais il regardait Sylvia avec une expression de crainte et de joie. Moi, qui ai bonne espérance de tout cela, et qui ai retrouvé aujourd'hui Jacques si aimable pour moi, j'étais transportée au point de pleurer comme une niaise à chaque mot qu'on disait de part et d'autre. Enfin, nous avons fait déjeuner Octave, qui n'avait pas mangé de la journée et qui s'est mis à dévorer. Il était assis entre Sylvia et moi; Jacques fumait près de la fenêtre, et nous ne nous parlions plus qu'avec les yeux; mais que de joie et de bien-être nous avions tous dans le cœur ! Sylvia plaisantait un peu Octave sur ce grand appétit, qui n'avait rien, disait-elle, du héros de roman. Il s'en vengeait en lui baisant les mains, et de temps en temps il pressait la mienne; il me l'a baisée aussi en se levant de table, et Jacques, s'approchant de nous, lui a dit en m'embrassant : « Je vous remercie d'avoir de l'amitié pour elle, Octave; c'est un ange, et vous l'avez deviné. » Le reste de la journée s'est passé à courir et à faire de la musique. Le berceau de mes enfants est toujours auprès de nous, que nous nous mettions au piano ou que nous soyons assis dans le jardin. Octave a comblé mes jumeaux de caresses et de petits soins; il aime les enfants à la folie, et trouve les miens charmants; il les endort au son du hautbois d'une manière *magique*, comme il dit, et Jacques se plaît beaucoup à voir opérer le magicien. Enfin, nous avons eu un jour bien beau et bien pur. Nous allons avoir, j'espère, une vie un peu différente de celle que, dans ta riante imagination, tu m'avais préparée. Je suis vraiment désolée d'avoir à te contrarier, ma bonne Clémence, en te déclarant que cette fois ton grand savoir est en défaut, et que je ne suis pas encore perdue. Je te remercie de l'arrêt irrévocable par lequel tu me condamnes à l'être avant peu; la prédiction me paraît charitable et l'expression fort belle; mais je te demanderai la permission d'attendre encore quelques jours avant de me laisser choir dans le précipice. Et toi, Clémence, quand te maries-tu? Est-ce que tu ne t'ennuies pas un peu du célibat? Es-tu toujours bien contente d'être au couvent à vingt-cinq ans ? N'est-ce pas une bien belle chose d'être veuve, indépendante et sans amour? J'envie ton sort ! tu ne te *perdras* pas; tu t'es mise derrière la grille et les verrous pour être plus sûre de ton bonheur et de ta vertu; tu sais qu'ainsi gardés ils ne s'échapperont pas. Permets-moi d'aimer encore mon mari quelques années avant d'entrer dans cette auguste permanence. Adieu, ma belle; bien du plaisir ! Je vais tâcher de prendre goût à ton sort, et de me détacher des affections humaines, pour entrer dans l'impassibilité du néant intellectuel.

LIII.

D'OCTAVE A HERBERT.

Je ne sais pas trop ce qui se passe dans ma tête; je ne dors pas, j'ai la fièvre, je suis comme un homme qui commence à s'énamourer ; mais de qui serais-je amoureux, si ce n'est de Sylvia? Pourtant je n'en sais rien ; je vis auprès de deux femmes charmantes, et il me semble être également épris de toutes deux. Je suis ému, content, actif; je m'amuse de tout : j'ai des envies de rire comme un enfant et des envies de gambader comme un jeune chien. Peut-être que j'ai enfin trouvé la manière de vivre qui me convient. Ne rien faire d'obligatoire; m'occuper doucement de dessin et de musique, habiter un beau et tranquille pays avec d'aimables amis, aller à la chasse, à la pêche, voir autour de moi des êtres heureux du même bonheur et remplis des mêmes goûts ; oui, cela est une douce et sainte vie.

Je t'avouerai que je commençais à devenir sérieusement amoureux de Fernande lorsque heureusement Sylvia a découvert le roman et l'a terminé avec quelques reproches et une poignée de main. Elle a bien fait : ce roman me montait trop au cerveau ; ces rendez-vous, ces forêts, ces nuits d'été, ces billets, ces douces confidences, Fernande affligée de la froideur de son mari, et répandant ses belles larmes dans mon sein, tout cela devenait trop enivrant pour ma pauvre tête. Je ne pensais pas plus à Sylvia que si elle n'eût jamais existé, et je fuyais toutes les occasions de réussir dans ma prétendue entreprise. Je ne saurais avoir beaucoup de remords de toutes les folies qui m'ont passé par l'esprit durant ces jours de bonheur et d'imprudence. Quel autre à ma place n'eût fait pis? Mais je suis un scélérat fort ingénu, et je trouve mon bonheur dans la pensée et dans l'espoir du crime plutôt que dans le crime lui-même. J'ai horreur des plaisirs qu'il faut acheter par des perfidies et payer par des remords. Attirer Fernande à un rendez-vous et baiser doucement ses mains, en m'entendant appeler son ami et son frère, me semblait beaucoup plus agréable que de recevoir les embrassements de la passion et du désespoir... Je n'ai jamais séduit personne, et je ne crois pas que les reproches et les terreurs d'une femme rendent bien heureux; et puis il y a un étrange plaisir à protéger et à respecter une pudeur qui se confie et s'abandonne à vous ! L'idée que j'étais le maître de bouleverser cette âme naïve et de ravir ce trésor suffisait à mon orgueil; je goûtais un raffinement de vanité à la voir se livrer, et à ne pas vouloir abuser de sa confiance.

Cependant je commençais à être trop ému ; je ne savais plus ce que je disais, et si Fernande n'a pas deviné ce qui se passait en moi, il faut qu'elle soit aussi pure qu'une vierge. Je crois en effet qu'elle est ainsi, et cela augmente mon respect, mon enthousiasme, dirai-je mon amour? Eh bien, oui, pense de moi ce que tu voudras, je suis amoureux d'elle au moins autant que de Sylvia. Qu'est-ce que cela fait? Je ne serai plus l'amant de Sylvia, et je ne chercherai jamais à être celui de Fernande. Sylvia m'a déclaré formellement, clairement et obstinément, que nous serions désormais amis, et rien de plus. Je ne sais si c'est un parti pris ou une épreuve à laquelle elle veut me soumettre; pour moi, je suis un peu las de ses caprices, et je sens que le dépit m'aidera puissamment à m'en consoler. Ce qu'il y a de certain, c'est que Sylvia se trompe si elle me croit d'humeur à accepter son pardon plus tard ; je renonce à son amour, et le mien achèvera de s'éteindre avant qu'elle ait pris soin de le rallumer.

Malgré cette passion étrange et les rapports un peu problématiques que nous avons ensemble, il est impossible d'avoir une existence plus douce que la nôtre. Jacques, Sylvia et Fernande sont des amis d'élite certainement, des intelligences pures et dégagées de tous les préjugés, de toutes les considérations étroites et vulgaires. Sylvia va trop loin dans cette indépendance pour rendre un amant heureux; mais, à ne la contempler qu'à la lumière de l'amitié, c'est un être d'une originalité sublime. Jacques a beaucoup de ses idées et de ses sentiments; mais il est moins absolu, et son caractère est plus aimable et plus doux. Je ne le connaissais pas, je l'avais mal jugé ; la manière dont il m'a accueilli, la confiance qu'il me témoigne, la loyauté avec laquelle il accepte ma prétendue amitié pour sa femme, ont quelque chose de si noble et de si grand que je me mépriserais du jour où je songerais à le trouver ridicule. Trahir cette confiance, c'est une idée qui me fait horreur, une tentation que je n'ai pas besoin de combattre. L'amour que Fernande a pour lui, et que j'admire comme un des côtés les plus divins de son âme, suffit pour la préserver à jamais. Je ne sais pas comment je ferai pour me séparer d'elle, pour renoncer à passer mes jours à ses côtés, mais il est certain que je m'en séparerai sans lui laisser d'amertume et sans emporter de remords.

Je voudrais trouver un moyen de m'établir dans leurs environs et de les voir tous les jours sans demeurer chez eux, et sans dépendre d'un caprice de Sylvia, qui peut m'éloigner demain du toit qu'elle habite sans que j'aie rien à dire, puisque je suis censé n'y être que pour elle et d'après sa permission. Il y a une jolie petite maison qui a servi autrefois de presbytère, et qui est dans une situation délicieuse, à une demi-lieue dans la montagne ; si je pouvais faire déguerpir le vieux militaire qui l'occupe en lui payant le double de son loyer, je serais le plus heureux et le mieux logé des hommes. Envoie-moi une petite somme que mon régisseur te portera, et toute la musique qui est dans ma chambre. Si je m'établis dans mon presbytère, je veux que tu viennes passer le reste de la belle saison avec moi. Tu es un peu amoureux de Sylvia, quoique tu ne t'en sois jamais vanté. Nous vivrons tous deux de chasse, de pêche, de musique et d'amour contemplatif.

LIV.

DE FERNANDE A CLÉMENCE.

Non, mon amie, non, je ne suis pas en colère ; il est possible que j'aie eu un moment d'aigreur et d'ironie en te répondant : ta lettre était si dure et si cruelle ! mais je te jure que la mienne a suffi pour épancher tout mon dépit, et qu'après l'avoir écrite je n'ai pas plus pensé à notre querelle que s'il ne se fût rien passé. Si j'ai été trop loin dans ma réponse, pardonne-moi, et, une autre fois, ménage-moi un peu plus. Vraiment, je n'avais pas mérité des leçons si dures ; je m'étais conduite un peu follement, il est vrai ; mais mon cœur était resté si étranger aux sentiments que tu me supposes, que, cette fois, je ne pouvais accepter ton arrêt comme une vérité utile. Il me semblait voir dans la manière de me traiter une sorte de mépris que je ne pouvais pas et que je ne devais pas supporter. Pour l'amour de Dieu, n'en parlons plus jamais ! Tu m'as boudée bien longtemps, tu as attendu trois lettres de moi pour me dire enfin que tu étais fâchée. J'espère que tu verras dans ma persévérance à t'écrire une amitié à l'épreuve des mortifications de l'amour-propre : il en doit être ainsi. Oublie donc toute rancune, et reviens à moi comme je reviens à toi, sincèrement et avec joie.

Tu me montres tant d'indifférence et tu te déclares si étrangère désormais à ce qui me concerne, que je n'ose presque plus t'en parler. Cependant je veux te forcer à reprendre notre correspondance telle qu'elle était. Il m'était si agréable de te raconter toute ma vie, semaine par semaine ! Il me semblait avoir allégé mes chagrins de moitié quand je te les avais confiés ; il est vrai où à présent je n'ai plus de chagrins. Jamais je n'ai été plus heureuse et plus tranquille. Toutes les petites blessures que nous nous faisions, Jacques et moi, sont à jamais cicatrisées ; nous ne nous fait plus souffrir : nous nous entendons sur tout, nous nous devinons. J'étais bien coupable envers lui, et je ne conçois plus comment j'ai pu l'accuser si souvent, lui qui n'a qu'une pensée et qu'un vœu dans l'âme, mon bonheur. Tout cela me semble un rêve aujourd'hui, et je ne peux m'expliquer ce que j'étais alors ; peut-être que nous étions trop seuls vis-à-vis l'un de l'autre et trop inoccupés. Un peu de société et de distraction est nécessaire à mon âge et même à celui de Jacques ; car il est aussi plus heureux depuis que nous vivons en famille. Je t'ai dit qu'Octave s'était installé à une demi-lieue d'ici, dans une petite habitation charmante où nous allons tous lui demander à déjeuner une ou deux fois par semaine. Pour lui, il vient tous les jours nous trouver. Il a eu cet été, pendant deux mois, un de ses amis, M. Herbert, un brave Suisse plein de franchise et de douceur. Nous ne faisions que chasser, manger, rire, aller en bateau, chanter ; et quelles bonnes nuits de sommeil après toute cette fatigue et cette gaieté ! Sylvia est l'âme de nos plaisirs. Je ne sais dans quels termes elle est avec Octave ; il ne se plaint pas d'elle, et, quoiqu'ils se prétendent amis seulement, je crois fort qu'ils sont plus amants que jamais. Sylvia devient tous les jours plus belle et plus aimable ; elle est si forte, si active, qu'elle nous entraîne dans son activité comme dans un tourbillon. Elle est toujours éveillée la première, et c'est elle qui arrange la journée et décrète nos amusements ; elle en prend si bien sa part qu'elle nous force à nous amuser autant qu'elle. Jacques, avec son sang-froid, est le plus comique et le plus amusant de nous tous ; il fait toutes sortes de drôleries et d'espiègleries avec une gravité imperturbable, et sa manière d'être fou est si douce, si gentille et si peu bruyante, qu'on ne s'en lasse jamais. Octave est plus turbulent, il est si jeune ! il saute, il court, il joue dans nos prés comme un poulain échappé. Son ami Herbert, quand il était ici, était chargé de la lecture pendant que nous dessinions ou que nous brodions les jours de pluie ou de trop grande chaleur. Au milieu de ce bonheur, mes enfants poussent comme de petits champignons ; c'est à qui les aimera le plus. Jamais je n'ai vu d'enfants si gâtés et si caressés ; Octave est celui de tous que ma fille préfère ; il se couche par terre sur le tapis où elle se roule au soleil, et pendant des heures entières elle s'amuse à passer ses petites mains dans les longs cheveux blonds de son ami. Sylvia est la favorite de mon fils ; elle le tient sur ses genoux en jouant du piano avec une main, et il l'écoute comme s'il comprenait le langage des notes ; de temps en temps il se tourne vers elle avec un sourire d'admiration et cherche à parler ; mais il ne fait entendre que des sons inarticulés, qui, au dire de Sylvia, sont des réponses très-précises et très-logiques au langage du piano. Il faut voir ses interprétations et la traduction qu'elle fait de ses moindres gestes, et le sérieux, le recueillement avec lequel Jacques écoute tout cela. Ah ! nous sommes bien enfants tous, et bien heureux !

Depuis qu'Herbert est parti et que le froid commence à se faire sentir, nous sommes un peu plus sédentaires. Nous avons encore pourtant de belles journées d'automne, et nos soirées ont pris une tournure de mélancolie délicieuse. Sylvia improvise au piano, et, pendant ce temps, nous sommes assis tout pensifs autour de l'âtre où pétille le sarment. Sylvia ne s'approche jamais du feu ; elle est d'un tempérament sanguin, et craint toujours que le sang ne lui monte à la tête. Mon vieux fumeur de Jacques va et vient par la chambre, et de temps en temps donne un baiser à sa sœur et à moi ; puis il tape sur l'épaule d'Octave en lui disant : « Est-ce que tu es triste ? » Octave relève la tête, et nous nous apercevons quelquefois que son visage est couvert de larmes. C'est l'effet des improvisations étranges et tour à tour tristes et folles de Sylvia. Alors Jacques et Octave se racontent les divers rêves poétiques qu'ils ont faits pendant le chant et les modulations de piano. Il est étrange de voir comme les mêmes notes et les mêmes sons agissent différemment sur les nerfs de chacun d'eux ; quelquefois Jacques est à cheval sur la bête de l'Apocalypse quand Octave est endormi dans la paille d'une prison ; d'autres fois c'est Jacques qui est atterré de tristesse dans quelque désert épouvantable, tandis qu'Octave vole avec les sylphes autour du calice des fleurs au clair de la lune. Rien n'est plus amusant que d'entendre les fantaisies qui leur passent par l'esprit. Sylvia s'en mêle rarement : c'est la fée qui évoque les apparitions et qui les contemple sans émotion et en silence, comme des choses qu'elle est habituée à gouverner. Ce qui l'amuse le plus, c'est de voir l'effet de la musique sur le chien de chasse d'Octave, et d'interpréter les singuliers gémissements qui lui échappent de certaines phrases d'harmonie ; elle prétend qu'elle a trouvé l'accord et la combinaison des sons qui agissent sur la fibre de ce vaporeux animal, et que ses sensations sont beaucoup plus vives et plus poétiques que celles de ces messieurs. Tu ne saurais t'imaginer combien ces folies nous occupent et nous divertissent. Quand on est plusieurs à s'aimer comme nous faisons, toutes les idées, tous les goûts deviennent communs à tous, et il s'établit une sympathie si vive et si complète, qu'une seule âme semble animer plusieurs corps.

Adieu, mon amie, écris-moi donc; et, comme tu as pris autrefois part à mes chagrins, prends part à ma joie.

TROISIÈME PARTIE.

LV.

D'OCTAVE A FERNANDE.

Fernande, je n'en puis plus, j'étouffe, cette vertu est au-dessus de mes forces, il faut que je parle et que je fuie, ou que je meure à vos pieds; je vous aime, il est impossible que vous ne le sachiez pas. Jacques et Sylvia sont des êtres sublimes, mais ce sont des fous, et moi aussi je suis un insensé, et vous aussi, Fernande. Comment ont-ils pu, comment avons-nous pu croire que je vivrais entre Sylvia et vous, sans aimer passionnément l'une des deux? Longtemps je me suis flatté que je n'aimerais que Sylvia; mais Sylvia ne l'a pas voulu. Elle m'a repoussé avec une obstination qui m'a rebuté, et mon cœur peu à peu lui a obéi; il s'est rangé sans colère et sans effort à l'amitié, et il est certain que ce sentiment, entre elle et moi, m'a rendu bien plus heureux que l'amour. C'est ainsi que j'aurais dû l'aimer toujours, et c'est ainsi que je l'aimerai toute ma vie, avec calme, avec force, avec vénération. Mais vous, Fernande, je vous aime mille fois plus que je ne l'ai jamais aimée, je vous aime avec emportement, avec désespoir, et il faut que je parte! oh! Dieu! oh! Dieu! pourquoi vous ai-je connue?

Vous me demandez tous les jours pourquoi je suis triste, vous vous inquiétez de ma santé; vous ne comprenez donc pas que je ne suis pas votre frère et que je ne peux pas l'être? Vous ne voyez pas que je bois le poison par tous les pores, et que votre amitié me tue? Que vous ai-je fait pour que vous m'aimiez avec cette tendresse et cette douceur impitoyables? Chassez-moi, maltraitez-moi, ou parlez-moi comme à un étranger. Je vous écris dans l'espoir de vous irriter; quelque chose que vous fassiez, quelque malheur qui m'arrive, ce sera un changement; le calme étouffant où nous vivons m'oppresse et me rendra fou. J'ai été longtemps heureux auprès de vous. Votre amitié, qui m'irrite et me fait souffrir aujourd'hui, était, dans les premiers mois, un baume divin répandu sur les blessures d'un cœur déchiré. J'étais incertain, agité, plein d'un espoir inconnu, transporté de désirs que je ne savais pas expliquer, et dont le but me semblait être l'éternité avec vous. J'étais si fatigué des choses de la terre, Sylvia m'avait rendu l'amour si fâcheux et si rude dans les derniers temps, et ce que j'avais souffert pour la perdre, la retrouver et la perdre encore, m'avait tellement brisé, que je n'espérais presque plus rien en ce monde, et que je me sentais dans une disposition à me nourrir de rêves et de chimères. Il faut que je vous dise toute ma vie, dès que je vous vis, je vous aimai, non d'une amitié paisible et fraternelle, comme je m'en vantais, mais d'un amour romanesque et enivrant. Je m'abandonnais à ce sentiment à la fois vif et pur; si j'avais été repoussé et contrarié, peut-être serait-il devenu dès lors une passion violente; mais vous m'accueillîtes avec tant de confiance et d'ingénuité! Jacques ensuite m'appela si loyalement à partager le bonheur de vous voir tous les jours, que je m'habituai à vous contempler sans oser vous désirer. Je pensais alors que cela me suffirait toujours, ou je me disais du moins que le jour où ce sentiment me ferait trop souffrir, j'aurais toujours la force de m'en aller; à présent, je me sens plus volontiers la force de mourir.

Où est-il ce temps où un baiser sur votre main me rendait si heureux? où un regard de vous me restait dans les yeux et dans l'âme pour toute une nuit? Je me confesse à vous, Fernande, je vous possédais dans mon sommeil, et cela me suffisait. L'amour encore mal éteint que j'avais eu pour Sylvia se rallumait de temps en temps, et je donnais le change à mon cœur, selon les circonstances qui me rapprochaient d'elle ou de vous plus intimement. Combien de fois j'ai pressé dans mes bras un fantôme qui avait vos traits et les siens, et dont la longue chevelure d'ébène, mêlée à des flocons de soie dorée, reposait éparse sur mon cœur et sur mes épaules! Dans le délire de ces nuits heureuses, je vous appelais tour à tour, j'invoquais l'affection de l'une de vous, et il me semblait vous voir toutes deux descendre du ciel et me donner un baiser au front; mais insensiblement les traits de Sylvia s'effacèrent, et le fantôme ne m'apparut que sous les vôtres. Quelquefois encore, par habitude, par effroi, par remords peut-être, j'appelais l'image de votre compagne, mais elle ne me répondait plus; et vous passiez sans cesse devant mes yeux, comme une révélation de mon destin, comme une prophétie obéissant à l'ordre de Dieu. Alors je m'abandonnai à ma passion, et je commençai à souffrir; mais je vous offrais ma douleur en sacrifice. Je vous voyais éprise de Jacques avec raison; j'estime et je vénère cet homme : pouvais-je désirer lui arracher le bien le plus précieux qu'il ait au monde? J'aimerais mieux l'assassiner. Longtemps cette idée de vertu et de dévouement a soutenu mon courage; je me disais bien qu'il serait plus prudent et plus facile de vous fuir que de me taire éternellement; mais il était trop tard, je ne le pouvais plus : tout me semblait supportable plutôt que de cesser de vous voir. Il y a huit mois que je me tais; j'ai supporté héroïquement ce terrible hiver passé à vos côtés, sans distraction et presque tête à tête, car vous ne pouvez pas disconvenir que nous faisons deux à nous quatre : Jacques et Sylvia font un, vous et moi faisons un autre; ils se comprennent en tout, et nous nous comprenons de même. Quand nous sommes tous ensemble, nous sommes comme deux âmes qui s'entretiennent de leurs plaisirs et de leurs peines, et qui se révèlent mutuellement ce qu'ils éprouvent et ce qu'ils sont. Vous et moi nous ne nous racontons rien, nous n'avons qu'une âme, et nous n'avons pas besoin de nous exprimer ce que nous sentons en commun. Cette impérieuse et enivrante sympathie dont je m'abreuve en silence, j'ai pourtant besoin de l'épancher. Ce n'est pas par des mots que nous pouvons nous comprendre; ils sont inutiles; nos regards et le battement de nos cœurs se répondent. Mais il faut des embrassements et des étreintes ardentes à ce feu qui s'allume et s'avive chaque jour de plus en plus; car tu m'aimes, peut-être!... Ah! pardonnez-moi, Fernande, je deviens fou. Adieu, adieu! je partirai demain. Ne me méprisez pas; j'ai fait ce que j'ai pu, mes forces ne vont pas au delà.

LVI.

DE FERNANDE A OCTAVE.

Octave, Octave, que fais-tu? où t'égares-tu? Tu es fou, mon ami! Tu es mon frère; tu l'as juré devant Dieu et devant moi; tu ne peux pas te parjurer, tu ne peux pas te souiller à ce point, toi que je connais si noble et si pur. Est-ce que je pourrais t'aimer autrement qu'une sœur aime son frère? Quelles pensées affreuses harcèlent ta pauvre tête? Tu es malade. O mon cher Octave! tu souffres, je le vois; ces fantômes évoqués par la fièvre troublent ton sommeil; la raison, la mémoire et le jugement t'abandonnent. Tu crois avoir de l'amour pour moi; et, si j'y répondais, tu aurais horreur de cet amour comme d'un forfait. Non, mon ami, tu ne m'aimes pas comme tu le crois; tu as besoin d'aimer, et tu te méprends. C'est Sylvia que tu aimes, ou c'est n'est plus elle, c'est un être que tu désires, et qui existe pour toi dans quelque autre lieu où il faut aller le chercher. Oui, tu as raison, pars, voyage; il faut distraire ta folie. Hélas! tu n'as pu vivre ici, et je croyais que nous pouvions vieillir ensemble, et j'étais si heureuse de cette idée! Mais tu guériras, et tu reviendras, Octave; tu reviendras avec une compagne digne de toi, et notre bonheur à tous sera plus pur et plus paisible. Tu dis que je dois avoir deviné ton amour; j'aurais vécu mille ans ainsi, près de toi, dans cette confiance sacrée en ta parole, sans jamais songer qu'il te fût possible de te parjurer, même dans le secret de ton cœur. Et aujourd'hui encore, je suis sûre que tu l'abuses; je contemple ta douleur avec la stupeur et la sollicitude que j'aurais si je te voyais atteint d'un mal subit, d'une attaque de folie ou de terribles convulsions. Que pourrais-je penser alors? Rien, sinon que ton mal me ferait autant souffrir que toi-même. Comment pourrais-je m'en irriter ou m'en croire coupable? Je te soignerais avec tendresse, j'essaierais de te calmer par de douces paroles, par de saintes caresses, et cela te ferait du bien. Mon ami bien-aimé, reviens à toi, reviens à nous; oublie cette funeste secousse. Brûlons ces deux lettres, et qu'il n'en soit jamais question. Tout cela est un rêve; il ne s'est rien passé. Personne n'a entendu les paroles que tu as proférées dans le délire; elles sont ensevelies dans mon cœur, et n'en ont point altéré le calme et la tendresse. Une amitié comme la nôtre peut-elle être brisée par un instant d'erreur et de souffrance? Pars, mon ami; mais reviens sans crainte et sans honte aussitôt que tu seras guéri. Cet éclair n'aura pas laissé de trace sinistre dans notre beau ciel, et tu nous retrouveras tels que tu nous laisses.

LVII.

D'OCTAVE A FERNANDE.

Tu as raison, ma sœur bien-aimée, je suis fou; mon cerveau et mon cœur sont malades; il faut que j'aie du courage et que je parte. Tu es un ange, Fernande; quel billet tu m'écris! Ah! tu ne sauras jamais le bien et le mal qu'il m'a fait. Persuade-toi que c'est une maladie, et tâche de me persuader que j'en guérirai et que je pourrai revenir, car l'idée de te quitter pour toujours est au-dessus de mes forces. Invoque ma parole et la sainteté de nos liens; invoque le nom respecté et chéri de Jacques; dis-moi tout ce qu'il faut me dire pour me donner la force dont j'ai besoin. Oh! je l'aurai, Fernande; ta douceur et ta compassion nous sauvent tous les deux. Je ne m'étais pas attendu à cette tendresse miséricordieuse avec laquelle tu me plains en me repoussant; j'espérais que tu me repousserais durement, et que je pourrais t'aimer et t'estimer moins. Alors, malheur à toi, je serais resté, et j'aurais peut-être réussi à te perdre. Mais que puis-je faire devant une vertu si calme et si compatissante? Le dernier des lâches tomberait à genoux devant toi, et tu sais que je suis un honnête homme; j'aurai du cœur. Adieu, Fernande; adieu, ma sœur chérie; adieu, mon seul et dernier amour; je deviendrai ce qu'il plaira à Dieu; je guérirai ou je mourrai. Il ne s'agit pas de cela; l'important, c'est que tu restes heureuse et pure; je partirai avec cette idée, et elle me soutiendra.

Il faut que vous me pardonniez un vol que je vous ai fait: le bracelet que vous m'avez jeté par la fenêtre, un soir que vous me prîtes pour Jacques, ne m'a jamais quitté. Celui que vous avez vu est une copie exacte que j'ai fait faire à Lyon, et que je vous ai rendue pour ne pas vous offenser par ma résistance. Je n'ai pas eu le courage de me séparer de ce dernier gage d'une affection qui m'est devenue si nécessaire et si funeste; aujourd'hui que je sens mon cœur criminel, je n'oserais emporter ce bracelet sans votre permission. Vous ne pouvez pas me le refuser, quand je pars, peut-être pour toujours. J'accomplis le plus terrible des sacrifices; serez-vous sans pitié? Je paierai mon dévouement de ma vie peut-être, et votre générosité ne vous coûtera rien; car personne ne pourra deviner la supercherie. J'ai fait effacer de l'écusson de mon bracelet le chiffre de Jacques, qui était enlacé au vôtre, et je l'ai fait remplacer par le mien. Si, à ce moment affreux et solennel où je vous quitte, vous m'accordez ce gage d'amitié et de pardon, il me deviendra plus cher que jamais.

Je dirai ce soir que je pars demain; je trouverai un prétexte; je promettrai de revenir. Soyez tranquille, je ne me trahirai pas. Mais partirai-je sans te dire adieu, sans couvrir tes mains de mes larmes? N'évite pas de te trouver seule avec moi, comme tu fais depuis hier, Fernande; que crains-tu donc? n'es-tu pas sûre de toi? Et si j'avais un instant de faiblesse et de désespoir, ne sais-tu pas qu'avec un mot tu me verrais à tes genoux, le plus silencieux et le plus résigné des hommes? Ah! ne me fuis pas, ne me fais pas souffrir pendant ce dernier jour que je vais passer près de toi. Si mes larmes te font du mal, si mes plaintes te fatiguent, aie du courage aussi; il m'en faut bien davantage pour te quitter. Songe que ta tâche sera finie demain, et que la mienne va commencer, affreuse, éternelle! Songe que je suis sur les marches de l'échafaud, et que Dieu te tiendra compte d'une parole de miséricorde que tu m'auras accordée en m'envoyant au martyre.

LVIII.

D'OCTAVE A FERNANDE.

O mon ange, ô ma bien-aimée, nous sommes sauvés! que Dieu te couvre de ses bénédictions, ô la plus pure et la plus sainte de ses créatures. Oui, tu as raison, on a la force qu'on veut avoir, et le ciel n'abandonne point au danger ceux qui se recommandent à lui dans la sincérité de leur cœur. Que serais-je devenu loin de toi? Mon âme se serait souillée de regrets, de fureurs, de projets, et peut-être d'entreprises insensées pour te retrouver et te ressaisir, au lieu que tu m'aideras à être vertueux et tranquille comme toi. Le continuel spectacle de ta sérénité angélique fera passer le même calme dans mon cœur et dans mes sens. J'étais perdu si tu me retirais ta main secourable; laisse-moi la coller à mes lèvres, et qu'elle me conduise où elle voudra. Je suis résigné à tous les sacrifices; je me tairai et je guérirai. Eh! ne suis-je pas déjà guéri? n'ai-je pas fait l'essai de mes forces durant ces heures de la nuit que tu m'as laissé passer dans ta chambre? J'étais fou quand je me suis levé pour t'aller dire adieu. Et ce Jacques que le hasard fait partir précisément hier soir, au milieu du plus terrible accès de ma fièvre et de mon égarement! Ah! c'était la volonté de la Providence. Si tu avais refusé de me voir, j'enfonçais ta porte; je ne savais plus ce que je faisais; mais tu m'as ouvert, et tu as bien fait. Est-ce qu'il y a au monde un emportement, un délire, qui puisse résister à la sainte confiance d'un être aussi chaste, aussi divin que toi? Tu ne dormais pas non plus, ô mon enfant chéri! tu n'étais pas même déshabillée, et tu priais pour moi! ange du ciel, Dieu t'a exaucée! Quand je t'ai vue si belle, si candide avec ta robe blanche et tes cheveux blonds épars sur tes épaules, avec ton sourire affectueux sur les lèvres, et tes grands yeux encore humides des larmes que tu avais versées pour moi, il m'a semblé voir une vierge de l'Elysée, et je suis tombé à tes pieds comme devant un autel. Oh! comme tu as écouté ma douleur, comme tu as essuyé mes larmes avec une ineffable tendresse! et tu m'embrassais en pleurant toi-même, ô sublime imprudente! Mais quel être immatériel es-tu donc? et quelle puissance divine as-tu reçue d'en haut pour calmer les fureurs du désespoir avec les caresses qui devaient les allumer? Tes lèvres étaient si fraîches sur mon front! Il me semblait qu'un baume ineffable passait dans toutes mes artères, et que mon sang devenait aussi pur, aussi paisible que celui de tes enfants endormis auprès de nous. Oh! qu'ils sont beaux, tes enfants, et combien je les aime! Il y a déjà sur le visage de ta fille un reflet de ton âme virginale. Je t'aurais enlevée, si tu m'avais chassé, j'aurais pu abandonner ce berceau où je l'ai endormie si souvent; car mon âme se brisait à l'idée de vivre seul et abandonné, moi qui, depuis huit mois, vis d'affections ineffables. Avec toi, mon plus précieux trésor, que de biens j'allais perdre: l'amitié de Sylvia, qui est si grande, si éclairée, si belle! et celle de Jacques, que je paierais de mon sang! Où aurais-je retrouvé des cœurs semblables? Qui m'aurait fait une vie supportable loin de vous tous?

Bénie sois-tu, ma Fernande! tu n'as pas voulu mon

désespoir, et quand je t'ai demandé si tu croyais qu'il nous fût possible de vivre l'un près de l'autre sans danger, c'est Dieu qui a dicté ta réponse. Ah! ce oui! comme tu l'as dit avec enthousiasme et avec confiance! il m'a frappé d'une commotion électrique; je m'attendais si peu à cette parole d'encouragement et de pardon! Un instant, un mot a suffi pour faire de moi un autre homme. Puisque tu es sûre de moi, je le suis aussi; c'était une lâcheté de fuir quand je pouvais me vaincre ; et d'ailleurs est-ce donc si difficile? Je ne conçois plus pourquoi j'ai été en proie à ces agitations frénétiques; c'est que le danger est toujours plus terrible de loin que de près ; c'est que, d'ailleurs, quand je croyais pouvoir succomber et t'entraîner avec moi, je ne te connaissais pas; je te prenais pour une femme comme les autres, et tu es une divinité qu'aucune souillure humaine ne peut atteindre. Je ne pouvais m'imaginer qu'au lieu de la crainte ou de la colère, quand je t'aurais avoué mes tourments, je trouverais sur ton front cette impassible confiance, et sur tes lèvres ce miséricordieux sourire. Je croyais que tu t'arracherais de mes bras avec effroi, et quand j'approcherais mes lèvres de ton visage pour te donner, comme les autres jours, un fraternel baiser, que tu le détournerais avec indignation. Mais ton innocence brave tous les périls vulgaires et les surmonte tranquillement. Ah! je saurai m'élever jusqu'à toi, et planer du même vol au-dessus des orages des passions terrestres, dans un ciel toujours radieux, toujours pur. Laisse-moi t'aimer, et laisse-moi donner encore le nom d'amour à ce sentiment étrange et sublime que j'éprouve; *amitié* est un mot trop froid et trop vulgaire pour une si ardente affection; la langue humaine n'a pas de nom pour la baptiser. Mais n'appelle-t-on pas amour aussi l'amitié des mères pour leurs enfants et l'enthousiasme de la foi religieuse? Ce que tu m'inspires participe de tout cela, mais c'est quelque chose de plus encore. Ah! sache qu'il faut bien t'aimer, Fernande, pour éprouver ce calme qui est descendu en moi depuis six heures. Chose étrange et délicieuse! en rentrant dans ma chambre, purifié par mes résolutions, apaisé par ton chaste embrassement, je me suis endormi du plus profond et du plus bienfaisant sommeil que j'aie goûté depuis trois mois, et je viens de m'éveiller plus calme et plus joyeux que je ne l'ai été de ma vie. Oh! quel bien m'ont fait tes paroles! Écris-moi, répète-moi tout ce que tu m'as dit, afin que je le relise à genoux si quelque nuage de mélancolie vient encore à passer dans mon beau ciel, et que je retrouve la pure lumière, ô étoile radieuse qui me conduis! Il me semble que je vois le soleil pour la première fois, tant la nature m'apparaît belle et jeune ce matin! Je viens d'entendre le premier coup de la cloche qui t'appelle au déjeuner, et j'ai tressailli comme à la voix d'un ami. Quelle belle vie! comme nous sommes heureux! Comme je demeure près de toi, Fernande! le vent d'ouest m'apporte les bruits de la maison et les parfums de ton jardin. J'ai le temps de m'habiller et d'aller m'asseoir à la même table que toi, avant que Sylvia ait fini d'arranger méthodiquement ses livres et ses crayons dans le grand salon. Comment! je vais revoir tout cela! tout cela que j'ai cru quitter pour toujours, hier soir. Je vais encore rire et causer à cette table où il est permis de mettre les deux coudes, et d'où l'on peut se lever autant de fois qu'on veut pendant le repas? Je vais chanter encore avec toi le duo que nous aimons? Oh! quel jour de fête! Si tu savais comme la lune était belle à son coucher ce matin, quand j'ai traversé le vallon pour revenir chez moi! Comme l'herbe humide était semée de pâles diamants, et comme les premières fleurs des amandiers exhalaient une odeur fraîche et suave! Mais tu as joui de tout cela aussi, car tu étais à ta fenêtre, et je t'ai vue aussi longtemps que me l'a permis la distance. Tu me suivais des yeux, ô ma belle amie! tu m'accompagnais de tes vœux, tu demandais à Dieu de conserver pure en moi l'œuvre de tes pieux efforts, cette nouvelle âme que tu m'as donnée, cette nouvelle vertu que tu m'as révélée! Allons, allons, je plie ma lettre et je pars; je viens de regarder dans la lunette d'approche qui est fixée sur ma fenêtre et braquée sur ta demeure; j'ai vu Sylvia avec sa robe bleue dans le jardin. Tu dors encore, mon petit ange, ou tu habilles tes enfants; je vais t'aider, et jouer du hautbois pour empêcher la fille de crier quand tu lui mettras ses bas. Et notre Jacques! il revient ce soir, n'est-ce pas? je vais l'embrasser comme si je l'avais perdu pendant dix ans! Toi, je ne t'embrasserai plus, mais tu me laisseras baiser tes pieds et le bas de ta robe tant que je voudrai.

LIX.

DE FERNANDE A OCTAVE.

Ce qu'il y avait d'affreux et d'impossible, c'était de nous quitter. Je savais bien que vous auriez la force d'étouffer une pensée funeste plutôt que celle de m'abandonner. Je comptais sur votre amitié quand je vous ai dit : « Oui, tu le peux, reste Octave; renonce à des rêves coupables, fais un noble effort sur toi-même ; ouvre les yeux, regarde comme tu es saintement aimé, comme tu peux être heureux entre ces trois amis qui te chérissent à l'envi l'un de l'autre, et comme tu vas souffrir dans la solitude avec le remords d'avoir désolé un de ces cœurs sincères, et le regret d'avoir affligé les deux autres par ton départ. Examine ton âme, et vois combien elle est belle, jeune et forte; ne peut-elle, entre deux sacrifices, choisir le plus noble et le plus généreux? n'es-tu pas sûr qu'elle gouvernera toujours tes passions? veux-tu que je croie que les sens chez toi commanderont au cœur? ne serai-je donc pas toujours là pour relever ton courage s'il venait à faiblir? seras-tu sourd à ma voix quand elle l'implorera? et ces douces larmes que tu verses maintenant, seront-elles taries quand les miennes couleront? » O cher Octave! en te parlant ainsi, je sentais Dieu m'inspirer; une confiance, une foi miraculeuse, descendaient en moi; j'avais comme une révélation de ce qui allait s'opérer entre nous, et ce fut un prodige en effet que ma résolution et ton enthousiasme en ce moment. Tu ne sais pas comme tu devins beau en tombant à genoux et en levant les bras vers le ciel pour le prendre à témoin de tes serments ; comme ton visage pâle devint vermeil et animé; comme tes yeux fatigués et presque éteints s'illuminèrent d'une flamme sublime. Ce rayon du ciel a laissé son reflet sur ta figure, et depuis hier tu as une autre expression, une autre beauté que je ne te connaissais pas. Ta voix aussi a changé; elle a quelque chose qui me pénètre comme une musique délicieuse, et quand tu lis tout haut, je n'écoute pas les mots, je ne comprends pas le sens des choses que tu dis; la seule harmonie de ta voix m'émeut et me donne envie de pleurer. Moi-même je me sens toute changée; j'ai des facultés nouvelles, je comprends mille choses que je ne comprenais pas hier; mon cœur est plus chaud et plus riche; j'aime mon mari, ma sœur Sylvia et mes enfants plus que jamais; et pour toi, Octave, je ressens une affection à laquelle je ne chercherai point de nom, mais que Dieu m'inspire et que Dieu bénit. Ah! que tu es grand et pur, mon ami! que tu es différent des autres hommes, et combien peu d'entre eux sont capables de te comprendre!

Que serais-je devenue si tu nous avais quittés? La seule pensée de te perdre me fait encore tressaillir douloureusement. Sais-tu, mon ami, combien tu nous es nécessaire, et à moi surtout? Ce que tu m'écrivais l'autre jour est bien vrai : nous ne faisons qu'un. Jamais deux caractères ne se sont convenus, jamais deux cœurs ne se sont compris comme les nôtres. Jacques et Sylvia se ressemblent et ne nous ressemblent pas, et c'est pour cela que nous les aimons tant; voilà pourquoi nous avons pu avoir de l'amour pour eux, mais nous ne pouvons pas en avoir l'un pour l'autre. Pour alimenter l'amour, il faut, je crois, des différences de goûts et d'opinions, de petites souffrances, des pardons, des larmes, tout ce qui peut exciter la sensibilité et réveiller la sollicitude journalière. L'amitié, l'amour fraternel, si tu veux, est plus heureux et plus également pur; c'est un refuge contre tous les maux de la vie, c'est une consolation suprême aux douleurs que cause l'amour. Avant de te connaître, j'avais une amie dans le sein de laquelle je versais toutes mes douleurs, et quoiqu'elle fût bien âcre et bien sévère dans ses réponses, la seule habitude de lui écrire tous les petits événements de ma vie me soulageait d'un grand poids. Tu as lu ses lettres, et tu as conclu en me conjurant de destituer cette confidente et de t'accorder ses fonctions. Je ne sais pas si elle était, comme tu le prétends, une fausse et mauvaise amie, mais elle était bien certainement au-dessous de toi, mon cher et bon Octave. Oh! qu'elle était loin, cette Clémence, d'avoir ta douceur et ta sensibilité! Elle m'effrayait, et tu me persuades; elle me menaçait de maux inévitables, et tu m'apprends à m'en préserver; car tu as au moins autant de raison et de jugement qu'elle, et, de plus, tu sais comment il faut me parler et me convaincre. Depuis que tu es ici, et que je me suis habituée à t'ouvrir mon cœur à chaque instant, je me suis guérie des petites maladies morales et corrigée des nombreux défauts qui compromettaient et troublaient mon bonheur. Tu m'as appris à accepter les souffrances de la vie journalière, à tolérer les imperfections de l'amour, à ne demander que ce qui est possible au cœur humain; tu m'as enseigné la justice, et tu m'as appris à aimer Jacques comme il faut l'aimer pour le rendre heureux. Mon bonheur est le sien sont donc ton ouvrage, ô mon cher ami! et je suis si accoutumée à avoir recours à toi en tout, que ma félicité serait ruinée du jour où je te perdrais; je retomberais peut-être dans mes anciens torts, et je perdrais le fruit de tes conseils. Reste donc, et ne parle jamais de t'éloigner. Notre vie sera plus belle encore qu'elle ne l'a été jusqu'ici. Mes enfants grandiront sous tes yeux, et nous les élèverons; nous prendrons de leur intelligence le même soin que nous prenons aujourd'hui de leurs petites personnes. Après eux et après Jacques, tu seras ce que j'aurai de plus cher au monde; tu et je t'aime encore mieux que Sylvia, et pourtant je regarde et je chéris Sylvia comme ma sœur. Mais ton caractère a bien plus de rapport avec le mien, et je me sens bien plus de confiance et d'entraînement vers toi; à présent surtout, il me semble que nous avons reçu un nouveau baptême, et que Dieu nous abandonnerait si nous l'invoquions séparément.

Garde mon bracelet, à une condition : c'est que tu y feras remettre le chiffre de Jacques, sans effacer le tien; qu'ils soient tous deux enlacés au mien, et que ton cœur ne me sépare jamais ni de lui ni de toi.

LX.

DE JACQUES A SYLVIA.

De la ferme de Blosse.

Tu me demandais hier pourquoi je viens si souvent à Blosse, et tu me reprochais de chercher la solitude depuis quelque temps. Il est vrai que jamais je n'ai senti si vivement le besoin d'être seul et de réfléchir. Ce lieu désert et plein d'aspects sauvages me plaît et me fait du bien. Je sens comme une main inexorable, mais paternelle encore dans sa rigueur, qui m'attire au fond de ces bois silencieux pour m'y enseigner la résignation. Je viens m'asseoir au pied de ces chênes séculaires que ronge la mousse, et j'y résume ma vie. Cela me calme.

Est-ce que tu ne sais pas ce que j'ai? Est-ce que tu ne t'es pas aperçue qu'Octave aime ma femme? Cet amour a été romanesque et innocent pendant bien longtemps; mais il prend de la violence, et si Fernande ne le voit pas encore, elle ne peut tarder à le voir. Nous avons été imprudents; les laisser ainsi ensemble! ils sont si jeunes! Mais que pouvions-nous faire? Tu ne pouvais pas feindre de revendiquer un amour que tu avais repoussé. Ta fierté se refusait à tout ce qui aurait eu l'apparence d'une ignoble jalousie et d'une vanité blessée. Pour moi, c'était bien pis; j'avais d'abord accusé injustement ces pauvres jeunes fous; je sentais que j'avais beaucoup à réparer envers eux, et la crainte de me tromper encore me forçait à fermer les yeux. Je l'avoue, malgré l'évidence, j'hésite encore à croire qu'Octave soit amoureux d'elle.

Il semblait si sûr de lui dans les commencements, et toute l'année dernière il a été si heureux auprès de nous! Mais depuis l'hiver il a été de plus en plus agité et distrait; à présent il est réellement malade de chagrin. C'est un honnête homme, il est devenu froid et sec avec moi. Il ne sait pas me dissimuler la gêne et le trouble que je lui cause; pourtant il m'aime sincèrement. Hier soir, quand je suis monté à cheval, il est venu avec moi, et il m'a parlé d'un voyage qu'il compte faire bientôt à Genève. J'ai compris qu'il voulait s'éloigner de Fernande; j'ai pressé sa main sans rien dire, et il s'est jeté dans mes bras en s'écriant : « Ah! mon brave Jacques!... » puis il s'est arrêté brusquement et m'a parlé de mon cheval. Pauvre Octave! il est malheureux, et c'est par notre faute; nous l'avons trop abandonné aux périls de la jeunesse. Mais où ne les aurait-il pas rencontrés? et où les eût-il combattus avec autant de vertu?

Il partira, j'en suis sûr, et peut-être à l'heure où je t'écris il est déjà parti. Il y avait sur sa figure quelque chose d'extraordinaire, comme s'il eût pris une résolution pénible mais ferme. Ce qui m'a fait partir sur-le-champ moi-même pour la ferme, c'est la grande altération que j'ai vue sur la figure de ma femme à l'heure du dîner; ce jour-là j'étais convaincu qu'elle n'avait pas la plus légère idée de l'amour d'Octave; depuis ce moment je ne sais que penser. Il est vrai qu'elle est souffrante depuis quelque temps; le sevrage de ses enfants la fatigue, et l'abondance de son lait l'incommode encore souvent. Je n'ai pas voulu l'observer attentivement, cela me faisait peur; quoi qu'il pût s'être passé entre eux, du moment qu'Octave avait le courage de partir, je ne devais pas lui rendre plus amer le dernier jour peut-être qu'il avait à vivre auprès d'elle. Je suis sûr maintenant de la raison et de la prudence de Fernande; elle l'éloignera sans l'offenser et sans irriter sa passion par d'inutiles démonstrations de force. J'ai vu que je devais la laisser agir, et que ma confiance aveugle était la meilleure garantie possible de leur vertu.

Je n'ai aucune inquiétude, mais je suis triste et profondément las de moi. J'avais un ami sincère, aimable, dévoué, et il faut qu'il parte désespéré parce que je suis au monde! Vous aviez une belle vie, intime, riante et pure comme vos cœurs, et voilà qu'elle est gâtée, dérangée, empoisonnée, parce que je suis M. Jacques, le mari de Fernande! J'espère si peu en moi et en mon avenir, que je voudrais plutôt mourir et vous laisser tous heureux, que de conserver mon bonheur au prix de celui de vous. Mon bonheur! sera-t-il possible désormais, si Fernande a dans le cœur un regret profond? Et comment ne l'aurait-elle pas! Voilà ce qui m'a consterné hier. Elle l'aime peut-être... si cela est, elle ne le sait pas encore elle-même; mais l'absence et la douleur le lui apprendront. Et pourquoi partirait-il, s'il faut qu'elle le pleure et qu'elle me haïsse?

Non, elle ne me haïra pas, elle est si bonne et si douce! et moi je serai bon et doux avec elle; mais elle sera malheureuse, malheureuse par nos liens indissolubles... J'ai beaucoup pensé à cela avant que nous fussions mariés, et depuis quelque temps j'y pense encore; je verrai. Ne me parle pas, ne m'apprends rien sans que je t'interroge. Je crains que la première fois tu ne m'aies beaucoup trop rassuré sur leur amitié: ils étaient purs alors, et ils le sont encore; mais ils pouvaient se séparer aisément, et aujourd'hui il faut que leurs cœurs se brisent. Que Dieu nous pardonne, nous n'avons rien fait à mauvaise et coupable intention. Je retournerai demain au château; si Octave n'est point parti, je songerai à ce que je dois ou à ce que je puis faire.

LXI.

D'OCTAVE A FERNANDE.

Voici un mois bien étrange que nous passons ensemble, mon amie. Depuis le jour où vous m'avez commandé d'étouffer mon amour, je l'ai tellement couvert de cendres que j'ai cru parfois avoir réussi à l'éteindre. Je

Ils étaient deux. (Page 53.)

suis plus tranquille que je ne l'étais cet hiver, bien certainement ; mais ce transport d'enthousiasme qui m'a fait tout promettre et tout sacrifier, vous auriez dû prendre un peu plus de soin pour le ranimer de temps en temps. Votre cœur semble m'avoir abandonné ; et je tombe dans une tristesse chaque jour plus profonde. Est-ce que vous craignez de me trouver indocile à vos leçons ? pourquoi me les avez-vous déjà retirées ? Peut-être ma mélancolie vous fatigue ; peut-être craignez-vous l'ennui que vous causeraient mes plaintes. Et pourtant il vous serait si facile de me consoler avec quelques mots de confiance ou de compassion ! Ne connaissez-vous pas votre pouvoir sur moi ? quand s'est-il trouvé en défaut ? Vous êtes quelquefois cruelle sans vous en douter, et vous me faites un mal horrible sans daigner vous en apercevoir. Ne pourriez-vous, par exemple, me cacher un peu l'amour que vous avez pour votre mari ? Votre âme est si généreuse et si délicate dans tout le reste ! mais, en ceci, vous mettez une sorte d'ostentation à me faire souffrir : laissez cette vaine parade aux femmes qui doutent d'elles-mêmes. Vous aviez eu tant d'esprit, au milieu de votre miséricorde, dans les premiers jours !

vous saviez si bien me dire les choses qui pouvaient me consoler, ou du moins adoucir ma peine ! Quand vous parliez de votre mari, sans blasphémer un mérite que personne n'apprécie mieux que moi, sans nier une affection que je ne voudrais pas lui arracher, vous aviez le secret ineffable de me persuader que ma part était aussi belle que la sienne, quoique différente. A présent vous avez le talent inutile et cruel de me montrer combien sa part est magnifique et la mienne ridicule. Ne pouviez-vous me cacher ce tripotage d'enfants et de berceaux ? me comprenez-vous ? Je ne sais comment m'expliquer, et je crains d'être brutal ; car je suis aujourd'hui d'une singulière âcreté. Enfin, vous avez fait emporter vos enfants de votre chambre, n'est-ce pas ? A la bonne heure. Vous êtes jeune, vous avez des sens ; votre mari vous persécutait pour hâter ce sevrage. Eh bien ! tant mieux ! vous avez bien fait : vous êtes moins belle ce matin, et vous me semblez moins pure. Je vous respectais dans ma pensée jusqu'à la vénération, et en vous voyant si jeune, avec vos enfants dans vos bras, je vous comparais à la Vierge mère, à la blanche et chaste madone de Raphaël caressant son fils et celui d'Élisabeth. Dans les

Attirer Fernande à un rendez-vous... (Page 58.)

plus ardents transports de ma passion, la vue de votre sein d'ivoire, distillant un lait pur sur les lèvres de votre fille, me frappait d'un respect inconnu, et je détournais mon regard de peur de profaner, par un désir égoïste, un des plus saints mystères de la nature providente. A présent, cachez bien votre sein, vous êtes redevenue femme; vous n'êtes plus mère; vous n'avez plus de droit à ce respect naïf que j'avais hier, et qui me remplissait de piété et de mélancolie. Je me sens plus indifférent et plus hardi. Ce sont là de mauvais moyens avec un homme aussi rustiquement candide que je le suis : vous pouviez bien rendre à votre mari le droit d'entrer la nuit dans votre chambre, sans le faire savoir à toute la maison, et à moi surtout.

LXII.

DE JACQUES A SYLVIA.

De la ferme de Blosse.

Il va falloir que je voyage, je ne sais pour combien de temps, mais il est nécessaire que je m'éloigne; je deviens antipathique, et c'est ce qu'il y a de pire au monde. Fernande aime Octave : cela est maintenant hors de doute pour moi. Hier, quand j'obtins qu'elle fit emporter ses enfants, dont les cris l'empêchent de dormir et la rendent réellement malade, je ne sais si tu remarquas la singulière contestation qui s'éleva entre Octave et elle. « Est-ce que vous êtes sûre que vos enfants se passeront de vous toute une nuit! disait-il. — Il faut qu'ils s'y habituent, répondait-elle; il est temps de les sevrer. — Ils me paraissent bien jeunes pour cela. — Ils ont un an bientôt. — Mais on les soignera mal. A qui une mère peut-elle remettre le soin de veiller sur ses enfants la nuit? — Je puis remettre sans inquiétude ce soin à Sylvia. » Il fit alors un geste d'impatience extrême, et partit sans dire bonsoir à personne.

Je ne compris pas d'abord le sens de cette conduite; mais, en y réfléchissant, elle me parut fort claire. J'examinai Fernande : elle était bien pâle depuis quelque temps ! elle me sembla plus triste que malade. Je résolus de savoir à quoi m'en tenir, et j'entrai dans sa chambre à minuit.

Le ciel m'est témoin qu'en faisant emporter les enfants

je n'avais pas les intentions qu'Octave m'a supposées. Il y a plus d'un an que je n'ai endormi ma femme sur mon cœur, et ce serait pour moi une joie aussi vive et aussi pure aujourd'hui que le premier jour de notre union, si cette joie était réciproque ; mais il y a un mois que je doute, et ce mois où j'aurais pu, sans la faire manquer aux saints devoirs de la maternité, la presser dans mes bras, a été pour moi une angoisse perpétuelle. Elle est sombre et silencieuse, l'as-tu remarqué, Sylvia ? Octave est triste, et quelquefois désespéré. Ils luttent, ils résistent, les infortunés ! mais ils s'aiment et ils souffrent. En vain j'avais tour à tour accueilli et repoussé la conviction de cet amour réciproque ; elle m'arrivait de plus en plus. Je me décidai enfin hier à l'accepter, quelque rude qu'elle fût, et à paraître odieux un instant, afin de n'être plus jamais exposé à le devenir. Je m'approchai de son lit, et je vis qu'elle feignait de dormir, espérant, la pauvre femme, se soustraire ainsi à mes importunités ; je la baisai au front, elle ouvrit les yeux et me tendit la main ; mais je crus remarquer un imperceptible frisson d'effroi et de répugnance. Je lui parlai comme autrefois de mon amour, elle m'appela son cher Jacques, son ami et son ange protecteur ; mais le nom d'amour était oublié ; et quand je cherchais à attirer ses lèvres sur les miennes, sa figure prenait une singulière expression d'abattement et de résignation. Une douceur angélique résidait sur son front, et son regard avait la sérénité d'une conscience pure ; mais sa bouche était pâle et froide, ses bras languissants. Je jugeai l'épreuve assez forte ; il m'eût été impossible de trouver du plaisir à la tourmenter. J'avais horreur du droit dont je suis investi, et dont elle me croyait capable d'user contre son gré. Je lui baisai les mains, et lui demandai de me dire sincèrement si elle avait quelque chagrin, et si quelque chose manquait à son bonheur. « Comment pourrais-je trouver que je ne suis point heureuse, me répondit-elle, quand tu n'es occupé qu'à me rendre la vie agréable, et à éloigner de moi les moindres contrariétés ? Quelle femme il faudrait être pour se plaindre de toi ! — Quand tu voudras changer ta vie, lui dis-je, habiter un autre pays, t'entourer d'une société plus nombreuse, tu sais qu'il te suffira de me dire un mot pour que je mette ma plus grande joie à te satisfaire ; si c'est l'ennui qui te rend malade et mélancolique, pourquoi ne me l'avoues-tu pas ? — Non, ce n'est pas l'ennui, me répondit-elle avec un soupir. » Et je vis qu'elle était tentée de m'ouvrir son cœur. Elle l'eût fait certainement si son secret n'eût appartenu qu'à elle ; mais elle ne devait pas me faire la confession d'un autre. Je l'aidai à la renfermer dans son sein, et je la quittai en lui disant : « Souviens-toi que je suis ton père, et que je te porterai dans mes bras pour t'empêcher de marcher sur les épines. Dis-moi seulement quand tu seras lasse de marcher seule ; et, dans quelque circonstance que nous nous trouvions, Fernande, ne me crains jamais. — Tu es un ange ! un ange ! » me dit-elle à plusieurs reprises ; et son visage me remercia malgré elle de ce que je m'en allais. Je rentrai dans ma chambre, et je tombai désolé sur mon lit ; je venais de franchir, pour la dernière fois de ma vie, le seuil de la sienne.

C'en est donc fait irrévocablement ; elle ne m'aime plus ! Hélas ! ne le sais-je pas depuis longtemps, et avais-je besoin d'une épreuve décisive pour m'en assurer ? N'y a-t-il pas bien des mois qu'elle aime Octave sans le savoir ? Cette paisible affection qu'elle me témoigne désormais, est-ce autre chose que de l'amitié ? Elle est heureuse avec moi maintenant, et elle commence à souffrir par lui ; car l'amour est chez elle une souffrance. La voilà en proie à toutes les terreurs et à toutes les difficultés de la vie sociale. Dieu sait combien de remords exagérés déchirent son cœur ; mais que dois-je faire ? L'éloignerai-je du danger et tâcherai-je de lui faire oublier Octave ? Si je la lance au milieu du monde, impressionnable et ingénue comme elle l'est, elle cherchera à aimer encore et elle fera un mauvais choix ; car elle est trop supérieure à ces poupées de salon qu'on appelle femmes du monde, pour prendre goût à leur existence vide et à leurs imbéciles plaisirs. Elle pourra en être étonnée, étourdie pour quelque temps, et se distraire de sa passion ; mais bientôt le besoin d'aimer qui est en elle se fera sentir plus vivement, et l'amour se réveillera dans son cœur, soit pour Octave, soit pour un autre qui ne la vaudra pas et qui la perdra. Et alors elle me haïra avec raison pour l'avoir arrachée à une affection qui était innocente encore, et qui l'aurait peut-être été toujours, et pour l'avoir précipitée dans un abîme de déceptions et de douleurs. Mais si je la laisse ici, un matin elle se trouvera criminelle à ses propres yeux ; elle se noiera dans ses larmes et m'accusera de l'avoir abandonnée au danger avec une lâche indifférence, ou avec une confiance stupide. Elle haïra peut-être son amant pour lui avoir fait souffrir ces agitations et ces remords ; elle me méprisera pour ne l'avoir pas préservée.

Je suis aussi incertain et aussi peu avancé qu'un homme qui n'aurait jamais prévu ce qui lui arrive. Pourtant voilà bientôt deux ans que j'emploie à retourner sous toutes les faces possibles l'avenir qui s'accomplit ; mais il y a cent mille manières de perdre l'amour d'une femme, la seule qu'on n'ait pas prévue est précisément celle qui se réalise. Il est absurde de se prescrire une règle de conduite, quand le hasard seul se charge de vous éclairer sur le meilleur parti à prendre. Voilà pourquoi les sociétés ne peuvent exister qu'au moyen de lois arbitraires, bonnes pour les masses, horribles et stupides pour les individus. Comment peut-on créer un code de vertu pour les hommes, quand un homme ne peut s'en faire un pour lui seul, et quand les circonstances le forcent à en changer dix fois dans sa vie ? L'année dernière, quand j'accusai Fernande de me tromper effrontément, j'allais partir, j'allais l'abandonner sans remords et sans compassion. Qu'est-ce qui change si étrangement ma conduite et mes dispositions aujourd'hui ? Elle aime Octave, comme je supposais qu'elle l'aimait alors ; ce sont les mêmes êtres, les mêmes lieux, la même position sociale ; mais ce n'est pas le même sentiment. Je la croyais grossièrement amoureuse d'un homme dans ce temps-là, et aujourd'hui, je vois qu'elle aime, en tremblant et malgré elle, une âme qui la comprend. Elle pâlit, elle frissonne, elle pleure, à présent ! Voilà toute la différence extérieure ; mais cette différence, c'est tout ; c'est celle d'une femme sans cœur à une femme noble et sincère. Je ne peux pas me consoler par le mépris, maintenant. Qu'a-t-elle fait pour perdre mon estime ? Rien, en vérité ; et quand même elle se serait abandonnée aux transports de son amant, elle n'aurait fait que céder à l'entraînement d'une destinée inévitable. Elle n'a plus d'amour pour moi, et elle a dix-neuf ans, et elle est belle comme un ange. Ce n'est ni sa faute, ni la mienne, si je ne lui inspire plus que de l'amitié ; puis-je demander plus de sacrifices, de dévouement et d'affection qu'elle n'en montre, en se combattant comme elle fait ? Puis-je exiger que son cœur se dessèche, et que sa vie finisse avec notre amour ?

Je serais un insensé et un monstre si je pouvais concevoir contre elle une pensée de colère ; mais je suis horriblement malheureux, car mon amour est encore vivant. Elle n'a rien fait pour l'éteindre ; elle m'a fait souffrir ; mais elle ne m'a ni offensé ni avili. Je suis vieux, et ne puis pas comme elle ouvrir mon cœur à un amour nouveau. Le moment de souffrir est venu ; il n'y a plus à espérer de le retarder ou de l'éviter. Du moins j'ai contre la souffrance un bouclier qu'aucune espèce de trait ne peut traverser ; c'est le silence. Tais-toi aussi, ma sœur ! Je me soulage en t'écrivant ; mais que ces discours ne viennent jamais sur nos lèvres.

LXIII.

DE FERNANDE A JACQUES.

Mon ami, puisque tu ne reviens que demain, je veux t'écrire aujourd'hui, et te faire une demande qui me coûte beaucoup ; mais tu m'as parlé hier soir avec tant de bonté et d'affection que cela m'encourage. Tu m'as dit que, si j'éprouvais quelque ennui dans ce pays-ci, tu te ferais un plaisir de me procurer toutes les distractions que je pourrais désirer. Je n'ai pas accepté sur-le-champ, parce que je ne savais comment t'expliquer ce que j'éprouve, et je ne sais pas encore comment je vais te le dire. De l'ennui ? auprès de toi, et dans un si beau lieu, avec mes enfants et deux amis comme ceux que nous avons, il est impossible que je connaisse l'ennui ; rien ne manque à mon bonheur, ô mon cher Jacques! et tu es le meilleur et le plus parfait des amis et des époux. Mais que te dirais-je? Je suis triste parce que je souffre, et je souffre sans savoir de quoi. J'ai des idées sombres, je ne dors pas, tout m'agite et me fatigue; j'ai peut-être une maladie de nerfs; je m'imagine que je vais mourir et que l'air que je respire m'étouffe et m'empoisonne. Enfin je sens, non pas le désir, mais le besoin de changer de lieu. C'est peut-être une fantaisie, mais c'est une fantaisie de malade, dont tu auras compassion. Éloigne-moi d'ici pour quelque temps; j'imagine que je serai guérie, et que je pourrai revenir avant peu Tu me disais l'autre jour que M. Borel t'engageait beaucoup à acheter les terres de M. Raoul, et tu me lisais une lettre où Eugénie se joignait à lui pour te supplier de venir examiner cette propriété et de m'amener passer l'été chez elle; j'ai comme un vague désir de prendre la distraction de ce voyage et de revoir ces bons amis. Engage notre chère Sylvia à nous accompagner; je ne saurais me séparer d'elle sans une douleur au-dessus de mes forces. Réponds-moi par le retour du domestique que je t'envoie. Épargne-moi l'embarras de m'expliquer davantage sur un caprice dont je sens le ridicule, mais que je ne puis surmonter. Traite-moi avec cette indulgence et cette divine douceur à laquelle tu m'as accoutumée. Bonjour, mon bien-aimé Jacques. Nos enfants se portent bien.

LXIV.

DE JACQUES A FERNANDE.

Tes désirs sont des ordres, ma douce petite malade; partons, allons où tu voudras; prépare et commande le départ pour la semaine prochaine, pour demain si tu veux; je n'ai pas d'affaire dans la vie plus importante que ta santé et ton bien-être. J'écris à l'instant même à Borel pour lui dire que j'accepte son obligeante proposition. Précisément j'ai des fonds à déplacer, et il me sera agréable de les porter en Touraine, sous les yeux d'un ami qui en surveillera le revenu. Il m'eût été cruel de faire sans toi ce voyage; je ne sais pas si Sylvia pourra nous accompagner. Cela présente plus de difficultés et d'inconvénients que tu ne penses; j'en parlerai avec elle, et si la chose n'est pas impossible absolument, elle ne te quittera pas. Nous partirons donc pour aussi longtemps que tu voudras, ma bonne fille chérie; mais souviens-toi que si tu t'ennuies et te déplais à Cerisy, fût-ce le lendemain de notre arrivée, je serai tout prêt à te conduire ailleurs, ou à te ramener ici. Ne crains pas de me paraître fantasque : je sais que tu souffres, et je donnerais ma vie pour alléger ton mal. Adieu. Un baiser pour moi à Sylvia, et mille à nos enfants.

LXV.

D'OCTAVE A FERNANDE.

Ainsi, vous partez! Je vous ai offensée, et vous m'abandonnez au désespoir, pour ne pas entendre les inutiles lamentations d'un importun. Vous avez raison; mais cela vous ôte beaucoup de votre mérite à mes yeux. Vous étiez bien plus grande quand vous me disiez que vous ne m'aimiez pas, mais que vous aviez pitié de moi, et que vous me supporteriez auprès de vous tant que j'aurais besoin de vos consolations et de votre appui. A présent, vous ne dites plus rien. Je vous parle de mon amour dans le délire de la fièvre, et vous avez la charité de ne pas me répondre, pour ne pas me désespérer, apparemment; mais vous n'avez pas la patience de m'entendre davantage, et vous partez! Vous vous êtes lassée trop tôt, Fernande, du rôle sublime dont vous aviez conçu l'idée, mais que vous n'avez pas eu la force de remplir. Mon amour n'a pas eu le temps de guérir; mais il s'est aigri, et la plaie est plus âcre et plus envenimée qu'auparavant.

Votre conduite est fort prudente. Je ne vous aurais jamais crue si ingénieuse : vous avez arrangé tout cela en un clin d'œil, et vous avez surmonté tous les obstacles avec toute l'habileté et tout le sang-froid du tacticien le plus expérimenté. Cela est bien beau pour votre âge! Sylvia était brutale et franche; elle partait en me laissant des billets où elle m'apprenait sans façon qu'elle ne m'aimait pas. Vous êtes plus politique; vous savez profiter des occasions et les saisir au vol; vous arrangez tout d'une manière si savante et si vraisemblable, qu'on jurerait que c'est votre mari qui vous entraîne, tandis que son cœur généreux et brave hésite, s'étonne et se soumet sans savoir ce qui vous passe par l'esprit. Sylvia se soucie médiocrement d'aller s'installer chez des gens qu'elle ne connaît pas, et qui la traiteront peut-être fort lestement; mais vous ne tenez compte de rien. Vous me comblez devant eux d'hypocrites témoignages de regret et d'attachement, et vous évitez si bien de vous trouver seule un instant avec moi, que, si j'étais furieux, je serais désespéré. Soyez tranquille; j'ai autant d'orgueil qu'un autre quand on m'irrite par le mépris. Vous auriez dû me témoigner le vôtre dès le jour où j'ai eu l'insolence de vous parler d'amour : je serais parti sur-le-champ, et vous seriez débarrassée de moi depuis longtemps Pourquoi prendre tant de peine aujourd'hui ? pourquoi quitter votre maison et déplacer toute votre famille, quand vous n'avez qu'un mot à dire pour me renvoyer en Suisse? Croyez-vous que je veuille m'attacher à vos pas et vous fatiguer de mes poursuites? Vous avez choisi pour refuge la maison Borel, pensant que c'était le seul lieu du monde où je n'oserais pas vous suivre : eh! mon Dieu, c'est trop de soin ; restez et vivez en paix ; je pars dans un quart d'heure. Défaites vos malles ; dites à votre mari que vous avez changé d'idée : je vous ai vue ce matin pour la dernière fois de ma vie. Adieu, Madame.

LXVI.

DE FERNANDE A OCTAVE.

Vous vous trompez absolument sur les causes de mon départ et de ma conduite avec vous. J'exige que vous restiez jusqu'à demain, à moins que vous ne vouliez faire deviner à mon mari un secret qui peut compromettre son bonheur et mon repos. Ce soir, à neuf heures, nous partirons, après nous être pressé la main. Allez au grand ormeau, vous trouverez sous la pierre mon dernier billet, mon dernier adieu.

DE FERNANDE A OCTAVE.

(Billet placé sous la pierre de l'ormeau.)

Je pars parce que je vous aime; vous le dire et résister à vos transports m'eût été impossible. Partir sans vous le dire est également au-dessus de mes forces. Je suis un être faible et souffrant ; je ne puis commander à mon cœur ; j'aime mes devoirs et je veux sincèrement les remplir. Ce que j'entends par mes devoirs, ce ne sont pas les seules lois de la société; la société châtie sévèrement ceux qui lui désobéissent; mais Dieu est plus indulgent qu'elle, et il pardonne. Je saurais braver pour vous le ridicule et le blâme qui s'attachent aux fautes d'une femme; mais ce que je ne puis vous immoler, le sacrifice que vous refuseriez, c'est le bonheur de Jacques. Que n'est-il moins parfait ! que n'a-t-il envers moi quelque tort qui m'autorise à disposer de mon honneur et de mon repos comme je l'entendrais ! Mais, quand toute sa conduite est sublime envers moi et envers vous, que pouvons-nous faire? Nous soumettre, nous fuir, et mourir de chagrin plutôt que d'abuser de sa confiance.

Je ne sais pas quand j'ai commencé à vous aimer. Peut-être est-ce dès le premier jour que je vous ai vu, peut-être Clémence avait-elle tristement raison en m'écrivant que je réussissais à donner le change à ma conscience, mais que j'étais déjà perdue lorsque je croyais travailler à votre réconciliation avec Sylvia. Je ne sais plus maintenant apprécier au juste ce qui s'est passé dans ma pauvre tête depuis un an; je suis brisée de fatigue, de combats, d'émotions. Il est temps que je parte; je ne sais plus ce que je fais; je suis comme vous étiez il y a un mois. Alors je me sentais encore de la force; d'ailleurs, la crainte de vous perdre m'en donnait. Que n'aurais-je pas imaginé, que ne me serais-je pas persuadé, que n'aurais-je pas juré à Dieu et aux hommes, plutôt que de renoncer à vous voir? Cette idée était trop affreuse, je ne pouvais l'accueillir; mais la victoire que nous nous flattions de remporter était au-dessus des forces humaines; à présent vous vis-je au point d'enthousiasme et de courage où je vous priais d'atteindre, que mon âme se brisa comme une corde trop tendue; je tombai dans une tristesse inexplicable, et quand j'en sortais pour contempler avec admiration votre dévouement et votre vertu, je sentais qu'il fallait vous fuir ou me perdre avec vous. Que Dieu nous protège! A présent le sacrifice est consommé; si je succombe, souvenez-vous de moi pour me plaindre et pour me pardonner ce que je vous ai fait souffrir.

Si vous voulez m'accorder une grâce, restez encore quelques jours à Saint-Léon; et puisque Silvia n'a pu se décider à me suivre, profitez de cette sainte amitié que la Providence vous offre comme une consolation. Elle est triste aussi; j'ignore ce qu'elle a; peut-être devine-t-elle que je suis malheureuse. Elle se dévoue à mes enfants; elle leur servira de mère. Voyez-les, ces pauvres enfants que j'abandonne aussi, pour fuir tout ce que j'ai de plus cher au monde à la fois; leur vue vous rappellera mes devoirs et les vôtres; vous souffrirez moins pendant les premiers jours. Si, au lieu de vous plonger dans la solitude, vous vous nourrissez l'âme du témoignage de notre honnête amitié et du spectacle de ces lieux, où tout vous parlera des graves et augustes devoirs de la famille et de l'honneur, vous vous souviendrez d'y avoir été heureux par la vertu, et vous vous réjouirez de n'avoir pas souillé la pureté de ce souvenir.

LXVII.

DE SYLVIA A JACQUES.

Saint-Léon.

Vous avez bien fait de me laisser vos enfants; ce voyage eût fait beaucoup de mal à la fille, qui n'est pas bien portante. Son indisposition ne sera rien, j'espère; elle serait devenue sérieuse dans une voiture, loin des mille petits soins qui lui sont nécessaires. Ne parle pas à ta femme de cette indisposition, qui sera guérie sans doute quand tu recevras ma lettre. C'est une grande terreur pour moi que la moindre souffrance de tes enfants, surtout à présent que je suis seule. Je tremble de voir leur santé s'altérer par ma faute; je ne les quitte pourtant pas d'une minute, et je ne goûterai pas un instant de sommeil que notre chère petite ne soit tout à fait bien.

Je suis heureuse d'apprendre que vous avez fait un bon voyage, et que vous avez reçu le plus aimable accueil; mais je m'afflige et m'effraie de la tristesse épouvantable où tu me dis que Fernande est plongée. Pauvre chère enfant! Peut-être as-tu mal fait de céder si vite à son désir; il eût fallu lui donner le temps de réfléchir et de se raviser. Il m'a semblé qu'au moment de partir, elle était au désespoir, et que, sans la crainte de te déplaire, elle eût renoncé à ce voyage. Je n'augure rien de bon de cette séparation. Octave est comme fou. J'ai réussi à le retenir jusqu'à présent que je désespère de le calmer. J'ai essayé de le faire parler; j'espérais qu'en ouvrant son cœur et en l'épanchant dans le mien, il se calmerait ou se pénétrerait davantage de la nécessité d'être fort; mais la force n'est pas dans l'organisation d'Octave; et quand même j'obtiendrais quelques nobles promesses, sa résolution serait l'enthousiasme de quelques heures. Je le connais, et le voyant aussi sérieusement épris de Fernande, j'espère peu à présent qu'il la seconde dans ses généreux projets. Il est dans une agitation effrayante; sa souffrance paraît si vive et si profonde, que j'en suis émue de compassion et que je pleure sur lui du fond de mon âme. Sois indulgent et miséricordieux, ô mon Jacques! car ils sont bien à plaindre. Je n'ai jamais été dans cette situation, et je ne sais vraiment pas ce que je ferais à leur place. Ma position indépendante, mon isolement de toute considération sociale, de tout devoir de famille, sont cause que je me suis livrée à mon cœur lorsqu'il a parlé. Si j'ai de la force, ce n'est pas à me combattre que je l'ai acquise; car je n'en ai jamais eu l'occasion. L'idée de sacrifier une passion réelle et profonde à ce monde que je hais me paraît si horrible, que je ne m'en crois pas capable. Il est vrai que les seuls devoirs réels de Fernande sont envers toi; et ta conduite en impose de tels à tous ceux qui t'aiment, qu'il ne doit plus y avoir un instant de bonheur pour ceux qui te trahissent. Aide-la donc avec douceur à accomplir cet holocauste de son amour; j'essaierai d'obtenir quelque chose de la vertu d'Octave; mais il me ferme l'accès de son cœur, et je ne puis vaincre la répugnance que j'éprouve à forcer la confiance d'une âme qui souffre, fût-ce avec l'espoir de la guérir.

LXVIII.

D'OCTAVE A HERBERT.

Je suis dans un état déplorable, mon cher Herbert; plains-moi et n'essaie pas de me conseiller; je suis hors d'état d'écouter quoi que ce soit. Elle a tout gâté en me disant qu'elle m'aime; jusque-là, je me croyais méprisé; le dépit m'aurait donné des forces; mais, en me quittant, elle me dit qu'elle m'aime, et elle espère que je me résignerai à la perdre. Non, c'est impossible; qu'ils disent ce qu'ils voudront, ces trois êtres étranges parmi lesquels je viens de passer un an qui m'apparaît comme un rêve, comme une excursion de mon âme dans un monde imaginaire! Qu'est-ce que la vertu dont ils parlent sans cesse? La vraie force est-elle d'étouffer ses passions ou de les satisfaire? Dieu nous les a-t-il données pour les abjurer? et celui qui les éprouve assez vivement pour braver tous les devoirs, tous les malheurs, tous les remords, tous les dangers, n'est-il pas plus hardi et plus fort que celui dont la prudence et la raison gouvernent et arrêtent tous les élans? Qu'est-ce donc que cette fièvre que je sens dans mon cerveau? Qu'est-ce donc que ce feu qui me dévore la poitrine, ce bouillonnement de mon sang qui me pousse, qui m'entraîne vers Fernande? Est-là les sensations d'un être faible? Ils se croient forts parce qu'ils sont froids. D'ailleurs, qui sait le fond de leurs pensées? qui peut deviner leurs intentions réelles? Ce Jacques qui m'abandonne et me livre au danger pendant un an, et qui, malgré sa pénétration exquise en toute autre chose, ne s'aperçoit pas que je deviens fou sous ses yeux; cette Sylvia qui redouble d'affection pour moi, à mesure que je me console de ses dédains et que je les brave en aimant une autre femme, sont-ils sublimes ou imbéciles? Avons-nous affaire à de froids raisonneurs qui contemplent notre souffrance avec la tranquillité de l'analyse philosophique, et qui assisteront à notre défaite avec la superbe indifférence d'une sagesse égoïste? ou à des héros de miséricorde, à des apôtres de la morale du Christ qui acceptent le martyre de leurs affections et de leur orgueil? A présent que j'ai perdu l'aimant qui m'attachait à eux, je ne les connais plus; je ne sais plus s'ils me raillent, s'ils me pardonnent ou s'ils me trompent. Peut-être qu'ils me méprisent; peut-être qu'ils s'applaudissent de leur ascendant sur Fernande, et de la facilité avec laquelle ils m'ont séparé d'elle au moment où elle allait être à moi. Oh! s'il en était ainsi, malheur à eux! Vingt fois par jour je suis au moment de partir pour la Touraine.

Mais cette Sylvia m'arrête et me fait hésiter. Maudite soit-elle! Elle exerce encore sur moi une influence qui à quelque chose d'irrésistible et de fatal. Toi qui crois au magnétisme, tu aurais ici beau jeu pour expliquer le pouvoir qu'elle a encore sur moi après que mon amour pour elle est éteint, et quand nos caractères s'accordent et se ressemblent si peu. Quand Fernande était ici, j'étais si heureux, si enivré au milieu de toutes mes souffrances, que je pensais tout ce qu'elle disait. Sylvia était mon amie, ma sœur chérie, comme elle était l'amie et la sœur chérie de Fernande. A présent, elle m'étonne et m'inspire de la méfiance. Je ne peux pas croire qu'elle ne soit pas mon ennemie, et la pitié qu'elle me marque m'humilie comme le plus superbe témoignage de mépris qu'une femme puisse donner à un ancien amant. Ah! si je pouvais me livrer à elle, pleurer dans son sein, lui dire ce que je souffre, et si j'étais sûr qu'elle y compatît!! Mais à quoi cela me mènerait-il? elle est la sœur de Jacques, ou du moins il a en elle une amie si intime, qu'elle ne peut que blâmer et contrarier mon amour. Quand même elle serait assez généreuse pour désirer de me voir heureux avec une autre qu'elle, Fernande est précisément la seule femme qu'elle ne peut pas m'aider à obtenir. Ah! si elle me méprise, elle a bien raison, car je suis un homme sans caractère et sans conviction. Je sens que je ne suis ni méchant, ni vicieux, ni lâche; mais je me laisse aller à tous les flots qui me ballottent, à tous les vents qui me poussent. J'ai eu dans ma vie des moments de folie et sainte exaltation, puis des découragements affreux, puis des doutes cruels et un profond dégoût des gens et des choses qui m'avaient paru sublimes la veille. J'ai aimé Sylvia avec ferveur; j'ai cru pouvoir m'élever jusqu'à elle, qui me paraissait à demi cachée dans les cieux; puis je l'ai méprisée jusqu'à la soupçonner d'être une courtisane; puis je l'ai estimée au point de vivre son ami après avoir été repoussée comme amant; maintenant elle me fait peur et j'ai comme une sorte de haine contre elle; et pourtant je ne puis m'arracher encore aux lieux qu'elle habite; il me semble qu'elle a à me dire quelque parole qui pourra me sauver.

Mais pourquoi suis-je ainsi? pourquoi ne puis-je ni rien croire, ni rien nier décidément? Oh! j'ai eu une belle nuit avec Fernande! j'ai versé à ses pieds des larmes qui m'ont semblé descendre du ciel; mais peut-être n'était-ce qu'une comédie que je jouais vis-à-vis de moi-même, et dont j'étais à la fois l'acteur inspiré et le spectateur niaisement émerveillé? Qui sait, qui peut dire ce qu'il est? Et à quoi sert de se chauffer le cerveau jusqu'à ce qu'il éclate? à quoi mène cette exaltation qui tombe d'elle-même comme la flamme? Fernande était sincère dans ses résolutions, dans sa confiance, la pauvre enfant; et tout en jurant à Dieu qu'elle ne m'aimerait point, elle m'aimait déjà en secret. Elle se savoir au danger de me le dire, et elle me l'écrit naïvement! Oh! c'est cela qui me la fait aimer! c'est cette faiblesse adorable qui met son cœur au niveau du mien! D'elle, au moins, je n'ai jamais douté; je sens ce que j'ai senti dès le premier jour : c'est que nous sommes faits l'un pour l'autre, et que son être est de la même nature que le mien. Ah! je n'ai jamais aimé Sylvia, c'est impossible, nous nous ressemblons si peu! Presser Fernande dans mes bras, c'est presser une femme, la femme de mon choix et de mon amour! et on s'imagine que j'y renoncerai? Mais qu'arrivera-t-il? qu'importe? on la rend malheureuse, je l'enlèverai avec sa fille, que j'adore, et nous irons vivre au fond de quelque vallée de ma patrie. Tu me donneras bien un asile? Ah! ne me sermonne pas, Herbert; je sais bien que je me rends malheureux, et que je fais folie sur folie; je sais bien que, si j'avais une profession, je ne serais pas oisif; que, si j'étais comme toi, ingénieur des ponts et chaussées, je ne serais pas amoureux; mais que veux-tu que j'y fasse? je ne suis propre à aucun métier; je ne puis me plier à aucune règle, à aucune contrainte. L'amour m'enivre comme le vin; si je pouvais, comme toi, porter deux bouteilles de vin du Rhin sans extravaguer, j'aurais pu passer un an entre deux femmes charmantes sans être amoureux de l'une ni de l'autre.

Adieu; ne m'écris pas, car je ne sais pas où je vais. Je fais mon portemanteau vingt fois par jour; tantôt je veux aller à Genève oublier Fernande, Jacques et Sylvia, et me consoler avec mon fusil et mes chiens; tantôt je veux aller me cacher à Tours, dans quelque auberge d'où je serai à portée d'écrire à Fernande et de recevoir ses réponses; tantôt je ris de pitié en me voyant si absurde; tantôt je pleure de rage d'être si malheureux.

LXIX.

DE JACQUES A SYLVIA.

Ce que tu me mandes de ma fille m'effraie extrêmement; c'est la première fois qu'elle est malade, et, dans l'ordre des choses, elle aurait dû et devra l'être souvent; mais je ne puis commander à mon inquiétude quand il s'agit de mes enfants, parce qu'ils sont jumeaux, et que leur existence est plus précaire que celle des autres. La petite est bien plus délicate que son frère, et cela justifie la croyance générale qu'un des deux vit toujours aux dépens de l'autre dans le sein de la mère. Si elle va plus mal, écris-le-moi sans hésiter. J'irai te rejoindre, non pour aider à tes soins, qui ne peuvent être que parfaits, mais pour te soulager de la terrible responsabilité qui pèse sur toi. J'ai caché et je cacherai cette nouvelle à Fernande aussi longtemps que je pourrai; sa santé est réellement très-altérée, le chagrin et l'inquiétude aggraveraient son mal. Elle est entourée de soins, d'amitiés et de distractions; mais rien n'y fait. Elle est d'une tristesse qui me consterne, et ses nerfs sont dans un état d'irritation qui change entièrement son caractère. Tu as raison, Sylvia, cette séparation n'a produit rien de bon. Il y a peu d'âmes qui soient organisées assez vigoureusement pour se maintenir dans le calme d'une forte résolution; toutes les consciences honnêtes sont capables de la générosité d'un jour, mais presque toutes succombent le lendemain à l'effort du sacrifice. J'ai cru qu'il était de mon devoir de consentir à celui de Fernande et même de le seconder; ce n'est pas que j'en aie espéré un résultat heureux pour moi. Quand l'amour est éteint, rien ne le rallume; et en m'arrachant à notre Dauphiné, je n'avais pas certainement sur le visage l'imbécile joie d'un mari dont la vanité triomphe. Je n'avais pas non plus dans le cœur l'imprudent espoir d'un amant qui se flatte de retrouver son bonheur dans l'immolation du bonheur d'autrui. Je savais bien que Fernande aimerait Octave absent d'un amour plus acharné, et que je la déroberais seulement au danger dont sa pudeur eût peut-être suffi pour la préserver. Je savais que le sien s'enfoncerait dans son cœur à mesure qu'elle s'efforcerait de le retirer. Tous les hommes oublient ce qu'ils ont éprouvé, et feignent de ne plus savoir ce que c'est que l'amour quand on leur retire celui qu'ils croyaient posséder. Il faut voir alors par quels stupides arguments ils essaient de prouver que la femme qui les quitte est coupable envers eux. Pour moi, je n'accuserais Fernande que dans le cas où elle recevrait mes caresses d'un front serein, avec un sourire trompeur sur les lèvres. Mais sa conduite est noble; sa tristesse protesterait contre ma tyrannie, si j'étais assez grossier pour l'exercer. Dans l'espèce d'aversion qu'elle me témoigne malgré elle de temps en temps, il y a une violence de sincérité que je préfère à une hypocrite douceur. Pauvre enfant! pauvre chère enfant! comme tu dis, elle fait ce qu'elle peut. Dans de certains moments elle se jette à mon cou en sanglotant, dans d'autres elle me repousse avec horreur. Que peut-elle craindre de moi? Je lui proposerai bientôt de revenir si son état ne s'améliore pas; car je ne veux pas qu'elle soit malheureuse et qu'elle me haïsse. Tous les chagrins, tous les affronts sur moi plutôt que celui-là! J'attends encore quelques jours; l'excitation où elle est s'apaisera peut-être comme le redoublement d'une maladie. J'ai dû consentir à l'amener ici, même avec la conviction que cela ne servirait à rien; j'ai dû lui laisser la faculté de faire un noble effort, et de mettre dans sa vie le souvenir d'un jour de vertu; ce sera un remords de moins pour l'avenir, un droit de plus à mon respect. Quand elle sera lasse de combattre, je ne lèverai point le bras pour l'achever, mais je le lui offrirai pour s'y reposer. Hélas! si elle savait combien je l'aime! Mais je me tais désormais; mon amour serait un reproche, et je respecte sa souffrance. Insensé que je suis! il y a des instants où je me flatte qu'elle va revenir à moi, et qu'un miracle va s'accomplir pour me récompenser de tout ce que j'ai dévoré de douleurs dans le cours de ma triste vie!

LXX.

DE SYLVIA A JACQUES.

Il faut que tu viennes me trouver; ta fille tombe dans un état de marasme qui fait des progrès effrayants; amène quelque médecin plus habile que ceux que nous avons ici. Si Fernande est réellement aussi malade et aussi triste que tu le dis, cache-lui l'état de sa fille; et pourtant comment lui annoncerons-nous plus tard la vérité, si mes craintes se justifient? Fais ce que tu jugeras le plus prudent. La laisseras-tu ainsi sans toi chez ces Borel? La soigneront-ils bien? Il est vrai que sa mère va arriver au Tilly, à ce qu'elle me mande, et qu'elle ira chez elle si elle veut; mais d'après tout ce que tu m'as dit de sa mère, c'est une mauvaise amie et un triste appui pour Fernande. Ah! pourquoi nous sommes-nous quittés? cela nous a porté malheur.

Octave est parti pour Genève; il a accompli aussi son sacrifice; que peut-on lui demander de plus? J'ai vainement essayé d'adoucir son chagrin par mon amitié; je me suis convaincue plus que jamais que son âme n'est point grande, et que les petitesses de la vanité ou de l'égoïsme, je ne sais lequel des deux, en ferment l'entrée aux idées élevées et aux nobles sentiments. Croirais-tu qu'il a longtemps hésité à savoir si j'avais l'intention de découvrir ses secrets pour en abuser, ou si j'étais sincère dans mon désir de le réconcilier avec lui-même? Croirais-tu qu'il a eu l'idée ridicule que je lui faisais des coquetteries pour le ramener à mes pieds? Il me suppose ce vil et sot amour-propre; il me croit occupée à ces calculs petits et méprisables, quand mon cœur est brisé de la douleur de Fernande et de la sienne, quand je donnerais mon sang pour les guérir en les divisant, pour les envoyer vivre heureux dans quelque monde où tu n'aurais jamais mis le pied, et où leur bonheur ne toucherait point à ton existence. Pauvre Octave! son plus grand malheur est de comprendre par l'intelligence ce que c'est que la grandeur, mais d'avoir le cœur trop froid ou le caractère trop faible pour y atteindre. Il croit que Fernande est son égale, et il se trompe : Fernande est très-au-dessus de lui, et Dieu fasse qu'elle puisse l'oublier, car l'amour d'Octave ne la rendrait peut-être que plus malheureuse. Enfin il est parti en me jurant qu'il allait en Suisse. Attendons le destin, et, quel qu'il soit, dévouons-nous à ceux qui n'ont pas la force de se dévouer.

LXXI.

D'OCTAVE A FERNANDE.

Votre mari est en Dauphiné et moi je suis à Tours; vous m'aimez et je vous aime, voilà tout ce que je sais. Je trouverai moyen de vous voir et de vous parler, n'en doutez pas. N'essayez pas de me fuir encore, je vous suivrais jusqu'au bout de la terre. Ne craignez pas que je vous compromette, je serai prudent; mais ne me réduisez pas au désespoir, et ne déjouez pas par une inutile et folle résistance les moyens que je prendrai pour arriver à vous sans que personne s'en doute. Que craignez-vous de moi? quels sont ces dangers qui vous épouvantent? Pensez-vous que je veuille d'un bonheur qui vous coûterait des larmes? M'estimez-vous assez peu pour croire que je vous demanderai des sacrifices? Je ne veux que vous voir, vous dire que je vous aime, et vous décider à retourner à Saint-Léon. Là nous reprendrons notre ancienne vie, vous resterez aussi pure que vous l'êtes, et je serai aussi malheureux que vous voudrez. Je puis tout promettre et tout accepter pourvu qu'on ne me sépare pas de vous; cela seul est impossible.

J'ai déjà fait le tour du château et des jardins de Cerisy, j'ai déjà gagné le jardinier et apprivoisé les chiens. Cette nuit je suis passé sous vos fenêtres, il était deux heures du matin, et il y avait de la lumière dans votre chambre; demain je vous écrirai comment nous pouvons nous voir sans le moindre danger. Je sais que vous êtes malade, et, s'il faut répéter l'expression de ceux qui parlent de vous, un secret chagrin vous tue. Et tu crois que je t'abandonnerai quand ton mari te laisse pour aller serrer ses foins et philosopher avec Sylvia, tout en comptant ses denrées et son argent? Pauvre Fernande! ton mari est une mauvaise copie de M. de Wolmar; mais certainement Sylvia ne se pique pas d'imiter le désintéressement et la délicatesse de Claire; c'est une coquette froide et très-éloquente, rien de plus. Cesse de mettre ces deux êtres de glace au-dessus de tout, cesse de leur sacrifier ton bonheur et le mien; jette-toi dans les bras de celui qui t'aime, réfugie-toi dans le seul cœur qui t'ait comprise. Impose-moi tous les sacrifices que tu voudras, mais laisse-moi pleurer à tes genoux encore une fois, et te dire combien je t'aime, et que j'entende ce mot sortir de ta bouche.

LXXII.

D'OCTAVE A HERBERT.

Je suis à Tours depuis un grand mois, comptant les jours le plus patiemment que je peux, et à tendant les rares instants où il m'est permis de la voir. Encore ai-je perdu quinze jours à demander et à obtenir cette faveur. L'imprudente! elle ne sait pas combien sa résistance, ses scrupules et ses larmes m'attachent à elle et donnent de force à ma passion. Rien n'irrite mon désir, rien ne m'éveille de mon indolence naturelle comme les obstacles et les refus. J'ai eu assez à combattre sa terreur d'être découverte et compromise, j'ai été fort occupé. Tu dis que je n'ai pas d'emploi; je t'assure qu'il n'y a pas de profession plus active et plus assujettissante que celle de pénétrer auprès des femmes du monde et la vertu se chargent de garder. J'ai eu à lutter contre madame de Luxeuil (cette Clémence dont je t'ai parlé une fois), le philosophe le plus pédant et le plus insupportable de la terre, la femme la plus sèche, la plus froide, la plus jalouse du bonheur d'autrui. Je l'avais parfaitement jugée d'après ses lettres. J'ai eu occasion de faire parler d'elle un mien ami qui est à Tours, et qui la connaît fort bien, parce qu'elle y vient souvent. Je sais maintenant que c'est ce qu'on appelle une personne distinguée, un de ces êtres qui ne peuvent ni aimer ni se faire aimer, et qui donnent leur malédiction à tout ce qui aime sur la terre; pédagogues femelles qui ont le triste avantage de voir clairement le malheur des autres, et de le prédire avec une joie malicieuse pour se consoler d'être étrangers aux biens et aux maux des vivants; momies qui ont des sentences écrites sur parchemin à la place du cœur, et qui mettent leur gloire à étaler leur fatal bon sens et leur raison impitoyable à défaut d'affection et de bonté. Sachant que Fernande était à Cerisy, et qu'au dire des voisins tourangeaux elle se mourait d'une maladie de langueur, elle est venue la voir et se repaître de sa tristesse, comme un corbeau qui attend le dernier soupir d'un mourant sur le champ de bataille. Je ne sais pas même si elle n'a pas indisposé contre la pauvre Fernande madame Borel, leur compagne commune de couvent. Fernande trouve que tout le monde lui bat froid, et ne peut s'empêcher de regretter Saint-Léon. Elle y retournera, je l'y déciderai, et là je vaincrai ses scrupules et les miens : oui, les miens; car je t'avoue, Herbert, que je suis le plus misérable séducteur qu'il y ait jamais eu. Je ne suis un héros ni dans la vertu ni dans le vice : c'est peut-être pour cela que je suis toujours ennuyé, agité et malheureux les trois quarts du temps. J'aime trop Fernande pour renoncer à elle; je préfère commettre tous les crimes et supporter tous les malheurs; mais cet amour est trop vrai pour que je veuille la persécuter et l'effrayer par des transports qu'elle ne partage pas encore. Elle les partagera, Dieu et la nature le veulent. Quelle digue peut s'opposer à l'amour de deux êtres qui s'entendent et dont les brûlantes aspirations s'appellent et se répondent à toute heure? Je conçois les joies extatiques de l'amour intellectuel chez ces amants jeunes et pleins de vie, qui retardent voluptueusement l'étreinte de leurs bras pour s'embrasser longtemps avec l'âme. Chez les captifs ou les impuissants, c'est une vaine parade d'abnégation qu'expient en secret le spleen et la misanthropie. Je divague donc avec Fernande, et je m'élève dans les régions du platonisme tant qu'elle veut. Je suis sûr de redescendre sur la terre et de l'y entraîner avec moi quand je voudrai.

Tu dois t'étonner de la vie que je mène : moi aussi; mais, au bout du compte, cet abandon de moi-même au hasard ou au destin, cette soumission de mes actions à mes passions est la seule chose qui me convienne. Je suis un vrai jeune homme, je le sais, au moins je l'avoue, et seul peut-être parmi tous ceux que je vois, je ne joue point de rôle. Je me laisse aller au gré de ma nature, et je n'en rougis pas. Les uns se drapent, les autres se fardent; il en est qui se plâtrent et voudraient se changer en statues majestueuses. Il en est d'autres qui attachent des ailes de papillon à des organisations de tortue. En général, les vieux se font jeunes, et les jeunes affectent la sagesse et la gravité de l'âge mûr. Moi, je suis tout ce qui me passe par la tête et ne m'occupe en aucune façon des spectateurs. J'écoutais dernièrement deux hommes se dépeindre l'un à l'autre. L'un se disait bilieux et vindicatif, l'autre indolent et apathique. Quand nous nous séparâmes en quittant la diligence, tous deux s'étaient déjà révélés : le prétendu bilieux s'était laissé provoquer avec le plus grand sang-froid par l'apathique, lequel n'avait pu supporter une contradiction très-légère sur une question politique. Le besoin de l'affectation est si grand chez les hommes, qu'ils se vantent des défauts qu'ils n'ont pas, plus volontiers que des qualités qu'ils peuvent avoir.

Moi, je cours après l'aimant qui m'attire, et ne tourne les yeux ni à droite ni à gauche pour savoir ce qu'on dit de ma démarche. Quelquefois je me regarde au miroir, et je ris de moi-même ; mais je ne change rien à ma manière d'être, cela me donnerait trop de peine. Avec ce caractère-là, j'attends sans trop d'ennui ni de désespoir ce que le destin va faire de moi ; j'occupe mes instants le plus paisiblement du monde ; la pensée de mon amour suffit pour réchauffer ma tête et entretenir mon espérance. Enfermé dans ma petite chambre d'auberge assez fraîche et sombre, j'emploie à dessiner ou à lire des romans (tu sais que j'ai la passion des romans) les heures les plus chaudes de la journée. Personne ici ne me connaît que deux ou trois jeunes gens de Paris qui n'ont aucun rapport avec les Borel. D'ailleurs, les Borel ne connaissent ni mon nom ni ma figure, et mon séjour ici ne peut compromettre Fernande auprès de personne. Jacques lui écrit toujours qu'il reviendra la chercher la semaine prochaine ; mais il est clair comme le jour qu'il n'y pense guère ou qu'il est plus occupé des soins de son exploitation que de sa femme. Il est vrai qu'il ne tient qu'à elle de demander des chevaux de poste, de monter dans sa voiture avec Rosette et d'aller le rejoindre. C'est à quoi je travaille à la décider, car je partirais aussitôt pour mon ermitage, et j'arriverais à quelques jours de distance, en disant à Jacques et à Sylvia que j'ai été faire un tour en Suisse. Ou ils ne se doutent de rien, ou ils veulent ne rien voir. Cette dernière opinion est celle à laquelle je m'abandonne le plus volontiers ; elle apaise beaucoup un reste de remords qui me revient à l'esprit lorsque Fernande, avec ses grands yeux humides d'amour, et ses grands mots de sacrifice et de vertu, me replonge dans les incertitudes du desir et de la timidité. Moi, timide ! c'est pourtant vrai. J'escaladerais les murailles de Babel, et je braverais tous les gardiens de la beauté, eunuques, chiens et gardes-chasse ; mais un mot de la femme que j'aime me fait tomber à genoux. Heureusement les prières d'un amant sont plus impérieuses que les menaces de toute la terre, et même que les terreurs de la conscience. Je verrai Fernande ce soir. Elle vient quelquefois au bal des officiers de la garnison avec madame Eugénie Borel ; je la fais danser sans avoir l'air de la connaître, si ce n'est comme une figure de bal, et je trouve le moyen de lui dire quelques mots. Madame Borel a ici une grande vieille maison déserte, une espèce de pied-à-terre dont on n'ouvre les volets et les portes qu'une fois par semaine. Il doit être facile d'y pénétrer et d'y donner rendez-vous à Fernande. Elle ne veut plus que l'amour rôder dans le parc de Cerisy. J'aime pourtant bien l'amour espagnol ; mais la poltronne n'est plus du même avis.

LXXIII.

DE M. BOREL A JACQUES.

Mon vieux camarade,

Ta fille se meurt, c'est fort bien ; mais ta femme se perd, c'est autre chose. Tu ne peux empêcher l'un, et tu dois t'opposer à l'autre. Laisse donc tes enfants à quelque personne sûre, et reviens chercher madame Fernande. Je me chargerais bien de te la reconduire si tu m'avais donné le droit de lui commander. Mais je n'ai eu de toi à ton départ que cette parole : « Mon ami, je te confie ma femme. » Je ne sais pas bien ce que tu entendais par là, toi qui es un philosophe, et dont les idées diffèrent beaucoup des nôtres ; moi, je suis un vieux militaire et ne connais que le code du régiment. Or, dans mon temps, voilà comme cela se passait, et, dans mon intérieur, voici comment cela se passe encore. Quand un ami, un frère d'armes me recommande sa femme ou sa maîtresse, sa sœur ou sa fille, je me crois investi des droits, ou, pour parler plus juste, chargé des devoirs suivants : 1° souffleter ou bâtonner tout impertinent qui s'adresse à elle avec l'intention évidente de porter atteinte à l'honneur de mon ami, sauf à rendre raison de ma manière de procéder au souffleté ou au bâtonné, si telle est son humeur. Ce premier point sera fidèlement exécuté, tu peux y compter, si le larron de ton honneur me tombe sous la main ; mais jusqu'ici il est aussi insaisissable que la flamme et le vent. 2° Je me crois obligé, quand la femme de mon ami est récalcitrante ou sourde aux bons conseils que je tâche de lui donner d'abord, d'avertir mon ami, afin qu'il mette ordre lui-même à sa conduite, car je n'ai point le droit de la corriger comme je ferais de la mienne en pareille circonstance. Voilà ce que je m'acquitte, mon cher Jacques, avec beaucoup de chagrin et de répugnance, comme tu peux croire ; mais enfin il le faut. Ce n'est pas une petite responsabilité que d'avoir à garder intacte la vertu d'une femme jeune et jolie comme la tienne. J'ai fait de mon mieux, mais je ne puis empêcher qu'on se moque de moi ; une femme en sait plus long qu'un homme sous ce rapport. Me taire serait tolérer et encourager le mal, et prêter ma maison à un commerce dont ma femme et moi semblerions complices. Je te transmets donc les faits tels qu'ils sont, tu en feras l'usage que tu voudras.

Il y a quinze jours, ou pour mieux dire quinze nuits, j'entendis passer et repasser quelqu'un sous ma fenêtre à deux heures du matin. Mon grand lévrier, qui dort toujours au pied de mon lit, s'élança en hurlant vers la croisée entr'ouverte, et, à ma grande surprise, ce fut le seul chien de la maison qui prît la chose en mauvaise part. Tous les autres, bien qu'accoutumés à faire leur devoir, ne disaient mot, et je pensai que c'était quelqu'un de la maison. J'appelai, je criai *qui vive?* plusieurs fois, personne ne répondit ; je pris une simple canne à épée et sortis, mais je ne trouvai personne, et madame Fernande, qui était à sa fenêtre, m'assura n'avoir rien vu et rien entendu. Cela me parut singulier et invraisemblable ; mais je n'en témoignai rien, et je me tins sur mes gardes les nuits suivantes. Deux nuits après j'entendis très-distinctement les mêmes pas, mon lévrier fit le même tapage ; mais je l'apaisai et je descendis dans le jardin sans faire de bruit. Je vis fuir d'un côté un homme et de l'autre une femme, qui n'était ni plus ni moins que la tienne. Je

J'ai vu Sylvia avec sa robe bleue dans le jardin. (Page 62.)

ne me montrai pas à elle dans cet instant; mais le lendemain, au déjeuner, j'essayai de lui faire entendre que je m'étais aperçu de quelque chose; elle ne voulut pas comprendre. Néanmoins le galant ne revint plus. J'avais eu d'abord l'intention d'avoir une explication formelle avec ta femme; mais la mienne m'en empêcha, elle s'en était déjà chargée; et pour ne pas affliger Fernande, comme les femmes entre elles connaissent mieux les petits ménagements, elle lui avait dit qu'elle seule avait découvert son intrigue. Madame Fernande avait répondu, avec force larmes et attaques de nerfs, qu'elle avait en effet inspiré une violente passion à un pauvre jeune fou pour lequel elle n'avait que de l'amitié, et qu'elle avait écouté par compassion au moment de l'éloigner d'elle pour toujours. Je te répète les paroles dont ma femme, qui n'est pas mal romanesque non plus dans son genre, s'est servie en me racontant le fait. Tu croiras de cette prétendue amitié tout ce qu'il te plaira; pour moi, je n'en crois pas un mot; mais comme Fernande jurait à Eugénie que le monsieur était parti au moins pour l'Amérique, comme il ne se passait plus rien depuis plusieurs jours, je renonçai de bon cœur à la tâche désagréable que je remplis aujourd'hui.

L'affaire en était là quand le colonel de la garde royale nous invita à ses bals. Je n'aime guère ces freluquets de la nouvelle armée, qui portent des talons rouges au lieu de cicatrices, et des ordres étrangers au lieu de notre vieille croix; mais, au bout du compte, le colonel est un aimable homme. Quelques-uns de ces messieurs sont d'anciens militaires que la nécessité d'avoir un état a forcés de retourner leur casaque; on boit de bon vin à leurs soupers et on joue gros jeu. Tu sais que je ne suis pas un saint; ma femme aime la danse comme une vraie folle; après avoir un peu grogné, je consentis à la mettre dans sa calèche, à prendre les rênes et à la conduire à Tours avec madame Fernande, qui s'avouait beaucoup mieux portante, et madame Clémence, cette bégueule que je n'aime guère, et qui, grâce à Dieu, prit congé de nous en arrivant à la ville. Ta femme se fit belle comme un ange pour aller au bal; et vraiment on n'eût pas dit, en la voyant, qu'elle fût si malade qu'elle prétend l'être. Je m'en allai avec ceux qui ne dansent pas, et je laissai

J'ai déjà gagné le jardinier... (Page 70.)

ces dames avec ceux qui n'ont pas eu les pieds gelés en Russie ; je recommandai seulement à Eugénie de surveiller de près sa compagne, et de m'avertir sur-le-champ si elle dansait plusieurs fois ou si elle causait trop souvent avec quelqu'un. Je revins moi-même trois ou quatre fois donner un coup d'œil à leur manière d'être. Tout se passa fort bien en apparence, et à moins que ma femme ne soit d'accord avec la tienne, ce dont je la crois incapable, il faut que le cavalier soit très-adroit et moins *insensé* que Fernande ne l'avait dépeint. Il faut aussi qu'elle ait été de très-bon accord avec lui pour ne pas me le faire connaître ; car il m'est impossible d'imaginer lequel, de ceux qui l'ont fait danser durant deux bals, a pris avec elle les mesures qu'elle a su si bien exécuter. Je poursuis mon récit.

Le lendemain du dernier bal, quand nous fûmes de retour à Cerisy, elle nous dit qu'elle avait oublié une emplette, et qu'elle s'amuserait à monter à cheval *un de ces jours* pour faire cette course. Je lui répondis qu'au jour et à l'heure qu'elle choisirait, je serais prêt à l'accompagner avec ma femme, ou sans ma femme, si cette dernière était occupée. Je lui proposai le lendemain ou le surlendemain. Elle me dit que cela dépendrait de l'état de sa santé, et qu'elle m'avertirait le premier matin où elle se sentirait bien. Le lendemain, vers midi, ne la voyant point descendre au salon, je craignis qu'elle ne fût plus malade qu'à l'ordinaire, et j'envoyai savoir de ses nouvelles ; mais sa femme de chambre nous répondit qu'elle était partie à six heures du matin, à cheval et suivie d'un domestique. Cela m'étonna un peu, et j'allai prendre des informations à l'écurie. Je savais que la jument d'Eugénie et l'autre petite bête que monte ta femme ordinairement étaient allées chez le maréchal ferrant, à deux lieues d'ici. Fernande avait donc été obligée de monter mon cheval, qui est beaucoup trop vigoureux pour une femme aussi poltronne qu'elle ; cela me sembla trahir un singulier empressement d'aller à Tours, et me jeta dans une double inquiétude. Je craignais qu'elle ne se rompît le cou, et, ma foi ! c'eût été bien autre chose que tout le reste! J'allai l'attendre à la grille du parc, et je la vis bientôt arriver au triple galop, couverte de sueur et de poussière. Elle fut assez déconcertée en m'apercevant ; elle espérait sans doute rentrer et se dépouiller de cet accoutrement de marche forcée sans être remarquée ;

mais elle reprit courage et me dit avec assez d'aplomb : « Ne trouvez-vous pas que je suis bien matinale et bien brave ? — Oui, lui dis-je ; je vous fais compliment d'être changée à ce point depuis le départ de Jacques. — Et vous voyez comme je mène bien votre cheval, ajouta-t-elle en feignant de ne pas comprendre. Je me porte vraiment bien aujourd'hui ; je me suis levée avec le jour, et, voyant un si beau temps, je n'ai pu résister à la fantaisie de faire cette expédition. — C'est très-joli de votre part, repris-je ; mais Jacques vous laisse-t-il courir les champs toute seule de la sorte ? — Jacques me laisse faire tout ce que je veux, » répondit-elle d'un petit ton sec ; et elle partit au galop sans ajouter un mot de plus. J'essayai de la faire sermonner par ma femme ; mais les femmes se soutiennent entre elles comme les larrons ; je ne sais ce qu'elles se dirent. Eugénie me pria de ne pas me mêler de cette affaire, et voulut me prouver que je n'avais pas le droit de faire des leçons à une personne qui n'était ni ma sœur ni ma fille ; que mes épigrammes étaient brutales et blessaient Fernande, ce qui était contraire aux égards que nous devions à son isolement et aux devoirs de l'hospitalité. Que sais-je ! elle me raisonna si bien, que je me tus encore et que la femme retourna à Tours de la même façon deux jours après, c'est-à-dire hier. Que pouvais-je lui dire pour l'en empêcher, après tout ? Et qui l'empêchait de me répondre qu'elle allait tout simplement acheter des gants et des souliers blancs ? Eugénie le croyait ou feignait de le croire ; or, voici le dénoûment.

Tu sais aussi bien que moi que dans les villes de province tout se remarque, tout s'interprète et tout se découvre. La jolie figure de ta femme avait fait trop de sensation dans les bals pour que les officiers de la garnison ne cherchassent pas à lui faire la cour ; et, comme il n'y a pas de meilleures prudes que les femmes qui cachent un petit secret, ils étaient tous repoussés avec perte. Ils la virent passer le premier matin et la suivirent de loin jusqu'à notre maison de ville, comme ta femme appelle son pied-à-terre ; ils la virent entrer et sortir, remarquèrent le temps qu'elle y passa, s'informèrent, surent qu'il n'y avait personne dans la maison, et se demandèrent naturellement si c'était pour dormir ou pour prier Dieu qu'elle venait s'enfermer là pendant deux heures. Oisifs comme des officiers en garnison, et malicieux comme de vrais sous-lieutenants, cinq ou six d'entre eux firent si bonne enquête, qu'ils découvrirent une certaine issue de derrière par laquelle sortit, quelque temps après que Fernande fut partie, un jeune homme que l'on ne connaît pas par son nom, mais qu'on a vu à l'auberge de la Boule-d'Or depuis quelque temps. Hier, lorsque la pauvre Fernande retourna au rendez-vous, on attendit que le compère se fût introduit de son côté, et on lui ferma la retraite sans qu'il s'en aperçût, puis on monta la garde autour de la maison, et on laissa sortir Fernande sans l'effaroucher par aucune démonstration hostile ; ces messieurs sont tous gens de bonne famille et trop bien élevés pour adresser la parole à une dame en pareille occasion. De mon temps, nous n'aurions pas été si respectueux ; mais autre temps, autres mœurs, heureusement pour la femme. Ces messieurs n'en voulaient qu'à l'heureux rival qu'elle leur préférait. Elle monta à cheval dans la cour après avoir pris la clef du rez-de-chaussée, qu'elle avait demandée à ma femme sous prétexte de prendre un instant de repos dans le salon, pendant qu'on briderait son cheval pour repartir ; elle remit cette clef dans sa poche, non sans doute pour bien barricader son amant pour qu'il ne fût dérangé dans sa retraite par aucun curieux, et le domestique qui l'accompagnait, et qui était ou n'était pas dans le secret, emporta également la clef de la cour. Fernande partit au milieu d'une haie de spectateurs qui feignaient de fumer leur pipe en parlant de leurs affaires, mais qui se portèrent aussitôt après en embuscade à la fenêtre du grenier par où l'amant était entré d'une maison voisine. Ils contemplèrent avec grand plaisir les inutiles efforts qu'il fit pour sortir ; ils le tinrent longtemps prisonnier, et voulaient, dit-on, le forcer à parlementer en répondant à de certaines questions, moyennant quoi on l'aurait mis en liberté. Il resta muet à tous les appels, à toutes les plaisanteries, et se tint tout le jour tranquille comme s'il eût été mort. Les vauriens d'assiégeants décidèrent qu'on le prendrait par la famine, et qu'on monterait la garde toute la nuit ; on posa des postes autour de la maison, et on les releva d'heure en heure comme des factions militaires. Mais le captif, désespéré, fit une sortie à laquelle on ne s'attendait pas, et s'évada par les toits d'une manière qu'on dit miraculeuse de hardiesse et de bonheur. On le vit passer comme une ombre dans les airs, mais on ne put le joindre ; et ce matin il a quitté la ville sans qu'on sache quelle route il a prise. Ton ancien camarade Lorrain, qui est aujourd'hui chef d'escadron dans les chasseurs de la garde royale, est venu dîner avec nous, et m'a raconté toute l'affaire non sans un certain plaisir, car il ne t'aime pas infiniment. Je suis monté chez ta femme aussitôt qu'il a été parti ; elle s'était donnée pour mala le toute la journée et n'avait pas quitté sa chambre. Je lui ai fait une scène de tous les diables, et elle s'est mise en colère comme un petit démon. Au lieu de me prier de me taire, elle m'a défié de l'informer de sa conduite, et m'a déclaré que je n'avais pas le droit de lui parler ainsi ; que j'étais un butor, et qu'elle ne souffrirait pas de toi-même les reproches que je lui faisais. S'il en est ainsi, fais comme tu voudras, je m'en lave les mains ; mais ma conscience m'ordonne de te dire ce qu'il en est.

Elle m'a chassé de sa chambre, et voulait envoyer chercher sur-le-champ des chevaux de poste et quitter une maison où elle se disait insultée et opprimée. Eugénie s'est efforcée de la calmer, et une violente attaque de nerfs qui cette fois est, je crois, bien réelle, est venue terminer le différend. Elle est au lit maintenant, et Eugénie passera la nuit auprès d'elle ; moi je me hâte de t'écrire, parce que je crains que demain la force et la volonté ne lui reviennent de partir, et je ne veux pas la laisser s'en aller ainsi toute seule avec cette petite soubrette, qui m'a l'air, par parenthèse, d'une sournoise très-rouée. Je ferai mon possible pour lui persuader de t'attendre ; mais, pour Dieu ! tire-moi bien vite de cet embarras. Ne me fais pas de reproches, car tu vois que j'ai agi pour le mieux, et que je ne suis pas responsable de ce qui arrivera désormais ; si elle veut partir, faire quelque folie, se laisser enlever, que sais-je ? puis-je la mettre sous les verrous ? Je ne te cache pas qu'elle a la tête perdue ; dans l'indignation que m'inspirait sa résistance à mes avis, il m'est échappé qu'elle ferait mieux d'aller soigner sa fille qui se meurt, que de s'occuper d'un amour extravagant qui la livre déjà à la risée de toute une province et de tout un régiment. J'ai été fâché aussitôt d'avoir trahi le secret que tu m'avais recommandé, car elle est tombée dans des convulsions qui m'ont prouvé que cette nouvelle lui fait beaucoup de mal, et qu'elle n'a pas oublié l'amour maternel. Je termine en te priant d'avoir de l'indulgence envers elle. Je connais ton sang-froid, et compte sur la prudence de ta conduite, mais joins-y un peu de pitié pour cette pauvre égarée. Elle est bien jeune, elle pourra se ranger et se repentir. Il y a de bien bonnes mères de famille qui ont eu leurs jours d'égarement. Elle a, je crois, un bon cœur, du moins avant son mariage elle était charmante ; je ne l'ai plus reconnue quand tu nous l'as ramenée avec des caprices, des convulsions et des violences dont je ne l'aurais jamais crue capable autrefois. Tu m'as paru être un mari bien débonnaire, je ne te le cache pas ; tu vois ce que c'est que d'être trop amoureux de sa femme. D'autres disent que tu as quelques torts à te reprocher, et que tu vis là-bas dans une intimité un peu trop tendre avec une espèce de parente qui est venue te trouver après ton mariage, on ne sait pas d'où. Je sais bien que lorsqu'une femme est enceinte ou nourrice, on est excusable d'avoir quelque fantaisie ; mais il ne faut pas que cela se passe sous le toit conjugal ; c'est une grande imprudence, et voilà comme elles s'en vengent. Ne te fâche pas de ce que je te dis, c'est à propos d'un commis voyageur qui, entendant raconter l'aventure de Fernande ce matin dans un café, a dit que tu méritais un peu ton sort ; c'est peut-être un mensonge. Quoi qu'il en soit, viens, ne fût-ce que pour découvrir la retraite de ton rival et le traiter comme il le mérite ; je t'aiderai. Je ferme ma lettre, il est minuit. Ta femme vient de s'endormir, c'est-à-dire qu'elle va mieux. Je lui ferai des excuses demain.

LXXIV.

DE FERNANDE A OCTAVE.

Tilly, près Tours.

Je suis chez ma mère : offensée et presque insultée par M. Borel, je suis venue me réfugier, non dans le sein d'une protectrice et d'une amie, mais sous le toit d'une personne dont les leçons, quelque dures qu'elles soient, ne seront point des usurpations de pouvoir. Je puis entendre sortir de sa bouche bien des paroles qui me révoltaient dans celle de ce soldat brutal et grossier. Je pars demain pour Saint-Léon ; ma mère m'y conduit. Elle sait notre misérable aventure ; qui ne la sait pas ! elle a été moins cruelle pour moi que je ne m'y attendais. Elle rejette tout le blâme sur mon mari, et, malgré tout ce que je puis dire, s'obstine à croire que Sylvia est sa maîtresse, et qu'il m'abandonne pour vivre avec elle. Je ne sais pas qui a répandu dans le pays cet infâme mensonge ; tout le monde l'accueille avec l'empressement qu'on met à croire le mal. Hélas ! ce n'était donc pas assez que je le rendisse ridicule par ma folle conduite, je ne puis empêcher qu'on le calomnie ! Sa bonté, sa confiance envers moi, seront attribuées à des motifs odieux ! Je suis sûre que Rosette nous trahit et vend nos secrets ; je l'ai rencontrée tout à l'heure comme elle sortait de chez ma mère, et elle s'est beaucoup troublée en me voyant. Un instant après, ma mère est venue me parler de mon ménage, de mon imprudent amour, et j'ai vu qu'elle était informée des plus petits détails de notre histoire ; mais informée de quelle manière ! Les faits, en passant par la bouche de cette servante, étaient salis et dénaturés, comme vous pouvez penser : nos premiers rendez-vous au grand ormeau, alors que je croyais me livrer à un sentiment si pur et si peu dangereux, ont été présentés comme une intrigue effrontée ; l'accueil que Jacques vous fit alors a été traité d'infâme complaisance ; et notre double amitié, si longtemps paisible et toujours si pure, est condamnée sans appel comme un double commerce de galanterie. Que puis-je répondre à de telles accusations ? Je n'ai pas la force de me débattre contre une destinée si déplorable ; je me laisse accabler, humilier, salir. Je pense à ma fille qui se meurt, et que je trouverai peut-être morte dans trois jours. Il semble que le ciel soit en colère contre moi, j'ai donc commis un grand crime en vous aimant ? Votre lettre me fait autant de bien qu'il m'est possible d'en ressentir ; mais que pouvez-vous réparer désormais ? Je sais que vous souffrez autant que moi de mes maux, je sais que vous donneriez votre vie pour m'en préserver ; mais il est trop tard. Je ne vous ferai point de reproches ; je suis perdue, à quoi servirait de me plaindre ?

Je ne sais pas comment m'est parvenue votre lettre, mais je vois, au moyen que vous m'indiquez pour recevoir ma réponse, que vous n'êtes pas loin, et que vous pénétrez presque dans la maison. Octave ! Octave ! vous m'êtes funeste, vous m'avez perdue par la conduite où vous persévérez obstinément. A quoi serviront cette sollicitude et ces poursuites passionnées qui exposent votre vie et qui ruinent mon honneur ? Pourquoi voulez-vous me disputer ainsi à une société qui rit de nos efforts, et pour qui notre affection est un sujet de scandale et de moquerie ? Sous quelque déguisement et avec quelque précaution que vous approchiez de moi, vous serez encore découvert. La maison est petite, je suis gardée à vue, et Rosette vous connaît : vous voyez où mènent le secours et le dévouement de ces gens-là ; pour un louis ils vous seconderont, pour deux ils vous vendent. A quoi vous servira de me voir ? vous ne pouvez rien pour moi. Il faut que mon mari sache tout, et qu'il obtienne son pardon. Ce ne sera pas difficile, je connais trop bien Jacques pour craindre aucun mauvais traitement de sa part ; mais son estime me sera retirée à jamais, il n'aura plus pour moi que de la compassion, et sa bonté m'humiliera comme un affront perpétuel. Pour vous, si vous vous obstinez à me voir encore, vous paierez peut-être cette obstination de votre vie ; car Jacques se réveillera enfin du sommeil où la confiance plonge son orgueil. Je ne vous empêcher de chercher l'accomplissement de votre fatale destinée ; vous ne pouvez augmenter le mal que vous m'avez fait, qu'en trouvant la mort dans les conséquences de votre amour. Eh bien ! soit. Tout ce qui pourra hâter la mienne sera un bienfait de Dieu : qu'il m'enlève ma fille et qu'il vous frappe, je vous suivrai de près.

LXXV.

D'OCTAVE A FERNANDE.

Je t'ai perdue, tu es désespérée, et tu crois que je t'abandonnerai ? Tu crois que je tiendrai compte des dangers auxquels ma vie peut être exposée, quand la tienne est compromise et désolée par ma faute ? Me prends-tu pour un lâche ? Ah ! c'est bien assez d'être un fou que Dieu maudit, et dont la fatalité déjoue toutes les espérances et traverse toutes les entreprises. N'importe, ce n'est point le moment des plaintes et du découragement ; songe que ne puis plus te compromettre maintenant ; le mal est fait, rien ne m'en consolera, et mon cœur saignera éternellement pour ma faute. Mais si le passé n'est pas réparable, du moins l'avenir nous appartient, et je ne supporte pas l'idée qu'il doive être pour toi un châtiment implacable et éternel. Pauvre infortunée ! Dieu ne veut pas que tu te résignes à souffrir toute ta vie d'une faute que tu n'as pas commise ; s'il veut punir, il faudra qu'il commence par moi ; mais va, Dieu est indulgent, et il protège ceux que le monde abandonne. Il te préservera, lui seul sait de quelle façon ; du moins il te rendra ta fille. Ce misérable Borel aura exagéré son mal pour se venger de la juste fierté avec laquelle tu repoussais ses insolentes réprimandes. Quand j'ai quitté Saint-Léon, elle était très-légèrement indisposée, et sa constitution annonçait une force capable de résister aux maladies inévitables de l'enfance. Tu la retrouveras guérie, ou, du moins, elle guérira en dormant sur ton sein. Tout le mal est venu, à elle comme à nous, de ton départ. Nous étions une heureuse famille, croyant les uns aux autres, et une même vie semblait nous animer ; tu as voulu rompre cet accord que le ciel ordonnait. Je te poussais dans mes bras ; Jacques l'aurait ignoré ou toléré, et Sylvia n'aurait osé s'en offenser. A présent, le monde a parlé, il a jeté sa hideuse malédiction sur nos amours, il faut les laver avec du sang. Laisse faire, j'offrirai le mien à Jacques jusqu'à la dernière goutte. Ne sais-tu pas que je serais le dernier des lâches si j'agissais autrement ? S'il doit s'apaiser en prenant ma vie et te rendre le bonheur, je mourrai consolé et purifié de mon crime ; mais s'il te maltraite, s'il te menace, s'il t'humilie seulement, malheur à lui ! Je t'ai jetée dans le précipice, je saurai t'en retirer. Crois-tu que je m'inquiète du monde ? J'ai cru autrefois que c'était un maître sévère et juste ; j'ai rompu avec lui du jour où il m'a défendu de t'aimer. A présent, je brave ses anathèmes ; je te prendrai dans mes bras et je t'emporterai au bout de la terre. J'enlèverai tes enfants, ta fille au moins avec toi, et nous vivrons au fond de quelque solitude où les clameurs insensées de la société ne nous atteindront pas. Je n'ai pas, comme Jacques, une grande fortune à t'offrir ; mais ce que je possède t'appartiendra ; je me vêtirai en paysan, et je travaillerai pour que ta fille ait une robe de soie, et pour que tu n'aies rien à faire qu'à jouer avec elle. Le sort que je te ferai sera moins brillant que celui dont tu jouis ; mais il te prouvera plus d'amour que tous les dons de ton mari. Relève donc ton courage et hâte-toi d'aller à Saint-Léon. Si je ne craignais d'augmenter sa colère, je viendrais te prendre ce soir dans une chaise de poste et je te conduirais moi-même à ton mari ; mais il croirait peut-être, dans le premier moment, que je viens pour le braver, et telle n'est pas mon intention. Je vais m'offrir à lui, et lui donner la réparation qu'il voudra. Il me mépriserait avec raison si je fuyais dans un pareil moment. Je suis entré dans le petit jardin de ta mère ce matin, et je l'ai vue en grand conciliabule avec Rosette ; chasse cette fille le plus tôt possible. Je t'ai vue aussi, dans quel état de pâleur et d'abattement ! J'ai senti toutes les tortures du remords et du désespoir. J'étais habillé en paysan, et c'est moi qui ai vendu à ton domestique les fleurs où tu as dû trouver mon premier billet. Je te porterai moi-même celui-ci ce soir au moment de ton départ, et je ferai le voyage à deux pas derrière toi. Prends courage, Fernande ; je t'aime de toutes les forces de mon âme ; plus nous serons malheureux, et plus je t'aimerai.

LXXVI.

D'OCTAVE A HERBERT.

J'ai bien des choses à te raconter. Je suis reparti pour le Dauphiné, le 15 au soir, avec Fernande et madame de Theursan ; la mère était bien loin de se douter qu'un des deux postillons qui la conduisaient n'était autre que l'amant à qui elle se flattait d'enlever sa fille. Cette madame de Theursan, qui est du reste une méchante femme, est prudente et amie des mesures sages et adroites ; elle avait, dans la journée, congédié Rosette, et l'avait fait partir pour Paris avec une somme assez forte et une lettre de recommandation pour une personne qui doit la placer avantageusement. J'ai rencontré la soubrette dans une auberge du village voisin où elle prenait la diligence ; j'avais envie de la cravacher ; mais j'ai pensé que, dans l'intérêt de Fernande, je devais faire tout le contraire. J'ai donc doublé le présent de madame de Theursan, et je l'ai vue partir pour Paris. Là, du moins, les méchancetés de sa langue seront perdues dans le grand orage des voix qui planent sur l'abîme où tout s'engloutit pêle-mêle, fautes et blâme. Au moment du départ de Fernande, j'ai vu avec plaisir madame Borel lui donner des témoignages d'amitié qui ont dû répandre quelque consolation dans son cœur brisé. A l'approche du premier relais, après avoir échangé un regard, une poignée de main et un billet à la portière avec Fernande, j'ai quitté mon costume, et j'ai couru la poste à franc-étrier toute la nuit derrière sa voiture ; à chaque relais je m'approchais d'elle, et je voyais, à la lueur mystérieuse de quelque lanterne, un peu d'espoir et de plaisir dans ses yeux. Au jour, pendant qu'elle déjeunait dans une auberge, j'ai loué une chaise et j'ai continué ainsi mon voyage. A propos, envoie-moi vite de l'argent, car, si j'avais quelque nouvelle expédition à faire, je ne saurais comment m'en tirer.

Madame de Theursan a bien remarqué ma figure sur la route ; mais elle ne m'avait jamais vu, et j'avais l'air d'un voyageur de commerce si indifférent à elle et à sa fille, qu'elle ne pouvait deviner mon dessein. Je me suis arrêté sur la route, à l'entrée du vallon de Saint-Léon, et je l'ai laissée s'engager dans la plaine ; j'ai envoyé alors mon équipage au presbytère en disant au postillon d'aller lentement, et, en une demi-heure, par le sentier des Collines, je suis arrivé à travers bois jusqu'au château ; je suis entré sans voir personne, et je me suis assis dans le salon derrière le paravent où l'on met parfois les enfants pendant le jour. Il y avait un berceau vide, un seul ; mon cœur se serra ; je devinai que la petite fille était morte, et je répandis des larmes amères en songeant au surcroît de douleur qui attendait mon infortunée Fernande.

J'étais là depuis un quart d'heure, absorbé et comme accablé de cette combinaison de malheurs implacables, lorsque j'entendis marcher plusieurs personnes ; c'était Jacques avec Fernande et sa mère qui venaient d'arriver. « Où est ma fille? disait Fernande à son mari ; fais-moi voir ma fille. » L'accent de sa voix était déchirant. Celui de Jacques eut quelque chose d'étrangement cruel en lui répondant par cette question : *Où est Octave?*... Je me levai aussitôt, et je me présentai en disant d'un ton résolu : « Me voici. » Il resta quelques instants immobile, et regarda madame de Theursan, dont le visage exprimait la surprise que tu peux imaginer. Jacques, alors, me tendit la main en me disant : *C'est bien.* Ce fut la première et la dernière explication que nous eûmes ensemble.

Fernande était partagée entre l'inquiétude de savoir ce qu'était devenue sa fille et celle de voir la conduite de Jacques envers moi ; pâle et tremblante, elle tomba sur une chaise en disant d'une voix étouffée : « Jacques, dis-moi que ma fille est morte et que tu as reçu une lettre de M. Borel. — Je n'ai reçu aucune lettre, répondit Jacques, et ton arrivée est pour moi un bonheur inattendu. » Il fit cette réponse avec tant de calme, que Fernande dut s'y tromper. J'y aurais été pris moi-même, si je ne savais par Rosette, qui était au courant de tous les secrets de Cerisy, que M. Borel a écrit et qu'il a tout raconté. Fernande se leva vivement, et un éclair de joie brilla sur son visage ; mais elle retomba sur son siége, en disant : « Ma fille est morte, du moins ! — Je vois, dit Jacques en se penchant vers elle avec affection, que Borel aura eu l'imprudence de te dire les motifs qui m'ont retenu loin de toi. C'est une triste justification que j'ai à t'offrir, ma pauvre Fernande ; tu l'accepteras, et nous pleurerons ensemble. » Sylvia entra en cet instant avec le fils de Fernande dans ses bras ; elle courut le mettre dans ceux de l'infortunée en la couvrant de baisers et de larmes. *Seul!* dit Fernande en embrassant son fils, et elle s'évanouit.

« Monsieur, dit alors madame de Theursan en prenant le bras de Jacques, laissez ma fille aux soins de deux personnes que j'ai la surprise de voir ici, et accordez-moi sur-le-champ un moment d'entretien dans une autre pièce. — Non, Madame, répondit Jacques d'un ton sec et hautain ; laissez-moi secourir ma femme moi-même, vous direz ensuite tout ce que vous voudrez devant les deux personnes que voici. Fernande, dit-il en s'adressant à sa femme, qui commençait à revenir un peu, prends courage ; c'est tout ce que je te demande en récompense de la tendresse inaltérable que j'ai pour toi. Soigne toi, conserve-toi pour cet enfant qui nous reste ; vois comme il te sourit, notre pauvre fils unique ! Tu dois tenir à la vie, tu es encore entourée d'êtres qui te chérissent ; Sylvia est là qui attend un effort de ton amitié pour lui rendre ses caresses ; je suis à tes pieds pour te conjurer de résister à la douleur... et... voici Octave. » Il prononça ce dernier mot avec un effort visible. Fernande se jeta dans ses bras, occupée seulement de sa douleur ; il avait sur le visage deux grosses larmes, et il me regarda avec un singulier mélange de reproche et de pardon. L'homme étrange ! j'eus envie un instant de me jeter à ses pieds.

Nous passâmes près d'une heure dans les larmes. Jacques était si bon et si délicat envers sa femme, qu'elle se rassura au moins sur un des deux malheurs qu'elle avait redoutés ; elle pensa qu'il ne savait rien encore, et prit courage au point de me tendre la main, à moi le dernier, après avoir donné mille témoignages d'affection à son fils, à son mari et à Sylvia. « Tu vois, lui dis-je à voix basse, pendant un moment où je me trouvais seul près d'elle, que tous les coups ne frappent pas en même temps, et que je suis encore à tes pieds. » Je rencontrai les yeux de madame de Theursan, qui m'observait d'un air d'indignation. Jacques rentra avec Sylvia ; ils obtinrent de Fernande qu'elle prendrait un peu de nourriture, et nous la conduisîmes à table. Le déjeuner fut triste et silencieux ; mais nos soins semblaient rappeler peu à peu Fernande à la vie. Personne ne parlait à madame de Theursan, qui paraissait fort insensible à l'infortune de sa fille, et n'était occupée qu'à regarder alternativement Sylvia et moi, nous remerciant, avec une affectation de politesse ironique, des rares attentions que nous avions pour elle. Jacques, de son côté, affectait de n'en avoir aucune. Quand nous rentrâmes au salon, madame de Theursan, s'adressant à Jacques, lui dit d'un ton insolent : « Ainsi, Monsieur, vous refusez de me donner une explication particulière? — Absolument, Madame, répondit Jacques. — Fernande, dit-elle, vous entendez comme on traite votre mère chez vous; je suis venue ici pour vous défendre et vous protéger; mon intention était de vous réconcilier, autant que possible, avec votre mari, et d'employer la politesse et la raison pour l'engager à abjurer ses torts en pardonnant les vôtres. Mais on m'insulte avant même que j'aie dit un mot en votre faveur; c'est à vous de savoir comment vous voulez que j'agisse désormais. — Je vous supplie, maman, dit Fernande, troublée et épouvantée, de remettre à un autre moment toute explication avec qui que ce soit. — Est-ce que tu penses, Fernande, lui dit Jacques, que nous aurons jamais besoin d'intermédiaire pour nous expliquer? Est-ce que tu as prié ta mère de venir te protéger et te défendre contre moi? — Non, non, jamais! s'écria Fernande en cachant sa tête dans le sein de Jacques, ne le crois pas! tout cela arrive malgré moi; n'écoute pas, ne réponds pas... Ma mère, ayez pitié de moi et taisez-vous. — Me taire serait une bassesse, reprit madame de Theursan, si ce que j'aurais à dire pouvait servir à quelque chose; mais je vois que ce serait prendre une peine inutile. Si tout le monde est content ici, je n'ai plus qu'à me retirer. Mais songez, Fernande, que nous nous voyons pour la dernière fois; la vie honteuse à laquelle j'espérais vous soustraire et où vous voulez vous plonger plus avant m'interdit désormais toute relation avec vous. J'aurais l'air, aux yeux du monde, d'approuver le scandale de votre conduite, et d'imiter la honteuse complaisance de votre mari. » Fernande, plus pâle que la mort, tomba sur le sofa en disant : « Mon Dieu, épargnez-moi ! » Jacques était aussi pâle qu'elle, mais sa colère ne se révélait que par un petit froncement de sourcil que Fernande m'a appris à observer, et dont madame de Theursan était loin de connaître l'importance. « Madame, dit-il d'une voix très-légèrement altérée, personne au monde, excepté moi, n'a de droits sur ma femme; vous avez renoncé aux vôtres en la mariant. Je vous défends donc, au nom de mon autorité et de mon affection pour elle, de lui adresser des reproches et des injures, qui, dans l'état où vous la voyez, peuvent lui devenir funestes. Je savais bien que, pour avoir le plaisir de m'offenser, vous ne marchanderiez pas avec la vie de votre fille; mais si c'est à moi que vous en avez, parlez, j'ai de quoi vous répondre; il me suffira de vous dire que je vous connais. » Madame de Theursan changea de visage; mais la colère l'emportant sur la peur que cette espèce de menace avait semblé lui faire, elle se leva, prit Fernande par le bras, et, l'attirant vers moi d'une manière brutale, elle la jeta presque sur mes genoux en disant : « Si c'est là votre choix, Fernande, restez au sein de la honte où votre mari vous a précipitée; je ne saurais relever une âme avilie. Pour vous, Mademoiselle, dit-elle à Sylvia, je vous fais mon compliment du rôle que vous jouez ici, et j'admire l'habileté avec laquelle vous avez fourni un amant à votre rivale, pour la supplanter plus facilement auprès de son mari. Maintenant je pars; j'ai rempli le devoir qui m'était imposé en offrant à ma fille l'appui qu'elle aurait dû implorer et qu'elle repousse. Que Dieu lui pardonne, car moi je la maudis! » Fernande jeta un cri d'effroi. Je la pressai involontairement sur mon cœur. Sylvia dit à madame de Theursan, avec un dédain glacial, qu'elle ne comprenait rien à son apostrophe et qu'elle ne répondait point aux énigmes. « Je vais t'expliquer celle-ci, dit Jacques avec amertume. Madame n'a pas de fortune; et elle sait que j'ai fait à sa fille un douaire qui, en cas de veuvage ou séparation, assurerait à celle-ci une existence brillante; elle cherche à nous brouiller, afin que sa fille, en allant vivre sous sa tutelle, lui donne à gouverner cinquante mille livres de rente : voilà toute l'énigme. » Madame de Theursan était verte de fureur; mais la haine lui déliant merveilleusement la langue, elle accabla Jacques et Sylvia d'injures si poignantes, que Jacques perdit patience, et fronça le sourcil tout à fait; alors il ouvrit son portefeuille, et montra à madame de Theursan quelques mots écrits sur un petit papier, avec une image coupée en deux, en s'écriant d'une voix forte, *Connaissez-vous cela?* Elle fit un mouvement de rage pour la saisir, en répondant avec égarement qu'elle ne savait point ce que cela signifiait; mais Jacques, la repoussant, alla ôter du cou de Sylvia une espèce de scapulaire qu'elle porte toujours. Il déchira le sachet de satin noir, en tira une autre moitié d'image qu'il montra à madame de Theursan, et répéta de la même voix tonnante, que jamais je n'avais jamais entendue sortir de sa poitrine : *Et cela, le connaissez-vous?* La malheureuse femme s'évanouit presque de honte; puis elle se releva en criant avec le désespoir de la haine : « Elle n'en est pas moins votre maîtresse, car vous savez bien que ce n'est pas votre sœur! — Ce n'est pas ta sœur, Jacques? dit Fernande, qui, ne comprenant pas plus que nous cette scène étrange et mystérieuse, s'était approchée de sa mère pour la secourir. — Non, c'est sa maîtresse, criait madame de Theursan avec égarement, en s'efforçant d'entraîner sa fille. Fuyons cette maison, c'est un lieu de prostitution; partons, Fernande; tu ne peux pas rester sous le même toit que la maîtresse de ton mari. » La pauvre Fernande, brisée par tant d'émotions et comme frappée d'étourdissement devant tant de surprises, restait indécise et consternée, tandis que sa mère la secouait et la poussait vers la porte dans une sorte de délire. Jacques la délivra de cette torture, et la conduisant vers Sylvia : « Si ce n'est pas ma sœur, lui dit-il, c'est du moins la tienne; embrasse-la, et oublie ta mère, qui vient de se perdre par sa faute. »

Madame de Theursan tomba dans d'affreuses convulsions. On l'emporta dans la chambre de sa fille; mais au moment de suivre Fernande, qui était sortie pour aller soigner sa mère, Sylvia s'arrêta entre Jacques et moi, en nous prenant chacun par un bras : « Jacques, dit-elle, tu as été trop loin, et tu n'aurais pas dû dire cela devant Fernande et devant moi. Je suis fâchée de savoir que c'est là ma mère; j'espérais que celle qui m'a abandonnée en me donnant le jour, était morte. Heureusement Fernande n'a dû rien comprendre à cette scène, et il sera facile de lui faire croire qu'en m'appelant ta sœur vous faisiez simplement un appel à mon amitié. — Qu'elle en pense ce qu'elle pourra, il ne convient à personne ici de lui expliquer ces tristes secrets. Octave les gardera religieusement. — D'autant plus volontiers, lui dis-je, que je ne sais rien, et que je ne devine pas plus que Fernande. » Nous nous séparâmes, et Sylvia passa le reste de la journée dans la chambre de madame de Theursan. Fernande, malade elle-même, avait été forcée d'aller se mettre au lit aussitôt qu'elle avait vu sa mère un peu calmée. Sylvia les a soignées alternativement avec un zèle admirable. Après tout, c'est une grande et noble créature que Sylvia. Je ne sais ce qui s'est passé entre elle et madame de Theursan; mais lorsque celle-ci repartit le lendemain matin sans consentir à voir personne, elle se laissa accompagner par Sylvia jusqu'à sa voiture. Je les vis passer dans le parc, d'un endroit où elles ne pouvaient m'apercevoir. Madame de Theursan semblait être accablée, et n'avoir plus de forces pour la colère et le ressentiment. Au moment de quitter Sylvia, pour aller rejoindre sa voiture qui l'attendait à la grille, elle lui tendit la main; puis, après un instant d'hésitation, elle se jeta dans ses bras en sanglotant. J'entendis Sylvia lui offrir de l'accompagner pendant une partie de la route, pour la soigner. « Non, dit madame de Theursan, votre vue me fait trop de mal; mais si je vous appelle à ma dernière heure, promettez-moi de venir me fermer les yeux. — Je vous le jure, répondit Sylvia; et je vous jure aussi que Fernande ne saura jamais votre secret. — Et ce *jeune homme* le gardera? ajouta madame de Theursan en parlant de moi; pardonnez-moi, car je suis bien malheureuse! — J'ai quelque chose à vous remettre, reprit Sylvia; c'est les trois lignes écrites que Jacques vous a montrées hier, les seules preuves qui existent de ma naissance : vous pouvez et vous devez les anéantir. Voici encore la moitié de l'image, laissez-moi l'autre; elle ne peut rien apprendre à personne, et j'y tiens à cause de Jacques. — Bonne, bonne personne! » s'écria madame de Theursan, en acceptant avec transport le papier que Sylvia lui offrait : ce fut toute l'expression de sa reconnaissance. Dans ce mauvais cœur, la joie d'être débarrassée d'une crainte personnelle l'emporta sur le repentir et la confusion d'une conscience coupable : elle partit précipitamment.

Sylvia resta longtemps immobile à la regarder ; quand celle-ci eut disparu derrière la grille, elle croisa ses bras sur sa poitrine, et j'entendis ce mot expirer à demi sur ses lèvres pâles : « Ma mère ! — Explique-moi ce mystère, Sylvia, lui dis-je en l'abordant, et en lui baisant la main avec une sorte de vénération irrésistible ; comment cette femme est-elle ta mère, lorsque tu te croyais la sœur de Jacques ? » Son visage prit une expression de recueillement indéfinissable, et elle me répondit : « Il n'y a au monde que cette femme qui puisse savoir de qui je suis fille, et elle ne le sait pas ! c'est là ma mère. — Elle a donc été aimée du père de Jacques ? — Oui, dit-elle, et d'un autre en même temps. — Mais qu'y avait-il sur ce papier ? — Quatre ou cinq mots de la main du père de Jacques, attestant que j'étais la fille de madame de Theursan, mais déclarant qu'il n'était point sûr d'être mon père, et que, dans le doute, il n'avait pas voulu se charger de moi. Cette image, dont j'ai la moitié, c'est lui qui me la mit au cou en m'envoyant à l'hospice des Orphelins. — Quelle destinée que la tienne, Sylvia ! lui dis-je ; Dieu savait bien pourquoi il te douait d'un si grand cœur. — Mes peines ne sont rien, répondit-elle en faisant un geste comme pour éloigner une préoccupation personnelle ; ce sont les vôtres qui me font du mal, celles de Fernande, celles de Jacques surtout. — Et n'as-tu pas de compassion aussi pour les miennes ? lui dis-je tristement. — C'est toi que je plains le plus, me dit-elle, parce que c'est toi qui es le plus faible. Cependant il y a une chose qui me réconcilie, c'est que tu sois venu ; cela est d'un homme. » Je voulus m'expliquer avec elle sur nos communes douleurs ; je me sentais en ce moment disposé à une confiance et à une estime que je ne retrouverai peut-être jamais dans mon cœur. Je venais de lui voir faire une noble action, je lui aurais livré toutes mes pensées ; mais elle me punit de mes méfiances passées en me fermant l'accès de son âme. « Cela regarde Jacques, me dit-elle, et je ne sais ce qui se passe en lui. Ton devoir est d'attendre qu'il prenne un parti ; sois bien sûr qu'il sait tout, mais que son premier et unique soin, dans ce moment, est de rassurer et de consoler Fernande. »

Elle me quitta pour s'enfoncer seule dans une autre allée du parc. J'allai m'informer de la santé de Fernande ; son mari était dans sa chambre, et lisait pendant qu'elle sommeillait. Quelle position que la mienne, Herbert ! Agir avec cette famille comme auparavant, quand il s'est passé entre nous des choses qui doivent nous avoir rendus irréconciliables ! Comprends-tu ce qu'il me faut de courage pour aller frapper à cette porte que Jacques vient m'ouvrir, et ce que je souffre quand il sort en me disant avec son calme impénétrable : « Obtenez qu'elle ait le courage de vivre. » Que cache donc l'impassible générosité de cet homme ? Est-ce par l'effort d'un amour sublime qu'il sacrifie ainsi toutes ses fureurs et toutes ses souffrances ? Il y a des instants où je le crois ; et pourtant cela est trop contraire à l'humanité pour que j'y ajoute foi sincèrement. S'il n'avait donné de la bravoure et de son mépris de la vie des preuves que je n'aurais peut-être jamais l'occasion de donner, on pourrait dire qu'il a peur de se battre avec moi ; mais à moi, qui l'ai vu jour par jour depuis un an, et qui sais sa vie tout entière par Sylvia, cette explication ne peut présenter aucun sens. L'opinion à laquelle je dois m'arrêter, c'est que son cœur est bon sans être ardent, ses affections nobles sans être passionnées. Il s'est imposé le stoïcisme pour faire comme tous les hommes, pour jouer un rôle ; et il s'est tellement identifié avec quelque type de l'antiquité, qu'il est devenu lui-même une espèce de héros antique, à la fois ridicule et admirable dans ce siècle-ci. Que lui conseillera son rêve de grandeur ? jusqu'où ira cette étrange magnanimité ? Attend-il que sa femme soit guérie pour rompre avec elle, ou pour me demander raison ? Il semble à la fois confondu et satisfait de l'audace de ma conduite, et il lui arrive de me regarder avec des yeux où brille la soif de mon sang. Couve-t-il sa vengeance, ou en fera-t-il un holocauste ? J'attends. Il y a trois jours que nous en sommes au même point. Fernande a été réellement mal, et nous n'avons pas été sans inquiétude pendant une nuit. Jacques et Sylvia m'ont permis de veiller dans sa chambre avec eux ; quel que soit le fond de leurs âmes, je les en remercie du fond de la mienne. J'espère que dans peu Fernande sera guérie ; sa jeunesse, sa bonne constitution, et le soin qu'on prend d'éloigner d'elle la pensée d'un chagrin nouveau, feront encore plus, j'espère, que le secours d'un très-bon médecin qui était venu pour soigner sa fille, et qui est resté pour elle. Adieu, mon ami. Brûle cette lettre ; elle contient un secret que j'ai juré de garder, et que je n'ai pas trahi en le racontant à un autre moi-même.

LXXVII.

DE JACQUES A M. BOREL.

Mon vieux camarade, je te remercie de ta lettre, et des excellentes intentions de ton amitié. Je sais que tu te serais battu de grand cœur pour défendre ma femme d'une insulte, et pour me rendre même un moindre service. J'espère que tu regardes ce dévouement comme réciproque, et que, si tu as jamais occasion de faire un appel sérieux à l'amitié, tu ne t'adresseras pas à un autre que moi. Remercie aussi pour moi ta bonne Eugénie des soins qu'elle a eus pour Fernande, et prie-la, si elle lui écrit, de ne point lui faire savoir que la lettre où tu m'informais de tout ce qui s'est passé. Adieu, mon brave ; compte sur moi, à la vie et à la mort.

LXXVIII.

DE JACQUES A OCTAVE.

Je veux vous épargner l'embarras d'une explication verbale ; elle ne pourrait être que difficile et pénible entre nous ; nous nous entendrons plus vite et plus froidement par écrit. J'ai plusieurs questions à vous adresser, et j'espère que vous ne me contesterez pas le droit de vous interroger sur certaines choses qui m'intéressent pour le moins autant que vous.

1° Croyez-vous que j'ignore ce qui s'est passé entre vous et une personne qu'il n'est pas besoin de nommer ?

2° En revenant ici, ces jours derniers, en même temps qu'elle, et en vous présentant à moi avec assurance, quelle a été votre intention ?

3° Avez-vous pour cette personne un attachement véritable ? Vous chargeriez-vous d'elle, et répondriez-vous de lui consacrer votre vie, si son mari l'abandonnait ?

Répondez à ces trois questions ; et si vous respectez le repos et la vie de cette personne, gardez-moi le secret auprès d'elle sur le sujet de cette lettre ; en le trahissant, vous rendriez son salut et son bonheur futur impossibles.

LXXIX.

D'OCTAVE A JACQUES.

Je répondrai à vos questions avec la franchise et la confiance d'un homme sûr de lui :

1° Je savais, en quittant la Touraine, que vous étiez informé de ce qui s'est passé entre *elle* et moi ;

2° Je suis venu ici pour vous offrir ma vie en réparation de l'outrage et du tort que je vous ai fait ; si vous êtes généreux envers *elle*, je découvrirai ma poitrine, et je vous prierai de tirer sur moi ou de me frapper avec l'épée, moi les mains vides ; mais si vous devez vous venger sur *elle*, je vous disputerai ma vie et je tâcherai de vous tuer ;

3° J'ai pour *elle* un attachement si profond et si vrai, que, si vous devez l'abandonner soit par la mort, soit par le ressentiment, je fais serment de lui consacrer ma vie tout entière, et de réparer ainsi, autant que possible, le mal que je lui ai fait.

Adieu, Jacques. Je suis malheureux, mais je ne peux pas vous dire ce que je souffre à cause de vous; si vous voulez vous venger de moi, vous devez désirer de me trouver debout. Je serais un lâche si je vous implorais; je serais un impudent si je vous bravais; mais je dois vous attendre, et je vous attends. Décidez-vous.

LXXX.

D'OCTAVE A HERBERT.

Jacques est parti; où va-t-il, et quand reviendra-t-il? reviendra-t-il jamais? Tout cela est encore un mystère pour moi; cet homme a la manie d'être impénétrable. J'aimerais mieux vingt coups d'épée que ce dédaigneux silence. De quoi puis-je l'accuser, pourtant? Sa conduite jusqu'ici est sublime envers sa femme; mais sa miséricorde envers moi m'humilie ou sa lenteur à se venger m'impatiente. Ce n'est pas vivre que d'être ainsi dans le doute du présent et dans l'incertitude de l'avenir.

Je t'ai envoyé copie du billet qu'il m'a écrit de Saint-Léon, et de la réponse que je lui ai faite du presbytère, le tout entre le déjeuner et le dîner qui nous rassemblent tous les jours comme autrefois; car il est bon de te dire qu'il y a quelques jours Fernande me pria de reprendre notre ancienne manière de vivre, et qu'elle était autorisée par Jacques à me faire cette invitation. C'était le premier jour depuis sa maladie qu'elle redescendait au salon, et ce fut lendemain que Jacques m'envoya ce message par son groom. J'eus l'aplomb d'aller dîner comme la veille, et Jacques me reçut comme les autres jours, c'est-à-dire avec une poignée de main et une contenance grave. Cette poignée de main, qu'il ne me donne point quand nous nous rencontrons seuls, est évidemment une démonstration extérieure pour rassurer sa femme, et la perte de leur enfant autorise assez son silence et sa réserve, qu'elle peut prendre pour de la tristesse. Seulement, après le dîner, il me suivit dans le jardin, et me dit : « Vos dispositions sont telles que je les supposais, il suffit. Vous êtes un ami sans foi, mais vous n'êtes pas un homme sans cœur. Je n'exige plus qu'une chose : votre parole d'honneur que vous cacherez à Fernande l'explication que nous avons eue ensemble, et que dans aucun moment de votre vie, fussé-je à cent lieues, fussé-je mort, vous ne lui apprendrez que j'ai su la vérité. » Je lui donnai ma parole, et il ajouta : « Êtes-vous bien pénétré de l'importance du serment que vous me faites? — Je pense que oui, répondis-je. — Songez, me dit-il, que c'est la première et la principale réparation que je vous demande du mal que vous nous avez fait; songez que vous frapperiez Fernande d'une blessure mortelle le jour où vous lui feriez savoir que je lui ai pardonné. Vous concevez sans doute qu'en de certaines circonstances la reconnaissance est une humiliation et un tourment : on souffre quand on ne peut remercier sans rougir, et vous savez que Fernande est fière. — O Jacques! lui dis-je avec effusion, je sais que tu es sublime envers elle! — Ne me remercie pas, dit-il d'une voix altérée, je ne puis l'être envers toi. » Et il s'éloigna précipitamment.

Hier, je trouvai Fernande triste et inquiète. « Jacques va encore nous quitter, me dit-elle; il prétend avoir des affaires indispensables qui l'appellent à Paris; mais, dans la situation où nous sommes, cela m'effraie. Peut-être a-t-il reçu enfin cette funeste lettre de Borel qu'un hasard aura retardée à la poste; peut-être me trompe-t-il par une feinte douceur que lui dicte la compassion. Je tremble qu'il ne soit instruit, et qu'il n'ait le projet de m'abandonner tout à fait sans me rien dire. » Je la rassurai en lui disant que, dans ce cas-là, Jacques aurait eu certainement une explication avec moi, et je la trompai en lui assurant qu'il m'avait, au contraire, témoigné une amitié plus vive que jamais. Fernande est bien facile à abuser; elle est si peu habituée au raisonnement et si peu capable d'observation, qu'elle ne connaît jamais les gens qui l'entourent, et ne comprend pas sa propre vie. C'est une douce et naïve créature, toujours gouvernée par l'instinct d'aimer, par le besoin de croire, et trop pieusement crédule dans l'affection d'autrui pour être susceptible de pénétration. Jacques rentra et parla de ses affaires d'une manière si vraisemblable, Sylvia eut tellement l'air d'y croire, et nous fûmes en apparence si bons amis, qu'elle me dit le soir : « Oh! quelle confiance héroïque de la part de Jacques! il nous laisse encore ensemble! Songez, Octave, que vous seriez un monstre si vous en abusiez, et que de ce moment je serais forcée de vous haïr. » Jacques est parti ce matin, calme, et me témoignant une affection vraiment stoïque; mais que pense-t-il? Il doit croire que sa femme est ma maîtresse, et pourtant elle ne l'est point. Elle s'est courageusement refusée à moi, et j'ai eu la force de me soumettre, même dans les occasions où la crainte de la perdre et le trouble de mes passions auraient dû triompher d'autrui tous les scrupules. Peut-être que si Jacques savait cela, il agirait autrement; peut-être aurais-je dû le lui dire. C'eût été un autre genre d'héroïsme que de le faire rester en lui disant : « Ta femme est pure, reprends-la, et je pars. » Mais il est écrit que je ne serai jamais un héros, cela m'est impossible, et j'ai une antipathie insurmontable pour les scènes de déclamation. Je me connais trop bien : je serais parti par la porte, et au bout de huit jours je serais rentré par la fenêtre; j'aurais avoué que depuis un an je suis le plus niais des séducteurs, et je serais devenu criminel aussitôt après cette belle confession. D'ailleurs, Jacques aurait-il ajouté foi à ma parole, soit pour le passé, soit pour l'avenir? Je ne peux plus le croire aveugle. Il y a des instants où toute cette pompe de générosité m'en impose tellement, que je me livre à l'admiration avec une sensibilité puérile; et puis ma raison reprend le dessus, et je me dis qu'après tout, la vie est une comédie à laquelle je ne se laissent pas prendre ceux qui la jouent; qu'après les tirades et les scènes à effet, chacun essuie son fard, ôte son costume, et se met à manger ou à dormir. Jacques serait ce qu'il croit être, si la nature l'avait doué comme moi de passions vives. S'il aimait Fernande comme je l'aime, et s'il y renonçait comme il le fait, je m'inclinerais devant lui. Mais je sais bien que lui qu'on est épris comme je le suis, on n'est pas capable de tels sacrifices. Il aime le genre héroïque, et sa paisible nature, ses passions refroidies par l'habitude du raisonnement ou par l'âge, le secondent merveilleusement. Qu'on lui mette mon cœur dans la poitrine pendant un quart d'heure, et tout cet échafaudage tombera. Il ne demande pas mieux que de s'éloigner de sa femme : il aime la solitude et les voyages comme Childe-Harold; il est plus content d'avoir à pratiquer la théorie qu'il s'est faite du *renoncement*, que de jouir de tous les biens de la vie, et son orgueil est plus satisfait de pouvoir me faire grâce, qu'il ne serait de me tuer en duel. Il songe à l'admiration qu'il m'impose, et il se croit plus vengé par mon repentir que par ma mort. Ne pense pas que je veuille nier ce qu'il y a de beau dans son caractère et dans sa conduite : vraiment, je le crois capable de l'action de Régulus. Mais si Régulus avait vécu sous mes yeux, j'aurais trouvé, j'en suis sûr, dans sa vie privée mille occasions de douter et de sourire. Les héros sont des hommes qui se donnent à eux-mêmes pour des demi-dieux, et qui finissent par l'être en de certains moments, à force de mépriser et de combattre l'humanité. A quoi cela sert-il, après tout? A se faire une postérité de séides et d'imitateurs; mais de quoi jouit-on au fond de la tombe?

Je m'efforce en vain de chercher mon bonheur en cette vie dans les joies de l'orgueil; la vérité les efface avec un éclair de son miroir, et je me retrouve seul et impuissant, avec mon désir et ma passion dans le cœur. Hier, quand Jacques partait, mille folies me passaient par l'esprit : j'avais envie d'aller dire adieu à Fernande et de partir avec lui; que sais-je? Mais quand il fut parti, et que Fernande tout en larmes me laissa baiser ses mains

Je la fais danser... (Page 71.)

humides, et peu à peu son cou de neige et ses beaux cheveux, dont le contact me fait frissonner de bonheur, je me sentis très-content d'être seul avec elle, et malgré moi je remerciai Dieu d'avoir inspiré à Jacques la fantaisie de s'en aller. Quand je me serais torturé l'esprit pour me prouver que la reconnaissance et l'admiration devaient me guérir de l'amour, le bouillonnement de mon sang et les élans de mon cœur auraient victorieusement démenti cette vaine affectation et cette vertu pédantesque.

Fernande est encore tout émue et toute pénétrée de ce départ; l'excellente enfant croit à son mari comme en Dieu, et je serais bien fâché à présent de combattre cette vénération. Il est vrai qu'elle le suppose imbécile, en croyant fermement qu'il n'a pas le moindre soupçon de notre amour; voilà ce que c'est que le sentiment de l'admiration. C'est comme la foi aux miracles : c'est un travail de l'imagination pour exciter le cœur et paralyser le raisonnement.

Elle commence à se porter tout à fait bien; mais son fils maigrit et pâlit à vue d'œil. Elle ne s'en aperçoit pas encore; mais je crains qu'elle n'ait bientôt un nouveau sujet de larmes, et que ni l'un ni l'autre de ses enfants ne soient nés avec une bonne organisation. Tous les malheurs qui pourront la frapper m'attacheront à elle; je ne suis pas un grand homme, mais je l'aime, et je n'ai pas joué de rôle quand j'ai juré de lui consacrer ma vie. Sylvia est d'une tristesse dont je ne la croyais pas capable; elle la dissimule devant Fernande, et se conduit comme un ange avec elle; mais son visage trahit une souffrance secrète et une préoccupation tout à fait étrangère à son caractère méthodique et grave. Il me vient à l'esprit, depuis quelque temps, une idée singulière sur Sylvia : je te la dirai si elle prend de la consistance.

P. S. Fernande vient de recevoir une lettre de madame Borel qui lui annonce que la lettre de son mari à Jacques n'est jamais partie, par la raison qu'elle-même s'est chargée de la déchirer au lieu de la mettre à la poste. Jacques aura encore arrangé cela. On ne peut se dissimuler que cet homme ne soit ingénieux et magnifique dans la manière dont il remplit sa tâche.

Je criai : Qui vive ?... (Page 74.)

LXXXI.

DE JACQUES A SYLVIA.

Paris.

Tu me pleures, pauvre Sylvia ! Oublie-moi comme on oublie les morts. C'en est fait de moi. Étends entre nous un drap mortuaire, et tâche de vivre avec les vivants. J'ai rempli ma tâche, j'ai bien assez vécu, j'ai bien assez souffert. A présent, je puis me laisser tomber et me rouler dans la poussière trempée de mes larmes. En te quittant, j'ai pleuré, et mes yeux ne se sont pas séchés depuis trois jours. Je vois bien que je suis un homme fini, car jamais je n'ai vu mon cœur se briser et s'anéantir ainsi. Je le sens qui fond dans ma poitrine. Dieu me retire la force, parce qu'elle m'est désormais inutile. Je n'ai plus à souffrir, je n'ai plus à aimer ; mon rôle est achevé parmi les hommes.

Laisse-la me croire aveugle, sourd et indolent. Maintiens-la dans cette confiance, et qu'elle ne se doute jamais que je meurs de sa main. Elle pleurerait, et je ne veux pas qu'elle souffre davantage pour moi. C'est bien assez comme cela. Elle a trop appris ce que c'est d'entrer dans ma destinée, et quelle malédiction foudroie tout ce qui s'attache à moi. Elle a été comme un instrument de mort dans la main d'Azraël ; mais ce n'est pas sa faute si l'exterminateur s'est servi de son amour, comme d'une flèche empoisonnée, pour me percer le cœur. A présent, la colère de Dieu va s'apaiser, j'espère. Il n'y a plus sur moi de place vivante à frapper. Vous allez tous vous reposer et vous guérir de m'avoir aimé.

Sa santé m'inquiète, et j'attends avec impatience que tu me dises si mon départ et l'émotion qu'elle a éprouvée en me disant adieu ne l'ont pas rendue plus malade. J'aurais peut-être dû rester encore quelques jours et attendre qu'elle fût plus forte ; mais je n'y pouvais plus tenir. Je suis un homme et non pas un héros ; je sentais dans mon sein toutes les tortures de la jalousie, et je craignais de me laisser aller à quelque mouvement odieux d'égoïsme et de vengeance. Fernande n'est pas coupable de mes souffrances ; elle les ignore ; elle me croit étranger aux passions humaines. Octave lui-même s'imagine peut-être que je supporte tranquillement mon malheur, et que j'obéis sans efforts à un devoir que je me suis imposé... Qu'il en soit ainsi, et qu'ils soient heureux ! Leur compassion me rendrait furieux, et je ne puis renoncer encore à la cruelle satisfaction de laisser le doute et l'attente de ma vengeance suspendus comme une épée sur la tête de cet homme. Ah ! je n'en puis plus ! Tu vois si mon âme est stoïque. Non, elle ne l'est pas. C'est toi, Sylvia, qui es héroïque et qui me juge d'après toi-même. Mais moi, je suis un homme comme les autres ; mes passions me transportent comme le vent et me rongent comme le feu. Je ne me suis point créé un ordre de vertus au-dessus de la nature ; seulement, je ressens l'affection avec une telle plénitude, que je suis forcé de lui sacrifier tout ce qui m'appartient, jusqu'à mon cœur, quand je n'ai plus rien à lui offrir. Je n'ai jamais étudié qu'une chose au monde, c'est l'amour. À force de faire l'expérience de tout ce qui le contriste et l'empoisonne, j'ai compris combien c'était un sentiment noble et difficile à conserver ; combien il fallait accomplir de dévouements et de sacrifices avant de pouvoir se glorifier de l'avoir connu. Si je n'avais pas eu d'amour pour Fernande, je me serais peut-être mal conduit. Je ne sais si j'aurais commandé à mon dépit et à la haine que m'inspire l'homme qui l'a exposée à la risée d'autrui, par ses imprudences et ses folies égoïstes. Mais elle l'aime, et parce que je suis lié à elle par une éternelle affection, la vie de son amant me devient sacrée. Pour résister à la tentation de me défaire de lui, je pars, et Dieu seul saura ce que me coûte de désespoirs et de tourments chacun des jours que je lui laisse.

Si j'ai quelque autre vertu que mon amour, c'est peut-être une justice naturelle, une rectitude de jugement, sur lesquelles aucun préjugé social, aucune considération personnelle, n'ont jamais eu de prise. Il me serait impossible de conquérir un bonheur quelconque par la violence ou la perfidie, sans être aussitôt dégoûté de ma conquête. Il me semblerait avoir volé un trésor, et je le jetterais par terre pour m'aller pendre comme Judas. Cela me paraît le résultat d'une logique si inflexible et si absolue, que je ne saurais me glorifier de n'être pas une brute semblable aux trois quarts des hommes que je vois. Borel, à ma place, aurait tranquillement battu sa femme, et il n'eût peut-être pas rougi ensuite de la recevoir dans son lit, tout avilie de ses coups et de ses baisers. Il y a des hommes qui égorgent sans façon leur femme infidèle, à la manière des Orientaux, parce qu'ils la considèrent comme une propriété légale. D'autres se battent avec leur rival, le tuent ou l'éloignent, et vont solliciter les baisers de la femme qu'ils prétendent aimer, et qui se retire d'eux avec horreur ou se résigne avec désespoir. Ce sont là, en cas d'amour conjugal, les plus communes manières d'agir, et je dis que l'amour des pourceaux est moins vil et moins grossier que celui de ces hommes-là. Que la haine succède à l'affection, que la perfidie de la femme fasse éclore le ressentiment de son mari, que certaines bassesses de celle qui le trompe lui donnent jusqu'à un certain point le droit de se venger, et je conçois la violence et la fureur ; mais que doit faire celui qui aime ?

Je ne peux pas me persuader (ce que beaucoup sans doute penseront de moi) que je sois un esprit faible et un caractère imbécile, pour avoir persévéré dans mon amour. Mon cœur n'est pas vil, et mon jugement n'est pas altéré. Si Fernande était indigne de cet amour, je ne l'éprouverais plus. Une heure de mépris suffirait pour m'en guérir. Je me rappelle bien ce que j'ai senti pendant trois jours que je la crus infâme. Mais aujourd'hui elle cède à une passion qu'un an de combats et de résistance a enracinée dans son cœur ; je suis forcé de l'admirer, car je pourrais l'aimer encore, eût-elle cédé au bout d'un mois. Nulle créature humaine ne peut commander à l'amour, et nul n'est coupable pour le ressentir et pour le perdre. Ce qui avilit la femme, c'est le mensonge. Ce qui constitue l'adultère, ce n'est pas l'heure qu'elle accorde à son amant, c'est la nuit qu'elle va passer ensuite dans les bras de son mari. Oh ! je haïrais la mienne, et j'aurais pu devenir féroce, si elle eût offert à mes lèvres des lèvres chaudes encore des baisers d'un autre, et apporté dans mes bras un corps humide de sa sueur. Elle serait devenue hideuse pour moi ce jour-là, et je l'aurais écrasée comme une chenille que j'aurais trouvée dans mon lit. Mais, telle qu'elle est, pâle, abattue, souffrant toutes les angoisses d'une conscience timorée, incapable de mentir, et toujours prête à se confesser à moi de sa faute involontaire, je ne puis que la plaindre et la regretter. N'ai-je pas vu, depuis son retour, que ma confiance apparente lui faisait un mal affreux, et que ses genoux pliaient sans cesse pour me demander pardon ? Combien il m'a fallu d'adresse et de précaution pour retenir sur ses lèvres l'aveu toujours prêt à s'en échapper !

Tu m'as demandé pourquoi je n'avais pas accepté la confession et le sacrifice que si souvent elle a désiré me faire. C'est parce que je crois la confession inutile et le sacrifice impossible. Tu n'aimes pas qu'on doute de la vertu d'autrui, et tu m'as reproché de ne plus vouloir me fier à l'héroïsme dont Fernande eût été peut-être capable encore. Eh quoi ! cette dernière épreuve, ce fatal voyage en Touraine, n'a-t-il pas suffi à mesurer la force de Fernande ? Je la connais bien, je sais jusqu'où va sa vertu, comme je sais où elle finit. Sa chasteté naturelle est la meilleure sauvegarde qui puisse la protéger, et sans doute elle l'a protégée longtemps. Mais la résolution de perdre Octave ne peut se soutenir dans cette âme puérilement sensible, que la plus petite souffrance épouvante, et qui succombe sous un véritable malheur. Est-ce sa faute ? Ne serions-nous pas des insensés et des bourreaux, si nous exigions d'elle ce qu'elle ne peut accorder, si nous la frappions pour marcher quand ses jambes se dérobent sous elle ? N'a-t-elle pas failli mourir parce qu'elle a perdu sa fille ? Pauvre créature souffrante ! sensitive qui se crispe au souffle de l'air ! comment aurais-je le courage brutal de te tourmenter, et l'orgueil stupide de te mépriser parce que Dieu t'a faite si faible et si douce ! Oh ! je t'ai aimée, simple fleur que le vent brisait sur ta tige, pour ta beauté délicate et pure, et je t'ai cueillie, espérant garder pour moi seul ton suave parfum, qui s'exhalait à l'ombre et dans la solitude ; mais la brise me l'a emporté en passant, et ton sein n'a pu le retenir ! Est-ce une raison pour que je te haïsse et te foule aux pieds ? Non ! je te reposerai doucement dans la rosée où je t'ai prise, et je te dirai adieu, parce que mon souffle ne peut plus te faire vivre, et qu'il en est un autre dans ton atmosphère qui doit te relever et te ranimer. Refleuris donc, ô mon beau lis ! je ne te toucherai plus.

LXXXII.

DE JACQUES A SYLVIA.

Tours.

Je suis revenu ici. C'est une idée étrange qui m'est passée par la tête, et que je t'expliquerai dans quelques jours. J'ai reçu ta lettre ; on me l'a renvoyée exactement de Paris avec celle de Fernande, qui est bien affectueuse et bien laconique. Oui, je conçois ce qu'elle souffre en m'écrivant. Hélas ! elle ne pourra même pas m'aimer d'amitié ! Mon souvenir sera un tourment pour elle, et mon spectre lui apparaîtra comme un remords !

Je te remercie de m'assurer qu'elle se porte tout à fait bien, que les belles couleurs de la santé reviennent à ses joues, et qu'elle pleure sa fille moins souvent et moins amèrement. Oui, voilà ce qu'il faut me dire pour me donner du courage. Du courage ! à quoi bon ? Il m'en a fallu, et j'en ai eu. Mais qu'en ferais-je désormais ? Tu as beau dire, Sylvia, je n'ai plus rien à faire sur la terre. Tu sais ce que le médecin, pressé par mes questions, m'a dit de mon fils. J'ai compris à demi-mot ce que je devais craindre et ce que je pouvais espérer. Le plus riant espoir qui me reste, c'est de le voir survivre un an à sa sœur. Il a le même défaut d'organisation. Je ne suis donc pas nécessaire à cet enfant, et je dois travailler à m'en détacher comme d'un espoir anéanti. Je vivrais encore pour Fernande, si elle avait besoin de moi. Mais, au cas où celui qu'elle aime l'abandonnerait un jour, tu es sa sœur, sa vraie sœur par l'affection et par le sang ; tu me remplacerais auprès d'elle, Sylvia, et ton amitié lui serait moins pesante et plus efficace que la mienne. Ma mort ne peut que lui faire du bien. Je sais que son cœur est trop délicat pour s'en réjouir ; mais, malgré elle, elle sentirait l'amélioration de son sort. Elle pourrait épouser Octave par la suite, et le scandale malheureux que leurs amours ont fait ici serait à jamais terminé.

Tu me dis précisément qu'elle s'afflige beaucoup de l'idée de ce scandale ; que ce souvenir, effacé longtemps par la douleur plus vive encore de la mort de sa fille, et par la crainte de perdre mon affection, s'est réveillé en elle depuis qu'elle est un peu résignée à l'une et un peu rassurée sur l'autre. Tu me dis qu'elle demande à toute heure s'il est possible que cette aventure ne m'arrive pas à Paris, et que, lorsqu'on a réussi à la tranquilliser sur ce point par des raisons qu'on n'oserait donner à un enfant, elle tremble à l'idée d'être couverte de ridicule, et de servir de sujet aux plaisanteries de café d'une province et aux récits de chambrée d'un régiment. C'est là l'ouvrage d'Octave, et elle le lui pardonne ! Elle l'aime donc bien !

Sur ce dernier point de souffrance et d'inquiétude, tu peux la rassurer par des raisonnements assez plausibles. Je suis bien aise qu'elle te parle de tout cela avec abandon ; cette confiance la soulage d'autant, et tu es à même plus que personne, d'adoucir sa tristesse par une amitié éclairée. Ces sortes de scandales sont bien moins importants pour une jeune femme qu'elle ne se l'imagine. Beaucoup seraient vaines de l'espèce de célébrité qui en résulte, et de l'attrait que leur attention et leurs bonnes grâces ont désormais pour les hommes. Une coquette partirait de là pour se faire une brillante carrière d'audace et de triomphes. Fernande n'est pas de ce caractère ; elle ne songe qu'à rougir et à se cacher. Qu'elle se retire au fond de cette vie tranquille et heureuse que j'ai tâché de lui faire et de lui laisser ; mais qu'elle ne perde pas son temps à pleurer sur un accident qui sera l'anecdote d'un jour, et qu'on oubliera le lendemain pour une autre. Il y a des événements ridicules et honteux dont on a peine à se laver, mais de tels événements ne peuvent se rencontrer dans la vie d'une femme comme Fernande. Que peut-on dire ? Qu'elle est belle, qu'elle a inspiré une passion ; qu'un homme s'est exposé, pour ne pas la compromettre, à se rompre le cou en fuyant sur les toits. Il n'y a rien de laid ni d'avilissant dans tout cela. Si Octave eût parlementé avec les mauvais plaisants qui l'assiégeaient, c'eût été bien différent. L'amour d'un lâche déshonore une femme, si noble qu'elle soit. Mais Octave s'est bien conduit. Tout le monde sait qu'il s'est escortée en voyage jusque chez elle, tant les grands mystères et les grandes combinaisons de ce fou réussissent ! Heureusement il a du cœur, et l'on peut découvrir tous ces puérils secrets sans trouver un sujet de mépris dans sa conduite. Le ridicule et l'odieux de tout cela retombent sur moi. On m'accuse d'avoir une maîtresse dans ma maison. On dit même, tant l'espionnage imbécile et les interprétations erronées font vite le tour du monde, que j'ai essayé de la faire passer pour ma sœur, mais que madame de Theursan est venue démasquer l'imposture. C'est quelque servante, c'est peut-être madame de Theursan elle-même qui répand ce bruit ! Voilà le parti que les cœurs vils tirent de la patience et de la générosité des autres. En un mot, je suis bafoué à Tours. M. Lorrain, un ancien officier de mon régiment à qui j'ai eu affaire il y a vingt ans, s'amuse à mes dépens le plus qu'il peut. Mais tout cela me regarde, et j'en suis chargé.

Tu ne prononces pas le nom d'Octave, je devine que tu crois me devoir ce ménagement ; mais ne crains rien. Il est bien vrai que je ne puis lire et tracer ce nom fatal sans un frémissement de haine de la tête aux pieds ; mais il faut bien que je m'y accoutume. Il faut que je sache tout ce qui se passe là-bas, s'il l'aime, s'il la rend heureuse. Adieu, Sylvia, seule entre tous, tu ne m'as jamais fait de mal. Je n'ai pas besoin de te dire qu'il faut cacher à Fernande ma présence à Tours.

LXXXIII.

DE SYLVIA A JACQUES.

Mon Dieu ! que fais-tu donc à Tours ? cela m'épouvante. Songes-tu à te venger des calomnies qu'on répand sur nous ? Si je te connaissais moins, je me le persuaderais. Pourtant, j'ai beau me rappeler l'horreur que tu as pour le duel, je tremble encore que tu ne sois engagé dans quelque affaire de ce genre ; ce ne serait pas la première fois que tu te serais cru forcé de manquer à tes principes et de faire une chose antipathique à ton caractère. Je ne vois cependant pas qu'en cette occasion tu doives jouer la vie contre celle d'un autre. En quoi cela réparera-t-il le tort fait à Fernande ? Un autre homme que toi répondrait qu'il a son affront personnel à venger ; mais es-tu capable de commettre ce que tu considères comme un crime pour satisfaire une vengeance personnelle ? Tu m'as raconté ton premier duel, c'était précisément avec ce Lorrain ; tu cédais bien alors à une considération de ce genre, mais la nécessité était urgente ; vous étiez tous les jours en présence l'un de l'autre sous les yeux d'une assemblée, et vous étiez tous deux militaires. Il importait peu que le canon ou l'épée emportât l'un de vous un jour plus tôt ou plus tard ; qu'était-ce que la vie pour vous dans ce temps-là ? Aujourd'hui que la position est si différente, comment serait-il possible que tu fisses tout ce voyage pour te laver de calomnies qui ne t'atteignent pas, et te venger d'insultes qu'on n'ose t'adresser que de loin ? En vain tu t'efforces de me prouver que ta vie n'est utile désormais à personne, tu te trompes. Oh ! ne laisse pas le courage t'abandonner ainsi ; c'est un calcul de la paresse, qui veut se croiser les bras, de se persuader que la tâche est remplie. Pourquoi condamnes-tu ton fils avec ce désespoir ? le médecin ne t'a-t-il pas dit que la nature opérait des miracles au-dessus de toutes les prévisions de la science, et qu'avec des soins assidus et un régime sévère, ton enfant pouvait se fortifier ? Je maintiens ce régime scrupuleusement, et depuis quelques jours notre cher petit est réellement bien. Si je mourais moi-même, qui le soignerait ? Fernande ignore son mal, et d'ailleurs sa sollicitude est presque toujours inhabile. Qui m'impose donc la vie quand tu te démets si facilement de la tienne. Crois-tu qu'elle soit bien belle, celle que tu me laisses ?

Et Fernande, n'a-t-elle plus besoin de toi ? que savons-nous d'Octave, quand il ne sait rien de lui-même, et se pique de ne résister à aucun des caprices qui lui viennent ? Il se dit sûr d'aimer toujours Fernande ; c'est peut-être vrai, c'est peut-être faux. Il s'est bien conduit depuis qu'il s'est compromise ; mais quel homme est-ce là pour succéder et pour remplir un cœur où tu as régné ? Pourra-t-elle l'aimer longtemps ? n'aura-t-elle pas besoin un jour qu'on le délivre de lui ?

Tu veux que je te dise exactement la vérité sur leur compte, et je sens que je dois le faire ; dans ce moment ils sont heureux, ils s'aiment avec emportement, ils sont aveugles, sourds et insensibles. Fernande a des moments de réveil et de désespoir, Octave a des instants d'effroi et d'incertitude ; mais ils ne peuvent résister au torrent qui les entraîne. Octave cherche à rassurer sa conscience en rabaissant ta vertu ; il n'oserait en douter, mais il tâche de l'expliquer par des motifs qui en diminuent le mérite ; pour se dispenser de t'admirer et pour se consoler d'être moins grand que toi, il tâche de saper le piédestal où tu as mérité de monter. Tu as deviné juste, il nie tes passions, afin de nier ton sacrifice. Fernande te défend avec plus de vigueur que tu ne le penses, et sa vénération résiste à toutes les atteintes. Elle dit que tu l'aimes au point de rester aveugle éternellement ; elle dit qu'en cela tu es sublime ; et alors elle pleure si amèrement que je suis forcée de la consoler et de la relever à ses propres yeux. Ma pauvre sœur ! il y a des instants où je lui en veux de t'avoir fait tant de mal. Quand je vois son visage serein et sa main dans celle d'Octave, je fuis, je me cache au fond des bois, où je vais pleurer auprès du berceau de ton fils, pour exhaler mon indignation sans les faire souffrir. Mais quand je la vois torturée de remords, je la plains et je souffre avec elle. Je pense, comme toi, que son aventure est moins grave que la pruderie de beaucoup de femmes ne voudra le faire croire. Je vois qu'elle ne lui a point aliéné l'amitié de madame Borel, qui me paraît une personne généreuse et sensée. Sa vie pourrait être encore bien belle, si Octave voulait; elle retournerait à toi, j'en suis sûre, si elle avait à se plaindre de lui, ou s'il lui inspirait le courage qu'au contraire il cherche à lui ôter. Pourrait-elle rougir d'accepter son pardon d'une âme aussi noble que la tienne, et souffrirais-tu en le lui accordant? Oh! combien tu l'aimes encore, et quel amour que le tien! Tu n'es occupé, au sein de cet océan de douleurs, qu'à lui éviter la centième partie de celles que tu ressens.

J'ai reçu de madame de Theursan l'étrange envoi de quelques centaines de francs; ce n'est pas, comme tu penses, la modicité du présent qui me l'a fait refuser; je sais qu'elle n'a pas de fortune et que ce présent est libéral eu égard à ses moyens; mais j'admire cette réparation de l'abandon de toute ma vie. Cela ressemble à une dérision; j'ai pourtant remercié et n'ai motivé mon refus que sur l'absence de besoins. Peut-être devrais-je être reconnaissante de l'intention, je ne puis; je ne lui pardonnerai jamais de m'avoir mise au monde.

LXXXIV.

DE JACQUES A SYLVIA.

Que veux-tu que je te dise? ce Lorrain était un méchant homme, et je l'ai tué. Il a tiré sur moi le premier, je l'avais provoqué; il m'a manqué. Je savais que je n'avais qu'à vouloir pour l'abattre, et j'ai voulu. Est-ce un crime que j'ai commis? Certainement; mais que m'importe? je ne suis pas capable de savoir ce que c'est que le remords dans ce moment-ci. Il y a tant d'autres choses qui bouillonnent en moi, et qui me transportent hors de moi-même! Dieu me le pardonnera. Ce n'est plus moi qui agis: Jacques est mort; l'être qui lui succède est un malheureux que Dieu n'a pas béni, et dont il ne s'occupe pas. J'aurais pu être bon, si mon destin s'était prêté à mes sentiments; mais tout a échoué, tout m'abandonne; l'homme physique reprend le dessus, et cet homme a un instinct de tigre comme tous les autres. Je sentais la soif du sang me brûler; ce meurtre m'a un peu soulagé. En expirant, le malheureux m'a dit: « Jacques, il était écrit que je mourrais de ta main; sans cela tu ne m'aurais pas estropié pour une caricature, et tu ne me tuerais pas aujourd'hui pour te venger d'être... » Il est mort en m'adressant cette grossièreté qui semblait le consoler. Je suis resté longtemps immobile à contempler l'expression d'ironie qui restait sur la face de ce cadavre: ses yeux fixes semblaient me braver, son sourire semblait nier ma vengeance; j'aurais voulu le tuer une seconde fois. Il faudra que j'en tue un autre, n'importe lequel; cela me soulage, et cela fait du bien à Fernande: rien ne réhabilite une femme comme la vengeance des affronts qu'elle a reçus. On dit ici que je suis fou; peu m'importe! on ne dira plus que je suis lâche, et que je souffre l'infidélité de ma femme parce que je ne sais pas me battre; on dira que j'ai pour elle une passion qui me fait perdre l'esprit. Eh bien! on pensera du moins que c'est une femme digne d'amour que celle qui exerce un tel empire sur l'époux qu'elle n'aime plus; les autres femmes envieront cette espèce de trône où, dans mon délire, je l'aurai placée, et Octave enviera mon rôle un instant; car il n'y a que moi qui aie le droit de me battre pour elle, et il est obligé de me laisser réparer le mal qu'il a commis.

Adieu. Ne t'inquiète pas de moi, je vivrai; je sens que c'est mon destin, et que dans ce moment mon corps est invulnérable. Il y a une main invisible qui me couvre, et qui se réserve de me frapper. Non, ma vie n'est au pouvoir d'aucun homme: j'en ai l'intime révélation; j'en ai fait le sacrifice, et il m'est absolument indifférent de la perdre ou de la conserver. L'ange qui protège Fernande est venu près de moi, et il me parle d'elle dans mon sommeil; il étend ses ailes sur moi quand je me bats pour elle; quand je ne serai plus nécessaire à personne, lui aussi m'abandonnera. J'ai fait mon testament à Paris; en cas de mort de mon fils, je laisse les deux tiers de mon bien à ma femme, et à toi le reste; mais ne crains rien, mon heure n'est pas venue.

LXXXV.

DE M. BOREL AU CAPITAINE JEAN.

Cerisy.

Mon camarade, il faut que vous alliez me remplacer à Tours, sur-le-champ, auprès de Jacques, qui se bat encore ce soir. Je ne puis ni lui servir de témoin, ni même aller vous investir de mes fonctions; j'ai une attaque de goutte si bien conditionnée, qu'il me serait impossible de faire une lieue en voiture. Jacques vient de m'envoyer chercher; allez tout de suite, par la traverse, lui offrir mes excuses et vos services, qu'il ne se refusent pas. Je vais tâcher de vous mettre en trois mots au courant de l'affaire. A peine reposé d'avoir tué hier Lorrain, à qui Dieu fasse paix, Jacques s'en va au café comme si de rien n'était; et, avec cette manière glaciale que vous lui connaissez quand il est en colère, il fume sa pipe et prend sa demi-tasse en présence de plus de cent paires de moustaches jeunes et vieilles qui l'examinaient non sans un peu de curiosité, comme vous pensez. Les jeunes officiers qui ont fait la farce que vous savez à l'amant de sa femme, se sont crus insultés ou au moins provoqués par sa présence et par sa figure; ils ont affecté de parler à haute voix des maris trompés en général, et de répéter, à une table voisine de la sienne, le mot qui pouvait flatter le moins les oreilles de Jacques. Comme il restait impassible, ils ont parlé un peu plus clairement de sa femme, et ils ont fini par la désigner si bien, que Jacques s'est levé en disant : « Vous en avez menti, » du ton dont il aurait dit : « Je suis votre serviteur. » Deux de ces messieurs, qui avaient parlé en dernier, se levèrent en demandant à qui s'adressait le démenti. « A tous deux, répondit Jacques; que celui qui voudra m'en demander raison le premier se nomme. — Moi, Philippe de Munck, demain à l'heure que vous voudrez, dit l'un d'eux. — Non pas, reprit Jacques, ce soir, s'il vous plaît; car vous êtes deux, et il faut que j'aie le temps de rendre raison à monsieur demain, avant que la police ne contrarie. — C'est juste, répondit M. do Munck; ce soir, à six heures et au sabre. — Au sabre, soit, » dit Jacques. Vous voyez que c'est une affaire qui ne peut s'arranger en aucune façon. Deux heures après, j'ai reçu un message de lui pour me prier de lui servir encore de témoin; mais précisément j'ai pris la goutte dans la rosée d'hier à l'affaire de Lorrain, et peut-être ai-je éprouvé aussi un peu d'émotion en voyant tomber ce pauvre diable. Ce n'est pas une grande perte; mais il y avait longtemps que cela grisonnait auprès de nous, et nous ne sommes plus à l'âge où l'on voit un camarade tombait comme une noix d'un noyer. Ce Jacques est étonnant, et cela prouve bien qu'un homme ne change qu'en dehors: l'arbre ne fait que renouveler son écorce, et Jacques est aujourd'hui le même que nous avons connu il y a vingt ans. On ne dira plus: « Voyez ce que deviennent ces vieux militaires, et comme leurs femmes les font marcher! en voilà un qui se battait pour un coup de crayon, et qui se laisse déshonorer sans rien dire. » Ma foi! je l'ai dit moi-même, et sa situation m'occupait tellement, qu'avant-hier, une heure avant d'apprendre qu'il était ici, je rêvais de lui, et je m'éveillai en criant, à ce que m'a dit ma femme : « Jacques, Jacques! qu'es-tu devenu! » Mais un homme de cœur se retrouve toujours. Espérons qu'en sortant de là il ira tuer l'amant de sa femme; faites-lui sentir qu'il le doit, que sans cela tout ce qu'il fait maintenant ne sert à rien. Allez vite. Le préfet est un brave garçon qui laisse aller les duels sans faire de tracasseries; pourtant trois affaires en trois jours, c'est plus que ne comporte l'ordonnance, et il pourrait bien arriver que Jacques fût arrêté après la seconde. Il faut qu'il se dépêche. Écrivez-moi par un exprès, ce soir, quand il aura fini avec M. de Munck. J'enrage de n'être pas là; j'aimerais mieux perdre un bras que de voir Jacques manquer à l'appel.

LXXXVI.
DU CAPITAINE JEAN A M. BOREL.
Tours.

Jacques en a fini avec tous ses adversaires sans recevoir une égratignure; il a du bonheur au jeu, comme tous ceux qui n'en ont pas en ménage. M. Munck a une estafilade au travers de la figure, qui lui sépare le nez en deux, ce qui doit singulièrement le vexer. Cela ne rendra l'honneur à aucun mari, mais pourra bien en consoler quelques-uns et en préserver quelques autres. C'est un joli garçon de moins. La beauté pleurera et lui cherchera un successeur; l'autre jeune homme ne s'est pas soucié de demander son reste à Jacques. C'était un poulet de dix-neuf ans, un fils unique, un enfant de famille, que sais-je? Les témoins ont montré tant de désir d'arranger l'affaire, que nous avons consenti à dire que nous étions fâchés d'avoir donné un démenti, s'il était vrai qu'on n'eût pas eu l'intention de nous impatienter. On a assuré qu'on n'avait pas eu cette intention. Cela pourra bien faire tort à l'enfant; mais je conçois que, ses témoins ayant rendu un peu la main, la partie était trop inégale entre lui et Jacques. Nous avons eu assez de peine à faire entendre raison à celui-ci; il a une bile de tous les diables, et ce n'est qu'après mûre délibération qu'il s'est un peu adouci. Savez-vous que le camarade va bien? C'est ce qui s'appelle ne pas mettre les pouces, et qu'il ait tort ou raison de sabrer par ici plutôt que de sabrer par là-bas, c'est plaisir et honneur de voir un ancien camarade faire de pareilles preuves avec la nouvelle armée. Au reste, le camarade n'est pas de bonne humeur; et pour ceux qui le connaissent un peu, il est facile de voir qu'il a soif du sang de bien d'autres. Je ne sais pas ce qu'il compte faire; je lui ai dit, en recevant ses remerciements pour lui avoir servi de témoin : « Je voudrais t'en servir dans une quatrième occasion, et je ferais volontiers le voyage avec toi pour ça. A présent tu as la main remise, est-ce que tu ne vas pas t'en prendre à qui de droit? » Il m'a répondu moitié figue, moitié raisin : « Si on te le demande, tu diras que tu n'en sais rien. — Ah çà, est-ce que tu en veux aussi aux anciens? » lui ai-je dit. Là-dessus, il m'a embrassé, en me chargeant de faire ses adieux et ses amitiés. Il doit être parti maintenant, car le préfet lui a fait dire en dessous main qu'il allait être forcé de le faire arrêter, s'il ne tirait ses guêtres bien vite. Je l'ai laissé fermant sa malle, et je suis revenu à mon *perchoir*, où je vous attends à déjeuner aussitôt que la goutte vous le permettra. En attendant, j'irai fumer une pipe et jaser de tout cela avec vous. Il y a beaucoup à dire pour et contre Jacques; c'est un drôle de corps, mais il fait feu des quatre pieds.

LXXXVII.
DE JACQUES A SYLVIA.
Aoste.

Tu dois avoir reçu un billet que je t'ai envoyé de Clermont, par lequel je t'annonçais que j'étais sorti sans égratignure de mes trois duels, et que mon corps se portait aussi bien que mon âme se portait mal : ce sont les plus mauvaises nouvelles qu'un homme puisse donner de lui-même. Un corps qui s'obstine à vivre, et qui nourrit avec vigueur les peines de l'âme, est un triste présent du ciel. Ce que je ne t'ai pas dit, c'est que j'allais passer à deux pas de toi sans te voir; j'ai refait cette route de Lyon pour la vingtième fois, et pour la première j'ai passé auprès de ma vallée chérie sans y entrer. Il était six heures du matin quand je me suis trouvé sur le haut de la côte Saint-Jean, et les postillons, qui me connaissent bien, avaient déjà tourné le chemin pour descendre, quand je leur ai dit de continuer vers le Midi. Penché à la portière, j'ai longtemps contemplé ce beau site que je ne reverrai peut-être plus, et tous ces sentiers que nous avons tant de fois parcourus ensemble; mais j'ai longtemps hésité à regarder ma maison. Enfin, au moment où le bois Marion allait me la cacher, j'ai fait arrêter, et je suis monté au-dessus de la route pour la regarder à mon aise et m'abreuver de ma douleur. Le soleil levant étincelait dans tes vitres : étais-tu donc déjà levée? Les volets de Fernande étaient fermés : elle dormait peut-être dans les bras de son amant. Cette maison, ces jardins et cette vallée m'inspirèrent une espèce de haine. Je viens de tuer un homme et d'en défigurer un autre sans aucun motif raisonnable que de satisfaire ma vanité blessée, et j'ai dû regarder tranquillement le toit qui abrite mon désespoir et ma honte!

Oui, ma honte! Je sais bien que c'est un des mots de convention adoptés par une société stupide, et qui, devant la raison, ne présentent aucun sens : l'honneur d'un homme ne peut pas être attaché au flanc d'une femme, et il n'est au pouvoir de personne de compromettre ou d'entacher le mien; mais je n'en suis pas moins obligé d'être en guerre avec tout le monde, parce que je suis dans une position ridicule, et que pour m'en laver je me couvre en vain de sang. Il n'y en a qu'un, je le sais bien, qui peut enlever ce sourire cruel que je trouve sur la figure de tous mes amis. O Fernande! j'aime pourtant mieux faire rire de moi que de faire couler tes larmes; j'aime mieux les railleries de l'univers entier que ta haine et ta douleur! Il n'est pas besoin d'être un héros pour cela; car je suis devenu une espèce de brute vindicative et cruelle, et j'ai encore assez de bon sens et de justice pour comprendre ce que la logique de mon affection me démontre.

J'ai eu de singulières discussions avec Borel; quelques autres vieux amis de l'armée ont essayé de m'entamer adroitement, et de me faire parler, soit par intérêt, soit par curiosité; j'ai fait à ceux-là des réponses évasives et même brutales : j'avais horreur de leur amitié comme de tout le reste. Je n'ai pourtant pas pu me dispenser de parler avec Borel, parce qu'au fond de ses systèmes imbéciles il y a un certain bon sens naturel qui entend parfois raison, et, dans le blâme qu'il me prodigue, un véritable dévouement. Il était si mal disposé contre Fernande, que j'éprouvais surtout le besoin de la justifier. Nous avons passé deux jours ensemble à Tours, lui à me faire des remontrances, moi à parler pour elle, tout en l'écoutant d'une oreille, l'occasion de me battre avec Lorrain. Nous avons échangé bien des raisonnements inutiles, lui voulant me prouver que je ne pouvais plus aimer ma femme, et moi tâchant de lui faire comprendre qu'il m'était impossible de ne pas l'aimer encore. Il a terminé ses harangues en me demandant à quoi servirait ma conduite, et si j'espérais servir de modèle et de type aux maris généreux : à quoi j'ai répondu, en riant, que je n'avais même pas la prétention de faire suivre mon exemple par les amants. Sa lourde sollicitude ne m'a, du reste, épargné aucun des coups d'épingle qu'une âme brisée peut recevoir à la suite d'un désastre. De tous les hommes que j'ai connus, ami, ennemi ou indifférent, il n'en est pas un qui n'ait donné un coup de main pour me pousser dans la tombe.

J'ai eu bien de la peine à calmer mon sang irrité; je me serais jeté devant la bouche d'un canon avec la certitude que je devais servir de boulet pour tuer les autres. Cette espèce de croyance à la fatalité aurait fait de moi un héros ou un tigre, suivant la différence d'un cheveu dans le poids des circonstances qui me portaient. J'ai été au moment de tuer un enfant de dix-neuf ans pour un mot; et puis je lui avais fait grâce, quand m'est venu un billet mystérieux qu'une femme m'écrivait pour me supplier d'épargner sa vie et de renoncer à ma fureur. C'était un billet sublime d'expression et de sentiment. Je crus d'abord qu'il était d'une mère, et j'allais y céder avec attendrissement, lorsqu'en le relisant je m'aperçus qu'il était d'une maîtresse. Elle me suppliait de lui laisser le bonheur. Le bonheur ! ce mot-là me rendit furieux. Hélas ! ma pauvre Sylvia, j'avais perdu la tête ; j'aurais voulu tuer tous ceux qui étaient moins malheureux que moi ; je m'obstinais à faire battre ce jeune homme ; il me semblait obéir à l'impulsion d'une main impitoyable et accomplir quelque rêve terrible. Le capitaine Jean, un de mes témoins, me parlait depuis longtemps sans que ses discours présentassent aucun sens à mon esprit ; enfin, il réussit à me faire entendre un seul mot : « Ah çà, Jacques, tu veux donc massacrer aujourd'hui ? » Ce mot de *massacrer* tomba sur ma poitrine brûlante comme une goutte d'eau froide ; il me sembla que je m'éveillais d'un rêve. Je fis tout ce qu'il désirait, sans même écouter dans quels termes on arrangeait la partie de mon honneur ; il ne m'importait plus de faire effet par ma bravoure. Il m'avait semblé d'abord que j'avais envie de me disculper du reproche d'être lâche, et qu'à ce sentiment d'orgueil blessé j'aurais sacrifié la vie de mon père ; mais ce n'était qu'un prétexte dont se servait mon désespoir pour me pousser ; j'avais un accès de rage tout simplement ; et quand il fut apaisé, je retombai dans l'apathie, comme un fou furieux, dans l'accablement qui suit une de ses crises, se laisse tomber sur la paille et regarde autour de lui d'un air stupide. On fit approcher de moi mon adversaire, pour que, suivant l'usage, nous eussions à échanger une poignée de main ; mais entre chaque minute il s'écoulait de tels siècles dans ma tête, que j'obéis machinalement et avec surprise. Je ne me souvenais pas de l'avoir jamais vu : j'étais déjà à cent ans de ce qui venait de se passer en moi ; j'étais entré dans le néant de l'âme, qui est désormais mon refuge en cette vie.

Me voilà donc calmé ! que Dieu me pardonne à quel prix ! Mais il sait bien que cela n'a pas dépendu de moi, et que mon être a été transformé à l'insu de ma volonté. Ah ! cette colère, elle était affreuse ! mais elle me faisait du bien comme les convulsions et les rugissements à un épileptique. Je suis maintenant plus pesant qu'une montagne, plus froid qu'un glacier ; je contemple ma vie avec un affreux sang-froid ; je me fais l'effet de ces martyrs des temps fabuleux du christianisme qui, après le supplice, se relevaient par miracle, ramassaient tranquillement leur tête ou leur cœur pantelant sur l'arène, et se mettaient à marcher, emportant leur âme séparée de leur corps, aux yeux des hommes épouvantés.

Un autre que moi n'aurait pas pu certainement supporter mon destin ! il n'y a que moi sur la terre qui aie la force d'accomplir une pareille vie sans mourir de lassitude ou sans me tuer dans un accès de délire. J'ai pourtant traversé tout cela, et me voici encore ! Ce qu'il y avait de jeune, de généreux et de sensible en moi n'est plus ; mais mon corps est debout, et ma triste raison contemple sans nuage la ruine de toutes ses illusions. Maudite soit cette organisation régulière et solide que ne peuvent briser les événements ! Don funeste ! Avais-je commis quelque crime avant de naître, pour avoir la malédiction du premier homme, l'exil dans le désert, et l'injonction de vivre ?

Je suis passé ce matin près d'une maison de campagne que la beauté de la nature fit construire au pied des montagnes et que la rigueur des climats a fait abandonner. Je me suis arrêté pour entrer dans le clos, attiré par l'air de tristesse et de destruction qui régnait en ce lieu ; j'y suis resté deux heures, abîmé dans la pensée de mon désespoir et de mon isolement. Et toi aussi, vieux Jacques, tu fus un marbre solide et pur, et tu sortis de la main de Dieu fier et sans tache, comme une statue neuve sort de l'atelier et se dresse sur son piédestal dans une attitude orgueilleuse ; mais te voilà comme une de ces allégories usées et rongées par le temps, qui se tiennent encore debout dans les jardins abandonnés. Tu découvres très-bien le désert : pourquoi sembles-tu t'ennuyer de la solitude ? Tu trouves le temps long et l'hiver bien rude ; il te tarde de tomber en poussière, et de ne plus lever vers le ciel ce front jadis superbe que le vent insulte aujourd'hui, et où l'air humide amasse une mousse noire comme un voile de deuil. Tant d'orages ont terni ton éclat que ceux qui passent ne savent plus si tu es d'albâtre ou d'argile sous ton crêpe funèbre. Reste, reste dans ton néant, et ne compte plus les jours : tu dureras peut-être longtemps encore, pierre misérable ! Tu te glorifiais d'être une matière inattaquable : à présent tu envies le sort du roseau desséché qui se brise les jours d'orage. Mais la gelée fend les marbres ; le froid te détruira : espère en lui !

LXXXVIII.

D'OCTAVE A HERBERT.

Malgré la colère des uns, les remords des autres, et l'incertitude de mon esprit au milieu de tout cela, je ne peux pas m'empêcher d'être heureux, mon cher Herbert, car mon cœur est rempli d'amour et mon sort est fixé. Une affection indissoluble m'attache à Fernande, n'en doutez pas : je ne suis pas inconstant. On peut me rebuter ; la femme que j'aime, quand elle s'obstine à me repousser, peut finir par me dégoûter d'elle ; mais ce n'est pas une autre femme qui peut m'en distraire avant qu'elle l'ait elle-même ordonné. Malgré la différence effrayante de nos caractères, j'ai longtemps aimé Sylvia, et j'ai lutté contre ses dédains longtemps après qu'elle ne m'aimait plus. Fernande est une tout autre femme. C'est celle-là qui est née pour moi, et dont les défauts mêmes semblent combinés pour resserrer nos liens et rendre notre intimité nécessaire. Je ne sais pas si je suis aussi criminel que Sylvia veut me le faire croire, mais il m'est impossible de ne pas me sentir amoureux et transporté de joie. L'amour est égoïste ; il s'assied aveugle et joyeux sur les ruines du monde, et se pâme de plaisir sur des ossements comme sur des fleurs. J'ai fait le sacrifice du chagrin d'autrui comme j'ai fait celui de ma propre vie. Je ne connais plus les lois du tien et du mien. Fernande s'est confiée à moi, j'ai juré de l'aimer, de vivre et de mourir pour elle ; je ne sais que cela, et tout le reste m'est étranger. Jacques peut venir à toute heure du jour ou de la nuit me demander mon sang et le boire à son aise sans que je le lui dispute. Pour l'acquit de ma conscience, je livre ma poitrine nue ; qu'est-ce qu'un homme peut faire de plus ? Et de quoi Jacques peut-il se plaindre ? Je ne porte pas de cuirasse et ne dors pas sous les verrous. Sylvia, croyant me faire tomber à genoux devant son idole, me lit quelques fragments de ses lettres. Il commence à faire de la poésie sur sa douleur ; il est à moitié guéri. Il s'est battu bravement, et il a bien fait. J'en aurais fait autant à sa place, et, si j'en avais eu le droit, je l'aurais prévenu. Il a bien recommandé de cacher ces événements à sa femme ; il peut être tranquille, je m'en charge. Je n'ai pas envie qu'elle retombe malade, et je veille sur elle comme sur un bien qui m'appartient désormais. J'ai trouvé hier à la poste une lettre de Clémence pour elle. Comme je connais fort bien l'écriture, j'ai ouvert sans façon la missive, et j'y ai trouvé tous les charitables avertissements auxquels je m'attendais ; de plus, la nouvelle additionnelle, le mensonge gratuit d'une bonne blessure que, selon la renommée et selon elle, Jacques aurait reçue dans la poitrine. J'ai déchiré la lettre, et j'ai pris des mesures pour que toutes les dépêches adressées à Fernande passent par mes mains en arrivant. Celles de Jacques seront respectées religieusement ; mais gare aux autres ! Il m'en coûte assez pour la voir heureuse et endormie sur mon cœur. Je ne me soucie pas qu'une prude envieuse ou une mère infâme viennent la réveiller pour le plaisir de nous faire du mal à tous deux. Elle est encore délicate ; l'absence de Jacques, qui lui écrit rarement, et la mauvaise santé de son fils, sont pour elle des sujets suffisants d'inquiétude et de chagrin. Ma sollicitude entretient encore le calme et l'espoir dans son cœur. Rien ne me coûtera, rien ne me répugnera pour la préserver le plus longtemps possible des coups qui la menacent. Je suis égoïste, je le sais ; mais je le suis sans honte et sans peur. L'égoïsme qui se dissimule et rougit de lui-même est une petitesse et une lâcheté ; celui qui travaille hardiment au grand jour est un soldat courageux qui lutte contre ses ennemis et s'enrichit des dépouilles du vaincu. Celui-là peut conquérir son bonheur ou défendre celui d'autrui. Qui donc a jamais songé à accuser de vol et de cruauté celui qui triomphe et qui fait bon usage de la victoire?

LXXXIX.

DE JACQUES A SYLVIA.

Aoste.

Il faut avoir vécu ma vie pour savoir quelle chose horrible est devenu pour moi l'isolement. J'ai aimé passionnément la solitude, qui est une chose bien différente. Alors j'étais jeune. J'avais l'avenir ou le présent. Je suis venu plusieurs fois dans les montagnes avec le cœur plein de passions. J'ai peuplé leurs retraites sauvages de mes sentiments ou de mes rêves. J'y ai savouré mon bonheur ou caché ma souffrance; j'y ai vécu enfin. Je passais. Je quittais une affection pour la retrouver, ou plutôt je l'apportais là dans le secret de mon âme pour l'interroger et pour m'en repaître. J'y ai répandu des larmes chaudes d'espérance. J'y ai pressé sur mon cœur des fantômes adorés et des spectres de feu. Il est bien vrai que j'y suis venu aussi maudire et détester ce que j'avais aimé en d'autres temps; mais j'aimais quelque autre chose ou j'attendais un autre amour. Mon sein était riche, et je pouvais mettre une idole de diamant à la place de l'idole d'or qui était tombée. A présent, j'y viens avec un cœur vide et désolé, et, à la manière dont je souffre, je vois bien que je ne guérirai plus. Ce qu'il y a de terrible, ce n'est pas tant le manque d'espoir que le manque de désir. Ma douleur est morne comme ces pics de glace que le soleil n'entame jamais. Je sais que je ne vis plus et je n'ai plus envie de vivre. Ces rochers et ces froides cavernes me font horreur, et je m'y enfonce comme un fou qui se noie pour fuir l'incendie. Si je regarde au loin, la peur me prend ; la seule vue de l'horizon me fait frissonner, parce que je crois y voir planer tous mes souvenirs et tous mes maux, et je m'imagine qu'ils me poursuivent avec des ailes rapides. Où irai-je pour leur échapper ? Ce sera partout de même. Je suis venu jusqu'ici avec l'intention de voyager ou au moins de parcourir toute cette contrée romantique. Je sentais comme un reste d'activité, comme une inquiétude de ne pas être bien mort. Et puis je me suis laissé tomber sur ce rocher du Saint-Bernard, je ne songe plus à quitter la cabane où je me suis arrêté croyant n'y passer qu'une heure. M'y voilà depuis près d'un mois, chaque jour plus inerte, plus indifférent, plus paralytique. Je ne sens même plus l'atmosphère, et j'ai souvent chaud là où il doit faire froid, tandis qu'en d'autres moments un rayon de soleil qui brûle l'herbe à mes pieds ne rend pas la circulation à mon sang glacé. Il y a des jours où je marche précipitamment sur le bord des abîmes sans soupçonner le danger, sans ressentir la lassitude ; je suis alors comme une roue qui a perdu son balancier, et qui tourne follement jusqu'à ce que sa chute trop tendue fasse rompre la machine. Dans ces jours-là, je traverse comme par miracle des passages où jamais le pied d'un homme ne s'est hasardé, et quand je m'en aperçois ensuite, je ne peux plus comprendre comment cela s'est fait. J'espère quelquefois que je suis devenu fou. Mais à cette exaltation terrible succèdent des jours de mort. Cette force maladive tombe tout à coup et fait place à une fatigue épouvantable. La pensée joue un rôle bien effacé dans tout cela. Quelquefois je cherche, la nuit, à me rappeler ce qui a occupé mon cerveau dans la journée, et il m'est impossible de le retrouver. Ma mémoire ne me présente plus que l'image des objets matériels qui m'ont entouré. Je vois des montagnes, des ravins, des ponts étroits suspendus sur des abîmes de fumée blanche, et tout cela se succède et s'enchaîne pendant des heures entières jusqu'à m'obséder. Alors je me lève dans l'obscurité et je touche les murs de ma chambre en faisant des efforts incroyables pour sortir de ce rêve sans sommeil. Quelquefois je me recouche sans avoir pu chasser ces images qui me harcèlent, et j'attends le jour avec impatience pour m'élancer comme malgré moi dans la campagne. Alors tout s'efface, je marche au hasard, et il me semble être enveloppé de vapeurs qui me cachent la réalité. D'autres fois il m'arrive de m'apercevoir que je pense ; je vois dans mon imagination des tableaux affreux : mon fils mourant, ma femme dans les bras d'un autre ; mais je regarde tout cela avec un sang-froid imbécile, jusqu'à ce qu'il me vienne une sorte de réveil qui me montre dans ce tableau. Je me vois dans ce tableau ; cette femme est la mienne ; cet enfant est à moi. Je suis Jacques, l'amant oublié, l'époux outragé, le père sans espoir et sans postérité ; et je m'assieds, car mes jambes ne peuvent plus me porter, et une idée me fatigue plus en un instant qu'une journée d'agitation et de marche forcée.

Il y a deux ans, j'étais dans un état déplorable d'ennui et de souffrance. Mais que ne donnerais-je pas pour retourner en arrière ! Je craignais de ne plus pouvoir aimer. Depuis longtemps je n'avais pas rencontré une femme digne d'amour. Je m'impatientais et m'effrayais de ce long sommeil de mon cœur ; je me demandais si c'était la faute de son impuissance, et je sentais bien que non. Mais je voyais les années s'envoler comme des rêves, et je me disais qu'il n'y avait plus pour moi de temps à perdre si je voulais être heureux encore une fois. Je pensais que posséder une femme par le mariage, c'était assurer, autant que possible, la durée de ce bonheur ; je ne me flattais pas de le conserver toute ma vie ; mais j'espérais qu'il me conduirait jusqu'à cette dernière période de la jeunesse où la philosophie devient facile à mesure que les passions s'éteignent. Il n'en est point ainsi. Je ne suis pas encore assez vieux pour me détacher de tout et pour me consoler d'avoir tout perdu. Mon espérance est morte encore verte, et de mort violente ; mais je ne suis plus assez jeune pour croire qu'elle puisse renaître. Cet effort est le dernier que mes forces morales m'ont permis. Je m'étais créé une famille, une maison, une patrie ; j'avais rassemblé, sur un coin de terre, les deux seuls êtres qui me fussent chers, elle et toi. Dieu m'avait béni en me donnant des enfants. Cela eût pu durer cinq à six ans ! Notre vallée était si belle ! je prenais tant de soin pour rendre ma femme heureuse, et elle semblait m'aimer si passionnément ! Mais un homme est venu à tout détruit ; son souffle a empoisonné le lait qui nourrissait mes enfants. Oui ! j'en suis sûr, c'est son premier baiser sur les lèvres de Fernande qui les a tués, comme c'est son premier regard sur elle qui a tué son amour pour moi.

Je suis peut-être injuste et fou de m'en prendre à lui ; peut-être en eût-elle aimé un autre si celui-là ne fût pas venu ; peut-être ne m'a-t-elle jamais aimé. Elle avait le besoin d'abandonner son cœur, et elle me l'a confié sans discernement ; elle a pris pour une passion durable ce qui n'était qu'un caprice d'enfant ou un sentiment d'amitié filiale qui se trompait faute de savoir ce que c'est que l'amour. Avec moi, elle souffrait sans cesse, elle était mécontente de tout ; je ne réussissais jamais à produire l'effet que je voulais sur son esprit, elle attribuait à mes moindres actions des motifs tout opposés à la réalité ; ou nous ne nous comprenions pas, ou nous nous comprenions trop. Durant notre voyage en Touraine, alors qu'elle essayait un sacrifice au-dessus de ses forces, et que le dérangement de son être démentait sa volonté, il lui est arrivé de me dire plusieurs fois, dans un accès de colère nerveuse insurmontable, qu'elle avait toujours senti que nous n'étions pas faits l'un pour l'autre. Elle m'a accusé de l'avoir senti aussi, et de l'avoir épousée malgré cela ; elle m'a rappelé mille circonstances légères qu'elle me présentait comme des preuves. Il est vrai qu'elle rétractait le lendemain ces paroles, qu'elle disait échappées à son délire, et je feignais de les avoir oubliées ; mais elles s'étaient enfoncées dans mon cœur comme des poignards, et depuis j'en ai mis souvent le souvenir sur mes plaies pour les cautériser.

Hélas ! faut-il renoncer ainsi au passé ? elle aurait dû au moins me le laisser ; je me serais nourri d'une dou-

Une certaine issue de derrière par laquelle sortit...(Page 74.)

leur moins amère. Mais à présent il faut que tout soit détruit et gâté, même le souvenir du bonheur perdu! Si elle m'a aimé, elle m'a aimé moins longtemps et moins fortement que lui ; car elle s'est éprise de lui dès le premier jour, il ne faut plus en douter. Elle s'est trompée elle-même pendant six ou huit mois ; son âge est si riche en illusions! elle croyait m'aimer encore, mais moi je voyais bien où elle en était. Elle s'est trouvée surprise tout à coup par un amour nouveau avant de savoir que l'autre était anéanti.

Ma douleur se calmera, je n'en doute pas ; je la laisse s'exhaler, je ne cherche point à la combattre, je ne rougis pas de crier comme une femme quand mes accès me prennent. Je sais que j'en viendrai à être tranquille et résigné ; je ne suis pas impatient de ce moment-là, il sera plus affreux encore que le présent. J'aurai accepté ma sentence ; je verrai mon malheur distinctement, et je le sentirai par tous les pores ; je n'aurai plus rien de jeune dans le cœur, le regret lui-même s'éteindra. L'orgueil humain ne veut pas lutter contre une espérance perdue, contre un amour qui se retire ; il prend son parti, et, en quelques jours, l'homme devient un vieillard. J'aime encore Fernande, parce qu'un amour comme le mien ne peut pas finir sans convulsions et sans une rude agonie ; mais je sens que bientôt je ne pourrai plus l'aimer, et mon sort sera pire.

Si Dieu faisait un miracle en ma faveur, s'il me conservait mon fils, je vivrais, non avec une joie, mais avec un devoir, et je m'occuperais à le remplir. Mais ce pauvre enfant ne fait qu'essayer une existence languissante et prolonger mes tristes jours sans faire rétracter l'arrêt qui a mesuré impitoyablement les siens. Il faut que je l'attende, ce pauvre insecte qui se traîne lentement vers la mort, et sans lequel je ne veux point partir. Je me souviens que je te disais une fois : « Que peut-il arriver de pire à un honnête homme? D'être forcé de mourir, voilà tout. » Aujourd'hui, je vois qu'il y a quelque chose de pis : c'est d'être forcé de vivre.

XC.

DE SYLVIA A JACQUES.

Jacques ! reviens, Fernande a besoin de toi ; elle est

Au milieu d'une haie de spectateurs. (Page 74.)

malade de nouveau parce qu'elle vient d'éprouver une grande douleur. Rien ne peut la calmer. Elle t'appelle avec angoisse, elle dit que tous les maux qui lui arrivent viennent de ton abandon; que tu étais sa providence, et que tu l'as quittée. Elle s'effraie de ta longue absence, et dit qu'il faut que tu sois informé de tout pour avoir pris ainsi en horreur ta famille et ta maison. Elle craint que tu ne la haïsses, et la douleur que cette idée lui cause résiste à toutes nos consolations; elle veut mourir, parce que, dit-elle, il n'est pas un instant de repos et d'espoir sur la terre pour quiconque a possédé ton affection et l'a perdue. Prends courage, Jacques, et viens souffrir ici! Tu es encore nécessaire; que cette idée te donne de la force! Il y a autour de toi des êtres qui ont besoin de toi. Et puis ta vie n'est pas finie. N'y a-t-il donc rien autre chose que l'amour? L'amitié que Fernande a pour toi est plus forte que l'amour que lui inspire Octave. Tous ses soins et tout son dévouement, qui s'est vraiment soutenu au delà de mon espérance, échouent auprès d'elle quand il s'agit de toi. Peut-il en être autrement? Peut-elle vénérer un autre homme comme toi? Reviens vivre parmi nous. Me comptes-tu pour rien dans ta vie? ne t'ai-je pas bien aimé? t'ai-je jamais fait du mal? ne sais-tu pas que tu es ma première et presque ma seule affection? Surmonte l'horreur que t'inspire Octave, ce sera l'affaire d'un jour. J'ai souffert aussi pour m'habituer à le voir à ta place : mais laisse-la-lui et prends-en une meilleure; sois l'ami et le père, le consolateur et l'appui de la famille. N'es-tu pas au-dessus d'une vaine et grossière jalousie? Reprends le cœur de ta femme, laisse le reste à ce jeune homme! L'imagination et les sens de Fernande ont peut-être besoin d'un amour moins élevé que celui que tu veux lui inspirer. Tu t'es résigné à ce sacrifice, résigne-toi à en être le témoin, et que la générosité fasse taire l'amour-propre. Est-ce quelques caresses de plus ou de moins qui entretiennent ou détruisent une affection aussi sainte que la vôtre? Cette jalousie d'enfant n'est pas digne de ta grande âme, et tu as au front bien des cheveux blancs qui te donnent le droit d'être le père de la femme sans avilir la dignité de ton rôle de mari. Tu ne peux pas douter de la délicatesse avec laquelle Fernande évitera tout ce qui pourrait te blesser. Octave lui-même te deviendra supportable; c'est un assez noble caractère, et depuis ces trois mois, si difficiles pour nous tous, j'ai découvert en lui des vertus sur lesquelles je ne comptais pas. Il tomberait à tes pieds si tu t'expliquais à lui, s'il te comprenait et s'il savait ce que tu es. Reviens donc essuyer les larmes de Fernande, car toi seul pourras rendre un peu de courage et de calme à son cœur. Elle est encore frappée d'un de ces malheurs pour lesquels l'amour n'a point de consolation; toi seul aurais le droit de lui en offrir, parce que tu es de moitié dans son infortune. Tu comprends ce qui est arrivé? Je t'attends!

XCI.

DE JACQUES A SYLVIA.

Genève.

J'irai; mais je veux que tu l'avertisses de mon arrivée quelques jours d'avance : je ne veux surprendre personne. Il me serait horrible de trouver sur le visage de Fernande une expression d'embarras ou d'effroi. Dis lui qu'elle se contraigne, s'il le faut, pour ne me laisser rien apercevoir de ce qui se passe; fais-lui croire toujours que je suis sans soupçon, et persuade-lui de m'entretenir soigneusement dans cette confiance. Non, je ne me sens pas assez fort pour être témoin de leurs amours; je ne suis pas un philosophe stoïcien, et une âme de feu brûle encore mon front sous mes cheveux blancs. Ce que tu fais maintenant est bien cruel, Sylvia; j'étais presque enseveli, et tu me rappelles au monde des vivants pour souffrir quelques jours de plus, et m'assurer de nouveau de la nécessité de le quitter pour jamais. Soit, Fernande souffre; elle a besoin de moi, dis-tu : j'en doute; mais je sens que je ne mourrais pas tranquille si j'avais négligé d'adoucir une de ses peines. C'est la dernière qui l'atteindra; elle n'aura plus rien à perdre : privée de ses enfants et délivrée de son mari, elle pourra se livrer à son amour sans partage et sans crainte. Cette intimité que tu crois encore possible entre nous est un rêve romanesque; quand même j'oublierais mes ressentiments, pourraient-ils oublier le mal qu'ils m'ont fait? La vue d'un homme qu'on a rendu malheureux est insupportable : c'est comme le cadavre de l'ennemi qu'on a tué.

J'arriverai deux jours après cette lettre. Je vais donc revoir cette maison funeste! Je comprends ce qui est arrivé : mon fils est mort.

XCII.

D'OCTAVE A FERNANDE.

Lyon.

Je me suis soumis à ton ordre, et je pense encore que j'ai dû le faire; mais je n'irai pas plus loin : dix lieues suffisent bien pour mettre le silence et la paix entre lui et moi. De quoi donc as-tu peur pour moi? Crois-tu donc que Jacques songe à tirer vengeance de mon bonheur? Il est trop généreux ou trop sage pour cela. J'ai consenti à m'éloigner parce que ma présence lui serait désagréable; la sienne me ferait moins souffrir qu'il ne pense. Je ne saurais m'imputer des torts réels envers lui : il pouvait m'empêcher d'en avoir, il avait pour lui le droit et la force. Je n'ai pas commis un vol en profitant du bien qu'il me laissait. Est-on coupable parce qu'on lutte avec des êtres indifférents au dommage qu'on leur fait, ou trop magnifiques pour daigner s'en apercevoir? Si Jacques est sublime en ceci, comme tu le crois, raison de plus pour que je le voie avec plaisir, et pour que je lui donne la plus franche poignée de main que j'aie donnée de ma vie. Je ne conçois rien à ces subtilités de sentiment : idées fausses dont tu t'entoures pour te torturer, comme si tu n'étais pas déjà assez malheureuse, ma pauvre enfant! Pleure les pertes cruelles dont t'afflige; je les pleure avec toi, et rien ne me consolera jamais de la mort de ta fille, pas même... ô ma Fernande! pas même cet événement que tu ajoutes à la somme de tes douleurs, et que je considère comme un bienfait du ciel, comme un acte de ré-

conciliation entre lui et moi. Laisse mon cœur bondir de joie à cette idée; laisse-moi faire mille rêves, mille projets délicieux. Elle s'appellera Blanche comme celle qui est morte, car ce sera une fille aussi; elle aura le joli regard et les cheveux blonds de ce petit ange qui te ressemblait tant. Tu verras qu'elle sera toute pareille : aussi belle, aussi caressante, aussi capricieuse et plus forte; car les enfants de l'amour ne meurent jamais : Dieu les doue de plus d'avenir et de vigueur que ceux du mariage, parce qu'il sait qu'il leur faut plus de force pour résister aux maux d'une vie où on les accueille mal; veux-tu donc que cela soit vrai pour ton enfant? Pleureras-tu sur lui, au lieu de l'embrasser le jour où il viendra au monde? Ah! si tu le reçois avec douleur, si tu le repousses, si tu refuses de l'aimer, parce qu'il n'aura pas Jacques pour père, laisse-le-moi et que la Providence l'abandonne : je m'en charge; je le recevrai dans mon sein, je le nourrirai moi-même avec du lait de biche et des fruits, comme les solitaires des vieilles chroniques que nous lisions l'autre jour ensemble. Il reposera à mes côtés, il s'endormira au son de ma flûte; il sera élevé par moi, il aura les talents que tu aimes et les vertus que tu auras besoin de trouver en lui pour être heureuse; et quand il sera en âge de garder son secret et le nôtre, il ira t'embrasser; il te dira : « Je m'appelle Octave, je n'ai pas besoin d'un autre nom : celui de votre mari me serait moins cher, et ne me servirait à rien. Je vous respecte et vous estime; vous n'avez pas assuré mon existence sociale par un mensonge, vous ne m'avez pas donné pour maître un homme auquel je ne suis rien; c'est mon père qui m'a élevé et qui m'a appris à me passer de richesse et de protection. Je n'ai besoin que de tendresse, donnez-moi la vôtre; je ne vous appellerai jamais ma mère; mais un baiser de vous en secret sur mon front me fera connaître toutes les joies de l'amour filial. » Dis-moi, quand il te parlera ainsi, le repousseras-tu? seras-tu fâchée d'avoir cet ami de plus? Toute la peine qu'il te causera consiste à cacher son existence à ton mari. Pour le présent et pour l'avenir, cela me semble une chose si aisée, que je ne conçois pas comment tu t'en inquiètes. Souffriras-tu de ne pouvoir avouer et produire ton enfant? Mais songe que Jacques a le double de ton âge, ma chère Fernande; tu ne peux pas te dissimuler que tu ne doives lui survivre de beaucoup, et qu'un temps viendra, dans l'ordre de la nature, où tu seras libre. Avant même cette époque présumable, que d'accidents, que de hasards peuvent nous permettre d'être époux! Crois-tu que dans dix ans, comme aujourd'hui, comme dans vingt, je ne serai pas toujours à tes pieds, et que mon plus grand bonheur ne sera pas de dire à la société : Cette femme est à moi; je l'ai conquise par mes prières, par mon obstination, par mes fautes, par mon amour; et si j'ai entaché sa réputation, du moins je ne l'ai pas abandonnée comme font les autres. Je suis resté près d'elle; j'ai laissé ma vie couler tout entière au gré de ce mari, qui certes savait se battre, et qui pouvait à tout instant venir m'égorger dans les bras de sa femme. Je suis resté là pour satisfaire au ressentiment de l'un, ou pour protéger l'autre en cas de besoin; j'ai consacré tous mes instants à celle qui s'était un jour sacrifiée à moi. J'ai commencé par l'obtenir à force de persécutions; mais j'ai fini par la mériter à force de tendresse; à présent, elle m'appartient légitimement. Que les hommes ratifient cette union qu'ils ont en vain combattue!

Tu sais bien, Fernande, que cela est sûr, quant à moi; la Providence peut faire le reste, et elle le fera, n'en doute pas. Notre destinée était de nous rencontrer, de nous comprendre et de nous aimer. Le hasard finit par se soumettre à l'amour; la force attractive surmonte tous les obstacles, et l'aimant va embrasser le fer dans les entrailles de la terre, en dépit du roc qui les sépare. Pauvre femme tremblante, jette-toi donc dans mes bras, je te protégerai contre l'univers entier! Pauvre mère désolée, essuie tes larmes; les enfants que nous aurons ensemble ne mourront pas!

Reviens à l'espérance; souviens-toi des beaux jours que nous avons eus au milieu de tes plus grandes anxiétés;

souviens-toi des miracles que fait l'amour. Quand nous sommes dans les bras l'un de l'autre, ne sommes-nous pas perdus dans un monde de délires, où les cris et les plaintes de la terre n'arrivent pas? Sois sûre d'ailleurs que tu ne fais pas à ton mari tout le mal que tu penses : c'est un homme trop supérieur pour se laisser affecter ces insultes de la sottise ; il sait qu'elles ne peuvent l'atteindre, et il ne croit certainement pas que nous nous fassions un jeu de l'y exposer. Il sait peut-être que nous nous aimons, ou au moins il s'en doute ; et ne vois-tu pas que cela ne lui cause aucune colère? C'est un homme calme et raisonneur ; de plus, c'est un homme excellent : s'il savait tes anxiétés, il t'en consolerait, il te rassurerait sur tes craintes, et je gage bien qu'il le fera quelque jour. Encore deux ou trois ans, et il sera vieux, et l'amour-propre de l'amant délaissé fera place à la générosité de l'ami consolé. A présent, il voyage et se tient éloigné, parce que notre position à tous est difficile, et notre contenance désagréable en présence l'un de l'autre. Le temps effacera ces répugnances plus vite peut-être que nous ne l'espérons ; l'avenir semble placé au delà de notre atteinte ; mais le temps travaille avec une rapidité dont on s'étonne quand on voit son œuvre accomplie. Abandonne-toi donc à l'amour : il sera toujours le maître ; ta résistance ne sert qu'à diminuer les joies qu'il te donne. Oh! elles sont si belles et si enivrantes! Respecte-les comme les dons sacrés du ciel ; travaille à les préserver des injures du sort, qui est stupide et aveugle, et qu'il faut gouverner avec force et courage, loin de l'accepter tel qu'il est. Ne crains pas que Jacques te le reproche ; s'il savait comme notre amour est irrésistible et notre bonheur immense, il nous permettrait d'en jouir. Réponds-moi vite ; dis-moi si Jacques doit rester longtemps. J'ai toute la vie, j'espère, à passer avec toi, et pourtant je ne pourrais me soumettre sans douleur à perdre une semaine. Tu sais que si Jacques, d'accord avec toi, l'exigeait, je pourrais me soumettre à un long exil ; mais à présent il lui semblerait peut-être que je le fuis ; s'il me demandait, dis-lui que je suis à Lyon ; surtout donne-moi de tes nouvelles, et soigne ce que j'ai de plus cher au monde.

XCIII.

DE FERNANDE A OCTAVE.

Jacques part bientôt ; mais il veut te voir auparavant. Tu as raison, Octave, c'est un homme excellent : il est impossible d'avoir plus de générosité, de douceur, de délicatesse et de raison. Je vois bien qu'il sait tout. J'étais au moment de lui avouer, tant je souffrais de ce que je prenais pour un excès de confiance et d'estime ; mais, dès les premiers mots, il m'a fait entendre qu'il ne voulait pas en savoir davantage, et il m'a témoigné une amitié si vraie, une indulgence si grande, que je suis pénétrée d'attendrissement et de reconnaissance. Tu avais bien jugé ses intentions, et notre position à tous, mon cher Octave. Il a fait de sérieuses réflexions sur la différence de nos âges, et il a certainement vaincu le reste d'amour qu'il avait pour moi ; car il m'a parlé absolument dans le sens de ta lettre. Il m'a dit que *certains propos* l'obligeaient à se tenir éloigné de nous, afin que le monde ne crût pas qu'il donnait les mains à notre amour. « Et que penses-tu de cet amour? lui ai-je dit ; crois-tu que ce soit une calomnie. » J'étais tremblante et prête à embrasser ses genoux. Il a fait semblant de ne pas s'en apercevoir, et il m'a répondu : « Je suis bien sûr que c'est une calomnie. » Mais j'ai vu qu'il savait à quoi s'en tenir, et sa tranquillité a dégagé mon cœur d'un poids énorme. Jacques est bon et affectueux ; mais il raisonne. Il n'est plus jeune : il sait que je suis excusable, et, comme tu le dis, sa générosité naturelle est secondée par la sagesse de ses réflexions. Il m'a fait espérer qu'il reviendrait tous les ans passer quelques semaines près de nous, et que, dans quelques années, il ne nous quitterait plus.

Ta lettre m'aurait décidée à garder le secret sur ma grossesse, quand même Jacques ne m'aurait pas aidée à me taire sur tout le reste. Je me fie et je m'abandonne à toi. Tu savais bien que jamais je n'aurais l'impudence de profiter de la loi qui forcerait Jacques à donner son nom et ses biens à l'enfant de nos amours, encore moins aurais-je eu la bassesse d'aller revendiquer ses caresses pour le tromper sur la légitimité de cet enfant ; je m'aurais tuée plutôt que de le permettre, n'est-ce pas? Et tu le recueilleras, tu le cacheras, tu le soigneras, cet enfant bien-aimé! Nous le confierons à quelque honnête paysanne, bien propre et bien fidèle, qui le nourrira, et nous irons le voir tous les jours. Ah! quel que soit mon sort, et dans quelque circonstance qu'il vienne au monde, sois sûr que je le chérirai autant que ceux qui ne sont plus, et davantage peut-être, à cause de ce que j'ai souffert en les perdant! Si quelques jours Jacques découvre la naissance de celui-là, il ne haïra pas, il ne le persécutera pas. Qui sait jusqu'où ira sa bonté? Il est capable de tout ce qui est étrange et sublime... Mais combien je suis heureuse que sa générosité aujourd'hui ne lui coûta pas autant que je le croyais! Je n'aurais jamais pu me tranquilliser et t'aimer sans tourments et sans remords, si j'avais vu qu'il fallait briser le noble cœur de Jacques. Heureusement il n'est plus dans l'âge des passions brûlantes ; et d'ailleurs il me l'avait toujours dit, et il savait bien ce qu'il disait alors : « Quand tu ne me permettras plus d'être ton amant, je deviendrai ton père. » Il a tenu parole. O mon cher Octave! nous ne passerons jamais une nuit ensemble sans nous agenouiller et sans prier pour Jacques.

Et toi! que tu es bon, et comme tu sais aimer! Oh! je n'ai jamais aimé que toi! J'ai cru avoir de l'amour pour Jacques ; mais ce n'était qu'une sainte amitié, car cela ne ressemblait en rien à ce que j'éprouve pour toi. Quels transports que les tiens, et comme tu es sans cesse occupé de moi! Quelle sollicitude! quel dévouement! tu n'es pas mon mari, et tu me consacres ta vie ; mes larmes et mes faiblesses ne te rebutent pas, tu ne me reproches aucun de mes défauts. Jacques non plus! Il est bien bon aussi ; mais il n'est pas mon égal, mon camarade, mon frère et mon amant comme tu l'es. Il n'est pas enfant comme nous, et puis il y a dans sa vie autre chose que l'amour. La solitude, les voyages, l'étude, la réflexion, il aime tout cela ; et nous, nous n'aimons que nous. Aimons-le aussi, cet ami si parfait ; viens le voir. Il le désire, m'a-t-il dit, te donner une poignée de main avant de repartir. Je lui ai demandé avec un peu d'inquiétude s'il avait quelque chose à te dire. « Non, m'a-t-il répondu ; mais pourquoi s'éloigne-t-il quand j'arrive? quelle raison a-t-il de me fuir? » J'ai dit que tu avais été voir Herbert, qui venait de Paris, et qui passait par Lyon pour retourner en Suisse. « Écris-lui bien vite de venir, m'a-t-il dit, et si Herbert est encore à Lyon, qu'il l'amène ; nous passerons encore une bonne journée tous ensemble comme autrefois, cela te fera du bien. » Brave Jacques!

P. S. J'ai eu ce matin une étrange frayeur pour une circonstance bien misérable. J'avais laissé ta lettre ouverte sur le bureau de mon cabinet, sans fermer la porte à clef. Jacques n'a jamais songé de sa vie à jeter les yeux sur mes papiers. Il est, à cet égard, d'une discrétion si religieuse, que je n'ai pas pris l'habitude de la prudence. Je lus cette réflexion, tout à coup, comme, en me promenant dans le parc avec Sylvia. Je me demandai tout à coup où pouvait être Jacques, et la pensée qu'il devait être dans mon cabinet me troubla tellement, que je quittai le parc et courus vers la maison. Je montai sans rencontrer Jacques, et j'entrai dans mon appartement. Il n'y avait personne, et rien n'était dérangé sur mon bureau. Rassurée, mais encore tremblante, je m'assis et pris cette lettre pour la plier et la serrer. Je trouvai sur les dernières lignes une goutte d'eau toute fraîche. Je m'imaginai que c'était une larme, je faillis m'évanouir d'émotion et de terreur. Cependant je repris courage en voyant d'autres gouttes d'eau sur les papiers voisins, tombés d'un bouquet de roses tout humides de pluie que j'avais mis dans un vase à côté sur les papiers. Mais alors, vois ma puérilité et l'état de faiblesse imbécile où le chagrin et l'inquiétude ont réduit ma pauvre tête! je m'imaginai que la goutte d'eau de la lettre était chaude, et que les autres étaient froides. Je te vois d'ici rire de cette folie; le fait est qu'elle s'empara si bien de moi que je poussai un cri. J'entendis la voix de Jacques qui m'appelait du salon, pour me demander ce que j'avais, et il monta précipitamment, d'un air effrayé, croyant que j'avais une attaque de nerfs. Je t'avoue que peu s'en fallait. Pourtant la physionomie de Jacques me rassura, et il acheva de me rendre la vie en me disant qu'il voulait que tu vinsses le voir, et toutes les autres choses que je t'ai déjà racontées. Je vis bien que la frayeur que je venais d'éprouver était l'ouvrage d'une imagination malade. Ne suis-je pas tombée dans un état bien ridicule? Reviens! un baiser de toi me fera plus de bien que tout le reste; et quand je verrai ta main dans celle de Jacques, je serai tout à fait tranquille.

XCIV.

DE JACQUES A SYLVIA.

Genève.

Ma chère bien-aimée, j'ai fait le voyage jusqu'ici avec Herbert. Tu t'es imaginé que je le quitterais à Lyon; pas du tout. Sa société ne m'a fait nullement souffrir; nous avons constamment parlé de toi. Tu dois t'être aperçu qu'il est amoureux de toi. Je l'ai examiné et questionné de manière à le bien connaître. C'est un digne garçon, simple, loyal, obligeant, sincère. Il a une jolie fortune, une habitation agréable dans le pays que tu préfères, et ses occupations le préservent de l'esprit de tracasserie qui est particulier aux hommes rangés. Il m'a prié de te présenter sa demande en mariage, et je te conseille de l'accepter; non pas à présent, je comprends que tu n'es pas disposée à t'occuper de cela, mais plus tard. Tu ne seras jamais heureuse par l'amour, Sylvia. Tu pourras chercher longtemps un être digne de toi, et, si tu le trouves, tu auras le même sort que moi, il sera trop tard; tu seras trop vieille de cœur pour te faire aimer longtemps. Il y a un désaccord trop complet d'ailleurs entre notre manière de sentir et celle de tous les autres hommes, pour que nous puissions jamais trouver notre semblable en ce monde. Il n'y a pourtant qu'une chose dans la vie, c'est l'amour. Mais l'amour, dans le cœur des femmes surtout, peut être de deux sortes, l'amour d'un homme et l'amour maternel. J'aurais vécu pour mes enfants, tout infortuné que je suis. Ils sont morts! C'est un accident qui me tue. Mais tu pourras élever les tiens, et, à l'abri de tous les maux qui m'accablent, être heureuse par eux. A la manière dont tu chérissais et dont tu soignais les miens, il était facile de voir que tu serais une mère sublime. Deviens-le donc, épouse Herbert. Il suffira que tu aies pour lui de l'estime et de l'amitié. Il en est digne. C'est une de ces belles natures calmes qui ne connaissent ni le transport des passions, ni leurs funestes souffrances. Il ne te demandera pas plus d'affection que tu ne seras disposée à lui en accorder, et, quand tu le connaîtras, tu ne lui en accorderas pas moins qu'il n'en mérite. Vous aurez une vie tranquille et patriarcale. Tu es une véritable Ruth, active, courageuse et dévouée comme la femme forte des beaux temps bibliques; tu feras de tes rêves irréalisés et de tes vains désirs un saint holocauste, et tu répartiras sur tes fils l'amour que tu n'as pu donner à un homme. Ne m'ôte pas cette espérance, et laisse-moi l'emporter dans la tombe. Elle m'est venue l'autre jour, comme nous dînions au rendez-vous de chasse. Je m'étais levé un instant; je reviens, et je contemplai ces deux couples assis sur l'herbe, Octave et Fernande, Herbert et toi; Herbert suivait tes moindres mouvements avec sollicitude; il épiait tous tes regards pour trouver l'occasion de te rendre un petit service et de t'entendre lui dire: *Merci, Herbert*. Les deux autres amants étaient radieux de bonheur, et je leur rends justice avec joie, ils me comblèrent tout le jour d'amitiés et de caresses délicates. Un calme divin est descendu un instant dans mon cœur en voyant que vous étiez tous heureux ou du moins que vous pouviez l'être. Oh! quelle étrange et solennelle journée! c'étaient là des adieux éternels entre vous et moi! Qui l'eût dit? Il y avait des instants où je l'oubliais moi-même, et où je me reportais à notre ancien bonheur, au point de croire que tout ce qui s'est passé depuis était un rêve. Le temps était si beau, l'herbe si verte, les oiseaux chantaient si bien, Fernande était si jolie avec ces pâles roses qui renaissent d'elles-mêmes sur son visage après quelques jours de souffrance! Je dormis un quart d'heure sur le gazon avant le dîner, et, quand je m'éveillai, elle était près de moi et chassait les insectes de mon front avec son bouquet de fleurs sauvages; Octave chantait un duo avec Herbert; tu préparais les fruits pour le dessert, les chiens dormaient à mes pieds. C'était un tableau de bonheur rustique si frais et si paisible que je le contemplai quelque temps sans me rappeler la nécessité de mourir. Mais quand cette idée revint au milieu de tout cela!...

Je suis très-calme, mais je souffre encore beaucoup; je te l'ai déjà dit cent fois, tu t'obstines à faire de moi un héros et tu m'invites à vivre comme si j'en avais la force. Souviens-toi donc que j'aimais encore il y a peu de jours, et que je serais furieux si je n'étais anéanti. D'ailleurs tu n'as pas lu ces deux lettres d'Octave et de Fernande! Je les ai lues, et c'est mon arrêt de mort. J'ai vu combien, malgré leur estime et leur amitié pour moi, ma vie leur est à charge. Amants ingénus! ils désirent naïvement que je meure, et se le disent sans s'en apercevoir. Ils ont des raisons bien légitimes pour cela, des raisons que je respecte, mais qui ont mis de la glace dans mon sang. Fernande n'est plus ma femme, c'est celle d'Octave, c'est un être qui ne fait plus partie de moi, et que je ne pourrais plus presser dans mes bras quand même elle viendrait s'y jeter sincèrement. Elle est vraiment ma fille à présent, et toute autre pensée ressemblerait pour moi à celle d'un inceste. Ne me dis donc plus qu'elle peut revenir à moi, que je peux oublier tout; elle est la mère des enfants d'Octave. Je ne la hais ni ne la méprise pour cela; mais cela rend nécessaire notre éternelle séparation.

C'est la main de Dieu qui a mis cette lettre sous mes yeux. J'allais peut-être me perdre et m'avilir; j'allais accepter le rôle faux et impossible que tu avais rêvé pour moi. Ébranlé par ton éloquence romanesque, touché des pleurs de Fernande et de ses humbles prières, j'allais lui promettre de passer le reste de mes jours entre elle et son amant. J'étais à chaque instant près de lui dire : « Je sais tout, et je pardonne à tous deux; sois ma fille et qu'Octave soit mon fils; laissez-moi vieillir entre vous deux, et que la présence d'un ami malheureux, accueilli et consolé par vous, appelle sur vos amours la bénédiction du ciel. » Ce rayon d'espérance, cette illusion de quelques heures, qui est venue briller sur mon dernier jour avant de m'abandonner à l'éternelle nuit, n'est-ce pas un raffinement de souffrance? Entrevoir un coin du ciel quand on est condamné à descendre vivant dans la tombe! N'importe, je suis bien aise d'avoir fait toutes les réflexions et tous les efforts possibles pour me rattacher à la vie; je mourrai sans regret. Le destin m'a fait entrer dans la chambre où était écrite cette sentence. J'allais y chercher de l'encre et du papier pour écrire à Octave de revenir; en me penchant sur la table, je vis son écriture, et mes yeux rencontrèrent cette phrase terrible qui s'attachait à ma prunelle comme du feu : *Les enfants que nous aurons ensemble ne mourront pas*. Je voulus savoir mon sort; je sentis que les considérations ordinaires de la délicatesse devaient se taire devant l'oracle du destin; et d'ailleurs, incapable comme je le suis de nuire à Fernande, je pouvais, sans scrupule, violer ses secrets. Sans cela, je me trompais de route, et j'entrais dans une nouvelle série de maux qui m'auraient également conduit où je vais, mais moins courageux et moins pur que je ne le suis aujourd'hui. Oui! j'ai bien fait de lire; je n'ai vu ma conduite aussitôt après cela. Mon parti a été pris bien vite, et j'ai eu dès ce moment la sérénité du désespoir dans l'âme et sur le visage.

Ce soir à six heures, et au sabre. (Page 84.)

Il a raison, leurs enfants ne mourront pas ; la nature bénit et caresse celui qui est aimé, le froid de la mort s'étend sur celui qui ne l'est plus. Tout l'abandonne, et les plantes mêmes se dessèchent sous la main du maudit ; la vie s'éloigne de lui, et le cercueil s'ouvre pour le recevoir, lui et les premiers-nés de son amour ; l'air qu'il respire est empoisonné, et les hommes le fuient : Ce malheureux, disent-ils, ne mourra donc jamais !

Cette lettre m'a dicté mon devoir, j'ai vu ce qu'il fallait dire à Fernande pour la consoler et la guérir ; il le sait, lui, il la connaît mieux que moi maintenant. J'ai réalisé tout ce qu'il lui promettait de ma part ; je me suis conformé au caractère qu'il me suppose, et j'ai vu qu'en effet tout ce qu'elle désirait, c'était d'être délivrée de mon amour. Dès que je lui ai dit qu'il était éteint, je l'ai vue renaître, et ses yeux semblaient me dire : « Je puis donc aimer Octave à mon aise ! »

Qu'elle l'aime donc ! Un homme moins malheureux que moi eût peut-être trouvé l'occasion de se sacrifier pour l'objet de son amour et d'en être récompensé à sa dernière heure par les bénédictions des heureux qu'il eût faits ; mais mon sort est tel qu'il faut que je me cache pour mourir. Mon suicide aurait l'air d'un reproche ; il empoisonnerait l'avenir que je leur laisse ; il le rendrait peut-être impossible ; car, après tout, Fernande est un ange de bonté, et son cœur, sensible aux moindres atteintes, pourrait se briser sous le poids d'un remords semblable. D'ailleurs le monde la maudirait, et, après m'avoir poursuivi de ses féroces railleries pendant ma vie, il poursuivrait ma veuve de ses aveugles malédictions après ma mort. Je sais comment les choses se passent ; un coup de pistolet dans la tête fait tout à coup un héros ou un saint de celui qu'on méprisait ou qu'on détestait la veille. J'ai horreur de cette ridicule apothéose ; je dédaigne trop les hommes au milieu desquels j'ai vécu pour les appeler à mon agonie comme à un spectacle ; nul ne saura pourquoi je meurs ; je ne veux pas qu'on accuse ceux qui me survivent, et je ne veux pas qu'on fasse grâce à ma mémoire.

J'ai voulu voir Octave avant de partir, et m'assurer par mes yeux que je pouvais lui léguer sans inquiétude ce que j'ai eu de plus cher au monde. C'est un homme d'un étrange égoïsme, mais il sait faire une vertu de ce vice, et sa hardiesse me plaît. J'espère qu'il la rendra heureuse. Il m'a embrassé avec effusion quand je suis parti, et elle aussi. Ils étaient bien contents !

XCV.

DE SYLVIA A JACQUES.

A présent je ne me flatte plus, et ton désespoir est passé dans mon âme ; mais le tien est auguste et résigné, et le mien est sombre et amer. C'en est donc fait, ton parti est pris! O Dieu ! ô Dieu ! un homme comme Jacques va se tuer, et vous ne ferez pas un miracle pour l'en empêcher ! Vous allez laisser tomber cette vie sainte et sublime dans le gouffre de l'éternité, comme un grain de sable dans l'Océan ; elle s'en ira pêle-mêle avec celles des méchants et des lâches, et la création tout entière ne se révoltera pas contre vous pour refuser son sacrifice ! Ton malheur fera de moi un athée à mon dernier soupir, ô Jacques !

Tu me parles d'avenir, de bonheur, de mariage, de maternité ! Mais tu ne sais donc pas... non, tu ne connais pas mon amitié, si tu t'imagines que je puisse te survivre. Quand ce ne serait que par indignation, je hais la vie désormais, je la hais encore plus que tu ne fais ; car tu acceptes ton sort, et moi je me révolte contre le ciel et contre les hommes qui l'ont fait ce qu'il est. Je hais Octave, et je ne puis regarder ma sœur en face ; je la fuis, tant j'ai peur de la haïr aussi. Voilà comme elle t'a compris, la femme que tu aimais ! et voilà l'homme qu'elle t'a préféré ! Oui, ils sont faits l'un pour l'autre, ils ont raison ; qu'ils s'aiment et qu'ils dorment sur ton cercueil : ce sera leur couche nuptiale.

Mais pourquoi faut-il que tu meures ! Du moment qu'ils le désirent, n'es-tu pas affranchi de tout devoir envers eux ? Parce qu'ils ont une pensée criminelle, tu t'offres à Dieu comme une victime d'expiation pour leur forfait ! Que deviendra dans le cœur des hommes l'amour de la justice et la foi à la Providence, si les premiers d'entre eux se condamnent et s'immolent ainsi pour laver les fautes des derniers ? Ne peux-tu abandonner pour jamais cette maudite Europe où tous tes maux ont pris racine, et chercher quelque terre vierge de tes larmes, où tu pourras recommencer une vie nouvelle ? Est-il bien vrai que tu n'as plus rien dans le cœur, pas même de l'amitié pour moi, qui te suivrais au bout du monde ? Ah ! cette amitié qui remplissait toute mon âme, et qui étouffait à chaque instant l'amour que j'aurais pu concevoir pour d'autres hommes, ne t'a jamais suffi ? tu venais te reposer et te consoler près de moi, mais tu retournais bien vite à cette vie de passions orageuses qui a fini par te briser. A présent que tes passions sont mortes, ne peux-tu vivre doucement, et vieillir avec ta sœur sous quelque beau ciel, dans une des solitudes enchantées du Nouveau-Monde ? Viens, partons, oublions ce que nous avons souffert : toi, pour aimer trop, et moi, pour ne pouvoir pas aimer assez. Nous adopterons, si tu veux, quelque orphelin ; nous nous imaginerons que c'est notre enfant, et nous l'éléverons dans nos principes. Nous en éléverons deux de sexe différent, et nous les marierons un jour ensemble à la face de Dieu, sans autre temple que le désert, sans autre prêtre que l'amour ; nous aurons formé leurs âmes à la vérité et à la justice, et il y aura peut-être alors, grâce à nous, un couple heureux et pur sur la face de la terre.

Ah ! laisse-moi faire de ces rêves, et fais-en avec moi. Il doit y avoir autre chose dans la vie que l'amour. Tu dis que non. Comment se fait-il qu'un homme comme toi, doué de tous les talents, sage de toutes les sciences, riche de toutes les idées, de tous les souvenirs, n'ait jamais voulu vivre que par le cœur ? Ne peux-tu te réfugier dans la vie de l'intelligence ? que n'es-tu poète, savant, politique ou philosophe ! Ce sont des existences que l'âge rend chaque jour plus belles et plus complètes. Pourquoi faut-il que tu meures à quarante ans d'un désespoir de jeune homme ? O Jacques ! c'est que ton âme est trop brûlante ; elle ne veut pas vieillir, elle aime mieux se briser que de s'éteindre. Trop modeste pour entreprendre d'éclairer les hommes par la science, trop orgueilleux pour pouvoir briller par le talent aux yeux d'êtres si peu capables de te comprendre, trop juste et trop pur pour vouloir régner sur eux par l'intrigue ou par l'ambition, tu ne savais que faire de la richesse de ton organisation. Dieu aurait dû créer un ange exprès pour toi, et vous envoyer vivre tous deux seuls dans un autre monde ; il aurait dû au moins te faire naître dans le temps où la foi et l'amour divin servaient à éclairer et à régénérer les nations. Il t'eût fallu une tâche immense, héroïque, humble et enthousiaste à la fois ; une vie toute de larmes saintes et de souffrances philanthropiques ; une destinée comme celle du Christ.

Mais quand un homme comme toi naît dans un siècle où il n'y a rien à faire pour lui ; quand, avec son âme d'apôtre et sa force de martyr, il faut qu'il marche mutilé et souffrant parmi ces hommes sans cœur et sans but, qui végètent pour remplir une page insignifiante de l'histoire, il étouffe, il meurt dans cet air corrompu, dans cette foule stupide qui le presse et le froisse sans le voir. Détesté par les méchants, raillé par les sots, craint des envieux, abandonné des faibles, il faut qu'il cède et qu'il retourne à Dieu, fatigué d'avoir travaillé en vain, triste de n'avoir rien accompli. Le monde reste vil et odieux : c'est ce qu'on appelle le triomphe de la raison humaine.

Tu m'as fait jurer de rester auprès de la femme jusqu'à ce qu'elle fût consolée de ta mort, tu m'as arraché ce serment, ne peux-tu le rétracter ? Sera-t-il en mon pouvoir de le tenir quand je saurai que le jour est venu, et que tu touches à ta dernière heure ? Crois-tu, Jacques, que je n'abandonnerai pas tout pour aller partager avec toi le poison ou les balles ! Tu me fais sourire avec la demande d'Herbert ! Souviens-toi que tu m'as juré, de ton côté, de ne pas exécuter ta résolution sans me prévenir, et sans me laisser le temps d'aller t'embrasser une dernière fois.

XCVI.

DE JACQUES A SYLVIA.

Des montagnes du Tyrol.

Calme ta douleur, ma sœur chérie ; elle réveille la mienne, et ne change rien à ma résolution. Quand la vie d'un homme est nuisible à quelques-uns, à charge à lui-même, inutile à tous, le suicide est un acte légitime et qu'il peut accomplir, sinon sans regret d'avoir manqué sa vie, du moins sans remords d'y mettre un terme. Tu me fais des vertueux et bien plus grand que je ne suis ; mais il y a quelque chose de profondément vrai dans ce que tu dis de la tristesse qu'éprouve une âme pleine de bonnes intentions inutiles et de dévouements perdus, quand elle est forcée d'abandonner sa tâche sans l'avoir remplie. Ma conscience ne me reproche rien, et je sens qu'il m'est permis de me coucher dans ma fosse et de m'y délasser d'avoir vécu. J'ai traversé, il y a quelques jours, un champ de bataille où je me suis trouvé, pour la première fois, au milieu du sang, du feu et de la poussière, il y avait une quinzaine d'années ; j'étais jeune alors, et une belle carrière s'ouvrait devant moi, si j'avais su en profiter. C'était un temps de gloire et d'enivrement pour mes compagnons. Je me souviens que je passais la nuit de la veillée sur un de ces toits de chaume à fleur de terre qui servent de grange et de bergerie au pied des montagnes. J'étais à mi-côte de la colline ; j'avais sous les yeux une arène magnifique : le camp français à mes pieds, les feux de l'ennemi au loin, et Napoléon, général, au milieu de tout cela. Je fis bien des réflexions sur cette destinée qui s'offrait à moi, et sur cet homme de génie qui commandait à tant de destinées. Je me trouvai froid au milieu de ces travaux sanglants et de cette gloire funeste ; seul peut-être dans l'armée je ne regrettais pas de ne pas être Napoléon. J'acceptai les horreurs de la guerre avec la force d'âme que donne la raison à celui qui ne peut pas reculer ; mais en galopant le lendemain sur ces crânes que brisait le pied de mon cheval, sur ces cadavres qui gémissaient encore, je me sentis pénétré d'une haine si profonde pour les hommes qui appelaient cela la gloire, et d'une aversion si insurmontable pour ces scènes hideuses, qu'une pâleur éternelle s'é endit sur mon visage, et que mon extérieur prit cette glaciale réserve qu'il n'a jamais perdue depuis. Dès ce jour, mon caractère rentra en lui-même : je fis une espèce de scission avec mes pareils, je me battis avec un désespoir et une répugnance qu'ils appelaient du sang-froid, et sur lesquels je ne m'expliquai jamais avec eux ; car ces brutes n'eussent pas compris qu'il pût se trouver parmi eux un homme qui n'aimât pas la vue et l'odeur du sang. Je les voyais se prosterner autour de l'ambitieux qui ouvrait tant d'artères et se nourrissait de tant de larmes ; et quand je le voyais, lui, marcher sur ces morts au milieu des nuées de vautours qu'il engraissait de chair humaine, j'avais envie de l'assassiner, afin d'être maudit et massacré par ses adorateurs.

Non, le génie sans la bonté, sans l'amour, sans le dévouement, ne m'a jamais ni séduit ni tenté. J'irai vivre aux pieds d'une femme, me d sais-je, et j'aimerai un de ces êtres faibles et sensibles qui s'évanouiraient devant une goutte de sang. J'ai cherché la faiblesse et je l'ai trouvée ; mais la faiblesse tue la force, parce que la faiblesse veut jouir et vivre, et parce que la force sait renoncer et mourir.

Ne maudis pas ces deux amants qui vont profiter de ma mort. Ils ne sont pas coupables, ils s'aiment. Il n'y a pas de crime là où il y a de l'amour sincère. Ils ont de l'égoïsme, et ils n'en valent peut-être que mieux. C ux qui n'en ont pas sont inutiles à eux-mêmes et aux autres. Pour quiconque veut n'être pas déplacé dans la société, il faut avoir l'amour de la vie et la volonté d'être heureux en dépit de tout. Ce qu'on appelle la vertu dans cette société-là, c'est l'art de se satisfaire sans heurter ouvertement les autres et sans attirer sur soi des inimitiés fâcheuses. Eh bien ! pourquoi haïr l'humanité parce qu'elle est ainsi ? C'est Dieu qui lui a donné cet instinct pour qu'elle travaillât elle-même à sa conservation. Dans le grand moule où il forge tous les types des organisations humaines, il en a mêlé quelques-uns plus austères et plus réfléchis que les autres. Il a créé ceux-là de telle façon, qu'ils ne peuvent vivre pour eux-mêmes, et qu'ils sont incessamment tourmentés du besoin d'agir pour faire prospérer la masse commune. Ce sont des roues plus fortes qu'il engrène aux mille rouages de la grande machine. Mais il est des temps où la machine est si fatiguée et si usée, que rien ne peut plus la faire marcher, et que Dieu, ennuyé d'elle, la frappe du pied et la fracasse pour la renouveler. Dans ces temps-là, il y a bien des hommes inutiles, et qui peuvent prendre leur parti d'aimer et de vivre s'ils peuvent, de mourir s'ils ne sont pas aimés et s'ils s'ennuient.

Tu me reproches de n t'avoir pas assez aimée. Au moment de la mort, on peut tout se dire. Je dois te faire remarquer (c'est la première et la dernière fois) que nous étions dans une position délicate à l'égard l'un de l'autre. Tu es de tous les êtres que j'ai connus celui vers lequel m'entraînait la plus ardente sympathie. Mais tu es jeune et belle, et je n'ai jamais su si tu étais ma sœur. Cette idée ne t'est jamais venue, tu m'as accepté pour ton frère, et lors même que ta mère, qui ne le sait pas elle-même, t'a dit que je ne l'étais pas, notre de.tinée à tous deux était faite depuis longtemps, et nous ne pouvions plus nous aimer autrement que par le passé. Si nous avions su plus tôt, et d'une manière plus sûre, que nous pouvions être un homme et une femme l'un pour l'autre, notre vie à tous deux eût été bien différente ; mais l'incertitude eût rendu la seule idée de ce bonheur odieuse à tous deux. Je fis donc le sacrifice absolu et éternel de ce rêve, la première fois que je soupçonnai la possibilité de l'accueillir, et j'éteignis dans mon cœur une partie de mon amitié, de peur de donner le change à ma conscience. Que se fût-il passé entre nous si nous n'étions un peu plus forts qu'Octave et Fernande ? quand il ne dépendait que d'une parole incertaine ou méchante de madame de Theursan pour nous plonger dans des anxiétés horribles ! Pardonne-moi donc cette excessive prudence que tu n'as jamais comprise ni aperçue, parce que ton âme, plus calme que la mienne, ne te la commandait pas. Grâce à elle, je meurs pur, et mon cœur n'a pas été souillé d'une seule pensée que Dieu ait dû haïr et châtier.

Maintenant songe, ô mon amie ! que tu ne peux me suivre dans la tombe. Quelque dégoûtée de la vie que tu sois, quelque isolée que tu doives te trouver par ma mort, tu ne peux la partager sans souiller ta mémoire et la mienne de l'accusation qu'on a portée contre nous durant notre vie. Le monde ne manquerait pas de dire que tu étais ma maîtresse, et que c'est un désespoir d'amour qui nous a fait chercher le suicide dans les bras l'un de l'autre. Tu sais comme Octave est soupçonneux, comme Fernande est faible ; eux-mêmes le croiraient. Ah ! laissons-leur au moins mon souvenir sans tache, et qu'ils me respectent quand je ne serai plus, quand ce respect ne leur coûtera plus rien.

Mais ne m'accuse pas de t'avoir méconnue, ô ma Sylvia, ma sœur devant Dieu ! Je te l'ai dit cent fois, il n'y a que toi au monde qui m'aies jamais fait que du bien. Toi seule me comprenais, toi seule pensais comme moi. Il semblait qu'une même âme nous animât, et que la plus noble partie te fût échue en partage. Comme tu m'as préféré à tes amants, je t'aurais préférée à mes maîtresses, si je n'avais craint, en m'abandonnant à cette affection si vive, d'aller plus loin que je ne voulais. Toi, tu t'y livrais tranquillement, belle âme éternellement calme et solide ! C'est que tu étais le diamant et moi la pierre qui le protège ; mes désirs et mes transports ont toujours placé entre nous, comme une sauvegarde, une amante qui recevait mes caresses, mais qui n'empêchait pas ma vénération de remonter toujours vers toi. Vois comme je me fie à ta parole et quelle estime est la mienne : j'ose te révéler toutes les faiblesses, toutes les souffrances de mon cœur ! Depuis que je te connais, je t'ai eue pour confidente et pour consolatrice, et avant toi je ne m'étais jamais livré à personne. Sois mon dernier espoir dans le monde que je quitte ; du fond du cercueil, mon âme viendra encore s'informer avec sollicitude du bonheur de ceux que j'y laisse. Veille sur la sœur, je te la confie ; si tu veux que je meure en paix, laisse-moi emporter l'assurance que tu ne l'abandonneras jamais, toi qui es pleine de raison, et dont l'amitié vaut mieux que l'amour des autres.

XCVII.

DE JACQUES A SYLVIA.

Des glaciers de Ruus.

Cette matinée est si belle, le ciel si pur et la nature entière si sereine, que je veux en profiter pour finir en paix ma triste existence. Je viens d'écrire à Fernande de manière à lui ôter l'idée que je finis par le suicide. Je lui parle de prochain retour, d'espérance et de calme ; j'entre même dans quelques détails domestiques, et je lui fais part de plusieurs projets d'amélioration pour notre maison, afin qu'elle me croie bien éloigné du désespoir, et attribue ma mort à un accident. Toi seule es dépositaire de ce secret d'où dépend tout son bonheur futur ; brûle toutes mes lettres, ou mets-les tellement en sûreté, qu'elles soient anéanties avec toi en cas de mort. Sois prudente et forte dans ta douleur ; songe qu'il ne faut pas que je sois mort en vain. Je sors de mon auberge et n'y rentrerai pas. Peut-être ne me tuerai-je que demain ou dans plusieurs jours ; mais enfin je ne reparaîtrai plus. Mon âme est résignée, mais souffrante encore ; et je meurs triste, triste comme celui qui n'a pour refuge qu'une faible espérance du ciel. Je monterai sur la cime des glaciers, et je prierai du fond de mon cœur ; peut-être la foi et l'enthousiasme descendront-ils en moi à cette heure solennelle où, me détachant des hommes et de la vie, je m'élancerai dans l'abîme en levant les mains vers

En galopant le lendemain sur ces crânes. (Page 94.)

le ciel et en criant avec ferveur : « O justice ! justice de Dieu ! »

Depuis cette dernière lettre adressée à Fernande, dont parle ici Jacques, et qui arriva à Saint-Léon en même temps que ce billet à Sylvia, on n'entendit plus parler de lui ; et les montagnards chez qui il avait logé firent savoir aux autorités du canton qu'un étranger avait disparu, laissant chez eux son porte-manteau. Les recherches n'amenèrent aucune découverte sur son sort ; et, l'examen de ses papiers ne présentant aucun indice de projet de suicide, sa disparition fut attribuée à une mort fortuite. On l'avait vu prendre le sentier des glaciers, et s'enfoncer très-avant dans les neiges ; on présuma qu'il était tombé dans une de ces fissures qui se rencontrent parmi les blocs de glace, et qui ont parfois plusieurs centaines de pieds de profondeur. *Note de l'Editeur.*

FIN DE JACQUES.

KOURROGLOU

ÉPOPÉE PERSANE

NOTICE

Kourroglou est toujours, à mes yeux, une œuvre très-belle et très-curieuse. Elle n'eut pourtant pas de succès dans la *Revue indépendante*, où j'en publiai la traduction abrégée. Des raisons d'amitié me firent suspendre ce petit travail que l'on me disait préjudiciable aux intérêts de la *Revue*. Mais je protestai et proteste encore contre l'intelligence des abonnés qui préférèrent les romans nouveaux à ces chants originaux d'une littérature étrangère. C'était une initiation à la manière des rapsodes et des improvisateurs de l'Orient, et l'on sait qu'en fait d'art, comme en toutes choses, le public veut être poussé par les épaules vers les découvertes, si faciles qu'elles soient.

La suite du poëme, dont j'ai été forcée de résumer en deux pages les derniers chants et le dénouement superbe, a été publiée en abrégé sur le texte anglais de M. Chodzko, par M. C.-G. Simon, à Nantes. Cela fait partie d'une suite de travaux intéressants et agréablement présentés, qui ont paru dans les *Annales de la Société académique de la Loire-Inférieure*, sous le titre de *Recherches sur la littérature orientale*, Nantes, 1847.

Il est à regretter que M. C.-G. Simon, par des raisons analogues à celles que j'ai subies, n'ait pas continué son exploration dans cette littérature persane, une des plus riches et une des plus belles du monde, assurément, puisqu'on y trouve la manière d'Homère et celle de Cervantes se coudoyant avec franchise, grandeur et naïveté dans les mêmes récits. On me dira que tout cela est exploré déjà. J'objecterai que peu de gens lisent ces poëmes dans le texte, et qu'on ne les lit guère plus dans les traductions, puisque la mienne et celles de M. Simon, allégées autant que possible des redites et longueurs inévitables de la manière orientale, n'ont été goûtées et comprises que des littérateurs.

Et malgré ceci, j'insiste, et je dis : Lisez *Kourroglou*; c'est amusant, *quoique* ce soit beau.

GEORGE SAND.

Nohant, 24 juin 1853.

PRÉFACE.

Avez-vous lu Baruch? Peut-être! Mais vous n'avez pas lu Kourroglou, Lecteur, que lisez-vous donc? Quoi, vous n'avez pas lu Kourroglou! Kourroglou a été traduit du persan (car vous n'êtes pas obligé, ni moi non plus, de savoir le persan), et vous ne vous en doutez pas plus que je ne m'en doutais la semaine dernière! Ah! si j'étais lecteur de mon état, je ne voudrais pas avouer que je ne connais pas Kourroglou! En vain vous m'allèguerez que Kourroglou a été traduit du perso-turc en anglais, et que peut-être vous ne savez pas l'anglais : c'est une mauvaise défaite. Vous devriez le savoir, et moi aussi; mais je ne le sais pas, ni vous non plus, je suppose. Pourtant je le comprends, assez pour essayer de vous faire connaître Kourroglou, et je commence, renvoyant ceux de vous qui lisent l'anglais couramment à la traduction première, qui est toujours la meilleure, ayant été faite par un homme versé dans les langues orientales et dans les dialectes tuka-turkman, perso-turc, xendo-persan et autres, que nous connaissons aussi... de réputation.

Mais avant d'entendre cette merveilleuse et curieuse histoire, il est bon que vous sachiez que le fond en est véritable, et que le célèbre Kourroglou, dont vous n'aviez jamais entendu parler, est un personnage historique. Le nord de la Perse et les rives de la mer Caspienne sont pleins de sa gloire, et le récit de ses exploits est aussi populaire que celui de la guerre de Troie au temps d'Homère. Il est vrai qu'un Homère a manqué à notre héros jusqu'à ce jour, et qu'il a fallu la patience, la curiosité et le génie investigateur d'un Européen pour rassembler, résumer et coordonner les interminables fragments que les rapsodes orientaux débitent aux oreilles ravies et enflammées de leurs auditeurs. Honneur et grâces soient donc rendus à M. Alexandre Chodzko, l'Homère de Kourroglou. L'épopée de sa vie n'avait jamais été écrite, et il n'est pas bien prouvé que Kourroglou lui-même ait su écrire; il avait tant d'autres choses à faire, le vaillant diable à quatre! boire, battre, être un vert galant; mais ce n'est pas tout. Il avait encore le talent de chanter en improvisant; sa poésie et sa voix résonnaient de la Perse à la Turquie, de Khoï à Erzeroum, et sa guitare faisait presque autant de miracles que son cimeterre.

Mais qu'était-ce donc que Kourroglou? C'était bien plus qu'un poëte, bien plus qu'un barde, bien plus qu'un lettré, bien plus qu'un pontife, bien plus qu'un roi, bien plus qu'un philosophe. Il était ce qu'il y a de plus grand... en Perse : il était bandit. Quand vous aurez fait connaissance avec lui, vous verrez que ce n'est pas peu de chose; mais vous conviendrez qu'à moins d'être Kourroglou, il ne faut pas s'en mêler.

Kourroglou était (c'est M. Alexandre Chodzko qui parle) « un Turkman-Tuka, natif du Khorassan septentrional. Il a vécu dans la seconde moitié du XVIIe siècle; il a rendu son nom illustre en pillant les caravanes sur la grande route; mais ses improvisations poétiques l'ont fait plus grand encore. Les Turcs Iliotes, tribus errantes transplantées à différentes époques du centre de l'Asie aux vastes pâturages qui s'étendent de l'Euphrate à la Méroé, ont religieusement conservé ses chants et la mémoire de ses actions. Il est leur guerrier modèle et leur barde national dans toute l'étendue du terme. On montre encore aujourd'hui les ruines de la forteresse de Chamly-Bill, bâtie par Kourroglou dans la délicieuse vallée de Salmas, un district de la province d'Aderbaydjan. Encore aujourd'hui on manque rarement de réciter dans une fête les chants d'amour de Kourroglou. Durant les querelles intestines et les combats que livrent les Iliotes, pour leur indépendance, aux Persans, leurs maîtres, quand les deux armées ennemies sont au moment d'engager la bataille, elles s'animent les unes les autres, et défient l'ennemi : les Perses en chantant des passages du schah-nama de leur Ferdausy, les Iliotes en hurlant les chants de guerre de leur Kourroglou. Sous les fenêtres du palais du schah, lorsque les trompettes et les tambours du nekhara-khana (la garde d'honneur) saluent le soleil levant, les musiciens ont coutume de jouer l'air guerrier de Kourroglou, celui qui a servi de thème à ses poésies lyriques, et sur lequel il improvisait ordinairement. »

M. Chodzko établit un parallèle entre Ferdausy et Kourroglou. Il ne met point en balance la valeur littéraire de ces deux poètes : l'un écrivant une magnifique épopée en langue arabe, achevant son œuvre avec soin au milieu des délices d'une cour; l'autre improvisant au milieu des déserts, et dans un dialecte sauvage, des strophes énergiques, mais décousues et farouches comme sa vie, son caractère et ses compagnons d'armes. Cependant M. Chodzko s'étonne avec raison que le plus renommé et le plus populaire des deux (dans une plus vaste étendue de pays, ou du moins chez des admirateurs plus passionnés et plus nombreux), le bandit-ménestrel Kourroglou, soit resté jusqu'à ce jour inconnu aux Européens. C'est après un séjour de onze ans dans ces contrées, après avoir interrogé et écouté attentivement les rapsodes et les bardes qui passent leur vie à raconter et à chanter au peuple les exploits et les poésies de Kourroglou, qu'il est parvenu à écrire la vie épique, et à transcrire fidèlement les hymnes de ce héros barbare. Les versions les plus exactes, les récits les plus poétiques et les plus complets, il les a trouvés, dit-il, dans la dernière classe du peuple; là où le souvenir fanatique et l'amour enthousiaste de cette nature de faits et de ce genre de poésie avaient dû nécessairement pénétrer et se graver davantage. La nouveauté d'un tel personnage, l'intérêt de ses aventures, et surtout la peinture énergique des mœurs et du caractère des tribus nomades dont Kourroglou est le type, et aux yeux desquelles il est un type idéal, ont paru assez importants aux orientalistes de Londres pour que le comité de l'*Oriental translation fund* de la Grande-Bretagne et de l'Irlande ait fait imprimer et publier, à ses frais, les aventures de Kourroglou. Cette épopée, jointe aux chants des peuples qui habitent les rives de la mer Caspienne (chants populaires des Kalmouks, des Tatars d'Astrakan, des Perso-Turks, des Turckmans, des Ghilanis, des *Highlanders* Rudbars, des Taulishs et des Mazenderans), forment un beau volume sous ce titre : *Specimens of the popular poetry of Persia*. « As found in the auventures and improvisations of Kourroglou the bandit menestrel of northen Persia : and in the songs of the people inhabiting the shores of the Caspian sea. Orally collected and translated with philological and historical notes, by Alexander Chodzko, esq. »

Cette publication n'est pas, en effet, importante au seul point de vue de l'amusement et de l'intérêt épique; ce n'est pas seulement un héros de l'Arioste que la Perse nous révèle, c'est toute une histoire de mœurs, c'est tout un génie national que Kourroglou. C'est le nomade dans toute sa poésie plaisante et terrible, c'est le guerrier asiatique dans toute son exagération fanfaronne, c'est le brigand de la Perse dans toute sa ruse, dans toute sa férocité et dans toute son audace. Kourroglou est cruel, ivrogne, glouton, libertin; c'est le plus grand pillard et le plus grand vantard que nous ayons jamais rencontré, même chez nous, où ces qualités sont si fort répandues par le temps qui court. Il est entreprenant, vindicatif, insatiable de richesses et de plaisirs, fourbe, brutal et impitoyable dans la colère. Il n'en est pas moins l'idole de ses compagnons et de leur nombreuse postérité. Ces peccadilles ne le rendent que plus aimable. Les femmes en sont folles, et les enfants rêvent de lui, non point d'un croquemitaine, mais comme d'un Tancrède ou d'un Roland. Tandis que le Rustem de Ferdausy est un vrai chevalier, fidèle à son prince et prosterné devant son Dieu, Kourroglou ne connaît guère d'autre loi que lui-même et n'est fidèle qu'à son propre serment. A cet égard, il affiche une loyauté et une générosité qui ne sont point sans grandeur et sans danger, vu la mauvaise foi des ennemis qui le poursuivent. Une seule trahison déshonore sa vie; mais il la pleure amèrement, et le remords lui inspire le plus beau de ses chants de douleur. Un seul amour pénètre jusqu'au fond de son âme, et fait de lui un être sympathique par quelque endroit, c'est sa tendresse exaltée pour son fils adoptif, Ayvaz, le Benjamin, le Renaud du poëme. Mais le véritable héros de la vie de Kourroglou, ce n'est point Kourroglou, ce n'est pas le bel Ayvaz, ce n'est pas même le spirituel marmiton Hamza-Beg; ce n'est pas un homme, ce n'est pas une femme : c'est un cheval, c'est le divin Kyrat, près duquel les coursiers d'Achille et tous les palefrois renommés de la chevalerie ne sont que de pauvres poneys. Le poëme s'ouvre par la formation céleste de Kyrat, comme vous allez le voir, lecteur ; car j'entreprends de vous raconter tout le poëme. Mais comme M. Chodzko l'a *oralement* transcrit, je me permettrai d'abréger et de résumer la traduction de M. Chodzko. Quand je la citerai textuellement, j'aurai soin de l'indiquer.

Le poëme est divisé par chants, que M. Chodzko intitule : *Entrevues; meetings* en anglais, *mejjliss* en perso-turk que nous traduirons par *rencontres*. Ce sont les rapsodies que l'haleine d'un *Kourroglou-Khan* peut fournir en une séance à l'attention d'un auditoire. Les Kourroglou-Khans sont comme les Schah-Namah-Khans de Ferdousy, comme les Koran-Khans du Prophète, des bardes de profession qui, en s'accompagnant de la guitare, récitent au peuple et aux amateurs les faits, gestes, maximes et improvisations de leur héros. La mémoire de ces chanteurs, dit M. Chodzko, est vraiment incroyable; à toute sommation, ils récitent d'une seule haleine, et durant des heures entières, sans la moindre hésitation, à partir du vers qui leur est désigné par les auditeurs.

PREMIÈRE RENCONTRE [1].

Kourroglou était un Turkoman de la tribu de Tuka; son véritable nom était Roushan, et celui de son père Mirza-Serraf. Ce dernier était au service du sultan Murad, gouverneur d'une des provinces du Turkestan, en qualité de chef des haras de ce prince.

Un jour que les cavales paissaient dans les prairies qui s'étendent le long du Jaïhoun (l'Oxus), un étalon sortit de la surface des eaux, gagna la rive, courut vers la troupe des cavales, et après s'être accouplé à deux d'entre elles, il se replongea dans le fleuve, où il disparut pour jamais. Cette étrange nouvelle ne fut pas plus tôt rapportée à Mirza Serraf, qu'il se rendit à la prairie et, ayant fait des marques distinctes aux deux juments désignées, il recommanda aux gardiens de leur en avoir un soin particulier; puis, de retour chez lui, il consigna sur ses livres les détails de l'apparition de l'étalon, et enregistra la date précise de cet événement.

On sait qu'une jument donne toujours naissance à son poulain étant debout; quand le terme fut arrivé, Mirza-Serraf, qui était présent à leur naissance, reçut les jeunes poulains dans le pan de sa robe, afin qu'ils ne fussent point blessés par leur contact avec la terre.

Il dirigea lui-même avec le plus grand soin leur première éducation pendant les deux années suivantes, et surveilla les progrès de leur croissance. Malheureusement leur mauvaise mine n'était pas propre à inspirer beaucoup d'espoir pour l'avenir. Ils paraissaient laids à la première vue, et leur robe épaisse semblait être de crin plus que de poil.

Un des devoirs de la charge de Mirza-Serraf était de visiter, à tour de rôle, tous les haras confiés à ses soins, afin de mettre à part les meilleurs poulains pour les écuries du prince. Dans cette occasion, les deux poulains merveilleux furent au nombre de ceux qu'il choisit. Quand le prince vint en personne visiter ses écuries, il examina attentivement les chevaux amenés par Mirza-Serraf, et approuva tous ses choix, à l'exception des deux poulains en question.

Plus il les regardait, plus ils lui semblaient hideux. Il fit amener en sa présence le chef de ses haras, et s'adressant à lui d'une voix courroucée : « Vassal, lui dit-il, qu'est-ce que cela signifie? me crois-tu donc dépourvu d'instruction ou d'intelligence, ou bien es-tu devenu si vieux que tu ne puisses plus distinguer un bon cheval d'un mauvais? Que prétends-tu en m'amenant ces deux misérables haquenées? »

Alors, transporté de rage, le prince ordonna que Mirza-Serraf eût les yeux crevés. Cette sentence fut immédiatement exécutée. Un fer rouge fut appliqué sur le globe des yeux de l'infortuné Mirza, qui fut ainsi privé pour jamais de la lumière. Aveugle et désolé, il fut reconduit dans sa maison. Son fils unique Roushan, jeune homme de dix-neuf ans, étudiait alors à l'une des écoles de la ville. Aussitôt qu'il eut appris le châtiment infligé à son père, baigné de larmes, il accourut vers lui. « Ne pleure pas, mon fils, lui dit le vieillard, qui était un des plus habiles astrologues de son siècle; j'ai examiné ton horoscope, et ma science infaillible m'a découvert que tu deviendrais un héros célèbre. Tu vengeras mes souffrances sur la personne de l'injuste tyran qui me les a infligées. Va à l'instant voir le prince, et parle-lui ainsi : « Seigneur, tu as fait crever les yeux de mon père à cause d'un poulain. Sois miséricordieux, et fais-lui présent de l'animal; sans cela mon pauvre père, qui est vieux et aveugle, n'aura pas de cheval pour se rendre à la distribution des aumônes qui se font dans ton palais. » Roushan fit ainsi qu'il lui avait été dit.

Le prince, dont la colère avait eu le temps de se calmer, accorda au jeune homme la permission d'entrer dans ses écuries et de prendre celui des deux poulains condamnés qui lui plairait le mieux.

Roushan choisit celui qui était gris, parce que son père lui avait dit que la jument qui l'avait porté était d'une plus noble race que l'autre. De retour à la maison avec le don du prince, Roushan reçut de son père l'ordre de creuser un souterrain. « Il nous servira d'écurie, lui dit celui-ci. Fais-y quarante stalles, et entre chaque stalle tu feras un réservoir pour l'eau. Par la combinaison d'un certain nombre de ressorts, dont je t'enseignerai l'usage, l'orge et la paille seront distribuées en temps convenable à notre poulain, qui mangera sa ration sans l'assistance d'un palefrenier. L'eau lui arrivera de la même manière en temps convenable. Tu maçonneras soigneusement la porte et jusqu'aux moindres fentes de l'écurie; car il est indispensable que notre cheval demeure seul durant quarante jours, et que ni l'œil de l'homme ni les rayons du soleil ne viennent le troubler dans sa solitude. »

Les instructions du père furent exécutées par le fils avec la plus scrupuleuse fidélité. Le poulain fut introduit et enfermé dans sa nouvelle demeure. Il y avait déjà trente-huit jours qu'il y demeurait, caché à tous les regards, lorsqu'au trente-neuvième la patience de Roushan fut épuisée. Il s'approcha de l'écurie, et ayant fait un trou de la grandeur de l'œil, il commença à regarder dans l'intérieur.

Le corps entier du poulain lui apparut brillant et resplendissant comme une lampe; mais la lumière qui en jaillissait s'affaiblit instantanément, et puis s'éteignit, comme par l'effet du simple regard de Roushan. Il eut peur, et, refermant précipitamment la petite ouverture, il retourna vers son père, auquel il ne dit rien de ce qui était arrivé. Le lendemain, juste à l'heure où venait d'expirer la quarantaine fixée pour la claustration du poulain, Mirza dit à son fils : « Le temps est accompli, allons chercher notre cheval et commençons à le dresser. » Ils furent ensemble à l'écurie. L'aveugle commença à tâter la robe de l'animal; il promena sur lui la tête et sur le cou, sur les jambes de devant et sur celles de derrière, comme s'il eût cherché quelque chose, et tout à coup il s'écria : « Qu'as-tu fait, malheureux enfant? Il eût mieux valu pour moi que tu fusses mort dans ton berceau! Pas plus tard qu'hier tu as laissé la lumière tomber sur le poulain. Tu as deviné juste, mon père; mais comment as-tu fait pour découvrir cela? — Comment ai-je fait? Ce cheval avait des plumes et des ailes qui ont été brisées par suite de ton imprudence. » A ces mots le cœur de Roushan fut rempli d'amertume, et il tomba dans une profonde tristesse. Mirza lui dit alors : « Ne perds pas courage; nul cheval vivant ne pourra jamais approcher

[1]. Ce premier chant est textuellement traduit de l'anglais.

de la poussière que soulèveront les pieds de ce coursier. »

Ayant dit ainsi, l'aveugle enseigna à son fils à seller le poulain avec une selle de feutre, et lui prescrivit de le dresser de la manière suivante : « Tu le feras trotter pendant les quarante premières nuits sur les rochers et dans les plaines pierreuses, et pendant les quarante nuits suivantes dans l'eau et les marécages. » Quand ceci fut accompli, Mirza-Serraf mit son cheval au galop, qu'il soutint admirablement, soit en avant, soit à reculons. L'éducation du noble animal ayant été ainsi complétée, il commença à s'occuper de celle de son fils. « Monte ton cheval, lui dit-il, fais-moi place derrière toi, et traversons l'Oxus. » Pendant qu'ils s'amusaient ainsi, le vieillard expérimenté initiait son fils à tous les stratagèmes de l'art de l'équitation et du métier des armes.

« C'est bien, dit-il un jour à Roushan, je suis content de toi. Mais il nous reste encore une chose à faire. Notre prince vient quelquefois chasser sur les bords de l'Oxus ; c'est là que tu l'attendras. La première fois que tu le verras venir de ton côté, revêts toutes les pièces de ton armure, et, monté sur ton cheval, va hardiment à la rencontre du tyran. Alors tu lui diras ces mots : « Prince injuste et cruel, contemple le cheval à cause duquel tu as fait crever les yeux de mon père, regarde bien ce qu'il est devenu, et meurs d'envie. »

Roushan obéit fidèlement à l'ordre de son père ; la première fois qu'il aperçut le prince prenant le plaisir de la chasse sur les bords de l'Oxus, il revêtit son armure et courut droit à lui. Le prince, émerveillé de la beauté peu commune du cheval, aussi bien que de la noble apparence du cavalier, dit à son vizir : « Quel est ce jeune homme ? » Roushan, invité à s'approcher du prince, ne manqua pas de lui répéter d'une voix ferme et menaçante le discours que son père lui avait enseigné, et il ajouta : « Prince stupide, tu te crois un bon connaisseur de chevaux. Écoute, ignorant, et apprends de moi quels sont les signes auxquels on reconnaît un cheval de noble race. » Cela dit, il improvisa le chant suivant :

Improvisation. — « Je viens, et je te dis : Écoute, ô prince ! et apprends à quoi se fait reconnaître un noble cheval. Actif et alerte, vois si ses naseaux s'enflent et se distendent alternativement ; si ses jambes, sèches et déliées, sont comme les jambes de la gazelle prête à commencer sa course. Ses hanches doivent ressembler à celles du chamois ; sa bouche délicate cède à la plus légère pression de la bride, comme la bouche d'un jeune chameau. Quand il mange, ses dents broient le grain comme la meule d'un moulin en mouvement, et il avale comme un loup affamé. Son dos rappelle celui du lièvre, sa crinière est douce et soyeuse ; son cou est élevé et majestueux comme celui du paon. Le meilleur temps pour le monter est entre sa quatrième et sa cinquième année. Sa tête est fine et petite comme celle du grand serpent chahmaur ; ses yeux sont saillants comme deux pommes, ses dents semblent autant de diamants. La forme de sa bouche doit approcher de celle du chameau mâle ; ses membres sont finement dessinés, et plutôt arrondis qu'allongés. Quand on le sort de l'écurie, il est joyeux et il se cabre. Ses yeux ressemblent à ceux de l'aigle, et il marche avec l'inquiète impatience d'un loup affamé. Son ventre et ses côtes remplissent exactement la sangle. Un jeune homme de bonne famille prête une oreille obéissante aux leçons de ses parents ; il aime son cheval et en prend le plus grand soin. Il sait par cœur la généalogie et la pureté de son sang. Il essaie souvent la vigueur des articulations de son genou ; en un mot, il doit être ce qu'était Mirza-Serraf dans sa jeunesse. »

Dès que le prince eut entendu cette improvisation, il dit aux gens de sa suite : « C'est là le fils de Mirza-Serraf ? Holà ! qu'il soit arrêté ! »

Roushan fut immédiatement entouré de tous côtés ; mais, sans paraître s'en apercevoir, il parla ainsi au sultan Murad :

Improvisation. — « Écoutez, mon prince ; il me revient en mémoire quelques stances où vous agréables ; permettez-moi de vous les réciter. » Le prince y consentit, et ordonna à ses gardes de ne pas toucher à Roushan

qu'il n'eût dit ses vers. Alors ce dernier commença l'improvisation suivante : « Mon prince a donné l'ordre de me punir ; mais, par Allah ! je sais comment me défendre ; je m'échapperai de ses mains. En vain m'offrirais-tu tes richesses et tes faveurs comme on jette la pâture à l'aigle vorace et affamé, je les rejetterais toutes. »

Le prince l'interrompit et lui dit : « Cesse tes vaines bravades ; viens, et sers-moi fidèlement, autrement je te ferai mourir. »

Roushan chanta alors ainsi :

Improvisation. — « Je suis appelé Dieu dans ma maison : oui, je suis un dieu. Je ne courberai point mon cou devant un lâche comme toi. La cruche a porté l'eau assez longtemps pour toi ; mais, à la fin, la cruche s'est brisée. »

Le prince lui dit : « Ton père a été mon serviteur pendant cinquante ans. Dans un moment de colère, j'ai ordonné qu'on lui crevât les yeux. Mais qui déniera au maître le droit de punir son esclave, afin de pouvoir ensuite le combler de ses faveurs ? Viens avec moi, tu apprendras à m'être agréable, et je te récompenserai. » Roushan répliqua : « Tu as éteint les yeux de mon père, et, à ce prix, tu veux me faire riche. Si Dieu me donne assez de vie, je te ferai subir la peine du talion. Mais écoute ! »

Improvisation. — « C'est toi-même qui as construit l'édifice de ta ruine quand tu as prêté l'oreille à des calomniateurs. Je prendrai ta vie et je renverserai ton trône. »

Ces paroles firent sourire le prince, et il lui demanda ironiquement : « Comment, Roushan, te sens-tu assez fort pour détruire mes villes et pour renverser mon trône ? » Roushan improvisa le chant suivant :

« Assez de forfanteries. Que sont à mes yeux trente, soixante, ou même cent de tes guerriers ? Que sont vos rochers, vos précipices et vos déserts sous le sabot de mon coursier ? Je suis le léopard des montagnes et des vallées [1]. »

Le prince reprit : « Viens plus près de moi, ne fuis pas. Je jure par la tête des quatre premiers califes que je te ferai *sirdar* (général commandant en chef) de mes troupes. » Et pendant qu'il parlait ainsi, il admirait le courage du jeune homme. Roushan répliqua et dit : « Maintenant, mes chants, aussi bien que mes exploits, seront connus au monde sous le nom de Kourroglou, le fils de l'aveugle dont tu as crevé les yeux [2]. »

Improvisation. — « Écoute les paroles de Kourroglou. La vie m'est un fardeau. De ce jour j'abandonne ma tête aux hasards de la fortune, comme la feuille d'automne s'abandonne à l'âpre souffle des vents. Avec l'assistance de Dieu, j'irai en Perse pour y rétablir la religion d'Ali, qui est vénéré dans ce pays. »

Il finissait à peine ces mots, que, se précipitant au milieu de la suite du prince, il fit un horrible carnage, et le prince, à la fin convaincu que toutes les armées de la terre ne pourraient venir à bout de le vaincre, ordonna à son vizir d'abandonner une poursuite dangereuse et inutile.

Roushan traversa l'Oxus à la nage et se hâta de rejoindre son père sur la rive opposée. « Tu m'as vengé, mon fils, lui dit ce dernier, que Dieu t'en récompense ! Quittons maintenant cette contrée ; non loin d'Hérat, je connais une oasis où tu vas me conduire. »

Roushan obéit, et quand ils eurent atteint l'oasis, Mirza-Serraf tira de dessous son bras un vieux livre d'astrologie qui ne le quittait jamais, et dit : « O mon fils, cherche dans ce livre un passage qui traite de l'apparition de deux étoiles, l'une à l'orient et l'autre à l'occident. — Père, je l'ai trouvé.

— Bien ! l'oasis où nous sommes contient une source d'eau ; quand la nuit qui précède le vendredi sera arrivée, tu veilleras avec ce livre dans la main, en répétant continuellement la prière qui se trouve à ce passage du livre ; tes yeux devront suivre avec la plus grande vigi-

---

[1]. Cette strophe est habituellement chantée par les Turcs avant qu'ils s'élancent sur l'ennemi.
[2]. *Kurr* signifie aveugle, et *oglou* fils.

lance les deux étoiles jusqu'au moment où elles se rencontreront. Alors tu verras la surface de l'eau se couvrir d'une écume blanche. Prends ce vase que j'ai apporté tout exprès, tu y recueilleras soigneusement l'écume et me l'apporteras sans délai. »

Quand la nuit désignée fut venue, Roushan remplit toutes les instructions de Mirza-Serraf, et déjà il revenait avec le vase plein de l'écume mystérieuse; mais elle était si blanche, si légère et si fraîche, que le jeune homme inexpérimenté ne put résister à la tentation : il avala l'écume. « J'ai accompli toutes tes prescriptions, dit-il à son père; l'écume cependant ne s'est pas montrée sur l'eau de la source. » Mirza-Serraf répondit : « L'écume a paru sur l'eau de la source; j'en suis certain. Confesse la vérité, qu'en as-tu fait? »

Roushan était sincère; il avoua sa faute. Alors le vieillard, frappant son genou avec ses deux mains : « Qu'as-tu fait, malheureux? s'écria-t-il. Sois maudit, et puisse ta maison tomber sur ta tête! Tu m'as ravi le bonheur de te revoir. Cette écume était un remède précieux et unique, un collyre qui avait la puissance de guérir ma cécité. J'en aurais employé une portion pour moi, et je t'eusse laissé boire le reste. Mais les décrets du sort sont irrévocables; tu deviendras un guerrier invincible et moi je mourrai aveugle. Tout est consommé, maintenant. » Le pauvre vieillard commença alors à dicter ses dernières volontés. « Mes jours sont comptés, dit-il, désormais tu prendras le nom de Kourroglou, le fils de l'aveugle. Tes vers et tes actions seront attachés pour toujours à ce surnom. Maintenant conduis-moi à Mushad, sur le dos de Kyrat [1], car c'est ainsi que tu devras monter ton cheval. »

Kourroglou plaça son vieux père derrière lui, et marcha vers la ville sacrée de Mushad, où ils arrivèrent en peu de temps, grâce à la vigueur surnaturelle de leur cheval. Ce fut dans cette ville qu'ils embrassèrent la foi d'Ali, et, d'impies sunnites qu'ils étaient, devinrent sheahs et vrais croyants. Ce fut là aussi que Mirza-Serraf mourut, et voici quelles furent ses dernières paroles : « Aussitôt que je serai mort, rends-toi dans la province d'Aderbaïdjan, dont le schah de Perse est souverain. Il voudra t'attirer à sa cour, n'y va pas, mon fils; mais ne te révolte pas non plus contre lui. »

Il dit et il expira.

DEUXIÈME RENCONTRE.

Nous avons traduit textuellement la première rencontre pour donner au lecteur une idée juste de la forme de ce récit. M. Chodzko déclare dans sa préface, en qualité d'étranger, qu'il n'a point prétendu faire de sa *transcription* une œuvre de style pour la langue anglaise. Nous ne possédons pas assez cette langue pour adresser des critiques à M. Chodzko; mais nous la lisons assez pour espérer n'avoir point fait de contre-sens, et pour nous être assuré que les rapsodies des Kourroglou-Khans ne pouvaient pas nous être transmises avec plus de concision, de franchise et de simplicité. Nous ne savons pas non plus si le style de M. Chodzko a la véritable couleur orientale; mais on a pu voir par ce qui précède (rendu mot à mot autant que possible) que c'est une couleur nette, hardie, sans recherche, sans affectation, sans aucune coquetterie déplacée pour chercher à flatter le goût européen. C'était, je crois, la vraie manière et la seule bonne.

La seconde *rencontre* est consacrée à faire rencontrer en effet, Kourroglou et le terrible bandit Daly-Hassan. Ce dernier prétend avoir le monopole du pillage et du meurtre. Il rit de pitié en voyant un ennemi si jeune venir tout seul pour le défier, au milieu de quarante de ses meilleurs garnements. « Le monde entier retentit de ma gloire, s'écrie Daly-Hassan, qui ne se pique pas de modestie;

« Et le pauvre diable ose me barrer le chemin? — Misérable ! lui répond Kourroglou, tu ne t'es jamais battu

[1]. Un cheval bai brun.

qu'avec des agneaux : tu ne sais pas encore ce que c'est qu'un bélier. »

Le bélier est apparemment chez cette race de pasteurs le type du courage et de la force; car Kourroglou, qui n'est pas modeste non plus, se compare de préférence à cet animal dans ses fréquentes vanteries, et quand il a dit : « Je suis Kourroglou le bélier, » il a tout dit.

Daly-Hassan ne se presse pas d'entamer le combat. Les bravades de son ennemi l'amusent, et il lui permet d'improviser et de chanter les stances qui lui *viennent à l'esprit*, comme dit Kourroglou en semblable occasion. Ces stances sont toujours belles d'énergie sauvage, et le refrain de celles-ci est invariable. « *Ne combattrons-nous donc pas aujourd'hui?* » En voici une qui ne manque pas de caractère :

« Montre-moi un homme qui puisse tendre mon arc ! Montre-moi un homme qui, *comme un bélier*, vienne frapper sa tête contre mon bouclier ! Je puis broyer l'acier entre mes dents et le cracher contre le ciel. Oh ! ne combattrons-nous donc pas d'aujourd'hui ? »

Pendant que Kourroglou chante ses trophes, Daly-Hassan examine Kyrat, l'incomparable Kyrat, le fils de l'étalon-spectre, le coursier fidèle, l'ami, le porte-bonheur de Kourroglou, et *il en devient épris*. « Fais-moi présent de ton cheval, dit-il, et je m'abstiendrai de verser ton sang. » Kourroglou répond par de nouvelles provocations, et le combat s'engage. En un clin d'œil vingt des compagnons de Daly-Hassan sont *expédiés aux enfers*, les vingt autres prennent la fuite à travers le désert. Daly-Hassan reste seul ; dévoré de rage, il se précipite sur son ennemi ; mais Kourroglou lui fait mordre la poussière, pousse un cri *comme celui d'un aigle*, descend de cheval, et s'asseyant sur sa poitrine, tire tranquillement son khandjar pour lui couper la tête. Daly-Hassan se prend à pleurer. « Misérable bâtard ! lui dit Kourroglou, es-tu donc celui qui depuis sept ans faisait l'effroi de ces contrées ? Tu n'es qu'une femme pusillanime. *Lâche !* tu verses des larmes pour une cuillerée de sang ! »

« Guerrier invincible, lui répond Daly-Hassan, *j'ai juré à Dieu et à moi-même de servir fidèlement l'homme qui pourrait me renverser sur le dos*. Prends-moi pour ton esclave, et dis-moi le nom de mon maître. »

Kourroglou est ému de pitié. Il se lève, rengaîne son poignard, et suit Daly-Hassan dans une caverne où celui-ci le rend maître des richesses immenses qu'il a amassées durant les sept années de son brigandage. A partir de ce jour, il est le serviteur et l'ami de Kourroglou. Ils demeurent ensemble plusieurs mois dans la caverne, et n'en sortent que pour augmenter leur trésor en détroussant les voyageurs, et pour enrôler des bandits sous leurs ordres.

Quand ils ont réussi à se composer une bande de 77 hommes, ils chargent leur butin sur des chameaux et sur des mules, et, poursuivant leur voyage vers la province d'Aberdaïdjan, ils atteignent bientôt les montagnes de Kaflankhou, y laissent leurs hommes et s'en vont tous deux à la découverte pour s'assurer d'une retraite sûre. Ils trouvent dans le district de Karadag une magnifique prairie où ils s'installent avec leurs richesses et leurs compagnons. Leurs exploits répandent bientôt la terreur dans le pays, et *tout homme courageux* vient s'enrôler sous leur bannière.

« Il traitait ses gens comme un père, et la paie qu'il leur faisait était si libérale, qu'elle pouvait remplir le creux du bouclier de chacun d'eux. »

En peu de temps, Kourroglou se voit à la tête de 777 hommes, nombre\sacré qu'il n'eût dépassé vraisemblablement que pour celui de 7777, s'il lui eût été possible dès lors d'y atteindre.

Cependant le gouverneur de la province commence à s'alarmer du voisinage de Kourroglou. Il lui dépêche un envoyé qui, sans fleur de rhétorique, lui parle ainsi :

« Qui es-tu? Pourquoi es-tu venu ici? Si tu désires parler au souverain d'Iran, va le trouver ; mais ne demeure pas ici plus longtemps. Si tu as quelque chose à me dire, je t'écouterai afin de savoir ce que c'est. »

Kourroglou trouve le discours de l'ambassadeur un peu familier ; mais il se ressouvient de la défense que son père lui a faite, en mourant, de se révolter contre le schah de Perse. Il traite donc l'envoyé fort honnêtement, et lui promet d'évacuer le pays sous peu de jours.

Il rassemble ses hommes et leur chante ceci :

« L'heure du départ est arrivée. Que quiconque veut me suivre dans le Kurdistan se tienne prêt ! Qu'il me suive, celui dont les lèvres veulent boire dans la coupe de la valeur ! — Qu'il me suive, celui qui veut mettre en pièces le linceul de la mort ! »

Les 777 brigands répondirent : « O Kourroglou, nous ne craignons pas la mort ; là où tu iras, nous irons. » Ils partent ; ils arrivent dans la vallée de Gœzly-Gull, située dans le voisinage de Khoï, et débutent par l'extermination et le pillage d'une caravane. Le gouverneur d'Erivan, Hussein-Ali-Khan, se met en route à la tête de quinze cents cavaliers pour aller réprimer ces brigandages. « Ne craignez rien, ô mes âmes ! ô mes *fous (Dalcelar)* ! » C'est le nom d'amitié que Kourroglou donne à ses compagnons, c'est le titre glorieux que la postérité leur conserve : « Ne craignez rien, je les disperserai en moins d'une heure. » Kourroglou dit, et revêtu de sa cotte de mailles, armé de toutes pièces, il attend, appuyé tranquillement sur sa lance, l'envoyé d'Hussein. Aux interrogations et aux menaces de l'envoyé, Kourroglou répond comme de coutume par une chanson : « Serdar, lui dit-il, j'ai l'habitude de chanter quelques vers avant de combattre. — Chante, si tu y es disposé, répond le serdar, amateur de poésie comme tous les Orientaux. » Kourroglou chante ici une fort belle strophe :

« Voici la vérité des vérités ! Écoute-la bien, mon serdar. Je suis l'ange de la mort. Regarde ; je suis Azraïl. Mes yeux aiment la couleur du sang. Oui, je suis venu pour arracher les âmes des corps ; je suis le véritable Azraïl. Nous verrons bientôt quelles entrailles, quels crânes seront fouillés les premiers par la pointe de mon poignard. Ce jour même, tu quitteras ce monde ; me voici. Comme un véritable Azraïl, je viens arracher les âmes. »

« Maintenant, j'enseignerai à rire à tes ennemis, et à tes amis à se lamenter. Contemple en moi Azraïl, l'exterminateur des âmes. »

Kourroglou s'élance au plus épais de la mêlée. Il tue tout ce qui est digne d'être tué, il pille tout ce qui vaut la peine d'être pris.

« Kourroglou cependant ne resta pas davantage à Gœzly-Gull ; il vint se fixer définitivement à Chamly-Bill ; sa gloire se répandit bientôt dans les contrées environnantes, et de toutes parts on lui envoyait de l'or et des présents. »

TROISIÈME RENCONTRE.

Kourroglou se prit de goût pour Chamly-Bill, et y bâtit une forteresse[1]. Tous ceux qui entendirent parler de lui, de sa valeur et de sa libéralité, s'empressèrent de se joindre à sa bande. En peu de temps la forteresse devint une ville contenant huit mille familles. Ce fut là que Kourroglou fit connaissance avec le marchand Khoya-Yakub, qu'il adopta, plus tard, pour son frère. Cet homme avait voyagé dans tous les pays du monde, et il amusait souvent Kourroglou par la description de ce qu'il avait vu.

Le marchand Khoya-Yakub, allant un jour à la ville d'Orfah, vit une grande foule rassemblée sur la place du marché. Il s'avança et vit un jeune garçon, tel que le dépeint le poète :

« Mon cœur aime un jeune homme dont les sourcils sont bien arqués. Sa ceinture est étroite ; ses lèvres ressemblent à un bouton, à une rose souriants. Jeune homme, sacrifie ton âme à la beauté ! contemple en moi son esclave. Parcourez le monde entier : vous ne trouverez pas un enfant de plus belle espérance. Son nom est Ayvaz-Bally. C'est la prairie du huitième ciel ! Son père est boucher de son état ; le fils est une mine de pierres précieuses. »

Khoya-Yakub demanda : « De quel jardin est cette rose ? de quelle prairie est cette plante ? » Quelqu'un répondit : « Son père est boucher du pacha de cette ville ; Ayvaz-Bally est son nom. » Le marchand pensa alors en lui-même : « Kourroglou n'a pas d'enfants ; pourquoi n'adopterait-il pas un si beau garçon pour son fils ? Mais que dois-je faire ? Si, à mon retour à Chamly-Bill, j'essaie de lui dépeindre ce que j'ai vu, il ne me croira pas. » Il trouva alors un peintre dans Orfah, et lui paya un bon prix pour faire le portrait d'Ayvaz.

Après un voyage de quelques jours, il revint à la forteresse de Chamly-Bill. Il fut dit à Kourroglou que son frère Khoya-Yakub était revenu. Il ordonna aussitôt à ses hommes d'aller à sa rencontre, et de l'amener dans la ville avec les honneurs qui lui étaient dus. Dès qu'il fut descendu de cheval, Kourroglou le baisa sur la joue, et le fit asseoir à ses côtés, tandis que Khoya-Yakub lui baisait les deux mains, comme à son supérieur. « Hourra ! mes enfants, du vin ! cria Kourroglou ; buvons en l'honneur de l'arrivée de notre frère. » Et ils s'assirent, et ils burent au point que Khoya-Yakub commença à devenir gris, et sentit sa tête s'allumer. Kourroglou lui demanda d'où il venait. Il répondit : « D'Orfah ! — Tu n'as pas vu, par hasard, à Orfah, un plus beau cheval que mon Kyrat. — Je n'en ai pas vu. — Dis, as-tu vu là, des hommes plus beaux et plus braves que mes compagnons ? — Je n'en ai pas vu. — As-tu vu, dis-moi, une fête plus joyeuse que la mienne ? — Je n'en ai pas vu. — As-tu vu des échansons plus beaux et plus richement vêtus que les miens ? — Frère guerrier, j'ai vu là un jeune garçon que les mains de tous vos jeunes gens ne sont pas dignes de laver. Voilà que tu deviens vieux, et que tu n'as pas d'enfants : pourquoi ne le prendrais-tu pas pour ton fils, afin de faire de lui, quand le temps en sera venu, un guerrier digne de te servir et de te succéder lorsque tu seras mort, aussi bien qu'un appui et un fils tant que tu vivras ? » Il commença alors à vanter la beauté d'Ayvaz et sa mâle physionomie. Kourroglou dit : « Eh quoi ! marchand qui n'es bon à rien ! ne pouvais-tu dépenser quelques tumans pour payer un peintre et m'apporter sa ressemblance ? » Le marchand sortit une miniature de son habit et la tendit à Kourroglou. Kourroglou la prit ; et quand il l'eut examinée, *les rênes de sa volonté échappèrent des mains de sa patience*, et il s'écria : « Daly-Hassan, qu'on apprête une chaîne et des fers. » Le marchand, étonné, demanda ce que signifiait un ordre semblable. « Je vais te faire enchaîner, misérable ! — Pour quelle raison, et quel est mon crime ? Est-ce donc la récompense que tu me donnes pour t'avoir trouvé un fils ? — C'est pour le mensonge que tu as dit. Homme, écoute-moi ; je vais partir pour Orfa à l'instant même ; et tu attendras mon retour, enchaîné dans un cachot. Si le jeune garçon justifie réellement tes louanges, que mon nom ne soit pas Kourroglou si je ne couvre pas ta tête d'une pluie d'or et ne t'exalte pas au-dessus de la voûte des cieux. Mais malheur à toi, si Ayvaz est indigne de tes éloges ; car j'arracherai la racine de ton existence du sol de la vie ; et ton châtiment servira d'exemple aux menteurs impudents comme toi. Tu ne dois pas mentir à tes supérieurs. »

Cela dit, il donna ordre d'enchaîner le marchand par le cou et par une jambe, et de le jeter ensuite en prison.

« Daly-Hassan ! que l'on selle Kyrat. » Daly-Hassan mit lui-même la selle et le coussin sur le cheval de son maître, et les attacha sept fois avec la sangle. « Je pars pour Orfah, dit Kourroglou. Que personne de vous ne se hasarde de boire de façon à s'enivrer jusqu'à ce que je sois de retour. Malheur à celui dont la demeure retentira des sons de la musique ou du tambourin. Souvenez-vous de cette défense, ou je vous arracherai de la terre, et vous jetterai au vent, comme un chardon nuisible. Je pars

---

[1] Un fort, *Kalaa* en Perse, se dit de tout village entouré de murs avec des tours et des meurtrières dans les angles. On voit encore aujourd'hui les ruines du fort de Kourroglou à Chamly-Bill.

seul pour chercher mon futur enfant, pour chercher Ayvaz. Je mourrai ou je reviendrai avec lui. Écoutez ma chanson.

Improvisation. — « J'adopterai pour mon fils le jeune Ayvaz-Billy. Attendez le jour d'adoption jusqu'à mon retour. Demandez-le en Turquie et en Syrie jusqu'à mon retour. Un homme brave monte l'arabe gris ou le bai, et galope tout le long du chemin, sur le cheval de bataille aux pieds légers. Tuez des veaux, égorgez des moutons, et nourrissez-vous de mes troupeaux jusqu'à mon retour. *Kourroglou dit* : le diable emporte l'ennemi ; les braves galopent sur des chevaux arabes : allez et buvez jusqu'à mon retour. »

Ayant dit cela, Kourroglou prit congé de ses frères, monta sur Kyrat et marcha seul, jour et nuit, de bourgade en bourgade, vers la ville d'Orfah. Il n'en était plus qu'à un fersakh de distance, quand il se sentit une faim extrême ; et, voyant un berger qui gardait son troupeau sur la pente d'une colline, il se dit : « Le proverbe est bon : si tu as faim, va au berger; si tu es las, au chamelier. Maintenant réfléchissons un peu de quelle façon j'attraperai à déjeuner. » Alors il s'approcha, et s'écria : « Que Dieu te bénisse, berger ! ne peux-tu me donner à déjeuner ? » Le berger leva la tête; et, voyant un guerrier dont l'armure, à elle seule, aurait pu acheter son troupeau et lui-même par-dessus le marché, il répondit : « Jeune homme, je n'ai point de mets digne de toi; mais si tu peux t'accommoder de lait de brebis, je vais t'en chercher. » Kourroglou dit : « Dans ce désert une goutte de lait vaut le monde entier : vas-en chercher, et me l'apporte. » Le berger était d'une haute stature et taillé carrément ; il tenait dans sa main une énorme massue, dont la tête était armée de clous, de vieux fers de lance, de fers de chevaux cassés et de tout ce qu'il avait pu se procurer de tranchant; elle pesait un men et demi[1]; une courroie, passée dans un trou, la suspendait à son poignet. Le berger leva la massue; et, à ce signal, toutes les brebis se réunirent autour de lui. Il avait aussi avec lui une écuelle de bois que les Kurdes appellent *moudah* et qui pouvait contenir trois mens de lait[2]. L'ayant rempli jusqu'aux bords, il la mit devant Kourroglou, et lui donna une grande cuiller de bois pour qu'il pût manger. Kourroglou en eut à peine bu quelques cuillerées qu'il se sentit très-faible, et dit : « Berger, n'as-tu pas une croûte de pain ? — J'en ai, dit le berger; mais il n'est pas un fils d'homme qui puisse le manger. » Kourroglou reprit : « Il porte un nom mangeable; et pour peu qu'il soit moins dur que la pierre, donne-le-moi. » Le berger dit : « C'est du pain fait d'orge et de millet ; je l'ai pétri pour mes chiens. » Kourroglou dit : « N'importe, apporte-le tel qu'il est. » Le berger répliqua : « Le soleil l'a séché; il est devenu tout à fait dur et moisi : tu rompras les dents. » Kourroglou dit : « Ne crains rien, mon garçon, et donne-le-moi promptement. » Un sac de peau était suspendu au dos du berger; il l'en ôta, et le mit devant Kourroglou. Ce dernier était si prodigieusement affamé, qu'il plongea ses deux mains dans le sac, et, arrachant tout ce qui se trouvait sous sa main, il le rompit en morceaux, et le jeta dans le lait. Le berger le regardait faire ; et voyant que son hôte, qui avait déjà préparé de la nourriture pour quinze personnes n'interrompait pas sa besogne, il se dit à lui-même : « La faim l'a rendu fou; car assurément nul fils d'Adam ne pourrait avaler tout cela; quand il aura mangé cinq ou six cuillerées , il jettera le reste; avec ce qu'il a apprêté pour lui, je pourrais nourrir une semaine entière, toute la meute de chiens qui gardent mon troupeau. » Pendant ce temps, Kourroglou émiettait le pain, et en remplissait l'écuelle. A la fin, enfonçant la cuiller, qui resta, sans remuer, dans la position verticale, il leva les yeux, et vit le berger qui était debout, en contemplation devant lui. Il lui dit : « Assieds-toi, berger, et mangeons ensemble. » Le berger répliqua : « Beg, tu as préparé toi-même le repas, mange-le tout seul, car je ne puis t'aider. »

Alors, Kourroglou prit la cuiller et se mit à l'œuvre;

ses énormes et rudes moustaches gênaient le passage ; et le pain lui sortait de la bouche tandis que le lait coulait dans sa poitrine. Kourroglou, en colère, jeta la cuiller, et relevant ses moustaches qui allaient par-delà ses oreilles, il ouvrit une bouche semblable à l'entrée d'une caverne, et, prenant l'écuelle de ses deux mains, il avala le contenu jusqu'à la dernière goutte. Le berger le regardait avec stupeur, et disait en lui-même : Par le saint nom d'Allah! ce ne peut être là un homme, car aucun être humain ne pourrait avaler une telle quantité de nourriture. Encore une fois, je le répète, voyons, au nom d'Allah! ce qui va arriver. S'il s'enfuit maintenant, ce sera le vampire du désert[1], ou Satan lui-même ; s'il reste, c'est un fils des hommes. On dit que la famine incarnée est arrivée sur la terre; c'est là sûrement la famine, il vient de manger tout le lait de mes brebis ; mais au bout d'une heure, il aura faim de nouveau, et alors il me dévorera moi-même. » Kourroglou pensait en lui-même : « Comment vais-je faire pour me rendre à Orfah et voir Ayvaz ? Si je me montre sous ce costume, et monté sur ce cheval, mon nom et ma gloire sont trop bien connus en tous pays, pour que je ne sois pas découvert. Prenons plutôt les habits du berger, et entrons ainsi dans la ville. » Il dit donc au berger : « Viens là, et faisons l'échange de nos habits. » Le berger se mit à rire et lui dit : « Pourquoi me railler ainsi sur ma pauvreté ? Le châle que tu as sur la tête, ou celui qui entoure tes reins, ou bien encore le poignard qui est passé dedans, seraient chacun suffisant pour racheter mon sang[2] et mon troupeau avec. Pourquoi te moquer ainsi de moi ? » Cela dit, il cracha dans la paume de ses mains, saisit sa massue, et, la brandissant d'une façon menaçante, il dit à Kourroglou : « Toi, si confiant dans la largeur de tes épaules, regarde aussi la largeur de mon cou. » Kourroglou sourit et lui dit : « Berger, je te jure devant Dieu que je ne me ris pas de toi; il y a dans cette ville un marchand qui me doit quinze cents tumans[3]. Si je parais devant lui sur ce cheval et dans ce costume, il m'échappera. Je suis venu pour une raison importante; faisons vite notre échange. Si je reviens, je te rendrai tes habits et reprendrai les miens ; si je ne reviens pas, tu pourras conduire ce cheval au bazar et le vendre. Son prix est de deux mille tumans ; profites-en, et ne m'oublie pas dans tes prières. Tu garderas aussi les autres choses qui m'appartiennent. » Le berger dit : « A coup sûr cet homme est fou; je ne puis expliquer autrement tout ce que j'entends. Allons, Beg, déshabille-toi. » Kourroglou détacha sa ceinture et ôta tous ses habits. Le berger en fit autant de son côté, et mit les vêtements de Kourroglou, auquel il donna son manteau de feutre grossier. Kourroglou le jeta sur ses épaules, et ayant mis aussi le bonnet de feutre du berger, il lui dit : « Maintenant donne-moi ta massue; » car il voyait qu'en cas de besoin elle pourrait lui être aussi utile qu'un sabre. La prenant à sa main, il dit : « Berger! ton âme et l'âme de mon cheval.[4] »

Le berger répondit : « Je jure par la foi de Dieu ! Que ton cœur soit en paix; tu peux te fier à moi. » Et il disait en lui-même : « Dieu veuille que cet homme ne revienne jamais; alors adieu la pauvreté; le cheval et les vêtements me suffiront aussi longtemps que je vivrai. »

Kourroglou prit congé du berger, et continua son voyage à pied; le manteau du berger était sur ses épaules, la massue dans sa main. Il aperçut bientôt la ville d'Orfah, et marcha jusqu'aux portes. Ayant prononcé le mot Bismillah (au nom de Dieu), il entra, et il passait dans une rue, quand il vit un Turc portant un okha de viande. Il la regardait avec amour, priant et soupirant en même temps. Kourroglou lui demanda en langue turque : « Quelle viande portes-tu là, que tu la convoites ainsi, et sembles soupirer après ? » Le Turc répondit : « Es-tu donc étranger, seigneur, ou viens-tu de quelque contrée

---

1. Environ vingt-deux livres anglaises.
2. Men, en turc *batma*, poids employé communément en Perse.

1. *Le fantôme du désert*, « Guli-Beisban », le vampire bien connu des contes orientaux.
2. *Racheter mon sang.* Allusion au « jus talionis » du Coran. Le meurtrier doit payer les parents de la victime avec sa vie ou avec de l'argent.
3. Le tuman est une monnaie perse qui vaut environ douze francs.
4. Phrase proverbiale très-usitée chez les Persans, elle signifie : Prends soin de mon cheval comme tu voudrais qu'on prit soin de toi-même.

Il commença à regarder dans l'intérieur. (Page 3.)

éloignée? » Kourroglou dit : « Oui, je viens de loin. » Le Turc lui dit alors : « Ne sais-tu pas que dans les autres pays le pain est cher, tandis que dans celui-ci, c'est la viande qui est chère? J'ai une personne malade chez moi, à laquelle le médecin a prescrit la viande; je vais chaque jour au bazar, mais je regarde en vain, je ne puis en trouver; aujourd'hui, enfin, j'ai trouvé de la viande dans la boutique d'Ayvaz, fils d'Ibrahim le boucher; j'ai été obligé de payer un okha deux piastres, et c'est là ce qui me fait soupirer. » Kourroglou demanda : « Se peut-il que la viande soit aussi chère? — Oui, en vérité, dit le Turc, deux piastres pour un okha, c'est énormément cher. » Kourroglou dit en lui-même : « Bonnes nouvelles pour mon berger! Attends seulement un peu, maudit; aujourd'hui même je vendrai tes moutons. » De là Kourroglou s'en fut vers la boutique d'Ayvaz, devant laquelle il aperçut une foule de gens, mêlés ensemble *comme les plis d'un manteau froissé* : les hommes venaient là pour acheter de la viande, les femmes pour admirer la beauté d'Ayvaz. Kourroglou désireux de le voir aussi, regardait par-dessus les épaules de ceux qui étaient devant lui. Les Turcs, le jugeant d'après son costume, le prirent pour un berger et commencèrent à le frapper sur la tête. Alors Kourroglou se baissa dans l'intention de regarder à travers leurs jambes, mais il s'exposa ainsi à de plus graves insultes. « Je ne puis dompter ces Turcs grossiers, dit-il; comment puis-je espérer d'enlever Ayvaz? » Il se mit à coudoyer de droite et de gauche, et, crachant dans ses mains, il leva sa massue en l'air, dans l'intention de se frayer un passage, en poussant et frappant coup sur coup. Celui qui eut la tête frappée eut le crâne brisé; celui qui reçut le coup sur la jambe eut la jambe cassée; celui qui le reçut sur les épaules resta sur la place.

De cette manière il chassa tout le monde de la boutique d'Ayvaz, quand il l'aperçut assis et tenant tristement sa tête dans sa main. Kourroglou dit dans son cœur : « Un vrai looty [1] possède six tours; cinq d'adresse et un de force. Je ne crois pas pouvoir effrayer cet enfant. » Il s'approcha alors d'Ayvaz, mit la main dans sa poche, et, prenant une piastre, il la jeta devant Ayvaz en lui disant :

[1] *Looty*, nom fameux en Perse. Il tient le milieu entre le bravo vénitien et l'aventurier français.

A la fin enfonçant la cuiller... (Page 7.)

« Frère, pèse-moi un okha de viande, et rends-moi le reste en monnaie de cuivre. Seulement sois prompt', mes compagnons sont partis, et il faut que je coure les rejoindre. » Ayvaz se dit : « Voilà une bonne pratique pour moi ; je vends un okha de viande deux francs, il ne m'en donne qu'un, et me demande son reste en monnaie, et cela promptement, parce que, dit-il, ses amis sont partis. » Ayvaz était orgueilleux à cause de sa beauté, et il dit avec aigreur : « Viens ici, approche-toi plus près, maître niais ? Que veux-tu dire ? » Kourroglou s'approcha d'Ayvaz, et celui-ci ayant plié un de ses doigts, lui donna un bon coup sur la joue avec les quatre autres. Kourroglou dit : « Jeune espiègle, pourquoi me frappes-tu ? » Mais il était joyeux dans son cœur, et il ne ressentait aucune colère de cette preuve de courage. Ayvaz repartit : « Drôle, tu veux déprécier ma marchandise ; en présence de tant de pratiques, tu veux acheter un okha de viande pour un sou, et avoir encore du retour, tandis que je vends un okha deux livres. » Kourroglou dit : « Tu es un enfant ; ce n'est pas pour acheter de la viande mais pour en vendre, que je suis venu ici. — Que veux-tu dire, demanda Ayvaz ? — Sot que tu es, répliqua Kourroglou, j'ai neuf cents moutons à vendre, et je venais ici pour connaître le prix réel de la viande, savoir si elle est chère ou bon marché. » On dit, avec vérité, que la raison abandonne la tête d'un boucher quand il entend le bêlement d'un troupeau. Ayvaz n'eut pas plus tôt entendu parler de neuf cents moutons, qu'il dit : « Mon oncle, je ne savais pas que tu étais un maître berger ; j'ai été grossier dans mon langage ; tu es en droit de me couper la langue. Je t'ai frappé, coupe-moi la main, pardonne seulement ma faute. »

Kourroglou fit l'improvisation suivante :

Improvisation. — « Tu frapperas l'ennemi armé, fût-il enveloppé dans un feuillet du Coran ! Mon futur enfant ! lumière de mes yeux ! je ne me fâche pas de semblables bagatelles. » Ayvaz dit alors : — « Pour l'amour de Dieu ! mon cher seigneur, que personne ne sache que tu as amené neuf cents moutons. Notre ville a cinquante bouchers, ils vont tous te persécuter, et tu seras obligé de diviser ton troupeau entre eux tous ; de sorte qu'il n'y en aura pas plus de vingt pour ma part. Tu feras bien mieux d'attendre ici et de t'asseoir, tandis que je vais aller chercher mon père. Nous achèterons à nous seuls tout ton troupeau, et nous seuls te donnerons l'argent. » Kourroglou répondit : « Va donc, je t'attendrai ici. — Reste, dit Ayvaz. Tu vois ici douze quartiers de viande; s'il vient quelques pratiques, tu leur vendras un okha deux piastres si elles ne veulent pas attendre que je sois revenu pour fixer le prix moi-même. » Kourroglou répliqua : « Va, et repose-toi sur moi ; j'ai été boucher dix-sept ans, et je connais mon état ; je vendrai bien à ta place. » Ayvaz laissa la boutique à la garde de Kourroglou, et courut chercher son père. Bientôt après, un Turc, qui venait pour acheter de la viande, vit Kourroglou, et pensa en lui-même : « Comment acheter d'un pareil monstre ! Je suis vraiment effrayé de lui. » Ainsi ruminant, il allait de long en large.

Kourroglou le vit et lui dit : « Tu vas et viens comme si tu étais malade ; de quoi as-tu besoin ? » Le Turc prit une piastre dans sa poche, et demanda un demi-okha de viande. Courroglou lui dit de mettre l'argent sur l'étal et d'entrer dans la boutique. Ayant choisi une éclanche de la meilleure viande : « Prends-la toute ! » lui dit-il. Le Turc, pensant qu'il y avait quelque tricherie là-dessous, ou bien qu'on voulait se moquer de lui, répondit : « Tout ce que j'ai à recevoir, c'est un demi-okha de mouton, et je n'en prendrai pas davantage. » Kourroglou leva sa massue sur lui, et s'écria : « Es-tu sourd ou stupide ? Je te dis de prendre tout. » Le Turc dit dans son âme : « Il faut toujours profiter de l'occasion ; je vais essayer de prendre tout. S'il ne me dit rien, il aura évidemment perdu le sens ; si c'est le contraire, je jetterai la viande par terre, et je me sauverai. » Il entra dans la boutique lentement, et avec timidité prit la viande, la mit sur son épaule, ayant, pendant tout ce temps, les yeux fixés sur Kourroglou ; ensuite il quitta la boutique et commença à courir, et, tout en fuyant, il regardait souvent derrière lui ; mais personne ne le suivait. Il avait toujours quelque appréhension, et il courait aussi fort que la vitesse de ses jambes le lui permettait. Il n'était pas loin de la maison quand il rencontra quelques amis, qui lui demandèrent la raison de cette hâte. « Oh ! puisse votre maison ne tomber jamais en ruine ! Un fou est assis dans la boutique d'Ayvaz ; pour une piastre, il m'a donné toute une épaule de mouton ; quel beau trafic ! Il y a encore onze quartiers dans la boutique ; allez vite, et il vous les donnera sûrement. » Pendant que Kourroglou vendait ainsi toute la viande d'Ayvaz pour douze piastres, ce dernier arrivait à la maison de son père transporté de joie, et il dit : « Il est venu à notre boutique un berger qui a neuf cents moutons ; je l'ai retenu, et nous achèterons son troupeau. » Son père, Mir-Ibrahim, le boucher, se rendit promptement à la boutique, et dès qu'il vit Kourroglou, il lui jeta ses bras autour du cou, et l'accueillit par de grands embrassements, l'appelant beg, et ami, et frère en même temps. Kourroglou pensa en son cœur : « Je t'entends, coquin, tu veux m'attraper. » Mir-Ibrahim dit : « Beg, votre nom a échappé de ma mémoire ; tout ce que je sais, c'est que vous aviez coutume de m'honorer de votre présence quand vous nous ameniez des moutons. Il y a longtemps que nous ne nous sommes vus ; mes yeux vous cherchaient et vous désiraient. » Kourroglou pensait dans son cœur : « Fripon ! tu achètes le pain du boulanger, et puis tu le lui revends ensuite¹. » Et alors il dit : « Mon nom est Roushan. » Il ne disait pas un mensonge, car tel était vraiment son nom. Le boucher sur cela commença à se plaindre : « Comment ! nous aviez-vous oublié ! et pourquoi êtes-vous resté si longtemps sans voir votre ami et votre frère ? » Kourroglou répondit : « Les moutons que j'avais coutume d'amener ici venaient tous de la Perse ; maintenant Kourroglou demeure sur les frontières, à Chamly-Bill. La crainte de ce voleur m'a retenu ; mais, grâce à Dieu ! Kourroglou étant mort, je te fournirai désormais autant de moutons que tu peux désirer. » Mir-Ibrahim, le boucher, demanda : « Est-il donc vrai que Kourroglou soit mort ? — Mort et enterré ! J'ai moi-même assisté à ses funérailles. » Le boucher dit : « Dieu soit loué ! car vous saurez que notre pacha,

ayant entendu parler de ce bandit, a défendu à mon Ayvaz de sortir de la ville, de peur que Kourroglou ne l'enlève et ne le couvre d'infamie. Depuis sept ans, Ayvaz n'est jamais sorti de la forteresse. » Kourroglou disait en lui-même : « Voyez cette sale bête ; il m'a enterré vivant, mais je l'aurai bientôt moi-même mis au tombeau ; de sorte que chacun se moquera de lui jusqu'à la fin du monde. »

Ayvaz, voyant qu'il ne restait plus de viande dans la boutique, crut d'abord qu'elle avait été vendue ; mais quand il regarda dans la bourse, il n'y trouva que douze piastres, et dit : « Berger, puisse ta maison s'écrouler ! » et alors il se mit à pleurer. Mir-Ibrahim lui demanda la cause de ses larmes ; et lui dit : « Père, j'ai confié à Roushan douze quartiers de viande, et il les a vendus une piastre la pièce. » Kourroglou répondit : « J'avais entendu dire que la corporation des bouchers était renommée pour son avarice sordide, je vois que cela est exact. A chacun des douze amis que j'ai dans la ville, j'ai envoyé un morceau de viande. Quoi qu'il en soit, vous ne perdrez rien. Douze quartiers font six moutons ; quand tu viendras acheter mon petit troupeau, tu pourras en prendre douze gratis. » Quand Mir-Ibrahim entendit ces paroles, il frappa Ayvaz au visage. « Retiens ta langue, imbécile, dit-il, et ne mange plus de bouc. Ton oncle Roushan¹ sait ce que c'est que d'être un homme ; il nous donnera quatorze moutons. » Kourroglou vit qu'il avait perdu deux moutons de plus, et dit en lui-même : « Ta bouche est prête, ton gosier est ouvert, il ne manque que la poire pour jeter dedans ; mais la poire ? » Mir-Ibrahim dit : « Allons, Roushan Beg, levons-nous, et allons à la maison ; nous apprêterons l'argent, et réglerons nos comptes. » Ayvaz ferma la boutique, et ils s'en allèrent tous trois à la maison.

Mir-Ibrahim pria Kourroglou de rester avec Ayvaz pendant qu'il irait chercher l'argent. Quand ils se trouvèrent seuls, Ayvaz s'assit sur un siège plus élevé que Kourroglou ; Ayvaz se leva et prit dans une niche une bouteille et un verre qu'il plaça devant lui, et alors, relevant ses manches jusqu'au coude, il remplit son gobelet de vin et le vida. Kourroglou n'avait pas bu de vin depuis quelque temps ; son cœur battait avec violence ; il contemplait tendrement l'heureux buveur, et se léchait les lèvres. Ayvaz dit : « Roushan, mon oncle, pourquoi lèches-tu ainsi tes lèvres ? » Kourroglou répliqua : « Que je devienne ton esclave ! O phénix du paradis ! quelle est cette liqueur rouge que tu bois ? » Ayvaz dit : « N'en as-tu jamais vu jamais vu, mon oncle ? Cela s'appelle du vin. » Kourroglou reprit : « Mon fils, mon petit-fils, remplis-en un verre pour moi, et laisse-moi le boire. » Ayvaz dit alors : « Ce breuvage a cette mauvaise qualité, qu'il rend fous ceux qui en boivent. — Comment cela ? » Ayvaz répliqua : « Donnez-en seulement une once à un bouc, et aussitôt il aiguisera ses cornes et se battra contre un loup ; donnez-en à un poisson, et il se chargera d'un vaisseau de marchandises, et naviguera le portant sur son dos, pour trafiquer sur la mer Caspienne. Si tu en bois, tu deviendras fou et courras au bazar, proclamant tout haut que tu as amené neuf cents moutons. Les bouchers tomberont alors sur toi, et te les prendront de force. » Kourroglou dit : « Ayvaz, puissé-je devenir la victime de tes yeux ! J'avais coutume d'en boire beaucoup ; nous en récoltons en grande abondance. » Ayvaz lui dit : « Comment le fait-on dans votre pays ? — Dans notre pays, on cueille les grappes et on les presse jusqu'à ce que le jus en soit bien exprimé ; alors on en remplit un vase que l'on met sur le feu. Il bout et rebout jusqu'à ce qu'il soit réduit d'un tiers, et que la quatrième partie demeure ; alors nous jetons dedans du pain coupé en morceaux, et nous le mangeons avec nos doigts. » Ayvaz dit : « Puisses-tu mourir, oncle, tu m'as compris merveilleusement ! la chose dont tu parles s'appelle Oushab². — Comment ? qu'est-ce donc, alors, que tu bois

---

1. Expression proverbiale pour dire : Tu mens, tu m'as trompé.

1. *Cher oncle*, est une expression affectueuse que l'on emploie avec les personnes âgées.

2. *Dushab*, pâte sacrée préparée de la manière ici décrite, dont on fait communément usage dans l'Orient au lieu de confitures ou de sucre.

ainsi, mon enfant ? — C'est du vin. — Bien, bien, je le vois à présent ; nous en avons en abondance dans notre pays. — Comment le faites-vous dans votre pays, mon oncle ? — Nous prenons de la crème, que nous mettons dans un sac de cuir, et puis nous le secouons jusqu'à ce que le beurre paraisse à la surface. On met le beurre dans le pilon, et l'on boit ce qui reste. — Puissès-tu mourir, oncle ! ceci est le abdough (lait de beurre). — S'il en est ainsi, pour l'amour de Dieu ! laisse-moi y goûter. — J'ai peur, mon oncle, que tu ne deviennes fou quand tu en auras bu. »

Kourroglou réitéra sa demande, jusqu'à ce qu'enfin Ayvaz, touché de pitié, consentit à lui en donner un verre. « O Dieu ! s'écria-t-il, maintenant je mourrai heureux, car Ayvaz m'a offert à boire de ses propres mains. » Il vida le verre, et, comme il n'avait mouillé qu'une de ses moustaches, il dit : « Donne-m'en un autre verre, pour l'autre moustache. » Il continua ainsi de boire et eut bientôt vidé la bouteille jusqu'à la dernière goutte. Ayvaz dit alors d'une voix irritée : « N'oublie pas que ce n'est pas du lait de beurre ; tu sentiras bientôt ta tête s'appesantir. » Kourroglou dit : « Mon petit oiseau de paradis ! tu ne penses à personne qu'à toi ; regarde-moi aussi. » Cela dit, il se leva, et, s'apercevant qu'il y avait encore six bouteilles d'eau-de-vie dans la niche, il les prit l'une après l'autre, et les vida jusqu'à la dernière goutte. Ayvaz s'écriait : « Ceci n'est pas du vin, mais de l'eau-de-vie, rustre ; pourquoi en as-tu bu plus d'une ! » Kourroglou dit : « O perroquet du paradis ! elles se mêleront dans mon ventre. » Ayvaz était fâché et se disait : « Il est ivre, il va bientôt tomber endormi ; alors, comment achèterons-nous ses moutons ? » Kourroglou prit un siège, et, regardant Ayvaz que le vin incommodait un peu, il prit une guitare et commençant à jouer, dit : « Ayvaz, que je sois ton esclave ! laisse-moi tirer quelques sons de la guitare ! — Quoi ! sais-tu donc en jouer, oncle ? » Kourroglou dit : « Quand j'étais un enfant, un simple petit berger, mon père lui fit une petite guitare pour moi, avec un morceau de cèdre ; il y avait des cordes faites avec les crins d'une queue de cheval, et j'ai appris dessus à jouer un peu. » Ayvaz lui donna la guitare : Kourroglou l'accorda, et elle résonnait sous ses doigts comme un rossignol. L'enfant émerveillé écoutait avec ravissement. A la fin, reprenant son sang-froid, il demanda : « Oncle, peux-tu chanter aussi bien que tu joues ? — Je vais l'essayer et chanter, si tu me le permets. Que pouvons-nous faire de mieux ?... Nous sommes tous deux gris ; si je ne chante pas ici, où chanterais-je donc ? » Cela dit, il chanta l'improvisation suivante :

Improvisation. — « Remplissons nos verres, et buvons, buvons, fils du boucher ! Mais il ne faut pas répéter mes paroles. La rosée est descendue sur les joues de la rose [1]. Tu as vidé la coupe, tu es gris, même ivre-mort, tu es ivre, ivre-mort, toi, aujourd'hui fils du boucher, mais qui seras bientôt le mien. »

Quand Ayvaz eut entendu ces vers, il demanda : « Oncle, as-tu jamais vu Kourroglou ! »

Kourroglou fit l'improvisation suivante :

Improvisation. — « Les roses du jardin sont en pleine floraison ; les rossignols amoureux chantent, les vallées de Chamly-Bill sont obscurcies par de nombreuses tentes [2]. C'est là qu'est ma demeure, ô fils du boucher !... »

Ici Kourroglou s'arrêta et se dit : « Si je terminais cette chanson par le nom de Kourroglou, le pauvre enfant mourrait de frayeur, restons encore berger un peu de temps. » Il chanta l'improvisation suivante :

Improvisation. — « Dois-je le confesser ? Non, je suis berger. La vie des êtres créés doit avoir une fin. Quand je tire de l'arc, ma flèche traverse le roc, ô fils du boucher ! »

Comme il disait ces mots, le père d'Ayvaz, Mir-Ibrahim, entra dans la chambre avec l'argent destiné à l'achat des moutons et dit : « Lève-toi, Roushan-Beg, et allons où est le troupeau, afin de terminer notre marché. »

1. La sueur a couvert ta figure.
2. Dans le texte *chardag*, sorte de tente avec quatre piquets et une couverture d'étoffe de laine noire.

Kourroglou, voyant qu'Ayvaz ne bougeait pas, dit : « Mir-Ibrahim, l'enfant ne viendra-t-il pas avec nous ? — Il faut qu'il reste à la maison ; le pacha lui a défendu de quitter la ville ainsi que je te l'ai dit. — N'as-tu pas honte d'avoir peur du cadavre de Kourroglou ? Vous croyez le premier diseur de bonne aventure, pourquoi ne me croiriez-vous pas ? Je te répète que Kourroglou est mort depuis plus d'un mois. Maintenant, sois franc ! ce n'est pas Kourroglou que tu crains ; mais tu as peur que je te force à être reconnaissant, quand j'aurai fait don à Ayvaz de trente moutons. »

Lorsque le boucher eut entendu qu'il s'agissait encore d'un présent de trente moutons, il perdit la tête. Il donna au jeune vigoureux soufflet sur la face, et s'écria : « Lève-toi, niais, et fais un grand salut à Roushan-Beg ! c'est un homme libéral, c'est un grand homme, et sa parole est une parole. » Ayvaz, qui était excité par le vin qu'il avait bu, non moins que tout ce qu'il venait de voir et d'entendre, sentit un frisson de terreur dans tout son corps, et il pensa dans son cœur : « Cet homme doit être Kourroglou lui-même ou quelqu'un de sa bande. » Il prit sa guitare et dit : « Père, laisse-moi chanter une chanson et je vous accompagnerai ensuite. »

Improvisation. — « Père, ne confonds pas mon entendement ! un homme comme lui ne peut être un berger. Tu n'as qu'un fils, songes-y ! Ne l'emmène pas. Un berger ne doit pas avoir cet air-là. J'ai comparé ses paroles avec ses actions ; c'est un fou étrange. Son amitié et sa haine ne durent qu'un moment. Ce doit être Kourroglou lui-même ou Daly-Hassen : *cet homme ne ressemble certainement pas à un berger.* »

Kourroglou, entendant cela, sortit et pensa : « Cet enfant est pénétrant, c'est le fils qu'il me fallait. » Ayvaz continuait ainsi :

Improvisation. — « Père, ses marchands trafiquent dans les quatre parties du monde. Mille serviteurs des deux sexes vivent à ses dépens. Il n'aime aucun compte, mais distribue libéralement par cinq et par quinze. Crois-moi, un berger n'a pas cet air-là. »

Mir-Ibrahim dit : « Que faut-il faire, mon fils ? Comment aurons-nous les neuf cents moutons ? » Ayvaz continua et chanta :

Improvisation. — « Renvoyez-le ; envoyez-le où nul œil ne pourra le voir. Que pas un hôte, pas un voisin ne s'aperçoive de sa venue. Qu'on ne le voie pas même dans le sommeil ! un homme de cette apparence ne peut être, croyez-moi, ne peut être un berger. Le nom d'Ayvaz est attaché à cette chanson. Il signe, en forme de croix, a déjà été brûlé sur ma poitrine. Je sais, entendez bien, ce qui va tomber sur ma tête.

« Père, Ayvaz ne sera pas ton fils plus longtemps ! »

Kourroglou, voyant qu'Ayvaz avait deviné ce qu'il était, se pencha doucement vers lui, et lui dit à l'oreille :

« Méchant enfant ! pourquoi ne veux-tu pas venir avec moi voir le troupeau ? Je te montrerai quatre jolies cages attachées au dos d'un jeune âne ; chacune d'elles contient quantité d'alouettes, de cailles, de perdrix aux jambes rouges, de rossignols, et une foule d'oiseaux chanteurs. Aussitôt que nous serons arrivés, je t'en ferai présent, ainsi que des quatre cages. Tu les pendras dans ta boutique, où ils chanteront et gazouilleront sans fin, et tandis que tu écouteras leur ramage, tu seras réjoui. »

Ayvaz alors pleura et dit : « Je ne puis m'en défendre, viens, père, allons. — Oui, allons, mon enfant, notre ami Roushan-Beg empêchera bien que tu sois arrêté aux portes de la ville. Nous allons aussi prendre un esclave avec nous. »

Ainsi, après avoir pris l'argent pour payer les moutons, Ayvaz, Kourroglou, Mir-Ibrahim et l'esclave se mirent en route. A un fersakh de distance d'Orfah, ils arrivèrent à la montagne dont il a été parlé, sur laquelle le berger faisait paître ses moutons. Quand le boucher aperçut de loin le troupeau, il fut réjoui dans son cœur et dit : « Est-ce là ton troupeau, Roushan-Beg ? — Ce l'est. — Commençons donc notre marché. Nous conviendrons d'abord du prix et nous examinerons ensuite combien il y a de moutons gras et en bon état ; combien de maigres et d'estropiés. — Qu'il en soit ainsi ! Fais comme il te plaira. — Combien as-tu de moutons ? — Je t'ai dit ce matin que j'en avais neuf cents ! — Combien de maigres et combien de gras ? — Je n'ai jamais de bétail maigre, mâle ou femelle ; tous mes moutons sont gras et en bon état. Aucun d'eux n'a plus de deux ans, et les brebis n'ont pas encore agnelé. — Bien, as-tu acheté ces moutons ou les as-tu élevés ? — Un menteur est pire qu'un chien, et je te dirai la vérité : j'en ai acheté la moitié, et j'ai élevé moi-même l'autre moitié. — Combien veux-tu le vendre la pièce ? — Je veux les vendre en bloc. — A quel prix ? — Maudit soit celui qui ment. Je te dirai la simple vérité. Je les ai achetés cinq piastres chacun, et tu les auras pour six. Il faut bien que j'aie au moins une piastre de profit dans le marché. Je ne désire pas en avoir davantage avec toi. »

Pendant qu'ils marchandaient ainsi, l'oreille d'Ayvaz suivait chaque parole qu'ils prononçaient. Il dit tout bas, à son père : « Je lui ai fait boire du vin, il ne sait pas ce qu'il dit. On ne peut pas acheter un mouton moins de cinq tumans. Comptez l'argent sans délai, père, et lorsqu'il l'aura reçu, il ne pourra plus se rétracter, quand même il recouvrerait la raison. »

Mir-Ibrahim ouvrit le sac où était l'argent, qu'il compta et versa ensuite dans le pan de la robe de Kourroglou. Ce dernier, voyant que plus de la moitié était déjà payée et que le compte avançait rapidement, dit dans son cœur : « Comment me débarrasserai-je de ce fripon de Turc ? « Il possédait une force de poignet si extraordinaire, qu'il pouvait serrer entre ses doigts une pièce de monnaie assez fort pour en effacer l'empreinte. Ayant ainsi effacé une piastre, il la jeta avec colère devant le boucher et s'écria : « Ceci est de la fausse monnaie. » Mais la ruse n'avait pas échappé à l'œil perçant d'Ayvaz, qui dit : « Roushan-Beg, nous ne sommes pas riches ; pourquoi t'altères-tu méchamment ? » Kourroglou répliqua : « Ayvaz, mon enfant ! je n'ai ni marteau ni enclume avec moi. Les coquins d'ouvriers de la monnaie ont oublié de frapper les chiffres du sultan sur la piastre ; et il faudra que je perde dessus. » En disant ces mots, il se leva, jeta tout l'argent par terre, et dit d'une voix irritée : « Il y a cent bouchers dans Orfah ; je leur vendrai une portion des moutons, et je vous vendrai l'autre. » Et il s'éloigna. Les prières du boucher furent inutiles, et Kourroglou était sur le point de partir, lorsque Mir-Ibrahim, au désespoir, dit à son fils : « Puisses-tu mourir jeune¹, Ayvaz ; va, cours après lui, et prie-le de venir terminer le marché ; peut-être t'écoutera-t-il. »

Ayvaz eut rejoint Kourroglou en un moment, et, le prenant par les mains, il le supplia, en disant : « Je t'en conjure, mon oncle, ne sois pas fâché, et reviens. » Kourroglou, faisant semblant de s'adoucir, revint, et s'assit à sa première place. Quand l'argent fut tout compté, on s'aperçut qu'il manquait encore trente tumans. Le boucher dit : « Roushan-Beg, laisse le berger amener ici les moutons, nous les conduirons à la ville, où je lui paierai le reste de la somme. Tu dormiras dans ma maison, et tu partiras demain matin. » Kourroglou répliqua : « Je n'irai pas à Orfah, car j'ai entendu dire que ceux qui y passent la nuit avec de l'argent sont assassinés. Il faut que tu me payes toi-même. Je ne suis pas un voleur, Roushan-Beg ; cependant je ferai comme tu l'ordonnes. Reste ici avec Ayvaz ; et toi, mon enfant, sois gai et amuse notre oncle par ta conversation, pendant que je courrai à la ville chercher le reste de l'argent. »

Ainsi le boucher sans cervelle laissa son fils entre les mains de Kourroglou, et, enfourchant sa maigre rosse, il partit pour Orfah.

Kourroglou, sous prétexte d'aller chercher les quatre cages qu'il avait promises à Ayvaz, laissa ce dernier avec l'esclave, tandis qu'il retournait vers le berger. Ayant repris son armure, *ainsi que ses dix-sept armes*. Alors il demanda au berger : « Où est mon cheval ? — Oh ! puisse ta maison tomber en ruine ! Ton cheval est aussi fou que toi-même. Je l'ai attaché par les quatre jambes dans ce ravin, et ne puis te dire s'il est mort ou vivant. » Kourroglou lui dit : « Misérable ! je souillerai le tombeau de ton père ! Tu as fait du mal à mon cheval, fils de chien ! » Et il courut sans délai vers le ravin, où il vit son Kyrat attaché d'une telle façon, qu'il ne pouvait bouger. Il détacha les liens de son cheval, le sella, serra la sangle, puis, l'ayant embrassé sur les deux yeux, il monta dessus et galopa vers Ayvaz. Il prit d'abord le sac de piastres, qu'il attacha derrière la selle avec des courroies. « Allons maintenant, mon Ayvaz, monte avec moi sur ce cheval et partons ! — Guerrier, tu te moques de moi ; mon oncle Roushan sera bientôt ici, et tu seras démonté par un seul coup de sa massue. — Frotte tes yeux, Ayvaz, et regarde ; ne reconnais tu pas ton oncle ? » Ayvaz l'examina attentivement. « Oui, c'est lui, dit-il, c'est Roushan-Beg lui-même ; seulement son habit n'est pas le même. »

Il commença à pleurer, et s'écria : O ma mère ! ô mon père ! où êtes-vous ? » Ses larmes et ses prières lui servirent peu. Kourroglou l'enleva sur sa selle, le plaça derrière lui, et, roulant un shawl autour de son corps et de celui d'Ayvaz, il assujettit ce dernier à sa ceinture. Ensuite il donna un coup d'éperon à son cheval, le fouetta, et emporta sa proie. Le crédule esclave du boucher pensait que tout cela n'était qu'un jeu. Cependant il courut après lui et cria : « Trêve à ce jeu, trêve à cette plaisanterie. » A la fin il se fâcha, sortit un poignard du fourreau, et l'élevant devant Kourroglou, il dit : « Laissez l'enfant, ou je vous passe ce fer à travers le corps. » Kourroglou dit : « Voyez ce reptile ! Il faut que je montre quelque merci envers lui. » Alors il lança sa massue après lui, et le crâne de l'esclave fut écrasé comme la tête d'un pavot.

Le berger, qui vit ce meurtre, devint soucieux ; et, tremblant de frayeur, il commença à réciter les prières des mourants. Kourroglou lui ordonna d'approcher et d'ouvrir ses oreilles. Alors il délia sa bourse, en fit tomber bon nombre de piastres, et lui demanda : « Berger, as-tu vu un chameau¹ ? » Le berger répliqua : « Je n'ai pas même vu un mouton. » Kourroglou dit : « Berger, tu vas conduire à l'instant ce troupeau à la ville ; pendant ce temps j'enlèverai Ayvaz. » Ainsi le berger conduisit son troupeau à Orfah, tandis que Kourroglou emmenait Ayvaz à Chamly-Bill. L'enfant désolé criait douloureusement : « Malheur à moi ! je laisse ma tante derrière moi ; j'abandonne la femme de mon oncle ; malheur à eux, malheur à moi ! » Ses yeux étaient rouges et enflés comme des pommes. Kourroglou fit l'improvisation suivante :

Improvisation. — « Je te dis, Ayvaz, il ne faut pas pleurer. Ne tourmente pas mon cœur de tes regrets, ne te lamente point, Ayvaz ! »

Ce dernier, en réponse, fit l'improvisation suivante :

Improvisation. — « Tu dis qu'il ne faut pas pleurer ! Comment puis-je retenir mes larmes, ô Kourroglou ? Tu me dis de ne pas me tourmenter de mes chagrins ; comment puis-je m'empêcher d'être triste ? »

Alors Kourroglou chanta :

Improvisation. — « Je revenais des champs, je revenais des déserts, et je demandais aux bergers s'ils ne t'avaient pas vu. Je t'ai séparé de ton vieux père ; Ayvaz, ne pleure pas. »

Ayvaz chanta ainsi :

Improvisation. — « Tu as rempli les sacs avec l'argent ; tu as déchiré le fond de mon cœur ; tu as courbé sous le chagrin le dos de mon père. Comment puis-je m'empêcher de pleurer, ô Kourroglou ? »

Kourroglou chanta :

Improvisation. — « Ne suis-je pas Beg, ne suis-je pas Khan ? Ne serai-je pas pour toi un père, un tendre parent ? Ne crie pas, ne pleure pas, Ayvaz. »

Ayvaz chanta alors :

---

1. « Mourir dans ton jeune âge », *djevan merg chavi*, et aussi *merghi tu sur ta mort* », sont deux étranges expressions de tendresse employées par les Persans quand ils veulent obtenir une faveur de quelqu'un ou le flatter.

1. « Avez-vous vu le chameau ? » *Non ! struiur didi ?* Ne ! Conte perse bien connu, et devenu maintenant un proverbe.

Improvisation. — « Mes fleurs, je vous ai laissées dans le jardin ! J'ai laissé derrière moi des beautés dont la ceinture mérite d'être embrassée, j'ai laissé derrière moi mon nom et ma famille ! Comment puis-je retenir mes larmes, ô Kourroglou ? »

Kourroglou chanta :

Improvisation. — « Plus de larmes, je t'en conjure, ou tu me feras pleurer moi-même comme un enfant ou une vieille femme. Tu deviendras un guerrier, tu seras la gloire et l'orgueil de Kourroglou. Ne pleure plus. »

Ayvaz dit : « J'ai ouï dire que tu étais un guerrier ; tu dois alors me traiter comme il convient à un guerrier. Je ne puis dire si tu es un homme brave ou un vilain. Comment puis-je donc m'empêcher de pleurer ? »

Kourroglou lui promit d'en faire son fils, de le faire vivre dans l'abondance et de faire de lui un guerrier, et ils continuèrent leur voyage à Chamly-Bill.

Pendant ce temps, Mir-Ibrahim le boucher arrive chez lui pour chercher l'argent, et dit à sa femme : « J'ai rencontré aujourd'hui un berger qui est un grand niais. J'étais à court de quelques tumans pour payer les moutons, et je lui ai laissé Ayvaz en otage. Va, et tâche de trouver l'argent promptement. » Sa femme court chez quelques parents et amis ; et, ayant obtenu la somme nécessaire, elle l'apporta au boucher. Celui-ci remonta à la hâte sur sa chétive rosse, et retourna vite au troupeau. Mais à peine avait-il passé la porte, qu'il vit le berger entrant dans la ville avec ce même troupeau. « Berger, tu es un fripon, un voleur ! De quel droit amènes-tu mes moutons à la ville ? Je les ai achetés, je les ai payés. » Le berger dit : « Je ne te comprends pas. » Mir-Ibrahim demanda : « Quoi ! n'es-tu pas le berger de Roushan-Beg ? — Tu rêves comme si tu avais la fièvre. Je ne sais pas qui tu es, et ne puis dire non plus quel est celui que tu nommes Roushan-Beg. — Misérable ! ne m'avez-vous pas vendu ces moutons, il n'y a qu'un instant ? n'avez-vous pas pris l'argent ? — Arrière, avec ton mensonge ! Les brebis sont la propriété de Reyhan l'Arabe, et je les amène en ville pour les traire. Les brebis que l'on trait dans la place du marché se revendent un meilleur prix. »

A ces mots, le boucher sentit une sueur froide lui venir à la peau. Il descendit pour tâter les mamelles des brebis, et s'aperçut qu'elles avaient toutes du lait. Il dit : « Ce hâbleur, Roushan-Beg, me disait, en vendant son troupeau, qu'il ne s'y trouvait que des mâles ou des brebis qui n'avaient jamais porté. Sans aucun doute, c'était Kourroglou, qui, après m'avoir trompé, doit avoir emmené Ayvaz avec lui. N'as-tu pas vu deux jeunes garçons sur la montagne ? » Le berger dit : « Oui, j'ai vu deux jeunes garçons jouant et luttant ensemble sur la montagne. »

Mir-Ibrahim remonta sur sa rosse en grande hâte, et courut au galop. Il ne trouva sur la montagne que le cadavre de l'esclave. Sa langue resta clouée à son palais ; il commença à frapper ses tempes si violemment qu'il tomba de cheval. Dans son désespoir, il se jeta sur la terre ; et, répandant de la poussière sur sa tête, il s'écria : « Malheur à moi ! il m'a enlevé mon fils. »

Mir-Ibrahim fut trouvé dans cet état déplorable par Reyhan l'Arabe. Ce dernier était un riche seigneur, qui se rendait au delà des montagnes pour chasser, accompagné de cent soixante cavaliers. Quand il se fut approché, et qu'il eut examiné les choses, il reconnut son beau-frère dans l'homme ainsi désolé : « Quoi ! est-ce vous, Mir-Ibrahim ? Pourquoi ces larmes, et que signifie ce désespoir ? » Le pauvre père, que la douleur privait de la parole, put seulement prononcer ces mots : « Il l'a emmené... il l'a emmené !... » Reyhan l'Arabe demanda en colère : « Fils d'un père brûlé, qui, et par qui enlevé ? » Une demi-heure se passa avant que Mir-Ibrahim eût recouvré ses sens, et il dit : « Je l'ai vendu à Kourroglou, il l'a enlevé, et il s'est enfui. — Parle clairement. Si tu lui as vendu quelque chose, il avait droit de prendre sa propriété. » Ce ne fut qu'après de nombreuses questions que Reyhan l'Arabe dit, dans son cœur : « Kourroglou, tu es un misérable, tu as passé la main[1] cras-

1. C'est-à-dire : tu m'as trompé et déshonoré.

seuse sur ma tête, et enlevé le gibier de mes réserves. » Il appela ses cavaliers, et dit : « Enfants, je vais courir après lui ; suivez-moi. » Alors ils galopèrent à la poursuite de Kourroglou, guidés par les traces des pas de son cheval.

Reyhan l'Arabe était monté sur une jument. Kourroglou continuait de marcher, sans être averti de rien, quand il vit Kyrat secouer ses oreilles. C'était un signe certain de la présence de la jument, à environ un mille de distance. Kourroglou dit, dans son cœur : « Mon Kyrat doit sentir la jument de Reyhan l'Arabe. Celui-ci a sans doute tout appris, et me poursuit maintenant. » Il regarda le ciel, et vit quelques oies sauvages passer au-dessus de sa tête. Kourroglou pensa : « Je vais décocher une flèche au guide de la bande : si l'oiseau tombe, je serai vainqueur ; mais si la flèche revient seule, Ayvaz ne sera pas à moi. » Il prit une flèche de son carquois ; et, après l'avoir placée sur son arc, il l'envoya dans l'air. En très-peu de temps, l'oie descendit, et vint tomber aux pieds de son cheval.

Kourroglou se sentit très-heureux ; il arracha une couple des plus belles plumes de l'oie, et, ôtant le bonnet d'Ayvaz, les attacha, en guise de plumet, à sa calotte. Ayvaz dit : « Tu as fait des trous, avec ces plumes, dans ma calotte ; j'ai une belle nière qui m'en ferait une neuve. — O mon fils ! répliqua Kourroglou, aussi longtemps que tu demeureras dans ma maison, tes habits seront d'or et de soie. » En entendant cela, Ayvaz pleura amèrement. Kourroglou, pour le consoler, improvisa la chanson suivante :

Improvisation. — « Que ta tête semble belle avec cette plume ! c'est comme la tête d'une grue mâle. Je la garderai[1], je veillerai soigneusement sur elle. Je t'ai cherché dans le ciel, et je t'ai trouvé sur la terre. Ne pleure pas, ma jeune grue. La ligne arquée de tes sourcils a été dessinée par la plume du Tout-Puissant. Tu es juste en âge, tu as quinze ans, ô jeune garçon ! A tous ces ornements un seul manque encore : c'est celui des exploits chevaleresques. Tu seras le modèle d'un guerrier. Je couvrirai ta tête d'une calotte d'or. O ma jeune grue ! ne pleure plus. » Après une pause, Kourroglou chanta :

Improvisation. — « Je te vis, et mon cœur fut heureux. Tu trouveras en moi un franc Turcoman-Tuka. Mon nom est Kourroglou *le bélier*. Je suis bien connu dans toute la Turquie. Ayvaz, à la tête de grue, ne pleure plus. »

Retournons maintenant à Reyhan l'Arabe. Il connaissait parfaitement tous les chemins et sentiers des environs d'Orfah ; il savait aussi que Kourroglou y venait pour la première fois, et par conséquent ne connaissait pas les localités. Il y avait un passe-traitre au-dessus d'un précipice qu'il fallait traverser au moyen de *quelque chose ressemblant à un pont* jeté dessus. Avant que Kourroglou pût avoir passé le pont, Reyhan l'Arabe y était arrivé en faisant un détour, et il se posta à l'entrée même. Kourroglou, voyant que sa route était interceptée, se détermina à gravir la montagne rapide qui surplombait le pont. Il aiguillonna Kyrat avec ses éperons et le fouetta ; Kyrat grimpa comme une chèvre sauvage, et fut bientôt debout sur le sommet. Kourroglou, regardant de tous côtés, ne vit rien que les murs perpendiculaires des précipices horribles. On ne voyait aucun passage ; seulement, au pied d'un des flancs de la montagne, il y avait un ravin large de douze mètres et de cent mètres de long. Kourroglou demeura à méditer sur ce qu'il y avait à faire.

Reyhan l'Arabe alors dit à ses gens : « Mes enfants, mes âmes, pas un pas de plus. Restez où vous êtes : pas un de vous ne pourrait monter au lieu où est maintenant

1. *Terbaties* : je tournerai autour de ta tête », expression prise d'une coutume orientale. Quand un malheur menace quelqu'un, afin de le prévenir, on fait tourner un mouton noir trois fois autour de lui, et on en fait ensuite présent aux pauvres, ou bien on le fait perdre. Quand le schah de Perse visite un village, les paysans vont au-devant, baisent le pan de sa robe ou son éperon ; ils demandent comme la plus grande faveur la permission de tourner autour de son cheval ; de là l'expression *douver beguerden*, c'est-à-dire « j'implore, je demande sur tout ce qu'il y a de plus sacré ».

Kourroglou; il faudra qu'il y meure ou qu'il descende. »

À tout événement, Kourroglou demeura trois jours sur le sommet de la montagne ; mais ce qu'il eut de pire, c'est que Kyrat y tomba malade. Kourroglou tourna sa face vers la Mecque, et pria : « O Dieu ! si le jour de ma mort est arrivé, ne me laisse pas mourir parmi les Sunnites. » Il regarda alors Kyrat, et son cœur fut réjoui quand il vit que son cheval paissait et mangeait l'herbe avec appétit, signe évident que sa santé s'améliorait, grâce à l'intercession de la sainte âme d'Ali. Il alla examiner le ravin, large de douze mètres, et pensa : « Quel que puisse être le résultat, je veux l'essayer. Si Kyrat franchit le ravin, nous sommes sauvés ; s'il ne le peut, alors nous périrons tous trois misérablement, moi, Kyrat et Ayvaz, brisés en mille pièces au fond du précipice. Je ne puis attendre plus longtemps. » Il sauta sur son cheval, lia Ayvaz à sa ceinture avec un châle, et improvisa à son cheval le chant suivant :

Improvisation. — « O mon coursier ! ton père était bedou, ta mère kholan. Sus ! sus ! mon digne Kyrat, porte-moi à Chamly-Bill ! Ne me laisse pas ici, parmi les mécréants et les ennemis, au milieu du noir brouillard. Sus ! sus ! mon âme, Kyrat, emporte-moi à Chamly-Bill ! »

Aussitôt que Reyhan l'Arabe entendit la voix de Kourroglou, il se mit à rire et cria d'en bas : « Bien, maudit ! tu as dit tes dernières paroles ; mais que tu chantes ou non, il faut que tu descendes et tombes entre nos mains. » Alors Kourroglou improvisa pour Kyrat :

Improvisation. — « Hélas ! mon cheval, ne me laisse pas voir la honte. Tu seras couvert de harnais de soie à la droite et à la gauche ; je ferai ferrer tes pieds de devant et tes pieds de derrière avec de l'or pur. Sus ! sus ! mon Kyrat, porte-moi à Chamly-Bill ! Ton corps est aussi rond, aussi mince et aussi uni qu'un roseau, Montre ce que tu peux faire, mon cheval ; que l'ennemi te voie et devienne aveugle d'envie [1]. N'es-tu pas de la race de kholan ? n'es-tu pas l'arrière-petit-fils de Duldul [2] ? O Kyrat ! porte-moi à Chamly-Bill, vers mes braves. Je ferai tailler pour toi des housses de satin, et je les ferai broder exprès pour toi. Nous nous réjouirons, et le vin rouge coulera en ruisseaux. O mon Kyrat ! toi que j'ai choisi entre cinq cents chevaux, sus ! sus ! porte-moi à Chamly-Bill. »

Ayant fini ce chant, Kourroglou commença à promener Kyrat. Reyhan l'Arabe le vit d'en bas, et, devinant que Kourroglou préparait son cheval à franchir le ravin, il dit à ses hommes : « Voulez-vous parier que Kourroglou sera assez hardi pour sauter ce précipice ? Un grand courage me plaît. Je vous prends à témoin que s'il franchit le ravin, je me garderai de persécuter un homme si brave. Je lui pardonnerai et lui laisserai emmener Ayvaz ; s'il succombe, je rassemblerai leurs membres dispersés et les ensevelirai avec honneur. » Il dit ces mots, et il regarda la montagne tout le temps à travers un telescope. Kourroglou continuait à promener Kyrat jusqu'à ce que l'écume parût dans ses naseaux. Enfin, il choisit une place où il avait assez d'espace pour sauter ; et alors, fouettant son cheval, il le poussa en avant.

Le brave Kyrat s'élança et s'arrêta sur le bord même du précipice ; ses quatre jambes étaient rassemblées entre elles *comme les feuilles d'un bouton de rose*. Il hésita un instant, prit de l'élan, et sauta de l'autre côté du ravin ; il retomba même deux mètres plus loin qu'il n'était nécessaire.

Reyhan l'Arabe s'écria : « Bravo ! bénis soient la mère qui a sevré et le père qui a élevé un tel homme. »

Pour Kourroglou, son bonnet ne remua pas de dessus sa tête ; il ne regarda pas même en arrière, comme s'il ne fût rien arrivé d'extraordinaire, et il s'en alla tranquillement avec Ayvaz.

Reyhan l'Arabe dit à ses hommes : « Mes amis, mes enfants ! un loup à qui l'on n'ôte pas sa première proie s'enhardit et revient plus rapace que jamais. Kourroglou a enlevé aujourd'hui le fils de mon beau-frère ; demain,

1. Littéralement : « Tu arracheras les yeux de soldats. »
2. Duldul nom du célèbre cheval arabe qui appartenait à Ali, gendre du prophète.

il viendra saisir ma femme jusque dans mon lit. Il faut lui montrer que notre orteil est aussi assez fort pour tendre un arc. »

Sur cela, ils s'élancèrent à sa poursuite. Aussitôt que Reyhan l'Arabe aperçut Kourroglou, il cria : « Roi, parviendrais-tu à t'échapper jusqu'à Chamly-Bill, je t'y atteindrais encore. » Kourroglou pensa : « Ce brigand ne veut pas me laisser en paix. » Il fit descendre Ayvaz de cheval, examina la selle, les étriers, resserra la sangle, et retourna au-devant de Reyhan l'Arabe, auquel il demanda : « Que veux-tu de moi, mécréant ? — Écoutez cette belle question, ce que je veux ? Tu as passé ta main crasseuse sur ma tête. » Kourroglou demanda : « Veux-tu combattre avec moi comme un homme ou comme une femme ? — Qu'entends-tu par combattre comme un homme ou comme une femme ? — Si tu ordonnes à tes cavaliers de sauter sur moi, alors tu combattras comme une femme ; si, au contraire, tu consens à te battre seul avec moi, ce sera un combat comme il convient à des hommes.

—Soit, battons-nous donc comme des hommes. » Kourroglou, qui voyait les cavaliers de Reyhan l'Arabe attendaient tranquillement, rangés en ligne, dit dans son cœur : « Malgré ses promesses, je ne puis me fier à la parole des Sunnites ; commençons donc par éloigner d'ici au moins une partie de ses cavaliers. Écoutez-moi, Reyhan l'Arabe, j'ai coutume de chanter avant le combat. Voici mon chant :

Improvisation. — « Guerrier Reyhan ! tu es venu avec une armée contre moi seul. Où est ton honneur, où est ta valeur si vantée ? Pourquoi cherches-tu à détruire mon âme ? Guerrier Reyhan, tu es fou ! »

Le son de sa voix, aussi bien que le chant, étaient si terribles, que les cavaliers de Reyhan furent frappés de peur. Kourroglou continua :

Improvisation. — « Montrez-moi un homme qui puisse tendre mon arc. Trouvez-moi un guerrier qui vienne frapper sa tête comme un bélier contre mon bouclier. Je puis broyer l'acier entre mes dents, et je le crache avec mépris contre le ciel. Oh ! pourquoi ne pas combattre aujourd'hui ? »

Les cavaliers de Reyhan l'Arabe, saisis d'horreur, murmurèrent l'un à l'autre : « Pour la gloire de la race d'Osman, pas un de nous n'échappera au tranchant du sabre de Kourroglou. » Plusieurs d'eux prirent la fuite. Kourroglou dit dans son cœur : « Est-ce ainsi ? Fuyez donc. » Et il improvisa.

Improvisation. — « Donne ordre à ton armée de se diviser par bataillons. Ah ! ont-ils tant de confiance dans leur nombre ? Je suis seul, que cinq cents, que six cents de vous s'avancent ! Reyhan est venu, il est fou, en vérité. »

Ce chant mit en fuite le reste des cavaliers de Reyhan. Ce dernier seul resta et ne quitta pas la place. Kourroglou improvisa.

Improvisation. — « Un guerrier ne chasse pas ses frères guerriers dans le couvert. Il menace avec son épée égyptienne bien affilée, élevée en l'air. Pense à toi, Reyhan, avant qu'il soit trop tard. Es-tu fou ? Tu n'as jamais éprouvé la force du bélier, le front de Kourroglou ; tu n'as jamais eu devant toi un bras si puissant. Tu es encore là, Reyhan, es-tu fou ? »

Reyhan l'Arabe était un seigneur d'un grand courage ; on parlait de sa gloire et de ses hauts faits dans toute la Turquie. Kourroglou s'écria : « Retourne dans ta maison, Reyhan ; regarde la fuite de tes cavaliers. » La réponse fut : « Ce sont tous des corbeaux, ils ne peuvent résister à un hibou comme toi. » Cela dit, Reyhan lança sa jument arabe sur le railleur. Kourroglou, de son côté, donna de l'éperon à Kyrat. Le choc fut terrible.

Les dix-sept armes qu'il portait avec lui furent employées tour à tour, et cependant aucun avantage ne fut remporté de part et d'autre. Kourroglou vit que Reyhan l'Arabe était un homme d'un courage et d'une habileté supérieurs.

Ils s'approchèrent plusieurs fois à cheval poitrine contre poitrine et dos contre dos. Ils se prirent l'un l'autre par la ceinture. Reyhan tirait Kourroglou afin de le désarçonner, et criait : « Tu n'emmèneras pas Ayvaz. » Kourroglou le tirait aussi de dessus sa selle et criait : « J'emmènerai Ayvaz. »

Ils descendirent de cheval en même temps et commencèrent à lutter à pied, le cou enlacé avec le cou, le bras avec le bras, la jambe avec la jambe. On aurait dit deux chameaux[1] mâles se battant ensemble. Le soleil commençait déjà à baisser. Kourroglou se sentait fatigué de la puissante résistance de son ennemi, et s'écria dans son cœur : « O Dieu ! préserve-moi de malheur, ô Ali ! » Cela dit, il éleva Reyhan l'Arabe en l'air et le rejeta par terre ; il s'assit sur sa poitrine, et, tirant son couteau, il se préparait à lui couper la tête ; mais il dit dans son cœur : « S'il demande merci, je le tuerai ; s'il ne le demande pas, ce serait pitié de tuer un si brave jeune homme. »

Il regarda son visage, mais il était rouge, tranquille, et ne laissait voir aucun changement. Alors il détacha la courroie qui était derrière sa selle, et s'en servit pour lier les jambes et les mains de Reyhan. Ce dernier dit : « Au moment où tu lançais ton cheval pour franchir le précipice, je te faisais présent d'Ayvaz. J'ai été infidèle à ma parole, et pour un péché si énorme, le malheur tombe sur ma tête coupable. » Kourroglou répliqua : « En vérité, nul autre homme que moi n'osera te poursuivre. J'ai pitié de toi, et n'ai pas envie de te tuer. J'ai seulement lié tes mains et tes jambes. Si une armée me poursuivait, elle ne serait pas assez hardie pour continuer après t'avoir vu ainsi garrotté. »

Kourroglou lia donc Reyhan avec une corde sur sa jument, et, ayant remonté sur Kyrat, il conduisit la jument avec une corde. Il plaça Ayvaz derrière lui, et ils arrivèrent ainsi à Chamly-Bill. Les sentinelles de Kourroglou le virent venir de loin et informèrent les bandits de l'arrivée de leur maître. Sept cent soixante-dix-sept hommes allèrent à sa rencontre. Kourroglou commanda qu'on fût chercher une robe d'honneur pour Ayvaz. Ayvaz la mit : Kourroglou ordonna que Khoya-Yakub, qui, tout le temps de l'absence de Kourroglou, avait été enchaîné et confiné dans une sombre prison, fût amené devant lui. Il le reçut tendrement, lui ôta ses fers, et le fit conduire au bain. Aussitôt que Khoya-Yakub fut revenu, il le revêtit d'un superbe habillement, et l'invita à s'asseoir près de lui, à la place d'honneur.

Les bandits s'enquirent avec empressement des détails de la capture d'Ayvaz, et Kourroglou les leur dit du commencement à la fin, n'épargnant pas les louanges à Reyhan sur sa force et son courage. Il dit son conte en vers et en prose, fidèle à sa coutume de dire la vérité à la face des gens, disant à un poltron qu'il était un poltron, à un brave qu'il était un brave. Voici une des improvisations faites en l'honneur de Reyhan.

Improvisation. — « Frères, Aghas ! un homme doit être un homme comme Reyhan. Il a arraché les larmes d'admiration de mes yeux. Son bouclier est d'argent ; il répand le sang de l'ennemi avec abondance. Il a uni mon âme à la sienne. Il a gravé à la fois dans mon cœur le respect et l'attachement. Un homme juste doit être comme Reyhan. Puisse chaque père avoir cinq fils comme lui ; puissions-nous avoir des guerriers comme lui pour compagnons ! Il mérite d'être le frère de Kourroglou. Un homme juste doit être un homme comme Reyhan[2]. »

Kourroglou ordonna qu'on servît un repas. Ayvaz fut nommé chef des échansons ; le vin coula, les mets tombèrent comme la pluie, et toute la bande festoya ensemble.

1. Les combats de chameaux sont beaucoup plus féroces que ceux de taureaux, de béliers, de bouledogues ou de coqs. Les riches oisifs en Perse parient beaucoup à leur sujet. Il est presque impossible de ne pas éprouver une sorte de plaisir sauvage à être témoin de ces combats. Ces deux énormes corps, tout en se battant, demeurent presque sans aucun mouvement. Leurs longs cous enlacés l'un à l'autre ne donnent signe de vie que par convulsives contorsions. Deux têtes avec des yeux presque hors de leurs orbites, des bouches écumantes, d'affreux rugissements complètent le tableau.

2. Le texte de cette belle pièce de poésie sert d'exemple de la force des participes turcs, qui ne peut être égalée dans aucune langue européenne.

QUATRIÈME RENCONTRE.

Le chapitre qui précède nous a paru si coloré et si original, que nous n'avons pas eu le courage de l'abréger beaucoup. Au ton héroïque se mêle dans le récit la gaieté rabelaisienne, et l'ensemble est, comme dans toutes les œuvres naïves, un composé de terrible et de bouffon. Le déjeuner de Kourroglou sur la montagne ne rappelle-t-il pas, en effet, une scène de Grangousier ? N'y a-t-il pas aussi un peu du frère Jean des Entommeures et de Panurge en même temps, dans les niaiseries malicieuses qu'emploie Kourroglou pour obtenir d'Ayvaz la permission de boire de son vin ? Mais bientôt viennent les touchantes lamentations d'Ayvaz enlevé, et là, il y a la simplicité élevée de la forme biblique. Enfin, l'admiration de Reyhan l'Arabe pour Kourroglou franchissant le précipice rentre dans la chevalerie merveilleuse de l'Arioste.

La rencontre suivante pénètre plus avant dans les mœurs et usages de l'Orient. La princesse Nighara est toute une révélation de l'idéal de la femme dans ces contrées. Idéal bizarre et qui, pour le coup, n'est pas le nôtre. L'examen en sera d'autant plus curieux ; et ce serait peut-être ici le lieu de donner comme préface à ce chapitre un travail que M. Chodzko nous a communiqué sur les pratiques, usages, superstitions, idées religieuses et sociales qui défraient la vie mystérieuse des harems. Mais nous craignons de nuire à l'intérêt que peut inspirer Kourroglou, par cette longue interruption, et nous remettons à la fin de notre analyse la publication des curieux documents qui viennent à l'appui.

La quatrième rencontre traite donc de la princesse Nighara ; mais comme elle en traite fort longuement, nous abrégerons le plus possible, avec regret, toutefois, à tout ce que nous passerons sous silence.

Et d'abord, nous voudrions omettre Demurchi-Oglou comme ne se rattachant pas à l'action de cette aventure ; mais nous devons le retrouver dans la suite de la vie de Kourroglou, et nous ne pouvons nous dispenser de le faire connaître au lecteur, d'autant plus qu'il y a là un trait d'affinité avec l'aventure de Guillaume Tell, et raffiné dans tous ses détails par l'ingénieuse exagération des Orientaux. On a dû remarquer aussi dans le chapitre précédent la supériorité de l'invention persane, à propos de Kourroglou effaçant, par la seule pression de ses doigts, l'effigie d'une monnaie d'or. Les héros de chez nous se contentent de briser la pièce en deux, et croient avoir fait l'impossible. Mais le véritable impossible ne se trouve que dans l'Orient.

Voilà donc Demurchi-Oglou, le fils du forgeron, qui, du fond de sa ville du Nakchevan, entend parler de la gloire et de la magnificence du bandit. *Mon cœur éclate ici faute d'action*, dit Demurchi-Oglou, et le voilà parti avec son cheval pour Chamly-Bill. Kourroglou, qui chassait aux alentours de sa forteresse, le rencontre et lui dit d'abord : « Voilà un beau garçon ! » Demurchi lui présente sa requête. « *Mon âme*, lui répond le maître, tu dois savoir que je donne du pain aux braves et rien aux lâches. — Amis, dit-il à ses chasseurs, *j'ai trouvé ici mon gibier.* » Il fait asseoir Demurchi sur les genoux, *à la manière des chameaux mâles*, et lui fait ôter son bonnet. Puis il demande une pomme, tire son anneau de son doigt, le fixe sur la pomme qu'il pose sur la tête de Demurchi, se place à distance, tend son arc, et fait passer les soixante flèches de son carquois à travers l'anneau.

Content de voir que Demurchi n'a pas sourcillé, il dit à ses compagnons : « Mes âmes, mes enfants, que celui qui m'aime contribue à équiper Demurchi-Oglou. » A l'instant même, nos bandits, sans aucune crainte de passer pour communistes, se dépouillent chacun de son habillement, de son armure ou du harnachement de son cheval, et il lui fut donné tant de choses, qu'en un instant l'étranger se trouva riche. »

On l'emmène à Chamly-Bill, on fête sa venue ; Kourroglou improvise pour lui au dessert, et, dans une de ses strophes, il lui dit :

Kourroglou s'approcha d'Ayraz. (Page 9.)

« Personne sur la terre ne connaîtrait mes hauts faits sans mes jolies chansons. Oui, tout ce que j'ai fait, je l'ai fait pour mes amis, et la passion d'un gain égoïste ne s'est jamais élevée dans mon âme. »

« Mais écoutez maintenant, s'écrie le rapsode, l'histoire de la princesse Nighara, fille du sultan de Constantinople. »

La belle princesse a entendu parler de Kourroglou, et elle s'est éprise de lui sur sa brillante réputation. Un jour qu'elle était sortie pour se promener dans les bazars de la ville, et qu'au son des tambours, tous les promeneurs et tous les marchands s'enfuyaient pour ne pas payer de leur tête le bonheur de l'apercevoir, un certain Belly-Ahmed (c'est-à-dire *le fameux* Ahmed), qui se trouvait là, se dit en lui-même : « Ton nom est Belly-Ahmed, et tu ne verrais pas cette belle princesse? » Il la vit, en effet, et faillit le payer cher ; car la princesse, qui n'entendait pas raillerie, le foula aux pieds, et l'eût fait étrangler par ses eunuques, s'il n'eût l'heureuse inspiration de lui dire, tout en la suppliant, qu'il était natif d'Erzeroum. Aussitôt la princesse lui demande s'il n'a point vu dans ces contrées un certain Kourroglou, et Belly-Ahmed, qui n'est point sot, se hâte de se donner pour un de ses serviteurs. Alors la princesse lui jette de l'or à poignées, et lui remet, pour son maître, son propre portrait avec une lettre ainsi conçue :

« O toi qui es appelé Kourroglou ! la gloire de ton nom a jeté un charme sur nos contrées. Je me nomme Nighara, fille du sultan Murad. Je te dis, afin que tu l'apprennes, si tu ne le sais pas encore, que j'éprouve un ardent désir de te voir. Si tu as du courage, viens à Istambul, et enlève-moi. »

Belly-Ahmed part pour Chamly-Bill, et se présente aux sentinelles qui s'emparent de lui et le conduisent à Kourroglou. Celui-ci lui trouve bonne mine, le fait asseoir, et envoie son bel échanson Ayvaz lui chercher du vin. Alors recommence avec Ahmed un dialogue dans la forme de celui qu'on a vu au chapitre précédent, entre Kourroglou et Khoya-Yakub. « As-tu vu un plus beau cheval que mon Kyrat? — Je n'en ai pas vu. — As-tu vu un plus beau guerrier que mon Ayvaz? — Je n'en ai pas vu. — As-tu vu une plus belle fête, etc. — Mais, ô Kourroglou ! j'ai vu, à Istambul, la princesse Nighara ! » Kourroglou dresse l'oreille, lit le billet, regarde la miniature, fait

Ayant entendu la proclamation... (Page 21.)

seller Kyrat; et part en laissant Belly-Ahmed enchaîné dans un cachot, comme il avait fait pour Khoya-Yakub; en pareille circonstance, c'est sa façon d'agir.

Ayant passé les portes de la ville (Constantinople), il descendit de cheval, et Kyrat le suivit par les rues. Ce merveilleux cheval (descendant à coup sûr de celui qui portait les quatre fils Aymon), sachant bien qu'il pourrait éveiller, par sa beauté, la convoitise des étrangers, ou *craignant qu'on ne jetât sur lui quelque charme*, « avait l'esprit de laisser tomber ses oreilles comme un âne, de rebrousser son poil, d'emmêler sa crinière, enfin de se donner l'apparence et la démarche d'une rosse. »

Kourroglou vit une femme décrépite dont le dos *avait la forme courbée de la nouvelle lune*, et connut à son air que c'était une sorcière. Il lui demande l'hospitalité. Elle s'excuse sur sa pauvreté. Il lui donne de l'or; elle s'attendrit. Mais arrivés à la maison de la vieille, Kourroglou, qui veut y faire entrer Kyrat, trouve la porte si basse, qu'il est obligé de partager la muraille en deux d'un coup de sabre. La dame pleure, le bandit l'apaise en lui promettant de lui faire rebâtir une *belle grande porte*. L'écurie était confortable; mais il n'y avait dans les mangeoires qu'un peu de paille et de ronces sèches. Heureusement Kyrat n'était pas dégoûté, et, comme son maître, mangeait ce qui se trouvait, *pourvu que ce fût un peu moins dur que la pierre*.

Kourroglou trouva la maison propre et bien aérée, mais dépourvue de tapis. Or, un Persan se passera de tout volontiers plutôt que de tapis. Une chambre honorable doit en avoir un en laine étendu au milieu, deux étroits en drap feutré, placés de chaque côté du premier, dans le sens de la longueur, et un quatrième en pur feutre, appelé le serendaz, placé en travers sur le tout. C'est là qu'un gentleman persan boit, mange, cause, et digère convenablement. « Mère, dit Kourroglou à la vieille, va m'acheter au bazar un assortiment de tapis; que le feutre soit de la manufacture de Jam, et que celui du milieu soit des fabriques du Khorassan. Voici encore une poignée d'argent. »

Il s'installe bientôt sur ses beaux tapis, ôte son armure, dont la vieille suspend une à une les diverses pièces à la muraille, et lui donne encore une poignée d'argent pour qu'elle aille acheter une robe neuve; car la sienne est si vieille et si malpropre, que le sybarite

Kourroglou *ne peut la regarder.* « Voici un vrai fils pour moi! dit la sorcière. Puissé-je rencontrer une douzaine de tels enfants! » Elle s'en va chercher des habits neufs tout faits dans la boutique d'un tailleur, et enveloppe sa bouche d'un mouchoir blanc pour cacher à son hôte délicat sa bouche édentée. Sous prétexte de l'arrivée prochaine de douze prétendus amis qu'il doit régaler, Kourroglou lui commande un énorme souper, riz, beurre, épices et viandes en abondance, le tout dans un grand bassin, que la vieille n'eut pas la force d'apporter quand il fut rempli et prêt à servir. Kourroglou venait de frotter, de brosser et de laver Kyrat; il s'était lavé aussi les pieds et les mains, avait récité dévotement son Namaz, ni plus ni moins qu'un bon père de famille, et se sentait grand appétit. Il alla chercher lui-même à la cuisine la montagne de riz et de viande, et après que son hôtesse eut étendu sur lui une grande nappe, et sur la nappe une serviette de peau, il ouvrit sa main comme *la patte d'un lion*, et se mit à jeter des poignées de viande dans sa bouche comme dans une caverne.

Au milieu de ce repas pantagruélesque, dont le récit détaillé et répété doit, je m'imagine, faire une vive impression quand les rapsodes le déclament à un auditoire de pauvres diables maigres et affamés, Kourroglou ne laisse pas que de plaisanter agréablement. « Ma vieille, je veux dire ma jeune beauté (car la sorcière trouve la première épithète grossière et ne peut la souffrir), mange aussi, au nom de Dieu, de peur que le souffle de la destruction ne vienne à s'élever dans ton estomac, et que je n'aie à rendre compte de toi au jour du jugement. » La vieille se flattait que les restes de ce terrible souper lui suffiraient pour vivre une semaine et régaler encore ses voisines. Elle disait s'être rassasiée à la seule odeur des mets en les faisant cuire; mais quand elle vit la dévastation que son hôte portait dans l'édifice, elle craignit d'aller se coucher à jeun, et plongea sa main décharnée dans le bassin. Malheureusement un grain de riz lui causa un accès de toux durant lequel Kourroglou mit à sec le fond du plat; et quand elle voulut ramasser ses nappes, elle s'aperçut avec effroi que la nappe de cuir avait disparu. « Qu'en as-tu fait, mon fils? — Était-ce donc la nappe? dit Kourroglou; j'ai trouvé le dernier morceau un peu dur et amer. J'ai eu quelque peine à l'avaler. Pourquoi ne m'as-tu pas averti? — Hélas! pensa la vieille, mon hôte n'est autre que la famine personnifiée. Si sa faim recommence, il avalera mon pauvre corps. »

Kourroglou fit faire son lit en travers de la porte, ce qui effraya beaucoup la vieille. « De quoi t'inquiètes-tu? lui dit-il; si tu veux sortir la nuit, je te permets de passer par-dessus mon lit et de me marcher sur le corps; je ne m'en apercevrai point. »

Couchée dans la même chambre, la vieille, pensant que son hôte avait de mauvais desseins, *parce qu'il avait beaucoup mangé,* ne put fermer l'œil. « Veilles-tu, mère? — Hélas! oui; je me demande si tu n'es pas Nazar-Djellaly. — Non. — Tu es donc Guriz-Oglou? — Erreur. — En ce cas, tu es Reyban l'Arabe? — Encore moins. — Alors, tu es le chef des sept cent soixante-dix-sept, tu es Kourroglou! — Tu l'as dit. Je viens ici pour enlever la princesse Nighara. »

La langue de la vieille se raidit dans sa bouche. « Allons, n'aie pas peur, vieille carcasse. — Comment serais-je rassurée? Quand un enfant crie, sa mère lui dit pour le faire taire : « Tais-toi, ou le loup viendra te manger; » et l'enfant crie encore. La mère dit : « Voici le léopard; » l'enfant crie plus fort. La mère dit alors : « Voici Kourroglou qui va t'emporter; » l'enfant se tait et cache sa figure dans l'oreiller.

Kourroglou jure par le plus pur esprit du Créateur du ciel et de la terre qu'il la traitera comme sa propre mère si elle ne le trahit pas; mais que, dans le cas contraire, fût-elle assise dans le septième ciel, il lui jetterait un nœud coulant pour l'en arracher; et quand même elle se changerait en Djîn pour se cacher aux entrailles de la terre, il l'en retirerait avec des pinces pour la mettre en pièces.

Dès le matin, Kourroglou va au bazar et y achète un habit blanc pareil à celui que portent les molahs, puis une cornaline sur laquelle il fait graver le chiffre du sultan. Enfin, il fait l'emplette d'une excellente guitare dont le manche se dévisse et se retire à volonté. Il met le cachet et l'instrument ainsi démonté dans sa poche, et, muni de ses moyens de séduction, il aborde un fakir et le prie de venir réciter à sa mère mourante quelques versets du Koran. Quand il l'a amené chez la vieille, il lui ordonne d'écrire sous sa dictée une lettre de passe moyennant laquelle il se présentera comme un *mollah*, un *chavush*, c'est-à-dire un pèlerin de la Mecque, un saint homme envoyé par le sultan à sa fille, et franchira les portes du palais. Le fakir, qui croit Kourroglou incapable de lire l'écriture, le trompe, et écrit à la princesse, au nom du sultan, que ce faux chavush est le plus grand coquin de la terre, et qu'il lui recommande de lui faire donner le fouet. Kourroglou, qui lit par-dessus l'épaule du secrétaire infidèle, l'étrangle à demi, le réduit à l'obéissance, scelle la lettre avec le cachet contrefait du sultan, et pour mieux s'assurer de la discrétion du fakir, lui donne un tel coup sur la tête, *qu'elle s'aplatit comme un livre qui se ferme.* Il le pousse ensuite dans un coin de la chambre, donne un coup de pied au mur qui s'écroule et ensevelit le cadavre sous ses ruines. On ne peut pas mieux expédier une affaire; mais le récit en est fort long et fort curieux, à cause des sentences et des formes du dialogue, mêlé toujours de plaisanteries et de férocité.

La vieille crisit et se frappait la poitrine. « Jamais le sang innocent n'avait été répandu dans ma maison, et tu l'as souillée! — Veux-tu donc que je te tue aussi, infidèle sunnite? lui répond Kourroglou, et que je fasse tomber le reste de ce mur sur ton corps flétri? »

Kourroglou se revêt du costume blanc des mollahs, entoure sa tête de plusieurs aunes de linge blanc, cache sa guitare dans sa poche, son poignard dans son sein, et, le rosaire dans une main, le bâton de voyage dans l'autre, il franchit, grâce à la feinte lettre et au sceau apocryphe du sultan, les portes sacrées du palais. « De cette manière, dit le rapsode avec un mélange de sympathie et d'indignation, il fut permis à ce larron des larrons d'entrer dans le harem... à cet homme capable de couper le sein d'une mère nourrissant son enfant! »

Ayant franchi les portes des sept murailles, il arrive aux jardins fleuris de la princesse. Il y avait quatre bassins d'eau courante et des fontaines qui s'élançaient en jets. Kourroglou plia son manteau en quatre, et s'assit dessus au bord d'une des pièces d'eau, le rosaire à la main, les yeux à demi fermés, comme un vrai Rominagrobis, ce qui ne l'empêchait pas de voir distinctement, dans un kiosque ouvert, la belle Nighara *buvant du vin* avec plusieurs belles filles de sa suite.

Une d'elles vint au bord du bassin pour chercher de l'eau, quoiqu'il ne paraisse pas que Nighara ait eu l'habitude d'en mettre beaucoup dans son vin. « Homme, qui es-tu? dit la suivante effrayée. — Homme! s'écrie Kourroglou, quel nom est-ce là? ne peux-tu, fille impure, me saluer du nom de Haji? et la princesse Nighara ne peut-elle se donner la peine de chausser sa pantoufle à demi pour venir au devant du royal chavoush Roushan, envoyé ici de la Mecque par le sultan Murad? »

Toute personne qui apporte une bonne nouvelle a droit à une récompense immédiate. Un khan, en pareille circonstance, détache ordinairement sa riche ceinture, et la présente au messager. La suivante de Nighara court au kiosque, et commence par s'emparer du châle et des bijoux de la princesse qui étaient posés sur le tapis. « Es-tu ivre? dit la princesse étonnée d'une semblable audace. — C'est toi-même qui es ivre, répond l'autre sans se déconcerter. Ce que tu prends m'appartient; j'apporte la nouvelle qu'un saint homme est arrivé de la Mecque avec un message pour toi. *Un feu divin brille dans ses yeux, et son visage en renvoie les rayons vers le soleil.* »

« Levons-nous, mes filles, dit la princesse. J'ai lu dans les traditions sacrées que ceux qui vont au devant d'un pèlerin de la Mecque sont préservés d'être brûlés par la flamme de l'enfer, si la poussière des sabots de son cheval tombe seulement sur eux. »

Pendant ce temps, Kourroglou avait ôté sa robe et son turban de pèlerin ; il avait mis son bonnet sur l'oreille, à la façon des dandys kajjares, rajusté les plis de son bel habit vert-olive, et noué gracieusement le cachemire qui lui servait de ceinture, et qui laissait voir le manche de son poignard couvert de gros diamants. Quand la vertueuse princesse vit le saint homme transformé en un superbe brigand à grandes moustaches, elle commença, non par s'enfuir, mais par faire attacher les pieds de la suivante qui s'était ainsi trompée, et sous prétexte qu'elle avait dû recevoir quelque baiser de cet imposteur, elle lui fit appliquer une vigoureuse bastonnade sur les talons, puis s'approchant de Kourroglou, qui essayait de justifier la suivante en se déclarant un *amoureux sans argent*, incapable de séduire personne par des présents, elle lui donna un grand coup de pied dans la poitrine.

« Princesse, dirent les suivantes, c'est une pitié de te voir ainsi profaner ton joli pied contre la poitrine non lavée de ce misérable. — Taisez-vous, sottes filles, dit le bandit sans se déconcerter ; vous ne savez pas que mon sein est plus précieux que le talon de votre maîtresse. »

Alors il prit sa guitare et improvisa :

« Je respire de ton jardin le parfum de la jacinthe et de la violette. Comme elles tu fleuris dans la solitude. Tu es une flèche au fond de mon cœur. »

Nighara était indignée. Kourroglou chanta encore :

« Tu es le fruit le plus frais dans les jardins du printemps ; tu es le coing embaumé et la grenade vermeille, etc. »

Au lieu de s'adoucir à de tels compliments, la farouche Nighara fait un signe à ses femmes, et aussitôt une grêle de coups tombe sur l'audacieux. « Dieu nous préserve, s'écrie en cet endroit le rapsode, de tomber sous les ongles d'une femme irritée ! »

En un instant les vêtements de Kourroglou volèrent en pièces : « Princesse, dit-il, si tu n'as pitié de moi, montre au moins quelque merci envers ces pauvres filles. Leurs mains deviendront calleuses à force de me battre. » La princesse dit à ses suivantes : « Allons prendre un peu de vin pour nous donner des forces, afin que nous puissions battre encore cet imposteur. » Mais en retournant vers son kiosque, elle regarda en arrière, remarqua les traits de Kourroglou, et le trouva beau. Aussitôt il oublia la cuisson des coups d'ongles et des coups de verges, reprit sa guitare et chanta :

« O Nighara aux yeux de gazelle, verrai-je ton sein se changer en pierre ? Tu m'as renversé sur le visage. Puissent tes yeux être remplis de larmes ! »

Nighara, qui ne pouvait détacher ses yeux de ce mâle visage, se fait apporter du vin.

« Fais remplir ton gobelet de mon sang, et bois-le, » lui chante encore Kourroglou.

En voyant boire du vin, Kourroglou, qui n'en avait pas goûté depuis son départ de Chamly-Bill, oubliait toutefois son désespoir amoureux « pour se lécher les lèvres. » Nighara, émue de pitié, lui fit apporter un bassin de baume *mumiah*, en disant : « Je ne désire pas sa mort ; bois et va-t'en. »

Kourroglou goûta le baume, fit la grimace, et demanda du vin. « Ah ! saint homme, tu bois la liqueur défendue par le Prophète, dit la princesse irritée de nouveau. Eh bien, nous t'en donnerons ; mais tu danseras pour nous divertir ; après quoi nous te battrons encore et te jetterons dehors. » Nighara disparaît, et revient avec ses femmes, qui apportent des tapis, des vins et des mets divers. On étend les tapis sur le gazon, on sert le festin au bord de la fontaine. La démarche de la princesse était pleine d'agréments et de grâces, et, malgré sa fureur, elle avait arrangé ou plutôt dérangé sa toilette pour être plus séduisante. Kourroglou chanta :

« O aghas, mes frères ! Nighara est venue ! Des larmes de joie coulent de mes yeux. L'Arménien aime sa croix, bien que son prophète ait souffert sur la croix ! Voyez comme elle a orné ses cheveux noirs, auxquels elle a permis de tomber sur son cou délicat ! Elle est venue ! »

« Elle est venue pour m'apprendre la beauté. Nighara est venue pour tuer Kourroglou ; elle est venue ! »

La princesse le regardait toujours ; mais, comme les femmes de chez nous, elle se montrait toujours plus cruelle pour se faire aimer davantage ; seulement, ses façons d'agir étaient un peu plus énergiques. Elle le fit battre de nouveau, et cette fois si sérieusement, que Kourroglou, vaincu par la souffrance, *se roulait par terre*. Ne faut-il pas s'étonner ici de voir ce héros, dont la force fabuleuse détruisait des légions et se frayait un passage au milieu des armées, pousser la douceur et la soumission envers le beau sexe jusqu'à se laisser mettre en lambeaux, ni plus ni moins que n'eût fait Don Quichotte, le modèle de la chevalerie ? Cet ensemble de force et de tendresse caractérise Kourroglou d'un bout à l'autre du poëme. Enfin, n'en pouvant plus supporter davantage, mais ne voulant pas lever la main sur des femmes, il se jette dans la pièce d'eau, la traverse à la nage, en élevant sa guitare au-dessus de sa tête, et gagnant le milieu, où l'eau jaillissait d'un pilier de marbre, il s'assit en cet endroit.

Les femmes commencèrent à lui jeter des pierres. « O Belli-Ahmed ! tu m'as trompé, pensait Kourroglou. Elle ne m'a jamais aimé. »

Alors il se mit à chanter, et là, vraiment, il lui dit de si belles choses, que son sein commence à palpiter, et qu'elle l'écoute « avec un plaisir toujours croissant.

« Le soleil est levé sur la colline de l'Orient. Elle est le jardin des fleurs. Les roses ouvrent leurs boutons sur ses joues. Que nul ennemi n'ose regarder dans le jardin de l'amant !... O Nighara ! celui qui touchera ta ceinture une fois seulement deviendra immortel. »

CINQUIÈME RENCONTRE.

Le soir approchait. La fraîcheur de l'eau calmait les souffrances de Kourroglou. La princesse se dit : « Il répète sans cesse le nom de Kourroglou. Ah ! si c'était lui-même ! Parle, avoue la vérité, lui dit-elle, es-tu Kourroglou ? » Et comme il l'assurait, elle reprit : « Kourroglou est, dit-on, de la même taille que mon père le sultan. Je vais lui faire essayer sa robe royale. Si elle est trop longue pour toi, je ferai enfoncer des clous dans tes talons afin que tu deviennes plus grand. Si elle est trop courte, je te ferai couper les pieds. Si elle est trop large, je te ferai ouvrir le ventre, et on le remplira de paille pour te grossir. »

Kourroglou dit : « Tu me punis selon le code d'Abou-Horeyra. N'importe, j'essaierai la robe. »

Il sortit de l'eau, et Nighara, de ses propres mains, lui passa la robe. Elle semblait avoir été faite pour lui. Alors ils jetèrent leur main autour du cou l'un de l'autre, et entrèrent dans le pavillon, où, suivant la coutume turque, ils burent dans la même coupe. Alors la princesse dit : « As-tu amené ici ton fameux cheval Kyrat ? — Oui, je l'ai amené. — Il faut donc que tu trouves pour moi un autre cheval aussi bon que Kyrat. »

Kourroglou voyant les progrès qu'il faisait dans le cœur de la princesse se mit à chanter :

« Humide, humide est la neige que l'on voit au sommet des grandes montagnes ! Tes yeux brillants soufflent la fraîcheur sur mon cœur embrasé ! Mon cher amour est couvert d'habits couleur de rose ; elle est tout entière d'une teinte rose. L'eau qu'elle boit est aussi pure que l'azur du ciel. Ses yeux sont enivrés d'amour et de vin.

« Je suis Kourroglou. Ne suis-je pas libre de me promener dans ces bosquets ? Je ne puis marcher en liberté dans le monde, car le monde est trop étroit pour moi. »

Kourroglou ayant combiné son plan avec la princesse, reprit ses habits de mollah et marcha comme il y était entré. Il fut arrêté à la porte par les gardes, qui lui dirent : « Saint homme, puisque tu as accès auprès de la princesse, commande-lui, au nom du ciel, de nous faire toucher notre paie ; car, depuis le départ du sultan son père, nous n'avons pas reçu une obole. »

— Je vous jure que je vous ferai payer, dit Kourroglou, et, en attendant, pour lui marquer votre mécontentement, vous devez abandonner vos postes, et vous refuser à escorter la princesse. »

Ayant donné cet avis charitable, le fourbe retourne chez sa vieille hôtesse, et va ensuite acheter au bazar un beau poulain de trois ans, le ramène à l'étable, prépare lui-même la selle, et, au lever du soleil, en entendant les trompettes sonner pour annoncer une promenade de la princesse hors la ville, il paie magnifiquement sa vieille, lui conseille de se cacher afin de n'être point persécutée à cause de lui, et monté sur Kyrat, suivi par le poulain attaché à son étrier, il s'en va sur la route attendre Nighara, qui bientôt arrive dans son chariot. Il l'enlève des bras de ses femmes, la met en croupe et s'enfuit avec elle dans le désert. Là, tombant de fatigue, il s'étend sur le gazon et cède au sommeil. La princesse lui demande s'il compte dormir longtemps. « Mon sommeil est de deux sortes, lui dit-il. Le plus court est de trois journées, le plus long de sept journées. Mais écoute, ma bien-aimée. Kyrat a le don de pressentir l'approche de mes ennemis. Quand l'ennemi se met en route pour me poursuivre, Kyrat hennit ; quand l'ennemi est à moitié chemin, Kyrat devient inquiet et souffle avec ses narines ; quand l'ennemi est tout près de se montrer, Kyrat gratte la terre et l'écume lui vient à la bouche. » La princesse se plaint vainement du long somme dont son amant la menace en plein désert et au milieu des dangers. Il faut que Kourroglou dorme ou qu'il périsse ; à cette robuste organisation il faut un repos semblable à celui de la mort. Elle examine Kyrat avec inquiétude, et quand elle a vu signaler le départ et la marche de l'ennemi, quand elle a remarqué ses sabots grattant la terre et sa bouche couverte d'écume, elle éveille Kourroglou, ainsi qu'il a été averti par lui de le faire. Aussitôt il se lève, rattache les sangles de son coursier, fait monter Nighara sur l'autre, et attend de pied ferme le jeune sultan Burji, qui accourt à la délivrance de sa sœur Nighara. Kourroglou, par ses terribles chansons, porte l'épouvante dans le cœur des guerriers du prince, et bientôt, s'élançant au milieu d'eux, il les disperse comme un troupeau de gazelles. Mais Burji-Sultan, résolu à reconquérir sa sœur, s'élance seul contre lui. « Que faire ? dit Kourroglou dans son cœur ; si je tue le frère de ma bien-aimée, elle ne me le pardonnera jamais et remplira ma vie d'amertume. » Nighara se prend à pleurer. « O Kourroglou ! je n'ai qu'un frère, ne le tue pas. — Mon amie, ne crains rien, » dit Kourroglou. Et, s'adressant au prince : « Le chef de tes écuries ne gagne pas le pain qu'il mange ; il n'a pas seulement serré les sangles de ton cheval. Je t'avertis que tu roules sur la selle. Descends et raccourcis tes sangles, tu combattras ensuite contre moi. »

Le Turc crédule descend pour arranger sa selle. Pendant ce temps, Kourroglou s'approche avec précaution, le renverse, s'assied sur lui et feint de vouloir le tuer. Burji pleure et se lamente : « Le sultan mon père n'avait qu'une fille et un fils ; tu enlèves l'une, tu vas tuer l'autre. Toute la famille va être éteinte. — Je t'accorde la vie à condition que tu me donnes ta sœur en mariage. Je suis aussi savant qu'un mollah ; j'ai lu les sept volumes des commentaires arabes sur le Koran ; je sais par cœur toutes les formules usitées dans les mariages. » Le prince prononce avec lui la prière nuptiale consacrée par le Koran, et lui accorde sa sœur. Kourroglou le relève, l'embrasse au front, et lui dit : « Désormais, au nom et par l'autorité du sultan Murad ton père, je gouverne et règne à Chamly-Bill. Où aurait-il trouvé un meilleur parti pour sa fille ? »

En continuant leur route vers Chamly-Bill, Kourroglou et Nighara traversent encore quelques aventures. Ils pénètrent dans le camp d'un jeune Européen qui tombe amoureux de Nighara, et veut l'enlever à son époux. Kourroglou est forcé de détruire sa suite et de piller ses trésors ; il est même au moment de le tuer pour lui apprendre à aimer, lorsque Nighara, touchée de l'amour de ce jeune homme, le fait sauver, et menace Kourroglou d'avaler un poison mortel caché dans l'anneau qu'elle porte au doigt s'il n'abandonne pas sa poursuite. Kourroglou se soumet, et continue son voyage avec elle. Nighara montait à cheval aussi bien que lui-même, et pouvait fournir une course aussi hardie, aussi rapide que la sienne. Ils surprirent une caravane, se firent payer une riche redevance, et, là, encore, Nighara obtint grâce de la vie pour le marchand.

Elle blâmait beaucoup son époux de commettre toutes ces violences. Il lui répondit avec la franchise d'un honnête Turcoman : *Je ne laboure ni ne trafique ; il faut donc que je vole.* L'argument était sans réplique. Enfin ils atteignent les portes de Chamly-Bill. Les brigands vinrent à leur rencontre avec des acclamations, des chants et des décharges de mousqueterie. « Guerrier, dit la princesse à Kourroglou, lequel d'entre eux est Ayvaz ? Montre-le-moi.

Improvisation de Kourroglou :

« Regarde ici, mon cher amour : ce cavalier est Ayvaz. Regarde-le, et préserve mon âme du lit de feu de la jalousie. Regarde, voilà Ayvaz ; mais ne tombe point amoureuse de lui. Dans sa main étincelle un bouclier hezzare. Le miel de l'éloquence est sur sa langue ; *et la ligne du pinceau de la main du Tout-Puissant* est sur l'arc de ses sourcils. Regarde ; mais n'en tombe pas amoureuse. Ce n'est qu'un garçon de quatorze ans. Une plume de grue est sur sa tête. Ce cavalier est Ayvaz, oui, Ayvaz lui-même. »

Il présenta alors son épouse à ses compagnons en leur disant : « Nous devons tous l'honorer, elle est la fille du sultan de Turquie ; » et Nighara s'étant assise sur le seuil de la porte de la forteresse, les sept cent soixante-dix-sept cavaliers de la garde sacrée de Kourroglou se prosternèrent devant elle. « O Dieu ! s'écria Kourroglou, sois béni et ton nom glorifié ! Je dois à ta seule bonté d'avoir réalisé mes plus chères espérances ! » Il frappa les cordes de sa guitare et chanta ainsi :

« Les nuages de l'adversité ont été dissipés par la foi de Kourroglou. Ils se sont évanouis comme la brume du matin. Voici mon Ayvaz. »

Nighara fit son entrée couchée sur les riches coussins d'un palanquin d'honneur. Toutes les femmes et toutes les esclaves de Kourroglou vinrent à sa rencontre, et l'introduisirent respectueusement dans le harem. Belly-Ahmed fut tiré de sa prison et récompensé par un des premiers grades dans la troupe. Ce même jour, on célébra le mariage de Kourroglou et celui d'Ayvaz, auquel le maître donna une femme. Les musiciens, danseurs et jongleurs vinrent en foule. Le vin coula par torrents, et il coule encore à cette heure, dit ordinairement le *khan* pour clore cette rapsodie.

SIXIÈME RENCONTRE.

Dans un des districts de l'Anatolie vit une grande tribu de nomades connus sous le nom de Haniss. Elle est composée de trente mille familles qui sont toutes riches et qui habitent un pays magnifique. Chacun de ces chefs consacre sa vie à quelque objet favori. L'un aime les beaux vêtements, un autre préfère les femmes, et un troisième est passionné pour les chiens de chasse ou les faucons. Leur chef, Hassan-Pacha, aimait les chevaux par-dessus tout. Quand il entendait parler d'un beau cheval, il n'épargnait ni argent ni peine pour se le procurer.

Un jour, Hassan-Pacha vint dans ses écuries, et, après avoir examiné plusieurs de ses chevaux, il dit à son vizir : « Certainement, aucun roi, dans les cinq parties du monde, ne peut se vanter d'avoir une écurie comme celle-ci. » Le vizir répliqua : « Aucun roi, il est vrai, n'a d'écurie comme celle-ci ; mais Kourroglou a un cheval à Chamly-Bill, du nom de Kyrat, et Keyvan lui-même, celui qui gouverne les sept cieux, ne possède pas son pareil. — O mon vizir ! je suis prêt à donner tout ce que j'ai pour acquérir ce joyau. — Pacha, ce n'est pas chose facile. Kourroglou ne manque pas d'argent, et il n'y a aucune possibilité de lui prendre son cheval de force. — Vizir, à l'homme qui m'amènera ce cheval je donnerai la moitié de mon pouvoir ; s'il dit : « Ce n'est pas assez, » je lui donnerai la moitié de mes richesses ; et si cela même ne le contente pas, j'ai sept filles, il aura la liberté de choisir la plus belle pour sa femme. Va, et fais proclamer à son de trompe, dans la direction des quatre vents, à tous les camps de notre tribu, l'ordre suivant : « Qu'il soit bey ou mendiant, vieux ou jeune, il sera mon gendre celui qui m'amènera Kyrat. »

Il y avait dans la tribu de Haniss un certain marmiton nommé Hamza, dont la tête et les sourcils étaient chauves, et qui était marqué de petite vérole. Cet homme, ayant entendu la proclamation, accourut auprès du vizir nu-pieds et à peine vêtu. « Que proclame-t-on ainsi, vizir ? — Qu'est-ce que cela te fait, à toi, vilaine tête chauve ? — Je demande seulement de quoi il s'agit ? » Le vizir le mit au fait, et ajouta : « L'homme qui réussira sera riche. — Qu'ai-je besoin d'argent ? dit Hamza ; douze livres d'écorce de melon d'eau que l'on me donne à manger chaque jour dans les cuisines suffisent à mon appétit. Le pacha promet de partager son pouvoir et ses richesses, et de donner l'une de ses sept filles pour femme à celui qui lui amènera Kyrat. Aussitôt Hamza dressa les oreilles. « Vizir, j'ai vu les sept filles du pacha ; mais s'il consentait à me donner la plus jeune... — Celui qui amènera le cheval aura le droit de choisir. » Hamza se frappa la poitrine avec ses deux mains, et dit : « Regarde-moi, regarde-moi ; je suis l'homme qui choisira. — En vérité ? dis-moi comment, par exemple. — Le pacha aura Kyrat ; mais il faut que tu me conduises d'abord en sa présence.» Le vizir pensa : depuis tant de jours que nous faisons publier cette proclamation, il ne s'est encore trouvé personne qui voulût en profiter. Voici le premier et le dernier ; il faut le faire voir au pacha.

Hamza fut introduit devant le pacha. « Est-ce toi, pauvre tête fêlée, qui as promis de m'amener Kyrat ? — Moi-même ; mais que me donneras-tu pour cela, pacha ? — Je te donnerai la moitié de mes richesses. — Je n'ai pas besoin de richesses. — Je te donnerai la moitié de mon pouvoir. — Je n'ai pas besoin de ton pouvoir ; qu'en ferais-je ? — Tu choisiras celle de mes filles que tu voudras. — Pacha, je ne puis croire à tes paroles. — Que puis-je faire de plus pour te convaincre ? — Jure, en baisant le Koran, que, dans le cas où tu violerais ta parole, tu divorceras d'avec chacune de tes sept femmes. » Le pacha en fit le serment. Hamza lui dit : « Je suis depuis longtemps amoureux de la plus jeune de tes filles ; si je perds la vie dans cette expédition, je n'en aurai nul regret; si, au contraire, je ramène le cheval, j'aurai ta fille. » Le pacha dit : « Tu l'auras ; » et il baisa le Koran.

Hamza partit en hâte pour Chamly-Bill, où l'arrivée d'un pauvre diable comme lui fut à peine remarquée. Après un mois de séjour dans le lieu, il pensa dans son cœur : « Tâchons de pêcher Daly-Ahmed avec l'hameçon de l'amitié. Je trouverai peut-être ainsi moyen de m'introduire dans l'écurie. » Il entra alors dans la cour de l'écurie avec circonspection et à pas lents. Après avoir déchiré sa chemise sur sa poitrine, il ramassa un tas de fumier ; et, se jetant dessus, il se mit à pleurer et à gémir à haute voix. Les larmes coulaient de ses yeux comme la pluie d'un nuage. Daly-Mehter, écuyer de Kourroglou, passait justement de ce côté ; il vit un malheureux, tout nu et en larmes, assis sur ce tas de fumier. Son cœur fut ému de pitié. « Pourquoi les fous[1] sont très-portés à la pitié. « Pourquoi cries-tu ainsi, tête chauve ? » Hamza répondit : « Puissé-je devenir ton esclave ! Je suis orphelin et étranger ; grâce à la laideur de mon front chauve, personne ne veut me prendre à son service. Je désirerais pourtant trouver un maître qui pût me donner un morceau de pain. » Daly-Mehter pensa : « Tout le monde vit du pain de Kourroglou ; je prendrai cet homme à l'écurie, et je le nourrirai. » Pour commencer, il releva ses manches jusqu'au coude ; et, remplissant un vase d'eau chaude, il lava la tête d'Hamza, et, l'ayant nettoyée entièrement, il lui donna ses vieux habits pour se vêtir. Hamza le chauve montra tant de

[1]. Par allusion à la signification littérale du mot *daly*, fou, tête faible.

zèle et d'habileté dans son service, que la raison de Daly-Mehter lui échappait d'étonnement. Un des deux meilleurs chevaux de cette écurie était Kyrat, qui était attaché par une jambe, à une chaîne dont Kourroglou portait toujours la clef dans sa poche. L'autre, monté habituellement par Ayvaz, se nommait Durrat. Ce cheval était aussi attaché séparément, et la clef de son cadenas était dans la poche de Dahly-Mehter.

Toutes ces circonstances furent bientôt connues de Hamza, qui commença à désespérer de pouvoir jamais s'emparer de Kyrat. Kourroglou vint un jour à l'écurie, et trouva Daly-Mehter endormi. Il regarda, et vit un misérable en guenilles et à tête pelée, qui étrillait Kyrat avec une brosse et un morceau de drap. Kourroglou et Hamza ne s'étaient jamais vus auparavant. Kyrat était tendu comme un arc, sous la pression de la puissante main de Hamza ; et sa robe était toute luisante, par le fait de son excellent pansement. Kourroglou trembla de toutes ses jambes, et pensa dans son cœur : « L'homme sous le bras duquel Kyrat est plié ainsi ne peut pas être un homme ordinaire. » Il cria : « Chien pelé, tu vas emporter la peau du cheval : est-ce là la manière de l'étriller ? » Hamza prit un gros marteau de fer dans une niche, et, le levant sur Kourroglou, il cria : « Que viens-tu faire dans cette écurie ? Va-t'en, vagabond. » Car, il lui avait été enjoint par Daly-Mehter de ne permettre à personne d'entrer dans l'écurie. Kourroglou dit : « Fou, comment oses-tu lever ta main sur moi ? » Daly-Mehter fut tiré de son sommeil par ce bruit. Il se releva, et salua son maître : « Quel est cet homme que tu as engagé à mon service ? — Puissé-je devenir ta victime ! Des milliers de gens vivent de ton pain. Cette tête chauve est très-habile et très-adroite, et peut, aussi bien que tant d'autres, profiter de tes largesses. — Je ne refuse mon pain à personne ; qu'il en mange autant qu'il voudra ; mais, à juger de ses jambes et de toute son allure, je n'attends rien de bon de lui ; il a l'air d'un voleur de chevaux. — Oh ! non, seigneur ; s'il était de fer, on ne pourrait faire plus de cinq aiguilles du pauvre diable ! »

Hamza comprit alors que c'était là Kourroglou, il jeta son marteau à terre, et, dans sa terreur, il courut se cacher sous le bât d'une mule. Kourroglou, avant de quitter l'écurie, dit à Daly-Mehter : « Attache toujours un œil vigilant sur mon cheval ; ne donne ta confiance à personne. » Il ne poussa pas plus loin cette enquête.

Plus Hamza restait attaché à l'écurie, plus il reconnaissait l'impossibilité de voler Kyrat. Il dit donc dans son cœur : « Si ce n'est Kyrat, ce sera au moins Durrat. Le premier est père du second, et sa mère était une jument arabe. Hassan-Pacha ne les a jamais vus ni l'un ni l'autre : il me croira, il me donnera sa fille ; et s'il arrive jamais à connaître la vérité, il ne me l'ôtera pas, après que je l'aurai épousée. »

Pendant la nuit il apprêta la selle de Durrat et tous les harnais qui en dépendaient. Daly-Mehter était ivre quand il revint du palais de Kourroglou, et voyant que Hamza pleurait amèrement, le visage appuyé sur ses mains, comme s'il était devenu veuf, il demanda : « Qu'as-tu, Hamza ? — Seigneur, comment puis-je m'empêcher de pleurer ? Chaque nuit tu vas avec Kourroglou boire du vin rouge, et tu ne t'es jamais dit : Apportons-en quelques gouttes au pauvre orphelin. Hélas ! qu'est-ce que cela, du vin ? je n'en ai jamais vu. Est-ce doux ou acide ? »

Daly-Mehter se leva, prit le bidon de l'écurie, et s'en fut au cellier de Kourroglou. Ayant rempli le bidon, il le rapporta, le mit devant Hamza et lui dit : « Bois, tête chauve. » Hamza remplit un vase jusqu'au bord, et le tendit à Daly-Mehter. « Seigneur, essaie le premier ; que je voie comment tu bois. » Daly-Mehter vida le vase jusqu'à la dernière goutte, et dit : « Voici la manière de boire. » Hamza remplit le vase à son tour, et, l'ayant approché de ses lèvres, il lui donna une secousse si adroite, qu'il répandit tout le breuvage par-dessus son épaule, sans que Daly-Mehter s'en aperçût. De cette manière, il grisa si bien l'écuyer, que ce dernier à la fin tomba comme mort sur le plancher. Hamza dit dans son cœur : « Il n'est pas convenable que je me montre sous ces haillons. »

Il ôta donc ses vieux habits, et ayant dépouillé Daly-Mehter, il changea de vêtements avec lui. Il trouva dans la poche de l'ivrogne la clé de la chaîne de Durrat, conduisit le cheval hors de l'écurie, lui mit la selle sur le dos, et s'en fut comme une étoile filante sur la route qui conduisait au camp de la tribu de Haniss.

Kourroglou vint de bonne heure à l'écurie ; il n'avait point de ceinture, car il sortait du harem. Il regarda et vit Kyrat à sa place ordinaire, mais Durrat avait disparu. Il devina tout de suite que la tête chauve l'avait volé. Il appela l'écuyer. Daly-Mehter se releva, se frotta les yeux, et salua. « Vilain, que signifient ces haillons que je vois sur toi ? Quel est ce tour de jongleur ? »

Le pauvre écuyer regardait ses habits, et n'en pouvait croire ses yeux. « Où est Durrat ? — Seigneur, Hamza doit l'avoir emmené pour le promener ou le faire boire. — Ne te disais-je pas, que c'était un voleur de chevaux ? Vite, que l'on selle Kyrat ! »

Kourroglou, armé, monta au sommet de la plus proche montagne, sur laquelle ses sentinelles avancées étaient postées ; il examina le pays, à l'aide d'un télescope, jusqu'à ce qu'il découvrit enfin le fuyard. Il le vit volant comme une flèche vers ses tentes.

Il fut transporté de rage et rugit sur la montagne : « Misérable voleur, où fuis-tu, où fuis-tu ? Tu peux aller aussi loin que Stamboul ; je t'y suivrai, et je m'emparerai de toi. »

La voix de Kourroglou, quand il était en colère, pouvait s'entendre à un mille de distance. Hamza la reconnut de loin, et dit : « O père céleste, la vie est douce : Malheur, malheur à moi ! » Il regarda devant lui, et vit un village à peu de distance. Il dit dans son cœur : « Si je pouvais gagner ce village, mon âme pourrait encore être sauvée. » On voyait un profond ravin à l'entrée du village. « Qui peut dire, pensa Hamza, si, avant que j'aie atteint ce village, Kourroglou n'aura pas *brûlé mon père !* »

Au fond du ravin se trouvait un moulin ; le meunier était absent, et les roues restaient oisives. Hamza y courut, attacha la bride de Durrat à la porte, et entra dans le bâtiment désert. Là, il trouva la robe du meunier qu'il mit sur lui, et il se frotta de farine de la tête aux pieds.

On sait que lorsqu'un homme a fait une course rapide, ses yeux sont comme couverts d'un brouillard, et que sa vue n'est pas très-claire pendant quelque temps. Kourroglou ne reconnut pas Hamza, et demanda : « Meunier, où est le cavalier qui monte le cheval attaché à ta porte ? — O mon agha ! le cavalier s'est précipité ici, saisi d'une telle crainte, qu'il a couru se cacher sous la roue. »

Kourroglou, tout tremblant de rage, descendit de cheval : « Tiens mon cheval. » Il tira alors son poignard, et courut à la recherche du voleur. Kyrat avait cette qualité, qu'il obéissait en toute chose à quiconque le recevait en dépôt de la main de Kourroglou. Il se laissa guider comme un enfant. Hamza, qui n'était pas sot, jeta la robe de meunier à bas, et sauta sur Kyrat. Il essaya d'un temps de galop, et revint attendre tranquillement Kourroglou, qui, ayant tourné sens dessus dessous tout ce qu'il y avait dans le moulin, et n'y trouvant pas une âme, sortit et vit Durrat à la porte. Aux pieds de Durrat, la robe du meunier gisait par terre ; un peu plus loin on voyait le victorieux Hamza sous sa propre forme, monté sur Kyrat. Il pensa dans son cœur : « J'ai fait là un marché capital à Dieu quand je ne le regrette pas quand il sera trop tard ! » Et il s'écria : « Hamza-Beg ! — Quel est ton plaisir, noble guerrier ? — Nous allons revenir à la maison, mais nous irons au pas, les chevaux sont fatigués. — Où dis-tu que tu veux aller ? — A Chamly-Bill. Tu m'as offensé sans raison ; et je suis venu te chercher en personne. — Ne plaisante pas davantage, Kourroglou. J'ai cherché le cheval dans le ciel, Dieu soit loué, je l'ai trouvé sur la terre. Tu as daigné me faire présent de Kyrat, de ta propre main. Puisses-tu jouir d'une vie et d'un bonheur sans fin ! Seulement ne me demande pas de te suivre. — Je t'en conjure, je t'en prie, Hamza, je deviendrai ton esclave ! Dis, sont-ce des richesses, un cheval, une femme, que tu convoites ? Guerrier, je te jure que tu auras toute chose en abondance. Tu as le choix ; tout ce que je possède t'appartient. — Je ne serai pas la dupe de ta ruse. Ce que je désire ne t'appartient pas : je te ferai connaître la vérité. J'aime la plus jeune des filles de Hassan-Pacha, qui a promis de me la donner pour femme, en échange de Kyrat. Depuis six mois et plus, je languissais de désespoir à Chamly-Bill. Maintenant regarde, j'emmène Kyrat, et tu es toi-même la cause de mon bonheur. Puisses-tu vivre heureux et longtemps ! Je m'en vais prendre femme. — Hamza-Beg ! rends-moi seulement le cheval, et je t'apporterai sur mon sabre la tête de Hassan-Pacha. — Ce serait une conduite basse de ma part ; quelle preuve de courage montrerais-je aux yeux de ma fiancée ? »

Les prières et les promesses de Kourroglou ne servirent à rien. Hamza jura par la plus pure essence de Dieu qu'il ne rendrait pas le cheval. Kourroglou poussa un profond soupir du fond de sa poitrine, et dit : « Hamza-Beg ! permets-moi de chanter un air qui me vient à la mémoire. »

Improvisation. — « Sans Kyrat, la vie et le monde ne sont qu'un fardeau pour moi. Pauvre Kourroglou ! maintenant que Kyrat a quitté tes mains, tu dois te frapper la tête de douleur, Kourroglou ! »

Hamza regardait Kourroglou pendant que celui-ci continuait de chanter ainsi :

Improvisation. — « Tu as dû demander Kyrat à Dieu même. La queue de Kyrat était un bouquet de fleurs. Monter sur lui c'était monter le bonheur en personne. O Kourroglou ! que Dieu te le rende ! Je me noie dans une mer profonde ; le chagrin de la perte de Kyrat se pose comme une pierre sur mon âme, et m'entraîne dans l'abîme. Je suis un paysan, un meunier, loin de moi cette épée, Kourroglou, tu devras maintenant crier « du blé, du blé ! » »

Kourroglou avait l'air d'un fou, il disait : « Sans Kyrat je ne mérite pas d'être un guerrier. »

Hamza dit : « O Kourroglou ! tes paroles ont brûlé mon foie. Va à Chamly-Bill, et demeure en repos pendant six mois. A la fin de ce temps, tu peux prendre l'habit d'un Aushik [2], et venir au camp de la tribu de Haniss. Je vais y mener Kyrat, et j'épouserai la fille du pacha ; mais je te jure que de même que j'ai reçu Kyrat de tes propres mains, de même je te rendrai de mes propres mains les rênes et le cheval. — Comment puis-je savoir, ô Hamza-Beg, si tu es sincère ou non dans tes paroles ? — Je jure par le plus pur être de Dieu, Hamza il est noble, et je te le répète encore, je conduirai moi-même Kyrat par la bride, et je te le rendrai. »

Cela dit, il tourna la tête de Kyrat, et s'en fut vers le camp de la tribu de Haniss. Kourroglou contempla son bien-aimé cheval jusqu'à ce qu'il eût disparu dans l'éloignement. Triste, et les yeux baissés, il retourna sur ses pas et monta sur Durrat. Tous les bandits étaient sortis de Chamly-Bill afin de voir quelle figure ferait Hamza, ramené par Kourroglou ; mais quand ils virent leur chef seul et monté sur Durrat, ils se dirent entre eux : « Kourroglou aura été attrapé par cette adroite tête pelée. » Ils eurent peur de la colère de Kourroglou, et se dispersèrent dans toutes les directions. Chacun d'eux comme un rat, se cacha dans quelque trou. Ayvaz seul fut assez hardi pour parler, et dit : « Agha, tu as fait un bon marché ; Durrat pour Kyrat ! As-tu pris le voleur ? — Va-t-en, sot enfant ! » Le jeune homme effrayé s'éloigna.

Kourroglou s'en fut dans le harem, et, pendant les six mois qui suivirent, il ne bougea pas de la chambre de Nighara. Au bout de ce temps, il dit : « Nighara, Hamza m'a fait une promesse : il faut que j'aille là-bas et que j'y meure ou que je revienne avec Kyrat. »

Il se leva, revêtit l'habit d'un Aushik, et, après avoir pris congé de sa femme, il partit.

En s'approchant du camp des Haniss, il se préparait à

---

[1] C'est un cri par lequel les meuniers sur la plate-forme de leur moulin font connaître qu'ils n'ont plus rien à moudre.

[2] Chanteur improvisateur.

passer une large rivière, quand il remarqua sur le sable la trace des pieds d'un cheval qui l'avait franchie en un saut, d'une rive à l'autre. Il dit dans son cœur : « Nul cheval au monde, excepté mon Kyrat, ne pourrait accomplir une chose semblable. Hamza a dû venir ici avec lui. »

Étant entré dans le camp, il mit un temps considérable à faire le tour du lieu où les tentes nombreuses et des cordes tendues qui en marquaient les limites. Fidèle à son rôle, il chantait tout le temps de sa plus belle voix, charmant et égayant tous ceux qu'il rencontrait; et toutes ses chansons étaient à l'éloge du cheval.

Cette nouvelle parvint bientôt aux oreilles du pacha; ce seigneur était de mauvaise humeur, parce que depuis le jour où Kyrat lui avait été amené par Hamza, il n'avait pu encore monter ce cheval, qui était attaché dans l'écurie et ne souffrait que personne s'approchât de lui, si ce n'est Hamza-Beg. Le pacha ordonna que Kourroglou fût amené en sa présence. Il lui fit un accueil gracieux, et lui permit de s'asseoir dans sa tente. « On dit que tu es habile dans l'art de louer les chevaux : tu arrives justement dans un lieu où tu peux voir une écurie qui n'a pas sa pareille dans tout l'univers. » Kourroglou eut peur que Hamza-Beg ne le trahît; il regarda, et, voyant que ce dernier était absent, il chanta l'éloge suivant :

Improvisation. — « Laissez-moi chanter l'éloge d'un cheval arabe. Sa crinière doit être comme si elle était de fils de soie; ses pieds ne doivent pas être charnus. Ils sont exactement entourés de peau; ses sabots ont l'air d'avoir été tournés; ses fers ne doivent pas peser plus d'un okha d'argent; il doit être robuste et d'une taille moyenne; son cou doit être long, mince et uni comme un ruban. Quand on le sort de l'écurie, il bondit et se joue de mille manières. » — Bravo, Aushik! cria le pacha, je n'ai jamais entendu louer le cheval avec tant de méthode. Le célèbre Kyrat qu'Hamza-Beg m'a amené possède toutes les qualités que tu as énumérées; mais de quel usage est-il pour moi? Il est si méchant et si fou, que je ne puis pas le monter.

Kourroglou dit : « Longue vie au pacha! un cheval fou est le meilleur à monter. — Pour quelle raison? »

Kourroglou chanta ainsi :

Improvisation. — « Un noble cheval marche hardiment, comme s'il cherchait à renverser son cavalier. Il secoue ses oreilles et tire si fort les rênes que le cavalier doit le tenir ferme et ne donner aucun repos à ses mains. Le cheval d'un guerrier-bélier doit être fou comme son maître. »

Le pacha appela ses serviteurs : « Faites venir Hamza-Beg devant moi. Je désire qu'il écoute ces belles louanges du cheval. »

Hamza-Beg avait épousé la plus jeune fille du pacha, et il avait été élevé au rang de grand vizir.

Il vint, vêtu d'un riche habit de fourrure; son turban était du plus beau cachemire, et il avait une suite de trois cents hommes.

Il entra, et, saluant à peine de la tête le pacha, il s'assit sans qu'on le lui dît et s'étendit sur son siége.

Kourroglou fut grandement surpris de voir tant de splendeur et de gravité dans un homme qui, six mois auparavant, n'était qu'un marmiton. Il se leva humblement de sa place et fit un profond salut. Un frisson glacial courut sur toute sa peau, et, en saluant, il plaça la main sur son cœur. Ce geste signifiait : Hamza-Beg! sois miséricordieux et ne me trahis pas! Hamza-Beg, en réponse, plaça la main sur ses yeux, ce qui voulait dire : « Ne crains rien et prends patience[1]! »

Le pacha dit : « Nul doute que l'Aushik ne soit lui-même un bon cavalier. » Il se tourna vers Kourroglou et dit : « Aushik, serais-tu dans le cas de monter mon cheval? » Kourroglou se mit à pleurer et à se plaindre de ce qu'on voulait, sans doute, lui donner quelque cheval fou qui le tuerait et rendrait ses enfants orphelins. Le pacha dit : « N'aie pas peur. Tu auras deux cents tumans de moi. Si le cheval te tuait, l'argent serait remis à ta veuve et à tes orphelins, comme le prix de ton sang. Si tu peux descendre vivant de dessus son dos, je te donnerai l'argent comme récompense. » Kourroglou dit : « Puisse le pacha nager dans le bonheur, et puisse son règne être long! Je suis content. Si je meurs, puisses-tu vivre de longs jours, seigneur! » Le pacha donna ordre au vizir d'aller chercher Kyrat.

Le rusé Hamza-Beg pourvut à tout : voyant que Kourroglou n'avait point d'armes avec lui, il réussit, en sellant Kyrat, à cacher une massue sous les housses et suspendit un sabre au pommeau de la selle. Il le brida ensuite et lui noua la queue. Six hommes suffisaient à peine pour conduire Kyrat hors de l'écurie, tant il était devenu gras et sauvage, après six mois de repos. L'écume jaillissait de ses naseaux. Kourroglou vit tout et chanta :

Improvisation. — « O toi que j'ai eu pour la première fois entre mes mains le Turquestan, viens, Kyrat, viens, bonheur de ma vie! Tu es tombé entre les mains d'un vilain. Viens, Kyrat, toi la plus chère de toutes les choses de ma vie, viens! J'ai pour toi un mors fait avec quinze livres de fer. Quand tu es courroucé, tu ne touches pas à ta nourriture de trois jours; tu ne bronches pas dans une course de quarante milles. O Kyrat, toi, la plus chère des choses de ma vie, viens! »

La pacha dit : « Aushik, ma patience est épuisée; je t'ordonne de monter ce cheval à l'instant même. »

Kourroglou dit : « Je suis sûr que le cheval me tuera. Béni soit le sel que tu m'as donné; sois le protecteur de mes pauvres orphelins!... — Tu peux te tranquilliser; il ne te tuera pas. Je te recommande à la protection des quatre premiers kalifes. » En disant ces mots, le pacha mit dans le sein de Kourroglou la bourse promise, avec les deux cents tumans. Ce dernier dit : « Longue vie au pacha! » et il alla vers Kyrat. Hamza-Beg lui tendit les rênes de ses propres mains, et lui dit tout bas : « Guerrier, la parole d'un guerrier est une parole. La promesse que je t'ai faite il y a six mois est remplie. » Kourroglou lui dit à l'oreille : « Pour cette conduite généreuse, je te jure, aussi longtemps que j'aurai un morceau de pain, je le partagerai avec toi. » Hamza-Beg dit : « Prends le sabre suspendu à la selle, attache-le à ta ceinture, tu trouveras aussi une massue sous les housses. » Kourroglou monta sur Kyrat, ceignit le sabre, et, tirant la massue, il la fit tourner au-dessus de sa tête. Hamza-Beg recula, comme s'il était effrayé, et se cacha dans la foule. Quand Kourroglou sentit Kyrat sous lui, il devint si joyeux, qu'il perdit toute sa raison et sa présence d'esprit. Il faisait trotter le cheval dans toutes les directions. Le pacha le rappela : « Aushik, donne-moi le cheval; il me parait très-doux, ce matin : laisse-moi essayer de le monter. » Kourroglou dit dans son cœur : « Je te laisserais plutôt monter sur mon propre cou; » et il ajouta tout haut : « Pacha, permets-moi de te chanter un air, d'abord; ensuite, je descendrai. »

Improvisation. — « Ce cheval peut courir, en un jour, d'Ardibil à Kashan. Qu'importe le sultan, qu'importent tous les pachas à celui qui est monté sur ce cheval? Ce cheval ne s'arrête que tous les trente farsakhs. O toi, bonheur de ma vie, tu es encore à moi.

« Il a franchi une grande rivière; j'ai reconnu l'em-

---

[1] La conversation par signes est portée à une grande perfection en Perse. Je me rappelle qu'une fois, pendant ma visite à un certain beglerberg, on lui amena un coupable qui ne voulait pas avouer sa faute. Le beglerberg ordonna d'apporter les fouets et les bâtons. « Je jure que je suis innocent », s'écria l'accusé, croisant sur sa poitrine ses deux poings fermés avec un seul doigt levé en avant. Les exécuteurs étaient prêts, regardant le beglerberg, qui, de son côté, fixait les yeux sur la poitrine de l'accusé : « Tu es coupable, drôle, s'écria-t-il. — Sur ta tête bienheureuse, je suis innocent, » repondit l'accusé, croisant ses poings comme auparavant, avec cete différence qu'il y avait deux doigts au lieu d'un projetés en avant. Ils continuèrent ainsi, l'accusé après chaque menace du beglerberg, croisant ses mains sur sa poitrine avec toujours plus de doigts levés. Enfin, quand après une nouvelle protestation, il eut mis ses mains sur sa poitrine avec tous les doigts étendus, le beglerberg dit : « Allons, laissez-le aller. Peut-être est-il réellement innocent. Retourne te à la maison, et fais que je n'entende plus de plaintes contre toi. » Quand je quittai la maison du beglerberg, je le remarquai que mes domestiques riaient et chuchotaient entre eux, et j'obtins d'eux l'explication suivante : l'accusé avait fait d'abord entendre au beglerberg qu'il lui donnerait un tuman, s'il voulait le renvoyer; ensuite il lui en avait promis deux, trois, et ainsi de suite; mais il n'obtint son pardon que lorsqu'il eut promis de payer dix tumans.

(*Note de M. Chodzko.*)

Chien pelé, tu vas emporter la peau du cheval. (Page 21.)

preinte de ses pas. Oh! je baiserai chacun de tes sabots, je baiserai tes deux yeux brûlants. Je remercie Dieu de te revoir, ô mon Kyrat, bonheur de ma vie; tu es encore à moi. »

Le pacha dit : « Aushik, fais-le galoper encore une fois, je te regarde comme un habile cavalier. » Kourroglou passa deux fois au galop près de l'endroit où était le pacha. « Bien, maintenant donne-le-moi, je veux l'essayer moi-même. — Pacha, tu ne le monteras pas. »

Le pacha se tourna vers Hamza-Beg, et dit : « Ce fou ne veut pas me rendre le cheval. Si c'était Kourroglou lui-même? » Hamza-Beg répondit : « Comment puis-je le dire? — N'as-tu donc pas vu le bandit durant ton séjour à Chamly-Bill? — Je ne l'ai pas vu. Mes yeux aussi bien que mon esprit ont été occupés tout le temps à trouver quelque moyen de dérober Kyrat. Ce Kourroglou a plusieurs milliers de braves guerriers comme lui; qui pourrait jamais tous les connaître? » Le pacha, tournant son visage vers Kourroglou, dit : « Allons, amène ici le cheval, je veux le monter maintenant. » Kourroglou dit : « Santé au pacha! un air me vient dans la tête; écoutez-moi. »

Improvisation. — « Une course sur un cheval bai porte toujours bonheur. Le cœur du cavalier met en lui ses délices. Ses genoux sont noirs, son cou vous rappelle le cou du chameau *bagyar* [1]. Le cœur met en lui ses délices. Quand il marche, son pas est comme le pas du chameau *kosahk* [2]; quand il est en bon état, son dos doit être aussi large que sa poitrine, et la distance entre ses jambes de derrière est telle qu'un archer peut s'asseoir entre pour tendre son arc. Le cœur met ses délices en lui. »

Le pacha dit : « Tu deviens trop familier, Aushik. Je t'ai déjà dit que nous en avions assez; descends. Je désire monter Kyrat moi-même. » Kourroglou sourit avec mépris, et dit :

« Pacha sans cervelle! je couvrirai ton turban de boue! Comment peux-tu penser à monter ce coursier? il a plus d'esprit que toi. » Le pacha dit : « Hamza-Beg, dis-lui de descendre. — Je le lui ai dit, mais il refuse d'obéir. J'ai peur, en vérité, que cet homme ne soit Kourr-

1. Espèce de chameau très-estimée en Perse.
2. Autre espèce de chameau.

Voici mon tribut. (Page 28.)

oglou. Pourquoi lui as-tu donné le cheval? » Le pacha dit : « Allons, vite, descends, Aushik, es-tu sourd? » Kourroglou dit : « Pacha, je me rappelle un air; écoutez-moi :

Improvisation. — « Le cheval est à moi. Je ferai couvrir son précieux dos de housses de soie. Je le ferai baigner dans toute une rivière de vin rouge. C'est l'élu de Kourroglou, l'élu entre cinq cents chevaux. Le cœur met en lui ses délices. Quand le chef des palefreniers, Daly-Mehter, s'approche de lui, il se lève sur ses jambes de derrière, et le palefrenier, pour le panser, est obligé de le frapper sur la bouche avec un bâton. »

« Alors tu es Kourroglou, s'écria le pacha ; j'en remercie Dieu! Je t'ai cherché dans le ciel, et je t'ai trouvé sur la terre. Je vais te faire mettre en pièces ici, de telle sorte qu'il ne reste pas de traces de toi sur la terre. »

Hamza-Beg, voyant que la querelle s'échauffait et que les choses, selon toute apparence, deviendraient pires encore, se retira pour voir à quelque distance comment elles finiraient. Le pacha cria : « Hamza-Beg, viens là, voici Kourroglou! » Hamza-Beg répliqua : « Oui, tu l'as dit ; mais que puis-je faire contre lui? Ne t'ai-je pas conseillé de ne pas lui mettre le cheval entre les mains? » Le pacha fut épouvanté, mais il continua d'appeler Kourroglou, lui ordonnant de descendre. Kourroglou chanta ainsi :

Improvisation. — « Hassan-Pacha, ne te fie pas trop à ton pouvoir. J'ai plus d'un serviteur qui te vaut. Que te servira de gravir des montagnes et des rochers? Crois-moi, le pied de ton cheval ne passera jamais sur mes chemins. Aghas, sultans! regardez le vaste désert. J'aurai vos corps enveloppés de la tête aux pieds dans la pourpre du sang. Je vous tuerai tous avant de revoir Ayvaz. Mes serviteurs portent de lourds djezzairs[1] sur leurs épaules. Montrez-moi le héros qui puisse tendre mon arc. Avancez, héroïques béliers! voyons si vous pouvez frapper un bouclier avec vos têtes. Je puis mâcher le fer et le cracher ensuite vers le ciel. Je suis le seigneur de Chamly-Bill et de ses montagnes couvertes sur leurs crêtes de neiges aux mille couleurs. Je compte mille hommes de chaque tribu sous ma bannière. Je puis seul montrer cent mille ingénieuses devises. »

1. Longue arquebuse appelée aussi shamtal ; elle porte à une grande distance.

Le pacha commanda alors à ses hommes de le saisir. Kourroglou, sur cela, s'écria : « O Ali ! » Et tirant l'épée du fourreau, il fondit sur les nomades, comme un loup affamé sur un troupeau. Des monceaux de cadavres s'élevèrent autour de lui, et le pacha prit la fuite. Kourroglou dit dans son cœur : « Hamza-Beg m'a rendu de tels services qu'il faut que je lui montre ma gratitude d'une manière sensible. Je tuerai son beau-père, afin qu'il règne désormais sur la tribu de Haniss. » Alors, donnant de l'éperon à Kyrat, il atteignit le pacha, et d'un coup de son sabre il lui aplatit le crâne comme la tête d'un pavot. Hamza-Beg vit le sort de son maître, et, ôtant son turban, il se jeta sous les pieds de Kyrat, ce qui signifiait : Nous nous rendons; nous sommes tes prisonniers. Kourroglou dit : « Hamza-Beg, si j'ai tué le pacha, c'était seulement pour faire de toi son successeur. Si dans ton cœur tu as quelque autre désir, dis-le-moi, que je puisse l'accomplir. »

Kourroglou, ayant établi solidement l'autorité de son ami sur les tribus de Haniss, le quitta pour retourner à Chamly-Bill. En passant à travers les camps les plus éloignés, il jeta un regard dans l'intérieur de quelques tentes. Les eunuques en sortirent aussitôt, et lui reprochèrent la hardiesse avec laquelle il se permettait d'examiner l'intérieur des tentes qui formaient le harem de Hassan-Pacha. Kourroglou demanda si la femme de Hamza-Beg était là. « Elle y est, » fut la réponse. « Combien de filles avait Hassan-Pacha ? — Sept ; l'une d'elles est mariée à Hamza ; les six autres ne sont pas mariées. — Amenez-les ici, et faites-les placer en rang ; je désire les voir. » Quand ses ordres eurent été exécutés, il dit : « Celle-là seule peut partir ; c'est la femme d'Hamza-Beg, et elle est pour moi une fille, une sœur. »

Il fit choix de la plus jolie des sept sœurs, et la plaça derrière lui sur sa selle. Il dit à l'eunuque : « Si Hamza-Beg demande ce qu'est devenue la fille du pacha, tu lui diras que Kourroglou l'a emmenée à Chamly-Bill pour son ancien maître, Daly-Mehter. »

Et il s'en alla ainsi de bourgade en bourgade jusqu'à ce qu'il fût arrivé chez lui. Tous les bandits vinrent à sa rencontre. Kourroglou dit à Ayvaz de faire venir Daly-Mehter devant lui, et d'envoyer la fille du pacha dans son propre harem. Aussitôt que Daly-Mehter parut, Kourroglou dit : « Écoute-moi, écuyer, j'ai été irrité contre toi à cause de Kyrat. Faisons la paix. J'ai amené la fille de Hassan-Pacha pour toi. » Alors, se tournant vers Ayvaz, il dit : « Qu'aucune dépense ne soit épargnée. Il faut que tu prépares des noces splendides ; car c'est la fille d'un homme d'un rang élevé ; elle doit être honorée. »

Les cérémonies et les illuminations durèrent pendant sept jours à Chamly-Bill. A la fin du septième jour, la nouvelle femme de Daly-Mehter fut conduite dans sa demeure.

SEPTIÈME RENCONTRE.

L'histoire d'Hamza-Beg a été un peu longue ; mais il nous semble que si la sultane Scheherazade l'eût racontée au sultan Schaariar, il ne s'en serait pas plaint plus que des autres, et n'eût pas fait couper la tête féconde de la belle rapsode, avant d'avoir vu au moins ce qui était advenu de la tête chauve d'Hamza. Maintenant Kourroglou arrive à un épisode de sa vie qui se distingue de tous les autres par sa brièveté et sa couleur sinistre. Il y a un crime dans la vie de ce héros, et à partir de ce moment on voit le signe de la colère divine se lever à son horizon et envahir peu à peu la splendeur de son ciel. Le rapsode n'en fait pas la remarque, il ne dogmatise pas ; on voit même qu'il raconte sans figure et sans complaisance les métaphores, comme à regret et pénétré d'effroi, le crime de son héros. Mais l'admirable instinct philosophique qui est dans la conscience des poètes populaires se révèle dans l'enchaînement des aventures de Kourroglou. Qu'on ne croie donc pas que ce sont des épisodes pris au hasard dans le roman capricieux de sa vie errante. Non ; la mémoire populaire est un artiste ingénieux, un poëte qui ne manque pas de profondeur. Au premier coup d'œil, nous avions pensé que la vie de Kourroglou n'était qu'un conte héroïque et comique ; mais arrivés à la septième rencontre, et voyant ensuite se dérouler la suite de ses derniers succès, puis de ses imprudences, puis de ses revers et de ses profondes douleurs, enfin de ses infortunes jusqu'à sa mort déplorable, nous avons reconnu que c'était là un véritable poëme, avec son sens philosophique, sa moralité et sa personnification de l'être humain (d'une race peut-être en particulier), dans un individu poétique. Nul doute que Kourroglou a existé, et que le fond de son histoire est authentique : c'est le Napoléon de la race nomade ; et s'il est déjà devenu fabuleux, c'est que, pour les esprits illettrés, deux siècles équivalent peut-être à deux mille ans. Mais la tradition fait l'histoire d'après les mêmes règles morales qu'observent les hommes de génie pour l'écrire. Elle comprend qu'un héros n'est qu'une incarnation plus riche de l'esprit qui anime ses contemporains. Elle ne lui donnera donc ni vertus, ni vices, ni facultés qui ne soient en rapport avec ceux de sa race et de son temps. Kourroglou traversant les précipices et les fleuves à la course de son cheval, massacrant à lui seul une armée, mangeant et buvant comme les héros de Rabelais, est au fond de ce milieu fantastique un homme très-réel, un caractère très-sainement développé. C'est ainsi qu'a procédé Hoffmann dans ses bons jours ; c'est pour cela que, parmi de nombreuses aberrations, il a créé plusieurs chefs-d'œuvre.

Kourroglou était marqué en naissant d'un signe de grandeur. Il avait de grandes choses à faire, pour lui-même et pour sa race : venger le supplice de son père et affranchir les *vaillants hommes* de son temps du joug des *sunnites impies*. Mais comme les vaillants hommes de son temps, il est né téméraire et orgueilleux. Une ardente curiosité, une vanité secrète l'ont déjà privé d'une partie des avantages que son père le magicien devait lui procurer. On se rappelle que ce père, le magicien (qui, entre nous, me paraît être une personnification du Destin, tout puissant et aveugle comme lui), lui avait préparé, par ses savantes incantations, un cheval qui l'eût porté jusqu'au ciel ; car il avait des ailes, et c'est un regard d'irrésistible curiosité de Kourroglou qui les a fait tomber de ses flancs lumineux. Kyrat sera encore le premier cheval du monde, a dit le père ; mais ce ne sera plus Pégase, et ses pieds rapides sont pour jamais enchaînés à la terre.

Une seconde imprudence de Kourroglou cause l'éternelle douleur et la mort de son père. On se rappelle qu'il devait lui rapporter dans un vase l'écume d'une source mystérieuse ; mais l'écume le tente, il la boit, et le père ne reverra plus la lumière des cieux. « A partir de ce jour, tu n'es plus Roushan, dit le magicien, tu es Kourroglou, le fils de l'aveugle, » c'est-à-dire le fils du Destin, et ce nom fera ta gloire et ta condamnation. Tu as vengé ton père, mais tu l'as laissé périr ; tu seras le plus grand guerrier de ton siècle, mais tu seras maudit ; tu porteras la peine de ton orgueil au milieu de tes prospérités, et, comme ton père, tu finiras misérablement.

Jusqu'ici nous avons vu réussir, comme par miracle, toutes les audacieuses tentatives de Kourroglou. Il a rassemblé mille hommes de chaque tribu, il s'est bâti une forteresse que nul souverain n'ose plus attaquer. Il a enlevé Ayvaz et Nighara, ces deux objets de sa tendresse ; mais Ayvaz le trahira, et Nighara, pas plus que ses sept cent soixante-dix-sept femmes, ne lui fera connaître la joie et l'orgueil de la paternité. Chacune de ses entreprises sera couronnée de succès en apparence, et sera expiée dans l'ensemble mystérieux de sa vie par de poignantes douleurs. On verra bientôt (et on l'a vu déjà par ce cri de l'âme qui lui échappe au milieu de ses plus menaçantes improvisations : *la vie est un fardeau pour moi!*), qu'il pressent la fatalité attachée à tous ses pas. L'orgueil est son mauvais ange, l'orgueil doit le perdre, l'orgueil le rend criminel ; cet orgueil sera châtié. Ses grandes facultés, je ne sais pas s'il ne faut pas dire pour entrer dans l'esprit de la race qui le chante, *ses grandes vertus*, l'ambition, la cupidité, la ruse, la volupté, l'intempérance, la soif du sang, tout ce qui l'a fait grand et heureux parmi les héros de sa race, va l'abandonner peu à peu, parce qu'il a abusé de ces dons du ciel. Je parle comme un rapsode turcoman, faites-moi le plaisir de m'écouter en bons Turcomans; oui, c'étaient là des dons du ciel! Il était le plus grand des fourbes. Honte à lui! il va devenir confiant et sincère, parce qu'une fois il a fait un mauvais usage de sa ruse et de sa prudence. Il dressait des embûches, et l'ennemi ne manquait jamais d'y tomber : gloire à lui! mais une fois il a tendu le piége à celui qu'il devait respecter, et désormais il sera pris dans ses propres filets : malheur à lui! Il était bandit et meurtrier, rien de mieux! Une fois il est devenu assassin : désormais le poignard sera toujours levé sur lui. Malheur au fils de l'aveugle !

Voilà, je crois, le raisonnement qu'il faut mettre dans la bouche du rapsode, pour comprendre la septième rencontre et la suite des jours de Kourroglou. Appelons maintenant l'exemple à notre aide.

Kourroglou avait, comme on sait, l'innocente habitude de détrousser les marchands qui poussaient la folie ou l'insolence jusqu'à lui refuser un modeste tribut de cinq cents tumans en passant sur ses terres. Mais il n'avait pas souvent cet embarras, parce que les riches voyageurs, ayant appris à le connaître, allaient désormais au-devant de ses désirs, et ne se faisaient plus tirer l'oreille pour s'exécuter. Kourroglou était si sûr de son fait, qu'il s'en allait tout seul, déguisé, le plus souvent en aushik (chanteur improvisateur), au beau milieu de la caravane, et, quand il s'était un peu diverti aux dépens de ses hôtes, quand il leur avait bien fait peur de l'ogre Kourroglou; quand il leur avait dit : « Seigneurs, prenez garde! Kourroglou est toujours là où on l'attend le moins; peut-être est-il déjà parmi vous; mais, pour sûr, il y sera bientôt. » Alors le sycophante, en les voyant pâlir, renfonçait sa guitare, levait sa massue, et criait de sa voix de stentor : « Voilà Kourroglou! » Aussitôt les marchands de se prosterner, de se frapper la poitrine, de s'arracher la barbe et de crier merci! « Guerrier, disaient-ils, nous savons que tu as porté le tribut à cinq cents tumans; mais si tu exiges le double, nous te le donnerons à condition que nous ne verrons pas le visage de Daly-Hassan. » On se rappelle que ce Daly-Hassan, ancien brigand pour son compte personnel, vaincu par Kourroglou, s'est attaché à lui par reconnaissance, a grossi son armée par de nombreux enrôlements, et qu'il se distingue dans toutes les entreprises. Mais il paraît que sa cruauté est excessive. Lorsque Kourroglou, toujours fidèle aux lois qu'il a instituées, a répondu aux marchands : « Oh non! c'est bien assez ! » il revient vers ses compagnons, et Daly-Hassan, qui l'attend au pied de la montagne en léchant ses moustaches comme un tigre qui a soif, lui demande la permission d'essayer le tranchant de son sabre sur ces marauds, afin de leur arracher quelques barils de vin par-dessus le marché. Mais Kourroglou lui répond : « Vous connaissez le proverbe arabe : la justice constitue la moitié de la religion ! » Et il rentre à Chamly-Bill les poches pleines d'or et le cœur de bons sentiments.

Mais, hélas! il est arrivé ce jour néfaste où le héros doit être mis à la plus rude épreuve, et où sa vanité doit déchaîner les malédictions suspendues sur sa tête. Il faut suivre ce récit dans l'original.

« Un jour, Mohammed-Beg, de la tribu des Kajars, vint visiter Kourroglou avec douze mille hommes de cavalerie. Ils demeurèrent à Chamly-Bill, buvant et festoyant, jusqu'à ce que les celliers et les cuisines de Kourroglou fussent complètement vides. Le sommelier et le cuisinier vinrent ensemble l'annoncer à Kourroglou, et dirent : « Tes hôtes ont mangé et bu tout ce qu'il y avait ici ; ils n'ont pas même laissé les croûtes ou la lie. »

Kourroglou envoya ses gardes rôder dans le voisinage, et bientôt après, on lui signala une caravane. Il fit seller Kyrat; et, armé de pied en cap, il se dirigea vers la prairie.

Il regarda et vit une immense caravane campée sur ses pâturages. Tout annonçait que le marchand était un homme puissamment riche. Et dans une tente dressée pour la circonstance, on voyait deux Turcs assis et jouant au trictrac. Kourroglou arriva jusqu'à eux, et dit : « Salam ! » Un des Turcs l'aperçut, et dit : « Homme, descends de cheval! — D'où viens-tu ? — Eh quoi! n'avez-vous pu déjà reconnaître Kourroglou ? — Bien, cela est tout à fait différent. Kourroglou est un grand homme; nous lui paierons un tribut pour le bon séjour que nous avons fait sur ses terres. » Kourroglou crut que le marchand voulait se débarrasser de lui par une plaisanterie; car il ne s'était pas levé pour lui témoigner son respect quand le nom de Kourroglou était sorti de ses lèvres. Il se recula, et visant avec sa lance le Turc qui restait toujours assis, il fit cabrer son cheval. Le Turc lui dit alors froidement : « Retiens ton bras, Kourroglou. » La pointe de la lance avait déjà effleuré la poitrine du Turc; mais Kourroglou retint son cheval et s'arrêta. Le Turc dit : « Tu devrais jeter un voile de femme sur ton visage. Il ne convient pas à des hommes d'agir ainsi. J'ai entendu raconter beaucoup de choses de toi; mais je t'ai vu maintenant, et tu ne mérites pas ta renommée. Un homme brave donne à son ennemi le temps de se mettre en garde. C'est le rôle d'une femme de combattre sans avertir et de tuer par surprise. Laisse-moi au moins le temps de finir ma partie de trictrac, de prendre ensuite mes armes et de monter sur mon cheval. Nous nous battrons alors en duel. Si je te tue et si je délivre le *collier du monde de tes étreintes rapaces*, des prières seront dites pour ton âme. Si, au contraire, tu réussis à me tuer, tu prendras toutes les richesses et les marchandises rassemblées en ce lieu. »

Kourroglou écouta patiemment et reconnut la justice de ces paroles. Il attendit donc qu'il plût au marchand de s'armer et de monter à cheval. Quand cela fut fait, le Turc dit : « Kourroglou, tu dois commencer; tu es libre de m'attaquer de telle manière et avec telle arme qu'il te plaira. »

Kourroglou avait dix-sept armes sur lui, et il fit autant d'attaques différentes ; mais elles furent toutes parées ou repoussées.

Le Turc s'écria : « Viens plus près, prends-moi par la ceinture, et vois si tu peux me faire descendre de cheval. J'aimerais à éprouver ta force. » Kourroglou saisit le marchand à la ceinture et tâcha de le désarçonner; mais le Turc se tint ferme sur la selle, comme s'il y eût été cousu.

Le Turc dit : « C'est maintenant à mon tour ; laisse-moi te faire éprouver ma force. » Il saisit la ceinture de Kourroglou, et le secoua d'une telle façon, que ce dernier fut sur le point de tomber; et même un de ses pieds avait déjà perdu l'étrier.

Le Turc, comme s'il dédaignait de profiter de sa victoire, lâcha la ceinture de Kourroglou, quitta son armure, et, descendant de cheval, il invita Kourroglou à entrer sous sa tente et à devenir son hôte.

Kourroglou descendit avec soumission de dessus Kyrat, se glissa dans la tente comme un rat, et prit humblement un siège. Il se sentait si honteux, qu'il osait à peine respirer. Le Turc baissa la tête comme auparavant, et se remit à jouer au trictrac avec son compagnon. Kourroglou vit que le Turc était un homme plein de courage et de noblesse. Fidèle à son habitude de dire en face à l'homme brave qu'il était brave, et au poltron qu'il était poltron, il accorda sa guitare, et chanta au marchand l'air suivant :

Improvisation. — « J'ai demandé à ses esclaves et à ses serviteurs qui il était. Ils ont tous répondu : C'est le seigneur des seigneurs, un marchand guerrier. Il possède plus d'or qu'on n'en peut trouver dans Alep ou dans Damas. C'est le lion du désert. Son coursier est couvert de la dépouille du léopard. Il ne daigne pas jeter un regard sur un ennemi ou sur un ami. J'ai lancé mon cheval contre lui, j'ai levé ma massue au-dessus de sa tête. Le marchand alors a poussé un cri, et s'est élancé de sa place. »

Le Turc sourit, et regarda l'autre joueur d'une manière significative (car il était évident que le chanteur mentait par habitude de se vanter). Kourroglou dit dans son cœur : « Le maudit se raille de moi. » Il reprit ainsi :

Improvisation. — « O mon Dieu, tu l'as créé sans défaut. Il n'est le serviteur que de toi seul ; mais envers tout le reste du monde, il est impérieux et superbe. Il a amassé des montagnes de marchandises, et il s'est reposé. Il a jeté un regard à son compagnon, et il a souri. Il a baissé la tête, et il a joué au trictrac. »

Le Turc dit : « Guerrier Kourroglou, pour ta poésie, je te paierai un tribut de cinq cents tumans. » Kourroglou pensait qu'il n'aurait rien de cet homme qui l'avait vaincu. Aussitôt qu'il entendit parler de cinq cents tumans, son cerveau recouvra la santé ; il fut transporté de joie, et improvisa ainsi :

Improvisation. — « Il a mis sur ses oreilles le bonnet d'un derviche, sur ses épaules est un manteau d'hermine. Je lui ai chanté un air. Le marchand m'a donné cinq cents tumans pour récompense. »

Le Turc ayant versé l'argent devant le chanteur, il dit : « Voici mon tribu de cinq cents tumans. Si tu veux accepter mon invitation, Dieu merci, nous ne manquons pas de vin ni de kabab. Il y a toutes sortes d'aliments préparés. Si tu ne veux pas venir, et que tu préfères t'en aller, tu es le maître. » Kourroglou dit : « J'aimerais mieux partir, si tu daignais me le permettre. »

Kourroglou, ayant mis l'argent dans sa poche, prit congé de son hôte, et retourna à Chamly-Bill. Quand les bandits virent l'argent, ils le félicitèrent de sa victoire. Kourroglou dit : « Ne m'insultez pas, chiens que vous êtes ! Ce ne sont pas des tumans, mais bien autant de gouttes de mon propre sang. Cet homme m'a vaincu ; mais il n'a pas voulu me tuer, et, de plus, il m'a payé mon sang avec cet argent. »

Il ordonna à ses gardes de veiller le moment du départ du marchand et de le lui annoncer.

A partir de ce moment, Kourroglou sent décroître la conscience de sa force ; il n'ose plus sortir seul. Quand Ayvaz vient lui dire : « Ne veux-tu pas faire une sortie, seigneur ? Nous sommes à la fin de l'automne. Si la neige tombait cette nuit, les routes seraient interceptées, et nous ne trouverions plus de voyageurs à rançonner. Cependant ta caisse et ta paneterie sont vides. J'aperçois une caravane : allons ! » Kourroglou répond : « Retire-toi ! le premier marchand était un homme sage, et il n'a pas voulu me tuer ; mais un autre peut être fou. »

Kourroglou ne voulait pas confesser devant ses gens qu'il était continuellement tourmenté par l'idée de la supériorité du Turc qui l'avait vaincu. Il résolut de voir encore une fois son heureux adversaire. Après bien des perquisitions, il sut le jour où le marchand devait quitter Erzeroum. Il partit avant lui, et se posta dans une passe de montagnes, de l'autre côté de la ville où passait la route. Le Turc était seul, à cheval, ayant laissé sa caravane derrière lui, à quelque distance. Kourroglou se sentit transporté de fureur ; il poussa son cheval sur le marchand, le jeta à bas de sa selle, et coupa la tête de *l'homme renversé.* Il sentit bientôt sa rage se calmer, et, *fâché de ce qu'il avait fait,* il chanta ainsi :

Improvisation. — « Begs, écoutez-moi ! Sur le chemin d'Alep, je rencontrai un marchand, je rencontrai un lion affamé. Il soufflait comme la brise du matin. Je me suis placé en embuscade sur sa route, non loin d'Erzeroum ; j'ai coupé sa tête à Erzengan. J'ai rencontré un marchand. »

L'ayant dépouillé de ses vêtements, Kourroglou vit que ce n'était pas un Turc, mais un Arménien, et il chanta :

Improvisation. — « Sa mort m'a délivré de mille maux. Je l'ai acceptée avec délices, comme un bouquet de roses. J'ai dépouillé le corps, et j'ai vu que c'était un Arménien. Oh ! que les montagnes se couvrent de brouillards, que des torrents ruisselent de leurs sommets[1] !

---

[1] Pour laver le déshonneur d'avoir traîtreusement attaqué l'homme sans défense. Les Persans haïssent, à cause de quelques différences de

Kourroglou, que ton bras soit desséché ! J'ai rencontré un marchand. »

Cette dernière strophe, si courte et si bizarre, nous paraît la plus belle et la plus orientale des improvisations de Kourroglou. Elle a la concision mystérieuse du style biblique. L'âme coupable s'y dévoile en voulant cacher sa honte et son effroi sous des métaphores. L'orgueil blessé, la colère, la vengeance toujours vivantes dans le cœur du meurtrier, entonnent le chant du triomphe ; les méchantes passions acceptent la mort de l'homme juste et généreux *comme un bouquet de roses.* Puis aussitôt le désespoir du maudit étouffe l'hymne impie. *Oh ! que les montagnes se couvrent de brouillards !* la nuit descend sur les yeux de Caïn. *Kourroglou, que ton bras soit desséché !* Et le bon refrain si bête et si sombre : « J'ai rencontré un marchand ! » *en dit plus qu'il n'est gros.* Nous connaissons certains refrains romantiques des ballades modernes, qui cherchent le terrible et le naïf, à l'imitation de ces formes populaires. Aucun ne m'a fait l'impression de ce : *j'ai rencontré un marchand,* qui vient si à point, qui résume si bien le souvenir d'une action qu'on ne veut pas s'avouer à soi-même, et qui, ne cherchant ni le naïf, ni le terrible, rencontre l'un et l'autre à la grande honte des faiseurs de nos jours. Kourroglou devait être un grand poète. Il ne pensait qu'à la rime et trouvait l'effet. M'est avis qu'aujourd'hui nous faisons le contraire.

A partir de ce moment, la fatalité s'appesantit sur Kourroglou. Après quelques exploits où ses imprudences le mettent à deux doigts de sa perte et où il succomberait sans l'héroïque secours d'Ayvaz et de ses compagnons, il est fait prisonnier, traîné à la queue d'un cheval, nourri des os qu'on lui jette comme à un chien, enfin attaché à un poteau pour mourir sous le fouet et le bâton. Il échappe pourtant à cette épreuve terrible, mais c'est pour retrouver Chamly-Bill en révolution ; Ayvaz le hait et le maudit comme un tyran, ses meilleurs amis le trahissent et l'abandonnent. Le combat qu'il est forcé de leur livrer est d'une haute poésie épique ; sa douleur, son amour pour Ayvaz, son indignation, touchent parfois au sublime. Enfin, Kourroglou, devenu vieux, s'éprend encore d'une princesse étrangère et veut l'enlever. Surpris et jeté dans un puits, il y devient *si gras,* ce qui, pour un homme tel que lui, est le comble de l'abjection et de la honte, qu'il est retiré de l'abîme et délivré à grand' peine. Mais l'esprit du grand homme est affaibli. Pris par ses ennemis, il finit esclave et aveugle comme Samson, après avoir vu tuer Kyrat sous ses yeux, et dès lors la mort lui est un bienfait pour lui. Ses derniers chants d'agonie ont encore de la grandeur et le montrent puissant et résigné. Il y a de l'analogie entre la fin de ce poëme et celle de la légende des quatre fils Aymon.

Nous n'avons traduit qu'une faible partie de cette curieuse épopée de Kourroglou. La fin est surtout frappante ; mais nous ne voulons pas priver l'amie qui nous a aidé à traduire du plaisir de la donner elle-même au lecteur dans une publication complète.

religion, les Turcs sunnites, plus encore que les chrétiens, s'il est possible. De sorte que Kourroglou cherche une consolation dans la pensée qu'il a trouvé que son supérieur à tous égards n'était pas un sunnite, mais un Arménien. *(Note de M. Chodzko.)*

Cet Arménien est évidemment le plus grand personnage du roman de Kourroglou : et n'est-il pas remarquable que ce héros, si supérieur à Kourroglou lui-même par son sang-froid, son courage, sa force et sa générosité, soit resté chrétien dans l'imagination des rapsodes ? Est-ce seulement par excès de haine contre les sunnites qu'on lui attribue un si grand rôle ? Dans un autre endroit, nous avons vu la princesse Nighara s'attendrir très-particulièrement, jusqu'à vouloir se donner la mort, pour un voyageur européen que Kourroglou menaçait de sa fureur. Il faut bien que dans ces têtes poétiques de l'Orient le chrétien soit un être supérieur, en dépit de la répulsion fanatique.

FIN DE KOURROGLOU.

LETTRE A M. LERMINIER

SUR SON EXAMEN CRITIQUE DU *LIVRE DU PEUPLE*.

Monsieur,

Lorsqu'en novembre 1836, M. Sainte-Beuve publia, dans la *Revue des Deux Mondes*, la critique du livre de M. de La Mennais, intitulé *Affaires de Rome*, nous fûmes tenté de répondre. Des raisons d'amitié ne nous eussent point empêché de le faire ; car, si la discussion peut et doit être courtoise et sincère, c'est entre gens qui s'aiment ou qui s'estiment. Mais la plume nous tomba des mains quand nous réfléchîmes au peu d'importance que le spirituel écrivain semblait attacher lui-même à son jugement. Le point de vue sceptique et le ton railleur de l'article en dérobaient volontairement le fond à toute discussion sérieuse. C'eût été une entreprise pédantesque que de vouloir combattre les fines plaisanteries et les charmantes frivolités de ce morceau purement biographique et littéraire.

Si aujourd'hui nous n'acceptons pas sans examen le jugement publié par vous, Monsieur, dans la *Revue des Deux Mondes*, sur le nouveau livre de M. de La Mennais, c'est que nous y voyons ce livre attaqué au nom de doctrines philosophiques et politiques dont l'importance nous paraît devoir être débattue. Ce n'est pas le livre que nous venons défendre, mais ses principes, qui sont en bien des points les nôtres. Il peut convenir à votre position littéraire et philosophique de combattre les écrits de M. de La Mennais ; il ne convient point à la nôtre de nous constituer l'avocat d'un si grand client. Mais, dans la condamnation réfléchie de M. de La Mennais par un homme de votre mérite, il y a, pour nous servir de vos propres expressions, un fait social dont il faut avoir raison par un examen attentif.

Vous dites que le *Livre du Peuple* est à la fois « *un livre de colère et de mansuétude, de sédition et d'ascétisme, matérialiste et mystique, se détruisant lui-même, sans unité, sans effet possible, sans danger* ; appelant, dans sa première partie, le peuple à la domination, et par conséquent aux armes, et le ramenant, dans la seconde, à la résignation et à l'humilité, par conséquent à l'abnégation. » Vous l'accusez de ne pas comprendre la théorie de l'intelligence et des lois de la raison, de mettre la souveraineté du peuple dans la collection des souverainetés individuelles, et de se trouver ainsi d'accord avec les conséquences extrêmes, non pas de la démocratie, mais de la démagogie ; de ne pas voir dans le droit autre chose que la liberté, de détourner et d'employer la parole chrétienne au profit de la souveraineté et de la félicité du peuple, d'avoir méconnu les réalités de l'histoire et de n'en tenir aucun compte ; de prêter à l'avenir, par suite de cette inintelligence du passé, les traits les plus incertains. Vous concluez particulièrement à l'obligation, pour M. de La Mennais, de formuler en système, sous peine d'être illogique, le nouvel ordre de choses qu'il veut substituer à l'ancien, et généralement au triomphe fatal et à la prédominance nécessaire de la bourgeoisie dans notre siècle. C'est cette dernière conclusion, nous le croyons, qui est le corollaire de votre discussion, et qui doit devenir la base de la nôtre.

Prenant d'abord la question à son point de vue philosophique, nous vous demanderons comment, reconnaissant, ainsi que vous le faites, en principe la souveraineté du peuple, identifiée avec la souveraineté de l'esprit humain, et définissant le peuple le genre humain, ou plus particulièrement tous les membres quelconques d'une société, vous placez cette souveraineté du peuple ailleurs que dans la collection des souverainetés individuelles ? De deux choses l'une : ou vous reconnaissez que tous les hommes, et par conséquent tous les membres quelconques d'une société, représentent plus ou moins la puissance de l'esprit humain, et alors vous êtes obligé de leur accorder à tous une part plus ou moins grande dans la direction de la société qu'ils composent, et par conséquent vous ne pouvez mettre la souveraineté du peuple ailleurs que dans la collection des souverainetés individuelles ; ou bien, si vous voulez refuser à certains une part quelconque dans la direction de la société dont ils sont membres, vous êtes obligé de leur dénier aussi une part quelconque dans la représentation de l'esprit humain, et alors vous les reléguez au rang des brutes. De là votre système mène droit à l'esclavage ; car l'homme social ne peut exister qu'à la condition d'avoir de doubles rapports, les uns vis-à-vis de lui-même, les autres vis-à-vis de la société. Il vit à la fois d'une vie particulière comme individu, et d'une vie générale comme citoyen, sans qu'il soit possible de séparer la première de la seconde. Donc, si certains membres de la société sont indignes d'exercer l'une, ils sont nécessairement incapables de gouverner l'autre, et vous devez dès lors mettre l'individu en tutelle comme le citoyen. Et cette tutelle absolue, cette confiscation du libre arbitre en toutes choses, qu'est-ce, sinon l'esclavage ?

Ce n'est pas là que vous voulez en venir, nous le savons, et vous n'oseriez pas tirer vous-même de telles conclusions de vos prémisses. Mais elles n'en sont pas moins rigoureuses, et n'en condamnent pas moins certainement les adversaires de la souveraineté du peuple, résultat des souverainetés individuelles. Pourtant nous voulons accorder que vous ayez raison en ce point, et que le peuple, en nous servant avec vous d'une autre définition que votre pensée ultérieure nous force de supposer complètement différente de la première, a droit de vivre et de se développer, mais non de gouverner la société. Puisque le peuple n'est plus toute la société, il n'en est donc plus qu'une partie. Si cette partie de la société n'a pas le droit d'intervenir dans le gouvernement, elle ne pourra donc vivre et se développer que suivant le bon plaisir de l'autre partie de la société qui occupera le gouvernement. Cette autre partie, c'est, dans votre système, la bourgeoisie. Donc, s'il plaisait à cette bourgeoisie nécessaire, indestructible et toute-puissante, comme vous l'appelez, d'empêcher le peuple de vivre et de se développer, il faudrait que le peuple cessât de se développer et de vivre. La bourgeoisie souveraine, en tant que représentant la souveraineté de l'esprit humain, peut tout faire sans que le peuple, qui ne représente que lui-même, c'est-à-dire rien, puisse se révolter contre cette infaillibilité nouvelle que vous bâtissez sur les ruines de l'infaillibilité catholique. Ou bien s'il ne veut se laisser abrutir, ni dépouiller, ni égorger, s'il se révolte contre cette bourgeoisie oppressive, il commet un crime de lèse-majesté contre la souveraineté de l'esprit humain.

Qu'on ne dise pas que nous mettons les choses au pire, et que la bourgeoisie, autant par intérêt que par justice, rendra peu à peu, par l'éducation, le peuple digne de participer au gouvernement, et qu'en attendant l'heure où elle jugera bon, dans sa sagesse, de partager avec lui la gestion des affaires, elle le traitera de son mieux.

Nous répondrions, 1° que tout principe dont les conséquences, tirées à l'extrême, conduisent à l'absurde, est faux; 2° que votre palliatif ne fait que reculer la difficulté au lieu de la résoudre, et se trouve toujours inutile, qu'il agisse dans un avenir prochain ou éloigné; car ou la bourgeoisie mettra le peuple à même de s'instruire sérieusement, en lui rendant le pain moins difficile en même temps que l'éducation plus accessible, et alors moins de dix années suffiront pour répandre partout les lumières dont vous parlez; ou bien elle ne fera que lui montrer la possibilité d'une instruction dont les exigences de son travail journalier l'empêcheront de profiter, et alors vous rendez indéfinie la durée de cette horrible inégalité; 3° que la bourgeoisie, composée d'hommes égoïstes, comme tous le sont, la bourgeoisie qui n'est autre chose qu'une minorité toute puissante, par conséquent qu'une aristocratie, dont le seul avantage sur l'autre est son élasticité, profitera largement du monopole social qu'elle a entre les mains, et ne renoncera jamais, sans y être forcée, aux moyens qu'elle possède de jouir plus que le peuple en travaillant moins.

Ceci nous mène au point de vue historique de la question. Nous voyons tout d'abord dans l'histoire que jamais une classe inférieure de la société n'a été appelée volontairement par les classes supérieures au partage du pouvoir; que jamais les vaincus n'ont obtenu, du libre consentement des vainqueurs, les moyens de s'égaler à eux. Je ne sache pas que cette révolution communale du XII° siècle, et cette révolution générale du XVIII°, que vous dites avoir constitué, l'une la bourgeoisie, l'autre le peuple, aient été accomplies spontanément par la royauté et l'aristocratie, dans le seul intérêt de la justice et dans le seul but de reconnaître à propos la souveraineté de l'esprit humain. Je vois au contraire que ce n'est qu'à leur corps défendant qu'elles ont laissé creuser, par leurs inférieurs politiques, ces abîmes où sont allés s'engloutir leurs priviléges et leur domination; et de là je conclus plus fortement que la bourgeoisie, maîtresse à son tour du gouvernement tout entier, n'en cédera au peuple que ce que celui-ci en pourra arracher. Le pouvoir politique est comme une ville forte, fermée de toutes parts, où l'on n'entre jamais que d'assaut.

Maintenant, revenant un peu sur nos pas, nous vous ferons remarquer la différence que nous croyons apercevoir entre les résultats des deux révolutions que vous avez rappelées. Nous reconnaissons bien avec vous que la révolution communale du XII° siècle a constitué la bourgeoisie, non pas complètement, il est vrai, puisque la bourgeoisie restait encore inférieure à la royauté, à la noblesse et au clergé, mais du moins solidement, sous le rapport civil et sous le rapport politique, puisqu'elle fit à la fois garantir ses droits individuels et reconnaître ses droits gouvernementaux en une certaine mesure. C'est sur la révolution générale du XVIII° siècle que nous tombons en désaccord. La Convention avait, il est vrai, constitué le peuple à la fois sous le rapport civil et sous le rapport politique, et lui avait fait sa juste part dans la vie générale. Mais de cela qu'est-il resté? Une charte qui déclare que tous les Français sont égaux devant la loi, et qui ne reconnaît comme ayant droit à une influence et à une participation quelconque dans le gouvernement que deux cent mille citoyens sur les trente-quatre millions qui composent la société française. D'où il suit qu'en résultat la révolution du XVIII° siècle n'a été, politiquement parlant, que le développement et le complément de celle du XII°, puisqu'elle a mis tout entier entre les mains de la bourgeoisie le gouvernement dont celle-ci avait déjà conquis une partie, et qu'elle n'a constitué le peuple que sous le rapport civil et non sous le rapport politique.

Ensuite est-il vrai que la puissance ait toujours été le prix de l'intelligence et du travail? Les longues files de rois imbéciles et paresseux qui se succèdent dans toutes les monarchies absolues, la domination des conquérants sur les peuples conquis, l'énorme prépondérance de toutes les inutiles et ignorantes aristocraties qui se dressent encore de toutes parts au-dessus des populations laborieuses, ne relèguent-elles pas votre assertion au rang des paradoxes?

Nous arrivons à cette heure au côté pratique de la question.

« M. de La Mennais, *entraîné par de nobles passions, veut-il, du sein de l'extrême misère, pousser le peuple à l'extrême grandeur?* Veut-il lui faire exclusivement gouverner la société? Nie-t-il la souveraineté de l'intelligence et la nécessité de son intervention dans la fondation du droit social? »

D'abord, pour nous entendre sur le fond, il est bon de nous entendre sur les mots.

Vous reconnaissez, je pense, avec nous, qu'aujourd'hui il n'existe plus réellement que deux classes dans la société française, la bourgeoisie et le peuple.

Or, qu'est-ce que la bourgeoisie et le peuple?

Pour l'un, formulant la définition qui ressort du livre de M. de La Mennais, nous dirons: Le peuple est tout ce qui ne possède que par son travail et relativement à son travail, — et, pour l'autre, déduisant la seconde définition de la première: — La bourgeoisie est tout ce qui possède sans travail ou au delà de son travail.

Pour faire passer le peuple de l'extrême misère à l'extrême grandeur, il faudrait créer en sa faveur une prédominance complète sur la bourgeoisie, et l'on ne pourrait livrer exclusivement le gouvernement au peuple sans le constituer par cela même en aristocratie. Or, je demande si l'on peut imaginer une aristocratie démocratique. En admettant même comme possible la réalisation de ce non-sens, il faudrait, pour y arriver, déplacer complétement les bases de la société; et le *Livre du Peuple* recommande expressément de n'attenter en rien à la propriété.

M. de La Mennais ne demande donc point pour le peuple la supériorité politique, mais l'égalité. Il ne veut pas que le peuple opprime la bourgeoisie, mais l'absorbe; qu'il confisque à son profit le gouvernement, mais qu'il y participe.

Et comment y participer? En masse et immédiatement? Mais cela est impossible. Si vous mettez le pouvoir aux mains du peuple, tout ce concours de volontés divergentes, de pensées incohérentes, de projets insensés, produira le désordre, l'anarchie, etc., etc.

En vérité, c'est prêter au génie un raisonnement indigne de la plus lourde médiocrité, que de lui supposer des combinaisons qui amèneraient de pareils résultats. Ce que veut M. de La Mennais, ce que veulent tous les démocrates tant soit peu intelligents, c'est l'intervention médiate du peuple dans le gouvernement. Où est l'homme assez fou pour dire que la misère et l'ignorance sont des titres à la puissance, et que le pauvre ouvrier, qui ne connaît que le maniement de son outil, soit plus propre à gouverner la société que l'homme nourri dans toutes les spéculations de la philosophie et de la politique? Qui songe à demander que chacun ait maintenant un droit égal et une part égale à la gestion des affaires? On ne réclame qu'une chose, c'est la possibilité pour chacun de faire entendre ses désirs et ses besoins, de mettre sa boule dans l'urne sociale, d'agir, en un mot, médiatement, mais infailliblement, sur le mouvement général de la grande machine dont il fait partie.

Et, loin de méconnaître la souveraineté de l'intelligence et la nécessité de son intervention, cette doctrine la confesse et la confirme irrécusablement. Quand l'intelligence aura-t-elle de plus belles chances que le jour où la recherche, l'organisation et le développement des systèmes gouvernementaux seront confiés à des agents choisis par l'universalité des citoyens? Qui sera appelé, si ce n'est le plus capable? Sur une telle masse de votants, ce ne seront plus, comme aujourd'hui, des raisons d'intérêt personnel qui pourront déterminer les élections. Le peuple, trop peu intelligent pour gouverner lui-même, le sera bien assez pour reconnaître ceux qui seront les plus aptes à le faire pour lui; alors la raison seule pourra présider à des déterminations qui devront satisfaire tous les intérêts à la fois; la justice deviendra nécessairement la seule règle d'une politique forcée de complaire à tous, parce qu'elle sera dépendante de tous, et la législation ne sera plus autre chose que la manifestation de l'esprit humain, représenté dans son ensemble par la coopération médiate ou immédiate de toutes ses parties.

L'exposition de cette théorie, en répondant à l'accusation que vous portez contre M. de La Mennais, d'avoir méconnu la souveraineté de l'intelligence, fait assez voir en même temps la manière dont il entend le droit. Loin de dire que le droit ne soit pas autre chose que la liberté, il a enseigné que le droit n'était rien sans le devoir, et ne pouvait se concevoir qu'indissolublement lié au devoir. La liberté complète pour l'individu serait le droit de tout faire, et l'on ne reconnaît, certes, pas à l'individu le droit de tout faire, quand on lui montre des devoirs à remplir. Or, voici ce que nous voyons avec M. de La Mennais dans le droit et le devoir individuels. Le droit de l'individu est de réclamer de tous l'exécution du devoir envers lui-même, et son devoir est de respecter le droit de tous.

Il ne nous reste plus maintenant à examiner que l'appréciation historique et philosophique du christianisme de M. de La Mennais.

M. de La Mennais n'a pas, ce nous semble, méconnu et dédaigné les réalités de l'histoire, et n'a pas cru au règne absolu du mal dans le présent comme dans le passé, quand il a dit (page 154) : « Voyez ce que doit l'humanité au christianisme : la progressive abolition de l'esclavage et du servage, le développement du sens moral et l'influence de ce développement sur les mœurs et les lois, de plus en plus empreintes d'un esprit de douceur et d'équité inconnu auparavant ; les merveilleuses conquêtes de l'homme sur la nature, fruit de la science et des applications de la science ; l'accroissement du bien-être public et individuel ; en un mot, l'ensemble des biens qui élèvent notre civilisation si fort au-dessus de la civilisation antique, et de celle des peuples que l'Évangile n'a point encore éclairés. » Nous ne nions pas que M. de La Mennais ne fasse dans l'histoire une part trop belle au christianisme en lui attribuant exclusivement tous ces grands résultats ; mais il n'en est pas moins vrai qu'il ne voit dans notre organisation sociale qu'un mal relatif qui y existe en effet. Et d'ailleurs, il est bien évident que l'homme qui croirait au règne absolu du mal n'annoncerait pas l'amélioration et le perfectionnement de toutes choses dans l'avenir, et ne prêcherait pas à l'humanité la doctrine du progrès indéfini. Quant à l'acception que M. de La Mennais a donnée à la parole chrétienne, peut-être n'est-elle pas aussi détournée qu'elle le paraît au premier abord. Jésus n'a pas dit explicitement, il est vrai, que l'humanité devait arriver au bonheur sur cette terre, mais il l'a dit implicitement lorsqu'il a enseigné à tous les hommes en général et à chacun en particulier la nécessité du devoir. De ce que chacun accomplit absolument envers autrui, non-seulement le devoir, mais encore la charité, il s'ensuit nécessairement que chacun, dans le milieu qu'il occupe, se trouve environné de justice et d'amour, et voit son droit se développer en toute liberté. En ordonnant de ne pas faire aux autres ce qu'on ne voudrait pas qui vous fût fait à vous-même, le Christ a recommandé, par un enchaînement indestructible de conséquences, de faire aux autres ce qu'on voudrait qui vous fût fait à vous-même. Et n'est-ce pas là, en deux mots, le résumé de la situation la plus heureuse que l'homme puisse trouver ici-bas ?

Nous savons que la morale actuelle du christianisme condamne presque toutes les choses qui peuvent servir au bonheur matériel de l'homme. Mais M. de La Mennais, vous le proclamez vous-même, a déjà anathématisé les deux grandes formules actuelles du christianisme, qui sont le catholicisme et le protestantisme, et il ne prend plus pour code que le texte même de la loi promulguée par le maître, laissant de côté les commentaires et les développements de ceux qui se sont posés comme ses continuateurs immédiats.

C'est même là-dessus que vous vous basez pour lui demander la formule philosophique de ce que vous appelez son néo-christianisme, et l'application politique qu'il en doit tirer. A cela il n'y a qu'une chose à répondre, c'est que M. de La Mennais ne se donne ni pour un prophète ni pour un révélateur, qu'il enseigne ce qu'il croit et ce que beaucoup avec lui croient juste, bon et nécessaire ; qu'il attaque du présent tout ce qui lui en semble mauvais, sans être obligé de dire précisément ce qu'il faut mettre à la place ; qu'il appelle de tous ses vœux l'avenir, sans savoir exactement ce qu'il sera, parce que, plein de confiance en Dieu et d'espérance dans les destinées de l'humanité, il pense que le mal engendre souvent le bien, jamais le pire, et que le bien amène le mieux sans pouvoir ramener le mal, et qu'enfin il lui est permis d'ignorer la solution mathématique d'un problème que quarante siècles et notre génération tout entière n'ont pas encore su résoudre.

De tout ce que nous avons dit, il nous semble résulter que la bourgeoisie n'est pas un fait nécessaire et invincible, que le peuple est le seul et réel souverain ; que M. de La Mennais, en lui parlant à la fois de droit et de devoir, ne lui enseigne ni la sédition, ni l'abnégation, mais bien l'énergie et la modération, et qu'il est fondé, sur les malheurs du présent, à demander mille changements à l'avenir, sans être obligé de prédire la forme particulière d'aucun.

Vous terminez en conseillant à M. de La Mennais de faire de nouvelles tentatives pour concilier la science et la foi. M. de La Mennais n'est-il donc, à vos yeux, qu'un homme de foi et de sentiment ? Parmi les esprits véritablement élevés, en existe-t-il qui soient tout à la foi ou tout à la science ? La foi et la science ne sont-elles pas le complément l'une de l'autre, nécessairement et indissolublement liées l'une à l'autre ? Qu'est-ce que la science, si ce n'est la recherche des certitudes ? Qu'est-ce que la foi, si ce n'est, selon son intensité, l'aspiration vers une certitude ou le repos sur une certitude ? La foi n'est-elle pas le but fatal de la science, et la science le chemin fatal de la foi ? La science fait-elle autre chose que trouver l'analyse des certitudes dont la foi entrevoit la synthèse ?

Vous l'entendez certainement ainsi vous-même, et, comme nous, vous appelez, non pas *foi*, mais *crédulité*, l'attachement des intelligences étroites aux erreurs du passé ; vous ne taxez certainement pas de faiblesse et d'infirmité l'intelligence éminemment courageuse et progressive de M. de La Mennais. D'où vient donc que cette foi si vaste, si tolérante, si généreuse, et qui s'éclaire de plus en plus en politique d'un esprit de vérité si éclatant, semble vous laisser des inquiétudes sur l'emploi du beau génie qui l'accompagne ? Vous paraissez le reléguer très-loin encore du mouvement de la science et le regarder comme fourvoyé dans la question puérile de savoir si le peuple a droit à la souveraineté, ou dans le sentimentalisme d'une religion dont il ne prêche cependant que l'essence sublime, la fraternité et la charité. Vous lui reprochez de ne point formuler son système ; vous voulez qu'il jette les fondements d'une école et d'une doctrine, et cependant vous disiez, dix lignes plus loin, après avoir demandé s'il y avait une place dans l'avenir pour un *néo-christianisme : Les faits de l'avenir peuvent seuls répondre. Il serait puéril de vouloir prophétiser en détail les formes et les accidents par lesquels doit passer l'humanité*. Encore une fois, M. de La Mennais ne pourrait-il pas vous répondre qu'il n'est pas obligé de vous dire de point en point ce qu'il faut substituer au présent, mais que ses larges théories reposent sur les véritables instincts, sur les éternels besoins, sur les imprescriptibles droits de l'humanité ?

N'étant pas d'accord avec lui sur ces besoins et sur ces droits, vous ne vous apercevez pas que vous le feriez rétrograder et que vous circonscririez étrangement son rôle, s'il se rendait à vos conseils et s'il accomplissait cette parole de vous, monsieur, rappelée par M. Sainte-Beuve dans son article de novembre 1836 : « *Il a le goût du schisme, qu'il en ait donc le courage !* » Cette parole est belle, mais elle ne nous paraît point applicable à M. de La Mennais. Il nous est impossible de ne voir dans M. de La Mennais qu'un schismatique, et de croire qu'il n'a pas d'autre destinée à remplir que celle de former une secte religieuse. Aujourd'hui ce serait une occupation bien stérile, et, quoi qu'on en dise, M. de La Mennais en eût-il le goût, il connaît trop bien, je pense, les choses et les hommes, pour borner ses vues à l'érection d'une petite église dans le goût de M. Châtel. Ce ne sont point des questions de dogme ni de discipline qui ont amené la rupture de M. de La Mennais avec Rome. Ce sont des questions toutes morales, toutes sociales, toutes politiques, par conséquent bien autrement vastes et sérieuses. M. de La Mennais est donc autre chose qu'un schismatique ; c'est un grand moraliste politique, un philosophe religieux, car c'est au moment même où vous lui refusez l'intelligence de la philosophie que, par un puissant effort philosophique, il se détache du vieux monde catholique, pour entrer à pleines voiles, avec les générations nouvelles, dans le mouvement révolutionnaire. Ce n'est point non plus un utopiste, comme il vous plaît d'appeler Bentham, Saint-Simon et Fourier, puisque vous lui reprochez précisément de n'avoir pas donné la formule du nouvel état social qu'il appelle de ses vœux. C'est vous qui le conviez à l'utopie, et toute accusation à cet égard n'a d'existence que dans le désir qu'on a peut-être de la lui voir justifier.

Nous n'admettons donc pas que M. de La Mennais soit seulement un *homme de foi*, nous n'admettons pas davantage que ce soit seulement un *homme de sentiment*. Dans le développement de ses doctrines sociales, il apporte autre chose que *de la colère et de la charité*. Le sentiment n'y marche jamais sans la pensée, et nous croyons définir le mieux possible cet esprit logique et chaleureux, en disant que sa principale qualité est une raison passionnée. C'était bien là la qualité nécessaire à son rôle d'apôtre populaire, à la tâche qu'il a entreprise de ranimer dans les masses le sentiment de ces vérités que certains hommes ont intérêt à voiler, mais qui doivent toujours guider l'humanité dans sa marche vers l'avenir. Ces vérités ne sont pas neuves, nous le savons. Elles n'ont été apportées dans le monde ni par Jésus-Christ ni par ses disciples. Elles ont été écrites dans le cœur du premier homme que Dieu a jeté sur la terre. M. de La Mennais se contente d'en reprendre la prédication, et nous ne voyons pas que ce soit une thèse si malheureuse pour ce que vous appelez son début philosophique. Avant de bâtir la cité, il faut en poser les bases ; et quand ces bases sont contestées, chercher à reconquérir le sol que l'iniquité a envahi ne nous semble pas une tâche si puérile, une utopie si facile à ridiculiser.

Tout ce que nous pouvons accorder, c'est que les grandes qualités d'analyse et de discussion qui sont dans M. de La Mennais, s'étant exercées longtemps sur des sujets dont l'importance s'efface déjà pour lui comme pour nous à l'horizon du passé, son christianisme, sans avoir l'extension quiétiste que vous lui donnez, n'a pas toute cette expansion panthéistique que nous lui donnerions si nous étions appelés à la libre interprétation de son évangile démocratique. Mais quelque réticence religieuse, ou quelque hardiesse philosophique que nous garde, ainsi qu'un sanctuaire mystérieux et vénérable, l'avenir de M. de La Mennais, nous ne voyons rien d'assez absolu, rien d'assez formulé dans son christianisme, pour que les répugnances consciencieuses et les antipathies légitimes aient lieu de s'en effrayer. Nous ne sommes pas de ceux qui regrettent le passé catholique de l'auteur de l'*Indifférence*, nous ne sommes même pas de ceux qui acceptent son présent sans restriction ; mais nous respectons le passé parce que le présent en est sorti, et nous admirons le présent et pour lui-même et pour l'avenir qu'il nous présage. Ce passé est une voie droite et pure qui s'est élargissant et s'élevant toujours jusqu'à des hauteurs sublimes. Ce présent est une halte féconde sur un des sommets de la montagne. Tandis qu'il y sème le grain, déjà son œil d'aigle embrasse de nouveaux horizons. Où s'arrêtera-t-il ? disent ceux de ses adversaires qui voudraient le voir reculer. Qu'il marche encore, qu'il marche toujours ! disent ceux qui le comprennent ; car sa vie, comme celle des génies puissants, comme celle des générations avancées, c'est le mouvement et le progrès. Un jour viendra-t-il où l'immensité de l'horizon sera saisie par lui ? Ce que nous savons, c'est que, de quelque cime qu'il le cherche, il en mesurera la profondeur et l'étendue sans illusion et sans vertige ; et s'il faut, pour atteindre à la terre promise, descendre dans les abîmes, il ira le premier à la découverte sans se laisser étourdir par la vaine clameur du monde. Il se risquera sur ces pentes escarpées et sur ces sentiers inconnus. C'est qu'il s'agit d'une croisade plus glorieuse pour notre siècle et plus mémorable aux yeux des générations futures que celles qui enflammèrent le zèle des Pierre l'Ermite et des saint Bernard. Ce n'est plus le tombeau, c'est l'héritage du Christ que le prêtre breton veut reconquérir ; ce n'est plus l'islamisme qu'il faut combattre, ce sont toutes les impiétés sociales ; ce ne sont plus quelques prisonniers chrétiens qu'il s'agit de racheter, c'est la presque totalité du genre humain qu'il faut arracher à l'esclavage.

Il nous reste à vous demander ce que c'est que la philosophie moderne qui fournit à votre article une conclusion si rassurante et des promesses si splendides. Il existe donc maintenant une philosophie définie, formulée, complète, irrécusable ? La religion de l'avenir est donc établie ? La sagesse des nations est donc promulguée ? Les gouvernements et les peuples existent donc désormais en vertu d'une haute raison et d'une souveraine intelligence qui établissent entre eux des rapports agréables ? Nous ne l'avions pas encore ouï dire, et nous sommes bien heureux de l'apprendre, nous qui, au sein de nos espérances et de nos découragements, tour à tour pleins de joie et de douleur, avions pensé que, malgré les progrès de l'esprit humain, les découvertes de la science, la chute de l'ancienne aristocratie et les triomphes importants de l'industrie, il restait encore bien des abîmes à combler auxquels personne ne daignait prendre garde, bien des turpitudes à faire cesser auxquelles on prêtait l'appui d'une tolérance intéressée ou insouciante, bien des misères à secourir auxquelles il était (disait-on) inutile, frivole ou dangereux de songer. Vous nous assurez que la philosophie moderne a pourvu à tout, qu'elle est satisfaite de ce qui se passe, qu'elle n'est nullement atteinte de cette vaine sensibilité qui nous intéresse aux souffrances d'autrui, qu'elle attend avec une noble patience le résultat du progrès, dont elle ne nous paraît guère s'occuper et dont elle n'en veut pas qu'on s'occupe à sa place ; qu'elle n'a *plus à démontrer aujourd'hui quelques idées premières désormais hors de toute discussion, telles que l'égalité des hommes entre eux, l'immortelle spiritualité de l'âme*, etc. ; et qu'il suffit que ces idées soient démontrées sans qu'il soit nécessaire de leur donner une application sociale ; qu'il n'est besoin de se tourmenter d'aucune chose, pourvu qu'on sache bien l'histoire ; que la philosophie va, d'ici à fort peu de temps, trouver à toutes les questions qui nous divisent des solutions impartiales et vraies ; qu'en attendant, le peuple doit se tenir tranquille et satisfait, parce que la philosophie lui donne tous les gages désirables de prudence et d'habileté. En un mot, vous nous dites que la philosophie est très-contente d'elle-même et ne se soucie pas de nous, qui ne sommes pas assez philosophes pour ne soucier de rien. Nous désirons donc maintenant savoir quelle est cette philosophie moderne dont nous ne soupçonnions pas l'existence, et aux bienfaits de laquelle nous serions jaloux de participer.

Du reste, Monsieur, la bonne foi et l'enthousiasme avec lesquels un homme aussi sérieux que vous émet de telles espérances, nous font bien voir que nous ne sommes pas seuls à mériter l'accusation d'utopie.

Pardonnez-nous, Monsieur, cette simple remarque, et recevez l'assurance de notre haute considération.

GEORGE SAND.

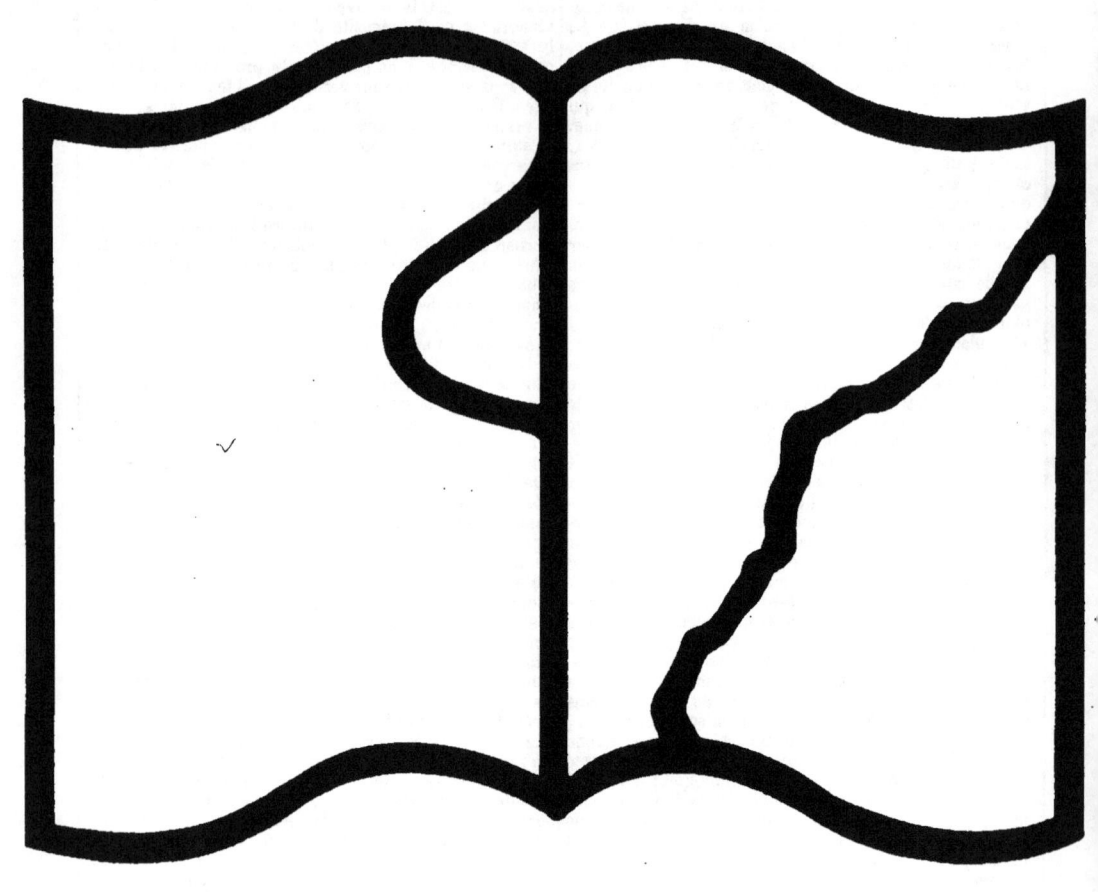

Texte détérioré — reliure défectueuse

NF Z 43-120-11

Contraste insuffisant

NF Z 43-120-14

www.ingramcontent.com/pod-product-compliance
Lightning Source LLC
Chambersburg PA
CBHW060413170426
43199CB00013B/2117